주희(朱熹, 1130~1200)

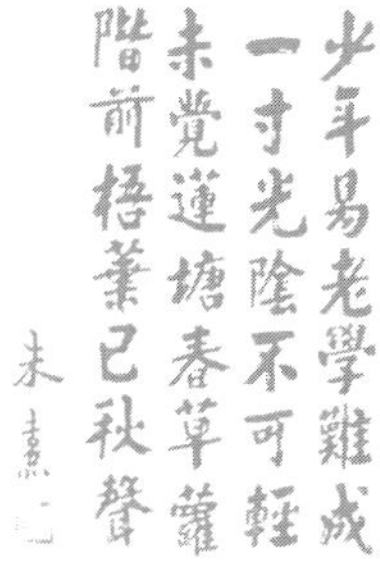

주희朱熹의 공부론과 교육철학

황금중 저

학지사

서언

주희(朱熹, 호는 晦庵, 1130~1200)는 동양 교육사상사에서 가장 중심을 이루는 인물이다. 주희와 더불어 그 정도의 비중이 있는 인물을 꼽자면 아마도 공자(孔子) 정도일 것이다. 일반 사상이나 철학 방면에서의 평가는 달라질 수 있다. 그러나 교육사상의 기준에서는 그렇게 봐도 무리가 없다. 동양 문화권에서 교육에 관한 본격적인 관심은 역시 유학계(儒學界)에서 일어났으며, 나아가 유학계 내에서 교육에 관한 인식과 실천의 큰 토대를 닦은 인물은 역시 공자와 주희다. 공자는 유학사의 출발점에서, 주희는 유학의 새로운 부흥기에서 교육에 관한 사상적 체계화를 이루어 후대에 막대한 영향을 미쳤다. 물론 우리가 아는 바의 공자와 주희가 있기까지 그 사상의 형성과 전승, 발전에 결정적 기여를 한 주요 인물들이 있지만 정점을 추려 꼽자면 그렇다. 그 영향력으로 인해 주희는 후세에 특별히 '주자(朱子)'로 불리기도 한다. 현대에 이르러, 춘추전국시대의 여러 주요 사상가에 대해 극존칭인 '자(子)' 자를 붙여 부르는 게 관례이지만, 그 이후의 사상가들 중에서 그 존칭이 자연스럽게 통용되는 사례는 주희가 거의 유일하다. 그만큼 주희의 사상사적 지위는 특별하며, 교육사상사 방면에서는 더욱 그러하다.

교육철학을 전공하는, 특히 동양사상사를 교육철학의 눈으로 들여다보는 데 흥미를 가져 왔던 필자에게 주희는 처음부터 누구보다 중요하고 매력적인 인물로서 다가왔다. 더욱이 주희의 사상은 현대의 교육철학적 주제들과 관련해서도 다양한 방면으로 연결되며 의미 있는 통찰을 선사하는 힘이 있었다. 배움, 가르침, 학문, 인간 본성과 성장, 지식교육, 도덕교육, 학교교육, 교육과정의 문제 등 굵직한 교육철학적 주제들을 다루는 하나의 고전적 양식을 주희의 문헌들은 풍부하게 품고 있었다. 유학자라고 해서 누구나 주희처럼 교육적 문제들에 대한 관심 및 탐구가 본격적인 것은 아니다. 교육적 관심 및 탐구의 깊이와 강도에 관한 한 주희의 사례는 특별하다. 이는 유학사 전체를 걸쳐 보아도 공자 이래 거의 처음 등장한 학술적 경향이며 성과라고 할 수도 있을 것이다. 물론, 주희 사상의 형성에 있어서 결정적인 영향을 미쳤던, 그리고 그 스스로가 맹자 이후 단절되었던 도통(道統)을 다시 이었다고 평가했던 정호(程顥), 정이(程頤)에게서 그 단초가 보이지만, 이들 사상을 녹여 내면서 면면히 계승될 만한 새로운 차원의 학문적 체계화를 이룬 것은 주희였다. 주희 이후에는 주자학의 장구한 흐름이 이어지는 가운데 등장하는 '본격적 교육론자들'을 어렵지 않게 만날 수 있다. 이는 주희 시대 그와 논쟁을 벌였던 다른 신유학파들이나, 나아가 주희 이후라도 주자학과 다소 결을 달리하면서 나아갔던 후대의 양명학 계열 등에서도 보기 어려운 경향이다. 이런 맥락을 고려한다면, 유학사 전체를 걸쳐서 주희를 통과하지 않고는 유학 교육사상의 심층으로 다가서기 어렵다는 점을 이해할 수 있다.

그런데, 주지하듯이 유학은 도가와 불가를 포함하는 동양 문화권의 사상 중에서 교육이라는 주제에 관해서 가장 중심을 이루는 사상이다. 유학은 도가나 불가와 비교할 때 문명의 실제 경영에 관심과 책임감을 지닌 사상이며 따라서 교육의 영역을 주 관심으로 삼을 수밖에 없었다. 이런 상황에서 주희가 유학 교육사상사의 핵심에 자리하고 있다는 사실은, 범위를 넓혀 동양사상사 전체를 놓고 볼 때도 중심의 자리에 있음을 의미한다. 더욱이 주희는 도불, 그리고 여타의 유학 학파와 본격적인 논쟁과 대결을 펼치며 자신의 교육사상을 구축해 갔다. 이런 점 때문에 주희 교육사상에 대한 이해는 자연히 주희가 대립했던 사상들을 교육적 관점에서 조망하는 하나의 실마리가 되기도 한다. 결국 주희는 동양 전통 시대의 교육사상에 접근하는 하나의 핵심 길목이라고 할 수 있다.

필자가 교육철학의 시선으로 주희를 들여다볼 때 특히 눈에 띈 것은 그의 공부론(工夫論)이었다. 배움, 학(學), 공부(工夫)에 대한 논의로서의 공부론이 그의 교육철학적 논의의 대체를 이루고 있었기 때문이다. 이런 경향은, 주로 가르침의 문제 및 교사의 역할을 중심으로 교육철학적 논의를 펴는 서양과는 차별을 이루는데, 동양 교육사상 전반의 특징이기도 하다. 주희는 배우는 자의 입장에서의 배움 및 공부, 학문의 문제를 중심으로 인간형성으로서의 교육 문제를 사색했고, 이에 그는 자연히 공부론을 중심으로 교육철학적 사유를 전개하는 방향으로 나아가게 된다. 이렇듯 주희의 공부론이 곧 그의 교육철학의 정수라는 관점은 필자에게는 당연한 사실로서 자리 잡았고, 따라서 그의 공부론과 교육철학을 하나로 연결하여 탐색하는 것도 자연스러운 일이었다. 그런데 이는 주희 공부론에 관심을 가지고 탐구하면서도 교육철학적 맥락은 거의 염두에 두지 않는, 일반 (동양)철학계의 연구 경향과 구별되는 지점이기도 하다.

현재 '공부론(工夫論)'은 현대의 일반 (동양)철학계의 주요 연구 범주 중의 하나가 되어 있다. 주희 및 주자학파는 물론이고 유학의 여타 모든 학파의 사상을 연구함에 있어 공부론은 하나의 주요 창으로 받아들여지고 있다. 일반 (동양)철학계에서 공부론은 거의 수양론(修養論)과 궤를 같이하는 것으로 이해되고 이에 불가와 도가도 공부론이라는 창으로 탐색되기도 한다. 그런데 이런 맥락의 일반 (동양)철학계의 공부론 연구들은 공부론의 교육철학적 관련성에 대해서는 거의 고려하지 않는 경향이 있다. 이런 접근 방식은, 교육에 대한 견해를 거의 표방하지 않은 사상들—유학 내의 학파든 도불 계열이든—을 분석하는 데는 문제가 덜하다. 물론 이런 사상들도 교육적 관점을 가미하여 해석해 들어간다면 그 종합적·입체적 설명에 유용한 면이 있는 것도 사실이지만, 이 사상들 자체가 교육에 대한 본격적 논의를 펼치지 않았다면 그걸 다루지 않는다 해도 큰 문제가 되지는 않는다. 반면, 주희와 같이 교육적 관점을 투철하게 깔면서 공부론을 풀어낸 사상가를 다룸에 있어서는, 교육철학의 시선을 반영하지 않고서는 그 공부론 해명에 적지 않은 누락이나 무리가 따르게 된다. 기존의 일반 (동양)철학계의 주희 공부론 연구들은 그의 공부론을 둘러싼 철학적 개념을 파고드는 장점이 있지만, 공부론의 배경 및 가지를 포함한 전체적 면모를 입체적으로 아우르며 그 실체에 다가서는 데는 미진한 면모를 보여왔다. 주희의 공부론은 성인(聖人)을 푯대로 한 인간 성장론, 지행론, 소학대학론, 교육과정론, 학교론 등과 밀접하게 연결되어 있으며, 이 지점이 종합적으로 밝혀져야 공부론의 실체도 제대로 드러난다. 주희가 영향을 받은 북송대 신유학자들에게서만 해도 소략했던 교육적 관점은 주희에 이르러 크게 갖추어졌고, 이후 주자학의 역사에서는 굳건한 기틀로 자리한다.

이 책에서 다루는 '주희의 공부론과 교육철학'을 둘러싼 연찬의 뿌리는 필자의 박사학위논문, '주자의 공부론 연구'에 있고, 기본 뼈대는 여기에서 마련되었다고 할 수 있다. 사실 학위 취득 직후인 2000년대 초반 필자는 학위논문을 곧바로 책으로 출간할 계획을 하고 추진까지 했었다. 그러나 곧 시도를 접었다. 책으로 만들기에는 내용상 더 정리해야 할 세부 주제 여러 개가 눈에 밟힐뿐더러 특히 이미 정리한 것들에 대해서도 필자의 이해가 명확하지 않은 부분들이 꺼림직하게 남아 있었기 때문이다. 이후 좀 더 규명이 필요한 소주제들을 학술지 논문으로 써서 정리하기도 했고, 주희 공부론에 대한 전체적 이해의 명료화 및 체계화를 위해 주희 사상 내부와 외부 주변 사상, 그리고 주희를 기준으로 앞과 뒤로 연결된 사상의 줄기들을 다시 조망하며 시야를 넓히는 작업을 했다. 주희가 대결했던 유학 내 사상들이나 도가와 불가의 사상에 대해서도 최대한 이해해 보고자 했고, 주희 전후의 주자학 형성 및 전개와 깊은 관련이 있는 주요 사상가들의 공부론적 논의들도 다시 들여다보고자 했다. 이런 과정을 거치며 주희 공부론과 교육철학을 보는 시야의 폭이나 깊이가 달라졌고, 아직 미흡한 점이 많지만 적어도 학위논문을 쓸 당시 인식의 한계는 상당 부분 넘어선 듯, 그래서 좀 더 편안해진 듯 느낀다. 이런 느낌에 걸맞은 성과가 과연 이 책에 충실히 담겨졌는지에 대해서는 자신 없지만, 스스로 정리한 내용에 대해 불만을 줄일 수 있게 되었다. 대신에 이렇듯 시간이 많이 흘렀다.

30여 년 전 주희 문헌을 본격적으로 만나기 시작했을 때의 그 강렬한 인상은 아직도 생생하다. 특히 지(知)와 덕(德)의 조화로운 형성이라는 교육적 과제에 집중해 있던 젊은 교육학도에게 주희는 이 주제와 관련하여 실로 예상을 뛰어넘는 지혜를 아무렇지 않게 툭 던져 주는 '신비한' 존재였다. 그의 사상 속에는 현대 교육학적으로 반추할 지점들, 현대 교육학의 새로운 전개의 양분으로 삼을 요소들이 넘쳐났다. 이런 인식은 지금도 그대로 유지되고 있다. 더욱이 요즈음은 주희 교육사상이 여타 교육사상에 대해서 가지는 상대적 강점에 대한 주목을 많이 하게 되었다. 이는 주자학의 주변 혹은 바깥에서 동아시아 문화를 이끌었던 여타의 많은 사상을 오랜 시간에 걸쳐 두루 탐색하면서 갖게 된 시선이다.

필자는 오랫동안 짐짓 학문 행위의 다양성과 개방성, 균형성을 표방하며, 동양의 모든 사상에 대해 거의 동등한 의미를 부여하고 상호 대화를 꾀하며 그 현대적 해석을 모색했다. 비록 주자학의 터전 위에 학문의 길을 시작했지만 결코 주자학의 틀에 좁게 갇히지 않으며, 다름 아닌 '나의 교육철학'을 펼치는 데 목표를 두었고, 이를 위해 주희 사상을 비롯한 모든 사상을 학적 자산으로 삼아 '공평하게' 활용해 가고자 했다. 이런 시각의 탐색 과정에서 도가는 도가대로 불가는 불가대로 양명학이나 실학은 또 그것대로 중요한 지점을 짚어 주고 있음을 알게 되었다. 나아가 서양의 많은 사상도 그러했다. 그런데 역설적이지만 이 탐색의 여정에서 필자는 주자학의 특별한 존재의미를 다시 자각하게 되었다. 이는, '알고 보니 도불을 비롯한 다른 사상은 모두 부족하거나 틀렸고 주자학만이 옳고 최고다'는 식의 결론에 이르렀다는 말은 결코 아니다. 이런 폐쇄성, 배타성은 경계하고 또 경계할 일이다. 필자의 뜻은 다름 아니라, 적어도 동양문화권에서, 교육과 공부에 관한 한 가장 포괄적이고 정치한 학술을 펼친 이는 역시 주희였다는 것, 더욱이 그는 대중지정(大中至正)의 이상을 표방하고 지향한 사상가로서 누구보다 균형미를 갖춘 이론을 제시했다는 점을 새삼 확인하였다는 의미다. 혹여 주희 사상의 틀에 좁게 갇힐까 두려워 의식적으로 열린 태도를 견지하고서 여타의 다른 사상의 의미를 두루 찾아다녔는데, 결과적으로 이 과정에서 주희 사상에 대한 신뢰가 더욱 두터워지고 커졌다. 역시 대중지정의 교육철학을 꿈꾸는 필자에게 공부 및 교육을 둘러싼 주희의 학문적 입론들은 특별한 의미로서 다시 밀려들고 있다.

짧은 지면에 담기에는 어려운 얘기지만, 동아시아 교육문명의 정수의 전통을 재발견하고 잇겠다는 이른바 도통적 문제의식에 투철했던 주희는 실제로 그 도도한 흐름의 중심에 굳건히 자리하고 있음도 자각하게 되었다. 유학은 그 어떤 다른 사상과는 달리 태생적으로 문명 자체의 전승 및 창조에 대한 책무감을 지닌 사상인데, 주희는 유학사의 중심에서 그 역할을 자임했고 또 탁월하게 수행했다. 주희의 공부론을 둘러싼 교육사상적 탐색은 곧, 단지 중국이라는 범주를 넘어서 동아시아 단위에서의 교육문명의 실체 및 역사를 초점 있게 들여다보는 기반을 제공해 준다. 주희 사상을 공부 및 교육의 눈으로 읽으면서, 동아시아 문명사 혹은 교육문명사에 관한 시각, 그리고 이에 비추어 지금의 현실과 과제를 가늠해 보는 안목을 자연스럽게 갖추어 가게 된 것도 흥미로운 경험이었다. 이런 이해를 새롭게 하게 되면서 현대 교육학의 관점에서 동양 전통 문화 및 사상을 재해석하고 그 의미를 도출해 감에 있어, 무엇보다 주희 사상을 근간으로 하여 여타 사상의 특수한 통찰들을 보완해 가는 것이, 그저 모든 사상을 같은 비중에 놓고 단순 종합하는 것에 비해, 훨씬 필요하고 의미 있는 방향이라는 생각을 갖게 되었다. 물론 주자학을 향한 필자의 학문적 의심과 일정한 거리두기는 앞으로도 지속될 것이다. 주희 사상은 결코 필자의 학술의 종착점이 아니며, 더욱이 나는, 많은 이가 그렇듯이, 주희 사상이 지니는 시대적 한계를 곳곳에서 본다. 그것을 보완하는 측면을 도가나 불가, 그리고 양명학 등 유학 내 다른 학파들이, 나아가 많은 서양 교육사상이 지니고 있음도 본다. 그럼에도 불구하고, 누구 못지않게 의심 많은 필자가 주희의 공부론 및 교육철학적 사유를 다시 근본 토대의 위치에 놓고자 하는 것은, 그것이 주희 자신의 이상에 걸맞게 동아시아 교육문명의 정수를 깊숙이 품고 있으며, 나아가 그 자신의 이상에 걸맞게 대중지정의 기준에서도 다른 사상들이 미치기 어려운 지점에 이미 가 있다는 나름의 재발견이 있었기 때문이다.

동양 교육사상사에서 주희의 위상이 특별하다면 당연히 주희 교육사상과 그 핵심으로서의 공부론의 세계로 안내할 수 있는 적절한 지도(地圖)가 필요하다. 주희가 남긴 방대한 문헌, 복잡한 이론 속에서 지나친 혼란을 겪지 않고 길을 찾아, 보다 가볍게 한 걸음씩 나아갈 수 있도록 하는 그런 지도 말이다. 필자는 이 주제에 관한 한 비교적 초기 연구자로서의 책임감도 가지면서, 이 책이 부족하나마 하나의 지도 역할을 했으면 하는 바람을 겸하여 작업을 했다. 배움과 학문, 교육의 문제에 관한 주희의 사유를 둘러싸고 최대한 많은 세부 주제를 전체적 연관성 속에서 담아내며, 어느 한 부분에 치우치지 않도록 애쓴 것은 이 때문이다. 주희 교육사상 및 공부론과 관련해서 탐색이 필요한 주제들, 그리고 관련 자료들이 있다면 하다못해 일단 얼개만이라도 넓게 담아 보고 싶었다. 그런데 나름의 노력에도 불구하고 결국 그럴듯한 지도를 만드는 데 이르렀는지에 대해서는 자신할 수 없다. 주희를 비롯한 관련 사상들에 관한 자료를 보면 볼수록 필자의 시야가 얼마나 한정되어 있는지 확인하는 경험을 지속했다. 주희 사상 자체는 물론이고 그를 정점으로 전후(前後)에 펼쳐진 도학(道學)의 거대한 물줄기는 필자가 감당하기에 벅차다는 점도 알게 되었다. 방대한 자료 속에서 헤매곤 하는 자신을 관조하면서, 그 부족함에 대해 거듭 자성하면서 여기에 이르렀다. 지금은 이 책이 다만 하나의 디딤돌로서의 역할만 할 수 있으면 좋겠다는 생각이다. 이후 누군가에 의한 보다 온전한 지도 작성에 도움을 주는 디딤돌 역할 정도도 소중하다고 스스로를 위로한다. 간혹 우리 학계의 후배들이 필자의 논문들로 주자학을 공부했다는 말을 전할 때마다 감사함과 미안함, 그리고 책임감이 교차했다. 이 책이 여전히 미흡한 점이 많지만 더 이상 출간을 미룰 수 없었던 데에는 이런 복합적 심경의 경험도 하나의 배경으로 자리하고 있다. 더 채워 가야 할 지점들이 눈에 아른거리지만, 필자를 위해서나 이런 주제에 관심을 갖는 분들을 위해서나 여기서 일단락을 해야 할 필요를 느낀다.

이 책 이후 필자는 주희를 진중하게 계승했던 조선 주자학자들의 공부론과 교육철학의 전개에 관한 저서를 계획하고 있다. 이 책의 후속편인 셈인데, 여기서 다룬 주희의 공부론과 교육철학이, 주자학이 크게 꽃을 피웠다고 평가되는 조선시대에 어떻게 이어졌고 새로운 단계로 나아갔는지를 가늠하고자 한다. 나아가 주자학적 공부론을 기본 토대로 함과 동시에 여타 주요 사상들의 학문적 자산을 두루 활용하면서 다듬어져 온 필자의 마음교육 논의에 관한 저서의 출간도 예정하고 있다. 추후의 이런 작업은 지금 이 책에서 정리된 바가 토대가 되어 가능한 것이다. 어느덧 학문 인생의 후반기에 접어든 필자가 나름의 학자적 기여를 위해 중점적으로 정리할 필요가 있다고 여겨지는 내용들이 순차적으로 담겨질 것이다. 다만 푹 익히는 시간이 필요하다는 구실 아래 습관처럼 굳어져 버린 느림보 걸음이 염려될 뿐이다.

학문의 길에 들어선 후의 초기 문제의식과 성과를 담은 책을 내려다보니 청년 시절 필자의 공부를 이끌어 주신 선생님들이 떠오른다. 어리숙한 학부 시절부터 오랜 세월을 걸쳐 곁에서 교육철학의 길을 몸소 보여 주시며 인도해 주신 김인회 선생님과 오인탁 선생님, 대학원 시절 주자학 입문을 수준 높게 이끌어 주셨던 류인희 선생님, 동양 사상과 정신의 깊고 다채로운 맛을 일깨워 주신 고 김충렬 선생님, 한국교육의 역사 및 사상 전반에 대한 학문적 사랑법을 많은 저술로 일깨워 주신 고 손인수 선생님, 일찍 작고하시어 직접 뵐 기회가 없었지만 퇴계 이황을 중심으로 한 성리학의 교육철학 연구의 길을 한국에서 처음으로 터 주셨던 고 정순목 선생님께 감사의 인사를 올린다. 나아가 일일이 성함을 거론하지 못하지만 많은 선생님, 그리고 동학들과의 소중한 인연과 가르침에 대해 감사드린다. 학문과 삶을 늘 가까이서 함께하는 고마운 제자들, 후학들은 또 다른 방식으로 필자의 성장에 동력이 되어 왔다. 삶의 든든한 버팀목이며, 책의 출간을 당사자보다 더 고대해 온 가족들에게도 사랑을 전한다. 더불어 녹록지 않은 출판 환경에도 불구하고 방대한 분량의 학술서가 세상이 나올 수 있도록 살펴주신 학지사에 감사를 표한다.

2024년 3월
신촌 서실에서
황 금 중

차례

제1장

주희의 공부론 중심의 교육철학

- 특징과 탐색 과제

1. 주희의 '공부론(工夫論)' 중심의 교육철학: 교육철학 이해의 창으로서의 공부론

'공부(工夫)에 관한 제반의 이론'이라고 할 수 있는 '공부론(工夫論)'에는 공부의 목적, 공부의 주체, 공부의 내용, 공부의 방법에 관한 논의가 포괄된다고 볼 수 있다. 공부론은, 동양의 유가(儒家), 도가(道家), 불가(佛家)의 전통에서, 특히 유가 사상에서 존재해 온 바의, 자기 성장의 공부 및 학문, 수양 영역에 관한 이론을 표현하면서 동양사상을 설명하는 하나의 분석 틀로 자리 잡아 왔다. 한국에서 공부론이라는 용어는 1990년대에는 소수의 학자에 의해 간간이 사용했는데, 2000년대 이후에는 사용 빈도가 널리 확산이 되어 갔다. 공부론에 관한 연구는 주로 (동양)철학계와 교육학계에서 수행되어 왔으며, 양자 간 혹은 연구자 간에는 교육의 시선을 적극적으로 투영해서 하느냐 그렇지 않느냐에 따라서 공부론을 그려 내는 양상에 차이를 보였다.

필자는 이 책에서 주희(朱熹, 호는 晦庵, 1130~1200)의 공부론(工夫論)을 입체적으로 다루되, 특히 교육적 시선을 견지하면서 그의 교육철학적 입장을 함께 드러내는 방향으로 나아가고자 한다. 여기서 교육적 시선이란 교육의 의미, 목적, 내용, 방법, 제도를 근본적이고 총체적인 시각에서 들여다보는 관점을 의미한다. 일반적으로 교육이라는 말은 인간형성을 둘러싸고 가르치는 일과 배우는 일을 포괄적으로 뜻한다. 이 중 배우는 일을 주로 다루는 공부론은 자연히 교육론 및 교육철학의 한 부분을 구성한다. 주희의 교육철학은 공부론이 그 핵심을 이루는 특징을 보인다. 즉, 그의 교육철학에서는 가르침의 관점 및 내용보다는 배움의 관점 및 내용이 큰 비중을 점한다. 이는 주희만이 아니라 동양 교육철학 전반의 특징인데, 가르침의 관점 및 내용이 절대적 비중을 차지하는 서양의 교육철학과는 큰 차이를 보인다. 동양은 학습론 혹은 공부론 중심의 교육적 사유가, 그리고 서양은 교수론 중심의 교육적 사유가 발달되어 왔다고 할 수 있는데, 주희의 교육철학은 전자의 가장 대표적인 사례라고 할 수 있다.

공부론과 교육론, 교육철학의 관계를 둘러싼 이와 같은 견해와 관련하여 한 가지 보충 설명이 필요하다. 공부론을 교육론과 연계해서 보는 시각은 교육학자인 필자에게는 이미 당연한 듯 굳어진 인식이지만, 학계에서 공부론에 관심을 가지고 연구하는 이들이 모두 이런 시선을 공유하는 것은 아니기 때문이다. 필자가 보기에 공부론은 교육론 및 교육철학의 관점과 연계되어 있고 따라서 그 관련성 속에서 접근해야 그 실체가 보다 잘 드러난다. 그런데 공부론에 대한 기존의 많은 연구에서는, 공부론이 학자들의 수양론(修養論)이나 학문론(學問論)과 거의 동일한 성격을 지닌 철학적 문제 범주로 인식되며, 교육의 일과의 관련성은 거의 고려되지 않는 경향을 보였다. 주로 (동양)철학계의 연구 경향이 그러한데, 교육론적 연관성을 따지는 데 소홀한 대신 공부론과 연계한 철학적 문제들(본체, 인식 등)과 사상사적 배경을 깊게 파고드는 특징을 보이기도 했다.[1] 이는 공부론을 '교육학적' 시선에서 접근하느냐, '철학적' 시선에서 접근하느냐에 따라 차이가 있음을 보여 주는 것이기도 하다. 그런데 우리에게 중요한 것이 공부론, 특히 주희의 공부론의 '전모'를 밝히는 것이라고 보면 각 입장에서 기존에 간과해 온 점이 없었는지에 대해 보다 세밀하게 점검하고 보완해 가는 노력이 필요하다.

동양사상의 공부론을 다루되 그 교육론 및 교육철학과의 연관성을 굳이 따지지 않는 일반 철학계의 연구 풍토가 이해되는 바가 있다. 분석 대상이 되는 사상(가)들 자체가 일반 교육적 관심을 크게 표명하지 않은 경우가 많기 때문이다. 심지어 공부론에 관해서 주희와 논쟁을 벌였던 육구연(陸九淵, 호는 象山, 1139~1192), 그리고 후대에 주희의 공부론적 관점에 대응해서 새로운 사유의 줄기를 열었던 왕수인(王守仁, 호는 陽明, 1472~1528)의 경우마저도 교육의 일에 관해서는 본격적 논의를 펼치지 않았다. 도가와 불가는 더 말할 나위가 없다. 그러니 동양사상의 공부론을 규명하고자 하는 연구들이 교육적 관련성을 떠올리지 않는 것은 자연스러운 일이다. 필자의 경우는 전공의 특성상 교육학적 관점을 깔고 있지 않을 수가 없어서 교육론적 연관성을 과장하는 것은 아닐까 하는 의심을 할 수도 있다.

그런데 이에 대해서는 필자의 공부론 연구가 다름 아닌 주희로부터 시작되었다는 점을 고려한다면 설명이 된다. 주희는 동양 및 유학의 사상사에서 특별하다고 할 만큼 교육적 관심이 높았고, 새로운 시대가 필요로 하는 교육제도, 교육과정, 학교론을 구축해

1 철학계에서 주희의 공부론을 포함한 공부론 관련 연구가 다수 이루어져 왔다. 특히 주희 공부론에 직·간접적으로 연관된 주요 논저들에 대해서는 책 말미의 참고문헌을 참조하기 바란다. 철학계의 논의들은 필자와 같은 교육적 접근과는 논의 초점에 있어 차이를 보이며, 이 점에서 상호 보완의 역할을 할 수 있을 것이다.

갔다. 실제로 주희 이후의 교육사는 주희가 마련한 교육철학과 교육제도에 의해 전개되었다. 주희의 공부론은 비단 한 학자의 수기(修己)를 위한 것만이 아니라 국가 및 사회의 교육 체제 구축을 위한 사상적 토대로서 정립되어 갔다. 이런 상황을 고려한다면 주희의 공부론에 접근할 때 반드시 그의 교육론적·교육철학적 관심사와 접맥시켜야 그 전모가 드러난다는 점이 이해될 것이다. 주희를 기점으로 한 주자학 계열의 많은 사상가의 공부론도 교육적 관련성을 짙게 띠고 있었다. 조선의 이황(李滉, 호는 退溪, 1501~1570), 이이(李珥, 호는 栗谷, 1536~1584)의 사상이 대표적인 예다. 이들은 학교론을 적극적으로 펼친 이들로서 이들 학교론의 근간은 공부론적 결실이 녹아들어 있다. 물론 주자학자라도 다 그런 것은 아닌데 다만 주자학 외의 다른 학파와 비교하다면 이 특징은 뚜렷하게 보인다.[2]

그런데 주희도 처음에는 다른 유학자들과 마찬가지로 진리를 찾고 실현하기 위한 그 자신의 수기적 차원에서의 학문 및 공부방법에 대한 관심으로부터 공부론적 논의를 시작했다. 즉, 공부에 대한 주희의 관심은 일차적으로 자신 및 자신과 같은 학인들의 온전

---

2 일찍이 주희 사상에 대한 비판적 연구를 방대하게 진행해서 학계에 큰 영향을 미친 모종삼(牟宗三)의 작업(『心體與性體』(三), 臺北: 正中書局, 1968)은, 역설적이지만, 이 현상을 이해하는 데 도움을 준다. 모종삼은 주희가 본체를 직관하고 구현하는 상달법(上達法)을 모른 채 하학(下學)의 길을 찾아 교육과정으로 나아갔다고 비판한다. 그런데 필자의 생각으로, 주희의 관심이 교육과정으로 나아간 사실은 모종삼이 정확히 본 것이지만, 이를 주희가 본체에 대한 이해가 부족해서 그러했다는 식으로 볼 문제는 아니라고 본다. 모종삼은 전체적으로 육왕학적 관점에 서서 주희의 본체관, 공부관의 오류를 지적하고 있는데, 이로써 주희가 교육과정에 대한 관심으로 나아간 진정한 의도를 적절하게 이해하지도 평가하지도 못하고 있다. 그럼에도 불구하고 주희 사상에 대한 모종삼의 이와 같은 설명은, 역설적으로 주희의 관심이 자신의 공부에 대한 관심 및 통찰을 교육과정에 대한 관심 및 통찰로 확대해 갔다는 사실을 부각하는 데 기여를 했다고 본다. 한편, 공부론에서 교육적 관심으로 이어지는 주희의 이러한 탐색 경로는 당시 북송대 이래의 신유학계의 사상적 흐름에서 일반적인 것이 아니었고, 그래서 모종삼의 눈에도 특별하게 비추어진 것이리라 판단된다. 주희는 스스로 공자를 중심으로 한 유가의 대중지정(大中至正)의 학문적 지향을 잇는다는 믿음을 가졌으며 그 결과가 그의 공부론과 교육론으로 나타났다는 것이 필자의 생각이다. 그런데 주희가 공자 이래의 유가 사상의 본령을 담지 못했다고 보는 시각은 주희 시대는 물론이고 현대에도 이어지고 있다. 주희를 비판적으로 보는 입장의 대부분은, 모종삼이 전형적으로 보여 주듯이, 자기수양의 공부 문제를 제외하고는 교육 일반에 대한 관심과 이해가 약하다. 모종삼이 잇고 있는 육왕학적 전통 자체가 그런 특성을 드러낸다. 이 말은 공부의 문제 자체는 물론이고 그 공부를 구현할 교육의 체제를 적극적으로 고민하고 탐색하고 방안을 내세운 주희, 나아가 주자학의 사상 전통은 다른 사상들과는 다른 특별한 지점이 있다는 뜻이다. 교육철학, 교육사의 관점에서 주희와 주희에서 비롯된 주자학이 유독 주목되는 이유다.

한 학문 및 공부방법을 정립하는 문제에 있었다. 이는 북송대 이래의 도학적 신유학자들의 학술 및 공부 사상에 영향을 받은 것이기도 했다. 주희는 특히 중화설(中和說) 논변을 거친 후 본격적으로 리기심성론(理氣心性論)에 기초한 공부의 의미론을 정립하고, 나아가 경(敬)과 지(知)와 행(行), 그리고 소학(小學)과 대학(大學)을 주요 요소로 하는 공부의 방법론을 구축한다. 그런데 그는 리기심성론에 토대를 둔 공부의 주체와 목적론, 그리고 공부방법론을 확립하는 과정에서 동시에 사회의 모든 구성원이 교육시스템 속에서 온전한 배움과 학문, 성장으로 나아갈 수 있는 길을 모색한다. 즉, 주희의 교육적·교화적 관심의 본격적인 전개가 이루어지게 된다. 자기 공부의 관심으로부터 사회의 모든 연령층을 아우르는 타자들의 공부를 조직적으로 이끌어 내는 교육 체제에 대한 관심으로 나아간 것이다. 그리하여 아동에서 성인에 이르는 전 과정에서 어떤 공부를 어떻게 해야 할지, 그 공부를 어떻게 교육적으로 이끌어 낼지, 그리고 그런 공부를 할 수 있는 교육제도를 어떻게 구축할지 등에 대한 사색과 연구가 펼쳐진다. 주희가 밟은 이런 경로는 유가가 이상적 학문의 길로 여기는 바의, 수기(修己)에서 치인(治人)으로 나아가는 하나의 좋은 사례를 스스로 보여 준 것이기도 하다. 그리하여 주희는 아동 단계의 공부[소학]와 성인(成人) 단계의 공부[대학]에 대해 상호 연계하에 정리하고, 나아가 소학·대학의 공부과정, 교육과정을 구현할 수 있는 소학·대학 학교체제를 이론적·실천적으로 마련하는 데로 나아간다. 주희에게 학교에서 학생들이 공부해야 할 내용이란 곧 애초에 그 자신의 학문 및 공부를 위해 정립한 바의, 경 공부, 지 공부, 행 공부가 조화를 이루는 공부방법론 자체였다. 주희의 학교론, 교육론은 공부론의 토대가 아니면 애초에 불가능한 것이었다. 역으로 그의 공부론은 그의 학교론, 교육론까지 들여다보아야 그 전체적 면모가 드러난다. 교육론이나 학교론과의 관련성에 대한 인식이 부재한 채로 보이는 주희의 공부론은 반쪽에 불과하게 된다. 공부론에서 교육론, 학교론으로 나아가는 그 필연을 이해할 때, 비로소 주희의 공부론에 균형 있게 다가설 수 있다.

동아시아의 지성사에서 주희는 교육에 대한 철학적 사유를 체계적이며 종합적으로 펼친 선구자라고 해도 과언이 아니다. 이게 무슨 말인가? 이미 선진(先秦) 시대에 인간과 교육, 배움, 수양에 대한 깊은 통찰이 공자(孔子)와 맹자(孟子), 순자(荀子), 그리고 노자(老子), 장자(莊子) 등에 의해서 이루어지지 않았는가? 이후 수당대(隨唐代)에 이르러서는 많은 불승(佛僧)이 역시 깊은 통찰을 보여 주지 않았는가? 맞는 말이다. 이들이 보여 준 인간 본질 및 그것을 펼치는 교육적 혹은 교수학습적 방법에 대한 지혜는 심오하고 의미가 크다. 그러기에 현대 교육 연구자들에 의해 다각도로 조명되고 있다. 그런데 이들의 존재를 염두에 두더라도 주희가 동아시아에서 최초로 체계적이고 종합적인 교육철학을 전개한 인물이라고 하는 주장은 타당성을 가진다. 체계적이고 종합적인 교육철학이라고 하면 교육의 의미와 목적, 내용, 방법에 대해 인간과 사회의 본질에 대한 깊은 통찰과 연계해서 일관성 있게 풀어낸 학술이 있어야 한다. 주희는 인간이란 무엇인가, 교육이란 무엇인가, 배움이란 무엇인가에 관한 기본 개념을 둘러싸고 분명한 학술적 규정을 했고, 나아가 이런 개념과 연계하여 교육과정론, 배움의 방법론, 학교론, 향촌교육론 등 교육의 실제에 관한 식견을 일관성을 갖추고 입체적으로 풀어냈다. 이런 사례는 주희 이전에는 찾기 어렵다. 주희의 견해에 대해 선호가 있을 수는 있으나, 그에 의해 구축된 정교한 이론적 체계를 갖춘 교육철학이 이후 동아시아 교육의 역사에서 수백 년간 중대한 영향을 미쳤다는 사실은 모두 인정할 수밖에 없을 것이다.

주희의 교육에 대한 철학적 사유는 특히 리(理)와 성(性), 심(心) 등의 개념 위에서 펼쳐진다. 『중용(中庸)』과 『대학(大學)』 등에서의 교육 및 배움에 대한 의미 규정을 이어서 주희는 인간에 대해 하늘의 리를 품부한 본성의 존재로 이해하면서 그 본성을 실현하는 일이야말로 교육 및 배움의 본질이라고 여긴다. 이런 이해의 기저 위에, 주희는 마음을 주체로 세우고서 그 스스로의 본성을 이해하고 펼치는 방향으로 이끄는 다양한 공부 및 육성 방법을 논한다. 지(知)·행(行; 敬)의 병진(竝進), 혹은 경(敬)·지(知)·행(行), 혹은 거경(居敬)·궁리(窮理)·역행(力行), 그리고 소학(小學)·대학(大學) 등이 그 공부방법이며 교육과정을 표현하는 핵심어가 된다. 나아가 이런 공부 및 교육을 체계적으로 이루기 위한 제도적 장치로서의 학교에 대한 논의도 본격적으로 진행한다. 이렇게 다채롭게 펼쳐지는 주희의 교육에 대한 철학적 논의의 중심에는 공부론이 있다. 주희의 교육적 논의는 사서(四書) 등의 유교 고전에 대한 주석이나 토론 과정 속에서 등장하거나 아니면 독립된 저술이나 편지글 등을 통해 다양한 방식으로 드러난다. 이런 자료들을 두루 탐색하면서 확인하게 되는 중요한 사실 하나는, 그중 가장 큰 비중을 차지하는 것은 공부 및 학(學)의 의미 및 방법에 대한 이야기라는 점이다. 비교해서 서양권의 걸출한 교육사상가들을 들여다보면, 그들의 교육적 논의는 대체로 가르치는 자의 입장에서의 교수론(教授論)에 관련된 것이다. 즉, 교사의, 어른의 입장에서 학생들을 어떤 방향으로 어떻게 이끌까에 초점이 맞추어져 있다. 이에 비해 주희의 경우 배우는 자 혹은 학자의 입장에서 어떻게 공부를 하고 어떻게 자기 성장을 도모할까에 초점이 맞추어져 있다. 주희의 교육철학은 확실히 공부론 중심의 성격을 띠고 있으며 공부론이야말로 주희 교육철학의 정체성을 보여 주는 부분이다.[3] 이 책이 주희의 교육철학을 다루되 공부론을 중심으로 하는 이유다.

2. '공부(工夫)'의 의미와 리(理)의 세계관

'공부론'이라는 분석 창은 비록 도가나 불가 사상을 설명하는 데도 쓰이지만 대체는 신유학(新儒學)[4]을 비롯한 유가 사상을 다루는 도구로 활용되어 왔다. 그도 그럴 것이 동아시아에서 '공부(工夫)'라는 용어는 신유학의 활성화와 더불어 비로소 학문적 용어로 부상한 역사를 지닌다. 특히 신유학의 집대성자인 주희는 '공부'가, 학(學), 위학(爲學)과 하나로 연결되면서, 학문 행위를 뜻하는 주요 용어로서 자리 잡는 과정에서 결정적 역할을 했다. 주희는 여러 방면에서 선구적 위치를 점유하는데, 공부라는 용어의 새로운 정착에서도 그러했다. 지금 우리가 공부론이라는 창을 주희 사상을 분석하는 도구로 삼고 있는데, 이를 가능하게 한 근거는 바로 주희 자신에 의해 만들어졌다고 해도 좋겠다.

주희 문헌에서 '공부(工夫)'라는 용어의 쓰임은 '학(學)'이나 '위학(爲學)'의 쓰임과 밀접하게 연결되어 있다. 그런데 '학(學)'이라는 말이 유교의 장구한 역사와 함께해 온 것이라면, '공부(工夫)'라는 용어는 주희 이전에는 학문적으로 의미 있게 활용된 것은 아니었다. 주희 이전의 중국 역사에서 공부는 본래 '노력하다' '애쓰다' 정도의 의미를 지닌 단

3 '공부론 중심의 교육철학'은 비단 주희만이 아니라 여타 유학자, 나아가 도가와 불가의 교육사상가들도 드러낸 특징이다. 자기 공부 및 수양과 성장, 깨달음을 초점에 두었던, 유·불·도를 중심으로 한 동양의 학문적 정체성에 따른 특징이다. 그런데 주희는 단지 공부론을 정리하는 차원을 넘어 공부론적 통찰을 모든 이를 위한 일반 교육 및 교육론 체제를 구축하는 과제와 적극적으로 연계해 간다. 이 지점에 주희의 특수한 기여가 있다.

4 신유학(新儒學) 혹은 신유가(新儒家)는 주로 북송대(北宋代) 이래의, 도학(道學), 성학(聖學), 리학(理學), 심학(心學)을 표방하는 일군의 새로운 유학적 경향을 지칭하는 용어다. 도학, 성학, 리학, 심학 등이 당시의 관련 유자(儒者)들이 직접 자신의 학문적 정체성을 표현했던 바의 '내부자적' 용어라며, 신유학 및 신유가는 현대의 국내외 연구자들이 이들의 새로운 경향의 유학을 선진(先秦) 시대의 유학과 대비하여 지칭하기 위해 사용하는 '외부자적' 용어라고 할 수 있는데, 먼저 영어권에서 'neo-Confucianism'으로 지칭한 데서 비롯되었다.

순한 일상용어였다.[5] 그런데 주희는 이를 '학' 및 '위학'과 거의 같은 의미를 지닌 용어로 사용하기 시작한다. 신유학의 전개에 있어 주희 사상의 선구를 이루었던 정이(程頤, 호는 伊川, 1033~1107)의 경우만 해도 공부라는 말을 사용하는 예를 거의 찾아볼 수 없다. 그런데 주희의 문헌에는 '공부'라는 용어가 매우 빈번하게 등장하는데 대부분은 '학' 및 '위학'의 뜻으로 쓰인다. 말하자면 주희는 전통적으로 단순히 '노력'의 뜻으로 쓰인 일상용어를, 학과 연계된 학문용어로 전용한 것이며, 이 용어를 통해서 특히 학의 '실제 행위'나 '실천'의 의미를 담게 된다.

이렇게 주희에 이르러 공부(工夫)는 학(學), 위학(爲學), 나아가 학습(學習), 학문(學問)과 의미상 상통하는 주요 개념으로 등장하며, 따라서 그의 공부론(工夫論)은 곧 학론(學論) 혹은 위학론(爲學論)이라고 해도 무방하다.[6] 주희의 용례를 분석해 보면 '학(學)'은 '앎과 실천력을 추구하는 배움 자체'를 의미하고,[7] '위학(爲學)'은 그 배움의 '실천' 혹은 배움의 '실제'의 의미가 강화된 표현으로 볼 수 있는데,[8] '공부(工夫)'는 이 두 의미 맥락을 아울러 품고 있다고 하겠다.[9] 엄밀히 말하면 공부는 학이나 위학에 비해서 보다 구체

5 諸橋轍次, 『大漢和辭典』(二), 大修館書店, 1984, 367쪽 참조.

6 '공부(工夫)'가 '학(學)' 혹은 '위학(爲學)'의 개념과 상통한다는 점에서, '공부론(工夫論)'을 '학론(學論)', '위학론(爲學論)'으로 대체할 수 있다. 그럼에도 필자가 굳이 '공부론'이라는 용어를 쓰는 것은 두 가지 이유에서다. 하나는 공부론은 학론이나 위학론에 비해서 보다 보편적으로 적용될 수 있는 범주 용어가 될 수 있다고 보기 때문이다. 마치 현대 한국에서 공부라는 용어가 일반적으로 모든 종류의 배움에 적용할 수 있는 반면, 학문과 같은 용어는 보다 전문적인 배움 및 연구 활동을 지칭하는 것으로 한정되는 것처럼 말이다. 다른 하나는 주희의 '공부'는 물론이고 '학'과 '위학'의 경우도 이들을 현대 한국어로 번역할 때 '공부'라는 용어가 그 원의를 가장 가깝게 표현한다고 보기 때문이다. 주희의 공부 및 위학은 다만 지식추구뿐 아니라 덕성함양, 마음의 수양, 그리고 일상적 삶의 실천과 광범위한 관련을 맺는 것인데, 현대에 이 제반의 의미를 포괄적으로 담아내는 데 '공부'보다 적절한 용어는 찾기 어려운 듯 보인다.

7 주희는 『논어』 첫 장의 '學而時習之'를 설명하되, '學'을 "아직 알지 못하고 할 수 없어서 앎을 구하고 능함을 추구하는 것"으로, 그리고 '習'을 "이미 알고 이미 할 수 있어서 행하기를 그치지 않는 것"으로 풀이한다. 『朱子語類』 20-9(卷20의 9번째 조목을 의미; 이하 숫자로만 표기), "未知未能而求知求能, 之謂學, 已知已能而行之不已, 之謂習."(『朱子語類』, 王星賢 點校, 北京: 中華書局, 1983)

8 『朱子語類』 8-14, "爲學須先立得個大腔當了."/ 『朱子語類』 8-38, "爲學, 須思所以超凡入聖."/ 『朱子語類』 8-4, "爲學不進, 只是不勇."/ 『朱子語類』 8-87, "爲學須是切實爲己, 則安靜篤實, 承載得許多道理."/ 『朱子語類』 8-93, "爲學須是專一."/ 『朱子語類』 11-92, "爲學須是先立大本."/ 『朱子語類』 11-93, "學者只是要熟, 工夫純一而已."

9 『朱子語類』 8-13, "學者工夫, 但患不得其要."/ 『朱子語類』 8-36, "學者做工夫, 當忘寢息做一上, 使得

적이고 적극적인 실천노력의 뜻을 더 적극적으로 드러낸다고도 할 수 있으니,[10] 학이나 위학이 '배움'이나 '배움의 실제' 일반을 가리킨다면, 공부는 배움의 실제 상에서의 '구체적인 내용으로써 힘써 노력함' 혹은 '정진(精進)'의 의미가 더 강화된 양상을 보인다.

주희의 '공부', 그리고 공부와 거의 같은 의미를 지니는 '학'은 중립적 개념이 아니다. 그 자체에 가치 지향성을 지닌다. 주희는 말한다.

> 학(學)은 대저 다만 선(善)과 악(惡)을 분별해서 (악은) 제거하고 (선은) 지향해 가는 것일 뿐이다.[11]

> 성현이 말한 바의 공부(工夫)는 모두 한결같은데, 단지 '선을 선택하여 굳게 지키는 것[擇善固執]'이다.[12]

> 배우는 자의 공부[學者工夫]는 단지 하나의 옳음[是]을 구하는 것일 뿐이다. …(중략)… 옳은 것[是]을 쫓으면 선(善)이 되고 그른 것[非]을 따르면 악(惡)이 된다.[13]

요컨대 학 및 공부는 '선(善)'이나 '시(是)', 즉 선함과 옳음을 알아서 이를 자신의 삶 속

些入處, 自後方滋味接續."/『朱子語類』 8-44, "今人做工夫, 不肯便下手, 皆是要等待."/『朱子語類』 8-51, "今人不肯做工夫."/『朱子語類』 8-53, "小立課程, 大作工夫."/『朱子語類』 8-54, "工夫要趲, 期限要寬."/『朱子語類』 9-18, "學者工夫, 唯在居敬窮理二事."/『朱子語類』 12-18, "學者工夫, 只在喚醒上."

10 예를 들어, 주희는 '勉行底工夫'(『朱子語類』 8-48), '窮格工夫' 및 '操存工夫'(『朱子語類』 9-10), '窮理工夫'와 '涵養工夫'(『朱子語類』 9-15), '敬字工夫'(『朱子語類』 12-85), '克己工夫'(『朱子語類』 12-124) 등의 표현을 쓰는데 여기에서 工夫는 學의 세부적 내용들—마음수양과 실천, 지적 탐구 등—과 긴밀하게 결합하여, 학의 구체적인 '실천노력'의 의미로 쓰인다. 또한 주희는 '做工夫'(『朱子語類』 8-21, 34, 36, 44, 51, 59, 85)나, '下工夫'(『朱子語類』 8-48, 13-65), '作工夫'(『朱子語類』 8-53), '用工(夫)'(『朱子語類』 12-104)과 '加工(夫)'(『朱子語類』 12-106) 등 '工夫' 앞에 '做' '下' '作' '用' '加' 등의 동사를 첨가해서 공부의 실천적 성격을 분명히 드러낸다. 공부는 명사로서 주로 주어나 목적어로 쓰이지만 이와 같은 방식의 결합을 통해서 '공부를 실천적으로 행하다'라는 서술적 의미를 지니게 된다.

11 『朱子語類』 13-52, "學, 大抵只是分別個善惡而去就之已."

12 『朱子語類』 8-11, "聖賢所說工夫, 都只一般, 只是一個'擇善固執."

13 『朱子語類』 13-50, "學者工夫, 只求一個是 …(중략)… 從其是則爲善, 徇其非則爲惡."

에 구현한다는 가치지향의 과업이다.[14] 이렇듯 학 및 공부의 방향이며 내용이기도 한 이 선함과 옳음의 배경에는 주희의 리(理)의 세계관이 자리한다. 주희는 학이 성립될 수 있는 두 가지 조건으로 리(理)와 심(心)을 제시한 바 있다.

> 사람이 공부하는 바탕은 심(心)과 리(理)일 뿐이다.[15]

간단히만 보면 심은 공부의 주체와, 그리고 리는 공부의 목적 및 내용과 연결된다고도 할 수 있는데, 이 심과 리, 그리고 양자를 잇는 성의 개념을 둘러싸고 특유의 심성론과 본체론이 펼쳐지고 공부론도 이어진다. 심(心), 성(性)과 더불어 리(理)는, 더욱이 심, 성의 근거라고도 할 수 있는 리는 이 책 전체를 걸쳐서, 공부의 문제를 다각도로 풀이하는 과정에서 설명되어야 할 난해한 개념이다. 인간의 공부 및 학이 지향하는 구체적인 삶의 가치들은 이 리에 의해 정당화된다. 결국 주희에게서 '공부'의 개념은 '선함과 옳음의 근거가 되는 리가 구현된 삶을 이루기 위한 배움의 실천노력'이라고 풀이할 수 있다. 그런데 주희에게 리(理)는 곧 인간의 성(性), 즉 본성으로 자리한다. 따라서 '공부'는 '리를 본질로 하는 인간 자신의 본성을 실현하기 위한 배움'이기도 하다. 공부는 그 자체에 이미 본연의 인간됨의 실현이라는 의미를 함유하고 있으며 그 본연의 인간됨은 무엇보다 리(理), 그리고 리로서의 성(性)과 관련이 있다. 학이나 공부가 추구해야 한다고 하는 선함과 옳음도 그 자체가 리이기도 하지만 결국 궁극의 하나의 리[一理, 太極]에 의해 정당화된다. 이 리를 어떻게 이해하고 구체화하는가는 공부의 성격을 결정짓게 된다. 리와 공부에 대한 이해는 넓게 열릴 수도 있고 좁게 닫힐 수도 있다. 리를 근간으로 한 공부의 실제가 어떤 이들에게는 강제 및 폭력으로 느껴지고 어떤 이들에게는 인간의 아름다운 비상으로 느껴질 수 있는데, 이 다양한 체험과 감상은 주자학의 역사가 보여 주고

---

14 '공부(工夫)'가 언제나 가치지향의 의미를 담고 있는 것은 아니다. 단순한 '노력'의 의미의 서술적 개념으로 쓰이는 경우도 있다(예, 科擧工夫). 이는 '학(學)'의 경우에도 마찬가지다(예, 科擧之學). 그러나 이러한 반례에도 불구하고, 주희 문헌에서의 일반적인 용례의 맥락 속에서 공부(工夫)와 학(學)은 대체로 가치지향성을 띤다.

15 『大學或問』, 「大學或問下」, "人之所以爲學, 心與理而已矣."
『大學或問』의 원문은 다음 저본 참조: 『朱子全書』(1~27册)(朱傑人·嚴佐之·劉永翔 主編, 上海: 上海古籍出版社; 合肥:安徽教育出版社, 2002)의 6册, 505-547쪽. 이 저본에서 『大學或問』의 전체 내용은 크게 상(上)과 하(下)로 나뉘어 있으며, 상에는 『大學章句』의 서(序) 및 경문(經文)에 해당하는 내용이, 하에는 전문(傳文)에 해당하는 내용이 실려 있다.

있다. 이는 리를 근간으로 한 세계관과 인간관, 공부관이 지닌 특징 및 제약점과 연결되어 있다.

주희의 공부 및 학, 인간의 이해를 근거 짓는 리(理)는 몇 마디 언어로 간단히 설명하는 게 어렵지만, 우선 존재와 생장의 근거이며 원리, 중심의 의미를 지닌다고 할 수 있다. 이는, 예를 들면, 노자(老子)가 '도(道)'라는 언어적 표현으로 드러내고자 했던 그 지점과 맞물린다. 주희 스스로가 자신의 리와 노자의 도의 차별화를 위해 애썼다는 것을 감안하더라도, 크게 보면 양자 사이의 유사성은 부정하기 어렵다. 나아가 더 크게 본다면 리는 서양 기독교 전통에서의 신의 이법이나 말씀과도 통한다고 할 수도 있겠다. 노자의 도나 기독교의 신(의 이법)은 궁극의 형이상학의 지점이고 종교적 직관의 영역으로서 인간의 언어와 감각으로 다 드러낼 수 없다. 인간과 교육, 공부에 대한 모든 의미를 근거 짓는 리 역시 마찬가지다. 리와 도, 신(의 이법)은 모두 궁극을 드러내지만 각 사상과 종교에 따라 각각 특색 있는 이해와 적용으로 나아간다. 그 궁극이 인간의 언어와 감각으로 다 드러내기 어려운 이상, 이에 대한 지나친 이지적 논쟁은 의미 없고 위험하다. 그런데 리의 세계관은, 노자의 도의 세계관이나 기독교의 신의 세계관과 마찬가지로, 한 가지는 분명한 특징을 드러낸다. 그것은 인간에 대한 유물론적이고 물질적인 세계관과는 질적으로 다르다는 점이다. 인간은 먼지로부터 출발해 먼지로 사라지는 우연의 물질적 산물이 아닌, 인간의 인식과 표현의 한계를 넘어서지만 모종의 정신성을 본질로 함유하는 궁극의 신성한 원천에 입각해 생명과 본성을 부여받은, 그 신성한 원천의 본질을 그대로 자신의 본질로 삼고 있는 존재라는 이해가 그것이다.

주희의 리는 직접적으로 북송대의 이정(二程; 程顥와 程頤 형제)의 '천리(天理)' 개념을 잇고 있다. 정호(程顥, 호는 明道, 1032~1085)는 '천리' 두 글자는 자신이 처음으로 새롭게 밝힌 개념이라고 명시한 바 있다.[16] 그 이전의 유교 전통에서 존재의 근원 및 원리를 설명할 때 쓰였던 용어로는 천(天)이나 천지(天地), 태극(太極), 그리고 도(道) 같은 것이 있었다. 그런데 정호는 '천(天)'에 '리(理)'를 붙인 '천리(天理)' 개념을 새롭게 등장시킨다. 천리라는 용어 자체에서 우리는 리가 전통적으로 존재론적 본체의 의미로 관용적으로 쓰였던 그 '하늘[天]'과 연결되어 있음을 알게 된다. 존재의 뿌리이며 모든 것이라는 의미를 지녔던 '하늘' 및 '하느님'을 근간으로 하고 있다는 사실은 리의 본질을 이해하는 데

16 『二程集』,『外書』 12-25, "明道嘗曰. "吾學雖有所受, 天理二字却是自家體貼出來." (『二程集』, 王孝魚點校, 北京: 中華書局, 1981.)

중요한 지점이다. '리의 세계관'은 '하늘 및 하느님의 세계관'과 직결되어 있음을 보여주기 때문이다. 다만 '천리'는 전래의 '천' 개념에 비해 철학적 성격의 강화 양상을 보여준다.

우선 리는 존재의 근원 및 원리를 가장 넓은 차원에서 드러내는 용어일 뿐 아니라, 그 근원 및 원리에 뿌리를 두면서도 구체화된 삶의 형식 및 덕목[인·의·예·지·신과 같은], 그리고 각종 예법을 반영하는 용어로 자리매김한다. 이전의 천이나 태극 같은 개념들이 주로 전자에 치중해 있었다면 리는 전자는 물론이고 후자를 포괄하고 있는 셈이다. 정이는 이런 리의 특성을 '리일분수(理一分殊)'로 묘사하기도 한다. 주희의 리의 세계관은 노자의 도나 기독교의 신의 세계관과 비교할 때, 궁극을 말할 뿐 아니라 궁극이 구체화된 형태에도 주목해서 이해하며 창조하고자 하는데, 각종 선함과 옳음, 예법, 그리고 법칙들이 그것이다. 주희를 비롯한 유자들은 이런 존재적 실상에 대해, 단지 가설을 설정하고 믿는 수준이 아니라, 삶의 모든 경험을 통해 이해하고 설득하는 과정을 밟는다. 주희의 공부 및 학은 이런 존재 이해를 근간으로 하고 있고 또 향하고 있다. 이에 대해 가령 도를 내세우는 노자의 관점에서는 이런 주희식의 리의 구체화 과정이 초래할 작위적이고 분별적인 배타성과 폭력성을 경고할 것이고[17] 실제 주자학의 역사는 그 문제점을 노정해 오기도 했다. 그러나 문명질서의 세세한 설계와 구축에 대한 강한 문제의식과 의지를 지닌 주희는 이 복잡하고 어렵고 또한 위험할 수 있는 길을 선택했다. 물론 스스로는 최대한 천리의 본연에 부응하는 길을 찾고자 했다. 주희에게 더 위험하고 인간을 해치는 것은 리 개념이 부재한 채로 인간의 길을 논하는 사상들이었다.

주희의 공부론은 공부 및 학의 개념에 얽힌 여러 가지 문제, 즉 공부 및 학의 목적, 주체, 내용, 방법 등에 관한 논의가 씨줄과 날줄을 형성하고 있다. 이 공부론(工夫論)은 우주의 본체와 작용에 대한 논의인 리기론(理氣論), 인간의 마음과 본성에 대한 논의인 심성론(心性論)을 그 속에 품고 있다. 공부론은, 리기론과 심성론을 비롯한 주자학 내의 여타 모든 논의에 대해서 궁극적 의의를 부여하는 근본적 논의다. 주희의 학문적 관심의 근간은 "어떻게 하면 사람들이 자신의 참된 본성을 실현하고, 나아가 모든 사람의 본성을 발현할 수 있는 사회를 이룩할 것인가?"라는 공부론적인 문제였고, 주희는 이 문제를

17 『老子』 38章, "上德不德, 是以有德. 下德不失德, 是以無德. 上德無爲而無以爲. 下德爲之而有以爲. 上仁爲之而無以爲. 上義爲之而有以爲. 上禮爲之而莫之應, 則攘臂而扔之. 故失道而後德, 失德而後仁, 失仁而後義, 失義而後禮. 夫禮者, 忠信之薄而亂之首也."

실천적으로 숙고하는 과정에서, 세계와 인간 자체에 대한 입장을 정리할 필요성을 느끼게 되고, 이에 따라 리기론(理氣論)과 심성론(心性論)을 구축한다. 다시 말하면, 리기심성론(理氣心性論)이 먼저 정립이 되고 이로부터 공부론(工夫論)이 연역이 된 것이 아니라, 공부론(工夫論)의 정립 과정에서 필요에 의해 리기(理氣)와 심성(心性)의 문제가 함께 해명되어 간 것이다. 공부론과 리기론, 심성론은 모두 서로를 요소로 하면서 동시에 구축되었다.[18] 그래서 리기론과 심성론이 근본이고 공부론은 이로부터 파생된 부차적인 것처럼 여기고 가볍게 취급한다면, 공부론을 이해하기 어려울뿐더러 리기론 심성론의 본연에도 다가서기 어렵다.

주희의 공부론은 안으로는 리기심성론과 한 몸을 이루고 있으며, 밖으로는, 앞에서 강조했던 것처럼, 교육론, 학교론과 또 한 몸으로 이루고 있다. 이 안팎의 긴밀한 연결관계를 종합적으로 고려하며 접근할 때 주희의 공부론의 실체가 보다 온전하게 드러날 수 있다. 그런데 이 모든 것의 근간으로 이루며 이 모든 것을 연결하는 핵심 고리가 되는 것은 리의 세계관이다.

3. 주희의 교육문명사적 시대정신과 공부론의 지향점: 도통(道統)의 관점

주희의 리(理)의 세계관과 이를 기초로 한 우주론, 심성론, 공부론, 교육론은 그의 문명사적 혹은 교육문명사적 시대인식 및 과제인식과 연결되어 있다. 왜 리의 세계관인지, 왜 리의 세계관에 입각한 공부론이며 교육론인지에 대한 보다 분명한 인식을 위해서는 그의 교육문명사적 시대정신에 접근해 볼 필요가 있다. 이 검토는 제2장 이후의, 주희의 공부론과 교육철학을 둘러싼 제반의 세부 논의를 이해하기 위한 배경으로도 필요하다.

---

18 이는 주희 학문의 태동과 성장, 완숙 과정을 통해서도 볼 수 있으며 제3장을 참조 바람.

1) 교육문명사에 대한 주희의 도통론적 이해와 시대적 과제

주지하듯이 주희는 동아시아의 사상사적·문명사적 흐름에서 거대한 전환을 이루어 낸 인물이며 역사적으로 그 영향력은 공자에 뒤지지 않는다. 그는 당말(唐末), 북송대(北宋代) 이래의 신유학적 흐름을 집대성하며 일단락지었고 이후 동아시아의 문명 전개는 그의 사상을 근간으로 한다고 해도 과언이 아닐 정도다. 그의 역사적 영향은 학문, 교육, 정치, 문화, 예법, 경제 영역 전반에 걸쳐져 있다. 이 영역들은 서로 분리되지 않고 연결이 되어 있는데, 그중에서 교육은 주희 관심사의 중심에 있었다. 문명사를 거시적으로 바라보며 일대 전환을 모색했던 주희에게 인간 의식 및 가치 체제의 형성 및 변화는 최대의 과제였으며 그것은 곧 교육의 일이며 학문 및 공부의 일이었다.

주희에게 공부론 및 교육론을 구축해 가는 일은 단순히 좋은 교육 모델 하나를 심는 정도의 의미에 그치지 않았다. 그의 시선은 심각한 위기에 처한 교육문명을 어떻게 새롭게 재구성하고 살릴까에 있었다. 공부론 및 교육론을 비롯한 그의 모든 영역에 걸친 학술적 관심과 담론은 기본적으로 문명사적 전개 및 그 속에서의 시대적 과제에 대한 거시적인 안목에 기반하고 있었다. 주희의 도통론(道統論)은 이 시각을 잘 드러내 준다.

주희에게 도통(道統)은 곧 도학(道學)의 바른 계통[正統]을 의미한다. 도를 지향하는, 도에 대한 학문으로서의 도학이 문명사에서 어떻게 출현했고 전승되었으며 그 내용은 무엇인지에 대한 논의인 도통론은 주희에 있어 문명사의 정수와 흐름, 시대적 과제를 관찰하는 핵심 도구로 부각된다. 사실 도(道)는 유가만이 아니라 동아시아의 모든 사상이 관심을 갖는 바다. 노장(老莊) 사상의 경우는 그 이름 자체를 '도가(道家)'라고 부르기도 한다. 각 사상들에서의 도 및 도학에 대한 이해는 서로 다르며 여기서 각 사상의 특징이 드러난다. 북송대 이래 신유학의 새로운 흐름을 이끈 학자들이 자신들의 학문을 도학(道學)이라고 했을 때 이는 당연히 유학적 정체성을 지닌 도학이었다. 신유학자들은 도학이라는 명칭을 통해 유학의 학문적 본질이 도의 이해와 실현에 있음을 다시 한 번 확인함과 아울러 그 내용을 새롭게 정비하고자 한다. 주희는 이런 흐름을 이으며 '도학의 바른 계통'을 '도통(道統)'이라는 이름으로 정리하고 이를 중심으로 유교문명사에 대한 자신의 이해를 밝힌다. 유교의 역사에서 도통이라는 개념은 주희 이전에도 있었지만,[19]

19 임명희, "도통 개념의 출현과 도학적 도통 관념의 함의", 『인문논총』 68, 2012, 319-342쪽.

특히 도학적 도통 개념을 체계화하고 이후 사상사에서 유학의 본질 이해에 대한 전형으로서 절대적 영향력을 행사한 것은 주희였다.

주희에 의하면 도학적 도통은 유교에서 이상적 사회로 여기는 삼대(三代; 夏·殷·周) 문명을 이끈 요(堯)·순(舜)·우(禹)·탕(湯)·문(文)·무(武)·주공(周公) 같은 성왕(聖王)들, 더 거슬러 삼대의 뿌리를 이루었다고 설정되는 복희(伏羲)·신농(神農)·황제(黃帝) 같은 전설적인 성왕들로부터 비롯되었다고 이해한다. 도통은 주대(周代) 이후 단절이 되었다고 공자(孔子)가 새롭게 밝혔고 공자의 제자들과 맹자로 이어졌다고 본다. 그런데 맹자(孟子) 이후 다시 긴 단절을 거치다가 북송대의 정호(程顥), 정이(程頤) 등에 의해 다시 밝혀졌고 그것을 주희 자신이 종합해서 잇고 있다는 이해를 피력한다. 도통의 전승에 대한 이런 이해를 기본으로 주희는 중국 역사의 흐름을 설명한다. 역사의 명암은 도통이 살아 있던 시기와 단절된 시기로 나눌 수 있다. 삼대 이후는 성왕의 부재와 함께 도가 정치적으로 구현된 때가 없었으나 대신 왕의 지위는 갖지 못했으나 학문적으로 도학을 밝혀 전승하는 이들이 있었다. 공자가 그 문을 열었고 그 제자들을 거쳐 맹자로 이어졌다. 그런데 맹자 이후 긴 시간 단절을 겪는다, 한대(漢代)에서 당대(唐代)에 이르는 긴 시기는, 비록 유교를 정치이념으로 삼아 국가를 운영했던 시기임에도 불구하고 주희는 도통이 단절된 어둠의 시간으로 인식한다. 도학적 본질이 망실되고 그 자리를 사장학(詞章學)이나 문자학(文字學), 공리(功利) 우선주의가 자리했다는 이유다. 그러던 것이, 주희에 의하면, 당송대(唐宋代)를 거치며 새로운 물결이 일기 시작해서 특히 북송대의 정호, 정이 등에 의해 도학이 새롭게 밝혀졌다. 주희는 이들의 도학의 새로운 정비를 문명사의 중요한 사건으로 인식하면서 그 자신이 이들을 이어서 도학의 새로운 전개를 매듭짓고 이후 문명사의 기틀로 삼고자 한다. 주희가 당시에 당면한, 교육과 정치, 문화 등 모든 영역에 걸친 문명사적인 문제는 바로 도학의 단절과 연결되어 있고 따라서 그의 핵심 과제는 도학의 새로운 전개에 관한 것이다.

그렇다면 도학(道學)의 내용은 무엇인가? 주희의 도통론과 도학론이 축약적으로 잘 드러난 문헌은「중용장구서(中庸章句序)」와「대학장구서(大學章句序)」다.「중용장구서」에서는 '인심도심정일집중(人心道心精一執中)'으로 요약될 수 있는, 성왕 요·순·우 이래의 심법(心法)의 공부론에 대해[20], 그리고「대학장구서」에서는 역시 성왕인 복희·신농·황

20『中庸章句』,「中庸章句序」, "中庸何爲而作? 子思子, 憂道學之失其傳而作也. 蓋自上古, 聖神繼天立極, 而道統之傳有自來矣. 其見於經, 則允執厥中者, 堯之所以授舜也. 人心惟危, 道心惟微, 惟精惟一, 允

제 이래의 소학·대학 교육론 및 학교론에 대해 설명하고 있다.[21] 이 점만 보더라도 문명사에 대한 주희의 인식에 있어 공부론과 교육론이 차지하는 비중이 얼마나 큰가를 알 수 있다. 주희의 학문의 백미는 사서(四書) 체제에서 드러난다고 보면, 사서 중 특히 새롭게 핵심 경전의 반열로 끌어올린『중용』과『대학』의 의미는 그에게 매우 크다고 할 것이다. 그런데 그에 대한 주석서의 서문에서 모두 도통론을 언급함과 동시에 공부론적·교육론적 문제의식을 드러내고 있다는 사실은 주희 사상 전체에서 도통론, 그리고 그와 연관된 공부론, 교육론의 의미가 각별하다는 것을 보여 준다. 길지 않은 분량의『중용』과『대학』은 각각 수장에서부터 교(敎; 교육 및 교화)와 학(學; 배움 및 학교)의 개념과 의미에 대해 논하며 출발하는데, 주희는『중용』과『대학』에서 제시되는 공부론 및 교육론의 존재와 그 위상을 분명하게 포착하며 이를 중심으로 (유교)문명사를 도통론의 관점으로 정리한 것이다.

'인심도심정일집중(人心道心精一執中)'의 도학적 공부론과 '소학대학(小學大學)'의 도학적 교육론 및 학교론의 문명사적 전승과 과제를 도통론적으로 설명하는 과정에서 주희는 그 전승과 실현을 위협하는 사상 및 학문 풍토를 분명하게 지적하며 철저한 사상적 경쟁 및 극복 의지를 드러낸다. 크게 두 가지 방향으로 드러나는데, 하나는 유교 밖의 사상들이고 다른 하나는 유교 안의 학문 풍토들이다. 유교 밖의 것으로는 불교와 도교이고, 유교 안의 것으로는 한당대 이래의 일반 유자들의 관습적 학문 행태로 볼 수 있는 사장학이나 훈고학에 치중하는 경향, 공리중심주의적 경향 등이다.「중용장구서」와「대학장구서」에서는 이렇게 표현되어 있다.

執厥中者, 舜之所以授禹也. 堯之一言至矣盡矣, 而舜復益之以三言者, 則所以明夫堯之一言, 必如是而後, 可庶幾也."

21『大學章句』,「大學章句序」, "大學之書, 古之大學所以教人之法也. 蓋自天降生民, 則既莫不與之以仁義禮智之性矣, 然其氣質之稟或不能齊, 是以不能皆有以知其性之所有而全之也. 一有聰明叡智能盡其性者出於其間, 則天必命之以爲億兆之君師, 使之治而教之, 以復其性. 此伏羲神農黃帝堯舜所以繼天立極, 而司徒之職典樂之官, 所由設也. 三代之隆, 其法寖備, 然後王宮國都, 以及閭巷莫不有學. 人生八歲, 則自王公以下至於庶人之子弟, 皆入小學, 而教之以灑掃應對進退之節禮樂射御書數之文; 及十有五年, 卿大夫元士之適子, 與凡民之俊秀, 皆入大學, 而教之以窮理正心修己治人之道. 此又學校之教, 大小之節所以分也. 夫以學校之設, 其廣如此, 教之之術, 其次第節目之詳又如此, 而其所以爲教, 則又皆本之人君躬行心得之餘, 不待求之民生日用彝倫之外. 是以當世之人無不學, 其學焉者無不有以知其性分之所固有職分之所當爲, 而各俛焉以盡其力. 此古昔盛時, 所以治隆於上, 俗美於下, 而非後世之所能及也."

> 이로부터 또다시 전하여 맹씨(맹자)를 얻어 이 책을 미루어 밝힐 수 있어서 앞 성현들의 도통(道統)을 전승했으나 (맹자가) 세상을 떠남에 미쳐서는 그 전함이 끊어져 버렸다. 우리들의 도학(道學)이 의지하는 바가 겨우 언어와 글자뿐이고 이단(異端)의 학설이 나날이 성해져 벌써 노불(老佛; 도가와 불가)의 무리들이 나옴에 이르러서는 더욱 이치에 가까워져 진리를 어지럽히게 되었다. 그러나 다행히 이 책(『중용』)이 없어지지 않았다. 그러므로 정선생 형제가 나오시어 고찰한 바가 있어 천 년간 전해지지 않은 계통을 이으시고, 근거한 바가 있어 두 학파(도가와 불가)의 옳은 듯하면서도 그른 견해를 물리치셨으니, 자사(子思)의 공이 여기에서 더욱 커졌다. 또한 정선생이 없었다면 (『중용』의) 그 말씀에 인하여 그 마음[心]을 얻을 수도 없었을 것이다.[22]

> 이 이래로 속된 유학자들의 기송(記誦)과 사장(詞章)의 익힘은 그 공력이 소학(小學)보다 두 배임에도 무용(無用)했고, 이단(異端)인 허무(虛無)와 적멸(寂滅)의 가르침은 그 고원함이 대학(大學)을 넘어섰지만 무실(無實)했으며, 기타 권모술수(權謀術數) 일체로 공명(功名)에 나가는 설이 여러 갈래의 사상의 조류들과 함께 혹세무민(惑世誣民)하니, 인의(仁義)를 막는 자가 그 사이에서 어지럽게 섞여서 나왔다. 그러니 군자(君子)로 하여금 불행히도 대도(大道)의 요체를 듣지 못하게 하고, 소인(小人)으로 하여금 불행히도 지치(至治)의 혜택을 입을 수 없도록 하면서, 어두워지고 막히고 거듭 가라앉고 굳어지니, 오계(五季)의 쇠퇴함에 이르러 무너지고 혼란스러움이 극에 달했다.[23]

주희는 도학(道學)의 전통에 어긋나는 경향을 유교(儒敎) 안팎의 학문들에서 각각 집어내고 있다. 유교 안으로는 기송(記誦)과 사장(詞章), 문자(文字)에 치중하며 공부의 본령을 소홀히 하는 학문 풍토가 있고, 유교 밖으로는 사람들을 허무(虛無)와 적멸(寂滅)의 길로 이끄는 불교(佛敎)나 도교(道敎)의 학문 풍토가 있다. 그리고 권모술수에 의한 공명(功名) 추구에 눈이 먼 학문 풍토는 유가 안팎의 여러 사상 조류에 두루 있다고 볼 수 있

---

22 『中庸章句』, 「中庸章句序」, "自是而又再傳以得孟氏, 爲能推明是書, 以承先聖之統, 及其沒而遂失其傳焉, 則吾道之所寄, 不越乎言語文字之間, 而異端之說, 日新月盛, 以至於老佛之徒出, 則彌近理而大亂眞矣. 然而尙幸此書之不泯, 故程夫子兄弟者出, 得有所考, 以續夫千載不傳之緖, 得有所據, 以斥夫二家似是之非, 蓋子思之功, 於是爲大, 而微程夫子, 則亦莫能因其語而得其心也."

23 『大學章句』, 「大學章句序」, "自是以來, 俗儒記誦詞章之習, 其功倍於小學而無用, 異端虛無寂滅之敎, 其高過於大學而無實, 其他權謀術數一切以就功名之說, 與夫百家衆技之流, 所以惑世誣民, 充塞仁義者, 又紛然雜出乎其間, 使其君子 不幸而不得聞大道之要, 其小人不幸而不得蒙至治之澤, 晦盲否塞, 反覆沈痼, 以及五季之衰而壞亂極矣."

겠는데, 유교 안의 흐름에서 찾자면 주희가 특별히 경계하며 논쟁했던 (진량의) 공리주의 같은 것을 꼽을 수 있을 것이다. 이런 사상들은 정치와 학문을 혼란스럽게 하며 혹세무민하며 인의(仁義)의 가치가 구현되는 길을 막는다. 주희는 대중지정(大中至正)의 도학을 표방하면서 이를 위해 견제하고 넘어야 할 모든 사상적 경향을 분석하고 대결한다. 유교 안팎의 사상적 위협 요소들과의 대결은 주희 학문의 정체성을 찾아가는 길이었다. 그 사상적 대결의 내용은 특히 공부론에 관한 것이었다.

2) 불교, 도교에 대한 주희 비판과 공부론의 지향

주희는 도학(道學)의 전승에 필요한 사상적 대결 중에서 불교(佛教) 및 도교(道教)와의 대결이 가장 긴요하고 또 어렵다고 인식하고 있다.[24] 도학적 유교 문명을 새롭게 건설하고자 하는 주희의 시선에서, 도학이 단절된 시대에 유교를 대신할 만큼 위협적인 성장을 하고 사람들의 마음속에 깊이 자리 잡은 것이 불교와 도교였기에 이들 사상의 극복이 최고의 도학적 과제였다. 그런데 이 과제를 풀기가 쉽지 않다. 주희가 보기에 불교와 도교는 그 언어가 이치에 가까운 듯이, 즉 그르면서도 옳은 듯 보여 진리를 혼란시키기 때문이다. 무엇이 존재의 실상이고 사람들이 가야 할 길인지에 대해 불교와 도가는 나름의 정교한 이론과 수행체계를 가지고 세상 사람들에게 다가섰는데, 사람들은 이에 큰 매력을 느끼는 게 당시의 세태였다. 이 상황이 지속된다면 문명 자체가 위태롭다고 보는 주희는 불교와 도가의 이론적 특징과 한계를 정확히 짚고 넘어서고자 한다.

불가와 도가[釋老]의 책은 지극히 높고 미묘한 바가 있으니, 구절마다 우리와 같은

---

24 필자는 이 글에서 불가(佛家)와 불교(佛教), 도가(道家)와 도교(道教), 나아가 유가(儒家)와 유교(儒教)를 혼용해서 쓰고 있다. 불가나 도가, 그리고 유가는 주로 그 사상 및 사상적 학파를 지칭하고, 불교나 도교, 유교는 그 사상 및 종교적 전개 양상을 아우르는 개념이다. 대체로 불가와 불교, 유가와 유교는 서로 혼용해도 무방할 정도로 그 개념이 의미하는 바가 겹친다. 그런데 도가와 도교의 경우는 의미하는 바가 같다고 보기에는 어려운 점이 있다. 도가는 주로 노자와 장자의 사상 및 그 학파를 뜻하며, 그리고 도교는 이후 노장 사상을 표방하지만 실제로는 관련성이 약한 것으로 보이는 각종 양생과 구복의 성격이 짙은 민간종교화된 형태의 흐름을 포괄하기 때문이다. 다만 주희의 경우는 후대의 민간종교화된 도교의 흐름이 그 뿌리를 따져 볼 때 노장 사상과 맥이 닿아 있다는 이해를 지닌다. 이 글은 주희의 인식을 따라가고 있는 만큼, 도가와 도교를 각 문맥에 따라서 혼용해서 쓰기로 한다.

> 점이 있다. 그러나 (우리 유가에) 견줄 수는 없으니 (그들은) 사람의 일을 해치고 그르친다.[25]

주희에 의하면, 궁극의 존재나 심성에 관한 형이상학적 논의의 미묘한 지점에 이르러서는 불가나 도가의 언어가 유가의 것과 유사한 점도 없지 않아서,[26] 더욱 큰 혼란을 야기하는데, 그러나 양자는 비교할 수 없이 차이가 있으니, 불가와 도가는 결국 사람의 삶의 일상적 기틀을 어지럽히고 해친다. 무엇보다 이들 사상은 사람들에게 허무(虛無)와 적멸(寂滅)의 인생관 및 가치관을 심는다. 그렇다면 역사적 책무감을 투철하게 가진 지식인이라면 대응하지 않을 수 없는데 주희는 그 책무를 스스로에게 지운다.

주희는, 이전에 맹자가 그러했던 것처럼 본격적이고 적극적인 '이학(異學)' 비판의 길에 나선다. 맹자가 양주(楊朱), 묵적(墨翟)을 직접 비판하며, 그리고 이를 통해 간접적으로 노자와 장자 류의 사상을 견제하면서 유교의 도학을 지켜냈듯이 주희는 당시의 불교와 도교 전반을 비판적으로 극복하는 것을 자신이 감당할 도통 전승의 핵심 과제로 인식한다.[27] 그리하여 주희에게 이학(異學) 비판과 자신의 이론을 세우는 일은 동전의 양면이 된다.

주희에 의하면 불교와 도교는 서로 주고받으며 성장해 왔다. 인도에서 들어온 불교는 처음에는 소박한 내용에 머물렀는데 후에 중국 내에서 도교적 사유의 영향 아래 살을 붙여 가며 허무(虛無)와 적멸(寂滅), 공(空)을 내세우는 이론들이 구축되어 갔다. 한편, 도교는 처음에는 불교에 스며들어 불교의 사상적 성장에 결정적 기여를 했는데, 불

---

25 『朱子語類』 126–45, "釋老之書極有高妙者, 句句與自家箇同. 但不可將來比方, 煞誤人事."

26 예를 들어, 주희는 불교와 유가의 유사한 주장에 대해 다음의 예를 든다. 『朱子語類』 126–43, "因舉佛氏之學與吾儒有甚相似處, 如云: '有物先天地, 無形本寂寥, 能爲萬象主, 不逐四時凋.' 又曰: '樸落非它物, 縱橫不是塵. 山河及大地, 全露法王身.' 又曰: '若人識得心, 大地無寸土.' 看他是甚麼樣見識. 今區區小儒, 怎生出得他手? 宜其爲他揮下也. 此是法眼禪師下一派宗旨如此."

27 주희는 맹자가 양주(楊朱)와 묵적(墨翟)의 비판을 통해 노자와 장자를 간접적으로 배척하며 유교의 도통을 지키는 역할을 했다는 입장이다. 주희에 의하면 주희 시대의 불교는 양주와 묵적의 재현이기도 하다. 주희 자신이 불교와 도교를 비판하고 배척하며 유가의 도통적 종지를 지키는 일이 맹자가 양주와 묵적을 비판하며 (이를 통해 노장을 견제하며) 도통을 지킨 역할과 연결된다는 인식을 지닌다.
『朱子語類』 126–1, "孟子不闢老莊而闢楊墨, 楊墨卽老莊也. 今釋子亦有兩般: 禪學, 楊朱也; 若行布施, 墨翟也. 道士則自是假, 今無說可闢."

교가 우뚝 선 이후에는 오히려 불교의 곁가지를 받아들이며 초라하게 변질된 존재로 전환이 된다.[28] 주희가 주시하며 주로 비판하는 불교는 도교적 영향 아래 만들어졌다고 보는『능엄경(楞嚴經)』『원각경(圓覺經)』등에 반영된 관점, 그리고 달마 이후 선(禪)의 관점이다. 한편, 주희가 주목하는 도교는 노자(老子)와 장자(莊子), 그리고 열자(列子; 列禦寇), 양주(楊朱), 그 이래의 도교적 흐름들로서, 주희는 노장 사상과 그 이후의 양생법(養生法) 중심의 도교적 경향에 대해 서로 별개가 아닌 하나의 일관된 흐름으로 보는 관점을 지닌다. 양생법 중심의 도교적 경향의 싹이 이미 노장(老莊) 사상에 있었다는 이해가 깔려 있는 것이다. 이런 기본 인식 속에서 주희는 불교와 도교 중에서도 대적하기 어려운 상대는 불교라고 본다. 당시에 유행하는 도교적 사유는 다소 위축된 형태로 존재하고 있어 극복이 어렵지 않은 반면, 불교의 경우는 뛰어난 젊은 학자들이 누구나 한번쯤 빠져들 정도로 이론적·실천적 흡입력을 지닌다고 보았기 때문이다. 따라서 주희의 주된 비판은 불교를 향해 있고, 도교의 경우는 불교 비판에 부수하여 함께 처리하는 방식을 택한다.

주희가 분석한 불교는 오직 공(空)과 무(無)로 귀결되는 특징을 지닌다. 그리고 그런 사유는 리 관념의 부재와 연결되어 있다. 다음 몇 가지 언급은 이를 잘 보여 준다.

> 유가와 불가는 성(性)을 말함에 다른 점이 있다. 불가는 다만 공(空)을 말하고 유가는 실(實)을 말하며, 불가는 무(無)를 말하고 유가는 유(有)를 말한다.[29]

> 물었다: 선생님께서 불가의 교설을 공(空)이라고도 하시고 무리(無理; 리의 관념이 없음)라고도 하십니다. 공을 말씀하시지만 무리라는 두 글자가 불가의 병을 적중시키는 것만은 못한 듯합니다. 답했다: 오직 그들이 무리(無理)이기 때문에 공(空)이 된다. 그들이 말하는 바 심(心)과 성(性)은 다만 하나의 텅 빈 사물이며 무리(無理)다.[30]

> 우리 유가는 심은 허(虛)이지만 리는 실(實)이다. 불가는 한결같이 공적(空寂)으로

---

28 중국에서의 불교사(佛教史), 도교사(道教史)에 대한 주희의 인식은『朱子語類』126-4, 6, 7, 21 등 참조.

29『朱子語類』126-28, "儒釋言性異處, 只是釋言空, 儒言實; 釋言無, 儒言有."

30『朱子語類』126-37, "問: 先生以釋氏之說爲空, 爲無理. 以空言, 似不若'無理'二字切中其病. 曰: 惟其無理, 是以爲空. 它之所謂心, 所謂性者, 只是箇空底物事, 無理."

돌아가 버린다.[31]

주희가 불교 비판에서 가장 중점을 두는 부분은 심(心)과 성(性)에 대한 이해인데, 위의 인용문들은 이를 둘러싼 유가와 불가의 시각이 어떻게 다른지에 대한 그의 인식을 보여 준다. 심이나 성에 대해 불교에서는 공(空), 무(無)로 보고 유가에서는 실(實), 유(有)로 특징지을 수 있다. 이 차이는 리(理) 관념의 여부에서 갈린다. 리의 관념이 없는 불교로서는 성(性)이나 심(心)이나 서로 같은 개념으로서 그저 텅 빈 채로 깨어 있는 존재일 뿐이다. 이는 온갖 리(理)를 갖추고 천지(天地)의 화육(化育) 작용을 함께하는 유가의 심과는 질적으로 다르다. 주희는 불교와는 달리 성(性)을 곧 리(理)로 보는 기저 위에, 심(心)을 리로서의 성(性)을 품고 있는 존재라고 여긴다. 주희에 의하면 불교에서 말하는 성(性)은 유가에서 말하는 심(心) 이외의 것이 아니며 여기에서는 근본적으로 리(理) 관념이 부재하다.[32] 그래서 불교는 공(空)이고 무(無)이며 유가는 실(實)이고 유(有)라는 것이다.

불교에 대한 주희의 비판적 논의가 집중된 곳은 『주자어류(朱子語類)』「석씨(釋氏)」편(卷126)이다. 이를 전체적으로 검토해 보건대, 인도에서 출발한 초기불교에 대한 주희의 이해는 충분치 않다. 그가 접한 자료의 한계로 보인다. 그리고 중국에서의 불교 전개에 있어서 도가적 사유의 영향력이 절대적이라고 보는 관점도 다소 지나친 듯 보인다. 도가적 사유의 영향력은 분명 간과하기 어려우나, 초기불교에 담긴 붓다의 세계관의 전승 양상을 주목해야 하는 것은 당연한 일인데 이 초기불교에 대한 이해 및 논의가 약하다. 주희의 이러한 불교 인식의 한계에도 불구하고 중국화된 불교적 사유의 특징을 둘러싼 그의 통찰은 정곡을 찌른다. 특히 자신이 내세우고자 하는 리의 세계관에 대비하여 어떻게 다르며 특히 어떤 허점을 지니고 있는가를 설득력 있게 설명한다.

---

31 『朱子語類』 126−29, "吾儒心雖虛而理則實. 若釋氏則一向歸空寂去了."

32 『朱子語類』 126−52, "徐子融有'枯槁有性無性'之論. 先生曰: 性只是理, 有是物斯有是理. 子融錯處是認心爲性, 正與佛氏相似. 只是佛氏磨擦得這心極精細, 如一塊物事, 剝了一重皮, 又剝一重皮, 至剝到極盡無可剝處, 所以磨弄得這心精光, 它便認做性, 殊不知此正聖人之所謂心. 故上蔡云: '佛氏所謂性, 正聖人所謂心; 佛氏所謂心, 正聖人所謂意.' 心只是該得這理. 佛氏元不曾識得這理一節, 便認知覺運動做性. 如視聽言貌, 聖人則視有視之理, 聽有聽之理, 言有言之理, 動有動之理, 思有思之理, 如箕子所謂'明·聰·從·恭·睿'是也. 佛氏則只認那能視·能聽·能言·能思·能動底, 便是性. 視明也得, 不明也得; 聽聰也得, 不聰也得; 言從也得, 不從也得; 思睿也得, 不睿也得, 它都不管, 橫來豎來, 它都認做性. 它最怕人說這'理'字, 都要除掉了, 此正告子'生之謂性'之說也."

주희에 의하면 불교의 문제는 결국 공적(空寂)과 적멸(寂滅)로 돌아가는 데 있다. 공적과 적멸은 주희가 불교의 세계관을 특징짓는 말이기도 하다. 주희가 직접 거론하는 불교는 선(禪)을 비롯한 중국 불교이지만 붓다 이래의 초기불교로 돌아가 보더라도 이 진단은 통용될 수 있다. 붓다의 궁극의 지향점이 고(苦)를 낳은 모든 심리적 상(相)과 집착으로부터 벗어난 해탈의 지점, 윤회가 끊어진 지점이고, 텅 빈 오온(五蘊; 色·受·相·行·識)의 상(相)에 얽매이지 않고 자유로운 지점이라면, 이는 한마디로 공적(空寂)과 적멸(寂滅)의 세계라 할 수 있다. 주희 당시의 중국화된 불교는 모든 지각작용을 낳은 원천이며 지각작용 자체이기도 한 관조자로서의 하나의 마음, 즉 일심(一心)의 존재를 이해하고 거기에 머무는 것을 깨달음으로 보는 경향이 있는데, 이 마음 역시 공적의 관조자일 뿐이다. 리를 갖춘 유가의 마음과는 전혀 다르다.

주희에 의하면 불교적 세계관의 특징이며 한계는 한마디로 '리(理) 관념의 부재'로 요약된다. 공(空) 이면에 찬연한 리를 볼 수 있어야 하는데 불교는 그저 텅 빈 공을 바라볼 뿐이고, 따라서 존재 전체를 균형 있게 보지 못한다.[33] 설령 불교의 공의 관점을 받아들여 우주의 모든 것이 서로 조건지어진 임시적인, 어쩌면 환영 같은 것이라고 본다고 하더라도, 그 우주는 또한 엄정한 조리를 갖추고서 시작도 끝도 없는 찬연한 창조를 이어간다. 사람의 심신도 그러하고 삶의 양식도 그러하다. 이것을 그저 공이라고 규정하고 훌쩍 넘어서려는 것이 과연 가장 높고 포괄적이며 균형적인 시야라고 할 수 있을까? 불교에서는 스스로 가장 근본적이고 높은 지점에서 존재의 실상을 보았다고 하지만 주희

33 『朱子語類』 126-33. "물었다: 석씨(불가)는 공적(空寂)으로 근본을 삼습니까? 답했다: 석씨(불가)는 공(空)을 말하는데 옳지 않은 것은 옳지 않은 것이다. 공의 이면에는 반드시 도리가 있어야 된다. 만약 다만 나는 공을 보았다고만 말할 뿐 하나의 실(實)의 도리가 있음을 알지 못한다면 대체 무슨 소용이 있겠는가. 비유하자면 한 연못에 맑은 물이 있는데 맑고 차기가 철저해서 전혀 물이 없는 것처럼 보인다. 그가 문득 말하기를 이 연못은 다만 텅 빈 것이라 하는데, 손으로 찬지 더운지를 만져 보지 않고서는 물이 연못에 있는지를 알지 못한다. 불씨(불가)의 견해가 바로 이와 같다. 요즈음의 학자들은 격물과 치지를 소중히 여기며 철저하게 보아 내야 한다. (그런데) 지금 사람들은 다만 한두 점 정도 약간만을 볼 뿐이니 이렇게 해서는 지극한 곳에 이르지 못한다.[問: 釋氏以空寂爲本? 曰: 釋氏說空, 不是便不是, 但空裏面須有道理始得. 若只說道我見箇空, 而不知有箇實底道理, 卻做甚用得? 譬如一淵淸水, 淸泠徹底, 看來一如無水相似. 它便道此淵只是空底, 不曾將手去探是冷是溫, 不知道有水在裏面. 佛氏之見正如此. 今學者貴於格物·致知, 便要見得到底. 今人只是一班兩點見得些子, 所以不到極處也.]"/『朱子語類』 126-36, "유자가 도를 봄에 (도에는) 품절(品節)이 찬연하다. 불씨(불가) 역시 천기(天機)를 보되 물(物)을 그릇삼음이 없이 훌훌 지나갈 뿐이다.[儒者見道, 品節燦然. 佛氏亦見天機, 有不器於物者, 然只是綽過去.]"

의 입장에서는 한편으로 크게 치우친, 그래서 좁은 관점이다. 이런 세계관의 차이는 공부방법에도 영향을 미친다.

> 불가의 말을 들어 말했다: '천 가지 말, 만 가지 이해가 단지 임금(마음–필자주)으로 하여금 오래도록 어둡지 않도록 하는 것이다.'라는 이 설은 아주 좋다. 물었다: 정선생이 "불가의 말은 이치에 가깝다. 그렇기에 해됨이 더욱 심하다."고 말씀했으니 이른바 이치에 가깝다는 것은 이런 곳을 가리킨 것 아니겠습니까? 답했다: 그렇다. 그들은 다만 이 조그만 광명만을 지킬 뿐 도리는 전혀 인식하지 못한다. 그러므로 작용해야 할 곳에서는 항상 꼬꾸라지고 넘어진다. 우리 유가의 학문은 거경(居敬)으로 근본을 삼고 궁리(窮理)로써 그것을 확충한다. 그 본원이 같지 않은 것이 여기에 있다.[34]

> 불가는 다만 공(空)하고자 하고 (유가의) 성인(聖人)은 다만 실(實)하고자 한다. 불가의 이른 바 '경이직내(敬以直內; 경으로 안을 바르게 함)'는 다만 텅 비고 확 트여 다시 한 물건도 없어서 '방외(方外; 밖을 바로잡음)'를 할 수 없다. (유가) 성인의 이른 바 '경이직내'는 깊고 고요하고 비고 밝으면서도 만 가지 리를 갖추었으므로 바야흐로 '의이방외(義以方外; 의로써 밖을 바로잡음)'를 할 수 있다.[35]

> 물었다: 옛적에 한 선승(禪僧)이 있었는데 매일 스스로 소리쳐 말하기를 "주인옹은 똑똑히 깨어 있으라."고 하였고, 『대학혹문』에서도 사씨(謝氏; 謝良佐)의 '항상 깨어 있는 법'의 말을 취했으니 이들이 같은 것인지 다른 것인지 모르겠습니다. 답했다: 사씨의 말은 범위가 넓어서 몸과 마음과 사물 상에 모두 공부가 있다. 선(禪)의 소견이라면 다만 하나의 주인옹을 보면 곧 끝나니, 그것이 움직일 때 리에 맞지 않더라도 전혀 상관하지 않는다.[36]

'주인공'으로서의 마음을 깨우고자 하는 것은 불가와 유가가 동일해도 주인공에게 기대하는 바나 주인공의 역할이 다르다. 주희에 의하면 불가는 그저 주인공이 깨어 있는

---

34 『朱子語類』 126–40, "擧佛氏語曰: '千種言, 萬般解, 只要教君長不昧.' 此說極好. 問: 程子曰: '佛氏之言近理, 所以爲害尤甚.' 所謂近理者, 指此等處否? 曰: 然. 它只是守得這些子光明, 全不識道理, 所以用處七顚八倒. 吾儒之學, 則居敬爲本, 而窮理以充之. 其本原不同處在此."

35 『朱子語類』 126–31, "釋氏只要空, 聖人只要實. 釋氏所謂'敬以直內', 只是空豁豁地, 更無一物, 卻不會'方外'. 聖人所謂'敬以直內', 則湛然虛明, 萬理具足, 方能'義以方外'."

36 『朱子語類』 126–49, "問: 昔有一禪僧, 每自喚曰: '主人翁惺惺著?' 大學或問亦取謝氏'常惺惺法'之語, 不知是同是異? 曰: 謝氏之說地步闊, 於身心事物上皆有工夫. 若如禪者所見, 只看得箇主人翁便了, 其動而不中理者, 都不管矣."

것에 만족한다면 유가는 주인공이 단지 깨어 있는 것을 넘어서 온갖 리를 이해하고 구현하는 것을 지향한다. 이에 따라 공부방법 역시 다르다. 유가는 '거경'과 '궁리'가 짝을 이루고, '경이직내'와 '의이방외'가 짝을 이룬다. 주인공을 깨운다는 본령공부상의 유사성으로 양자의 차이를 무시하면 결국 큰 오류를 범하게 된다는 것이 주희의 인식이다.

주희는 불교와 함께 도교에 대해 분명히 선 긋고 넘어서고자 한다. 그는 불교와 도교가 서로 긴밀하게 영향을 주고받으며 매우 유사한 폐해를 보인다고 판단하면서도 양자는 서로 다른 세계관을 지니고 있다는 점도 간과하지 않는다. 불교는 완전히 무(無)에 근본을 두고 무를 지향하지만 도가는 유가와 마찬가지로 유(有)를 근간으로 한다는 생각이다.

> 겸지가 물었다: 불가의 공(空)은 노자의 무(無)와 같지 않습니까? 답했다: 같지 않다. 불가는 다만 텅 빈 것일 뿐이다. 유(有)와는 전혀 관계가 없다. 이른바 '종일토록 밥을 먹고서도 일찍이 한 톨 쌀도 씹은 적이 없고, 하루 내내 옷을 입고서도 일찍이 한 가닥 실오라기도 걸친 적이 없다'는 것이다. 노씨(老氏, 노자)가 뼈대로 삼은 것은 오히려 유(有)인데, 다만 청정무위(淸淨無爲)여서 한결같이 그대로 깊이 간직하고 굳게 지키면 자연히 현묘해진다면서 사람들로 하여금 모색할 수 없게 하니, 이것이 바로 유(有)와 무(無)를 둘로 나누어 보는 것이다.[37]

> 물었다: 석가[釋氏]의 무(無)와 노자[老氏]의 무(無)가 어떻게 다릅니까? 답했다: 노자는 여전히 유(有)다. 이른바 '욕심이 없는 데서 그 오묘함을 보고 욕심이 있는 데서 그 거죽을 본다'는 것과 같다. 석가는 천지(天地)를 환상과 허망이라 하고 사대(四大; 地水火風)를 임시로 모인 것이라 하므로 이것은 완전히 무(無)다.[38]

불교의 무(無)에 대해 도가가 유(有)의 성격을 지닌다는 점은 그 우주론을 보면 쉽게 이해된다. 도가의 원조인 노자는 도(道)를 중심으로 한 세계관을 펼친다. 그에게 도는 우주의 근간이며 모든 것에 스며 있는 존재의 원천으로 이해된다. 삶의 원리 및 인간 덕성의 원천이 되기도 한다. 도 아래 전개되는 생생한 창생의 과정을 긍정한다. 불교처럼 모든 것을 오온(五蘊)이 빚은 상(相)으로서의 환영으로 돌리는 사유와는 결코 같지 않다.

---

37 『朱子語類』 126-10, "謙之問: 佛氏之空, 與老子之無一般否? 曰: 不同, 佛氏只是空豁豁然, 和有都無了, 所謂'終日喫飯, 不曾咬破一粒米; 終日著衣, 不曾掛著一條絲'. 若老氏猶骨是有, 只是淸淨無爲, 一向恁地深藏固守, 自爲玄妙, 敎人摸索不得, 便是把有無做兩截看了."

38 『朱子語類』 126-12, "問: 釋氏之無, 與老氏之無何以異? 曰: 老氏依舊有, 如所謂 '無欲觀其妙, 有欲觀其徼' 是也. 若釋氏則以天地爲幻妄, 以四大爲假合, 則是全無也."

그런 점에서 도가가 불교보다는 낫다고 주희는 말한다.[39] 노자의 도는 언어적·감각적 포착을 넘어서 있기에 무라고 할 수 있지만, 그렇다고 해도 그 무는 존재 자체를 부정하는 무가 아니다. 노자의 세계관은 결국 유를 특징으로 한다고 할 수 있는데, 이 점에서 유가에 가깝다. 어떤 면에서는 노자의 도는 주희의 리와도 통하는 점이 있다. 양자 모두 유의 세계의 근원으로서의 의미를 지니기 때문이다. 그럼에도 불구하고 주희에 의하면 노자의 유의 세계관은 한계가 있다. 궁극의 도의 시선에 머무는 것만 말할 뿐, 그 도가 펼쳐지는 삶의 구체적인 장에 내려와 각종 도리들을 탐구하고 펼쳐 가는 데 소극적이기 때문이다. 불교에서처럼 극단에 이르지는 않지만, 세상의 구체적 일상사와 거리를 두는 모양새를 띤다. 유의 세계의 이해와 경영에 필수적으로 요구되는 분별적 지식의 추구에 반감을 갖거나 혹은 두려워한다. 분별지의 협소한 인위성을 염려하며 그것을 덜어내고 덜어 내는 공부를 통해 도(道)의 감각을 회복하는 무위(無爲)를 지향한다. 유가의 의(義)나 예(禮)의 관념에 대해서도 그것이 초래할 분별적 편협성과 폭력성에 대해 경계한다. 그러니 유가처럼 만사만물과 인간의 세세한 도리까지 탐구하며 구현하고자 하는 지향과는 어긋날 수밖에 없다. 즉, 주희의 리의 세계관은 리를 통해 만사만물의 근원을 이해할 뿐 아니라 만사만물의 구체적인 도리 및 법칙을 이해하고자 하는 관점인데, 노자의 도의 세계관은 궁극의 원천의 시선에만 충실할 뿐, 만물 속에서의 구체적인 구현 양상이나 방법의 탐색과 창조의 일에 있어서는 적극적으로 발을 담그려 하지 않는다. 주희가 보기에 이런 세계관은 결국 인간사를 방기하게 된다.

> 노자의 방법은 겸손함[謙], 비움[沖], 검소[儉], 아낌[嗇]이고 전혀 정신을 부리려 하지 않는다.[40]

> 노자의 학문은 대저 허정무위(虛靜無爲; 텅 비고 고요하며 일이 없음)와 충퇴자수(沖退自守; 텅 비어 물러나 스스로를 지킴)를 일로 삼는다. 그러므로 그 말하는 것이 항상 나약겸하(懦弱謙下; 약하고 겸허히 낮춤)를 겉모습으로 삼고 공적(空寂)으로 만물을 훼손하지 않는 것을 실질로 삼는다.[41]

---

39 『朱子語類』 126-18. “물었다: 석씨는 천지만물을 환상으로 생각하고 노씨는 오히려 말이 아랫부분까지 미칩니다. 답했다: 노씨가 낫다[問: 釋氏以天地萬物爲幻, 老氏又卻說及下截. 曰: 老氏勝.]”

40 『朱子語類』 125-2. “老子之術, 謙沖儉嗇, 全不肯役精神.”

41 『朱子語類』 125-4, “老子之學 大抵以虛靜無爲, 沖退自守爲事. 故其爲說, 常以懦弱謙下爲表, 以空虛不毁萬物爲實.”

주희에 의하면 허정무위(虛靜無爲) 등으로 특징지어지는 노자의 세계관은 곧 세상을 위해 정신을 쓰지 않는 세계관인데, 이런 삶의 관점은 분별지의 한계 초월이라는 고상한 의미를 내세우지만 실제적으로는 개인의 편안함을 추구하는 이기주의와도 연결되어 있다.[42] 혹자는 노자의 초탈 지향이 인위적인 규정들에 편협하게 종속되는 등의 시대적 병폐를 교정하는 의미를 지닌다고 하지만 주희는 이를 수용하지 않는다. 참된 리를 보지 못하고, 따라서 문명 경영의 필수 요소인 예악형정(禮樂刑政)이 나온 뿌리를 알지 못한 결과일 뿐이라는 것이다.

> 선유들이 노자가 종종 벗어나고자 한 것에 대해 논하면서 노자가 시대를 바로잡고자 한 설이라고 말했는데, 내가 보건대 시대를 바로잡은 것이 아니고 단지 참된 리[實理]를 보지 못한 것이다. 그러므로 예악형정(禮樂刑政)이 나온 곳을 알지 못하고서 없애려 했다.[43]

주희에 의하면 리를 보지 못하고 예악형정이 나온 곳을 알지 못한다는 것은 문명사에 대한 이해나 책임감이 부족함을 의미한다. 그 결과, 결국 보신주의로 흐르게 된다는 것이 주희의 평가다.

> 유교는 개벽 이래 이제삼왕(二帝三王)이 나타나 천리를 술하고 인심을 따르며, 법을 두텁게 하고 예를 일상화하는 도로 세상을 다스리고 백성을 가르쳤다; 후세의 성현은 책을 짓고 이론을 세워 다시 후세를 가르쳤다. 이 세상의 쇠란(衰亂)에 이르러서는 방외(方外)의 무리들이 세상의 혼잡을 싫어하고 일신(一身)에 미치는 화를 염려하며 난세에서도 공적(空寂)으로 나아가 몸의 보전을 구할 뿐이었다. 노자가 그 단초를 연 후에 열어구(列禦寇), 장주(莊周), 양주(楊朱)의 무리가 응했다. 맹자는 그들을 부모를 버리고 임금을 멀리한다고[無父無君] 하여 금수에 비유하며 그들을 물리쳤다. 하지만 그 말은 쉽게 흡수되고 그 가르침은 쉽게 행해졌다. 한의 초기에 세상의 군주들은 모두 그 설을 믿었고 백성들 역시 동화되었다.[44]

---

42 『朱子語類』 125-3. "노자의 방법은, 반드시 자신이 십분 평온하고 편안함을 점할 수 있어야 비로소 기꺼이 한다. (그렇지 않고) 자기에게 한 터럭의 불편함이 있으면 곧 기꺼이 하려 하지 않는다.[老子之術, 須自家占得十分穩便, 方肯做; 才有一毫於己不便 便不肯做.]"

43 『朱子語類』 125-20. "先儒論老子, 多爲之出脫, 云老子乃矯時之說, 以某觀之, 不是矯時, 只是不見實理, 故不知禮樂刑政之所出, 而欲去之."

44 『朱子語類』 125-27, "儒教自開闢以來, 二帝三王述天理, 順人心, 治世教民, 厚典庸禮之道; 後世聖賢

> 도가[老氏]는 처음에는 단지 청정무위(淸淨無爲)를 말했다. (그런데) 청정무위는 다시 장생불사(長生不死)의 띠를 둘렀다. 후에는 오히려 장생불사 한 가지만 말했다. 지금의 경우는 흡사 무당 같이 되어 오로지 제사와 기도를 이해할 뿐이니 이는 경(經)으로부터 두 번 변한 것이다.[45]

주희에 의하면 도가의 사상은 보신주의로 장생불사로 심지어 무속적으로 흘렀는데, 이런 전개의 배경에는 허정무위, 청정무위의 세계관이 자리한다. 겉으로는 비슷해 보이면서도 근본적으로 다른 이 세계관으로부터 결과적으로 큰 어긋남이 있게 되었다고 보는 것이다.

주희가 도불(道佛; 道家와 佛家)을 문제 삼는 가장 큰 부분은 이들 사상에 인륜 및 의리를 끊어 내는 데로 나간다는 것이다. 이 방면에서는 특히 선(禪)의 문제가 심각하다는 게 주희의 인식이다.

> 장자, 노자, 선(禪) 및 불교의 폐해에 대해 말하는 자가 있었다. (주희가) 말했다: 선학(禪學)이 가장 도(道)를 해친다. 장자와 노자는 의리의 멸절에서 다하지 못함이 있는 듯하다. 불교는 인륜을 이미 무너뜨렸고 선(禪)에 이르러서는 처음부터 허다한 의리를 멸하여 남은 게 없다. 이로써 말하면 선이 가장 해됨이 심하다. 잠시 후 다시 말했다: 그 실상을 요약하자면 하나뿐이다. 폐해는 옅은 곳으로부터 깊어지지 않는 것이 없다.[46]

> 어떤 이가 불교와 장자 및 노자의 다른 점을 물었다. 답했다: 장자와 노자는 의리를 멸함에 끝까지 다하지 못했다. 불교는 인륜을 끝까지 멸하고 선에 이르면 의리를 끝까지 멸한다. *〈방자가 기록하여 말한다. 정경이 장자와 불교가 같지 않는 까닭을 물었다. 답했다: 장자의 멸절은 끝까지 가지 못하지만, 불교는 인륜의 멸절이 극에 이른다. 불교는 인륜을 끝까지 멸하고 선가(禪家)에 이르면 의리도 모두 끝까지*

遂著書立言, 以示後世. 及世之衰亂, 方外之士厭一世之紛拏, 畏一身之禍害, 耽空寂以求全身於亂世而已. 及老子倡其端, 而列禦寇莊周楊朱之徒和之. 孟子嘗闢之以爲無父無君, 比之禽獸. 然其言易入, 其敎易行. 當漢之初, 時君世主皆信其說, 而民亦化之."

45 『朱子語類』 125-69. "老氏初只是淸淨無爲. 淸淨無爲, 却滯得長生不死, 後來却只說得長生不死一項. 如今恰成箇巫祝, 專只理會厭禳祈禱. 這自經兩節變了."

46 『朱子語類』 126-22, "有言莊老禪佛之害者. 曰: 禪學最害道. 莊老於義理絶滅猶未盡. 佛則人倫已壞. 至禪, 則又從頭將許多義理埽滅無餘. 以此言之, 禪最爲害之深者." 頃之, 復曰: "要其實則一耳. 害未有不由淺而深者."

멸하여진다.〉 불교가 처음 중국에 들어왔을 때는 단지 수행만 말했을 뿐 허다한 선(禪)의 설화는 없었다.[47]

주희에 의하면, 의리를 끊어 내는 정도로 치자면 선(禪)이 가장 강하고, 그다음이 그 이전의 불교, 그리고 도가 순이다. 주희는 도가도 의리를 멸하는 소지가 있지만 끝까지는 이르지 않는다고 보고, 그런 점에서 불교에 대해서보다는 긍정적이다. 주희에 의하면 불교의 경우는 인륜을 멸하고 의리까지 멸하는 데 이르며 그중에서도 선(禪)이 가장 극단에 이른다. 주희 시대 가장 유력한 사상이었던 선이야말로 가장 위험한 사상이라는 것이 주희의 인식이다.

선을 핵심으로 한 불교, 그리고 불교의 언저리에서 사람들을 현혹하는 도교가 인륜과 의리를 멸절하는 문명사적 위기를 낳았다고 보는 주희는 리의 세계관을 중심으로 유교철학을 다시 재건하고 유교의 공부론, 교육론을 새롭게 정비하는 데 온 힘을 기울였다.

3) 유교 안 문자주의, 공리주의, 그리고 육학(陸學)에 대한 주희 비판과 공부론의 지향

도학(道學)을 새롭게 정돈하고 부활시키기 위한 주희의 사상 논쟁은 유교 안으로도 펼쳐진다. 주희가 문제 삼은 부류는 크게 세 가지다. 일단 앞서도 인용한 바의 「중용장구서」와 「대학장구서」를 종합할 때 두 가지 경향이 드러나는데, 하나는 도학의 본령보다는 기송(記誦)이나 사장(詞章)에 치중하는 경향이고 다른 하나는 권모술수(權謀術數)를 매개로 한 공명(功名) 추구에 몰두하는 경향이다. 전자를 문자주의(文字主義), 후자를 공리주의(功利主義)라고 명명할 수 있겠다. 이 두 가지는 주희가 추구하는 도학적 흐름의 밖에 있다. 한편, 도학적 흐름 속에 있으면서 주희가 판단하기에 도불의 경향성을 지니며 대중지정(大中至正)의 길에서 비켜나 있다고 판단하는 사상도 있으니 육학(陸學), 즉 육구연(陸九淵) 형제의 학문이 대표적이다.

문자주의와 공리주의는 주희의 인식체계에서는 한당대(漢唐代)의 유학의 주류를 특징

---

47 『朱子語類』 126-23, "或問佛與莊老不同處. 曰: 莊老絶滅義理, 未盡至. 佛則人倫滅盡, 至禪則義理滅盡. 〈方子錄云: 正卿問莊子與佛所以不同. 曰: 莊子絶滅不盡, 佛絶滅盡. 佛是人倫滅盡, 到禪家義理都滅盡.〉 佛初入中國, 止說修行, 未有許多禪底說話."

짓는 것으로도 이해할 수 있다. 주희에 의하면 한당대는 도학의 전승이 끊어진 시대다. 그러나 유학 자체가 기능하지 않던 시대는 아니다. 오히려 유학은 국가의 공식 통치 이념으로 자리하고 있었다. 다만 공맹의 도학의 근간이 잊히고 희미해진 상황에서 경전의 문자를 훈고하거나 암기하고 글을 짓는 능력을 기르는 데 치중하고 그것이 유교 공부의 전부인 듯 여기는 문제가 만연해 왔다. 그 노력은 엄청나지만 그 효과는 소학에도 미치지 못한다고 주희는 한탄한다. 그런 상황에서 나타난 학인들의 사상적 공백은 도교 계열의 황로학(黃老學)이나 불교적 가치로 채워지고 있었다는 것이 주희의 인식이다. 주희의 도학 전승의 기획은 유학이란 무엇인가를 둘러싼 개념 정리를 새롭게 하는 일이었고, 인·의·예·지의 리의 세계관과 심성론, 공부론, 교육론을 새롭게 뿌리내리는 일이었다. 그리고 이를 위해 우선 한당대 유학의 중추였던 오경(五經)에 앞서 사서(四書; 논어, 맹자, 대학, 중용)를 놓는, 사서 중심 체제를 택했다. 주희에 의하면 사서는 무엇보다 우주, 인간, 본성, 마음, 교육, 공부에 대한 도학적 이해를, 성현의 시선으로 잘 드러내 주는 경전으로, 유교적 도학의 정수이며 출발점이다. 이에 주희는 먼저 사서를 통해서 도학적 본령에 대한 이해를 다지고 그것을 뿌리로 오경을 공부하고, 나아가 여타의 다른 공부, 즉 역사나 문학, 그리고 여러 다양한 사상 및 지식에 대한 공부로 나아가는 순서를 제안한다.[48] 그런데 주희에 의하면, 도학적 본령에 대한 체화가 없이 역사나 문학 공부, 그리고 여러 잡다한 사상에 두서없이 취향에 따라 빠진 것이 한당대 유학자들의 핵심 문제였고 특히 이 문제점이 문자주의와 공리주의로 나타난 것이다.

기실 문자주의나 공리주의는 특별한 이론적 토대가 없어도 사람들의 본능에 맡길 때 나타날 수 있는 관습적 경향이며, 주희가 주장하는 바와 같이 도학적 본령이 단절된 한당대의 유학자들이 삶의 생존적 도구 및 이득을 찾는 본능에 따라 분출한 경향이었다고 할 수 있다. 이것이 오랜 관성으로 자리 잡았다면, 이를 폐습으로 규정하고 바로잡으려는 주희와 같은 지향에 대해 일종의 저항 및 반론이 일어날 수 있다. 단순한 관습적이고 관성적인 저항도 가능하고, 보다 정치한 형태의 학술적인 반론도 있을 수 있다. 그 구체적인 사례에 대해서는 더 면밀한 검토가 필요하나, 그간 주목된 바의 대표적인 학술적 반론 및 논쟁 사례가 있다. 사공학(事功學)이라고도 불리는 절동학(浙東學)의 대표주자인 진량(陳亮, 1143~1194)과 주희와의 논쟁이 그것이다.[49]

48 주희의 독서론에 대해서는 제9장을 참조 바람.

49 주희와 진량의 논쟁의 구체 사항에 대해서는 제8장 5절을 참조 바람.

진량은 당시 새로운 유학의 흐름을 지지하며 주희의 업적도 상당 부분 받아들이고 인정하는 사람 중의 하나다. 그는 주희처럼 도불에 대한 유학의 역할에 대한 신념이 확고하며, 유학의 새로운 발전 방향을 모색하고 있다. 그는 결코 과거로 돌아가자는 주장을 하는 것이 아니다. 그러나 그는 역사 속의 공리적 성취들을 긍정적으로 평가하며 그 입장을 이론적으로 정교화한다. 진량의 공리중심주의는, 송대의 새로운 유학의 흐름 속에서 등장했으나 도학 계열과는 결을 달리하여, 과거의 공리적 성취의 사례들을 이론적으로 정당화한 사례라고 할 수 있다. 진량은 무엇보다 유학의 정체성에 대해 주희의 도학적 관점과 궤를 달리한다. 주희의 도통론에서는 도학의 전승이 한당대에는 단절되었다고 보고 있는 반면, 진량은 한당대에도 도는 이어졌다는 입장이다. 그 근거로 각종 제도문물의 정비, 국가질서의 확립 및 유지를 든다. 주희의 입장에서 도통의 핵심은 '인심도심정일집중(人心道心精一執中)'의 심법(心法)이고 나아가 이 심법을 근간으로 한 '수기치인(修己治人)'의 학문적 이상의 전개다. 진량은 현실에서 다분히 공허한 관념적 논의로 흐르는 심법 같은 것보다도 실제 현실적 성과로 확인되는 제도문물의 정비를 도의 요체로 삼는다. 이런 기준에서 보면, 예를 들어 한무제(漢武帝)나 당태종(唐太宗) 같은 한당대를 이끈 황제들의 업적은, 그들의 심법 체현 여부와 상관없이, 도의 구현과 연결할 수 있다는 입장이다. 진량은 다분히 애국주의적·민족주의적 입장에서 한족이 세운 나라의 안위 및 부국강병을 중요하게 여기며 여기에 기여하는 모든 실용적 업적을 긍정적으로 평가한다. 심법을 중심으로 한 철학적 소양보다도 치란(治亂)을 바라보는 역사적 안목 및 그 공부를 중시한다. 반면, 주희는 심법이라는 도통적 요소의 기준을 엄격히 적용하며 아무리 국가 기틀의 정비에 있어 한무제, 당태종의 업적이 크다고 하더라도 심법에 근거하지 않고 인욕적 요소가 주를 이룬다면 그것은 도의 구현으로 보기 어렵다고 한다. 진량은 왕도와 패도를 함께 용인한다면 주희는 왕도만을 인정한다. 주희는 진량의 관점이, 인간의 자연스러운 본능 및 욕망에 호소하기에 그렇기도 하지만, 현실의 학문과 교육의 장에서 크게 호소력을 지니며 확대해 가는 것에 대해 크게 우려하며 이론적 반론을 펼친다. 도불과의 대결에서도 보았듯이 주희는 진량과 자신의 입장의 차이가 보기에 따라 별것 아닌 듯하지만, 결국 매우 거대한 결과의 차이를 초래할 수 있다고 본다. 공리주의는 언제든지 기회주의, 술수주의 등 수단 방법을 가리지 않고 목적을 위해서라면 무엇이든 할 수 있는 극단으로 빠져들 수 있다.

주희는 성왕(聖王)으로부터 비롯된 문명다운 문명을 온전하게 회복하는 길을 포기하지 않으며, 그것은 국가의 안위 문제를 넘어선 보다 중대한 문제라는 인식이다. 이는 심법의 온전한 재현으로 가능하다고 보면서 이를 공부론과 교육론의 과제로 설정한다. 진량의 눈에는 이것이 이상주의로 비춰지고 당장의 국가적 과제를 외면한다고 여겨지기도 하겠지만, 주희는 자기 자신도 현실적 감각과 탐구방법을 충분히 갖추고 있다고 반론할 것이다. 실제로 이는 주희가 도불을 비판하는 맥락에서는 물론이고, 격물치지를 현실 탐구의 방법론으로서 정립한 데서나 수기만이 아닌 치인의 지평을 확고하게 강조하고 있다는 점에서 확인할 수 있다. 그는 확실히 현실에 발을 딛고 있으며 이에 그를 관념주의로 몰기에는 어려움이 있다. 다만 주희의 현실 중시의 경향은 철저하게 리의 세계관에 근거한, 즉 리의 구현과 토대를 두거나 연계해서 얻어지는 현실적 공리만을 인정하는 특징을 지닌다.

주희가 자신의 도학을 정립하는 과정에서 비판의 대열에 놓은 사상 중에는 같은 도학 계열의 흐름도 포함되어 있으니 대표적인 것이 육학(陸學)이다. 주희는 육학이 불교적 영향 속에 있는 사상으로 결과적으로 불교적 오류를 낳을 가능성이 높다고 본다.

신유학사에서 최대 논쟁 중의 하나였던 공부법을 둘러싼 육구연 형제와 주희의 논쟁은 주희의 입장에서는 불교 비판의 연장선에서 이루어진 것이다.[50] 존덕성(尊德性; 덕성을 드높임)과 도문학(道問學; 묻고 배움에 말미암음)의 균형을 추구해 온 것이 공자 이래 유가의 정통적 공부법이라고 생각하는 주희에게, (특히 도문학 중심의 지리함과 존덕성 소홀의 문제를 중심으로 주희 공부법의 문제점을 지적하며) 존덕성 위주의 공부법을 내세운 육학(陸學)은 자칫 불교적 오류를 그대로 재현할 수 있는 사상으로 여겨진다. 즉, 현실과 독서를 매개로 한 충분한 격물궁리(格物窮理)가 없는 존덕성 중심 공부는 결국 광명한 마음을 유지하는 한 길에 치우치는 불교적 경향으로 나갈 수 있다는 것이다. 물론 이 광명한 마음에 대한 육학과 불교의 이해는 다르니, 불교의 마음은 그저 텅 빈 관조의 마음이라면 육학의 마음은 인의(仁義)의 리의 마음이다. 그런데 주희에 의하면 이렇게 육학이 리의 세계관을 전제로 한 것이고, 보존하며 구현하고자 하는 마음도 리의 마음이라고 해도, 사물의 리를 지적으로 탐구하는 도문학의 과정을 소략화한다면 결국 리의 이해 및 실천에 있어 깊이와 객관성의 부실을 드러내면서 균형을 잃을 가능성이 높다.

50 주희와 육구연(형제)의 공부론 논쟁에 대한 자세한 내용은 제6장 7절을 참조 바람.

> 우리는 심(心)과 리(理)를 하나로 삼고 그들은 심과 리를 둘로 삼는다. 본디 이와 같고자 한 것은 아니지만 결국 보는 바와 다르다. 그들이 본 마음은 공(空)이고 리가 없으며 우리가 본 마음은 비록 비었으나 만 가지 이치가 다 갖추어져 있다. 비록 심과 리가 하나라고 하더라도 기품에서 물욕의 사사로움을 살피지 못한다면 보는 것이 참되지 못하다. 이러한 병폐가 있기 때문에 『대학』에서 격물을 귀하게 여기는 것이다.[51]

주희의 이 언급은 심과 리의 관계에 대한 인식을 둘러싸고 먼저 불교와 대비하고 이후 육학과 대비하는 것으로도 읽힌다. 유가는 본래 심과 리를 하나로 보는 반면, 불교는 심과 리를 둘로 본다. 둘로 본다는 것은 정확히 말하면 리의 관념이 아예 부재하기 때문에 그저 텅 빈 마음만 긍정한다는 이야기다. 한편, 유가가 심과 리를 하나로 본다는 것은 둘 사이의 구분을 전혀 하지 않는다기보다 리 없는 심은 없음을 말하는 것이다. 그런데 심과 리를 하나로 보는 가운데에서도 기질의 욕망을 살피지 못한다면 그 구현은 참될 수 없다고 본다. 필자가 보기에 이는 격물의 중요성을 말하는 동시에 격물을 소홀히 하는 육학에 대한 경고로 읽힌다. 주희에 의하면 격물궁리로 대표되는 도문학이, 리의 본성을 잘 보존하고 지키는 존덕성의 토대 위에 서로 짝을 이루는 방식이 본성의 실현을 온전하게 하는 최적의 공부법이다. 그렇게 해야 비록 리와 하나로 연결되어 있다고는 하지만 동시에 기질적 제약을 지닌 마음이 기질적 제약을 객관화하고 거두어 내며 인·의·예·지의 본성을 온전히 펼칠 수 있다는 것이다. 한편, 육학에 의하면 주희의 방법이 도문학에 너무 큰 비중을 둠으로써 정작 더 핵심적 공부인 존덕성을 소홀히 하고 해칠 수 있다. 육학(陸學)의 사유방식은 이후 양명학(陽明學)의 흐름과도 맥을 같이하면서 주자학(朱子學)과 함께 양대 산맥을 형성하게 된다. 그렇지만 정주학(程朱學) 혹은 주자학(朱子學)의 공부론은 육왕학(陸王學) 혹은 양명학(陽明學)의 공부론적 도전에도 불구하고 송명대(宋明代) 이후 동아시아 교육사의 중심 사상으로서의 위상을 지속한다.

---

51 『朱子語類』 126-34, "吾以心與理爲一, 彼以心與理爲二. 亦非固欲如此, 乃是見處不同, 彼見得心空而無理, 此見得心雖空而萬理咸備也. 雖說心與理一, 不察乎氣稟物欲之私, 是見得不眞, 故有此病. 大學所以貴格物也."

4. 주희의 공부론과 교육철학 탐색의 초점과 방향

이상에서와 같이 책의 첫 장에서부터, 복잡한 철학적·공부론적 논쟁까지를 포함해서 다룬 이유는 주희의 공부론, 그리고 교육론이 배경으로 하는 세계관과 시대적 문제의식을 명확히 하기 위해서다. 그래야 이후에 논의할 공부론과 교육론의 세부 사항들의 실상과 의미에 대해, 겉돌지 않고 핵심으로 들어가 이해할 수 있다.

주희의 교육철학, 그리고 그 핵으로서의 공부론은 도통적 문제의식을 기반으로 동아시아의 대표적인 (교육)사상들과의 교섭 및 대결을 통해서 이루어졌다. 그리고 유가 내의 여러 학문적 경향과의 교섭 및 대결을 통해서 이루어졌다. 주희의 도불(道佛) 비판, 공리주의(功利主義) 비판, 육학(陸學) 비판의 근간에는 리의 세계관과 심의 이해, 그리고 공부법의 이해가 깔려 있다. 주희의 공부론은 리의 세계관과 심성론에 근간을 두고, 지와 행의 방법적 요소의 조화를 지향하는 형태를 지니고 발전해 간다. 이들 사상과의 교섭 및 대결은 주희가 꿈꾸는 바의 대중지정에 가까운 공부론의 모습을 갖추어 가는 데 기여를 했다. 그런데 다른 한편에서는 주희 공부론이 지니는 위험성 및 보완해 가야 할 점을 지시해 주는 역할도 했다. 예를 들면, 도불의 관점에서 주희의 공부론이 근간으로 하는 리의 세계관은 유의 세계에 좁게 갇히고 폐쇄적으로 흐를 수 있다. 공부를 통해 추구하는 선함과 옳음의 내용은 언제나 보편타당성을 띠기 어렵고 오히려 편협함에 빠질 가능성이 상존하기 때문이다. 또한 육학의 관점에서 주희의 공부론은 만사만물에 대한 격물궁리의 도문학에 과도한 힘을 쏟게 만듦으로써 존덕성이라는 공부의 본령(本領)을 약화시킬 수도 있다. 또 사공학파의 관점에서는 주희의 공부론이 순수한 도덕주의로 흐르며 문명의 경영 과정에서 요구되는 공리(功利)의 문제를 간과할 우려를 낳는다. 주희의 공부론은 이런 비판적 의문이 제지될 여지를 품고 있으며 이후 주자학의 역사에서 이런 우려와 연결된 문제점이 실제 나타난다. 그럼에도 불구하고 분명한 사실은 주희의 공부론 및 교육철학은 사상적 경쟁의 우위에서 13세기 중반 이후 동아시아의 교육문명을 이끌 이론적 기틀로 선택되고 수백 년을 주도한다는 것이다. 동아시아 교육사상사는 주희 이전과 이후로 나뉜다. 그는 공부 및 교육에 관한 이전의 사상들을 총체적으로 점검하고 집대성하며 온고이지신(溫故而知新)의 이론을 창출했고, 이로써 수백 년 이어진 새로운 교육문명의 문을 열었다. 이제 이를 염두에 두며 주희 공부론과 교육철학의 길을 따라 긴 여정을 떠나 보기로 한다. 추후 전체 여정에서 검토할 내용들을 장별로 약술하면 다음과 같다.

제2장에서는 주희 공부론의 사상적 토대가 되었던 북송대 신유학자들의 공부론을 검토한다. 당대(唐代)의 한유(韓愈)와 이고(李翱)가 선보인 새로운 유학적 기풍 검토에 이어, 북송대(北宋代)의 주돈이(周敦頤), 장재(張載), 정호(程顥), 정이(程頤)의 신유학적 공부론을 탐색하되, 특히 이들이 불교, 도가와 차별화하며 새로운 유학적 공부론의 요소를 확보해 가는 지점, 주희의 공부론 및 교육론 형성에 영향을 준 지점 등에 주목한다.

제3장에서는 주희의 공부론적 · 교육론적 사유가 전 생애를 걸쳐 태동하고 성장하고 완성되어 가는 과정을 다룬다. 특히 스승 이동(李侗) 아래에서 유학적 공부론의 토대가 닦여지는 과정, 이후에 신유학 계열의 학자들과 이른바 중화(中和) 논쟁을 벌이며 심성론과 공부론의 기틀이 잡혀 가는 과정, 나아가 40대 이후 경(敬)과 격물치지(格物致知)를 두 핵심 축으로 하고, 소학(小學)에서 대학(大學)으로 나아가는 단계론을 특징으로 하는 주희 공부론 및 교학론의 완결태가 구축되는 맥락을 추적한다.

이상의 논의 토대로 하여 제4장에서 제8장까지는 공부론의 완결태에 대해서 공부의 목적론, 주체론, 방법론, 그리고 공부론을 근간으로 하여 제기된 교학론, 학교론, 교육문화론 등의 문제를 검토한다.

제4장에서는 공부의 의미, 규모, 주체, 목적 등에 대해서 우주관, 인간관, 본성관의 지평과 연계하여 고찰하되, 리(理) 및 리기(理氣)를 비롯해서, 천(天), 성(性), 심(心), 인(仁), 지(智, 知), 명덕(明德), 도심(道心), 중(中), 수기치인(修己治人), 학(學), 교(敎) 등을 주요 개념으로 하여 탐색한다.

제5장에서는 공부의 방법을 논하는 첫 단계로서 공부의 기본 태도와 원리에 대해 검토한다. 공부의 기본 태도와 관련해서는 주희의 제자들이 정리한 바의 공부방법에 대한 총론적 성격의 논의를 정리하고, 이후 주희 이후 공부 표어 역할을 한 '위기지학(爲己之學)' '하학이상달(下學而上達)' '존덕성이도문학(尊德性而道問學)'을 중심으로 주요 공부원리를 추적해 본다.

제6장에서는 공부방법에 대한 주희의 이론 체계를 총체적으로 다룬다. 특히 주요 방법적 요소인 경(敬), 지(知), 행(行) 각각의 공부의 의미와 성격, 그 관계를 검토하되, 지·행(경)의 병진(竝進) 및 경·지·행 혹은 거경(居敬)·궁리(窮理)·역행(力行)의 기틀을 근간으로 정리한다. 나아가 각각 행(경)과 지를 대표하는 존덕성, 도문학을 둘러싼 공부방법 논쟁과 그 전개를 주(朱)·육(陸) 논쟁을 중심으로 점검한다.

제7장에서는 주희에게서 공부방법의 또 다른 축임과 동시에 연령층 고려 단계별 교학론(教學論)으로서의 소학(小學)·대학(大學)론을 검토한다. 소학과 대학의 관계, 소학과 대학 단계 각각의 공부내용에 대해, 앞장에서 다룬 바의 경·지·행의 공부 요소와도 연계하여 검토한다.

제8장에서는 이상에서 다룬 바의 공부론과 교육론을 근간으로 전개된 주희의 학교론과 교육문화론에 대해 검토한다. 중국학교사의 전개에서 주희의 학교철학의 등장이 갖는 의미, 공부론적 이상이 반영된 학교론으로서의 서원교육론, 나아가 과거시험문화 및 공리주의를 비롯한 당시의 교육문화 전반에 대한 주희의 공부론적 성찰과 논쟁, 대안 등을 검토한다.

다음의 두 개의 장, 즉 제9장과 제10장에서는 주희 공부론과 교육론의 실제에서 중시됨과 동시에 현대적 관심사가 될 만한 두 가지 주제를 꼽아서 그 교육적 의미까지 도출해 본다. 그 하나는 독서, 다른 한 가지는 공적 의식 함양의 문제다.

제9장에서는 주희가 설계한 공부의 실제에서 큰 비중을 차지하는 독서(讀書)에 주목해서 그 의미 및 방법에 대한 견해를 정리한다. 주희에게 독서가 격물치지 공부의 주요 영역임을 고려하여 격물치지 공부와의 관련성 아래 독서의 성격을 규명하고, 이를 근거로 독서교육의 초점 및 방향에 대한 성찰도 이어 간다.

제10장에서는 주희의 세계관 및 가치관을 특징짓는 또 하나의 개념인 공(公)과 사(私)를 둘러싼 주희의 인식을 검토하며, 공적 의식 혹은 공공성 함양이라는 교육적 주제를 환기하고 나아가 그 방법적 체제에 대해서 주희의 공부론적 요소를 중심으로 접근해 본다.

마지막으로 제11장은 전체를 마무리하는 장으로서, 현재적 관점에서 주희 공부론이 지니는 의미와 시사점, 한계 등을 총체적으로 돌아본다, 먼저 주희 공부론의 교육사적 영향력, 그리고 공부관, 교육관, 학교관의 혁신에 관한 주희 사례가 갖는 역사적 의미와 시사점을 생각해 본다. 이어 경, 지, 행, 그리고 소학, 대학을 중심으로 한 주희의 공부방법론의 특징을 둘러싼 현대적 재해석을 시도하고 전승의 가능성을 모색해 본다. 나아가 주희 공부론이 지니고 있는 취약점 및 한계점을 비판적·성찰적으로 들여다보되, 특히 도불적(道佛的) 시선, 육왕학적(陸王學的) 시선, 근대적(近代的) 시선을 투영하여 들여다보고 또 이에 대한 돌파의 길도 모색해 볼 것이다.

제2장

북송대 신유학적 공부론의 태동과 전개

- 주희 공부론의 선구

1. 당(唐)·송(宋) 변혁기의 성격과 교육사적 문제

1) 과거제도 및 학교제도의 정비와 사대부 세력의 대두

당말(唐末)에서 오대(五代)를 거쳐 북송(北宋)과 남송(南宋)에 이르는 시기는 중국 역사상 가장 획기적인 변혁기 중의 하나에 해당한다. 시대구분론의 맥락에서, 혹자는 이 시기를 고대(전근세)와 근세를 가르는 기점으로 보기도 하고, 혹자는 고대에서 중세로 넘어가는 기점으로 파악하기도 한다.[1] 양 관점의 차이는 주로 당시의 토지소유권과 토지소유 지배관계, 지배층의 성격과 관련한 이해의 격차를 반영하는 것으로 쉽게 합의를 이루지는 못하고 있다. 하지만 양 입장에서는 모두 이 시기를 기점으로 해서 정치, 사회, 경제, 문화, 교육 전반에서 뚜렷한 변화가 있음을 인정한다. 그리고 그 변화의 내용으로서 거론되는 것은, 귀족정치에서 군주전제체제(중앙집권체제)로의 변화, 귀족제의 운용원리이던 구품중정제(九品中正制)나 귀족의 특권을 유지하던 기능의 과거제(科擧制)로부터 서민에게 폭넓게 개방되고 실무를 중시하는 관리등용법으로서의 과거제로의 변화, 귀족의 몰락과 과거관료 혹은 사대부(士大夫)의 등장, 귀족이나 호족들의 권력투쟁이었던 당쟁(黨爭)으로부터 정치상의 견해를 근거로 토론하고 서민을 대변하기도 하는 붕당으로의 변화, 국가의 성격상 무력국가에서 재정국가로의 변화, 노예농경(奴隷農耕)에서 전호농경(田戶農耕)으로의 전환, 상업의 발달과 기술상의 혁신, 민족주의 발흥, 철학 문학 자연과학의 발달 등이 그것이다.[2] 한마디로 이 시기는 귀족이나 호족 중심의 분권화된 무치사회(武治社會)에서 지식인(사대부) 중심의 중앙집권화된 문치사회(文治社會)로의 전환으로 요약할 수 있으며, 이는 특히 과거제도의 정착이나 토지소유권의 개혁 등으로 뒷받침된다.

---

1 중국의 시대구분론에 관한 대표적인 논쟁은 주로 일본에서 이루어졌는데, 전자의 관점은 內藤湖南, 宮岐市定 등에 의해, 그리고 후자의 관점은 加藤繁과 前田直典 등에 의해 지지되었다. 신성곤, 「唐宋變革期論」, 서울대학교동양사학연구실 편, 『강좌중국사(III)』, 서울: 지식산업사, 1989, 7-70쪽 참조.

2 신성곤, 위의 논문, 10-15쪽.

이 시기 변혁의 문제를 교육사적인 관점에서 보았을 때 과거제도의 정착과 이와 결부되어 진행된 학교제도의 정비가 주목된다. 과거제도와 학교제도는 귀족정치에서 관료정치로의 변혁에 있어서 견인차 역할을 하는 동시에, 지식인의 보편화와 관료화를 촉진했다. 이것은 지식인이 본격적으로 새로운 역사 창조의 주역이 될 수 있음을 예고한 것이었고, '신유학(新儒學)'은 그 산물의 하나다.

과거제도는 수대(隨代)의 문제(文帝) 때에, 한편으로는 귀족세습적 정치를 단절함으로써 군주의 권위를 높이고, 또 한편으로는 관리 선발의 공정성과 평등성을 구현한다는 명분에서 시작된 것이었다. 그것이 기득권(귀족 및 호족, 공신) 세력의 저항을 극복하고 명실상부한 관료임용제도로 확고히 정착된 것은 송대(宋代)에 이르러서다.[3] 즉, 당대(唐代)까지만 해도 과거제도와 이를 통해 등장하는 서민 출신의 지식인 관료들과 맞선 귀족 문벌 세력의 저항이 완강했으나, 이들은 당 말기, 오대의 혼란 사이에서 점차로 몰락하게 된다. 이러한 토대에서 출발한 송나라는 강력한 군주집권체제를 바탕으로 과거제도를 전국적인 규모에서 정착시키고서, 지식과 교양을 갖춘 이들을 정치의 새로운 담당자로서 선발하게 된다. 말하자면 학술과 지식을 중시하고 그것을 최선의 자격요건으로 하여 정치담당자로서의 관료를 선발한다는 이상이 과거제도를 통해서 구현된 것이다. 군주를 정점으로 하는 국가권력의 후원 아래에서 지식과 교양을 갖춘 많은 관료와 관료의 지망생(과거응시 지망생)이 생겨나 당시 지배세력의 중추를 이루게 된다.[4] 더욱이 과거는 신분과 지위의 고하를 막론하고 모든 서민에게도 개방이 됨으로써, 일반인들의 광범위한 지식인화와 관료화를 촉진하는 역할을 한다. 이는 중국 교육의 역사상 평등성과 공정성의 이념이 일정 정도 현실화한 획기적인 일이라고 할 수 있다.

과거제도의 정착은 학교제도의 정비로 이어진다. 송대(宋代)의 인종(仁宗) 경력(慶曆, 1041~1048) 연간에 범중엄(范仲淹, 989~1052)의 제의로, 학교에서의 수학(受學)을 과거응시의 요건으로 삼는 것을 기점으로 해서 관료선발에서 학교를 중시하는 경향이 일어

---

3 宮崎市定, 중국사연구회 역, 『중국의 시험지옥-科擧』, 서울: 청년사, 1993, 18-20쪽.

4 하원수, "宋代 士大夫論", 서울대학교동양사학연구실 편, 앞의 책, 72쪽,
이전의 시대에도 지식인이 물론 있었지만 정치담당자가 반드시 지식인은 아니었다. 예를 들어, 한대(漢代)—호족사회—의 경우 지식인은 박사제자원(博士弟子員; 태학의 졸업생과 학생)이지만 대정치가가 반드시 박사제자원을 경과하지 않았다. 그리고 육조(六朝)의 경우 지식인은 경생(經生)으로 대표되는데 이들은 대부분 경학을 직업으로 하는 자들로서 반드시 정치담당자로 성장하는 것은 아니었다. 島田虔次, 김석근·이근우 공역, 『朱子學과 陽明學』, 서울: 까치, 1986, 20-21쪽.

나는데 이는 송대 학교제도의 전국적인 보급의 결정적인 요인이 된다.[5] 또한 학교의 양적인 확장과 더불어서 입학자격을 일반인에게 개방함으로써 지식인의 보편화를 이끌어낸다. 예를 들어, 중앙의 최고 관학인 국자감(國子監)은 송대 초에 관료들의 자제에게만 입학이 허용되었으나 이후 태학(太學)을 중심으로 개편되는 과정에서 일반민들에게까지 개방되었을 뿐 아니라 그 정원도 크게 늘어났다. 그리고 지방에도 주학(州學)과 현학(縣學) 등의 많은 관학이 세워져서 일반민들에게 교육의 기회를 넓혀 주게 된다.[6] 물론 비록 과거제도와 학교제도가 아무리 잘 정비된다고 해도 지식습득과 과거를 통해서 관료가 되는 사람은 소수였을 것이다. 그러나 이 제도는 일반 서민의 광범위한 지식인화를 촉진하고, 역사의 창조자로서의 지식인들의 존재와 역할 의의를 크게 고양했음은 부인할 수 없다. 그리고 이들 지식인을 후대의 역사가들은 '사대부(士大夫)'라고 개념화한다.[7] 사대부는 무엇보다 유교경전의 교양을 갖춘 지식계급으로서, 경제적으로 보면 지주(地主)이지만 반드시 그러한 것은 아니다. 또한 폐쇄적 신분이 아니라 능력을 원리로 하는 개방적인 계급이었다. 이들은 자신의 지식이 곧 국가 운영의 토대가 된다는 밝은 전망을 가지고, 화폐경제가 낳은 사회의 활기와 함께 독특한 생기와 이상지향의 열정을 발현한다.[8]

그런데 과거제도와 학교제도의 정비가 지식인이 역사의 주역이 되는 시대를 창출하는 핵심기제였음은 분명하지만, 그렇다고 해서 당시의 모든 지식인이 과거(科擧)나 관학(官學)과 관련되어 있거나 이 제도에 대해 적극적인 지지를 보낸 것만은 아니다. 오히려 당시의 유력한 지식인 중에는 과거나 관학으로서의 학교와 인연이 전혀 없는 경우도 많았다. 말하자면 송대의 인쇄술의 발달과 더불어 발달한 서원(書院) 등의 사학(私學)을 통해서라든지 아니면, 아예 독학[私塾]을 통해서 지식인으로 성장하는 자들도 적지 않았다. 더욱이 이들 중 많은 사람은 과거제도와 관학의 정착 과정에서 나타난 말류적 병폐, 즉 자신의 참된 본성을 발현하는 학문으로서의 위기지학(爲己之學)으로 이끌지 못하고

5 하원수, 위의 논문, 76-77쪽.

6 하원수, 위의 논문, 79쪽.

7 하원수는 '사대부'에 대한 기존의 견해, 즉 과거에 의해 관료로 되는 것이 기대되는 지식인을 총칭한다고 보는 견해라든지 과거의 마지막 관문까지 통과하여 관료가 된 이들로 보는 견해 등을 비판적으로 검토하면서, 사대부를 과거를 지향하는 과정에서 여러 가지 크고 작은 특권을 지니게 된 지식인으로 규정한다. 위의 논문, 83-84쪽.

8 島田虔次, 김석근·이근우 공역, 앞의 책, 20-22쪽.

오직 출세(出世)와 공리(功利)를 위한 수단적인 학문으로 치달리도록 만드는 병폐에 회의를 느끼고서, 이에 대한 첨예한 비판을 가한다. 물론 이들은 과거제도의 의의를 정확히 간파하고 있었기 때문에 결코 과거제도 자체를 부정하는 데까지 이르지 않았고, 다만 개인적인 차원에서 그 독소에 물들지 않으려고 애쓰거나 아니면 보다 적극적으로 개혁을 지향하기도 한다. 일반 지식인들을 역사무대의 전면에 당당히 등장시킨 과거제도가, 이후 의식 있는 지식인들의 주요한 공격대상이 되었던 것은 역사의 아이러니다. 그러나 이는 그만큼 지식인들의 자신감과 건전한 열정이 살아 숨 쉬고 있음을 말하며, 그 토대에는 과거제도가 주요한 요인으로 자리 잡고 있음은 부인할 수 없다.

2) 인성교육론자들의 개혁구상과 과제

과거나 관학과 긴밀한 인연을 맺었든 그렇지 않든, 지식인의 순수하고 생동력 있는 역할이 가능하고 또한 절실히 요구되었던 역사적 변혁기를 맞아서, 일군의 주목할 만한 사상가들이 출현한다. 즉, 유가의 기치를 걸고 새로운 시대의 이념적·제도적 설계도를 그리고자 하는 꿈을 가진 이들이었는데, 그것은 크게 두 방향의 경향성으로 나타났다. '제도개혁론자(制度改革論者)'와 '인성교육론자(人性教育論者)'가 그들이다.[9] 전자와 후자 모두 인간과 제도의 변화가 새로운 시대의 동력으로 삼아야 한다는 점에 대해 인식을 같이하면서도, 제도개혁론자들은 보다 혁신적인 국가 및 사회 제도의 구축에, 그리고 인성교육론자들은 사회 구성원들 개개인의 의식과 품성의 성장을 위한 교육 및 학문문화의 정비에 방점을 둔다.

왕안석(王安石, 1021~1086)을 위시한 제도개혁론자은 무엇보다 국가 제도의 확립과

9 손영식은 북송시대의 유학자들의 대립을 신법당과 구법당으로 나누는 관례를 따르면서, 각각 '제도개혁론자'와 '인격수양론자'로 명명한 바 있다(손영식, "宋代 新儒學에서 哲學的 爭點의 硏究", 서울대 대학원 박사학위논문, 1992, 35–57쪽). 이렇게 신법당과 구법당이 각각 제도개혁론자과 인격수양론자로 특징지어질 수 있는가는 의문의 여지가 있다. 그럼에도 불구하고 이 시기 새로운 유학지식인들의 흐름을 제도개혁에 중점을 두는 부류와 보다 개인의 수양에 중점을 두는 부류로 구분할 수 있다는 점은 받아들일 수 있겠다. 다만 필자는 후자에 대해서 '인격수양론자'라는 명칭보다는 '인성교육론자'라는 명칭을 쓰고자 한다. '인성교육'이라는 용어가 개인적 수양과 사회적 교화라는 양 차원에서 이루어지는 이들의 개혁적 지향성을 보다 적절히 표현한다고 보기 때문이다. 이하의 제도개혁론자과 인성교육론자들의 개략적인 비교는 손영식의 연구를 근간으로 하되, 필자의 관점에서 재조직한 것이다.

국가의 강력한 지도, 관료의 기강확립을 통해서 이상적인 국가를 실현코자 한다. 이들은 경제와 사회 제도의 완비를 강조하되, 부국강병보다는 합리적인 정치질서, 재정정책을 중시한다. 또한 이와 같은 이상적 제도를 뒷받침하고 운용하는 국가의 적극적인 지도력을 강조한다. 이들 역시 인성교육론자들과 마찬가지로 관료의 기품 확립의 중요성을 말하면서도 그것은 주로 관료들이 제도를 충실히 운용하는 것을 의미하며, 따라서 관료 및 군주의 원대한 경륜(經綸)이 중시된다. 경륜이란 도덕적 가치를 벗어나지 않는 범위 내에서 국정 전반에 걸친 현실적인 성과를 이루는 안목을 말한다. 이들에게 있어서 이상적 인간상으로서의 성인(聖人)은 무엇보다 이상적인 제도개혁가이며, 맹자 등도 이러한 측면에서 높이 평가한다. 이들이 오경(五經)을 학문의 중심으로 삼는 것도 국가 제도개혁의 지침으로서 중요하게 보기 때문이다. 한당대(漢唐代)의 오경(五經)을 둘러싼 훈고학(訓詁學)을 거부하지만 오경 체제 자체는 수용하는데, 이는 관념론적인 성격이 적고 현실에 대한 제도론적인 접근을 하기에 유용하기 때문이다. 이와 같은 제도개혁론적 이념은 실제로 왕안석에 의해서 교육으로 반영된다. 교육은 그가 개혁의 최우선 과제로 삼은 것이기도 했다. 왕안석은 자신의 이념을 담은 교재로서 삼경의(三經義)를 편찬해서 학교의 교재로 채택했을 뿐 아니라, 과거시험 문제도 거기에서 출제함으로써 한동안 신법(新法)의 이념으로 무장한 관료를 양산하게 된다. 이들은 도덕적인 가치와 인간의 도덕적 이성을 무시하지는 않으면서도 그것은 어디까지나 제도를 형성하고 제도를 운영하는 한에서 의미를 지니는 것으로 본다. 결과적으로 인간의 도덕성과 이성의 바탕에 대해서는 큰 무게를 두지 않고 있으며 따라서 이에 대한 철저한 탐구와 고려도 이루어지지 않는다.

인성교육론자에는 북송대의 대표적 신유학자들—주돈이, 장재, 정호, 정이, 사마광 등—이 포함된다. 이들 역시 제도개혁론자들 못지않게 제도개혁의 의의를 인정하고 그 나름의 노력을 기울이지만, 보다 근본적으로는 개인적 수양(공부)과 사회적 교화를 통한 인간 의식 및 인성의 변혁이 중요하다고 본다. 말하자면 제도 자체보다도 우선 제도를 운용하고 그 제도 속에서 살아가는 사람의 마음가짐과 가치관이 올바로 형성이 되어야 한다는 것이다. 이들은 특히 당시 사회의 지배층으로 부상한 지식인 계층, 즉 사대부(士大夫)들의 도덕적 인격 확립이야말로 국가 운영의 핵심이라고 본다. 제도가 아무리 좋아도 그것을 운용하는 사람의 마음이 사욕으로 가득 차 있거나 합리적이지 못하면 그 제도는 무용지물이 되기 때문이다. 이들은 사람 개개인이 자신의 본성을 올바로 통찰하고 가꾸어 낸다면, 바람직한 제도 운용은 자연스럽게 따를 것이라는 낙관론을 지닌다. 이들에게 있어서 인간의 도덕적 본성은 곧 자연의 질서(이치)를 반영하는 명백한 '진실'이며, 이상적 인간상으로서의 성인은 도덕적 본성을 완전히 구현하는 사람이다. 모든 사람과 현실 사회와 역사의 평가기준은 도덕성의 여부, 즉 의(義)냐 이(利)냐, 왕도(王道)냐 패도(覇道)냐, 천리(天理)냐 인욕(人欲)이냐에 달려 있다. 힘의 논리에 의해서 지배된 한당대의 정치를 패도(覇道)로 규정하면서 비판하고 부정하는 것은 이 때문이다. 또한 이들은 한당대의 오경(五經)을 보더라도 경세적인 입장보다는 도덕학적인 입장에서 보며, 나아가 자신들의 이념에 보다 합당한 경전으로서 사서(四書) 체제를 정비해 가기에 이른다. 그리고 이러한 이념을 현실 교육에 반영하기 위한 끊임없는 노력을 기울인다.

인성교육론자들이 제도개혁의 문제를 중시하면서도 제도개혁론자들에 대해서 분명한 비판적 입장에 서는 이유는 본(本)과 말(末)이 전도(顚倒)되는 것에 대한 우려 때문이다. 말하자면 자칫 정치, 경제의 제도적 효율성만을 추구하는 과정에서, 삶의 근본 가치와 인간 본성을 외면할 염려가 있기 때문이다. 사람들의 참된 본성이 반영되지 않고, 또 그것을 구현해 낼 수 없는 제도라면 그것이 아무리 현실적 이익을 가져온다고 하더라도 큰 의미가 없다. 따라서 이들에게서는 우선 새로운 시대의 올바른 가치와 인간상을 정립하고, 나아가 그것을 실현하는 방법을 탐구하는 일이 중요하다. 말하자면 인간론과 공부론, 교육론의 문제가 이들 학문의 핵심 주제가 된다. 그리고 이 문제를 해결해 감에 있어서, 한편으로는 한당대(漢唐代)의 훈고학(訓詁學)이나 주소학(注疏學), 사장학(詞章學)을 넘어서 원시유가의 철학정신과 공부방법을 새롭게 이해하려는 노력을 기울이고, 다른 한편으로는 수당대(隨唐代)를 풍미했던 불가와 도가의 세계관과 인간관, 수양론에 대한 전면적인 비판적 성찰을 진행한다.

인성교육론자들에게 있어서 원시유가의 핵심은 '성인(聖人)' 관념과 '인(仁)·의(義)·예(禮)·지(智)나 중(中), 그리고 '성(誠)' 등의 가치 관념으로 이해된다. 이들은 인·의·예·지 등의 가치를 선구적으로 포착하고 안내하며 몸소 보여 준 성인이야말로 새로운 시대의 이상적 인간상으로 자리매김해야 한다고 보았다. 신유학의 출발과 전개는 바로 이 이상을 뿌리내리기 위한 이론적·실천적 여정이라고 보아도 과언은 아니다. 이와 관련해 볼 때, 이들이 극복하고자 하는 한당대는 두 가지의 문제를 안고 있다. 하나는 한당대 유학은 원시유가의 본질을 벗어나서 훈고와 사장에 치중하였고, 과거와 학교 제도도 이러한 학문적 경향에 좌우됨으로써 유가는 허울만 남았을 뿐 그 근본 생명력은 죽어 있었다는 것이다. 다른 하나는 유학의 '죽음' 위에서 불가나 도가가 풍미하게 되는데, 그 세계관과 인간관은 사람들을 허무와 반윤리와 비현실의 세계로 몰아가는 병폐를 지닌다는 것이다.[10] 따라서 불가와 도가의 사상적 굴레를 넘어서는 것은 새로운 시대를 창조하고자 하는 이들에게 있어서는 절대절명의 과제였다.

그런데 당시에 특히 불가나 도가가 차지하는 사상적인 지위와 영향력은 매우 컸다. 당시의 유력한 지식인들 중 불가나 도가에 출입하지 않은 사람이 거의 없었다고 할 정도로 일상에 침투해 있었다. 주돈이, 이정(二程), 그리고 주희도 예외는 아니다. 이들의 학문적 노정에서 불가와 도가의 사상적 영향을 받는다. 가령 인성의 설명방식이나 공부방법의 내용 등에 있어서의 불가나 도가적인 요소가 전혀 없다고는 볼 수 없다. 그럼에도 불구하고 불가나 도가에 대한 비판의식이 치열했던 만큼 그들이 이룩한 세계관과 인간관, 그리고 공부론은 이미 결코 불가나 도가의 것은 아니었다. 무엇보다 그것은 인·의·예·지 및 성(誠)의 본성과 윤리를 긍정하고, 예(禮)와 법(法)의 사회, 제도를 지지하는 이론으로서 이는 원시유가의 정신에 충실한 것이었다. 정확히 말하면 이들은 불가와 도가의 이론에 자극받고 또 필요한 부분은 비판적으로 받아들이되, 무엇보다도 원시유가의 정신과 사유방식을 근간으로 하여 새로운 유학 이론—본체론, 심성론, 공부론—의 정교화를 꾀했다.[11] 이를 통해 새로운 틀을 갖춘 유학이 탄생하게 된다. 이른바 신유학(新儒學)인데, 주희의 단계에 이르게 되면 이론적 설명력이나 현실적 적용력에 있어서 불가와 도가를 넘어서서 사상계를 주도하게 된다.

요컨대 인성교육론자들은 새로운 시대의 개혁을 구상함에 있어서 구성원의 인간 의식 변화 및 도덕성 실현을 가장 핵심적인 과제로 삼고서, 원시유가의 정신을 재해석하며 인간론과 공부론, 교육론을 정비하고자 했다. 그 과정에서 한편으로는 한당대의 훈

---

10 이와 관련하여 정이(程頤)는 당시의 공부의 폐단을 이렇게 지적한다: "오늘날의 공부하는 자는 세 가지 병폐가 있으니 하나는 문장에 탐익하는 것이요, 둘은 훈고에 이끌리는 것이요, 셋은 이단(불가, 도가)에 미혹되는 것이다. 그러니 장차 어디로 돌아갈 것인가? 반드시 도를 좇아야 한다[今之學者有三弊: 一溺於文章, 二牽於訓詁, 三惑於異端. 苟無此三者, 則將何歸? 必趨於道矣]."(『二程集』, 『遺書』 18-23.)

11 이러한 맥락에서 신유학에 대한 불가와 도가의 영향을 과장하는 것은 경계해야 한다. 시마다 겐지는 신유학의 리(理), 본연기질(本然氣質), 체용(體用), 도통(道統)의 설 등을 불가의 영향이라고 말하는 것은 단지 표면적 어구의 유사성에만 의존한 이해임을 지적한 바 있다. 島田虔次, 김석근·이근우 공역, 앞의 책, 7쪽.

고 및 사장 위주의 유학과 불가, 도가의 세계관과 인간관을 극복하고자 했고, 다른 한편으로는 같은 개혁론자이지만 인간성 자체보다는 제도 위주의 개혁을 추진했던 세력과 대결했다. 따라서 이들에게 있어서 유가의 이상적 인간상에 대해, 새로운 본체론이나 심성론을 통해 정립하고, 사람들이 그 실현에 다가설 수 있도록 이끌어주는 공부론이나 교육론을 구축하는 일이야말로 가장 긴요한 과제였다. 이러한 자각적인 문제의식의 발양과 학문적 실천은, 당대(唐代)의 한유(韓愈)와 이고(李翶)를 기점으로 해서, 북송대(北宋代)의 범중엄(范仲淹), 호원(胡瑗), 손복(孫復), 석개(石介), 구양수(歐陽修), 주돈이(周敦頤), 장재(張載), 정호(程顥), 정이(程頤) 등으로 이어지다가, 남송대(南宋代)의 주희(朱熹), 육구연(陸九淵), 장식(張栻) 등에 이르러 크게 융성한다. 특히 주희는 이전의 주요 사상가들의 이론을 나름의 체계 속에서 종합적으로 엮고 또한 제도개혁론자들의 입장까지도 조화시켜 명실공히 신유학의 완성된 틀을 정비하게 된다.

주희의 공부론은 당과 북송대로 이어지는 '인성교육론자'들의, 공부(工夫) 및 학(學)에 대한 이론적·실천적 결실 위에 성립된 것이다. 따라서 주희 공부론의 성격을 심도 있게 밝히기 위해서는 먼저 이들의 문제의식과 공부론의 성격, 그리고 미해결 과제를 검토할 필요가 있다.

2. 북송대(北宋代) 신유학적 공부론의 전개

신유학의 공부론의 태동과 전개 과정을 규명함에 있어서, 특히 북송대의 주돈이(周敦頤, 호는 廉溪, 1017~1073), 장재(張載, 호는 橫渠, 1020~1077), 정호(程顥, 호는 明道, 1032~1085), 정이(程頤, 호는 伊川, 1033~1107)의 사상에 주목하고자 한다. 이 선별은 신유학의 주요 계보에 대한 주희 자신의 인식을 반영한 것이다. 주희는 벗 여조겸(呂祖謙, 호는 東萊, 1137~1181)과 함께 신유학 입문의 교과서 성격을 지닌 문헌, 『근사록(近思錄)』을 편집한 바가 있고, 거기에는 주희 자신의 사상의 선구를 이루었다고도 평가하는 북송대의 주요 유자들의 사상이 발췌되어 있는 바, 그 발췌의 대상이 되는 주인공들이 바로 이 네 인물인 것이다.[12] 이러한 선별은, 제1장에서 다룬 바 있는 주희의 도통론(道統論)과도 연

12 『朱子全書』 13册, 151-302쪽, 『近思錄』 참조.

한편, 주희는 주돈이, 장재, 정호, 정이의 저술 및 관련 문헌에 대한 해설서 및 편집서도 내는데, 『太

결되어 있다. 주희가 도통 전승의 주체로 부각한 것은 정호, 정이 형제이지만, 그는 이들과 함께 깊은 교류를 하며 사상의 새로운 흐름을 주도한 주돈이, 장재의 사상사적 의의에도 주목한다. 북송대에는 이들 외에도 공부론적으로 주목할 이들이 꽤 있지만, 이 책이 주희의 공부론 및 교육사상의 이해에 초점을 맞추고 있는 만큼, 먼저 주희가 자신의 사상 형성과 관련하여 특별한 의미를 부여한 인물들을 중심으로 살피는 게 급선무일 것이다.

한편, 주희의 도통적 시선은 당대(唐代)의 한유(韓愈, 768~824)로도 향하고 있음을 간혹 볼 수 있는데[13] 이에 간단히라도 검토해 보고자 한다. 한편, 주희가 그 사상사적 의미를 크게 부여하지는 않았지만, 일반적으로 한유와 함께 북송대 이후의 신유학적 흐름의 방향을 잡아 가는 데 역할을 했던 인물로서 이고(李翺, 771~842)에 대해 약술하는 것도 의미가 있을 것이다.

1) 한유(韓愈)와 이고(李翺)의 공부론: 당대(唐代)의 선구적 발걸음

한유(韓愈)의 『원도(原道)』는 도가와 불가에 대항하는 신유학 출발의 '선언문'이라고 보아도 좋을 만큼, 유학의 방향과 성격에 관련한 도전적인 내용이 담겨 있다. 즉, 그는 『원도』를 통해서 도교와 불교의 반인륜주의와 반문명주의의 허구와 폐단을 비판하면서 유가적인 가치 관념과 이상의 내용 및 의의를 드러내고자 한다. 그는 우선 유가적 가치관념을 인(仁), 의(義), 도(道), 덕(德)으로 정리한다. 물론 여기서의 도(道)와 덕(德)은 도가의 것이 아니라, 다만 인(仁), 의(義)와 연계된 유가의 것이다. 한유는 유가의 인의의 도덕에 대해, 스스로 '사언(私言; 삿된 말)'로 표현한 바의 도가의 도덕과 구분한다.[14] 인의도덕(仁義道德)은 유가가 추구해야 할 교육과 공부의 이상에 대한 한유의 천명에 다름 아

極圖說解』(『朱子全書』 13冊, 63-86쪽), 『通書注』(『朱子全書』 13冊, 87-138쪽), 『西銘解』(『朱子全書』 13冊, 139-150쪽), 그리고 『河南程氏遺書』, 『河南程氏外書』 등이 그것이다. 『朱子語類』의 卷93~99에서도 이들에 대한 주희의 견해를 엿볼 수 있다.

13 『朱子語類』 93-2, "孟子後數千載, 乃始得程先生兄弟發明此理. 今看來漢唐以下諸儒說道理見在史策者, 便直是說夢. 只有箇韓文公依稀說得略似耳."

14 『韓昌黎集』, 『原道』, "博愛之謂仁, 行而宜之之謂義. 由是而之焉之謂道, 足乎己無待於外之謂德. 仁與義爲定名, 道與德爲虛位. …(중략)… 吾所謂道德云者, 合仁與義言之也. 老氏所謂道德云者, 去仁與義言之也. 一人之私言也."(『韓昌黎集』, 臺灣: 河洛圖書出版社, 1975.)

니다.

한유는 인의도덕의 정신이 계승되어 온 유가의 도통(道統)에 대해서도 새롭게 제기하는데, 요(堯), 순(舜), 우(禹), 탕(湯), 문(文), 무(武), 주공(周公), 그리고 공자(孔子)와 맹자(孟子)로 이어지는 도통설(道統說)이 그것이다.[15] 특히 이전까지 유가의 전통에서 그 사상적 지위가 확고하지 못했던 맹자를 부각시킨 점이 주목된다. 한유는 맹자가 순자(荀子)나 양웅(揚雄) 등에 비해 유가의 근본정신을 순수하게 간직한 점과, 이를 바탕으로 이단—양주(楊朱)·묵적(墨翟)—을 물리쳤던 모범을 높이 산 것이다.[16]

또한 한유는『원도』를 통해서 이후 신유학, 특히 주자학의 공부론 형성에서 가장 중요하게 취급되는 저작인『대학(大學)』을 거의 처음으로『예기(禮記)』로부터 끌어내어 유학계에 드러냈다.[17] 그는『대학』을 통해서 '수기(修己)'뿐 아니라 '치인(治人)'의 규모를 갖추고서, 즉 내(內)와 외(外)를 함께 갖추고서 적극적으로 문명을 창조해 가는 유가의 유위(有爲) 정신을 강조했다.[18] 한유의『대학』이해는 그의 '성인(聖人)' 관념과도 통하는데, 그에게서 성인이란 인의도덕(仁義道德)의 정신을 바탕으로 온갖 문명의 이기와 제도를 '만들어 내는 자'임이『원도』의 전반에 걸쳐서 드러난다.『대학』, 그리고『맹자』의 발양을 통해서 한유는 도교와 불교에 나타나는 탈인륜, 탈문명, 내면수양 중심의 사유를 넘어서 '수기치인(修己治人)'의 유학이념을 새롭게 뿌리내리고자 한다. 비록『대학』과 맹자의 사상 자체에 깊이 있게 천착하지는 못했지만 이후 신유학 공부론의 걸음걸이에 중요한 좌표를 정해 준 것으로 볼 수 있다.

한유는 또 하나의 주요 저작인『원성(原性)』에서 성정(性情)에 관한 입장을 정리했다. 비록 정밀한 논의는 아니지만, 유학이 훈고학적인 경향에서 벗어나서 심성론과 공부론을 '형이상학적'으로 논하는 기풍을 연 선구적인 작업이었다. 특히『원성』에서 제기된

15『韓昌黎集』,『原道』, "曰斯道也何道也? 曰斯吾所謂道也. 非向所謂老與佛之道也. 堯以是傳之舜, 舜禹, 禹湯, 湯文武周公, 文武周公傳之孔子, 孔子傳孟軻, 軻之死不得其傳焉. 荀與揚也, 擇言吏不精, 語焉而不詳." 후에 주희도 한유의 도통설을 적극적으로 수용하니, 한유의 앞의 언급을『孟子集註』의 '서(序)'에서 그대로 인용하고 있음을 볼 수 있다.

16 당대 이전까지만 해도 맹자의 지위가 순자나 양웅, 동중서 등과 유사하였다는 점에서, 한유가 맹자를 주목한 것은 특별한 의미를 지닌다. 陳來는 한유가 특히 도가나 불가와의 투쟁의 필요성에 의해 맹자를 존숭한 것으로 설명한 바 있다. 陳來,『宋明理學』, 遼寧: 教育出版社, 1991, 23-24쪽 참조.

17 陳來, 위의 책, 25쪽.

18『韓昌黎集』,『原道』, "傳曰, 古之欲明明德於天下者, 先治其國. …(중략)… 欲正其正心者, 先誠其義. 然則古之所謂正心誠意者, 將以有爲也. 今也欲治其心, 而外天下國歌, 滅其天常."

성삼품술(性三品說)[19]은 후에 주희가 자신의 성론(性論)을 정립해 감에 있어서, 맹자, 이정(二程)의 논의와 더불어, 성론사(性論史)에서의 주요한 족적으로서 의미를 부여한다.[20]

신유학의 공부론 형성사에서 이고(李翶)가 주목되는 이유는 그의 주저인 『복성서(復性書)』 때문이다. 이 책에서 이고는 성(性)과 정(情)의 의미와 관계, 선악(善惡)의 근거, 그리고 본성(本性) 회복의 수양 문제 등을 논했다.[21] 이를 둘러싼 이론적 설명에 있어 한유에 비해서는 정밀해졌다고도 할 수 있지만 완결성을 갖추었다고는 보기 어렵다. 그러나 한유에 이어서 성정(性情)의 개념으로써 유가의 인성론 혹은 본성론, 공부론을 새롭게 개척했다는 점에서 중요한 의미가 있다. 더욱이 그는 본성에 관한 이론을 전개함에 있어 특히 『예기』 속에 들어 있던 「중용(中庸)」 편에 주목했는데,[22] 이것은 한유가 『예기』의 「대학」 편과 '맹자'에 주목한 것과 함께 신유학의 심성론사와 공부론사에 있어서 중요한 의미가 있다. 이로부터 송대 유학은, 특히 주희에 이르러서는 『중용』과 『대학』, 그리고 『맹자』를, 『논어』와 더불어 사서(四書)의 지위로까지 끌어올리고, 핵심 전거로 삼아 심성론과 공부론을 논의할 수 있는 단초가 마련되었기 때문이다.[23]

이고가 『중용』이라는 텍스트를 특별히 중요하게 취급한 이유는 여기에 유가 나름의 '형이상학적'인 본성론이 잘 드러나 있다고 보기 때문이다. 『중용』의 '성명(性命)'의 이론이 그것인데,[24] 이고는 이를 불가와 도가에 비견하는 유가 본성론의 존재를 설명하는 증거로 사용한다. 자신의 저작을 『복성서(復性書)』라고 명한 것도 『중용』의 성론(性論)의 영

---

19 『韓昌黎集』, 『原性』. "性也者, 與生俱生也. …(중략)… 性之品有上中下三. 上焉者, 善焉而已矣. 中焉者, 可導而上下也. 下焉者, 惡焉而已矣. 其所以爲性者五, 曰仁曰義曰禮曰智曰信."

20 『朱子語類』, 4-44, 62, 63, 64, 92.

21 『復性書』는 상(上), 중(中), 하(下) 편으로 나뉘는데, 특히 상(上) 편에서는 성(性), 정(情)의 일반론을 서술하고, 중(中) 편에서는 본성 회복의 수양 및 공부방법론을 언급하고 있다. 『李文公集』, 上海: 商務印書館, 民國18(1929).

22 『李文公集』, 『復性書』(上), "子思 孔子之孫, 得其祖之道術'中庸'四十篇, 以傳孟軻."

23 도통론(道統論)의 관점에서 보았을 때, 한유는 특히 맹자의 지위를 제고했고 이고는 특히 공자와 맹자 사이에 자사(子思)의 지위를 제고했다. 이고는 자사가 『중용』을 써서 성인이 전한 성명(性命)의 도를 맹자에게 전했다고 보았던 것이다. 후대의 송명 신유학자들은 한유와 이고의 견해를 동시에 받아들여 도통적 지위에서 자사와 맹자의 지위를 승인했을 뿐 아니라 『대학』과 『중용』, 『맹자』를 『논어』와 함께 사서(四書)로 파악하기에 이르렀다. 陳來, 앞의 책, 32쪽.

24 성명(性命)의 이론을 담은 문헌으로, 『복성서』에서는 『중용』과 더불어 『역(易)』을 주목하되 『중용』을 보다 비중 있게 다룬다.

향임을 밝힌다.[25] 이고는 유학의 재건을 위해 무엇보다 도가와 불가의 치밀한 인성론에 대응할 수 있는, 정교한 본성론을 갖추는 일이 중요하다고 인식하되,『중용』은 그 사상적 전거가 되기에 충분하다고 본 것이다. 나아가 이고는『중용』의 성(誠) 관념에 주목하면서 이를 본성의 핵심 내용이자 공부의 지향점으로서 제기했다.[26] 이로부터 성(誠)은 신유학에서 공부론의 핵심 개념으로 등장하기 시작한다.

그런데 이고의 도가(道家), 불가(佛家)에 대한 대결의식에도 불구하고 이고의 심성론과 공부론에는 여전히 도불(道佛)의 경향이 농후하다. 주로 적연부동(寂然不動)이나 허(虛)의 의미로 이해되는 성(誠)의 본성 관념(혹은 공부방법)이나, 멸정(滅情), 무려무사(無慮無思)로 대표되는[27] 공부방법론은 여전히 불교의 정(靜) 위주의 수양론의 주변에 머물고 있는 것이다.

2) 주돈이(周敦頤)의 공부론

주돈이는 송대 신유학의 시대를 본격적으로 연 인물로 평가받는다. 그가 이러한 사상사적인 지위를 획득하게 된 데에는 주희의 역할이 컸다. 주희는 신유학 입문서인『근사록』을 통해 북송대 새로운 도학(道學)의 뿌리 및 정수를 소개함에 있어 주돈이와 정이, 정호, 장재의 사상을 중심으로 삼되, 다름 아닌 주돈이의「태극도설」로 시작하고 있다. 주희가 맹자 이후 끊어진 도통(道統)을 다시 이은 결정적 인물로서 주돈이가 아닌 정이와 정호를 꼽고 있는 것은 분명하다.[28] 그럼에도 불구하고 이정(二程; 程顥, 程頤) 학문의

25『李文公集』,『復性書』(上), "嗚呼, 性命之書(『中庸』–필자주) 雖存, 學者莫能明, 是故皆入於莊列老釋. 不知者, 謂夫子之道, 不足以窮性命之道, 信之者皆是也. 有問於我, 我以吾之所知以傳言, 遂書于書, 以開性命之源, 以缺絶廢棄不揚之道, 幾可以傳于時, 命曰'復性書'以理其心, 以傳乎其人."

26『李文公集』,『復性書』(上), "是故誠者, 聖人之性也. 寂然不動, 廣大淸明, 照乎天地. 感而遂通天下之故. …(중략)… 復其性者 賢人循之不已者也. 不已則能歸其源矣."/ 같은 곳, "子思曰, 唯天下至誠爲能盡其性."/ 같은 곳, "道者至誠也. 誠而不息則虛, 虛而不息則明."

27『李文公集』,『復性書』(中), "或問曰: 人之昏也久矣. 將復其性者, 必有漸也. 敢問其方. 曰: 弗慮不思, 情則不生. 情旣不生, 乃爲正思. 正思者, 無慮無思也. 方靜之時, 知心無事者, 是齋戒也. 知本無有思, 動靜皆離, 寂然不動者, 是至誠也."

28『中庸章句』,「中庸章句序」, "自是而又再傳以得孟氏, 爲能推明是書, 以承先聖之統, 及其沒而遂失其傳焉, 則吾道之所寄, 不越乎言語文字之間, 而異端之說, 日新月盛, 以至於老佛之徒出, 則彌近理而大亂眞矣. 然而尙幸此書之不泯, 故程夫子兄弟者出, 得有所考, 以續夫千載不傳之緒, 得有所據, 以斥夫二

연원의 한 축에 주돈이가 있음을 주희는 주시하고 있다. 주돈이의 사전(師傳) 관계는 잘 드러나 있지 않으나 한 가지 확인되는 사실은 이정(二程)이 그에게서 수학했으며 이는 이정이 공맹의 전해지지 않은 정통(正統)을 얻는 데 한몫했다고 주희는 보고 있다.[29] 그런데 주희의 이런 평가에도 불구하고 정작 주돈이에 대한 이정 및 이정 제자들의 가치 평가 및 그 철학의 전승에 대한 증거는 찾아보기 어렵다. 이에 이정(二程)이 주돈이로부터 어린 시절 배우기는 했어도 학문적으로 크게 인정하지 않았으며, 결국 주돈이의 철학과 이정의 철학은 관련이 적다고 판단되기도 한다.[30] 주돈이의 사상은 11세기말해도 거의 묻혀 있었다가 12세기에 이르러 신유학의 시대를 연 인물로 부상하게 되는데, 여기에는 주희의 역할이 컸고 이는 그의 창조적 면모이기도 하다.

주희는 특히 주돈이의 「태극도설(太極圖說)」에서, 신유학적 리기론 및 공부론의 우주론적 근거를 확보할 수 있다고 보았다. 이와 함께 주돈이의 『통서(通書)』도 주목했으니, 신유학적 세계관과 인간관, 그리고 공부의 이상과 방법론에 대한 관점이 잘 드러나 있다고 판단한 것이다. 주돈이는 여기에서 공부의 목적과 이상을 다음과 같이 규정한다.

> 성인(聖人)은 하늘을 희구하고, 현인(賢人)은 성인을 희구하고, 선비[士人]는 현인을 희구한다. 이윤(伊尹), 안연(顔淵)은 위대한 현인이다. 이윤은 자신의 군주가 요(堯), 순(舜)과 같이 되지 못함을 부끄럽게 여겼고, 한 명의 필부라도 마땅한 자리를 얻지 못함을 마치 (자신이) 시장에서 매를 맞는 것 같이 여겼다. 안연은 노여움을 다른 사람에게 옮기지 않았으며, (같은) 잘못을 두 번 저지르지 않았고, 석 달 동안이나 인(仁)에 어긋나지 않았다. 이윤이 지향한 것을 지향하고 안자가 배웠던 것을 배워라[志伊尹之所知 學顔子之所學]. (이들의 경지를) 뛰어넘으면 성인이 될 것이고, (이들의 경지에) 이르면 현인이 될 것이며, 이르지 못한다고 해도 영명(令名)을 잃지는 않을 것이다. 세 가지는 그 힘쓰는 정도의 얕고 깊음에 따라서 도달하는 경지가 가깝거나 멀게 되는 것이다. 영명을 잃지 않는 것은 선을 행하는 실질을 갖추어서다.[31]

家似是之非, 蓋子思之功, 於是爲大, 而微程夫子, 則亦莫能因其語而得其心也."

29 『朱子全書』 13冊, 95쪽, 『通書注』, 「序」, "通書者, 濂溪夫子之所作也. 夫子自少卽而學行有聞於世, 而莫或知其師傳之所自. 獨以河南兩程夫子嘗受學焉, 而得孔孟不傳之正統, 則其淵源因可概見."

30 A. C. 그레이엄, 이현선 역, 『정명도와 정이천의 철학』, 서울: 심산, 2011, 277-304쪽 참조.

31 『周濂溪集』, 『通書』 10章, 「志學」, "聖希天, 賢希聖, 士希賢. 伊尹·顔淵, 大賢也. 伊尹恥其君不爲堯舜, 一夫不得其所, 若撻於市. 顔淵'不遷怒. 不貳過', '三月不違仁'. 皆賢人之事也. 志伊尹之所志, 學顔子之所學. 過則聖, 及則賢, 不及則亦不失於令名. 三者隨其用力之淺深, 以爲所至之近遠. 不失令名, 以其有爲善之實也." (『周濂溪集』, 臺灣: 商務印書館, 1966)

요컨대 사람은 "성인과 현인을 꿈꾸는 것[希賢希聖]"을 공부의 이상으로 삼아야 하며, 이를 위해 "이윤이 뜻을 두었던 것에 뜻을 두고 안연이 배웠던 것을 배우라[志伊尹之所知 學顏子之所學]."는 것이 주돈이의 견해다. 이윤은 은(殷)의 탕왕을 도왔던 명재상으로서 올바른 덕치의 구현을 위해서 위정자로서의 사회적 책무를 다했던 사람이며, 안연은 공자의 제자로 내면적 도덕성이 거의 완벽에 가까운 사람이었다. 말하자면 이윤과 안연은 각각 '치인(治人)'과 '수기(修己)'를 이룬 대표적 현인들이다. 주돈이는 이들의 범례를 통해서, 고도의 인격적 완성의 토대에서 사회적인 실현을 이루어 내는, 수기치인(修己治人)과 전체대용(全體大用)의 성인 및 현인을 공부의 인간상으로 규정한 것이다.

주돈이의 이와 같은 선언은 유가 일반의 상식이라고도 볼 수 있지만, 당시의 유학계, 나아가 사상계 전반의 상황을 고려한다면 특별한 의미를 지닌다. 이는 한당대(漢唐代)로부터 주류를 이루어 왔던 훈고(訓詁)나 사장(詞章) 중심의 유학이나, 도불(道佛)의 학문 풍토에 대한 전면적인 반성이기 때문이다. 단지 자구의 해석에 얽매어서 그 근본정신을 체득하는 일은 도외시하는, 혹은 단지 개인적 수양과 해탈에 치중해서—그것의 적절성은 차치하고—사회적 책무를 도외시하는 한당유학(漢唐儒學)이나 도불(道佛)의 풍토와 비교할 때, '수기치인의 성인됨 및 현인됨'이라는 공부의 이상은 실로 새로운 지향이며 강조점이었다.

주돈이에게서 '성인(聖人)이 되는 것'이란 단지 '관념'이 아니었다. 그는 "성인은 배워서 도달할 수 있음"을 분명히 한다.[32] 성인은 보통 사람과는 별개의 신적인 존재도 아니며, 성인됨의 정신경계는 단지 공허한 이상이 아니다. 공부를 통해서 누구나 도달할 수 있는 가능성이며 현실이다. '하늘의 뜻'에 대한 밝은 시야를 가지고 문명의 제도적·내용적 기틀을 마련하고 사람들을 올바르게 이끈 존재로 이해되는 성인(聖人) 관념, 그리고 공부하는 이들은 그런 성인의 경지를 지향해야 하며 그 성취는 가능한 일이라고 보는 관념은, 기실 고대로부터 이어 온 유학 전통에서 하나의 근간을 이루고 있는 사유 방식이다. 그런데 한당대를 포함한 오랜 도학 전승의 공백기를 거치며 이 유학의 본령적 이해가 빛을 잃었고 이에 유학은 물론이고 문명 자체가 위기에 닥쳤다는 것이 신유학자들의 일반적 생각이었다. 주돈이는 성인 및 성인됨의 공부 관념을 공부론의 근본 전제로 다시 살려 내고, 이를 새로운 역사를 만들어 가는 동력으로 삼고자 했다. 사대부가 역사

---

32 『周濂溪集』,『通書』, 20章,「聖學」, "聖可學乎? 曰: 可. 曰: 有要乎? 曰: 有."

의 주역으로 등장하는 시대에 그 사대부들이 가야 할 길을 분명히 하고 동기부여도 확고히 하고자 했던 것이다.

주돈이에게 성인(聖人)은 무엇보다 문명의 설계자임과 동시에 스승이다. 성인은 중(中)이나 인(仁), 의(義) 같은 표준을 세워 만물과 만민을 바르게 육성하고 이끌어 줌으로써 궁극적으로 천하를 바로잡는 역할을 한다.[33] 성인은 세상의 스승 및 교사 역할을 하는 이들의 모델이 된다. 『통서』의 전체 40장 중에서 세 장에 걸쳐 '사(師; 스승)'의 문제를 다룰 정도로 이상적 삶과 사회의 구현에 있어서의 교사의 존재 의미를 주시하고 있다.[34] 그리고 그 근간에는 성인의 만민 교화의 모델이 자리한다. 성인의 위상이 이러하다면 성인의 덕목 및 존재 방식, 그에 이르는 공부법에 대한 검토도 필요해진다.

> 성인(聖人)의 도(道)는 인(仁), 의(義), 중(中), 정(正)일 뿐이다. 그것을 지키면 귀하고, 그것을 행하면 이롭고, 그것을 넓히면 천지(天地)에 짝하게 된다. 어찌 쉽고 간단하지 않으며, 어찌 알기 어렵겠는가? 지키지 않고 행하지 않으며 넓히지 않을 뿐이다.[35]

주돈이는 이렇듯 성인(聖人)의 길을 단적으로 인(仁), 의(義), 중(中), 정(正)이라 규정하기도 한다. 아래에 다룰 「태극도설」에서 보이는 바처럼 중(中), 정(正), 인(仁), 의(義) 같이 순서를 바꾸어 표현하기도 한다. 여기서 인(仁), 의(義)는 공맹의 오상(五常; 仁義禮智信) 사상을 축약적으로 표현한 것이며, 그리고 중(中), 정(正)은 『중용』의 중화(中和) 사상을 반영한 덕목이라고 볼 수도 있을 것이다.[36] 그런데 주돈이가 인·의·중·정과 더불어 이들보다 더 근본적 위치에 두며 강조하는 것은 '성(誠)'이다.

---

33 『周濂溪集』, 『通書』 7章, 「師」, "惟中也者, 和也, 中節也. 天下之達道也, 聖人之事也. 故聖人立教, 俾人自易其惡, 自至其中止矣. 故先覺覺後覺, 闇者求於明, 而師道立矣. 師道立, 則善人多. 善人多, 則朝廷正而天下治矣."/ 『通書』 11章, 「順化」, "天以陽生萬物, 以陰成萬物. 生, 仁也, 成, 義也. 故聖人在上, 以仁育萬物, 以義正萬民. 天道行而萬物順. 聖德修而萬民化. 大順大化, 不見其跡, 莫知其然之謂神."

34 『周濂溪集』, 『通書』 7章, 「師」; 24章, 「師友上」; 25章, 「師友下」

35 『周濂溪集』, 『通書』 6章, 「道」, "聖人之道, 仁義中正而已矣. 守之貴, 行之利, 廓之配天地. 豈不易簡, 豈為難知? 不守, 不行, 不廓爾."

36 그런데 주희는 중(中)과 정(正)을 각각 예(禮)와 지(智)에 배속하여 설명하는 경향을 보인다. 『朱子語類』 94-82, "且中者, 禮之極; 正者, 智之體."

> 성(誠)은 성인(聖人)의 근본이다. "위대하다, 건원(乾元)이여. 만물은 (이를) 밑천으로 시작한다."는 것은 성(誠)이라는 원천[源]을 가리킨다. "건도(乾道)가 변화하여 각각 성명(性命)을 바르게 한다."는 것은 성(誠)이 여기에 자리 잡았음을 가리킨다. (誠은) 순수하고 지극히 선한 것이다. 따라서 "한번 음이 되고 한번 양이 됨을 도(道)라 하고, (도를) 이어 감은 선(善)이고, (도가) 이루어짐은 성(性)이다."라고 말했다. 원(元)과 형(亨)은 성(誠)의 통함이고, 이(利)와 정(貞)은 성(誠)의 돌아옴이다. 크도다, 역(易)이여. 성명(性命)의 근원이여.[37]

> 성인다움[聖]은 성(誠)일 뿐이다. 성(誠)은 오상(五常)의 근원이며 온갖 덕행[百行]의 원천이다.[38]

이렇게 주돈이는 성(誠)에 대해 성인(聖人)의 근본이며 오상 등의 주요 덕목과 온갖 덕행의 근의 근원으로 의미 부여한다. 그에게 성(誠)은, 이미 그가 인용한『역』에서만이 아니라『중용』에서도 '하늘의 도'로 표현되는 바가 있듯이,[39] 만물을 낳아 기르는 하늘의 존재적 속성이며 원리다. 이렇게 이해된 성(誠)은 자연히 모든 덕목과 덕행, 그리고 본성의 원천의 의미도 지닐 수 있게 된다. 주돈이는 특히 종종 성인(聖人)의 핵심 속성으로 성(誠)을 들고 있는데 이는 성인의 경지는 하늘의 도를 수행하는 경지에 다름 아니라는 점을 드러내는 것이다. 그에게 인·의·예·지·신 및 중·정으로 대표되는 덕(德)은 성(誠)에 원천을 두고 있으며, 성인(聖人)이란 바로 이 본성[性]에 편안히 따르는 자요, 현인(賢人)이란 이 본성을 회복하고 지키는 자다.[40]

주돈이의 이와 같은 세계관, 인간관, 가치관은「태극도설」에서 보다 체계화된 본체론적·형이상학적 기틀을 갖추게 된다.

> 무극(無極)이면서 태극(太極)이다. 태극이 움직여서 양(陽)이 생기고 움직임이 극한

37『周濂溪集』,『通書』1章,「誠上」, "誠者, 聖人之本. '大哉乾元, 萬物資始', 誠之源也. '乾道變化, 各正性命', 誠斯立焉. 純粹至善者也. 故曰, '一陰一陽之謂道, 繼之者善也, 成之者性也', 元亨, 誠之通; 利貞, 誠之復. 大哉易也, 性命之源乎."

38『周濂溪集』,『通書』2章,「誠下」, "聖, 誠而已矣. 誠, 五常之本, 百行之源也."

39『中庸章句』20章-, "誠者, 天之道也; 誠之者, 人之道也. 誠者, 不勉而中, 不思而得, 從容中道, 聖人也; 誠之者, 擇善而固執之者也."

40『周濂溪集』,『通書』3章,「誠幾德」, "誠, 無爲; 幾, 善惡; 德, 愛曰仁, 宜曰義, 理曰禮, 通曰智, 守曰信. 性焉安焉之謂聖. 復焉執焉之謂賢."

에 이르러 고요해지는데 고요해지면 음(陰)이 생긴다. 그리고 고요함이 극한에 이르면 다시 움직인다. 한번 움직이고 한번 고요해져서 서로 각각의 근거가 되니, 음으로 나뉘고 양으로 나뉘어 양의(兩儀)가 세워진다. 음양이 변화하거나 결합해서 수·화·목·금·토라는 오행(五行)이 생겨난다. 오기(五氣)는 순서에 따라 펴져서 춘·하·추·동이라는 사시(四時)가 운행된다. 오행은 하나의 음양이고, 음양은 하나의 태극이다. 태극은 본래 무극이다. 오행의 생성에 각각 본성을 동일하게 갖고 있다. 무극의 신실함[眞]과 음양·오행의 정밀함[精]은 신묘하게 결합해서 응결된다. "건(乾)의 도리는 남성을 이루고, 곤(坤)의 도리는 여성을 이룬다."고 하니 음양이라는 두 기(氣)가 교감하여 만물을 화생시킨다. 만물이 발생하는 과정을 반복하니 변화는 끝이 없다. 오직 사람[人]만이 빼어난 것을 얻어서 가장 영명하다. 형(形; 육체)이 이미 생겨나면 신(神; 정신, 신묘한 작용)이 지(知; 지각, 인식)을 발현시키니, 오성(五性; 仁·義·禮·知·信)이 외물에 감응해 움직이다 선악(善惡)이 나뉘며 온갖 일들이 출현한다. 성인(聖人)은 중(中)·정(正)·인(仁)·의(義)로써[본주: 성인의 도는 인·의·중·정일 뿐이다.] 이를 안정시키고 정(靜)을 주로 하여[본주: 무욕하기에 고요하다.], 사람의 표준[人極]을 세웠다. 그러므로 '성인은 천지와 그 덕이 합치되고, 일월과 그 밝음이 합치되고, 사시와 그 순서가 합치되며, 귀신과 그 길흉이 합치된다'. 군자(君子)는 닦으니 길(吉)하며, 소인은 어긋나니 흉(凶)하다. 그러므로 "하늘의 도[天道]를 세우며 음(陰)과 양(陽)을 말하였고, 땅의 도[地道]를 세우며 유(柔)와 강(剛)을 말하였고, 사람의 도[人道]를 세우며 인(仁)과 의(義)를 말했다."고 하였으며, 또 "처음을 거슬러 오르고 끝을 돌이키니 그러므로 죽음과 삶의 설을 알겠다."고 한 것이다. 위대하다 역(易)이여, 이렇게도 지극하다.[41]

주돈이에 따르면 사람[人]은 태극(太極; 無極而太極)과 음양오행(陰陽五行)의 작용으로 생성된, 가장 영명한 우주적인 산물이다. 인간은 태극과 음양·오행을 기틀로 펼쳐지는 우주로부터 신명한 지각력과 분별력을 부여받았다. 그중에 성인(聖人)은 천지(天地)와 덕(德)을 같이하는 존재로서, 태극을 이어 삶의 표준으로서의 인극(人極)을 세우니, 그

41 『周濂溪集』.「太極圖說」, "太極動而生陽, 動極而靜, 靜而生陰. 靜極復動. 一動一靜, 互爲其根; 分陰分陽, 兩儀立焉. 陽變陰合, 而生水火木金土. 五氣順布, 四時行焉. 五行, 一陰陽也; 陰陽, 一太極也; 太極, 本無極也. 五行之生也, 各一其性. 無極之眞, 二五之精, 妙合而凝. '乾道成男, 坤道成女', 二氣交感, 化生萬物. 萬物生生, 而變化無窮焉. 惟人也, 得其秀而最靈. 形旣生矣, 神發知矣, 五性感動, 而善惡分, 萬事出矣. 聖人定之以中正仁義, 〈本注: 聖人之道, 仁義中正而已矣.〉 而主靜, 立人極焉. 〈無欲故靜.〉 故'聖人與天地合其德, 日月合其明, 四時合其序, 鬼神合其吉凶'. 君子修之, 吉; 小人悖之, 凶. 故曰: '立天之道, 曰陰與陽; 立地之道, 曰柔與剛; 立人之道, 曰仁與義.' 又曰: '原始反終, 故知死生之說.' 大哉易也, 斯其至矣."

구체 내용은 중·정·인·의로 대표된다. 인간은 존재론적으로 이를 따름으로써 편안할 수 있는 존재다. 결국 주돈이는 중·정·인·의, 혹은 인·의·예·지·신이라는 본성 및 덕의 구현이라는 공부 이상과 그 주체로서의 영명함을 지닌 인간을 논하되, 그 우주론적 토대로서 태극과 음양·오행의 개념을 활용한 본체론을 제시하고 있다. 송대의 신유학사에서 「태극도설」은 공부 이상에 대한 본체론적 근거를 체계화한 최초의 저작으로 의미부여된다. 후에 주희는 「태극도설」에서의 태극과 음양·오행의 논의를 리기론(理氣論)으로 승화시키면서 이를 토대로 '생성론적' '유기체적' 우주론과 인간론을 형성한다. 주희의 이러한 작업을 기점으로 「태극도설」은 주자학의 역사에서 공부의 본체론적 배경을 이론적으로 뒷받침하는 가장 핵심적인 전거로 자리매김된다.[42]

그런데 「태극도설」에서 또 한 가지 주목할 것은 주정(主靜), 즉 '고요함을 주로 함'이라는, 공부의 방법에 대한 논의다. 주돈이는 이에 대해 "무욕하기에 고요하다[無欲故靜]."라는 자기 주석을 분명히 덧붙여 놓았다. '무욕(無欲)', 그리고 무욕에 의해 가능한 '정(靜; 고요함)'이 공부의 이상을 구현하는 데 있어 가장 근간이 되는 방법임을 암시해 주고 있다. 이와 관련하여 『통서(通書)』를 통해 보다 진전된 논의를 볼 수 있다.

> (물었다) 성인은 배울 수가 있습니까? 답했다: 가능하다. 또 물었다: 요점이 있습니까? 답했다: 있다. 하나됨[一]이 요체가 되는데, 그 하나됨이란 무욕(無欲; 마음이 달아남이 없음)이다. 무욕하면 곧 고요할 때는 텅 비게[靜虛] 되고, 움직일 때는 바르게[動直] 된다. 마음이 고요할 때 텅 비면 밝아지고[明], 밝아지면 통하게[通] 된다. 마음이 움직일 때 바르면 공정하고[公] 공정하면 두루 미치게[博] 된다. 밝게 통하고 공정하게 두루 미치면 거의 (성인의 경지에) 가깝다.[43]

주돈이는 성인을 배우는 공부방법으로서 일(一), 즉 하나됨을 내세운다. 그리고 하나됨에 대해 무욕(無欲), 즉 달아남이 없는 마음상태로 설명한다. 하나됨으로서의 무욕은 정허(靜虛; 고요할 때 텅 빔), 동직(動直; 움직일 때 바름)을 끌어내고, 나아가 정허는 명(明;

42 주희의 『태극도설해(太極圖說解)』 참조(『朱子全書』 13冊, 63-86쪽). 주희가 여조겸(呂祖謙, 1137~1181)과 더불어 편찬한 『근사록(近思錄)』과 이황(李滉, 1501~1570)의 『성학십도(聖學十圖)』를 비롯한 대표적인 주자학의 공부론서(工夫論書)에서는 종종 주돈이의 「태극도설」이 책의 첫머리에서 공부의 본체론적 근거를 드러내는 자료로서 활용된다.

43 『周濂溪集』, 『通書』 20章, 「聖學」, "聖可學乎? 曰, 可. 曰, 有要乎? 曰, 有. 請聞焉. 曰, 一爲要, 一者無欲也. 無欲則靜虛動直, 靜虛則明. 明則通, 動直則公, 公則博, 明通公博, 庶矣乎."

밝음)·통(通; 통함), 동직은 공(公; 공정함)·박(博; 두루미침)을 끌어낸다. 움직이지 않을 때는 마치 티끌 없는 맑은 거울처럼 텅 비어 밝고, 마음이 움직일 때는 올바르고 공정하게 작용하며 널리 향기가 뻗어 갈 수 있는 마음이라면 인간이 가질 수 있는 최상의 마음상태라고 할 수 있다. 어떻게 이런 이상적 마음을 구현할 수 있을까? 주돈이에 의하면 그 출발은 '무욕(無欲)'이며 '하나됨[一]'이다. 주돈이는 하나됨과 무욕을 동일한 것으로 설명하며 이것을 성인을 배우는 방법으로 내세우고 있다.

그럼 무욕(無欲)이란 무엇인가? 무욕은 일반적으로 두 가지 차원의 해석이 가능하다. 하나는 이기심 등의 삿된 욕심이 없는 상태다. 다른 하나는 여러 가지 자극이나 대상을 따라 마음이 흔들리거나 쫓기지 않고 가지런한 상태다. 이 중 주돈이는 무욕을 전자보다는 후자의 의미에 가깝게 이해하는 것으로 보이는데, 이는 그가 무욕을 하나됨[一]으로 풀고 있기 때문이다. 그런데 사실 전자는 후자에 포함될 수 있으니, 후자가 이루어지면 전자는 자연히 실현될 수 있을 것이기 때문이다. 무욕은 다만 사적 욕심이 없는 상태가 아니라, 마음이 이런 저런 외적 자극 등으로 휩쓸려 다니지 않고 가지런하게 모아진 상태를 의미한다. 단지 나쁜 생각을 하지 않는 상태를 넘어 각종 산만함이나 불안 같이 들뜬 심리, 그리고 선입견 같이 습관화된 반사적 심리의 경계로부터 일정한 거리를 두고 자유롭고 고요한 상태다. 그렇다고 아무런 지각이 없는 어두운 상태가 아니라 명(明; 밝음), 통(通; 통함), 공(公; 공정함), 박(博; 두루미침)을 이끌어 내는 바탕으로서의 깨어 있는 상태다. 주돈이는 이러한 마음으로 다가서고 구현하는 것을 성인(聖人)이 되는 방법의 요체로 소개한다.

「태극도설」에서 "정(靜)을 주로 하여 인극(人極)을 세운다."라고 하는 것에서 알 수 있듯이, 주돈이는 마음의 동(動)과 정(靜) 중에서 정(靜)을 보다 근본적인 위치에 둔다. 주돈이에게 무욕(無欲)은 그 근본으로서의 정(靜)을 끌어내는 기제다. 그는 정(靜)을 풀이하면서 "무욕하기에 고요하다."라고 했다. 무욕(無欲)과 정(靜)을 요체로 하는 주돈이의 공부방법론에는 마음을 전일하고 고요하게 하는 것이 인간에 내재한 하늘 본성을 순조롭게 드러내는 확고한 토대라는 이해가 깔려 있다.

무욕(無欲)과 정(靜) 위주의 공부방법론에서는 분명 도가적, 혹은 불가적 경향성이 느껴진다. '무극이태극(無極而太極)'으로 시작하는 「태극도설」의 본체론부터가 도가의 영향을 받았다고 보는 시각도 있다. 그렇지만 주돈이의 공부방법론은 도가나 불가의 그것과 분명한 구분점을 지닌다. 불가나 도가에서의 무욕(無欲)과 정(靜)에는 세세한 인간적 가치규범들의 적극적 연계 고리가 없고, 다만 궁극적 근원의 지점—무(無), 공(空), 무위(無爲) 등—으로의 회귀에 주안점을 둔다면, 주돈이의 무욕(無欲)과 정(靜)은 그 이면에 철저히 성(誠)과 인(仁)·의(義)·중(中)·정(正) 등의 가치와의 연결 및 지향성을 내포하고 있기 때문이다.[44] 말하자면 주돈이에게 사적인 욕심과 잡념으로부터 거리를 두고 고요하고 텅 빈 마음의 상태를 갖추는 일은, 밝은 통찰력과 공정성과 사회적 파급력[明通公博]을 갖추고서 성(誠) 및 인·의·중·정의 본성 및 가치를 자연스럽게 끌어내고 구현하는 토대로서의 의미를 지닌다. 여기서 우리는 주돈이가 성인을 배우는 방법으로서 '무욕'에 앞서 '일(一; 하나됨)'을 내세우는 것에 주목해 볼 필요가 있다. 공부방법으로서의 하나됨[一]은 도불에 대한 유가적인 정체성을 드러내고자 하는 주돈이의 뜻을 담고 있다는 해석도 가능하다. 후에 주희는 이 하나됨을 경(敬)으로 풀어 가는데, 이 경은 무(無)나 정(靜)에 치우치는 도불의 지향점에 대해 동(動)과 정(靜), 무(無)와 유(有)의 경계를 아우르며 그 이상적 상태를 끌어내는 방법으로 설명된다. 주돈이의 일(一) 역시 동과 정을 아울러 올바름을 끌어내는 방법적 특징을 보이며, 이는 이미 유가적 정체성에 한 걸음 다가선 것으로 이해해 볼 수 있다.

다시 정리하자면, 신유학사에서 주돈이는 '수기치인의 성인됨'이나, 성(誠) 및 인·의·중·정과 같은 유가적 가치 및 본성 관념을 중심으로 한 공부 이상을 뚜렷하게 제시했고, 태극, 음양 개념을 중심으로 한 우주론을 통해 공부의 본체론적·형이상학적 근거를 확정했다. 유교적 정체성을 선명하게 갖춘, 세계관과 가치관, 인간관, 그리고 공부관을 새로운 이론적 틀에 담아 드러내었다. 특히 그가 남긴 「태극도설」은 신유학사에서 도학의 본체론을 보여 주는 가장 핵심적인 전거가 될 정도로 역할이 컸다. 주돈이는 공부의 방법론에 있어서도 '새로운' 단계로의 진전의 서막을 보여 주었다. 그의 공부방법론은 일(一; 하나됨), 무욕(無欲), 정(靜) 등을 핵심으로 하는데, 이전의 유학사에서는 익숙하지 않은 것이라고 할 수 있다. 겉으로 보기에 도불(道佛)의 방법과 유사한 면을 보이지만, 유가 전통에도 그 흔적을 얼마든지 찾을 수 있다. 『중용』의 미발(未發), 중(中), 『맹자』의 존심(存心), 구방심(求放心), 『역』의 무사(無事), 무위(無爲), 적연부동(寂然不動) 같은 것이 대표적이다. 주돈이가 일, 무욕, 정을 공부 요소로 강조하는 것은, 기본적으로 이런 유가 전통의 뿌리를 재발견하고 계승하는 것이지 도불의 방법을 들여온 것이 아니다. 그

44 주돈이는 『통서』 전체를 걸쳐, 하늘의 도로서의 성(誠)을 위시해서, 인(仁), 의(義), 중(中), 정(正), 예(禮), 악(樂)과 같은 유교적 가치를 지향하고 이에 충실하고자 하는 면모를 잘 보여 준다.

런데 유가 전통의 흐름 속에서 일(一), 무욕(無欲), 정(靜)의 방법과 연결된 요소를 재발견함에 있어 도불의 영향이 적지 않게 있었을 것이다. 주돈이는 도불의 자극과 함께 유가 전통 속의 그런 방법적 요소들을 재발견했다고 볼 수 있다는 것이다. 주돈이 이전에는, 가령 문자학에 치우친 한당대의 유학 풍토를 넘어 유학의 근본정신으로 돌아가고자 하는 도학적 흐름이라고 해도, 다만 주요 경전에 대한 독서를 통해 핵심 덕목이며 가치인 인·의·예·지나 오륜(五倫) 등을 지적으로 이해하고 몸소 실천하는 공부 정도에 머무르는 경우가 많았다. 그런데 주돈이는 여기에서 더 나아가 그런 덕목 및 가치규범의 이해와 실천만이 아니라, 그것을 자연스럽게 끌어내기 위한 마음공부법, 즉 마음의 바탕을 전일하고 고요하게 정비하는 공부법을 구상했고 이를 오히려 더 근본적 위치에 놓아야 한다고 보기 시작한 것이다. 주돈이의 이런 발상의 배경에 도불의 자극이 일정하게 작용했다고 보는 것은 자연스럽다. 그러나 그렇다고 해서 그가 유교 전통에 전혀 없었던 것을, 도불에서 비로소 도입했다고 보는 것은 합당하지 않다. 정확히 말하면 유학이 이미 갖추고 있던 요소를 도불의 자극과 함께 새롭게 주목하여 부각해 낸 것이었고, 유학 전통에 뿌리를 둔 방법론이기에 그 실제 기능 및 효과도 도불의 것과는 다르게 이해되었다. 즉, 겉으로는 도불과 유사해 보이는 바의 주돈이의 무욕(無欲)과 정(靜)이 도불과는 질적으로 다른 지향 및 효과, 즉 명(明), 통(通), 공(公), 박(博), 그리고 인(仁), 의(義), 중(中), 정(正), 그리고 성(誠)의 경계로 나아가는 면모를 지닌다는 점을 주목해야 한다. 특히 주돈이가 근본을 세우는 방법으로서, 무욕(無欲)과 정(靜) 외에 일(一; 하나됨)을 내세운 것은 유교적 정체성에 한 걸음 더 가까이 간 흔적이라고 볼 수 있다. 일(一; 하나됨)은 주돈이의 무욕과 정의 지향점이 불교적 적멸(寂滅) 같은 것이 아님을 분명히 보여 주고 있다. 이것은 이후 이정(二程)을 거치고 주희에 이르러서 구축된 주일무적(主一無適)을 핵심으로 하는 경(敬)의 본령공부방법 제기[45]의 서막이라고 할 수도 있겠다.

3) 장재(張載)의 공부론

주희를 기준으로 할 때, 장재는, 주돈이와 정호, 정이에 비해 주희에 대한 학술적 영향력이 상대적으로 덜한 인물이라고 할 수 있다. 무엇보다 장재가 집중한 기론(氣論)이 리

45 본장 2절 6항과 제6장 3절 참조.

의 관점을 담아내기에 부족하거나 그것과 부딪히는 점이 있기 때문일 것이다. 그럼에도 불구하고 그의 기론은 주희의 리기론적 세계관을 형성해 감에 있어 특히 기적인 측면의 선행 논의로서의 중요한 의미를 지닌다고 하겠다. 더욱이 주희가 자신의 본성론, 심성론, 공부론에서 활용한 주요 용어 몇 가지가 장재에게서 나온 것은 주목할 일이다. '심통성정(心統性情)'이나 '기질지성(氣質之性)' '천지지성(天地之性)' '기질변화(氣質變化)' 같은 것이 그것이다. 비록 그 용어에 담아내는 의미에 있어 장재와 주희 사이에는 상당한 거리가 있지만, 장재의 용어가 주희에게 이론적 발상에 일정한 실마리를 주었다고 말할 수 있다.

장재는 정호, 정이보다 약 10살 연상의 친척이면서 이들과 밀접히 교류하는 학문적 동료였다. 누구보다 장재를 잘 아는 이정(二程)은 그에 대해 일종의 비판과 찬사를 동시에 드러낸다. 비판적 견해란 장재는 높은 재능을 지니고 있으나 그 학문이 잡박한데서 나왔다는 것인데,[46] 여기에서 이정이 장재의 학술 이론 전반에 대해 높게 평가하지는 않는 분위기를 읽어 낼 수 있다. 이정이 장재를 평가하는 부분은, 먼저 그가 당시의 학자 중 소옹(邵雍, 1011~1077) 등과 함께 이단에 휩쓸리지 않고 순수하게 도의 길을 견지하는 드문 학자라는 점, 예(禮)를 교육의 기초로 삼는 데 충실하다는 점이다. 이로 보면 장재는 도불 등 다른 사상을 기웃거리지 않고 유학의 새로운 길을 모색하는 데 전념을 했고,[47] 교육 방식도 그런 특성을 반영하여 예의 교육에 충실했음을 알 수 있다.[48] 그리고 이정의 긍정적 평가 중 더 주목할 것은 장재의 작품인 「서명(西銘)」(일명 '訂頑')에 대한 것이다. 이정은 장재의 학술 전반에 만족하지 않으면서도 「서명」에 대해서는 극도의 찬사를 보낸다.

> 정완(訂頑; 서명)의 말은 극히 순수하고 잡스럽지 않으니, 진한(秦漢) 이래 학자들이 도달하지 못한 것이다.[49]

이정에게 장재의 「서명」은 무엇보다 인의 본체[仁之體], 혹은 인효(仁孝)의 리, 혹은 하

46 『二程集』, 『遺書』 2上－157, "子厚則高才, 其學更先從雜博中過來."
47 『二程集』, 『遺書』 2上－58, "某接人多矣, 不雜者三人: 張子厚·邵堯夫·司馬君實.", 『二程集』, 『遺書』 4－10, "世之信道篤而不惑異端者, 洛之堯夫·秦之子厚而已."
48 『二程集』, 『遺書』 2上－79, "子厚以禮教學者. 最善, 使學先有所據守."
49 『二程集』, 『遺書』 2上－73, "訂頑之言, 極純無雜, 秦·漢以來學者所未到."

늘의 덕[天德]을 압축적이며 생생하게 밝힌 극도로 아름다운 문장으로 다가왔다.[50] 이정의 평가 이래 장재의 서명은 신유학사에서, 유학의 가장 중심으로 삼는 리이며 덕인, 인 및 인효의 세계로 인도하는 핵심 자료로 자리매김한다.

장재의 '서명(西銘)'은 '동명(東銘)'과 함께 서재(書齋)의 명(銘)으로 작성된 짧은 글로서 그 본래 명칭은 '정완(訂頑)', 즉 '미련함을 교정함'이었으며, 이것은 다만 공부하는 사람들을 위한 말이었음을 장재는 밝히고 있다.[51] 말하자면 「서명」은 무엇보다 공부하는 사람이 목표로 할 가치 이상을 일깨우고자 하는 교육적 의도를 담고 작성된 것이었다. 「서명」은 주돈이의 「태극도설」처럼, '천지(天地)'를 궁극 배경으로 하는 신유학의 본체론과 인간론, 가치관을 특징적으로 보여 주는데, 특히 인(仁)과 효(孝)를 비롯한 유교적 가치 관념이 깊숙이 투영된 삶의 이상이 생생하게 묘사되어 있다.

> 건(乾; 하늘)은 아버지라 하고 곤(坤; 땅)은 어머니라고 하니, 나는 이처럼 작지만 혼연히 그 가운데에 있다. 그러므로 천지(天地) 사이를 채우고 있는 것, 나는 그것을 몸으로 삼고, 천지를 이끌어 가는 것, 나는 그것을 본성으로 삼는다. 백성은 나의 형제요, 만물은 나의 벗이다. 임금은 내 부모의 맏아들[宗子]이요, 대신은 맏아들을 돕는 자[家相]이다. 어른을 높이는 것이 '어른을 어른으로 대접하는 것'이요, 고아와 약자에 자애로운 것이 '아이를 아이로 대접하는 것'이다. 성인은 (천지의) 덕에 합치하는 자요, 현인은 (사람 가운데) 빼어난 자이며, 천하의 지친 자, 병든 자, 고아, 외로운 자, 홀아비, 과부는 모두 내 형제 중에 환난을 겪으면서도 하소연할 데 없는 이들이다. 이에 (천지의 뜻을) 보존하는 것은 자식의 공경함이요, (천지의 뜻을) 즐겨 근심하지 않는 것은 효에 독실한 것이다. (천지의 뜻을) 어기는 자를 '패덕(悖德; 덕을 해침)'이라 하고, 인(仁)을 해치는 자를 '적(賊; 죽임)'이라 하며, 악을 행하는 자를 '부재(不才; 못남)'라 하고, 타고난 것을 실천하는 자를 '초[肖; 부모를 닮음]'라고 한다. (천지의) 조화를 안다면[知化] (부모의) 일을 잘 이을 것이요, (천지의) 신명에 다다른다면[窮神] (부모의) 뜻을 잘 계승할 것이다. 으슥한 곳에서도 부끄럽지 않은 것은 (부모를) 욕보이지 않는 것이요, 마음을 보존하고 본성을 기르는 것[存

50 『二程集』, 『遺書』 2上-16, "訂頑一篇, 意極完備, 乃仁之體也. 學者其體此意, 令有諸己, 其地位已高. 到此地位, 自別有見處, 不可窮高極遠, 恐於道無補也.(明)"/ 『二程集』, 『遺書』 2上-169, "伯淳言, '西銘某得此意, 只是須得佗子厚有如此筆力, 佗人無緣做得. 孟子以後, 未有人及此. 得此文字, 省多少言語. 且教佗人讀書, 要之仁孝之理備於此, 須臾而不於此, 則便不仁不孝也.'"/ 『二程集』, 『遺書』 5-11, "訂頑立心, 便達得天德."

51 『張載集』, 313쪽, 『張子語錄』(上), "訂頑之作, 只爲學者而言, 是所以訂頑."

心養性]은 게으르지 않은 것이다.[52]

「서명」에 의하면 모든 사람은 하늘을 아버지로 삼고 땅을 어머니로 삼아서 태어난 형제들이다. 사람뿐 아니라 만물도 함께하는 가족이다. 따라서 모든 사람, 특히 환난에 처해 있으면서도 호소할 길 없는 약자들을 내 가족처럼 공경하고 보살피고 사랑하는 것은 자연스러운 일이다. 이것은 나를 낳아 준 원천적 부모로서의 천지의 명령이며 뜻이니 이를 잘 받들고 읽어 내면서 자신의 본성을 발현하는 것이 사람이 취할 최선의 길이다. 천지를 부모로 보고 그 뜻을 잘 읽고 따르는 삶을 노래하는 흐름에서 효(孝)의 가치가 특별히 강조되는 것도 특징이다. 그런데 「서명」의 뜻을 전체적으로 포괄할 수 있는 것은 결국 인(仁) 개념이 아닐까 한다. 「서명」에는 '인(仁)'이라는 글자가 한차례 등장하기도 하는데, 전체를 걸쳐 우주의 모든 존재 간의 사랑과 배려, 공경, 헌신을 역설하고 있는 바 이는 인(仁)의 실천적 의미를 구체화한 것으로 이해할 수 있다. 신유학사에서 유교적 덕목의 핵심인 인의 의미에 대한 이해를 심화하는 문제는 가장 큰 과제였는데 장재의 「서명」은 이에 결정적 기여를 한 셈이다. 장재의 「서명」은 상호 학문적 교류 관계에 있었던 정호와 정이에 의해서 전폭적으로 받아들여지며, 이들의 인론(仁論) 형성에 핵심 근거로 작용한다. 후에 주희의 『근사록』과 이황의 『성학십도』에 동시에 실려서 그 영향력을 지속해 간다.

장재는 공부 목적 개념으로 인(仁), 의(義) 이외에 중(中), 정(正)이나 성(誠)을 종종 논하는데, 이 개념들에 대한 주목은 당시 도학적 신유학자들의 관행으로 보이며, 특히 『중용』이나 『역』의 영향으로 사료된다. 장재는 이러한 가치관념을 뒷받침할 본체론을 적극적으로 구성해 가고자 하는데 특히 기론(氣論)으로 특징지을 수 있다. 「서명」의 '가족·형제론'은 "하늘과 땅의 가득 찬 것은 나의 몸이고, 하늘과 땅을 이끌고 가는 것은 나의 본성이다."라는 전제를 깔고 있는데, 장재에게 이는 기론으로 설명된다. 주돈이에게 태극, 음양·오행 개념을 중심으로 한 태극의 본체론이 있다면, 장재에게는 태허기, 객형기의

52 『張載集』, 「西銘」, "乾稱父, 坤稱母, 予茲藐焉, 乃混然中處. 故天地之塞, 吾其體; 天地之帥, 吾其性. 民吾同胞, 物吾與也. 大君者, 吾父母宗子; 其大臣, 宗子之家相也. 尊高年, 所以'長其長'; 慈孤弱, 所以'幼其幼.' 聖其合德, 賢其秀也. 凡天下疲癃殘疾、惸獨鰥寡, 皆吾兄弟之顚連而無告者也. 于時保之, 子之翼也; 樂且不憂, 純乎孝者也. 畏天以自保者, 猶其敬親之至也; 樂天而不憂者, 猶其愛親之純也. 違曰悖德, 害仁曰賊, 濟惡者不才, 其踐形惟肖者也. 知化則善述其事; 窮神則善繼其志. 不愧屋漏, 爲無忝; 存心養性, 爲匪懈." (『張載集』, 北京: 中華書局, 1978)

개념을 중심으로 하는 기의 본체론이 있다. 장재는 기론을 통해 이후 주자학의 공부론에서 중요한 문제인, '천지지성(天地之性)'과 '기질지성(氣質之性)'의 문제도 제기한다.

장재 사상의 전반적인 기초를 이루는 것은 태허(太虛)와 기(氣)의 이론이다. 장재는 우주의 본체를 두 개의 층차로 나누어 설명하는데, 태허기(太虛氣)와 객형기(客形氣)가 그것이다. 태허(太虛)는 기의 본체이며 객형(客形)은 기가 모이고 흩어지는 작용과 그 작용으로 이루어지는 만물을 말한다.[53] 이 두 가지는 근본적으로는 하나의 기일 뿐인데 양태를 달리했을 뿐이다.

장재에게 있어서 태허는 인간과 만물의 근원으로서 특수한 의미를 지닌다. '물리적' 측면에서의 근원의 성격을 지니기도 하고, 가치나 규범과 연관한 '정신적' 차원에서의 근원의 성격도 지닌다. 그럼에도 장재가 태허를 기와는 다른 차원의 본질적인 것으로 설정하지 않고, 굳이 태허도 결국 기라고 하는 이유는, '무(無)에서 유(有)가 생겨난다'는 식의 체(體)와 용(用)을 이원화하는 도불(道佛)식의 세계관을 극복하고자 하는 나름의 고려 때문이 아닌가 한다.[54] 장재는 이와 같은 기론을 통해 성(性)과 심(心)의 문제를 설명한다.

> 태허(太虛)로부터 천(天)의 이름이 있고 기화(氣化)로부터 도(道)의 이름이 있고, 허(虛)와 기(氣)를 합하여 성(性)의 이름이 있고, 성(性)과 지각(知覺)이 합하여 심(心)의 이름이 있다.[55]

장재는 성(性)은 허(虛)와 기(氣)의 합으로, 심(心)은 성(性)과 지각(知覺)의 합으로 이루어진다고 본다. 이 중에서 성(性)을 이루는 허(虛)와 기(氣)는 각각 태허기(太虛氣)와 객형기(客形氣)를 가리킨다고 볼 수 있다. 이렇게 보면 성(性)은 근원적으로 태허(太虛)의 본성을 담지하면서 동시에 객형기(客形氣)의 속성을 지니게 된다. 나아가 장재는 심(心)을 성(性)과 지각(知覺)의 합(合)으로 설명하는데, 이는 자신의 '심통성정(心統性情)'의 이

---

53 『張載集』,『正蒙』1篇「太和」2, "太虛無形, 氣之本體. 其聚其散, 變化之客形爾."/『正蒙』1篇,「太和」3, "太虛不能無氣, 氣不能不聚而爲萬物. 萬物不能不散而爲太虛."

54 『張載集』,『正蒙』1篇,「太和」5, "若謂虛能生氣, 則虛無窮氣有限, 體用殊絶, 入老氏'有生於無'自然之論, 不識所謂有無混一之常."

55 『張載集』,『正蒙』1篇,「太和」11, "由太極 有天之名. 由氣化 有道之名. 合虛與氣, 有性之名. 合性與知覺, 有心之名."

론과도 연결된다.[56] '심통성정(心統性情)'에서 '통(統)'은 합(合)의 의미로, 정(情)은 지각(知覺)의 의미와 연관된다고 볼 수 있으며, 그렇다면 심(心)은 성(性)을 지닐 뿐 아니라 성을 알고 느끼고 표현할 줄 아는 능력을 지닌 존재가 된다. 그런데 성은 이미 태허기(太虛氣)의 본성과 객형기(客形氣)의 속성을 동시에 지니므로, 성이 심의 지각을 통해서 표현될 때 태허의 본성이 있는 그대로 드러나기도 하고 객형기의 속성을 반영하기도 한다. 장재는 전자와 후자를 각각 천지지성(天地之性)과 기질지성(氣質之性)이 표현되는 것으로 보는데,[57] 기질지성은 본래 만물 고유의 형체적 속성을 의미하는 것이므로 그 자체는 불선(不善)이 아니지만, 감각적 욕구의 치우침 같은 불선(不善)을 낳는 바탕이 된다. 이러한 견해를 토대로 장재는, 기질지성을 변화시켜 천지지성을 회복한다는 공부론적 명제를 제시한다.

> 형체(形體)가 생긴 뒤에야 기질(氣質)의 성(性)이 있으니 잘 돌이키면 천지(天地)의 성(性)이 그대로 존재하게 된다. 그러므로 기질(氣質)의 성(性)은 군자가 성(性)으로 여기지 않는다.[58]

기질지성(氣質之性)은 천지지성(天地之性)을 반영하지만 온전하지는 못하다. 인간의 진정한 본성은 천지지성일 뿐이므로, 기질지성의 좋지 않은 측면은 극복해야 한다. 그리고 이 선(善)한 본성은 누구에게나 갖추어져 있는데,[59] 다만 잘 돌이키느냐의 여부에 따라 본성 발현의 여부가 결정된다.[60] 그렇다면 천지지성, 곧 태허기(太虛氣)에 근원한

---

56 『張載集』, 374쪽, 『拾遺』. "張子曰. "心統性情也. 有形則有體, 有性則有情. 發於性則見于情, 發于情則見于色, 以類而應也."
장재의 명제 '심통성정(心統性情)'은 후에 주희가 자신의 심성론을 정리하는 데 중요한 발판이 된다.

57 장재에게서 천지지성(天地之性)이란 인간과 만물이 함께 가지고 있는 태허(太虛)의 본성을 의미한다고 볼 수 있으며, 기질지성(氣質之性)은 태허기(太虛氣)가 응취함으로써[形質을 이룸으로써] 생기는 객형기(客形氣)의 속성이라고 보면 좋을 것이다.

58 『張載集』, 『正蒙』 6篇, 「誠明」 22, "形而後, 有氣質之性. 善反之, 則天地之性存焉. 故氣質之性, 君子有弗性者焉."

59 『張載集』, 『正蒙』, 6篇, 「誠明」 7, "性者萬物之源, 非有我之得私也."

60 『張載集』, 『正蒙』 6篇, 「誠明」 21, "性於人, 無不善. 繫其善反不善反而已. 過天地之化, 不善反者也."
장재가 말하는 성(性)은 정이에 의해서 정식화된 리(理)로서의 성(性)이 아니라, 다만 본성이나 성질 등의 일반적 의미를 지닌 명사로 쓰였다. 그런데 보통 장재가 성(性) 한 글자만 쓸 때는 주로 천지지성(天地之性)을 가리킨다.

사람의 본성이란 무엇이며 그 본성의 표현을 막는 현상적인 기의 조건이란 무엇인가?

> 담일(湛一; 맑고 전일함)은 기(氣)의 본체요 공취(攻取; 치고 뺏음)는 기의 욕망이다. 입이나 배의 마시고 먹는 것에 대한 것이나, 코나 혀의 냄새와 맛에 대한 것은, 모두가 치고 뺏고 하는 성질이다. (그러므로) 덕(德)을 아는 자는 (이러한 것들을) 싫어할 따름이며, 좋아하고 욕구하는 것 때문에 그 심(心)에 누가 되도록 하지 않으며, 작은 것으로 큰 것을 해치거나 말단으로써 근본을 잃게 하지 않는다.[61]

장재는 인간과 우주만물의 본성, 즉 태허(太虛)의 본성을 담일(湛一; 맑고 전일함)로 표현한다.[62] 여기서 담일한 본성, 즉 천지지성이란 인·의·예·지로써 특징지을 수 있다고 보아도 무방하다.[63] 이에 대하여 입과 배, 코와 혀 같은, 형체 및 감각적 욕구에 치달리는 것은 곧 기질지성과 관련되는 것으로 천지지성의 발현을 저해하는 요인이 된다. 장재는 이러한 기의 현상적 속성[小, 末, 氣質之性]으로써 기의 본체로서의 담일한 인간 본성[大, 本, 天地之性]을 해치지 않아야 한다고 본다.

이상의 논의를 통해서 공부의 의미가 대략적으로 드러나는데, 즉 공부는 기질지성의 제약을 극복하고 천지지성을 회복하는 것이다. 다시 말하면, 기질의 부정적 측면을 변화시켜서 모든 사람에게 내재한 태허의 본성을 돌이키는 것이 공부, 배움의 가장 근본적인 목적이다.[64] 여기서 말하는 기질의 부정적 측면이란 구체적으로 기질의 선천적 편협성을 비롯해서, 사욕과 같은 좋지 않은 심리적 상태 및 후천적인 습속을 포괄적으로 의미하는데, 공부를 통해 모두 극복 가능하다.[65] 부정적인 의미의 기질적 습속을 이겨

---

61 『張載集』, 『正蒙』 6篇, 「誠明」 17, "湛一, 氣之本. 攻取, 氣之欲. 口腹於飮食, 鼻舌於臭味, 皆攻取之性也. 知德者屬厭而已. 不以嗜慾累其心, 不以小害大, 末喪本焉爾."

62 장재는 太虛의 성격을 淸으로 표현하기도 한다. 『張載集』, 『正蒙』 1篇, 「太和」 9, "太虛爲淸, 淸則無礙, 無礙故神."

63 『張載集』, 324쪽, 『張子語錄』(中), "仁義禮智, 人之道也, 亦可謂性."

64 『張載集』, 266쪽, 『經學理窟』, 「氣質」, "人之氣質美惡, 與貴賤夭壽之理, 皆是所受定分. 如氣質惡者, 學則能移. 今人, 所以多爲氣所使而不得爲賢者, 皆爲不知學. 古之人, 在鄕閭之中, 其師長朋友, 日相敎訓則自然賢者多. 但學至於成性則氣無有勝. 孟子謂氣壹, 則動志. 動猶言移易. 若志壹, 亦能動氣, 必學至於如天則能成性."

65 『張載集』, 281쪽, 『經學理窟』, 「學大原」(上), "氣質猶人言性氣. 氣有剛柔緩速淸濁之氣也. 質才也. 氣質是一物. 若草木之生亦可言氣質性. 其能克已則爲能變化却習俗之氣, 性制得習俗之氣. 所以養浩然之氣是集義所生者, 集義猶言積善也. 義須是常集勿使有息, 故能生浩然道德之氣."/ 『張子語錄』下,

내지 못하면 덕(德)과 본성(本性)은 실현할 수 없다. "덕(德)이 기(氣)를 이기지 못하면 성명(性命)이 기에 부려지고 덕이 기를 이기면 성명이 덕에 따른다. 리를 극진히 하고 성(性; 본성)을 다하면 천덕(天德)을 본성으로 삼고 천리(天理)를 명(命)으로 삼게 된다. 기를 바꾸지 못하는 것은 오로지 오래 살거나 일찍 죽는 것에 한한다."[66]

장재에게서 천지지성을 회복하기 위한 공부방법론은 어떻게 제시되는가? 그가 여러 가지를 파편적으로 언급하고 있기는 하지만, 가장 핵심되는 것은 심의 허(虛)와 정(靜)이다.

> 학문을 행함에 있어서의 큰 이득은 스스로 기질(氣質)을 변화(變化)시키는 데에 있다. 이와 같지 않으면 마침내 밝혀내는 바가 없어서 성인의 오묘함을 볼 수 없게 된다. 따라서 배우는 자는 먼저 기질을 변화시켜야 하는데 기질을 변화시키는 것은 허심(虛心; 마음을 비움)과 겉과 속을 이룬다.[67]

장재에게서 공부의 의의가 기질변화(氣質變化)에 있다면 기질변화하는 핵심적인 방법은 마음을 비우는 것, 즉 허심(虛心)이다. 장재가 심을 비우는 일을 중시하는 이유는 이것이 우주 본체인 태허의 본성을 획득하는 방법이기 때문이다. 천지(天地)는 허(虛)를 덕(德)으로 삼는데, 이것이 곧 인간이 궁극적으로 추구해야 할 지선(至善)으로서의 천지지성이다.[68] 천지와 마찬가지로 인간의 마음(心)도 태허를 본질로 삼는다.[69] 그런데 성(性)과 지각(知覺)의 합으로서의 심(心)은, 지각 기능을 매개로, 태허의 본성을 드러내는 동시에 기질지성과 관련한 온갖 생각과 감정들을 드러내는 존재다. 문제는 이러한 기질지성(의 지각)에 관련한 이기적이고 편협한 생각과 감정들에 있다. 심이 태허의 본성, 곧

329–330쪽, "氣者自萬物散殊時各有所得之氣, 習者自胎胞中以至於嬰孩時皆是習也…氣者在性學之間, 性猶有氣之惡者爲病, 氣又有習以害之, 此所以要鞭至於齊, 强學以勝其氣習. 其間則更有緩急精粗, 則是人之性(雖)同, 氣則(有異). …(중략)… 苟至於學則可以勝其氣與習."

66 『張載集』, 『正蒙』, 6篇, 「誠明」24, "德不勝氣, 性命於氣. 德勝其氣, 性命於德. 窮理盡性, 則性天德命天理. 氣之不可變者, 獨死生夭壽而已."

67 『張載集』, 274쪽, 『經學理窟』, 「義理」, "爲學大益, 在自能求變化氣質, 不爾(皆爲人之弊), 卒無所發明, 不得見聖人之奧. 故學者先須變化氣質, 變化氣質與虛心相表裏."

68 『張載集』, 326쪽, 『張子語錄』(中), "天地以虛爲德, 至善者虛也."

69 『張載集』, 324쪽, 『張子語錄』(中), "太虛者天地之實也. 萬物取足於太虛, 人亦出於太虛, 太虛者心之實也."

천지지성을 있는 그대로 드러내기 위해서는 우선 마음을 덮고 있는 이와 같은 '좋지 않은' 생각과 욕심의 굴레는 거두어 낼 필요가 있다. 이것이 '허심(虛心)'으로서 이는 곧 외물(外物)에 의해서 마음이 얽매이지 않는 것이며,[70] 편협한 '나'를 극복하는 것이기도 하다.[71] 그렇게 하면 심은 곧 천지지성과 같아진다.

> 심(心)을 비우고 나면 공정해지고, 공정하면 옳고 그름이 비교적 쉽게 드러난다. 마땅히 해야 함과 마땅히 해서는 안 될 것을 스스로 알게 된다.[72]

허심(虛心)이 바탕이 되면 공정함과 올바른 시비판단이 가능하고 나아가 인간이 마땅히 이루어야 할 가치들을 알게 된다. 그래서 장재는 "허(虛)는 인(仁)의 근본"이라거나 "허(虛)하면 인(仁)을 낳는다."고 말한다.[73] 천지의 도(道)가 지극한 허(虛)를 실체로 삼듯이 사람도 허(虛)의 마음으로부터 실체—성(誠) 등—을 끌어낼 수 있다.[74] 그런데 허(虛)는 마음의 고요한 상태, 즉 정(靜)과 통한다. 장재는 "정(靜)은 선(善)의 근본이고 허(虛)는 정(靜)의 근본"[75]이라고 한다. 마음을 텅 비우면 고요해지고 고요해지면 자연히 선이 드러난다는 것이다. 따라서 "처음 공부하는 자는 정(靜)으로써 덕(德)에 입문한다. 극진하게 덕을 이루는 것은 역시 다만 정(靜)이다."[76]라고 하여, 허(虛)와 함께 정(靜)을 공부방법으로 특별히 강조한다.

장재는 허(虛), 정(靜)의 마음 수양의 토대에서 궁리진성(窮理盡性)해야 함을 강조한다. 그에게서 리(理)와 성(性)은 거의 같은 의미로서 사람 및 사물의 본질(근본)을 의미한다. 그의 궁리(窮理)는 특히 편협한 사유나, 견문지(見聞知)의 한계를 넘어서서 사물의 근본

70 『張載集』, 325쪽, 『張子語錄』(中), "虛心則無外以爲累."

71 『張載集』, 『正蒙』, 4篇, 「神化」15, "無我而後大, 大成性而後聖."/ 『張載集』, 『正蒙』, 4篇, 「神化」28, "無我, 然後得正己之盡."/ 『張載集』, 『正蒙』, 8篇, 「中正」19, "意必固我一物存焉, 非誠也. 四者盡去, 則直養而無害矣."

72 『張載集』, 280쪽, 『經學理窟』, 「學大原」(上), "心卽虛則公平, 公平則是非較然易見, 當爲不當爲之事自知."

73 『張載集』, 325쪽, 『張子語錄』(中), "虛者, 仁之原."; "虛則生仁, 仁在理以成之."

74 『張載集』, 325쪽, 『張子語錄』(中), "天地之道無非以至虛爲實, 人須於虛中求出實. 聖人虛之至, 故擇善自精. 心之不能虛, 由有物榛礙."/ 『張載集』, 324쪽, 『張子語錄』(中), "誠者, 虛中求出實."

75 『張載集』, 325쪽, 『張子語錄』(中), "靜者善之本, 虛者靜之本."

76 『張載集』, 285쪽, 『經學理窟』, 「學大原」(下), "始學者亦要靜以入德, 至成德亦只是靜."

을 통찰한다는 의미가 강하다.[77] 이런 점에서, 그는 비록 사람뿐 아니라 모든 사물에 리(理)가 있음을 말하고,[78] 또한 점차적인 궁리를 말하기도 하지만,[79] 후에 정이나 주희에 의해 정립된 하학(下學)의 격물궁리법과는 크게 다르다. 다만 편견과 집착이 없는 허정(虛靜)의 마음으로 사물에 내재한 태허의 본성을 깨닫는 것, 즉 상달(上達)에 가깝다. 따라서 그의 궁리의 공부법은 결국 허(虛)와 정(靜)의 마음 수양법으로 수렴된다고 볼 수 있다.

요컨대 장재는 「서명」을 통해서 공부의 이상적 지향점을 분명히 했고, 또한 기론(氣論)을 통해서 기질지성으로부터 천지지성으로의 전환이라는 공부의 의미를 제시했다. 즉, 장재는 최초로 기(氣; 習)의 개념으로 본원과 현상, 선과 악의 분별 문제를 설명하면서, 공부의 핵심은 기질의 제약적 조건을 변화시켜서 태허의 본성으로서의 천지지성을 회복하는 데 있음을 밝혔다. 물론 여기에는 심통성정(心統性情)의 심론이 바탕이 되어 있다. 그리고 이를 위한 공부방법론으로서 허(虛)와 정(靜)의 마음 수양법을 강조했다.

장재가 제시한 「서명」의 이상세계, 기질지성과 천지지성 논의, 기질변화 논의는 이후 주희의 공부론에서도 긍정적으로 수용된다. 물론 장재의 기질지성이나 천지지성, 기질변화의 논의에는 여전히 리의 관념이 부재하며, 그로 인한 몇 가지 문제점이 드러난다. 궁리진성설(窮理盡性說)에서도 보이듯이, 장재에게도 리 관념이 있음에도 불구하고 그것은 그의 기론과는 별개로 논의되고 만다. 즉, 장재는 리 관념을 기론과 연결해서 우주와 심성의 문제를 논하는 데까지는 이르지 못한다. 따라서 가령 객형기나 기질지성과 결국 같은 범주에 속하는, 기로서의 태허나 천지지성이 어떻게 인의(仁義)로 대표되는 가치를 근거 지을 수 있는지 등의 문제를 설명하는 데는 한계가 있을 수밖에 없다. 장재의 기론은 이미 그 자체 내에서 리 관념의 보완을 요청하고 있었다고 보아도 좋다.

또한 태허의 본성의 획득을 주요 목적으로 내세우는 장재의 공부론에서는 허심(虛心)

---

77 『張載集』, 『正蒙』, 11篇, 「三十」3, "窮理盡性, 然後至於命. 盡人物之性, 然後耳順, 與天地參. 無意必固我, 然後範圍天地之化. 從心而不踰矩, 老而安死, 然後不夢周公."
『張載集』, 333쪽, 『張子語錄』(下), "今言盡物且未說到窮理, 但恐以聞見爲心則不足以盡心. 人本無心, 因物爲心, 若只以聞見爲心, 但恐小却心. …(중략)… 理則其間細微甚有分別, 至如編樂, 其始亦但知其大總, 更去其間比較, 方盡其細理."

78 『張載集』, 313쪽, 『張子語錄』(上), "理不在人皆在物, 人但物中之一物耳,"/ 『張載集』, 321쪽, 『張子語錄』(中), "如此觀之方均. 萬物皆有理, 若不知窮理, 如夢過一生."

79 『張載集』, 312쪽, 『張子語錄』(上), "窮理亦當有漸, 見物多, 窮理多, 如此可盡物之性."

과 정심(靜心)의 공부법이 강조될 수밖에 없었는데, 주돈이와 마찬가지로 도불의 방법론과 혼동될 여지를 안고 있다. 물론 주돈이와 마찬가지로 장재의 허심과 정심의 방법론도 도불에서 온 외부의 것이 아니라 유교적 전통에서 그 연원을 찾아볼 수 있으며 더욱이 그것은 인의(仁義), 공평(公平), 덕(德), 선(善), 리(理) 등의 가치와 이미 연결되어 있는 공부법으로 이해된다는 점은 분명하다. 마음을 비우고 고요히 하는 행위는 유, 도, 불의 경계를 넘어, 특히 도불만이 아니라 유교적 공부 및 삶의 지향에 있어서도 어떤 깊은 통찰과 본성을 이끌어 내는 가장 기본적이며 핵심적인 일이라는 점을 제기한 것은 주돈이나 장재의 간과할 수 없는 공헌이다. 그럼에도 허(虛), 정(靜) 위주의 공부법을 인의(仁義), 덕(德), 선(善), 리(理) 등의 가치를 통찰하고 구현하는 공부법으로 삼기 위해서는 양자 간의 연결을 둘러싼 논리의 보완이 필요하다. 그렇지 않을 경우 도불적 경향의 혐의를 완전히 벗어나기 어렵다. 앞서 잠깐 언급했거니와 정호, 정이가 장재를 당시 학자 중 누구보다 유가의 도를 순수하게 지켜 가는 인물로 평가하면서도 그 학설의 흐름이 이 폐단을 면하지 못할까 염려스럽다고 한 것은,[80] 이상에서 살펴본 장재 학설의 특징을 두고 한 걱정일 것이다. 이정(二程)의 입장에서 이는 리(理) 관념의 부재 혹은 불분명함 때문이고, 또한 허(虛), 정(靜)을 넘어서 유교적 정체성이 분명히 드러나는 근본 공부법에 대한 이해의 미진 때문이다. 이 과제를 자임하며 신유학의 공부론을 새로운 단계로 진입시킨 이들이 정호, 정이라고 할 수 있다.

4) 정호(程顥)와 정이(程頤) 공부론의 기본 윤곽

(1) 이정(二程)의 도학(道學) 지향과 특징

적어도 주희의 유학사에 대한 이해, 정확히 말하면 도통론적(道統論的) 관점의 유학사 인식에 따르면 정호와 정이 형제는 단지 주요 신유학자들 중의 하나에 그치지 않는다. 맹자 이래 1400여 년간 끊어졌던 진정한 유학 전통으로서의 도학(道學)의 맥을 다시 이어 후세에 전한 역할을 한 인물들로 평가된다.[81] 이 시대의 새로운 도학의 경향은, 앞서 살펴 본 바 주돈이와 장재, 그리고 여타 유학자들에게서도 이미 나타났다고도 할 수 있

80 『二程集』, 『遺書』 15-189, "世人之學, 博聞强識者豈少? 其終無有不入禪學者. 就其間特立不惑, 無如子厚·堯夫, 然其說之流, 恐未免此敝."

81 「中庸章句序」「大學章句序」에 실린 주희의 도통론적 견해 참조.

는데, 주희가 이들 모두를 제치고 정호와 정이를 도통(道統) 재건의 중심으로 꼽은 이유는 무엇일까?

주희 이래 정호와 정이는 늘 한 묶음으로 이해된다. 한 살 차이의 형제인 형 정호와 아우 정이는 평생에 걸쳐 함께 일상적 교류를 하며 학문을 했고, 그 학문의 이상과 통찰도 거의 유사하다는 인식이 있다. 주희 이래 정호와 정이의 어록 및 문집이『이정집(二程集)』혹은『이정전서(二程全書)』의 이름으로 한 전집에 실려 전해진다는 점도 양자의 사상 간의 서로 뗄 수 없는 밀접성을 말해 준다. 주희가 도통 전승의 주체를 논할 때에도 늘 양자를 묶어서 내세우지 어느 한 사람만을 꼽지 않는다는 점도 주목할 일이다. 정호와 정이 사상 사이에는 차이점보다 공통점이 훨씬 크고, 그 차이점이라는 것도 서로를 보완하는 역할을 한다. 주희는 이 점을 균형 있게 바라보면서 양자의 사상을 통합적으로 정리하고 재해석하고자 했다. 그리고 이런 시각은 그가 여조겸과 함께 편집한『근사록(近思錄)』에도 잘 드러나 있다. 이런 상황을 고려할 때 현대 연구자들의 주류 시선들, 즉 주희의 학문은 주로 정이와 연결되어 있는 반면 정호와는 거리가 있다고 보거나, 나아가 정이 사상은 주희로 이어지고 정호 사상은 육구연, 왕수인 등으로 이어진 것처럼 전제하고 사상사를 기술하는 경향은, 그 도식이 지닌 약간의 의미에도 불구하고 실상을 크게 왜곡할 수 있는 것이어서 재검토가 필요하다. 정호의 사상적 특징만 보더라도, 기본 공부로서 경(敬)–성(誠)을 전제한다든지, 격물·치지와 성의·정심을 포함한『대학』조목의 공부 및 지(知)·인(仁)·용(勇)의 공부 등 앎과 실천(함양)을 아우르는 방법적 체제를 기본으로 한다든지, 학교교육 문제 등 경세적 문제에 집중한다든지, 경전에 대한 독서를 중시하면서 주요 경전을 널리 아우르며 자기주장의 근거를 확보한다든지 하는 점들은 육구연보다는 오히려 주희 쪽에 가깝다. 더욱이 주희가 정이만을 높이 평가했다면 정호를 굳이 도통 전승의 핵심 주체로서 정이와 함께 거론하지 않아도 되었을 것이다. 이런 상황들을 고려하면서 우리는, 정호와 정이의 사상을 살핌에 있어 양자의 차이점 이전에 공통적 지향점 및 성과가 무엇인지에 먼저 주목하고, 또한 공통점에 대한 이해의 기초 위에 차이점을 드러내며, 나아가 이 양자를 주희는 자신의 사상 속에 어떻게 녹여 내고 있는지를 따지는 순서를 밟아 갈 필요가 있다.

정호와 정이의 사상, 특히 공부론에 접근할 대표적인 자료적 근거는『이정집(二程集)』과『근사록(近思錄)』이다. 주희는 이 두 자료의 편찬에 모두 관여되어 있다.『이정집』은『유서(遺書)』『외서(外書)』『문집(文集)』『경설(經說)』『수언(粹言)』등으로 구성되어 있는데 이 중에서 『유서』와 『외서』는 주희가 이정(二程)의 어록 중 이전에 흩어져 있던 것을 정리해서 편집한 자료다.[82] 한편, 『근사록』은 정호, 정이 외에 주돈이, 장재의 사상이 함께 포함되는 자료이지만, 정호 및 정이와 관련해서 주희 스스로가 이정의 『유서』와 『외서』를 편집하면서 중시한 것을 선별하고 또 자신이 만든 체계에 맞추어 배치한 자료이기에 정호와 정이에 대한 주희의 인식을 보다 직접적으로 알 수 있다.

『이정집』과 『근사록』을 종합적으로 볼 때 주희가 정호와 정이를 도통의 전승의 중심에 둔 이유를 이해할 법하다. 특히 동시대의 다른 신유학적 사상가들과 비교해 특출한 지점, 그래서 주희가 도통 전승의 주체로서 부각하게 된 지점이라고 여겨지는 것을 몇 가지 추려 보면 다음과 같다. 우선 이들은 그 스스로가 어린 시절부터 도학(道學) 및 성학(聖學)에 대한 강한 지향성을 가지고 있었고, 이 위에서 맹자 이래 끊어진 도학의 새로운 부활 및 전승의 역할을 자임했다. 둘째, 이 과제를 철저히 그 도학적 통찰들을 함유한다고 판단되는 유학 경전들, 특히 『역(易)』, 『시(詩)』, 『서(書)』, 『예기(禮記)』(『대학』, 『중

82 『二程集』은 『河南程氏遺書』 『河南程氏外書』 『河南程氏文集』 『河南程氏經說』 『河南程氏粹言』, 그리고 유일한 직접 저술인 정이의 『周易程氏傳』의 여섯 부분으로 구성되어 있다. (『二程集』, 王孝魚 點校, 北京: 中華書局, 1981 참조.) 본 저서에서는 약칭하여 각각 『遺書』 『外書』 『文集』 『經說』 『粹言』, 그리고 『易傳』으로 표기하기로 한다.

이 중에서 『遺書』와 『外書』는 주희가 편찬한 것으로 이정의 사상에 관한 권위 있는 자료인데 이 중에서도 『遺書』가 핵심이다. 『遺書』는 「二先生語」 권1-10, 「明道先生語」 권11-14, 「伊川先生語」 권15-25, 그리고 「부록」으로 구성되어 있다. 부록에 〈伊川先生年譜〉가 실려 있고 〈明道先生年譜〉와 〈明道先生墓表」는 제목만 실어 놓고 『伊川先生文集』을 보라는 안내가 있다. 『外書』는 총 12권으로 구성되어 있는데, 빠진 글을 보충한 「拾遺」 중심으로 구성되어 있다. 『文集』은 총 12권으로 구성되었고 크게 「明道先生文」 권1-4, 「伊川先生文」 권5-12으로 구성되어 있으며, 이 중 권11에 〈明道先生年譜〉와 〈明道先生墓表〉가 실려 있다. 『經說』은 총 8권으로 구성되었으며, 역, 춘추, 예기(대학), 논어, 맹자 중용에 대한 해설이 실려 있는데 대부분 정이의 것이고 정호의 글은 〈明道先生改正大學〉만 존재한다. 『粹言』은 총 2권으로 구성되며, 제자들이 스승의 말을 모아 '子曰'로 시작하는 형태로 편집한 것으로 편집한 것으로 〈論道〉 〈論學〉 〈論書〉 〈論政〉 〈論事〉 〈天地〉 〈聖賢〉 〈君臣〉 〈心性〉 〈人物〉 편으로 나누어 정리하고 있다. 한편, 『周易程氏傳』, 즉 정이가 저술한 『易傳』이 『經說』 앞부분에 독립적으로 배치되어 있으며 총 4권으로 이루어져 있다.

『二程集』 전체를 놓고 볼 때, 어록 중에서 정호와 정이 중 누구의 말인지가 명시되지 않은 자료가 많이 있다. 『遺書』 권1-10의 「二先生語」 중 발언의 주체가 기재되지 않은 부분이 대표적이다. 이는 기록한 제자들이 정호, 정이 양자의 가르침을 넘나들며 받으면서 미처 구분해 놓지 못한 이유도 있을 것이고, 양자 중 누구의 말이라고 하기에는 둘 모두에 해당되는 내용이어서 분류의 필요를 느끼지 않은 이유도 있을 것이다. 『二程集』의 이런 자료 현황은 그만큼 정호, 정이의 사유에는 공유되는 부분이 크다는 점을 말해 주고 있다.

용』 포함),『논어(論語)』,『맹자(孟子)』 등에 근거를 두고 수행했다. 셋째, 리(理)의 개념을 새롭게 구성하여 이에 기초한 본체론, 심성론, 본성론, 공부론의 체계를 다듬었다. 리의 개념에 기초하여 리기론적 본체론의 단초를 드러냈고, 심(心), 성(性), 명(命), 천(天), 도(道), 리(理)를 한 줄기로 연결해서 이해하는 심성론의 기틀도 제시했으며, 이 토대 위에 인(仁) 및 인의예지(仁義禮智), 중(中) 등의 핵심 덕목 및 본성에 대한 논의를 보다 이론화했다. 나아가 리를 궁구하고 구현하는 것을 중심으로 하는 존양과 치지 및 격물궁리의 공부론의 기틀을 마련했다. 넷째, 공부방법론에 있어 유학 경전의 도학적 통찰에 충실한, 그리하여 유학적 정체성이 뚜렷한 방법을 제시하니, 특히 공부의 근간으로 경(敬)이나 성(誠)을 삼는다든지,『대학』의 격물·치지나 성의·정심의 조화, 혹은『중용』및『논어』의 지(知), 인(仁), 용(勇)의 조화와 같은 공부 논의를 배경으로 아는 것[知]과 기르는 것[養]을 두 축으로 하는 공부방법의 기틀을 다진다든지 하는 것이 그것이다. 다섯째, 교사의 교수론이나 학교론에 해당되는 내용도 깊고 넓게 논의한다. 정호, 정이의 도학(道學)에는 교육을 비롯한 경세적인 부분이 필수적으로 포함되어 있는데, 정호와 정이는 이 방면에서도 의미 있는 학술적 논의와 실천을 전개한다. 여섯째, 이런 내용의 도학(道學)의 설득과 현실화를 위해, 불교나 도가 등의 이단(異端)의 학에 대한 철저한 비판 및 변별을 진행한다. 유학 전통의 도학이야말로 세계와 인간, 가치, 공부의 문제에 대해 가장 깊으면서도 균형 있는 길을 제시한다는 자신감에 기초해서, 이에 비해 한편에 치우친 관점으로 사람들을 현혹한다고 평가하는 도불의 허점을 예리하고 깊게 파고들어 변별해 내려 한다.

이상의 여섯 가지 특성은 분명 정호와 정이만이 전체적으로 충실히 갖추었다고 할 수 있으니, 동시대 혹은 보다 앞선 시대의 신유학적 경향의 학자들에게서는 여섯 가지 중 일부분만 보일 뿐이었다. 이것이 주희가 정호와 정이를 도학의 전승자로서 주목한 배경일 것이다. 주희가 정호와 정이 외에 주돈이와 장재의 어록을 포괄해서 편집한『근사록』은 그 책의 구성 및 내용을 볼 때 이 여섯 가지 특징을 잘 담아내고 있다. 주희는『근사록』의 서문(「朱序」)에서 직접 그 내용 구조를 이렇게 요약한다.

> (『근사록』은) 총 622조 14권으로 나뉘어 있다. 무릇 공부하는 이들이 단서를 구하고[求端], 공부에 힘쓰며[用力], 자기를 바로 세우고[處己], 남을 다스리는[治人] 요체, 그리고 이단을 변별하고[辨異端], 성현을 관찰하는[觀聖賢] 대요에 대해 모두 거칠게

대강 드러냈다.[83]

한편, 『근사록』의 1~14권에 대해 각각 제목을 붙인 기록이 『주자어류(朱子語類)』에 보인다.

『근사록』의 편에 따른 강목: 1권-도체(道體); 2권-위학대요(爲學大要); 3권-격물궁리(格物窮理); 4권-존양(存養); 5권-개과천선(改過遷善)·극기복례(克己復禮); 6권-제가지도(齊家之道); 7권-출처진퇴사수지의(出處進退辭受之義); 8권-치국평천하지도(治國·平天下之道); 9권-제도(制度); 10권-군자처사지방(君子處事之方); 11권-교학지도(敎學之道); 12권-개과급인심자병(改過及人心疵病); 13권-이단지학(異端之學); 14권-성현기상(聖賢氣象)[84]

위의 두 자료, 즉 『근사록』의 주희 서문(「朱序」)과 『주자어류』에서 설명된 『근사록』 내용 구조 분석을 연결해 보면 다음과 같다.

『近思錄』「朱序」	『朱子語類』 105-24의 〈近思錄逐篇綱目〉
단서를 구함[救端]	1권-도체(道體)
공부에 힘씀[用力]	2권-위학대요(爲學大要)/ 3권-격물궁리(格物窮理)/ 4권-존양(存養)
자기를 바로 세움[處己]	5권-개과천선(改過遷善)·극기복례(克己復禮)/ 6권-제가지도(齊家之道)/ 7권-출처진퇴사수지의(出處進退辭受之義)
남을 다스림[治人]	8권-치국평천하지도(治國·平天下之道)/ 9권-제도(制度)/ 10권-군자처사지방(君子處事之方)/ 11권-교학지도(敎學之道)/ 12권-개과급인심자병(改過及人心疵病)
이단을 변별함[辨異端]	13권-이단지학(異端之學)
성현을 관찰함[觀聖賢]	14권-성현기상(聖賢氣象)

한편, 주희는 『근사록』의 서문에서 다시 밝히기를, 주자(周子; 주돈이)와 정자(程子; 정

83 『朱子全書』 13冊, 163쪽, 『近思錄』, 「朱序」, "總六百二十二條, 分十四卷, 蓋凡學者所以求端用力, 處己治人之要, 與夫所以辨異端, 觀聖賢之大略. 皆粗見其梗概."

84 『朱子語類』 105-24, "近思錄逐篇綱目: (一)道體; (二)爲學大要; (三)格物窮理; (四)存養; (五)改過遷善, 克己復禮; (六)齊家之道; (七)出處·進退·辭受之義; (八)治國·平天下之道; (九)制度; (十)君子處事之方; (十一)敎學之道; (十二)改過及人心疵病; (十三)異端之學; (十四)聖賢氣象."

호, 정이), 장자(張子; 장재)의 글을 읽고 그들의 학문의 광대함이 끝이 없음을 감탄하면서 초학자들이 들어갈 것을 모르게 될까 걱정하며 학문의 대체와 관련이 있으면서 일상생활에 절실한 것을 선별하여 이 책을 편찬하였다고 적고 있다.[85] 주희의『근사록』편찬은 주돈이, 정호, 정이, 장재의 학문에 근거한 것이지만 그 체제는 주희의 의도, 즉 도학(道學)이라면 갖추어야 할 내용 구조에 대한 견해를 적극적으로 반영한 것이다.[86] 주희가 생각하는 바의 도학의 규모에는 도체론으로부터 공부론, 수기론, 치인론, 제도론, 교육론, 이단론, 성현론에 이르는 내용 전반이 갖춰져야 한다. 주희는 주돈이, 장재, 정호, 정이가 모두 이런 도학의 규모에 맞는 사상을 표출했다고 보기 때문에『근사록』에 포함시켰을 것이다. 그런데 그 인용된 내용의 양적 비중이나 견해의 적극성, 엄밀성을 볼 때 이 도학의 규모에 가장 충실하게 부합하는 이는 역시 정호와 정이다. 정호와 정이의 학문이 없었다면 이런 도학 규모를 반영한『근사록』의 편집은 불가능했을 것이다.

우선 정호와 정이 학문의 도학 지향성은 어린 시절부터 형성되었고 여기에 어릴 적 스승으로서의 주돈이의 영향이 있었다.

> 옛날에 주무숙(주돈이)에게서 배웠는데 매번 안자(안연)와 중니(공자)가 즐거워한 곳, 즉 즐거워한 바가 어떤 일인가를 찾도록 했다.[87]

정호는 15, 16세에 정이는 14, 15세에 주돈이에게서 사사받았다는 점은 이들의 행장에 드러나 있다.[88] 당시 30세나 31세 정도였을 주돈이는 어린 두 형제에게 유학 정통의 도학을 일깨워 주려 애썼던 것 같다. 정호와 정이를 지켜보았던 장재는 "정호와 정이는 14~15세부터 예리하게 성인(聖人)을 공부하고자 했다."[89]라고 하였는데, 여기에는 스승

85『朱子全書』13冊, 163쪽,『近思錄』,「朱序」, "淳熙乙未之夏, 東萊呂伯恭來自東陽, 過予寒泉精舍. 留止旬日, 相與讀周子·程子·張子之書, 歎其廣大閎博, 若無津涯, 而懼夫初學者不知所入也. 因共掇取其關於大體而切於日用者, 以爲此編."

86 주희는 사서(四書)는 육경(六經)의 계단이고『근사록』은 사서의 계단이라고 의미 부여한 바 있다.『朱子語類』105-23, "近思錄好看. 四子, 六經之階梯; 近思錄, 四子之階梯."

87『二程集』,『遺書』, 2上-23, "昔受學於周茂叔, 每令尋顔子仲尼樂處, 所樂何事."

88『二程集』,『文集』11-1,「明道先生行狀」(宋程頤撰), "先生爲學, 自十五六時, 聞汝南周茂叔論道,"/『二程集』,『遺書』,〈附錄〉「伊川先生年譜」, "先生名頤, 字正叔, 明道先生之弟也. 明道生於明道元年壬申, 伊川生於明道二年癸酉. 幼有高識, 非禮不動. 見語錄. 年十四五, 與明道同受業於春陵周茂叔先生."

89『張載集』, 28?쪽,『經學理窟』,「學大原」(上), "二程從十四五時, 便銳然欲學聖人."

으로서의 주돈이의 영향도 작용했던 것으로 보인다. 특히 어린 이정(二程)에 대한 주돈이의 가르침은 안자(顔子; 顔淵)나 공자(孔子)라는 구체적 인물을 내세워 배움의 지표를 분명히 한 것을 특징으로 하는데, 이는 주돈이만이 아니라 당시 교사 역할을 하는 신유학적 경향의 학자들이 주로 행한 교육 방식이었던 것 같다. 정이가 태학(太學)에 머물며 공부하던 젊은 시절의 선생이었던 호안정(胡安定) 역시 학생들 시험문제로서 "안자가 어떤 학문을 좋아했는가?"를 물었고,[90] 이에 대한 정이의 답안지도 남아 있다.[91] 당시 교사 역할을 하던 학자들이 안자가 좋아하는 배움을 물은 것은 다분히 교육적 의도가 있다. 유교적 도학으로 이끌기 위해 가깝게 힘쓸 곳을 찾도록 이끄는 게 필요했고, 이에 적절한 공부의 모델 설정이 요청되었다. 그런데 공부의 모델이 예를 들면 맹자와 같이 너무 높은 경지를 논하는 듯한 경우보다는 안연과 같은 모델이 좋다고 여기고 주목하도록 한 것 같은데, 이런 관점은 정호에게도 분명하게 보인다.[92]

정이가 기록한 바의 정호의 행장에는 정호만이 아니라 정이 자신이 주돈이를 만난 이래 어떤 학문적 경로를 밟아 왔는지를 압축적으로 묘사하고 있다.

> 선생(정호)의 학문[爲學]은 15~16세 때부터 여남 주무숙(주돈이)이 도(道)를 논하는 것을 듣고, 마침내 과거(科擧)의 업을 싫어하고 탄식하며 구도(求道)의 뜻을 가졌다.

---

90 『二程集』, 『遺書』, 附錄 〈伊川先生年譜〉, "伊川先生年譜 先生名頤, 字正叔, 明道先生之弟也. 明道生於明道元年壬申, 伊川生於明道二年癸酉. 幼有高識, 非禮不動. 見語錄. 年十四五, 與明道同受業於春陵周茂叔先生. 見哲宗·徽宗實錄. 皇祐二年, 年十八, 上書闕下, 勸仁宗以王道爲心, 生靈爲念, 黜世俗之論, 期非常之功, 且乞召對, 面陳所學. 不報, 間游太學. 時海陵胡翼之先生方主敎導, 嘗以顔子所好何學論試諸生."

91 『二程集』, 『文集』 8-1, "顔子所好何學論 〈先生始冠遊太學胡安定以是試諸生得此論大驚異之卽請相見遂以先生爲學職〉 聖人之門, 其徒三千, 獨稱顔子爲好學. 夫詩書六藝, 三千子非不習而通也. 然則顔子所獨好者何學也. 學以至聖人之道也. 聖人可學而至歟? 曰: 然. 學之道如何? 曰: 天地儲精得五行之秀者爲人. 其本也眞, 而靜其未發也, 五性具焉, 曰仁義禮智信. 形旣生矣, 外物觸其形而動於中矣. 其中動而七情出焉, 曰喜怒哀樂愛惡欲. 情旣熾, 而益蕩其性鑿矣. 是故, 覺者, 約其情, 始合於中, 正其心, 養其性. 故曰, 性其情, 愚者則不知制之縱, 其情而至於邪僻, 梏其性而亡之. 故曰, 情其性, 凡學之道, 正其心養其性而已, 中正而誠, 則聖矣. 君子之學, 必先明諸心知所養〈一作往〉, 然後力行以求至所謂自明而誠也. 故學必盡其心, 盡其心, 則知其性, 知其性, 反而誠之, 聖人也. (후략)"

92 『二程集』, 『遺書』, 2上-46, "孟子才高, 學之無可依據. 學者當學顔子入聖人爲近, 有用力處.(明)"/ 『二程集』, 『遺書』, 2上-65, "孟子之於道, 若溫淳淵懿, 未有如顔子者, 於聖人幾矣, 後世謂之亞聖, 容有取焉. 如「盍各言爾志」, 子路·顔子·孔子皆一意, 但有小大之差, 皆與物共者也. 顔子不自私己, 故無伐善; 知同於人, 故無施勞. 若聖人, 則如天地, 如「老者安之」之類. 孟子疑誤."

> (그러나) 아직 그 요체를 알지 못함에 제가(諸家)를 두루 떠다니고 노자(도가)와 석가(불가)에 출입한 것이 10여 년이었다. (그러다가) 돌아와 육경(六經)에서 구한 후에 뭇 사물에 밝고 인륜을 살필 수 있게 되었고, 본성을 지극히 하고 천명에 이름[盡性至命]은 반드시 효제에 근본한다는 것과 신묘함에 이르고 조화를 아는 것[窮神知化]이 예악을 꿰뚫음으로부터임을 알며, 이단(異端)의 옳은 듯하면서도 그른 지점을 변별하면서 백세의 밝히지 못한 의혹에 통달하니, 진한(秦漢) 이래 이런 이치에 이른 적이 없었다. 맹자가 돌아가신 후 성학(聖學)이 전해지지 않는다고 말하면서 이 문화[斯文; 유교 문화]를 다시 일으키는 것을 자신의 임무로 여겼다. 옛 이단의 해로움은 가볍고 알기도 쉬웠으나 지금의 이단의 해로움은 깊고 변별하기도 어렵다. 옛날에 사람을 유혹한 것은 그 미혹됨과 분별의 어둠을 타고 행해졌는데, 오늘날 사람을 끌어들이는 것은 그 고명함에 기인한다. (그런데 이단은) 스스로 궁신지화(窮神知化; 신묘한 지점에 이르고 조화를 앎)를 말하지만 개물성무(開物成務; 만물의 뜻을 열어 천하의 사무를 이룸)하기에 부족하고, 두루 알차지 않음이 없다고 말하지만 윤리(倫理)와 궁신(窮神)의 극미한 지점의 밖에 머물며 요순의 도에 들어갈 수 없다. 천하의 배움[學]이 얕고 좁고 굳고 막히거나[淺陋固滯] 아니면 곧 여기(이단)로 들어가니 자연히 도가 밝지 못하게 된다.[93]

그런데 정이가 기록한 정호의 행장에 따르면 10대 중반의 정호는 주돈이의 이런 가르침에 따라 도학의 방향성은 분명히 갖추게 되었지만, 이후로도 10여 년간 유교적 정체성을 뚜렷하게 확보하지 못하고 제가(諸家)를 탐방하거나 도가나 불교를 탐닉하는 양상도 보인다. 그러다 다시 육경(六經)을 중심으로 한 유학 경전으로 돌아와 도학의 정통을 이해하게 되었고, 이를 토대로 이단의 학문을 변별하며 도학 전승을 자임하기에 이른다. 정이는 형 정호가 도학에 뜻을 둔 이래, 맹자 이후 끊어진 도학(道學), 성학(聖學)의 재건을 자임하게 되기까지의 과정을 압축적으로 묘사하고 있다. 비록 형 정호의 학문적 경로를 약술한 것이지만, 여기에는 정이 자신의 학문적 경로도 은연중에 드러내고 있다고 할 것이다. 특히 맹자 이래 끊어진 도통(道統)의 전승을 자임하고 이 과정에서 변별하고

---

93 『二程集』, 『文集』 11-1, 「明道先生行狀」(宋程頤撰), "先生爲學, 自十五六時, 聞汝南周茂叔論道, 遂厭科擧之業, 慨然有求道之志. 未知其要, 泛濫於諸家, 出入於老釋者, 幾十年, 返求諸六經, 而後得之明於庶物察於人倫, 知盡性至命必本於孝弟, 窮神知化由通於禮樂, 辨異端似是之非, 開百代未明之惑, 秦漢而下未有臻斯理也. 謂孟子沒而聖學不傳, 以興起斯文爲已任. 其言曰: 道之不明, 異端害之也, 昔之害近而易知, 今之害深而難辨. 昔之惑人也, 乘其迷暗, 今之入人也, 因其高明. 自謂之窮神知化, 而不足以開物成務, 言爲無不周偏實, 則外於倫理窮神極微, 而不可以入堯舜之道. 天下之學, 非淺陋固滯則必入於此, 自道之不明也."

물리치기 어려운 최근의 이단(異端), 즉 도교나 불교에 대응해서 육경에 근본을 둔 유교적 도학의 정수를 밝히고 전파하는 역할을 했다는 평가는 정호만이 아니라 정이 스스로에게도 해당하는 것이라 하겠다. 그 도학이란, 효제(孝悌)에 근본하여 진성지명(盡性至命)하며, 예악(禮樂)을 통해 궁신지화(窮神知化)하는 것을 핵심으로 한다고 설명하는데, 이는 이들의 '하학이상달(下學而上達)'의 관점에 상응하는 것이기도 하다.[94] 그리고 이 관점에서 이단의 옳은 듯하면서도 그른 지점, 즉 궁신지화(窮神知化)를 말하지만 개물성무(開物成務)에 이르지 못하고, 윤리 및 궁신의 극미한 지점의 밖에 머무는 도불의 문제점을 지적한다. 정호의 생애를 돌아보며 정이는 세상의 학문의 병폐를, 즉 얕고 좁고 굳고 막히거나[淺陋固滯] 아니면 이단으로 흘러 들어가는 문제로 정리한다. 이것이야말로 도가 밝지 못한 원인이라고 보았고, 따라서 이를 극복하는 데 주안점을 두게 된다.[95]

---

94 『二程集』,『遺書』 3-8, "須是合內外之道, 一天人, 齊上下, 下學而上達, 極高明而道中庸."

95 이상의 서술만 보면 이정(二程)이 유학적 정체성이 뚜렷한 도학적 관점을 가지게 된 것은 근본적으로 주돈이의 영향이었다고 생각할 수 있다. 그러나 정호만 해도 주돈이의 가르침을 받은 이후에 도가나 불교 등에 출입한 시기가 있었던 것을 보면 이정에 대한 주돈이의 학문적 영향력의 실상을 판단하는 데 보다 신중하지 않을 수 없다.

이정(二程) 철학 연구의 권위자인 그레이엄(A. C. Graham)은 정호, 정이 철학은 주돈이 철학의 계승이 아니라는 시각을 보여 준다. 어린 시절 배웠다는 사실이 곧 학문적 계승은 아니라는 것이다. 그 근거로써 그레이엄은 이정(二程)이 주돈이의 사상에 대해 전혀 언급하지 않은 점을 드는데, 이는 이정이 유목(劉牧)이나 소옹(邵雍), 그리고 장재(張載)의 사상에 대해 종종 언급한 것과는 다르다는 것이다. 또한 이들이 맹자 이래 유력한 저작으로 한유의『원도(原道)』와 장재의「서명(西銘)」을 꼽을 뿐 주돈이의 저작은 전혀 언급하지 않았다는 사실(『유서』 2上-154)도 근거로 든다. 이정만이 아니라 이정이 가르친 제자들도 주돈이에 대한 언급이 전혀 없었다는 점도 거론한다. 그레이엄은 이렇듯 이정이 주돈이 사상을 아예 언급하지 않은 것은, 자신들이 경외했던 선생에 대한 비판을 피하기 위함이었다는 분석도 내놓는다.

그레이엄의 분석을 토대로 필자의 생각을 덧붙이자면 이정이 주돈이를 언급하지 않은 것은, 이정 자신들이 비판하는 이단의 학에 대한 주돈이의 입장이 선명하지 않았기 때문이 아닐까 한다. 그레이엄의 분석에 따르면 이정은 당시 유자들 중 유가의 도에 대한 믿음이 돈독하고 이단에 미혹되지 않은 사람으로 소옹, 장재 및 사마광을 언급한 반면 주돈이는 거론하지 않은 바 있는데(『유서』 4-10; 15-189), 이를 보면 주돈이는 유가적 관점을 배타적으로 견지하는 쪽은 아니었을 가능성이 높다. 이것이 이정이 주돈이 사상을 적극적으로 논하지 못하게 된 배경을 작용하지 않았을까 한다.

그런데 분명한 것은 주돈이는 이정(二程)의 어린 시절 세속적 관심을 넘어서 도학에 뜻을 두도록 하는 데 결정적인 역할을 했다는 점이다. 이는 중대한 의미를 지니는 것으로 스승으로서의 역할은 이것만으로도 지대하다고 할 수 있다. 다만 주돈이의 가르침을 받은 이후에, 정호가 10여 년을 불교에 출입한 것을 보면, 주돈이에서 사사받은 도학적 관점은, 분명 과거를 통한 출세 등의 세속적 욕망을

(2) 이정(二程)의 공부론 및 교육론의 도학적 성격

정호와 정이가 도(道)를 새롭게 밝히는 데 있어서 주안점을 둔 것은 유교 경전 내의 도학(道學)의 흔적들을 두루 깊게 탐색하고 활용하는 것이다. 이들은 성인(聖人)이 경(經)을 쓴 목적 자체가 이미 도(道)를 밝히고 전수하려는 데 있다고 보면서[96] 그 시각에서 유교 경전에 접근해서 특히 도학의 핵심 지혜를 담은 부분을 선별하여 이를 중심으로 자신의 이론을 펼쳐 갔다. 이에 토대가 된 자료들은 『역』, 『시』, 『서』, 『예기』(『대학』, 『중용』 포함), 『논어』, 『맹자』 등에서 추려졌는데, 이들이 흔히 활용한 바의, 유학 경전 속 도학의 실마리로 삼은 문구들 몇 가지만 예를 들면 다음과 같다.

『역(易)』

窮理盡性以至於命 (「說卦傳」)

天地設位, 而易行乎其中矣. 成性存存, 道義之門. (「繫辭傳 上」)

넘어서는 특징을 지님은 분명하지만, 벽이단(闢異端)의 관점까지 투철하게 담은 것은 아니었을 것으로 추정되며, 주돈이 스스로가 그런 면모를 지니지 않았나 한다. 이후 12세기에 이르러서는, 주희를 중심으로, 주돈이의 태극과 이정의 리를 서로 연결하여 보는 관심이 형성되면서, 정확히 말하면 이정의 학술에 근거하여 리기론을 정립해 감에 있어 주돈이 「태극도설」의 태극음양론이 지니는 의의가 새롭게 성찰되면서, 신유학사에서 주돈이의 위상이 새롭게 자리매김되었다고 할 수 있다. 결국 주돈이가 신유학의 선두주자로 위치하게 된 데에는 주희의 창조적 학술 행위가 자리하고 있다.

이상의 논의의 배경 이해를 위해, 11~12세기 사이 사상적 특징 분화에 대한 그레이엄의 다음 분석은 도움을 준다.

유형 1: 한유와 같은 변이단의 전투적 경향을 유지하나 사변적 사유에는 무관심했던 부류–호원(胡瑗, 993~1059), 범중엄(范仲淹, 989~1052)

유형 2: 유가와 도가 사이에 위치한 학자들로 도표와 상수학을 이용해서 태극으로부터 우주 발전을 설명한 부류: 도사 진단(陳摶, ?~989)을 비롯해서, 유목(劉牧, (?~1040), 소옹(邵雍, 1011~1077), 주돈이(周敦頤, 1017~1073)

유형 3: 1 유형의 배타적인 정통성과 2)의 사변적 경향을 결합한 부류: 이정(二程; 程顥, 1032~1085/程頤, 1033~1107)과 장재(張載, 1020~1077)

유형 4: 12세기 이정 학파의 계승자들: 이전에 무시했던 주돈이를 끌어내어 이정의 철학과의 조화를 꾀하는, 특히 태극과 리를 연결하여 이론화를 꾀한 부류: 주희(朱熹, 1130~1200) 등

A. C. 그레이엄, 이현선 역, 『정명도와 정이천의 철학』, 291–303쪽 참조.

96 『二程集』, 『遺書』 2上–6, "옛날에 공부하는 이들은 모두 전수함이 있었다. 성인이 경(經)을 지은 것은 본래 도를 밝히려는 것이다. 지금 사람들이 만일 먼저 의리를 밝히지 않으면 경(經)을 다스릴 수 없으니 생각건대 전수한 뜻을 얻을 수 없다.[古之學者, 皆有傳授. 如聖人作經, 本欲明道. 今人若不先明義理, 不可治經, 蓋不得傳授之意云爾.]"

一陰一陽之謂道, 繼之者善也, 成之者性也. (「繫辭傳 上」)

昔者聖人之作《易》也, 將以順性命之理, 是以立天之道曰陰與陽, 立地之道曰柔與剛, 立人之道曰仁與義. (「說卦傳」)

形而上者謂之道, 形而下者謂之器, 化而裁之謂之變, 推而行之謂之通, 擧而措之天下之民謂之事業. (「繫辭傳 上」)

天地大德曰生. (「繫辭傳 下」)

窮神知化 德之盛也. (「繫辭傳 下」)

敬以直內, 義以方外. 敬義立而德不孤. (「坤卦·文言」)

閑邪存其誠 (乾卦·文言)

『시(詩)』

天生烝民, 有物有則, 民之秉彛, 好是懿德. (「大雅」)

『서(書)』

人心惟危, 道心惟微, 惟精惟一, 允執厥中. (「大禹謨」)

『예기(禮記)』

毋不敬 (「曲禮 上」)

『논어(論語)』

君子敬而無失, 與人恭而有禮. 四海之內, 皆兄弟也. 君子何患乎無兄弟也. (「顔淵」)

居處恭, 執事敬, 與人忠. (「子路」)

智者不惑, 仁者不憂, 勇者不懼. (「子罕」)

思無邪. (「爲政」)

夫子之道, 忠恕而已矣. (「里仁」)

『중용(中庸)』

天命之謂性, 率性之謂道, 修道之謂敎. (1장)

喜怒哀樂之未發, 謂之中; 發而皆中節, 謂之和. 中也者, 天下之大本也; 和也者, 天下達道也. (1장)

誠者, 天之道也, 誠之者, 人之道也. 誠者, 不勉而中, 不思而得, 從容中道, 聖人也. 誠之者, 擇善而固執之者也, 博學之, 審問之, 愼思之, 明辨之, 篤行之. (20장)

知仁勇三者, 天下之達德也. 所以行之者一也. (20장)

唯天下至誠, 爲能盡其性。能盡其性, 則能盡人之性。能盡人之性, 則能盡物之性。能盡物之性, 則可以贊天地之化育。可以贊天地之化育, 則可以與天地參矣。(22장)

誠者自成也, 而道自道也. 誠者, 物之終始. 不誠無物. 是故君子誠之爲貴. (25장)

『대학(大學)』

古之欲明明德於天下者, 先治其國, 欲治其國者, 先齊其家, 欲齊其家者, 先修其身, 欲修其身者, 先正其心, 欲正其心者, 先誠其意, 欲誠其意者, 先致其知, 致知在格物. (經文)

『맹자(孟子)』

孟子曰, 盡其心者, 知其性也, 知其性, 則知天矣. 存其心, 養其性, 所以事天也, 殀壽不貳, 修身以俟之, 所以立命也. (「盡心 上」)
孟子曰, 萬物皆備於我矣, 反身而誠, 樂莫大焉. 强恕而行, 求仁莫近焉. (「盡心 上」)
仁也者人也 合而言之道也 (「盡心 下」)
孟子曰, 仁, 人心也; 義, 人路也. 舍其路而弗由, 放其心而不知求, 哀哉. 人有雞犬放, 則知求之; 有放心, 而不知求. 學問之道無他, 求其放心而已矣. (「告子 上」)
必有事焉而勿正, 心勿忘 勿助長也. (「公孫丑 上」)

이렇듯 이정(二程)이 자신들의 도학을 펼치기 위해 주로 활용한 경전의 전거들에는, 천(天), 리(理), 도(道), 성(性), 심(心), 경(敬), 성(誠), 궁리(窮理), 진성(盡性), 지명(至命), 지성(知性), 양성(養性), 진심(盡心), 존심(存心), 도심(道心), 성명(性命), 인의(仁義), 격물치지(格物致知), 성의정심(誠意正心), 중화(中和), 신(神), 덕(德), 지인용(知仁勇), 생(生) 등의 주제가 두루 담겨 있음을 알 수 있다. 정호와 정이는 이를 근거로 하여 도학의 재건을 이루고자 하는데, 이렇듯 다분히 단편적으로 등장하는 경전 속 도학적 통찰들이 의미를 지니기 위해서는 이를 둘러싼 상당한 수준의 창조적 재해석이 요구된다. 정호와 정이의 탁월성이 발휘된 곳은 바로 이 부분이다. 가장 혁신적인 사안은 리(理) 개념의 재구성이었다. 즉, 정호와 정이의 특별함은 무엇보다 세계관, 인간관, 공부관을 전개함에 있어 리(理) 개념을 새롭게 도입해서 폭넓게 적용한 데 있다. 이에 관한 자부심은 정호에 의해 이렇게 표현된다.

나의 학문은 비록 전해 받은 것이지만, '천리(天理)' 두 글자는 스스로 체득해 내었다."[97]

97 『二程集』,『外書』12-25, "明道嘗曰. "吾學雖有所受, 天理二字却是自家體貼出來.""

이 말을 그대로 받아들인다면 리 개념의 창출자는 정호다. 그런데 비록 정호의 말이기는 하지만 정이 역시 리 개념을 학문의 핵심 토대로 삼아서 그 의미를 풍부하게 하고 뿌리를 내리는 데 기여했다면, 리 개념의 정립은 공동 작품이라고 해야 할 것이다. 그런데, 위의 인용문에서 눈여겨볼 부분이 있다. 정호는 단지 리라고 하지 않고 '천리(天理)'라고 하고 있다. 리는 곧 '하늘[천]의 리'라는 말이다. 그는 다른 곳에서는 하늘이 곧 리라고 하기도 한다.[98] 유교에서 하늘은 존재의 근원이며 동시에 그 자체를 말하는 본체적 개념이다. 세계와 인간의 생생불이(生生不已)한 운행은 '하늘'을 근간으로 상상이 된다. 언어 및 감각으로 다 잡아낼 수 없는, 신묘한 기능을 포함한 하늘은 자신의 존재 및 운행 원리를 지니니 그것이 리다. 이제 리를 지닌 하늘, 혹은 하늘의 리가 이들 세계관의 대전제가 된다. 세계는, 불교처럼 '공(空)'이나 '환(幻)'이 아니라, 천리 아래서 뭇 생명 현상이 끊임없이 펼쳐지는 장대한 무대라는 이해, 인간은 그 한 가운데 위치하고 바로 그 천리를 본성으로 한다는 이해가 이들 세계관의 근저를 이룬다. 천리는 만사만물의 근간을 이룸과 동시에 만사만물을 포괄하며 내재해 있고, 나아가 인간의 마음과 본성을 관통하며 그 본질적 요소로 자리하게 된다. 마음과 리는 하나라는 관점, 마음은 천덕(天德)을 갖추었다는 관점 등을 내놓으며, 공부의 의미도 그 리의 본성, 리의 마음을 구현하는 일로 설정해 가게 된다.[99] 이들의 불교나 도가 등을 둘러싼 본격적인 이단(異端) 비판론은 자신들의 이러한 세계관과 공부론을 설득하기 위해서 긴요하고 불가피한 일이기도 했다.

리(理)에 대한 정호, 정이의 용례를 보면, 천리(天理) 외에도 도리(道理), 의리(義理)와 물리(物理)가 많이 쓰인다. 서로 별개의 리가 아니라 하나의 리의 다른 표현이라고 할 수 있는데, 천리가 도리, 의리이기도 하고 물리이기도 하다는 것은, 천리는 인·의·예·지·신과 같은 도덕적 성격의 의리 및 덕목을 의미함과 아울러, 하늘 아래 존재하는 모든 만사만물의 존재 및 생장 원리를 의미하는 것이기도 함을 뜻한다. 도덕과 자연의 법

---

98 『二程集』, 『遺書』 11-169, "天者理也. 神者妙萬物而爲言者也. 帝者以主宰事而名."/ 『二程集』, 『遺書』 24-17, "'生之謂性', 與'天命之謂性', 同乎. 性字不可一槩論. '生之謂性', 此訓所稟受也. '天命之謂性', 此言性之理也. 今人言天性柔緩, 天性剛急, 俗言天成, 皆生來如此, 此訓所稟受也. 若性之理也則無不善, 曰天者, 自然之理也."

99 『二程集』, 『遺書』 5-1, "理與心一, 而人不能會之爲一."/ 『二程集』, 『遺書』 5-27, "心具天德, 心有不盡處, 便是天德處未能盡, 何緣知性知天? 盡己心, 則能盡人盡物, 與天地參, 贊化育. 贊〈一本無贊字〉則直養之而已."

칙을 아우르는, 그러면서 인간의 마음, 본성과 하나로 이어지는 형이상학적 개념의 출현은 유학사에서 특별한 사건이라고 할 수 있다. 이전부터 내려온 개념으로서 여기에 가장 근접한 것이 도(道)나 천도(天道)였고, 천도 역시 여전히 정호, 정이에 의해 많이 쓰인다고 할 수 있다. 그러나 천도는 대체로 거시적 차원의 하늘의 길을 표현하는 용어로서, 인간의 마음이나 사물의 미시적인 부분에까지 관통하는 하늘의 법칙을 표현하는 용어는 아니었다. 정호와 정이는 이 부분까지 포괄해 줄 개념의 필요를 감지하며 천리 혹은 리라는 개념을 새롭게 드러내서 유학사에 정착시킨 것이다. 물론 리라는 용어는 이미 유학의 경전 속에 나오니, 대표적인 것이 『역』의 "궁리진성지어(窮理盡性以至於命)" 같은 것이다. 정호와 정이의 리 개념은, 이와 같은 고전의 용례 속에서 근거를 두고 착안하되 그 함의를 전혀 다른 차원으로 심화, 확대하여 학문의 중심으로 재구성해 낸다.

천리 혹은 리 개념의 구축 위에서 정호와 정이는 기(氣)의 개념에 대해서도 보다 세밀한 논의를 펼친다. 기는 우주의 현상적·경험적 에너지 혹은 생명의 원천적 기운의 개념으로, 그리고 리는 기의 차원보다 더 근본을 이룸과 동시에 기에 내재하며 그것을 포괄하는 궁극의 본체 개념으로 위치 지운다. 나중에 주희는 이 리와 기의 관계를 둘러싸고 정치한 논의를 전개하며 리기론을 확립해 가는데, 정호, 정이의 단계에서는 그렇게까지는 나아가지 않는다. 이들에게서는 리와 기의 관계를 둘러싼 본격적 논의가 등장하지 않는 듯 보이며, 따라서 명실공히 체계화된 리기론이라고 할 만한 것을 찾기가 어렵다.[100] 다만 그 씨앗을 뿌렸다는 점에서 이들의 사상사적 역할은 크다.

정호와 정이를 기점으로 성(性), 심(心), 그리고 성정(性情)에 대한 논의가 크게 활성화된다. 역시 유학 경전들 속에 전거를 두고서, 천, 도, 리와 연결된 성, 그리고 그 리 및 본성을 품은 현실 경험 주체로서의 마음에 대한 이론적 논의를 심화해 간다. 다만 후의 주희와 비교할 때 이들의 논의는 심(心)과 성(性), 혹은 성(性)과 정(情)의 관계, 나아가 심, 성, 정과 리, 기의 관계를 본격적으로 다루는 데 이르지 않았다. 정호에 비해 상대적으로 이런 방면에 관심을 기울였던 정이에 대해서도 마찬가지의 평가를 할 수 있다. 『이정

100 정호와 정이가 리와 기를 논하는 몇 사례를 보면 다음과 같다: 『二程集』, 『遺書』 2下-32, "心所感通者, 只是理也. …(중략)… 若言涉於形聲之類, 則是氣也."/『二程集』, 『遺書』 6-39, "二氣五行, 剛柔萬殊, 聖人所由, 惟一理, 人須要復其初."/『二程集』, 『遺書』, 6-40, "元氣會則生聖賢. 理自生."/『二程集』, 『遺書』 1-17, "義理與客氣常相勝, 又看消長分數多少, 爲君子小人之別. 義理所得漸多, 則自然知得, 客氣消散得漸少, 消盡者是大賢."/『二程集』, 『遺書』 3-62, "氣形而下者."

집』에 각각 단 한 차례씩 등장하는 '성즉리(性卽理)' '성즉기(性卽氣)'라는 표현도, 후대 연구자들이 주목하기도 했지만, 이로부터 어떤 이론적 입장을 명확히 도출하기에는 자료가 부족하다. 『유서』 권22 「이천선생어(伊川先生語)」에 나오는 '성즉리'[101]는 정이의 입장인 것이 분명하고, 『유서』 권1의 「이선생어(二先生語)」에 나오는 '성즉기'[102]는 발언 주체가 명기되어 있지 않으나 그 속에 담긴 '리유선악(理有善惡)'[103]의 표현 등으로 볼 때 정호의 입장으로 추정된다. 그런데 '성즉기'가 정호의 발언이라고 해도, 이것으로 성에 대한 정이와 정호의 견해가 마치 대립적인 것처럼 이해할 수는 없다. 정호의 '성즉기'의 표현이 들어간 발언은 『맹자』에 나오는 '생지위성(生之謂性)'을 설명하는 과정에서 나온 것으로, 결국 성선(性善)을 설득하는 쪽으로 매듭지어지는 것도 주목할 만한 점이다. 기실 성(性)은 리, 기 모두와 관련되어 있기에 후대에도 이를 둘러싼 논쟁이 컸던 바, 성의 담론이 정립되는 초기에는 '성즉리'와 '성즉기'는 그 드러내고자 하는 논지에 따라 교차해서 쓸 수도 있었다고 본다. 정호와 정이에게 있어 인간의 본성으로서의 성(性)이 하늘의 리(理)와 본질적으로 이어져 있다고 하는 것은 명백한 사실이다. 다만 정호는 그 리(理)가 음양(陰陽), 선악(善惡)을 포함한 우주의 모든 생명 현상을 근거 짓고 포괄하는 원리임을

---

101 『二程集』,『遺書』 22上-71, "又問: 性如何? 曰: 性卽理也, 所謂理, 性是也. 天下之理, 原其所自, 未有不善. 喜怒哀樂未發, 何嘗不善? 發而中節, 則無往而不善. 凡言善惡, 皆先善而後惡; 言吉凶, 皆先吉而後凶; 言是非, 皆先是而後非."

102 『二程集』,『遺書』 1-56, "'生之謂性', 性卽氣, 氣卽性, 生之謂也. 人生氣稟, 理有善惡, 然不是性中元有此兩物相對而生也. 有自幼而善, 有自幼而惡, 后稷之克岐克嶷, 子越椒始生, 人知其必滅若敖氏之類. 是氣稟有然也. 善固性也, 然惡亦不可不謂之性也. 蓋'生之謂性', '人生而靜'以上不容說, 才說性時, 便已不是性也. 凡人說性, 只是說'繼之者善'也, 孟子言人性善是也. 夫所謂'繼之者善'也者, 猶水流而就下也. 皆水也, 有流而至海, 終無所汚, 此何煩人力之爲也? 有流而未遠, 固已漸濁, 有出而甚遠, 方有所濁. 有濁之多者, 有濁之少者. 清濁雖不同, 然不可以濁者不爲水也. 如此, 則人不可以不加澄治之功. 故用力敏勇則疾清, 用力緩怠則遲清, 及其清也, 則却只是元初水也. 亦不是將清來換却濁, 亦不是取出濁來置在一隅也. 水之清, 則性善之謂也. 故不是善與惡在性中爲兩物相對, 各自出來. 此理, 天命也. 順而循之, 則道也. 循此而修之, 各得其分, 則教也. 自天命以至於教, 我無加損焉, 此舜有天下而不與焉者也."

103 정호는 선과 악이 모두 천리라는 인식을 드러냈다. 이는 천리를, 우리가 경험하는 모든 (생명) 현상의 근원이며 원리로 설정하려는 의도에서 나온 것이다. 그 자신이 자세한 설명은 하지 않지만, 선만이 아니라 악도 천리 아래 이루어지는 우주의 대 생명의 한 흐름 속에서 이해하려는 경향을 보이고 있다. 『二程集』,『遺書』 2上-11, "天下善惡, 皆天理. 謂之惡者, 非本惡. 但或過或不及, 便如此, 如陽墨之類.(明)"/『二程集』,『遺書』 2上-29, "事有善有惡, 皆天理也. 天理中物, 須有美惡. 蓋物之不齊, 物之情也, 但當察之, 不可自入於惡, 流於一物.(明)"

강조하는 경향이 있고, 이와 연관하여 성(性)도 우주의 생생의 기(氣)로 경험된다는 점에 주목한다고 보면 될 것이다.[104] 리(理), 기(氣), 성(性)을 둘러싸고 정호, 정이가 분명히 공히 공유하고 있는 관점은 "성(性)을 논하면서 기(氣)를 논하지 않으면 갖추어지지 못하고 기를 논하면서 성을 논하지 않으면 명확하지 않다."[105]는 것이다. 이는 후에 주희가 성론(性論)을 펼칠 때 성즉리와 더불어 크게 활용한 이정(二程)의 명제다. 이 명제는 성이 기와 분리되어 논해질 수 없다는 점, 그러면서 기와는 구분되는 리와 같은 무엇이라는 점을 함축적으로 말해 준다. 본성은 리를 본질로 하고 기와도 연결되어 있다고 보는 셈인데 이 입장은 이후 주희에게서 본연지성, 기질지성 등의 논의로 발전되어 간다.

정호, 정이는 이 성(性; 본성)에 대해 인·의·예·지·신으로 정리하고, 그중에 인(仁)이 전체이고 나머지 네 가지는 인 아래서 사지(四肢)와 같은 역할을 한다고 설명한다. 후에 성(性)을 인·의·예·지를 중심으로 설명하는 주희 본성론의 원형적 형태다.[106] 나아가 배움은 이 인체(仁體)가 자기에게 있음을 알고 실현하는 것으로 이해된다.[107] 이들에게 인은 때로 공(公)으로도 설명되고[108] 때로 천지만물을 일체로 여기는 관점으로도 이해된다.[109] 천리를 근간으로 세계와 인간을 보는 정호, 정이에게 천리로서의 인간의 본성은 하늘의 마음, 즉 만물을 낳고 그 속에 품고 길러 내는 하늘의 마음과 연결되어 있으며, 인의 의미도 이로부터 도출된다. 이들은 앞서 다룬 바의 장재의 「서명(西銘)」이 이 인(仁), 효(孝)의 리를 가장 잘 드러낸 작품으로, 마음을 세워 하늘의 덕에 도달할 수 있도

104 정호는 '심시리(心是理)'라는 표현도 한 적이 있는데, 이로 볼 때 '성즉리' 역시 그에게는 자연스러운 것이라고 하겠다. 『二程集』, 『遺書』 3-8, "曾子易簀之意, 心是理, 理是心, 聲爲律, 身爲度也."

105 『二程集』, 『遺書』 6-20, "論性, 不論氣, 不備; 論氣, 不論性, 不明."

106 『二程集』, 『遺書』 2上-12, "仁義禮智信五者, 性也. 仁者, 全體; 四者, 四支. 仁,體也. 義, 宜也. 禮,別也. 智知也. 信, 實也."

107 이정에 의하면, 공부하는 이는 인체(仁體)가 실제로 자기에게 있음을 알아서 의리를 재배해야 하며, 경전의 뜻을 구하는 것도 이 재배의 의미를 지닌다. 『二程集』, 『遺書』 2上-21, "學者識得仁體實有諸己, 只要義理栽培. 如求經義, 皆是栽培之意."

108 『二程集』, 『遺書』 3-58, "仁則一, 不仁則二."/ 『二程集』, 『遺書』 3-59, "仁道難名, 惟公近之, 非以公便爲仁."

109 『二程集』, 『遺書』 2上-17, "醫書言'手足痿痺爲不仁', 此言最善名狀. 仁者以天地萬物爲一體, 莫非己也. 認得爲己, 何所不至? 若不有諸己, 自與己不相干, 如手足不仁, 氣已不貫, 皆不屬己. 故博施濟衆, 乃聖人之功用. 仁至難言, 故曰'己欲立而立人, 己欲達而達人, 能近取譬, 可謂仁之方也已'. 欲令如是觀仁, 可以得仁之體.(明)"

록 하는, 진한(秦漢) 이래 가장 순수한 작품으로 이해하는데,[110] 이로부터 정호와 정이가 주목하는 인의 본성의 의미를 보다 생생하게 이해해 볼 수 있다.

정호, 정이의 공부방법론은 뒤에서 구분해서 다루어 보겠거니와 차이가 있다. 그런데 기본 윤곽에 있어서 공통적인 지점이 있다. 하나는 지(知)·인(仁)·용(勇) 혹은 지(知)·양(養) 혹은 치지(致知)·함양(涵養)과 같이 지와 덕, 혹은 아는 것과 기르고 실천하는 것을 내용으로 하여 공부의 영역을 두 축 혹은 세 축으로 나누는 경향이 있다는 것이다. 이 두세 축의 공부의 지향점이 궁극적으로 인(仁)의 본성의 이해 및 실현을 향해 있다는 점도 공통점이다. 공부의 궁극적 지향점으로서의 인체(仁體)는 여타의 모든 덕목, 즉 의·예·지·신을 포괄하는, 더 근본이며 전체로서의 본성이다. 때로는 경전의 근거에 따라 지, 인, 용으로 풀이하는데, 그렇더라도 이 모든 덕목을 포괄하는 지점에 인(仁)이 있다고 보는 것은 분명해 보인다. 한편, 정호, 정이에게 지(知)의 핵심은 유학 경전 속에서 들어 있는 도학적 통찰들을 비롯한 리에 대한 지적 이해를 도모하는 것이고, 인(仁), 용(勇)이나 함양(涵養)은 그 지적 이해를 바탕으로 자신에 내재한 인으로 대표되는 하늘 본성을 길러 내고 그 본성을 과단성 있게 실천하는 것을 의미한다고 할 수 있다.

그런데 정호, 정이는 인·의·예·지, 지·인·용, 그리고 지(치지)·양(함양)을 이루어 가는 근간이 되는 공부 요소에 주목하는 특징을 보이는데, 그것이 성(誠)과 경(敬)이다. 정호와 정이는 공부의 근간으로서 성과 경을 내세우는 경향을 보인다. 정호는 상대적으로 성을 보다 중심에 내세우고, 정이는 경을 중심에 내세우는 차이가 있기는 하지만, 양자는 성과 경이 서로 긴밀하게 연결되어 있고 상호 보완을 이룬다고 보는 것은 분명하다.

우선 지·인·용, 지·양의 근간으로서 성(誠)이 자리하고 있음은 다음과 같이 표현된다.

> 배움은 성(誠)으로 알고[知] 성(誠)으로 기르는[養] 데 있다.[111] (정호)

---

110 『二程集』,『遺書』 2上-169, "伯淳言:西銘某得此意, 只是須得佗子厚有如此筆力, 佗人無緣做得. 孟子以後, 未有人及此. 得此文字, 省多少言語. 且教佗人讀書, 要之仁孝之理備於此, 須臾而不於此, 則便不仁不孝也."/『二程集』,『遺書』 5-11, "訂頑立心, 便達得天德."/『二程集』,『遺書』 2上-73, "訂頑之言, 極純無雜, 秦·漢以來學者所未到."/『二程集』,『遺書』 2上-16, "訂頑一篇, 意極完備, 乃仁之體也. 學者其體此意, 令有諸己, 其地位已高. 到此地位, 自別有見處, 不可窮高極遠, 恐於道無補也.(明)"

111 『二程集』,『遺書』 11-31, "學在誠知誠養."

지(知), 인(仁), 용(勇) 세 가지는 천하에 통용되는 덕인데, 그것을 행하는 방법은 하나됨[一]이니, 하나되면 성(誠)하다. 머문다는 것은 이 세 가지를 성(誠)하게 함이니 세 가지 외에 별도로 성함[誠]이 있지 않다.[112] (?)

첫 번째 발언은 정호의 것이고 두 번째 발언은 정호, 정이 중 누구의 것인지 분명하지 않지만, 둘 모두의 사유를 반영하는 것이라 보아도 무방할 것이다. 지, 인, 용이라는 천하에 통용되는 덕을 행하는 근거 및 방법에 대해 '일(一)'이라고 하는데, 그것을 다시 '성(誠)'으로 풀고 있는 것으로 보아 '일'은 단지 마음의 전일함을 넘어 (존재 자체와의) 하나됨의 의미를 지닌다고 할 수 있다.

그런데 이정(二程)에게 성(誠)은 경(敬)과 밀접한 연관을 지닌다.

성(誠)은 하늘의 도이고, 경(敬)은 인사(人事)의 근본이다. 경(敬)하면 성(誠)하다.[113] (정호)

배움의 요체는 경(敬)이며 성(誠)이니, 그 사이에 인(仁)이 있다.[114] (정호)

주일(主一)을 경(敬)이라 이르고, 일(一)은 성(誠)이라 이른다. 주(主)는 곧 의도의 존재[意在]가 있음이다.[115] (정이)

정호와 정이에게 성(誠)은 『맹자』의 "반신이성(反身而誠)", 『중용』의 "성자천지도야(誠者天之道也), 성지자인지도야(誠之者人之道也)" "불성무물(不誠無物)" 등에서 그리고 경(敬)은 『역』의 "경이직내(敬以直內), 의이방외(義以方外)", 『예기』의 "무불경(毋不敬)" 등을 근거로 하여 발전시킨 공부법이다. 성(誠)과 경(敬)을 공부에 대한 자세한 견해는 이후에 이어지는 절에서 다룰 것인데, 경(敬)은 마음을 단속하고 추스르며 보존하는 공부에, 그리고 성(誠)은 하늘의 모습처럼 하나로서 모든 것을 품고 가는 성실함, 진실함을 특징으로 하는 공부 및 경지라고 일단 정리하고 가자. 이들에게 성은 경을 통해 도달할 수 있는 경지이고, 경은 사람이 늘 가까이 행할 수 있는 마음공부법에 가까우며 따라서 경이

112 『二程集』,『遺書』 2上-45, "知·仁·勇三者, 天下之達德, 所以行之者一, 一則誠也. 止是誠實此三者, 三者之外, 更別無誠."

113 『二程集』,『遺書』, 11-111, "誠者天之道, 敬者人事之本, 敬則誠".

114 『二程集』,『遺書』 14-11, "學要在敬也, 誠也, 中間便有箇仁."

115 『二程集』,『遺書』 24-43, "主一者謂之敬, 一者謂之誠. 主則有意在."

보다 하학적 성격을 지닌다고도 하겠다. 이 경과 성을 공부의 근본으로 삼는 것은 정호, 정이 공부론의 대표적 특징인데, 이는 유학사의 중대한 전환의 한 장면이다. 근본 공부로서의 성(誠)과 경(敬)에 대한 주목은, 유교적 정체성을 가진 새로운 도학을 부흥하고자 하면서도 핵심 공부방법에 있어 허(虛)나 정(靜)을 근간으로 삼는 경향—앞서 살핀 바의 주돈이나 장재를 포함하여—과는 크게 변화된 모습이다.

후에 주희는 특히 정이의 경에 초점을 둔 공부론을 적극적으로 발전시킨다. 그런데 정호와 정이가 경을 주목하게 된 초기 관점을 둘러보면 경(敬)은 성(誠)과 밀접하게 출발했다는 점을 알 수 있고, 이는 경의 성격을 이해하는 데 중요한 단서가 된다. 성이라는 하늘의 도, 즉 만물을 품은 하나의 만물을 책임지는 진실하고 성실하고 안정된 모습이 경의 핵심 지향점이며 요소임을 확인하게 된다. 특히 정이에게서 개념화되는, 주일(主一)로서의 경이 존재자체로의 하나됨이라는 요소를 그 속에 품고 있음을 엿볼 수 있다. 경은 하늘을 닮고 하늘 자체가 되려는 지향점으로부터 구상된 실천방법이다.

성(誠), 경(敬)도 철저히 유학적 고전의 맥락에서 나온 유학적 방법이거니와, 성·경 위에 펼쳐진 지·인·용, 인·의·예·지, 지·양의 공부론의 기틀은, 신유학 단계의 공부론을 안정된 토대 위에 올려놓으며 새로운 차원으로 나아가도록 하는 역할을 했다. 그리고 이는 나중에 주희 공부론의 근간이 된다.

정호와 정이는 새로운 차원의 공부론의 정립에 그치지 않고, 그 공부를 조직적으로 구현할 학교교육의 문제나 교수방법의 문제에 대해서도 적극적 논의를 펼친다. 먼저 이들의 학교론은 후에 주희가 전개한 학교론과 기본적인 면에서 거의 통하는데, 이는 이정의 학교론이 곧 주희 학교론의 선구가 되었음을 의미한다. 연령에 따라 소학(小學; 8~15세)에서 대학(大學; 15~40세)으로 이어지는 학교교육론에 대한 상당한 수준의 체계적 정리를 선보이고 있다. 가르칠 만한 재능이 있는 자는 학교에 입학시키고 그렇지 못한 자는 농사를 짓게 하였는데, 여기서 사(士), 농(農)의 신분이 갈렸다는 이해도 선보인다. 나아가 대학에 들어가서는 15세에서 40세까지 근 25년간 다른 이익을 탐하지 않고 선을 좇아 덕을 이룬 후에 벼슬에 나아가는 과정을 밟는다고 소개하면서, 이때 사대부의 아이들은 나라가 부양해 준다고도 한다. 소학, 대학의 학교교육과정 및 단계론에 대해서는 주희가 이어 체계화를 하게 되는데, 그 기초가 되었던 정호와 정이의 소학, 대학

론에는 이와 같이 주희에게서는 볼 수 없는 정보도 들어 있다.[116]

다음으로 교수방법과 관련하여 공자의 교육법을 빌어서 분발하지 않으면 열어 주지 않는, 동기부여가 될 때를 기다리는 방법을 강조한다.[117] 이는 교육에 있어 외부로부터의 주입이 아닌 스스로 터득하는 '자득(自得)'을 거듭 중시하는 자세와도 연결된다.[118] 역시 공자의 교육법을 빌어서 재능에 따라서 가르치는 것도 강조한다.[119] 나아가 장재의 예를 들어, 예(禮)와 같은 구체적 실천 근거를 가지고 가르치는 것에도 크게 호응하며 강조한다.[120] 그러면서 시나 노래를 통해 음악으로 성정을 기르는 교육도 중시하는데,[121] 이는 공부에 즐겁게 임할 수 있도록 하는 동기부여의 역할을 한다.[122] 소학에서 대학을 걸쳐 악(樂)과 예(禮)의 요소를 적절하게 활용하며 아름다운 본성이 자연스럽게 구현되는 방향을 강구했다.[123] 또한 전반적으로 하학이상달(下學而上達)의 관점에서 배움과 교

116 『二程集』,『遺書』 15-162, "古者八歲入小學, 十五入大學, 擇其才可教者聚之, 不肖者復之田畝. 蓋士農不易業, 旣入學則不治農, 然後士農判. 在學之養, 若士大夫之子則不慮無養, 雖庶人之子, 旣入學則亦必有養. 古之士者, 自十五入學, 至四十方仕, 中間自有二十五年學, 又無利可趨, 則所至可知, 須去趨善, 便自此成德. 後之人, 自童稚間, 已有汲汲趨利之意, 何由得向善? 故古人必使四十而仕, 然後志定. 只營衣食却無害, 惟利祿之誘最害人. 人有養便方定志於學."

117 『二程集』,『遺書』 18-108, "孔子教人, '不憤不啓, 不悱不發'. 蓋不待憤悱而發, 則自知之不固, 待憤悱而後發, 則沛然矣. 學者須是深思之. 思而不得, 然後爲佗說, 便好. 初學者, 須是且爲佗說, 不然, 非獨佗不曉, 亦止人好問之心也."

118 『二程集』,『遺書』 11-53, "大抵學不言而自得者, 乃自得也; 有安排布置者, 皆非自得也."/『二程集』,『遺書』 11-68, "學要在自得. 古人教人, 唯指其非, 故曰, '擧一偶不以三偶反, 則不復也.' 言三偶, 擧其近. 若夫'告諸往而知來者', 則其知已遠矣. 佛氏言印證者, 豈自得也? 其自得者, 雖甚人言, 亦不動. 待人之言爲是, 何自得之有?"/『二程集』,『遺書』 25-6, "學莫貴於自得, 得非外也, 故曰自得."

119 『二程集』,『遺書』 19-32, "孔子教人, 各因其材, 有以政事入者, 有以言語入者, 有以德行入者."

120 『二程集』,『遺書』 2上-79, "子厚以禮教學者. 最善, 使學先有所據守."

121 『二程集』,『遺書』 18-80, "天下有多少才, 只爲道不明於天下, 故不得有所成就. 且古者「興於詩, 立於禮, 成於樂」, 如今人怎生會得? 古人於詩, 如今人歌曲一般, 雖閭巷童稚, 皆習聞其說而曉其義, 故能興起於詩. 後世, 老師宿儒尙不能曉其義, 怎生責得學者? 是不得興於詩也. 古禮旣廢, 人倫不明, 以至治家皆無法度, 是不得立於禮也. 古人有歌咏以養其性情, 聲音以養其耳, 舞蹈以養其血脈. 今皆無之, 是不得成於樂也. 古之成材也易, 今之成材也難."

122 『二程集』,『遺書』 2上-62, "教人未見意趣, 必不樂學. 欲且教之歌舞, 如古詩三百篇, 皆古人作之. 如關雎之類, 正家之始, 故用之鄕人, 用之邦國, 日使人聞之. 此等詩, 其言簡奧, 今人未易曉. 別欲作詩, 略言教童子灑掃應對事長之節, 令朝夕歌之, 似當有助."

123 『二程集』,『遺書』 15-142, "古人爲學易, 自八歲入小學, 十五入大學, 舞勺舞象, 有絃歌以養其耳, 舞干羽以養其氣血, 有禮義以養其心, 又且急則佩韋, 緩則佩弦[絃], 出入閭巷, 耳目視聽及政事之施,

육의 문제를 숙고하고 있다.[124] 이런 맥락에서, 교육의 출발점으로 삼는 소학의 육예(六藝)나 쇄소응대(灑掃應對)와 같은 일도 그 자체에 이미 성인(聖人)의 일, 상달(上達)의 일의 뜻을 품고 있다는 점도 주시한다.[125]

한편, 정호와 정이는, 이상에서 살펴본 바의, 공부와 교육의 이상에 대한 이론화와 실천에 장애가 될 영향력 있는 사상들에 대한 학술적 비판을 엄격히 한다. 그 비판의 강도나 밀도는 유례가 없이 컸고, 이 역시 주희에게 큰 유산으로 이어진다. 특히 정호와 정이가 가장 위협으로 느낀 사상은 불교였다. 정호와 정이는 당시 불교가 성명(性命), 도덕(道德)을 논하는 수준을 가지고 있어 고명한 이들이 종종 빠져들고 한번 접하면 헤어나지 못하는 상황에 대해 우려한다. 당시의 불교는 과거의 양주(楊朱), 묵적(墨翟)이나, 전래 초기의 불교에 비해 대적하기가 매우 어려워졌다는 인식이다. 불교 이론을 시험삼아 한번 보는 것도 경계해야 할 정도로, 미묘하게 파고들어 도를 해치는 힘이 있다. 이들에게 이런 불교의 영향력은 문명의 근간인 인륜 질서의 융성과 쇠퇴를 좌우하는 문제여서 반드시 해결해야 하는 과제로 다가온다.[126]

이들이 보기에 불교의 문제는 하학(下學)이 없고 상달(上達)만 있다는 것인데, 그 상달도 하학이 없는 것인 이상 옳은 것일 수가 없다. 양자의 연결을 끊어 놓는 것은 도가 아

如是, 則非僻之心無自而入. 今之學者, 只有義理以養其心."

124 『二程集』,『遺書』1-22, "聖賢千言萬語, 只是欲人將已放之心, 約之使反, 復入身來, 自能尋向上去, 下學而上達也."/『二程集』,『遺書』2上-76, "伯淳言: 學者須守下學上達之語, 乃學之要."/『二程集』,『遺書』3-08, "須是合內外之道, 一天人, 齊上下, 下學而上達, 極高明而道中庸."/『二程集』,『遺書』11-132, "'君子上達, 小人下達.' 下學而上達, 意在言表也."

125 『二程集』,『遺書』5-31, "舞射便見人誠. 古之教人, 莫非使之成已, 自灑埽應對便上, 可到聖人事."

126 『二程集』,『遺書』2上-84, "昨日之會, 大率談禪, 使人情思不樂, 歸而悵恨者久之. 此說天下已成風, 其何能救? 古亦有釋氏, 盛時尙只是崇設像教, 其害至小. 今日之風, 便先言性命道德, 先驅了知者, 才愈高明, 則陷溺愈深. 在某, 則才卑德薄, 無可奈何佗. 然據今日次第, 便有數孟子, 亦無如之何. 只看孟子時, 楊墨之害能有甚? 況之今日, 殊不足言. 此事蓋亦繫時之汚隆. 淸談盛而晉室衰. 然淸談爲害, 却只是閑言談, 又豈若今日之害道? 今雖故人有一 初本無一字. 爲此學而陷溺其中者, 則旣不可回. 今 初本無今字. 只有望於諸君爾. 直須置而不論, 更休曰且待嘗試. 若嘗試, 則已化而自爲之矣. 要之, 決無取."/『二程集』,『遺書』13-2, "楊·墨之害, 甚於申·韓; 佛·老〈一無老字〉之害, 甚於楊·墨. 楊氏爲我, 疑於仁. 墨氏兼愛, 疑於義. 申·韓則淺陋易見. 故孟子之闢楊·墨, 爲其惑世之甚也. 佛·老〈一作氏字〉, 其言近理, 又非楊·墨之比, 此所以害尤甚. 楊·墨之害, 亦經孟子闢之, 所以廓如也."

니라고 비판한다.[127] 또한 불교에는 '경이직내(敬以直內)'와 유사한 것은 있으나 '의이방외(義以方外)'에 해당하는 것이 없으며, 그 배경에는 인륜 및 물리적 실상(四大 등)을 부정하고 벗어나고자 하는 세계관이 자리한다. 이런 불교의 관점은 도(道) 바깥에 사물이 없고 사물 바깥에 도가 없다는, 천지간에 어디를 가도 도 아닌 게 없다고 보는 유가의 세계관에 비추어, 참된 도라고 할 수 없다.[128]

불교의 설은 그 자체에 이치에 맞지 않는 모순이 있어 스스로도 지키지 못한다. 예를 들어, 불교에는 출세(出世)의 설, 즉 가족관계를 비롯해서 인간관계를 빈 것으로 보고 떠나야 한다는 주장이 있다. 이 관점을 실제로 밀고 나가고자 한다면 하늘을 이거나 땅을 밟지 않고 살아야 할 것인데 그들 자신은 여전히 목마르면 마시고 배고프면 먹으며 하늘을 이고 땅을 밟고 사는 모순을 범한다.[129] 불교는 도덕적 본성이나 감정을 완전히 끊어야 하늘의 참됨을 얻는다고 주장하지만, 이렇게 되면 오히려 이 모든 것을 품고 있는 하늘의 참됨을 잃게 된다.[130] 불교에서는 사람의 삶과 자연현상까지 모두 환상이라고 하지만 유가의 시각에서는 그 자체로 리가 있다. 상하(上下), 본말(本末), 내외(內外)가 모두 하나의 리이며 도다.[131]

---

127 『二程集』,『遺書』13-7, "釋氏本怖死生, 爲利豈是公道? 唯務上達而無下學, 然則其上達處, 豈有是也? 元不相連屬, 但有間斷, 非道也. 孟子曰'盡其心者, 知其性也.' 彼所謂'識心見性', 是也. 若存心養性一段事則無矣. 彼固曰出家獨善, 便於道體自不足."

128 『二程集』,『遺書』4-34, "道之外無物, 物之外無道, 是天地之間, 無適而非道也. 卽父子而父子在所親, 卽君臣而君臣在所嚴, 一作敬. 以至爲夫婦, 爲長幼, 爲朋友, 無所爲而非道, 此道所以不可須臾離也. 然則毀人倫, 去四大者, 其分於道也遠矣. 故'君子之於天下也, 無適也, 無莫也, 義之與比.' 若有適有莫, 則於道爲有間, 非天地之全也. 彼釋氏之學, 於敬以直內則有之矣. 義以方外則未之有也, 故滯固者入於枯槁, 疏通者歸於肆恣,一作放肆. 此佛之敎所以爲隘也. 吾道則不然, 率性而已. 斯理也, 聖人於易備言之."

129 『二程集』,『遺書』8-6, "釋氏有出家出世之說. 家本不可出. 却爲他不父其父, 不母其母, 自逃去, 固可也. 至於世, 則怎生出得. 旣道出世, 除是不戴皇天, 不履后土始得. 然又却渴飮而飢食, 戴天而履地."

130 『二程集』,『遺書』2上-84, "今彼言世網者, 只爲些秉彝又殄滅不得, 故當忠孝仁義之際, 皆處於不得已, 直欲和這些秉彝都消殺得盡, 然後以爲至道也. 然而畢竟消殺不得. 如人之有耳目口鼻, 旣有此氣, 則須有此識; 所見者色, 所聞者聲, 所食者味. 人之有喜怒哀樂者, 亦其性之自然, 今强曰必盡絶, 爲得天眞, 是所謂喪天眞也."

131 『二程集』,『遺書』1-10, "心迹一也, 豈有迹非而心是者也? 正如兩脚方行, 指其心曰, '我本不欲行, 他兩脚自行.' 豈有此理? 蓋上下·本末·內外, 都是一理也, 方是道. 莊子曰, '遊方之內'·'遊方之外'者, 方何嘗有內外? 如此, 則是道有隔斷, 內面是一處, 外面又別是一處, 豈有此理? 學禪者曰: 草木鳥獸

나아가 이정(二程)에 의하면 불교의 학설은 매우 고상하고 심원해 보이지만 그 요점은 결국 자사자리(自私自利), 즉 이기심 추구로 귀결된다. 예를 들어, 이들이 주장하는 바의 생사(生死)의 굴레를 면하고 번뇌를 없애려는 것은 천지 사이의 삶과 죽음을 본분의 일로 여기지 못하면서 두려움을 가지고 벗어나려는 이기심과 연결된다.[132] 사람들로 하여금 생사에 대한 공포심을 조장하는 것도 이기심의 발로다.[133] 유가는 모든 것을 품은 하늘의 입장에서 삶과 죽음의 문제도 본분의 일로서 자연스럽게 품는다. 그렇다고 이들이 불교의 모든 관점을 곧장 부정하는 것은 아니다. 예를 들어, 생사에 대한 불교의 관점을 비판하는 가운데서도, 불교의 윤회설에 대한 질문을 두고 판단을 유보하면서 윤회는 있다고도 말하기도 어렵고 없다고 말하기도 어려우며 스스로 깨달아야 한다고 답한다. 붓다를 서방의 현자로 인정하면서 그의 통찰의 깊이를 일정하게 긍정하되, 그러나 근본적이면서도 미묘한 지점에서의 문제점을 직시하고 지적한다.[134]

결국 이정에 의하면, 유가와 불교가 비슷한 점도 있지만 근본이 옳지 않으며, 근본이 옳지 않기에 이로부터 나온 시각이 잘못되지 않을 수 없다.[135] 역으로 음양(陰陽), 주야(晝夜), 생사(生死), 고금(古今) 등 현실 세계의 가장 기초적인 것을 알지 못하는 것에 비추어 이들의 형이상(形而上)의 견해도 신뢰하기 어렵다.[136] "불교에서 도를 설함은 비유하자면 관을 통해 하늘을 보는 것과 같다. 단지 위로 곧바로 가는 것만 힘쓸 뿐이어서

之生, 亦皆是幻. 曰: 子以爲生息於春夏, 及至秋冬便却變壞, 便以爲幻, 故亦以人生爲幻, 何不付與他. 物生死成壞, 自有此理, 何者爲幻?"

132 『二程集』,『遺書』 15-68, "釋氏之學, 又不可道他不知. 亦儘極一作及. 乎高深, 然要之卒歸乎自私自利之規模. 何以言之? 天地之間, 有生便有死. 有樂便有哀. 釋氏所在, 便須覓一箇纖一作綴. 姦打訛處, 言免死生, 齊煩惱, 卒歸乎自私. 老氏之學, 更挾些權詐, 若言與之乃意在取之, 張之乃意在翕之, 又大意在愚其民而自智, 然則秦之愚黔首, 其術蓋亦出於此."

133 『二程集』,『遺書』 1-10, "佛學〈一作氏〉, 只是以生死恐動人. 可怪二千年來, 無一人覺此, 是被他恐動也. 聖賢以生死爲本分事, 無可懼, 故不論死生. 佛之學爲怕死生, 故只管說不休. 下俗之人固多懼, 易以利動. 至如禪學者, 雖自曰異此, 然要之只是此箇意見, 皆利心也."

134 『二程集』,『遺書』 21上-71, "又問: 佛說性如何? 曰: 佛亦是說本善, 只不合將才做緣習.」又問: 說生死如何? 曰:譬如水漚, 亦有些意思. 又問: 佛言死生輪回, 果[可]否? 曰: 此事說有說無皆難, 須自見得. 聖人只一句盡斷了, 故對子路曰, '未知生, 焉知死?' 佛亦是西方賢者, 方外山林之士, 但爲愛脇持人說利害, 其實爲利耳. 其學譬如以管窺天, 謂他不見天不得, 只是不廣大."

135 『二程集』,『外書』 12-32, "吾曾歷擧佛說與吾儒同處問: 伊川先生曰: 恁地同處雖多只是本領不是一齊差却."

136 『二程集』,『遺書』 14-9, "佛氏不識陰陽晝夜死生古今, 安得謂形而上者與聖人同乎?"

오직 한편만 볼뿐 사방을 보지 못한다. 따라서 대체로 일에 대처할 수 없다. 성인의 도는 들판 한가운데 있으며 그 주변 사방을 보지 못함이 없다."[137]라는 평가는 불교에 대한 이정(二程)의 종합적 결론이라고 하겠다. 불교에서 보는 바와 같은 시야의 편협성은 사람들을 온전하게 이끌 수 없다. 이에 이정(二程)은 도가나 불교, 특히 위협이 된다고 보는 불교에 대해 엄밀한 학술적·논리적 잣대로 비평하고 극복하는 데 심혈을 기울였으며, 이는 자신들의 도학(道學)을 새롭게 구축하는 일과 별개가 아닐뿐더러 가장 핵심적인 과업이기도 했다.

5) 정호(程顥)의 공부방법론

(1) 공부방법의 구조: 경(敬)-성(誠) 기반 지(知)·인(仁)·용(勇)의 실현

정호 공부론의 가장 큰 특징 하나를 꼽자면 성(誠)과 경(敬)을 공부의 근간으로 설정한다는 점이다. 정호에게 성(誠)과 경(敬)은 거의 같은 실천적 함의를 지닌다. 다만『중용』에서 보이듯이 성(誠)이 하늘의 도[天之道] 자체라는, 인간적 차원을 넘어서 존재의 궁극의 경지의 의미도 담고 있는 것에 비해, 경(敬)은 지극히 인간적 차원의 일상적 일이라는 식의 구분 정도를 할 수 있다.[138] 그럼에도 불구하고 정호는 성(誠)을 하늘을 닮으려는 인간의 삶의 태도 및 공부의 의미로도 쓰고 있다. 정호에게 공부로서의 성은 거의 경과 구분되지 않는 듯 보이며, 따라서 경(敬)-성(誠)의 공부방법이라는 풀이도 가능하다. 경(敬)-성(誠)은 공부의 근간을 이루며 그 공부를 통해 지향하는 성과의 핵심은 인(仁)의 구현이다.

> 배움의 요체는 경(敬)이며 성(誠)이니, 그 사이에 인(仁)이 있다. "널리 배우고 뜻을 독실하게 하며 절실하게 묻고 가까이 생각하니 인은 그 가운데 있다."는 뜻이다.[139]

정호는 배움의 요체가 경과 성이라고 단언한다. 그리고 경-성을 실천하다 보면 인

---

137 『二程集』,『遺書』 13-6, "釋氏說道, 譬之以管窺天, 只務直上去, 惟見一偏, 不見四旁, 故皆不能處事. 聖人之道, 則如在平野之中, 四方莫不見也."

138 『二程集』,『遺書』 11-111, "誠者天之道, 敬者人之本. 敬則誠."

139 『二程集』,『遺書』 14-11, "學要在敬也·誠也, 中間便有箇仁, '博學而篤志, 切問而近思, 仁在其中矣'之意."

은 자연스럽게 구현이 된다고 한다. 정호에게 경, 성의 구현은 인의 구현과 별개가 아니다.[140] 다음 절의 「식인편(識仁篇)」 분석에서도 다루겠지만 정호에게 인은 만물을 한 몸으로 여기는 관점과 통한다. 정호는 과연 경, 성을 어떻게 이해하기에 그것이 만물을 한 몸으로 여기는 인의 실천을 이끌어 낸다고 보는 것일까?

> "천지(天地)가 자리 잡고서 역(易)이 그 가운데에서 행해진다."고 했는데, 단지 경(敬)일 뿐이다. 경하면 간단이 없으니 사물을 체화하여 남기지 않는 것은 성(誠)·경(敬)일 뿐이다. 성(誠)하지 않으면 사물이 없다.[141]

정호는 천지가 자리 잡고 그 속에서 역이 이루어지는 현상으로부터, 그리고 만물을 빠짐없이 체화하고 존재하게 하는 현상으로부터 경(敬), 성(誠)을 끌어낸다. 그것이 없이는 천지의 장대한 운행이 불가능하고 만물도 성립하기 어려운, 천지의 존재 원리 및 모습이 정호가 경, 성의 공부 요소를 도출한 사유의 근거다. 이렇게 하여 경, 성은 천지가 만물을 낳고 하나의 빠뜨림도 없이 품고 책임지고 운행해 가는 그 정성스럽고 신실하면서 한순간의 끊임도 없이 지속되는 삶 및 공부의 태도다.

정호에 의하면 사람은 천지처럼 만물을 갖추고 있다. 본질적으로 하늘과 같은 속성을 지닌 인간은 하늘의 운행 및 존재 원리인 성(誠)을 돌이킬 때 가장 행복하고 자유롭다. 정호는 이를 종종 맹자의 말을 인용하여 강조한다.

> "만물은 모두 나에게 갖추어져 있으니, 몸을 돌이켜 성(誠)하게 되면 즐거움이 이보다 더 클 수 없다."고 했으니, 성(誠)하지 못하면 사물에 거스를 뿐 부응하지 못하게 된다.[142]

---

140 다음 언급에서는, 경(敬)의 공부에 대한 정호의 발상의 원천 중의 하나인 『역』의 '경이직내, 의이방외'가 다름 아닌 인(仁)이라고 단언하는 것을 볼 수 있다. 이는 정호에 있어 경-성과 인의 실천적 함의는 크게 상통한다는 점을 보여 준다. 『二程集』, 『遺書』 11-41, "孟子曰'仁也者, 人也. 合而言之, 道也.' 中庸所謂'率性之謂道', 是也. 仁者, 仁此者也. '敬以直內, 義以方外', 仁也. 若以敬直內, 則便不直矣. 行仁義豈有不直乎? '必有事焉而勿正', 則直也. 夫能'敬以直內, 義以方外', 則與物同矣, 故曰'敬義立而德不孤', 是以仁者無對, 放之東海而準, 放之西海而準, 放之南海而準, 放之北海而準. 醫家言四體不仁, 最能體仁之名也."

141 『二程集』, 『遺書』 11-15, "'天地設位而易行其中', 只是敬也. 敬則無間斷, 體物而不可遺者, 誠敬而已矣. 不誠則無物也. 詩曰, '維天之命, 於穆不已, 於乎不顯, 文王之德之純', '純亦不已', 純則無間斷.

142 『二程集』, 『遺書』 11-134, "'萬物皆備於我矣. 反身而誠, 樂莫大焉.' 不誠則逆於物而不順也."

결국 성과 경은 하늘이라는 전체이면서 하나의 관점, 만물을 품은 하나로서의 나의 관점에서 존재하고 공부하는 양식을 드러내고 있다. 기실 정호의 천리관, 본성관을 보면 우주의 모든 것을 포괄해서 보는 세계관이 그 특징으로 확인된다. 천리에 대한 설명에서도 음양과 선악의 모든 것을 품은 리 관념에 대한 고민이 있고, 본성에 대한 설명에서도 역시 기 개념과 연결하여 선악의 요소를 포괄해서 논하는 경향을 보인다.[143] 그 묘

143 정호가 보여 주는 세계관과 공부론은 하나의 특징을 보인다. 이는 앞서 논의한 바의, 정이와의 많은 공통점에도 불구하고 정이와 차이가 나는 지점이기도 하다. 스스로 처음 내놓은 개념이라는 자부심을 가졌던 천리(天理)가 존재하는 모든 것의 원천이 된다는, 즉 음양(陰陽)은 물론이고 선악(善惡)도 천리 안에서 이루어진다는, 말하자면 선만이 아니라 악도 천리 속에서 설명이 된다는 세계관이다. 논리적으로는 이해가 된다. 천리가 존재하는 모든 것의 원천이라면 이 세상에서 관찰되는 모든 현상은 천리와 분리해서 논할 수 없기 때문이다. 그런데 흔히 리는 절대적인 선의 지평으로 이해되기에, 정호의 이런 설명은 낯설고 위험하며 오해의 여지도 낳는다. 그럼에도 불구하고 주희가 천리에 선악이 있다고 하는 이유는 무엇일까? 이는 인간의 시야로 다 포착하기 어려운, 언어적으로 설명하기 어려운, 모든 것의 궁극적 뿌리인 천리 혹은 하늘 자체의 뜻을 인간의 좁은 시각으로 재단하지 말고 열어 놓고 보자는 의미일 것이다. 정호는 종종『역』의 '궁신지화(窮神知化)' 등을 활용하여 '신(神)'의 개념으로써, 인간의 감각과 사유로는 다 설명하거나 포착할 수 없는 신묘한 우주현상을 표현하곤 했는데, 온갖 신비를 갖춘, 하늘 아래 미지의 영역을 모르는 대로 남겨 놓는 겸허하고 신중하며 열린 태도가 반영되어 있다고 보아야 할 것이다. 하늘은 그리고 하늘의 리는 궁극적으로는 선이지만 그 속에서는 무수한 음양, 선악의 대대가 전체를 이루며 신묘한 우주현상을 구성하고 있다는 직관일 것이다.

정호는 성(性; 본성)에 대해서도 역시 오해의 여지가 있는 '성즉기(性卽氣)'의 표현을 한 바 있는데, 이는 현실에 존재하는 사람(및 만물)의 성(性)이 기품(氣稟)과 긴밀하게 관련을 맺으면서 여러 가지 성향—선(善)과 악(惡) 등—을 포괄해서 드러낸다는 점을 설명하는 용도라고 할 수 있다. 정호는 성(性)이 본질적으로 리(理)와 연결된 선(善)한 본질을 지녔다는 점을 받아들이면서도 그것이 동시에 기(氣)와 관련을 맺으면서 악(惡)한 성향을 내포하게 된다는 점을 포괄하여 설명하려 한 것이다. 정호가 진정으로 말하고자 하는 바는 "성(性)을 논하고 기(氣)를 논하지 않으면 갖추어지지 못하고, 기(氣)만을 논하고 성(性)을 논하지 않으면 명확하지 못하다."라는 언명에 잘 담겨 있다고 본다. 정호는 정이와 마찬가지로 성(性)은 본래 하늘에 근원하면서 도(道)나 리(理)와 일관되는 것이라는 관념을 뚜렷하게 지니고 있으며, 본래의 성(性)의 회복을 지향하고 있다. 그리고 본래의 성(性)은 인(仁), 의(義), 예(禮), 지(智), 신(信)으로 대표되는 것으로 인식한다. 결국 정호는 천리 및 성의 선한 본질과, 동시에 선악을 포함하는 현실적 전개를 함께 주시하면서, 하늘이라는 전체 관점 속에서 인간의 본연과 공부의 문제를 풀어 가려 했다고 할 수 있다. 관련 원문을 모아 보면 아래와 같다.

『二程集』,『遺書』1-56,『二程集』,『遺書』1-56, "'生之謂性', 性卽氣, 氣卽性, 生之謂也. 人生氣稟, 理有善惡, 然不是性中原有此兩物相對而生也. 有自幼而善, 有自幼而惡, 是氣稟有然也. 善固性也, 然惡亦不可不謂之性也. …(중략)… 凡人說性, 只是說'繼之者善'也, 孟子言人性善是也. 夫所謂'繼

한 만물의 현상을 '신(神; 신묘함)'으로 이해하기도 한다.[144] 그만큼 우주의 어떤 것도 놓치지 않고 담아내는 천지관, 인간관을 가지고 공부의 문제까지 접근하려 한다. 우주의 궁극을 믿음직한 선한 존재로 보면서도, 우리가 현상에서 관찰하는 그 어떤 것도 우주 밖의 것이 아니기에 그것까지 아우르는 존재관, 인간관, 공부관을 전개하고자 했다. 이 관점에 의하며 사람은, 마치 하늘처럼, 그 모든 것을 품고 있는 존재다. 자신을 돌아보며 이를 자각하고 성(誠)의 태도를 간직할 때 그 즐거움을 이루 말할 수 없다. 우주가 그 성(誠)이 있어 만물의 존재를 가능케 하듯이 사람도 그 성에 이를 때 자신이 관여하는 삶이 모든 것들을 참으로 존재하도록 하는 데 기여할 수 있다. 이런 의미의 경과 성을 실천하는 과정은 자연히 만물을 일체로 보는, 공(公)의 의미를 본질적으로 내포하는 인(仁)과도 자연스럽게 하나로 이어지게 된다.

정호에게 성(誠)과 경(敬)은 하나로 이어지는, 서로 의미를 거의 공유하는 개념이지만, 성에 비해 경은 인간적 차원의 공부, 혹은 공부의 착수처(着手處) 같은 의미를 지닌다.

> 성(誠)은 하늘의 도이고 경(敬)은 인사(人事)의 근본이다. 경(敬)하면 성(誠)하다.[145]

> 배우는 자는 멀리서 구할 필요가 없이 몸 가까이서 취해야 하니, 단지 사람의 리를 밝히는 것은 경(敬)일 뿐이니, 곧 묶는 곳[約處]이다.[146]

之者善'也者, 猶水流而就下也. 皆水也, 有流而至海, 終無所汚, 此何煩人力之謂也? 有流而未遠, 固已漸濁; 有出而甚遠, 方有所濁. 有濁之多者, 有濁之小者. 淸濁雖不同, 然不可以濁者不爲水也. 如此, 則人不可以不可澄治之功. 故用力敏勇則疾淸, 用力緩怠則遲淸, 及其淸也, 則却只是元初水也. 亦不是將淸來換却濁, 亦不是取出濁來置在一隅也. 水之淸, 則性善之謂也. 故不是善與惡在性中爲兩物相對, 各自出來. 此理, 天命也; 順而循之, 則道也; 循此而修之, 各得其分, 則敎也."/『二程集』,『遺書』6-20, "論性不論氣, 不備; 論氣不論性, 不明."/『二程集』,『遺書』1-15, "蓋'上天之載, 無聲無臭'. 其體則謂之易, 其理則謂之道, 其用則謂之神, 其命於人則謂之性. 率性之謂道, 修道之謂敎."/『二程集』,『遺書』2上-110, "'天命之謂性, 率性之謂道'者, 天降是於下, 萬物流形, 各正性命者, 是所謂性也. 循其性而不失, 是所謂道也."

144 『二程集』,『遺書』11-169, "天者理也. 神者妙萬物而爲言者也. 帝者以主宰事而名."

145 『二程集』,『遺書』11-111, "誠者天之道, 敬者人之本. 敬則誠."

146 『二程集』,『遺書』2上-50, "學者不必遠求, 近取諸身, 只明人理, 敬而已矣, 便是約處. 易之乾卦言聖人之學, 坤卦言賢人之學, 惟言'敬以直內, 義以方外. 敬義立而德不孤', 至於聖人亦止如是, 更無別途. 穿鑿繫累, 自非道理, 故有道有理, 天人一也, 更不分別. 浩然之氣, 乃吾氣也. 養而不害, 則塞乎天地, 一爲私心所蔽, 則欲然而餒, 知其小也. 思無邪, 無不敬, 只此二句, 循而行之, 安得有差? 有差者, 皆由不敬不正也.(明)"

> 잡아 묶는[操約] 것이 경(敬)일 뿐이다.[147]

경(敬)에 대해 '조약(操約)', 즉 마음을 잡아 묶는 것으로 푸는 정호의 방식은, 경을 심리적 수렴의 의미까지 내포하는 주일(主一)로 풀이하는 정이의 그것과 근접하다. 하늘을 닮은 성(誠)과 경(敬)의 경지라는 것도, 가까이는 마음을 잡고 추스르는 과정으로부터 시작된다는 점을 정호도 이해하고 있다. 그런데 정호는 정이에 비해서 그 경의 뿌리는 천지가 만물을 낳고 한순간도 흐트러짐이 없이 운행하고 책임지는 그 정성스러움, 신실함의 모습에서 왔다는 것을 적극적으로 보여 주고자 한다. 그리하여 정호에게 '경하여 잃지 않기를[敬以無失]' 극진히 하는 것이, 천하의 큰 근본이며 천지간의 상하를 꿰뚫는 바른 도리인 중(中)을 지키는 방법도 될 수 있다.[148]

정호는 한편으로는 사람이 도달할 최고의, 하늘 지평의 경지를 삶과 공부의 근간이며 목표로 삼음과 동시에, 그것을 이루어 내는 일상의 가까운 출발 지점을 구축하려는 관심도 높다. 이는 곧 하학이상달(下學而上達), 즉 낮고 가까운 곳으로부터 익혀서 위의 경지에 도달하는 공부의 원리에 대한 이해를 반영하고 있다.

> 백순(伯淳; 정호)이 말하기를, 배우는 자는 반드시 하학이상달(下學而上達)이라는 말을 지켜야 하니, 곧 배움의 요체다.[149]
>
> 성현의 천 가지 만 가지 말은 이미 도망간 마음을 묶어서 돌이켜 몸으로 반복해서 들여오는 것으로 자연히 위로 향해 가게 되니, 하학이상달이다.[150]
>
> "군자는 상달하고 소인은 하달한다."고 했는데, 하학이상달의 뜻이 (군자는 상달한다는) 말 속에 있다.[151]

정호에 의하면 하학이상달(下學而上達)은 하늘과 사람, 위와 아래를 하나로 연결하는,

---

147 『二程集』,『遺書』 11-107, "操約者, 敬而已矣."

148 『二程集』,『遺書』 11-167, "'中者, 天下之大本.' 天地之間, 亭亭當當, 直上直下之正理, 出則不是, 唯敬而無失最盡."

149 『二程集』,『遺書』 2上-76, "伯淳言, 學者須守下學上達之語, 乃學之要."

150 『二程集』,『遺書』 1-22, "聖賢千言萬語, 只是欲人將已放之心, 約之使反, 復入身來, 自能尋向上去, 下學而上達也."

151 『二程集』,『遺書』 11-132, "'君子上達, 小人下達.' 下學而上達, 意在言表也."

안과 밖을 합하는 도다.[152] 그런데 그는 그 하학이상달은 배움의 요체이고, 나아가 하학의 핵심은 도망간 마음을 다시 잡고 돌이키는 것이며, 이는 자연스럽게 상달을 이끌어낸다고 한다. 정호에게는 이것이 곧 경이라고 할 수 있다. 다만 정호는 경의 실천방법에 대해 그 하학적 면모에 초점을 맞추어 논하는 데는 소략했다고 하지 않을 수 없다.

이렇게 경(敬)-성(誠) 공부를 근간으로 한 인(仁)의 구현을 핵심 지향점으로 삼는 공부론적 견해를 선보이는 정호는, 다른 한편으로는 배움의 요체로서 지(知, 智), 인(仁), 용(勇)을 부각하기도 한다. 지·인·용은『논어』와『중용』에 근거를 둔, 공부의 내용과 방향에 대한 유학 전통의 통찰인데 정호는 이를 중시하는 태도를 보인다.

> 지(知), 인(仁), 용(勇) 세 가지는 천하에 통용되는 덕으로, 배움의 요체[學之要]다.[153]

> 앎의 밝음, 믿음의 도타움, 행함의 과단성이 지(知), 인(仁), 용(勇)이다. 공자가 말한 바의 사람을 이루어 내는 일이란 이 세 가지에 지나지 않는다.[154]

정호는 지·인·용을 배움의 요체요, 공자가 사람을 만들어 내는 세 가지 요소로까지 평가하고 있다. 다음 분석도 흥미롭다.

> "인자(仁者)는 걱정하지 않고, 지자(知者)는 의혹되지 않으며, 용자(勇者)는 두려워하지 않는다."는 것은 덕(德)의 순서다. "지자는 의혹되지 않고, 인자는 걱정하지 않으며, 용자는 두려워하지 않는다."는 것은 학(學)의 순서다.[155]

인-지-용은 덕의 순서요, 지-인-용은 학의 순서라 하고 있다. 배움에 있어서는 먼저 분명하게 아는 것이 필요함을 말한다. 그런데 덕의 중요성에 있어서는 인(仁)이 우선이라고 말한다. 정호, 정이에게 인을 덕 중에서 최고로 꼽는다는 것, 나아가 지를 비롯한 나머지 덕목들은 인에 포괄된다는 점은 앞서 논한 바 있다. 그런데 배움에 있어서는 그 인의 구현을 위해서도 인에 대해, 인간에 대해, 세계에 대해 지적으로 이해하는 과정

---

152 『二程集』,『遺書』3-8, "須是合內外之道, 一天人, 齊上下, 下學而上達, 極高明而道中庸."

153 『二程集』,『遺書』11-106, "智·仁·勇三者, 天下之達德, 學之要也."

154 『二程集』,『遺書』13-10, "知之明, 信之篤, 行之果, 知仁勇也. 若孔子所謂成人, 亦不出此三者."

155 『二程集』,『遺書』11-96, "'仁者不憂, 知者不惑, 勇者不懼', 德之序也. '知者不惑, 仁者不憂, 勇者不懼', 學之序也. 知以知之, 仁以守之, 勇以行之."

이 필요하다. 공부에 있어서 지의 요소는 특히 정이가 본격적으로 탐구하고 주희로 이어지는데, 정호 역시 그 중대한 위상을 자각하며 동의하고 있는 것이다. 다만 정이와 주희의 경우는 지에 관해『대학』의 격물치지를 중심으로 지의 이론을 치밀하게 갖추어 간 반면, 정호는 소략한 주장에 머무는 경향이 있다.[156] 정호는 지 공부를 중시하되, 정이나 주희처럼 광범위라고 치밀한 형태의 경전 주석 및 이해에 몰두하기보다는 경전의 주요 사항을 중심으로 핵심적으로 접근하는 특징을 지닌다.[157] 이 점에서 정호는 분명 정이, 주희와는 다른 경향을 가진 학자다. 그렇다고 해서 그의 공부론을 정이, 주희의 것과는 구조가 다른 형태라고 판단할 수는 없다. 공부방법의 기본 틀은 동일하기 때문이다. 무엇보다 그가 공자의 관점에 충실하여 공부에 있어 지의 위상을 독립적으로, 또 각별하게 본다는 점은 분명하다.

정호에게 지, 인, 용의 공부는, 앞서 논의한 경(敬)–성(誠)에 기초한 인(仁)의 구현의 공부와 어떤 관련을 맺을까? 정호에게 양자는 결코 별개의 공부가 아니며 서로 뗄 수 없는 관계에 있다.

> 지(知), 인(仁), 용(勇) 세 가지는 천하에 통용되는 덕인데, 그것을 행하는 방법은 하나됨[一]이니, 하나되면 성(誠)하다. 머문다는 것은 이 세 가지를 성실히 함이니 세 가지 외에 별도로 성함[誠]이 있지 않다.[158]

이는 앞서 정호, 정이 공부론의 일반 사항을 논하면서 거론한 바 있는데, 즉 성(誠)은 지·인·용을 이루는 바탕이며 방법으로 이해된다. 그리고 지·인·용 밖에 성(誠)은 없다는 말도 한다. 성은 실제 제반의 공부 요소를 떠난 별도의 공부가 아니라 지·인·용을

---

156 정호도 격물치지에 대한 사유의 흔적을 보여 준다. 격물(格物)의 '格'을 '止'가 아닌 '至'로 이해하며 물(物)과의 단절이 아닌, 물에 이르러 물의 리를 지극히 한다고 보는 식의 해석이 그것이다.『二程集』,『遺書』11–136, "'致知在格物', 格, 至也. 或以格爲止物, 是二本矣."/『二程集』,『遺書』2上–63, "'致知在格物', 格, 至也, 窮理而至於物, 則物理盡."

157 주요 경전에 대한 정호, 정이의 주석 및 해석을 담은『二程集』의『經說』에 실린 내용의 거의 대부분은 정이의 작품이나 강의이고, 정호의 것은 3, 4쪽 정도의 〈明道先生改正大學〉이 있을 뿐이다. 확실히 정호의 지 공부는, 정이나 주희와 마찬가지로 주요 유교 경전을 중심으로 하면서도, 이들에 비해서 매우 간소화하는 형태를 띠고 있다.

158『二程集』,『遺書』2上–45, "知·仁·勇三者, 天下之達德, 所以行之者一, 一則誠也. 止是誠實此三者, 三者之外, 更別無誠."

비롯한 모든 공부 요소를 통해서 이루어지는 것임을 밝힌 것이다. 정호는 또 이렇게 말한다.

> 배움은 성(誠)으로 알고[知] 성(誠)으로 기르는[養] 데 있다.[159]

지(知)와 양(養)은 정이의 치지(致知)와 함양(涵養)을 연상케 하는데,[160] 주희에 이르러 공부의 두 축으로 논의되는 지(知)와 행(行)을 함축하고 있다. 여기서 양은 지·인·용에서 인·용을 기르는 것으로 이해할 수도 있겠다. 그 바탕에 성(誠)을 두고 있는데, 앞서 논한 바처럼 정호에게 성과 경은 하나로 연결된다. 그렇다면 정호의 공부방법은 경(敬)-성(誠)을 기반으로 하여 지·인·용이 이루어지는 구조를 지닌다. 그리고 지·인·용은 궁극적으로 인(仁)으로 수렴된다고 한다면 앞서 논한 바의 경-성을 기반으로 한 인의 구현이라는 공부론적 구도와도 자연스럽게 연결된다.

정호의 공부론을 이렇게 정리하는 게 타당하다면, 그것은 후대 연구자들의 일반적 견해와 달리, 육구연이나 왕수인보다는 주희에 가깝다고 보는 것이 옳을 듯하다. 정호의 관점은, 공부의 근간으로서 경(敬), 성(誠)을 두고서 그 위에 지와 행을 병행하며 인·의·예·지의 본성의 실현의 공부를 논한 주희 공부론의 구조와 유사하기 때문이다. 더욱이 하늘 아래 인간의 덕성만이 아니라 만물을 관통하는 리의 개념을 근간으로 한 세계관도 주희와 근본적으로 같다. 정호의 공부론 및 리의 세계관은, '구방심(求放心)'의 존덕성 중심의 육구연 공부론이나, 리를 천지만물의 리가 아닌 단지 마음의 리에 국한해서 보고 성(誠), 경(敬)과 같은 근본 공부에 관한 관념이 부재하고, 지·인·용의 구분도 무력화하며, 모든 공부를 양지(良知; 인·의·예·지 등)의 실현으로 귀결하는 왕수인의 공부론과는 크게 차이가 난다.

---

159 『二程集』, 『遺書』 11-31, "學在誠知誠養."

160 정호는 공부의 요소로 치지(致知)와 양기(養氣)를 짝해서 거론하기도 한다. (『二程集』, 『遺書』 11-122, "致知養氣.") 여기서 양기(養氣)는 호연지기(浩然之氣)를 기르는 일을 뜻한다고 해석할 수 있는데, 맹자 이래 이는 단지 몸의 기운이 아니라 인의(仁義)의 기상을 기르는 것을 본질로 한다.

(2) 경(敬)–성(誠) 공부의 실제와 인(仁)의 이상: 「식인편(識仁篇)」과 「정성서(定性書)」

우리는 정호에게 공부의 요체는 경(敬)–성(誠)을 토대로 한 인(仁), 혹은 지(知)·인(仁)·용(勇)의 덕의 구현으로 정리될 수 있음을 살폈다. 정호에게 인이란 의·예·지나 지·인·용을 포괄하는 의미도 지니기에 결국 정호의 공부론에 접근하기 위해서는 인이란 무엇인가, 경–성의 방법이란 무엇인가를 해명하는 일이 무엇보다 중요해진다. 이에 대해, 정호가 드물게 논설식으로 쓴 글이 있으니, 하나는 「식인편(識仁篇)」이고 다른 하나는 「정성서(定性書)」다. 먼저 전자를 들여다보자.

> ① 공부하는 자는 반드시 우선 인(仁)을 알아야 한다. 인이라는 것은 만물과 혼연하게 한 몸을 이룸인데, 의(義), 예(禮), 지(智), 신(信)은 모두 인(仁)이다. ② (공부는) 이 리(理; 仁)를 알아서 성(誠), 경(敬)으로 보존하는 것일 뿐이다. 반드시 막고 검속할 필요도 없으며, 궁색(窮索)할 필요도 없다. 만약 마음이 해이해져 있다면 막아야 하지만, 해이하지 않다면 무엇을 막겠는가? 리(理; 仁)가 아직 얻어지지 않았다면 궁색해야 하지만 오래토록 존양하면 자연히 밝아지니 어찌 궁색에 기대겠는가? ③ 이 도(道; 仁)는 만물과 대립함이 없으니, '크다'라는 것으로도 그것을 명명하기에 충분하지 않다. 천지의 작용은 모두 나의 작용이다. 맹자는 "만물이 모두 내게 갖추어졌다. 반드시 자신을 돌이켜 성(誠)해야 하니, 그러면 큰 즐거움이 있게 된다."라고 했으니, 만약 자신을 돌이켜 성(誠)하지 못하면 이는 두 가지 물[二物; 나와 만물]이 대립해 있는 것 같이 된다. 자신으로써 저것[만물]과 합치하려 하지만 끝내 합치하지 못하니 어찌 즐거움을 얻겠는가? (장재의) '정완(訂頑; 西銘의 원래 명칭)'의 견해는 이 본체를 갖추어 말하고 있다. 이 뜻으로 인(仁)을 보존한다면 다시 무슨 할 일이 있겠는가? ④ (맹자가) "반드시 일삼음이 있되 바로 잡으려 애쓰지도 말아야 하니, 마음에서 잊지도 말고, 조장하지도 말라."고 하여, 일찍이 털끝만 한 힘도 기울이지 않았으니, 이것이 바로 그 보존하는 방법이다. 만약 보존되면 (나와 만물이) 합하여질 수 있다. ⑤ 생각건대 양지(良知), 양능(良能)은 본래 상실되지 않으니, 예전에 습관된 마음[習心]이 아직 제거되지 않았다면, 오히려 이 마음(양지, 양능)을 보존하고 익혀야 하니, 오래되면 옛날 습관을 떨쳐 버릴 수 있다. 이 리(理; 良知, 良能)는 매우 간단[約]하니 오로지 그것을 능히 (지속적으로) 지킬 수 없을까 염려하라. 이미 그것을 체득하여 즐거울 수 있다면 또한 지킬 수 없을까 걱정하지도 말라.[161]

161 『二程集』, 『遺書』 2上–28, "學者須先識仁. 仁者, 渾然與物同體, 義禮智信, 皆仁也. 識得此理, 以誠敬存之而已, 不須防檢, 不須窮索. 若心懈, 則有防, 心苟不懈, 何防之有? 理有未得, 故須窮索, 存久

앞서 정호가 덕의 순서를 인, 지, 용으로, 그리고 배움의 순서를 지, 인, 용으로 함을 살펴본 바 있다. 이는 덕의 가장 중요한 것은 인(仁)이되, 배움의 출발점은 지(知)라는 점을 드러내고 있다. 배움의 순서에 대한 이런 이해에 걸맞게, 정호는 인을 자각하고 구현하는 공부를 논하는「식인편」에서 가장 먼저 인을 알아야 하는 과제를 내세우고 이후 그 체득의 방법을 논하는 식으로 논의를 시작한다.

①에서 배우는 자는 먼저 인(仁)을 알아야 한다고 선언하면서, 인에 대한 자신의 지적 통찰이라고 할 수 있는, 그리하여 사람들이 지적으로 인식할 필요가 있는 인의 개념에 대해 설명한다. 정호는 인의 개념을 두 측면에서 설명하는데, 한편에서는 인이 만물과 혼연하게 한 몸을 이루는 것으로 설명하고 다른 한편으로는 의(義), 예(禮), 지(智), 신(信)은 모두 인(仁)이라는 점을 설명한다.

②에서는 공부방법에 대해 설명하는데, 그것은 이렇게 인지된 인(仁)을 성(誠), 경(敬)으로 보존하는 것으로 요약된다. 정호에게 성과 경은 서로 분리될 수 없이 연결되어 있는데, 성-경으로 보존하는 것의 전반적인 특징은, 외부로부터 마음에 들어오는, 불순물처럼 여겨지는 사려나 감정을 의식적으로 막고 검속할 필요도 없고, 새로운 지적 탐색에 몰두할 필요도 없이, 마음이 해이해지지 않도록 적절한 긴장감을 유지하면서 존양하는 것이다. 방법이라고 하기에는 여전히 대략적이어서 알기 어려운 설명인데, 그다음의 논의들은 역시 성글기는 하지만 성-경의 방법을 이해하는 데 도움을 준다.

③과 ④는 경-성의 방법에 대해서 설명하되, 분명치는 않으나, ③에서는 성(誠)을 중심으로 ④에서는 경(敬)을 중심으로 설명한 것으로 이해해 볼 수도 있다. 먼저 ③에서 정호는 인(仁)이 만물과 상대함이 없이 모두를 포괄하는, 크다는 말로서 표현하기 어려운 것이라고 다시 정리하면서 그것을 이루는 공부로 성(誠)을 제시한다. 그렇게 만물을 포괄하고 말할 수 없이 큰 천지의 작용이 사람의 작용임을 드러내면서, 여기에 맹자의 말을 빌려 만물이 나에게 갖추어져 있다는 인식 위에 성(誠)으로 나아가기를 주문한다. 즉, 만물과 대립함이 없는 성의 경지를 체득하는 길을 제시한다. 그리고서 장재의「서명

自明, 安待窮索? 此道與物無對, 大不足以名之. 天地之用, 皆我之用. 孟子言'萬物皆備于我, 須反身而誠, 乃爲大樂.' 若反身未誠, 則猶是二物有對, 以己合彼, 終未有之, 〈一本下更有'未有之'三字〉 又安得樂? 訂頑意思, 乃備言此體, 以此意存之, 更有何事? '必有事焉而勿正, 心勿忘, 勿助長', 未嘗致纖毫之力, 此其存之之道. 若存得, 便合有得. 蓋良知良能元不喪失, 以昔日習心未除, 卻須存習此心, 久則可奪舊習. 此理至約, 惟患不能守. 既能體之而樂, 亦不患不能守也."

본래 정호 어록의 한 부분이었던 이 논설은 일반적으로「식인편(識仁篇)」이라 불린다.

(西銘)」(訂頑)이 바로 이 성(誠)으로 인(仁)을 구현하는 경지를 잘 묘사했다고 설명한다.

④ 다음으로 정호는 맹자의 "반드시 일삼음이 있으되 바로잡으려 하지 말아야 하니, 마음에서 잊지도 말고, 조장하지도 말라[必有事焉而勿正, 心勿忘, 勿助長]."라는 말을 인용하여 인(仁)에 이르고 펼치는 방법을 이어서 설명하는데 이것이 경(敬)–성(誠)의 방법이라고 명시하지는 않았지만 그렇게 추정해 볼 수 있다. 정호는 다른 곳에서, 정이와 함께 맹자의 이 말을 양기(養氣), 즉 호연지기(浩然之氣)를 기르는 방법으로 이해하되, 필유사언(必有事焉)은 물망(勿忘)과, 물정(勿正)은 물조장(勿助長)과 연결된다고 풀이한다.[162] 여기서 가장 이해하기 어려운 말은 물정(勿正)의 정(正)일 것인데, 정호는 이것을 조장(助長)과 뜻이 통하는 것으로 이해한다는 점, 그리고 또 다른 곳에서는 정(正)을 저의(著意), 즉 의도 및 의지를 드러냄으로 풀이한다는 점을 고려한다면[163], 물정(勿正)은 행위의 방향 및 결과를 둘러싸고 의식하지 않으면서 자연스럽게 묵묵히 나아가는, 즉 의도 및 의지가 표면화된 작위적 행위가 아닌, 마치 하늘이 아무런 생각도 하지 않는 듯하면서도 지금, 여기에 충실해서 필요한 것을 착실히 이루어 가는 일종의 무위적 행위가 아닐까 한다. 이는 그저 내버려 두거나 잊는 것과는 전혀 다르니, 정호는 잊고 만다면 물(物)이 성립할 수 없다고도 한다.[164] 이 "망즉무물(忘則無物; 잊으면 사물이 없음)"이라는 정호의 말은 그가 『중용』의 "불성무물(不誠無物; 성하지 않으면 사물이 없음)"을 염두에 두고 한 말로서, 그는 맹자의 이 공부를 경(敬)만이 아니라 성(誠)과 관련시켜 생각하고 있음을 알 수 있다. 결국 정호는 맹자의 말에 의지하여, 늘 일삼으며 잊지 않되 표면화된 의식적 작용을 넘어 하늘에 맡기고서 하지 않는 듯 하는 식의 경(敬)–성(誠)의 실천방법을 논하고 있다.[165] 만물을 모두 갖추고서 천지의 작용을 나의 작용으로 하는, 그런 천지와 하나

162 『二程集』, 「遺書」 1–62, "'必有事'者, 主養氣而言, 故必主於敬. '勿正', 勿作爲也. '心勿忘', 必有事也. '助長', 乃正也."/『二程集』, 「遺書」 11–79, "'必有事焉而勿正, 心勿忘勿助長', 養氣之道當如此."

163 『二程集』, 「遺書」 11–168, "孟子謂'必有事焉 而勿正, 心勿忘, 勿助長', 正是著意, 忘則無物."

164 『二程集』, 「遺書」 11–168, "孟子謂'必有事焉 而勿正, 心勿忘, 勿助長', 正是著意, 忘則無物."

165 정호와 비교한다면 정이는 관련 개념 규정을 명확히 하는 편이다. 즉, 정이는 '필유사언(必有事焉)'의 '사(事)', 즉 반드시 일삼아야 할 일은 '경(敬)'이라고 규정한다. 그리고 '정(正)'과 '조장(助長)'에 대해서는, 어떤 사안을 생각하고서 선이라고 판단한 이후에 행하는 것이 '정(正)'이며, '조장(助長)'은 '정(正)'이 심해진 상황이라고 설명한다. 『二程集』, 「遺書」 15–186, "'必有事焉', 謂必有所事, 是敬也. '勿正', 正之爲言輕, '勿忘'是敬也. 正之之甚, 遂至於助長."/『二程集』, 「遺書」 15–55, "'必有事焉', 有事於此〈一作敬.〉也. '勿正'者, 若思此而曰善, 然後爲之, 是正也. '勿忘', 則是必有事也. '勿助長', 則是勿正也. 後言之漸重, 須默識取主一之意."

인 나로서 그 천지의 본성을, 적절한 긴장감을 가지고 정성스럽고 자연스럽고 지속적으로 견지해 가는 노력이 곧 경-성의 공부이며 마음가짐이다. 경(敬)-성(誠)의 일삼음은 내용적으로 '하늘 본성'의 일상적 구현이라고 볼 때, 이는 인(仁)의 일삼음과도 분리해서 논하기 어려울 정도로 그 실천 내용이 연결된다.

마지막으로 ⑤에서는 양지(良知), 양능(良能)을 신뢰하며 보존할 것을 주문한다. 양지, 양능은 사람이 선천적으로 이미 지니고 있어 배우지 않아도 알 수 있고 할 수 있는 내면의 잠재력인 바, 이는 우선 인(의·예·지)를 의미할 것이고 나아가 성(誠)을 포괄한다고도 할 수 있다. 정호는 이것을 이해하고 실천하는 것은 매우 간단하다는 점, 그러나 그것을 지속적으로 지키는 것이 어렵다는 점을 강조한다. 공부를 가로막는 구습을 넘어서는 길은 그 구습에 대적하기보다 이 양지, 양능을 잘 보존하고 지켜 내는 것임을 부각한다. 이것을 즐길 수 있는 경지에 이르며 지키는 일은 염려할 바가 아님도 지적한다.

이상에서 살펴보았듯이 「식인편」에서는 인간 본성 및 덕목의 핵심으로서의 인(仁), 그리고 그것을 구현하는 방법으로서의 경(敬)-성(誠)에 대한 대체를 보여 준다. 그런데 여전히 그 실천방법의 면에서는 애매한 점이 많이 남아 있다. 다만 전체를 아우르는 천지의 시선을 견지하며 만물과 대립하지 않는 하나됨의 본연의 상태를 잊지도 않고 조장하지도 않으면서 정성스럽게 이어 가는 방법 정도로 말할 수 있겠다. 이는 정이가 경을 주일무적(主一), 정제엄숙(整齊嚴肅) 등으로 풀면서 그 착수할 지점을 구체화한 것에 비해서는 그 경지가 너무 높기도 하고 소략하기도 하다. 그럼에도 불구하고 정호의 경-성의 방법론은 천지 차원의 궁극의 존재자체와 하나됨이라는 본연의 자리를 일깨우며 안과 밖, 동과 정의 경계를 넘어서 억지로 막거나 검속할 필요 없이 자연스럽게 외물을 맞이하면서도 본성을 지키는 방법적 특성을 분명히 했다는 특장(特長)이 있다. 정호의 경-성의 방법은 만물과의 대립을 넘어선, 존재자체와 하나된 시선을 배경으로 동과 정, 안과 밖을 아우르는 방법적 특성을 강렬하게 보여 주고 있다.

하나됨이라는 '하늘'의 시선을 근간으로 도출된, 동정(動靜) 및 내외(內外)를 아우르는 특징을 지닌 정호의 경(敬)-성(誠)의 방법은, 주로 정(靜)과 허(虛), 무욕(無欲)으로 귀결되는 주돈이나 장재의 근본 공부의 문제점을 바라보고 해소할 가능성을 지닌다. 주돈이나 장재는 정, 허, 무욕 등을 마음으로부터 본성을 끌어내는 가장 근간이 되는 공부로 이해를 하면서, 우선 마음을 비우고 고요히 하는 데 주안점을 둔다. 물론 앞에서도 고찰했거니와 주돈이나 장재의 경우도 동과 정, 안과 밖을 아우르며 유가의 가치를 구현하고자 하는 시선을 기본적으로 견지하는데, 다만 그러면서도 공부의 근간에 무욕이나 정, 허를 설정하는 특징을 보인다. '올바른 움직임'을 위해서도 우선 고요함과 비움의 상태가 늘 준비가 되어 있어야 한다는 것이 이들의 시각이다. 짐짓 나름의 설득력을 갖추고 있는 것이 사실이나, 무욕이나 정, 허를 근본으로 삼고서 집중하는 방법은, 마음의 동과 정, 안과 밖의 경계를 넘어 관통하면서 본성(本性)을 구현하는 공부의 목적에 비추어 그 실천 상에서 모순 및 충돌을 일으킬 여지를 지닌다.

이와 관련하여 장재와 정호 사이에 토론이 벌어진 일이 있다. 장재는 정호에게 주는 편지에서 이러한 문제점과 관련하여 "본성을 안정시키려 해도 움직이지 않을 수 없고 오히려 외물(外物)에 이끌리게 된다."[166]라는 고백을 한다. 그런데 정호가 보기에 이 문제는 허(虛)와 정(靜)의 순수성에 집착함으로써 생기는 것이다. 마음이 고요하다가도 움직이고, 사려와 감정이 없다가도 있게 되는 것은 지극히 당연하다. 정호는 마음의 자연스러운 변화를 기본적으로 인정한 토대에서, 본성을 안정시키는 공부를 행해야 한다고 본다. 그 구체적인 방법론은 장재의 물음에 대한 정호의 답장이기도 한 「정성서(定性書)」에 잘 드러난다.[167]

> 이른바 정(定)이라고 하는 것은 움직일 때도 정(定)하고 고요할 때에도 정(定)한 것이니, 보내고 맞이함도 없고 안과 밖도 없는 것이다. 만일 외물을 자기의 밖으로 생각하여 자신을 억지로 끌어서 그것에 따른다면 이는 자기의 본성[性]에 안과 밖이 있다고 여기는 것이다. 또한 본성을 밖에 있는 사물을 따르는 것으로 여긴다면, 그것이 밖에 있을 때 무엇이 안에 있겠는가? 이는 밖의 유혹을 끊으려는 생각이 있으되, 본성에 안과 밖(의 구분)이 없음을 모르는 것이다. 안과 밖을 두 가지 근본으로 여긴다면 어찌 정(定)을 말할 수 있겠는가?[168]

본성(本性)의 안정은 마음이 움직이지 않을 때만 이루어지는 것이 아니다. 움직이거나 고요하거나 모두 안정될 수 있고 또 안정되어야 한다. 이는 마음의 안과 밖이 따로 없다

166 『二程集』, 『文集』 2-1, 「答橫渠張子厚先生書」, "承教, 論以'定性未能不動', 猶累於外物."

167 정호가 장재에게 준 답서인 「答橫渠張子厚先生書」가 일반적으로 「定性書」라고 불린다. 『二程集』, 『文集』 2-1, 「答橫渠張子厚先生書」.

168 『二程集』, 『文集』 2-1, 「答橫渠張子厚先生書」 혹은 「定性書」, "所謂定者, 動亦定, 靜亦定, 無將迎, 無內外. 苟以外物爲外, 牽己而從之, 是以己性爲有內外也. 且以性爲隨物於外, 則當其在外時, 何者爲在內? 是有意於絶外誘, 而不知性之無內外也. 既以內外爲二本, 則又烏可遽語定哉?"

는 논리와 연결된다. 정호는, 마음의 고요함에 집착하는 것은 마음의 안과 밖을 나누는 데서 비롯되었다고 보기 때문이라고 이해한다. 즉, 마음과 사물을 각각 안과 밖으로 대립해 보고서, 마음이 사물을 따라서 생각하는 일이 자칫 '안'의 '순수성'을 해치지 않을까 하는 강박관념을 가진다. 그리고서 사물을 향해서 움직이는 마음에 대해 끊임없이 경계를 하는 부자연스러움에 빠지게 된다. 이에 대해 정호는 만물은 이미 자신의 마음속에 갖추어져 있는 것이기 때문에, 마음이 사물을 따라서 움직이는 것은 지극히 자연스러운 일이라고 본다. 마음의 현상에 안과 밖의 구분도 없고, 따라서 밖을 제거하고 안을 지키려고 애쓸 필요가 없다. 마음이 아무런 사유가 없이 고요하다가 사물에 따라서 움직이는 것은 매우 자연스러운 흐름으로서 그대로 존중해 주어야 한다. 다만 중요한 것은 마음이 고요할 때나 움직일 때나 불문하고 어떻게 하면 본성을 안정적으로 유지할 수 있을까 하는 점이다.

「정성서」에서는 그 본성의 안정(定性)을 위해서, 천지나 성인과 같이, 개인적인 사정(私情)을 넘어서 공심(公心)을 지니고서 만물에 응해야 한다고 주장한다.[169] 사정(私情)의 대표적인 것으로서 정호는 '이기적인 삿됨[自私]'과 '잔꾀부림[用智]'을 들고 있다. 이러한 감정과 생각이 있기 때문에 마음은 사물의 이치를 밝게 알고 이에 따라서 적절히 대응해 갈 수 없다는 것이다. 그렇다고 해서 마음에서 사물이 제거된 경지를 추구하는 것은 마치 거울을 뒤집어 비추려는 것과 같이 무모하고 부자연스러운 일이다.[170] 마음에 들어오는 사물을 긍정하고 받아들이되, 즉 자연스럽게 일어나는 생각과 감정을 받아들이되, 사정(私情)을 넘어서서 공정한 마음으로써 하면 사물의 이치에 거스르지 않는 움직임이 가능하다.[171] 결국 정호는 장재의 '허심(虛心)'의 자리를 '공심(公心)'으로 대체한 셈이다. 마음을 억지로 비워 내려 하기보다는 공심(公心)을 잃지 않으면서 자연스럽게 마음의 동과 정의 변화를 따르면 된다는 것이다. 이렇게 되면 마음은 고요할 때나 움직일 때나

---

169 『二程集』,『文集』 2-1,「答橫渠張子厚先生書」 혹은 「定性書」, "夫天地之常, 以其心普萬物而無心; 聖人之常, 以其情順萬事而無情. 故君子之學, 莫若廓然而大公, 物來而順應."

170 『二程集』,『文集』 2-1,「答橫渠張子厚先生書」 혹은 「定性書」, "人之情各有所蔽, 故不能迹道, 大率患在於自私以用智. 自私而不能以有爲爲應適, 用智則不能以明覺爲自然. 今以惡外物之心, 而求照無物之地, 是反鑑而索照也."

171 『二程集』,『文集』 2-1,「答橫渠張子厚先生書」 혹은 「定性書」, "聖人之喜, 以物之當喜; 聖人之怒, 以物之當怒. 是聖人之喜怒, 不繫於心而繫於物也. 是則聖人豈不應於物哉? 烏得以從外者爲非, 而更求在內者爲是也."

본성을 안정적으로 발현할 수 있게 된다. 그리고 그 '공심(公心)'이란 정호의 관점에서는 경(敬)–성(誠)의 마음 상태에 다름 아니다.

6) 정이(程頤)의 공부방법론

정이는 20대 초반에 이미 공부의 목적과 의미, 방법에 대한 나름의 이론적 입장을 지니고 있었다. 이는 특히 호안정(胡安定)의 시험문제에 대한 답안인 「안자소호하학론(顔子所好何學論)」에 잘 드러나 있다. 여기서 정이는 안연(顔淵)이 좋아한 학문은 "배워서 성인(聖人)에 이르는 길"이며, 나아가 성인은 배워서 이를 수 있음을 확언한다.[172] 그리고 배움의 주요 방법 및 내용으로서 마음을 바로잡고[正其心], 본성을 기르는 것[養其性]을 제시한다.[173] 여기에는 본성이 인·의·예·지·신을 내용으로 하면서 이는 정(情)과는 구분되는 그 무엇이고, 나아가 정(情)은 성(性)의 틀에 따라 발현해야 한다는 인식도 이미 전제되어 있다.[174] 요컨대 공부의 기본 의미는 성인됨을 위한 배움이며, 그 배움의 내용은 마음으로부터 본성을 회복하고 기르는 것으로 요약된다. 이러한 공부이해는 이전 신유학자들 이해를 적극적으로 계승한 것인데, 특히 정이는 이때 이미 자신의 공부 이해를 심성론적으로 기초 지으며 펼치려는 관심을 특별히 드러낸다. 이후 정이는 젊은 시절의 공부 이해를 기본 골격으로 하되, 기존의 공부법의 문제점 극복을 의식하면서, 경(敬)과 격물치지(格物致知)를 양대 축으로 하는 공부방법의 기틀을 제기한다. 그리고 여기에는 새롭게 정비된 리기(理氣)과 심성(心性)의 관점이 그 바탕을 이루게 된다.

정이의 리기(理氣)에 대한 관점은 특히 『역(易)』「계사전(繫辭傳)」의 '일음일양지위도(一陰一陽之謂道)'를 재해석하면서 명료화된다. 즉, 정이는 "음양(陰陽)을 떠나서는 도(道)가 없다. 음양하는 까닭이 도(道)이고 음양은 기(氣)다. 기는 형이하자(形而下者)이고 도는 형이상자(形而上者)다."[175]라고 하면서 우주의 변화현상으로서의 기와 그 근거로서의 도

---

172 『二程集』,『文集』8–1,「顔子所好何學論」, "顔子所獨好者, 何學也? 學以至聖人之道也. 聖人可學而至歟? 曰: 然."

173 『二程集』,『文集』8–1,「顔子所好何學論」, "凡學之道, 正其心, 養其性而已."

174 『二程集』,『文集』8–1,「顔子所好何學論」, "本也眞而靜, 其未發也五性具焉, 曰仁義禮智信. 形旣生意, 外物觸其形而動於中矣. 其中動而七情出焉, 曰喜怒哀樂愛惡欲. 情旣熾而益蕩, 其性鑿矣. 是故覺者約其情使合於中, 正其心, 養其性, 故曰性其情."

175 『二程集』,『遺書』15–137, "離了陰陽更無道, 所以陰陽者是道也. 陰陽, 氣也. 氣是形以下者, 道是形

및 리의 이원체제를 정식화한다. 그러면서도 그는 리[도]와 기[음양]가 서로 분리되지 않는다고 봄으로써 이원론의 병폐를 피해 간다.[176]

리기론의 토대에서, 정이는 성정(性情)에 대한 관점을 정리한다. 그는 한편으로는 '성즉리(性卽理; 성은 곧 리)'라고 하여[177] 인간 본성의 본체론적 근거를 분명히 했다. 인간에게 선한 본성이 갖추어져 있음이 우주적인 차원에서 정당화된 것이다. 나아가 '성즉리'의 관점에 따라서 성(性)과 정(情)의 개념과 상호관계에 대한 인식도 명확히 한다.[178] 다른 한편으로 정이는, 정호와 마찬가지로, 성(性; 理)와 더불어 기(氣)를 함께 논함으로써 인간의 다양한 측면을 설명할 수 있는 길을 연다. 인간은 리(理)로서의 성(性)을 보편적으로 갖춘 반면, 기(氣)의 차이[清明과 混濁]로 인한 다양성, 즉 선(善)과 불선(不善)의 성향 등의 차이를 지니게 된다는 것이다.[179] 이러한 인식에 기초해서 '기질지성(氣質之性)'에 대한 관점을 제시하되, 동시에 성(性)의 본연(本然)의 위치를 확인한다.[180] 정이에게서 공부의 목적은 기질(氣質)의 제약을 극복하고 리(理)로서의 성(性)의 본연을 회복하는 것으로 정리할 수 있다.[181]

而上者."

176 정이의 이런 입장은 다음 언급에서도 잘 드러난다: 『二程集』, 『文集』 8-5, 「易傳序」, "至微者, 理也; 至著者, 象也, 體用一源, 顯微無間."

177 『二程集』, 『遺書』 22上-71 "性卽理也. 所謂理. 性是也. 天下之理, 原其所自, 未有不善."

178 예를 들어, 정이는 성(性)으로서의 인(仁) 자체와 정(情)으로서의 인지단(仁之端), 측은지심(惻隱之心), 애(愛), 박애(博愛)를 분명히 구분한다. 즉, 정이는 성(性)이 표현된 것을 정(情)이라고 보고 있다.

『二程集』, 『遺書』 18-1, "愛自是情, 仁自是性, 豈可專以愛爲仁? 孟子言惻隱之心爲仁, 蓋爲前已言惻隱之心 仁之端也', 旣曰仁之端, 則不可便謂之仁. 退之言'博愛之謂仁, 非也. 仁者固博愛, 然便以博愛爲仁, 則不可."

179 『二程集』, 『遺書』 18-92, "性則是理, 理則自堯舜至於途人, 一也. 才稟於氣, 氣有清濁, 稟氣清者爲賢, 稟其濁者爲愚."/ 『二程集』, 『遺書』 21下-10, "氣有善不善, 性則無不善. 人之所以不知善者, 氣昏而塞之耳."

180 『二程集』, 『遺書』 18-103, "此只是言氣質之性. 如俗言性急性緩之類, 性安有緩急? 此言性者, 生之謂性. …(중략)… 言人性善, 性之本也. 生之謂性, 論其所稟也."

181 정이는 성(性)과 정(情)에 대해서는 개념 정리를 명료히 하면서도, 이것을 심(心)과 관련하여 충분히 설명하지는 않고 있다. 한편, 주희는 본래의 심은, 성(性)과 일관된, 선(善)한 속성을 지닌다고 보며, 그러나 또한 심은 불선(不)善으로 흐를 수 있는 가능성이 있다고 본다.

『二程集』, 『遺書』 18-89, "孟子曰, '盡其心, 知其性', 心卽性也. 在天爲命, 在人爲性, 論其所主爲心, 其實只是一個道."/ 『二程集』, 『遺書』 18=90, "在天爲命, 在義爲理, 在人爲性, 主於身爲心, 其實一

정이의 공부방법론은 "함양(涵養)은 반드시 경(敬)으로써 하고, 학문의 진전[進學]은 치지(致知)에 있다[涵養須用敬, 進學則在致知]."[182]라는 문구로 요약된다. 사상사적으로 이는 특히 주희에 의해 재발견되어 부각된 정이의 말이라고 할 수 있는데, 정이 문헌 전체를 통해 볼 때 이 명제에 대한 주희의 의미 부여는 타당성을 지닌다. 공부에 대한 정이의 입론 중 경과 격물치지를 둘러싼 논의가 가장 특징적이며 정이 자신이 심혈을 기울인 부분이라고 할 수 있기 때문이다.

이 명제에 명시된 공부의 두 측면으로는 내면을 바르게 하는 함양을 이끄는 경(敬) 공부와 리(理)에 대한 앎을 심화하고 확장하는 학문을 이끄는 치지(致知) 공부가 있다. 전자는 신유학 사상의 흐름에서 주목되어 온 기본 마음공부의 맥락에서 제시된 것이다. 특히 정이가 경(敬)을 강조한 데에는, 정호와 마찬가지로, 정(靜), 허(虛)를 근간으로 삼는 마음공부법을 비판적으로 극복하고자 하는 의도가 선명했다. 그는 특히 경(敬)의 의미와 방법론을 보다 명료화함으로써 기본 마음공부의 이해에 있어 새로운 지평을 열게 된다. 후자의 '치지(致知)'는 신유학의 공부론사에서 정이에 의해서 본격적으로 강조된 지(知) 공부 영역이며 방법이다. 공부의 핵심 요소로서의 지(知)의 중요성은 정호에 의해서도 강조되었는데, 정이는 더 나아가 정치한 방법론을 분석적으로 제시하기에 이른다. 정이에 의하면, 지(知)는 도덕적 가치 및 본성, 즉 리(理)를 인식하고 또 내면의 지혜를 열어 가는 일로서 특별한 방법과 노력이 필요한 영역이다. 정이는 리(理) 관념의 정립을 바탕으로 격물궁리(格物窮理)의 공부법을 체계화한다. 정이는 경(敬)과 격물치지(格物致知)라는 공부의 두 측면이 병행됨으로써 본성의 실현이라는 공부의 목적은 온전하게 이루어질 수 있다고 본다.

(1) 경(敬) 공부: 함양(涵養)의 방편

정이가 공부의 근간으로 경(敬)을 주목했고, 또 그 개념 및 실천방법으로 주일(主一)과 정제엄숙(整齊嚴肅)을 제기했다는 점에 대해서는 학계에 상식처럼 알려져 있는데 이런 이해 형성에 주희의 영향이 컸다.[183] 주희가 본령공부의 위상을 부여한 경 공부에 대한

也. 心本善, 發於思慮, 則有善有不善. 若旣發則可謂之情, 不可謂之心."/『二程集』,『遺書』 18-105, "'放心', 謂心本善, 而流於不善, 是放也."

182 『二程集』,『遺書』 18-28, "涵養須用敬, 進學則在致知."

183 『大學或問』,「大學或問上」, "曰: 然則所謂敬者, 又若何而用力耶? 曰: 程子於此, 嘗以主一無適言之

이해의 근간에는 역시 정이의 경론이 있고, 주희는 이를 높이 평가한 만큼 자세히 설명하여 전했다. 그런데 이 과정은 정이의 경에 대한 인식의 틀이 주희의 렌즈에 의해 주희식으로 고정되는 효과도 낳았다. 정이가 경을 논하는 사례를 유심히 들여다보면 주희와는 다른 정이만의 특징이 드러난다. 정이의 경(敬)은 무엇보다, 앞서 다룬 정호의 경과 마찬가지로, 성(誠)과 뗄 수 없는 관계를 가지고 의미 규정이 이루어졌다. 그리하여 주일(主一)의 일(一)이 성(誠)으로 이해되기도 하는데 이는 일(一)을 주로 수렴 및 집중, 전일함의 의미로써 풀어가는 주희와는 다른 이해의 결을 드러낸다. 나아가 정이는 경을, 격물궁리나 의(義)의 실천 영역과는 엄밀히 구분하면서, 그에 대응되는 직내(直內) 및 함양(涵養)의 방법으로 구상해 갔다는 점도 특징이다. 이는 경에 대해 여타 모든 공부와의 연결성에 방점을 두고 의미 규정을 해가는 주희와 다른 면이 있다. 이런 서로 결이 다른 지점을 검토하다 보면 주희에 의해 굳어진 경에 대한 이미지와 다소 거리를 두면서, 정이, 그리고 정호에 의해 신유학사에서 새롭게 등장한 기본 공부로서의 경이 애초에 무엇을 지향하고 있었는지, 주희를 거치면서 어떻게 변화되었는지를 더 잘 이해할 수 있을 것이다. 결과적으로 신유학의 공부론에서 핵심을 차지하는 경이란 무엇인가를 입체적으로 이해하는 데 도움을 준다.

> 배우는 자의 급선무는 진실로 마음의 의지[心志]에 있다. 만약 듣고 보고 알고 생각하는 것을 막아 없애고자 한다고 말한다면 곧 (노자의) "성스러움(이라는 기준)을 끊고 지혜(라는 기준)를 버림[絕聖棄智]"이다. 만약 사려를 막아 없애고자 하면서 그 분란을 걱정한다면 이는 반드시 좌선하여 선정에 들어가야[坐禪入定] 한다. 여기에 밝은 거울이 있다면 만물을 비추니 이것이 거울의 법칙[常]으로 그로 하여금 비추지 않도록 할 수 없다. 사람의 마음은 만물을 교감하지 않을 수 없으니 역시 사려를 하지 않도록 하는 것은 어렵다. 만약 이를 면하고자 하면 오직 이 마음에 주재[主]가 있어야 한다. 어떻게 주재가 있게 되는가? 경(敬)일 뿐이다. 주재가 있으면 텅 비니, 텅 빔은 삿됨이 들어올 수 없음을 말한다. 주재가 없으면 채워지니, 채워짐은 외물이 와서 빼앗음을 말한다. 지금 물병에 물이 안을 채우고 있다면 비록 강물이나 바닷물이 흘러와도 들어갈 수 없게 되니 어찌 텅 비지 않을 수 있겠는가? 안에 물이 없으면 멈추거나 흐르는 물이 흘러들지 않을 수 없으니 어찌 채워지지 않겠는가? 대체로 사람의 마음은 한 번에 두 가지로 쓸 수 없으니, 한 가지 일[事]에 쓰이

矣, 嘗以整齊嚴肅言之矣. 至其門人謝氏之說, 則又有所謂常惺惺法者焉. 尹氏之說, 則又有所謂其心收斂不容一物者焉. 觀是數說, 足以見其用力之方矣."

> 면 다른 일은 다시 들어 올 수 없는 것은 일이 행위의 주재가 되기 때문이다. 일이 행위의 주재가 되면 사려분요의 걱정이 없게 된다. 만약 경에서 주재한다면 이 걱정이 있겠는가? 경(敬)이라고 말하는 것은 주일(主一), 즉 하나됨을 주도·견지함을 이름이니 일(一), 하나됨이라는 것은 달아나지 않음[無適]을 말하는 것이다.[184] 이것이 함영(涵泳)하고 주일(主一)하려는 뜻이니, 일(一)하면 두 갈래 세 갈래가 아닌 것이다. 경을 말한 것으로 성인의 말인 『역』의 "경이직내(敬以直內; 경으로 안을 바르게 함), 의이방외(義以方外; 의로 밖을 바로잡음)"만한 게 없으니 반드시 직내(直內; 안을 바르게 함)해야 하는데 이것이 곧 주일(主一)의 뜻이다. 감히 속이지 않고 감히 태만하지 않으며 방구석에서 부끄럽지 않으면 이것이 경의 일이다. 이를 보존하며 함양(涵養)하기를 오래하면 자연히 천리(天理)가 밝게 된다.[185]

정이는 경을 도출함에 있어 우선 도가나 불교와 차별화되는 방법을 구상하고 있다. 그는 도불의 방법을 '절성기지(絶聖棄智)' '좌선입정(坐禪入定)'으로 정리하는데, 이는 보고 듣고 생각하는 기능의 혼란 및 사려분요(思慮紛擾) 현상을 염려하며 아예 감각과 사려를 차단하고자 하는 특징이 있다. 정이는 마음은 마치 만물을 자연스럽게 비추는 거울처럼 감각이나 사려로써 만물과 자연스럽게 교류하지 않을 수 없다는 점을 주지시키며, 도불처럼 외물을 끊거나 떠나려 하는 방향이 지닌 문제점을 지적한다. 마음의 감각과 사려의 기능을 자연스럽게 받아들이고 열어 두되 다만 주재를 세우는 데 주안점을 두어야 한다는 주장이다. 그 마음의 주재를 세우는 방법이 바로 경(敬)이다. 그리고 그 경의 방법으로 주일(主一)을 내세우는데, 주일은 하나됨을 의도적·주도적으로 견지한다는 뜻으로 풀이할 수 있겠다. 정이는 일(一)을 곧 무적(無適), 즉 마음이 달아나지 않는다

---

184 여기서 주일(主一)의 '주(主)'는 '주도·견지함'으로, 독립적으로 쓰이는 '주(主)'는 '주재'로 번역했다. 또한 '일(一)'은 '하나됨'으로 번역했다. 이하 정이의 '주일'이나 '주'에 대해서는 이 번역어를 택했음을 일러둔다.

185 『二程集』, 『遺書』 15-177, "學者先務, 固在心志. 有謂欲屛去聞見知思, 則是「絶聖棄智」. 有欲屛去思慮, 患其紛亂, 則是須坐禪入定. 如明鑑在此, 萬物畢照, 是鑑之常. 難爲使之不照. 人心不能不交感萬物, 亦難爲使之不思慮. 若欲免此〈一本無此四字〉. 唯是心〈一作在人〉有主. 如何爲主? 敬而已矣. 有主則虛, 虛謂邪不能入. 無主則實, 實謂物來奪之. 今夫甁甖, 有水實內, 則雖江海之浸, 無所能入, 安得不虛? 無水於內, 則停注之水, 不可勝注, 安得不實? 大凡人心, 不可二用, 用於一事, 則他事更不能入者, 事爲之主也. 事爲之主, 尙無思慮紛擾之患, 若主於敬, 又焉有此患乎? 所謂敬者, 主一之謂敬. 所謂一者, 無適之謂一. 且欲涵泳主一之義, 一則無二三矣〈一作不一則二三矣〉. 言敬, 無如聖人之言〈一無「聖人之言」四字〉. 易所謂 '敬以直內, 義以方外', 須是直內, 乃是主一之義. 至於不敢欺·不敢慢·尙不愧於屋漏, 皆是敬之事也. 但存此涵養, 久之自然天理明."

는 상태로 설명하는데, 이를 참조하면 일은 마음의 하나됨, 전일함의 뜻으로 이해할 수 있다. 정이는 이러한 경에 대한 발상의 원천은 『역』의 '경이직내(敬以直內)'임을 분명히 밝히는데, 이는 경의 기능은 '직내(直內; 안을 바로 함)'에 있음을, 그리하여 자신이 말하는 '주일'은 곧 '직내'의 뜻임을 드러낸다. 하나됨을 주도·견지함을 내용으로 하는 직내는 곧 천리에 밝은 상태이기도 하다. 감히 속이거나 태만하며 어긋난 상태로부터 거리를 둔 상태로도 표현할 수 있다.

주일(主一) 및 무적(無適)으로 경의 모습 및 방법을 설명한 정이는 더 나아가서 그 하나됨을 이끌어내는 방편으로 정제엄숙(整齊嚴肅)을 거론한다. 정제엄숙은 주일을 이끌어 내는 착수처(着手處)에 가까운 방법으로 제안된 듯 보인다.

> 삿됨을 막으면 진실로 하나되게 된다. 그러나 하나됨을 주도·견지하면[主一] 삿됨을 막는다고 말할 필요도 없다. 하나됨을 드러내기 어렵다고 여김이 있으면 공부에 착수할 수 없다. 하나되는 방법은 다름이 아니라 단지 정제하고 엄숙하면[整齊嚴肅] 마음은 곧 하나된다. 하나되면 자연히 잘못되고 편벽됨[非僻]의 범함이 없게 되니 이 뜻으로 함양을 오래하면 천리(天理)가 자연히 밝아진다.[186]

마음을 바로 세우는 일, 즉 직내(直內)에서 중요한 것은 마음에 주재가 있도록 하는 것으로 보고 그것을 경의 의미로 이해한다. 나아가 경에 대한 보다 구체적인 상태 및 실천 방법으로 '주일(무적), 그리고 정제엄숙'을 거론한다. 주일이나 정제엄숙은 경을 보다 손에 잡히게 이해시키고 보다 손쉽게 접근할 수 있도록 하기 위해서, 정이가 교육적으로 고안한 방법이라고도 하겠다. 주일의 주는 의도적·주도적으로 견지해 간다는 뜻이고, 주일의 일은 마음이 이리저리 달아남이 없는 하나됨의 뜻이며, 정제엄숙은 몸과 마음을 정돈하고 가지런히 해서 하나됨을 끌어내는, 보다 더 가까이 착수할 곳을 모색하는 관심에서 거론된 방법이라 할 수 있다.

그렇다면 여기서 중요한 것은 일(一), 즉 하나됨의 의미다. 정이는 설명 과정에서 하나됨의 상태에 이르면 잘못되고 치우친 마음이 없게 된다고 한다. 즉 단지 마음이 흐트

---

186 『二程集』, 『遺書』 15-54, "閑邪則固〈一有主字〉一矣, 然〈一作能〉主一則不消言閑邪. 有以一爲難見, 不可下工夫. 如何〈一作行〉一者, 無他, 只是整齊〈一作莊整〉嚴肅, 則心便一. 一則自是無非僻之奸. 此意但涵養久之, 則天理自然明./『二程集』, 『遺書』 15-54, "一者, 無他, 只是整齊嚴肅, 則心便一, 一則自是無非僻之奸. 此意但涵養久之, 則天理自然明."

러짐이 없는 전일한 상태를 의미하는 것을 넘어서, 삿됨이나 어긋남, 편벽됨과 같은 측면이 없는 상태, 마치 하늘 마음 그 자체의 상태라는 의미를 부여한다. 그래서 정이는 하나됨을『중용』에서 '하늘의 도[天之道]'로도 묘사한 바의 성(誠)으로 설명하기도 한다.

> 주일(主一; 하나됨을 주도·견지함)을 경(敬)이라 이르고, 일(一; 하나됨)은 성(誠)이라 이른다. 주(主; 주도·견지함)는 곧 의도의 존재가 있음이다.[187]
>
> 마음을 하나로 함[一心]을 성(誠)이라고 한다.[188]
>
> 삿됨(어긋남)을 막으면 성(誠)은 저절로 보존디는 것이지, 외부에서 끌어서 보존하는 것이 아니다. 지금의 사람들은 외면에서 불선함에 부림을 당하면서 그 불선함 가운데 선함을 찾아 보존하려고 한다. 이러하다면 어찌 선에 들어갈 수 있겠는가? 단지 삿됨을 막으면 선은 저절로 보존된다. 그러므로 맹자가 성선(性善)을 말함에 모두 안[內]에서 나왔으니, 다만 성(誠)하면 보존된다. 삿됨을 막으면 다시 무슨 공부를 하겠는가? 다만 행동거지를 바로 하고 사려를 가지런히 할 뿐이니 그러면 저절로 경(敬)이 생겨난다. 경은 단지 하나됨을 주도·견지함[主一]이다. 하나됨을 주도·견지하면 동쪽으로도 가지 않고 서쪽으로도 가지 않으며 단지 가운데[中]가 된다. 이쪽으로 가지 않고 저쪽으로 가지 않으니 이와 같으면 단지 안[內]이 보존된다. 이렇게 하면 자연히 천리가 밝아진다. 배우는 자는 반드시 경이직내(敬以直內; 경으로 안을 바르게 함)로써 이 뜻을 함양해야 하니 직내(直內)가 근본이다.[189]

그렇다면 하나됨[一]으로서의 성(誠)은 무엇일가? 정이, 그리고 정호가 경과 연계하여 성에 주목할 때 그 성은『중용』의 "성자천지도(誠者天之道)", "불성무물(不誠無物)",『역』의 "한사존기성(閑邪存其誠)"과 같은 고전적 통찰에 의존한 것이다. 잘못되거나 치우침, 망령됨이 없는 신실한 마음 상태임과 동시에, 단순히 도덕적 차원을 넘어 만물이 그것이 없으면 존재할 수 없는, 존재적 기반으로서의 하늘의 정성스러운 마음 상태를 지칭한

---

187 『二程集』,『遺書』 24-43, "主一者謂之敬, 一者謂之誠. 主則有意在."

188 『二程集』,『經說』 6-7, "一心之謂誠, 盡心之謂忠, 存於中謂之孚, 見於事謂之信."

189 『二程集』,『遺書』 15-45, "閑邪則誠自存. 不是外面捉一箇誠將來存著. 今人外面役役於不善, 於不善中尋箇善來存著, 如此則豈有入善之理. 只是閑邪, 則誠自存. 故孟子言性善, 皆由內出. 只爲誠便存, 閑邪更著甚工夫. 但惟是動容貌, 整思慮, 則自然生敬. 敬只是主一也. 主一則旣不之東, 又不之西, 如是則只是中. 旣不之此, 又不之彼, 如是則只是內存. 此則自然天理明. 學者須是將敬以直內, 涵養此意. 直內是本."

다.[190] 정이가 하나됨으로서의 일(一)을 말할 때, 자타의 분리를 넘어 그 근원적 존재와 하나된 상태를 떠올리기도 했으리라고 본다. 이는 특히 정호가 경-성을 떠올릴 때 가지는 이미지이기도 한데 이를 공유하고 있다. 그러면서도 정이는 하나됨을 마음이 두세 갈래로 갈라지지 않고 모아진 전일한 심리의 모습으로 이해하기도 한다. 쉽게 말해서 하나됨은 분산되지 않고 집중되고 안정된 심리 상태라고도 할 수 있다. 결국 정이는 하나됨을 한편으로는 모든 존재를 가능케 하는 존재의 궁극의 경지에 부합하는 마음 상태로 이해하기도 하고, 다른 한편으로는 일상적으로 체험 가능한 바의 수렴되고 가지런한 마음 상태로 이해했다고 할 수 있다. 그에게 이 양 측면은 서로 별개가 아닌 하나로 이어진 것으로 이해된다. 이런 이해는 정호도 마찬가지인 것으로 보인다. 다만 정이는 정호에 비한다면 특히 후자의 측면을 강조하는데, 이는 공부의 착수처 마련에 대한 관심을 반영한 것이다. 마음의 수렴 및 전일함, 그리고 이를 위한 정제엄숙의 제안은, 사람들로 하여금 보다 쉽고 간단하게 주일의 상태로 진입하도록 교육적으로 배려하는 차원에서 이루어진 것이라 하겠다. 어떤 이상적 경지를 목표로 하더라도 당장 발 딛을 곳을 찾지 못한다면 그것을 이상으로만 남을 뿐이다. 이와 같은 교육적 관심에 입각한 정이의 하학적 장치 마련에 대한 고민은 이후 주희에게서 더욱 심화, 확대되어 간다.

정이가 경을 제안한 데는, 특히 불교의 영향을 크게 받으면서 유학계에서 널리 유행해 온, 정(靜) 위주의 공부법을 넘어서고자 하는 의도가 있다.

> 정(靜)을 말하자마자 불가의 설에 빠지게 된다. 정(靜)을 쓰지 말고 다만 경(敬)을 사용하라. 정(靜)을 말하자마자 곧 잊게 된다. 맹자는 "반드시 일삼음이 있으되 바로잡으려 하지 말아야 하니, 마음에서 잊지도 말고 조장하지도 말라."고 했으니, 반드시 일삼음이 있어야 함은 곧 마음에서 잊지 않아야 함이고, 바로잡으려 하지 말아야 함은 곧 조장하지 말아야 함이다.[191]

> 경(敬)으로써 안(마음)을 바르게 하면 안(마음)에 주재(主宰)가 있게 되어 텅 비게 되니, 자연히 잘못되고 치우친[非僻] 마음이 없게 된다. 이와 같으면 어찌 텅 비지 않을 수 있겠는가? "반드시 일삼음이 있다[必有事焉]." 하니 반드시 경으로써 사건을

---

190 그레이엄은 성(誠)이 심(心). 성(性), 리(理)와 같은 본체가 아니라 이것을 모두가 갖추어져 있는 인간의 상태라고 설명하기도 한다. A. C. 그레이엄, 이현선 역, 앞의 책, 142쪽.

191 『二程集』,『遺書』 18-35, "纔說靜, 便入於釋氏之說也. 不用靜字, 只用敬字. 纔說著靜字, 便是忘也. 孟子曰, '必有事焉而勿正, 心勿忘, 勿助長也.' 必有事焉, 便是心勿忘; 勿正, 便是勿助長."

해 가야 한다. 이 방법[道]이 가장 간단하고 가장 쉽고, 또한 살피는 공부다.[192]

정이는 경(敬)과 정(靜)을 대비해서, 정 아닌 경이 정당한 방법이라고 강조한다. 당시에는 특히 불가나 도가의 마음 수양법의 영향 아래서, 마음을 고요하게 가라앉히고 텅 비워 내는 정(靜) 공부가 공부의 성패를 좌우하는 관건으로 인식되는 경향이 강했다. 불교적 요소를 지닌 정(靜) 공부법은 기본적으로 마음속에 외물(外物; 思慮)이 들어오는 것을, 그것의 시비(是非)도 묻지 않은 채, 무조건적으로 배척하는 경향이 있다.[193] 정(靜)에 집중하면 불가의 설에 빠지게 되니, 이를 "반드시 일삼음이 있으되 바로잡으려 하지 말아야 하니, 마음에서 잊지도 말고, 조장하지도 말라[必有事焉而勿正, 心勿忘, 勿助長]."는 맹자의 공부법에 비추어 본다면, '잊고 마는 지경'에 빠지는 형국이라는 것이다. 맹자의 말대로 조장하지 않으면서도 잊지도 않으며 늘 지속되어야 할 일삼음이 곧 경(敬)이며, 경으로 주재를 세우는 것이 가장 간단하고 쉬운 방법이라고 정이는 역설한다. 그리고 반드시 일삼아야 할 일로서의 경의 실천은 모든 것을 내려놓고 비우는 정(靜)의 방법을 대체하되, 본격적 사유와 판단, 의지가 작동하는 것이라기보다는 없는 듯 있는, 하나 않는 듯 하는 방식으로 이루어지는 공부다.[194]

---

192 『二程集』, 『遺書』 15-49, "敬以直內, 有主於內則虛, 自然無非僻之心. 如是, 則安得不虛? '必有事焉', 須把敬來做件事著. 此道最是簡, 最是易, 又省工夫."

193 『二程集』, 『遺書』 18-60, "問: 惡外物, 如何? 曰: 是不知道者也. 物安可惡? 釋氏之學便如此. 釋氏要屛事不問. 這事是合有事, 合無事? 若是合有, 又安可屛? 若是合無, 自然無了, 更屛什麽? 彼方外者苟且務靜, 乃遠迹山林之間, 蓋非明理者也. 世方以爲高, 惑矣."

194 정이에게 맹자가 말한 '필유사언(必有事焉)'의 '사(事)', 즉 반드시 일삼아야 할 일이란 '경(敬)'이다. 모든 것을 가라앉히고자 하는 도불의 정의 방법은 일삼음을 아예 내려놓고 잊은 상태이어서 바람직하지 않다. 그런데 정이가 이해하는 그 일삼음으로서의 경의 실천은, 본격적인 사유와 판단의 작용으로 이루어지는 것이라기보다, 늘 잊지 않고 지속하면서도 표면화된 의식과 조장이 없이 하지 않는 듯 하는 방식으로 이루어진다. 이는 맹자의 '물정(勿正)'에 대한 정이의 해석을 통해 확인된다. 맹자의 "必有事焉, 而勿正, 心勿忘, 勿助長也."(『孟子集註』, 「公孫丑」(上))에 대한 정이의 해설을 보면 그는 우선 '勿正'의 '正'을 어떤 것을 생각한 후 선하다고 말하고 이후 행하는 것으로 풀이한다. 이어서 나오는 '勿助長'이 곧 '勿正'이며, '勿忘'이 곧 '必有事焉'이다. 나아가 '勿忘'은 '必有事焉'에 비해, 그리고 '勿助長'은 '勿正'에 비해 정도가 보다 강해진 상황에 대한 표현이라고 해설하고 있다.

『二程集』, 『遺書』 15-55, "'必有事焉', 有事於此〈一作敬〉也. '勿正'者, 若思此而曰善, 然後爲之, 是正也. '勿忘', 則是必有事也. '勿助長', 則是勿正也. 後言之漸重, 須默識取主一之意."/ 『二程集』, 『遺書』 15-186, "'必有事焉', 謂必有所事, 是敬也. '勿正', 正之爲言輕, '勿忘'是敬也. 正之之甚, 遂至於

정이가 허(虛)나 정(靜) 위주의 공부법을 비판하고 넘어선다고 해서 마음의 고요한 상태의 중요성을 간과하는 게 아니다. 정이는 사려분요하여 편안하고 고요하지 못한, 학인들의 일반적 상황을 비판한다. 그런데 사려분요를 극복하면서 고요하게 이를 수 있도록 하는 열쇠는 바로 마음의 주재를 세우는 데 있고[195] 이것을 가능케 하는 게 경이다.[196] 경하면 자연히 텅 비고 고요하게 되는데, 그렇지만 텅 비고 고요한 것을 경이라고 부를 수는 없는 견해를 제기하며,[197] 당시 도불만이 아니라 유자들도 흔히 빠져 있었던 공부의 근간으로서의 허정(虛靜)의 방법을 경(敬)의 방법으로 대체해 간다.

정이는 당시 배우는 이들의 병폐로 정에 빠지는 현상과 함께 사려분요 현상이 만연함을 직시한다. 정이는 마음속에서 자연스럽게 일어나는 사려들을 인정하면서도, 마음이 고요할 때나 움직일 때나 사려의 분요를 극복하고 안정을 이루는 방법론을 모색하게 된다.

> 예전에 여여숙이 사려분요(思慮紛擾)가 일어남에 관해서 물었는데, 나는 단지 마음에 주재가 없기[心無主] 때문이라고 답했다. 만일 경(敬)에서 주재함이 있으면[主於敬] 자연히 분요(紛擾)하지 않게 된다. 비유하자면 하나의 병의 물을 (다른) 물 가운데로 던지면, 비록 강과 호수의 물이라도 들어올 수 없다.[198]

정이는 사려분요 현상의 원인을 마음의 주재자 혹은 주인이 갖추어지지 않은 것에서 찾고 있다. 즉, 마음에 어떠한 사려도 남기지 않고 말끔히 비워 내지 못해서가 아니라, 마음에 제대로 된 주인이 없기 때문에 온갖 잡동사니와 같은 사려와 감정이 들락거리며 사려분요가 일어난다는 것이다. 마음에 주인이 있다면 외부로부터의 불필요한 침입을 물리치고 마음 본래의 상태를 유지할 수 있다. 그런데 정이에게서 마음의 주재, 혹은 마음의 주인이 있다는 것은 경의 마음을 지님을 의미한다. 즉, 경은 마음의 주재를 이루는 가장 긴요한 방법이다.

助長."

195 『二程集』,『遺書』 15-37, "學者患心慮紛亂, 不能寧靜, 此則天下共病. 學者只要立箇心, 此上頭儘有商量."

196 『二程集』,『遺書』 15-177, "如何爲主? 敬而已矣. 有主則虛, 虛謂邪不能入. 無主則實, 實謂物來奪之."

197 『二程集』,『遺書』 15-105, "敬則自虛靜, 不可把虛靜喚做敬."

198 『二程集』,『遺書』 18-42, "昔呂與叔嘗問爲思慮紛擾, 某答以但爲心無主, 若主於敬, 則自然不紛擾. 譬如以一壺水投於水中, 壺中旣實, 雖江湖之水, 不能入矣."

사려분요는 예나 지금이나 사람들의 감정과 사유를 어긋나고 불안정하게 하는 요소다. 그것이 해결되어야 온전한 통찰력도 생기고 덕성도 힘을 얻는다. 정이는 시대를 관통하는 이 문제의 해결점을 경으로써 마음의 주재를 세우는 것으로 풀고자 한다. 이처럼 경은 아주 일상적인 요구에 부응하는 공부 요소다. 이런 경을 행하는 데 심오한 이론은 필요치 않다. 그런데 경은 이에 그치지 않고 존재의 가장 이상적인 하나됨의 상태, 그리고 천리와 연결되어 있다. 착수처와 경지를 함께 포괄하고 있는 것이다. 경이 그 입각처로서도 숙고되었다는 것은, 그 자체가 모든 사람이 설령 경의 높은 경지나 이론을 알지 못해도 일상의 실용적 차원—마음을 다스리는 등—을 고려하는 교육적 관심이 반영된 것이라고 할 수 있다.

정이에게 경(敬)은 직내(直內) 및 함양(涵養)을 위한 공부이고, 저 편에 의이방외(義以方外) 및 격물궁리(格物窮理) 등의 공부를 짝으로 배치한다. 주희의 경우 이 양자의 관계에 대한 밀도 있는 논의를 펼쳤지만 정이는 그런 데는 관심을 덜 보였다. 『역』의 "경이직내, 의이방외"에 주목하되 '경이직내'와 '의이방외' 사이의 연결점에 대한 고려도 약한 채로 각각의 공부를 해명하는 데 초점을 둔다. 정이도 실천적으로 양자의 관계성을 인지하지 않을 수 없었겠지만 이에 대한 이론적 정리의 고민은 약하다. 이 부분에 대해서는 후에 주희가 본격적 논의를 펼친다. 그럼에도 불구하고 정이의 경우도 경을 여타의 공부들에 대해서 기본적인 공부로 인식하며, 다른 공부의 토대로 작용할 수 있다는 생각을 하기 시작했다고 보인다.[199]

한편, 정이를 기점으로 『중용』 수장의 치중화(致中和), 미발이발(未發已發)이 공부의 중요한 주제로 부상되며 그 실천방법의 모색도 이루어진다. 이 문제를 중심으로 공부하는 전통은 정이의 제자들로 이어져 주희에까지 이르니 이 전통의 흐름 위에서 주희도 스승 이동을 만난 이래 철학적 사유를 미발이발론으로 시작하게 된 것이다. 정이는 『중용』의 "희로애락미발위지중(喜怒哀樂未發謂之中), 발이개중절위지화(發而皆中節謂之和)"를 둘러싸고 마음이 미발(未發; 마음이 아직 발동하지 않음)일 때 중(中)을 이루고 이발(已發; 마음이 이미 발동함)일 때 화(和)를 이루어 내는 공부에 관해 문인들과 토론하기 시작하는데,[200]

---

199 『二程集』, 『遺書』 3-98, "入道莫如敬, 未有能致知而不在敬者. 今人主心不定, 視心如寇賊而不可制, 不是事累心, 乃是心累事. 當知天下無一物是合少得者, 不可惡也."

200 정이는 여대림(呂大臨, 1046~1092)과의 토론 과정에서 심(心)은 이발(已發)뿐 아니라 미발(未發) 역시 포함한다는 견해를 표명한다: 『二程集』, 『文集』 9-19, 「與呂大臨論中書」, "凡言心者, 指已發

이는 마음의 이상적 상태로서의 중화(中和)와 그 실현 방법에 대한 논의로서의 의미를 지닌다. 그리고 중화의 실현 방법을 논함에 있어 또 역시 경이 등장한다.

정이에 따르면 마음의 미발 시에는 '사려'는 불가하다. 그는 '사려'를 가지고서 '중을 구하려[求中]' 하게 되면 이미 이발이 된다고 본다.[201] 미발일 때에는 다만 함양(涵養) 혹은 존양(存養)할 수 있을 뿐이다.[202] 그리고 그 방법은 "경(敬)하여 잃지 않는 것[敬而無失]"이다.[203] 경이라는, 본격적인 사려가 아닌 모종의 자각적 지향성을 가지고 전일함을 견지하는 행위를 통해서 마음이 치우치는 오류가 없이 자연스럽게 중을 이룰 수 있다는 것이다. 말하자면 마음이 미발일 때에는 적극적인 사려는 없지만 모종의 자각적 지향성[意]은 지닐 수 있으니 이로써 경을 실천하고 함양하며 중을 이루어 가는 것이 가능하다는 것이다. 미발은 분명 정(靜)이지만 그 가운데에는 하나의 물(物)이 있으니 그것이 경(敬)이라고도 말할 수 있다.[204] 이것은 정(靜) 속에 이미 동(動)의 계기가 내포되어 있음을 말하는 것이니, 마치 정(靜)을 상징하는 복괘(復卦)의 맨 아래의 효(爻)가 양효(陽爻)로서 동(動)의 시발점이 되고 있음과 같다.[205] 결국 정이에 의하면 마음이 미발(未發) 혹은 정(靜)의 상태일지라도 거기에는 모종의 자각적 지향성을 배경으로 경(敬)이 견지될 수가 있다. 이러한 경의 개념을 통해서 주희는 불교의 정(靜) 위주의 수양법을 넘어서고자 한다.

경은 미발의 중을 이루는 데만이 아니라 이발의 화를 이루는 데도 근간이 된다. 경을 매개로 하여 미발 함양을 오래 지속하면 이발의 중절(中節; 和)도 자연스럽게 이루어지니[206] 경은 이발 공부에도 그 토대로 작용한다고 할 수 있다. 다만 주희의 경 공부는 마

而言, 此固未當. 心一也, 有指體而言者, 寂然不動是也. 有指用而言者, 感而遂通天下之故是也. 惟觀其所見如何耳."

201 『二程集』, 『遺書』 18-82, "或曰: 喜怒哀樂未發之前求中, 可否? 曰: 不可. 旣思於喜怒哀樂未發之前求之, 又却是思也. 旣思卽是已發. 思與喜怒哀樂一般. 纔發便謂之和, 不可謂之中也."

202 『二程集』, 『遺書』 18-82, "若存養於喜怒哀樂未發之時, 則可; 若言求中於喜怒哀樂未發之前, 則不可, …(중략)… 於喜怒哀樂未發之前, 更怎生求? 只平日涵養便是. 涵養久, 則喜怒哀樂發自中節."

203 『二程集』, 『遺書』 2上-202, "敬而無失, 便是'喜怒哀樂未發之謂中'也. 敬不可謂之中, 但敬而無失, 卽所以中也."

204 『二程集』, 『遺書』 18-83, "或曰: 先生於喜怒哀樂未發之前下動字, 下靜字? 曰: 謂之靜則可. 然靜中有物始得, 這裏便是最難處. 學者莫若且先理會得敬, 能敬則自知此矣."

205 『二程集』, 『遺書』 18-83, "復之卦下面一畫, 便是動也, 安得謂之靜? 自古儒者皆言靜見天地之心, 唯某言動而見天地之心."

206 『二程集』, 『遺書』 18-82, "於喜怒哀樂未發之前, 更怎生求? 只平日涵養便是. 涵養久, 則喜怒哀樂發自中節."

음이 이리저리 흘러 다니지 않고 안으로 모아져 천리를 보존하고 함양하는, 즉 미발의 중의 토대를 다지는 공부의 성격을 강하게 지닌다. 이발의 화를 이루어 내는 공부에 관여한다고 해도 본격적 사려 이전, 즉 이발의 싹이 일 때 중절을 유도하는 토대적 역할을 하는 정도로 이해되는 듯 보인다. 즉, 정이는 경의 중심적 역할이 마음의 정(靜)과 내(內)를 바로 하는 것에 있다고 본 반면, 동(動)과 외(外)의 공부는 격물궁리나 의(義) 공부의 역할에 맡기는 식으로 구분하는 경향을 보인다. 이는 정호의 경(敬)–성(誠)이 동(動)과 정(靜), 내(內)와 외(外)를 경계 없이 아우르는 성격을 지녔던 것과 대비된다. 이에 대해 후에 주희는 동과 정, 안과 밖을 아울러 그 토대를 이루는 경 공부론을 구축하는 방향으로 전개해 가는데, 이런 면모는 정이보다는 정호에 가깝다고 할 수 있다. 한편, 주희가 공부의 착수처에 대한 교육적 관심에 입각해서 경의 하학적 면모를 강화해서 설명한 것은 정이에 가깝다고 할 수 있다. 이런 점을 고려할 때 주희의 경은 곧 정이의 경의 계승으로만 보고 정호의 경과 거리가 있거나 무관한 것처럼 인식하는 경향은 재점검될 필요가 있다.

(2) 치지(致知) 공부: 진학(進學)의 방편

정이는 경(敬) 공부와 더불어 격물치지(格物致知) 공부의 영역을 새롭게 부각하고 이론화한다. 함양(涵養)을 담당하는 경에 대해, 격물치지는 진학(進學)을 담당한다. 정이에게 학문이란 독서, 일상사 등을 매개로 리를 탐구하는 일이다. 리에 대한 분명한 앎은 리의 실천을 위해서 절대적 의미를 지닌다는 관점에서 정이는 만사만물을 대상으로 리를 탐구하고 동시에 마음의 지를 밝게 펼치는 공부를 강조한다.

> 공부하는 사람은 진실로 마땅히 면강(勉强)해야 하지만 치지(致知)하지 못하면 무엇을 행하겠는가? 억지로 행(行)하는 것이 어떻게 오래갈 수 있겠는가? 리(理)를 밝히게 되면 자연히 리를 즐겁게 따르게 된다. 성(性)은 본래 선(善)하니, 리를 따라 행하는 것이 리의 일로서 본래 역시 어렵지 않다. 단지 사람이 알지 못하고 억지로 꾸미려 하기 때문에 어렵다고 말하는 것이다. …(중략)… 공부하는 사람은 진정으로 알아야 한다. 옳은 것을 알자마자 크게 실천해 갈 수 있다.[207]

207 『二程集』, 『遺書』 18–25, "學者固當勉强, 然不致知, 怎生行得? 勉强行者, 安能持久? 除非燭理明, 自然樂循理. 性本善, 循理而行是須理事, 本亦不難, 但爲人不知, 旋安排著, 便道難也. …(중략)… 學者須是眞知, 纔知得是, 便泰然行將去."

정이가 지(知)를 중요시하는 이유는 먼저, 삶이 지향할 가치를 제대로 알아야만 행(行)의 목표 지점이 분명해지고, 이에 따라서 행(行)이 즐겁고, 크고, 지속적으로 이루어질 수 있기 때문이다. 만일 알지 못하고 행하려 하면 억지스러움이 있을 수밖에 없어서 쉽게 단절된다. 이렇게 보면 정이가 지를 중시한 것은 지 자체를 위해서가 아니라 궁극적으로는 행을 온전히 이루어 내기 위함이다. 나아가 정이는 정호와는 달리 지를 결코 쉬운 일로 보지 않는다. 행이 어려운 것처럼 지 역시 어렵다고 본다.[208] 지가 이처럼 중요하면서도 어려운 과정이기 때문에 정이는 지의 의미와 방법에 관해 특별한 관심을 가지고 이론을 정립한다.

정이에게서 행이란 결국 본성[性]을 실현하는 일이라고 보면, 행의 토대로서의 지는 성(性), 즉 리(理)에 대한 앎이며 성, 리가 펼쳐지는 앎이라는 것은 쉽게 추론할 수 있다. 정이는 『대학』의 격물(格物), 궁리(窮理), 치지(致知) 논의를 중심으로 지의 방법론을 정리한다.

> 궁리(窮理), 진성(盡性), 지명(至命)은 단지 하나의 일이다. 리(理)를 궁구하면 본성을 극진히 하게 되고, 본성을 다하게 되면 천명을 극진히 하게 된다.[209]

정이에게 궁리(窮理)는 단순한 지식 축적의 일이 아니라 궁극적으로는 본성을 극진히 펼치는 방편이다. 그에 의하면 궁리는 진성(盡性), 지명(至命)은 별개가 아니고 하나로 이어진다. 궁리는 본성을 다하고 천명을 극진히 하는 방법이 된다는 것이다. 그에 의하면 만물의 리(理)는 결국 하나로 귀결한다.[210] 따라서 만물의 리는 곧 자신의 리이기도 하다. 즉, 물(物)과 자신은 하나의 리이기 때문에 물의 리를 밝히면 자신의 리가 밝혀진다.[211] 이런 점에서 리를 궁구하는 일과 리로서의 본성을 다하는 일이 하나로 이어질 수 있다.

정이는 '궁리(窮理)'를 '격물(格物)'로써 풀이한다. 그는 "격(格)이란 궁구하다는 말과 같다. 물(物)이란 리(理)와 같다. 격물이란 그 리를 궁구하다는 말과 같을 따름이다."라고

---

208 『二程集』,『遺書』 18-24, "勉强樂不得, 須是知得了, 方能樂得. 故人力行, 先須要知. 非特行難, 知亦難也."

209 『二程集』,『遺書』 18-51, "窮理盡性至命, 只是一事. 纔窮理便盡性, 纔盡性便至命."

210 『二程集』,『遺書』 15-104, "所以能窮者, 只爲萬物皆一理. 至如一物一事, 雖小, 皆有是理."

211 『二程集』,『遺書』 18-48, "物我一理, 纔明彼則曉此, 合內外之道也. 語其大, 至天地之高厚; 語其小, 至一物之所以然. 學者皆當理會."

한다.[212] 다시 말하면, 격물은 물(物)에 내재한 이치를 궁구하는 것이다. 그리고 치지(致知)는 격물(格物)을 매개로 이루어진다.

정이에게서 '격물(格物)'의 물(物)에는 자기 자신의 성정(性情)에 관한 문제가 중요한 부분을 이루지만,[213] 물은 비단 여기에 한정되는 것이 아니다. 그는 사람이 접하는 모든 것—눈에 보이건 보이지 않건—을 물이라고 보는데, 거기에는 자연학적인 현상, 인간관계 및 사회적 문제들이 포괄되어 있다.[214] 그 물 각각은 리를 지니고 있다.[215] 물의 범주가 우주의 만물만사를 포괄하는 것인 만큼 격물궁리(格物窮理)의 종류도 다양할 수밖에 없다. 정이는 궁리의 대표적인 예로서 독서(讀書)를 통해 의리(義理)를 강명(講明)하거나, 고금(古今)의 인물(人物)을 논하면서 그 옳고 그름을 가리거나, 사물과 접촉하여 그 마땅함을 지키는 것을 들고 있다.[216] 나아가 궁리는 "큰 것을 말하면 천지의 높고 두터움에 이르기까지, 작은 것을 말하면 하나의 물의 소이연에 이르기까지 모두 이해하는 것"[217]까지를 포괄한다. 각각의 물(物)의 리(理)는 극진하게 궁구될 필요가 있다.[218]

정이에게 격물궁리의 목적이기 주로 본성 실현에 있다면, 격물궁리에 우선순위가 없을 수 없다. 그는 "치지(致知)는 격물(格物)함에 있는데, 사물(事物)의 리(理)를 궁구하는 데는 자신을 살피는 것 만한 것이 없다. 그것이 가장 절실하다."라고 한다.[219] 즉, 자신의 마음이나 몸가짐, 인간관계의 문제를 궁리하는 일이 본성 실현에서 중요하다는 것이다. 그러면서도 그는 "성정(性情)(의 리)을 터득하는 일은 자신에게 진실로 절실한 일이다. 그러나 풀 한포기와 나무 한 그루에도 리가 있으니 반드시 고찰해야 한다."[220]라고 하여

---

212 『二程集』,『遺書』 25-1, "格猶窮也, 物猶理也, 猶曰窮其理而已也. 窮其理, 然後足以致知, 不窮則不能致也."

213 『二程集』,『遺書』 17-7, "'致知在格物', 格物之理, 不若察之於身, 其得尤切."/『二程集』,『遺書』 18-48, "求之性情, 固是切於身."

214 『二程集』,『遺書』 19-1, "問: 格物是外物, 是性分中物? 曰: 不拘. 凡眼前無非是物, 物物皆有理. 如火之所以熱, 水之所以寒, 至於君臣夫子間皆是理."

215 『二程集』,『遺書』 18-50, "天下之物可以理照, 有物必有則, 一物須有一理."

216 『二程集』,『遺書』 18-27, "窮理亦多端: 或讀書, 講明義理, 或論古今人物, 別其是非; 或應接事物而處其當, 皆窮理也."

217 『二程集』,『遺書』 18-48, "語其大, 至天地之高厚; 語其小, 一物之所以然, 學者皆當理會."

218 『二程集』,『遺書』 18-27, "凡一物上有一理, 須是窮致其理."

219 『二程集』,『遺書』 17-7, "'致知在格物', 格物之理, 不若察之於身, 其得尤切."

220 『二程集』,『遺書』 18-48, "求之性情, 固是切於身, 然一草一木皆有理, 須是察."

폭넓은 궁리의 필요성에 대한 강조를 잊지 않는다.

정이 이전의 신유학자들에게 지(知)는 주로 자신의 마음과 본성을 살피는 일에서 벗어나지 않았다. 그리고 이는 매우 쉽고 가벼운 일로 여겨졌음은 앞에서 살폈다. 즉, 이들은 마음과 본성을 아는 일은 그렇게 어려운 일은 아닌 반면, 다만 그것을 실현하는 일이 어렵다고 보았다. 반면에 정이는 자신의 본성은 한 순간의 깨달음으로 파악되는 것이 아니라고 본다. 인간의 본성이 만사만물의 리와 연결되어 있고 그것을 반영하고 있다면, 단순히 자신을 살피는 것만으로는 본성의 철저한 인식은 불가능하다. 물론 그도 본성의 실현을 위해서는 무엇보다 자신에게 절실한 문제에 대한 궁리가 우선되어야 한다는 점은 인정하지만, 이것을 비롯해서 만사만물의 리에 대한 궁리가 필요하다고 본다.

정이의 격물궁리의 범위가 만사만물을 포괄한다고 해서, 그가 만사만물의 리를 하나하나 모두 궁구해야 한다고 말하는 것은 아니다. 이것은 상식적으로 불가능한 일이다. 그렇다고 해서 역으로 하나의 사물을 궁구하면 만사만물의 리에 모두 통달할 수 있다는 것은 더더욱 아니다. 정이의 격물궁리법은 당시의 이러한 '돈오(頓悟)'적 공부법을 문제삼아서 나타난 것으로 보아도 좋다. 이 양극단을 피해서 정이는 "반드시 오늘 하나를 궁구하고 내일 또 하나를 궁구하여, 적습(積習)한 것이 많아진 후에서 자연히 관통하는 곳이 있게 된다."는 통찰을 내세운다.[221] 자신에게 절실한 문제로부터 차근차근 궁리를 해가다 보면 자신의 본성과 만사만물을 관통하는 일리(一理; 하나의 리)를 터득하는 순간이 오게 된다. 그리고 자신의 본성과 일리에 대한 인식이 투철해지면 실천은 자연히 즐겁고 힘을 얻게 된다.

정리하면, 경과 격물치지의 두 축으로 요약되는 정이의 공부론은, 신유학 공부론의 형성사를 일단락하는 획기적인 '사건'이라고 보아도 과언은 아니다. 정이의 경 공부법은, 이전의 신유학 공부론에서 중점적으로 탐색되었던 공부의 근간으로서의 마음공부법에 대한 탐색 전통에서 나온 것인데, 특히 허(虛)나 정(靜), 무욕(無欲)의 공부법에 묻어 있는 불가나 도가적인 요소를 확고히 떨쳐 내는 특징을 보였다. 정이는 정호의 경(敬)-성(誠)의 공부법과 궤를 같이하되, 경(敬)에 대해 공부의 착수처 및 하학의 방법으

221 『二程集』, 『遺書』 18-27, "問: 格物須物物格之, 還只格一物而萬理皆知? 曰: 怎生便會該通? 若只格一物便通衆理, 雖顔子亦不敢如此道. 須是今日格一件, 明日又格一件, 積習旣多, 然後脫然自有貫通處."

로서 보다 구체화하고 명료화해 갔다. 한편, 정이는 이전에 마음공부법만을 주로 강조하는 관행을 넘어서서, 지(知) 공부의 영역을 공부방법의 핵심 영역 및 주제로 새롭게 부각한다. 리(理)에 대한 올바르고 철저한 인식[知]이 없으면, 본성을 실현하는 실천[行]은 공허하고 나약해진다는 그의 자각적인 깨달음은 결국 '격물궁리(格物窮理)'에 대한 논의로 이어졌다. 마음공부로서의 경(敬)에 더해서 격물궁리(格物窮理)가 주요 공부 영역으로 보완됨으로써, 바야흐로 불가, 도가적인 마음수양 위주의 공부론을 넘어서 유가적 정체성을 뚜렷이 갖춘 공부론이 출현하게 된다. 그리고 이 역시 지 공부를 둘러싼 많은 경전의 근거를 배경으로 한다. 신유학의 공부론사에 있어서 마음공부법과 지적인 탐구법이라는 양 측면을 동시에 공부론의 핵심 영역으로 부각한 것은 정이의 중대한 공헌이다.

정이의 공부론에서는 다음 몇 가지 문제점 혹은 의문점도 포착된다. 우선 정이의 경 공부법은, 허, 정에 치우친 도불식 방법과 분명한 차별화를 이루었음에도 불구하고, 그것은 일상의 일반적인 생활이나 탐구의 영역과 동떨어진 '직내(直內)'의 함양(涵養) 방법으로 한정되어 모색된 문제 및 한계가 포착된다. 정이에게 경(敬)은 의(義)의 실천이나 격물치지(格物致知)의 일과 같은 여타의 영역과 분리된 것처럼 여겨질 여지를 준다.[222] 즉, 경에 대해 본격적 사려가 작용하는 삶의 영역으로부터 벗어난 별도의 독립된, 그래서 아무래도 정적인 활동에 가까운 공부 영역이라는 이미지를 준다는 것인데, 이는 자칫 일상으로부터 벗어난 수양을 근간으로 삼는 도불식 공부와 별반 다르지 않다는 오해를 줄 수도 있다.

---

222 『二程集』에서 경(敬)과 치지(致知) 공부의 상호 보완적 관련성을 언급하는 것은 거의 찾아보기 어렵다. 다만 상호 관련성을 언급한 하나의 사례가 『遺書』에 발견되는데, 정호와 정이 중 누구의 말인지는 명확하지 않다. 아무튼 이런 사례를 쉽게 찾아보기 어렵다는 것은 정이에게 있어 양자의 상호 관계 및 보완의 문제는 큰 관심사가 아니었던 것이 아닐까 한다. 그는 각각의 공부의 의미 및 방법론을 각각의 맥락에서 파악하는 데 보다 집중했다고 할 수 있다. 경과 치지의 상호 관계성에 대한 관심을 보여 준 사례는 치지하는 사람은 누구나 경의 마음상태에 있다는 내용의 다음 언급이다: 『二程集』, 『遺書』 3-98, "도에 들어가는데 경만한 것이 없다. 치지할 수 있으면서 경에 있지 않은 자는 없다. 지금 사람들은 주재하는 마음이 안정되지 않아서 마음을 보면 마치 도적을 통제할 수 없는 것과 같은데, (이는) 일이 마음에 누가 되는 것이 아니라 마음이 일에 누가 되는 것이다.[入道莫如敬, 未有能致知而不在敬者. 今人主心不定, 視心如寇賊而不可制, 不是事累心, 乃是心累事.]"

한편, 정호가 학-치지와 함양, 양심의 공부를 서로 독립적으로 보는 듯한 모습은 언급에서도 확인된다: 『二程集』, 『遺書』 17-27, "學莫大於致知, 養心莫大於禮義. 古人所養處多, 若聲音以養其耳, 舞蹈以養其血脈. 今人都無, 只是箇義理之養, 人又不知求."

특히 정이는 스스로가 경과 격물치지를 공부론의 두 축으로 삼으면서도 양자의 상호 관계에 대한 논의를 본격화하지 않고서 각각에 대해서 별개로 집중한 것 보인다. 이는 나중에 주희가 경과 격물치지 및 기타 공부를 밀접하게 연결하여 그 상호 관련성을 본격적으로 논하는 방식과 대비된다. 정이의 관점은 정호의 것과 비교해서도 이분법적 특징을 드러낸다. 앞서 살펴보았듯이 정호의 성(誠), 경(敬) 같은 경우는, 비록 이론적 체계화는 약했지만, 동정 및 내외를 아울러 만사(萬事)를 처리하면서도 본성을 잃지 않는 방법으로서의 성격을 지니기 때문이다. 나중에 주희가 경을 별개의 공부가 아니라 모든 공부 및 실천의 근간으로 삼은 것은, 정이보다는 정호의 사유를 계승한 것이라는 해석도 가능하다.

한편, 정이에게는 경과 격물치지의 심성론적 근거에 관한 사유를 본격화하지 못한 한계도 보인다. 정이에게서 경과 격물치지는 마음 및 그 본성을 밝히는 문제와 연관되어 있으므로 경, 격물치지와 심성정(心性情)의 관계에 대한 보다 세밀한 논의가 필요했지만 이 과제는 후대로 미루어지게 되었고, 특히 주희에 의해 수행된다.

7) 이정(二程) 이후 공부론의 전개 양상과 주희의 과제

한유(韓愈)로부터 이정(二程)까지의 신유학 공부론의 걸음걸이는 한마디로 불가나 도가의 세계관과 수양론에 대결해서, 유가적인 정체성을 갖춘 세계관과 인간관, 그리고 공부관을 확고히 다져 가는 과정이었다. 그리고 이 작업은 이정(二程)에 이르러서야 일단락된다. 리(理)와 기(氣) 관념에 입각한 세계와 인간의 이해, 인(仁)으로 포괄되는 본성의 내용에 대한 명료한 정리, 그리고 불가나 도가의 마음수양법의 그림자를 벗겨 낸 경(敬), 성(誠)의 공부법과 격물궁리(格物窮理) 공부법의 정리는 당과 북송대로 이어진 신유학적 운동의 최종 결실이었다.

이정(二程) 이후에는 특히 정이가 정비한 공부론의 기본 구도가 비교적 충실히 계승된다. 이는 이정의 제자들 중에서 가장 영향력 있었던[223] 사량좌(謝良佐, 호는 上蔡, 1050~1103)와 양시(楊時, 호는 龜山, 1053~1135)의 공부론의 경우를 보면 잘 드러난다. 양자는 모두 격물궁리(格物窮理)와 경(敬; 미발이발 공부)을 공부의 핵심 요소로 파악하고 있다.

223 陳來, 앞의 책, 128쪽.

이들의 격물궁리의 목적에 대한 이해는 상호 크게 다르지 않다. 즉, 옳은 것(是)와 좋은 것(善)을 찾고 밝히는 것이라는 도덕적 이해가 그것이다.[224] 이들은 정이의 격물사상을 심화, 발전시키지는 못했지만, 그 핵심을 잘 포착해서 계승하고 있다고 할 수 있다. 즉, 정이에게서도 격물궁리의 기본 의의는 선(善)과 본성(本性)으로서의 리(理)를 밝힌다고 하는 도덕적인 측면에 있기 때문이다.

그리고 이들에게 있어서 경(敬)은 이미 마음공부의 방법으로서 이미 확고하게 자리잡고 있다. 양시는 "경으로써 일을 삼지 않으면, 마음을 쓸 곳이 없다. 전일함을 지극히 하는 것[致一]이 경이다."라고 하면서 경을 적극적으로 받아들이고 있으며,[225] 사량좌의 경우는 더 나아가서 그 자신이 경에 대한 새로운 풀이를 첨가하기도 한다. 그런데 양자는 모두 경을 수용하면서도 경에 대한 이해와 적용 양상에 있어 서로 달랐다.

사량좌는 경(敬)이 사물에 접하더라도 그것에 응하면서도 그것에 이끌리지 않는 방법이 되어야 한다고 보고, 이러한 문제의식에서 경을 '상성성법(常惺惺法)'으로 풀이한다. 그는 "경(敬)은 항상 깨어 있는 방법[常惺惺法]이고, 가지런함[齋]은 일마다 내려놓는[放下] 것이니, 그 이치가 다르다."[226]라고 한다. 그리고 "사물이 이르면 응하되, 그것에 끌려가지 않는 것이 경이 아닌가? 수없이 변화해도 이것이 늘 존재한다면 어찌 분요(紛擾)가 있겠는가?"라고 한다.[227] 이렇게 볼 때, 굳이 그가 경(敬)에 대한 새로운 견해를 첨가한 데에는, 이의 '정제엄숙(整齊嚴肅)'과 '주일무적(主一無適)'이 후학들에 의해 주로 미발이발의 공부를 중심으로 이해되는 나머지, 사물에 역동적으로 응해 가는 방법이 되기에는 적절치 못한 측면이 있다는 나름의 성찰이 작용한 것이 아닐까 한다. 사량좌는 사물에 접하건 접하지 않건 모든 일상적 삶의 마음 바탕이 될 수 있는 경의 방법론을 제안함으로써, 정이의 경을 일상생활과 한걸음 가깝게 만들었다. 그리고 이는 한편으로 정호의 성(誠), 경(敬) 공부방법이 지닌, 동정(動靜) 및 내외(內外)를 아우르는 관점과 통하는 것으로도 이해해 볼 수 있겠다.

반면에 양시의 경우는 정이의 '주일무적(主一無適)'의 의미를 오히려 강화해서 받아들

---

224 『宋元學案』 卷24, 922쪽, 「上蔡學案」, "窮理則是尋箇是處."/ 『宋元學案』 卷25, 922쪽, 「龜山學案」, "爲是道者, 必先乎明善, 然後知所以爲先也. 明善在致知, 致知在格物."
(『宋元學案』, 黃宗羲 原著, 全祖望 補修, 陳金生·梁運華 點校, 北京: 中華書局, 1986.)

225 『宋元學案』 卷25, 950쪽, 「龜山學案」, "學者若不以敬爲事, 便無用心處. 致一之謂敬, 無適之謂一."

226 『宋元學案』 卷25, 922쪽, 「上蔡學案」, "敬是常惺惺法, 齋是事事放下, 其理不同."

227 『宋元學案』 卷24, 921쪽, 「上蔡學案」, "事之應之, 不與之往, 非敬乎? 萬變而此常存, 奚紛擾之有?"

인다. 즉, 그는 경에 대해 '주일(主一)'이 아닌 '치일(致一), 즉 '전일함 및 하나됨을 지극히 함'로 풀이하는데,[228] 이는 일(一)에 관한 실천적 강도를 높여 이해하고자 하는 의도가 있다고 판단된다. 그가 특히 미발이발 공부에 전념한 것은 이러한 사고와 무관하지 않다. 즉, 마음에 고도로 집중하여 마음속의 성(性; 理)을 완연하게 체인하고자 하는 경(敬)에 대한 관심이, 미발(未發)과 이발(已發) 시 중화(中和)의 기상을 체인하는 관심으로 이어진 것이다. 양시에게서 미발이발 공부는, 주일무적을 내용으로 하는 경의 실제적 체험의 영역이라고 보아도 좋을 것이다. 예를 들어, 양시는 "공부하는 사람은 마땅히 희로애락이 아직 발하지 않을 때 마음으로 체인하면, 중(中)의 뜻을 자연히 깨닫게 된다. (이를) 잡고서 잃지 않으면[執而勿失], 인욕의 사사로움이 없게 되니, (이런 상태에서) 발현하면 자연히 중절(中節)하게 된다."[229]라고 하는데, 여기서 '집이물실(執而勿失)'은, 정이가 미발이발 공부를 논하면서 강조한 '경이무실(敬而無失)'의 다른 표현이라고 보아도 무리가 없다. 사량좌의 입장에서 보면, 미발이발 공부에 집중하는 것은 일상의 일들을 그만 '놓아버리는[放下]' 오류는 범하는 것이겠지만, 양시의 입장에서는 그것이 마음으로부터 천리를 체인하고 삶 속에 구현하는 가장 적절한 방법이다.

양시가 미발이발(未發已發)을 강조한 이래로 양시의 계통에서는 미발이발 공부가 절대적 비중을 차지하게 된다.[230] 양시에서 나종언(羅從彦, 호는 豫章, 1072~1135)으로, 그리고 이동(李侗, 호는 延平, 1093~1163)으로 이어지는 계보나, 양시에서 호굉(胡宏, 호는 五峰, 1105~1161)으로 이어지는 계보[231]에서는 모두 미발이발이 공부의 핵심 주제가 된다. 다만 전자는 미발(未發) 공부를 중심으로, 후자는 이발(已發) 공부를 중심으로 한다는 점에서 차이가 있다.

이렇듯 이정(二程) 이후의 신유학계는 정이가 마련한 공부론의 구도를 기본으로 하되, 그 나름의 이해방식이나 강조점에 따라서 몇 가지 다른 양상을 보이고 있다. 그 과정에서 정이에 의해 제시된 바의 경(敬)과 미발이발(未發已發) 논의가 보다 심화되는 경향도

---

228 『宋元學案』 卷25, 950쪽, 「龜山學案」, "學者若不以敬爲事, 便無用心處. 致一之謂敬, 無適之謂一."

229 『宋元學案』 卷24, 952쪽, 「龜山學案」, "中庸曰, '喜怒哀樂之未發謂之中, 發而皆中節謂之和.' 學者當于喜怒哀樂未發之際, 以心體之, 則中之義自見. 執而勿失, 無人欲之私焉, 發必中節矣."

230 陳來, 앞의 책, 148쪽.

231 『宋元學案』 卷25의 「龜山學案表」(939-941쪽)와 卷39의 「豫章學案表」(1269쪽) 참조. 한편, 사량좌(謝良佐)의 문인으로는 주진(朱震), 유초(游酢), 호안국(胡安國), 여대충(呂大忠)이 있다. 『宋元學案』 卷24의 「上蔡學案表」(915-916쪽) 참조.

나타난다. 그러나 이들은 부분적인 논의에 천착하거나 공부의 실천에 집중한 나머지, 정이 공부론의 구도 전체를 성찰하면서 계승, 발전시키는 기여까지는 하지 못했다. 이후 이 과제는 주희에 의해 수행된다.

주희는 스승 이동에게 많은 영향을 받으며 초기의 학문을 성숙시켜 갔다. 주희가 30대 후반에서 40세에 이르기까지의 중화설(中和說) 중심의 학문적 토대 구축 단계에서 마음의 미발이발 공부를 주요 주제로 삼은 것은 이동 제자로서 그에게는 자연스러운 일이었다. 그러나 주희의 관심은 초창기부터 단지 미발이발 공부의 문제를 해명하는 것에 머물러 있지 않았다. 그는 미발이발 논의를 매개로 하여 공부론과 심성론의 기틀을 전체적으로 잡아 가게 된다. 이 과정에서 그 때까지 주희 나름대로 쌓은 학문적 식견이 두루 작용하는데, 여기에는 스승 이동과의 토론도 거치면서 발전시켜 온 사서(四書)에 대한 이해, 『정씨유서(程氏遺書)』나 『태극통서(太極通書)』와 같은 이정(二程) 및 주돈이, 장재 등 북송대 신유학자들의 문헌 및 학술에 대한 이해, 그리고 스승 이동이 속한 양시 계열만이 아니라 사량좌의 학술을 포함한 정이 후학의 학술들에 대한 이해가 주요하게 작용했다.[232]

중화설을 기점으로 한 주희 공부론의 토대 정립에 있어 가장 큰 영향을 미친 것은 역시 경(敬)과 격물치지(格物致知)를 두 축으로 삼는 정이의 공부론적 관점일 것이다. 그런데 주희는 비단 여기에 좁게 머무르지 않고 북송대 신유학사에서의 공부론적 사색의 결실들을 전체적으로 반추하며 종합해 간다. 즉, 정호의 경(敬)-성(誠) 및 인(仁)에 관한 논의, 주돈이의 성학(聖學)에 관한 논의, 장재의 기질변화(氣質變化)에 관한 논의, 이정(二程) 이후의 미발이발(未發已發) 및 중화(中和), 경(敬)에 대한 논의 등이 주희 자신에 의해 창조적으로 재해석되고 종합된다. 이외 천리(天理), 태극음양(太極陰陽), 심통성정(心統性情) 등 주돈이와 장재, 그리고 정호, 정이에 의해 진행된 본체와 심성에 관한 논의 성과 역시, 공부론의 기초로서 재구성된다. 물론 모든 작업의 기초에는 '본성의 실현'이라는, 북송대 이래 신유학자들의 공부정신이 자리 잡고 있다. 특히 주희는 본성을 실현하기에 쉽고 일상적으로 접근할 수 있는 공부 및 교학 방법, 즉 '하학이상달(下學而上達)'의 지향점에 부응하는 방법적 구상에 지속적인 관심을 가지며 선학들의 통찰들을 주체적으로 발굴하고 재해석해 간다.

---

232 제3장 4, 5절 참조.

제3장

주희의 공부론적·교육론적 사유의 형성 과정

– 시기별 전개 양상

1. 형성 과정 검토를 위한 시기 구분

이 장에서는 주희의 공부론적·교육론적 사유가 시작되고 진행되며 확립되어 가는 과정을 추적한다. 주희의 공부론 및 교육론의 완결태는 리(理), 성(性), 인(仁), 심(心) 개념 중심의 심성론을 배경으로 하는 목적과 주체론, 그리고 경(敬), 지(知), 행(行), 소학(小學), 대학(大學) 등을 핵심 요소로 하는 방법론이 주축을 이룬다. 이는 특히 제4장에서부터 제8장에 걸쳐 자세히 다룰 것인데, 주희는 이 공부론 및 교육론 체계가 만들어지기까지 전 생애에 걸친 변화 및 발전 과정을 거친다. 그런데 이 과정은 주희 자신의 시행착오를 동반한 자기 공부 및 성장 과정이기도 했다. 즉, 주희의 공부론 및 교육론은 단지 관념의 산물이 아닌 실천적 모색의 결실로서, 그 자신이 평생에 걸쳐 실제로 공부하고 체험한 것을 토대로 다듬어 간 것이다. 주희에게 삶과 학문은 하나로 이어져 있다. 따라서 주희의 공부론 및 교육론을 검토하는 과정은 곧 그가 겪어 온 공부와 교육의 역사를 검토하는 과정과 맞물린다.

주희의 공부론 및 교육론의 형성과 전개 과정을 살피는 방법으로는 몇 갈래가 있을 수 있다. 그중 하나는 주희 생애 전반에 걸쳐 각 연령 및 성장 단계에서 어떤 공부 및 학문을 해 왔는가를 중심으로, 일종의 전기류(傳記類), 연보류(年譜類) 작성 방식으로 접근하는 것이다.[1] 또 다른 하나는 주희 공부론적·교육론적 사유의 형성 및 전개 과정에서 가장 중핵적인 사유가 도출된 시기를 중심으로 하되 그 앞뒤의 궤적을 연결하여 검토하는 것이다. 본 장의 전개는 후자의 방법을 근간으로 한다.

주희 공부론 및 교육론을 둘러싼 중핵적인 사유의 도출에 있어 주목되는 것이 주희 나이 28세에서 40세까지 이루어진 학술 활동이다. 이 시기에 스승 이동(李侗, 호는 延平, 1093~1163)과 긴밀하게 교류하면서 유학적 사유의 기틀을 다지고, 이어서 이른바 중화구설(中和舊說)과 중화신설(中和新說)로 표현되는 중화논변(中和論辨)을 통해 공부, 심성,

1 대표적인 연구로는 束景南의 『朱子大傳』(福建: 教育出版社, 1992)과 『朱熹年譜長編』(上·下)(上海: 華東師範大學出版社, 2001)과 三浦國雄의 『인간주자』(김영식·이승연 공역, 서울: 창작과비평사, 1996)가 있다.

본체에 대한 자기 학설의 토대를 마련한다. 이 중핵적 사유 형성 시기를 기준으로 할 때 그 이전은 다양한 공부를 겸하면서 학문의 방향을 탐색하는 시기고, 그 이후는 이미 구축된 공부론적·교육론적 사유의 뼈대를 기초로 그 완결태를 이루어 가는 시기다. 주희의 공부론 및 교육론적 사유의 전개에 대한 필자의 고찰은 일단 이렇게 크게 세 시기를 분석 단위로 하고자 한다. 그런데 이 가운데 중핵적 사유 형성의 시기는 공부 및 심성에 대한 사유의 질적 전환을 고려하며 다시 두 단계로 세분할 수 있으니, 이동 문하 수학 시절과 중화논변 시기가 그것이다. 결국 주희 공부론 및 교육론의 전개는 다음 네 단계로 접근할 수 있다.

첫째 단계는 10대에서 27세까지로 이때 유학의 기초 경전들을 익힘과 동시에 유학에 한정하지 않고 경계를 넘어 다양한 공부를 이어 갔다. 이 다양한 공부 중에는 불교와 도교도 있었는데 특히 거의 10여 년간 선(禪)에 심취해서 유학과 함께 공부의 한 축으로 삼아 공부하기도 했다. 또한 이 시기 북송 신유학자의 문헌에 대한 독서도 간헐적으로 이루어진다. 한편, 이런 다양한 공부에도 불구하고 그 근간에는 10세경부터 자리한 성현(聖賢)의 학(學)에 대한 뜻이 자리 잡아 가고 있었다.

둘째 단계는 28세에서 36세에 이르는 시기로, 연평 이동을 스승으로 하여 곁에서 배우기도 하고, 후에 주희가 편찬한 바의 『연평답문(延平答問)』의 서신들에서 나타나는 바의 긴밀한 학술적 토론도 하면서, 선(禪)을 완전히 떠나 비로소 유학적 정체성을 확고히 하게 된다. 사서(四書)와 오경(五經)에 속하는 주요 유학 경전 속의 주요 공부 개념들에 대한 이해를 심화하고, 그리고 북송대 이래의 주요 신유학자들의 사상 및 문헌에 대한 연구도 확대해 간다. 인(仁), 이일분수(理一分殊), 양기(養氣), 함양(涵養), 격물치지(格物致知) 등의 공부론적 주제가 폭넓게 고민된다. 특히 양시(楊時)에서 나종언(羅從彦)으로 이어져 온 도남학(道南學)의 흐름 위에 있는 연평 이동의 영향 아래 미발기상체인(未發氣象體認)의 공부, 그리고 분수(分殊)상의 공부에 대한 식견을 형성한다. 그런데 이동은 이정(二程)에서 비롯된 양시의 학적 계보에 속하면서도, 역시 이정의 후학이면서 양시와는 다른 갈래의 사량좌(謝良佐)의 학문까지도 넓게 수용하는 열린 자세를 견지하고 있었는데, 주희 역시 어떤 특정 학파에 갇히지 않고 진리 탐구에 매진하는 성향을 보였다. 특히 이동의 영향 아래 있으면서도, 『논어』나 『맹자』 외의 사서류 중에서, 『중용』에 주요 기반을 둔 이동의 공부론과는 결을 달리 하여, 『대학』을 공부의 근간으로 삼는 관점을 보이는 등 자신만의 색깔의 학문을 주체적으로 개척해 간다.

셋째 단계는 37세에서 40세에 이르는 중화논변(中和論辨)을 거쳐 중화설(中和說)이 정립되는 시기다. 중화설에는 37세에서 38세 사이에 등장한 중화구설(中和舊說)[2]과 39세에서 40세 사이에 최종적으로 정리된 중화신설(中和新說)[3]이 포함된다. 중화설은 미발이발(未發已發)의 개념을 둘러싼 공부와 심성의 문제를 해명하는 것을 내용으로 한다. 미발이발 개념을 중심으로 한다는 것 자체가 스승 이동이 남긴 숙제, 즉 이동으로부터 가르침을 받았으나 충분히 체득하지 못했던 문제—미발기상체인 등—를 풀고자 하는 동기가 작용했다고 할 수 있다.[4] 중화구설은 장식(張栻, 호는 南軒, 1133~1180)을 중심으로 하는 호상학(湖湘學)의 입장을 수용하면서 마음 및 공부의 영역을 이발에 한정된 것으로 보는 관점을 특징으로 하고, 중화신설은 마음 및 공부의 영역이 미발과 이발에 걸쳐 있다고 보는 관점을 특징으로 한다. 중화구설과 중화신설은 심성과 공부를 바라보는 관점이 질적으로 전환하며 각각의 관점이 하나의 특별한 이론을 형성하고 있다. 결과적으로 중화신설로 귀결되는 미발이발에 관한 주희의 정론(定論)을 충실히 이해하기 위해서도 중화구설에 대한 정밀한 검토가 필요하다. 중화구설에서 중화신설에 이르는 중화논변 과정에서

---

2 '중화구설(中和舊說)'이라는 명칭은 주희가 43세인 1172년에 쓴 「중화구설서(中和舊說序)」에서 직접 부여한 것으로(『朱熹集』 卷75, 3949쪽, 「中和舊說序」), 37세에서 38세까지 장식(張栻, 1133~1180)과 토론하는 과정에서 이루어진 것이다. 주희는 스스로 중화구설을 대표하는 논설로서 장식에게 보낸 네 편지를 선정하는데, 그것은 다음과 같다: 『朱熹集』 卷30, 1289쪽; 「答與張欽夫」(中和舊說1書)/『朱熹集』 卷30, 1291쪽; 「答與張欽夫」(中和舊說 2書)/『朱熹集』 卷32, 1372쪽; 「答與張欽夫」(中和舊說 3書)/『朱熹集』 卷32, 1373-1374쪽; 「答與張欽夫」(中和舊說 4書)

3 주희는 39세에 『河南程氏遺書』의 편찬 완성을 거친 후, 40세인 1169년 봄에 친구 채원정(蔡元定, 1135~1198)과 토론하는 과정에서 기존의 '중화구설(中和舊說)'을 의심하는 것을 시작으로 관점을 새롭게 다듬어 갔는데 이것이 이른바 '중화신설(中和新說)'이다. '중화신설'을 대표하는 논설이나 편지글은 40세경에 쓰였는데 다음과 같은 것들이 있다: 「與湖南諸公論中和第一書」(『朱熹集』 卷64, 3383-3384쪽)/「未發已發說」(『朱熹集』 卷67, 3526-3529쪽)/「程子養觀說」(『朱熹集』 卷67, 3530쪽)/그 외 이 시기에 쓰인 여러 편지: 「答張敬夫」(『朱熹集』 卷32, 1403-1404쪽); 「答張敬夫」(『朱熹集』 卷32, 1405쪽); 「答林擇之」(『朱熹集』 卷43, 2047-2049쪽) 등.

4 주희는 「中和舊說序」에서, 연평(延平) 이동(李侗)의 가르침을 받은 후 그 가르침의 일부에 의문을 가짐과 동시에 호상학(湖湘學)의 견해에 매료되다가 바야흐로 자신의 견해를 정립하는 과정을 고백했다. 『朱熹集』 卷75, 3949-3950쪽, 「中和舊說序」, "余蚤從延平李先生學, 受中庸之書, 求喜怒哀樂未發之旨, 未達而先生沒. 余竊自悼其不敏, 若窮人之無歸. 聞張欽夫得衡山胡氏學, 則往從而問焉. 欽夫告余以所聞, 余亦未之省也, 退而沉思, 殆忘寢食. …(중략)… 乾道己丑之春, 爲友人蔡季通言之, 問辨之際, 余忽自疑斯理也. …(중략)… 則復取程氏書, 虛心平氣而徐讀之, 未及數行, 凍解氷釋. …(중략)… 蓋所以深懲前日之病, 亦使有志於學者讀之, 因予之可戒而知所戒也."

주희는 본체론, 심성론, 그리고 공부론의 기틀을 형성하게 되며, 이는 이후 주희 학문의 가장 중요한 토대로 작용한다. 특히 중화신설이 구축되는 과정은 이후 주희 학문 인생의 전반에 결정적 영향을 미치게 되는 정이(程頤)를 비롯한 이정(二程)의 학문을 흡수해서 토대로 삼는 과정과 맞물려 있어서 그 중요성은 매우 크다. 이 시기에 주희는 단지 미발이발의 문제에 한정되지 않고 공부 및 교육을 보는 관점의 기틀을 넓게 형성해 간다.

넷째 단계는 41세 이후 71세 임종에 이르는 시기로서, 중화신설의 발견을 토대로 하여, 경(敬)·지(知)·행(行)의 공부론, 소학(小學)·대학(大學)의 교학론(教學論)을 구축해 간다. 특히『대학(大學)』을 비롯한 사서(四書) 연구를 통한 53세 때의 사서집주(四書集注)의 구축, 그리고 46세에 완성된『근사록(近思錄)』과 같은 결실로 이어진 북송대 신유학의 정리, 54세에 시작해서 58세에 결실을 맺은『소학(小學)』의 편찬, 43세에 초고를 만든 후 60세에 서문으로 매듭을 지은『대학장구(大學章句)』와『중용장구(中庸章句)』의 완성이 중요한 장면들이다.

주희의 저술의 골간은 60세에 거의 완결이 된다고 할 수 있다. 61세에서 임종을 맞은 71세까지는 그간 쓴 저술의 미진한 부분들을 섬세하게 다듬어 간 시기다. 그렇다고는 하지만 마지막 10년을 어떤 정적인 이미지로써만 바라볼 수는 없다. 기존 입장과 저술의 정교화 과정 자체가 또 다른 차원의 큰 과업이며, 더욱이『주자어류(朱子語類)』에 나타난 바와 같이, 주희가 자신의 학문을 최종 결산하고 정리하며 전수하는 문인들과의 토론이 집중적으로 이루어진 시기이기 때문이다. 마지막 10년은 주희의 학문적 생애의 정점이라고 할만하다.

이 네 단계 중에서 가장 중요한 시기는 역시 마지막의 완성 단계라고 하지 않을 수 없다. 이 책 전반에 걸쳐 다루는 것이 바로 네 번째의 완성 단계에서 도출된 통찰들이다. 이에 본 장에서는 그 앞의 세 단계들의 전개 양상에 대해 비교적 자세하게 검토함과 아울러 네 번째의 완성 단계의 통찰의 배경이 되는 주요 학술 활동을 설명하는 데 주안점을 둘 것이다.

2. 입지(立志) 및 박학(博學) 단계: 10대 초반~20대 중반

기록의 한계로 주희가 어릴 때 어떤 형식으로 어떤 교육을 받았는지에 대해서는 자세히 알기는 어렵다. 다만 연보에 따라 주희는 5세에 소학(小學)에 입학했고, 11세에는 가정(家庭)에서 공부했으며, 14세에 유자휘(劉子翬, 호는 屛山), 유면지(劉勉之, 호는 白水), 호헌(胡憲, 호는 籍溪) 세 선생에게 가르침을 받은 정도는 알 수 있다.[5] 읽은 책에 대해서도 단편적 기록밖에 없어서 전반적 규모를 알기 어려운 상황인데, 8, 9세에『효경』, 9, 10세에『논어』,『맹자』를 읽는 등[6] 대체로 10세가 되기 전부터『효경』및 사서(四書)[7] 류의 문헌을 읽기 시작했고,[8] 늦어도 20세까지는 북송 신유학자들의 주석을 토대로 해서 사서와 오경을 거의 읽었을 것으로 추정된다.[9] 주희의 학문은 24세에 연평 이동을 만나기 시작하면서 보다 안정을 찾기 시작하고, 본격적 성숙은 30대를 거치며 이루어져 간다고 할 수 있지만, 그렇다고 해서 그 이전, 즉 20대 중반 이전, 나아가 10대가 그저 방황하며 보내는 시간은 결코 아니었던 것이다. 이때 사서(四書)류를 비롯한 유학의 기본 경전에 대한 소양 및 북송대 신유학자들의 문헌에 대한 일정한 식견을 쌓았으니, 20대 후반 이후의 유학적 사유의 날카로운 성장은 그 이전에 마련된 이러한 공부의 기초 위에서 가능한 것이었다.

더욱이 주희는 유학 경전 공부를 배경으로 한, 배움의 의미와 방향에 대한 자각의 경험도 지니고 있었다. 그는 10대를 거치며 점차로 성현(聖賢)의 학(學)에 대한 뜻이 커져 갔는데,『맹자』를 통해 성인(聖人)과 자신이 동류(同類)라는 말에 이루 말할 수 없는 기쁨을 가지기도 했다.[10] 성인됨의 배움의 이상이 이미 10대에 자리를 잡아 갔던 것이다. 8, 9세에 맹자를 읽으며 분연히 떨쳐 일어나는 공부에 대한『맹자』의 가르침에 감흥하고,[11]

---

5 『宋朱子年譜』, 1-4쪽. (王懋竑 纂訂, 王雲五 主編, 臺北:臺灣商務人書館, 民國71[1982])

6 『宋朱子年譜』(王懋竑 纂訂), 2쪽.

7 이 당시에는 사서(四書)라는 명칭은 아직 존재하지 않았다.『중용』과『대학』은 다만『예기(禮記)』에 속한 편(篇)으로 논의되었을 뿐이다. 사서라는 명칭은 주희가 53세 되던 해에『大學章句』,『中庸章句』,『論語集注』,『孟子集注』를 한 편으로 해서 간행, 四書集注로 명명한 것에서 시작되었다. (束景南,『朱熹年譜長編』(上), 〈五十三歲〉 부분 참조) 그러나 북송대부터『예기』속의『대학』과『중용』편은『논어』,『맹자』와 더불어 핵심 독서 문헌으로 함께 묶여서 논의된 관례가 있기에 이 네 문헌을 함께 말할 때는 시기를 불문하고 사서라는 명칭을 쓰기로 한다.

8 束景南,『朱熹年譜長編』(上), 〈五歲〉 기록.

9 三浦國雄, 김영식·이승연 공역, 위의 책, 29-30쪽

10 『宋朱子年譜』(王懋竑 纂訂), 2쪽./『朱子語類』104-4, "某十數歲時, 讀孟子言'聖人與我同類者', 喜不可言. 以爲聖人亦易做, 今方覺得難."

11 『宋朱子年譜』(王懋竑 纂訂), 2쪽./『朱子語類』121-10, "孔子曰, '仁遠乎哉? 我欲仁, 斯仁至矣.' 這箇全要人自去做. 孟子所謂奕秋, 只是爭這些子, 一箇進前要做, 一箇不把當事. 某八九歲時讀孟子到此,

15, 16세에 남이 한 번 하면 나는 백 번 하고 남이 백 번 하면 나는 천 번 한다는『중용』의 내용에 깊이 감동하면서 스스로 일깨우고 분발하지 않음이 없었던 기억에 대한 주희 자신의 고백도 있다.[12]

주희가 본격적으로 독서에 매진한 것은 16, 17세 이후였던 것 같다. "나는 16, 17세 때부터 독서에 노력을 쏟았는데, 그때에는 사방에 펼쳐진 세계가 끝이 없어서, 다만 스스로 온 힘을 기울여 읽어 갔다. 지금은 비록 말할 만한 것이 못되지만, 당시에는 많은 행복과 고통을 (동시에) 맛보면서 책을 읽었다."고 주희는 회고한다.[13] 그 이전에도 유학 경전들에 대한 기본적인 독서가 이루어졌겠지만, 16, 17세를 기점으로 해서는 상당한 집중력이 발휘하여 유학 경전의 이해를 심화해 갔을 뿐 아니라, 나아가 유학 경전에 그치지 않고 다양한 방면의 독서를 통해 배움을 넓혀간다. 그는 "옛날에 배우지 않은 것이 없도록 하고자 해서 선(禪) 도교(道敎), 문장(文章), 초사(楚辭), 시(詩), 병법(兵法) 등 사안마다 배우려 했다. (이 사상 및 지식들에) 출입할 때는 문자를 세지 않고 사안마다 두 개의 책을 지녔다."고 한다.[14]

10대와 20대 초반을 거치며 특징적인 장면의 하나는 도겸(道謙) 선사와의 인연이다. 도겸 선사를 처음 만난 15세부터 기회가 될 때마다 직접 대면하여 선(禪)을 묻고 배웠는데 그 인연은 도겸이 임종을 맞는 23세까지도 이어진다.[15] 도겸은 당대 최고 고승인 대혜(大慧) 종고(宗杲)의 고제이기도 한데, 주희는 도겸으로부터 "소소령령(昭昭靈靈)한 선(禪)을 이해한다."는 평가까지 받는다.[16] 선에 대한 주희의 관심과 이해는 커서 과거시험

未嘗不慨然奮發, 以爲爲學須如此做工夫? 當初便有這箇意思如此, 只是未知得那碁是如何著, 是如何做工夫. 自後更不肯休, 一向要去做工夫."

12 『宋朱子年譜』(王懋竑 纂訂), 5쪽./『朱子語類』 4-41, "某年十五六時, 讀中庸'人一己百, 人十己千'一章, 因見呂與叔解得此段痛快, 讀之未嘗不竦然警厲奮發. 人若有向學之志, 須是如此做工夫方得."

13 『宋朱子年譜』(王懋竑 纂訂), 5쪽./『朱子語類』 104-8, "某是自十六七時下工夫讀書, 彼時四旁皆無津涯, 只自恁地硬著力去做. 至今日雖不足道, 但當時也是喫了多少辛苦, 讀了書. 今人卒乍便要讀到某田地, 也是難. 要須積累著力, 方可. 某今老而將死, 所望者, 但願朋友勉力學問而已."

14 『宋朱子年譜』(王懋竑 纂訂), 6쪽./『朱子語類』 104-40, "某舊時亦要無所不學, 禪, 道, 文章, 楚辭, 詩, 兵法, 事事要學, 出入時無數文字, 事事有兩册."

15 束景南,『朱熹年譜長編』(上), 〈十五歲〉, 〈十七歲〉, 〈十八歲〉, 〈二十一歲〉, 〈二十三歲〉 기록.

16 『朱子語類』 104-38, "一日在病翁所會一僧(開善道謙-필자주), 與之語. 其僧只相應和了說, 也不說是不是; 却與劉說, 某也理會得箇昭昭靈靈底禪. 劉後說與某, 某遂疑此僧更有要妙處在, 遂去扣問他, 見他說得也煞好."

을 볼 때에도 나타나 선의 색채가 들어간 시험답안을 제출하여 합격하기도 한다.[17] 주희가 선에 애착을 가졌다고 해서 유학을 멀리한 것이 아니었다. 그는 유학과 선을 함께 중시하며 익혀갔는데 양자를 배타관계이기보다 보완관계라고 보았기 때문이다. 이런 경향은 당시 유교 지식인들의 일반적 경향이기도 했다. 기실 주희와 도겸의 인연은, 14세부터 주희의 선생이었던 유자휘(劉子翬; 屛山)를 통해서였다. 주희가 처음으로 선생으로 모신 이들이 유학과 선(禪)을 넘나들며 나름의 위기지학을 모색하는 인물들이었던 것이다.[18]

주희는, 정호와 정이가 그랬듯이, 10대 초중반을 거치며 이미 성인됨의 공부, 성현(聖賢)의 학(學)에 깊은 감흥과 뜻을 형성하고 있었다. 그러면서도, 정호가 그랬듯이, 거의 10여 년간 선(禪)이나 도가 쪽도 자유롭게 출입하는 경험도 했다. 10대 중반에서 20대 중반에 이르는 시기의 주희에게 선(禪)은 유가와 대립하는 것이 아니었고, 어린 시절부터 꿈꾸었던 성인됨의 공부에 대한 뜻과도 배치되는 것이 아니었다. 무엇보다 세속적 욕망을 넘어 자기실현으로 나아가는 길로서의 성인됨을 추구하기 시작했던 주희에게 선(禪)은 오히려 유가의 보완재 역할을 할 수 있다고 여겨졌던 것 같다.

선(禪)에 대한 주희의 애착은 24세에 이동을 만났을 때까지도 이어지다가, 이동의 가르침에 힘입어 유가와 선을 분명하게 구분하며 유학적 정체성을 찾아 나서기 시작한다. 이 장면을 주희는 이렇게 묘사한 바 있다.

> 후에 동안에 부임했는데 때는 24세였으며, 처음 이선생을 뵈었다. 그 설[禪]에 대해 이선생은 단지 설이 옳지 않다고만 했다. 나는 이선생이 이를 이해하지 못한다고 의심하고 두 번 세 번 질문을 했다. 이선생은 사람됨이 간결하고 중후해서 많은 얘기를 하지 않고 다만 성현의 언어를 보라고만 했다. 나는 마침내 선(善)을 저울질하면서 의지하게 되었는데, 뜻을 도에 두되, 선 역시 그대로 있었다. 그러다가 성인의 책을 읽고 또 읽어가기를 하루하루 반복하니 성현의 언어에 점점 맛이 있음을 깨닫게 되었다. 오히려 불가의 설을 돌아보니 점점 깨어지고 틈새가 백방으로 드러났다.[19]

---

17 『朱子語類』 104-38, "及去赴試時, 便用他(開善道謙-필자주)意思去胡說. 是時文字不似而今細密, 由人粗說, 試官爲某說動了, 遂得去."

18 三浦國雄, 김영식·이승연 공역,『인간주자』, 27-28, 32-34쪽 참조.

19 『朱子語類』 104-38, "後赴同安任, 是年二十四五矣, 始見李先生. 與他說, 李先生只說不是. 某却倒疑李先生理會此未得, 再三質問. 李先生爲人簡重, 却不甚會說, 只教看聖賢言語. 某遂將那禪來權倚閣

주희는 이동을 만나서도 처음에는 선(禪)의 유용성을 주장했다. 이에 대해 이동은 비록 그 사람됨이 간명하고 중후해서 주희에게 이론적으로 설득력 있는 설명을 하지는 못했지만, '선(禪)은 옳지 않으니 유가의 성현의 말에 집중하라'는 논지의 가르침을 주희에게 주었고, 주희는 이를 의미 있게 받아들인다. 성현의 언어를 읽고 또 읽은 끝에 그 깊은 의미를 이해하고 되고 반면에 선의 언어는 크게 허술해서 깨질 수밖에 없음을 이해하고 된다. 24세에 이동을 만난 이후 2, 3년을 지나면서 주희는 점차적으로 유학적 정체성을 뚜렷이 지니며 선을 배격하는 방향으로 나아가게 된다.

결국 배격할 것이었다면 주희가 선(禪)을 공부한 10여 년의 경험과 식견은 무용한 것이었을까? 그렇게 볼 수는 없다. 오히려 그것은 주희가 유학 중심의 학문적 정체성을 찾아가는데 밑거름이 되었고, 유학을 바라보는 시선을 깊고 넓게 만들었다. 만일 이런 외유의 과정이 없이 어릴 때부터 줄곧 유학 공부만 했었다면 그의 유교적 시선은 좁게 고착되었을 가능성이 높다. 선과 같은, 유학 외의 높은 수준의 세계관은, 유학을 보다 객관화해서 인식하고 또 유학의 세계관을 다듬어 가는 데 사상적 재료이자 자극제 역할을 했다고 보아야 할 것이다.

3. 이동(李侗) 문하의 유학적 집중 및 심화 단계: 28~36세

주희는 연평 이동을 스승으로 모시고서 대면 및 서신 문답을 병행하며 긴밀한 토론 및 배움을 이어 가면서 비로소 불가의 영향권에서 벗어나 오직 유학에서 길을 찾기 시작한다. 이동의 안내에 따라 주희는, 한편으로 유가 성현의 말에 대해 진지하게 주목하고, 다른 한편으로 이동의 학문과 삶으로부터 직접적으로 자극을 받으면서 점차 선(禪)를 넘어서서 유가적 세계관과 인간관, 공부관을 다진다. 그 결과 그는 우주와 인간의 본질이며 길로서의 리(理)를 각인하기에 이르고, 리와 일체화를 이루는 삶을 영위하는 것을 학문 혹은 공부의 지향점으로 삼게 된다.

주희가 이동을 처음 만난 것은 24세이지만 그와의 본격적 학문적 토론 및 전승이 이루어지는 시기는『연평답문』에서 보이는 바의 서신 기록이 있는 28세에서 35세 사이다.

起. 意中道, 禪亦自在, 且將聖人書來讀. 讀來讀去, 一日復一日, 覺得聖賢言語漸漸有味. 却回頭看釋氏之說, 漸漸破綻, 罅漏百出."

이 시기는 이동의 안내를 받아들이며 선(禪)의 관점을 완전히 벗어난 상태에서 유가의 성현의 언어를 신뢰하면서 거기에 침잠하며 본격적인 유학적 세계관과 인간관, 공부관 교육관을 형성해 간다. 사서와 오경에 속하는 주요 유학 경전 속의 주요 공부론적 개념들에 대한 이해의 심화, 북송대 이래의 주요 신유학자들의 사상 및 문헌에 대한 연구의 확대가 이루어진다. 또한 양시에서 나종언으로 이어져 온 도남학(道南學)의 흐름 위에 있는 이동의 영향 아래 미발기상체인(未發氣象體認)의 공부, 그리고 분수(分殊)상의 공부에 대한 이해를 형성한다.

그런데 이동의 영향 아래 공부를 하면서도 유학 경전을 둘러싼 주희의 관심과 지향은 단지 이동의 학문적 관심 범위에 갇히지 않는다. 즉, 선으로부터 벗어나 유학의 길에 안착한 것은 이동의 영향이 컸지만, 본격적인 유학 탐구의 길에 있어서는 이동의 틀에만 머물지 않고, 특유의 창조적이며 자율적인 탐구력을 발휘해 갔다. 특히 이동은 거의 언급하지 않았던, 『대학』의 공부 조목들, 특히 격물치지(格物致知)를 중요하게 다루기 시작한 것은 주목할 만한 일이다.

이 시기 주희는 스승 이동의 가르침은 가르침대로 받으면서 자율적으로 더 넓은 시야로써 이정(二程)을 비롯한 북송대 이래의 학문을 섭렵하며 자신의 사상을 만들어 갔다. 이동의 가르침을 대체로 충실하게 흡수하는 동시에 일부에 의문도 가지기도 하고, 또한 『대학』 및 격물치지 등의 주제를 스승의 가르침과는 별개로 주체적으로 탐구하면서 공부론적·교육론적 사유를 성숙시켜 간 시기라고 할 수 있다. 이 시기 주희의 공부론, 교육론의 관점은 아직 뚜렷하게 형성되어 있지 않았지만, 자신만의 색깔을 보이기 시작한 점도 주목된다.

1)『연평답문(延平答問)』에 나타난 주희의 유학 경전 및 북송 신유학 탐구

이 시기에 주희가 스승 이동과 더불어 주로 어떤 공부를 했는가는 무엇보다 『연평답문(延平答問)』에 등장하는 토론 내용에 대략 드러나 있다. 『연평답문』은 주희가 35세 때 이동의 임종 전에 정리한 것으로, 28세 이후 연평과 서신을 주고받으며 질의응답 및 토론을 한 기록이다.[20] 여기에 등장하는 문헌으로는 『논어』『맹자』『중용』『대학』『춘추』

20 『延平答問』,『延平李先生師弟子答問』(『朱子全書』 13冊, 309-341쪽.)

『예기』『시』『서』『역』 등의 사서오경에 해당되는 것들만이 아니라 「태극도설(太極圖說)」『통서(通書)』『서명(西銘)』『이천어록(伊川語錄)』『사상채어록(謝上蔡語錄)』『여여숙중용해(呂與叔中庸解)』 등 북송대 신유학자들의 문헌도 꽤 포함되어 있다. 이를 매개로 한 토론의 핵심어로는 존심(存心), 함양(涵養), 존양(存養), 야기지설(夜氣之說), 충서(忠恕), 일이관지(一以貫之), 인(仁; '仁人之心也'에 대한 해설 등), 인의(仁義; 仁과 義를 각각 理一과 分殊로 설명하는 등), 리일분수(理一分殊), 분수(分殊), 효(孝), 효제(孝悌), 성인지심(聖人之心), 지수(持守), 경(敬), 지경지심(持敬之心), 리여심위일(理與心爲一), 쇄락(灑落), 융석(融釋), 묵좌징심체인천리(默坐澄心體認天理), 잠심체인(潛心體認), 양기(養氣), 심여기합(心與氣合), 천리(天理), 필유사언(必有事焉), 입지(立志), 위기지학(爲己之學), 예(禮), 개과천선(改過遷善), 삼강오상(三綱五常), 선학(禪學), 의리(義利), 경의(敬義), 치지(致知), 정좌(靜坐), 미발시기상(未發時氣象), 쇄락자득지공(灑落自得之功), 쇄락자득기상(灑落自得氣象), 금학자지병(今學者之病; '未有灑然氷解凍釋石處'로 설명하는 등), 정좌체구(靜坐體究) 등이 있다. 등장하는 인물로는 공자와 공자의 제자들(曾子, 子游, 子張, 顔子, 子夏, 子貢, 子路 등), 맹자 등 선진 시대의 인물들을 비롯해서 이천(伊川; 程頤), 명도(明道; 程顥), 이정(二程), 횡거(橫渠; 張載), 염계(濂溪; 周敦頤), 상채(上蔡; 謝良佐), 구산(龜山; 楊時), 예장(豫章; 羅從彦), 화정(和靖; 尹焞), 동파(東坡; 蘇軾), 호문정(胡文定), 호명중(胡明仲) 등이 있다.

이 중에서 선진시대를 제외하고 북송대 이래의 유학자로서 이천(정이) 및 그 후학인 양시(구산), 나종언(예장), 사량좌(상채)에 대한 언급이 많은데, 이는 주희가 이동을 통해서 이정(二程; 정호, 정이) 계통의 주요 사상들을 폭넓게 이해하는 과정을 밟고 있음을 보여 준다. 특히 사량좌(상채)에 대한 언급이 양시(구산)에 대한 것 이상으로 많은데, 이를 통해 이동의 학문이 단지 양시 계열에 한정되어 전개되지 않음을 알 수 있다.

『연평답문』의 주요 주제는 위의 핵심어의 경향에서도 나타나듯이 '공부'에 대한 것이다. 넓게 함양, 존양 공부로 모아질 수 있는 내용들이 대체를 이룬다. 이동의 공부법을 대표하는 묵좌징심체인천리나 미발시기상체인, 잠심체인, 양기를 비롯해서 쇄락, 융석의 경지도 모두 이 범주 속에서 이해된다. 한편, 인이나 인의, 이일분수, 천리, 심과 리, 심과 기 등 유가의 핵심 가치 및 세계관이 그 배경으로 논의된다. 그런데 다음 절에서 다루겠지만 연평 이동의 공부법의 핵심을 이루는 것은 미발기상체인이고 이는『중용』의 희노애락 미발의 중(中) 논의를 근간으로 한다. 정이(程頤) 및 이정(二程) 계통의 사상 중에서『중용』의 중화(中和) 사상이 가장 주된 영향을 미치고 있음을 알 수 있다. 이를 근간으로『논어』,『맹자』,『역』등의 고전적 경전들과 북송대 이래의 신유학의 사상들이 활용된다.

『연평답문』에서 보이는 바에서 한 가지 특별히 눈에 띄는 점은『대학』에 대한 이동의 주목이 약하다는 점이다. 미발기상체인을 근본 공부로 강조한 이동의 학문적 기반에는 이 미발의 중(中) 사상이 출현하는『중용』이 굳건히 자리하고 있음을 알 수 있지만, 이에 비해『대학』은 비중이 떨어지는 것처럼 보인다. 또한 이와 함께 격물궁리(格物窮理), 격물치지(格物致知)에 대한 이동의 논의도 찾아보기 어렵다. 나아가 경(敬)에 대해서도 별도로 다루지 않는 듯 보인다.『연평답문』에서『대학』과 치지(致知), 경(敬)이 거론되는 것은 주희의 질문에 대한 답을 하는 상황에서일 뿐이며, 그것도 자신의 지론인 쇄락(灑落)을 강조하는 방향으로 답할 뿐이다.[21]

이러한 현상은 이동이 양시 이래의 도남학 계열에 속해 있는 것으로 설명할 수 있겠다. 양시 이래의 도남학 계열은 비록 이정(二程), 특히 정이의 학맥을 잇고 있지만 정이가 강조한 것 중에서도 미발이발의 함양 한 방면에 집중된 양상을 보이는 것이다. 정이의 다른 강조점인 격물치지, 그리고 이를 포함한『대학』의 공부의 길에 대해서 크게 주목하고 탐구하는 데까지 나가지 않은 것으로 보인다. 이는 이동이『대학』및 격물치지의 가치를 낮게 보아서라기보다,『중용』에 근거한 미발이발 공부에 집중하는 과정에서 그 관심도에서 밀린 것으로 볼 수 있다.

그렇다면 주희의 경우는 어떨까? 나중에 구축되는 주희 공부론의 완결태를 보면『대학』은 공부 지침 및 순서를 안내하는, 가장 기본적인 경전으로 이해된다. 그렇다면 이 시기의 견해는 어떠했을까? 이 시기 의지하던 스승이『대학』을 크게 강조하지 않는 상황에서 주희도 그 영향을 받았을까? 그렇지 않았다. 주희는 이동의 가르침과는 별개로 자기 나름대로『대학』을 연구해 갔다. 그리고 여기서, 이 시기 주희가 이동의 영향 아래 사서와 오경에 해당하는 문헌들을 폭넓게 익히고 북송대 신유학을 흡수해 가는 동시에 자신의 학문적 색깔을 분명히 만들어 간다는 점도 확인할 수 있다. 이어지는 항목에서

21『延平答問』,〈戊寅十一月十三日書〉(1158), "又見喻云: '伊川所謂未有致知而不在敬者, 考大學之序則不然.' 如夫子言非禮勿視聽言動, 伊川以為 '制之於外以養其中' 數處,蓋皆各言其入道之序如此. 要之敬自在其中也, 不必牽合貫穿為一說. 又(伊川)所謂 '但敬而不明於理, 則敬特出於勉強, 而無灑落自得之功, 意不誠矣.' 灑落自得氣象, 其地位甚高. 恐前數説, 方是言學者下工處, 不如此則失之矣. 由此持守之久, 漸漸融釋, 使之不見有制之於外持敬之心, 理與心為一, 庶幾灑落爾."

좀 더 구체적으로 다루어 보기로 한다.

2) 봉사(封事)에 나타난 주희의『대학』, 격물치지, 도통(道統)에 대한 사유

주희 33세인 1162년, 그가 남긴 자료에는 그가 이때『대학』을 공부의 요체를 담은 중요한 경전으로 생각하고 있다는 점이 드러난다. 효종(孝宗)에 올린 봉사(封事) 및 주차(奏箚) 기록이 그것인데,[22] 여기서『대학』의 팔조목에 대한 공부론적 의미부여가 보이며, 특히 격물치지를 주목하는 양상이 보인다. 나아가 요순으로부터 이어지는 도통론적 관점, 노불(老佛) 등 이학(異學) 비판에 대한 관점도 분명하게 드러난다. 놀랍게도, 주희의 공부론, 교육론의 결정판이라고 할 수 있는. 60세에 완결된「대학장구서」와「중용장구서」의 내용의 골간이 이미 이 때 형성되었음을 확인할 수 있다.

> 신이 듣건대, 요, 순, 우 임금이 서로 전해 주었으니, 그 말은 "인심은 위태롭고 도심은 은미하니 오직 정밀하게 살피고 전일하여, 진실로 그 중을 잡아 지켜라."는 것이다. 대저 요, 순, 우 임금은 큰 성인이고 태어나면서 아는 자[生而知之者]로서 마땅히 배움[學]에 종사할 일이 없으나, 오히려 정밀하게 살피라 하고 전일하라 하며, 잡아 지키라고 말하는 것은, 비록 태어나면서 아는 자라도 배움[學]에 기반을 해야 이루어질 수 있음을 말한 것입니다.
> 폐하의 성덕(聖德)이 순수하고 성대한 것은 옛 성인에 부합하며 타고난 앎은 신은 엿볼 수도 없습니다. 그러나 신이 엿들은 바로 폐하께서 덕을 기르던 초기에 친히 채찍과 지침으로 삼는 과정이 문장을 암송하고 성정(性情)을 읊는 것에 지나지 않았을 뿐이고, 근년 이래로는 폐하의 마음의 개인적 지향이 대도(大道)의 요체를 구하고자 하되, 노자와 불교의 책에 자못 뜻을 두고 있다 합니다. 멀리서 전해들은 것이어서 믿을 수 있을지 모르겠습니다. 그런데 홀로 생각하기에 과연 이와 같다면 하늘이 내려준 신성한 자질을 잘 받들어 요, 순 임금의 융성함에 오르는 방법은 아닙니다.
> 왜냐하면 문장이나 암송하고 화려하게 꾸미는 일은 연원을 탐구하여 다스리는 도를 끌어내는 방법이 아니며, (도가와 불교의) 허무적멸(虛無寂滅)은 본말(本末)을 관통하여 대중(大中)을 세우는 방법이 아닙니다. 그러므로 옛날의 성스러운 황제나 명철한 왕의 배움[學]은 반드시 격물치지(格物致知)로써 사물의 변화를 끝까지 궁구하

22 주희가 쓴 봉사(封事) 및 주차(奏箚)를 모아서 번역한 책으로『朱子封事』(주자사상연구회 역, 서울: 혜안, 2011)가 참조된다.

며, 앞에 사물이 지나감에 의리가 보존되며 아주 작은 것까지 비추어서 마음과 눈 사이에 밝혀서 한 터럭의 숨은 것이 없도록 했으니, 그렇게 되면 자연히 뜻은 진실해지고 마음은 바르게 되어 천하의 책무에 응할 수 있게 되니, 마치 하나 둘을 세거나 검은 것과 흰 것을 가리는 것처럼 쉬워질 것입니다.

배우지 않는다면 모르겠지만 배움과 함께한다면 이(격물치지)를 위주로 하지 않으면 내외(內外)와 본말(本末)이 전도되고 어그러져서 비록 총명예지(聰明叡智)의 자질과, 효우공검(孝友恭儉)의 덕이 있다고 해도, 지혜[智]는 선(善)을 밝히기에 부족하고 식견[識]은 궁리(窮理)하기에 부족하며 끝내 천하의 치란(治亂)에 보탬이 없을 것입니다. 그러므로 임금의 배움과 배우지 않음, 배우는 바의 바름과 바르지 않음은 마음[方寸] 사이에 있고, 천하와 국가의 다스려짐과 다스려지지 않음도 저기(마음)에서 드러납니다. 이와 같다면 그 큰 것이 관계하는 바인데 어찌 작다고 하겠습니까? 『역(易)』에 이르기를 털끝만한 차이가 천리만큼 벌어진다는 것인 이런 경우를 말하는 것입니다.

대개 격물치지(格物致知)는 요, 순이 말한 '정밀하게 살피고 전일하게 집중하는 것[精一]'입니다. 성의정심(誠意正心)은 요, 순이 말한 '중을 잡아 지키는 것[執中]'입니다. 예로부터 성인이 말로 주고 마음으로 전하되 행사(行事)에서 드러난 것은 오직 이것뿐입니다. 공자에 이르러서 그것을 집대성하였으나, 나아가 지위를 얻어 천하에 베풀지는 못하였습니다. 그러므로 물러나 육경(六經)을 지어 후세의 천하와 국가를 다스리는 자에게 보여 주었습니다. 간혹 본말(本末)과 시종(始終) 그리고 선후(先後)의 순서에 대해 말한 것 중 특히 상세하고 분명한 것은 대씨(戴氏; 戴聖)가 편찬한 『예기(禮記)』 가운데 보이는 이른바 『대학(大學)』 편(篇)이 바로 그 책이라 하겠습니다. 그러므로 승의랑(承議郎) 정호(程顥)와 그 아우 숭정전설서(崇政殿說書) 정이(程頤)는 근세의 위대한 유자로서 공맹 이래 전해지지 않았던 배움을 실제로 얻었으니 모두 이 편(篇; 『대학』)이 공자의 유서로서 배우는 이들이 먼저 마땅히 힘써야 할 바로 여겼으니, 참으로 지당한 말입니다.

어리석은 신이 엎드려 바라건대, 폐하께서는 구습을 덜어 버리고, 들뜨고 화려한 문장에 공을 들이지 말며, 옳은 듯하지만 그른 삿되고 치우친 학설을 물리치고, 이 남겨진 경전(『대학』)에 성스러운 뜻[聖意]을 두시기 바랍니다. 그리고 참된 유자로서 『대학』의 요지를 깊고 명철하게 아는 자를 찾아 불러서 좌우에 두고 자문을 받으며, 연구하고 확충하고 그 지극히 정밀하게 살피고 지극히 전일한 경지에 힘을 써서, 천하와 국가의 다스려지는 바가 여기에서 벗어나지 않음을 아시고, 그런 다음에 본체와 작용이 근원을 같이 함[體用一原]과 드러난 것과 은미한 것에 틈이 없음[顯微無間]을 아시면서, 요, 순, 우, 탕, 문왕, 무왕, 주공, 공자께서 전한 바를 자득하시길 바랍니다. 그 위에 육경(六經)의 문장을 가지고 고찰하고 역대 역사의 자취를 살피면서, 마음에 새겨 오늘날 무궁한 변화들에 대처하시길 바랍니다. 폐하의 명철함과

> 성스러움으로 원천으로 깊게 들어가고, 그 뜻을 보좌하는 자를 이와 같이 갖추신다면, 폐하께서 어디에 이르실지 어찌 어리석은 신이 헤아리겠습니까?
> 그러나 신은 도를 아는 자가 아닙니다. 이상 진술한 바는 스승과 친구[師友]에게 들은 바의 대강이며 단서일 뿐입니다. 폐하께서 이로부터 강학하며 자득해 가신다면 반드시 신의 말이 미칠 수 없는 바가 있을 것입니다. 폐하께서 성스러운 뜻을 여기에 깊이 두시고 소홀히 하지 않으신다면 천하는 참으로 복될 것입니다.[23]

주희 60세에 완성된 「중용장구서」는 '인심도심정일집중(人心道心精一執中)'의 심법(心法)의 도통적(道統的) 전승이 요순에서 공맹을 거쳐, 정호, 정이로 이어지는 과정을 담고 있으며, 더불어서 이 도학(道學)의 단절이 있을 때 나타나는 병폐로서의 사장학이나 훈고학, 그리고 허무적멸(虛無寂滅)을 지향하는 불교 및 도가의 이학(異學)에 빠지는 당시 문제 상황을 비판한다.[24] 한편, 「대학장구서」는 『대학』이 복희로부터 문명이 시작된 이래 천자에서 서인에 이르기까지 모든 사람을 가르치는 기본 방법을 제시한 책이며 그

---

23 『朱熹集』 卷11, 440-441쪽, 「任午應詔封事」(1162), "臣聞之, 堯舜禹之相授也, 其言曰: '人心惟危, 道心惟微. 惟精惟一, 允執厥中.' 夫堯舜禹皆大聖人也, 生而知之, 宜無事於學矣. 而猶曰精, 猶曰一, 猶曰執者, 明雖生而知之, 亦資學以成之也. 陛下聖德純茂, 同符古聖, 生而知之, 臣所不得而窺也. 然竊聞之道路, 陛下毓德之初, 親御簡策衡石之程, 不過諷誦文辭吟咏情性而已. 比年以來, 聖心獨詣, 欲求大道之要, 又頗留意於老子釋氏之書. 疎遠傳聞, 未知信否. 然私獨以爲若果如此, 則非所以奉承天錫神聖之資而 躋之堯舜之盛者也. 蓋記誦華藻, 非所以探淵源而出治道; 虛無寂滅, 非所以貫本末而立大中. 是以古者聖帝明王之學, 必將格物致知以極夫事物之變, 使事物之過乎前者, 義理所存, 纖微畢照, 瞭然乎心目之間, 不容毫髮之隱, 則自然意誠心正, 而所以應天下之務者, 若數一二辨黑白矣. 苟惟不學與學焉而不主乎此, 則內外本末顚倒繆戾, 雖有聰明睿智之資, 孝友恭儉之德, 而智不足以明善, 識不足以窮理, 終亦無補乎天下之治亂矣. 然則人君之學與不學, 所學之正與不正, 在乎方寸之間, 而天下國家之治不治, 見乎彼者, 如此, 其大所繫豈淺淺哉? 易所謂差之毫釐, 繆以千里, 此類之謂也. 蓋致知格物者, 堯舜所謂精一也. 正心誠意者, 堯舜所謂執中也. 自古聖人口授心傳而見於行事者, 惟此而已. 至於孔子集厥大成, 然進而不得其位以施之天下, 故退而筆之以爲六經, 以示後世之爲天下國家者. 於其間語其本末終始先後之序, 尤詳且明者, 則今見於戴氏之記, 所謂大學篇者是也. 故承議郞程顥與其弟崇政殿說書頤近世大儒, 實得孔孟以來不傳之學, 皆以爲此篇乃孔氏遺書, 學者所當先務, 誠至論也. 臣愚伏願陛下捐去舊習, 無用浮華之文, 攘斥似是而非邪詖之說, 少留聖意於此遺經, 延訪眞儒深明厥旨者置諸左右, 以備顧問, 硏究充擴, 務於至精至一之地, 而知天下國家之所以治者不出乎此, 然後知體用之一原, 顯微之無間, 而獨得乎堯舜禹湯文武周公孔子之所傳矣. 於是考之以六經之文, 監之以曆代之跡, 會之於心, 以應當世無窮之變, 以陛下之明聖而所以浚其源, 輔其志者, 如此其備, 則其所至, 豈臣愚昧所能量哉? 然臣非知道者, 凡此所陳, 特其所聞於師友之梗槪端緖而已. 陛下由是講學而自得之, 則必有非臣之言所能及者. 惟陛下深留聖意毋忽, 則天下幸甚."

24 「중용장구서」의 공부론적 견해에 대해서는 제4장 4절 2항 참조.

기초로서 소학 과정이 자리하고 있음을 보여 준다.[25] 33세에 왕의 온전한 공부를 바라며 쓴 봉사에 이미 이런 사유의 골격이 그대로 드러나고 있다. 주희는 이러한 관점이 스승과 벗들[師友]에 힘입은 것이라고 겸손하게 표현하고 있는데, 이런 관점을 갖게 된 정확한 경로는 알기 어려우나 이동 등 주변의 학인들과의 교류 및 자극을 배경으로 하되, 자체적으로 이정(二程)의 문헌에 대한 탐색이 깊이 이루어진 결과라고 판단된다.[26]

33세의 주희에게 『대학』은 독립된 경전이 아닌 『예기』의 한 편으로 인식되는데, 이렇게 『예기』의 한 편에 불과한 『대학』에 대해 주희는 공부의 본말(本末)과 시종(始終), 선후(先後)를 갖추고 있다고 이해하면서, 비록 '태어나면서부터 아는 자[生而知之者]'의 역량을 지닌 성인이라도 이를 기틀로 공부해 갔다고 하면서 그 중요성을 강조한다. 『대학』의 공부 조목인 팔조목(八條目) 중에서도 특히 격물치지를 중시함을 알 수 있는데, 주희에 의하면 사물의 변화와 이치를 미세한 것까지 탐구하는 일로서의 격물치지는 자연히 성의정심도 끌어내면서 천하의 일을 이해하고 처리하는 힘을 갖도록 이끈다.[27] 주희는 격물치지가 없는 공부는 내외와 본말이 어그러지고 지적인 면이나 실천적인 면에서 부족하고 잘못됨이 있게 된다고 한다. 특이한 것은 이때 주희는 『대학』의 조목 중 '격물치지성의정심'을 '인심도심정일집중'의 도통적 심법과 연결시키는데, 격물치지(格物致知)

---

25 「대학장구서」의 교학론적 견해에 대해서는 제8장 1절 2항 참조.

26 주희는 이미 상당한 차원의 자율적 탐구 영역을 열어 가면서, 동시에 스승 이동을 비롯한 주변 지인들과의 질의응답 및 토론을 통해 보완해 갔다고 볼 수 있다. 한편, 이동은 자기 나름의 초점을 가지고 학문을 해 가되, 간혹 주희와 같은 제자들이 만들어 온 이와 같은 질문 및 논설 등을 매개로 자신이 미처 매진하지 못하는 바의 『대학』 등의 연구를 보충해 갔다고 할 수 있다.

27 주희가 한 해 뒤인 34세에 역시 왕에 올린 한 주차(奏箚)에서는 격물(格物)을 곧 궁리(窮理)와 연계하여 풀면서 더 정교한 이해로 나아간다. 격물을 비롯한 팔조목을 포함하는 대학의 도를 도통적 전승의 핵심으로, 그리고 도가 무너진 난세를 극복할 근간으로 의미 부여한다.
『朱熹集』 卷13, 505쪽, 「癸未垂拱奏箚午應詔封事(一)」(1163), "臣聞大學之道, 自天子以至於庶人, 壹是皆以修身爲本, 而家之所以齊, 國之所以治, 天下之所以平, 莫不由是出焉. 然身不可以徒修也. 深探其本, 則在乎格物以致其知而已. 夫格物者窮理之謂也. 蓋有是物, 必有是理. 然理無形而難知, 物有迹而易睹, 故因是物以求之, 使是理瞭然心目之間而無毫髮之差, 則應乎事者自無毫髮之繆. 是以意誠心正而身修, 至於家之齊國之治天下之平亦擧而措之耳. 此所謂大學之道,. 雖古之大聖人, 生而知之, 亦未有不學乎此者. 堯舜相授所謂惟精惟一允執厥中者此也. 自是以來, 累聖相傳以有天下. 至於孔子不得其位, 而筆之於書以示後世之爲天下國家者. 其門人弟子又相與傳述, 而推明之其亦可謂詳矣. 而自秦漢以來, 此學絶講, 儒者以詞章記誦爲功, 而事業日淪於卑近, 亦有意其不止於此, 則又不過轉而求之老子釋氏之門, 內外異觀本末殊歸, 道術隱晦, 悠悠千載, 雖明君良臣間或一値, 而卒無以復於三代之盛, 由不知此故也."

를 정일(精一)에, 성의정심(誠意正心)을 집중(執中)에 대입한다. 아마도 『대학』의 팔조목이 공부에 관한 모든 것을 포괄한다는 신념에서, 이런 대입도 시도했으리라 본다.[28] 후에 각각 「대학장구서」와 「중용장구서」에 담겨지는 내용이, 그 근간을 이루는 도통적 사유 위에 이렇게 상호 연결되어 사유되었다는 점이 흥미롭다.

이 시기 주희의 머릿속에는 아직 경(敬)이 특별하게 자리 잡고 있지 않은 듯 보인다. 연평 이동에게 질문한 것 중의 하나가 "이천이 말한 바의 '치지(致知)하면서 경(敬)에 있지 않은 자가 없다'는 것이 『대학』의 순서를 고찰하면 그렇지 않은 것 같습니다."라는 물음인데,[29] 이를 보면 이때의 주희는 『대학』의 팔조목이 모든 공부 요소를 포괄한다고 인식하고 있기에, 굳이 왜 별도로 경과 같은 공부가 논의될까, 왜 갑자기 경이 끼어들까 하는 의문을 가졌던 것 같다. 이미 이정(二程)의 문헌을 탐독한 주희이지만, 이때까지만 해도 이정이 강조한 바의 경(敬), 성(誠)의 특별한 존재 의미에 대한 통찰에는 이르지 않았던 것이다. 공부의 실제에서 경이 지니는 특별한 위치와 역할에 대한 자각은 39, 40세에 이루어지며, 이는 중화신설이 나오게 되는 결정적 계기가 되기도 한다. 미발이발의 문제를 탐색하는 과정에서 미발과 이발을 관통하는 공부가 요청되었고, 이 상황에서 특히 『정씨유서(程氏遺書)』의 안내를 받으며 경(敬)의 재발견으로 이어진 것이다. 이렇게 주희가 격물치지와 함께 경을 공부의 핵심 요소로 자각하고 그 의미를 본격적으로 따지기 시작한 것은 40세 이후로 보아야 할 것이다. 그런데 다시 말하지만 격물치지, 그리고 『대학』 자체에 대한 주목은 33세에 이미 시작되었고 여기에 정이, 정호의 문헌 탐구가 중요하게 작용하고 있다. 위의 인용문에서 보듯이, 33세의 주희는 정이만이 아니라 정호 역시 『대학』을 근본되는 책으로 보았다고 인식한다는 점도 주목할 일이다. 이때부터 주희의 인식 속에 정호와 정이는 도통 전승의 공동 주체로 자리매김해 있으며, 나아가 양자의 도통 전승의 핵심 전거가 『대학』, 그리고 『중용』으로 이해되고 있다.

한편, 주희는 이 시기 『대학』에 대한 깊은 관심과 이해가 있음에도 불구하고, 아직 소학에 대한 발상이 시작되지는 않았다. 대학의 짝으로 소학을 설정해서 연결하는 시도

28 나중에는 견해가 달라지는데, 특히 경 공부 사상이 정립된 이후에는 이런 이해에 있어 변화를 겪어서 정(精)을 격물치지로, 일(一)을 경으로 보는 등의 해석상의 변화를 겪어 간다.

29 『延平答問』, 〈戊寅十一月十三日書〉(1158), "又見喻云: '伊川所謂未有致知而不在敬者, 考大學之序則不然.' 如夫子言非禮勿視聽言動, 伊川以為 '制之於外以養其中' 數處,蓋皆各言其入道之序如此. 要之敬自在其中也, 不必牽合貫穿為一說."

는,『대학』, 그리고 경에 대한 공부론적 이해가 확고해지는 40세 이후에 진행된다. 주희에게 소학은 경 공부의 요청과 밀접히 연결되어 구상된 단계, 즉 격물치지 공부로 시작하는 대학 단계 이전에 경의 소양을 갖추도록 이끄는 교학 과정이 요청되었고 이렇게 해서 구상된 단계이기 때문이다[30]

3) 미발기상체인(未發氣象體認)의 공부: 이동의 강조점 1

이제 이 시기 주희가 이동으로부터 받은 가르침의 핵심을 검토해 보자. 결론적으로 공부방법론으로서 크게 두 가지 측면을 주희에게 강조한다. 하나는 마음[心]이 발현하지 않은 상태에서 중(中)의 기상을 체험하는, '미발기상체인(未發氣象體認)'의 공부이고, 다른 하나는 구체적인 일상사나 강학을 통해서 리를 자기화(自己化)하는, '분수(分殊)상의 융석(融釋), 쇄락(灑落)' 공부다. 주희의 나중의 고백에 의하면 당시로서는 제대로 익히지 못했으나 시간이 지난 후에 그 의미를 터득하고 이론적, 실천적으로 담아냈다. 비록 당시 체득하지 못했으나 평생의 학문에 토대가 되었다는 점에서 이 두 가지를 순서대로 정리해 볼 필요가 있겠다.

주희는 스승 이동의 가르침의 요체와 당시 자신의 상황을 이렇게 묘사한 바 있다.

> 선생(이동)은 사람을 가르침에 대저 고요한 가운데 대본(大本)인 미발시(未發時)의 기상(氣象)을 분명하게 체인(體認)하고, 사물을 처리하고 응할 때에는 자연스럽게 절도에 맞도록 했다. 이것이 구산(양시) 문하에서 서로 이어온 지결(指訣)이다. 그러나 당시 가까이에서 배울 때에는 강론(講論)을 듣기를 욕심내고 또 장구(章句)의 훈고(訓詁)를 좋아하는 습성으로 여기에 마음을 다할 수 없었다. 지금은 있는 듯 없는 듯하여 하나라도 적실하게 드러나는 곳이 없으니 교육(敎育)의 뜻을 훼손한 책임이 있다.[31]

주희에 따르면 이동은, 양시 문하의 지결(指訣)이기도 한 바의, 고요할 때 미발(未發)

30 제7장 2절 3항 참조.

31 『朱熹集』 卷40, 1841-1842쪽, 「答何叔京」, "李先生敎人, 大抵令於靜中體認大本未發時氣象分明, 卽處事應物, 自然中節. 此乃龜山門下相傳指訣. 然當時親炙之時貪聽講論, 又方竊好章句訓詁之習, 不得盡心於此, 至今若存若亡, 無一的實見處. 辜負教育之意."

시의 기상(氣象)을 분명히 체인體認)하고 사물을 처리하고 응할 때에는 자연스럽게 중절(中節), 즉 절도에 맞도록 하는 것을 중점적으로 가르쳤다. 이 중에서 사물을 처리하고 응하는 것은 미발시 기상을 분명히 체인하면 자연히 이어질 것이므로 더 근본이 되는 것은 미발시 기상의 체인이다. 여기서 미발시 기상이라는 말은『중용』에 나오는 희노애락 미발의 중(中)의 기상을 의미한다. 주희에 의하면, 이동은『중용』을 성문(聖門)에서 전해오는 교육의 가장 중요한 전거로 보고 있으며, 그중에서도 희로애락의 미발 시에 중(中)의 기상을 획득하는 것이 핵심 방법이라고 파악한다.[32] 그런데 스승의 가르침에도 불구하고 주희는 강론과 훈고에 욕심내는 성향으로 인해 이 가르침을 소화하지 못했다. 공부가 지향하는 어떤 경지를 머리로 이해하거나 입으로 읊조리는 일과, 그것을 체인하는 일은 차원이 다른데 주희가 이동 문하에서 수학하던 때는 후자에 진입하지는 못했다.

이동은 주희의 학문의 힘에 대해서 최고의 칭찬을 보낸 바 있으니, "이 사람은 지극히 빼어나게 총명하여, 역행(力行)은 두려울 정도이고, 강학(講學)은 그 미세한 곳까지 극진하게 나아갑니다."[33]라고 평했다. 한편으로는 제자에 대한 스승의 각별한 애정을, 다른 한편으로는 그러한 스승 밑에서 그 가르침을 체화하기 위해 최선을 다하는 모범생 제자의 모습이 확인된다. 그런데도 주희는 스승의 가르침을 모두 소화하지는 못하거나 혹은 기꺼이 받아들이지 못했다. 더욱이 이동이 가장 기본적인 공부로 강조한 미발기상체인의 공부에 대한 이해가 부족했다. 이미 상당한 수준의 자체적인 학문관을 가지고 있었던 주희로서는 어쩌면 미발에 대한 이동의 가르침에 대해 일견 크게 의미를 두지 않거나 어쩌면 거리를 두고 싶었을 수도 있다. 당시 격물치지를 중시하는 주희의 입장에서 마음을 고요히 하고 그 기상을 체득하는 공부가 막연해 보였을 수 있다. 너무 많은 시간을 여기에 들이는 것이 낭비라고 생각했을 수도 있다. 앞의 인용문에서 주희 자신이 당시 강론과 훈고에 빠져 있었다는 말은, 나름의 격물치지의 활동에 방점을 두고 있었다

32『朱熹集』卷97, 4986쪽,「延平先生李公行狀」, "성인 문하에서 이 책(중용)을 전함에 후학을 열고 깨치는 방법으로 남은 방책은 없다. 그러나 소위 희노애락미발을 중이라고 한다는 것은 나아가 이 책이 가리키는 요체[指要]다. 만일 헛되이 외우고 읊기만 한다면 어찌 되겠는가? 반드시 몸에서 체득해서 이 리를 실현해야 한다.[聖門之傳是書, 其所以開悟後學, 無遺策矣. 然所謂喜怒哀樂未發謂之中者, 又一篇之指要也. 若徒記誦而已, 則亦奚以爲哉? 必也體之於身, 實見是理.]"

33『宋朱子年譜』(王懋竑 纂訂), 16쪽, "延平稱之曰, 樂善好義, 鮮與倫費. 又曰, '此人穎悟, 力行可畏. 講學極造其微處. 渠所論難處, 皆是操戈入室, 從源頭體認來, 所以好說話.'"

는 말로도 이해된다. 어쨌든 이 시기 주희 자신의 학문적 초점과도 거리가 있는 듯 보이는 스승의 미발기상체인의 가르침에 깊이 스며들어 습득하지 못했다.

주희는 자신이 체득하지 못한 이동의 공부의 이상에 대해 이렇게 정리한다.

> 선생(이동)은 이미 그(나종언)를 따라 학문하되, 강송(講誦) 외의 나머지 시간에는 종일토록 단정하게 앉아서, 희로애락이 아직 발현하기 이전의 기상이 어떠한가를 체험하는데, 이른바 중(中)을 구하는 것이다. 만일 이렇게 하는 것이 오래되면 천하의 대본(大本)이 여기에 있음을 알게 된다. 생각건대 천하의 리(理)는 여기로부터 나오지 않음이 없으니, 이미 그 근본을 얻으면 무릇 여기로부터 나오는 것은 비록 품절(品節)이 무수하게 갈라지고 곡절(曲折)이 무수하게 변하지만, 두루 통섭하고 통하지 않음이 없게 된다. 다음으로 융석(融釋)하면 각각 조리가 있게 되니, 마치 냇물의 흐름의 맥락을 어지럽힐 수 없는 것과 같다.[34]

주희에 의하면 이동은 책을 강론하는 이외의 거의 모든 시간을 미발기상, 즉 희노애락이 발현하기 이전의 기상이 어떠한가를 체험하는 데 바쳤다. 그리고 이는 중(中)을 구하는 일이기도 했다. 중이 체험되는 이 지점은 천하의 대본이 있는 자리다. 이 자리는 천하의 리가 뿌리내리고서 나오는 자리이기에, 이 근본을 터득하게 되면 그로부터 무수하게 갈라져 나오는 구체 사항들을 넓게 포괄해서 관통할 수 있게 된다. 이 구체 사항에서 리를 융석하게 되면 각종 조리들이 맥락 있게 조화를 이룬 삶이 가능하다. 이동은 품절(品節)과 곡절(曲折), 즉 다양한 삶의 맥락에서의 리의 구현을 지향하고 있다. 그런데 그것을 위해 무엇보다 미발시의 중(中)의 기상을 체인하는 것을 중시한다. 미발시의 중은 세계의 대본이며 온갖 리의 뿌리의 자리이기 때문이다. 이동에게 미발의 중은 텅빈 혹은 적멸의 장이 아니라 리의 원천을 품고 있는 장이다. 겉으로 보이는 실천방법에 있어서 미발기상체인은 불교의 선정(禪定)과도 유사해 보이지만, 그 목적에 있어서는 각각 리(理)와 공(空)을 지향한다는 점에서 천양지차(天壤之差)라고 할 수 있다. 이동은 자신의 공부 요체를 '묵좌징심체인천리(黙坐澄心體認天理)', 즉 말없이 앉아서 심을 맑게 하

34 『朱熹集』卷97, 4985쪽,「延平先生李公行狀」, "先生旣從之學, 講誦之餘, 危坐終日, 以驗夫喜怒哀樂未發之前氣象爲如何, 而求所謂中者. 若是者蓋久之, 而知天下之大本眞有在乎是也. 盖天下之理無不由是而出, 旣得其本, 則凡出於此者, 雖品節萬殊, 曲折萬變, 莫不該攝洞貫, 以次融釋而各有條理, 如川流脈絡之不可亂."

고 천리를 체인하는 것으로도 정리한 바 있다.[35] 묵좌징심(默坐澄心)은 불교적 방법과 유사해 보이지만 체인천리(體認天理)는 유교적 정체성을 뚜렷이 하고 있다. 더욱이 이렇게 체인된 천리는 그저 고요한 가운데 머물러 있지 않고 품절(品節) 및 곡절(曲折)이 있는 구체적 삶의 장으로 펼쳐져서, 사물을 처리하고 응할 때 절도에 맞을 수 있게 된다.

이동에게 가장 근본되는 공부로서의 미발기상체인(未發氣象體認)은 세계 및 우주의 근본에 대한 심리체험과 연관되어 있다. 미발(未發)의 중(中)은 단순히 고요하고 평화로운 심리상태 이상의 의미, 즉 세계 및 우주의 근본 혹은 천리의 근간을 의미를 지닌다. 천하의 리는 여기서 나오고 온갖 품절 및 곡절의 원천이 된다. 미발기상체인이란 선(禪)에서의 적멸(寂滅) 같은 것이 아니라 온갖 리의 뿌리에 대한 체험이며, 나아가 이성적·감각적 체험이라기보다 주객합일의 전체로서 직각되는 것이다. 희로애락 이전[未發]이라 함은 곧 주체가 주객의 분리를 넘어선, 즉 전체와 하나 된 의식을 의미한다. 주객합일의 전체의식으로 돌아가는 일은 우주 혹은 진리의 근원 지점과 만나는 일에 다름 아니며, 이것이 미발기상체인의 지향점이기도 하다.[36]

그런데 이러한 설명만으로도 미발기상체인의 경지가 너무 높아서 처음부터 이루기란 어렵다는 점을 느끼게 된다. 이쯤에서 주희가 이동의 사후에 호상학파(湖湘學派)에 이끌리어 중화구설로 간 것이 이해가 되기도 한다. 주희는 체험이 어려운 이 미발에 대해 마

---

35 『朱熹集』卷97, 4986쪽, 「延平先生李公行狀」, "學問之道不在多言, 但嘿坐澄心體認天理. 若見, 雖一毫私欲之發, 亦退聽矣. 久久用力於此, 庶幾漸明, 講學始有力耳."

36 미발기상체인이 본체직관과는 구분되는, 단지 의식의 순일화나 심신의 안정과 같은 심리체험의 성격을 지닌다는 시각이 있다. 이는 본체직관에 대한 믿음이 일종의 신비주의적 경향이라는 시각과 연계되어 있으며, 주희는 미발기상체인의 실패경험을 통해 본체직관의 허구성을 감지하면서 유학의 수양론을 이성적·현실적·점진적 형태로 재구축했다는 주장으로 이어진다(이승환, 「주자는 왜 미발체인에 실패했는가」, 『철학연구』 35, 2008 참조). 그런데 이러한 설명에 반하여, 주희는 미발기상체인을 단순한 심신의 안정성을 찾아가는 심리체험 이상의, 본체직관이라고 명명할만한 체험으로 설명하기 위해 애쓰고 있음이 이 논문에서 인용하는 여러 자료를 통해서도 확인된다. 주희 자신도 초기에는 이 경지를 터득하지 못했기 때문에 지적·실천적 방황을 했을 것인데, 나중에는 결국 자기 나름의 합리적 방법(敬 등)을 통해 그 경지의 체험에 이르고 이를 「연평선생행장」 등에서 서술하고 있는 것이다. 주희가 후에 구축한 경의 본령공부론 체계에서, 이동이 가르쳤고 또 이전 도남학(道南學)의 계열에서 중시된 본체직관적 성격을 지닌 미발기상체인의 의미는 새롭게 포괄되었다고 보아야 한다. 유가만이 아니라 불교와 도가 등에서 끊임없이 체험적으로 제기되고 주장되는, 일종의 직각(直覺)으로 다가오는 본체체험의 경지를 간단하게 단순한 심리체험으로 정리하는 것은, 일종의 이성중심주의적 오류를 범하는 것이 아닐까 염려된다.

음 및 공부의 영역이 아닌 본체의 영역으로 보고 접근하는 호상학파의 견해에 호감을 가지며 중화구설로 나아가게 되는 것이다. 그런데 중화신설에서 주희는 다시 미발을 마음 및 공부의 영역으로 수렴하게 되는데, 다만 거기에 이르는 하학적 방법을 내세우게 되니 그것이 경(敬)이다. 경이라는 입각처는 바로 이동 수학 시절에 자신이 겪은 바의 미발 진입의 어려움과 시행착오를 배경으로 제기된 것으로도 이해해 볼 수 있겠다. 누구보다 주희 자신이, 스승의 간곡한 가르침에도 불구하고 쉽게 다가갈 수 없었던 경험이, 결국 경과 같이 보다 접근이 용이한 방법을 강구하도록 추동하는 요인으로 작용했다.

주희의 기록에 의하면 미발기상체인 외의 시간에 강학 및 강론을 했다. 이동은 이 강론, 강학의 측면을 중시하면서도 공부론의 한 영역으로 끌어와 논의하지는 않고 근본공부만을 강조한다.

> 학문(學問)의 길은 많은 말에 있지 않고, 다만 묵좌징심(默坐澄心)하며 천리(天理)를 체인(體認)하는 것이다. 드러나게 되면 비록 한 터럭의 사욕이 일어나도 물리치게 된다. 오랫동안 여기에 힘을 쏟으면 거의 점차 밝아지고, 강학(講學)도 비로소 힘을 얻게 된다.[37]

나중에 중화신설 이후 주희는 본령공부와 격물치지를 두 축으로 해서 강론 및 강학은 격물치지의 영역으로 끌어안는다. 그리고 본령공부도 경으로 자리매김해 간다. 이것에 비하면 이동에게 본령공부는 미발기상체인이며 그 외의 공부 요소를 유기적으로 연결해서 설명하려는 노력은 약하다. 그리고 높은 경지로서의 미발기상체인에 도달하는 방법에 대한 안내도 약하다. 주희의 어려움이 여기에 있었다.

주희는 오히려 미발기상체인에 실패하고서 호상학파를 따라서 이발찰식(已發察識) 공부에 매달렸음을 후에 고백한다.[38] 마음을 고요하고 맑게 가라앉히고자 노력했지만 마음으로부터 찬란한 진리의 빛을 마주하기보다는 어두컴컴하고 답답한 심리 상태만을 느낀 것 같다.[39] 이는 한편으로는 미발기상체인의 수행을 충분히 오래 지속해서 끝을 보

---

37 『朱熹集』 卷97, 4986쪽, 「延平先生李公行狀」, "學問之道不在多言, 但嘿坐澄心體認天理. 若見, 雖一毫私欲之發, 亦退聽矣. 久久用力於此, 庶幾漸明, 講學始有力耳."

38 『朱熹集』 卷5, 3949쪽, 「中和舊說序」, "余蚤從延平李先生學, 受中庸之書, 求喜怒哀樂未發之旨, 未達而先生沒. 余竊自悼其不敏, 若窮人之無歸. 聞張欽夫得衡山胡氏學, 則往從而問焉."

39 『朱熹集』 卷30, 「答與張欽夫」(中和舊說 1書), 1289쪽. "然聖賢之言則有所謂未發之中寂然不動者, 夫

지 못한 때문이기도 하겠고—그래서 행장에서 '오래 힘쓰게 되면 점차 밝아지게 되어[久久用力於此, 庶幾漸明]'라는 표현을 썼을 것이다—, 다른 한편으로는 이를 일상에서 보다 평이하고 자연스럽게 실천할 수 있는 방법을 터득하지 못했기 때문이기도 할 것이다—후에 이 방법이 경(敬)임을 발견한다—. 물론 이 양자는 서로 연결되어 있다. 주희는 후에 자신의 합리적인 방법을 재구축하면서 스승 이동 아래에서 미처 풀지 못한 숙제인 미발기상체인의 문제를 나름대로 해결하고서 스승의 의견도 크게 다르지 않으리라는 자신감도 지니면서[40] 「연평선생행장」 등에서 그 경지에 대해 서술했던 것이다.

4) 분수상(分殊上)의 융석(融釋)·쇄락(灑落) 공부: 이동의 강조점 2

미발기상체인(未發氣象體認)과 더불어 리를 체현하는 공부로서 이동이 중시한 것은 분수(分殊) 상에서 리를 융석(融釋), 쇄락(灑落)하는 공부다. 이동에게 있어 미발기상체인 혹은 묵좌징심체인천리는 가장 중요하며 근본적인 공부에 해당한다. 그런데 유자로서의 이동은 결코 고요히 앉아서 마음을 밝히고 천리의 기상을 체험하는데 머물지 않고, 이를 토대로 하여 세상의 일을 리에 맞게 처리해 가고자 했다. 즉, 마음을 고요히 한 상황에서 천리를 체인하고 이 감각을 토대로 사물을 리에 맞게 처리하고 응하는 실천을 끌어내고자 했다. 정이(程頤)가 설한 '리일분수(理一分殊)'의 논리를 적용한다면 전자는 리일의 체인, 후자는 분수상의 체인에 해당한다. 이 체인의 경지에 대해 이동은 융석(融釋) 및 쇄락(灑落)이라는 표현을 종종 사용한다. 심과 리가 하나가 된, 작위적인 노력 및 외인 작용 없이도 자연스럽게 리를 구현하는 그런 경지를 의미한다. 공자의 '종심소욕불유구(從心所欲不踰矩)'의 경지에 가깝다. 이 경지에 이르도록 한편으로는 묵좌징심하며 미발기상체인 천리체인에 매진하고, 사물 응대 시 자연스런 리의 구현에 이르도록 한다.

이동은 정이의 '리일분수(理一分殊)' 관점을 중요하게 받아들인다.[41] 이동은 유가가 불

豈以日用流行者爲已發, 而指大暫而休息不與事接之際爲未發時耶? 嘗試以此求之, 則泯然無覺之中, 邪暗鬱塞, 似非虛明應物之體, 而幾微之際一有覺焉, 則又便爲已發, 而非寂然之謂."

40 『朱熹集』 卷75, 3950쪽, 「中和舊說序」, "獨恨不得奉而質諸李氏之門. 然以先生之所已言者推之, 知其所未言者其或不遠矣."

41 '리일(理一)'이 궁극적인 하나의 리(一理)를 의미한다면, '분수(分殊)'는 궁극적인 하나의 리가 만사만물을 통해서 다양하게 드러나는 양상을 말한다. 분수상의 공부란 곧 만물만사를 통해 그 일리(一

가나 도가와 다른 점은 '리일분수'에 있으며, 세상의 리가 하나인 것을 체득해 내는 것보다, 오히려 분수상에서 리를 확인하는 것이 어렵다고 본다.[42] 이동은 "리일로써 분수를 살피지 못한다면 이것은 공부하는 자가, 사이비의, 진실을 어지럽히는 설에 빠지면서도 스스로 알지 못하는 것"[43]이라는 인식 아래 "인(仁)의 기상을 한번 보아 내어 일체를 이루는 것은 어렵지 않다. (그러나) 반드시 분수를 이해해서, 조금이라고 잃음이 없어야 바야흐로 유자의 기상"이라고 주희를 가르친다. 즉, 이동은 분수상의 공부야말로, 일용사를 벗어나서 혼연한 깨달음만을 구하는 불가나 도가와 구분되는, 유가의 특성이라고 보았다. 이동이 애초 선(禪)의 공부 경향을 지니고 있던 주희를 향해서 처음에 주었던 가르침 역시 "너는 이와 같이 공허하게 많이 이해하고 있을 뿐, 눈앞의 일은 오히려 이해하지 못한다. 도는 현묘하지 않고 다만 일상생활 가운데 착실하게 공부하는 곳에서 이해하면 곧 깨달을 수 있다."[44]는 것으로 일상의 다양한 종류의 사태를 매개로 한 분수상의 공부는 이동이 전수한 최고의 공부지혜 중의 하나였다.

이동은 분수상에서 일리(一理)를 체득해 내는 공부의 중요성을 강조하는데, 그 성취의 준거가 융석·쇄락이라고 할 수 있다. '융석'은 얼음이 녹듯이 고착됨이 없이 풀어지고 유연해진 상태이며, '쇄락'은 막힘이 없이 시원해진 상태로서 그 의미는 상통한다. 그리고 풀어짐과 시원함은 일상의 사태에서 리와 하나되어 조금의 막힘도 없는 마음상태다.[45] 즉, 마음이 치우침이 없이 크고 공정함을 유지하면서 결국 리와 어떠한 틈도 없이

理)의 다양한 존재 및 표현 양상을 이해하고 체득하는 공부다. 일리는 만사만물의 분수를 통해서 그 내용을 드러내므로, 분수상의 공부를 통해서 일리의 실상을 명확히 체득할 수 있다. 만일 분수상의 공부가 생략된다면 일리를 보아 내더라도 아득할 뿐이다. 예를 들어, 묵좌징심의 방법을 매개로 한 미발기상체인을 통해서 리의 근원에 대해 직관해 낼 때가 있겠지만, 만일 그것을 분수상에서 확인하는 공부가 없다면 이는 피상적인 체험일 수밖에 없다.

42 『延平答問』,「延平答問跋」(趙師夏). "蓋延平之言曰, '吾儒之學所以異于異端者, 理一分殊也. 理不患其不一, 所難者分殊耳', 此其要也." (『朱子全書』 13冊, 354쪽.)

43 『朱熹集』 卷97, 4987쪽,「延平先生李公行狀」, "若概以理一而不察乎其分之殊, 此學者所以流於疑似亂眞之說而不自知也."

44 『延平答問』,「延平答問補錄」 22, "初見李先生, 說得無限道理, 也曾去學禪, 李先生云 '汝恁地懸空理會得許多, 面前事却有理會不得, 道亦無玄妙, 只在日用間著實作工夫處理會, 便自見得.'"

45 『延平答問』, 〈庚辰五月八日書〉(1160), "某嘗以爲遇事若能無毫髮固滯, 便是灑落. 卽此心廓然大公, 無彼己之偏倚, 庶幾于道理一貫. 若見事不徹, 中心未免微有偏倚, 卽涉固滯, 皆不可也."/『延平答問』, 〈戊寅十一月十三日書〉(1158), "由此持守之久, 漸漸融釋, 使之不見有制之於外, 持敬之心, 理與心爲一, 庶幾灑落爾."

혼연일체가 된 상태에 다름이 아니다. 융석과 쇄락을 위해서는 리를 철저하게 이해하는 것이 필요한데, 그 철저성을 기하기 위해서는 한꺼번에 많은 일을 이해하기에 욕심내기보다 한 가지씩 점차적으로 반복적으로 이해해 가야 한다. 이렇게 한 가지씩 융석, 쇄락해서 오래 쌓이게 되면 점차 더 큰 차원의 융석과 쇄락의 체험으로 나아가야 한다.[46] 이동은 융석과 쇄락이 도를 획득한 사람의 아름다운 기상으로서[47] 그것을 말로 표현하기 어렵다고 한다.[48] 개개인 스스로가 체험적으로 획득할 수밖에 없다. 그러나 만일 쇄락하지 못하면 비록 힘을 들여 도리를 지켜내도 그것은 억지스러운 것이 되니, 이는 도를 따른다고 보기 어려우며,[49] 단지 말(장난)에 불과하게 된다.[50]

이동은 이 경지에 이르지 못하고서, 다소 힘겹게 지켜내는 수준을 학자의 병이라고 한다.

> 지금 학자들의 병은 아직 말끔하게[灑然] 얼음이 녹고 풀리는 곳에 있지 않은 것이니 비록 힘을 써서 지키더라도 단지 현저히 후회하는 것을 면하는 데 불과하다. 이 같은 것은 말할 것이 못된다.[51]

주희는 이 시기, 분수상의 융석·쇄락이라는 이동의 공부법에 큰 영향을 받았다. 그는 후에 이를 특히 격물치지(格物致知)의 방법론으로 계승, 발전시킨다. 이동 스스로가 본래 격물을 염두하고서 융석·쇄락을 말했는지, 그리고 주희가 이 시기, 그가 격물치지의

---

46 『大學或問』, 「大學或問上」, "獨惟念昔聞延平先生之敎, 以爲爲學之初, 且當常存此心, 勿爲他事所勝, 凡遇一事卽當就此事反復推尋, 以窮其理. 待此一事融釋灑落, 然後循序有進而別窮一事. 如此旣久, 積累之多, 胸中自當司有灑落處, 非文字言語之所及也."

47 『延平答問』, 〈庚辰五月八日書〉(1160), "嘗愛黃魯直作'濂溪詩序'云: '舂陵周茂叔, 人品甚高, 胸中灑落, 如光風霽月.' 此句形容有道者氣象絶佳. '胸中灑落', 即作為盡灑落矣. 學者至此雖甚遠, 亦不可不常存此體段在胸中, 庶幾遇事廓然, 於道理方少進. 願更存養如此."

48 『延平答問』, 〈庚辰七月書〉(1160), "恐於融釋而脫落處, 非言說可及也. 不然, 子貢何以謂'夫子之言性與天道, 不可得而聞'耶?"

49 『延平答問』, 〈己卯長至後三日書〉(1159), "今之學者之病, 所患在于未有灑然冰解凍釋處. 從有力持守, 不過只是苟免顯然尤悔而已. 似此, 恐皆無足道也."

50 『延平答問』, 〈庚辰七月書〉(1160), "某嘗謂進步不得者, 彷彿多是如此類窒礙, 更望思索. 他日熟論, 須見到'心廣體胖', 遇事一一灑落處, 方是道理. 不爾, 只是說也."

51 『延平答問』, 〈己卯長至後三日書〉(1159), "今之學者之病, 所患在于未有灑然冰解凍釋處. 從有力持守, 不過只是苟免顯然尤悔而已. 似此, 恐皆無足道也."

중요성을 인식하였다는 사실과는 별개로, 격물치지와 분수상의 융석·쇄락의 공부를 관련시켜 생각했는지의 여부는 알 길이 없다.[52] 당시에는 양자의 관련성에 대한 심각한 자각은 없었을 수도 있는데, 격물치지에 대한 주희의 심화된 연구와 정리는 중화신설 단계 이후에나 이루어지기 때문이다. 그러나 분명한 것은 이때 분수상의 융석·쇄락에 이르는 공부는 주희에게 중요하게 각인되었으며, 이후 격물치지의 성격 형성에 있어서 중요한 토대가 되었다는 점이다. 예컨대, 주희는 나중에 "예전에 연평 선생이 문자를 이해함에 반드시 한 가지 일을 융석한 후에 다른 하나의 일을 이해하도록 했다. 융석이란 두 글자는 지극히 좋은데 이것은 이천(정이)이 이른바 오늘 한 가지 일을 궁구하고 내일 한 가지 일을 궁구하여 격물함이 많아지면 초탈하게 관통하는 것이 있게 된다고 한 것이다."[53]라고 했다. 분수상의 융석·쇄락에서 일리의 융석·쇄락에 이르는 이동의 방법에 대해, 주희는 만물만사의 리를 하나하나 궁구해 가되 철저하게 하여 궁극적으로 일리의 활연관통(豁然貫通)에 이르는 정이의 격물치지의 방법과 연결하여 이해한 것이다. 융석·쇄락을 지향하는 공부방법은, 특히 '절절한 자기실현[切己]'의 태도로써 리 하나하나를 자기화(自己化)하는 공부방법론으로서의 격물치지의 성격을 다져 가는 데 기초가 되었다고 볼 수 있다.[54] 이렇게 보면 분수상의 융석·쇄락에 대한 이동의 가르침은 주희에게는 실질적으로 격물치지에 대한 가르침에 다름 아니었고, 따라서 이동 수학 시절 주희의 격물치지 공부는 상당한 수준으로 이루어졌다고 해도 좋다.

이동이 주희에게 미친 영향은 작지 않았다. 결과적으로 볼 때, 특히 미발기상체인에 대한 가르침은 공부의 극치인 동시에 공부의 근간으로서의 본령공부에 대한 문제의식을 갖고 풀어 가는 실마리로 작용했고, 융석·쇄락에 대한 가르침은 분수상의 공부의 중요성을 인식하면서 격물치지 공부론을 정립해 가도록 하는 근간으로 작용했다.

---

52 『延平答問』에는, 융석·쇄락을 논하는 부분은 많이 보이지만 격물을 논한 예를 찾아보기 어렵다. 다만 『延平答問』의 〈壬午七月二十一日書〉(1162)에는, 주희가 효종(孝宗)에게 올리는 봉사(封事)의 초고를 써서 이동에게 수정을 부탁했고 이동은 이에 대해 훌륭하다는 찬사를 보낸 기록이 있다. 이 봉사에 격물치지를 강조하는 내용이 실려 있는 것으로 보아, 주희와 이동 사이에 격물치지에 대한 토론도 있었을 가능성이 높다. 그러나 이동의 격물치지에 대한 관점이 어떤지, 더욱이 격물치지와 분수상의 융석·쇄락의 공부를 어떻게 연관지었는지를 확인할 자료는 찾기 어렵다.

53 『朱子語類』 104-7. "舊李先生說理會文字, 須令一件融釋了後, 方更去理會一件. 融釋二字下得極好, 此亦伊川所謂今日格一件, 明日又格一件, 格得多後脫然有貫通處."

54 '격물치지(格物致知)'의 공부방법적 성격에 대해서는 제6장 4절 참조.

4. 중화설(中和說) 정립 단계: 37~40세

미발이발의 문제를 중심으로 하는 중화설(中和說)은 이동이 남긴 숙제로부터 시작하여 지인들과의 논변 및 토론을 통해 숙제를 풀어 가는 과정에서 도출된 것이었는데,[55] 이 과정에서 단지 미발이발의 문제에 한정하지 않고 공부, 심성, 본체를 설명하는 이론적 기틀을 형성하게 된다. 37세에서 40세에 이르는 길지 않은 시간이지만, 이후 평생 지속될 공부, 심성, 본체에 관한 학문적 관점의 골간이 갖추어진 시기라는 점에서 중대한 의미를 지닌다.

주희의 30대 후반에 이루어지는 중화논변(中和論辨)의 시발점은 스승 이동(李侗)에게서 받은 가르침 중에서 거의 유일하게 이해하지 못했던 과제, 즉 미발기상체인에 관한 의구심이었다. 이동이 칭찬하는 주희의 학문력을 볼 때 미발기상체인을 위한 주희의 노력이 적지 않았을 것임에도 불구하고 스스로 인정하듯 실패했다. 주희는 스승의 임종 직후 미발이 아닌 이발만을 마음 및 공부의 영역으로 삼는 호상학파(湖湘學派)의 관점에 설득되기도 한다. 그 이후에 다시 미발을 공부 및 마음의 영역으로 수렴해서 보는 통찰을 거쳐 미발이발을 관통하는 공부론, 심성론을 구축해 가게 된다. 이런 관점의 변화 과정은 곧 중화구설(中和舊說)에서 중화신설(中和新說)로의 전환 과정이기도 하다. 중화구설, 그리고 그것과 대비되는 중화신설이라는 명칭은 주희 자신이 43세에 쓴 「중화구설서(中和舊說序)」에서 명명한 바에 따른 것이다. 중화구설은 호상학(湖湘學)의 입장을 대변하는 벗 장식(張栻)과의 토론과정에서 그 입장에 기울어 마음 및 공부의 영역을 이발에 한정된 것으로 보는 심성론적·공부론적 관점이다. 이후 벗이며 문인인 채원정(蔡元定, 1135~1198)과의 토론 과정에서 자각이 된 중화신설의 공부론, 심성론은 마음 및 공부의 영역이 미발과 이발에 걸쳐 있다고 보는 관점을 근간으로 한다.

이 시기 주희가 중화논변만 벌인 것이 아님은 물론이다. 『맹자집해(孟子集解)』를 수정(修訂)하고 『논어요의(論語要義)』를 각판(刻版)하며, 『이정어록(二程語錄)』, 『정씨유서(程氏

---

55 『朱熹集』 卷75, 3949-3950쪽, 「中和舊說序」, "余蚤從延平李先生學, 受中庸之書, 求喜怒哀樂未發之旨, 未達而先生沒. 余竊自悼其不敏, 若窮人之無歸. 聞張欽夫得衡山胡氏學, 則往從而問焉. 欽夫告余以所聞, 余亦未之省也, 退而沉思, 殆忘寢食. …(중략)… 乾道己丑之春, 爲友人蔡季通言之, 問辨之際, 余忽自疑斯理也. …(중략)… 則復取程氏書, 虛心平氣而徐讀之, 未及數行, 凍解氷釋. …(중략)… 蓋所以深懲前日之病, 亦使有志於學者讀之, 因予之可戒而知所戒也."

遺書)』, 주돈이의 『통서(通書)』 및 『태극통서(太極通書)』, 『장재집(張載集)』을 편정(編訂)하고 『상채어록(上蔡語錄)』을 수정(修訂)하는 등 『논어(論語)』와 『맹자(孟子)』의 주해서(註解書) 정비 및 출판을 비롯해서, 북송신유학의 문헌을 정비하는 데 심혈을 기울였고 그 정비의 수준이 정점에 이르고 있었다. 41세를 지나며 곧 북송대 신유학자들의 문헌에 대한 해설서, 그리고 사서집주(四書集注)가 등장을 하는데, 이는 40세까지의 이와 같은 문헌 정비 및 이해의 토대 위에 가능한 것이었다.[56] 37세에서 40세에 이르는 시기의 중화설은 사서(四書)와 북송 신유학에 대한 이와 같은 이해의 기초 위에 진행된 것이었다. 주제의 범위에 있어 다소 협소하게도 여겨지는 미발이발 문제를 중심으로 한 중화논변에서 공부, 심성, 본체의 골격을 도출해 낼 수 있었던 데에는 바로 이러한 성숙된 학문배경이 자리하고 있었다. 사서를 중심으로 한 선진시대 유학 경전, 그리고 북송대 신유학의 문헌들 중에서 이 시기 중화설을 정립해 가는 데 가장 결정적인 배경이 된 문헌은 『정씨유서』였다. 특히 『정씨유서』 속의 이정(二程)의 경 사상이 미발과 이발을 아우르는 공부 및 마음에 대한 발상을 가능케 했다. 특히 "함양은 반드시 경으로써 하고, 학문의 진전은 치지에 있다."[57]는 경과 격물치지를 두 축으로 하는 정이의 공부론적 명제의 발견은 중화설의 완결을 이끌어냄과 동시에 새로운 단계로 나아가는 전기가 된다.

주로 미발(未發)과 이발(已發)의 개념 및 공부라는 중화논변의 주제는, 주희의 공부론 및 교육론의 형성 과정을 검토하는 본 기획에 있어 지엽적이라고 판단할 수도 있다. 그러나 미발이발의 중화논변은 곧 공부와 심성, 본체에 관한 논의로써 이는 주희 후기 사상의 근간이 된다는 점에서 중요하다. 모종삼(牟宗三)[58]과 우지룡태랑(友枝龍太郎)[59] 이후 주희 사상의 변천 및 성숙 과정에 관심을 가지는 많은 국내외 연구가 중화논변에 주목했던 것은 그만한 이유가 있다. 더욱이 주희의 중화설 정립 과정은 곧 그가 자신의 공부론 및 교육론의 기틀로 삼게 되는, 정이(程頤)를 비롯한 이정(二程)의 학술의 정수를 자각하고 흡수하는 과정과 맞물려 있기에, 중화논변에 대한 공부론적·교육론적 주목의 가치는 크다.[60]

---

56 본 장 5절 1항의 주희 연표 참조.

57 『二程集』, 『遺書』 18-28, "涵養須用敬, 進學則在致知."

58 牟宗三, 『心體與性體』(三), 臺北: 正中書局, 1968.

59 友枝龍太郎, 『朱子の思想形成』, 東京: 春秋社, 1969.

60 중화논변을 둘러싼 공부론적·교육론적 사유의 전개를 고찰함에 있어, 중화논변에 관한 기존의 선행연구 중에서 특히 미발이발의 '공부'의 성격에 대한 연구들의 성과에 주목하지 않을 수 없다. 그런

1) 중화구설(中和舊說): 37~38세

'중화구설(中和舊說)'이라는 명칭은 주희가 43세인 1172년에 쓴 「중화구설서(中和舊說序)」에서 직접 부여한 것으로,[61] 37세에서 38세까지 장식(張栻, 1133~1180)과 토론하는 과정에서 이루어진 것이다. 주희는 중화구설을 대표하는 논설로서 장식에게 보낸 네 서신을 선정한 바 있는데,[62] 이하의 분석은 이 서신들을 중심으로 하되 그 외의 이 시기 서신 등을 기초로 진행하고자 한다.

(1) 본령공부(本領工夫)와 '하학이상달(下學而上達)'의 준칙

중화구설 단계에서의 공부론적 관심의 초점을 확인하기 위해 먼저 중화구설의 시기에 쓰인 한 편지의 내용을 들여다보자.

데 기존의 연구들은 그 의의에도 불구하고 다음과 같은 문제점을 안고 있었다. 첫째, 중화논변에 담긴 공부론 전체상의 변화과정을, 중화논변 전후까지도 고려하며 조망하는 연구를 찾기 어렵다. 주로 중화논변을 심성론의 정립 과정 중심으로 이해하며 공부론은 단지 이에 부수적인 것으로 취급하거나, 혹은 중화논변의 공부에 관한 논의에 주목하더라도 그 일부만을 포착하여 그것이 전부인 듯 집중하는 연구 경향이 대부분이었다. 둘째, 중화논변을 다룸에 있어 공부론의 전체상을 고려하고, 또한 이를 위해 중화논변 전후의 공부론적 사유와의 관련도 고려하며 접근하지만 그 접근의 시각이 치우쳐 있어 비판적 조명이 요구되는 경우도 있다. 모종삼(牟宗三)의 『心體與性體』(三)가 그 예인데, 그는 중화논변의 철학적 성격을 주희 후기사상과도 연계하면서 종합적 시각에서 조망하고자 했다. 이러한 의미에도 불구하고 그는 주희가 공맹 유학의 정통에서 벗어났음을 주장하는 데 주안점을 둠으로써 시야의 편향성을 드러냈다. 특히 주희 공부론의 하학적(下學的)이고 교육론적(教育論的)인 성향이 유학의 정통에서 벗어났다는 관점을 견지하였는데, 이 부분에 대한 필자의 반론은 본 장의 말미에서 진행해 보고자 한다. 필자는 본 장 전반을 걸쳐서 선행연구의 이와 같은 두 가지 측면의 한계를 의식하면서 중화논변을 기점으로 한 주희 공부론의 발전 과정을 그 앞뒤의 전개까지를 포함해서 종합적으로 들여다보는 데 초점을 맞추고자 한다. 특히 모종삼이 서구적으로 보여 준 바의 종합적 분석 관점의 의의는 인정하고 수용하되, 그가 비판한 바의 주희 공부론의 하학지향(下學指向)의 측면 및 교육론적 요소에 대해서는, 역으로 그 긍정적 측면을 적극적으로 설명해 보는 데 관심을 가질 것이다.

61 『朱熹集』 卷75, 3949쪽, 「中和舊說序」

62 『朱熹集』 卷30, 1289쪽; 「答與張欽夫」(中和舊說1書)/『朱熹集』 卷30, 1291쪽; 「答與張欽夫」(中和舊說 2書)/『朱熹集』 卷32, 1372쪽; 「答與張欽夫」(中和舊說 3書)/『朱熹集』 卷32, 1373-1374쪽; 「答與張欽夫」(中和舊說 4書)

> 다만 양심(良心)이 발현하는 기미에 따라서 엄격하게 살피고 가다듬어, 심으로 하여금 어둡지 않게 하면 곧 이것이 '공부를 행하는 본령[做工夫底本領]'입니다. 본령이 이미 서게 되면 자연히 '하학을 거쳐 상달하게[下學而上達]' 됩니다. 만일 양심이 발현하는 곳을 살피지 않는다면, 즉 아득하고 아득하여 '착수할 곳[下手處]'이 없을까 염려됩니다.[63]

여기서 무엇보다 '공부를 행하는 본령[做工夫底本領]'과 '하학을 거쳐 상달함[下學而上達]', 그리고 '착수할 곳[下手處]'이라는 말에 주목해 보자. 이동 문하의 미발공부에 의구심을 품고 새롭게 수용한 이발찰식(已發察識)의 공부—양심이 발현하는 기미로 말미암아 엄격하게 살피고 가다듬는—는, 주희에게는 공부의 본령, 즉 본령공부(本領工夫)를 의미한다. 본령공부란 모든 공부 중에서 가장 기본적이고 핵심적인 공부이며, 또한 공부의 합리적 출발점으로서의 '착수할 곳[下手處, 着手處, 立脚處]'이라는 뜻을 지닌다. 중화구설뿐 아니라 중화신설에 이르기까지 미발·이발 관련 공부에 대한 논의는 모두 본령공부를 논하는 것으로 볼 수 있으며 본령공부는 중화논변의 중심 주제다.

그런데 공부의 본령에 대한 관심은 곧 '하학이상달(下學而上達)'이라는 공자 이래의 유가의 학문준칙에 충실하고자 하는 관심에 다름 아니라고 주희는 설명한다. 주희에 의하면, 진리[理]의 통찰과 깨달음[上達]을 추구하되, 반드시 일상적인 일[事]을 매개로 한 가깝고 평이한 공부[下學]로부터 출발해야 한다는 것이 '하학이상달'의 의미다. 이러한 이해의 이면에는 진리가 세세한 일상사를 떠나서 존재하지 않는다는 신념, 상달은 하학과 분리되지 않는다는 신념이 깔려 있다. 상달이 식견이 멀리 나아가는 것이라면 하학은 바로 여기에서 발을 딛고 서는 것[立脚]이다.[64] 공부의 실천에서, 발을 디딜 수 있는 가깝고 안정된 출발점을 찾고자 한다는 점에서 공부의 본령에 대한 관심과 하학에 대한 관심은 하나로 만나고 있다. 그런데 주희는 이동으로부터 배운 미발기상체인공부는, 이러한 일상적이고 가깝고 자연스러운 공부의 출발점이 되기에는 너무 높고 멀다는 자각을 하고서, 호상학파의 입장을 따라 이미 드러난 양심의 싹을 살피는 이발찰식을 공부의 본령으로 삼고자 한다. 물론 뒤에서 다루겠지만, 이것 역시 '하학이상달'의 준칙에 충실

---

63 『朱熹集』 卷40, 1865쪽, 「答何叔京」, "但因其良心發見之微, 猛省提撕, 使心不昧, 則是做工夫底本領. 本領旣立, 自然下學而上達矣. 若不察于良心發見處, 卽渺渺茫茫, 恐無下手處."

64 『朱子語類』 44-88. "聖人只是理會下學, 而自然上達. 下學是立脚只在這裏, 上達是見識自然超詣. 到得後來, 上達便只是這下學, 元不相離. 下學者, 下學此事; 上達者, 上達此理."

한 공부의 본령이 되기에 결함이 있음을 깨닫고 중화신설에서 본령공부에 대한 새로운 입장을 정립해 가지만, 최소한 중화구설 단계에서 이발찰식은 자연스럽게 진리로 인도할 일상적이고 평이한, 공부의 출발점으로 주목된다.

이상 논의를 통해, 중화구설로부터의 주된 공부론적 문제의식은 '하학이상달'이라는 준칙에 입각해서 공부의 안정된 출발점으로서의 본령공부를 설명하는 것임을 알 수 있다. 그런데 본령공부라는 말은 그 자체로 본령공부를 전제로 하여 이루어지는 다른 공부의 존재를 암시한다. 중화논변은 곧 유학적 삶의 이상으로서의 중화(中和)를 이루기 위한 공부에 대한 논의의 성격을 지니는데, 여기에서 미발과 이발의 본령공부는 중화의 세계를 향한 공부의 전체가 아닌 핵심일 뿐이고 이 핵심과 연계해서 이루어지는 공부가 별도로 존재한다. 즉, 중화신설에서뿐 아니라 중화구설에서도 이미 본령공부와 그 외의 공부에 대한 구분의식이 뚜렷하고 본령공부 외의 공부를 논한다. 주희는 격물치지(格物致知), 경(敬), 의(義), 일용공부(日用工夫) 등을 거론하는데,[65] 특히 격물치지를 주목하는 것으로 보인다. 글자 뜻만을 가지고 보면 이발 상태에서 살피고 알아차리는 일[察識]에 격물치지가 포함되는 것은 당연하겠지만, 최소한 중화논변의 문맥 속에서의 이발찰식(已發察識)은 공부의 출발점, 즉 마음에서 일어나는 사유와 감정의 싹을 살피는 공부로서의 본령공부로 한정된다. 이렇게 본령공부 외의 공부로서 격물치지가 중요하게 거론됨에도 불구하고, 중화구설 단계에서의 격물치지의 위상은 아직 절대적이지 않고, 다만 본령공부 외의 여러 가지 일상적 공부 영역 중에서 중요한 한 가지 정도의 인식에 머무는 듯이 보인다. 한편, 중화신설에 이르러 본령공부로 설정되는 경(敬)이 중화구설 단계에서는 본령공부의 토대에서 이루어지는 일상의 여러 중요한 공부 중 하나로 설정된 점도 특기할 만하다. 중화구설 단계에서 경 공부가 주목되기는 하였지만, 이때까지만 해도 경이 공부의 본령과는 거리가 있었던 것이다. 중화구설은, 경이 본령공부로서 부각되고 격물치지가 본령공부와 더불어 공부의 다른 한 축으로서의 절대적인 위상을 지니게 되는 중화신설과는 아직 큰 차이를 보이고 있다.

---

65 『朱熹集』 卷67, 3528쪽, 「未發已發說」, "自來講論思索, 直以心爲已發, 而所論致知格物亦以察識端倪爲初下手處, 以故缺却平日涵養一段工夫."/ 『朱熹集』 卷64, 3384쪽, 「與湖南諸公論中和第一書」, "向來講論思索, 直以心爲已發, 而日用工夫亦止以察識端倪爲最初下手處, 以故闕却平日涵養一段工夫."/ 『朱熹集』 卷32, 1373-1374쪽, 「答張敬夫」(中和舊說4書), "蓋平日所疑而未白者, 今皆不待安排, 往往自見灑落處. 始竊自信, 以爲天下之理其果在是, 而致知格物, 居敬精義之功, 自是(察識端倪-필자주) 其有所施之矣."

(2) 이발찰식존양(已發察識存養)의 본령공부와 공부주체론

허명(虛明) 혹은 적연(寂然)이 아닌 사암울색(邪暗鬱塞; 칙칙하게 어둡고 꽉 막힘)! 주희가 이동의 가르침에 따라 미발기상을 체험하려고 노력했음에도 불구하고 결국 실패하면서 느낀 심리상태다.[66] 노력이 부족해서건 방법이 잘못되어서건 미발의 심리체험을 둘러싼 주희의 이러한 부정적 인상은, 주희로 하여금 이발의 마음 및 이발의 공부만을 인정하는 호상학파의 견해에 빠져들도록 만든다. 그리하여 미발은 마음의 영역이 아니고 이발만이 마음의 영역이며 따라서 공부 역시 이발에서만 이루어지는 것으로 전제하면서 본령공부를 이발찰식으로 규정해 간 것이 중화구설이다.

먼저, 중화구설의 심성과 본체, 공부에 대한 기본 이해를 개술하면 이러하다: 사람은 태어난 이후 인식이 한 순간에 멈추지 않고 지속된다.[67] 아기 때부터 늙어 죽을 때까지 동정어묵(動靜語默)을 불문하고 대체는 이발일 뿐이고, 미발은 말 그대로 '아직' 발현하지 않은 것이다.[68] 미발이 심이 아니라면 성현의 말 중에서 '미발의 중'과 '적연부동'의 정체는 무엇인가가 문제인데, 이것은 미발의 심이 아니라 만물이 그로부터 이루어지는 본체(本體)다. 미발의 본체는 어떤 특정한 시간과 공간에 제약된 하나의 물(物)이 아니라[69] 언제나 변함이 없이 고요하게 있으면서[寂然不動] 지속적으로 만물을 낳고 낳는 바탕이며 천하의 대본이다.[70] 이 미발의 본체는 상황과 일에 따라서 이발의 양심의 싹으로 드러난다.[71] 이 끊임없이 솟아나는 미발 본체의 단서로서의 양심의 싹을 잘 살피고 보존

---

66 『朱熹集』 卷30, 1289쪽, 「答與張欽夫」(中和舊說 1書), "嘗試以此求之, 則泯然無覺之中, 邪暗鬱塞, 似非虛明應物之體, 而幾微之際一有覺焉, 則又便爲已發, 而非寂然之謂, 皆愈求而愈不可見, 於是退於驗之於日用之間, 則凡感之而通, 觸之而覺, 蓋有渾然全體應物而不窮者."

67 『朱熹集』 卷30, 1289쪽, 「答與張欽夫」(中和舊說 1書), "人自有生卽有知識, 事物交來, 應接不暇, 念念遷革, 以至於死, 其間初無頃刻停息, 擧世皆然也."

68 『朱熹集』 卷75, 3949쪽, 「中和舊說序」, "人自嬰兒以至老死, 雖語默動靜之不動, 然其大體莫非已發, 特其未發者爲未嘗發爾."

69 『朱熹集』 卷30, 1290쪽, 「答與張欽夫」(中和舊說 1書), "夫豈別有一物, 限於一時, 拘於一處, 而可以謂之中哉?"

70 『朱熹集』 卷30, 1289-1290쪽, 「答與張欽夫」(中和舊說 1書), "皆愈求而愈不可見, 於是退於驗之於日用之間, 則凡感之而通, 觸之而覺, 蓋有渾然全體應物而不窮者. 是乃天理流行, 生生不已之機, 雖一日之間萬起萬滅, 而其寂然之本體則未嘗不寂然也. 所謂未發如是而已."/『朱熹集』 卷30, 「答與張欽夫」(中和舊說 2書), 1291쪽. "若無此物, 則天命有已時, 生物有盡處, 氣化斷絶, 有古無今久矣. 此所謂天下之大本, 若不眞的見得, 亦無揣摸處也."

71 『朱熹集』 卷30, 1290쪽, 「答與張欽夫」(中和舊說 1書), "然則天理本眞, 隨處發見, 不少停息者, 其體用

하는 것[致察而操存] 본령공부의 요체이며, 이발의 '선찰식후존양(先察識後存養)'의 본령공부는 '대본달도(大本達道)' 전체를 관통하여 근원을 회복할 수 있는 길이 된다.

이렇게 요약되는 중화구설의 심성, 본체, 그리고 공부의 이해에 깔린 주된 공부론적 문제의식을 명확히 드러내기 위해, 중화구설을 대표하는 네 편지 내용의 변화 과정을 간략히 주목할 필요가 있다. 먼저, 미발의 본체와 이발의 심의 관계에 대한 이해에서 변화가 감지된다. 중화구설 1, 2서(書)에서는 미발의 본체가 이발의 심과 연결은 되어 있되, 심 속으로 들어와 있지는 않다. 즉, 양자가 마치 물줄기처럼 이어져서 미발의 본체가 이발의 심을 통해 바야흐로 흘러가고[方往] 바야흐로 흘러옴[方來]을 반복하는 모양으로,[72] 이른바 '방왕방래[方往方來]'의 관점이다. 그런데 이는 중화구설 3, 4서에 이르러서는 '체용일원현미무간(體用一源顯微無間)'의 전제[73]를 근간으로, 즉 미발의 본체가 이미 개개인의 심에 들어와서 체와 용의 틈이 없이 하나를 이룬다는 관점으로 전환된다. 이러한 관점 변화에는 공부의 주체와 실천의 안정성을 추구하는 문제의식이 자리한다. 즉, '방왕방래'의 심성 이해에 따른 공부방법은 이발의 심이, 자신에게 끊임없이 다가오고 사라져 가는 미발 본체의 단서를 보아 내려는 특성을 지니는데, 이 방법으로는 심이 미발 본체의 흐름에 쉴 새 없이 좇아다닐 수밖에 없게 되어 안정감과 여유를 찾을 수가 없게 된다. 주희는 이 체험을 다음과 같이 묘사한다.

> 큰 변화에 떠밀려 다님을 느낄 뿐이니, 마치 드넓은 파도와 거대한 물결 가운데 잠시라도 정박할 수 없는 것과 같습니다. 대개 본 것이 한결같이 이러하므로 일을 처리하고 사람을 대함에 있어서 다만 거칠게 밀어붙이는 용기와 과단성은 전보다 배로 늘었으나 관대하고 여유로우며 포용하는 기상은 대략 털끝만큼도 없게 되었습니다. 비록 몰래 고민을 해도 그것이 유래한 곳을 알지 못했습니다. …(중략)… 이전의 '방왕방래(方往方來)'의 설은 바로 손발만 바쁘고 어지러울 뿐, 몸을 둘 곳이 없는 것이었습니다.[74]

固如是, 而豈物欲之私所能壅遏而梏亡之哉? 故雖汨於物欲流蕩之中, 而其良心萌蘖, 亦未嘗不因事而發見. 學者於是致察而操存之, 則庶乎可以貫乎大本達道之全體而復其初矣."

72 『朱熹集』 卷30, 1290-1291쪽, 「答與張欽夫」(中和舊說 2書), "自今觀之, 只一念間已具此體用, 發者方往而未發者方來, 了無間斷隔截處, 夫豈別有物可指而名之哉?"

73 『朱熹集』 卷32, 1372쪽, 「答與張欽夫」(中和舊說 3書), "乃知浩浩大化之中一家自有一箇安宅, 正是自家安身立命, 主宰知覺處, 所以立大本達道之樞要. 所謂'體用一源顯微無間'者乃在于此."

74 『朱熹集』 卷32, 1372쪽, 「答與張欽夫」(中和舊說 3書), "日間但覺爲大化所驅, 如在洪濤巨浪之中, 不容

거대한 파도에 휩쓸리듯 바쁘고 어지러운, 그리하여 안정감과 여유를 잃은 마음과 공부가 주희에게 가장 핵심적인 문젯거리가 되었던 것이다. 주희는 이 문제가 미발의 본체와 이발의 심이 통일되지 못한 데서 근본 원인을 찾고, 체용(體用), 정조(精粗), 동정(動靜), 본말(本末)에 걸쳐 조금의 틈도 없이 미발의 본체와 심이 통일되어 있으며 이 통일체를 보존하고 기르는 것이 공부일 뿐이라는 견해에 이른다.[75] 그리고 미발의 본체에 대해 구설의 1, 2, 3서에서 막연히 천리(天理)라고 하던 것을 4서에서는 성(性)이라고 명확히 규정한다.[76] 이렇게 해서 '성체심용(性體心用)'의 심성 이해, 그리고 이발의 심과 함께 드러나는 성(체)의 단서를 살피고 보존하여 미발의 대본[성, 천리]을 회복한다는 본령공부 이해가 정립된다. 그리고 여기에 이르기까지 공부의 주체와 방법의 안정감과 자연스러움을 추구하는 문제의식이 자리하고 있다. 편안한 집과 주재처를 세우고,[77] 이를 통해 안배나 조장이 없이 물이 차오르면 배를 띄우듯 자연스럽게 근원에 다가가는 공부[78]를 주희는 끊임없이 꿈꾸었다.

안정감과 자연스러움을 갖춘 본령공부, 그리고 이를 뒷받침하는 편안한 집과 같은 공부주체관을 정립하고자 한 것이 중화구설 이래의 주희의 공부론적 문제의식이다. 그리고 이는 하학적 문제의식과도 상통한다. 그런데 과연 주희는 성공했는가? 최소한 중화구설 단계 당시에는 성공을 자축했다. 그러나 이 자축은 오래 가지 못한다. 이발만을 전제로 한 공부가 편안함을 주기에는 한계가 있었기 때문이다. 따라서 공부의 주체와 방법상의 안정감과 자연스러움을 추구하는 공부론적 문제의식은 그대로 간직하되, 이 문

少頃停泊. 蓋其所見一向如是, 以故應事接物處, 但覺粗厲勇果增倍于前, 而寬裕雍容之氣, 略無毫髮. …(중략)… 而前此方往方來之說, 正是手忙足亂, 無著身處. 道邇求遠, 乃至于是, 亦可笑矣."

75 『朱熹集』 卷32, 1373-1374쪽, 「答與張欽夫」(中和舊說 4書), "卽夫日用之間, 渾然全體, 如川流之不息, 天運之不窮耳. 此所以體用, 精粗, 動靜, 本末洞然無一毫之間, 而鳶飛魚躍 觸處朗然也. 存者存此而已, 養者養此而已."

76 『朱熹集』 卷32, 1373쪽, 「答與張欽夫」(中和舊說 4書), "蓋通天下只是一箇天機活物, 流行發用, 無間容息. 據其已發者而指其未發者, 則已發者人心, 而凡未發者皆其性也, 亦無一物而不備矣. 夫豈別有一物拘於一時, 限於一處而名之哉?"

77 『朱熹集』 卷32, 1372쪽, 「答與張欽夫」(中和舊說 3書), "乃知浩浩大化之中一家自有一箇安宅, 正是自家安身立命, 主宰知覺處, 所以立大本達道之樞要. 所謂'體用一源, 顯微無間'者乃在于此."

78 『朱熹集』 卷32, 1374쪽, 「答與張欽夫」(中和舊說 4書), "必有事焉而勿正, 心勿忘, 勿助長也. 從前是做多少安排, 沒頓著處. 今覺得如水到船浮, 解維正柂, 而沿洄上下, 惟意所適矣. 豈不易哉? 始信明道所謂'未嘗致纖毫之力'者, 眞不浪語!"

제의식에 부응하는 새로운 견해를 찾아 나선다.

2) 중화신설(中和新說): 39~40세

주희 40세에 제시되는 중화신설을 대표하는 논설은 「여호남제공논중화제일서(與湖南諸公論中和第一書)」와 「미발이발설(未發已發說)」인데, 양자의 내용은 거의 일치한다.[79] 이 중에서 전자의 내용을 중심으로 중화신설의 공부론을 정리해 보기로 한다. 다음은 그 핵심 내용을 옮긴 것이다.

> ①『중용』의 미발·이발의 의미에 대해, 이전에는 이 심이 유행하는 본 바탕[體]을 인식하고, 또한 정선생이 "심은 이발을 가리켜 말한 것이다."라고 말한 것에 따라서 심(心)은 이발로, 성(性)은 미발로 보았다. 그러나 정선생의 글을 보니 많은 부분 합당하지 않다. 따라서 반복해 생각해 보니 곧 전날의 설명이 심성(心性)의 명칭에 마땅하지 않을 뿐 아니라 일상의 공부에 본령(本領)이 온전히 없음을 알게 되었으니, 생각건대 잃은 것이 비단 글자 뜻의 맥락에서만이 아니다.
> 문집과 『유서(遺書)』의 여러 설을 고찰하면 모두 사려가 싹트지 않고 사물이 아직 이르지 않는 때를 가지고 희로애락의 미발이라고 여기는 것 같다. 이때를 맞으면 이 심은 적연부동(寂然不動)한 바탕[體]에, 하늘이 부여한 성(性)의 본체(本體)가 갖추어지게 된다. (이것이) 지나치거나 모자람이 없고 치우치고 기울어짐이 없으면 중(中)이라고 이른다. 천하의 일[天下之故]에 감응하여 통하게 되면, 희로애락의 정(情)이 발하여 심의 작용[用]을 볼 수 있는데, 중절(中節)하지 않음이 없고 어그러짐이 없으면 화(和)라고 이른다. 이것은 곧 인심(人心)의 바름이며 성(性)과 정(情)의 덕(德)이 그러한 것이다.
> ② 그런데 미발의 전에는 생각으로 추구해서는 안 되고 이발(已覺)의 후에는 억지로 꾸며서는 안 된다. 다만 평상시에 경으로 함양하는 공부[莊敬涵養之功]가 지극해져 인욕(人欲)의 사사로움이 그것을 혼란시키지 않는다면 그 미발 시에는 거울이 맑고 물이 고요한 것과 같이 되고 발하여서는 중절하지 않음이 없게 된다. 이것은 일상생활 속의 본령공부(本領工夫)다. 일에 따라서 성찰하고 물(物)에 접하여 미루

79 『朱熹集』 卷64, 3383-3384쪽, 「與湖南諸公論中和第一書」/ 『朱熹集』 卷67, 3526-3529쪽. 「未發已發說」
이 외에도 중화신설을 대변하는 자료로 다음과 같은 자료가 있다: 「程子養觀說」(『朱熹集』 卷67, 3530쪽); 「答張敬夫」(『朱熹集』 卷32, 1403-1404쪽); 「答張敬夫」(『朱熹集』 卷32, 1405쪽); 「答林擇之」(『朱熹集』 卷43, 2047-2049쪽) 등.

> 어 밝히는 데 이르러서도 역시 이것을 본령(本領)으로 삼으니, 이발한 가운데 그것을 보면 그것이 미발의 전에 갖추어진 것임을 암묵적으로 알 수 있다.
> 따라서 정자가 소계명에게 답할 때, 반복해서 변론하고 상세하고 정밀함에 있어 극진히 했으되, 결국 경(敬)으로써 말한 것에 지나지 않는다. (정자가) 역시 "경(敬)하여 잃지 않으면 중(中)을 이룰 수 있다."고 말하고, 또한 "도(道)에 입문하는 데에는 경(敬)만한 것이 없으니 치지(致知)를 하면서 경에 있지 않은 자는 없다."고 했고, 또한 "함양(涵養)함에는 반드시 경(敬)으로써 하고, 학문의 진전[進學]은 치지(致知)에 있다."고 말했으니 대개 이러하다.
> ③ 예전에 강론하고 사색함에 있어 심을 이발로 여기고 일상생활의 공부 역시 다만 단예를 찰식하는 것[察識端倪]를 가장 처음 착수해야 할 곳으로 여겼으니 따라서 일상의 함양 단계 공부가 빠지고 사람들의 가슴을 요동치게 만들고 혼연히 잠기며 순일한 맛이 없도록 했다. 그 발현하는 말과 행동의 맥락에서 항상 급박하고 경솔하고 고달프니 다시는 온화하고 깊고 두터운 기풍이 없게 된다. 대개 견해의 작은 오류의 패해가 여기에까지 이르니, 살피지 않을 수 없다.[80]

주희는 인용문 ①에서 중화구설의 전제를 비판적으로 성찰하면서 미발·이발과 심·성의 개념을 재정립하고 있고, ②에서는 경을 중심으로 하는 새로운 본령공부 방법을 제기하고, 나아가 경과 격물치지를 두 축으로 하는 공부론의 틀을 제시하고 있으며, ③에서는 새로운 공부론에 입각해서 중화구설의 본령공부의 문제점을 비판하고 있다. 이를 기본 윤곽으로 하여 그 구체적인 내용을 밝히면 다음과 같다.

---

80 『朱熹集』 卷64, 3383-3384쪽, 「與湖南諸公論中和第一書」, "① 中庸未發已發之義, 前此認得此心流行之體, 又因程子'凡言心者皆指已發而言', 遂目心爲已發, 性爲未發. 然觀程子之書, 多所不合. 因復思之, 乃知前日之說, 非惟心性之名命之不當, 而日用功夫全無本領. 蓋所失者不但文義之間而已. 按文集, 遺書諸說, 似皆以思慮未萌, 事物未至之時, 爲喜怒哀樂之未發. 當此之時, 卽是此心寂然不動之體, 而天命之性本體具焉. 以其無過不及, 不偏不倚, 故謂之中. 及其感而遂通天下之故, 則喜怒哀樂之情發焉, 而心之用可見. 以其無不中節, 無所乖戾, 故謂之和. 此則人心之正, 而情性之德然也. ② 然未發之前, 不可尋覓, 已覺之後, 不容安排. 但平日莊敬涵養之功至, 而無人欲之私以亂之, 則其未發也, 鏡明水止, 而其發也, 無不中節矣. 此是日用本領工夫. 至於隨事省察, 卽物推明, 亦必以是爲本. 而'於已發之際觀之', 則其具於未發之前者, 固可黙識. 故程子之答蘇季明, 反復論辨, 極於詳密, 而卒之不過以敬爲言. 又曰: '敬而無失, 卽所以中.' 又曰: '入道莫如敬, 未有致知而不在敬者.' 又曰: '涵養須用敬, 進學則在致知.' 蓋爲此也. ③ 向來講論思索, 直以心爲已發, 而日用工夫亦止以察識端倪爲最初下手處, 以故闕却平日涵養一段工夫, 使人胸中, 擾擾無深潛純一之味, 而其發之言語, 事爲之間, 亦常急迫浮露, 無復雍容深厚之風. 蓋所見一差, 其害乃至於此. 不可以不審也."

(1) 중화구설의 반성과 공부주체론의 재정비

주희는 「여호남제공논중화제일서(與湖南諸公論中和第一書)」의 첫머리(인용문의 ①)에서 우선 중화구설에서의 전제부터 반성적으로 검토한다. 중화구설에서 미발과 이발을 각각 성(性)·체(體)와 심(心)·용(用)으로 구분한 것은 심과 성에 대한 올바른 설명도 아닐뿐더러 이와 관련하여 바람직한 본령공부의 방법을 도출해 내지도 못했다는 것이다. 중화구설에서는 성을 미발의 체로, 심을 이발의 용으로 정리함으로써 본령공부는 이발의 심위에서만 이루어지는 것으로 볼 수밖에 없었다. 즉, 미발 시의 공부는 논리적으로 불가능했다. 그런데 미발의 공부가 배제된 이발의 찰식존양의 본령공부의 경우, 공부의 주체와 방법의 안정성을 확보하려는 주희의 부단한 노력에도 불구하고, 그 불안함과 부자연스러움의 한계를 떨쳐 버릴 수가 없었다(인용문의 ③). 그 원인을 주희는 미발의 체(성)를 심의 영역으로 포괄하지 않고 이에 따라 미발의 공부를 설정하지 않은 데에서 찾고 있다. 따라서 주희는 미발과 이발, 심과 성의 개념 규정을 새롭게 하고 이에 따른 공부의 방법에 관한 이론을 재구성한다. 이는 공부의 주체와 방법론을 새롭게 확정하는 작업이었다.

주희는 우선 '미발'은 성 자체가 아니라 '사려가 싹트지 않아 사물이 아직 이르지 않은 때'라고 재정리한다. 한편, '이발'은 '사물에 감응해서 사려가 발동하는 때'라고 본다. 즉, 미발과 이발은 일단 사려 발동이나 사물에의 감응 여부에 따라서 나뉜다고 보는데, 이는 곧 심의 상태의 차이에 따른 구분이다. 미발과 이발이 모두 심의 영역으로 포괄된 것이다. 이러한 전제에서 주희는 미발과 이발의 심 본래의 상태—人心之正·性情之德—를 설명한다(인용문의 ①). 즉, 그 올바른 상태를 묘사한다면, 미발의 심은 적연부동(寂然不動)의 바탕에 성(性)을 갖추고 있으며 중(中)의 기상을 지닌다. 그리고 이발의 심은 감이수통(感而遂通)하여 정(情)을 발하며 중절의 화(和)를 이룬다. 결국, 주희는 미발(未發)을 '심(心)의 체(體)·성(性)의 구비(具備)·적연부동(寂然不動)·중(中)'으로, 이발(已發)을 '심(心)의 용(用)·정(情)의 발현(發現)·감이수통(感而遂通)·화(和)'로써 설명하며, 특히 심이 그 자체 내에 체와 용을 모두 갖추고 있으며 또 체와 용은 본래 분리된 것이 아님을 강조한다.[81] 이러한 관점은 이른바 성체정용(性體情用)과 심통정정(心統性情)을 핵심

---

81 『朱熹集』 卷32, 1403–1404쪽, 「答張敬夫」, "然人之一身, 知覺運用, 莫非心之所爲, 則心者固所以主於身, 而無動靜語默之間者也. 然方其靜也, 事物未至, 思慮未萌, 而一性渾然, 道義全具, 其所謂中, 是乃心之所以爲體, 而寂然不動者也. 及其動也, 事物交至, 思慮盟焉, 則七情迭用, 各有攸主, 其所謂和, 是

내용으로 하는 주희의 완결된 심성론(心性論)에 거의 가깝다. 중화구설에서도 주희는 공부의 주체와 방법의 안정성 확보를 위해 체용일원(體用一源)의 관점에 주목하고 미발의 본체인 성을 심으로 끌어들이지만, 성과 심을 체와 용으로 구분하는 성체심용(性體心用)의 이해 틀은, 이론적인 면에서는 물론이고 실천적인 면에도 체와 용, 그리고 성과 심의 진정한 통일을 방해했다. 이에 비해 중화신설에서는 성을 곧 미발의 심으로 대체하고, 나아가 미발의 심과 이발의 심을 각각 심의 체와 용으로 확정하면서, 성은 심과 별개의 본체가 아닌 그 자체가 심의 본질적인 요소로서 자리매김된다. 이렇게 해서 성은 심 속으로 완전히 흡수되고 심은 그 자체가 성을 자체의 본질적 요소로서 구비한, 체용을 완전히 갖춘 존재가 된다. 이로써 중화구설로부터의 관심사였던 체용이 완구된 공부주체의 안정성이 확보된다. 그런데 이 안정성은 곧 자율성과도 통한다. 심이 자율성을 갖추었다는 것은, 심이 성을 그 자체의 요소로 간직함으로써 심은 성의 명령을 받거나 그 메시지를 기다리는 존재에서 벗어나 성을 자신의 본질로 하는 주재자의 위치를 확보했다는 것을 의미한다. 이제 공부주체로서의 심은 미발과 이발을 걸쳐서 안정적이고 자율적으로 중화(中和)를 실현할 수 있는 존재가 된다.

(2) 미발이발함양찰식(未發已發涵養察識)의 본령공부

중화신설에서는 미발과 이발을 모두 심의 상태로 간주함으로써, 이발뿐 아니라 미발에서도 심의 공부가 가능하게 된다. 미발의 심을 부정하는 중화구설에서의 본령공부는 다만 이발 시의 찰식존양(察識存養) 공부를 말하며, 그 내용은 이발의 심에서 드러나는, 미발의 성이라는 본체의 단서를 살펴서 보존하는 것임은 앞에서 고찰한 바다. 주희가 「여호남제공논중화제일서」에서, 중화구설에서는 일상(日用)의 본령공부가 없었다거나(인용문의 ①), 함양 단계의 공부를 빼놓았다(인용문의 ③)고 자평한 것은 바로, 이발 시의 찰식존양 공부만을 본령공부로 삼았을 뿐 미발 시의 본령공부를 빼놓았다는 것에 대한 반성이다.[82] 결국 본령공부는 미발과 이발을 모두 포괄해야 한다는 것이 중화신설의 관

乃心之所以爲用, 感而遂通者也. 然性之靜也而不能不動, 靜之動也而必有節焉, 是則心之所以寂然感通, 周流貫徹而體用未始相離者也."

82 이 문제에 대해서 「未發已發說」에서는 "일상생활에서 본령의 일단(一段) 공부가 빠져 있다[且于日用之際欠缺本領一段工夫]."라고 말하는데, 이 표현이 보다 구체적이라고 할 수 있다. 즉, 주희는 본령공부가 미발함양(未發涵養)과 이발찰식(已發察識)의 양단(兩段)을 모두 포함해야 하는데 중화구설

점이다.

주희에 따르면 심이 유(有)와 무(無), 동(動)과 정(靜), 그리고 미발(未發)과 이발(已發)을 두루 통하므로 당연히 공부도 유와 무, 동과 정, 미발과 이발을 두루 통해야 한다. 이러한 맥락에서 주희는 미발의 공부로서 함양(涵養) 혹은 존양(存養) 공부를 제시한다. 심의 미발 시에 함양(존양)하면 발하는 곳에 이르러서는 자연히 중절함이 많아지고 살피는 일[體察]도 쉬워진다는 것이다.[83] 말하자면 미발 시의 함양(존양) 공부는 이발 공부의 굳건한 토대로서, 미발 공부가 없는 이발 공부는 흔들리고 경박해지기 쉽다. 그럼에도 불구하고 일상생활에서 자연스럽게 미발의 공부 기회를 맞이하였으면서도 아무런 노력을 하지 않다가, 발하기를 (애써) 기다려 찰식(察識)하고 그것을 토대로 존양(存養)하려는 것은, 공부의 출발점[着手處]을 잃은, 막연하고 억지스러운 공부 태도일 뿐이다.[84] 미발의 때에는 거기에 맞추어 편안하게 존양하고 이발의 때에는 이를 토대로 찰식을 하는 것이 자연스러운 본령공부다. 그렇다면 미발의 공부로서의 함양(존양)의 성격이 무엇이며 그것이 이발의 공부와는 어떻게 연결되는가를 규명해 볼 필요가 있다.

미발 시의 함양(존양) 공부의 성격은 바로 이상적인 미발 심의 상태, 즉 '사려가 싹트지 않아 사물이 아직 이르지 않을 때'의, 성의 체단을 온전히 갖춘 적연부동(寂然不動)과 중(中)의 심의 상태에 의해 공부 내용과 방법이 규정된다. 사려가 싹트지 않고 사물과 접하지 않을 때이므로, 무엇을 의식적으로 추구하거나[尋覓], 궁색(窮索)하는 식의 공부는 적합하지 않으며 또한 불가능하다(인용문의 ②). 그것은 이미 이발의 공부다. 미발 시의 공부는 사려(思慮)가 아닌 모종의 지각력(知覺力)에 의해 이루어진다. 미발 시에도 사려는 없지만 모종의 지각이 있고 이에 따른 주재 능력이 있다.[85] 미발의 공부는 이 지각

에서는 후자의 일단(一段)만을 본령공부로 보고 전자의 일단은 고려하지 않았다는 의미를 표현하고자 했기 때문이다.

83 『朱熹集』 卷43, 2049쪽, 「答林擇之」, "近看南軒文字, 大抵都無前面一截工夫也. 大抵心體通有無, 該動靜, 故工夫亦通有無, 該動靜, 方無透漏. 若必待其發而後察, 察而後存, 則工夫之所不至多矣. 惟涵養於未發之前, 則其發處自然中節者多, 不中節者少, 體察之際, 亦甚明審, 易爲著力, 與異時無本可據之說大不同矣."

84 『朱熹集』 卷32, 1405쪽, 「答張敬夫」, "蓋發處固當察識, 但人自有未發時, 此處便合存養, 豈可必待發而後察, 察而後存耶? 且從初不曾存養, 便欲隨事察識, 竊恐浩浩茫茫, 無下手處."

85 『朱熹集』 卷32, 1403쪽, 「答張敬夫」, "然人之一身, 知覺運用, 莫非心之所爲, 則心者固所以主於身, 而無動靜語默之間者也."/『朱熹集』 卷67, 3530쪽, 「程子養觀說」, "方其未發, 必有事焉, 是乃所謂靜中之知覺, 復之所以見天地之心也. 及其已發, 隨事觀省, 是乃所謂動上求靜, 艮之所以止其所也."

능력을 바탕으로 해서 미발 심 본래의, 성을 갖춘 적연부동과 중의 기상을 혼연하게 체험하면서 보존하는 공부를 말한다. 이것이 곧 미발함양이다. 함양은 미발 시에 기질적 사욕의 굴레를 넘어서서 중의 기상을 온전히 획득하는 공부이되, 이는 중의 기상을 (사려로써) '구(求)하는' 방식이 아니라[86] 중의 기상에 '스며드는' 방식으로 이루어지는 것으로 볼 수 있다. 미발의 상태는 우연히 찾아올 때도 있겠지만 (이발의 상태에서의 주체의 의지에 의해) 의식적으로 미발의 상태에 돌입할 수 있고, 미발의 상태에 들어가서는 모종의 지각력으로써 미발 중의 기상을 보다 지속적으로, 그리고 선명하게 체험해 볼 수 있다. 미발의 함양 공부가 쌓이게 되면 자연히 성을 밝게 비추고 실현해 낼 수 있는 심의 토대가 형성된다. 그리고 이 바탕에서 이발의 찰식 공부도 원활하게 이루어질 수 있다.

미발함양에서 이발찰식으로 이어지는 것이 공부의 순서이지 그 반대는 아니다. 미발의 함양 공부를 통해서 성(性)의 체단(體段)을 갖춘 중의 기상을 느끼고 간직하는 것에 익숙해진다면, 이발의 경우에 드러나는 성의 단예(端倪)를 살피고 나아가 자신의 것으로 만드는 것은 자연스럽고 쉬운 일이 될 수밖에 없기 때문이다. 이발찰식을 먼저 내세우는 것은 조급성에서 비롯된 것일 뿐이다.[87] 미발함양을 통해서 심은 이미 스스로에 내재한 성(리)을 혼연하게 체험하고 이에 밝은 주체가 됨으로써, 이발에서의 (리에 합당한) 찰식은 억지로 꾸미지[安排] 않고도 자연스럽게 이어질 수 있다.[88] 이렇게 보면 미발함양이라는 안정적 토대를 갖춘 중화신설에서의 이발찰식 공부는, 토대가 없이 들뜨고 조급하기 쉬운 중화구설에서의 이발찰식의 공부와 그 성격상 큰 차이를 보임을 알 수 있다.

---

86 『朱子語類』 62-118. "曰: 如此(氣質的 私欲으로 인한 未發 時 不中의 경우-필자주), 則昏時是他不察, 如何? 曰: 言察, 便是呂氏求中, 卻是已發. 如伊川云, '只平日涵養便是.'"

87 『朱熹集』 卷43, 2047쪽, 「答林擇之」, "但從此涵養中漸漸體出這端倪來, 則一一便爲己物. 又只如平常地涵養將去, 自然純熟. 今曰, '卽日所學, 便當察此端倪而加涵養之功' 似非古人爲學之序也 …(중략)… 蓋義理人心之固有, 苟得其養而無物欲之昏, 則自然發見明著, 不待別求. 格物致知, 亦因其明而明之爾. 今乃謂不先察識端倪, 則涵養箇甚底, 不亦太急迫乎."

88 『朱子語類』 62-117. "未發之前, 萬理備具. 纔涉思, 卽是已發動; 而應事接物, 雖萬變不同, 能省察得皆合於理處. 蓋是吾心本具此理, 皆是合做底事, 不容外面旋安排也. 今說爲臣必忠·爲子必孝之類, 皆是已發. 然所以合做此事, 實具此理, 乃未發也."

(3) 본령공부로서의 경(敬)의 제기와 본령공부의 하학화

미발함양과 이발찰식이 서로 분리되지 않고 이어지며 본령공부로서의 역할을 한다는 설명에도 불구하고 의문은 남는다. 우선, 중화신설에서의 본령공부론의 특징은 미발의 함양과 이발의 찰식을 모두 본령공부의 범주에 포괄했다는 점인데, 이 양자를 어떻게 하나의 본령공부로 묶을 수 있는가? 그리고 미발의 공부는 이미 이동이 강조한 것인데, 그렇다면 중화신설에서 다시 도입된 미발함양의 공부는 이동 수학 시절의 그것과는 어떠한 관계가 있는가?

결론부터 말하면 첫 번째 문제와 관련하여 주희는 '경(敬) 공부'를 제기한다. 즉, 중화신설에서 주희는 미발과 이발, 동과 정을 자연스럽게 이어 주는 본령공부론을 구축하는 일에 본격적인 관심을 지니면서, 정이가 이미 제기한 바의 경 공부에 주목한다. 그리고 두 번째 문제의 경우, 중화신설에서의 미발함양은 이동의 미발기상체인의 방법과는 차이가 있다. 이동의 미발공부는 '상달(上達)'의 방법이 주류를 이루었다면 주희 중화신설의 미발공부는 '하학(下學)'의 방법이 주류를 이룬다.

경 공부에 대해서 주희는 이미 이동 수학 시절, 중화구설 단계에서도 언뜻 언뜻 관심의 일단을 보인다. 그러나 이때까지만 해도 주희는 이정(二程)이 강조한 바, 경의 근본 공부로서의 의미를 자각하지 못했다. 그러던 것이 중화신설에 이르러서는 경 공부가 본격적으로 주목되어 '본령공부'로서 자리 잡게 되며, 특히 미발과 이발의 본령공부를 연결해 주는 매개로써 도입된다. 이 시기 경에 대한 주희의 전격적인 재발견은 무엇보다 『정씨유서』의 편찬과 함께 이루어진 정이의 문헌에 대한 깊은 탐색이 결정적 계기가 되었다. 그런데 미발이발의 공부 문제를 숙고하는 가운데 경의 존재 의미에 대해 자각하게 된 주희는. 단지 정이 및 정호의 경 사상에 머물지 않고 미발과 이발을 관통하는 본령공부로서의 경 개념을 역동적으로 구성해 간다.

중화신설을 대표하는 「여호남제공논중화제일서」의 후반부(인용문의 ②)에서는 미발·이발의 존양(存養)·성찰(省察)의 본령공부를 경 공부로 종합했다는 사실에 대해, "평상시에 장경함양(莊敬涵養)의 공부가 지극해져 인욕의 사사로움이 그것을 혼란시키지 않는다면 그 미발 시에는 거울이 맑고 물이 고요한 것과 같이 되고 발하여서는 중절(中節)하지 않음이 없게 된다. 이것이 일상생활 속의 본령공부다."라는 언급으로 정리하고 있다. 마음에 동과 정, 미발과 이발 사이의 틈새가 없듯이 공부도 양자 사이의 틈새가 없는데 이것을 가능케 하는 것이 경이다. 경은 미발과 이발, 동과 정, 그리고 동정어묵(動

靜語默)을 관통하는 공부다. 미발 시에도 고요함 속에 (사려는 없지만) 지각(知覺)함과 주재(主宰)함이 있고[靜中之動], 이발 시에도 움직임 속에 일에 따라 살펴 절도를 찾는 고요함이 있는데[動中之靜], 이것이 곧 경 공부의 가능 근거인 동시에 그 내용이다. 미발 시 경은 존양(함양)의 형태로 드러나고 이발 시 경은 성찰의 형태로 나타난다.[89]

주희에게서 경은 단지 미발·이발의 함양·성찰의 공부를 행하는 수단이 아닌, 경은 미발함양과 이발성찰 그 자체를 의미한다. 그는 미발과 이발 공부가 각각 경의 체와 용이라는 주장을 펴면서, 한편으로는 미발의 공부가 근본(체)이 되어 이발 공부가 행해진다는 점을 말하는 동시에, 경이 함양과 성찰 그 자체임을 말한다.[90] 경의 태도를 지니게 되면 굳이 미발과 이발을 의식하지 않아도 미발 시에는 함양이, 이발 시에는 성찰이 자연스럽게 연결된다. 이렇게 해서 주희는 경으로써 미발과 이발, 존양과 성찰의 경계를 넘어서는 통일된 본령공부론을 정립하게 된다.

주희의 경 공부가 미발(未發)과 이발(已發), 정(靜)과 동(動)의 경계를 넘어서는, 간단없는 공부이기는 하지만, 거기에 본말(本末)관계마저 존재하지 않는 것은 아니다. 앞의 인용문에서 주희가 미발함양과 이발찰식을 각각 경의 체와 경의 용으로 설명했듯이, 주희는 경 공부의 정(靜)의 측면을 보다 근본적인 것으로 여긴다.[91] 주희는 주돈이의 '정을 주로 하는[主靜]' 공부의 진정한 의미도 이것이라고 해석하는데, 아마 이동의 미발기상체인의 가르침도 같은 맥락에서 수용했음이 틀림없다. 미발과 이발, 정과 동을 관통하는 공부라 해도, 공부의 근본은 미발과 정의 측면에 있으며 이 근본의 기틀이 잘 닦여야 이

---

89 『朱熹集』卷67, 3530쪽, 「程子養觀說」, "此持敬之功, 貫通乎動靜之際者也. 就程子此章論之, 方其未發, 必有事焉, 是乃所謂靜中之知覺, 復之所以見天地之心也. 及其已發, 隨事觀省, 是乃所謂動上求靜, 艮之所以止其所也. 然則靜中之動, 非敬其孰能形之. 動中之靜, 非敬其孰能察之. 故又曰 學者莫若先理會敬, 則自知此矣. 然則學者豈可舍是而它求哉?"/ 『朱熹集』卷32, 1404쪽, 「答張敬夫」, "蓋心主乎一身, 而無動靜語默之間, 是以君子之於敬, 亦無動靜語默而不用其力焉. 未發之前是敬也, 固已主乎存養之實, 已發之際是敬也, 又常行於省察之間. 方其存也, 思慮未萌, 而知覺不昧, 是則靜中之動, 復之所以見天地之心也. 及其察也, 事物紛糾, 而品節不差, 是則動中之靜, 艮之所以不獲其身, 不見其人也. 有以主乎靜中之動, 是以寂而未嘗不感. 有以察乎動中之靜, 是以感而未嘗不寂. 寂而常感, 感而常寂, 此心之所以周流貫徹, 而無一息之不仁也."

90 『朱熹集』卷43, 2047쪽, 「答林擇之」, "敬字通貫動靜. 但未發時, 則渾然是敬之體, 非是知其未發, 方下敬底工夫也. 旣發, 則隨事省察, 而敬之用行焉. 然非其體素立, 則省察之功亦無自而施也."

91 『朱熹集』卷67, 3528쪽, 「未發已發說」, "以事言之, 則有動有靜, 以心言之, 則周流貫徹, 其工夫初無間斷也. 但以靜爲本爾. 周子所謂主靜者, 亦是此意. 但言靜則偏, 故程子只說敬."

발과 동의 공부가 쉽고 자연스럽게 이루어질 수 있다.

주희가 본령공부로서 경 공부를 제시했다는 사실과 함께 주목할 점은 본령공부의 성격이 '하학화(下學化)'된다는 점이다. 주희는 중화구설 이전의 공부태도를 돌이키면서, 가깝고 항상된 것을 소홀히 하고서 멀고 높고 새로운 것이나 공허하고 신묘한(空妙) 경지만을 추구하는 데 많은 세월을 보냈다는 식의[92] 반성적 고백을 한다. 이는 이동과 호상학파의 영향을 받으면서 추구했던 '미발기상체인(未發氣象體認)'과 '이발찰식존양(已發察識存養)'의 본령공부법은 하학과는 거리가 있다는 고백이기도 하다. 물론 중화구설 단계에서 이미 주희는 하학의 지향성이 드러났고, 이발찰식존양의 공부법도 그러한 관심에서 도출된 것이었지만, 이는 여전히 한계를 지녔음은 앞에서 살펴본 바와 같다. 이러한 반성에 기초해서, 주희는 본령공부가 공부를 시작하는 출발점으로서 누구나 일상에서 평이하고 자연스럽게 실천할 수 있는 방법적 성격을 지녀야 한다고 본다. 주희가 본령공부를 경 공부로 설정한 것은 하학적 관심의 결정판이다.

> 이선생이 당시 공부에 대해 말씀하신 것은 많은 의의가 있다. 다만 경(敬)을 말한 것이 분명치 않아서, 오랜 시간 동안 잡을 곳[捉摸處]이 없었다.[93]

주희는 과거에 이동이 공부에 대해서 많은 의미 있는 가르침을 주었음에도 불구하고, 경 공부에 대해서 분명히 인식하고 전달하지 않음으로써, 그 후 오랫동안 공부를 어디부터 시작해야 할지 감을 잡을 수가 없었다고 회상한다. 주희에게서 미발기상체인에서 이발찰식으로, 그리고 다시 미발이발함양찰식의 경 공부로 전환해 간 핵심 논리는 바로 보다 쉽고 자연스럽게 다가갈 길을 열어 주는 공부의 합리적 출발점을 세우는 일이었다. 주희의 공부론적 언설에서 종종 사용되는 '착수처(着手處)' '하수처(下手處)' '입각처(立脚處)', 그리고 '착막처(捉摸處)'는 공부의 하학적 토대 구축에 대한 간절한 열망의 표현들이다. 그 결론이 경이다. 주희는 이미 이동 수학 시절에서부터 경에 대한 관심을 표명했고 그 관심은 중화구설에서도 지속적으로 이어졌지만, 공부의 출발점으로서의 경의 의의에 대한 자각은 중화신설에서야 처음으로 이루어진다. 경 공부에 대한 명확한

---

92 『朱熹集』 卷75, 3950쪽, 「中和舊說序」, "夫忽近求遠, 厭常喜新, 其弊乃至於此, 可不戒哉?"/ 『朱熹集』 卷38, 1722쪽, 「答薛士龍」, "蓋舍近求遠, 處下窺高, 馳心空妙之域者, 二十餘年."

93 『朱子語類』 103-20. "李先生當時說學已有許多意思. 只爲說敬字不分明, 所以許多時無捉摸處."

인식이 있기까지는 많은 시행착오가 필요했던 것이다. “경 공부에 힘쓰지 않아서 많은 시절을 낭비했다.”는 내용의[94] 주희의 고백은, 많은 세월 동안의 시행착오를 거쳐서, 일상적이고 평이하면서도 효과적으로 진리의 세계로 인도해 주는 본령공부로서의 경 공부를 재발견한 주희의 환희를 역설적으로 표현해 주는 대목이다. 이동 수학 시절 주희를 좌절케 했던 미발기상체인의 경지도, 경을 매개로 한다면 충분히 다가설 수 있다는 자신감을 주희는 갖게 되었다. 중화신설에서의 미발공부도, 그것이 이동의 미발기상체인을 결코 배제하지 않고 그것을 포괄하지만, 경을 매개로 일상에서 평이하게 실천할 수 있는 공부로 재탄생된다. 중화신설의 미발공부는 일상적 용모와 마음가짐의 단속을 통해 자연스럽게 이루어지는 공부이며 자연스럽게 이발찰식으로 이어지는 공부다.

주희는 이후 정이를 비롯해서 사량좌, 윤돈의 견해를 종합해서 ‘주일무적(主一無適)’ ‘정제엄숙(整齊嚴肅)’ ‘상성성(常惺惺)’ ‘심수렴불용일물(心收斂不容一物)’을 하학화된 본령공부로서의 경 공부의 방법으로 제기한다.[95] 그리고 이러한 방법적 이해를 골격으로 삼아 일상생활에서 용모와 언행을 단속하는 공부,[96] 쇄소응대진퇴(灑掃應對進退)와 같은 소학적 공부를 경 공부의 내용으로 포괄한다.[97] 경 공부의 실제를 일상적 하학과 적극적으로 연계한 것이다. 이렇게 해서 경 공부는, 일상의 하학을 매개로 자연스럽게 미발과 이발을 걸친 함양과 성찰을 이끌어 내면서, 참된 자아와 진리의 세계로 나아가도록 이끄는 믿음직스러운 공부의 발판으로 자리매김한다.[98]

---

94 『朱熹集』 卷43, 2034쪽, 「答林擇之」, “熹哀苦之餘, 無他外誘, 日用之間痛自斂飭, 乃知敬字之功親切要妙乃如此. 而前日不知於此用力, 徒以口耳浪費光陰, 人欲橫流, 天理幾滅.”

95 『大學或問』, 「大學或問上」. “曰: 然則所謂敬者, 又若何而用力耶. 曰: 程子於此, 嘗以主一無適言之矣, 嘗以整齊嚴肅言之矣. 至其門人謝氏之說, 則又有所謂常惺惺法者焉. 尹氏之說, 則又有所謂其心收斂不容一物者焉. 觀是數說, 足以見其用力之方矣.”

96 『朱熹集』 卷43, 2033쪽, 「答林擇之」, “探究近世學者之病, 只是合下欠缺持敬工夫, 所以事事滅裂. 其言敬者, 又只說能存此心, 自然中理. 至于容貌詞氣, 往往全不可工. 設使眞能如此存得, 亦與釋老何異? 又況心慮荒忽, 未必眞能存得耶? 程子言敬, 必以整齊嚴肅, 正衣冠, 尊瞻視, 爲先. 又言, ‘未有箕踞而心不慢者.’ 如此乃是至論.”

97 『朱熹集』 卷32, 1404-1405쪽, 「答張敬夫」, “古人只從幼子常視無誑以上, 灑掃應對進退之間, 便是做涵養底工夫了. 此豈待先識端倪而後可涵養哉? 從此涵養中漸漸體出這端倪來, 則一一便爲己物. 又只如平常地涵養將去, 自然純熟. …(중략)… 敬字通貫動靜.”/『朱熹集』 卷43, 2047쪽, 「答林擇之」, “未發之前是敬也, 固已立乎存養之實, 已發之際是敬也, 又常行于省察之間. …(중략)… 且如灑掃應對進退, 此存養之事也. 不知學者將先于此, 而後察之也.”

98 주희 사상의 완숙기에 정리되는 경의 의미 및 공부법에 대한 논의는 제6장 3절 참조.

(4) 공부의 두 축으로서의 경(敬)과 격물치지(格物致知)

주희는 중화신설 단계에서 본령공부를 새롭게 정비했을 뿐 아니라 공부론의 두 축을 분명하게 드러낸다. 「여호남제공논중화제일서」(인용문의 ②)에서는 이와 관련하여 "도에 입문하는 데에는 경만한 것이 없으니 치지를 하면서 경에 있지 않은 자는 없다[入道莫如敬, 未有致知而不在敬者]."거나 "함양은 반드시 경으로써 하고, 학문의 진전은 치지에 있다[涵養須用敬, 進學則在致知]."고 하는 정이(程頤)의 명제를 제시한다.[99] 필자의 생각으로는, 중화신설로의 전환을 가능하게 한 결정적 단서는 정이의 이 명제이며, 이 명제의 자각적 발견은 주희 공부론의 정립사에서 최대의 사건이었다. 이 명제를 통해서 우선 중화설의 핵심 주제였던 본령공부의 문제가 경으로 해결되게 되었고, 동시에 경이라는 본령공부와 짝을 이루어 공부의 완성을 가능케 하는 공부의 핵심 영역으로서의 격물치지의 의미를 새롭게 발견했다. 그 발견의 환희와 의미를 주희는 다음과 같이 표현하곤 했다.

> 나는 예전에 정선생의 책을 읽은 것이 몇 년이 되었는데, 그 요점를 얻지 못했었다. (그러던 중) 『중용』 수장의 종지를 강구하다가 이른바 "함양은 반드시 경으로써 하고, 학문의 진전은 치지에 있다[涵養須用敬, 進學在致知]."라고 한 것을 알게 되었는데, 두 마디는 비록 간략하지만 덕에 실제로 들어가는 문은 여기를 넘지 않는다.[100]
>
> 정선생이 "함양은 반드시 경으로써 하고, 학문의 진전은 치지에 있다[涵養須用敬, 進學在致知]."라고 말했는데, 이 두 마디는 본체와 작용(體用), 근본과 말단(本末)을 갖추지 않음이 없다.[101]

주희는 정이의 공부론적 명제가 성현 학문의 종지로서 공부의 요체와 규모를 충실하게 표현하고 있다고 믿는다. 정이의 공부론적 명제에 대한 이와 같은 막중한 의미 부여에 주목해 본다면, 중화신설의 공부론적 각성은, 단지 미발·이발의, 혹은 경의 본령공부

---

99 『二程集』,『程氏遺書』의 卷3과 卷18에 실려 있다. 『二程集』,『遺書』 3-98, "入道莫如敬, 未有能致知而不在敬者. 今人主心不定, 視心如寇賊而不可制, 不是事累心, 乃是心累事. 當知天下無一物是合少得者, 不可惡也."/『二程集』,『遺書』 18-28, "涵養須用敬, 進學則在致知."

100 『朱熹集』 卷33, 1409쪽, 「答呂伯恭」, "熹舊讀程子之書有年矣, 而不得其要. 比因講究中庸首章之旨, 乃知所謂'涵養須用敬, 進學在致知'者, 兩言雖約, 其實入德之門無踰於此."

101 『朱熹集』 卷35, 1537쪽, 「答劉子澄」, "程子曰, '涵養須用敬, 進學在致知'. 此二言者, 體用本末無不該備."

에만 한정되지 않고 격물치지까지 확대되어 있음을 알 수 있다.

기실 주희의 중화신설은 이정(二程) 사상의 본격적인 탐구를 배경으로 이루어졌다고 보아도 과언이 아니다. 주희는 미발이발과 중화의 문제를 숙고하는 과정에서 경 사상을 담은 이정 문헌, 특히 정이의 경과 격물치지 사상에 주목하게 되고 거기에서 문제해결의 실마리를 찾아서 중화신설을 정립하게 된 것이다. 『정씨유서(程氏遺書)』가 39세에 나오고 중화신설이 40세에 이루어진 것은 우연이 아니다. 주희는 『정씨유서』를 편집하는 과정에서 발견한 공부론의 요체를 「정씨유서후서(程氏遺書後序)」에서 다음과 같이 표현한다.

> 비록 그렇지만 선생의 학문에서의 핵심은 알 수 있다. 이 책을 읽는 사람은 진실로 경(敬)을 위주로 해서 그 근본(根本)을 세우고, 리를 궁구해서 그 지(知)를 이루어 갈 수 있다. 근본을 세우도록 하면 지는 더욱 밝아지고, 지가 정밀하면 근본이 더욱 견고해진다.[102]

"경을 위주로 해서 그 근본을 세우고, 리를 궁구해서 그 지를 이루어 간다."는 말은, 정이의 "함양수용경(涵養須用敬), 진학재치지(進學在致知)"에 대한 주희 식의 재해석이라고 볼 수 있다. 즉, 경은 근본을 세우는 본령의 공부이고, 지는 이를 토대로 리를 궁구하는 공부다. 경과 궁리(격물치지) 양자는 서로를 필수불가결하게 요청하는 상호의존적이고 보완적인 관계에 있음을 전제로 한 이른바 '거경궁리(居敬窮理)'의 공부론적 틀이 자각적으로 확립된 것이다.

이쯤에서 확인하고 넘어갈 점은, 중화신설에서 발견된 경 공부를 단지 미발의 공부로 한정하고, 이발의 공부는 격물치지로 설정하는 도식은 적절치 않다는 점이다. 이 문제를 거론하는 것은 기존의 주요 연구들[103]에서 이런 오해를 불러일으킬 만한 도식화의 양상이 보이기 때문이다. 이러한 도식을 이끌어 낸 오해의 근거가 몇 가지 있을 것으로 추측되는데, 우선 정이의 공부론적 명제인 "함양수용경(涵養須用敬), 진학재치지(進學在致知)"가 마치 "미발함양=경, 이발찰식=격물치지"를 의미하는 것처럼 느끼게 한다는 점을 들 수 있다. 그런데 정이는 '함양'을 말했지 '미발함양'을 말하지 않았다. 중화구설에

102 『朱熹集』卷75, 3938쪽, 「程氏遺書後序」, "雖然, 先生之學其大要則可知已. 讀是書者誠能主敬以立其本, 窮理以盡其知, 使本立而知益明, 知精而本益固."

103 牟宗三, 앞의 책, 134-143쪽; 友枝龍太郎, 앞의 책, 98-99쪽/ 손영식, 앞의 논문, 162쪽 외.

서 '이발찰식존양'의 공부를 논했던 것을 고려하면, 함양 혹은 존양은 미발이건 이발이건 가능한 공부다. 다음으로 이발찰식에 대한 개념적 오해인데, 이발찰식의 일반적 의미는 격물치지를 포괄하는 것이지만, 중화논변의 맥락에서 이발찰식은, 격물치지와는 결이 다른, 마음이 발하는 초기에 그 사려와 감정의 싹을 섬세하게 살피는 공부다. 그래서 앞서 살핀 「미발이발설」에서 보듯이 "이발찰식을 격물치지의 착수처로 삼았다."는 표현도 가능했던 것이다.[104] 중화신설에서 미발함양과 짝을 이루어 본령공부로 자리매김되는 이발찰식은 마음의 기미를 기민하게 살피며 늘 깨어 있도록 하는 공부이며, 격물치지는 이러한 깨어 있음을 바탕으로 해서 본격적으로 사물의 리를 규명하고 자기화해가는 공부다. 격물치지는 이발의 공부임에는 틀림이 없고 또한 찰식 공부와 뗄 수 없음은 분명하지만, 본령공부로서의 이발찰식과 본격적 궁리법으로서의 격물치지 공부는 본질적으로 성격을 달리한다.

미발과 이발을 포괄하는 본령공부로서의 경, 그리고 본격적 궁리공부로서의 격물치지를 두 축으로 하는 주희의 공부론은 '하학이상달(下學而上達)'이라는, 주희가 관심 있게 추구했던 바의 공부원칙에 가장 적절하게 부합하는 것이기도 했다.

> 선생이 사람들에게 '경을 견지하기[持敬]'를 가르침에 '의관을 바르게 하고[整衣冠]'과 '용모를 단정히 하는[齊容貌]' 것을 우선으로 하는 것에 지나지 않았다. 이른바 '앎을 지극히 함[致知]'이라는 것은 경전과 역사를 읽고 사물을 접하는 때에 그 리의 소재를 궁구할 뿐이었다. 모두 요즘의 거칠고 허망하고 기이하고 속이는, 사람의 일반적 정서에 가깝지 않은 설과는 다르다.[105]

> 예로부터 성현이 사람을 가르치는 법은 효제충신(孝弟忠信), 그리고 경으로 지키고 기르는 일[莊敬持養]로써 하학(下學)의 근본으로 삼지 않음이 없었다. 그다음에 뭇 리를 널리 탐색하고, 가까이 생각하되 면밀히 살피고, 리의 실질에 따라서 그 앎을 지극히 한다. …(중략)… 대저 성인 문하의 학문은 자연스럽게 쌓아 가고 함양하여 성취하니, 그 깊고 얕음을 따라서 실질적 배움[實學]이 아님이 없는 것은 이 때문이

104 『朱熹集』 卷67, 3528쪽, 「未發已發說」, "自來講論思索, 直以心爲已發, 而所論致知格物亦以察識端倪爲初下手處, 以故缺却平日涵養一段工夫."

105 『朱熹集』 卷56, 2851쪽, 「答陳師德」, "然夫子之敎人持敬, 不過以整衣冠, 齊容貌爲先; 而所謂致知者, 又不過讀書史, 應事物之間求其理之所在而已. 皆非如近世荒誕怪譎, 不近人情之說."

다.[106]

경은 물론이고 격물치지도, 공부가 하학으로부터 출발해야 한다는 문제의식으로부터 발견되었으며, 따라서 그 내용도 하학적인 것으로 채워져 있음이 확인된다. 경 공부가 일상의 마음가짐과 몸가짐을 단속하는 일로부터 이루어지는 것과 마찬가지로 격물치지 공부 역시 일상적으로 가장 가까이 접하는 사사물물의 리를 궁구하는 것을 시작으로 점차 넓혀 가는 성격을 지니는 것으로 주희는 파악한다.[107] 경과 격물치지의 성격을 이렇게 규정하는 것은, 막연하게 상달을 꿈꾸는, 거칠고 허망하고 기이한 논의들에 대한 극복의 의지가 담겨 있다. 주희의 거경궁리의 공부론의 틀 속에서는 일상적인 마음가짐과 몸가짐의 단속, 그리고 일상에서 접하는 사사물물의 탐색 등의 하학이 핵심 토대를 형성하고 있다.

3) 중화설 전개에서 보이는 교육적 문제의식: 하학적 착수처의 구축

이상 중화구설에서 중화신설로 전환되는 주희의 기본 문제의식은 하학적 출발점 및 착수처(着手處)을 찾아 자연스럽게 상달을 끌어내는 '하학이상달(下學而上達)'이라 할 수 있다. 그리고 더 거슬러 이동의 미발기상체인 중심 공부에서 이발 중심의 중화구설로 전환되는 과정에도 역시 이 '하학이상달'의 원리에 부합하는 방법을 찾으려는 문제의식이 발견된다. 그리고 이렇게 하학적 출발점을 찾는 관심은 교육적 관심이기도 했다. 지금까지 미발이발을 둘러싼 공부론적 관점의 전개를, 거기에 깔린 '하학이상달'의 문제의식을 고려하며 정리해 보면 다음과 같다.

첫째, 이동 문하 수학 단계에서 중화신설의 단계까지의 미발·이발 공부에 대한 논의는 곧 공부의 근본이며 합리적 출발점으로서의 본령공부(本領工夫)에 대한 논의로서, 이는 이동 수학 단계에서는 미발기상체인(未發氣象體認) 공부로, 중화구설에서는 이발찰식(已發察識) 공부로, 그리고 중화신설에서는 경(敬) 공부로 정리된다. 경은 미발(未發)과

106 『朱熹集』卷38, 1725쪽,「答林謙之」, "蓋熹聞之, 自昔聖賢教人之法, 莫不使之以孝悌忠信, 將敬涵養爲下學之本, 而後博觀窮理, 近思密察, 因踐履之實以致其知. …(중략)… 夫聖門之學所以從容積累, 涵養成就, 隨其淺深, 無非實學者, 其以此與."

107 주희 사상의 완숙기에 정리되는 격물치지의 개념과 성격에 대해서는 제6장 4절 참조.

이발(已發), 정(靜)과 동(動)을 관통하는, 미발이발함양찰식(未發已發涵養察識)를 자연스럽게 이끌어내는 공부이며, 그러면서도 미발(未發)과 정(靜)의 측면이 근본을 이루는 본령공부다. 본령공부는 공부의 일상적이고 평이하며 안정된 출발점이어야 한다는 주희의 문제의식이 결국 경(敬)의 발견으로 귀결된다.

둘째, 중화신설에서 경의 본령공부와 더불어 공부의 다른 한 축으로 격물치지(格物致知)가 제시된다. 주희는 이동 문하 수학 단계나 중화구설 단계에서도 격물치지를 공부의 주요 영역으로 인식하고 있었지만, 격물치지에 대한 본격적인 자각은 중화신설 단계에서 이루어진다. 격물치지에 대한 자각은 경에 대한 자각과 짝을 이루어 나타났는데, 이는 정이의 공부론적 명제의 재발견을 토대로 한다.

셋째, 경과 격물치지를 두 축으로 하는 공부론이 정립되기까지, 이 변화과정을 끌어간 주희의 공부론적 문제의식은 '하학이상달(下學而上達)'로 집약될 수 있다. 공부는 '상달'을 지향하되 '하학'에서 비롯해야 한다는 문제의식으로부터 공부의 출발점인 본령공부는 경 공부로 정리되었고, 또한 경의 본령공부는 일상에서의 하학을 포괄하는 내용으로 채워진다. 경만이 아니라 격물치지도 일상의 가까운 것부터 차근차근 이해하며 진리를 터득해 가는, '하학이상달(下學而上達)'의 궁리방법으로서 재발견된 공부다.

넷째, 본령공부의 정립과정에서, 일상적이고 자연스런 본령공부에 부응하는 안정되고 자율적인 공부주체관을 구축해 간다. 이 결과 중화구설에서의 성체심용(性體心用)의 관점을 거쳐서 중화신설의 심통성정(心統性情), 성체정용(性體情用)의 심성론적 관점이 정립된다. 안정성과 자율성을 갖춘 공부주체론의 확립 역시 '하학이상달'의 공부 방법론의 정립 관심과 맞물려 있다. 주희의 공부주체론으로서의 심성론은 공부라는 실천적 문제의식으로부터 정립되었으며, 이는 주희에게서는 심성론이 공부론을 위한 전제가 아니라 공부론이야말로 심성론의 전제가 되고 있음을 보여 준다. 이와 같은 중화설을 매개로 공부, 심성의 이론적 토대를 구축한 주희는 경지행, 소학대학의 공부론, 교육론을 구축해 간다.

주희 공부론의 전 형성 과정에 관철되는 문제의식으로 포착되는 하학이상달'은 그 자체가 '교육적 관심'이라고도 할 수 있다. 말하자면, 아동기에서부터 그리고 누구나 활용할 수 있는 일반적인 배움 혹은 학습의 방법을 제시하고자 하는 교육적 관심을 주희는 견지하고 있었다. 비록 그 출발은 주희 개인의 공부방법의 합리적 개선에 대한 관심이었지만, 점차 자신만이 아니라 누구나 일상에서 쉽고 자연스럽게 다가서고 활용할 수 있는 공부방법을 세우는 관심으로 발전했다. 이는 주희 당시의 상달 위주의 고원한 공부풍토에 대한 반성과 비판적 대안을 제시하고자 하는 희망과 맞물려 있다. 결국 주희는 일상에서의 하학적 공부방법으로서 경과 격물치지를 발견하는 것을 기점으로 이를 교육의 장에서 체계적으로 구현할 수 있는 소학·대학의 교육 단계론을 구성하는 방향으로 나아간다. 여기에는, 교육이 궁극적으로는 높은 진리를 터득하는 상달을 꿈꾸는 것이어야 하지만, 그 출발은 일상의 가깝고 평이하고 낮은 곳으로부터 시작해야 하며, 동시에 아동기부터 자연스럽게 다가설 수 있는 방법이어야 한다는 교육적 문제의식이 깔려 있다.

5. 중화신설 이후의 공부론, 교육론의 전개 및 완성 단계: 41세 이후

주희에게 중화신설은 공부론과 심성론, 본체론을 포함한 학문의 기틀을 다지는 결정적 계기였다. 이후에는 여기에서 얻은 통찰력과 자신감을 바탕으로 자신의 학설을 거침없이 정리해 갔고 결국 공부론, 교육론의 완결태가 만들어져 갔다. 경(敬)을 본령으로 하여 지(知; 격물치지 등)와 행(行; 성의정심 등)이 어우러지는 경·지·행 및 지행병진의 공부론, 소학(小學)에서 대학(大學)으로 이어지는 소학·대학 교학론, 그리고 그 토대로서의, 리(理), 성(性), 심(心), 인(仁) 등의 개념을 중심으로 한 리기심성론이 정리된다. 이 완결태에 대해서는 제4장 이후에 몇 주제로 나누어 자세하게 다룰 것이다. 이에 이 절에서는 그 배경을 이해하는 차원에서 40대 이후의 전반적인 학문 및 교육 활동 이력을 들여다보기로 한다. 특히 주희 교학론의 기틀로서의, 경과 격물치지를 핵심 축으로 하는 지행병진 혹은 경·지·행의 공부방법론, 소학·대학론, 나아가 그 토대가 되는 리기심성론의 형성 과정을 이해하는 데 초점을 맞출 것인데, 이를 위해 무엇보다 정이를 비롯한 북송대 신유학의 공부론적 정수가 정리해 가는 과정, 격물치지 및 지행 공부의 요체를 담고 있으며 공부의 기본서로서 여겨지는『대학』이 주목되고 이해되어 가는 과정, 심법 도통의 요체를 담은『중용』을 포함한 사서(四書)의 주석 체제가 구축되어 가는 과정, 그리고 세계관 및 공부관을 둘러싼 타 학파와의 논쟁 과정에 대해 주시해서 살필 필요가 있다.

1) 연보(年譜)로 보는 주희의 공부 및 학문의 생애사적 전개

이 검토를 위해 연보류(年譜類)의 접근이 도움이 되는데, 주희의 연보 및 전기 연구의 권위자인 속경남(束景南)의 『주희연보장편(朱熹年譜長編)』을 안내서로 삼아보기로 한다. 특히 본 항(項)에서는 중화신설 이후의 공부론, 교육론의 완결 과정을 살피는 것을 목적으로 하기에, 주로 41세 이후의 상황을 주목해서 볼 것이다. 그런데 이에 대한 이해를 위해서도 40세 이전까지의 학문 경로에 대한 대체적 이해 역시 필요하기에 곁들여 들여다보기로 한다. 주희의 전 생애를 걸친 학술 전개과정의 요점을 추려 보면 다음과 같다.

『주희연보장편(朱熹年譜長編)』(束景南 著)으로 본 주희의 학문 생애사[108]

5세: 小學을 시작함/ 孝經을 처음으로 읊고 '不若如此便不成人[이와 같지 않으면 사람이 될 수 없다]'는 여덟 글자를 씀/ 四書를 읽기 시작함

6세: 星溪書院 雲根書院을 왕래하며 독서함/ 延平 李侗을 처음 봄/ 楊時 임종

7세: 陳公輔가 伊川의 學에 대한 금지를 주장함

8세: 朱松은 조정의 부름을 받아 떠나고 朱熹 母子는 浦城에 거주함

9세: 胡安國 임종/ 주희 모자가 臨安으로 옴/ 아버지를 모시고 대유 尹焞을 뵙고 그의 論語解를 얻어 抄錄하고 부지런히 읽음

10세: 臨安에서 四書를 열심히 읽었고 聖人의 뜻을 품음

11세: 아버지 朱松이 주희를 데리고 臨安에서 돌아와 建陽에 머묾/ 가정에서 수학하며 詩文을 짓기 시작함

12세: 詩가 크게 진전됨

13세: 尹焞 임종

14세: 朱松이 武夷의 三先生인 籍溪 胡憲, 白水 劉勉之, 屛山 劉子翬에게 배우도록 명했고, 주희는 劉氏家塾에서 3선생 아래에서 諸生 및 同舍生들과 共學함/ 二程과 張載의 책을 읽기 시작했고 爲己之學에 힘씀. 백수 유면지, 병산 유자휘가 張載의 西銘을 전수함

15세: 四書를 부지런히 공부함. 呂大臨의 中庸解와 孟子의 '自暴自棄' 장을 읽고 분발하며 不自棄文을 지음/ 屛山 劉子翬의 거처에서 密庵의 主僧이며 宗杲의 제자인 道謙禪師를 처음 만나 禪을 배우는 데 뜻을 둠. 10여 년간 佛老[불교와 도교]에 출입한 것이 여기에서 시작됨

---

108 束景南,『朱熹年譜長編』(上·下), 上海:華東師範大學出版社, 2001. 상, 하권 두 책으로 구성된 이 연보에서는 상권에서는 1~56세까지, 하권에서는 57~71세까지를 다루고 있다.

16세: 程學의 배움이 금지되던 중 二程 理學을 연구하고 독서 공부에 매진함/ 擧業[과거공부]을 좋아하지 않고 儒佛道를 포함해서 배우지 않은 것이 없었고[無所不學], 사안 마다 모두 두 책(질)의 필기 문자를 지님.

17세: 致堂 胡寅이 衡山에서 武夷의 3선생을 방문했을 때 주희가 모시고 뵘/ 密庵의 道謙이 建의 開善寺로 와 있을 때, 빈번하게 道謙 禪師에게 가서 禪을 묻고 불교를 배움/ 竹原庵에 가서 宗元에게 禪을 물음/ 劉子羽가 임종, 그의 奏議를 읽고 感慨奮發함

18세: 道謙이 開善寺를 떠나 衡陽으로 가서 宗杲를 따를 때 주희가 서신을 부탁해 宗杲에게 禪을 물었고 종고의 답서도 있음/ 諸家祭禮를 考訂하고 諸家祭禮考編을 필사로 완성함/ 建州의 鄕貢에 擧[응시]함/ 劉子翬 임종. 임종 전에 주희에게 평생학문의 순서를 말하고 '不遠復' 사상을 전수함. 주희로 하여금 張浚에게 편지를 써서 金에 저항하고 나라를 회복하는 대업에 힘쓰라고 전하도록 명함

19세: 省試에 참가하여 道謙의 禪說로 中擧함/ 展試에 中擧함/ 臨安을 떠나 남쪽으로 돌아갈 때 蘭溪를 경유할 때 范浚을 방문하여 心箴을 얻음

20세: 劉勉之 임종/ 上蔡 謝良佐의 論語解를 얻어 각고의 硏讀을 함/ 上蔡 謝良佐의 제자인 鄭轂을 만남/ 六經, 論語, 孟子를 전면적으로 읽고 그 大義를 깨달아 이해하면서 학문의 전기를 맞음

21세: 道謙이 衡陽에서 密庵으로 왔을 때 주희가 누차 산중으로 가서 도겸과 조석으로 도를 묻고, 또 서신을 왕래하며 禪을 배움/ 史書를 읽기를 시작함

22세: 弁山으로 가서 尹焞의 문인인 徐度를 뵘/ 齋室名을 牧齋로 하고 六經 및 많은 학자의 책을 날마다 읽으며 謙虛하게 스스로를 길러가고자[牧] 함

23세: 서신으로 道謙에서 禪을 묻고 답을 받음/ 불교와 도교의 책을 침잠해서 읽고 시를 몇 편 지음/ 道謙 임종/ 周敦頤의 太極通書를 처음으로 얻어 읽음

24세: 齋居하며 誦經함/ 牧齋記를 지음/ 南劍을 지나는 길에 延平 李侗을 뵙. 禪을 배움에 얻는 것이 있다는 얘기를 이동에게 했는데, 이동은 긍정하지 않음/ 同安에 이르러 縣主簿 兼 主縣學에 취임함/ 鄭仲熊이 程學을 금할 것을 주청함

25세: 縣學을 정돈하고 諭學者, 諭諸生, 諭諸職事 등을 반포함. 講問의 法을 增修하고 講座銘을 지음. 同安 縣學에 四齋를 재건하고 四齋銘, 鼓銘을 지음/ 직접 縣學 諸生에게 論語 20편을 강의하고 論語課會說을 지음

26세: 관청의 많은 책의 보관을 위해 經史閣을 건립함/ 程學이 解禁됨

27세: 謝良佐의 上蔡語錄을 얻어 침잠하여 硏讀함/ 至樂齋記, 一經堂記, 藝齋記 등을 지음

28세: 서신을 통해 延平 李侗에게 學을 묻기를 시작. 이동은 答書에서 涵養 공부에 힘쓸 것을 권유함/ 恕齋記를 지음

29세: 李侗을 뵙고 忠恕一貫의 종지, 灑然融釋의 설을 논함/ 李侗과 理一分殊 사상에서 합치함/ 忠恕說 지음/ 春秋, 論語, 孟子를 읽고 이동과 答問함/ 存齋記를 지음
30세: 詩集解를 짓기 시작함/ 上蔡先生語錄을 校訂함/ 存齋記를 修改함/ 論語集解의 초고를 완성함
31세: 論語, 孟子와 주돈이의 太極通書를 연찬하고, 周敦頤 遺文을 수집함/ 李侗과의 答問書에서 主靜存養과 灑然融釋의 설을 토론함/ 歸樂堂記를 지음/ 孟子集解 초고를 완성함/ 程洵과 서신으로 蘇, 程의 學에 대해 토론함
32세: 李侗과 答問書로 周敦頤 太極圖說, 論語 등에 대해 토론함
33세: 李侗과의 答問書에서 仁學, 理一分殊에 대해 토론함/ 孝宗에 올리는 封事를 작성, 이동이 修訂함
34세: 論語要義, 論語訓蒙口義를 완성함/ 毛詩集解의 원고를 작성함/ 李侗 임종/ 呂祖謙과 왕래를 시작함/ 孝宗에 奏事했고, 여기서 正心誠意格物致知의 學, 老佛異端之學에 대해 논함/ 訓蒙絶句를 완성함
35세: 지인과 서신으로 時事와 孟子集解, 儒釋之學, 和戰時事 등에 대해 토론함/ 雜學辨(蘇氏易解, 蘇黃門老子解, 張無垢中庸解, 呂氏大學解)을 완성함
36세: 張載文集 편찬의 요청을 받음

37세: 周敦頤 通書를 編訂하고 長沙에서 인쇄함/ 林栗에 보내는 서신에서 周敦頤 太極學을 논함/ 張栻과 未發已發을 토론하고 中和舊說을 건립함/ 孟子集解를 修訂함/ 二程語錄을 編訂함/ 主敬 사상을 처음으로 자각하게 됨/ 張載集을 編訂함/ 論語要義를 邵武 府學에서 刻版함
38세: 張栻과 嶽麓에서 講學함
39세: 上蔡語錄 再修訂/ 程氏遺書 編訂, 泉州에서 校訂刻版함/ 張栻이 지은 艮齋銘을 가지고 서로 유학의 종지에 대해 논변하고 공부를 행하는 大要에 대해 건립하고 함께 지켜 감
40세: 蔡元定과 강학을 하던 중 中和新說을 깨닫고 평생학문의 大旨를 확립, 已發未發說을 지어 장식에게 寄託함/ 明道先生의 遺文을 얻어 장식에게 寄託하고 長沙 府學에서 刻版함/ 周敦頤 太極通書를 再訂하고 建安에서 刻版함/ 程氏易傳을 校訂함/ 祭儀를 修訂함

41세: 太極圖說解의 초고를 만듦 / 西銘解의 초고를 만듦/ 程氏遺書, 文集, 經說을 간행함
42세: 盡心說 짓고 知言疑義를 완성함
43세: 資治通鑑의 초고를 작성함/ 中和舊說을 編訂하고 中和舊說序를 지음/ 論性答稿를 편집함/ 八朝名臣言行錄을 지음/ 西銘解를 修訂함 /敬齋箴, 仁說, 克齋記를 지음/ 大學章句, 中庸章句의 초고를 작성함

44세: 太極圖說解를 序定함/ 尹和靜 言行錄의 序文을 지음/ 程氏外書을 編成함/ 伊洛淵源錄의 초고를 작성함/ 程氏易傳을 再校함/ 祭儀를 修訂함/ 仁說을 修改함
45세: 弟子職, 女誡를 編訂함/ 大學, 中庸의 新本을 編訂함/ 觀心說을 지음
46세: 呂祖謙과 함께 寒泉精舍에서 近思錄을 共編하고 修訂함/ 復齋 陸九齡 象山 陸九淵과 鵝湖에서 會同하여 공부방법에 대해 논변함/ 增損呂氏鄉約을 지음/ 祭儀를 修訂함/ 家禮를 작성하기 시작함
47세: 建康府學明道先生祀記를 작성함/ 尊德性齋銘을 작성함
48세: 詩集解를 修訂하고 序定[서문을 쓰고 확정]함/ 易傳을 완성하고 序定함
49세: 詩集傳을 작성하기 시작함
50세: 延平本太極通書를 교정하고 後跋을 작성함
51세: 白鹿洞書院을 申修함/ 府學에 濂溪先生祠를 세우고 祠記를 지음/ 白鹿洞書院學規를 확정함/ 信州鉛山縣學記를 지음/ 語孟精義를 補定, 論孟精義로 개명함
52세: 陸九淵 내방 白鹿洞書院에서 '君子小人喻義利' 장을 강론함/ 白鹿洞書院에서 西銘義를 설하고, 濂溪書堂에서 太極圖義를 설함/ 呂祖謙 임종
53세: 陳亮이 내방하여 수일 講論함/ 大學章句, 中庸章句, 論語集注, 孟子集注를 한편으로 해서 간행, 四書集注로 함. 經學의 역사에서 四書라는 명칭이 여기에서 시작됨
54세: 漳州龍巖縣學記를 지음/ 資治通鑑綱目을 修訂함/ 陸九淵과 서신으로 學을 논함/ 武夷精舍에 수일 머물며 詩를 읊음/ 小學의 書를 편찬하기 시작함
55세: 陳亮과 서신으로 '義利王霸之辨'을 논함/ 廣東 德慶에서 四書集注를 인쇄함/ 張南軒文集을 간행하고 서문을 씀
56세: 陳亮과 다시 서신을 왕래하며 '義利王霸之辨'을 논함/ 陸九韶와 서신으로 無極太極 論辯을 벌임
57세: 易學啟蒙을 완성하고 序定 함/ 四書集注를 修訂함
58세: 小學書를 완성함/ 陸九淵에 서신을 보내 그의 心學을 비판함/ 通書解를 완성함
59세: 陸九淵과 서신으로 無極太極論辯 개시함/ 周易本義를 완성함
60세: 陸九淵에게 서신을 보내 無極太極을 논했고 朱陸의 태극논변은 여기에서 매듭지어짐/ 大學章句, 中庸章句가 正式으로 序定됨
61세: 北溪 陳淳이 와서 수학함/ 臨漳學宮에서 大學章句, 近思錄, 小學, 家儀, 鄉儀 등을 간행함
62세: 黃幹이 서신을 보내 學을 논함
63세: 黃幹이 서신을 보내 學과 政을 논함/ 陳亮이 考亭에 내방하여 學과 政을 논함
64세: 陳亮과 만나 政을 논함/ 邵武軍光澤縣社倉記를 작성함
65세: 祭儀를 보완하여 완성함/ 大學을 受詔進講[임금의 부름에 따라 진강]함
66세: 學校貢舉私議를 작성함

67세: 建昌軍南城縣吳氏社倉記를 작성함/ 國子監에서 理學之書, 주희의 四書集注와 語錄을 毁禁의 범주에 포함시키자는 上奏가 이루어짐/ 주희의 학문 및 학단에 대해 胡紘이 僞學, 僞黨을 주장함

68세: 주희의 학단에 대해 僞學之黨 주청/ 禮書의 초고를 완성해서 儀禮集傳集注라 이름함. 이것이 후의 儀禮經傳通解임

70세: 陰符經考異를 완성함/ 黃幹이 考亭으로 이사 와서 거주함

71세: 袁州萍鄕縣社倉記의 跋을 작성함/ 禮書를 整頓함/ 大學章句를 修訂하고 완결함 (廖德明에 주는 주희의 서신에서 "대학을 또 한 번 수정하니, 간이평실해져서 이제 절필할 수 있겠다[大學又修得一番, 簡易平實, 次第可以絕筆]."고 한 기록이 있음.)

이상을 볼 때 주희의 공부론 및 교육론의 완결태는 41세부터 30여 년간 이루어진 몇 가지 줄기의 학술 활동에 기초하고 있음을 알 수 있다. 첫째, 중화신설을 구축해 가면서 그 의미가 자각된 바의 정이, 정호의 학술을 비롯한 북송대 신유학에 대한 정리다. 이는 특히 46세 『근사록(近思錄)』의 편찬으로 일단락된다. 이로부터 리기론, 심성론, 인의예지론, 공부방법론, 학교교육론, 이학비판론 등의 기틀이 형성된다. 둘째, 공부론적·교육론적 사유의 경전적 근거로서의 사서(四書)에 대한 주석 체제의 정비 및 『소학(小學)』의 편찬이다. 사서 중에서는 특히 43세에 초고가 쓰이고 60세에 서문(序文) 작성과 함께 완결된 『대학장구(大學章句)』『중용장구(中庸章句)』의 정비, 그리고 54세에 시작하여 58세에 완성한 『소학』의 편찬이 주희의 공부론과 교육론의 기틀 형성에 있어 중대한 의미를 지닌다. 이것이 도통적 심학의 공부 이해와 소학·대학 교학론의 토대를 이루기 때문이다. 셋째, 학교교육에 대한 이론적 정비 및 실천이다. 51세의 백록동서원(白鹿洞書院)의 신수(申修) 및 백록동서원학규(白鹿洞書院學規)의 확정, 66세 「학교공거사의(學校貢擧私議)」 작성 등 학교교육활동 및 학교교육의 철학과 운영에 관한 토대를 닦았다. 넷째, 유학 내의 다른 학파들과의 논쟁을 통한 비판적 차별화 작업이다. 46세 육구연(陸九淵) 형제와의 공부방법 논쟁이나 55, 56세 진량(陳亮)과의 의리왕패(義利王霸) 논쟁을 비롯해서 40대 중후반에서 50대를 거쳐 60에 이르기까지 지속된다. 다섯째, 자기와 타인의 공부를 위해 작성한 수많은 설(說)과 잠(箴), 명(銘), 기(記)다. 42세의 「진심설(盡心說)」, 43세의 「경재잠(敬齋箴)」「인설(仁說)」「극재기(克齋記)」, 45세의 「관심설(觀心說)」, 47세의 「존덕성재명(尊德性齋銘)」 등이 그것이다.

2) 41세 이후 공부론적·교육론적 사유의 정립과 그 학술적·실천적 기반

앞에서 제시한 다섯 가지의 학술 활동은 중화신설 직후인 41세부터 71세 임종 시까지의 주희 공부론, 교육론의 최종 성숙과 완성 과정에 있어 토대를 이루는 것이다. 각각에 대해 좀 더 상세히 검토하면서, 그리고 여기에 문인들과의 학술토론이 정점에 이른 마지막 10년의 기록을 주시하면서, 주희 공부론, 교육론의 완결태가 갖추어 가는 배경 및 과정을 가늠해 보기로 한다.

첫째, 46세의 『근사록(近思錄)』 편찬으로 일단락되는 북송대 신유학의 정리는 주희 공부론, 교육론의 기본적 토대를 이룬다. 주희의 리기론, 심성론, 인의예지론, 공부방법론, 학교교육론, 이학비판론 등은 북송대 신유학이 기틀이 되어 가능했던 것인데, 『근사록』은 그것을 주돈이, 장재, 정호, 정이의 문헌 및 사상을 중심으로 체계화한 것이기 때문이다.

주희는 중화신설의 단초를 제공한 바의, 경과 격물치지를 중심으로 한 정이의 사상에 매료된 이후, 본격적으로 정이, 정호를 비롯해서 주돈이와 장재를 포함하여 신유학의 원류에 대한 연구를 심화해 가면서 이를 자신의 학술의 근간으로 삼는다. 구체적으로는 우선 중화신설의 직접적 계기가 된 39세의 『정씨유서(程氏遺書)』의 편정(編訂)을 시작으로 41세에 『정씨유서』를 비롯한 『정씨문집(程氏文集)』, 『정씨경설(程氏經說)』의 간행, 그리고 44세의 『정씨외서(程氏外書)』의 편성(編成), 『정씨역전(程氏易傳)』의 재교(再校), 『이락연원록(伊洛淵源錄)』의 초고 완성이 이루어진다. 주희가 이정(二程) 문헌을 처음 만난 것은 14세경이었는데, 이에 대한 본격적 연구는 37세의 『이정어록(二程語錄)』의 편정(編訂)을 시작으로 39세부터 40대 초반에 정점에 이르렀던 것이다. 한편, 북송대의 또 다른 주요 신유학자인 주돈이와 장재의 문헌에 대한 연구도 심화되는데, 41세의 『태극도설해(太極圖說解)』 『서명해(西銘解)』의 초고 작성이 있었고, 이는 3, 4년간의 수정을 거쳐 완성되어 간다. 주돈이와 장재에 대한 연구 역시 이 때가 처음은 아니었으니, 이미 『연평답문(延平答問)』이 이루어진 시기인 31, 32세에 주돈이의 『태극통서(太極通書)』나 「태극도설(太極圖說)」에 대한 토론이나 주돈이의 유문(遺文) 수집이 이루어진다. 그리고 37세에는 주돈이의 『통서(通書)』나 『장재집(張載集)』을 편정하고, 40세에 주돈이의 『태극통서(太極通書)』를 재정(再訂), 각판(刻版)한다. 한편, 이정(二程)의 후학들에 대한 연구도 이루어지니 『연평답문』에서 양시와 사량좌, 나종언 사상에 대한 연찬 및 토론이 이루어지는 것을 알 수 있다. 27세에 사량좌의 『상채어록(上蔡語錄)』을 얻은 후 30, 39세에 교정을 거쳤고, 44세에는 윤돈(尹焞; 和靜)의 언행록(言行錄)의 서문(序文)을 짓는 등 관련 문헌 편찬 및 저술 활동도 했다. 이렇게 주희는 북송대 이래의 신유학의 흐름을 종합적으로 정리하고서 이를 자신의 공부론, 교육론의 토대로 삼았다.

둘째, 주희의 교학론의 핵심은 소학·대학론이며 또한 심학적 도통론인데 이것이 어떤 학문적 토대 위에 구축되어 가는가를 검토하는 일은 긴요하다. 결론적으로 이와 관련해서 주목되는 것은 사서 체제의 구축과 『소학(小學)』 편찬이다. 『대학장구(大學章句)』『중용장구(中庸章句)』『논어집주(論語集注)』『맹자집주(孟子集注)』를 한 편으로 묶어서 간행하여 사서집주(四書集注)로 이름한 것이 53세 때다. 속경남(束景南)에 의하면 이것이 경학사(經學史)에 있어 사서(四書)라는 명칭이 시작된 시점이다. 주희는 이 사서를 대인(大人; 成人이라는 의미) 단계에서 배워야할 핵심 교과로 설정하는데, 이 중에서도 『대학』은 사람을 가르치는 법을 담은 책으로서 공부의 기본 구조—목적 및 방법—를 담고 있어서 가장 기본으로 삼고서 먼저 습득할 것이라는 내세운다.[109] 중화신설이 정이의 설에 따라 경과 격물치지의 재발견으로부터 촉발되어 있음을 감안한다면 그 이후 격물치지를 주요 공부 조목으로 담고 있는 『대학』이 주희의 주요 관심 대상이 될 것이라는 점은 충분히 예견된다. 대학, 격물치지에 대한 관심과 이해는 이미 33세에 쓴 봉사(封事)에 본격적으로 드러나 있음을 앞서 보았거니와, 이렇게 시작되고 익어 온 격물치지를 포함한 대학의 공부론에 대한 관심은 중화신설 이후 더욱 커져 정점에 이른다.

주희는 격물치지를 포함한 팔조목을 공부의 기본 내용으로 파악하고 삼강령을 공부의 방향 및 목적으로 이해하면서 대인(大人) 단계 교학의 기틀로 삼게 된다. 한편, 주희에게 『중용』은 『대학』에서 『논어』『맹자』를 거쳐 가장 마지막으로 습득할, 높고 미묘한 차원의 공부 및 성취를 설명하는 책이라고 본다.[110] 『논어』와 『맹자』의 중요성은 두말할

---

109 『大學章句』, 「大學章句序」, "大學之書古之大學所以教人之法也."/ 『大學章句』, 〈도입부〉, "子程子曰, 大學孔氏之遺書而初學入德之門也. 於今可見古人爲學次第者, 獨賴此篇之存. 而論孟次之學者必由是, 而學焉則庶乎其不差矣."/ 『朱子語類』 14-22, "大學是爲學綱目. 先通大學, 立定綱領, 其他經皆雜說在這裏. 通得大學了, 去看他經, 方見得此是格物致知事; 此是誠意正心事; 此是修身事; 此是齊家治國平天下事."

110 『朱子語類』 14-3, "某要人先讀大學, 以定其規模: 次讀論語, 以立其根本: 次讀孟子, 以觀其發越: 次讀中庸, 以求古人之微妙處. 大學一篇有等級次第, 總作一處, 易曉, 宜先看. 論語却實, 但古語散見, 初看亦難. 孟子有感激興發人心處. 中庸亦難讀, 看三書後, 方宜讀之."

나위가 없지만 주희가 『대학』과 『중용』을 자신의 공부론, 교학론을 구축해 감에 있어 핵심 경전으로 삼은 것은 주목할 일이다. 『대학』은 학(學)을 『중용』은 교(敎)를 개념적으로 규정하는 것으로부터 그 내용이 시작되는 것을 보더라도 이에 대한 주목은 곧 교학론적 관심과 밀접하게 연결되어 있음을 알게 된다. 특히 정이의 후학들에 의해 『중용』에 비해 소홀이 되어 온 『대학』을 다시 중시한 것은 정이의 학문을 온전하게 품으며 한 걸음 더 나아가려는 주희의 학문적 지향을 보여 준다. 주희가 『대학장구』와 『중용장구』의 초고를 쓴 것은 43세이고 서문을 붙여 완성한 것은 60세의 일이다. 이 「대학장구서(大學章句序)」와 「중용장구서(中庸章句序)」에는 주희의 교학론과 공부론의 정수가 정리되어 있기에 가장 중요한 자료가 되겠는데, 「대학장구서」에서는 소학·대학을 중심으로 한 학교의 역사를, 「중용장구서」에서는 심법(心法)을 핵심으로 하는 도학(道學)의 역사가 요약되어 있다. 이 기틀 위에서 주희는 소학 단계의 교학을 책임질 문헌의 필요를 느끼며 『소학』을 편찬했으니 54세에서 시작하여 58세에 완성된다. 이 이전에 45세에 『제자직(弟子職)』 『여계(女誡)』를 편정(編訂)하는 등 소학의 기초 작업을 하기도 했다. 결국 58세에서 60세에 이르는 시기 주희의 소학·대학론은 그 완결을 보았다고 할 수 있다. 이 소학·대학론이 삼대(三代) 이래의 유교 문명사와 함께 오랜 역사를 지닌 것으로 이해되고 그 교학 내용의 핵심이 심법(心法)을 중심으로 한 도학(道學)임을 「대학장구서」와 「중용장구서」를 통해 설득한다. 『대학』과 『중용』 외 『논어』 『맹자』, 그리고 『역』 『시』 등 사서오경에 포함되는 경전들에 대한 집해(集解), 주해(注解) 등은 이미 30대 초반에서부터 꾸준히 축적되어 왔음은 연표(年表)에 잘 드러난다. 예를 들어, 30세의 『시집해(詩集解)』와 『논어집해(論語集解)』, 31세의 『맹자집해(孟子集解)』, 34세의 『논어요의(論語要義)』가 초고 형태로 나오기 시작하고 이후 수정, 보완을 거쳐 감을 알 수 있다. 특히 사서(四書)에 한정해 볼 때 30대까지는 『논어』와 『맹자』에 관한 주해에 주안점을 두었고, 한편 『대학』과 『중용』에 대한 주해는 중화신설의 통찰을 통과한 40대 이후에 본격적으로 이루어진 점을 확인할 수 있다. 물론 『대학』과 『중용』이라는 문헌에 주목해서고 공부한 것은 이미 어린 시절부터 이루어지고 30대에 이르면 상당한 성숙에 이르지만, 이에 대한 주해는 『논어』나 『맹자』에 대한 것보다 늦어진 시기인 40대 초반에야 이루어진다는 것이다. 『소학』과 『대학』, 그리고 『중용』이 공부 및 교학 철학 및 방법의 골격을 담고 있다고 보고 이를 핵심으로 삼는 주희의 공부론 및 교학론은 이런 배경 위에서 구축되어 간 것이다.

셋째, 주희는 자신이 구축한 교학론을 실제 학교 및 교육현장에서 구현할 방안을 강구했고 실행했다. 이상적 교학 공간으로서의 서원과 같은 학교를 세우고 관련 학규(學規) 및 학기(學記)를 지어 활용한 사례들이 특히 50대 초반부터 드러나기 시작한다. 대표적으로 51세의 백록동서원(白鹿洞書院)의 신수(申修) 및 「백록동서원학규(白鹿洞書院學規)」의 확정, 「신주형산현학기(信州鉛山縣學記)」 작성, 54세의 「창주용암현학기(漳州龍巖縣學記)」 작성, 66세 「학교공거사의(學校貢擧私議)」 작성 등을 들 수 있다. 한편, 주희는 서원 등의 학교에서 직접 강의하거나 명망 있는 학자를 초청하여 강론을 펼치곤 했다. 52세에는 주희는 직접 백록동서원에서 서명의(西銘義)를, 염계서당(濂溪書堂)에서 태극도의(太極圖義)를 강의했고, 또 이때 육구연(陸九淵)이 내방하여 백록동서원에서 '군자소인유의리(君子小人喻義利)' 장을 강론했다. 53세 때에는 진량(陳亮)이 내방하여 수일간 강론을 벌이기도 했다.

그런데 주희의 교육활동에 대한 열의는 이미 20대 지방 관직 생활을 하면서 보이기 시작했다. 25세 현학(縣學)을 정돈하고 「논학자(論學者)」, 「유제생(諭諸生)」 「논제직사(論諸職事)」 등을 반한다든지 교육에 필요한 명(銘; 講座銘, 四齋銘, 鼓銘 등)을 지어 활용한다든지, 「논어과회설(論語課會說)」 등 직접 만든 강의교재를 활용한다든지 하는 세심하고 자상한 교육자로서의 풍모를 보였다.

넷째, 주희는 자신의 공부론적·교육론적 방향성을 구축해 가거나 견지함에 있어 요청되는 학문 논쟁 및 이학 비판 활동에도 심혈을 기울였다. 46세에 아호(鵝湖)에서 벌인 육구연(陸九淵) 형제와의 공부방법 논쟁을 비롯해서 52, 54, 58, 59, 60세 등의 시기에 간헐적이지만 꾸준히 육구연과의 논쟁 및 토론을 이어 간다. 한편, 53, 55, 56, 63, 64세 등의 시기에 벌인 진량(陳亮)과의 의리왕패지변(義利王霸之辨)을 포함한 논쟁 및 토론도 주목된다. 한편으로는 도학(道學) 계열 내의 다른 학파와, 그리고 다른 한편으로는 사공학(事功學) 등의 도학과는 결이 다른 학파와 논쟁을 벌이며, 주희 자신의 공부론, 교학론의 정당성을 확보해 가고자 했다. 한편, 유교 밖으로 불교나 도가에 대한 비판과 극복은 두말할 나위가 없이 주희의 핵심 관심사였는데 이에 대해서는 『주자어류(朱子語類)』 권125, 권126 등에 상세히 실려 있다.

학문적 논쟁 및 변별을 통해 보다 대중지정(大中至正)에 가까운 관점을 찾아가려는 주희의 지향성은 이동 문하의 공부과정에서부터 자리 잡기 시작하며 이 초기 성과로 관찰되는 것은 35세에 쓰인 『잡학변(雜學辨; 蘇氏易解, 蘇黃門老子解, 張無垢中庸解, 呂氏大學解)』이다. 이 외에도 주희는 30대를 거치며 당시의 유력한 학자들의 경전 해석을 두루 탐구하면서 보다 온전한 이해를 찾아 갔고, 결정적으로는 40대 이후에 유학 안팎의 사상들을 포함해서 깊이 있게 진행된다.

다섯째, 자기와 타인의 공부를 위해 작성한 다수의 설(說)과 잠(箴), 명(銘), 리(記)다. 42세의 「진심설(盡心說)」, 43세의 「경재잠(敬齋箴)」, 「인설(仁說)」, 「극재기(克齋記)」, 45세의 「관심설(觀心說)」, 47세의 「존덕성재명(尊德性齋銘)」 등이 그것이다. 이미 젊은 시절에 이런 글들을 써서 공부에 활용했으니 24세의 「목재기(牧齋記)」, 25세의 「강좌명(講座銘)」 「사재명(四齋銘)」 「고명(鼓銘)」, 27세의 「지락재기(至樂齋記)」 「일경당기(一經堂記)」 「소재기(藝齋記)」, 28세의 「서재기(恕齋記)」, 29세의 「충서설(忠恕說)」 「존재기(存齋記)」, 31세의 「귀락당기(歸樂堂記)」 등을 그 예로 들 수 있다.

여섯째, 앞에서 연보에는 드러나 있지 않지만, 50대 중후반에 시작하여 60대 들어 집중적으로 나타난 바의 문인들과의 주제별 토론 기록도 중대한 의미를 지닌다. 이 내용은 특히 방대한 토론의 기록인 『주자어류(朱子語類)』, 그리고 이 시기에 주고받은 문인들과의 서신에 잘 드러나 있다. 『주자어류』나 서신의 내용들은, 주희의 공부론, 교육론의 완결태를 일관성 있고 분명하게 드러내 줌과 동시에, 그 자체가 주희의 교육 활동이었다는 점에서 주목하지 않을 수 없다. 특히 『주자어류』에서 학(學)을 집중적으로 다룬 부분(권7~13 등)은 주희 공부론 및 교육론의 완결태의 골격을 잘 보여 주고 있다.

주희의 공부론과 교육론, 교학론은 이상의 여섯 가지 학술적·실천적 활동을 배경으로 해서 그 완성된 모습을 갖추어 간다. 그 완결태에 대해서는 다음 장부터 몇 가지 주제별로 나누어 자세히 점검하게 될 것이다.

6. 주희 공부론의 교육론적 지향에 대한 모종삼(牟宗三)의 비판과 역비판

주희의 공부론의 형성 과정을 검토해 볼 때 한 가지 뚜렷한 특징이 드러난다. 그것은 공부의 하학적 착수처를 모색하는 하학지향적 관점이고, 다른 하나는 이와 연계하여 공부론적 모색이 교육론 및 교학론(敎學論)의 구축으로 이어진다는 사실이다. 그 교학론의 결정체는 소학·대학론이고, 이 소학·대학론의 근간을 이루는 하학적 공부의 요체로 경과 격물 등을 꼽을 수 있다는 점을 앞에서 자세히 살폈다. 주희의 공부론, 나아가 그 공부론을 포함한 교육론 및 교학론을 규명하는 데 관심을 가진 필자의 시선에는 이는 매우 흥미롭고 의의를 부여할만한 지점이기도 했다. 그런데 필자의 시선과는 정반대로, 주희 공부론의 이러한 특징에 대해서 부정적으로 바라보는 입장이 있는데, 대표적으로 모종삼(牟宗三)의 견해가 그것이다.

모종삼은『심체여성체(心體與性體)』라는, 전체 세 책으로 이루어진 저술[111]에서 북송대 이래 신유학의 대표적 사상가들에서부터 주희에 이르기까지 그 철학적 관점—심성론, 공부론—을 분석했다. 이 중에서 세 번째 책은 전적으로 주희 사상을 다루고 있으며 특히 주희의 공부론과 심성론의 형성 및 전개 과정을 거시적 관점에서 검토하고 있다.[112] 이 책을 보건대 아마도 모종삼은 주희의 공부론의 형성 과정이 '하학지향적' '교육지향적' 성격을 지닌다는 점에 대해서 근대 이후 가장 먼저 선명하게 인식한 학자가 아닐까 한다. 모종삼은 주희가 중화설을 거치며 경과 격물치지에 주목하고, 이어서 대학과 소학의 교육론을 펼쳤다는 사실, 나아가 주희의 근본적 문제의식이 '공부'와 '교육'의 순차적 체계와 방법을 구성하는 데 있었다는 사실을 정확하게 포착해서 그 과정을 상세히 설명했다. 그런데 이런 사실을 바라보는 모종삼의 관점은, 거기에 중대한 교육사적 의미를 찾는 필자와는 달리, 매우 부정적이고 비판적이다.

모종삼에 의하면 이러한 주희의 공부론이 공맹(孔孟) 전통에서 벗어나 있으며, 나아가 공맹 전통을 올바로 계승하는 정통적인 북송대 주요 신유학자들—정이를 제외한 주돈이, 장재, 정호 등—의 공부론과도 궤를 달리하며 거기서 이탈했다고 평가한다. 주장의 요체는 심체(心體), 성체(性體) 등으로 표현될 수 있는 본체(本體)를 직각하는 것을 공부의 출발점인 동시에 궁극으로 보는 것이 정통적인 관점인데, 주희의 경우는 내면의 본체의 직각으로부터 출발하지 않고, 외적 탐구나 습관들임 등을 주요 요소로 하는 인지주의적·타율도덕적 성격의 공부를 내세웠다는 것이다. 그리고 이러한 주희의 공부론은 정통의 본질과정[本質程序]에서 이탈하여 교육과정[教育程序]으로 이어졌다고 비판한다. 그에게 교육과정은 타율적 습관들임의 일에 다름 아닌 것으로 인식된다.

---

111 모종삼(牟宗三)의『心體與性體』는 세 책으로 이루어져 있는데, 제1책에는 총론과 주돈이, 장재 철학이 다루어지고, 부록으로 불가의 체용론에 관한 해설이 있다. 제2책에서는 정호, 정이, 호굉 사상이, 그리고 제3책에서는 주희 사상의 전개 과정이 다루어진다. 牟宗三,『心體與性體』(一·二·三), 臺北: 正中書局, 1968

112 牟宗三,『心體與性體』(三), 臺北: 正中書局, 1968

모종삼에 의하면 주희는 본체를 직각하며 출발하는 상달(上達)의 방법론을 올바로 이해하지 못하고 다만 하학적 방법론 혹은 교육과정론에만 의존하게 되었다. 경전을 기준으로 하자면『논어』『맹자』『중용』『역전』의 계통과『대학』의 계통이 다르며 본체 직각의 공부법을 담은 정통은 전자이고 후자는 방계이거나 낮은 층차의 공부법을 담고 있는데, 주희는『대학』을 중심으로 삼으며 잘못된 길로 나아갔다는 것이 모종심의 인식이다. 그의 주장을 좀 더 구체화해 보면 이렇다. 즉,『논어』『맹자』『중용』『역전』 등에 나타난 공부의 특징은, 실재하는 형이상적적 본체이며 도덕적 행위의 초월적 근거로서의 심체(心體) 및 성체(性體), 중체(中體), 성체(誠體), 신체(神體), 경체(敬體), 충체(忠體) 등을 곧장 역각체증(逆覺體證)하는 것인데, 역각체증은 초월적 체증, 내재적 체증이라고도 표현할 수 있다. 이는 주희가 추구했던 바의, 사물의 리를 궁구하는 인지적 의미와는 다르다.[113] 모종삼에 의하면『논어』『맹자』『중용』『역전』에 나타나는 이와 같은 본체적 실체를 체증(體證) 및 체오(體悟)하는 공부 전통은 북송대의 주돈이(염계), 장재(횡거), 정호(명도)로 이어졌다. 이들에게 공부는 곧 본체였고 본체는 곧 공부였다. 그런데 주희는 이를 충분히 이해하지 못하고 정이(이천)의 거경(居敬), 함양(涵養), 치지(致知), 격물(格物)의 설을 따랐는데, 이로써 주희는 본체 체증 및 체오의 길에서 벗어나서, 본체와 상관없는 공부의 뜻만 남게 되었다는 것이다. 즉, 주희는 정이(이천)을 따라서『논어』『맹자』『중용』이 아닌, 격물치지 및 명명덕 등의 공부를 포함하는『대학』을 근간으로 삼고서 여기에『소학』을 붙여서 교육과정 및 학교제도를 만들어 갔다.[114] 그런데 모종삼에 의하면『대학』을 근간으로 삼는 순간 낮은 차원의 공부로 떨어질 수밖에 없다.『대학』은 유교 교의의 초기 단계[初階]로서『논어』『맹자』『중용』『역전』과는 동일하지 않은 층차에 자리하고 있기 때문이다.『대학』과 함께 초급 수준으로 묶을 수 있는 것으로『학기(學記)』나 순자(荀子)의「권학(勸學)」편 같은 것을 들 수 있다고 한다.『논어』『맹자』『중용』『역전』에 근거해서 대학의 도, 대인의 학의 의미를 도출해 낼 수도 있는데, 이는『대학』의 도는 아니라고 평가한다.[115] 모종삼에 의하면『대학』이라는 낮은 차원의 공부방법을 통해서는『논어』『맹자』『중용』『역전』과 같은 경전이 안내하는 높은 차원의 본체 체증 및 체오의 길로 나아갈 수 없다.

113 牟宗三, 위의 책, 363-366쪽.

114 牟宗三, 위의 책, 42-55쪽.

115 牟宗三, 위의 책, 383-384쪽.

모종삼에 따르면 주희는 공맹 전통의 본체 체증의 공부 및 경지를 이해하지 못하고 전전긍긍하다가 결국 정이의 '주경궁리설(主敬窮理說)'을 따라서, 소학의 습관들임의 함양공부를 그 내용으로 하는 '껍데기만 남은[空頭的]' 경 공부, 그리고 본체적 직각 체증과는 별개의 범인지주의적, 경험지식 탐구법으로서의 『대학』의 격물치지 공부로 나아갔다. 모종삼은 이에 대해 주희의 공부론이 '본질과정[本質程序]'이 아닌 '교육과정[教育程序]'상에 초점이 맞추어졌기 때문으로 파악한다. 그에 의하면 '본질과정'은 주체의 내적 자각에 의해 도덕본성을 체현하는 방법들에 입각한 것인 반면, '교육과정'은 교육 단계에 따른 '타율적 습관들임'에 의존하며 타율적 도덕으로 이끈다. 모종삼은 이러한 '교육과정'은 진정한 의미의 '하학이상달'의 방법도 아니라고 본다. 공자가 말한 '하학이상달'은 인(仁)의 자각과 같이 '먼저 깨닫는 곳이 있음[先有見處]'의 의미를 전제로 한 '하학이상달'이었다면, 주희는 '순차적 습관들임'의 공부만을 강조한 껍데기만 남은 빗나간 '하학이상달'이라는 것이 모종삼의 견해다. 그런데도 주희는 자신의 하학이상달과 교육과정의 논리로써 먼저 깨닫는 곳이 있음을 전제로 한 본질과정을 주창하는 흐름—정호(명도), 사량좌(상채), 육구연(상산)에 이르는—을 선(禪)으로 규정하며 부정하고 배척한다는 점을 모종삼은 지적하고 비판한다. 결국 주희는 소학교육과 대학교육의 교육과정 순서를 성현의 공부론으로 규정, 일상화, 외재화된 공부방법론을 제시하며 하학의 길로 잘못 접어들었다는 것이 모종삼의 평가다.[116]

이상 요약해 본 모종삼의 관점은 몇 가지 특징을 드러낸다. 우선 본질과정과 교육과정을 대립시키는 관점이다. 본질과정과 교육과정을 각각 자율과 타율, 내적인 각성과 외적인 주입, 본체의 체증—체오와 인지주의적—경험주의적 탐구법으로 특징짓는다. 경전으로 따지면 전자는 『논어』, 『맹자』, 『중용』, 『역전』의 계통과 연결되고 후자는 『대학』의 계통과 연결된다. 북송대 신유학자들로 보면 주돈이, 장재, 정호는 전자의 계열이고 정이는 후자의 계열이다. 전자의 계열이 공맹 이래 유학의 정통이고 후자는 정통에서 벗어나 있다. 전자는 본체를 체증 및 체오하는 공부가 주를 이루는 반면 후자는 본체 체증에 대한 이해 없이 외부에 의존하거나 일상의 일들을 익히는 하학의 공부를 주로 한다. 모종삼에 의하면 주희는 본체의 체증 및 체오의 의미를 이해하지 못하고서, 소학과 대학, 경과 격물을 중심으로 하는, 즉 본체를 떠난 공부에 치중한 나머지 본체의 자

116 牟宗三, 위의 책, 195-202, 185-188. 394-395쪽.

각과 실현과는 거리가 멀어졌다고 비판한다. 모종삼의 시선에서 주희는 후자의 잘못된 혹은 낮은 수준의 길에 서 있다.

얼핏 보아도 이와 같은 상당히 거친 듯 보이는 이분법적 도식은 많은 반론적 질문을 유발한다. 수기치인(修己治人)의 이상을 품고 있는, 유교의 유구한 교육 전통의 흔적을 반영하고 있는『대학』이 유학의 정통을 충실히 담아내지 못한다는, 혹은 낮은 층차의 공부 안내서라는 주장이 타당한가? 이른바 본질과정과 대비시킨 교육과정이 공맹 전통이 아니라고 한다면, 2000년 이상 동아시아 교육의 역사를 책임져온 유학의 역할을 어떻게 설명할 것인가? 공자부터가 예악사어서수 등 육예의 교육과정을 정리하지 않았던가? 본체의 체증 및 체오는 분명 유학의 공부 핵심 요소이나 그것이 유학적 공부의 유일한 지점은 아니지 않는가? 본체의 체증 및 체오로 이끌기 위한 다양한 교육적 인도방법을 엄연히 품고 있는 것이 유학 아닌가? 유학의 정체성을 이른바 '본질과정'에서 찾는데 너무 집중한 나머지 유학의 나머지 중요한 측면을 유학 핵심 전통에서 밀어내는 것은 아닌가?

북송대 신유학자를 주돈이, 장재, 정호의 계통과 정이의 계통으로 구분하는 것이 합당한가? 제2장에서 검토했듯이, 경(敬)을 성(誠)과 밀접히 연결해서 이해하면서 그것을 근본 공부로 설정했던 정호와 정이의 공부론은 한 묶음으로 이해되어야 하지 않는가? 주돈이, 장재, 정호, 정이를 한 계열로 연결하며 각 사상의 장점을 보완하려 했던,『근사록』에서 보이는 바와 같은 주희의 시각이 균형 잡힌 것이 아닌가? 주희가, 상대적으로 이론적 정교함이 있었던 정이의 이론에 의존하면서도 동시에 정호를 비롯한 나머지 신유학자들에 대한 연구과 사상적 조화도 깊이 고려한 것을 염두에 둔다면, 주희를 단지 정이의 사상과만 연결시키는 모종삼의 관점은 편협한 것이 아닌가? 주희가 올바로 보았듯이, 정이만이 아니라 정호도『대학』을 다른 경전과 동등하게 중시하고, 또한 학교교육에 주목한 사실이 확인되지 않는가?

나아가 교육과정은 곧 타율적 습관들임의 과정인가? 교육은 주체성, 자율성과는 본질적으로 어울리지 않는 일인가? 주체적 내면적 자각과 펼침이야말로 유학의 교육이 지향하는 바 아니던가? 철저하게 성선(性善)의 관점에 입각해, 마음에 내재한 강력한 도덕적 힘을 철저하게 긍정하고 이를 펼쳐내는 배움과 교육을 구상하고 실천해 온 것이, 공맹 계통의 유학의 역사가 아니던가? 모종삼은『대학』을 순자의「권학」편과 같은 범주에 집어넣고서,『대학』이 마치 성선(性善)이 아닌 성악(性惡)의 인간관을 전제로 규범의 외재적 주입을 주요 방법으로 삼고 있는 듯 설명하는 것이 과연 타당한가? 『대학』을 공맹 전통이 아닌 순자 전통과 보다 가까운 것으로 분류하는 것 자체가 엉뚱한 발상이 아닌가? 오랜 시간 공인되어 온 유학사의 상식을, 설득력 있는 근거도 제시하지 않은 체, 뒤엎는 오류를 범하는 게 아닌가? 나아가 교육을 논하는 순간, 맹자 계열이 아닌 순자 계열로 떨어져 나가야 하는 것처럼 여기는 인식은 도대체 어디에 연원을 둔 것일까? 주희가 「대학장구서」에서 잘 그려냈듯이, 공자가 잇고자 한 주(周)를 비롯한 삼대 문명의 처음부터 소학과 대학을 아우르는 교학, 학교 전통이 있었다는 역사적 사실, 그것이 유교(가 꿈꾸는) 문명의 핵심을 이룬다는 사실을 모종삼은 간과하고 있는 것 아닌가? 도대체 교육을 낮은 차원의 영역으로 여기는 모종삼의 사유야말로 애초에 그가 그토록 중시하는 공맹의 유학의 본연으로부터 벗어나 있는 것 아닌가? 모종삼은 오히려 자신이 유학의 밖의 시선을 가지고서, 지극히 유학적인 사유를 유학의 정통적 흐름에서 밀어내려 하는 것은 아닌가?

이렇듯 상식에 가까운 질문 몇 가지를 던져 보아도 많은 모순을 품은 모종삼의 사유를 어떻게 이해해 볼 수 있을까? 모종삼의 입장에서 최대한 생각해 본다면, 본체를 자각하고 그로부터 직접 출발하는 방법의 힘과 장점이 주희의 공부론에서는 약하게 느껴지는 게 사실이다. 주희가 최종적으로 본령공부로 설정한 바의, 주로 마음을 모으고 깨어 있는 공부로서의 성격을 지닌 경은[117] 이런 본체 직각 및 구현의 방법 자체가 되기에는 어려움이 있는, 다만 거기에 이르는 방편 정도로만 보이는 측면이 있다. 주희의 경은 짐짓, 성(誠)과 밀접하게 연결된 정호나 정이의 경(敬)에 비해 그 본체적 의미가 약화된 것으로도 보인다. 주희의 초점이 본체 자체가 아닌 본체에 진입하는 하학적 방법의 구축에 있으며 이런 초점에서 경을 구상해 가는데 자연히 그 본체적 의미는 약화되지 않을 수 없었다. 본령공부로서의 경만이 아니라 사물을 널리 탐구하는 방법으로서의 격물치지에도 역시 하학적 관심이 관철되어 있는데, 모종삼이 지적하는 바와 같은 문제점도 떠올려 볼 수 있다. 그런데 이를 공맹이나 북송대 신유학의 정통적 흐름에서 벗어났다고 주장하는 것은 편향적이다. 더욱이 이 논지를 지지하기 위해, 일반화가 어려운 난해한 『대학』론을 펼친 것은 무리가 있다. 주희가 경이나 격물치지와 같은 주제를 통해 드러낸 바의, 공부 및 교학의 착수처를 찾으려는 하학적 관심은 그 자체가 일상을 벗어나

117 第6장 2절 3항 참조.

지 않고 진리를 구하고 실현하려는 유학적 정체성을 오히려 잘 반영하고 있다.

사실 모종삼의 이러한 관점은 일정한 사상사적 배경을 지니고 이어져 왔다고 할 수 있다. 그의 주장이 육왕학(陸王學) 계열의 맥을 잇고 있는 듯 보이기 때문이다. 모종삼을 육왕학 계열로 등치시킬 수는 없으나 그 흐름에 있다고 보는 것을 무리가 없다. 육왕학 계열의 관점을 선호하는 학자 및 연구자들이 흔히, 정호와 정이를 나누고 전자를 육왕학의 뿌리로, 후자는 주자학의 뿌리로 인지하고 사상을 풀어 온 관행이 있다. 필자가 이 책에서 검토한 바로는 정호와 정이가 그렇게 분리될 수 없으며 주희는 양자를 종합적으로 잇고 있다는 사실이 확인된다. 그런데 많은 현대의 유학 연구자는 예의 이분법을 관행적으로 받아들이며, 나아가 이에 그치지 않고 공맹의 정통은 주돈이, 정호를 거쳐 육왕학으로 이어져 내려왔다는 계보까지 내놓으며, 정이, 주희로 이어지는 흐름은 애써 주변화한다. 모종삼은 이런 류의 시선을 견지하되, 거기에 특유의『대학』론을 펼치며 그 논지에 힘을 보탠 것 아닌가 한다.

사실 육왕학 계열 일반에서 뚜렷이 드러나는 특징 하나는, 바로 모종삼에게서도 보인 바와 같이, 교육 영역에 대한 관심과 실천이 확실히 부재하거나 부족하다는 점이다. 필자가 보기에, 주희는 물론이고, 정이만이 아니라 정호를 포함한 이정(二程), 그리고 거슬러 공자와 비교할 때 뚜렷하게 차이가 나는 양상이다. 육왕학 계열에서는 일반 사람들 및 아동들을 어떤 교육과 배움의 체계에서 어떻게 기를 것인가에 대한 학문적 관심이 눈에 잘 띄지 않고 관련 이론도 거의 찾아보기 어렵다. 말하자면 주희의 소학·대학론 같은 것이 보이지 않다는 것이다. 대신 육왕학 계열의 주요 관심 및 통찰력은, 모종삼이 강조하는 바와 같은 본체의 직각 및 실현 공부 및 그 경지 체현에 드러난다. 주희의 관점에서 보자면 주로 상달의 차원에 가까운 본체 실현의 측면에 좁게 한정되었다는 비판도 가능하다. 이에 접근할 수 있는 이들이 주로 전문 학자층이라고 볼 때 엘리트주의적 접근으로서의 한계를 지닌다는 비판도 가능하다. 주희는 어린 아동이나 공부가 미숙한 사람들까지 염두에 두면서 이들의 본성 실현을 이끌어 내기 위한 교육 및 배움의 길을 만들어 가는 데 관심이 있고 이것이 문명사에서 유학이 해온 주요 역할이라고 믿는다. 그런데 육왕학 계열에서는 이러한 교육의 영역 및 과제에 본격적인 관심을 가지고 그 실천방법을 모색한 사상가를 찾기 어렵다.

모종삼의 학문적 견해는, 이렇듯 육왕학 계열 일반과 맥을 같이한다고 볼 수 있는 측면이 있지만, 그의『대학』론은 육왕학 계열과 연결하기 어려운 특수성을 지닌다, 육왕학 계열에 속한 사상가들이 모종삼처럼 『대학』을 유학의 다른 경전들과 차원을 달리해서 보거나, 정통에서 비껴난 것처럼 보지는 않기 때문이다. 오히려 육왕학의 중심축인 왕수인의 학문은 『대학』의 격물치지를 재해석하면서 나왔을 정도로 『대학』은 중심적 위상을 차지하고 있다. 모종삼의 『대학』론은 주자학적 관점에서만이 아니라 육왕학적 관점에서도 자연스럽게 수용되기 어려운 문제가 있다.

주희의 공부론, 교육론의 완결태에 있어 『대학』은 확실히 핵심 경전이다. 그렇다고 다른 경전을 소홀히 다루었는가? 그렇지 않았음을 그의 평생에 걸친, 통합적 성격의 학문 이력, 그리고 사서와 오경을 역동적으로 연결하여 설명한 그의 학문 성과들이 잘 보여준다. 다만 주희는 교학의 순서와 내용적 골격이 잘 갖추어져 있는 『대학』을 대인(大人) 단계 교육의 출발점으로 삼아 중시한 것으로 사실이다. 그리고 여기에 짝으로 이루어 소자(小子)의 학을 책임지는 『소학』을 중심으로 한 소학 교육을 설정했다. 그리고 소학과 대학을 관통하는 근본 공부로서 경(敬)을 배치했다. 어린 아동들, 초보자들의 성장을 이끌어 내는 일을 목표로 한다면, 처음부터 본체 체오니 하는 것을 내세우는 것보다, 주희가 설정한 방법을 기저로 하는 게 타당해 보인다.

주희 역시 궁극적으로 모종삼이 중시하는 바의 본체[一理, 未發之中, 性]의 자각적 체인으로 나아가는 공부 및 교학을 지향했고, 또한 이를 이룰 수 있는 안정적이고 자율적인 공부주체론을 구성하기 위해 노력했다. 모종삼처럼 곧장 심체나 성체를 공부의 출발점으로 삼지 않고, 리를 본연으로 하면서도 가려진 측면이 있는 그 현실적 마음을 공부주체로 내세운 것은, 공부주체로서의 마음의 현실적 가능성과 한계를 있는 그대로 인정하는 토대에서 출발하고자 했기 때문이다. 본체(본성) 실현을 지향하되, 일상에서 쉽고 자연스럽게 다가설 수 있는 공부법, 그리고 일상적으로 당면하는 모든 사태를 매개로 이루어지는 공부법을 구축하고자 했다. 주희는 경의 재발견을 통해 이를 통로 삼아 이동의 미발기상체인이라는 본체직관의 경지까지 이해할 수 있었고, 격물치지의 발견을 통해서 일상의 분수(分殊)의 세계를 매개로 점차적이고 자연스럽게 일리(一理)에 다가설 수 있었다. 일상과 하학(下學)의 세계와 별개로 본체를 논하고 직각을 논하는 방식이 자칫 신비주의로 빠질 수 있다는 우려, 그리고 실제로 선(禪) 등의 영향을 받은 당대의 고원한 공부 풍토에 대한 우려가 주희로 하여금 하학의 토대가 굳건한 공부론 및 교학론을 모색하도록 했다. 주희의 하학은 결코 상달(上達)의 의미와 지향점을 결코 놓치지 않은 하학이었다.

'본질과정'이 아닌 '교육과정'에 대한 관심 때문에 주희의 공부론이 곁가지로 나아갔다고 보는 모종삼의 시각에 대해서는 이렇듯 여러 측면에서 비판이 가능하다. '교육의 일' 자체를 단순히 타율적 습관들임의 과정으로 보는 모종삼의 전제로서는 주희의 '하학이상달'의 공부론적·교육론적 구도를 긍정적으로 이해할 길이 애초부터 막혀 있었는지도 모른다. 주희가 본체직각의 경지를 몰랐기 때문에 이와 관련 없는 공부, 습관과 타율에 의존하는 공부론 및 교육론 구성에 평생 매달렸다고 보는 모종삼의 시선은 좁게 갇혀 있으며, 철학적 식견은 높되 교육학적 식견은 약한 한계를 드러내고 있다.

제4장

공부의 의미, 주체, 이상
- 리(理), 성(性), 인(仁), 심(心)의 맥락

1. 공부론의 지향과 규모: 수기와 치인, 그리고 자·타 본성의 실현

중화신설(中和新說)을 거치며 자신의 학문적 견해에 일정한 확신을 갖게 된 주희는 공부론을 다양한 형식의 자료에 적극적으로 담기 시작했다. 이는 자신이 직접 쓴, 유교의 고전적 자료들에 대한 주석서, 잡저, 잠(箴), 편지글 등이나 제자들에 의해 편집된 방대한 어록들(『주자어류』 등)에 남아 있다. 그중에서 백미는 사서(四書)와 같은 대표적인 유교 고전들에 대한 주석서다. 도통론적(道統論的) 사유를 지님과 동시에 공자의 온고이지신(溫故而知新)의 정신을 소중히 하는 주희가 가장 중점을 둔 학술 방식은 옛 고전들에 권위를 부여하고 그것을 근거로 자신의 생각을 주해(註解) 형식으로 펼치는 방식이었다. 주희는 이런 주석서들 외에도 비교적 자유로운 형식의 수많은 글과 기록을 쏟아 냈지만, 이에 담긴 통찰들은 자신의 새로운 창작이 아니라, 이미 오래전부터 유교 도통 속에서 전승된 성현들의 지혜를 근거로 한다는 점을 내세우며 자신의 학술을 설득해 가고자 했다.

주희가 의지한 고전적 자료들 중에서 공부, 학문, 교육에 대한 주희의 생각을 뒷받침하는 것은 역시 사서(四書)일 것이다. 유교 고전 체제로서의 사서(四書), 혹은 사서오경(四書五經) 체제는 그 자체가 북송대 이래 신유학적 기획의 산물이며 주희에 의해서 완결된 것이다. 신유학의 선구자들과 주희가 굳이, 기존에 굳건하게 자리 잡아 온 전통의 유학 경전 체제[1]의 틀을 변경하면서 이전에 없던 '사서 중심 체제'를 새롭게 정립한 데는 그만큼 자신들의 새로운 견해를 펼치는 데 필요했기 때문이다. 특히 이전의 경전 체제에는 포함되지 않았던 『맹자(孟子)』와 『대학(大學)』, 『중용(中庸)』을 새롭게 부각해서 『논어(論語)』와 함께 가장 중요한 경전의 반열에 올려놓은 것에서 우리는 신유학자들이 무엇을 지향하고 있는지를 분명히 보게 된다. 물론 『대학』과 『중용』은 비록 이미 기존의 경전 체제에 속해 있던 『예기』 속에 있던 것이지만, 이것을 주목하고 뽑아내어 독립된 경전으로 만든 것은 분명 특별한 전개인 바, 이는 『대학』과 『중용』이 주희를 비롯한 신

---

1 5경(『詩』『書』『易』『禮記』『春秋』)이나 6경(5경+『樂記』), 9경(『詩』『書』『易』『禮記』『周禮』『儀禮』『春秋』『論語』『孝經』; 唐의 陸德明의 설) 등을 중심으로 한 체제를 말한다.

유학자들이 지향하는 철학을 보유하고 있다는 반증이다. 또한 이들은 『대학』『중용』과 더불어 『맹자』를 새롭게 주목했는데, 『맹자』는 인간과 학문 이해에 있어 『대학』『중용』과 매우 근접한 사유의 결을 보여 준다. 주희는 『대학』『중용』『맹자』야말로 공자의 『논어』 이래의 도통의 전승을 담은 핵심 자료로서 특별히 중요성을 부여하며 활용한다.

『대학』『중용』과 『맹자』에서 공통적으로 드러나는 특징은 하늘에 뿌리를 둔 인간의 선한 본성에 대한 명확한 규정과 그것을 구현하는 공부 및 교육의 개념 및 방법에 대한 체계화된 정리다. 사서 체제 확립의 완성을 이룬 주희는 누구보다도 경전들의 이러한 특징에서 그 존재의미를 찾고 이를 중심으로 해서 인간, 공부, 교육의 본질에 대한 자신의 생각을 펼쳐 나가고자 했다. 그중에서 『대학』과 『중용』은 수장(首章)에서부터 배움과 가르침의 개념을 인간 본성의 문제와 연결해서 체계적이며 명료하게 제시하고 있다. 주희가 두 경전을 주목한 이유라고 판단된다.

1) 공부론적 시야와 규모: 『대학』과 『중용』 수장의 '학(學)'과 '교(敎)'

필자의 눈에 『대학』과 『중용』은 무엇보다 교육학적 저술이다. 두 경전은, 그 첫머리의 '선언적' 명제가 보여 주듯이 전체적으로 교육학의 두 핵심 개념인 '학(學; 배움, 학문)'과 '교(敎; 가르침, 교화)'를 중심으로 하기 때문이다. 두 경전의 수장은 인간의 본성, 그리고 그와 연계된 '학(學)'과 '교(敎)'의 의미를 규정하는 것을 요체로 하며, 경전의 나머지 내용은 이 수장의 명제를 뼈대로 하여 전개되고 있음을 볼 수 있다. 배움과 교육 문제의 중요성을 자각했던 주희에게 두 경전의 이런 특성이 각별하게 여겨지지 않았을까 한다. 특히 중화신설을 거치며 『대학』의 특별한 교육론적 의의를 통찰한 주희는, 그것을 뼈대 삼아 공부론적 구상과 내용을 펼쳐 가고자 한다. 공부의 의미와 목적, 방법, 그리고 소학·대학 교학론을 정리하는 데 있어서 『대학』은 가장 중요하면서도 일차적인 전거가 된다. 나아가 주희는 『중용』에 대해, 「중용장구서(中庸章句序)」에서 보듯이, 유교 도통의 핵심이 되는 심성론이자 공부론으로서의 심법(心法)을 전승한 고전으로 평가한다. 이 유교 정통의 심법론을 펼친 「중용장구서」는, 소학·대학 교학론을 펼친 「대학장구서(大學章句序)」와 함께 주희 교육론 및 공부론의 정수 및 결론을 보여 준 저술이라 할 만하다.[2] 주지하듯이 무릇 '서문(序文)'이란 해당 자료의 의미를 총체적이고 근본적으로 드러내

2 「中庸章句序」는 본장 4절 2항, 「大學章句序」는 제8장 1절 2항에서 보다 자세하게 다룬다.

주는 지면이다. 따라서 우리는 주희의 공부론적 사유를 추적함에 있어『대학』『중용』두 경전 자체 및 이에 관한 그의 해석을 근간으로 진행하면 크게 어긋나지 않을 것이다. 주희가 주목한 바의『대학』과『중용』첫머리의 '학(學)'과 '교(教)'의 정의는 이렇다.

『대학』 경문(經文):
큰 배움[大學]의 길은 밝은 덕을 밝히는 데[明明德] 있고, 타인을 새롭게 하는 데[新民] 있으며, 지극한 선에 머무는 데[止於至善] 있다.
머물 데를 안 뒤에 안정될 수 있고[定], 안정된 뒤에 고요할 수 있고[靜], 고요한 뒤에 편안할 수 있고[安], 편안한 뒤에 생각할 수 있고[慮], 생각한 뒤에 얻을 수 있다[得]. 물(物)에는 근본과 말단[本末]이 있고 일에는 끝과 처음[終始]이 있으니, 먼저 해야 할 것과 나중에 해야 할 것을 안다면 도(道)에 가까울 것이다. 옛날에 밝은 덕을 천하에 밝히고자 하는 자는 먼저 그 나라를 다스리고[治國], 그 나라를 다스리고자 하는 자는 먼저 그 집안을 가지런히 하고[齊家], 그 집안을 가지런히 하고자 하는 자는 먼저 그 몸을 닦고[修身], 그 몸을 닦고자 하는 자는 먼저 그 마음을 바르게 하고[正心], 그 마음을 바르게 하고자 하는 자는 먼저 그 뜻을 성실히 하고[誠意], 그 뜻을 성실히 하고자 하는 자는 먼저 그 앎을 지극히 하였으니[致知], 앎을 지극히 함은 사물의 리를 궁구함에 있다[格物]. 사물의 리가 궁구된 뒤에 앎이 지극해지고[知至], 앎이 지극해진 뒤에 뜻이 성실해지고[意誠,], 뜻이 성실해진 뒤에 마음이 바르게 되고[心正], 마음이 바르게 된 뒤에 몸이 닦여지고[身修], 몸이 닦여진 뒤에 집안이 가지런해지고[家齊], 집안이 가지런해진 뒤에 나라가 다스려지고[國治], 나라가 다스려진 뒤에 천하가 화평해진다[天下平]. 천자(天子)로부터 서인(庶人)에 이르기까지 한결같이 모두 몸을 닦는 것을 근본으로 삼는다. 근본이 어지러우면서 말단이 다스려지는 것은 없으며 후하게 해야 할 것에 박하게 하면서 박하게 해야 할 것에 후하게 하는 것은 있지 않다.[3]

『중용』 제1장:
하늘[天]이 부여한 것을 성(性)이라 하고, 성(性)을 따르는 것을 도(道)라 하며, 도(道)를 닦는 것을 교(教)라고 한다.

3 『大學章句』,「經1章」, "大學之道 在明明德 在親民 在止於至善. 知止而后有定 定而后能靜, 靜而后能安 安而后能慮 慮而后能得. 物有本末, 事有終始, 知所先後, 則近道矣. 古之欲明明德於天下者, 先治其國, 欲治其國者, 先齊其家, 欲齊其家者, 先修其身, 欲修其身者, 先正其心, 欲正其心者, 先誠其意, 欲誠其意者, 先致其知, 致知在格物. 物格而后知至, 知至而后意誠, 意誠而后心正, 心正而后身修, 身修而后家齊, 家齊而后國治, 國治而后天下平. 自天子以至於庶人, 壹是皆以修身爲本. 其本亂而末治者否矣, 其所厚者薄而其所薄者厚未之有也."

> 도(道)란 것은 잠시도 떠날 수 없는 것이니, 떠날 수 있다면 도가 아니다. 이르므로 군자는 그 보이지 않는 바에도 계신(戒愼; 경계하고 삼감)하며 그 들리지 않는 바에도 공구(恐懼; 두려워하고 조심함)하는 것이다. 숨겨진 것[隱]보다 더 드러나는 것이 없으며 작은 것[黴]보다 더 나타나는 것이 없으니 그러므로 군자는 그 홀로 있을 때를 삼가는 것[愼其獨]이다. 희로애락(喜怒哀樂)의 미발(未發)을 중(中)이라 이르고 발하여 절도에 맞는 것을 화(和)라 이르니, 중(中)이라는 것은 천하의 대본(大本; 큰 근본)이요 화(和)란 것은 천하의 달도(達道; 공통된 도)다. 중(中)과 화(和)라는 지극히 하면[致中和], 천지가 제자리를 잡고[天地位], 만물이 생육된다[萬物育].[4]

『대학』에서는 '학(學)'을 규정하되, 명덕을 밝히고 민을 새롭게 하고 지극한 선에 머무는 것을 그 요체로서 드러낸다. 『중용』에서는 '교(敎)'의 의미를 풀되 하늘[天]이 부여한 성(性)을 따르는 길[道]로 나아가도록 이끌어 주는 일을 규정한다. 주희는 앞의 경전 문구에 대한 주석에서 명덕(明德)에 대해 "사람이 하늘에서 얻은 바 허령불매하여 뭇 리를 갖추고 만사에 응하는 것"[5]으로 규정하고, 성(性)에 대해서는 "사람과 만물이 하늘로부터 부여받은 리로서 건순오상(健順五常)의 덕(德)으로 삼은 것"[6]이라 규정한다. 엄밀히 구분하면 성은 리에, 명덕은 (본)심에 가까운 것이라고도 할 수 있지만, 주희의 설명은 양자의 상통성을 드러내는 방향으로 이루어져 있다. 명덕(明德)과 성(性)은 모두 '하늘'에 뿌리를 둔 본성이라고 할 수 있다.[7] 이렇게 정리하고 다시 『대학』과 『중용』의 첫 문장을 보면 '학'과 '교'는 모두 하늘로부터 얻은 본성을 실현하는 일로서의 의미를 공유한다.

그런데 『대학』에 의하면 그 본성 실현의 학(學)은 내 자신만이 아니라 타인을 향해서도 펼쳐지는 일이다. 즉, 학은 내 자신의 본성을 실현하는 일일 뿐 아니라 타인의 본성 실현을 견인하는 일까지를 포함한다. "이미 스스로 명덕을 밝혔으면 또 마땅히 미루어

4 『中庸章句』, 1章, "天命之謂性, 率性之謂道,, 修道之謂教. 道也者, 不可須臾離也, 可離, 非道也. 是故, 君子戒愼乎其所不睹, 恐懼乎其所不聞. 莫見乎隱, 莫顯乎微, 故君子愼其獨也. 喜怒哀樂之未發謂之中, 發而皆中節謂之和, 中也者, 天下之大本也, 和也者, 天下之達道也. 致中和, 天地位焉, 萬物育焉."

5 『大學章句』,「經1章」註解, "明德者, 人之所得乎天, 而虛靈不昧, 以具衆理而應萬事者也."

6 『中庸章句』, 1章 註解, "性卽理也. 天以陰陽五行, 化生萬物, 氣以成形, 而理亦賦焉, 猶命令也. 於是人物之生, 因各得其所賦之理, 以爲健順五常之德, 所謂性也."

7 그런데 한 걸음 더 들어가면, 명덕(明德)과 성(性) 사이에는 미묘한 차이가 있다. 성(性)이 리(理)라면, 명덕(明德)은 리보다는 심(心)에 가깝다. 명덕은 리와 하나된 마음, 리를 그대로 드러내는 마음이라고 해야 할 것이다. 이에 대해서는 본장 4절 1항에서 보다 자세히 다룬다.

남에게까지 미쳐서 그로 하여금 또한 옛날에 물들었던 더러운 것을 제거함이 있게"[8] 해야 한다. 그리고 여기까지가 모두 학의 일이라는 것이다. 주희는 『대학』 고본(古本)에 '친민(親民)'으로 되어 있는 것을 '신민(新民)'으로 이해하며 나아가 이를 '신인(新人)'의 뜻으로 풀이한다. 민(民)이 계급사회에서의 통치 대상으로서의 이미지를 지닌다면, 인(人)은 사람 혹은 타자 일반을 지칭한다. 한편, 친(親)은 지배자의 시혜적 베풂의 이미지를 띤다면 신(新)은 제도적·교육적 변혁의 의미를 내포한다. 결국 주희는 친민(親民)을 신인(新人)의 의미로 재해석하며 계급적 시혜의 관점으로부터 사람 일반에 대한 선각자(먼저 명덕을 밝힌 자)의 교육적 육성의 관점으로 전환한 것이다. 이렇게 이해된 신인으로서의 신민은 명명덕과 함께, 정확히 말하면 명명덕을 토대로 이루어지는 학의 일에 포함된다.

『중용』에서는 바로 '교(敎)'는 타인의 본성 실현의 일을 모색해 주는 일이 되니, 즉『중용』의 수도지위교(修道之謂敎)는 『대학』의 '신민(新民)'과 거의 유사하다. 주희는 '수도지위교'에 대해 "성(性)과 도(道)는 비록 (사람마다) 같으나 기품이 혹 다르기 때문에 과불급(過不及)의 차이가 없지 않다. 그러므로 성인(聖人)이 인물(人物)의 마땅히 그러해야 할 바를 근거로 품절하여 천하에 법이 되게 하였으니 이것을 교(敎)라고 한다. 예악형정(禮樂刑政)과 같은 등속이 그것이다."[9]라고 설명한다. 비록 본성과 본성을 따르는 길은 모든 사람이 공유하고 있으나 사람 간의 기품의 차이로 인해 중을 구현하지 못하고 과불급한 경우가 많아서 이를 교화하는 교육적·법적·정치적 장치가 필요하다는 것이다. 주희는 교(敎)의 예(例)로서 예악형정의 예를 드는데, 그렇다면 교는 현대적 의미의 교육만이 아니라 행정적·법적·정치적·문화적 작용을 포괄하는 것이고, 이에 합당한 말은 교화(敎化)가 될 것이다. 주희는 인류의 역사에서 교화가 시작된 기점으로 역시 성인(聖人)을 상정한다. 그런데 그렇다고 해서 교화의 주체가 성인만이 될 수 있다는 뜻은 아닐 것이다. 역사 속 성인이 이미 한 것도 나를 비롯한 모든 이가 갖고 있는 바의 본성에 근거한 것이라면 누구라도 성인의 길을 따라 성인이 행했던 것을 할 수 있다. 교의 주체는 신민 혹은 신인의 주체와 마찬가지로 스스로 본성을 밝힌 이라면 누구나 될 수 있다.

『대학』과 『중용』의 수장에 대한 주희의 해설을 보건대 양자의 구조 및 내용이 긴밀하

---

8 『大學章句』,「經1章」 註解, "言旣自明其明德, 又當推以及人, 使之亦有以去其舊染之汚也."

9 『中庸章句』, 1章 註解, "性道雖同, 而氣稟或異, 故不能無過不及之差. 聖人因人物之所當行者, 而品節之, 以爲法於天下, 則謂之敎, 若禮樂刑政之屬是也."

게 연결됨을 알 수 있다. 『대학』의 '명명덕(明明德)'은 『중용』 의 '솔성지위도(率性之謂道)'와, 그리고 『대학』의 '신민(新民)'은 『중용』 의 '수도지위교(修道之謂敎)'와 맞물린다. 나아가 『대학』의 '지어지선(止於至善)'은 『중용』의 '중화위육(中和位育; 致中和天地位焉萬物育焉)'과 연결된다고 할 수 있으니, 주희는 『대학』의 '지어지선'에 대해, 명명덕, 신민과 다른 별도의 한 항목을 지칭하는 것이 아니라, "명명덕과 신민이 모두 마땅히 지선의 경지에 그쳐서 옮기지 않음"으로 해석한다. 이때 지선은 사리의 당연한 극(極; 극치 표준)으로 이해된다.[10] 한편, 주희는 『중용』 '중화위육'에 대해 "계구(戒懼)로부터 요약하여 지극히 정(靜)한 가운데에 편벽되고 치우친 바가 없어 그 지킴이 잃지 않는 데에 이르면 그 중(中)을 지극히 하여 천지가 제자리를 편안히 할 것이요, 근독(謹獨)으로부터 정(精)히 하여 사물을 응하는 곳에 조금도 잘못됨이 없어 가는 곳마다 그렇지 않음이 없는데 이르면 그 화(和)를 지극히 하여 만물이 생육될 것이다. 천지와 만물이 본래 나와 일체다. 나의 마음이 바르면 천지의 또한 바르고 나의 기운이 순하면 천지의 기운이 또한 순하다. 그러므로 효험이 이와 같음에 이르는 것이니 이는 학문의 지극한 공효요 성인의 능사인데 애당초 외물을 필요로 하지 않고 '수도지교'도 또한 이 안에 들어 있다."[11]고 한다. 결국 『대학』의 '지어지선'이나 『중용』의 '중화위육'이나 본성 및 본심이 한 치의 틈이 없이 펼쳐서 세상과 우주가 가장 이상으로 자리하고 작동하는 상태를 이름이다.

이상에서 보듯이 주희의 해석에 기초할 때 『대학』과 『중용』 수장의 내용 구조는 긴밀하게 상통한다. 일찍이 조선의 이이(李珥, 호는 栗谷, 1536~1584)는 이에 주목하면서 그 내용적 상통성을 이렇게 정리한 바 있다.

> 성현의 배움[聖賢之學]은 수기(修己)와 치인(治人)에 지나지 않을 뿐입니다. 이제 『중용』과 『대학』의 첫 장의 설을 모아 엮게 되니 실제로 서로 겉[表]이 되기도 하고 속[裏]이 되기도 하여 몸을 닦고 사람을 다스리는 도가 갖추어 다하지 않은 것이 없습니다. 생각건대 천명(天命)의 성(性)은 명덕(明德)의 갖춘 바요, 솔성(率性)의 도(道)

---

10 『大學章句』, 「經1章」 註解, "止者, 必至於是而不遷之意, 至善則事理當然之極也. 言明明德新民, 皆當止於至善之地而不遷, 蓋必其有以盡夫天理之極, 而無一毫人欲之私也."

11 『中庸章句』, 1章 註解, "自戒懼而約之, 以至於至靜之中無所偏倚而其守不失, 則極其中而天地位矣. 自謹獨而精之, 以至於應物之處無少差謬而無適不然, 則極其和而萬物育矣. 蓋天地萬物本吾一體, 吾之心正, 則天地之心亦正矣, 吾之氣順, 則天地之氣亦順矣. 故其效驗至於如此, 此學問之極功. 聖人之能事, 初非有待於外, 而修道之教亦在其中矣."

> 는 명덕(明德)의 행한 바이며, 수도(修道)의 교(敎)는 친민(親民)의 법도입니다. 계구(戒懼)라는 것은 정존(靜存)하여 마음을 바르게 하는 류이고, 신독(愼獨)이라는 것은 동찰(動察)하여 뜻을 진실하게 하는 류이며, 중화를 지극히 하여[致中和]하여 위육(位育)한다는 것은 명덕(明德), 친민(親民)이 지극히 선한 데에 머물러 명덕(明德)을 천하에 밝히는 것을 말함입니다.[12]

이이에 의하면 우선 『중용』과 『대학』의 수장은 수기(修己)와 치인(治人)이라는 성현의 공부[學]의 규모를 충실히 담고 있다. 그리고 '명덕(明德)=천명지성(天命之性)' '명명덕(明明德)=솔성지도(率性之道)' '신민(新民)=수도지교(修道之敎)'로 연결한다. 나아가 '계구신독(戒懼愼獨)'은 '정심성의(正心誠意)'이고, '치중화위육(致中和位育)'은 '명명덕어천하(明明德於天下)'이다. 『대학』과 『중용』은 같은 세계관과 인간관, 교육관, 공부관을 견지하되 다만 다른 언어로 표현한다는 것이다. 이이에 의하면 이는 크게 수기와 치인을 담고 있으니 '명명덕' '솔성지도'가 수기요, '신민' '수도지교'가 치인에 해당한다.

그런데 다시 환기할 점은 『대학』 수장의 경문이나 이이의 언급에서 동시에 지시하듯이, 수기와 치인의 일은 모두 학(學; 배움)에 포함된다는 것이다. 즉, 수기(명명덕, 솔성지도)만이 아니라 치인(신민, 수도지교)도 결국 학의 일에 속한다는 이해다. 명덕을 밝히고 본성에 따르는 것을 요체로 하는 학[공부]은 단지 개인적인 차원을 넘어 사회적인 차원에서 타인의 명덕과 본성을 끌어내는 교화적 활동에까지 자연스럽게 이어지므로, 교화적 활동이 학[공부]과 별개의 것이 아니라 그 연장선상의 일이라는 것이다. 이는 유교 일반에서 보이는 바의, 유교에서 학문은 수기치인의 규모를 갖추고 있되 그 근간은 수기라는 이해와도 상통한다. 수기, 즉 '명명덕'과 '솔성지도'가 학의 근간이며, 치인, 즉 '신민'과 '수도지교'는 수기를 토대로 이루어지는 교화의 활동임과 동시에 또 다른 차원의 학인 것이다. 이는 유교 일반에서 보이는 바의 수기의 근본적이며 전체적인 성격을 반영하는 것이기도 하다. 그렇다고 해서 치인, 교화의 중요성이 반감되는 것은 아니다. '지어지선' '치중화위육'의 경지에 이르러 명덕 및 본성이 널리 밝혀지는 세상을 꿈꾸는 관점에서 치인, 교화는 절대적 중요성을 갖는다. 다만 이 치인, 교화가 제대로 이루어지

---

12 『聖學輯要』, 「統說」, "聖賢之學, 不過修己治人而已. 今輯中庸大學首章之說, 實相表裏而修己治人之道, 無不該盡. 蓋天命之性, 明德之所具也. 率性之道, 明德之所行也. 修道之敎, 新民之法度也. 戒懼者, 靜存而正心之屬也. 愼獨者, 動察而誠意之屬也. 致中和而位育者, 明德新民, 止於至善, 而明明德於天下之謂也."

기 위해서는 수기라는 근본이 제대로 갖추어져야 한다. 이것이 공부의 일이다.

주희의 공부론적 사유는 이상에서 검토한 바의 『대학』과 『중용』의 수장에서 보이는 바를 기본 틀로 하여 전개가 된다. 공부 및 교육에 관한 주희의 수많은 담론은 이것을 뼈대로 하고 있다. 따라서 앞으로의 우리의 논의가 어디로 흐르든 중심을 잃지 않기 위해서는 늘 이 뼈대를 염두에 두는 노력이 요구된다.

2) 하늘, 인간, 그리고 공부: 『대학혹문』의 『대학』 수장 해설에 담긴 공부철학

이상에서 『대학』과 『중용』 수장 및 그에 대한 주희의 해설을 통해 주희가 그리는 공부와 교육의 의미 및 이상, 그리고 그 인간학적·우주론적 근거 및 연관에 대해 살필 수 있었다. 이를 통해서도 볼 수 있듯이 공부 및 교육에 대한 주희의 이해는 늘 '하늘', 리와 기, 심과 성을 중심으로 한 본체론적·심성론적 논의를 배경으로 하는 특징을 지닌다. 나아가 한 인간의 제 측면, 공부 및 교육의 요청, 가능성, 방법에 대해 상세하게 논리를 구성해 간다. 이 책에서 다루는 모든 내용이 이것을 다각도로 풀어내는 것을 목표로 하는데, 주희가 직접 이에 관한 종합적 논설을 편 바가 있다. 즉, 『대학혹문』에서 『대학』 수장을 해설한 부분이 그것인데, 여기서 주희는 『대학』의 삼강령(三綱領)·팔조목(八條目)에 대한 총체적 설명을 하는 가운데 비단 여기에 그치지 않고 인간론, 교육론, 공부론 전체를 관련지어 논의를 풀어 가고 있다. 따라서 이를 먼저 들여다보는 것이 이후의 각론적 논의 전개를 위해 도움이 된다.

> ① 천도(天道)가 유행(流行)하며 만물을 낳고 길러 주는데, 그 창조변화를 이루는 바탕은 음양오행(陰陽五行)일 뿐이다. (그런데) 이른바 음양오행이라는 것은, 반드시 이 리(理)가 있은 뒤에 이 (음양오행이라는) 기(氣)가 있게 되고, 나아가 만물을 낳는 데 이르러서는, 반드시 기(氣)의 취합으로 인해서 형체(形體)가 있게 된다. 그러므로 사람과 만물이 태어남에 반드시 이 리(理)를 얻은 다음에 건순(健順) 및 인의예지(仁義禮智)의 본성[性]이 있게 된다. 반드시 이 기(氣)를 얻은 다음에 혼백(魂魄), 오장(五臟), 백해(百骸)의 몸이 있게 된다. 주선생(주돈이)이 말한 바, "무극(無極)의 순정함[眞]과 음양오행(陰陽五行)의 정미함[精]이 신묘하게 합하여 응결했다."고 하는 것이 바로 이것이다.
>
> 그 리(理)로 말해 보면, 만물이 하나의 근원을 지니니 확실히 사람과 만물, 귀한 것과 천한 것의 차이가 없다. 그 기(氣)로 말해 보면, '바르고 통명함[正通]'을

얻은 것은 사람이 되고, '치우치고 막힘[偏塞]'을 얻은 것은 만물이 된다. 이 때문에 어느 것은 귀하고 어느 것은 천하여 고르지가 않다. 천하여 만물이 된 것은 형기(形氣)의 치우치고 막힘에 질곡되어 그 본체의 온전함을 확충할 수가 없다. 오직 사람이 태어날 때 그 기의 '바르고 통명함[正通]'을 얻어서 그 본성이 가장 귀하게 대접받게 되니, 그 마음[方寸]이 허령통철(虛靈洞徹)하여 온갖 리(理)를 갖추게 된다. 생각건대 (사람이) 금수와 다른 까닭은 바로 여기에 있으며, (사람이) 요순(堯舜)이 될 수 있고 천지(天地)에 참여하여 화육(化育)을 도울 수 있는 것도 여기에서 벗어나지 않는다. 이것을 일러서 '명덕(明德)'이라 한다.

② 그런데 그 (氣의) '통명함[通]'도 간혹 '밝고 흐림[淸濁]'의 차이가 없을 수 없고, 그 (기운의) '바름[正]'도 간혹 '좋고 나쁨[美惡]'의 차이가 없을 수 없다. 이 때문에 부여받은 기질이 맑은 사람은 지혜롭고, 흐린 사람은 어리석으며, (기질이) 좋은 사람은 현명하고 나쁜 사람은 불초하여 같지 않은 점이 있게 된다. (그러므로) 반드시 상지(上智)와 대현(大賢)의 자질이 있어야 그 본체를 온전히 해서 조금도 밝지 않음이 없다. 여기에 미치지 못하는 자는 그 밝은 덕이라는 것이 이미 가려지지 않을 수 없어 그 온전함을 잃게 된다. 하물며 기질(氣質)에 가려진 마음[心]이 사물의 끊임없는 변화에 접하여, 눈은 색(色)을 욕망하고, 귀는 소리를 욕망하고, 입은 맛을 욕망하고, 코는 냄새를 욕망하고, 사지(四肢)는 안일(安逸)을 욕망함으로써 그 덕을 해치는 것을 어찌 말로 다할 수 있겠는가. 이 두 가지가 서로 원인이 되어 반복적으로 깊이 고착되어, 이 때문에 덕의 밝음은 날이 갈수록 더욱 어지럽고 어두워지니, 이 마음[心]의 영명함으로도 아는 것이라곤 고작 정욕(情欲)과 이해(利害)의 사사로움에 지나지 않을 뿐이다. 이러한 까닭에 비록 인간의 형체를 가지고 있지만 실제로 어떻게 금수와 다를 바가 있겠는가? 비록 요순이 될 수 있고 천지(의 화육)에 참여할 수 있다고 말하지만 스스로 충족시킬 수 없다.

③ 그러나 본디 밝음이 있는 본체는 하늘에서 얻은 것으로 영원히 어두워질 수 없다. 이 때문에 비록 그 어둠에 가려진 것이 극에 달할지라도 잠깐 사이에도 한 번의 깨우침이 있으면, 그 빈틈 사이에서 그 본체는 이미 밝게 빛난다. 이 때문에 성인은 가르침을 베풂에 있어서 이미 '소학(小學)'을 통해 함양(涵養)하도록 했고 후에 '대학(大學)'의 도로써 (공부를) 전개하도록 했다. (그리고 대학 단계에서) 반드시 격물치지(格物致知)의 설을 먼저 둔 것은 그들로 하여금 함양하는 가운데서 그 발현하는 바에 근거해서, 밝혀 가는 실마리를 열어 주고자 함이며, 성의(誠意), 정심(正心), 수신(修身)의 조목으로 뒤를 이은 것은, 이미 밝아진 실마리에 따라서 자신에게 그것을 돌이켜서, 그 밝혀 가는 실질을 지극히 하도록 한 것이다. 대저 먼저 밝혀 가는 실마리를 열어 주고 거기에 그 밝혀 가는 실질을 지극히 할 수 있으면 내가 하늘에서 얻은 바가 밝지 않음이 없게 되니, 어찌 초연(超然)하게 기질과 물욕의 가림을 제거해서 그 본체의 온전함을 회복할 수 없

겠는가? 이것이 곧 '명덕을 밝힘(『明明德』)'이니, 주어진 본성의 밖에서 작위(作爲)하는 것은 아니다.

④ 그런데 이른바 명덕이란 사람마다 다 함께 얻은 것이지, 나만 사사로이 얻은 것은 아니다. 지난날 모두 물욕(物欲)에 가려졌으므로 지혜로운 자와 우매한 자의 구분이 그렇게 크지는 않았지만, 오늘날 내가 다행히 스스로 밝혔다. (그런데) 저 뭇 사람들 중에 이를 함께 얻고서도 스스로 밝힐 수 없는 자들을 보니, 달콤한 마음이 비천하고 구차한 가운데에 미혹되고 함몰되어 있으면서도 스스로 알지 못한다. 어찌 그들을 측은하게 여겨서 구제하고자 하는 생각이 없겠는가? 이 때문에 내가 스스로 밝힌 바를 미루어서 그들에게 미치되, 처음에는 제가(齊家)를 중간에는 치국(治國)을 마지막에는 평천하(平天下)에 이르러, 자신의 명덕을 가지고도 스스로 밝히지 못한 사람들로 하여금 모두 스스로 밝혀서 옛날의 해묵고 더러운 때를 없애 가도록 했다. 이것이 이른바 신민(新民)이니, (이것은) 역시 그들에게 나의 것을 보태 주는 것은 아니다.

⑤ 덕(德)이란 자신에게 있어서 마땅히 밝혀야 하며, (또한) 그것이 백성에게 있어서는 마땅히 새롭게 해야 하는 것이니, 모두 사람의 힘으로 작위하는 것이 아니요, 내가 밝히고 새롭게 하는 것 또한 사사로운 뜻으로 구차하게 작위하는 것이 아니다. 이것은 하늘에서 얻어서 일상에서 드러나는 것인 만큼, 확실히 이미 각각 본연의 일정한 준칙이 있지 않음이 없다. 이는 정선생(정이)의 말처럼 그 의리(義理)의 정미(精微)함의 극치로서 무어라 형용할 수 없기에 따라서 이를 굳이 지선(至善)이라고 이름한 것이다. 그러므로 반드시 이것을 가리켜 말하면서, 명덕과 신민의 표적(標的)으로 삼았다.[13]

---

13 『大學或問』,「大學或問上」, "① 天道流行, 發育萬物, 其所以爲造化者, 陰陽五行而已. 而所謂陰陽五行者, 又必有是理而後有是氣. 及其生物, 則又必因是氣之聚而後有是形. 故人物之生, 必得是理然後, 有以爲健順仁義禮智之性. 必得是氣然後, 有以爲魂魄五臟百骸之身. 周子所謂, 無極之眞, 二五之精, 妙合而凝者, 正爲是也. 然以其理而言之, 則萬物一原, 固無人物貴賤之殊. 以其氣而言之, 則得其正且通者, 爲人. 得其偏且塞者, 爲物. 是以或貴或賤而不能齊也. 彼賤而爲物者, 旣梏於形氣之偏塞, 而無以充其本體之全矣. 唯人之生, 乃得其氣之正且通者, 而其性爲最貴, 故其方寸之間, 虛靈洞徹, 萬理咸備. 蓋其所以異於禽獸者, 正在於此, 而其所以可爲堯舜, 而能參天地而贊化育者, 亦不外焉. 是則所謂明德者也. ② 然其通也. 或不能無淸濁之異, 其正也. 或不能無美惡之殊, 故其所賦之質, 淸者智, 而濁者愚. 美者賢, 而惡者不肖, 又有不能同者. 必有上智大賢之資, 乃能全其本體, 而無少不明, 其有不及乎此, 則其所謂明德者, 已不能無蔽而失其全矣. 況乎又以氣質有蔽之心, 接乎事物無窮之變, 則其目之欲色·耳之欲聲·口之欲味·鼻之欲臭·四肢之欲安佚, 所以害乎其德者, 又其可勝言也哉. 二者相因, 反覆深固, 是以, 此德之明, 日益昏昧, 而此心之靈, 其所知者, 不過情欲利害之私而已. 是則, 雖曰有人之形, 而實何以遠於禽獸? 雖曰可以爲堯舜而參天地, 而亦不能有以自充矣. ③ 然而, 本明之體, 得之於天, 終有不可得而昧者. 是以, 雖其昏蔽之極, 而介然之頃, 一有覺焉, 則卽此空隙之中, 而其本體, 已通然矣. 是以, 聖人施敎, 旣已養之於小學之中, 而復開之以大學之道, 其必先之以格物致知之說者, 所

전체적으로 보면, 첫째 부분(①)에서는 명덕(明德)의 의미를, 리기심성론(理氣心性論)을 토대로 설명한다. 즉, 명덕으로 표현되는 인간의 본성 혹은 본질을 우주론적·인간학적 맥락에서 해설하고 있다. 둘째 부분(②)에서는 인간의 본성[명덕]이 삶에서 온전하게 발현되지 못하는 근거에 대해서 역시 리기심성론의 맥락에서 설명하고 있다. 셋째 부분(③)은 인간 본성[明德]을 회복할 수 있는 실마리, 그리고 본격적인 공부내용 및 방법에 대해서 설명한다. 넷째 부분(④)은 신민(新民)을 설명하는데, 즉 자기의 본성[명덕]을 밝힌 것에 기초해서 가정과 사회에서 타인의 본성[명덕]을 밝혀 가야 하는 책무와 그 의미에 대해 논한다. 다섯째 부분(⑤)은 지선(至善)의 의미를 설명하는데, 자신과 타인의 명덕을 밝히는 명명덕과 신민의 과정이, 사람들에게 내재한 명덕에 기초하고 지극한 진리에 근거한 것이지 낮은 차원의 작위에 의한 것인 아님을 말하고 있다. 다시 각 부분에 대해 구체적으로 풀어 보자.

① 인간의 혹은 인간만의 본성: 하늘에서 얻은 명덕의 존재

주희는 명덕(明德)을 설명하되 이것의 우주적인 연관을 따지는 것으로부터 출발한다. 우선 인간은 리(理)와 기(氣)의 결합으로 이루어진다. 인간뿐 아니라 만물은 리(理), 그리고 리를 근거로 존재하는 기(氣)로서의 음양오행(陰陽五行)이 함께 작용하여 생성된다. 인간과 만물에 내재된 성(性)은 다름 아닌 개별자들에게 부여된 리(理)다. 그리고 그 성(性)의 내용을 건순(健順) 및 인의예지(仁義禮智)로 설명한다. 인·의·예·지만이 아니라 건·순을 함께 말한 것은, 인·의·예·지로는 다 담아내기 어려운 자연성을 포괄하기 위함이라고 여겨진다. 결국 주희에 의하면 인간은 한편으로는 리로서의 성(性)과 다른 한편

以使之卽其所養之中, 而因其所發, 而啓其明之之端也. 繼之以誠意正心修身之目者, 則又所以使之因其已明之端, 而反之於身, 以致其明之之實也. 夫旣有以啓其明之之端, 而又有以致其明之之實, 則吾之所得於天, 而未嘗不明者, 豈不超然無有氣質物欲之累, 而復得其本體之全哉? 是則所謂明明德者, 而非有所作爲於性分之外也. ④ 然其所謂明德者, 又人人之所同得, 而非有我之得私也. 向也 俱爲物欲之所蔽, 則其賢愚之分, 固無以大相遠者. 今吾旣幸有以自明矣. 則視彼衆人之同得乎此, 而不能自明者, 方且甘心迷惑沒溺於卑汚苟賤之中, 而不自知也. 豈不爲之惻然而思有以救之哉. 故必推吾之所自明者以及之, 始於齊家, 中於治國, 而終及於平天下, 使彼有是明德而不能自明者, 亦皆有以自明而去其舊染之汚焉. 是則所謂新民者, 而亦非有所付畀增益之也. ⑤ 然德之在己而當明, 與其在民而當新者, 則又皆非人力之所爲, 而吾之所以明而新之者, 又非可以私意苟且而爲也. 是其所以得之於天, 而見於日用之間者, 固已莫不各有本然一定之則. 程子所謂以其義理精微之極, 有不可得而名者, 故姑以至善目之. 故必指是而言, 以爲明德新民之標的也." (숫자는 내용 구분을 위해 필자가 기입한 것임.)

으로는 기로서의 혼백(魂魄)과 오장(五臟) 및 백해(百骸)로 이루어진 존재다.

그런데 여기서 주목할 점 하나는 인간의 근거로서의 리기(理氣) 외에도 그 뿌리가 되는 것으로 천도(天道)를 말한다는 점이다. 첫머리에서 "천도(天道)가 유행(流行)하며 만물을 낳고 길러 주는데…"로 시작하는 우주창생의 과정을 언급하면서 리기의 작용을 논하기 전에 원초적으로 천도의 유행을 논한다. 이는 『중용장구』의 수장 주석에서는 "천(天)이 음양오행으로 만물을 화생할 적에 기로써 형체를 이루고 리 또한 부여하지 명령함과 같다."[14]로 되어 있다. 별도로 『인설(仁說)』에서는 천지(天地)가 만물을 낳고 낳는 마음을 인간이 얻은 것이 인이라고 설명한다.[15] 이렇게 주희는 천(天), 천도(天道), 천지(天地) 등의 용어를 통해 리와 기로 이루어진 우주를 낳은 어떤 궁극적 시원의 존재를 표현하곤 한다. 『중용』의 성(性)이나 『대학』의 명덕(明德)을 설명할 때도 천(天)을 근간으로 한다. 하늘[天]이 부여한 것이 성(性)이고 하늘로부터 얻은 것이 명덕(明德)이다. 이 하늘은 리의 근간이 되는 궁극의 지평이다. 이는 일종의 종교적 통찰 영역인데, 존재를 리기로 설명하면서도 그 이면에 하늘의 영역을 따로 남겨 놓는 사유방식을 볼 수 있다. 이 하늘의 세계관은 주희의 인간 이해에 있어서 매우 중요하게 작용한다. 그러나 주희는 그 하늘에 대해 본격적 논의를 펼치지 않으니, 우리도 주희의 방식에 따라서 하늘은 하나의 미지의 영역으로 남겨두고 나머지 리기심성 등의 개념을 활용해서 접근하는 것이 최선일 것이다.

하늘 담론을 제외하고 리기심성론에 충실해 볼 때, 인간의 본성은 리(理)로서의 성(性)이고 이것이 곧 '명덕(明德)'의 주요 근거이며 내용임은 두말할 나위가 없다. 그런데 성과 명덕은 미묘한 차이를 지닌다. 주희에 의하면 인간과 인간 이외의 존재(동물, 식물 등 만물)은 리(理)를 부여받아 성(性)을 이루고 있다는 점에서 귀천(貴賤)의 차이 없이 동등하지만, 그럼에도 불구하고 인간과 만물은 기질(氣質)의 차이에 따라 성(性)의 실현에 있어 질적인 차이를 보인다. 즉, 인간은 기(氣)의 바르고 통명함[正通]을 얻은 반면, 만물은 기(氣)의 치우치고 막힘[偏塞]을 얻었다. 따라서 만물은 기(氣)의 치우치고 막힘에 질곡되어 그 성(性)의 온전함을 실현할 수가 없다. 반면에 태어날 때 바르고 통명한 기(氣)를 얻은 인간은 그 성의 온전한 발현이 가능하다. 주희는 이것이 인간의 경우, 다른 만물에 비해, 그 성이 가장 귀하게 되는 이유라고 설명한다. 인간의 기가 바르고 통명하다

14 『中庸章句』, 1章 註解, "天以陰陽五行, 化生萬物, 氣以成形, 而理亦賦焉, 猶命令也."

15 『朱熹集』 卷67, 3542-3544쪽, 「仁說」, "天地以生物爲心者也, 以人物之生, 又各得夫天地之心以爲心者也."

는 주희의 인식은 무엇보다 인간의 '마음'의 존재를 염두에 둔 것이다. 주희에 의하면 인간의 마음[方寸]은 텅 비고 신령스럽고 밝은, 즉 허령통철(虛靈洞徹)의 상태에서 온갖 리를 갖추고 있고, 따라서 만물과는 달리 그 내재한 본성을 온전하게 드러낼 수 있다. 이렇게 마음의 허령통철한 바탕에서 리(혹은 성)를 갖추고 있는 상태가 명덕이다. 리가 마음속에 얻어진 것이므로 '덕'이며 그것이 허령통철의 밝음과 함께하기에 '명'이다. 명덕은 단순한 성이 아니고 허령통철한 마음과 하나를 이루고 있는 성(性)을 의미하며, 단순한 심이 아니라 성과 하나된 허령통철의 밝은 상태의 마음, 즉 본심(本心)을 말한다. 이 명덕(明德)을 『대학장구』에서는 "사람이 하늘에서 얻되 텅 비고 신령하고 어둡지 않으면서 온갖 리를 갖추고 만사에 응하는 것[人之所得乎天而虛靈不昧, 以具衆理而應萬事者]"으로 표현하고 있다.[16] 인간과 만물 사이에 성은 공유되지만 명덕은 공유되지 않는다. 명덕은 기가 통명한, 다시 말하면 허령통철한 심을 지니고 있는 인간만의 것이다. 나아가 명덕은 인간이라면 누구나 평등하게 갖추고 있다. 인간은 명덕을 소유함으로써 천지와 더불어 세상의 창조[化育] 작업을 함께할 수 있는 지위도 갖는다.

② 인간의 본성이 본연의 빛을 발하지 못하는 이유: 기질에 가려진 명덕

인간이 명덕을 갖추고 있음이 곧 명덕이 현실에서 현현됨을 의미하는 것은 아니다. 명덕이 인간에게 내재된 것은 분명하지만 반드시 특별한 노력에 의해서만 드러날 수 있다. 즉, 특별한 노력이 없다면 그 명덕은 다만 숨어 있을 뿐이다. 주희는 그 원인에 대해 기질(氣質)과 인욕(人欲)의 제약으로 설명한다. 모든 인간은 근본적으로는 기의 바르고 통명함[正通]을 얻어 명덕을 구유한다는 사실은 틀림없지만, 바르고 통명한 가운데에서도 개개인의 기질의 맑고 흐림[淸濁]과 좋고 나쁨[美惡]의 차이가 있어서 명덕의 실현 정도는 사람에 따라 현저한 차이를 드러내게 된다. 이 차이는 곧 지혜로움과 어리석음, 현명하거나 불초한 차이로 설명된다. 무엇보다 기질에 제약된 마음이 온갖 외물의 자극과 제반의 욕망[정욕, 사욕]에 치달리게 되면 원래 밝은 덕은 혼매해지고, 본래의 영명한 바탕으로도 겨우 욕망과 사사로운 이해만 좇게 된다. 이렇게 되면 인간은 곧 금수의 수준

16 한편, 주희는 심에 대해 "心者人之神明, 所以具衆理而應萬事者也."(『孟子集註』「盡心」(上) 1章의 註解)로 설명하는데, 이는 명덕의 풀이와 유사하다. 이는 본연의 마음, 즉 본심(本心)이 곧 명덕에 다름 아님을 말해 주는 것으로 이해할 수 있다. 그런데 심과 명덕의 개념 설명의 차이(특히 심의 설명에 보이는 '所以'라는 표현)에 주목해 볼 때, 심은 명덕에 비해 리[성]와의 거리를 더 지니고 있다는 점이 포착되기도 한다.

으로 전락하게 된다. 즉, 명덕은 인간으로 하여금 천지와 우주 창조를 함께할 수 있도록 하는 자산이지만 만일 그것이 기질적 욕망에 휘둘려서 밝음을 드러내지 못하게 되면 금수와 다름 아닌 상태가 된다.

③ 인간 본성의 회복 및 실현의 의미와 방법: 명명덕과 소학, 대학

그런데 인간이 하늘로부터 부여받은 밝은 본체, 즉 명덕은 아무리 기질(氣質)과 인욕(人欲)에 의해 가려졌다고 해도 결코 사라지지 않는다. 그 가림과 어둠이 극에 달했다고 해도 그 밝음은 틈틈이 드러나지 않을 수 없다. 이 밝은 틈새가 인간 본성 혹은 명덕의 실현을 위한 공부의 실마리이자 근거가 된다. 공부는 이 본체의 밝음의 실마리를 바탕으로 하는 동시에 그 밝음을 온전하게 드러내는 방향으로 진행되는데, 이를 위해 주희는 소학(小學)과 대학(大學)의 두 단계를 제안한다. 소학에서 본성의 기본적 함양(涵養)이 이루어지고, 이를 바탕으로 대학에서 격물, 치지, 성의, 정심, 수신의 공부가 이루어진다. 격물·치지는 소학의 함양을 통해 (명덕이) 드러난 바에 근거해서 더욱 밝혀 가는 단서를 열어 가도록 하는 과정[所以使之卽其所養之中, 而因其所發, 而啓其明之之端]이며, 성의·정심·수신은 격물치지에 의해 밝혀진 단서를 자신에게 돌이켜 체화하면서 밝히는 일의 실질을 지극히 하도록 하는 과정[所以使之因其已明之端, 而反之於身, 以致其明之之實]이다. 이렇게 할 수 있으면 하늘에서 얻은 바의 밝은 본체를, 기질과 물욕의 제약을 넘어서 회복할 수 있게 된다. 주희는 격물에서 수신까지를 '명명덕'의 일임을 분명히 하면서, 이 명명덕은 하늘에 기원하는 본성의 일이지 본성 밖의 작위가 아님을 강조한다.

④ 타인의 본성을 실현하는 방법: 신민과 교육적·정치적 교화

명덕은 특별한 사람만이 아니라, 사람이면 누구나 공적으로 지니는 것이다. 그러나 사람들이 물욕에 가려져 있는 한 자신에게 내재한 명덕의 존재를 알고 드러낼 길이 없다. 그런데 사람 중에 명덕을 스스로 먼저 밝히는 자가 있게 마련인데, 명덕을 밝힌 그는 자연스럽게, 역시 명덕을 지니고 있으면서도 스스로 밝히지 못해서 물욕에 가려진 낮고 구차한 상태에 빠져 있는 사람을 구제할 뜻과 책무감을 갖게 된다. 즉, 그는 타인의 명덕을 밝히고자 하는 교육적·정치적 역할을 자임하게 되는데, 이것이 신민(新民)의 의미이며 교화(敎化)라는 용어로 풀이할 수 있겠다. 신민은 제가로부터 시작해서 치국, 평천하의 범주를 포괄한다. 즉, 격물·치지·성의·정심·수신의 명명덕이 개인들이 자신

의 명덕을 스스로 밝히는 일이라면 제가·치국·평천하의 신민은 가정과 사회 국가, 인류의 삶의 장에서 타인의 명덕을 밝혀 가는 과정이다. 이렇게 보면 신민은 무엇보다 교육의 일인데 유학적 맥락에서 교육은 정치와 명확히 구분되지 않고 밀접한 연관 관계를 형성한다. 나아가 신민은 교육적·정치적 행위이지만 실제로는 '대학지도', 즉 큰 배움의 일에 속한다. 남을 이끌어 가는 교육과 정치 행위도 크게 보면 나를 키워 가는 나의 명덕을 발휘해 가는 학(學; 공부)의 과정이다. 주희는 『대학』은 학(공부)을 행하는[爲學] 강목을 말한 저술로 보면서,[17] 팔조목 모두를 학(공부)의 범주에 넣고 있음에 주목할 필요가 있다.[18] 교육행위와 정치행위까지 학(공부)의 활동으로 이해하는 사유가 주자학 체계에 녹아 있다.

한 가지 주희가 더 강조하는 바는, 타인의 명덕을 밝혀 주는 교육적·정치적 과정은 타인이 이미 지니고 있는 그 자신의 명덕을 실마리로 해서 스스로 밝혀 가도록 하는 과정이지, 타인에게 없는 것을 내가 보태 주는 과정이 아니라는 점이다. 여기에서 주희가 구상한 교육이 결국 학습자의 주체성에 근거한 것임을, 나아가 학습자나 교수자나 함께 자신의 명덕을 확장해 가는 '교학상장(教學相長)'의 일임을 확인하게 된다.

⑤ 최고의 경지: 지어지선

『대학』에서 제시하는 공부 강령의 마지막은 '지선에 머무는 일[止於至善]'이다. 주희는 '지어지선'에 대해 다른 앞의 두 강령인 명명덕, 신민과 위상을 달리해서 파악한다. 즉, 지어지선은 명명덕이나 신민과는 다른 별도의 내용을 갖춘 강령이라기보다, 명명덕과 신민의 표준 혹은 목적[標的]으로 제시된 것이다. 주희는 인간이 명덕을 갖추고 또 그것을 밝히는 일은 사적인 작위의 문제라기보다 하늘의 일이며 필연의 일로 이해한다. 즉, 명명덕과 신민은 개개인의 사적 작위를 넘어서는, 하늘에 기원을 둔 본연의 법칙적 작용이라는 것이다, 주희는 정이의 말에 기대어 의리의 정미함의 극치로서 말로 표현할 수 없어서 지선이라고 했다고 설명한다. 하늘에 기원을 둔 명덕을 개인, 사회, 국가, 인류적 차원에서 밝혀 가는 일은, 사적·작위적 차원을 넘어서는 하늘의 일로서 의리의 정미함의 극치이며 지선이라는 것이 주희의 인식이다.

---

17 『朱子語類』 14-22, "大學是爲學綱目."

18 『大學章句』, "凡傳十章, 前四章(삼강령을 논한 네 개의 장-필자주), 統論綱領指趣, 後六章(팔조목을 논한 여섯 개의 장-필자주), 細論條目工夫."

이상을 간단히 요약한다면, 모든 인간은 허령불매 혹은 허령통철한 바탕에 리를 갖춘 명덕을 하늘로부터 얻어서 지니고 있으며, 이 명덕은 만물과도 구분되는 인간의 본성적 정체성이다. 인간 본성으로서의 명덕을 먼저 '나'의 차원에서 밝혀 가는 것이 '명명덕'이고, '나'의 명덕을 밝힌 후에 가정, 사회, 국가, 인류의 차원에서 타인의 명덕을 밝혀 가는 일이 '신민'이다. 명명덕은 팔조목 중 격물, 치지, 성의, 정심, 수신의 공부 조목과 상응하되 이 과정은 이미 소학의 함양 공부를 전제로 한다. 즉, 명명덕을 위한 공부과정은 소학과 대학이 이미 포괄되어 있음을 분명히 한다. 나아가 신민은 제가·치국·평천하의 공부 조목과 상응한다. 신민은 타인의 명덕 실현을 이끄는 교육, 정치의 일이지만 넓게 보면 명명덕의 연장선상의 학 및 공부의 영역에 포괄된다. '지어지선'은 명명덕과 신민이, 작위적 차원이 아닌 하늘 차원의 법칙에 의해 이루어지는, 의리의 정미함의 극치의 작용임을 뜻하는 강령으로 명명덕과 신민의 표준이며 목적이 된다.

3) 공부의 이론과 실제에서 리기심성의 세계관, 인간관을 앞세우는 의미

이상에서 살펴본 것처럼 주희의 공부론은 리(理)와 기(氣), 심(心)과 성(性)의 논의와 직물의 날줄과 씨줄처럼 얽혀 있다. 공부에 관한 견해를 설명함에 있어서 주희는 언제나 리기(理氣), 심성(心性) 등의 우주론적이고 인간학적인 내용들을 기초로 삼는다. 공부의 문제가 우주와 인간의 본질 문제와 긴밀하게 관련되어 있다고 보기 때문이다. 그렇다고 해서 주희가 공부론을 단지 리기론과 심성론의 부산물 정도로 파악하는 것은 아니다. 오히려 주희의 학문체계의 중심은 공부론이라고 해도 과언이 아니다. 주희에게 학문은 곧 '자신의 본성을 실현하는 배움(공부)'으로서의 위기지학(爲己之學)을 의미한다는 점, 그리고 실제로 주희의 학문은 공부의 문제의식으로부터 출발하고 성장해 갔다는 점에서 잘 드러난다. 리기론과 심성론은 공부의 문제를 우주와 인간 본질의 문제와 연관하여 설명하는 과정에서 요청된 것으로, 리기심성론이 공부론의 부산물이라고 해도 좋다.

리기심성론이 공부론적 문제의식의 부산물이라는 것이 곧 그것이 부차적인 의미를 지닌다는 뜻은 아니다. 주희에게서 공부의 문제가 우주와 인간의 본질의 문제와 분리되지 않는다면, 공부론에서 리기심성론이 차지하는 비중은 절대적이지 않을 수 없다. 좀 더 정확히 말하면 주희의 학문체계에서 리기론, 심성론, 그리고 공부론은 서로 엄밀히 구분할 수 없을 정도로, 주희의 공부론은 이미 리기심성론을 그 핵심적 내용으로 삼고 있다.

주희 공부론에서 리기심성의 논의가 필요한 가장 중요한 이유는, 이것이 공부의 궁극적인 의미와 지향점에 대해서 인간과 우주의 본질 문제와 관련하여 설명해 주기 때문이다. 예를 들어, 주희는 일종의 공부론서 혹은 공부입문서라고도 할 수 있는 『근사록(近思錄)』을 편찬함에 있어서도,[19] 그 첫머리에 도체류(道體類)라는 제목으로 태극(太極), 음양(陰陽), 성명(性命), 리기(理氣), 인(仁) 등의 문제를 다루게 되는데, 주희와 더불어 『근사록』을 함께 편찬했던 여조겸(呂祖謙)은 주희의 생각도 담아서 그 의도를 다음과 같이 밝힌다.

> 『근사록』은 이미 완성되었다. 그런데 어떤 이는 의심할 것이다. 첫머리의 음양변화(陰陽變化)와 성명(性命)의 이론은 처음 배우는 사람들의 일이 아니라고. 그러나 나는 진작 순서를 짠 뜻을 (주희로부터) 전해 들을 수 있었다. 후학들이 의리(義理)의 본원(本源)에 대해 당장 말할 수 없을지라도 만일 그 대강을 알지 못한다면 어느 곳에 이르고 머무른단 말인가? 그래서 이것을 책머리에 실어서 다만 그 개념[名義]이라도 알아서 지향할 곳을 있게 한 것이다. 다른 권에서는 배우는 방법과 일상생활에서 실천하는 단계를 말한 것이다. 이에 따라서 나아가되 낮은 곳으로부터 높은 곳으로 올라가고, 가까운 곳으로부터 먼 곳에 이르면 이 책을 만든 뜻을 잃지 않게 된다. 만일 낮고 가까운 것에 염증을 내서 높고 먼 곳으로 비약하려 하고, 단계를 뛰어넘어 공허한 데로 흘러가 드디어 의거 하는 바가 없게 된다면 어찌 이른바 '가까운 것으로부터 생각함[近思]'이라 할 수 있겠는가?[20]

『근사록』이 초학자들을 위해 꾸며진 공부의 입문서이자 자습서임에도 불구하고, 처음

---

19 주희는 그의 친구인 여조겸(呂祖謙)와 더불어 북송대의 신유학자들의 학문적 통찰들을 중심으로 『근사록(近思錄)』을 편찬했는데, 이 책은 무엇보다 초학자의 '공부입문서' 혹은 '교육입문서'의 성격이 짙다. 이는 주희의 「서(序)」에서 "처음 배우는 사람들이 입문하는 길을 모를까 싶어서 그 대체가 되는 것과 일상생활에 꼭 필요한 것을 뽑아서 이를 편찬하게 되었다[而懼夫初學者, 不知所入也. 因共掇取其關於大體, 而切於日用者, 以爲此編]."(『近思錄』, 「朱序」; 『朱子全書』 13冊, 163쪽)고 밝히는 데에서도 드러난다. 비록 『근사록』의 세부 내용은 비록 주희 이전의 송대 신유학자들의 것이지만 그 편집 내용과 구성의 체계를 통해서 주희의 교육철학의 특색을 잘 드러내고 있다.

20 『近思錄』, 「呂序」(『朱子全書』 13冊, 164쪽), "近思錄旣成, 或疑首卷陰陽變化性命之說, 大抵非始學者之事? 祖謙竊嘗與聞次緝之意. 後出晩進, 於義理之本原, 雖未容驟語, 苟茫然不識其梗概, 則亦何所底止? 列之篇端特使知其名義, 有所嚮望而已. 至於餘卷所載講學之方, 日用躬行之實, 具有科及, 循是而進, 自卑升高, 自近及遠, 庶幾不失纂集之指. 若乃厭卑近而鶩高遠, 躐等陵節, 流於空虛, 迄無所依據, 則豈所謂近思者耶覽者宜詳之?"

에 태극, 음양변화과 성명 등의 우주론적·형이상학적·심성론적 문제들을 제기한 것은, 공부를 통해서 도달해야 할 지점 및 공부의 근거를 분명히 하기 위해서다. 공부의 실제에서 언제나 공부의 근본 의미와 목표가 견지되어야 한다는 것이고 이는 곧 우주와 인간 본질에 대한 이해, 즉 리기 및 심성의 이해와 깊은 관련이 있다고 주희는 파악한다.

공부가 우주론적·형이상학적·심성론적 문제에 대한 이해를 기초로 하여 진행되어야 한다는 것이 주희의 생각이지만, 그는 늘 '하학이상달(下學而上達)'의 공부(교육) 원칙을 견지하고자 한다.[21] 공부의 우주론적이고 인간학적인 근거와 지향점에 대한 이해를 잃지는 않되, 실제의 공부는 가깝고도 쉬운 일상적인 것부터 시작해야 한다는 것이 주희의 입장이다. 이는 한편으로는 고원(高遠)한 진리들도 결국은 일상생활 속에서 드러나고 확인될 수밖에 없다는 점과, 다른 한편으로는 공부는 가까운 것으로부터 진행하는 것이 공부의 자연스럽고 합리적인 방법임을 고려한 것이다. 우주와 인간의 삶을 근거짓는 원리를 깨닫고 또한 그 원리를 반영하는 삶을 이루는 것이 공부의 목표라고 해도 이는 하학(下學)의 공부로부터 가능하다고 보는 것이다. 다시『근사록』을 돌이켜 보면, '가까운 생각의 기록'이라는 책의 제목 자체에도 일상의 하학(下學)을 중시하는 주희의 이런 뜻이 잘 담겨 있다. 주희는 '하학(下學)으로부터' 라는 원칙을 지켜 내면서 동시에 우주론적, 그리고 인간학적 근원과 지향점[太極, 性]의 의미를 언제나 견지하는 공부론을 구축하고자 했다.

이 장에서는 이러한 주희의 의도를 반영하여, 먼저 공부론의 기초로서의 우주와 인간에 대한 그의 이해부터 고찰하기로 한다. 이 과정에서 자연히 공부의 주체와 목적에 대한 논의가 이어질 것이다.

2. 유기체적 우주 이해와 인간의 본성: 리기(理氣)와 성(性), 그리고 인(仁)

1) 유기체적 우주 이해와 리기(理氣), 그리고 하늘[天]

21 주희에게 '하학이상달(下學而上達)'은 주요 공부원리 중 하나인데 이에 대한 자세한 논의는 제5장 3절 2항 참조.

주희에게 리(理)와 기(氣)는 우주 자체의 모든 현상과 그 본질을 설명하는 본체 개념이다. 인간을 비롯한 우주의 만물은 리와 기의 범주 속에서 그 성격이 규정된다. 리와 기의 상호 작용으로 이루어지는 우주는 일종의 '유기적 생명체'라고 할 수 있으며, 우주의 산물로서의 인간과 만물 역시 리기에 근원하는 고유의 생명성을 지니게 된다.

주희에게서 리와 기의 관계는, 곧 태극(太極)과 음양(陰陽)의 관계로써 표현해도 좋다. 주희의 리기론이 정식화되는 과정에서 태극음양론은 중요한 역할을 하는데, 이는 주로 『역전(易傳)』과 주돈이의 「태극도설(太極圖說)」의 논의에 근거를 둔 것이다. 리기론을 정립함에 있어서 『역전』을 기초로 한 것은 이미 이정(二程)에게서 시작된 것이지만, 주돈이의 「태극도설」에 대해 본격적으로 주목하기 시작한 것은 주희였다. 주희 우주론의 특성은 생성론적, 혹은 생리학적, 혹은 유기체적이라고 할 수 있으며, 여기에는 『역전』과 「태극도설」의 우주관과 세계관의 영향이 크게 작용하고 있다. 『역전』과 「태극도설」에서는 태극(太極)이라는 '중심(근원)'을 매개로 음양오행(陰陽五行)의 분화를 거쳐 만물이 끊임없이 생성하고 변화하는 과정[萬物生生而變化無窮]이 역동적으로 서술되어 있는데,[22] 주희는 이러한 세계관을 자각적이고 창조적으로 받아들이되 태극(太極)은 리(理)로, 음양(陰陽)은 기(氣)로 정리하면서, 리기(理氣)를 근저로 한 생성론적·유기체적 우주론을 정립하게 된다.

주희에게서 리로서의 태극은[23] 우주만물의 생생한 작용을 가능케 하고 질서지어 주는 중심 축[樞極]이며 뿌리[根]다.[24] 주희는 「태극도설」의 '무극이태극(無極而太極)'에 대한 해

---

22 『周濂溪集』, 「太極圖說」, "太極而無極. 太極動而生陽, 動極而靜. 靜而生陰, 靜極復動. 一動一靜, 互爲其根, 分陰分陽, 兩儀立焉. 陽變陰合, 而生水火木金土. 五氣順布, 四時行焉. 五行一陰陽也, 陰陽一太極也. 太極而無極也. 五行之生也, 各一其性. 無極之眞, 二五之精, 妙合而應. 乾道成男, 坤道成女, 二氣交感, 化生萬物, 萬物生生, 而變化無窮焉."

23 『朱子語類』 1-4, "太極只是一箇'理'字."/『朱子語類』 1-1, "太極只是天地萬物之理."
주희는 종종 태극(太極)은 곧 리(理)라고 말하지만, 양자는 그 쓰임의 맥락을 볼 때 완전히 동일한 것은 아니다. 즉, 태극이 우주(천지)의 생성변화를 가능케 하는 근원으로서 우주만물의 리를 총칭하는 것이라면, 리는 이러한 총체적인 리를 말할 뿐 아니라, 구체적인 개별적 리[條理, 分殊理]를 동시에 의미한다. 그러나 개별적 리를 말하는 것이 아니라면 태극(太極)과 리(理)는 혼용해도 무방하다.

24 『朱熹集』 卷45, 2153-2154쪽, 「答楊子直」, "天地之間, 只有動靜兩端, 循環不已, 更無餘事, 此之謂易. 而其動其靜, 則必有所以動靜之理焉, 是則所謂太極者也. 聖人旣指其實而名之, 周子又爲之圖以象之., 其所以發明表著, 可謂無餘蘊矣. 原極之所以得名, 蓋取樞極之義, 聖人謂之太極者, 所以指夫天地萬物之根也."/『朱子語類』 94-12, "原'極'之所以得名, 蓋取樞極之義. 聖人謂之'太極'者, 所以指夫天地萬物之根也."

석을 통해서, 태극은 형체가 없지만 우주만물의 리로서 만물 하나하나에 내재해 있고, 특정한 하나의 사물로 환원되지 않으면서 만물의 생성변화[萬化]의 근본이 됨을 보여 주고 있다.[25] 태극(太極; 理)이 생성변화의 근본이므로, 이것이 없다면 우주[天地] 자체의 존재가 불가능하며 따라서 만물의 존재도 있을 수 없다.[26] 다시 말해, 리(理)가 있음으로 해서 기(氣)가 유행(流行)하여 만물(萬物)이 발육(發育)될 수 있다.[27]

주희는 기본적으로 "리와 기는 서로 떨어지지도 않으면서 동시에 서로 섞이지도 않는다[理氣不相離不相雜]."는 입장을 가지고 우주의 역동적인 생생(生生)의 과정을 설명한다. 그런데 주희가 굳이 리와 기의 '불상리(不相離)'와 더불어 '불상잡(不相雜)'을 강조하는 주요한 이유는, 만물 생성변화의 근원이며 중심축으로서의 리의 고유한 의미 영역을 분명히 하기 위함이다. 그리고 '리기불상잡(理氣不相雜)'의 논리와 연관하여 '리선기후(理先氣後)'의 관점이 제기되는데, 미리 말한다면 주희는 이를 통해서 우주라는 유기적 생명체가 그 생명력을 발현하는 데 있어서의 안정성을 확보하고자 한다. 이를 보다 구체적으로 설명해 보기로 한다.

주희의 '리선기후(理先氣後)'의 관점은, 마치 "오늘 리가 있고 내일 기가 있다."라는 식으로, 리가 기에 대해서 '시간적' 시초(우선)가 됨을 말하는 것이 아니다.[28] 주희는 시간적 출발점으로서의 '태초'란 존재할 수 없음을 누누이 강조한다. 우주는 양(陽)과 음(陰), 동(動)과 정(靜)의 영원의 순환이므로[29] 창조의 기점이란 존재할 수가 없기 때문이다. 더

---

25 『朱熹集』 卷78, 4085–4086쪽, 「隆興府學濂溪先生祠記」, "蓋其所謂太極云者, 合天地萬物之理, 而一名之耳. 以其無器與形, 而天地萬物之理, 無不在是, 故曰無極而太極, 以其具天地萬物之理, 而無器與形, 故曰太極本無極也, 是豈離乎生民日用之常, 而自爲一物哉? 其爲陰陽五行造化之賾者, 固此理也."/ 『朱熹集』 卷36, 1576쪽, 「答陸子靜」, "不言無極, 則太極同於一物, 而不足爲萬化本根, 不言太極, 則無極淪於空寂, 而不能爲萬化之本."/ 『朱子語類』 94–7, "無極而太極, 蓋恐人將太極做一箇有形象底物看, 故又說無極, 言只是此理."/ 『朱子語類』 94–8, "'無極而太極', 只是說無形而有理. 所謂太極者, 只二氣五行之理, 非別有物爲太極也."

26 『朱子語類』 1–1, "未有天地之先, 畢竟是先有此理. 動而生陽, 亦只是理, 靜而生陰, 亦只是理."/ 『朱子語類』 1–2, "未有天地之先, 畢竟也只是理. 有此理, 便有此天地. 若無此理, 便亦無天地, 無人無物, 都無該載了! 有理, 便有氣流行, 發育萬物."

27 『朱子語類』 1–2, "有此理, 便有此氣流行發育. 理無形體."

28 『朱子語類』 1–14, "要之, 也先有理. 只不可說'是今日有是理, 明日却有是氣', 也須有先後. 且如萬一山河大地都陷了, 畢竟理却只在這裡."

29 『朱子語類』 1–1, "然動靜無端, 陰陽無始, 不可分先後. 今只就起處言之, 畢竟動前又是靜, 用前又是體, 感前又是寂, 陽前又是陰, 而寂前又是感, 靜前又是動, 將何者爲先後."/ 『朱子語類』 94–16, "動而

욱이 리는 기와 '현실적'으로 떨어져 존재하지 않는다는 것이 주희의 지론이다. 리는 기를 떠나서는 존재할 수 없고 역으로 기가 있으면 거기에는 반드시 리가 있다는 것이다. 좀 더 설명하면 리[태극]는 형체(形體)와 방소(方所), 지위(地位)가 없으니[30] 별개의 사물(事物)이 될 수는 없고, 또한 정의(情意), 계탁(計度), 조작(造作)이 없으니 그 자체만으로는 어떠한 기능도 할 수 없다. 오직 기를 통해서만 리는 스스로를 위치 지우고 드러낼 수 있을 뿐이다.[31] 리[태극]는 작용성을 지닌 특정한 실체로서가 아니라 오직 음양, 오행, 만물 속에 내재한 원리로서 존재할 뿐이다.[32] 이러한 맥락에서, 리와 기의 '시간적' 선후를 논하는 것은 어불성설이다. 이러한 점을 충분히 고려하면서도, 주희는 모종의 유추(類推)를 통해서 그 '연원[所從來]'을 추구해 볼 때, 리가 기의 유행(流行)의 근원으로서 선재(先在)한다고 말한다.[33] 다음 인용문은 이러한 입장을 제기하는 이유를 보여 준다.

> 혹자가 '먼저 리(理)가 있은 후에 기(氣)가 있다'는 설에 대해 물었다. 답했다: 이와 같이 말할 필요가 없다. 지금 여기서 본래 먼저 리가 있고 나서 기가 있었는지, 먼저 기가 있고 나서 리가 있었는지를 알려고 해도 그것을 끝까지 미루어 확인할 수는 없다. 그렇지만 헤아려 생각해 보건대 이 기는 이 리에 의거해 나아가고 있다. 이 기가 모일 때 (이미) 리는 역시 여기에 있다. 생각건대 기는 (스스로) 응결(凝結)하고 조작(造作)할 수 있지만, 리는 오히려 정의(情意)가 없고 계탁(計度)이 없고 조작(造作)이 없다. 다만 이 기가 응취(凝聚)하는 곳에 리는 곧 그 가운데 있다. 가령 우주[天地] 안에서 사람과 만물, 초목, 금수가 태어남에 씨앗이 없는 것이 없거니와, 씨앗 없는 백지상태에서 하나의 물사(物事)가 생겨날 수는 없으니 이것이 기다. 리는 정결공활(淨潔空闊)한 세계로서 형체와 자취도 없고 조작(造作)할 줄도 모른다. 기 같은 것은 조화롭게 뒤섞이고 응취(凝聚)하여 물(物)을 낳을 수 있다. 단 이 기가

靜, 靜而動, 開闔往來, 更無休息."

30 『朱子語類』 94-19, "太極無方所, 無形體, 無地位可頓放."

31 『朱子語類』 1-13, "蓋氣則能凝結造作, 理却無情意, 無計度, 無造作. 只此氣凝聚處, 理便在其中. 且如天地間人物草木禽獸, 其生也, 莫不有種, 定不會無種子白地生出一箇物事, 這箇都是氣. 若理 則只是箇淨潔空闊底世界, 無形迹, 他却不會造作. 氣則能醞釀凝聚生物也. 但有此氣, 則理便在其中."/『朱子語類』 1-11, "然理又非別爲一物, 卽存乎是氣之中. 無是氣, 則是理亦無掛搭處."

32 『朱子語類』 1-1, "太極只是天地萬物之理. 在天地言, 則天地中有太極, 在萬物言, 則萬物中各有太極."/『朱子語類』 94-22, "太極非是別爲一物, 卽陰陽而在陰陽, 卽五行而在五行, 卽萬物而在萬物."/『朱子語類』 94-8, "無極而太極, 只是無形而有理, 所謂太極者, 只二氣五行之理, 非別有物爲太極也."

33 『朱子語類』 1-11, "此本無先後之可言. 然必欲推其所從來, 則須說先有是理."/『朱子語類』 1-12, "理與氣本無先後之可言. 但推上去時, 却如理在先, 氣在後相似."

> 있으면 리는 곧 그 가운데 있다.[34]

주희가 의미하는 '리선기후(理先氣後)'란, 리는 기라는 원초적 실체 자체를 낳게 하는 근원이라는 의미에서의 리선기후가 아니라, 기의 세계가 유행에 있어서 그 유행의 '질서'를 가능케 하는 원리가 '이미' 존재한다는 의미에서의 리선기후다. 즉, 기는 시작과 끝이 없이 존재하는데 그것이 다만 그냥 '아무렇게나 있는 혼돈의 상태'를 넘어서서, 특정한 '질서'를 갖추고서 작동하기 위해서는 그 질서를 가능케 하는 원리[理]가 '먼저' 있다고 보지 않으면 안 된다는 것이다. 위의 인용문에서 기의 '응취(凝聚)'라고 표현한 것은 구체적 내용[物事]을 이루어 내고 특정한 질서를 만들며 유행(流行)하는 것을 말하는데, 이때 기는 '이미 존재하는' 리에 따라서 그 유행의 질서 내용을 갖추게 된다. 특히 기 자체에서 이루어지는 가장 기본적인 질서는 음양(陰陽)의 질서인데, 이것이 가능한 것은 음양의 리가 먼저 있기 때문이라는 것이 주희의 입장이다.

> 리가 있은 뒤에 기가 생겨난다는 것은 "한 번 음(陰)이 되고 한 번 양(陽)이 되는 것을 일러서 도(道)라고 한다."에서 미루어 말한 것이다.[35]

주희는 『역』「계사전」에 등장하는 바의 '일음일양지위도(一陰一陽之謂道)'의 '도(道)'에 대해서, '일음일양(一陰一陽)'하는 '변화의 양상'(변화의 자연학적 법칙)이 아닌, 그것을 가능케 하는 '근거'로서의 리로 이해하면서[36] 이를 '리선기후'의 논리를 정당화하는 명제로 사용하고 있다. 즉, '일음일양'의 질서를 가능케 하는 '근거' 및 '원리'로서의 리가 '이미' 있기 때문에 그것에 상응하는 기의 일음일양 현상이 드러날 수 있다는 것이다. 그래서 주희는 "천지(天地)가 있기 전에 필경 이 리(理)가 먼저 있었다. '움직여서 양(陽)을 낳

---

34 『朱子語類』 1-13, "或問先有理後有氣之說. 曰: 不消如此說. 而今知得他合下是先有理, 後有氣邪, 後有理, 先有氣邪? 皆不可得而推究. 然以意度之, 則疑此氣是依傍這理行. 及此氣之聚, 則理亦在焉. 蓋氣則能凝結造作, 理却無情意, 無計度, 無造作. 只此氣凝聚處, 理便在其中. 且如天地間人物草木禽獸, 其生也, 莫不有種, 定不會無種子白地生出一箇物事, 這箇都是氣. 若理 則只是箇淨潔空闊底世界, 無形迹, 他却不會造作. 氣則能醞釀凝聚生物也. 但有此氣, 則理便在其中."

35 『朱子語類』 1-5, "有是理後生是氣, 自'一陰一陽之謂道'推來."

36 '一陰一陽之謂道'는 두 가지의 해석이 가능하다. 하나는 '一陰一陽하는 현상 자체'가 도(道)라는 것으로 이때 도는 단지 '一陰一陽'의 경험법칙을 의미한다. 다른 하나는 '一陰一陽의 현상을 가능케 하는 근거 및 원리'가 도라는 해석이다. 주희는 후자의 의미로 해석한다.

는 것'도 리이고, '멈추어서 음(陰)을 낳는 것'도 역시 리다."[37]라고도 하여, 우주의 기본 질서로서의 음양의 변화 질서는 리에 의해서 촉발되는 것임을 분명히 한다. 여기에서 리가 음과 양을 '낳는다'는 것은 리가 기라는 실체 자체를 만들어 낸다는 의미가 아니라, 다만 리가, (시작도 끝도 없이 존재하는) 기에 일음일양으로 상징되는 질서를 부여하는 역할을 한다는 것을 의미한다.[38] 만일 '근거'로서의 리가 '우선적으로' 확보되지 않으면 기의 세계는 일음일양의 질서를 보장할 수 없고, 필시 불안정한 혼돈의 세계가 되기 쉽다. 리는 기의 세계가 혼돈과 무질서로 빠져들지 않도록 이끌어 주는 중심축의 역할을 한다. 따라서 주희는 "음양과 오행이 어지럽게 뒤섞이면서도 조서(條緖)를 잃지 않는 것은 곧 리(때문이)다."[39]라고 하거나, "단지 리가 있었을 뿐이다. (그래서) 아주 오랜 시간 동안 우주[天地]가 만물을 낳았는데도 예나 지금이나 수많은 것을 잃지 않았다."[40]라고 한다.

결국 주희가 리(理; 太極)는 기와 떨어져 존재할 수 없다고 봄에도 불구하고, 굳이 리의 기에 대한 우선성을 말하는 이유는, 이를 통해서만이 일음일양으로 상징되는 우주의 역동적인 질서를 언제나 안전하게 확보할 수 있다고 보기 때문이다. 그리고 일음일양의 질서란 우주가 그 자체의 생명성을 유지하는 방식이다. 일음일양이라는 질서를 갖춘 우주 생명성의 발현 현상은 리가 전제됨으로써 가능하다. 이런 점에서 리는 생명성 발현을 근거 짓는 생명원리(生命原理) 혹은 생리(生理)라고 할 수 있다.

주희가 이해하는 우주의 특징을 한마디로 표현한다면 '생(生)'이다. 우주[天地]는 하나의 일종의 거대한 유기적 생명이며 그 생명은 '생(生)'을 자신의 본질적 속성으로 삼아 끊임없이 만물을 낳고 낳는다. 그리고 우주로부터 생성된 만물은 우주가 지니는 '생'의 본질을 그대로 부여받아 자신의 생명력을 발현해 간다. 우주와 우주의 모든 만물은 '생'이라는 고리를 매개로 하여 유기적으로 연결되어 있다. 그리고 여기에서 말하는 '생'이란 비단 생물학적 생명뿐 아니라 윤리적·심미적·사회적 생명성까지를 포괄한다. 말하자면 풀 한 포기나 나무 한 그루에서 볼 수 있는 생명현상을 비롯해서 인간의 몸과 마음의 건강한 작용, 사회의 공동체적 질서, 그리고 우주의 생동감은 모두 '생'의 양상들이

37 『朱子語類』 1-1, "未有天地之先, 畢竟是先有此理. 動而生陽, 亦只是理, 靜而生陰, 亦只是理."

38 주돈이의 「太極圖說」에서의 '太極이 陰과 陽을 낳는다'는 취지의 언급["無極而太極. 太極動而生陽, 動極而靜. 靜而生陰…"]에 대한 주희의 이해 역시 이와 같다.

39 『朱子語類』 1-12, "如陰陽五行錯綜不失條緖, 便是理."

40 『朱子語類』 1-15, "只是都有此理, 天地生物千萬年, 古今只不離許多物."

다.[41] 특히 우주의 생성물 중에서 우주의 영명성을 그대로 탐지하는 인간과 인간사회에서 드러나는 덕성 및 지성의 표현은 '생'의 가장 고차원적인 발현 양상이라고 할 수 있다. 주희에게서 리는 이와 같은 '생'이 언제나 가능하도록 근거 짓는 생명원리로서, 만물이 생을 위해 '마땅히 그러하고 또한 그러해야 할 것[所當然之則]' 혹은 '자연스럽고 필연적인 것'으로서의 의미를 지닌다.[42]

---

41 '생(生)'의 양상 속에는 수레, 배, 의자 등의 이른바 '무생물(無生物)'의 작용도 포함되는데, 유기적 전체에서 담당하는 개별 사물의 고유한 작용은 곧 그 사물의 '생(生)'의 표현 방식이라고 할 수 있다. 생물이든 무생물이든, 물질이든 정신이든 우주의 모든 만물은 우주라는 유기체 전체 내의 관계 속에서 나름의 고유한 존재의미와 특성을 지니며, 이는 넓은 의미의 생명성이라고 할 수 있다. 유기체 전체 속에서는 이른바 '무생물'을 포함한 모든 만물이 생명성을 지닌다.

42 니담은 화이트헤드의 유기체 철학을 배경으로 해서 주희의 우주관과 리(理)를 해석한다. 그는 주희를 포함한 신유가들이 실제로 유기체(유기적 생명체) 관념의 요소를 지니고서 우주의 본성에 대해 깊이 통찰하고 있었다고 본다. 특히 그는 주희가 리(理)를 인간이 알고 있는 가장 생명력이 넘쳐흐르는 여러 사항을 포함하기 위해 사용했다는 측면을 주목하면서, 리를 '유기적 조직의 원리'(Principle of Organisation)로 풀이한다(172–173, 이하 괄호 안의 숫자는 아래 참고문헌의 쪽수임). '유기적 조직원리'로서의 리(理)는 정식화된 법칙(法則)이 아니라 자연에 관련된 질서와 '패턴(patterns)'인데, 이는 모든 생물(生物)과 사물(事物), 인간관계, 지고의 인간가치에 구현되는 '약동적인' 패턴으로서 '유기체'라는 용어에 의해서만 적절하게 표현할 수 있다고 본다(286). 그러면서도 니담은 리(理)에 법칙(法則)의 의미가 암묵적으로 포함되어 있음을 인정하는데, 그 법칙은 유기체 전체를 구성하는 각 부분들—물질적인 것이든 비물질적인 것이든—이 유기체 전체 내의 다른 부분들과 조금도 과하거나 부족함이 없이 정확하게 적소(適所)에 들어맞아야 한다는 의미의 법칙으로서, 모든 단계의 유기체에 내재되어 있는 '자연스럽고 불가피한 것'으로서의 의미를 지니는 것으로 본다(298–299). 이렇게 보면 리(理)를 법칙(法則)으로 이해한다고 해도 그것은 화이트헤드의 유기체적 의미이지 뉴턴적 의미의 법칙은 아니게 된다. 법칙의 주된 성분은 최고도로 생생하고 약동적인 패턴, 유기체적 패턴이기 때문이다(299). 이 자연스러운 유기체적 패턴 속에는 우주의 모든 사물이 포괄되는데, 인간 최고의 덕성, 혹은 윤리적·도덕적 현상 역시 포함된다(194, 302). 유기체 철학에 입각한 니담의 리(理)에 대한 이해는, 니담 자신도 의식했듯이, 기존에 형상(Form), 자연과학적 법칙(Law), 이성(Vernunf, Reason) 등으로 리(理)를 이해하는(170–171) 오류와 한계를 뛰어넘고 있다. 이는 특히 니담이 주희의 우주관에서 '生'의 맥락을 잘 읽어 냈기 때문이라고 보아도 좋다(조셉 니담, 李錫浩已鐵柱林禎垈 譯,『中國의 科學과 文明』(III), 서울: 乙酉文化史, 1988 참조).

그럼에도 불구하고 니담은 화이트헤드의 유기체 철학의 틀에 지나치게 의존함으로써 주희의 우주관에 대한 무리한 해석의 우려도 낳고 있다. 주희 우주론의 폭넓은 이해를 위해 유기체 철학을 끌어들이는 것에는 필자도 찬성하지만 유기체 철학의 틀에 끼워 맞추는 형태는 지양해야 할 것으로 본다. 이러한 맥락에서 필자는 니담의 리(理) 개념 규정(유기적 조직의 원리)을 충분히 존중하면서도, 이 규정이 유기체 철학의 색깔을 강하게 지닌다는 점을 성찰하면서, 그리고 주희의 리가 지니는 '생'의 의미에 주목하면서 리를 '생명원리(生命原理)'로서 특징적으로 규정해 볼 수 있다고 생각한다.

리가 생명원리[生理]라면, 기는 생명력 혹은 생명에너지 그 자체라고 할 수 있다.[43] 리가 만물을 낳는[生物] 현상을 창출하는 근본 원리라면, 기는 만물을 낳는 현상의 에너지적 재료 바탕을 의미한다.[44] 리와 기는 상호 보완관계를 이루면서 우주만물 생명력 발현을 이끌어 낸다.

> 나는 천지(天地)가 작위하지 않고 단지 만물을 낳는 것을 마음[心]으로 삼으며, 하나의 근원적인 기[一元之氣]가 쉴 새 없이 변화되어 흘러 다니면서 수많은 만물을 끊임없이 낳고 낳을 뿐이라고 생각한다.[45]

앞의 인용문에서 천지(天地), 즉 우주의 마음[心]이란 이미 리를 내재하고 드러내는 마음이다.[46] 우주는 리(理; 太極)를 자신의 마음으로 삼아 만물의 생명성을 발현한다. 물론 여기에는 쉴 새 없이 작용하는 생명에너지로서의 기(氣)가 바탕이 되어 있다. 나아가 리와 기의 작용으로 생겨난 모든 사람과 동물, 식물은 바로 우주의 마음[心]을 자신의 마음[心]으로 삼아서 자신 및 우주의 생명성 발현 활동에 동참한다.[47]

생명에너지로서의 기의 유행과 더불어 생겨난 온갖 식물이나 동물, 사람들, 그리고 인간사회는 각각 독특한 생명력 발현의 양상 및 원리를 드러낸다. 이것이 만물 각각이 지니는 분수리(分殊理)인데, 이는 곧 만물을 통해서 다르게 표현되는 태극(太極) 혹은 일리(一理)이라고 할 수 있다. 태극이라는 하나의 총체적 생명원리는 각각의 분화된 만물

---

43 주희에게서 우주의 생성변화, 즉 생명력 발현의 실질인 기(氣)는 '물질(matter)'이나 양화(量化)된 근대과학적 개념으로서의 '에너지(energy)'와 동일시할 수 없는, 정신과 물질을 아우르는 '生命에너지(生命力)' 같은 것이다. 물질과 정신, 육체와 영혼은 모두 상호 순도가 다른 '생명에너지'의 양태들이라고 할 수 있다. 기 자체 내에는 생성과 변화를 주도하는 양극적인 힘이 있는데 그것이 음양(陰陽)이다. 물론 여기에는 이미 음양의 질서를 근거 짓는 리가 전제되어 있다. 일음일양(一陰一陽)의 질서 속에서 만물이 생생하는 기의 세계는 그 자체로 생명력의 분화와 분출의 장이라고 할 수 있다.

44 『朱熹集』 卷58, 2947쪽, 「答黃道夫」, "天地之間, 有理有氣. 理也者, 形而上之道也, 生物之本也. 氣也者, 形而下之器也, 生物之具也."

45 『朱子語類』 1-18, "某謂天地別無勾當, 只是以生物爲心. 一元之氣, 運轉流通, 略無停間, 只是生出許多萬物而已."

46 『朱子語類』 1-17, "問: 天地之心, 天地之理. 理是道理, 心是主宰底意否? 曰: 心固是主宰底意, 然所謂主宰者, 卽是理也, 不是心外別有箇理, 理外別有箇心."

47 『朱子語類』 1-18, "天地以此心普及萬物, 人得之遂爲人之心, 物得之遂爲物之心, 草木禽獸接着遂爲草木禽獸之心, 只是一箇天地之心爾."

에 내재함으로써 개별적 생명원리[分殊理]로서 드러나게 된다. 생명원리로서의 리와 생명에너지로서의 기의 상호 보완적 기능을 통해서 생명력 발현의 장대한 우주적 드라마를 창출한다.

주희의 우주론은 리기의 개념이 중심을 이루는 게 분명하다. 종종 우주를 설명할 때 등장하는 태극음양도 리기에 다름 아닌 것으로 이해할 수 있다. 리나 태극은 분명 존재의 뿌리이며 원리로 이해된다. 그런데 한 가지 간과하지 말아야 할 것은 주희는 만물만사의 현상을 리기로 논하는 가운데서도 그 근간에 천(天), 천지(天地)를 설정하는 경우를 종종 본다는 것이다. 천 혹은 천지야말로 리와 기, 혹은 성(性)의 궁극적 원천처럼 설정된다. 단지 경전의 용법에 따른 관용적 표현이라고 하기에는 그 쓰임이 늘 진중하다. 이는 앞의 인용문에서도 볼 수 있거니와, 또한『중용』의 "천명지위성, 솔성지위도, 수도지위교"를 총괄하면서 주희는 다음과 같이 결론짓는다.

> 대개 사람들이 자기에게 성(性)이 있음을 알면서 천(天)에서 나온 것은 알지 못하고, 일에 도(道)가 있음을 알지만 성(性)에서 말미암음은 알지 못하며, 성인(聖人)의 가르침이 있음을 알지만 나의 고유한 것으로 인하여 만들었음을 알지 못한다. 그러므로 자사가 여기에 첫 번째로 이것을 발명(發明)하셨으니 동선생(董仲舒-필자주)의 이른바 "도의 큰 근원이 하늘에서 나왔다."는 것도 또한 이런 뜻이다.[48]

이로 보건대 리나 본성에 대한 주희의 신념은 궁극적 원천이며 모든 것으로서의 천(天), 즉 하늘 혹은 하느님에 대한 믿음을 근간으로 한다고도 볼 수 있다. 주희는 그 하늘 및 하느님의 실체에 대해 격물궁리의 방식으로 따지지는 않는다. 그것은 이성적·언어적 탐구나 추리의 범위를 넘어서는 영역으로 보는 듯하다. 그러나 그 존재는 신뢰한다. 일종의 '철학적 신앙'이다. 흔히 주희에 이르러 리기의 개념이 최고의 실체 개념이 되면서, 그리고 격물궁리의 방법이 보편화되면서 합리주의적·이성주의적 사유로 진입했다고 진단하는데, 이 진단은 상당 부분 적절하다. 그러나 이 진단이 자칫 하늘 및 하느님 영역을 고려하는 주희의 사유를 밀어내는 방향으로 흐르는 것은 바람직하지 않다. '하늘'을 근간으로 리기심성을 주요 개념으로 하여 우주와 인간을 설명하는 주희의 뜻에

48『中庸章句』, 1章 註解, "蓋人知己之有性, 而不知其出於天, 知事之有道, 而不知其由於性, 知聖人之有敎, 而不知其因吾知之所固有者裁之也. 故子思於此首發明之, 而董子所謂道之大原出於天, 亦此意也."

대한 고려가 있을 때 그의 리기론, 심성론, 공부론의 면모가 더 심층적으로 드러날 수 있을 것이다. 앞서 천지(天地)를 우주라고 번역해서 리기의 유기체적 우주론을 드러냈는데, 천지로서의 우주는 곧 하늘 및 하느님의 다른 이름이다. 단순히 물리적 우주를 떠올리면 주희의 리기론적 우주론의 본연에는 다가서기 어렵다.

2) 하늘이 부여한 생의 원리[生理]이며 뜻[生意]으로서의 성(性), 그리고 인(仁)

주희는 우주 및 우주의 산물로서의 인간과 만물에 내재된 태극(太極; 理)을 성(性)이라고 한다. 그는 정이의 '성즉리(性卽理)'의 명제를 바탕으로 하되, 리기 상호 의존의 생성론적 관점을 통해서 성(性)의 이론을 우주론적으로 확대한다.

> 성(性)은 곧 리(理)다. 하늘[天]은 음양오행(陰陽五行)으로 만물을 화생(化生)함에 기(氣)로써 형체를 이루고 리(理) 또한 부여하니 명령하는 것과 같다. 이에 사람과 만물이 생겨날 때 각각 그 부여받은 바의 리를 얻음으로써 건순(建順)과 오상(五常)의 덕(德)으로 삼으니 이른바 성(性)이다.[49]

여기에서의 하늘[天]은 리와 기를 포괄하는 존재 전체를 표현한 것이고, 성(性)은 존재 전체의 작용 속에서 만물이 화생(化生)하는 가운데 부여된 리(理)다. 만물이 생겨나기 위해서는 리가 응집이 되어야(형체를 이루어야) 하고 나아가 여기에 리가 실려야 한다. 주희는 "먼저 천리(天理)가 있으면 기(氣)도 있게 된다. 기(氣)가 쌓여서 형질(形質)을 이루면 성(性)이 갖추어지게 된다."[50]라고 한다. 기가 형질을 갖춤으로써 리가 내재하게 되며 이것이 성(性)이다. 우주의 만물 중에서 어느 것도 무의미한 것은 없는데, 이는 모든 만물이 성(性)을 갖추고 있기 때문이다.[51]

만물에 부여된 리(理), 곧 만물의 성(性)은, 앞의 인용문에서는, 건순(健順)과 오상(五常)의 덕(德)이라고 한다. 건순(健順)은 생성변화의 기본 원리인 음양(陽陰)의 성(性)을 달

---

49 『中庸章句』, 1章 註解. "性卽理也. 天以陰陽五行, 化生萬物, 氣以成形, 而理亦賦焉, 猶命令也. 於是人物之生, 因各得其所賦之理, 以爲健順五常之德, 所謂性也."

50 『朱子語類』 1-7, "先有箇天理了, 却有氣. 氣積爲質, 而性具焉."

51 『朱子語類』 4-2, "天之生物也, 一物與一無妄."/ 『朱子語類』 4-3, "天下無無性之物. 蓋有此物, 則有此性. 無此物, 則無此性."

리 표현한 것으로 볼 수 있고,[52] 오상(五常)은 인(仁)·의(義)·예(禮)·지(智)·신(信)의 성(性)을 가리킨다. 이렇게 보면 건순오상(健順五常)의 성(性)은 다만 인간뿐 아니라 만물이 함께 지닌다는 점을 염두에 두면서 그 성격을 고찰할 필요가 있다.

단순하게 생각하면 건순(健順)은 '존재(存在)'의 원리이고 오상(五常)은 '당위(當爲)'의 원리인 것처럼 여겨진다. 그리고 존재의 원리는 가치중립적인 자연법칙으로, 그리고 당위의 원리는 가치론적인 도덕법칙으로 보기 쉽다. 나아가서 전자는 인간 이외의 사물(事物)의 성(性)으로, 후자는 인간만이 지니는 성(性)으로 볼 수도 있다. 그렇지만 상식적으로 보아도 태극(太極; 理)에 근원을 둔 성(性)이 이처럼 전혀 다른 성격의 두 가지로 분열된다는 것은 이해가 되지 않는다. 건순(健順)과 오상(五常)은 인간을 비롯한 우주의 모든 만물이 동시에 지니고 있는 성(性)으로 봐야 하며,[53] 양자는 상통한다.[54]

앞에서 태극(太極; 理)이 생명원리로서의 '생리(生理)'의 성격을 지님을 살폈다. 그러한 맥락에서 성(性)은 개체가 부여받은 생리(生理)다. 그래서 주희는 "낳는 이치(生之理)를 성(性)이라 한다."[55]라고 말한다. 건순오상(健順五常), 즉 음양과 인·의·예·지·신의 성(性)은 모두 만물의 생명성의 발현을 이끄는 생리다. 인간도 음양의 원리를 내재하고 인간이 아닌 만물도 인·의·예·지·신의 성을 지닌다. 인간의 삶이 음양의 원리 속에서 규정되는 것은 당연하거니와, 한편 동물이나 식물에도 인·의·예·지가 있으니 이에 관한 주희의 언급을 종종 볼 수 있다.[56] 즉, 주희는 우주만물의 성(性)의 내용에 대해, 사람에 대해서와 마찬가지로 주로 인·의·예·지로써 설명한다. 인간과 만물은, 그 기질적 특성에 따라서 발현 양상은 각각 다르지만 모두 태극(리)으로서의 인·의·예·지의 성을 부여받았다는 것이다. 만일 인·의·예·지를 인간의 도덕규범으로만 한정해서 본다면 이것은 도무지 설명이 되지 않는다. 이것은 단지 인간적 가치를 만물에 투영하는 '소박한 인간중심적' 윤리관의 발상일까?

---

52 『朱子語類』 17-19, "問: 或問說'仁義禮智之性', 添'健順'字, 如何? 曰: 此健順, 只是那陰陽之性."

53 『朱子語類』 17-22, "人物皆稟得健順五常之性."

54 주희는 인(仁)과 예(禮)를 양(陽)으로, 의(義)와 지(知)를 음(陰)으로 분속시키기도 한다. 『朱子語類』 17-20, "問: 健順仁義禮智之性. 曰: 此承上文陰陽五行而言. 健, 陽也; 順, 陰也; 四者, 五行也. 分而言之: 仁禮屬陽, 義智屬陰."

55 『朱子語類』 5-7, "生之理謂性."

56 『朱子語類』 4-5, "只一陰一陽之道, 未知做人做物, 已具是四者. 雖尋常昆虫之類皆有之, 只偏而不全, 濁氣間隔."

주희가 이러한 논의를 펼 수 있는 이유는, 인·의·예·지의 성은 무엇보다도 생명원리이기 때문이다. 즉, 인·의·예·지는 인간의 '당위규범'이기 이전에 우선 우주만물과 인간의 생명력의 발현을 추동하는 원리다. 인·의·예·지가 근본적으로 생명원리인 한 이는 모든 우주만물에 적용될 수 있게 된다. 주희는 종종 인·의·예·지를 각각 원(元)·형(亨)·이(利)·정(貞)과 연결하여 설명하면서 그 생명원리적 성격을 분명히 한다. 『주역』에서 우주의 운행 원리로 등장하는 원·형·이·정을 주희는 우주의 생성과 변화현상을 설명할 때 주요 개념으로 활용한다.

> 천지(天地)가 사람에게 명(命)한 것이 사람이 성(性)으로 삼는 바다. 생각건대 천지가 만물에 부여하여 스스로 그만둘 수 없는 것이 명(命)이다. 내가 이 명(命)을 얻어 태어남에 온전한 본체(全體) 아님이 없는 것이 성(性)이다. 그러므로 명(命)으로 말하면 원형이정(元亨利貞)이라고 하는데 사계절(四季節), 오행(五行), 서류(庶類), 만화(萬化)가 이로부터 생겨나지 않은 것이 없다. 성(性)으로써 말하면 인의예지(仁義禮智)라고 하는데 사단(四端), 오전(五典), 만물만사(萬物萬事)의 리(理)가 이 가운데 포괄되지 않음이 없다. 생각건대 하늘과 사람에게 있어 성(性)과 명(命)의 구분이 있다고 할지라도 그 리(理)는 같지 않은 적이 없다. 이것이 나의 성(性)이 순수지선(純粹至善)인 까닭이니 순자, 양웅, 한비자가 말하는 것과 다르다.[57]

주희는 『중용』 수장의 '천명지위성(天命之謂性)'에 대한 해설과도 같은 설명, 즉 천지가 사람에게 명(命)한 것을 사람이 얻어 자신의 성(性)으로 삼았다는 설명을 하면서, 명(命)과 성(性)을 각각 원·형·이·정과 인·의·예·지로 연결하여 논함을 볼 수가 있다. 말하자면 원·형·이·정은 천지(天地; 우주)가 만물을 낳고 길러 내는, 명령처럼 심어진 원리라면, 인·의·예·지는 그렇게 생겨난 만물이 부득이하게 지니는 본성적 속성이다. 사람은 천지[우주]가 만물을 낳는 원리를 곧 자신의 성(性)으로 삼으며, 따라서 그 성은 순수지선(純粹至善)하다. 만물을 낳는 천지[우주]의 명(命)과 하나의 원리로 통하는 사람의 성(性)인 인·의·예·지는 무엇보다 생명성 발현의 원리로서의 특징을 지닌다. 그 구체적인 내

57 『中庸或問』, 1章, "天地所以命乎人者, 是則人之所以爲性也. 蓋天地所以賦與萬物, 而不能自已者, 命也. 吾之得乎是命, 以生而莫非全體者性也. 故以命言之, 則曰 '元亨利貞', 而四時五行庶類萬化, 莫不由是而出; 以性言之, 則曰'仁義禮智', 而四端五典萬物萬事之理, 無不統於其間. 蓋在天在人, 雖有性命之分, 而其理則未嘗不一; 在人在物, 雖有氣稟之異, 而其理則未嘗不同. 此吾之性所以純粹至善, 而非若荀楊韓子之所云也."

용은 다음과 같다.

> 원(元)이라는 것은 천지(天地)가 만물을 낳는 실마리다. 원(元)은 생의(生意)다. (元이) 형(亨)에 있음은 생의의 자람이고, (元이) 이(利)에 있음은 생의의 이룸이며, (元이) 정(貞)에 있음은 생의의 완성이다. 만일 인(仁)을 말한다면 곧 이 의미다. 인은 본래 생의(生意)이니, 측은(惻隱)의 마음[心]이다. 만일 이 생의가 상처를 입으면 측은한 마음이 발동한다. 수오(羞惡)의 경우는 인(仁)이 의(義) 상에서 발현하는 것이고, 사손(辭孫)의 경우는 인(仁)이 예(禮) 상에서 발현하는 것이고, 시비(是非)의 경우는 인(仁)이 지(智) 상에서 발현하는 것이다. 만일 인(仁)하지 않은 사람이라면 어찌 의(義), 예(禮), 지(智)가 있겠는가? [58]

원(元), 형(亨), 이(利), 정(貞)은 각각 생의(生意)의 발현, 자람, 이룸, 완성을 뜻하는데, 이는 각각 인(仁), 의(義), 예(禮), 지(智)와 관련된다. 특히 천덕(天德)의 원(元)과 상통하는 인(仁)은, 가장 근원적이고 포괄적인 것으로, '생의(生意)', 즉 '낳는 마음'을 지닌다. 주희는 생의로서의 인이 펼쳐지는 과정을 춘하추동(春夏秋冬)의 전개와 연계하여 설명하기도 한다.

> 천지(天地)가 이 물(物)을 낳을 때면 곧 인(仁)이 있다. 그것은 낳음(生)을 알 뿐이다. 그 원두(原頭)를 따라가면 자연히 춘하추동(春夏秋冬)이 있다. …(중략)… 봄에 천지가 발하여 낳는 것을 보면 온화하게 화기(和氣)가 감도는데, 마치 초목이 싹이 틀 때, 처음에는 겨우 하나의 바늘만 들어갈 만하다가 잠깐 사이에 점점 생장(生長)하여 가지와 낙엽과 꽃과 열매에 이르러서는 온갖 모습으로 변화하니 곧 낳고 낳는 뜻[生生之意]을 볼 수 있다. 인애(仁愛)가 아니면 어찌 이와 같을 수 있겠는가? [59]
>
> 인·의·예·지는 원·형·이·정인데, 봄에 싹트지 못하면 여름이 되어 성장할 수 없으

---

58 『朱子語類』 68-39, "元者, 天地生物之端倪也. 元者生意, 在亨則生意之長, 在利則生意之遂, 在貞則生意之成. 若言仁, 便是這意思. 仁本生意, 乃惻隱之心也. 若傷着這生意, 則惻隱之心便發. 若羞惡, 也是仁去那義上發; 若辭孫, 也是仁去那禮上發; 若是非, 也是仁去那智上發. 若不仁之人, 安得更有義禮智?"

59 『朱子語類』 17-43, "只天地生這物時便有箇仁, 它只知生而已. 從他原頭下來, 自然有箇春夏秋冬, …(중략)… 且看春間天地發生, 藹然和氣, 如草木萌芽, 初間僅一針許, 少間漸漸生長, 以至枝葉花實, 變化萬狀, 便可見他生生之意. 非仁愛, 何以如此?"

며, 가을이나 겨울에도 저장할 수 없다.[60]

봄에 생의(生意)가 싹터서 여름에 자라고 가을에 열매 맺고 겨울에 시드는 것은 근본적으로 우주[천지]가 만물을 낳는 마음, 곧 인(仁)의 마음을 지니고 있기 때문이다. 인심(仁心; 生意)은 봄뿐만이 아니라 여름과 가을, 심지어 겨울에도 늘 간직되어 또 다른 생(生)을 준비한다. 우주[천지]의 낳고 낳는 마음으로 생겨난 만물은, 우주[천지]의 마음을 자신의 마음으로 삼는다.[61] 즉, 인(仁)의 리(理)를 자신의 성(性)으로 삼아서 생명력 발현의 활동에 동참한다. 특히 인(仁)은 성(性)을 내용적으로 대표한다. 인·의·예·지는 성(性)의 큰 항목[大目]이며 형이상자로서 나눌 수가 없는 것이기도 하거니와",[62] 성(性)의 모든 항목은 궁극적으로 인(仁) 하나에 포괄될 수 있다. 나아가 인의 가장 근본적인 의미는 '생의(生意)'로서, 의, 예, 지는 여기에 포괄되고 수렴된다. 주희는 인(仁)을 직접 '생리(生理)'로 표현하기도 한다.

물었다: 인(仁)은 가장 먼저 얻은 것입니다. 대개 인은 의, 예, 지를 갖추었다고 말합니다. 답했다: 먼저 이 생리(生理; 仁)가 있고, 세 가지[의, 예, 지]는 이로부터 미루어 나온 것이다.[63]

원(元)은 선(善)의 으뜸이고 만물의 생리(生理)는 여기서 시작되었다. 뭇 선과 백 가지 행실은 여기에 통괄된다. 그러므로 시간[時]에 있어서는 봄이고 사람[人]에 있어서는 인(仁)이다.[64]

인(仁)은 생리(生理)이다. 인하지 못한다면 곧 죽음이다.[65]

인은 생리이기에 여타의 모든 리와 덕목의 시작점에 있고 또 이들을 포괄한다. 모든 리와 덕목은 생리로서의 인로부터 나오니, 그래서 그로부터 나온 모든 선과 좋은 실천

60 『朱子語類』 6-58, "仁義禮智, 便是元亨利貞. 若春間不曾發生, 得到夏無緣得長, 秋冬亦無可收藏."

61 『朱子語類』 53-11, "'天地以生物爲心.' 天包著地, 別無所作爲, 只是生物而已. 恒古恒今, 生生不窮. 人物則得此生物之心以爲心."

62 『朱子語類』 6-61, "仁義禮智, 性之大目, 皆是形而上者, 豈可分也."

63 『朱子語類』 6-62, "問: 仁得之最先, 蓋言仁具義禮智. 曰: 先有是生理, 三者由此推之."

64 『朱子語類』 68-129. "元只是善之長. 萬物生理皆始於此, 衆善百行皆統於此, 故於時爲春, 於人爲仁."

65 『朱子語類』 20-108, "仁是箇生理, 若是不仁, 便死了."

이란 생리, 생의의 성격을 지니지 않을 수 없다.

주희에게 생리(生理)로서의 성(性)은 합당한 것이고[66] 순수하게 선(善)한 것이다.[67] '성선(性善; 본성의 선함)'을 둘러싼 주희의 견해를 면밀하게 들여다보는 것은 중요한 과제일 것인데, 그 일단은 『역(易)』「계사전(繫辭傳)」의 "일음일양지위도(一陰一陽之謂道; 한 번 음이 되고 한 번 양이 되는 것을 일러 도라고 하니), 계지자선(繼之者善; 그것을 잇는 것이 선이며), 성지자성(成之者性; 그것을 이루는 것이 성이다)"에 대한 그의 해석에서 엿볼 수 있다.

주희는 천지(우주)가 음과 양을 교차하면서 발출(發出) 을 해서 사람과 만물을 만들어 내는 그 자체를 선(善)으로 보며 이 의미가 "계지자선(繼之者善), 성지자성(成之者性)"에 담겨 있다고 이해한다. 여기서 "계지자선(繼之者善)"은 우주의 시작 자체의 선함을, "성지자성(成之者性)"은 그 선한 발출에 따라 각 사람과 사물에 성명(性命)이 갖추어짐을 의미한다.[68] 주희는 "계지자선(繼之者善)"은 우주가 만물을 결성하기 이전의 애초의 출발의 상황을, "성지자성(成之者性)"은 만물을 결성한 후의 상황으로도 구분하기도 한다.[69] 여기서 사람과 만물에 부여된 성(性)은 애초에 오직 선한 (우주의 원초적) 발출을 근간으로 이루어지는 것인 만큼, 선(善)하지 않을 수 없을 것이다. 사람의 성(性)이 선한 이유다. 그런데 주희에 의하면 우주의 생성 작용과 이로써 이루어지는 개별자들의 성이 선할지라도, 이를 천지의 관점과 사람의 관점으로 나누어 보면 다음과 같이 갈린다. 여기서 사람이 순수지선(純粹至善)의 성(性)을 본질로 하고 있으면서도 삶에서 각종 불선(不善)을 드러내는 현상에 대한 주희 인식의 한 단면을 엿볼 수 있다.

> "계지자선(繼之者善), 성지자성(成之者性)"이라 했다. 천지(天地)의 측면에서 말하면 선(善)이 먼저 있고 성(性)이 나중에 있다. (천지가) 발출(發出)하면 바야흐로 사람과 만물이 생기니, 발출하는 것은 선이고 사람과 만물이 생기면 곧 성(性)을 이룬다. (그러나) 사람의 측면에서 말하면, 성(性)이 먼저 있고 선(善)은 나중에 있다.[70]

---

66 『朱子語類』 5-9, "性是合當底."

67 『朱子語類』 5-10, "性則純是善底."

68 『朱子語類』 74-121, "'繼之者善', 方是天理流行之初, 人物所資以始. '成之者性', 則此理各自有箇安頓處, 故爲人爲物, 或昏或明, 方是定."/『朱子語類』 74-119, "造化所以發育萬物者, 爲'繼之者善'; '各正其性命'者, 爲'成之者性'."

69 『朱子語類』 74-120, "'繼之者善也.' 元亨是氣之方行, 而未著於物也, 是上一截事. '成之者性也.' 利貞是氣之結成一物也, 是下一截事."

70 『朱子語類』 5-16, "'繼之者善也, 成之者性也.' 在天地言, 則善在先, 性在後. 是發出來方生人物, 發出

요컨대 주희는 천지[우주]의 측면에서 말하면 선(善)이 먼저고 성(性)이 나중인 반면, 사람의 측면에서 말하면 성(性)이 먼저고 선(善)이 나중이라고 한다. 이를 통해 주희는 사람은 비록 애초의 순선(純善)한 천지 작용을 근간으로 순선한 성을 지니게 되었지만, 그것이 그대로 현실로 드러나지 않는다는 것, 선의 삶은 주어진 순선의 성(性)을 토대로 만들어 가야 하는 존재라는 점을 암시한다. 천지와는 달리, 사람의 경우 선의 삶은 완성된 형태로 주어지는 것이 아니라 이미 존재하는 성을 근간으로 하여 불선의 불순물에 거리를 두고 제거하면서 확보해 가야할 과제다. 그런데 주희에 있어 중요한 점은 사람은 불선을 극복할 강력한 본성적 토대를 지니고 있다는 것이다. 본래 순선한 우주의 창생 작용을 토대로 주어진 순선한 성이 그것이다. 우주의 출발 자체에 모종의 선의 본질 및 지향이 '신비롭게' 자리하고 있다고 보면서, 인간의 본성 및 길도 그 인식 위에서 파악하는 주희의 사유 방식에 대한 고려는 그의 인간론과 공부론을 이해함에 있어 핵심적 요소다.

3) 인간의 본성: 인(仁)과 인·의·예·지, 그리고 지(智)

주희에게 인(仁)은 비단 인간의 본성에 그치지 않고 우주만물의 본성이기도 하다. 그런데 주희가 인을 논할 때 특히 주목하는 것은 '인간 본성'으로서의 인이다. 우주의 생리(生理), 생의(生意)로서의 인(仁)은 그대로 인간의 본성으로 자리한다. 인을 더 펼쳐 놓으면 인·의·예·지이고, 더 펼쳐 놓으면 모든 덕목이 여기에 수렴된다. 그것이 아무리 많아지더라도 생의, 생리로서의 인의 다른 모습일 뿐이다. 본성[性]은 인간에 내재된 리(理)를 총칭하는데[71] 그것은 인·의·예·지로 대표되며, 나아가 궁극적으로 인으로 포괄된다. 그런데 주희에 의하면 인(仁)처럼 나머지를 포괄할 수 있는 것이 또 있으니 곧 지(智)로서, 지는 인과 함께 본성의 핵심적인 양대 축을 이룬다. 상세히 검토해 보자.

먼저, 주희에 의하면 인간의 덕을 대표하고 포괄하는 것은 인(仁)이다. 그에 의하면 사람이 부여받은 성(性)에는 뭇 리(理)가 통일적으로 포괄되어 있다. 주희는 심(心)이 여

來是善, 生人物便成箇性. 在人言, 則性在先, 善在後."

71 『朱子語類』 5-11, "性是天生成許多道理."/ 『朱子語類』 5-12, "性是許多理, 散在處爲性."/ 『朱子語類』 5-14, "性是實理, 仁義禮智皆具."

러 가지 일을 처리할 수 있는 것은 여러 가지 리를 가지고 있기 때문이라고[72] 말하는 것에서 알 수 있듯이 심 속에는 인간의 무수한 행위만큼이나 그것에 관련한 많은 리(理; 條理)가 있다.[73] 세밀하게 나눈다면 마치 『역(易)』의 괘효(卦爻)와 같이 나뉠 수 있다.[74] 그런데 그 뭇 리들은 혈맥이 관통하듯 결국 하나로 연결되어 있다는 것이 주희의 생각이다.[75] 만물만사 각각에 아무리 많은 리가 있다고 하더라도 그 리들은 궁극적으로 하나의 리[一理]로 일관되어 질서를 갖추고 있다.[76] 다시 역으로 말하면 리는 궁극적으로 하나이지만 그것을 네 가지로도, 여덟 가지로도, 그리고 더 많은 것으로도 구분할 수 있다.[77] 그런데 주희는 그 많은 리 중에서도 심의 덕(德) 혹은 성(性)을 대표하는 것으로는 주로 인(仁), 의(義), 예(禮), 지(智) 네 가지를 꼽고 있다.[78] 나아가 인, 의, 예, 지는 결국 인으로 포괄되는 것으로 이해한다. 다시 말하면, 인(仁)이 인간이 타고난 성(性)을 포괄하고 대표한다. 따라서 주희는 인(仁)을 본심의 온전한 덕[本心之全德]이라고도 한다.[79]

주희의 분석적 논의에 의하면 인(仁)은 전체적으로 말할 수도 있고[專言, 統言, 合而言, 渾淪言] 나누어서 말할 수도 있다[偏言, 分說, 分而言, 對言]. 전체적으로 말할 때 인은 인·의·예·지로 대표되는 뭇 리(理)를 포괄하고, 나누어서 말할 때 인은 의, 예, 지 각각과 동급의 개별적 리가 된다. 전체적으로 말할 때 인은 '심(心)의 덕(德)'으로 표현되는 반면,

---

72 『朱子語類』 6-74, "心之所以會做許多, 蓋具得許多道理."

73 도(道)가 보다 큰 영역을 표현한다면, 리(理)는 세밀한 리의 맥락들을 함께 표현한다(『朱子語類』 6-5, "道字包得大, 理是道字裏面許多理脈."). 조리(條理)는 리라는 한 가닥의 실로 짜인 대바구니의 가로, 세로의 가닥과 같은데 심(心)은 모든 조리를 담고 있다(『朱子語類』 6-12, "理如一把線相似, 有條理, 如這竹籃子相似. 指其上行篾曰, 一條子恁地去. 又別指一條曰, 一條恁地去. 又如竹木之文理相似, 直是一般理, 橫是一般理. 有心, 便存得許多理.").

74 『朱子語類』 6-49, "問: 先生以爲一分爲二, 二分爲四, 四分爲八, 又細分將去. 程子說'性中只有仁義禮智四者而已.' 只分到四便住, 何也? 曰: 周先生亦止分到五行住. 若要細分, 則如易樣分."

75 『朱子語類』 6-10, "理, 只是一箇理. 理舉着, 全無欠闕. 且如言如仁, 則都在仁上. 言着誠, 則都在誠上. 言着忠恕, 則都在忠恕上. 言着忠信, 則都在忠信上. 只爲只是這箇道理, 自然血脈貫通."

76 『朱子語類』 6-73, "理固是一貫. 謂之一理, 則又不必疑其多. 自一理散爲萬事, 則燦然有條而不可亂, 逐事自有一理, 逐物自有一名, 各有攸當, 但當觀當理與不當理耳."

77 『朱子語類』 6-9, "只是這箇理, 分做四段, 又分做八段, 又細碎分將去."

78 『朱子語類』 6-60, "百行皆仁義禮智中出."/ 『朱子語類』 6-61, "仁義禮智, 性之大目, 皆是形而上者, 豈可分也."

79 『論語集註』, 「顔淵」, "仁者, 本心之全德. …(중략)… 爲仁者, 所以全其心之德也. 蓋心之全德, 莫非天理, 而亦不能不壞於人欲, 故爲仁者必有以勝私欲而復於禮, 則事皆天理, 而本心之德, 復全於我矣."

나누어서 말하면 '애(愛)의 리(理)'로 표현된다.[80] 심의 덕으로서의 인의 체와 용이 각각 미발(未發)과 이발(已發)이라면, 애의 리로서의 인의 체와 용은 각각 인(仁; 性)과 측은(惻隱; 情)이다.[81]

이렇게 인은 그 자체가 심의 덕이라고 할 수 있을 정도로 리 중에서 전체를 포괄하는 위상을 지니는 특별한 위상을 지닌다. 그 이유는 인은 모든 만물의 '생(生)'을 근거 짓는 근간이기 때문이다. 이에 대해서는 주희의「인설(仁說)」에 잘 드러나 있다.

> 천지(天地)는 만물(萬物)을 낳는 것을 마음[心]으로 삼으니, 사람과 만물이 생겨남에 각각 천지의 마음[心]을 얻어서 (자기) 마음[心]으로 삼는다. 그러므로 마음[心]의 덕(德)을 말하면 비록 그것이 총섭관통(總攝貫通)하여 갖추지 않음이 없으나 한마디로 인(仁)이라고 말할 수 있을 뿐이다. 그것을 상세하게 밝혀 보려 한다. 생각건대 천지(天地)의 마음[心] 그 덕(德)이 네 가지가 있으니 이를 원(元), 형(亨), 리(利), 정(貞)이라 하는데 원(元)은 (전체를) 통괄하지 않음이 없다. 그 운행을 말하면 봄, 여름, 가을, 겨울의 순서가 되니 봄에 생겨난 기운은 (전체를) 통하지 않는 바가 없다. 그러므로 사람의 마음[心]이 되는 것은 그 덕(德)이 역시 네 가지가 있으니 인(仁), 의(義), 예(禮), 지(智)라 이르는데 인(仁)은 전체를 포괄하지 않음이 없다. 그것이 발용(發用)함에 사랑하고[愛] 공경하고[恭] 의롭고[宜] 분별하는[別] 정(情)이 되니, 측은(惻隱)의 마음[心]은 (전체를) 관통하지 않음이 없다. 그러므로 천지(天地)의 마음[心]을 논하는 것으로 '건원(乾元), 곤원(坤元)'을 말한 것이 있으니, 사덕(四德)의 체용(體用)을 다 헤아리지 않아도 충분하다. 사람의 마음[人心]의 현묘함을 말한 것으로, "인(仁)은 사람의 마음[人心]이다."라고 말한 것이 있으니, (여기에) 사덕(四德)의

---

80 『論語或問』卷1,「學而」, "仁之道, 大不可以一言而盡也. 程子論乾四德, 而曰四德之元, 猶五常之仁, 偏言則一事, 專言則包四者, 推此而言, 則可見矣. 蓋仁也者, 五常之道也, 而包四者, 惻隱之體也, 而貫四端, 故仁之爲義, 偏言之, 則曰愛之理, 前章所言之類, 是也. 專言之, 則曰心之德, 此章所言之類, 是也. 其實愛之理, 所以爲心之德."/『朱子語類』20-100, "心之德是統言, 愛之理是就仁義禮智上分說. 如義便是宜之理, 禮便是別之理, 智便是知之理."/『朱子語類』20-103, "愛之理是偏言則一事; 心之德是專言則包四者. 故合而言之, 則四者皆心之德, 而仁爲之主; 分而言之, 則仁是愛之理, 義是宜之理, 禮是恭敬·辭遜之理, 知是分別是非之理也."/『朱子語類』6-78, "偏言則一事, 是小小底仁, 只做得仁之一事. 專言則包四者, 是大大底仁, 又是包得禮義智底. 若如此說, 是有兩樣仁. 不知仁只是一箇, 雖是偏言, 那許多道理也都在裏面. 雖是專言, 那許多道理也都在裏面."/『朱子語類』6-63, "仁渾淪言, 則渾淪都是一箇生意, 義禮智都是仁. 對言, 則仁與義禮."/『朱子語類』95-10, "仁, 渾淪言, 則渾淪都是一箇, 義禮知都是仁; 對言, 則仁義與禮智一般."

81 『朱子語類』20-104, "以心之德而專言之, 則未發是體, 已發是用; 以愛之理而偏言之, 則仁便是體, 惻隱是用."

> 체용(體用) 역시 두루 거론하지 않아도 갖추어져 있다. 생각건대 인(仁)의 도(道)됨은 곧 천지가 만물을 낳는 마음[天地生物之心]이니 물(物)이 있으면 거기에 있다. 정(情)이 아직 발하지 않을 때 이 체(體)는 이미 갖추어져 있고, 정(情)이 이미 발현하면 그 용(用)은 끊임이 없다. 진실로 이것을 체득하고 보존할 수 있다면, 뭇 선(善)의 근원과 온갖 행위의 근본이 여기에 있지 않음이 없다. 이것이 공자 문하의 교육에서, 반드시 공부하는 사람으로 하여금 인(仁)을 구하기를 서두르도록 한 이유다. 그 말씀에 이르기를 "극기복례하면 인이 된다[克己復禮爲仁]."고 하니 자기의 사욕을 극복할 수 있으면 천리(天理)를 회복하게 되어 이 마음[心]의 본체가 있지 않음이 없고 이 마음의 작용이 행해지지 않음이 없음을 말한 것이다. 또 말하기를 "거처할 때는 공손히 하고, 일을 처리할 때는 공경스럽게 하며, 사람을 대할 때는 마음을 다한다[居處恭, 執事敬, 與人忠]."고 하는 것은 역시 이 마음을 보존하는 방법이다. 또한 말하기를 "어버이를 섬김에 효도를 하고, 형을 섬김에 공손히 하고, 사물에 미침에 헤아리라[事親孝, 事兄弟, 及物恕]."고 하는 것은 이 마음을 실행하는 방법이다. …(중략)… 이 마음은 어떤 마음인가? 천지에 있어서는 끝이 없이 만물을 낳는 마음이고, 사람에 있어서는 따뜻하게 사람을 사랑하고 만물을 이롭게 하는 마음이니 네 가지 덕(德)을 포괄하고 사단(四端)을 꿰뚫는 것이다.[82]

주희는 인(仁)의 이미지를 형상화하는 단서를 천지(天地), 즉 우주가 '만물을 낳고 낳는[生物]' 사실에서 찾고 있다. 우주가 만물을 낳는 마음[心]을 사람이 얻어서 자신의 마음으로 삼는데, 그 마음의 본질[理, 性]은 '인(仁)'이라는 것이다. 이렇게 보면 인(仁)의 기본 성격은 한마디로 '생(生)'이다.[83] 그래서 주희는 인(仁)을 '생의(生意)' 혹은 '생리(生理)'로

---

82 『朱熹集』 卷67, 3542–3544쪽, 「仁說」, "天地以生物爲心者也, 以人物之生, 又各得夫天地之心以爲心者也. 故語心之德, 雖其總攝貫通, 無所不備, 然一言以蔽之, 則曰仁而已矣. 請試詳之. 蓋天地之心, 其德有四, 曰元亨利貞, 而元無不統. 其運行焉, 則爲春夏秋冬之序, 而春生之氣無所不通. 故人之爲心, 其德亦有四, 曰仁義禮智, 而仁無不包. 其發用焉, 則爲愛恭宜別之情, 而惻隱之心無爲所不貫. 故論天地之心者, 則曰乾元坤元, 則四德之體用不待悉數而足. 論人心之妙者, 則曰仁人心也, 則四德之體用亦不待遍擧而該. 蓋仁之爲道, 乃天地生物之心, 卽物而在. 情之未發, 而此體已具, 情之旣發, 而其用不窮. 誠能體而存之, 則衆善之源, 百行之本莫不在是. 此孔門之敎所以必使學者汲汲於求仁也. 其言有曰, '克己復禮爲仁.' 言能克去己私, 復乎天理, 則此心之體無不在, 而此心之用無不行也. 又曰. '居處恭, 執事敬, 與人忠', 則亦所以存此心也. 又曰, '事親孝, 事兄弟, 及物恕', 則亦所以行此心也. 又曰, '求仁得仁', 則以讓國而逃, 諫伐而餓爲能不失乎此心也. 又曰, '殺身成仁', 則以欲甚於生, 惡甚於死爲能不害乎此心也. 此心何心也? 在天地則坱然生物之心, 在人則溫然愛人利物之心, 包四德而貫四端者也."

83 『朱子語類』 5–30, "發明'心'字, 曰一言以蔽之, 曰生而已. '天地之大德曰生', 人受天地之氣而生, 故此心必仁, 仁則生矣."

표현한다.[84] 인(仁)은, 비유하자면, 만물을 소행시키는 봄날의 온화한 기운과도 같다.[85] 봄에 생의(生意)가 있어 만물을 낳고, 그 생의는 여름과 가을의 성숙과 결실을 가능케 하고 심지어 겨울이 온다고 하여도 끊임이 없듯이, 생의로서의 인은 의, 예, 지의 근저에 끊임없이 흐르고 있다.[86] '생물(生物)'을 기본 속성으로 하는 우주마음[天地心]의 덕(德)은 원(元)·형(亨)·이(利)·정(貞)이고 그중에서 원(元)이 전체를 포괄하듯이, 사람 마음[心]의 덕(德)도 인(仁)·의(義)·예(禮)·지(智)로 대표되는데, 나아가 그중에서도 인(仁)은 이 전체를 관통한다. 생의(生意)로서의 인은 줄곧 유행하다가 의와 예와 지가 필요한 상황에서는 자연스럽게 의와 예와 지를 드러낸다.[87] 말하자면 인, 의, 예, 지 각각은 생의(生意)로서의 인의 인, 인의 예, 인의 의, 인의 지다.[88] 이렇게 보면 인(仁)에는 모든 하위 덕(德; 性)의 체용(體用)이 온전히 갖추어져 있으며, 따라서 인(仁)은 모든 선(善)한 행위의 근원이 된다. 공부하는 사람이 인(仁)을 구하는 것을 가장 급선무로 삼아야 하는 것은 이러한 이유에서다.

---

84 『朱子語類』 6-48, "得此生意以有生, 然後有禮智義信. 以先後吉之, 則仁爲先."/ 『朱子語類』 61-15, "'仁'字有生意, 是言人之生道也."/ 『朱子語類』 6-87. "以生字說仁, 生自是上一節事. 當來天地生我底意, 我而今須要自體認得."/ 『朱子語類』 6-62, "問: 仁得之最先, 蓋言仁具義禮智. 曰: 先有是生理, 三者由此推之."

85 『朱子語類』 6-78, "人之所以爲人, 其理則天地之理, 其氣則天地之氣. 理無迹, 不可見, 故於氣觀之. 要識仁之意思, 是一箇渾然溫和之氣, 其氣則天地陽春之氣, 其理則天地生物之心."/ 『朱子語類』 6-79, "理難見, 氣易見. 但就氣上看便見, 如看元亨利貞是也. 元亨利貞也難看, 且看春夏秋冬. 春時盡是溫厚之氣, 仁便是這般氣象. 夏秋冬雖不同, 皆是陽春生育之氣行乎其中."

86 『朱子語類』 6-47, "春爲仁, 有箇生意. 在夏, 則見其有箇亨通意. 在秋, 則見其有箇誠實意. 在冬, 則見其有箇貞固意. 在夏秋冬, 生意何嘗息? 本雖彫零, 生意則常存. 大抵天地間只一理, 隨其到處, 分許多名字出來."/ 『朱子語類』 95-10, "問: 仁包四者, 只就生意上看否? 曰: 統是一箇生意. 如四時, 只初生底便是春, 夏天長, 亦只是長這生底; 秋天成, 亦只是遂這生底, 若割斷便死了, 不能成遂矣; 冬天堅實, 亦只是實這生底. 如穀九分熟, 一分未熟, 若割斷, 亦死了. 到十分熟, 方割來, 這生意又藏在裏面. 明年熟, 亦只是這箇生. 如惻隱·羞惡·辭遜·是非, 都是一箇生意. 當惻隱, 若無生意, 這裏便死了, 亦不解惻隱; 當羞惡, 若無生意, 這裏便死了, 亦不解羞惡. 這裏無生意, 亦不解辭遜, 亦不解是非, 心都無活底意思."

87 『朱子語類』 6-77, "性中有此四者, 聖門却只以求仁爲急者, 緣仁却是四者之先. 若常存得溫厚底意思在這裏, 到宣著發揮時, 便自然會宣著發揮. 到剛斷時, 便自然會剛斷. 到收斂時, 便自然會收斂. 若將別箇做主, 便都對副不着了. 此仁之所以包四者也."

88 『朱子語類』 6-87, "當來得於天者只是箇仁, 所以爲心之全體. 却自仁中分四界子. 一界子上是仁之仁, 一界子是仁之義, 一界子是仁之禮, 一界子是仁之智. 一箇物事, 四脚撐在裏面, 唯仁兼統之. 心裏只有此四物, 萬物萬事皆自此出."

인간의 덕(德) 혹은 성(性)이 인(仁)으로 포괄되기 때문에, 인의 의미를 분명히 밝히기 위해서는, 인, 의, 예, 지 등 각각의 리(理)의 의미를 인과의 연관성 속에서 함께 살펴보지 않으면 안 된다. 다시 말하면 반드시 의(義)와 예(禮)와 지(智)를 겸하여 인(仁)의 의미를 파악해야 한다.[89] 주희는 「옥산강의(玉山講義)」에서 인(仁)은 온화자애(溫和慈愛)의 도리이고 의(義)는 단제재할[斷制裁割]의 도리이고 예(禮)는 공경준절(恭敬撙節)의 도리이고 지(智)는 분별시비(分別是非)의 도리라고 분별하면서, 이 네 가지가 사람의 마음[心]에 갖추어져 성(性)의 본체(本體) 혹은 명덕(明德)이 된다는 점을 분명히 한다.[90] 물론 그러면서도 주희는 "인(仁)이란 글자가 '생(生)'의 의미를 가지고서 네 가지의 가운데를 관통주류(貫通周流)함을 볼 수 있다. 인(仁)은 분명 인의 본체(本體)이고 의(義)는 인의 단제(斷制)이고 예(禮)는 인의 절문(節文)이고 지(智)는 인의 분별(分別)이다. 바로 봄의 생기(生氣)가 네 계절을 관철하니 봄은 생(生)의 생(生)이고, 여름은 생(生)의 장(長)이며, 가을은 생(生)의 수(收)이고, 겨울은 생(生)의 장(藏)인 것과 같다."[91]라고 한다. 결국 주희는 우선 인(仁), 의(義), 예(禮), 지(智) 각각은 성(性)으로서의 특수한 의미와 역할을 지니고 있되, 동시에 그 근저에는 '생(生)'으로서의 인(仁)이 토대를 이룬다고 파악한다. 의(義), 예(禮), 지(智)가 각각 단제(斷制), 절문(節文), 분별(分別)의 의미를 지니고 있다 하더라도 그것은 '생(生)의 이상'과 관련해서 의미를 지닌다. 만일 의, 예, 지가 '생(生; 仁)'이라는 기본 맥락을 이탈할 때에는 이미 본연의 의, 예, 지가 아닌 것이 된다.

한편, 또 한 가지 특별히 주목할 것은 주희가 인, 의, 예, 지 가운데서 인(仁)과 더불어 가장 중요한 덕으로 꼽는 것은 지(智)라는 점이다.

> 인(仁)은 사단(四端)의 으뜸이지만 지(智)가 있어서 처음을 이루고 끝을 이룰 수 있으니, 마치 원(元)이 사덕(四德)의 으뜸이지만 원(元)이 원(元)에서 생기지 않고 정(貞)에서 생기는 것과 같다. 생각건대 천지(天地)의 생성변화에서 수렴이 없으면 발

89 『朱子語類』 6-77, "今要見仁字意思, 須將仁義禮智四者共看, 便見仁字分明. 如何是義, 如何是禮, 如何是智, 如何是仁, 便仁字自分明. 若只看仁字, 越看越不出."

90 『朱熹集』 卷74, 3896쪽, 「玉山講義」, "只仁義禮智四者, 於中各有分別, 不可不辨. 蓋仁則是箇溫和慈愛底道理, 義則是箇斷制裁割底道理, 禮則是箇恭敬撙節底道理, 智則是箇分別是非底道理."

91 『朱熹集』 卷74, 3896쪽, 「玉山講義」, "於此見得分明, 然後就此又自見得仁字是箇生底意思, 通貫周流於四者之中, 仁固仁之本體也, 義則仁之斷制也, 禮則仁之節文也, 智則仁之分別也."

산함도 없으니, 인(仁)과 지(智)가 갈마드는 사이가 온갖 생성변화의 중심이다.[92]

주희는 인(仁)과 지(智)가, 마치 원(元)과 정(貞)의 관계처럼 처음과 끝을 이루기 때문에, 이 두 가지가 생명현상의 중추가 된다고 본다.[93] 인(仁)이 우주만물의 생성변화의 시작을 알리는 것이라면 지는 생성변화의 말미를 장식하면서 다시 새로운 시작을 준비하는 지점이기 때문이다. 마치 네 계절이 끊임없이 순환을 하듯이 인, 의, 예, 지 또한 순환 관계에 있으니, 인(仁)의 생성은 엄밀한 의미에서 지(智)의 축적된 자양분을 토대로 하고 있다. 주희는 이러한 맥락에서 인(仁)이 네 가지 덕(德)을 포괄하는 것처럼 지(智) 역시 네 가지를 포괄하거나 혹은 간직하고 있다고 본다.

> 섭가손이 물었다: 맹자의 사단은 무엇 때문에 지(智)를 나중으로 삼았습니까? 답했다: 맹자는 다만 순환해서 말했을 뿐이다. 지(智)는 본래 인, 의, 예를 간직한다. 오직 이와 같다는 것을 알아야 바야흐로 이와 같이 하니, 이것이 인, 의, 예가 모두 지(智) 속에 간직되어 있는 것이다.[94]

> 인(仁)과 지(智)는 (나머지를) 포괄할 수 있으나, 의(義)와 예(禮)는 (나머지를) 포괄할 수 없다.[95]

주희는 인(仁)과 지(智)가 (나머지를) 포괄할 수 있다고, 반면 의(義)나 예(禮)는 포괄할 수 없다고 명시한다. 이처럼 주희가 지(智)와 인(仁)처럼 나머지 세 가지 덕을 간직한다고 보는 이유는, 인이 있어서 다른 세 가지가 비로소 기능할 수 있듯이, 지가 있어서 비로소 나머지가 기능할 수 있다고 보기 때문이다. 즉, 인, 의, 예는 반드시 명철한 지적

---

92 『朱子語類』 6-75, "仁爲四端之首, 而智則能成始而成終. 猶元爲四德之長, 然元不生於元而生於貞. 蓋天地之化, 不翕聚則不能發散也. 仁智交際之間, 乃萬化之機軸. 此理循環不窮, 脗合無間, 故不貞則無以爲元也."

93 『朱子語類』 6-67, "仁所以包三者, 蓋義禮智皆是流動底物, 所以皆從仁上漸漸推出. 仁智元貞, 是終始之事, 這兩頭却重."

94 『朱子語類』 53-54, "賀孫問: 孟子四端, 何爲以知爲後? 曰: 孟子只循環說. 智本來是藏仁義禮, 惟是知恁地了, 方恁地, 是仁禮義都藏在智裏面. 如元亨利貞, 貞是智, 貞卻藏元亨利意思在裏面. 如春夏秋冬, 冬是智, 冬卻藏春生·夏長·秋成意思在裏面."

95 『朱子語類』 6-66, "仁與智包得, 義與禮包不得."

이해와 변별 위에서 제대로 펼쳐질 수 있다.[96] 이렇게 주희는 인, 의, 예, 지 중에서 인과 지를 덕성의 가장 중요한 두 축으로 설정함으로써 인간과 사회의 생명력 발현과 그 속에서의 지적 역할의 중요성을 말하고 있다.[97]

인(仁)으로 포괄되는 성(性)의 본체 혹은 명덕(明德)이 온전히 밝혀졌을 때의 인간 개개인의 모습, 다시 말하면 개인의 생명력 발현의 구체적인 양상에 대해서 주희는「인설(仁說)」에서는 '타인을 사랑하고 만물을 이롭게 하는 것[愛人利物]'으로 묘사하고 있다. 그리고 여기에는 이미 '극기복례(克己復禮)', 즉 '사욕(私欲)을 넘어서는 천리(天理)의 회복'이라는 전제가 깔려 있다. 성(性) 혹은 명덕(明德)을 실현한다는 것은 사욕(私欲)을 넘어서 천리(天理)를 체현한다는 것이다. 그리고 사욕(私欲)이야말로 마음[心]의 기질적(氣質的) 제약의 핵심 내용이다. 천리의 체현은 곧 기질적 사욕을 넘어섬이고 사욕을 넘어섬은 곧 공심(公心)의 실현이다. 그래서 주희는 공(公) 혹은 무사(無私)를 인(仁)을 이루는 주요한 방편으로 보는 것이다.[98] 주희는 무사(無私; 公)를 이루게 되면 인(仁)하게 되어

96『朱子語類』20-125, "智亦可以包四者, 知之在先故也."

97 주희는 인(仁)과 의(義)를 덕(德; 性)의 두 가지 큰 부분으로 나누거나, 혹은 인과 의를 각각 체와 용으로 설정하기도 한다:『朱子語類』6-70, "四端猶四德. 逐一言之, 則各自爲界限. 分而言之, 則仁義又是一大界限, 故曰'仁人心也. 義人路也.'"/『朱子語類』6-88, "仁兼義言者, 是言體. 專言仁者, 是兼體用而言."/『朱子語類』6-130, "仁對義爲體用. 仁自有仁之體用, 義又有義之體用."/『朱子語類』6-13, "趙致道問: 仁義體用動靜何如? 曰: 仁固爲體, 義固爲用. 然仁義各有體用, 各有動靜, 自詳細驗之."/『朱子語類』6-132, "仁義互爲體用動靜. 仁之體本靜, 而其用則流行不窮. 義之用本動, 而其體則各止其所."

그런데 주희는 이렇듯 인의(仁義)를 체용(體用)의 관계로 설명하면서 인과 함께 의에 특별한 의미를 부여한다. 그러면서도 주희가 인, 의, 예, 지 중 핵심적인 두 축으로 꼽는 것은 인, 의가 아닌 인(仁), 지(智)라는 점에 주목할 필요가 있다. 인, 의, 예, 지 중에서 그것으로 나머지를 포괄하고 뒷받침하는 덕목은 인과 지라고 보기 때문이다.

98 주희에 의하면 공(公)을 곧 인(仁)으로 보아서는 안 된다. 공(公)은 인을 행하는 방편일 뿐이다. 마찬가지로 사(私欲)를 없앤다고 해서 그것을 곧 인(仁)이라고 보아서는 안 되며, 사욕을 없애는 것은 다만 인을 행하는 방편이라고 보아야 한다. 한편, 인(仁)을 행하면 자연히 공(公)과 무사(無私)가 이루어진다.

『朱子語類』6-99, "公是仁之方法, 人身是仁之材料."/『朱子語類』6-100, "公却是仁發處. 無公, 則仁行不得."/『朱子語類』6-101, "仁, 將公字體之."/『朱子語類』6-102, "仁是本有之理, 公是克己工夫極至處. 故惟仁然後能公, 理甚分明. 故程子曰'公而以人體之.' 則是克盡己私之後, 只就自身上看, 便見得仁也."/『朱子語類』6-103, "公不可謂之仁, 但公而無私便是仁."/『朱子語類』6-104, "無私以閒之則公, 公則仁."/『朱子語類』6-105, "做到私欲淨盡, 天理流行, 便是仁."/『朱子語類』6-108, "謂私欲去後, 仁之體見, 則可. 謂私欲去後便爲仁, 則不可."/『朱子語類』6-109, "謂之無私欲然後仁, 則可.

천지만물(天地萬物)을 일체(一體)로 여길 수 있다고 본다.[99] 그리고 그 사랑의 구체적인 모습으로서 주희는 효제(孝悌), 인민(仁民), 애물(愛物)을 들고 있다.[100] 사람에 대한 사랑을 넘어서서 만물에 대한 사랑까지 염두에 둔 것이다.

기질적 사욕을 넘어선 공심(公心)으로써 천리를 회복하고 이를 통해서 만물을 자신과 한 몸처럼 여기고 사랑하는 것이야말로 주희가 생각하는 인간 개개인 및 사회의 생명력을 발현하는 구체적인 모습이다. 기실 성(性) 및 명덕(明德)을 대표하는 인(仁)은 그 자체가 '사랑'이라고 할 수는 없다. 마음[心]의 전덕(全德)으로서의 인(仁)은 천리(天理)를 총칭하는 것이고, 따라서 이는 단지 인(仁)의 표현 양상의 하나인 '사랑(愛)'의 정(情)에만 제약될 수는 없기 때문이다. 그럼에도 불구하고 인(仁)이 지니는 '생(生)'의 속성은 주로 '사랑'으로 표현된다.[101] 그 '사랑'은 가까이는 부모 형제에 대한 효제(孝悌)로부터 시작해서 크게는 천지만물(天地萬物)로 확대된다.[102] 즉, 본성을 밝힌 사람은 궁극적으로는 천지만물을 내 몸과 같이 사랑하게 된다. 그러나 주희는 그렇다고 해서 만물과 자신이 하나되는 것을 인(仁)이라고 할 수는 없다는 점을 분명히 한다. 말하자면 '만물과 자신이 일체되는 것[萬物與我一體]'을 인(仁)의 체(體)로 보는 입장에 반대한다. 인(仁)한 사람은 진실로 만물과 더불어 하나가 되지만 만물과 하나되는 것을 인(仁)이라 할 수는 없다고 보는 것이다.[103]

인(仁)으로 포괄되는 본성의 발현을 통해서 궁극적으로 타인과 우주만물에 대한 사랑을 지향하지만 그것은 묵가(墨家)의 '겸애주의(兼愛主義)'와는 다르다. 주희가 제시하는 유가식의 '사랑법'은 장재의 「서명(西銘)」에 대한 해석을 통해서 잘 드러나고 있다.

> 천지(天地)의 사이에 리일(理一)일 뿐이다. 그러나 건도(乾道)는 남자를 이루고 곤도(坤道)는 여자를 이루며 리(理)와 기(氣)가 교감(交感)하여 만물을 화생하니, 그 대소(大小)의 나뉨과 친소(親疏)의 등급은 수십, 수백, 수천, 수만 가지에 이르러 고르게

謂無私便是仁, 則不可. 蓋惟無私欲而後仁始見."

99 『朱子語類』 6-109, "無私, 是仁之前事. 與天地萬物爲一體, 是仁之後事. 惟無私, 然後仁. 惟仁, 然後與天地萬物爲一體."

100 『朱子語類』 20-81, "仁如水之源, 孝弟是水流底第一坎, 仁民是第二坎, 愛物則三坎也."

101 『朱子語類』 20-128, "'仁主乎愛'者, 仁發出來便做那慈愛底事. 某嘗說'仁主乎愛', 仁須用'愛'字說,"

102 『朱子語類』 20-74, "這箇仁, 是愛底意思. 行愛自孝弟始. …(중략)… 親親·仁民·愛物, 三者是爲仁之事."

103 『朱子語類』 6-116, "仁者固能與萬物爲一, 謂萬物爲一爲仁, 亦不可."

> 할 수 없다. 성현이 출현하지 않았다면 누가 능히 그 다른 것을 합하여 그 같은 것을 회복할 것인가? 「서명」의 작은 뜻이 대개 이와 같다. 정자가 '리일분수(理一分殊)를 밝혔다'고 했는데 한마디로 잘 표현한 것이다. 생각건대 건으로써 아버지를 삼고 곤으로써 어머니를 삼는데, 생겨난 무리 중 어떠한 물도 그렇지 않음이 없으니, 이른바 리일(理一)이다. (그런데) 사람과 만물이 생겨남에 혈맥의 소속에 따라서 각각 그 어버이를 어버이로 섬기고 각각 그 자식을 자식으로 대하니 그 분한[分]이 어찌 나뉘지[殊] 않겠는가? 리일(理一)이라 하여 한 가지 줄기이되 만 가지로 갈라지니 비록 천하가 한 가족이고 나라가 한 사람이지만 겸애의 폐단에 흐르지 않는다. 만 가지로 갈라지나 한 가지로 관통되니 비록 친소(親疏)의 다른 정(情)과 귀천(貴賤)의 다른 등급(等級)이 있으나 위아(爲我)의 삿됨에 빠지지 않는다. 이것이 「서명(西銘)」의 대지(大指)다.[104]

장재의 「서명」은, 모든 사람과 만물은 천지(天地) 혹은 건곤(乾坤)을 부모로 삼은 같은 형제요 족속임을 전제하고 따라서 우선 천하의 힘없고 외로운 사람들을 내 몸과 같이 잘 보살피는 동시에 천지의 뜻을 이어서 부모에 효를 해야 한다는 요지의 내용을 담고 있다. 이에 대해 주희는 정이에 이어서 '리일분수(理一分殊)'로서 그 내용을 함축한다. 말하자면 모든 사람과 만물은 천지(天地) 및 건곤(乾坤)을 부모로 삼아서 태어났으므로 수천수만 가지의 차별상이 있다고 하더라도 결국 하나의 리(理)로 관철되었다는 것이다. 이를 통해 천하는 한 가족이고 나라는 한 사람과 같으니 서로 아껴 주고 보살피는 사랑을 베풀지 않을 수 없다는 존재론적 근거를 제시한 것이다. 우주의 생성 과정에서 '우연히' 나타나는 수많은 다양성—대소(大小)의 나뉨과 친소(親疎)의 등급 등—에도 불구하고, 그것들이 본질적으로 하나[理一]라는 점을 명확히 한 점에 대해서, 주희는 지성사적으로 매우 높게 평가한다. 말하자면 이것은 유학사상에서 본격적으로 '보편적 사랑'의 근거가 정립되었음을 의미한다.

그럼에도 불구하고, 인간의 자연스런 감정에 입각할 때, 이 우주의 모든 존재를 똑같이 사랑할 수는 없다. 즉, 사랑의 강도나 방식에 있어서 차이가 있을 수밖에 없다. 예를 들어, 사람은 우선 자신의 부모와 형제, 그리고 자식 등 가족에 대한 사랑이 무엇보다 앞서게 된다. 물론 이것은 '가족이기주의'적인 사랑을 말하는 것은 아니다. '가족이기주의'는 이미 사욕(私欲)을 전제로 하기 때문에 주희가 의미하는 바의 '사랑'은 아니다. 그

104 『朱熹遺集』卷3, 5667-5668쪽, 「西銘論」.

러나 가족 이외의 모든 사람에 대한 사심 없는 관심과 이해가 전제된 상황에서 지니는 가족에 대한 우선적인 사랑은 모든 사람이 가지는 보편 감정이다. 유가의 사랑법은 이렇게 인간의 자연스런 감정을 토대로 하면서 가족으로부터 모든 사람과 천지만물에 대한 사랑으로 확대해 가는 특징을 지닌다. 이 점에서 유가의 사랑법은 인간의 자연스런 친소 감정을 부정하는 묵가(墨家)의 '겸애주의(兼愛主義)'에 빠지지 않는다. 또한 만물의 다름과 차별상에도 불구하고 이를 묶어 주는 통일성을 전제한다는 점에서 '위아주의(爲我主義)'로도 빠지지 않는다. 「서명해(西銘解)」는 이 양 극단을 피하는 유가식의 사랑법을 보여 주는데 이는 곧 인간사회의 생명력을 약동시키는 유가적 방법이기도 하다.

한편, 주희가 인간의 본성으로 인(仁)과 더불어 지(智)를 특별히 핵심 축으로 놓았음을 앞서 살폈는데, 이는 '리일분수(理一分殊)'의 존재양식에 적합한 올바른 사랑을 실천하기 위한 전망과 연계하여 의미를 찾을 수 있다. 우주에는 그 존재의 수만큼이나 수많은 '생(生)'의 발현 양식이 있으므로 이 각각에 대한 지적 탐구와 통찰, 이해가 전제되어야 그에 알맞은 사랑의 실천이 가능할 것이다.

4) 인간의 다양성 및 기질적 제약상: 기질지성(氣質之性)

앞에서도 다루었듯이, 성(性)은 기(氣) 혹은 기질(氣質)에 내재된 리(理)를 의미한다. 즉, 성은 리인 동시에 이미 기질과의 결합을 전제로 하고 있다. 그래서 주희는 "성(性)이라고 말하자마자 곧 여기에 약간의 기질(氣質)이 있게 된다. 기질이 없다면 이 성은 편안하게 머무를 곳이 없다."고 한다.[105] 기질을 전제로 한 성이므로 이는 곧 '기질지성(氣質之性)'이 되는데, 모든 성(性)은 기질(氣質) 가운데 내재한다는 의미에서 기질지성(氣質之性)이다. 그러면서도 주희는 기질지성(氣質之性)과 성(性)의 본체(本體)를 혼동하는 것을 경계한다.

> 대저 사람에게 이 형기(形氣)가 있으면 이 리(理)가 형기 중에 비로소 갖추어지게 되니, 이를 성(性)이라 한다. 성(性)을 말하자마자 이미 생(生)이 있음과 관계하게 되고 기질(氣質)을 겸하게 되니, 성(性)의 본체(本體)가 될 수는 없다. 성(性)의 본체(本體)는 일찍이 뒤섞이지 않으니, 사람들이 이 위쪽에 나아가서 그 본체가 일찍이 분리

105 『朱子語類』 4-42, "纔說性時, 便有些氣質在裏. 若無氣質, 則這性亦無安頓處."

되지 않으면서 동시에 일찍이 뒤섞이지 않음을 보게 해야 한다.[106]

일반적 의미의 성(性)은 이미 기질(氣質)과 결합되어 있는 기질지성(氣質之性)으로서, 그것은 이미 성(性)의 본체(本體)가 될 수는 없다.[107] 주희가 의미하는 성의 본체는 순수하게 리를 가리킨다. 말하자면 기질지성이 리와 기를 함께 섞어서 말한 것이라면, 성의 본체는 기의 요소를 제외한 리의 측면만을 가리켜 말한 것이다. 리로서의 성의 본체를 기와 뒤섞어 보아서는 안 된다. 그러면서도 주희는 성의 본체와 기는 분리되지도 않는다는 점을 분명히 한다.[108] 주희가 이처럼 양자가 분리되지 않음을 말하면서도, 동시에 양자를 서로 다른 영역으로 구분해 보려고 하는 것은, 기질에 의해 제약되지 않는 애초의 순수하고 근원적인 성 본연의 의미 영역을 분명히 확보하기 위해서다.

그러나 성의 본체, 혹은 본연지성(本然之性; 天地之性)의 순수성은 '이론'으로만 가능할 뿐 현실적으로 존재하지 않는다. 성의 본체는 기질 속에 내재하면서 기질을 경과해서 자기표현을 한다. 현실에 존재하는 것은 기질지성일 뿐이며, 본연지성 혹은 천지지성이라는 것은 기질지성과 별개로 존재하는 성은 아니다. 기질지성은 본연지성이 기질을 따라서 표현되는 것일 뿐이다.[109] 본연지성은 기질이라는 여과장치를 통해서 기질의 특성을 반영하면서 다양하게 드러난다. 좀 더 설명해 본다.

우주만물은 본연지성이라는 순수한 근원을 공통적으로 간직하고 있다. 기질적 제약에 물들기 이전의 본연지성은 모든 우주만물에 보편적으로 내재한다. 이러한 점에서 우주만물은 근본적으로 동등하며 하나다. 그럼에도 불구하고 우주만물이 다양한 차이를 보이는 것은 본연지성을 담아내고 드러내는 기질의 특성이 각각 다르기 때문이다. 기질의 차이에 따라 본연지성의 발현 정도나 특성에 있어서 차이를 보이게 된다. 주희는 종종 비유를 통해서 본연지성(本然之性)과 기질(氣質)의 관계를 설명하는데, 가령 햇빛과

106 『朱子語類』 95-45, "大抵人有此形氣, 則是此理始具於形氣之中, 而謂之性. 纔是說性, 便已涉乎有生而兼乎氣質, 不得爲性之本體也. 然性之本體, 亦未嘗雜. 要人就此上面見得其本體元未嘗離, 亦未嘗雜也."

107 주희는 기질지성(氣質之性)과 대비해서 성(性)의 본체(本體)를 주로 본연지성(本然之性), 천명지성(天命之性), 천지지성(天地之性) 등으로 표현한다.

108 『朱子語類』 4-46, "論天地之性, 則專指理言. 論氣質之性, 則以理與氣雜而言之. 未有此氣, 已有此性. 氣有不存, 而性却常在. 雖其方在氣中, 然氣自是氣, 性自是性, 亦不相夾雜. 至論其遍體於物, 無處不在, 則又不論氣之精粗, 莫不有是理."

109 『朱子語類』 4-52, "氣質之性, 便只是天地之性. 只是這箇天地之性却從那裡過."

틈새, 구슬과 물, 빛과 물, 물과 그릇, 물과 도랑, 달과 물, 해·달과 구름·안개, 불씨와 재 등이 그것이다.[110] 즉, 본연지성은 기질의 상태에 따라서 다양하게 드러날 수 있음을 설명한 것이다. 만물에게 공통적이고 온전하게 갖추어진 본연지성은, 기질의 차이에 따라서 각각 다르게 드러나며 그것이 곧 기질지성이다. 결국 기질지성은 곧 기질의 차이에 따라 각각 다르게 드러나는 본연지성이라고 할 수 있다.[111] 따라서 본연지성의 실상은 오직 기질지성을 통해서만 알 수 있는데, 기질지성에서 기질적 제약을 거두어 내면 본연지성의 상태에 가까이 다가간다. 마치 소금물[氣質之性]에서 소금을 없애고 나면 순수한 물[本然之性]이 남는 것과 같다.[112]

주희가 성(性)을 설명함에 있어 굳이 기질(氣質)의 개념을 도입하는 것은 이를 통해서만이 인간 및 만물 본성의 특성 및 차이점 등을 명확히 설명해 낼 수 있다고 보기 때문이다. 말하자면 기질은 인간 및 만물의 수직적·수평적 차별상 및 다양성, 선과 악의 문제 등을 설명하는 개념틀이다. 주희는 이 논의를 통해서 특히 인간의 본질 및 삶의 과제에 대해서 해명하고자 한다. 그는 종종 유가에서의 본성에 관한 이론의 역사, 즉 성론사(性論史)를 나름대로 정리하면서 이러한 관심을 분명히 드러낸다.

> 맹자는 군더더기를 발라내고 성(性)의 근본[本]만을 말했고, 이천(정이)은 기질(氣質)을 겸비해서 말했으니, 요컨대 (그 두 가지는) 분리될 수 없다. 그래서 명도(정호)는 "성(性)을 논하면서 기(氣)를 논하지 않으면 갖추어지지 못하고, 기(氣)를 논하면서 성(性)을 논하지 않으면 밝지 못하다."고 했다. 나도 『태극도설해(太極圖說解)』에서 "이른바 태극(太極)이 음양(陰陽)과 분리되지도 않음도 말이 되고, 또한 음양과 섞이지 않음도 말이 된다."라고 했다.[113]

---

110 『朱子語類』 卷4(「性理一: 人物之性氣質之性」) 참조.

111 '氣異理異'나 '理有偏全'(『朱子語類』 4-10), '理同氣異'(『朱子語類』 4-13, 17)와 같이, 리(理)의 동(同)과 이(異), 편(偏)과 전(全)과 관련한 입장을 통해서, 주희는 만물에 부여된 리의 본체는 만물에 공통적으로 내재해 있지만, 기(氣)의 차이에 따라서 서로 다른 정도와 양상으로 치우치게 드러난다는, 그래서 리도 각각 다르게 표현된다는 의미를 다양하게 밝힌다.

112 『朱子語類』 4-52, "氣質之性, 便只是天地之性. 只是這箇天地之性却從那裡過. 好底性如水, 氣質之性如殺些醬與鹽, 便是一般滋味."

113 『朱子語類』 4-48, "孟子是剔出而言性之本, 伊川是兼氣質而言, 要之不可離也, 所以程子云'論性不論氣, 不備. 論氣不論性, 不明.' 而某於太極解亦云'所謂太極者, 不離乎陰陽而爲言, 亦不雜乎陰陽而爲言.'"

"성(性)을 논하면서 기(氣)를 논하지 않으면 갖추어지지 못하고, 기(氣)를 논하면서 성(性)을 논하지 않으면 밝지 못하다."고 하는 말은 정호가 한 것인데,[114] 주희는 이것을 정이의 '성즉리(性卽理)'와 더불어 성(性)에 대한 가장 중요한 명제로 취급하여 자신의 본성이론의 뼈대로 삼는다. 본연지성을 논하되 기질로써 논하지 않으면 존재의 개별적 특성과 차별상이 드러나는 이유를 명확히 할 수 없기에 갖추지 못한다는 것이고, 기질지성을 논하되 본원(本源)으로부터 말하지 않으면 비록 존재의 차별상은 알 수 있어도 선의 근원을 모두 공유하고 있다는 사실을 설명할 수 없다는 것이다.[115] 주희는 자기 이전의 주요한 성(性)에 관한 이론을 검토하고 평가하되, 맹자의 경우는 본연지성(本然之性)만을 주목하고 기질지성(氣質之性)을 말하지 못했으며, 순자나 양웅, 한유의 경우 단지 기질지성(氣質之性)만을 말하다가, 정호에 이르러서야 성(性)과 기(氣)를 겸하여 본연지성과 기질지성을 함께 논할 수 있게 되었다고 한다.[116] 그리고 주희는 특히 성(性)과 기(氣)를 겸해야 한다는 정호의 논의를 적극적으로 수용하면서, 자신은 태극(太極; 理)과 음양(陰陽; 氣)의 우주론적인 논의로서 정호의 성론(性論)을 보완하고 완결했음에 대해 자긍심을 밝힌다. 그 결과 그는 "기질(氣質)은 음양오행(陰陽五行)의 행한 바이고 성(性)은 태극(太極)의 온전한 본체다. 다만 기질지성(氣質之性)을 논하면 이는 (태극의) 온전한 본체가 기질의 가운데 떨어진 것이니 (기질과 별도로) 특별히 하나의(별개의) 성이 되는 것은 아니다."[117]라고 하는, 우주론과 인성론을 연결하는 종합적인 설명을 내놓게 된다.

그렇다면 인간 및 만물의 차별상을 드러내는 기질 자체가 지니는 내용성과, 나아가 기질로서 존재의 다양성을 설명하는 주희의 논의방식이 무엇인가? 우선 '기질(氣質)'의 개념적 내용을 알아볼 수 있는 주희의 언급은 이러하다. 주희는 "기(氣)가 쌓이면 질(質)이 되고 성(性)이 갖추어진다."[118]고 하고 "기(氣)는 처음에 품부받은 것이고 질(質)은 이

114 정호의 이 명제에서 성(性)은 본연지성(本然之性)을 의미한다.

115 『朱子語類』 59-47, "蓋本然之性, 只是至善. 然不以氣質而論之, 則莫知其有昏明開塞剛柔强弱, 故有所不備. 徒論氣質之性, 而不自本原言之, 則雖知有昏明開塞剛柔强弱之不同, 而不知至善之源未嘗有離, 故其論有所不明. 須是合性與氣觀之, 然後盡, 蓋性卽氣, 氣卽性也."

116 『朱子語類』 4-92, 62, 63, 64, 44.

117 『朱熹集』 卷61, 3186-3187쪽, 「答嚴時亨」, "氣質是陰陽五行所爲, 性則太極之全體. 但論氣質之性, 則此全體墮在氣質之中耳, 非別有一性也."

118 『朱子語類』 1-7, "氣積爲質, 而性具焉."

러한 모양을 이룬 것이다. (질은) 예를 들어, 쇠의 돌이나 나무의 싹 같은 것이다."[119]라고 한다. 또한 "기(氣)의 맑은 것은 기(氣)가 되고 탁한 것은 질(質)이 된다."[120]고 한다. 이를 종합해 보면 기(氣)는 태초의 음양(陰陽)의 기로서 보다 순수한 것을 말하고, 질(質)은 기가 모이고 응축이 되어 특정한 형질(形質)을 형성한 것으로서 순수도가 상대적으로 약하다. 그러나 넓게 보면 질(質)의 근원은 기(氣)이므로 질(質)은 기(氣)에 포함된다. 따라서 넓은 의미의 기(氣)는 감각적으로 관찰할 수 있는 것과 없는 것이 모두 포괄된다.

앞에서도 밝힌 바, 모든 만물을 생성하는 근거는 리이지만 그 실질적 생성은 기의 작용, 즉 기의 운동과 응취(凝聚)의 작용으로 이루어진다.[121] 오행(五行)의 요소뿐 아니라, 바람, 눈, 천둥, 안개, 귀신 등의 온갖 자연현상을 비롯한[122] 만물이 지니는 여러 속성과 기능은 곧바로 기의 작용이다. 비단 우주에 존재하는 모든 물리적 실체와 현상, 신체적 조직과 기능뿐 아니라 정신적 기능과 현상 등의 작용 주체는 곧 기이며 기질이다. 사람의 경우로 한정한다면 형질(形質)로 이루어진 신체적인 영역뿐 아니라 지각하는 정신적인 영역, 즉 몸과 마음의 기능과 현상이 모두 기의 작용과 관련이 되어 있다.

> 대저 사람의 언어(言語), 동작(動作), 사려(思慮), 영위(營爲)하는 것은 모두 기(氣)인데, (거기에) 리(理)는 존재한다.[123]

> 사람이 생겨난 처음에 먼저 이 기(氣)가 있어, 이미 형체가 이루어지니 백(魄)이 앞서 있게 된다. "형(形)이 이미 생겨나면, 신(神)은 지(知)를 발한다."고 했으니, 이미 형체가 있은 연후에 바야흐로 정신(精神)과 지각(知覺)이 있게 된다.[124]

오장(五臟), 백해(百骸) 등의 신체적 구성물, 그리고 보고 듣고 숨 쉬는 등의 신체적·감각적 기능, 언어, 사려, 기억, 판단 등의 정신(精神)과 지각(知覺)의 기능은 모두 기질의

---

119 『朱子語類』 14-55, "氣, 是那初稟底; 質, 是成這模樣了底. 如金之廣, 木之萌芽相似."

120 『朱子語類』 3-19, "氣之淸者爲氣, 濁者爲質."

121 『朱子語類』 1-13, "氣則能醞釀凝聚生物也. 但有此氣, 則理便在其中."/『朱子語類』 4-41, "然而二氣五行, 交感萬變, 故人物之生, 有精粗之不同. 自一氣而言之, 則人物皆受是氣而生."

122 『朱子語類』 2卷 참조.

123 『朱子語類』 4-41, "凡人之能言語動作, 思慮營爲, 皆氣也, 而理存焉."

124 『朱子語類』 3-27, "人生初間是先有氣. 旣成形, 是魄在先. '形旣生矣, 神發知矣.' 旣有形後, 方有精神知覺."

영역에 속한다고 주희는 본다. 물론 그러한 기질의 기능에는 이미 리가 관여되어 있지만 그 실질적 작용의 주체는 기다.

> 물었다: 선생님은 전에 부채를 움직이는 것은 기(氣)라고 하셨는데, 후에 저도 그렇게 생각했습니다. 그런데 마음이 생각하고, 귀가 듣고, 눈이 보고, 손이 잡고, 발이 밟는 등의 기능은 기가 도달할 수 없는 것 같으니, 기의 운동하는 바에 반드시 (기와는 다른 것으로서의) 주재하는 것이 있습니다. 답했다: 기(氣) 가운데에는 그 자체로 영묘한 것이 있다.[125]

이 문답을 보면 주희가 활동했던 당시에도 기(氣)는 이해하기 쉽고, 그 의미가 공유된 개념은 아니었다. 마치 현대적 개념으로서의 공기 같은 것은 기임이 분명하지만, 인간의 여러 감각기관과 심(心)의 기능은 기의 작용이라고 보기에는 미심쩍다는 제자의 질문에 주희는 그것이 기의 작용임을 명확히 한다. 즉, 기 자체에는 여러 신체적·정신적 작용을 주재하는 영묘함이 내재해 있다는 것이다. 심(心)과 기(氣)의 관계에 대해서는 보다 정밀한 논의가 필요한데 이는 다음 절에서 다룰 것이다. 다만 기질은 만물의 신체적·감각적 작용과 더불어 심과 관련한 정신적인 활동, 즉 감정, 의지, 추리 작용의 실질적 주체[126]가 된다는 점을 확인할 수 있다. 그리고 이러한 성격의 기질은 성(性)의 발현을 제약하는 요소이면서 동시에 그것을 실현하는 통로이기도 하다. 우주의 만물은 이러한 의미의 기질에 있어서 다양한 차이와 층차를 보임으로써 성의 발현도 다양한 양상을 띠게 된다.

주희가 다양한 기(氣) 혹은 기질(氣質)의 특성을 설명함에 있어서 주로 사용하는 용어로는 정조(精粗), 정통편색(正通偏塞), 청탁(清濁), 혼명(昏明), 명암(明暗), 후박(厚薄), 수박(粹駁), 순불순(醇不醇; 純不純), 청명폐고(清明蔽錮), 천심(淺深), 고저(高低), 장단(長短), 화미쇠퇴(華美衰頹), 강유(剛柔), 강약(强弱) 등이 있다.[127] 종합해서 보면 기질의 특성의 설명방식은 크게 세 가지로 대별된다. 첫 번째는 기질의 순도(純度)와 통명도(通明度)에 따른 우열(優劣)의 차이를 중심으로 존재의 다양성을 드러내고 있는 경우다: 정조(精粗),

125 『朱子語類』5-38, "問: 先生前日以揮扇是氣, 節後思之. 心之所思, 耳之所聽, 目之所視, 手之持, 足之履, 似非氣之所能到. 氣之所運, 必有以主之者. 曰: 氣中自有箇靈底物事."

126 물론 기질(氣質)이 이와 같이 주체(主體)가 됨에 있어 이미 리(理)가 그 속에 함께하고 있다.

127 『朱子語類』4-40, 41, 43, 46, 49, 59, 67, 68, 71, 76, 86, 88, 92, 96, 97 참조.

정통편색(正通偏塞), 청탁(淸濁), 혼명(昏明), 명암(明暗), 후박(厚薄), 수박(粹駁), 순불순(醇不醇 및 純不純), 청명폐고(淸明蔽錮) 등. 두 번째는 우열이 아닌 단순 대비를 통해서 성격적 특질을 표현하는 것이 있다: 강유(剛柔), 강약(强弱) 등. 세 번째는 귀천과 빈부, 수명, 화복과 관련한 운명적인 다양성을 설명하는 경우다: 천심(淺深), 고저(高低), 장단(長短), 화미쇠퇴(華美衰頹), 후박(厚薄) 등. 주희는 이러한 기질의 다양한 차이가 생겨난 근원에 대해서 '우연성'이라는 선천적 요인도 들지만,[128] 기질변화(氣質變化)가 가능하다는 점에서 기질은 후천적인 요인이기도 하다.

그런데 앞의 세 가지 분류 중에서, 세 번째의 경우는 그 설명 논리와 근거의 정당성을 떠나서, 주희 자신이 별로 중요하게 취급하지는 않고 있다. 주희에게서 중요한 것은 기질의 차이에 의해서 본연지성의 발현이 어떻게 제약, 발현되거나 혹은 다양한 양상으로 드러나는가에 있기 때문이다. 이와 관련하여서 중요한 것은 첫 번째와 두 번째의 경우다.

먼저, 두 번째의 경우는 현대적 의미에서의 성격적 특질(disposition, temperment)의 측면과 관련된다. 사람에 따라서 성격이 강하거나 부드럽거나 하는 등의 차이가 있는데 만일 어느 쪽이든 지나치거나 모자람이 있게[過不及] 되면, 본연지성(本然之性)의 발현에 큰 제약이 될 수밖에 없다. 이와 관련한 예로는 지나치게 강해서 강폭해지거나 지나치게 부드러워서 유약해지는 경우,[129] 혹은 외면적으로 민첩하거나 내면적으로 민첩한 경우,[130] 사단(四端) 중 특히 어느 한 감정이 유독 발달된 경우,[131] 이해(利害)와 기예(技藝)에 밝으나 의리(義理)와 책읽기에 능통하지 못하는 경우[132] 등이 그것인데 이렇게 기질이 치우치게 되면 본연지성이 올바로 표현될 수 없다. 즉, 성(性)이 정(情)으로 표현될 때

128 『朱子語類』 4-51, "人所稟之氣, 雖皆是天地之正氣, 但衮來衮去, 便有昏明厚薄之異. 蓋氣是有形之物. 才是有形之物, 便自有美有惡也."/『朱子語類』 4-55, "二氣五行, 始何嘗不正? 只衮來衮去, 便有不正. 如陽爲剛燥, 陰爲重濁之類."/『朱子語類』 4-59, "人之性皆善. 然而有生下來善底, 有生下來便惡底, 此是氣稟不同. 且如天地之運, 萬端而無窮, 其可見者, 日月淸明氣候和正之時, 人生而稟此氣, 則爲淸明渾厚之氣, 須做箇好人. 若是日月昏暗, 寒暑反常, 皆是天地之戾氣, 人若稟此氣, 則爲不好底人."

129 『朱子語類』 4-59, "却是被這氣稟害, 如氣稟偏於剛, 則一向剛暴. 偏於柔, 則一向柔弱之類."

130 『朱子語類』 4-75, "氣偏於內故內明, 氣偏於外則外明."

131 『朱子語類』 4-73, "人性雖同, 稟氣不能無偏重. 有得木氣重者, 則惻隱之心常多, 而羞惡辭遜是非之心爲其所塞而不發. 有得金氣重者, 則羞惡之心常多, 而惻隱辭遜是非之心爲其所塞而不發."

132 『朱子語類』 4-76, "氣稟所拘, 只通得一路, 極多樣. 或厚於此而薄於彼, 或通於彼而塞於此. 有人能盡通天下利害而不識義理, 或工於百工技藝而不解讀書."

기질적인 치우침으로 온전하게 발현되지 못하게 된다. 이러한 성격적 특질을 반영하는 기질의 경우는 중(中)을 찾는 것이 중요하다. 그 예로서 주희는『서경(書經)』「고요모(皐陶謨)」의 내용을 기질 회복의 좋은 예로 들고 있는데, 가령 '너그러우면서도 위엄이 있는 것' '부드러우면서도 꿋꿋한 것' '온순하면서도 굳센 것' 등이 그것이다.[133]

주희에게서 가장 중요한 것은 첫 번째의 경우인데, 이는 특히 덕성 및 지성 등의 정신적 기능을 수행하는 조건으로서의 기(氣)의 성격을 반영한다. 주로 정조(精粗), 정통편색(正通偏塞), 청탁(淸濁), 명혼(明昏), 후박(厚薄), 수박(粹駁), 순불순(醇不醇), 미오(美惡) 등으로 표현된다. 예를 들어, 주희는 청명(淸明)한 기운을 받은 자는 총명함과 덕성을 갖춘 성현이 되고 혼탁(混濁)한 기운을 지닌 자는 우매하고 불초한 자가 된다는 주장을 종종 한다.[134] 또한 그는 총명하지만 행동이 충실하지 못하거나 행동은 충실하나 총명하지 못한 경우를, 전자는 기가 청(淸)하나 불순(不醇)한 것으로, 후자는 순(醇)하지만 불청(不淸)한 것으로 보기도 한다.[135] 주희가 기질과 관련해서 가장 관심을 가지는 부분은, 본연지성의 발현을 제약하는 동시에 실현하는 조건을 밝히는 일이며, 이와 관련하여 기질의 순수성과 통명성의 여부는 가장 중요한 준거가 된다. 이 경우 비록 대체로 우열의 대비로 설명을 하지만 우열을 드러내는 것 자체에 의미가 있는 것이 아니라, 이를 통해서 본연지성 발현의 제약과 가능성과 관련한 다양한 기질적 조건을 설명해 내는 데 목적이 있다. 주희는 이러한 개념들을 바탕으로 해서 인간과 만물의 특성과 차이, 인간들 사이의 차이를 설명한다.

> 사람이 태어난 것은 리(理)와 기(氣)가 합해졌기 때문이다. 천리(天理)는 진실로 광대하여 끝이 없지만, 기가 없다면 리가 있더라도 머무를 곳이 없다. 그러므로 반드시 (음양의) 두 기가 교감하여 엉키고 맺혀서 모인 뒤에야 리가 머무를 곳이 있게 된다. 대체로 사람이 말하고 움직이며 생각하고 도모할 수 있는 것은 모두 기(氣)인데, (그때) 리는 거기에 존재한다. …(중략)… 그러나 두 기와 오행(五行)이 교감

133 『朱子語類』 4-40, "皐陶謨中所論'寬而栗'等九德, 皆是論反氣質之意, 只不曾說破氣質耳."

134 『朱子語類』 4-41, "然就人之所稟而言, 又有昏明淸濁之異. 故上知生知之資, 是氣淸明純粹, 而無一毫昏濁. 所以生知安行, 不待學而能, 如堯舜是也."/『朱子語類』 4-86, "性者萬物之原, 而氣稟則有淸濁, 是以有聖愚之異."

135 『朱子語類』 4-71, "氣稟之殊, 其類不一, 非但淸濁二字而已. 今人有聰明, 事事曉者, 其氣淸矣, 而所爲未必皆中於理, 則是其氣不醇也. 有謹厚忠信者, 其氣醇矣, 而所知未必皆達於理, 則是其氣不淸也. 推此求之可見."

하여 여러 가지로 변화하기 때문에 사람과 만물이 생길 때 정밀하거나[精] 거친[粗] 차이가 있게 된다. 하나의 기로써 말하면 사람과 만물은 모두 기를 받아서 태어난다. 정조(精粗)의 차이로서 말한다면 사람은 정통(正通)한 기를 얻고, 물(物)은 편색(偏塞)한 기를 얻는다. 오직 사람만이 올바른 기를 얻었기 때문에 리가 통하여 막히지 않는다. 물(物)은 치우친 기를 얻었기 때문에 리가 막혀서 지혜가 없다. …(중략)… 만물 가운데 지혜를 가지고 있는 것도 단지 일부분만 통할 수 있는 데 불과하다. 가령 까마귀가 효도할 줄 알고 수달이 제사지낼 줄 알고, 개는 단지 지키고 막을 수 있고 소는 단지 밭을 갈 수 있는 것과 같다. 그런데 사람이 품부받은 것으로 말하면 또한 혼명청탁(昏明淸濁)의 차이가 있다. 그러므로 가장 지혜로운 사람과 태어나면서 지혜로운 사람의 자질은 기가 청명하고 순수하여 조금도 어둡거나 흐리지 않다.[136]

음양과 오행의 기가 교차하면서 사람과 만물이 이루어지게 되는데, 이때 기의 정밀성의 농도차이[精粗]에 따라서 사람과 만물은 나뉘게 된다. 즉, 사람이 부여받은 기는 바르고 통하는 것[正通]이고 만물은 치우치고 막힌 것[偏塞]이다. 즉, 오직 사람만이 바른 기를 얻었기 때문에 리가 통하여 막히지 않는다. 물(物)은 치우친 기를 얻었기 때문에 리에 막혀서 지혜가 없다. 즉, 정통(正通)한 기와 편색(偏塞)한 기를 가르는 가장 중요한 요건은 리에 열려 있느냐 아니냐 하는 점이다. 주희는 사람과 대비해서 만물의 기를 표현할 때 거의 대부분 '치우치고 막혀 있다[偏塞]'는 표현을 사용한다.[137] 예를 들면, 지각을 지니고 있는 동물이라고 할지라도 까마귀는 효에, 개는 지키는 데, 소는 밭을 가는 것으로 한정되는 등, 리에 부분적으로만 열려 있거나 아니면 대부분 막혀 있다는 것이다.[138]

---

136 『朱子語類』 4-41, "人之所以生, 理與氣合而已. 天理固浩浩不窮, 然非是氣, 則雖有是理而無所湊泊. 故必二氣交感, 凝結生聚, 然後是理有所附著. 凡人之能言語動作, 思慮營爲, 皆氣也, 而理存焉. …(중략)… 然而二氣五行, 交感萬變, 故人物之生, 有精粗之不同. 自一氣而言之, 則人物皆受是氣而生. 自精粗而言, 則人得其氣之正且通者, 物得其氣之偏且塞者. 惟人得其正, 故是理通而無所塞. 物得其偏, 故是理塞而無所知. …(중략)… 物之間有知者, 不過只通得一路. 如烏之知孝, 獺之知祭, 犬但能守禦, 牛但能耕而已. 人則無不知, 無不能. 人所以與物異者, 所爭者此耳. 然就人之所稟而言, 又有昏明淸濁之異. 故上知生知之資, 是氣淸明純粹, 而無一毫昏濁."

137 『朱子語類』 4-8, "人之性論明暗, 物之性只是偏塞. 暗者可使之明, 已偏塞者不可使之通也."

138 그런데 이는 사람 이외의 만물이 편색(偏塞)한 기(氣)를 받았다고 해서 모든 것에서 열등하며 아무것도 할 수 없는 것은 아님을 말해 주는 것이기도 하다. 주희에 의하면, 편색(偏塞)한 기 속에서도 개별 만물들에게는 특별하게 통(通)하는 것이 있다. 오히려 치우쳐서 한쪽으로만 통(通)하기 때문에 그것에 더욱 전념하여 잘할 수 있는 측면도 있다. 『朱子語類』 4-19, "物只有這一處通, 便

반면, 사람은 기본적으로 정통(正通)한 기를 얻어서 모든 리에 열려 있고 리를 자각하고 실천할 수 있는 바탕을 지닌다. 그렇다면 리에 열려 있다고 하는 기의 정통함이란 구체적으로 무엇을 말하는가? 이에 관한 주희의 상세한 논의는 없다. 다만 추론하건대 사람은 만물에 비교할 때, 신체적·생리적·유전자적 조건이 보다 정교하고 완성도를 지니고 있으며 이를 바탕으로 해서 정신적인 측면의 기능도 뛰어남을 의미한다고 보아야 할 것이다. 이때 주희는 주로 인간의 심(心)의 존재를 염두에 두고 있다고 볼 수 있다. 주희가 기의 정통함을 인간의 심의 허령통철(虛靈洞徹)한 성격과 연관시킨다는 점은[139] 이를 증명해 준다. 심이야말로 인간이 리를 자각하고 실천할 수 있는 정통한 기적 조건의 핵심이라고 할 수 있다. 인간은 만물과 같이 기질 속에 성(性)의 본체를 갖춘 기질지성(氣質之性)의 존재이면서도, 특히 심(心)이라는 정통(正通)한 기질적 조건을 바탕으로 해서 스스로의 기질적 제약을 극복해서 본연지성(本然之性)을 온전히 실현할 수 있는 존재이다. 비록 현재 상태가 혼탁(昏濁)한 기질적 조건 때문에 리에 막혀 있다고 해도, 기질적 조건의 바탕이 이미 정통(正通)하므로 혼탁(昏濁)함을 청명(淸明)함으로 변화(變化)시켜서 리를 드러내는 것이 가능하다. 인간 이외의 만물의 경우도 리에 완전히 닫혀 있는 것도 아니며 또한 심(心)이라고 할 만한 것이 없는 것은 아니지만 그것은 이미 인간 심(心)의 영명함에는 전혀 미치지 못하는 치우치고 막힌 것이므로 '기질변화(氣質變化)'는 거의 불가능하다. 이런 점에서 인간이 정통(正通)한 기를 부여받았다는 것, 즉 근본적으로 허령통철(虛靈洞徹)한 심(心)을 지닌다는 것은 우주에서 인간만이 기질변화의 공부가 가능한 유일한 존재임을 말해 주는 것이다.

5) 기질변화(氣質變化)와 공부의 가능성

기질(氣質)은 본연지성(本然之性)의 발현을 제약하는 동시에 본연지성을 실현하는 조건이며 작용 주체다. 본연지성의 실현을 위해 기질의 제약 조건을 극복하는 것은 곧 기질의 바탕에서 이루어진다. 사람은 정통(正通)한 기의 토대를 지니므로 기질의 좋지 않은 측면[昏濁]을 기질의 좋은 측면[淸明]으로 바꿀 수 있다. '기질변화(氣質變化)'는 사람에

却專. 人却事事理會得些, 便却泛泛, 所以易昏."

139 『大學或問』, 「大學或問上」, "唯人之生, 乃得其氣之正且通者, 而其性爲最貴, 故其方寸(心–필자주)之間 虛靈洞徹, 萬理咸備."

게서 공부가 가능한 근거가 된다.

> 성(性)은 단지 리(理)다. 그러나 저 하늘의 기(氣)와 땅의 질(質)이 없으면 리가 설정될 곳이 없다. 다만 청명(淸明)한 기를 얻으면 가려지거나 막히지 않아서 리가 순조롭게 드러난다. 가려지거나 막힌 것이 적은 사람은 (감정이) 드러나도 하늘의 리가 이기며, 가려지거나 막힌 것이 많은 사람은 사사로운 욕망이 이기지만 본성은 불선함이 있지 않다는 것을 알 수 있다. 맹자가 '성선(性善)'이라고 말한 것과 염계 선생이 '순수지선(純粹至善)'이라고 말한 것, 이정 선생이 '성의 근본[性之本]'이나 '근본을 돌이키고 근원의 성을 극진히 한다[夫反本窮源之性]'고 말한 것이 이것이다. 다만 기질에 의해 혼탁해져서 막히는 것이다. 그래서 (장재는) "기질지성(氣質之性)을 군자는 성(性)으로 여기지 않는다. 공부로서 그것을 돌이키면 천지지성(天地之性)이 존재하게 된다."(고 말했다.) 그러므로 성(性)을 말할 때는 반드시 기질(氣質)을 겸해서 말해야 비로소 갖추어진다.[140]

청명(淸明)한 기에서는 리가 자연스럽게 드러나는 반면에, 혼탁(昏濁)한 기는 리의 발현을 막는다. 본연지성을 실현하기 위해서는 혼탁한 기를 청명한 기로 돌려야 한다. 아무리 기의 혼탁함을 지닌다고 해도, 그것조차도 이미 정통한 기이며 그 속에 언제나 본연지성이 갖추어져 있는 것이므로 혼탁한 기를 변화시켜 본연지성 혹은 리를 실현하는 일은 가능하다.

주희도 위의 인용문에서 밝히는 것처럼 혼탁한 기는 인간의 사욕과 깊은 관련이 있다.[141] 혼탁의 기를 변화시키는 것은 곧 마음의 사욕을 극복하는 일과 상통한다. 주희는 기의 청명과 혼탁의 내용에 대해서 면밀하게 밝히지 않았지만, 청명과 혼탁을 주로 지혜로움과 어리석음, 어짊과 불초(不肖)함에 연관시키는 것을 볼 때, 이는 마음의 상태를 반영하는 것임은 분명하다. 앞에서도 주희가 사람의 기가 정통(正通)하다고 본 것은 주로 허령통철(虛靈洞徹)한 심(心)의 존재를 염두에 둔 것이라고 밝힌 바 있었는데, 이렇게

---

140 『朱子語類』 4-43, "性只是理. 然無那天氣地質, 則此理沒安頓處. 但得氣之淸明則不蔽錮, 此理順發出來. 蔽錮少者, 發出來天理勝. 蔽錮多者, 則私欲勝, 便見得本原之性無有不善. 孟子所謂性善, 周子所謂純粹至善, 程子所謂'性之本', 與'夫反本窮源之性', 是也. 只被氣質有昏濁, 則隔了, 故'氣質之性, 君子有弗性者焉. 學以反之, 則天地之性存矣.' 故說性, 須兼氣質說方備."

141 애초에 기질이 혼탁(昏濁)한 경우는 말할 것도 없고, 애초에 청명(淸明)한 경우도 외물을 쫓는 욕망에 무절제하게 사로잡히게 되면 불선(不善)한 길로 빠지게 된다. 『朱子語類』 4-70, "此只當以人品賢愚淸濁論, 有合下發得善底, 也有合下發得不善底, 也有發得善而爲物欲所奪, 流入於不善底."

보면 기의 정통함을 바탕으로 이루어지는 청명과 혼탁의 차이는 곧 심의 상태의 차이라고 보아도 좋다. 나아가 기의 청명과 혼탁의 차이는 심이 성(性; 理)을 드러내는 양상의 차이를 그대로 반영하는데 이는 특히 심이 기질적 욕구(사욕 등)에 이끌리는 정도와 관련이 깊다.

주희가 말하는 기질변화(氣質變化)는 단지 혼탁의 기를 청명의 기로 변화시키는 것에 한정되지 않는다. 앞에서 기질의 내용을 살피면서 성격적 특질로 분류했던 바의 것, 즉 강유(剛柔) 등의 기질적 특성도 기질변화의 대상이 된다. 기질변화가 본래 리의 발현을 방해하는 기질의 좋지 않은 요소를 극복해 간다는 의미를 지닌다면, 가령 성격적으로 한 편에 치우치는 것도 좋지 않은 기질적 요소다. 말하자면 강유(剛柔)의 성격적 특질의 경우 지나치게 강해서 난폭해진다든지, 지나치게 부드러워서 유약해진다든지 하는 것도 리의 발현을 방해한다. 본연지성은 본래 선하지만 기질이 치우치게 되면 본연지성도 치우쳐 드러나기 때문이다.[142] 성격적인 면일지라도 리를 올바로 실현할 수 없게 한다면, 그것은 모두 '좋지 않은'(악한) 기질적 조건으로 극복의 대상이 된다. 그리고 이 역시 심의 문제와 깊은 관련이 있다.

요컨대 기질변화가 공부의 가능성이요 의미라면, 기질변화의 핵심 내용은 심(心)의 상태를 변화시키는 것이다. 리를 발현하는 주체로서의 심은 동시에 청탁(淸濁)과 혼명(昏明), 강유(剛柔) 등의 기질(氣質)의 조건과 밀접하게 관련되어 있기 때문이다. 그런데 심을 정점으로 하는 기질적 조건은, 변화시키기 쉽지 않다는 인식을 주희는 가진다.

> 사람이 공부함에 기품(氣稟)을 변화시켜야 하는데, 변화는 매우 어렵다. "맹자도성선(孟子道性善; 맹자가 본성이 선하다 말했다)"의 경우도, 기품은 말하지 않고 다만 "사람은 모두 요순이 될 수 있다."라고 말했다. 만약 용맹하게 앞으로 나간다면 기품의 치우침은 자연히 없어지고 공부가 저절로 이루어지기에 기품을 말하지 않은 것이다. 나의 성(性)이 이미 선(善)하다는 것을 보아 내고서도 어찌해서 성현이 되지 못하고 기품에 해를 입는가? 예를 들어, 기품이 강함에 치우치면 오로지 강폭해지고, 부드러움에 치우치면 오로지 유약하게 되는 것과 같다. 기운이 좋지 못하다는 것을 핑계 삼고 앞으로 나아가지 않는 것도 잘못이며, 품부받은 기운이 해롭다는 것을 살피지 않고 단지 미련하게 나아가는 것도 잘못이다. 품부받은 기운의 해로움을 알고 힘써 공부하여 극복하고 다스려서 그 지나친 부분을 잘라 내고 중(中;

142 『朱子語類』 4-69, "它原頭處都是善, 因氣偏, 這性便偏了."

최적의 지점)으로 돌아가는 것이 옳다.[143]

기질변화는 어렵지만 그렇다고 해서 부여된 기질(기품)의 영향을 지나치게 강조해서는 안 된다. 물론 그 영향을 무시해서도 안 된다. 만일 기질의 영향을 지나치게 강조하게 되면 사람들은 애초에 그것을 운명적인 것으로 여기고 그것을 핑계 삼아 어떠한 변화의 노력도 기울이지 않을 것이다. 반면, 지나치게 무시하게 되면 자신의 기질적 문제와 해로움, 혹은 그 유용성이 무엇인지를 모르는 상태에서 공부를 하므로 그 착수할 곳을 찾을 수 없게 되기 때문이다. 자신의 기질적 제약 조건의 특수성에 대한 명확한 인식을 토대로 하여 그것을 경계하면서 공부한다면 본연지성의 발현은 보다 수월해질 것이다. 본연지성의 발현을 위해서 자신의 기질적 조건을 명철하게 인식하고 이를 변화시켜내는 일은 공부의 필수적인 과업이다.

> 물었다: 기질(氣質)이 좋지 않다면 변화(變化)시킬 수 있는 것 아닙니까? 답했다: 반드시 변화시켜서 (본성을) 돌이켜야 한다. 만약 남이 한 번 하면 나는 백 번을 하며, 남이 열 번을 하면 나는 천 번을 한다면 비록 어리석더라도 반드시 총명하게 되고 비록 유약하더라도 반드시 강해진다.[144]

어리석음[昏濁]을 총명함[清明]으로 바꾼다든지, 강함과 부드러움의 중용(中庸)을 찾는다든지 하는 것은 기실 쉬운 일이 아니다. 기질변화는 각고의 노력이 필요한데, 그 노력은 특히 심(心)상에서 이루어져야 할 것이다.

---

143 『朱子語類』 4-59, "人之爲學, 却是要變化氣稟, 然極難變化. 如'孟子道性善', 不言氣稟, 只言'人皆可以爲堯舜'. 若勇猛直前, 氣稟之偏自消, 功夫自成, 故不言氣稟. 看來吾性旣善, 何故不能爲聖賢? 却是被這氣稟害, 如氣稟偏於剛, 則一向剛暴. 偏於柔, 則一向柔弱之類. 人一向推托道氣稟不好, 不向前, 又不得. 一向不察氣稟之害, 只昏昏地去, 又不得. 須知氣稟之害, 要力去用功克治, 裁其勝而歸於中乃可."

144 『朱子語類』 4-40, "或問: 若是氣質不善, 可以變否? 曰: 須是變化而反之. 如'人一己百, 人十己千', 則雖愚必明, 雖柔必强."

3. 공부의 주체: 심(心)

주희는 학(學; 배움, 공부, 학문)이 성립하는 기반으로 심(心)과 리(理)를 꼽은 바 있다.[145] 심은 공부의 주체이며 또 그 자체로 목적을 드러내 준다고 할 수 있는데 왜냐하면 심이 주체가 되어 심의 본성을 실현하는 것이 공부이기 때문이다. 심은 리와 뗄 수 없는 관계를 형성하며 삶과 공부의 주재자로서의 기능을 수행한다. 또한 심은 공부가 시작되는 지점일 뿐 아니라 공부의 모든 결과가 수렴되는 지점이다. 이하에서는 공부 주체로서의 심의 성격과 기능을 리, 그리고 기와의 관련성 속에서, 그리고 지각과 주재 기능을 중심으로 살펴보고자 한다.

1) 공부 주체로서의 심(心)의 성격과 리기(理氣)

주희에게서 공부는 심(心)이 주체가 되어 심 스스로의 본성을 밝히고 실현하는 과정이다. 주희는 성(性)은 반드시 기질(氣質)에 실려서 자기 전개를 한다고 보는데, 그 성(性)이 실리는 곳이 심(心)이다. 주희에게서 심(心)은 리(性)를 갖추고 만물만사에 응(應)하는, 개개인의 주재자(主宰者)다.[146] 그런데 심을 이렇게 규정하고 보면, 심은 리로서의 성(性)을 품은 기질로서 이해될 수도 있다. 그런데 그렇다고 해서 주희의 심(心)을 단순히 기(氣)로 분류하기에는 간단치 않은 문제가 남아 있다. 결론부터 말하자면, 심(心)은 리(理)와 기(氣)의 묘한 응결체라고 보는 것이 합당할 듯하다. 이러한 성격의 심(心)은 스스로가 지니는 기(질)적 제약상을 극복하고 성(性)을 실현해 내는 공부의 유일한 주체가 된다.

심이 리와 기 중 어느 층에 소속되어 있는가의 문제에 대해서는, 특히 양명학(陽明學)의 심론(心論)과의 비교선상에서 어느 정도의 현대적 논의가 진행되었다. '심은 곧 리[心卽理]'라고 보는 것이 양명학의 입장이라면, 이는 분명 주희의 입장과는 다르다. 양명학

145 『大學或問』,「大學或問下」, "人之所以爲學, 心與理而已矣."

146 『孟子集註』.「盡心」(上) 1章 註解, "心者人之神明, 所以具衆理而應萬事者也."/『大學或問』,「大學或問下」, "人之一心, 湛然虛明, 如鑒之空, 如衡之平, 以爲一身之主者,"/『朱熹集』卷67, 3512쪽,「元亨利貞說」, "性者, 心之理也; 情者, 心之用也; 心者, 性情之主也."/『朱熹集』卷74, 2890쪽,「孟子綱領」, "性本體也. 其用情也, 心則統性情, 該動靜而爲之主宰也."

의 심론을 지지하는 입장에서 주희의 심론을 비판하는 연구들을 보면 대체로 주희의 심(心)은 결국 기(氣) 혹은 기질층(氣質層)에 속하는 것이며, 따라서 심은 '초월적'인 성(性; 理)과는 질적으로 구분된다고 주장한다. 그러므로 주희의 심은 단지 초월적인 성(性; 理)의 명령(메시지)을 수행하는 타율적이며 피동적인 역할에 머물고 그 자체의 창조력 또한 없다고 본다.[147] 반면, '심즉리(心卽理)'의 양명학적인 입장은 심(心) 자체가 기질층과는 무관한 초월적인 기원을 두는 것이며, 심(心) 자체에 리(理)를 구성하는 자율성과 창조력을 지니고 있다고 이 연구들은 주장한다. 그런데 주희의 심에 대한 이런 식의 해석, 즉 주희의 심을 단순히 기질(氣質)로 보며 그 타율적·피동적 성격을 부각하는 이런 해석은, 주희의 심, 기, 리 사이의 미묘한 관계 설정을 간과한 데 따르는 작지 않은 오류를 노정한다. 주희의 심은 분명 기질적 성격을 강하게 지닌다. 그런데 주희의 심(心)은 동시에 그 자체가 리(理)는 아니면서도, 이미 리(理)를 그 본질적 속성으로 한다. 주희의 심(心)은 결코 리(理; 性)에 대해 피동적 위치에 머물지 않고 리를 본질로 하는 주체로서의 자율적 주재성을 지니고 있다. 더 규명해 보기로 한다.

주희의 심은 그 현상적 기능의 측면에 비추어 볼 때 기의 영역과 긴밀한 연관을 지니는 것을 부인할 수 없다. 사려(思慮)는 심의 가장 핵심적인 기능인데[148] 주희는 이 기능이 곧 기의 영명함 때문에 가능한 것으로 보고 있다. 앞서 밝혔듯이, 주희는 사려(思慮)뿐 아니라 언어(言語), 동작(動作), 영위(營爲) 등 심의 모든 지각(知覺) 기능은 기의 작용이라고 단적으로 주장하기도 한다. 이러한 지각(知覺) 작용을 가능케 하는 기(氣)의 영명(靈明)함은 곧 심(心)의 영명(靈明)함과 상통한다. 주희는 성(性)과 심(心) 중에서 영명(靈明)한 것은 심(心)이며[149] 바로 심의 영명함 때문에 지각이 가능하다고 파악하고,[150] 동시에 지각은 기의 영명함으로 가능한 것이라고 본다.[151]

기본적으로 주희는 리가 어떠한 조작(造作)과 계탁(計度)도 없다는 입장을 지닌다. 이것을 다른 각도에서 보면, 리와 더불어 우주를 구성하는 또 다른 실체인 기야말로 조작하고 계탁하는 기능을 담당하는 작용주체가 됨을 말한다. 움직이고 감응하는 기능은 기

---

147 謝仲明, 김기현 역, 『유학과 현대세계』, 서울: 서광사, 1998, 90-97쪽/ 황갑연, 『공맹 철학의 발전』, 서울: 서광사, 1998, 139-164쪽.

148 『孟子集註』, 「告子」(上), "心則能思, 而以思爲職."

149 『朱子語類』 5-23, "問: 靈處是心, 抑是性? 曰: 靈處只是心, 不是性. 性只是理."

150 『朱子語類』 5-29, "心官至靈, 藏往知來."

151 『朱子語類』 5-27, "所覺者, 心之理也, 能覺者, 氣之靈也."

에서 나온다. 그러므로 심의 지각작용은 기의 기능이라고 해도 무리는 없다. 이렇듯 심이 기질적 성격을 강하게 띠고 있기 때문에, 주희는 성과 심을 각각 태극[理]과 음양[氣]에 비유하기도 한다.[152] 그러나 주의할 점은, 주희는 성(性)을 태극(太極)에 그리고 심을 음양(陰陽)의 기에 연결하되, 다만 '비유'할 뿐 '동일시'하지는 않는다는 것이다. 즉, 주희가 '성즉리'의 관점을 지니는 것은 분명하지만 '심즉기(心卽氣)'라고는 말하지 않는다. 다만 주희는 이 비유와 함께 태극(太極)과 음양(陰陽)이 서로 분리되지 않으면서 동시에 각각의 고유성을 지니듯이 성(性)과 심(心) 역시 그러하다는 점을 강조한다.[153]

태극(太極; 理), 음양(陰陽; 氣)과 성(性), 심(心)의 관계에 대한 보다 정확한 주희의 설명은 태극(太極; 理)은 심의 리(理)이고 음양(陰陽; 氣)은 심의 동정(動靜; 변화작용)이라는 것[154]이다. 이렇게 보면, 리(理)와 기(氣)는 모두 심(心)의 요소들이라고 해도 무방하다. 태극(太極)은 심(心)에 갖추어져 있는 리(理)이고 음양(陰陽)은 심(心)의 작용성[動靜]이다. 성(性)과 구분해서 심(心)을 말할 때는 바로 심의 작용적 측면(혹은 기능의 측면)과 관련한 여러 특성만을 말하는 것으로 볼 수 있다. 이러한 의미에서의 심의 작용성은, 심의 부분일 뿐 그 전체는 아니다. 심의 리(理)를 배제한 작용성만으로는 온전한 의미의 심이라고 할 수 없기 때문이다. 따라서 앞에서 논한 심(心)과 기(氣)의 상통성도 결국은 기(氣)의 기능적 측면과 심(心)의 작용 측면의 연관에 초점을 맞춘 것으로 보면 좋다. 심(心)은 성(性; 理)과 구분되는 존재라는 점에서 기(氣)에 보다 가까운 것으로 볼 수 있으나, 이때의 심(心)은 단지 그 작용의 현상적 측면만을 주목한 것이다. 주희에게서 심의 작용은 분명 기의 영명(靈明)함에 바탕을 두고 있으면서도, 그 영명함조차도 이미 성(性)이 관련이 되어서 가능하다고 보는 것이 정확하다. 심(心)은 특히 기(氣)의 가장 순수하고 영명한 부분과 리(理)가 결합하여 이루어진 것이다.[155]

---

152 『朱子語類』 5-43, "性猶太極也, 心猶陰陽也."

153 『朱子語類』 5-43, "性猶太極也, 心猶陰陽也. 太極只在陰陽之中, 非能離陰陽也. 然至論太極, 自是太極, 陰陽自是陰陽. 惟性與心亦然."

154 『朱子語類』 5-21, "心之理是太極, 心之動靜是陰陽."

155 주희는 심(心)이 형이상(形而上)의 것이냐 형이하(形而下)의 것이냐는 질문에 대해서 직접적인 답을 피하고 "심(心)은 성(性)과 비교한다면 약간의 자취가 있고, 기(氣)와 비교한다면 자연히 더욱 영명하다[心比性, 則微有迹, 比氣, 則自然又靈]."(『朱子語類』 5-41)고 한다. 이는 심(心)이 기(氣)나 성(性)과 별개의 존재임을 말하는 것이 아니라, 기(氣)의 가장 영명한 부분이면서 동시에 그 속에 성(性)을 내재하고 있음을 완곡하게 표현한 것이라고 할 수 있다.

결국 심(心)은 리(理)와 기(氣)의 합(合)이라고 보아야 한다. 따라서 성(性)과 심(心)의 분리는 이론적으로는 가능해도 실질적으로는 불가능하다. 온전한 본체로서의 심에는 이미 리로서의 성이 내재하고 있다. 주희는 심을 풀이하되, "사람의 신명(神明)으로서 뭇 리(理)를 갖추고 만사(萬事)에 응하는 것[心者人之神明, 所以具衆理而應萬事者也]"[156]이라고 한다. 이때 '심구중리(心具衆理)'에서 '구(具)'의 의미는 심 자체에 이미 '마땅히 그래야 하는 것'으로서의 리(理)가 본질적으로 내재해 있음을 말한다. 말하자면 성(性; 理)은 심과 별개의 실체로 존재하는 것이 아니라, 단지 심의 본질적 속성 같은 것으로서 갖추어져 있다는 것이다. 종종 주희가 '성은 단지 리[性只是理]'라고 말하는 것도 성(性)이 심(心)과는 별개의 실체가 아니라, 다만 '심의 리'임을 강조하기 위해서다. 리는 심의 본질적 요소이기 때문에 리 없는 심은 존재할 수 없다. 그래서 주희는 "(심과 성) 두 가지 중 어느 하나를 말하면 다른 하나가 따라 나오니, 원래 서로 떨어질 수도 없으며, 역시 본디 구별하기도 어렵다. 심을 버리면 성을 볼 수 없고, 성을 버리면 또한 심을 볼 수 없다. 그러므로 맹자는 심과 성을 말할 때 언제나 연결 지어 말했다."[157]고 하며, "심(心)과 성(性) 그리고 리(理)는 한 가지만 집어 들면 (나머지가) 모두 꿰어지니 오직 그것이 가리키는 바의 무게가 어떠한지를 살필 따름이다."[158]라고 한다.

물론 심이 성(性; 理)을 갖추고 있다고 해서, 심(心)과 성(性)이 동일한 것이라는 의미는 아니다. 동일한 것이라면 심은 언제나 성의 내용을 온전히 드러낼 수 있어야, 즉 심의 발현이 곧 성의 실현이라고 할 수 있어야 할 것이다. 그런데 성을 갖추고 있는 심은 성을 그대로 드러낼 때와 그렇지 못할 때가 있다. 심의 기질적 측면의 영향 때문이다. 심이 성을 온전히 갖추고 드러낼 수 있다는 점에서는 심과 성은 하나인 듯하지만, 심이 성을 갖추었음에도 불구하고 양자는 서로 다른 뿌리를 지니고 있으며 항상 일체화를 이루어 작동하지 않는다는 점에서는 둘인 듯하다. 주희는 양자 간의 이 미묘한 지점을 잘 이해해야 함을 강조한다.

> 심(心)과 성(性)은 흡사 하나인 듯하지만 둘이고 둘인 듯하지만 하나이니 이것을 가

---

156 『孟子集註』, 「盡心」(上)의 1章 註解.

157 『朱子語類』 5-44, "此兩箇說著一箇, 則一箇隨到, 元不可相離, 亦自難與分別. 捨心則無以見性, 捨性又無以見心, 故孟子言心性, 每每相隨說."

158 『朱子語類』 5-53, "心性理, 拈著一箇, 則都貫穿, 惟觀其所指處輕重如何."

장 절실히 체득할 수 있어야 한다.[159]

그런데 이렇듯 주희가 심은 리(理)와 기(氣)의 합이라는 견해를 지니면서도, 그리고 '심구중리(心具衆理)'의 관점을 지니면서도, 굳이 심(心)과 성(性)을 구분해서 보려는 이유는 무엇일까? 이에 대한 이해의 심화를 위해 주희의 다음 언급은 도움을 준다.

> 유가(儒家)와 불가(佛家)의 차이라면, 바로 우리 유가가 심(心)과 리(理)를 하나로 여기는 반면에 저쪽은 심과 리를 두 가지로 여긴다는 것이다. 그러나 근세의 한 학문은 비록 '심과 리가 하나[心與理一]'라고 말하면서도 기품(氣稟)과 물욕(物欲)의 사사로움을 살피지 않으므로 그 드러남이 리(理)에 맞지 않아서 오히려 불가와 병을 같이하니 살피지 않을 수 없다.[160]

주희는 유가와 불가의 근본적인 차이 중의 하나는 유가에서는 심(心)과 리(理)를 하나로 여기는 반면, 불가는 두 개로 여기는 것이라고 한다. 이는 불가에서 심을 공(空)하게 여기고서 심(心)에 리(理)가 존재함을 간과한다는 점을 염두에 둔 것이다. 그런데 주희는 유가를 다시 두 가지 입장으로 나누는데, 하나는 자신의 입장이고 하나는 어떤 다른 한 학파의 견해다. 이는 추정컨대 육구연이 이끄는 상산학파의 견해일 것이다. 즉, 주희는 자신의 '심구중리(心具衆理)'나 상산학파의 '심즉리(心卽理)'의 관점이나 심과 리를 하나로 보는 것에는 일치된 관점을 지니되, 상산학파의 경우는 심(心)의 기질적 측면을 이해하지 못해서 심(心)과 리(理)가 하나이면서도 둘이 되는 메커니즘을 읽지 못했다는 것이다. 상산학파의 경우 '심즉리(心卽理)'를 말하는데 이는 심이 선(善)인 것은 설명할 수 있어도 심의 불선(不善)한 측면은 심 자체 내에서는 설명할 수 없다. 그 근본적인 원인은 심의 기질적 측면을 고려하지 못했다는 데 있다는 것이 주희의 생각이다. 그 결과 기질의 제약에 의해 왜곡된 심의 발현을 곧 리의 발현으로 잘못 볼 수 있는 등 폐단이 생기는데, 이는 심을 리와 분리된 존재로 보는 데서 나타나는 불교적 폐단에 다름 아니라고 보는 것이다.

여기서 주목할 점은 주희도 심과 리는 실질적으로 하나라는 관점, 즉 '심여리일(心與理

---

159 『朱子語類』 5-56, "大抵心與性, 似一而二, 似二而一, 此處最當體認."

160 『朱熹集』 卷56, 2873쪽, 「答鄭子上」, "儒釋之異, 正爲吾以心與理一, 而彼以心理爲二耳, 然近世一種學問雖說心與理一, 而不察乎氣稟物欲之私, 故其發亦不合理, 却與釋氏同病, 不可不察."

一)'의 관점을 가지고 있다는 것이다. 이 '심여리일'의 관점은 '심즉리'의 관점과 서로 혼동될 정도로 심과 리를 하나로 연결해 보는 관점이다. 그런데 그런 가운데도 양자는 심의 기질의 측면을 고려하는가의 여부에 따른 갈림이 있다. 주희는 이러한 자신의 입장을 '심즉리(心卽理)'가 아닌 '심구중리(心具衆理)'로 표현한다.

'심구중리(心具衆理)'는 심(心)과 리(理)가 본질적으로 하나로 이어져 있지만 심이 그대로 리를 드러낼 수 없는 실상을 보여 주기에 적절한 설명 방식이다. 심은 리를 갖추고 있지만 기질의 조건에 따라서 리를 그대로 드러낼 수도, 드러내지 못할 수도 있다. 그래서 선(善)할 수도 불선(不善)할 수도 있는 심의 복합적 양상들을 총체적으로 설명할 수 있는 명제가 된다. 이러한 관점은 심(心)을 리(理)와 기(氣)의 합(合)으로 보기 때문에 가능하다. 필자의 관찰로는, 주희는 심이 리와 기의 합이라고 직접 표현한 적은 없다. 이런 표현이 가져오는 오해를 우려했을 수 있다. 그런데 후에 주자학을 충실히 계승하고 발전시킨 조선의 퇴계(退溪) 이황(李滉)이 "심은 리와 기의 합"이라는 표현을 써서 정리했는데,[161] 이는 주희의 생각을 거의 근사하게 전한 것으로 이해할 수 있다.

결국 주희의 심은 리를 본질적 요소로 갖추고 있어 리와 하나가 되는 동시에, 기의 측면을 지님으로써 그 양상에 따라서 리와 하나되어 작동하기도 하고 그렇지 못하기도 하다. 심의 이러한 이중적 양상이 드러나는 근본적 원인은 심의 기적 측면에 있다. 즉, 심의 기적 측면의 상태가 청명(淸明)하냐 혼탁(昏濁)하냐의 차이에 따라서 리의 발현 여부가 결정된다. 주희에게서 심의 기적 측면의 청명, 혼탁을 가르는 준거는 특히 심이 사사로운 욕구[私欲]에 매몰되어 있는가의 여부와 관련이 깊다. 따라서 심의 기질변화 공부는 곧 심의 사욕을 극복하는 일이 주된 내용을 이룬다. 물론 심의 기질적 조건을 변화시키는 주체는 심 자신이다. 공부는 심(心)이 주체가 되어 스스로의 기질적 조건(氣質的 條件)을 청명(淸明)하게 다듬어 감으로써 심(心)에 자리한 리(理)가 자연스럽게, 그리고 완전히 발현할 수 있도록 하는 과정이다.

공부의 주체로서의 심은 스스로의 기질적 제약을 넘어서서 궁극적으로 심 자신의 본연(本然)의 모습을 이룩하고자 한다. 그리고 심의 본연의 모습이란 언제나 심(心)과 리

161 『退溪全書』 卷18, 「答奇明彦論改心統性情圖」, "夫人之生也, 同得天地之氣以爲體, 同得天地之理以爲性, 理氣之合則爲心. 故一人之心卽天地之心, 一己之心則千萬人之心, 初無內外彼此之有異."/ 『退溪全書』, 卷36, 「答李宏仲問目」, "蓋心是合理氣統性情底物事. 故非但意爲心之發, 情之發亦心之所爲也. 理無形影而盛貯該載於心者性也; 性無形影而因心以敷施發用者情也."

(理)가 하나로 작동하게 되는 체계인데, 주희는 이를 다음과 같이 묘사한다.

> 심(心)의 온전한 본체는 담연허명(湛然虛明)한데, 만리(萬理)를 갖추고서 한 터럭의 사욕(私欲)도 없다. 두루 유행(流行)하여 동(動)과 정(靜)을 관통하니, 묘용(妙用)이 있지 않음이 없다.[162]

> 사람의 일심(一心)이 담연허명(湛然虛明)하면 마치 거울이 텅 빈 것과 같고 저울이 평평한 것과 같아서 한 몸의 주재자(主宰者)가 된다.[163]

본연(本然)의 심(心)은 담연허명(湛然虛明)한데, 그 속에 만리(萬理)를 갖추고 있다. 담연허명은 특히 심의 기(氣)의 상태를 의미하는 것으로서, 청명(淸明)의 다른 표현으로 보아도 좋다. 심의 기적 상태가 담연허명한 까닭에 자신 속에 내재한 온갖 리를 비추어 낼 수 있다. 마치 한 터럭의 티끌도 없는 거울이 만물을 있는 그대로 비추어 낼 수 있는 것처럼, 담연허명한 마음은 기질의 혼탁(昏濁)으로부터 자유로워져서 리를 있는 그대로 비추어 내는 동시에 리와 하나를 이루어 작동할 수 있게 된다.

그런데 심의 담연허명의 상태는 본심(本心)은 모습이지만 본심이 언제나 현실화될 수 있는 것은 아니다. 특히 심이 기질적 욕구[私欲, 物欲 등]에 지나치게 휩쓸리게 되면, 심의 기적 측면은 혼탁해져서 담연허명의 본래성은 무너지고 자연히 리는 심을 통해서 온전하게 드러나지 못하게 된다. 즉, 심과 리의 현실적 일체화가 이루어지지 못한다.

주희는 심의 주요 기능으로서 지각(知覺) 기능과 주재(主宰) 기능을 들고 있는데, 이 기능에 대한 분석을 통해서, 심의 기의 조건에 의해 심과 리의 일체화 여부가 결정되는 양상을 점검해 보기로 한다.

2) 공부 주체로서의 심(心)의 지각(知覺) 기능

심(心)은 영명한 지각(虛靈知覺)의 기능을 지닌다. 이는 마치 귀와 눈이 듣고 보는 기

---

162 『朱子語類』 5-76, "心之全體湛然虛明, 萬理具足, 無一毫私欲之間. 其流行該遍, 貫乎動靜, 而妙用又無不在焉."

163 『大學或問』, 「大學或問下」, "人之一心, 湛然虛明, 如鑒之空, 如衡之平, 以爲一身之主者."

능을 지니는 것과 같다.[164] 지각(知覺)을 수식하는 허령(虛靈)이라는 말은, 심의 신묘불측(神妙不測)한 작용을 표현해 주는 것이다.[165] 심의 지각(知覺) 기능으로 인해 사람은 언제나 자신을 주재(主宰)하면서 만사만물(萬事萬物)에 대응해 나갈 수 있다.[166] 지각은 모든 정신활동의 능력과 내용을 포함한다. 즉, 지각은 감각(感覺), 정감(情感), 의지(意志), 사유(思惟) 등 제반의 심리 활동을 의미하되, 그 능력과 내용을 모두 포괄한다. 그런데 앞서 심이 기와 리의 합으로 설명했던 바, 심의 지각(知覺) 기능은 기의 작용만도 리의 작용만도 아닌, 리와 기의 결합에 의해 이루어진다.

> 물었다: 지각(知覺)은 심(心)의 영명함이 진실로 그와 같은 것입니까, 아니면 기(氣)가 행하는 것입니까? 답했다: 오로지 기(氣)가 행하는 것만이 아니니, 먼저 지각(知覺)의 리(理)가 있다. 리만으로 아직 지각하지 못하니, 기가 모여서 형체를 이루고 리와 기가 합하여지면 지각할 수 있다. 비유하자면 이 호롱불에 이 기름이 있어서 불꽃이 타오르는 것과 같다. 물었다: 심(心)이 드러나는 것은 기(氣) 아닙니까? 답했다: 역시 지각(知覺)일 뿐이다.[167]

지각(知覺)은 심의 영명한 작용인가 아니면 기의 작용인가라는 물음에는 주로 지각이 (리가 아닌) 기의 작용일 것이라는 질문자의 선이해가 깔려 있는 것으로 보인다. 심의 영명함도 곧 심의 기(氣)의 측면을 반영하는 것이기 때문이다. 따라서 주희는 이 전제를 미리 간파하면서 지각은 리와 기의 결합으로 이루어지는 것임을 명확히 한다. 호롱불과 기름이 만나서 불꽃을 활짝 피우는 것과 같다. 지각의 작용이 있기 위해서는 지각하는 기능과 더불어 지각의 원리이며 대상으로서의 리가 있어야 한다.[168] 심이 지각의 주체가

---

164 『朱熹集』 卷73, 3863쪽, 「知言疑義」, "所謂心者, 乃夫虛靈知覺之性, 猶耳目之有見聞耳."

165 『朱子語類』 18-58, "此心至靈, 細入毫芒纖芥之間, 便知便覺, 六合之大, 莫不在此. 又如古初去今是幾千萬年, 若此念才發, 使到那裏: 下面方來又不知是幾千萬年, 若此念才發, 便也到那裏. 這箇神明不測, 至虛至靈, 是甚次第."

166 『朱熹集』 卷65, 3436쪽, 「大禹謨解」, "心者人之知覺, 主於身而應萬物者也."/『朱熹集』 卷32, 1403쪽, 「答張敬夫」, "然人之一身, 知覺運用, 莫非心之所爲, 則心者固所以主於身, 而無動靜語黙之間者也."

167 『朱子語類』 5-24, "問: 知覺是心之靈固如此, 抑氣之爲邪? 曰: 不專是氣, 是先有知覺之理. 理未知覺, 氣聚成形, 理與氣合, 便能知覺. 譬如這燭火, 是因得這脂膏, 便有許多光燄. 問: 心之發處是氣否? 曰: 也只是知覺."

168 『朱子語類』 5-25, "所知覺者是理. 理不離知覺, 知覺不離理."

될 수 있는 것도 심이 리와 기의 합으로 이루어져 있기에 가능하다. 지각할 수 있는 능력 자체는 기의 영명성과 관계하며, 이때 리는 기의 영명성을 통해서 지각하는 인식 대상 혹은 지각의 원리가 된다.[169] 물론 리는 심의 리[성]요 기의 영명성은 곧 심의 영명성이다. 그러므로 지각이 리와 기의 결합으로 이루어진다는 것은, 다른 식으로 표현하면 지각은 심의 영명한 기질적인 속성이 심 자체에 내재한 리와 관계를 맺어 일어나는 현상으로 볼 수 있다는 것을 말한다.

그런데 심의 지각작용이 언제나 리를 대상으로 하고 리에 합당한 지각이 이루어지는 것은 아니다. 마치 심이 성(性)을 갖추고 있으나 심의 작용이 언제나 성을 드러내는 것은 아닌 것과 같다. 리[성]와 기[심의 영명한 작용]의 합으로서의 심을 통해서 이루어지는 지각은 리에 합당한 지각일 수도 있고 그렇지 않을 수도 있다. 그리고 그 차이는 지각이 리와 기 중에서 주로 어느 것에 근원하는가와 관련을 맺는다.[170]

> 일찍이 논했지만, 심의 허령지각(虛靈知覺)은 하나일 뿐인데 인심(人心)과 도심(道心)의 다름이 있다고 한 것은 어떤 것[人心]은 형기의 사사로움[形氣之私)에서 나오고 어떤 것[道心]은 성명의 바름[性命之正]에서 근원하여 지각하게 하는 바탕[所以爲知覺者]이 똑같지 않기 때문이다. 이 때문에 혹은 위태로워 편안하지 못하고 혹은 미묘하여 보기가 어렵다. 그러나 (사람이라면) 이 형체를 가지고 있지 않음이 없으니 비록 상지(上智; 높은 수준의 지혜로운 이)라도 인심이 없지 않고, 성(性)을 가지고 있지 않음이 없으니 비록 하우(下愚; 낮은 수준의 어리석은 이)라도 도심이 없지 않다.[171]

이는 「중용장구서」의 일부 내용인데 심의 지각 기능에 대한 이해를 엿볼 수 있는 부분을 추린 것이다.[172] 이에 따르면 기본적으로 심은 하나이고 그 기능인 지각도 하나다. 그럼에도 불구하고 지각을 촉발하는 근거[所以爲知覺者]가 무엇인가에 따라서 질적으로 다

169 『朱子語類』 5-27, "所覺者, 心之理也 : 能覺者, 氣之靈也."

170 심(心)의 지각(知覺)의 능력 자체는 선악(善惡)으로 말할 수 없으나, 지각 능력의 운용의 내용, 즉 감각과 사유의 구체화된 내용에 있어서는 선악을 구분할 수 있다.

171 『中庸章句』, 「中庸章句序」, "蓋嘗論之, 心之虛靈知覺, 一而已矣 .而以爲有人心道心之異者, 則以其或生於形氣之私, 或原於性命之正, 而所以爲知覺者不同. 是以或危殆而不安, 或微妙而難見耳. 然人莫不有是形, 故雖上智不能無人心 亦莫不有是性, 故雖下愚不能無道心."

172 인심도심(人心道心)에 논의를 중심으로 한 「중용장구서」의 전반적 내용에 대해서는 이 장의 4절 마지막 항목에서 자세하게 다룰 것이다.

르게 체험되는 마음의 두 양상이 나타난다. 하나는 도심(道心)이고 다른 하나는 인심(人心)인데, 도심(道心)은 성명의 바름[性命之正]에 근원하고, 인심(人心)은 형기의 사사로움[形氣之私]에서 근원했다고 한다. 성명(性命)이 『중용』의 '천명지위성(天命之謂性)'을 고려한 표현이라면 그것은 하늘[天], 리 차원을 말할 것이고, 형기(形氣)는 육체적·기질적 차원을 말할 것이다. 사람의 지각은 리와 기의 합작으로 일어나는 현상으로 리나 기 어느 하나만으로 가능한 지각이란 없다. 심은 허령지각(虛靈知覺)에는 이미 리와 기가 함께한다. 그런데 주희에 의하면 심의 허령지각에는 보다 리와 조응하는 지각이 있고, 보다 기질적 욕망과 조응하는 지각의 차이는 있다.[173] 양자에 대해 전자를 도심으로 후자를 인심으로 구분하는데, 주희의 사유의 맥락을 고려한다면 도심은 인·의·예·지의 본성과 연결되고, 인심은 육체적·생리적·감각적 욕망과 연결된다고 할 수 있겠다. 모든 사람은, 본성과 육체를 동시에 가지고 있을 수밖에 없으므로, 도심과 인심을 동시에 가지고 있고 일상에서 두 양상은 체험된다. 도심(道心)은 그 지각이 주로 리(理)에 의해 촉발되고 리를 대상으로 함으로써 기질적인 제약으로부터 자유롭고, 인심(人心)은 그 지각이 주로 감각적 욕망 등의 형기(形氣)의 욕구에 의해 촉발되고 형기의 욕구를 대상으로 함으로써 기질적 측면의 영향력이 큰 경우다.[174] 주희에 의하면 이때 인심은 그 자체는 악은 아니지만 관리가 되지 않는다면 악으로 흐를 가능성이 많은 위태로운 것이기에[175] 적절하게 주재되어야 한다. 그 주재의 방법은 도심이 마음의 중심이 되어 주도하는 길이다. 도심이 중심이 되고 주도한다는 것은 심의 허령지각이 리에서 발하고 리를 구현하고 있음을 의미하는 것에 다름 아니다. 그렇게 되면 인심은 자연히 절도를 찾아 도심과 조화를 이루고 도심의 흐름으로 귀결된다.

이론적으로, 심의 지각이 선으로 흐르는가 악으로 흐르는가의 문제는 심의 기질적(氣質的) 측면의 상태에 달려 있다. 심이 육체적·감각적 욕구나 사욕에 절도 없이 이끌리

---

173 『朱熹集』卷56, 2863쪽, 「答鄭子上」, "此心之靈, 知覺於理者, 道心也; 知覺於欲者, 人心也."

174 『朱子語類』78-189, "只是這一箇心, 知覺從耳目之欲上去, 便是人心; 知覺從義理上去, 便是道心."/『朱子語類』78-195, "道心是義理上發出來底, 人心是人身上發出來底."/『朱子語類』78-193, "人只有一箇心, 但知覺得道理底是道心, 知覺得聲色臭味底是人心."/『朱熹集』卷56, 2863쪽, 「答鄭子上」, "此心之靈, 知覺於理者, 道心也; 知覺於欲者, 人心也."

175 『朱子語類』78-193, "人心不全是不好, 若人心是全不好底, 不應只下箇'危'字. 蓋爲人心易得走從惡處去, 所以下箇'危'字. 若全不好, 則是都倒了, 何止於危?"/『朱子語類』78-190, "人心亦不是全不好底, 故不言凶咎, 只言危. 蓋從形體上去, 泛泛無定向, 或是或非不可知, 故言其危."

는 것은 심의 기질적 상태의 혼탁을 의미한다. 반면, 감각적 욕구나 사욕 등에 절도 없이 휩쓸리지 않음은 곧 심의 기질적 상태의 담연허명(湛然虛明)을 의미하니, 이럴 때 심은 자연히 리에 밝고 리를 향하며 드러낼 수 있게 된다. 심의 지각이 리에 의해 촉발되는 것은 그 기적 조건이 담연허명할 때 가능하며, 심의 기질적 조건이 담연허명한 것은 곧 기질적 욕망의 치달림에 거리를 둘 때 가능해진다. 이를 위한 공부의 관건은 마음[心]의 허령지각이 리를 향하도록 다듬는 것, 마음속의 흐름이 리와 조응하는지 절도 없는 기질적 욕망과 조응하는지를 잘 살피는 것, 그리하여 리와 조응하는 마음상태를 한결같이 견지하는 데 있다. 제6장에서 다룰 경(敬) 공부는 리에 대한 마음의 감수성을 일깨우고 한결같이 견지하는 핵심 방법이다. 경이야말로 마음의 기적 조건을 담연허명하게 해서 리에 밝고 리를 드러내도록 하는 장치인 셈이다.

심의 지각은 마음의 이발(已發)에서만이 아니라 미발(未發)에서도 작동한다. 주희에게 심은 미발과 이발을 포괄하고, 공부 역시 미발함양과 이발성찰을 포괄한다고 보는 중화신설 이후의 주희의 인식을 고려한다면 이는 자연스럽게 이해된다. 마음이 미발과 이발을 걸쳐 중화(中和)의 이상을 구현해 가기 위해서는 이발의 때만이 아니라 미발의 때의 공부가 필요한데, 이발이든 미발이든 공부는 지각이 있어야 가능하다. 그렇다면 미발 시의 지각은 어떤 모습을 지닐까? 미발 시의 지각은 당연히, 이발 시의 주객 구분의 사려 같은 것과는 다를 것이다. 미발의 지각은 주객구분이 일어나지 않는, 대상과 분리되어 사유나 감정을 펼치는 그런 나를 거두어 두고 나를 본체 속에 집어넣어 본체와 하나된 가운데, 그 하나로서 깨어 있는 그런 상태라고 볼 수 있을 것이다.[176] 그것은 본체 자체로서의 하늘의 마음과 혼연하게 함께하며 깨어 있는 그런 성격의 지각이다. 이런 성

176 국내 철학계에서는 미발지각이란 무엇인가를 둘러싸고 여러 학자가 논쟁도 겸하며 그 설명을 시도한 바 있다. 그 가운데 한자경은 여러 방면의 견해들을 비판적으로 검토하면서 자신의 입장을 제시하기도 했는데 필자로서는 상대적으로 가장 공감이 되는 견해다. 한 교수에 의하면 미발지각은 개별인간에 깃든 보편적 천지지심(天地之心)인 심층마음의 허령불매의 활동성으로, 그것은 의식적 사려분별보다 더 깊게 작용하는 비의도적이고 비명시적인 심층적 자각이다(한자경, "주희 철학에서 未發時 知覺의 의미", 『철학사상』 21, 2005, 23-52쪽; "미발지각(未發知覺)이란 무엇인가?: 현대 한국에서의 미발 논쟁에 관한 고찰을 겸함", 『철학』 123, 2015, 1-25쪽).
추후 경과 미발지각의 관계를 보다 세밀하게 설명하는 연구가 필요해 보인다. 주희에게 미발과 이발을 걸쳐 공부를 가능하게 하는 것이 경이고, 따라서 경은 미발지각과 직결되어 있기 때문이다. 미발지각의 문제와 관련이 깊은 미발체인, 미발함양, 그리고 경에 대한 필자의 이해에 대해서는 제3장 3, 5절의 관련 내용을 참조해 주기 바란다.

격의 미발의 지각이 있어서 미발의 공부가 가능할 뿐 아니라, 이발의 지각과 공부도 절도에 맞고 마음은 리와 원활히 조응할 수 있게 된다.

지각이 미발과 이발의 상태에 모두 관여하는 것이라면, 앞서 거론한 「중용장구서」에 보이는 바의, 심의 허령지각(虛靈知覺)의 두 양상인 도심과 인심 역시 미발과 이발을 걸쳐서 일어나는 것으로 보아야 한다. 주자학의 연구사에서 인심도심을 이발에 한정해서 보는 관점이 간간이 등장했는데 이는 재고될 필요가 있다. 도심이 인심을 주재하는 상황은 이발만이 아니라 미발에서도 나타나니 이것이 곧 중(中)이다. 미발의 중(中)은 주객분리를 넘어 도심과 온전히 하나된, 자신이 도심 자체가 되어 있는 상태라고 할 수 있다. 역시 도심이 인심을 주재하는 이발의 화(和)는 미발의 중을 토대로 하여 보다 자연스럽게 구현될 수 있다. 도심이 인심을 주재하는, 미발과 이발에 걸친 중화(中和)의 경지를 이끌어 내는 근간에는 심의 지각 기능, 즉 허령지각의 작용이 있다.

3) 공부 주체로서의 심(心)의 주재(主宰) 기능

주희에게 심은 일신을 주재(主宰)하면서 만물에 응하고 처리하고 창조하는 주체다. 그리고 심의 주재(主宰) 기능은 심의 지각(知覺) 기능을 전제로 하고 있다. 그래서 주희는 말한다.

> 마음[心]은 사람의 지각(知覺)으로 몸을 주재(主宰)하면서 사물(事物)에 응(應)한다.[177]

그런데 심의 지각 모두가 주재를 끌어내는 것은 아니다. 심의 주재 기능은 곧 리에 합당한 심의 운용을 말하는데, 모든 지각이 리에 합당한 것은 아니기 때문이다. 말하자면 지각 기능은 중립적인 성격을 지니는 반면, 주재 기능은 그 자체가 리에 합당한 선(善)의 성격을 지닌다. 지각은 발원처나 외부 자극에 따라서 천리(天理)로도 흐를 수 있고 인욕(人欲)으로도 흐를 수 있는, 정통(正通)한 기를 지닌 인간의 본래적 정신 기능이다. 한편, 주재라는 말은 이미 주체의 깨어 있음과 정돈 속에서 리의 현현이 이루어질 때 쓸 수 있는 말이다. 심의 주재(主宰)가 리에 합당한 리의 운용이라는 것은 곧 심이 자신에

177 『朱熹集』卷65, 3436쪽, 「大禹謨解」, "心者人之知覺, 主於身而應萬物者也."

내재한 성(性)을 온전하게 발현하는 것을 의미한다. 즉, 심의 주재 기능에는 이미 성(性)이 '함께하고' 있다. 그럼에도 불구하고 주재(主宰)의 주체를 엄밀히 따진다면 성(性)이 아닌 심(心)이라는 점을 주희는 분명히 한다.

> 주재(主宰)하고 운용(運用)하는 것은 심(心)이고 성(性)은 그렇게 해야 하는 리(理)이다. 상(性)은 틀림없이 내면에 있지만 주재(主宰)하고 운용(運用)하는 작용은 오히려 심(心)에 있다.[178]

성(性)이 아닌 심(心)이 주재의 주체가 될 수밖에 없는 이유는 성은 정의(情意)와 조작(造作)이 없고 단지 심의 작용을 기다려 자기 전개를 하는 존재이기 때문이다. 그러나 성이 배재된 심의 주재 작용이 불가능하다는 점에서, 성은 심과 더불어 또 다른 주재(主宰)의 주체라고 보아도 과언이 아니다.[179] 즉, 심이 주재할 때, 그 심은 이미 자신의 본질인 성과 혼연일체를 이루고 있다. 그래서 주희는 "심에는 주재의 뜻이 있다. 그런데 (심과 성은) 분별하지 않을 수 없지만 또한 과장되게 두 가지로 나누어 말할 수 없으니 마땅히 주재(主宰)한다는 의미를 깊게 음미하고 묵묵하게 깨달아야 한다."[180]고 말한다.

심의 주재성에 관한 주희의 견해를, 심의 체용(體用)과 '심통성정(心統性情)'에 관한 그의 입장을 통해서 보다 명확히 드러내 보기로 한다.

주희는 중화신설(中和新說)을 거치면서, 심의 본연의 상태에 대해서 미발(未發)과 이발(已發), 체(體)와 용(用)으로 나누어 설명한다. 즉, 주희는 심의 미발(未發; 靜)은 체(體), 적연부동(寂然不動), 중(中), 성(性)으로써, 이발(已發; 動)은 용(用), 감이수통(感而遂通), 화(和), 정(情)으로써 정리한다. 이는 미발과 이발, 정과 동을 걸쳐서 단절되지 않는 심의 가장 이상적인 상태를 반영하고 있기도 하다. 특히 체용의 범주로서 볼 때, 심의 본체는 미발 시의, 적연부동(寂然不動)하여 중(中)을 이룬 상태로서 여기에 성(性)이 혼연하게 갖추어져 있으며, 심(心)의 작용(作用)은 이발 시의 감이수통(感而遂通)하여 화(和)를 이룬

---

178 『朱子語類』 5-62, "蓋主宰運用底便是心, 性便是會恁地做底理. 性則一定在這裡, 到主宰運用却在心."

179 『朱子語類』 1-17, "問: 天地之心, 天地之理. 理是道理, 心是主宰底意否? 曰: 心固是主宰底意, 然所謂主宰者, 卽是理也, 不是心外別有箇理, 理外別有箇心."

180 『朱子語類』 5-54, "以'天命之謂性'觀之, 則命是性, 天是心, 心有主宰之義. 然不可無分別, 亦不可太說開成兩箇, 當熟玩而默識其主宰之意可也."

상태로서 정(情)으로 드러난다. 따라서 심의 체(體)는 성(性)이고 심의 용(用)은 정(情)이라고도 할 수 있다. 심은 정(靜; 未發), 체(體)로서의 성(性)과 동(動; 已發), 용(用)으로서의 정(情)을 '포괄(包括)'한다. 나아가 심은 심의 정(靜; 未發)과 동(動; 已發)을 불문하고 양자를 걸쳐서 '주재(主宰)'한다.[181] 지각(知覺)의 기능이 심의 정과 동, 미발과 이발에 걸쳐 일어나듯이,[182] 주재(主宰)의 기능도 심의 정과 동, 미발과 이발에 걸쳐 모두 가능하다. 이렇게 심이 정(靜), 미발(未發), 성(性), 체(體)과 동(動), 이발(已發), 정(情), 용(用)을 '포괄(包括)'하고 양자를 걸쳐 '주재(主宰)'한다는 것은 이른바 '심통성정(心統性情)'에 의해 잘 표현되었는데, 주희는 장재의 이 말을 정이의 '성즉리(性卽理)'와 더불어 자신의 심성론을 정립함에 있어 중요하게 활용한다.[183]

'심통성정(心統性情)'에서 '통(統)'은 크게 두 가지 의미를 지니는데, 하나는 '포괄(包括)'의 의미이고 다른 하나는 '주재(主宰)'의 의미다. 말하자면 '심통성정'은 심이 성과 정을 포괄하는 동시에 주재한다는 의미를 지닌다. 그런데 '포함'은 '주재'를 위한 전제가 된다.

주희는 '심통성정(心統性情)'의 '통(統)'이 '겸(兼)'과 유사한 의미를 지닌다고 언급하기도 하는데,[184] 이는 심이 미발(未發)의 체(體)로서의 성(性)과, 이발(已發)의 용(用)으로서의 정(情)을 포괄하고 있기 때문이다.[185]

> 심(心)의 온전한 본체는 담연허명(湛然虛明)하여 온갖 리(理)가 모두 갖추어져 있으며, 조금이라도 사사로운 욕망이 끼어들지 않는다. 그것은 두루 유행하여 동(動)과 정(靜)을 관통하니 신묘한 작용이 있지 않음이 없다. 그러므로 그 미발(未發)의 온전한 본체로서 말하면 곧 성(性)이다. 이발(已發)의 신묘한 작용으로서 말하면 정(情)이다. 그런데 '심통성정(心統性情)'이라는 것은 단지 혼륜한 하나의 물(物) 가운데

---

181 『朱子語類』 5-72, "心, 主宰之謂也. 動靜皆主宰, 非是靜時無所用, 及至動時方有主宰也. 言主宰, 則混然體統自在其中. 心統攝性情, 非儱侗與性情爲一物而不分別也."

182 심(心)이 움직일 때(動, 已發)는 물론이고, 고요할 때(靜, 未發)에도 비록 사려(思慮)는 없을지라도 지각(知覺)이 있다. 이 미발지각의 성격에 대해서는 제2장 참조.
『朱熹集』 卷32, 1403쪽, 「答張敬夫」, "然人之一身, 知覺運用, 莫非心之所爲, 則心者固所以主於身, 而無動靜語默之間者也."/『朱熹集』 卷67, 3530쪽, 「程子養觀說」, "方其未發, 必有事焉, 是乃所謂靜中之知覺, 復之所以見天地之心也. 及其已發, 隨事觀省, 是乃所謂動上求靜, 艮之所以止其所也."

183 『朱子語類』 5-70, "伊川'性卽理也', 橫渠'心統性情', 二句, 顚撲不破."

184 『朱子語類』 98-39, "心統性情, 統猶兼也."

185 『朱子語類』 20-128, "性其理, 情其用, 心者兼性情而言, 兼性情而言者, 包括乎性情也."/『朱子語類』 119-7, "心是包得這兩箇物事, 性是心之體, 情是心之用."

> 나아가 그 이발(已發)과 미발(未發)을 가리켜 말한 것일 뿐이지 성(性)이 하나의 영역이고 심(心)이 하나의 영역이고 정(情)이 또한 하나의 영역으로 이렇게 현격히 구별된다는 것은 아니다.[186]

심(心)이 성(性)과 정(情)을 포괄한다는 의미는 심과는 별개의 영역인 성과 정이 심이라는 '그릇'에 담겨 있음을 말하는 것이 아니다. 이미 성과 정은 심에 혼륜하게 얽혀 있다. '심통성정'은 혼륜한 심이 미발과 이발을 걸쳐 있음을 말해 준다. 즉, 성과 정은 각각 심의 미발과 이발, 혹은 정과 동에 배당되며, 심이 미발과 이발, 정과 동을 포함하기 때문에 '심통성정'이라고 하는 것이다.[187] 주희는 심의 체와 용을 포괄적으로 말해 주는 '심통성정'이야말로 심의 미발과 이발의 단절을 극복할 수 있도록 하는 표현이며,[188] 심의 모든 측면을 포괄적으로 드러내는 표현으로 본다.[189]

그런데 '심통성정(心統性情)'은 심이 미발과 이발, 성과 정을 단순히 포함하고 있음을 말하고 있을 뿐 아니라 리(理)에 합당하게 '주재(主宰)'하고 있음을 말해 준다.

> 성(性)은 본체(本體)이고, 그 작용[用]은 정(情)이다. 심(心)은 성(性)과 정(情)을 통괄하니, 동(動)과 정(靜)을 겸하여 주재(主宰)가 된다.[190]

> 성(性)은 심의 리(理)이고 정(情)은 심의 용(用)이다. 심(心)은 성(性)과 정(情)의 주재

---

186 『朱子語類』 5-76, "心之全體湛然虛明, 萬理具足, 無一毫私欲之間. 其流行該遍, 貫乎動靜, 而妙用又無不在焉. 故以其未發而全體者言之, 則性也. 以其已發而妙用者言之, 則情也. 然'心統性情', 只就渾淪一物之中, 指其已發未發而爲言爾, 非是性是一箇地頭, 心是一箇地頭, 情又是一箇地頭, 如此懸隔也."

187 『朱子語類』 5-71, "性是未動, 情是已動, 心包得已動未動. 蓋心之未動則爲性, 已動則爲情, 所謂'心統性情'也."

188 『朱子語類』 5-74, "'心統性情', 故言心之體用, 嘗跨過兩頭未發, 已發處說. 仁之得名, 只專在未發上. 惻隱便是已發, 却是相對言之."/ 『朱子語類』 5-89, "性情字皆從心, 所以說心統性情. 心兼體用而言. 性是心之理, 情是心之用."

189 『朱子語類』 5-65, "舊看五峰說, 只將心對性說, 一箇'情'字都無下落. 後來看橫渠'心統性情'之說, 乃知此話有大功, 始尋得箇'情'字著落, 與孟子說一般. 孟子言'惻隱之心, 仁之端也', 仁, 性也, 惻隱, 情也, 此是情上見得心. 又曰: '仁義禮智根於心', 此是性上見得心. 蓋心便是包得那性情, 性是體, 情是用. '心'字, 只一箇字母, 故'性''情'字皆從'心'."

190 『朱熹集』 卷74, 2890쪽, 「孟子綱領」, "性本體也. 其用情也, 心則統性情, 該動靜而爲之主宰也."

자(主宰者)다.[191]

성(性)은 리로서 말한 것이고 정(情)은 곧 발용하는 곳[發用處]이다. 심(心)은 성(性)과 정(情)을 주관하고 포괄하는[管攝] 것이다. 그러므로 정자가 "체(體)를 가리켜 말하면 적연부동(寂然不動)이 이것이다."라고 한 이것은 성(性)을 말한다. "용(用)을 가리켜 말한 것은 감이수통(感而遂通)이 이것이다."라고 한 이것은 정(情)을 말한다.[192]

주희는 '통(統)'을 '주재(主宰)'로서 직접적으로 풀이하기도 하는데,[193] 마치 군사를 통솔(統率)한다는 의미와 같다. 리로서의 성(性)은 체(體)이고 정(情)은 용(用)인데, 성(性)과 정(情)은 모두 심(心)의 밖에서 온 것이 아닌, 심(心) 자체에 뿌리내리고 있는 것이므로, 심(心)은 성(性)과 정(情)을 통솔(統率; 主宰)할 수 있게 된다.[194] 심(心)의 성(性), 정(情)에 대한 주재(主宰)는 심이 성과 정을 포괄(包括)하고 있기에 가능하고, 또한 포괄하고 있다는 점을 염두에 둘 때 주재의 의미는 보다 잘 드러난다.

성(性)은 심의 리요 체이며, 정은 심의 용이요 성의 움직임이다. 말하자면 성은 심이 '마땅히 그러해야 할 바'로서 심의 본질이고 바탕이며[195] 정은 '마땅히 그러해야 할 바가 밖으로 표현되는 것'이다. 이렇게 볼 때 심이 성, 정을 주재한다는 것은 간단히 표현하면 심이 미발 시에는 성을 적연부동(寂然不動)하게 드러내고, 이발에서 심 자신의 본질인 성을 (근거로 하여) 중절(中節)의 정으로 드러낸다는 의미를 지닌다.

인·의·예·지는 성(性)이고 측은·수오·사양·시비는 정(情)이다. 인(仁)으로써 사랑하고, 의(義)로써 미워하며, 예(禮)로써 양보하고, 지(智)로써 아는 것이 심(心)이다. 성(性)은 심의 리(理)이고 정(情)은 심의 용(用)이며, 심(心)은 성(性)과 정(情)의 주재자(主宰者)이다. 정선생이 "그 체(體)는 역(易)이라 이르고 그 리(理)는 도(道)라 이르고

191 『朱熹集』卷67, 3512쪽, 「元亨利貞說」, "性者, 心之理也; 情者, 心之用也; 心者, 性情之主也."

192 『朱子語類』5-73, "性以理言, 情乃發用處, 心卽管攝性情者也. 故程子曰 "有指體而言者, '寂然不動'是也", 此言性也. "有指用而言者, '感而遂通'是也", 此言情也."

193 『朱子語類』98-42, "統是主宰, 如統百萬軍."

194 『朱子語類』98-41, "性者, 理也. 性是體, 情是用. 性情皆出於心, 故心能統之. 統, 如統兵之'統', 言有以主之也."

195 『朱子語類』5-54, "心以性爲體, 心將性做餡子模樣. 蓋心之所以具是理者, 以有性故也."

그 용(用)은 신(神)이라 이른다."고 말하는 것은 바로 이것을 이른 것이다.[196]

성(性)을 스스로의 본질적 내용으로 삼아서 정(情)으로 발현하는 것이, 심(心)의 주재 기능이라고 할 때, 여기에서의 성(性)은 다만 '마땅히 이러하고 이러해야 한다[合如此]'고 하는 심의 리일 뿐 심과 별개의 어떠한 실체가 아니다.[197] 현실적으로 존재하는 것은 성을 정으로 표현하는 심일 뿐, 성과 정이 심과 별개의 영역에 속하는 것은 아니다. 심이 주재한다고 할 때, 거기에는 이미 심, 성, 정이 혼연히 얽힌 체통(體統)이 있을 뿐이다.[198] 성(性) 및 리(理)가 이미 심의 본질로서 자리 잡고 있다는 점에서, 심의 주재 기능은 성에 대해 타율적이거나 피동적으로 이루어지는 것이 아니라, 성과 하나되어 자율적이고 창조적으로 이루어지는 것으로 볼 수 있다.

'심통성정'은 심이 미발과 이발, 정과 동을 걸쳐서 리를 온전히 구현하는 주재 기능을 가장 적절하게 표현해 주고 있다. '심통성정'의 주재 기능이 온전하다면 심은 늘 선(善)을 드러낸다. 그러나 그렇지 못하다면 심은 불선(不善)으로 흐르게 되는데, 이는 심의 기질적 욕구와 관련된다.

> 성(性)은 선(善)하지 않음이 없지만 심(心)이 드러나서 정(情)이 되면 불선(不善)도 있게 되니, 불선이 심이 아니라고는 말할 수 없다. 심의 본체는 선하지 않음이 없으나 그것이 흘러서 선하지 않게 되는 것은 정(情)이 외물(外物)에 옮겨서 그렇게 되는 것이다. 성(性)은 리(理)의 총체적인 이름이며, 인(仁), 의(義), 예(禮), 지(智)는 성(性) 가운데 하나의 리(理)의 명칭이다. 측은(惻隱), 수오(羞惡), 사손(辭遜), 시비(是非)는 정(情)이 발한 바의 명칭이니 이 정(情)이 성(性)에서 나와 선(善)한 것이다. 그 단서의 발한 것이 매우 미세하지만, 모두 이 심(心)으로부터 나온 것이므로 따라서 "심

---

196 『朱熹集』 卷67, 3512쪽, 「元亨利貞說」, "仁義禮智, 性也; 惻隱羞惡辭讓是非, 情也; 以仁愛, 以義惡, 以禮讓, 以智知者, 心也. 性者, 心之理也; 情者, 心之用也; 心者, 性情之主也. 程子曰, '其體則謂之易, 其理則謂之道, 其用則謂之神', 正謂此也."

197 『朱子語類』 5-56, "性對情言, 心對性情言. 合如此是性, 動處是情, 主宰是心. 大抵心與性, 似一而二, 似二而一, 此處最當體認."/『朱子語類』 5-69, "性情心, 惟孟子橫渠說得好. 仁是性, 惻隱是情, 須從心上發出來. '心統性情者也', 性只是合如此底, 只是理, 非有箇物事. 若是有底物事, 則既有善, 亦必有惡. 惟其無此物, 只是理, 故無不善."

198 그럼에도 불구하고 주희는 심(心)을 성정(性情)과 몽롱하게 섞어서 하나로 여기는 오류를 범해서는 안 된다고 지적한다; 『朱子語類』 5-72, "心, 主宰之謂也. 動靜皆主宰, 非是靜時無所用, 及至動時方有主宰也. 言主宰, 則混然體統自在其中. 心統攝性情, 非儱侗與性情爲一物而不分別也."

통성정자(心統性情者)"라고 말했으니, 성(性)이 따로 심(心) 속에 있는 어떤 것이 아니다. 심(心)은 성(性)과 정(情)을 갖추고 있다. 심(心)이 그 주재성[主]을 잃으면 오히려 선하지 않을 때가 있다.[199]

주희는 불선(不善)이 발생하는 원인에 대해서 '정(情)이 외물(外物)에 옮기는 것'으로 진단한다. 여기서 외물에 옮긴다는 것은 제반의 기질적 욕구로의 치달림을 표현하는 것으로 보아도 무방하다. 불선은 심이 발할 때, 즉 정으로 표현될 때 기질적 욕구의 무절제 등으로 발생하는 것이다. 이때 심은 '심통성정'의 주재성을 잃게 된다. 미발과 이발을 막론하고 심의 본연의 모습은 선하지 않음이 없으나, 심이 기질적 욕구에 절도 없이 이끌리게 되면 선을 벗어나서 불선이 된다.[200] 즉, 선만이 아니라 불선 역시 심의 소산이지만,[201] 불선은 심이 주재성을 잃을 때의 마음상태라 할 수 있다. 심이 기질적 욕구를 절도 있게 조절하면서 성과 정의 주재자로서의 역할을 하기 위해서는 스스로 '공부'가 필요하다. 심이야말로 공부를 하는 곳이다.[202] 주희에게 본령공부인 경(敬)의 일차적 존재의미는 바로 주재자로서의 심의 원래 자리를 찾아 지키도록 하는 데 있다. 마음[心]이 한 몸의 주재자라면, "경(敬)은 마음의 주재자"[203]이며, "경은 마음이 스스로를 주재하는 곳"[204]이라는 주희의 언명은 이를 잘 보여 준다.

199 『朱子語類』 5-68, "性無不善, 心所發爲情, 或有不善. 說不善非是心, 亦不得. 却是心之本體本無不善, 其流爲不善者, 情之遷於物而然也. 性展理之總名, 仁義禮智皆性中一理之名. 惻隱羞惡辭遜是非, 是情之所發之名, 此情之出於性而善者也. 其端所發甚微, 皆從此心出, 故曰'心, 統性情者也', 性不是別有一物在心裏. 心具此性情. 心失其主, 却有時不善."

200 『朱子語類』 5-33, "問: 心之爲物, 衆理具足. 所發之善, 固出於心. 至所發不善, 皆氣稟物欲之私, 亦出於心否? 曰: 固非心之本體, 然亦是出於心也."

201 『朱子語類』 5-34, "或問: 心有善惡否? 曰: 心是動底物事, 自然有善惡. 且如惻隱是善也, 見孺子入井而無惻隱之心, 便是惡矣. 離着善, 便是惡. 然心之本體未嘗不善, 又却不可說惡全不是心. 若不是心, 是甚麽做出來?"

202 『朱子語類』 5-75, "心者, 主乎性而行乎情. 故"喜怒哀樂未發則謂之中, 發而皆中節則謂之和", 心是做工夫處."

203 『大學或問』, 「大學或問上」, "敬者, 一心之主宰而萬事之本根也."

204 『朱子語類』 12-92, "敬, 只是此心自做主宰處."

4. 공부의 이상: 명덕(明德), 도심(道心)의 발현과 심(心)·리(理)의 일체화

주희에게 공부는 결국 심을 주체로 한 리의 본성의 실현이라고 정리할 수 있다. 이는 심이 리와 완전히 일체화된 경지로 나아가는 과정이 공부라는 뜻이기도 하다. 심은 리를 완벽히 갖추고 있지만 현실의 마음은 그대로 리를 표현하지 못한다. 주희는 이를 기질의 제약으로 설명한다. 주희의 논적이었던 육구연의 심즉리(心卽理)를 주희가 그대로 받아들이지 못하는 이유는 기질적 제약상도 함께 고려하며 심을 설명하고자 했기 때문이다. 그렇다고 해도 주희가 심과 리를 별개의 두 가지 물건으로 보는 게 아님은 분명하다. 성인은, 혹은 범인이라도 공부의 완숙에 따라 리를 그대로 반영하는 마음상태를 현실에서 체험할 수 있다. 리나 성은 단지 이론적 가정이 아니라 현실적 체험 영역이다. 심은 기질적 제약을 지닌 존재이지만 리를 거의 완벽히 체현해 내는 단계까지 이를 수 있는 특별한 존재다. 주희에게 공부의 이상은 공부의 주체인 심이 리와 일체화를 이룬 경지로 나아가는 것이라고도 정리해 볼 수 있다.

리와 일체화된, 리를 그대로 드러내는 심을 나타내는 고전적인 용어로는 '명덕(明德)'이나 '도심(道心)'이 있고 주희는 이를 공부론의 핵심 좌표로 삼는다. 명덕은 『대학』에, 도심은 『서경』에 근거를 둔 말이다. 명덕이나 도심은 리(理)나 리로서의 성(性) 자체와는 동일하지 않다. 그것은 오히려 심(心)에 가깝다. 그렇다고 해서 일반의 심과 동일하지 않다. 심은 그 자체에 기질적 제약상을 담고 있기 때문에 언제나 순수한 리, 성을 드러내는 주체는 아니기 때문이다. 명덕과 도심은 심의 여러 모습 중에서도 리와 일체화된 마음, 리의 마음을 표현한다. 명덕이나 도심은, 심과 리, 심과 성 간의 간격을 없애고 완전히 하나로 이어 주는 개념이다.

흔히 육왕학(陸王學)은 심즉리(心卽理)를, 주자학은 성즉리(性卽理)를 주장한다고 하여, 육왕학에 비해 주자학이 심과 리(성) 사이에 굳이 거리를 설정해 놓은 것이 특징 및 한계라는 지적을 받기도 한다. 그런데 주희의 입장에서 이는 심에 내재한 리의 본질과 기질적 제약을 동시에 설명하기 위한 불가피한 이론적 장치다. 그런 주희에게도 심과 리가 일체화된 상태를 표현하는 개념이 있으니 그것이 '명덕'과 '도심'인 것이다. 이 개념들은 육왕학에서 말하는 리와 하나인 마음, 혹은 그런 마음으로서의 양지(良知)와도 거의 같은 개념이라고 할 수 있음도 주목할 만하다.

주희는 심의 다층적 양상을 리와 기의 개념을 종합해서 설명하려는 과정에서, 그 대신 쉽고 강한 실천력을 이끌어 내는 강점을 지닌, 육왕학과 같이 그 자체로 리인 심의 개념이 부재하다는 비판을 받아 왔다. 그런데 그런 주희에게 육왕학의 심즉리의 마음에 해당하는 개념이 있다. 그것이 주희가 공부론적·교육론적으로 특별히 주목하고 의미부여한 바의 '명덕'과 '도심'이다. 육왕학의 관점에서, 이미 리인 마음을 지금 여기서 곧장 드러내면 그것이 공부의 대체가 이루어진 것이듯이, 주희의 경우도 공부의 대체는 이미 리의 마음이라고 할 수 있는 명덕과 도심을 현실에서 잘 드러내는 과정이다.

주희가 최고의 교육적 저술로 삼는『대학』과『중용』은 이 명덕과 도심을 핵심으로 삼고 있다. 명덕과 도심의 개념을 중심으로 공부의 이상에 대해 다시 한 번 새롭게 정리해 보기로 한다.

1) 명덕(明德)의 개인적·사회적 발현:『대학』의 '명명덕의 천하' 사상

앞서『대학』경문의 삼강령을 둘러싸고 펼쳐진『대학혹문』속 인간과 공부의 의미에 대한 주희의 종합적 해설을 살폈다. 그리고 여기서 공부의 목적으로서의 명명덕과 신민의 의미에 대한 기본적 이해에 도달했다. 이 절에서는 심(心)과 리(理)의 일체화라는 공부의 이상과 연결하여 명덕(明德)의 개념, 그리고 그것을 발현하는 것의 의미에 대해 점검해 보려 한다.

이론적으로 볼 때 주희에게 공부는 주체로서의 심(心)이 정(靜)과 동(動), 미발(未發)과 이발(已發)을 막론하고 리(理)와 한 치의 틈도 없이 일체를 이루어 작동되는 경지로 사람들을 이끄는 것을 궁극의 지향점으로 한다. 물론 여기에는 심이 리를 갖추고 있음에도 불구하고 기질적 제약에 의해 리가 심을 통해서 실현되지 않을 수도 있다는 점이 전제가 되어 있다. 이러한 전제 때문에, 애초에 심을 곧 리로 보면서 기질적 제약의 측면을 소홀히 다루는 육구연의 입장 등과는 구별이 된다. 주희는, 마치 리와 기의 관계처럼 '불상리불상잡(不相離不相雜)'의 역설로 설명할 수밖에 없는, 심과 리의 복잡미묘한 관계를 전제로 하여, 그 기질적 제약을 극복하며 결국 심과 리의 일체화를 이루어 가는 공부의 이상과 그 방법을 설명해 내고자 애썼다.

심과 리의 일체화란 심에 뿌리박힌 리, 혹은 리로서의 본성이 삶에서 자연스럽고 온전하게 몸으로 드러나도록 하는 것을 의미한다. 심의 리 혹은 본성은 인·의·예·지로 귀결되니 곧 인·의·예·지의 체현이라고 볼 수 있다. '명명덕(明明德)'은 이에 대한 다른 표현이기도 하다.

그런데 심과 리의 일체화의 표현으로서의 '명명덕'은 특이점이 있으니, 이 '명덕을 밝힘'이란 공부는 이미 리와 일체를 이룬 명덕 개념을 전제로 한다는 것이다. 즉, 이론적으로는 심과 떨어져 있는 리 혹은 리의 본성을 심이 끌어내는 형태가 아니라, 우리가 이미 획득하여 체험하고 있는, 우리에게 이미 현실화되어 있는 리의 마음으로서의 덕이 실마리가 되고 또 주체가 되어 스스로를 넓혀 가는 형태다. 사람마다 정도와 범위에 차이가 있지만 모두 삶에서 이미 체득된 리의 마음이 존재하고 시시각각 밝게 빛난다. 이미 밝게 빛나는 그 덕이 공부의 출발점이며 근거이고 나아가 주체라고 보는 것이 '명명덕'의 관점에 전제되어 있다. 마치 양명학에서와 같이, 이미 리의 마음으로서의 양지 같은 주체가 전제되어 있는 것과 마찬가지다.

이러한 주장의 타당성 검토를 위해 주희의 명덕 개념 정의부터 들여다볼 필요가 있다.

> 명덕(明德)은 사람이 하늘로부터 얻은 바, 텅 비고 신령스럽고 어둡지 않아서 뭇 리(理)를 갖추고 만사(萬事)에 응(應)하는 것이다. [明德者, 人之所得乎天, 而虛靈不昧, 以具衆理而應萬事者也.][205]

명덕(明德)에 대한 주희의 이와 같은 해석은, 심(心)에 대한 그의 설명과 매우 유사하다. 심(心)에 대한 그의 개념 규정은 이러하다.

> 심(心)이란 사람의 신령하고 밝은 것으로 뭇 리를 갖추고 만사에 응하는 바탕이다 [心者, 人之神明, 所以具衆理, 而應萬事者也].[206]

명덕과 심에 대한 설명을 세심한 눈으로 들여다보면 거의 같은 듯 다른 지점을 확인할 수 있다. 양자는 공통적으로 "뭇 리(理)를 갖추고 만사(萬事)에 응하는 것[具衆理, 而應萬事者]"이라는 표현을 포함한다. 또 각각 허령불매(虛靈不昧)와 신명(神明)이라는 표현을 쓰는 것도 유사한데, 흔히 마음을 표현할 때 혼용되는 수식어들이다. 그런 가운데 드

205 『大學章句』,「經1章」의 註解.

206 『孟子集註』,「盡心」(上) 1章 註解, "心者人之神明, 所以具衆理而應萬事者也. 性則心之所具之理, 而天又理之所從以出者也."

러나는 미묘한 차이점을 주시하면 이렇다. 명덕에는 "사람이 하늘로부터 얻었다[人之所得乎天]."라는 표현이 있다. 이는 리와 성의 성격을 강조하는 것이라 해석할 수 있다. 더 미묘하게는 명덕(明德)의 설명에서는 '以具衆理'라는 표현, 심(心)의 설명에서는 '所以具衆理'라는 표현을 쓰는 차이가 확인된다. 이를 볼 때 명덕은 '이미' 뭇 리를 갖추고 만사에 응할 수 있는 존재이고, 심의 경우는 뭇 리를 갖추고 만사에 응할 수 있는 '바탕[所以]'이 되는 존재라는 의미 차이를 추출해 볼 수 있다. 명덕은 리의 갖춤과 그 구현까지 현실화된 상태인 반면, 심은 리의 갖춤은 있되 구현에 있어서는 그 가능성을 지닌 상태로 대비해 볼 수 있다. 심(心)은 그 자체로는 뭇 리를 내재하기는 하지만, 언제나 리를 온전히 드러내어 만사에 응하는 기능을 수행하는 것은 아니다. 이는 심의 기질적 측면의 제약과 관련되는데, 앞에서 다룬 바와 같다. 반면에 명덕(明德)은 이미 뭇 리를 '얻어서[得]' 리와 하나되어 만사에 올바르게 대처할 수 있는 주체다.

> 명덕(明德)은 자기 심(心) 가운데 구비된 허다한 리(理)가 이 속에 있는 것이니, 본래 밝은 물건으로 애초에 어둡지 않다. 사람이 그것[理]을 얻으면[得] 덕(德)이 된다.[207]

> 심(心) 속에 (단지) 존재하는 것이 리(理)가 되고, 심(心)에 얻은[得] 것이 덕(德)이 되며, 행사(行事)에서 발현되는 것이 온갖 행(行)이 된다.[208]

심이 리를 단지 갖추고 있다는 것[心具衆理]과 심이 그 리를 얻어서 하나가 되어 있다는 것은 엄연히 다르다. 명덕(明德)은 마음과 하나된 리이며, 리와 일체화된 심이다. 명덕은 리나 성의 모습으로도 심의 모습으로도 느껴질 수 있다. 그런데 주희의 개념 정의를 보면 심에 보다 가깝다고 해야 할 것이다.

주희는 간혹 명덕(明德)을 리(理)[209] 혹은 성(性)[210]으로 설명할 때가 있다. 기실 그는 인(仁)·의(義)·예(禮)·지(智)나 인(仁)·지(知)·신(信)·직(直)·용(勇)·강(剛),[211] 지(知)·인(仁)·

---

207 『朱子語類』 14-8, "明德是自家心中具許多道理在這裏, 本是个明底物事, 初無暗昧, 人得之爲德."

208 『朱子語類』 6-18, "存之於中爲理, 得之於心爲德, 發現於行事爲百行."

209 『朱子語類』 64-85, "又問: 德是心中之理否? 曰: 便是, 心中許多道理, 光明鑒照, 毫髮不差."

210 『朱子語類』 64-65, "或問: 明德是仁義禮智之性否? 曰: 便是."

211 『論語集註』, 「陽貨」, "好仁不好學, 其蔽也愚, 好知不好學, 其蔽也蕩, 好信不好學, 其蔽也賊, 好直不好學, 其蔽也絞, 好勇不好學, 其蔽也亂, 好剛不好學, 其蔽也狂." 이에 대해 주희는 "이 여섯 가지는

용(勇)[212]을 덕(德)으로 표현하며 논하곤 한다. 이것을 보면 마치 주희가 덕(德)을 (심과 구분되는 것으로서의) 성(性)이나 리(理)와 동일한 것처럼 여기는 듯 보이기도 한다. 그런데 정확히 말하면 덕은 리 및 성과 심이 하나로 연결된, 즉 리의 심을 의미한다. 주희가 덕(德)이라고 표현하는 성(性)과 리(理)는, 그 표현의 맥락을 볼 때, 심(心)과 이미 하나가 되어 표출되는 성(性) 및 리(理)를 가리킨다고 보는 것이 적절할 것이다.

주희에게 명덕이 성이나 리와 다른 지점은 명덕은 심과 마찬가지로 사유와 행동의 주체라는 점이다. 주희에게 성이나 리는 주체의 본질을 이루는 것이지만 주체 자체는 아니다. 주체는 심일 뿐이다. 이는 '심통성정(心統性情)'이라는 명제에 잘 반영되어 있다. 그런데 명덕은 심과 마찬가지로 주체라고 할 수 있는데, 다만 일반 심과 달리 성 및 리와의 일체화가 이미 이루어진 주체라고 할 수 있다. 의(義)가 요청되는 상황에서 어떤 제약없이 자동적으로 의가 드러나고, 예(禮)가 요청되는 상황에서는 역시 어떤 제약 없이 자연스럽게 예가 표출되는 그런 주체다. 그렇다면 명명덕이라는 것은 무엇일까? 명덕이 이미 리와 하나된 마음인데, 즉 밝아져 있는 마음인데 다시 무엇을 밝힌다는 것일까?

리를 이미 얻은 밝은 마음인 명덕은 개인마다, 그리고 한 개인이라고 해도 그 발달단계마다 그 밝혀진 정도가 다를 수 있다. 사람 간에 그 발현에 전반적인 수준 차이가 날 수도 있고, 또 특정 부분[리]에 있어 발현 정도가 다를 수 있다. 즉, 어떤 사람은 의(義)의 덕(마음)은 자연스럽게 발동되는데 지(智)의 덕(마음)이 약할 수 있고, 어떤 사람은 지의 덕(마음)이 발달되었는데 예(禮)의 덕(마음)은 약할 수 있다. 기질적 제약의 양상에 따라 체현되는 리의 종류 및 체현 정도가 다를 수 있다. 그러니 지금 혹자가 명덕을 체현한다고 할 때 그것은 본성의 완전한 발현이 아닌, 제한된 수준의 명덕을 경험하고 표현하는 것으로 보아야 할 것이다. 각자의 명덕의 발현 정도는 공부의 밀도를 반영한다고도 할 수 있다. 어떤 이들은 상당한 수준의 명덕 체현의 모습을 자연스럽게 보여 줄 수 있겠으나, 반면에 어떤 이들은 그 표출하는 명덕의 크기와 밝기가 미미할 수도 있다. 여기에서

아름다운 덕이다[六言, 皆美德]."라고 하며 풀이에 들어간다.

212 『中庸章句』, 20章, "天下之達道五, 所以行之者三, 曰君臣也, 父子也, 夫婦也, 昆弟也, 朋友之交也, 五者, 天下之達道也; 知仁勇, 三者, 天下之達德也, 所以行之者, 一也." 이에 대해 주희는 "달덕이라는 것은 천하와 고금이 함께 얻은 리이기 때문이다. …(중략)… 달덕은 사람이 비록 함께 얻었으나 한번이라도 성실하지 못함이 있으면 인욕이 끼어들어 덕이 덕이 아니게 된다[謂之達德者 天下古今所同得之理也 一則誠而已矣 …(중략)… 達德, 雖人所同得, 然 一有不誠, 則人欲間之, 而德非其德矣]."라는 주해를 붙인다.

공부의 과제가 주어진다. 모든 이는 현재 수준에서 현실화되어 있는 명덕을 실마리로 하고 주체로 삼아 그 체험되는 명덕의 수준과 넓이를 확장해 가는 일이다. 이것이 명명덕이 의미하는 바다.

결국 '명명덕'이라고 하는 것은, 명덕이라는 주체의 현실적 자기 전개 및 확장이다. 리와 일체된 마음이 인간관계, 공부, 일처리 등 모든 일상에서 자연스럽게 스스로를 표현하며 그 밝음을 이어 가고 아직 얻지 못했던 리를 얻어 체현의 넓이를 더해 가는 것을 말한다. 이 명명덕(明明德)이 확장되어 가는 과정에서 자연스럽게 신민(新民)의 활동으로 이어진다. 주희는 신민(新民)을 '신인(新人)'의 의미로 푼다고 할 수 있으니, 스스로의 명덕을 밝히는 일이 어느 정도 완숙된 사람은 자연히 그 밝음의 힘이 타인에게도 전해지고 스며들어 타인의 명명덕을 이끌어 낼 수 있게 된다. 인·의·예·지의 덕이 밝아진 이는, 역시 밝은 덕을 지니고 있으면서도 그 체험이 미미해서 스스로 느끼지 못하고 어둠의 힘에 밀려 있는 사람에 나아가 그가 현재 드러내는 밝은 덕을 더 밝고 크게 열어 갈 수 있도록 도와준다.[213] 타인의 명덕을 밝히는 것도 나의 명덕을 밝히는 것과 마찬가지로, 그 사람이 이미 체험하는 바의 명덕(明德)을 실마리로 하면서 자연스럽게 넓혀 가도록 안내한다. 이렇듯 '신인'의 의미를 지닌 '신민'은 '명명덕'이 사회적 차원으로 확대되는 것, 즉 타인을 향해 펼쳐지는 것이다. 명명덕과 신민 중에서 근본은 역시 명명덕이다. 신민은 명명덕의 확장일 뿐이며, 크게 명명덕의 범주에 포함시킬 수도 있다. 그래서 주희는 『대학』의 강령 중의 강령은 '명명덕'이며, 이는 전체를 대표하는 묘처(妙處)이고 이하의 모든 공부의 절차와 내용이 이것에 의거해 있다고 말하고 있다.[214] 『대학장구』의 첫머리에서 정이의 말을 빌려 『대학』을 '덕(德)의 세계에 들어가는 문'이라고도 하는 것도[215] '명명덕' 논의를 의식해서 교육 및 공부의 이상을 집약한 것이라 볼 수 있다.

---

213 『大學或問』, 「大學或問上」, "則視彼衆人之同得乎此, 而不能自明者, 方且甘心迷惑沒溺於卑汚苟賤之中, 而不自知也. 豈不爲之惻然而思有以救之哉. 故必推吾之所自明者以及之, 始於齊家, 中於治國, 而終及於平天下, 使彼有是明德而不能自明者, 亦皆有以自明而去其舊染之汚焉. 是則所謂新民者, 而亦非有所付畀增益之也. 然德之在己而當明, 與其在民而當新者, 則又皆非人力之所爲,而吾之所以明而新之者, 又非可以私意苟且而爲也. 是其所以得之於天, 而見於日用之間者, 固已莫不各有本然一定之則. 程子所謂以其義理精微之極, 有不可得而名者. 故姑以至善目之. 故必指是而言, 以爲明德新民之標的也."/ 『大學章句』, 「經1章」, "新者, 革其舊之謂也. 言旣自明其明德, 又當推以及人, 使之亦有以去其舊染之汚也."

214 『朱子語類』 14-67, "明德是指全體之妙, 下面許多節目, 皆是靠明德做去."

215 『大學章句』, 〈도입부〉, "子程子曰, 大學孔氏之遺書, 而初學入德之門也. 於今可見古人爲學次第者,

주희에게 명명덕, 그리고 명명덕으로서의 신민은 만물만사의 일을 리에 맞게 처리해 가는 힘을 기르는 일이기도 하다. 주희는 "만리(萬理)는 모두 내 마음속에 갖추어져 있으니, 반드시 자기 자신상에서 공부를 하고 만리만사(萬理萬事)에 응(應)해야 한다. 이것이 『대학』에서 '명명덕(明明德)'과 '신민(新民)'을 말한 까닭이다."[216]라고 한다. 명덕을 "뭇 리(理)를 갖추고 만사(萬事)에 응하는 주체"로 파악하는 주희에게, 나와 타인의 명덕을 밝히는 공부가 만사만물을 이해하고 처리하는 일과 분리되지 않음은 당연하다. 나 스스로에게 혹은 나로 말미암아 타인에게 이루어지는 명명덕은 그 주체가 마음에 내재한 온갖 리[萬理]를 발현하는 일이며, 이는 만사만물의 리를 이해하고 만사만물을 리에 맞게 처리하는 일과 별개의 것이 아니다.

주희가 꿈꾸는 세상은 명명덕이 여실히 구현되는 사람들의 세상, 즉 '명명덕의 천하'다. 이는 공부 및 교육의 꿈이다. 그 출발점이며 근거는 모두가 이미 체험하고 있는 그 밝은 빛의 리의 마음, 곧 명덕이다. 명명덕의 천하가 현실적 꿈이 될 수 있는 것은, 세상의 모든 사람이 이미 현실에서 체험하고 있는 명덕이 있기 때문이다.

2) 도심(道心)의 주재화와 중(中)의 이상 구현: 「중용장구서」의 '인심도심정일집중의 심법' 사상

공부의 이상으로서의 도심(道心)의 발현에 대해서는 주희의 「중용장구서」에서 그 실체를 확인할 수 있다. 도심은 말 그대로 도의 마음으로 다시 말하면 천도(天道) 및 천리(天理)와 하나된 마음을 뜻한다. 이 마음은 명덕(明德)과 마찬가지로 리(理)를 단지 품고 있는 것을 넘어 리와 하나된, 그리하여 리를 체험하고 드러내는 마음이며 실제로 존재하는 마음이다. 그러면서도 또한 명덕과 마찬가지로 기질적 욕망에 가려 공부를 통해 밝히지 않은 한 미미하게만 체험된다. 「중용장구서」에서는 그 도심의 존재 양상과 개발의 방법에 대해 유교의 도통적(道統的) 심법(心法) 논의 속에서 보여 주고 있다.

주희는 "천명지위성(天命之謂性), 솔성지위도(率性之謂道), 수도지위교(修道之謂敎)"로 시작하는 『중용』 의 공부철학을 「중용장구서」에서는 '인심도심정일집중(人心道心精一執

獨賴此篇之存, 而論孟次之學者必由是而學焉, 則庶乎其不差矣."

216 『朱子語類』 130-33, "萬理皆具於吾心, 須就自家身己做工夫, 方始應得萬理萬事, 所以大學說: '在明明德, 在新民.'"

中)'으로 요약되는 심법(心法)을 중심으로 새롭게 정리한다. 이 심법은『서경』에서 전하는 바의, 요순(堯舜)에서 비롯된 "인심유위(人心惟危), 도심유미(道心惟微), 유정유일(惟精惟一), 윤집궐중(允執厥中)"을 의미하는데 주희는 이를 유가 심법의 근간으로 이해하며 이것을 공자가 다시 이어서 근세에 이르고 있다고 보는 도통(道統)의 관점이 반영되어 있다. 그런데 주희는 왜『중용』의 메시지를 하필 '인심도심정일집중'의 심법으로 설명하고 있을까?『중용』전체 메시지의 핵심을 담은 수장의 첫 구절에는 천(天)-성(性)-도(道)-교(教)를 논할 뿐 인심도심에 대한 논의는 없는데 말이다. 추론하자면 주희는『중용』이라는 책 이름에 나타난 중(中), 그리고 본문의 성-도-교에 이어서 나오는 치중화(致中和)의 사유가 '인심도심정일집중'의 심법을 잇고 있다고 본 듯하다. '인심도심정일집중'의 심법은 본래 '윤집궐중(允執厥中)' 네 글자에 출발한 것으로,[217] 다시 말하면 중(中)을 잡아 지키는 내용이 핵심인데『중용』은 그 중으로부터 비롯된 심법을 도통적으로 잇고 있다는 것이다. 주희는『중용장구』주해의 첫머리에서 정자(程子)의 말을 빌어서 "편벽되지 않음을 중(中)이라 이르고 변치 않음을 용(庸)이라 이르니, 중(中)은 천하의 정도(正道)요 용(庸)은 천하의 정리(定理)다. 이 책은 바로 공문(孔門)에서 전수해 온 심법(心法)이니 자사께서 오래됨에 차이가 있을까 두려워하셨다. 그러므로 이 책을 써서 맹자에게 주신 것이다."[218]고 한다.『중용』은 중(中)을 다루는, 그리고 공문(孔門)에서 전해 오는 심법이라는 이해가 분명하게 깔려 있다.「중용장구서」에서 '인심도심정일집중'의 심법을 논하는 배경에 이런 이해가 있다.『중용』의 핵심 사상인 천-성-도-교의 메시지도 이 심법에 수렴된다는 이해를 주희는 지니고 있다.

「중용장구서」의 '인심도심정일집중'의 심법은『중용』수장(首章)의 천(天)-성(性)-도(道)-교(教)에 반영된 본성 실현의 교육의 개념이 어떻게 이해될 수 있는지를 또 다른 관점에서 보여 준다. 본성을 따르는 일을 수행하는 교육이 지향할 바가 결국 인간 안에 깊숙이 내재한 도심(道心)을 끌어내고 중(中)을 잡아 지키는 바임을, 모든 공부는 이 목적을 중심으로 하고 있음을 논하고 있다. 여기에서 도심의 실현이나 중의 구현은 지금

---

217 「中庸章句序」에서 주희는『書經』의「大禹謨」편, 인심도심장(人心道心章)에 근거하여, 후대에 '16자심법'이라고도 이름 붙여진 "人心惟危, 道心惟微, 惟精惟一, 允執厥中"은 요(堯)가 순(舜)에게 준 네 글자[允執厥中]에, 순이 열두 글자[人心惟危, 道心惟微, 惟精惟一]를 우(禹)에게 넘겨주면서 만들어졌다고 설명한다.

218 『中庸章句』, 〈도입부〉, "子程子曰, 不偏之謂中, 不易之胃庸, 中者天下之正道, 庸者天下之定理. 此篇乃孔門傳授心法, 子思恐其久而差也, 故筆之於書以授孟子."

까지 논의한 바의 명덕을 밝히는 일이나 인의 본성을 구현하는 일에 다름 아니면서도 또 다른 지점을 주목하게 한다. 즉, 「중용장구서」는 무엇보다 마음이라는 공부 주체의 존재 양식과 최적의 상태 및 지향점, 이와 연관된 공부방법의 요체를 생생하게 보여 준다는 점에서 특별히 다룰 가치가 있다.

> 상고시대에 성신(聖神)이 하늘의 뜻을 이어 표준(極)을 세운 데서부터 도통(道統)의 전수에 유래가 있게 되었다. 경서에 나타나는 것으로 "진실로 그 중(中)을 잡아라[允執厥中]."는 것은 요임금이 순임금에게 전수한 것이요, "인심(人心)은 위태롭고 도심(道心)은 은미하니 정밀하게 살피고 한결같이 하여 진실로 그 중(中)을 잡아라[人心惟危 道心惟微 惟精惟一 允執厥中]."는 것은 순임금이 우임금에게 전수한 것이다. 요임금의 한 말씀이 지극하였는데 순임금이 다시 세 말씀을 더한 것은 요임금의 한 말씀을 반드시 이와 같이 한 뒤에야 거의 이해될 수 있음을 밝힌 것이다.
> 일찍이 논했지만, 심의 허령지각(虛靈知覺)은 하나일 뿐인데 인심(人心)과 도심(道心)의 다름이 있다고 한 것은 어떤 것[人心]은 형기의 사사로움[形氣之私]에서 나오고 어떤 것[道心]은 성명의 바름[性命之正]에서 근원하여 지각하게 하는 바탕[所以爲知覺者]이 똑같지 않기 때문이다. 이 때문에 혹은 위태로워 편안하지 못하고 혹은 미묘하여 보기가 어렵다. 그러나 (사람이라면) 이 형체를 가지고 있지 않음이 없으니 비록 상지(上智; 높은 수준의 지혜로운 이)라도 인심이 없지 않고, 성(性)을 가지고 있지 않음이 없으니 비록 하우(下愚; 낮은 수준의 어리석은 이)라도 도심이 없지 않다. 이 두 가지가 방촌(方寸; 마음)의 사이에 섞여 있어서 다스릴 바를 알지 못하면 위태로운 것은 더욱 위태로워지고 은미한 것은 더욱 은미해져서 천리의 공정함[天理之公]이 인욕의 사사로움[人欲之私]을 이길 수가 없다. 정(精)은 (천리와 인욕) 두 가지의 사이를 살펴 섞이지 않게 하는 것이고 일(一)은 본심의 올바름을 지켜 떠나지 않게 하는 것이니 이에 종사하되 조금도 끊어짐이 없이 반드시 도심(道心)으로 하여금 일신의 주인[一身之主]이 되게 하고 인심(人心)으로 하여금 매번 명령을 듣게 하면, 위태로운 것이 편안하게 되고 은미한 것이 드러나게 되어, 움직이거나 고요할 때 말하거나 행동할 때 저절로 지나침과 모자람의 잘못이 없게 될 것이다.
> 요, 순, 우임금은 천하의 큰 성인이고 서로 전함은 천하의 큰일이니 천하의 큰 성인으로서 천하의 큰일을 행하시되 주고받을 때 정령히 말씀해 주신 것이 이와 같음에 지나지 않았으니 천하의 이치가 어찌 이보다 더한 것이 있겠는가? 이로부터 이후로 성인과 성인이 서로 전승하였으니 탕왕과 문왕, 무왕과 같은 군주들과 고요, 이윤, 부열, 주공, 소공과 같은 신하들이 모두 이것으로 도통의 전함을 이었고 우리 부자(공자)로 말하면 비록 그 지위를 얻지 못하였으나 떠나가신 성인을 잇고 오는 후학을 열어 주신 것[繼往聖開來學]은 그 공이 도리어 요나 순 임금보다

더함이 있다.[219]

주희의 도통론적 문제의식과 내용에 대해서는 제1장에서 다룬 바 있다. 주희는 유교 문명의 정통(正統)이 무엇인지를 새롭게 규정하고 그 정통을 중심으로 해서 유학의 고전을 재편하고 제반의 제도를 구성해 간다. 「중용장구서」는 그 정통이 무엇인가를 강렬하게 보여 주는데 그 요체가 마음과 공부에 대한 것이다. 즉, 요순에서 공맹을 거쳐 주희 자신에게로 흐르는 이른바 유교의 도통(道統)의 요체가 마음과 그 마음 다스리는 법, 즉 심법(心法)에 대한 지혜라는 이해다.[220]

그 심법의 구체적 내용은 어떠한가? 주희에 의하면 심법을 이해하는 일차적 관건은 인심(人心)과 도심(道心)을 구분해 보는 안목이다. 일상에서 늘 경험하고 쉽게 확인할 수 있는 인심 외에 도심이 있음을 알아보는 안목이다. 심법이란 결국 마음의 도심과 인심의 존재 양상을 잘 살피면서 도심이 주도하는 본연의 마음상태가 유지되도록 하는 방법이다. 심법 16글자 중 특히 유정유일(惟精惟一)은 인심과 도심이 섞인 마음상태를 잘 살피며 섞이지 않도록 하는 공부방법의 요체를 표현하고 있다.

인심과 도심의 설명에 있어 주희는 리기심성의 논의를 본격적으로 적용하지는 않지만 은연중에 반영하고 있다. 주희에 의하면 인심은 사람들 각자가 사사로이 지니고 있

219 『中庸章句』, 「中庸章句序」, "蓋自上古, 聖神繼天立極而道統之傳, 有自來矣. 其見於經則允執厥中者, 堯之所以授舜也, 人心惟危, 道心惟微, 惟精惟一, 允執厥中者, 舜之所以授禹也. 堯之一言, 至矣盡矣, 而舜復益之以三言者, 則所以明夫堯之一言, 必如是而後, 可庶幾也. 蓋嘗論之, 心之虛靈知覺, 一而已矣. 而以爲有人心道心之異者, 則以其或生於形氣之私, 或原於性命之正, 而所以爲知覺者不同. 是以或危殆而不安, 或微妙而難見耳. 然人莫不有是形, 故雖上智不能無人心, 亦莫不有是性, 故雖下愚不能無道心. 二者雜於方寸之間, 而不知所以治之, 則危者愈危, 微者愈微, 而天理之公, 卒無以勝夫人欲之私矣. 精則察夫二者之間而不雜也. 一則守其本心之正而不離也. 從事於斯, 無少間斷, 必使道心常爲一身之主, 而人心每聽命焉, 則危者安, 微者著, 而動靜云爲, 自無過不及之差矣. 夫堯舜禹天下之大聖也, 而天下相傳 天下之大事也, 以天下之大聖, 行天下之大事, 而其授受之際, 丁寧告戒, 不過如此, 則天下之理, 豈有以加於此哉? 自是以來, 聖聖相承, 若成湯文武之爲君, 皐陶伊傅周召之爲臣, 旣皆以此, 而接夫道統之傳, 若吾夫子, 則雖不得其位, 而所以繼往聖開來學, 其功反有賢於堯舜者."

220 주희 이래 주자학자들은 이 '심법(心法)'에 대해 유가 '도통(道統)의 근원(根源)'이며 만세 '성학(聖學)의 연원(淵源)'이고 '만세(萬世)의 심학(心學)'이라는 의미를 부여하기도 했다. 『心經附註』, 「書: 人心道心章」, "西山眞氏曰: 人心惟危以下十六字, 乃堯舜禹傳授心法, 萬世聖學之淵源. 先儒訓釋雖衆, 獨朱子之說, 最爲精確. 夫聲色臭味之欲, 皆發於氣, 所謂人心也. 仁義禮智之理, 皆根於性. 所謂道心也."(附註)/ 『心經附註』, 「心經贊」(眞德秀), "舜禹授受, 十有六言, 萬世心學, 此其淵源."

는 형기(形氣), 즉 육체적 차원의 기능에 뿌리를 두고 표출되는 마음 표현의 한 양상이며, 도심은 사람들의 마음에 내재된 성명(性命)에 뿌리를 둔 마음 표현의 양상이다. 여기서 성명(性命)이란 존재의 원천으로서의 '하늘로부터 부여받은 본성[天命之謂性]'이라는 점은 『중용』의 수장(首章)에서 확인이 되는데,[221] 그렇다면 마음은 육체적 뿌리를 둔 차원과 하늘에 뿌리를 둔 차원이 함께 공존하고 있다는 이야기가 된다. 그리고 그 하늘에 뿌리를 둔 차원은, 앞에서 논의해 온 바의, 명덕이나 인(의예지)의 본성 같은 것이다. 도의 마음으로서의 도심은 곧 리의 마음이며 본심(本心)이다.

그렇다면 인간은 두 가지 마음을 동시에 지닌다고 보아야 하는가? 인심은 없애야 할 무엇인가? 결론은 그렇지 않다. 주희에 의하면 마음이 작동하는 양상을 볼 때 질적으로 구분되는 두 층차의 마음이 있는 것은 사실이지만 그렇다고 마음이 두 개로 나뉜 것은 아니다. 주희에 의하면 마음은 허령지각(虛靈知覺)의 성격을 지닌 하나(一)의 존재다. 다만 지각을 자극하는 배경(형기와 성명)에 따라 인심과 도심의 구분이 생긴다. 하늘에 뿌리를 둔 도심은 특별한 노력으로 관찰하고 끌어내지 않으면 잘 드러나지 않는다. 그래서 '미미하다[微]'고 했다. 반면, 인심은 육체적·감각적 욕망이나 감정을 가진 사람이라면 특별한 노력을 기울이지 않고서도 체험할 수 있는 마음인데, 만일 관리가 되지 않는다면 어디로 튈지 모르는 위태로운 모습을 한다. 그런데 이 인심을 그 자체로 나쁜 것, 즉 불선(不善)이나 악(惡)으로 보아서는 안 된다. 주희에게 마음의 불선이나 악은, 천리(天理)에 대응하는 인욕(人欲)으로 표현되는 바, 이 인욕은 인심이 아니다. 주희에게 도심(道心)과 인심(人心)의 구분은 곧 천리(天理)와 인욕(人欲)의 구분과 동일한 것이 아니다. 주희는 만일 인심이 악이라면 단지 '위태롭다[危]'고 하지 않고 불선(不善) 및 악(惡)이라고 했을 것이라고 한다.[222] 이 말은 주희에게 인심은 인욕과 달리, 얼마든지 도심과

221 『中庸章句』, 1章, "天命之謂性 率性之謂道, 修道之謂教."

222 『朱子語類』 78–193, "道心是知覺得道理底, 人心是知覺得聲色臭味底, 人心不全是不好, 若人心是全不好底, 不應只下箇'危'字. 蓋爲人心易得走從惡處去, 所以下箇'危'字. 若全不好, 則是都倒了, 何止於危. 危, 是危殆. '道心惟微', 是微妙, 亦是微昧. 若說道心天理, 人心人欲, 卻是有兩箇心. 人只有一箇心, 但知覺得道理底是道心, 知覺得聲色臭味底是人心, 不爭得多. '人心, 人欲也', 此語有病. 雖上智不能無此, 豈可謂全不是."/ 『朱子語類』 78–190, "人心亦不是全不好底, 故不言凶咎, 只言危. 蓋從形體上去, 泛泛無定向, 或是或非不可知, 故言其危."
인심(人心)을 인욕(人欲)과 구분해 보는 이런 견해는, 양자를 같은 것으로 보았던 정이의 견해를 비판적으로 극복한 것이기도 하다: 『朱子語類』 78–192, "程子曰: '人心, 人欲也' 恐未便是人欲."

조응을 이루는 방향으로 나갈 수 있다는 뜻이 된다. 인심이라고 할 수 있는 먹고 마시는 감각적 욕망이나 기뻐하고 화내는 감정적 표현은 인간이라면 자연스럽게 가지는 것인데, 다만 이것이 리에 합당하게 표현되지 않을 때 과불급 등의 문제가 발생하는 것이니 따라서 리에 맞는 인심의 표현으로의 전환이 있으면 된다. 주희에 의하면 이것은 긴요한 과제로서, 이를 도심이 주재를 이루고 인심이 명령을 듣듯이 따르는 모습으로 묘사한다.[223]

주희에게 도심이 중심을 이루고 주재적 위치를 갖는 것이 이상적 마음의 모습이다. 이에 대해 주희는 도심이 주인이 되고 인심은 매양 도심의 명령을 듣는 것으로 시각화를 했는데, 이 묘사에 대해 도심과 인심이 별도로 존재하면서 어느 하나가 명령을 내리고 다른 하나가 명령을 듣는 식으로 이해해서는 안 될 것이다. 마음은 '하나'이기 때문이다. 따라서 도심이 주인이 되고 인심이 주인의 명령을 듣는다는 의미는 도심이 마음의

223 『朱子語類』 78-196, "물었다: 배고플 때 먹고 목마를 때 마시는 것, 이것은 인심(人心) 아닙니까? 답했다: 그렇다. (그런데) 반드시 그 마땅히 먹어야 할 것을 먹고 마땅히 마셔야 할 것을 마시면 그 이른바 도심(道心)을 잃지 않게 된다. 만일 훔친 샘물을 먹거나 욕하며 주는 음식을 먹으면 인심(人心)이 이기고 도심(道心)은 없어지게 된다. 물었다: 인심(人心)은 없을 수 있습니까? 답했다: 어떻게 없을 수 있겠는가. 다만 도심(道心)으로써 주재(主宰)를 삼으면 인심(人心)은 늘 명령을 듣게 된다[問: 饑食渴飮, 此人心否? 曰: 然. 須是食其所當食, 飮其所當飮, 乃不失所謂'道心'. 若飮盜泉之水, 食嗟來之食, 則人心勝而道心亡矣. 問: 人心可以無否? 曰: 如何無得. 但以道心爲主, 而人心每聽命焉耳]."/『朱子語類』 62-41, "기욕(嗜欲)을 지각(知覺)함이 있으면서도 주재(主宰)하는 바가 없으면 흘러서 되돌아감을 잊고서 의거하며 편안할 수가 없으니 위태롭다고 이른다. 도심(道心)은 의리(義理)의 마음이니 인심(人心)의 주재가 되고 인심(人心)이 의거하며 표준으로 삼는 것이다. 음식으로서 말하면 무릇 배고프고 목마를 때 마시고 먹는 것을 욕구하여 배부르고 만족함을 구하는 것은 모두 인심(人心)이다. 그러나 반드시 의리(義理)가 존재하니 먹을 수 있는 것이 있고 먹을 수 없는 것이 있다[有知覺嗜欲, 然無所主宰, 則流而忘反, 不可據以爲安, 故曰危. 道心則是義理之心, 可以爲人心之主宰, 而人心據以爲準者也. 且以飮食言之, 凡饑渴而欲得飮食以充其飽且足者, 皆人心也. 然必有義理存焉, 有可以食, 有不可以食]."/『朱子語類』 78-196, "기쁘고 화내는 것 같은 것은 인심이다. 그러나 이유 없이 기뻐하면서 기쁨이 지나쳐도 금할 수 없고 이유 없이 화내면서 화냄이 심해져도 막을 수 없는 것 이것이 인심이다. 반드시 인심으로 부림을 받게 하면 마땅히 기뻐할 바에 기뻐하고 화낼 바에 화내니 이것이 곧 도심이다[如喜怒, 人心也. 然無故而喜, 喜至於過而不能禁; 無故而怒, 怒至於甚而不能遏, 是皆爲人心所使也. 須是喜其所當喜, 怒其所當怒, 乃是道心]."/『中庸章句』, 「中庸章句序」, "도심으로 하여금 일신의 주인이 되게 하고 인심으로 하여금 매번 명령을 듣게 하면, 위태로운 것이 편안하게 되고 은미한 것이 드러나게 되어, 움직이거나 고요할 때 말하거나 행동할 때 저절로 지나침과 모자람의 잘못이 없게 될 것이다[必使道心, 常爲一身之主, 而人心 每聽命焉. 則危者安, 微者著, 而動靜云爲, 自無過不及之差矣]."

주인으로 서게 되면 기존의 인심은 도심의 흐름 속으로 융화된다는 뜻이다. '인심(人心)이 곧 도심(道心)이 되는 인심의 도심화(道心化)가 이루어진다는 뜻이다.[224] 도심화가 이루어진 인심의 흐름은 여전히 생각하고 느끼고 감각하는 활동이지만 그 성격은 이전(도심의 흐름과 분리된 상태)과는 차원이 다르게 된다. 도심이라는 하늘 차원의 마음 본성의 흐름을 타고 분출되는 생각과 감정과 감각은 이제 위태롭지 않고 안정성을 갖춘, 최적의 상태로 거듭나게 된다. 마음이 고요하거나 움직일 때, 말하거나 행동할 때, 모든 생각과 감정과 감각이 표출될 때 전혀 지나치거나 모자람이 없는 경지에 이르게 된다. 이것이 '중(中)'이다. 중은 치우침이나 과불급이 없는 최적의 자리를 뜻하는데, 이는 진정한 마음 영역으로서의 도심, 본성의 자리에 다름 아니다.

'정(精)'과 '일(一)'은 도심의 주재화를 가능케 하는 공부방법이다. '정(精)'은 면밀하게 살피는 것이고 '일(一)'은 한결같이 머무는 것을 의미한다. 면밀하게 살핀다는 것은 마음으로부터 피어나는 생각과 감정, 감각이 천리인지 아닌지를 살피는 것인데 이는 곧 마음의 흐름이 곧 도심의 흐름인지 아닌지를 살핀다는 의미다. 도심이 마음의 주인 그 자체로서 자리 잡고 있는지, 그래서 마음이 천리를 드러내고 있는지를 면밀하고 정성스럽게 살핀다는 의미다. 그런데 이렇게 살필 수 있는 주체가 도심이다. 마음이 알아차리고 있다면 혹은 깨어 있다면 그것은 이미 도심이다. 도심이 아니면 제대로 알아차릴 수도, 깨어서 조절할 수도 없다. 도심 스스로가 스스로를 살피면서 마음의 주인의 자리를 견지하도록 이끄는 공부를 곧 정(精)이라 할 수 있다. 한편, '한결같음'의 의미를 지닌 일(一)은 도심의 상태에 언제나 전일하게 머무는 것을 의미한다. 도심의 상태를 한결같이 지키고서 거기에 안착해 있는 것, 말하자면 도심 자체로서 언제나 존재하는 공부가 일(一)이다. 이렇게 정(精)과 일(一)은 도심이 주체가 되어 스스로를 살피고 깨어 있으면서 언제나 도심 그 자체에 머무는 공부다. 앞의 「중용장구서」에서는 드러나 있지 않으나, 다음 장에서 다룰 주희의 공부방법론 체계를 고려할 때 정(精)과 일(一)은 각각 격물치지와 경의 공부로도 해석할 여지가 있다. 아니면 정(精)과 일(一) 모두 경(敬) 공부로 수렴해서 이야기할 수도 있다.

요컨대 주희는 「중용장구서」를 통해서 도심(道心)이 주재하는 경지, 그리하여 중(中)에 이르고 견지하는 경지를 공부의 이상으로 놓고 있다. 그 구체적 양상은 앞서 살핀 바의

---

224 『朱子語類』 78-197, "人心只見那邊利害情欲之私, 道心只見這邊道理之公. 有道心, 則人心爲所節制, 人心皆道心也."

인(仁)의 본성의 발현 양상에 다름 아니기에 이를 통해 가늠해 볼 수 있다. 나아가 주희의 「중용장구서」는 그 경지에 이르는 공부방법론의 요체도 정(精), 일(一)로써 드러내고 있으며, 이를 주도하는 마음이라는 공부 주체의 성격과 위상도 뚜렷하게 그리고 있다.

마무리하면서 특별히 주목할 점은, 주희는 마음과 공부를 둘러싼 이와 같은 심법적 지혜가 도통을 통해 전승되어 온 문명의 핵심이라고 보는 것이다. 이 전통을 이어 다시 새로운 문명질서의 구축을 모색하는 주희에게도 그 열쇠는 역시 도심의 주재화를 이끌어 내는 심법이 아닐 수 없다. 주희가 설계하는 공부, 학문, 교육의 요체도 이를 벗어나지 않는다.

제5장

공부의 기본 태도와 주요 원리들

1. 논의의 방향

주희는 공부[學]의 목적, 주체에 부응하는 태도와 지향, 방법, 내용에 대해 유례 없는 이론적 체계화를 시도한다. 체계화된 의미론과 목적론, 주체론 등에 대해서는 제4장에서 다루었고, 체계화된 방법론에 대해서는 제6장과 제7장에 걸쳐 자세히 검토할 것이다. 요컨대 주희의 공부론은 리기의 묘합으로서의 심을 주체로 하고 인·의·예·지로 귀결되는 인간 본성의 실현을 목적으로 하면서, 한편으로는 경(敬)을 근간으로 지(知)와 행(行)이 병행되고, 다른 한편으로는 소학(小學)으로부터 대학(大學)으로 나아가는 방법적 체계를 갖춘 것으로 이해된다. 이 장에서는 체계화된 방법론을 본격적으로 다루기 전에 주희가 강조한 바의, 공부에 임할 때 견지해야 할 기본 태도나 원리에 대해서 정리해 보고자 한다. 이런 작업은 주희의 공부방법론의 성격을 특징적으로 이해하는 데 도움을 줄 것이다.

먼저, 공부에 대한 기본 태도와 방향을 둘러싼 주희의 견해를 개괄적으로 정리하는 의미에서 『주자어류(朱子語類)』의 권8, '총론위학지방(總論爲學之方; 공부의 방법을 총체적으로 논함)'을 집중적으로 검토해 볼 것이다. 『주자어류(朱子語類)』 7~13권은 '학(學)'의 문제를 다루고 있는데,[1] 그중에서 8권은 가장 포괄적인 시야에서 학의 방향과 의미를 설명해 주고 있어 주희 공부방법론의 기틀을 이해하는 데 유용하다. 나아가 이 장에서는 주희가 중시한 공부의 원리를 이해하는 차원에서 공부를 둘러싼 주요 표어 몇 가지를 주목해 보고자 한다. 다양한 관점에서 다양한 표어가 선택될 수 있지만 그중에서 주희가 특히 강조했고, 또 주희 이후의 성리학의 역사에서도 중요하게 활용된 바의 '위기지학(爲己之學)' '하학이상달(下學而上達)' '존덕성이도문학(尊德性而道問學)'을 꼽아서 정리해 보려고 한다.

---

1 『朱子語類』에서 '학(學)' 일반론을 다룬 것은 권7(卷七)에서 권13(卷十三)에 걸쳐 배치되어 있다. 각 권의 주제는 다음과 같다: 『朱子語類』 卷七, 「學一, 小學」 卷八, 「學二, 總論爲學之方」 第九, 「學三, 論知行」 卷十, 「學四, 讀書法上」 卷十一, 「學五, 讀書法下」 卷十二, 「學六, 持守」 卷十三, 「學七, 力行」

미리 말하자면, '총론위학지방(總論爲學之方; 『주자어류』 8권)'에서 드러난 공부[學]의 총체적인 태도나 방향과, 『논어』『중용』에 기원을 두고 주희에 의해 재해석된 대표적 공부 표어들—위기지학, 하학이상달, 존덕성이도문학—에서 드러나는 공부의 원리는 한 줄기로 이어져 있음을 보게 될 것이다. 그리고 여기에서 포착되는 공부의 태도와 원리를 통해, 도불은 물론이고 유가 내의 다른 학파들과 차별화되는 주자학적 특성을 확인하게 될 것이다. 나아가 공부의 태도와 원리에 관한 주희의 이해는 특히 그가 주목하는 바의 교육적 활용으로 이어질 수 있는 공부론으로서의 면모를 갖춘다는 점, 즉 비단 사대부의 학문의 길안내에 그치지 않고, 아동들과 평범한 사람들이 방향을 잃지 않으면서 차근차근 밟아 갈 수 있는 교육의 길에 대한 모색과 긴밀하게 연결되어 있다는 점도 관찰하게 될 것이다.

2. 공부의 출발과 기본 태도: '총론위학지방(總論爲學之方; 『주자어류』 권8)'을 중심으로

1) 공부의 입구를 잘 찾아 들어서기

주희는 공부의 출발점에서 그 입구를 잘 찾는 것이 중요하다는 점을 강조한다. 입구를 잘못 들어갔을 경우의 시행착오는 삶의 큰 낭비와 혼란으로 이어지기 때문에 입문 과정에 신중을 기하지 않을 수 없다. 주희에게 공부의 입구를 찾는 일은, 무엇보다 공부의 의미와 목적, 방향, 방법을 둘러싼 '큰 도리'를 이해하는 일과 연계되어 있다. 주희에 의하면 큰 도리란 그것을 인지하고 있으면 작은 것은 저절로 훤히 통하게 되는 무엇이다.[2] 큰 것을 이해하지 못하면서 작은 것을 이해하는 것은 불가능하니, 마치 집터가 없어 남의 땅에 집을 짓고 난 후 정작 자신을 둘 곳이 없는 것과 같다.[3] 배움의 과정에서 큰 틀을 이해할 수 있게 되면 작은 공부들은 하나의 도리로 꿰뚫어지고 통함을 알게 된

2 『朱子語類』 8-17, "學須先理會那大底. 理會得大底了, 將來那裏面小底自然通透. 今人却是理會那大底不得, 只去搜尋裏面小小節目."

3 『朱子語類』 8-15, "識得道理源頭, 便是地盤. 如人要起屋, 須是先築教基址堅牢, 上面方可架屋. 若自無好基址, 空自今日買得多少木去起屋, 少間只起在別人地上, 自家身己自沒頓放處."

다.[4] 그 안의 작은 공부들이 관통될 수 있는 큰 틀을 이해하지 못하고 소소한 절목만 물으며 찾는 공부의 문제점을 주희는 지적한다.[5]

앞 장에서 자세히 다루었듯이 주희에게 공부, 배움, 학은 그 리를 근거로 하며 동시에 리의 이해와 실현을 지향한다. 그에 의하면 리는 인간에게 품부되어 본성(本性)이 되며, 나아가 학은 리로서의 본성을 체현하는 일이 된다. 주희가 공부의 입구에서 찾아 갖출 필요가 있다고 보는 큰 도리, 큰 틀의 핵심은 리로서의 본성의 체현이라는 공부의 방향이다.

주희는 공부의 입구에서 리, 성, 심 같은 개념을 중심으로 설명될 수 있는 인간의 본성과 그 제약, 그리고 회복의 길에 대한 인식의 틀을 견지하는 것이 공부의 성패를 가르는 관건이라는 믿음을 지닌다. 이 인식의 틀 위에서 공부의 구체적 절목들은 비로소 그 방향을 잃지 않고 의의를 확보할 수 있다고 보는 것이다. 그런데 여기에서 한 가지 의문이 드는 것은 배움이 성숙하지 않은 출발점에서 과연 이런 이해를 갖출 수 있는가 하는 점이다. 존재의 원천이며 진리이며 가치인, 그리고 인간의 본질로 자리 잡은 태극이나 리, 그리고 본성과 같은 것은 배움을 통해 깨달아 갈 것이지 배움의 입문처에서 통찰하기에는 차원이 너무 높은 것으로 보지 않을 수 없기 때문이다. 주희도 이 점을 잘 인식하고 있다. 더욱이 주희는, 공부가 높고 멀기보다는 철저하게 일상의 가깝고 긴요한 삶의 현실에 발을 붙이는 모습이어야 함을 강조한다. 주희는 이런 인식에도 불구하고 공부의 출발점에 선 자들이 자신의 공부가 근거하고 지향할 바가 무엇인지에 대한 이해를 일정하게 깔고 있어야 한다고 주장한다. 공부의 입문자들이 공부의 근거와 방향에 대해 처음부터 그 전모를 알기는 어렵다고 해도, 최소한의 이해는 가져야 공부가 그 길을 잃지 않으며 동기부여도 될 수 있다는 것이다. 주희의 이런 생각은 자신이 주도하여 여조겸과 함께 교육적 목적으로 편찬한 『근사록(近思錄)』의 내용 편제에 대한 변에 잘 드러나 있다. 공동 편찬자인 여조겸(呂祖謙)은 서(序)에서, 『근사록』의 첫머리에 태극음양과 성리에 관한 내용을 두고서 다음과 같이 설명한다: "(후학들이) 의리의 본원에 대해서 당장 말할 수 없을지라도 만일 그 대강을 알지 못한다면 어디에 다다라야 한단 말인가? 그래

4 『朱子語類』 8-18, "學問須是大進一番, 方始有益. 若能於一處大處攻得破, 見那許多零碎, 只是這一箇道理, 方是快活."

5 『朱子語類』 8-17, "學須先理會那大底. 理會得大底了, 將來那裏面小底自然通透. 今人却是理會那大底不得, 只去搜尋裏面小小節目."

서 이것을 책머리에 실어서 다만 그 개념이라도 알아서 지향할 곳이 있게 한 것이다. 다른 권에서는 배우는 방법과 일상생활에서의 실천의 실질을 말했는데 과정과 단계가 있다. 이에 따라 나아가되 낮은 곳으로부터 높은 곳으로 올라가고 가까운 곳으로부터 먼 곳에 이르면 이 책을 만든 뜻을 잃지 않게 된다."[6] 후에 이황(李滉)은『성학십도(聖學十圖)』의 첫머리에「태극도설(太極圖說)」을 두고 바로 이런 주희의 뜻을 다시 언급한다. 실제 배움은 소학의 토대에서 대학으로 나아가는 순서를 밟아 간다고 해도, 그 출발점에서 배움의 근간을 이루는 큰 도리 및 인간 본성을 이해하는 일은 배움의 방향 안내와 동기부여를 위해 긴요하다는 점을 주희에 이어서 강조한다.[7]

주희에게 본성의 체현으로 나아가는 배움은 단지 삶의 여러 가지 일 중의 하나가 아니다. 해도 좋고 하지 않아도 좋은 여러 선택지 중의 하나가 아니다. 그것은 삶의 진정한 의미와 즐거움을 발견하는 일이며 참된 자기를 찾아가는 일이다. 그 길은 무분별한 탐욕과 무지에 의한 불행과 고통을 넘어서도록 하는 길이다. 개인 차원을 넘어 사회의 조화로운 공동체를 가능케 하는 길이다. '하늘'의 존재로서의 자신의 '하늘 본성'을 구현하면서 천지화육(天地化育)의 우주적 창조의 길에 동참하는 일이다.[8] 공부가 이처럼 엄중한 일이므로 그 입구를 제대로 찾는 노력, 나아가서 입구에 들어선 이후에는 치열하게 전진해 가는 노력이 중요하다.

6 『近思錄』,「呂序」(『朱子全書』13册, 164쪽), "近思錄旣成, 或疑首卷陰陽變化性命之說, 大抵非始學者之事, 祖謙竊嘗與聞次緝之意, 後出晩進, 於義理之本原, 雖未容驟語, 苟茫然不識其梗槪, 則亦何所底止, 列之篇端特使知其名義, 有所嚮望而已. 至於餘卷所載講學之方, 日用躬行之實, 具有科及, 循是而進, 自卑升膏, 自近及遠, 庶幾不失纂集之指. 若乃厭卑近而騖高遠, 躐等陵節, 流於空虛, 迄無所依據, 則豈所謂近思者耶覽者宜詳之."

7 『聖學十圖』,「太極圖說」, "皆學聖人者求端自此, 而用力於小大學之類, 及其收功之日而 遡極一源, 卽所謂窮理盡性而至於命, 所謂窮神知化德之盛者也."

8 『中庸章句』1章, "天命之謂性, 率性之謂道, 脩道之謂敎. 道也者, 不可須臾離也, 可離, 非道也. 是故君子, 戒愼乎其所不睹, 恐懼乎其所不聞. 莫見乎隱, 莫顯乎微, 故君子愼其獨也. 喜怒哀樂之未發謂之中, 發而皆中節謂之和. 中也者, 天下之大本也. 和也者, 天下之達道也. 致中和, 天地位焉, 萬物育焉."

2) 큰 뜻 세우고 결기 있게, 그리고 중단 없이 전진하는 공부

진지하고 결기 있는 탐색을 통해 입구를 찾았다면 이후의 공부는 중단 없는 전진이 필요하다. 입구를 제대로 찾지 못한다면 굳건하게 앞으로 나아가지 못하고 인생을 허비하게 되고, 입구를 찾았으되 그 길을 계속 가지 않고 중단하고서 다시 시작하고자 하면 힘의 낭비가 크다. 주희는 이에 대해 닭이 알을 품어 부화하는 일에 비유하고 있다. 만일 닭이 부화하는 방법을 찾지 못하고서 알을 뜨거운 물로 데운다면 바로 죽어 버릴 것이고, 알을 품되 중간에 품기를 그만둔다면 싸늘하게 식어 버릴 것이다. 따라서 그 입구를 알고 이후 중단 없이 전진하는 일이 중요한데, 주희에 의하면 진실로 입구를 알았다면 자연히 공부의 맛을 알아 그만둘 수 없게 된다. 마치 과일을 먹는 것과도 같아서 맛을 모를 때는 먹든 안 먹든 상관이 없지만 일단 맛을 아는 단계를 통과하면 그만 먹으려 해도 스스로 그만둘 수 없는 것과 마찬가지다.[9] 공부가 그 길을 찾고 중단이 없기 위해서는 결기 어린 공부태도가 필요하다. "배우는 사람이 공부를 할 때에 마땅히 먹고 자는 것조차 잊고 단숨에 공부해서 학문의 진입처를 얻어야만 그 후로는 재미가 생겨 공부가 이어질 것이다. 하다 말다 하거나 하는 둥 마는 둥 하면 일을 이루지 못한다."[10] 주희는 공부를 논함에 있어, '발분(發憤)'[11] '용(勇)'[12] '용맹분발(勇猛奮發)'[13] '진(進)'[14] '통절간측(痛切懇惻)'[15] 등의 용어를 써 가며 결기 어린 공부를 주문한다. 그 절실함은 "마치 불타는 집에 있는 것처럼 하고 물이 새는 배에 있는 것처럼 해야 한다".[16] 거친 급류에서

---

9 『朱子語類』 8-23, "若不見得入頭處, 緊也不可, 慢也不得. 若識得些路頭, 須是莫斷了. 若斷了, 便不成. 待得再新整頓起來, 費多少力. 如雞抱卵, 看來抱得有甚煖氣, 只被他常常恁地抱得成. 若把湯去湯, 便死了, 若抱才住, 便冷了. 然而實是見得入頭處, 也自不解住了, 自要做去, 他自得些滋味了. 如喫果子相似 : 未識滋味時, 喫也得, 不消喫也得, 到識滋味了, 要住, 自住不得."

10 『朱子語類』 8-36, "學者做工夫, 當忘寢食做一上, 使得些入處, 自後方滋味接續. 浮浮沉沉, 半上落下, 不濟得事."

11 『朱子語類』 8-40, "今之學者全不曾發憤."

12 『朱子語類』 8-41, "爲學不進, 只是不勇."

13 『朱子語類』 8-60, "聖賢千言萬語, 無非只說此事. 須是策勵此心, 勇猛奮發, 拔出心肝與他去做. 如兩邊擂起戰鼓, 莫問前頭如何, 只認捲將去. 如此, 方做得工夫. 若半上落下, 半沈半浮, 濟得甚事."

14 『朱子語類』 8-39, "爲學須覺今是而昨非, 日改月化, 便是長進."

15 『朱子語類』 8-34, "爲學須是痛切懇惻做工夫, 使飢忘食, 渴忘飲, 始得."

16 『朱子語類』 8-64, "如居燒屋之下, 如坐漏船之中."

배가 휩쓸리지 않도록 전력을 다해 삿대를 잡는 심정을 지녀야 한다.[17] 전쟁터에 임하여 바로 여기서 승리하거나 아니면 죽겠다는 각오로 싸우는 결기를 지녀야 한다.[18] 어영부영하며 기다리지 말고[19], 번거로움과 괴로움도 감내하며[20], 스승이나 벗에게 맡기기보다는 스스로의 힘을 근간으로[21], 그리고 우둔한 자질을 가진 사람의 공부처럼 우직하게[22] 해 가야 한다. 주희에게 이런 결기 어린 공부태도는 공부에 대한 뜻을 강하게 세우는 일과 통한다. 사람들이 공부를 하지 않고 한가하게 지내는 것은 공부를 하나의 중요한 일로 여기지 않기 때문이며, 공부에 뜻이 서 있지 않기 때문이다.[23]

주희는 본성을 실현하는 배움에 대한 뜻 세움, 곧 입지(立志)의 일을 종종 성인됨의 길을 지향하는 일로 설명한다.[24] 그가 보기에 역사에는 본성 실현의 생생한 사례들이 있으며 그것은 성현의 말과 행적으로 전해진다. 그런데 주희는 모든 사람의 본성은 똑같아서 성인(聖人)이건 범인(凡人)이건 차이가 없음을 거듭 강조한다. 역사 속에서 본성을 구현한 성인의 사례는, 범인들로 하여금 자신도 노력하면 될 수 있다는 가능성을 열어 준다. 즉, 역사 속에서 본성을 실현한 사례로서의 성인의 예는, 나의 본성의 실현 동기를 촉진하는 계기인 동시에 본성 실현의 구체적인 길을 보여 주는 것이기도 하다.[25] 주희는

---

17 『朱子語類』 8-65, "爲學極要求把篙處著力. 到工夫要斷絶處, 又更增工夫, 著力不放令倒, 方是向進處. 爲學正如撑上水船, 方平穩處, 儘行不妨. 及到灘脊急流之中, 舟人來這上一篙, 不可放緩. 直須著力撑上, 不得一步不緊. 放退一步, 則此船不得上矣."

18 『朱子語類』 8-63, "且如項羽救趙, 旣渡, 沈船破釜, 持三日粮, 示士必死, 無還心, 故能破秦. 若瞻前顧後, 便做不成."

19 『朱子語類』 8-43, "不要等待."/ 『朱子語類』 8-44, "今人做工夫, 不肯便下手, 皆是要等待. 如今日早間有事, 午間無事, 則午間便可下手, 午間有事, 晚間便可下手, 却須要待明日. 今月若尙有數日, 必直待後月, 今年尙有數月, 不做工夫, 必曰, 今年歲月無幾, 直須來年. 如此, 何緣長進! •因康叔臨問致知, 先生曰 : 如此說得, 不濟事."

20 『朱子語類』 8-46, "學者須是奈煩, 奈辛苦."

21 『朱子語類』 8-42, "不可倚靠師友."

22 『朱子語類』 8-50, "大抵爲學雖有聰明之資, 必須做遲鈍工夫, 始得. 旣是遲鈍之資, 却做聰明底樣工夫, 如何得."

23 『朱子語類』 8-30, "學者須是立志. 今人所以悠悠者, 只是把學問不曾做一件事看, 遇事則且胡亂恁地打過了. 此只是志不立."

24 『朱子語類』 8-29, "今之朋友, 固有樂聞聖賢之學, 而終不能去世俗之陋者, 無他, 只是志不立爾. 學者大要立志, 纔學, 使要做聖人是也."

25 『朱子語類』 8-27, "凡人須以聖賢爲己任. 世人多以聖賢爲高, 而自視爲卑, 故不肯進. 抑不知, 使聖賢本自高, 而已別是一樣人, 則早夜孜孜, 別是分外事, 不爲亦可, 爲之亦可. 然聖賢稟性與常人一同. 旣

성인은 어떠하고 범인은 어떠한지, 자신이 왜 성인과 같지 않고 범인일 뿐인지를 진지하게 성찰하며 범인을 넘어 성인의 경지로 나가는 의미를 통찰하라고 주문한다.[26] 범인으로 남아 있는 것이 나의 삶에 어떤 제약을 가져오는지, 나의 지성과 덕성의 구현에 어떠한 문제를 노출하는지를 분명하게 이해해야 한다는 것이다. 기실 성인의 길을 향하려는 뜻이 서기 위해서는 자신의 요구가 있어야 한다. 내가 성인이 아님으로써 갖게 되는 한계, 불편함을 여실히 느낄 수 있어야 한다. 내가 충분한 사랑과 정의감과 지혜를 갖지 못하고 무분별한 욕망에 치임으로써 갖게 되는 삶의 피폐함을 감각 있게 느낄 수 있어야 한다. 성인의 경지가 품고 있는 넉넉함, 평화로움, 자율이 어떤 기상인지를 알아야 한다. 이러한 자각은 억지로 이루어지는 것이 아니라 내면으로부터의 스스로의 경험으로부터 우러나는 것이다.

주희에게 성인은 배움을 안내하는 선각자이자 실제로 그것을 구현한 모델로서 범인들의 배움의 좌표를 뚜렷하게 보여 주는, 일종의 교육적 인간상이다. 주희의 공부론의 저변에는 성인의 존재에 대한 신뢰, 성인이 보여 준 배움의 길에 대한 신뢰가 깊이 깔려 있고, 이는 주희의 공부론을 이해하는 데 빼놓을 수 없는 요소가 된다. 주희 공부론 전반을 볼 때 배우는 주체의 존엄성 및 자율성은 지극히 존중되고 지지되니, 이는 주체가 성인과 똑같은 본성을 지니고 있으며 그 본성이야말로 모든 판단의 궁극적 기준이라는 점에서 확인된다. 그러면서도 주희는 자신의 본성을 펼쳐 가는 데 역사 속의 성인의 삶의 지혜를 진지하고 겸허하게 참조하고 활용할 것을 강조한다. 『논어』의 '학이시습(學而時習)'의 학(學)에 대해 주희는 본성을 먼저 자각하고 실현한 선각자의 행적을 본받는 행위, 즉 효(效)로 풀이한다.[27] 주희에게 '온고'의 핵심은 성인으로 상징되는, 먼저 본성의 길을 열어간 선각자의 삶과 지혜를 익히는 것이며, 이를 위한 가장 대표적인 방법은 그런 내용을 담은 책을 구도적 자세로 읽어 가는 것이다.

與常人一同, 又安得不以聖賢爲己任? 自開闢以來, 生多少人, 求其盡己者, 千萬人中無一二, 只是衮同枉過一世."/『朱子語類』 8-28, "學者大要立志. 所謂志者, 不道將這些意氣去蓋他人, 只是直截要學堯舜."

26 『朱子語類』 8-37, "而今緊要且看聖人是如何, 常人是如何, 自家因甚便不似聖人, 因甚便只是常人. 就此理會得透, 自可超凡入聖."/『朱子語類』 8-38, "爲學, 須思所以超凡入聖. 如何昨日爲鄕人, 今日便爲聖人. 須是竦拔, 方始有進."

27 『論語集註』「學而」의 '學而時習'에 대한 註解: "學之爲言, 效也. 人性皆善, 而覺有先後, 後覺者必效先覺之所爲, 乃可以明善而復其初也."

3) 평이한 것에 큰 것을 담아내는 공부

지금까지 논의된 것만을 보면 주희가 말하는 배움은 너무 높고 멀어 보인다. 리를 말하고 본성을 말하고 성인을 말한다. 그런데 주희가 리를 전제하고 지향하는 배움을 말하는 것은 분명하지만 그가 제안하는 공부의 실제는 매우 가깝고 '평이(平易)'하다. 그리고 '중정화평(中正和平)'의 균형감을 중시한다. 그러면서 '위기(爲己)'의 초점을 잃지 않는다. 주희는 평생 교육자적 관점에 충실해서 교육론을 구축하고 자신의 교육이상의 실현을 위해 실제 학교도 운영한 인물답게, 사람들을 보다 쉽게, 그리고 균형 있게, 그리고 초점 있게 교육할 수 있는 방안 마련에 큰 관심을 보였다. 이는 공자 이래 학의 정신의 정수를 성실하게 읽고 재해석한 결실이라고 할 수 있다.

주희는 먼저 평이(平易)한 가운데 큰 것을 담아내는 공부의 의미를 강조한다. 그는 "성인이 사람들에게 가르친 것은 대개 효제충신(孝弟忠信)과 같은 일상생활에서 늘 행해야 하는 것에 대한 말이다. 사람이 이런 것들을 해 나갈 수 있다면 방만해진 마음이 저절로 거두어지고 어두워진 본성이 저절로 드러난다."[28]고 한다. 이런 주희의 관찰은 『논어』를 둘러보면 쉽게 납득된다. 주희는 "도의 본체와 작용은 비록 지극히 그윽하고 미묘하지만 성현의 말씀은 아주 명백하다."[29]라고 하면서, 성인은 쉽게 이해될 수 있는 분명한 말로써 그윽하고 미묘한 도의 본체와 작용을 담아내어 사람들을 인도한다는 데 주목한다. 주희가 바라본 "성인의 도는 배고플 때 먹고 목마를 때 물 마시는 것과 같이"[30] 평이해 보이면서도 삶에 절실한 것이다. 성인이 이끄는 공부는 일상적으로 보이지만 그 이치를 미루어 가면 모든 것이 포괄되고 관통되며 이를 확충해 가면 천지가 제자리를 잡고 만물이 길러지는 성과에도 이를 수 있는 엄청난 의미와 힘을 지닌 일이다.[31] 위대한 하나의 진리를 근간으로 하고 그것을 지향하면서도 지극히 평이하고 분명한 곳에 뿌리를 내리고 있는 공부, 이것이 주희가 관찰한 바의 이상적인 공부의 모습이다. 분명하고 평이

---

28 『朱子語類』 8-7, "聖人教人, 大概只是說孝弟忠信日用常行底話, 人能就上面做將去, 則心之放者自收, 性之昏者自著."

29 『朱子語類』 8-2, "道體用雖極精微, 聖賢之言則甚明白."

30 『朱子語類』 8-3, "聖人之道, 如飢食渴飮."

31 『朱子語類』 8-9, "聖門日用工夫, 甚覺淺近. 然推之理, 無有不包, 無有不貫, 及其充廣, 可與天地同其廣大. 故爲聖, 爲賢, 位天地, 育萬物, 只此一理而已."

한 것에 대해서 안다면 깊고 은미한 것도 자연히 그 안에 있게 되니,[32] 따라서 우선 절실하고 가까운 곳에서 노력하는 것이 바람직하다.[33] 산에 오를 때에 낮은 곳에서부터 이해해 가지 않으면 높은 곳에 끝내 이를 수 없는 것과 같이,[34] 가깝고 평이한 것은 외면하고 멀고 높은 것만 추구하는 공부는 실패할 수밖에 없다. 주희는 당대 사람들의 공부가 종종 평이함을 잃고 높은 곳으로 치달리는 면모를 우려한다. "요즘 배우는 사람들은 대부분 고원한 것을 말하기 좋아하고 평이한 것을 좋아하지 않는다. 평이한 것이 마땅히 해야 하는 일인 것을 전혀 알지 못한다."[35]는 것이다. 설령 평이한 것이 좋고 지향해야 한다는 것을 아는 사람이라고 해도 실제로 평이한 것이 도달하기가 얼마나 어려운지를 모르는 현실도 꼬집는다. "요즘 사람들은 도리가 평이해야 한다고 말하지만 그 평이한 곳에 이르기가 매우 어렵다는 것을 모른다. 옛 습관에 얽매여 있으니 어떻게 떨쳐 버릴 수 있겠는가? 비유하자면 글을 쓰는 것과 같다. 기발하게 꾸민 글은 쓰기 쉽지만 평이하고 담백한 글은 쓰기 어렵다. 그러나 반드시 그 기발하게 꾸민 글에서 벗어난 뒤에라야 평이하고 담백한 글을 쓸 수 있다."[36]

주희가 제안하는 배움은 평이하지만 그 속에 큰 진리를 담아내는 양태를 지닌다고 했거니와, 이는 어디에도 치우치지 않고 바르며 조화로운 '중정화평(中正和平)'[37]의 배움을 지향한다는 점을 의미하기도 한다. 주희에 의하면 도의 본체는 넓고 끝이 없는 바,[38] 하나의 리는 위에서 아래에 이르기까지 정밀한 것과 거친 것, 근본과 말단을 막론하고 관통되어 있다.[39] 성인은 도의 이와 같은 모든 측면을 균형 있게 이해하고 드러내니, "성인의 도는 높고 아득한 것도 있고 평이하고 실제적인 것도 있다."[40] 따라서 배우는 자는 도

32 『朱子語類』 8-104, "於顯處平易處見得, 則幽微底自在裏許."

33 『朱子語類』 8-105, "且於切近處加功."

34 『朱子語類』 8-103, "譬如登山, 人多要至高處. 不知自低處不理會, 終無至高處之理."

35 『朱子語類』 8-102, "今之學者多好說得高, 不喜平. 殊不知這箇只是合當做底事."

36 『朱子語類』 8-44, "今人言道理, 說要平易, 不知到那平易處極難. 被那舊習纏繞, 如何便擺脫得去. 譬如作文一般, 那箇新巧者易作, 要平淡便難. 然須還他新巧, 然後造於平淡. 又曰 : 自高險處移下平易處, 甚難."

37 『朱子語類』 8-10, "常人之學, 多是偏於一理, 主於一說, 故不見四旁, 以起爭辯. 聖人則中正和平, 無所偏倚."

38 『朱子語類』 8-1, "這道體, 饒本作理. 浩浩無窮."

39 『朱子語類』 8-115, "徹上徹下, 無精粗本末, 只是一理."

40 『朱子語類』 8-4, "聖人之道, 有高遠處, 有平實處."

의 각각의 맥락을 이해할 수 있어야 하며 단지 한 측면을 편협하게 보고 말하는 것은 경계해야 한다.[41] "학문은 한 가지 일이나 한 가지 방법상에서만 이해하는 것이 아님"[42]을 직시할 필요가 있다. 그럼에도 불구하고 사람들은 하나의 부분적 이치에 치우쳐서 사방을 보지 못하는 병폐를 보이곤 한다.[43] 주희가 보기에 가장 염려되는 공부태도는 대충 보고서 좋지 않은 곳에 쉽게 달려드는 것이다.[44] "세상에는 큰 강과 큰 하천이 있으니 토굴이나 지키면서 물이 오로지 여기에 있다고 말해서는 안 되는데도"[45] 말이다. 도의 전체적 측면을 다양한 관점에서 이해하는 안목이 필요하며 이를 위해 공자가 그러했던 것처럼 널리 배우고 많은 것을 경험하는 노력이 필요하다.[46] 그런데 동시에 역시 공자가 그러했던 것처럼 그 모든 공부의 성과를 집약해 내고 하나로 꿰뚫는 이해력 및 실천력도 필요하다. 말하자면 도의 근원적 지점, 큰 틀, 요체를 이해하는 일이 필수적이다.[47] 주희에게 하나의 설에 편협하게 갇혀 있지 않는 공부와 모든 것을 관통하는 하나의 리에 대한 이해력을 얻는 공부는 서로 통한다.

4) 자기 성장을 실질적으로 이루어 가는 공부

주희에게 공부의 본질은 '진정한 자기실현'의 일로도 표현될 수 있다. 대충 말만 앞세우거나 남에게 보여 주기 위한 장식용의 공부가 아니라, 자신이 접한 지식이나 지혜, 경험을 진정으로 자신의 성장에, 자기 본성의 실현을 위한 자산으로 삼으며 나아가는 공

---

41 『朱子語類』 8-12, "這箇道理, 各自有地頭, 不可只就一面說. 在這裏時是恁地說, 在那裏時又如彼說, 其賓主彼此之勢各自不同."

42 『朱子語類』 8-117, "學問不只於一事一路上理會."

43 『朱子語類』 8-10, "常人之學, 多是偏於一理, 主於一說, 故不見四旁, 以起爭辯. 聖人則中正和平, 無所偏倚."

44 『朱子語類』 8-116, "最怕麤看了, 便易走入不好處去."

45 『朱子語類』 8-123, "天下更有大江大河, 不可守箇土窟子, 謂水專在是."

46 『朱子語類』 8-121, "大凡學者, 無有徑截一路可以教他了得 : 須是博洽, 歷涉多, 方通."

47 『朱子語類』 8-13, "學者工夫, 但患不得其要. 若是尋究得這箇道理, 自然頭頭有箇著落, 貫通浹洽, 各有條理."/『朱子語類』 8-14, "爲學須先立得箇大腔當了, 却旋去裏面修治壁落教細密. 今人多是未曾知得箇大規模, 先去修治得一間半房, 所以不濟事."/『朱子語類』 8-15, "識得道理源頭, 便是地盤. 如人要起屋, 須是先築教基址堅牢, 上面方可架屋. 若自無好基址, 空自今日買得多少木去起屋, 少間只起在別人地上, 自家身己自沒頓放處."

부를 지향한다.

주희가 보기에 성현의 공부가 보통 사람의 공부와 다른 것은 진실하고 착실하다는 점이다. 내실이 없이 머리로만 생각하고 말로만 떠들거나 남에게 자랑이나 할 욕심이 섞인 생색내기식의 공부가 아니라 진실로 하나하나 쌓아 가는, 그리하여 나의 실질적 성장, 본성의 실질적 구현을 이끌어 내는 공부의 면모를 보여 준다. 보통 사람들의 공부가 그저 들은 것을 대충 읊조리는 정도에 그친다면 성현의 공부는, 가령 '정심(正心)'을 말하면 곧 '정심'을 행하고 '성의(誠意)'를 말하면 곧 '성의'를 행하며 자기 것으로 만들어 간다.[48] 보통 사람은 어떤 것을 대충 익히고서 그 얄팍한 지식을 남에게 자랑하고 과시하는 데 관심을 갖는 데 비해, 성인은 그것을 깊이 이해해서 자신의 것으로 만들어 가는 데 집중한다. 그럴듯하게 꾸며 남에게 보이는 것을 주 관심사로 삼는 공부는 결국 자기 자신의 성장과는 아무런 상관이 없는 결과를 낳는다.[49] 남이 알아주든 그렇지 않든 전혀 상관함이 없이, 타인의 눈이 아닌 오직 자신의 내면의 소리와 빛에 따라 내 것을 쌓아 가는 공부의 태도가 필요하다.

이것이 곧 주희가 공자를 이어 주시하는 '위기(爲己)'의 자세이기도 하다. 주희는 공자가 말한 위기(爲己)와 위인(爲人)의 구분[50]을 진중하게 받아들이며, 공부하는 사람들은 이 양자의 갈림길을 분명히 분별할 수 있어야 함을 역설한다. 위기는 주체의 원초적 공부 동기가 내면으로부터의 본성적 요구에 근거해 있는, 그리고 그 본성의 실현을 착실하게 이루어 가는 자세다. 주희는 이를 밥 먹는 일에 비유한 바 있다. 그는 "공부하는 사람은 반드시 위기해야 한다. 밥을 먹는 일에 비유해 보자. 조금씩 먹어서 배가 부르도록 하는 것이 옳겠는가, 아니면 (밥을) 문 밖에 펼쳐 두고 사람들에게 우리 집에 많은 밥이 있다고 알리는 것이 옳겠는가? 요즘 공부하는 사람들은 자신이 당연히 해야 할 일에 대

48 『朱子語類』 8-29, "世俗之學, 所以與聖賢不同者, 亦不難見. 聖賢直是眞箇去做, 說正心, 直要心正, 說誠意, 直要意誠, 修身齊家, 皆非空言. 今之學者說正心, 但將正心吟詠一餉, 說誠意, 又將誠意吟詠一餉, 說修身, 又將聖賢許多說修身處諷誦而已. 或掇拾言語, 綴緝時文. 如此爲學, 却於自家身上有何交涉? 這裏須用著意理會. 今之朋友, 固有樂聞聖賢之學, 而終不能去世俗之陋者, 無他, 只是志不立爾. 學者大要立志, 纔學, 使要做聖人是也."

49 『朱子語類』 8-80, "今學者要緊且要分別箇路頭, 要緊是爲己爲人之際. 爲己者直抜要理會這箇物事, 欲自家理會得, 不是漫恁地理會, 且恁地理會做好看, 教人說道自家也曾理會來. 這假饒理會得十分是當, 也都不闞自身己事. 要須先理會這箇路頭. 若分別得了, 方可理會文字."

50 『論語集註』, 「憲問」, "子曰, 古之學者爲己, 今之學者爲人."

해 남들에 알린다."[51]고 하며 또 "요즘 사람들은 착실하게 강학하지 않고 늘 과시하려는 생각을 가지고 있다. 비유하자면 밥이 있으면 스스로 먹으려고 하지 않고 문 앞에 펼쳐 놓고 자기 집 안에 밥이 있다고 남에게 알리기만 하는 것과 같다. 이런 생각을 완전히 없애야 비로소 진전이 있다."[52]고 한다. 옛 성현들은 진실하고 착실한 공부를 해 가는 과정에서 자연히 수많은 도리를 받아들이고 도리와 하나되어 갔다면 보통 사람들은 학문한답시고 고원한 것만 탐하고 논하면서 경박하게 과시하는 데 정력을 소비한다는 것이 주희의 진단이다.[53]

이상 논의에 근거한다면 위기의 공부의 특징은 착실, 내실, 진실, 그리고 본성에의 충실 등으로 정리해 볼 수 있다. 타인의 칭찬이나 비난, 외적인 득실과 이해에 연연하지 않고, 오직 하늘에서 부여받아 마땅하고 자연스런 삶의 길로 주어진 본성을 실제로 자각하고 체현하는 공부, 본성의 절실한 자기실현을 끌어내는 공부야말로, 즉 말로만의 잔치가 아니라 한 걸음 한 걸음 착실하게 나아가며 긴요한 것을 실제로 쌓아 가는 공부야말로 우리가 지향할 위기지학의 모습이다.

3. 주요 공부 표어들로 본 공부원리

흔히 표어는 어떤 발상의 정체성 및 그 실현 목표와 지향점을 분명히 하고, 나아가 그 실천의 동기 및 의지, 강도를 북돋는 데 활용된다. 특정 표어는 단 몇 글자로 된 지극히 간단한 문구를 수단으로 특정 발상 및 행위의 방향성과 목표 실현 열정을 지속적으로 일깨우려는 관심의 소산인 경우가 많다. 인간 본성 실현의 공부를 둘러싼 선명한 전망

---

51 『朱子語類』 8-81, "學者須是爲己. 譬如喫飯, 寧可逐些喫, 令飽爲是乎? 寧可鋪攤放門外, 報人道我家有許多飯爲是乎? 近來學者, 多是以自家合做底事報與人知."

52 『朱子語類』 8-82, "近世講學不著實, 常有夸底意思. 譬如有飯不將來自喫, 只管鋪攤在門前, 要人知得我家裏有飯. 打疊得此意盡, 方有進."

53 『朱子語類』 8-83, "今人爲學, 多只是謾且恁地, 不曾眞實肯做."/『朱子語類』 8-84, "今之學者, 直與古異, 今人只是强探向上去, 古人則逐步步實做將去."/『朱子語類』 8-87, "爲學須是切實爲己, 則安靜篤實, 承載得許多道理. 若輕揚淺露, 如何探討得道理? 縱使探討得, 說得去, 也承載不住."/『朱子語類』 8-88, "入道之門, 是將自家身己入那道理中去. 漸漸相親, 久之與己爲一. 而今人道理在這裏, 自家身在外面, 全不曾相干涉."

과 실천의지를 지니고 있었던 주희 및 이후의 성리학자들은 공부의 이상을 개인적·사회적 삶의 현실에 구현해 내고자 하는 실천적 관심에서 다양한 공부 표어를 창출해 활용했다. 주자학의 역사에 등장하는 다양한 공부 표어 중에서도 특히 많이 회자되며 활용되어 온 것으로 꼽을 수 있는 것이 '위기지학(爲己之學)' '하학이상달(下學而上達)' '존덕성이도문학(尊德性而道問學)'이 아닐까 한다. 이는 『논어』와 『중용』에 기원을 둔 문구들인데, 주희가 새로운 패러다임의 유학적 공부론을 창출해 가는 과정에서 공부의 이상을 논할 때 종종 활용한 것들이다.

이 절에서는 이 공부 표어들이 주희 성리학의 맥락에서 어떻게 이해되었는가를 따져 보고자 하며, 따라서 『논어』와 『중용』에서의 원문을 둘러싼 다양한 해석의 역사 및 해석의 가능성에 대한 논의는 생략할 것이다. 먼저 '위기지학' '하학이상달' '존덕성이도문학'의 순서로 각각 그 공부 표어로서의 의미를 고찰하고, 이후 이 세 표어가 어떻게 서로 유기적으로 연관 관계를 형성하는지, 이 세 표어 전체를 통해 관찰되는 주희 성리학의 공부론의 특징은 어떠한지를 검토해 볼 것이다.

1) 위기지학(爲己之學)

성리학에서 이상적 공부의 상징처럼 이야기되는 '위기지학'은 『논어』의 다음 언표를 기초로 하고 있다.

> 옛날 공부하는 사람들은 위기(爲己)했는데, 오늘날 공부하는 사람들은 위인(爲人)한다.[54]

『논어』에서 공자는 위기(爲己)를 위인(爲人)과 대비해서 좋은 공부의 표상으로 설정해 놓고 있다. 이 부분에 대한 주희의 주석에서는, 정이의 말을 빌려서, 위기는 '득지어기(得之於己)'로, 위인은 '현지어인(見知於人)'으로 설명한다.[55] 글자 그대로 해석한다면 '득

---

54 『論語集註』, 「憲問」, "子曰, 古之學者爲己, 今之學者爲人."

55 『論語集註』, 「憲問」의 註解, "程子曰爲己欲得之於己也, 爲人欲見知於人也, 程子曰, 古之學者爲己其終至於成物, 今之學者爲人其從至於喪己. 愚按聖賢論學者用心得失之際, 其說多矣. 然未有如此言之切而要者, 於此明辨而日省之, 則度乎其不昧於所從矣."

지어기'란 자신에게 얻는다는 뜻이고 '현지어인'이란 남에게 드러내어 알게 한다는 뜻이다. 이렇게 보면 위인은 남의 시선을 의식하고 그 시선에 휘둘리는 태도라면, 위기는 남의 시선과 상관없이 오직 자기의 내면의 소리에 비추어 긴요한 것을 체득하는 태도로 이해된다. 일견 평범하게 느껴지는 해설이지만 그 이면의 의미를 더 풀어 보면 이는 공부의 태도와 지향점에 대해 중대한 메시지를 던지고 있음을 알게 된다. 이상의 정이의 해설을 근간으로 하면서, 위기와 위인의 의미에 대해 좀 더 많은 정보를 제공하는『주자어류(朱子語類)』의 설명을 종합해 볼 때 '위기지학'은 공부의 실천상 크게 두 가지 측면의 강조점, 즉 '외부의 시선이 아닌 본성의 시선에 입각한 공부'이며 또 '진리를 절실하게 자기체험하고 실현해 내는 공부'라는 강조점을 지닌다.

(1) 외부가 아닌 본성의 시선에 입각한 공부

주희는 "'위기지학'은 타인과는 전혀 상관이 없다. 성현들의 천 가지 만 가지 말은 다만 사람들로 하여금 고유한 것을 돌이켜 본성을 회복하는 것일 뿐이다."[56]라고 한다. 여기서 그는 '위기지학'의 두 가지 면모를 밝히고 있다. 하나는 '위기지학'은 사람의 본성에 대한 절대적 신뢰를 전제로 한다는 것이다. 사람은 이미 완전한 본성을 구비하고 있으며 배움은 다만 그것을 회복하는 것이며 이것이 곧 '자신의 본성[己]을 위하는[爲] 배움'으로서의 '위기지학'이라는 것이다. 다른 하나는 '위기지학'이 이미 구비하고 있는 본성을 회복하는 일이라면 이것은 근본적으로 타인과는 관계가 없는 일이라는 것이다. 본성의 구비가 이미 타인과 전혀 상관없이 이루어졌거니와 나아가 그것의 실현을 책임지는 주체도 나 자신이지 타인이 될 수 없다. 관계성을 중시하는 유가의 공부와 삶의 실제에서 타인의 존재는 물론 중요하다. 문제가 되는 것은 나의 공부 행위가 타인의 시선을 기준으로 수동적으로 움직이는 경우, 즉 남의 눈치를 보거나 남에게 잘 보이기 위한 마음, 혹은 남에게 의지하는 마음이 그 주된 동력이 되는 경우다. 타인은 내가 주체가 된 본성 실현의 공부의 길에서 초대된 보조자일 뿐, 그 공부과정을 주도하는 존재는 결코 될 수 없다. '위기지학'은 타인의 시선이나 힘에 의해 수동적으로 휘둘리지 않고 철저하게 내가 주인이 되어 나의 결단과 의지로써 내 안에 내재한 우주적 본성을 펼쳐 가는 과정이

56『朱子語類』8-27, "大抵爲己之學, 於他人無一毫干預. 聖賢千言萬語, 只是使人反其固有而復其性耳."

다. 결국 위기는 타인의 눈이 아닌 자기 본성의 눈에 따르는 태도이며, 위기지학은 오직 "지금 나의 본성은 무엇을 하고자 하는가?"라는 물음을 공부의 전제로 삼아서 철저하게 스스로가 책임져 가는 일이다. 자기 본성의 소리에 귀를 기울이며 본성 실현을 위해 몸과 마음을 추스르고 궁리하며 매사를 내실 있게 하는 것이 '위기지학'이다.[57]

주희의 본성관에 의하면 본성은 하늘이 부여한 법칙이며 사명과 같은 것이다. 마치 거대한 물줄기와 같아서 사람이라면 그 흐름에 몸을 맡겨 따르지 않을 수 없는, 만일 그렇지 않다면 삶이 매우 고단하거나 불행해지는 그러한 본성적 코드가 있다는 것이다. 본성은 '마땅히 따르고 실현해야 하는' 무엇이며, 본성에 따른다는 것은 작은 작위의 차원을 넘어서 마치 우주적 필연의 차원의 리듬에 몸을 싣고 흘러가는 것이다. 따라서 주희는 위기를 설명함에 "작위하는 바가 없이 그러한[無所爲而然]" 경지라는 장식(張栻, 號는 南軒; 1133~1180)의 말을 종종 활용한다. 주희에 의하면 이 경지는 곧 "세상사가 모두 스스로 마땅히 해야 할 것으로 알고 행하는[見得天下事皆我所合當爲而爲之]" 경지다. 이 말의 의미는 두 차원으로 해석될 수 있겠다.[58] 하나는, 세상사를 이해하고 처리하는 행위가 외부의 동인에 의해 억지로 이루어지는 것으로 보는 것이 아니라, 내 안의 본성적 동인에 의해 지극히 당연하고 자연스럽게 이루어져야 한다는 사실을 아는 것이다. 날마다, 그리고 크고 작은 모든 일에 대해 이런저런 결과를 계산하지 않고 그저 숙명처럼 편안하게 받아들이고 행하는 것이 위기의 자세다. 만일 어떤 일을 하면서 타인의 눈(외적 동인)을 의식하는 순간 그것은 무위로서의 위기가 아닌 작위[有所爲]로서의 위인의 차원으로 떨어진다. 다른 또 하나는, 본성의 관점에서 보았을 때 세상사는 내 일이 아닌 것이 없다는 의미가 포함된 것으로 해석할 수 있다. 주자학적 이해에서 내 안의 본성은 곧

---

57 『朱子語類』 14-69, "學者須是爲己. 聖人教人, 只在大學第一句'明明德'上. 以此立心, 則如今端己斂容, 亦爲己也; 讀書窮理, 亦爲己也; 做得一件事是實, 亦爲己也. 聖人教人持敬, 只是須著從這裏說起. 其實若知爲己後, 卽自然著敬."

58 『朱子語類』 17-45, "問: 南軒謂: '爲己者, 無所爲而然也.' 曰: 只是見得天下事皆我所合當爲而爲之, 非有所因而爲之. 然所謂天下之事皆我之所當爲者, 只恁地强信不得. 須是學到那田地, 經歷磨鍊多後, 方信得過."/『朱子語類』 17-46. "問: 爲己. 曰: 這須要自看, 逐日之間, 小事大事, 只是道我合當做, 便如此做, 這便是無所爲. 且如讀書, 只道自家合當如此讀, 合當如此理會身己. 才說要人知, 便是有所爲. 如世上人才讀書, 便安排這箇好做時文, 此又爲人之甚者."/『朱子語類』 17-47. "'爲己者, 無所爲而然.' 無所爲, 只是見得自家合當做, 不是要人道好. 如甲兵·錢穀·籩豆·有司, 到當自家理會便理會, 不是爲別人了理會. 如割股·廬墓, 一則是不忍其親之病, 一則是不忍其親之死, 這都是爲己. 若因要人知了去恁地, 便是爲人."

우주이며 모든 것이다. 본성을 내 개인이 품고 있다고 해도 그것은 타인이나 주변 세상과 분리된 무엇이 아니다. 오히려 만물과 더불어 우주에 근원한 본성을 지닌다는 것은 세계와 하나로 이어져 있다는 의미이며 세계의 일이 곧 나의 일이라는 점을 의미한다. 그렇기에 세상사는 나와 분리되지 않은 나의 일로서 스스로 마땅히 해야 할 것으로 알고 실행해야 한다. 이상 두 차원의 의미를 종합해 볼 때, 위기는 오로지 본성의 목소리에 기울여서 본성이 하는 바에 마음과 몸을 맡기고자 하는 태도, 세상사에 대해서도 본성적 전개의 일환으로 마땅히 이해하고 처리해 가야 할 것으로 보는 태도가 된다. "지금 나의 본성은 무엇을 하고자 하는가?"라는 '위기지학'의 최대 관심 안에서, 타인의 칭찬과 비난, 그리고 어떠한 대가가 고려될 여지가 없다. 다만 내 안의 본성이 지금 하고자 하는 바를 살피고 또 살피며, 그 바탕에서 세상사를 본성 실현의 무대로 여기며 이해하고 처리해 갈 뿐이다. 이는 일종의 존재적 각성이다. 자신의 본성에 대한 존재적 각성과 '작위함이 없이 그러한' 경지에 대한 각성은 상통한다. 물론 이 깨달음은 쉽지 않다. 어떠한 외적 유인이 없이, 심지어 타인의 자그마한 관심과 칭찬에도 기대지 않고 초탈하게 세상사에 흘러드는 것은 쉽지 않다. 이는 협소한 자아를 초월한 천인합일의 공적 자아의 경지에서 가능할 것인데, 이는 결코 쉽게 다가설 지점은 아니다. 주희의 말처럼 이 경지에 이르기 위해서는 많은 경험과 수행이 필요하다.

오직 본성의 눈으로 본성의 길을 따르는 위기는 곧 오직 진리와 의로움을 추구하는 일이라면, 타인의 시선에 휘둘리는 위인은 곧 사적 이익[利]을 추구하는 일로 연결된다.[59] 남을 의식한다는 것은 사유와 행위의 기준을 외부의 평가에 두는 것을 의미하며, 각종 외적 평가—자신의 선행, 재능, 업적 등에 대한 평가 등—에 대한 욕심은 단지 좋은 평가를 통한 자기 격려의 차원에 머물지 않고 명예나 권력이나 지위에 대한 탐욕으로서의 사욕으로 자연스럽게 이어진다. 이때 공부는 본성 실현의 방편이 아닌 외적 평가를 얻기 위한 수단으로 전락한다. 공부의 실제에서 위기(爲己)와 위인(爲人), 의(義)와 리(利)의 갈등 상황은 늘 발생한다. 주희가 보기에 이 대표적인 사례는 과거공부 풍토에서 확인된다. 주희에 의하면 '위기지학'과 과거공부가 병행될 수 있고 병행되어야 한다. 그러나 그것은 쉽지 않다. 대체로 위기의 근본을 벗어나 외적 평가 및 결과에 쫓기는 과거공부 풍토가 만연하다. "과거공부[擧業]는 역시 학문하는 데[爲學] 방해되지 않는다. 선

59『朱子語類』13-37, "或問義利之別. 曰: 只是爲己爲人之分. 纔爲己, 這許多便自做一邊去. 義也是爲己, 天理也是爲己. 若爲人, 那許多便自做一邊去."

인들이 어찌 과거에 응하지 않았겠는가. 다만 지금 사람들이 마음을 단단히 정하지 못해서 해가 되는 것이다. 득실(得失)로써 마음을 삼아서 문자를 이해하면 생각은 모두 분열된다."[60] 주희가 부정하는 것은 과거공부 자체가 아니라, 과거공부에 임하는 마음가짐, 즉 공부의 외적 평가나 효과로서의 득실에 휘둘리는 마음가짐이다. 만일 득실과 이해에 연연하는 마음을 넘어서 위기의 자세가 갖추어진다면 과거공부는 해가 되지 않는다. 다시 말해서, 공부의 뜻을 제대로 세우기만 한다면 과거공부도 곧 '위기지학'이 될 수 있다. 주희는 과거공부를 '위기지학'이라고 여기지 않는 것은 다만 뜻이 서지 않았기 때문이라고 한다.[61] 공부의 뜻만 제대로 선다면 모든 상황에서 위기의 공부는 가능하다.[62] 뜻을 세운 후 가령 '위기지학'에 70%, 과거공부에 30% 정도의 시간과 에너지를 쏟는다면 '위기지학'이 관철되는 과거공부는 가능해진다.[63] 과거공부에 대한 주희의 견해는, 개개인이 본성 실현의 이상을 잃지 않으면서도 세속적 욕망과 합리적으로 조화를 이루는 '위기지학'의 현실적 면모를 잘 보여 준다. 주자학에서의 '위기지학'은 단순한 이상이 아닌, 이상과 현실, 천리와 자연스런 인간의 욕구를 적절히 조화하는 비전을 또한 지니고 있었던 것이다.

(2) 절실한 자기체험과 실현의 공부

위기의 의미의 또 다른 강조점은 자신에게 실제로 체득되는 공부의 측면에 있다.

> 공부하는 사람은 반드시 위기해야 한다. 밥을 먹는 일에 비유해 보자. 조금씩 먹어서 배가 부르도록 하는 것이 옳겠는가, 아니면 (밥을) 문밖에 펼쳐 두고 사람들에게 우리 집에 많은 밥이 있다고 알리는 것이 옳겠는가? 요즘 공부하는 사람들은 자신이 당연히 해야 할 일에 대해 남들에게 알린다.[64]

---

60 『朱子語類』 13-156, "擧業亦不害爲學. 前輩何嘗不應擧. 只緣今人把心不定, 所以有害. 才以得失爲心, 理會文字, 意思都別了."

61 『朱子語類』 13-154. "以科擧爲爲親, 而不爲爲己之學, 只是無志."

62 『朱子語類』 13-155, "若志立, 則無處無工夫, 而何貧賤患難與夫夷狄之間哉."

63 『朱子語類』 13-141, "士人先要分別科擧與讀書兩件, 孰輕孰重. 若讀書上有七分志, 科擧上有三分, 猶自可; 若科擧七分, 讀書三分, 將來必被他勝卻, 況此志全是科擧! 所以到老全使不著, 蓋不關爲己也. 聖人敎人, 只是爲己."/ 『朱子語類』 13-153. "問: 科擧之業妨功. 曰: 程先生有言: '不恐妨功, 惟恐奪志.' 若一月之間著十日事擧業, 亦有二十日修學. 若被他移了志, 則更無醫處矣."

64 『朱子語類』 8-81, "學者須是爲己. 譬如喫飯, 寧可逐些喫, 令飽爲是乎, 寧可鋪攤放門外, 報人道我家

나의 배가 고프면 다름 아닌 바로 내가 직접 밥을 조금씩 먹어서 배부르도록 하면 그만이다. 밥을 문밖에 내 놓고 남에게 보여 주는 것은 내게 결국 아무런 도움이 되지 않는다. 밥을 먹는 것과 같이 다름 아닌 자기가 당연히 해야 할 일에 대해 남을 향해 늘어놓고 알리고자 애쓰는 것은 잘못이다. 밥이 배에 쌓이듯 공부의 결실을 자신에게 조금씩 조금씩 실제로 쌓아 가는 것이 중요하다.

자신이 실제로 체득하고 체화하는 태도로서의 위기는, 주희가 또한 종종 사용하는 '절기(切己)'라는 표현과 상통한다. 주희는 "세상의 일은 높건 낮건 크건 작건 절기의 태도로 공부하면 하나하나 자기 것이 된다."[65]거나 "마음을 비우고 절기하라. 마음을 비우면 도리를 분명하게 드러내고 절기하면 자연히 체인할 수 있다."[66]라고 한다. '절실한 자기 체험과 실현'이라고 풀이할 수 있는 절기는, 도리를 실제로 자신이 획득하는 위기의 의미를 잘 설명해 주고 있다.

> 공부를 행함에 반드시 절실하게 자기(의 본성)를 이루도록 해야[切實爲己], 안정되고 독실하여 허다한 도리를 받아들일 수 있다. 만일 가벼이 오르고 얕게 젖어든다면 어떻게 도리를 탐토(探討)할 수 있겠는가?[67]

여기에서 '절실위기(切實爲己)'라는 표현이 등장하고 또 다른 곳에서는 '절어위기(切於爲己)'[68]라는 표현이 사용되는데, 절기는 '절실위기'나 '절어위기'를 줄여서 표현한 것으로 보인다. 즉, '절실하게 위기'하거나 '위기에 절실한' 것이 '절기'라고 할 수 있다. 위기가 자기에게 체득하는 의미를 지닌 것으로 본다면, 절기는 절실하게 스스로 체험하고 실현한다는 의미를 지니는 것으로 이해할 수 있다.[69]

有許多飯爲是乎? 近來學者, 多是以自家合做底事報與人知."

65 『朱子語類』 97-1, "天下事無高無下, 無小無大, 若切己下工夫, 件件是自家底."

66 『朱子語類』 11-23, "看文字須是虛心. 莫先立己意, 少刻多錯了. 又曰: 虛心切己. 虛心則見道理明; 切己, 自然體認得出."

67 『朱子語類』 8-87, "爲學須是切實爲己, 則安靜篤實, 承載得許多道理. 若輕揚淺露, 如何探討得道理?"

68 『朱子語類』 121-46, "諸生請問不切. 曰: 群居最有益, 而今朋友乃不能相與講貫, 各有疑忌自私之意. 不知道學問是要理會箇甚麽? 若是切己做工夫底, 或有所疑, 便當質之朋友, 同其商量. 須有一人識得破者, 已是講得七八分, 卻到某面前商量, 便易爲力. 今旣各自東西, 不相講貫, 如何得會長進? 欲爲學問, 須要打透這些子, 放令開闊, 識得箇'以能問於不能, 以多問於寡'底意思, 方是切於爲己."

69 『朱子語類』 116-18, "初見, 先生云: 某自到此, 與朋友亦無可說, 古人學問只是爲己而已. 聖賢教人,

주희는 절기의 태도를 주로 격물치지(格物致知), 그리고 격물치지의 주요 영역으로서의 독서를 논할 때 특별히 강조한다. 격물치지 공부에 있어 절기의 자세는, 리를 대상화해서 보지 않고 자신의 일로 삼아 자신에게 돌이켜 보고 체험하면서 절실하게 자신의 본성을 실현해 가는 공부태도다.

> 학문함에 반드시 자기 것으로 삼고 보아야 하니[做自家底看] 이것이 곧 절기(切己)(의 태도)다. 지금 사람들이 책을 읽는 것은 다만 과거용으로 필요로 하고, 이미 급제해서는 잡문용을 위해서, 높은 자가 되서는 고문용을 위해서 하니, 모두 외면으로 삼아 보는 것이다.[70]

> 지금 사람들은 흔히 절기(切己)하며 체찰(體察; 체험적으로 살핌)하지 않고 단지 지면상에서 보고 문의(文意)상에서 말하는 것으로 그친다. 이러하면 무슨 일을 하겠는가?[71]

주희는 격물공부에서의 '절기'의 태도와 관련해서 '자기 것으로 삼아 본다[做自家底看]'라든지, '체험적으로 살핀다[體察]'라든지 하는 표현을 쓰고 있다. '절기'는, 사물의 리(理)를 궁구함에 있어서 그것을 자신의 일로 삼아서 자신에게 비추어 체험적으로 살피면서 자신의 본성을 절실하게 이루어 가는 공부태도를 말하는 것이다. 예를 들어, "인·의·예·지를 말한다면 자신이 어찌하면 인한가, 자신이 어찌하면 의로운가, 어찌하면 예의롭고, 어찌하면 지혜로운가를 반드시 자신 스스로가 체인하는"[72] 것이 바로 '절실한 자기체험과 실현'의 태도에 바탕한 격물공부인데, 이러한 태도를 통해서만이 자신에게 내재된 인·의·예·지의 리를 이해할 수 있을 뿐더러 완전히 자기 것으로 만들 수 있게 된다. '절실한 자기체험과 실현'의 격물공부 태도는 다시 말하면 격물의 대상을 단순히 대

具有倫理. 學問是人合理會底事. 學者須是切己, 方有所得. 今人知爲學者, 聽人說一席好話, 亦解開悟; 到切己工夫, 卻全不曾做, 所以悠悠歲月, 無可理會. 若使切己下工, 聖賢言語雖散在諸書, 自有箇通貫道理."

70 『朱子語類』 11-42, "須做自家底看, 便是切己. 今人讀書, 只要科擧用; 而及第, 則爲雜文用; 其高者, 則爲古文用, 皆做外面看."

71 『朱子語類』 11-40, "今人讀書, 多不就切己上體察, 但於紙面上看, 文意上說得去便了. 如此, 濟得甚事?"

72 『朱子語類』 11-41, "如說仁義禮智, 曾認得自家如何是仁? 自家如何是義? 如何是禮? 如何是智? 須是着身己體認得."

상화해서 보지 않는 태도다. 이는 격물의 주제(내용)를 진정 자신의 문제로 여기고서, 자신의 삶이 리와 한덩어리를 이루도록 변화시키고자 하는 지향성을 지닌다. 이는 자기 자신이 리 속으로 들어가서 리와 완전히 하나로 융화된[73] 삶으로의 변혁을 꿈꾸는 일이라고 할 수 있다. 만일 이러한 태도를 갖지 않는다면 리와 자신은 언제나 별개로 남게 될 뿐이다. 주희는 종종 절기를 준거로 당시의 공부 병폐를 비판하는데 다음은 그 한 예다.

> 지금 사람들은 큰 일을 행하는 것에 대해 말하면서, 절기(切己)하지 않으니 완전히 이득됨이 없다. 한결같이, 선인이 말한 것 중 허망하고 아득한 것에 올라타서 허다한 가지와 넝쿨을 망령되이 취하며 단지 멀리 있는 것만을 보니, 본 것이 자신에게는 무익하다. 성현의 천 가지 만 가지 말은 매우 많다. 선배들이 분명히 말했는데 어찌하여 절기하게 이해하지 않는가? 지금 문자를 봄에 있어서 선현 중 정선생 등이 주해한 것을 위주로 해서, 그들이 말한 것은 어떠하며 성현의 언어는 어떠한지를 보면서 자신이 그들의 명령을 듣는 것으로써 절기하게 헤아리고 체찰해야 하니, 일상생활의 가운데에서 옷을 입고 밥을 먹고 어버이를 섬기고 형을 따르는 등의 일에 나아가서 극진하게 묻고 배운다. 만일 절기하지 않으면 단지 말장난이 된다. 지금 사람들은 단지 한 개인의 사적인 뜻에 의존해서 몇 가지 말을 언뜻 보고 하나의 주장을 세워서 무리하게 설을 세우려고 하고, 성현이 내 말의 입장을 따라 가야 한다고 하니, (이것이) 무슨 이익이 되겠는가? 이 병은 단지 높고 신비한 것을 말하려는 것으로 장차 좋게 보이는 것을 행(行)하되, 제 마음대로 하는 것이다. 예를 들어 사람들이 밥을 먹어야 바야흐로 맛을 아는 것인데, 먹지 않고서 다만 밖에 펼쳐 놓고 다른 사람에게 보여 주기만 한다면 다른 사람과 자신 모두를 구제할 수 없다.[74]

주희에 의하면 성현과 일반인의 공부태도는 크게 차이를 보이는데, 성현은 리를 보게

---

73 『朱子語類』 8-88, "入道之門, 是將自家身己入那道理中去. 漸漸相親, 久之與己爲一. 而今入道理在這裏, 自家身在外面, 全不曾相干涉."

74 『朱子語類』 8-89, "或問爲學. 曰: 今人將作箇大底事說, 不切己了, 全無益. 一向去前人說中乘虛接渺, 妄取許多枝蔓, 只見遠了, 只見無益於己. 聖賢千言萬語, 儘自多了. 前輩說得分曉了, 如何不切己去理會! 如今看文字, 且要以前賢程先生等所解爲主, 看他所說如何, 聖賢言語如何, 將己來聽命於他, 切己思量體察, 就日用常行中著衣喫飯, 事親從兄, 盡是問學. 若是不切己, 只是說話. 今人只憑一己私意, 瞥見些子說話, 便立箇主張, 硬要去說, 便要聖賢從我言語路頭去, 如何會有益? 此其病只是要說高說妙, 將來做箇好看底物事做弄. 如人喫飯, 方知滋味; 如不曾喫, 只要攤出在外面與人看, 濟人濟己都不得."

되면 거침없이, 그리고 절절하게 자신의 삶으로 옮기는 반면, 보통의 사람들은 다만 말만 앞세우거나 무의미한 암송을 할 뿐이다. 요컨대 평이하고 명확한 것으로부터 진리에 대한 자기체험을 해 가지 않고, 허망하고 아득한 것, 멀리 있는 것만을 추구하면서 말장난에만 그친다는 것이다. 이것은 마치 직접 밥을 먹지 않아서 맛도 제대로 알지 못하면서 남에게 보여 주는 것과 같이, 자신은 실질적으로 이룬 것이 없으면서 남에게 자랑하기 위해 공부하는 것[爲人之學]과 같다.[75]

'절기지학(切己之學)'으로서의 '위기지학'은 곧 성현의 경지를 지향하는 배움, 즉 성학(聖學)이기도 하나. 성현이 간 진리의 길에 대한 절실한 자기체험과 더불어 결국 내 마음을 성현의 마음과 합치시키는 경지에 이르고자 한다.[76] 본성에 있어 성현과 나는 동일하다. 성현이 높고 내가 낮다고 생각해서는 안 되며, 오히려 본성 실현의 범례로서의 성현이 되는 것을 자신의 임무로 삼아야 한다.[77] 이를 위해 우선 성인을 배우고자 하는 뜻을 굳건히 세워야 하며, 이 뜻과 더불어 대충대충의 공부태도를 버리고 치열하게 실행해 가야 한다.[78] 성현의 경지라는 구체적인 목표를 기반으로 이루어지는 '위기지학'은 결국 용맹스러운 자기실천을 요구한다. 주희는 먹고 마시고 잠자는 것을 잊을 정도로 통절하고 정성을 다해 공부를 해야 한다고 말한다.[79] 이렇게 해야 비로소 공부의 진전이 있게 되며, 그것은 어제와는 다른 자신으로 거듭 변화하는 것에서 실제로 확인할 수 있다.[80] 만일 진전이 없다면, 그것은 다만 발분해서 용맹하게 공부하고 않고서[81] 다만

---

75 『朱子語類』 8-82, "近世講學不著實, 常有夸底意思. 譬如有飯不將來自喫, 只管鋪攤在門前, 要人知得我家裏有飯. 打疊得此意盡, 方有進."

76 『朱子語類』 13-27, "若實爲己, 則須是將己心驗之. 見得聖賢說底與今日此心無異, 便是工夫."

77 『朱子語類』 8-27. "凡人須以聖賢爲己任. 世人多以聖賢爲高, 而自視爲卑, 故不肯進. 抑不知, 使聖賢本自高, 而己別是一樣人, 則早夜孜孜, 別是分外事, 不爲亦可, 爲之亦可. 然聖賢稟性與常人一同. 旣與常人一同, 又安得不以聖賢爲己任?"

78 『朱子語類』 8-28, "學者大要立志. 所謂志者, 不道將這些意氣去蓋他人, 只是直截要學堯舜."/ 『朱子語類』 8-29, "世俗之學, 所以與聖賢不同者, 亦不難見. 聖賢直是眞箇去做, 說正心, 直要心正; 說誠意, 直要意誠; 修身齊家, 皆非空言. 今之學者說正心, 但將正心吟詠一晌; 說誠意, 又將誠意吟詠一晌; 說修身, 又將聖賢許多說修身處諷誦而已. 或掇拾言語, 綴緝時文. 如此爲學, 卻於自家身上有何交涉? 這裏須要著意理會. 今之朋友, 固有樂聞聖賢之學, 而終不能去世俗之陋者, 無他, 只是志不立爾. 學者大要立志, 纔學, 便要做聖人是也."

79 『朱子語類』 8-34, "學須是痛切懇惻做工夫, 使飢忘食, 渴忘飮, 始得."

80 『朱子語類』 8-39, "爲學須覺今是而昨非, 日改月化, 便是長進."

81 『朱子語類』 8-40, "今之學者全不曾發憤."/ 『朱子語類』 8-41. "爲學不進, 只是不勇."

마음을 산만하고 흐리멍덩하게 가지거나[82] 실천을 하루하루 자꾸만 미루는 습관 때문이다.[83] 모든 것은 의지와 정신력의 문제다.[84] 이에 주희는 성현의 천 가지 만 가지 말이 모두 마음을 채찍질하여 용맹하게 분발, 공부하도록 하는 것이었음을 강조한다.[85]

2) 하학이상달(下學而上達)

주희는 "'하학이상달'이라고 했으니, 배움은 반드시 하학으로부터 이루어 가야 한다."[86]고 하고 "반드시 하학해야 바야흐로 상달할 수 있다."[87]고 하며, "'하학이상달'을 들었을 뿐 '상달이하학'은 들어 보지 못했다."[88]고 한다. 하학은 공부의 출발점이며 상달은 반드시 하학으로부터 다가서는 공부의 경지라고 할 수 있다. 글씨를 쓰는 일에 비유하자면 처음의 반복되는 글씨 연습이 하학이며, 이런 연습이 쌓여서 한 점과 한 획이 모두 법도에 들어맞는 것이 상달이다.[89] 글씨의 달인이 되려면 애초에 무수한 연습이 있어야 하듯이 상달을 이루려면 하학을 통하지 않으면 안 된다는 것이다. 과연 하학(下學)은 무엇이고 상달(上達)은 무엇인가? 하학과 상달은 서로 어떻게 연결될까? '하학이상달'은 『논어』에 연원을 두고 있다.

> 하늘을 원망하지 않고 사람을 탓하지 않으며 하학하여 상달하니[下學而上達] 나를

---

82 『朱子語類』 8-36. "學者做工夫, 當忘寢食做一上, 使得些入處, 自後方滋味接續. 浮浮沉沉, 半上落下, 不濟得事."

83 『朱子語類』 8-44, "今人做工夫, 不肯便下手, 皆是要等待. 不要等待. 如今日早間有事, 午間無事, 則午間便可下手, 午間有事. 晚間便可下手, 卻須要待明日."

84 『朱子語類』 8-70, "萬事須是有精神, 方做得."/ 『朱子語類』 8-71. "陽氣發處, 金石亦透. 精神一到, 何事不成!"/ 『朱子語類』 8-72, "凡做事, 須著精神. 這箇物事自是剛, 有鋒刃. 如陽氣發生, 雖金石也透過!"

85 『朱子語類』 8-60, "聖賢千言萬語, 無非只說此事. 須是策勵此心, 勇猛奮發, 拔出心肝與他去做. 如兩邊擂起戰鼓, 莫問前頭如何, 只認捲將去. 如此, 方做得工夫. 若半上落下, 半沉半浮, 濟得甚事!"

86 『朱子語類』 44-89, "'下學而上達', 每學必自下學去."

87 『朱子語類』 44-99, "須是下學, 方能上達."

88 『朱子語類』 8-146, "只聞'下學而上達', 不聞'上達而下學'."

89 『朱子語類』 44-95, "道理都在我時, 是上達. 譬如寫字, 初習時是下學, 及寫得熟, 一點一畫都合法度, 是上達."

아는 자는 하늘이다.[90]

주희는 공자의 이 말에 대해서 "하늘에서 얻지 못해도 하늘을 원망하지 않고 사람에게 부합하지 못해도 사람을 탓하지 않으며 다만 하학을 알면 자연히 상달한다. 이는 자신을 돌이켜 스스로 닦되[反己自修] 순서에 따라 점차적으로 나아감[循序漸進]을 말한 것이다."고 풀이하고 이어서 정이의 말을 인용하여 "공부하는 자들은 반드시 '하학이상달'이라는 말을 지켜야 한다. 이것이 곧 공부의 핵심으로 무릇 사람의 일[人事]을 하학하면 곧 하늘의 진리[天理]를 상달한다."고 한다.[91] 이렇게 보면 '하학이상달'에는 이미 철저히 타인의 시선에 좌우되지 않으며 오직 자신이 책임지며 스스로를 점검하고 채찍질하는 위기(爲己)의 태도가 전제되어 있음을 알 수 있다. 나아가 하학이상달은 점차적으로 나아가는 순서를 말하는데, 하학은 인사(人事; 사람의 일), 즉 사람이 당면해서 해야 할 제반의 일과 관련되며 그것을 익히고 처리하는 것이고, 상달은 천리(天理; 하늘의 리)와 관련되어 그것을 통찰하고 터득하며 구현하는 것을 의미한다. 결국 '하학이상달'이라는 공부원리는 위기의 자세를 전제로 하면서, 사람으로서 마주한 일상의 일을 익히면서 이를 토대로 하늘의 리를 통달해 가는 공부의 점차적 순서를 지시하고 있다.

주희는 종종 하학과 상달을 각각 일(事)과 리(理)라는 핵심어로서 대비적으로 설명한다.[92] 하학은 당면한 일을 익히는 공부라면 상달은 그 과정에서 리를 이해하고 깨닫는 일이라는 것이다. 즉, 쇄소응대와 같은 일상사를 충실히 실천하고 익히는 것이 하학이라면 그 과정에서 자연스럽게 천리를 깨닫는 것이 상달이다. 일을 익히는 하학은 마음을 낮추고서 바로 여기에 발을 딛고 서는 공부라면, 리를 깨닫는 상달은 식견이 깊은 경

90 『論語集註』,「憲問」, "子貢曰, 何爲其莫知子也. 子曰, 不怨天, 不尤人, 下學而上達, 知我者, 其天乎."

91 『論語集註』,「憲問」의 註解, "不得於天而不怨天, 不合於人而不尤人, 但知下學而自然上達, 此但自言其反己自修, 循序漸進耳, 無以甚異於人而致其知也. 然深味其語意, 則見其中自有人不及知而天獨知之之妙. 蓋在孔門, 唯子貢之智, 幾足以及此, 故特語以發之, 惜乎, 其猶有所未達也. 程子曰, '不怨天不尤人在理當如此.' 又曰, '下學上達意在言表.' 又曰, '學者須守下學上達之語, 乃學之要, 蓋凡下學人事便是上達天理, 然習而不察則亦不能以上達矣."

92 『朱子語類』 44-88, "下學者, 下學此事; 上達者, 上達此理."/ 『朱子語類』 44-92, "下學者, 事也; 上達者, 理也. 理只在事中. 若眞能盡得下學之事, 則上達之理便在此."/ 『朱子語類』 44-93, "下學只是事, 上達便是理. 下學·上達, 只要於事物上見理, 使邪正是非各有其辨. 若非仔細省察, 則所謂理者, 何從而見之."

지[超越, 超詣]에 이르는 것으로도 설명할 수 있다.[93] 비유하자면 공자가 시 삼백 편을 한 편 한 편을 차근차근 음미하고 이해한 다음 궁극에 가서 '사무사(思無邪)'의 경지를 깨달았는데 이것이 '하학이상달'이다.[94] 주희가 말하는 상달은 완전하며 전체적인 깨달음을 의미하는 것이 아니라, 한 건 한 건에 대한 이해와 실천이 누적된 상태에서 나타나는 인식의 비약적 통찰들을 의미한다. 즉, 하나의 상달이 아니라 여러 상달이 있으며, 상달은 하학과 별개가 아닌 하학 속에서 이루어진다.[95]

주희에 의하면 하학과 상달은 표면적으로는 두 가지 일이지만 실제로는 분리되지 않는 하나의 일이다.[96] 하학과 상달이 분리되지 않았다는 사실은, 일[事]과 리(理)가 분리되어 존재하지 않는다는 사실과 상통한다. 리는 일 가운데 있고 일은 리 밖에 있지 않으며 하나의 사물은 모두 리를 갖추고 있어 사물에 나아가 리를 볼 수 있다.[97] 사물이 아니면 리를 볼 곳이 없다.[98] 따라서 하학의 일을 지극히 하면 상달의 리는 자연히 바로 그 속에 있게 된다.[99] 그러니 아직 상달에 도달하지 못했다면 곧 하학이 있을 뿐이다.[100] 만일 하학은 했으되 상달하지 못했다면 그것은 하학이 적절하지 못했기 때문이며, 만일 하학이 올바르다면 상달하지 않을 수 없다.[101] 주희에게 상달은 하학과 별도로 존재하지 않으며 올바른 하학의 길을 통해서만 이루어질 수 있는 무엇이다.

상달은 리를 추구하는 공부에 있어 늘 지향점이며 목표가 되지 않을 수 없다. 그런데

---

93 『朱子語類』 44-88, "聖人只是理會下學, 而自然上達. 下學是立脚只在這裏, 上達是見識自然超詣. 到得後來, 上達便只是這下學, 元不相離."/『朱子語類』 44-94, "下學是低心下意做. 到那做得超越, 便是上達."

94 『朱子語類』 23-21, "聖人須是從詩三百逐一篇理會了, 然後理會'思無邪', 此所謂下學而上達也."

95 『朱子語類』 44-98, "蔡問: 有一節之上達, 有全體之上達. 曰: 不是全體. 只是這一件理會得透, 那一件又理會得透, 積累多, 便會貫通. 不是別有一箇大底上達, 又不是下學中便有上達."

96 『朱子語類』 44-88, "上達便只是這下學, 元不相離. 下學者, 下學此事; 上達者, 上達此理."

97 『朱子語類』 44-106, "下學·上達雖是兩件理, 會得透徹冢合, 只一件. 下學是事, 上達是理. 理在事中, 事不在理外. 一物之中, 皆具一理. 就那物中見得箇理, 便是上達."

98 『朱子語類』 44-93, "下學只是事, 上達便是理. 下學·上達, 只要於事物上見理, 使邪正是非各有其辨. 若非仔細省察, 則所謂理者, 何從而見之."

99 『朱子語類』 44-92, "下學者, 事也; 上達者, 理也. 理只在事中. 若眞能盡得下學之事, 則上達之理便在此."

100 『朱子語類』 44-90, "未到上達, 只有下學."

101 『朱子語類』 44-99, "須是下學, 方能上達. 然人亦有下學而不能上達者, 只緣下學得不是當. 若下學得是當, 未有不能上達. 釋氏只說上達, 更不理會下學. 然不理會下學, 如何上達."

주희에 의하면 상달은 결국 하학에 달려 있기에 그의 강조점은 언제나 하학에 있다. 이 지점은 불교와는 다른 유가의 공부법의 정수를 드러내는 것으로 이해한다. 주희의 관점에서 생각해 보면 리의 관념이 부재한 데다 일상의 모든 것을 공으로 보는 (선)불교에서는 인간의 일을 익히는 과정으로서의 하학은 소홀히 될 수밖에 없는 구조에 있다. 한편, 철저히 리의 세계관을 가지고 사람의 일상을 리의 유행의 장으로 보는 주희의 사유에서는, 리를 이해하고 터득하기 위해서도 일상의 일에 대한 이해는 절대적 중요성을 지닌다. 주희는 성인도 사람을 가르칠 때 하학을 많이 말하고 상달은 적게 말한 것을 주목하며,[102] 하학을 벗어나서 상달을 논하는 공부는 크게 잘못되었다고 비판한다. 불교에 대해서 "단지 상달만을 말하고 다시는 하학을 이해하려 하지 않는다. 그런데 하학을 이해하지 못하는데 어떻게 상달하겠는가?"[103]라고 비판한다. 주로 직관적인 깨달음에 치중하는, 즉 상달만을 중시하는 불교의 방법으로는, 주희의 시각에서는, 하학의 성과는 물론이고 상달도 불가능하다. 하학의 토대가 없는 상달은 없다는 것이 주희의 판단이다. 그의 비판은 비단 불교에만 한정되지 않았다. 주희는 당시 일반 유자들을 향해서 다음과 같이 말한다.

> 요즘 사람들은 상달(上達)에 힘쓰면서 스스로 하학(下學)은 피하려 한다. 쇄소응대진퇴(灑掃應對進退)에 천도(天道)가 있다고 말은 하면서 모두 쇄소응대진퇴의 일은 하지 않는다. …(중략)… 이런 일들을 실행해서 익숙해지게 되면 자연히 관통하게 된다.[104]

유자들도 불교 수행자들과 마찬가지로, 하학을 무시하는 경향이 있다. 유자들이 왜 큰 통찰(상달)에 이르고자 하는 의지가 있으면서도 하학은 회피하는 것일까? 그 의미를 깊이 들여다볼 눈이 없는 자에게는 그것이 하찮아 보이기 때문이다. 매일매일 접하는

---

102 『朱子語類』 117-44, "聖賢敎人, 多說下學事, 少說上達事. 說下學工夫要多也好, 但只理會下學, 又局促了. 須事事理會過, 將來也要知箇貫通處. 不要理會下學, 只理會上達, 卽都無事可做, 恐孤單枯燥."

103 『朱子語類』 44-99, "釋氏只說上達, 更不理會下學. 然不理會下學, 如何上達."

104 『朱子語類』 23-21, "今人止務上達, 自要免得下學. 如說道'灑埽應對進退'便有天道, 都不去做那'灑埽應對進退'之事. 到得灑埽, 則不安於灑埽 ; 進退, 則不安於進退 ; 應對, 則不安於應對. 那裏面曲折去處, 都鶻突無理會了. 這箇須是去做, 到得熟了, 自然貫通. 到這裏方是一貫. 古人由之而不知, 今人不由而但求知, 不習而但求察."

사소한 일들은 인간이 추구하는 고매한 진리 탐구의 길과는 관련이 없어 보인다. 관련이 있음을 알더라도 굳이 애써서 해야 할 만큼의 가치를 느끼지 못한다. 주희가 보기에 이것이 함정이다. 늘 접하는 가까운 일들 속에 인간이 갈구하는 진리가 숨어 있다. 일상의 일들을 잘 이해하고 실천하지 못하고서 진리에 다가서는 것은 불가능하다. 성현의 공부가 늘 천근(淺近)해 보이며 가까운 곳으로부터 이루어짐은 이 때문이라고 주희는 설명한다.

> 성인(聖人) 문하의 일상적 공부는 매우 천근(淺近)한 것 같다. 그러나 리를 미루어 가면 포괄하지 않음이 없고 관통되지 않음이 없으므로, 그 확충됨에 이르러서는 천지와 그 광대함을 같이할 수 있다. 따라서 성인이 되고 현인이 되고 천지와 같이하고 만물을 육성하는 것은 다만 하나의 리일 뿐이다.[105]

> 성현(聖賢)의 천 가지 만 가지 말은 사람으로 하여금 가까운 곳으로부터 해가도록 하는 것이다. 예를 들어, 큰 마루와 행랑을 청소하는 것은 단지 작은 방을 청소하는 것과 같은 종류다. 작은 것을 정결하게 청소하면 큰 곳 또한 역시 그러하게 된다. 만일 큰 곳을 열어 젖혀 가지 못하면, 작은 곳에서 역시 일찍이 마음을 다하지 않은 것이다. 공부하는 자들은 높은 곳을 탐하고 먼 곳을 흠모할 뿐, 가까운 곳으로부터 실행해 가려 하지 않으니 어떻게 핵심을 이해할 수 있겠는가?[106]

결국 주희가 의미하는 바의 하학은 일상적으로 가까이 접하는 일 하나하나를 차근차근 이해하고 익혀 가는 공부다. 즉, 일상생활을 하는 가운데 마음과 몸이 흐트러지지 않도록 다잡고 추스르는 공부, 일상적 일들을 정성스럽게 이해하고 실행하는 공부가 하학이다. 일상적인 마음가짐과 몸가짐의 단속, 사람을 올바르게 대하는 일, 자신의 생활공간을 청소하는 일, 접하는 사물 하나하나를 처리하는 일 자체가 이미 큰 깨달음과 자기 본성 실현에로 나아가는 방법이다.

물론 하학은 그 자체가 목적이 아니다. 그것은 항상 상달을 품고 혹은 견지하고 있어

---

105 『朱子語類』 8-9, "聖門日用工夫, 甚覺淺近. 然推之理, 無有不包, 無有不貫, 及其充廣, 可與天地同其廣大. 故爲聖, 爲賢, 位天地, 育萬物, 只此一理而已."

106 『朱子語類』 8-20, "聖賢千言萬語, 敎人且從近處做去. 如灑掃大廳大廊, 亦只是如灑掃小室模樣. 掃得小處淨潔, 大處亦然. 若有大處開拓不去, 卽是於小處便不曾盡心. 學者貪高慕遠, 不肯從近處做去, 如何理會得大頭項底?"

야 한다. 만일 하학만 하고 상달을 하지 않는다면 그것은 배움이 이루어졌다고 말하기 어렵다.

> 지금 공부하는 이들은 반드시 하학으로부터 이해해야 하나 만약 하학을 하되 상달하지 않으면 또한 학문을 이룰 수 없다. 반드시 정점을 찾아 도달해야 해야 하니 (그렇게 되면) 오히려 위(상달)로부터 아래(하학)를 관통하게 된다.[107]

> 성현은 사람을 가르칠 때 하학의 일은 많이 말하고 상달의 일은 적게 말했다. 하학 공부를 많이 해야 한다고 말하는 것은 좋다. 그러나 하학만을 이해하는 것은 편협하다. 반드시 일마다 이해하면서 관통처를 알아야 한다.[108]

하학에 대한 강조가 자칫 상달의 방향성에 대한 소홀로 이어지지 않아야 함을 주희는 강조한다. 상달의 지향점, 리의 통찰과 체득이라는 지향점을 망각한 하학은 자칫 길을 잃고 두서없는 지점으로 빠질 수 있다. 그래서 하학의 토대에서 관통처를 보기를 주문한다. 그렇게 확보된 관통처에 대한 이해는 매번의 하학을 더욱 의미 있게 만들고 그 방향성을 잃지 않게 한다. 실제의 공부는 주로 하학이지만 그 하학은 이미 리를 지향하고 있다.

'하학이상달' 공부의 구체적인 사례들을 집어 보자. 우선 마음을 수렴하고 단속하며 본심을 유지하는 공부를 예로 들 수 있다. 주희가 자주 인용하는 정호의 말 가운데 다음과 같은 것이 있다: "성현의 천 가지 만 가지 말은 다만 사람들로 하여금 이미 흩어진 마음을 수렴해서 다시금 몸속으로 들여오는 것으로, (이렇게 하면) 자연히 위를 향할 수 있게 되니, (이것이) '하학이상달'이다."[109] 흩어진 마음을 수렴하고 단속하는 '구방심(求放心)'이야말로 자연스럽게 상달을 이끌어내는 하학의 주요 내용임을 정호의 말을 빌려 밝힌 것이다. 그런데 '구방심'은 주희의 공부론에서 본령공부로 설정된 경 공부 자체이

107 『朱子語類』 98-62, "而今學者, 須是從下學理會, 若下學而不上達, 也不成箇學問, 須是尋到頂頭, 卻從上貫下來."

108 『朱子語類』 117-44, "聖賢教人, 多說下學事, 少說上達事. 說下學工夫要多也好, 但只理會下學, 又局促了. 須事事理會過, 將來也要知箇貫通處."

109 『朱子語類』 16-20, "所以明道云, '聖賢千言萬語, 只是欲人將已放之心約之使反覆入身來, 自能尋向上去, 下學而上達也.'" 정호의 이 언급은 『朱子語類』 卷59의 160, 161, 162, 163조목과 卷115의 41조목에서 반복 인용되고 있다.

기도 하다. 주희가 본령공부로서의 경 공부론을 정립해 감에 있어 '하학이상달'의 원칙이 관철되어 있음은 앞의 제3장에서도 다룬 바 있다. 후에 '주일무적' '정제엄숙' '상성성' 등으로 정리되는 경 공부방법은 상달을 효과적으로 이끌어 내는 하학으로서 자리매김된 것이다.

다음 사례는 주희의 소학에서 대학으로 이어지는 공부 단계론에서 확인된다. 주희는 하학과 상달을 각각 '사(事)'와 '리(理)'에 비유하듯이, 주희는 소학(小學)과 대학(大學)의 교육내용 및 방법의 차이를 단적으로 '사'와 '리'의 차이로 설명한다. 소학은 '사'를 주요 매개로 한 교육(공부)이고 대학은 '리'를 주요 매개로 한 교육(공부)라는 것이다. 즉, 소학은 어떤 '일(事)'을 체험적으로 익히는 과정인 반면, 대학은 그 일의 근거로서의 리를 이해하고 체득하는 과정이다.[110] 좀 더 구체화한다면 소학이 직접 '사'를 실천하면서 마음의 본성(性)을 함양하는 과정이라면, 대학은 소학의 성과를 바탕으로 격물, 치지, 성의, 정심 과정을 거치며 그 사의 '리'를 자각적이고 본격적으로 탐색, 마음과 몸에서의 체화를 꾀하면서,[111] 궁극적으로는 본성을 온전하게 실현하는 과정이다. 사를 중심으로 한 소학 공부는 쇄소응대 공부를 핵심 내용으로 하고 리를 중심으로 한 대학 공부는 궁리 공부를 핵심 내용으로 한다.[112] 주희는 결코 소학 교육이 '리'와 관계가 없고 대학 교육은 '사'와 관계가 없다고 주장하는 것이 아니다. 주희의 진실은, 소학 교육은 아동들이 주로 '사'를 직접 익히는 과정이되 그 '사'를 익히는 과정에서 자연히 '리'가 마음과 몸에 익어진다는 것이다. 한편, 대학 단계에서의 교육은 '리'를 매개로 이루어진다고 하지만 이는 결코 '사'를 떠나서 이루어지는 것이 아니다.

나아가 대학 공부의 첫 단계로 위치 지워진 격물공부도 그 자체에 이미 '하학이상달'의 원칙이 관철되어 있는 예다. 주희는 "리는 일 가운데 있고, 일은 리 밖에 있지 않다. 하나의 물 가운데 모두 일리를 갖추고 있다. 그 물 가운데 리를 보아 내는 것이 곧 상달

110 『朱子語類』 7-5, "小學是直理會那事; 大學是窮究那理, 因甚恁地."/『朱子語類』 7-6. "小學者, 學其事; 大學者, 學其小學所學之事之所以."/『朱子語類』 7-7. "小學是事, 如事君, 事父, 事兄, 處友等事, 只是教他依此規矩做去. 大學是發明此事之理."

111 『朱子語類』 14-21, "小學涵養此性, 大學則所以實其理也. 忠信孝弟之類, 須於小學中出. 然正心誠意之類, 小學如何知得. 須其有識後, 以此實之."

112 『小學』, 「小學題辭」, "小學之方, 灑掃應對, 入孝出恭, 動罔或悖, 行有餘力, 誦詩讀書, 詠歌舞蹈, 思罔或逾. 窮理修身, 斯學之大, 明命赫然, 罔有內外, 德崇業廣 乃復其初."

이다."[113]라고 하고 "격물이 많이 이루어진 후에 자연스럽게 활연히 관통하는 곳이 있게 되니, 이것이 '하학이상달'이다."[114]라고 한다. 주희에게 있어서 리의 이해와 실천은 단연코 '사물의 실질'에 입각해서 이루어지는 것이다. 주희는 '궁리(窮理)'보다 '격물(格物)'이라는 말이 좋다고 하면서 그 이유를 논하되 '격물'이라는 말이 '사물에 입각해서'(就事物上) '리'를 탐구한다는 의미를 분명하게 드러내 주기 때문이라고 한다.[115] 반면에 '궁리'는 그 자체에 리를 극진하게 궁구한다는 의미가 있기는 하지만 자칫 사물과의 관계를 떠나서 공허해질 수 있는 소지를 안고 있다고 주희는 설명한다.[116] 리는 하나의 허공에 매달린 어떤 것이 아니라, 사물에 내재한 것이다. 따라서 리를 궁구함에 있어서 반드시 사물에 '입각해서'['卽'物] 해야 사물의 실질적 모습[實體], 즉 리를 명확히 드러낼 수 있다.[117] 말하자면 리는 기를 떠나서는 존재할 수 없는 것처럼, 형이상(形而上)의 리(理)는 형이하(形而下)의 기(器)를 통해서만 스스로를 드러낸다. 따라서 형이상의 리는 형이하의 기에 입각해서 파악하지 않으면 안 되는데 격물이 의미하는 바가 바로 이것이다.[118] 이렇게 사물의 실질에 입각한 리를 이해하는 '하학이상달'의 격물공부의 경험이 축적되는 과정에서 초탈한 관통처를 체현하게 되는데[119] 이는 상달 중의 상달이라고 해도 좋다. 주희가 강조한 '하학이상달' 역시 일상적인 사물을 떠나지 않고서 그 속에서 인간과 우주의 진리를 터득해야 한다는 원칙으로서, 이는 격물공부에 대한 주희의 이해 속에 그대로 투영되어 있었던 것이다.

---

113 『朱子語類』 44-106, "下學·上達雖是兩件理, 會得透徹冢合, 只一件. 下學是事, 上達是理. 理在事中, 事不在理外. 一物之中, 皆具一理. 就那物中見得箇理, 便是上達."

114 『朱子語類』 98-62, "這般處, 元只是格物多後, 自然豁然有箇貫通處, 這便是'下學而上達'也."

115 『朱子語類』 15-33, "'窮理'二字, 不若格物之爲切, 便就事物上窮格."

116 『朱子語類』 15-34, "格物, 不說窮理, 却言格物. 蓋言理, 卽無可捉摸, 物有時而理. 言物, 卽理自在, 自是離不得. 釋氏之說見性, 下梢尋得一個空洞無稽底性, 亦由他說, 於事上更動不得."

117 『朱子語類』 15-31, "人多把這道理作一箇懸空底物事. 大學不說窮理, 只說箇格物, 便是要人就事物上理會, 如此方見得實體. 所謂實體. 非就事物上見不得. 且如作舟以行水, 作車以行陸. 今試以衆人之力共推一舟於陸, 必不能行, 方見得舟果不能以行陸也, 此之謂實體."

118 『朱子語類』 62-72, "然這形而下之器之中, 便各自有箇道理, 此便是形而上之道. 所謂格物, 便是要就這形而下之器, 窮得那形而上之道理而已."

119 『朱子語類』 18-9, "程子謂: '今日格一件, 明日又格一件, 積習旣多, 然後脫然有貫通處.' 某嘗謂, 他此語便是眞實做工夫來. 他也不說格一件後便會通, 也不說盡格得天下物理然後方始通. 只云: '積習旣多, 然後脫然貫通處'."

3) 존덕성이도문학(尊德性而道問學)

'위기지학'과 '하학이상달'의 표어를 통해서 특히 공부의 지향점과 태도, 순서를 확인했다면, '존덕성이도문학'의 표어는 특히 공부의 내용적 구조를 확인하는 데 도움을 준다. 주자학의 공부론에서 공부의 내용은 지행론(知行論)으로 설명할 수 있는데, 『중용』에 연원을 두고 "덕성을 높이면서 묻고 배움에 말미암는다."로 풀이할 수 있는 '존덕성이도문학(尊德性而道問學)'은 주희가 지행 공부를 논하는 데 핵심 전거로 활용한 것이다. 존덕성은 행 공부에 관한 것이고 도문학은 지 공부에 관한 것으로[120] 양자의 조화와 병행을 말하는 '존덕성이도문학'은 곧 지행병진(知行並進)의 다른 표현이기도 하다. '존덕성이도문학'의 표어 분석을 통해서 주자학적 맥락에서 행 공부와 지 공부의 특징, 그리고 양자의 관계에 대해서 확인해 볼 수도 있다. '존덕성이도문학'이 등장하는 『중용』의 원문은 이러하다.

> 그러므로 군자는 덕성을 높이면서 묻고 배움에 말미암으며[尊德性而道問學], 크고 넓히기를 다하면서 정미하기를 극진히 하며[致廣大而盡精微], 높이고 밝히기를 지극히 하면서 치우치지 않고 항상됨을 따르며[極高明而道中庸], 옛것을 익히면서 새로운 것을 알며[溫故而知新], 후덕함을 도탑게 하면서 예를 받든다[敦厚以崇禮].[121]

이렇게 『중용』에는 존덕성(尊德性; 덕성을 높임)과 도문학(道問學; 묻고 배움에 말미암음) 외에 치광대(致廣大; 크고 넓히기를 다함)와 진정미(盡精微; 정미함을 극진히 함), 극고명(極高明; 높이고 밝히기를 지극히 함)과 도중용(道中庸; 치우치지 않고 항상됨을 따름), 온고(溫故; 옛것을 익힘)와 지신(知新; 새로운 것을 앎), 돈후(敦厚; 후덕함을 도탑게 함)와 숭례(崇禮; 예를 받듦)가 짝을 이루어 제시되고 있다. 이에 대한 주희의 이해에 따르면 전자, 즉 '존덕성' '치광대' '극고명' '온고'는 하나로 일관되는데 궁극적으로 '존덕성'으로 귀속되며, 후자, 즉 '도문학' '진정미' '도중용' '지신'은 또 하나로 일관되는데 궁극적으로 '도문학'으로 귀속된다.[122] 즉, 표현은 다르지만 '치광대이진정미' 이하는 모두 '존덕성이도문학'의 다른 표

120 『朱子語類』 64-140, "'尊德性·致廣大·極高明·溫故·敦厚', 皆是說行處; '道問學·盡精微·道中庸·知新·崇禮', 皆是說知處."

121 『中庸章句』, 27章, "故君子, 尊德性而道問學, 致廣大而盡精微, 極高明而道中庸, 溫故而知新, 敦厚以崇禮."

122 『朱子語類』 64-150, "'尊德性·致廣大·極高明·溫故·敦厚', 只是'尊德性'; '盡精微·道中庸·知新·崇

현으로서 궁극적으로 그것으로 귀결된다고 보는 것이다. 그리고 '존덕성이도문학'으로 대표되는 다섯 가지는 공부에 있어 대체(大體)와 소체(小體)가 서로 보완을 이루고, 수미(首尾)가 상응하면서 조금의 흠결도 없도록 한다는 것이[123] 주희의 인식이다. 그렇다면 공부로서의 존덕성과 도문학의 의미와 특징에 대해, 앞의 『중용』 원문에 대한 주희의 주석을 통해서 더 자세히 들여다보자.

> 존덕성은 마음을 보존하여 도체의 큰 부분을 지극히 하는 것이며, 도문학은 앎을 지극히 하여 도체의 세세한 부분을 지극히 하는 것이다. 두 가지는 덕을 닦고 도를 실현하는 큰 단서다. 한 터럭의 사의로도 가려지지 않고 한 터럭의 사욕으로도 방해받지 않으며 이미 아는 것에서 함영하고 이미 할 수 있는 것에서 돈독히 하는 것 이것이 존심의 부류다. 리를 분석함에 한 치의 오류가 없도록 하고 일을 처리함에 지나치거나 모자람이 없도록 하며, 리와 의의 면에서는 아직 모르는 것을 날마다 새롭게 알고 절문 면에서는 아직 삼가지 못하는 부분을 날마다 삼가는 것이 치지의 부류다.[124]

주희는 여기서 존덕성을 존심(存心; 마음을 보존함) 및 도체의 큰 부분과 연관시키고, 도문학을 치지(致知; 앎을 지극히 함) 및 도체의 세밀한 부분과 연관시킨다. 말하자면 존덕성은 진리의 핵심과 큰 틀을 이해하고 체득하는 공부로서 그 실천적 요체는 마음을 보존하는 것, 즉 사욕으로부터 자유로운, 고요하게 본성의 빛을 간직한 상태에서 이미 알고 할 수 있는 것을 음미하고 돈독히 하는 것이다. 다음으로 도문학은 진리의 세밀하고 구체적인 부분에 대한 인식을 확대하고 극진히 하는 공부로서 그 실천적 요체는 앎

禮', 只是'道問學'."/『朱子語類』118-49, "'致廣大·極高明·溫故·敦厚', 此上一截是'尊德性'事; 如'道中庸·盡精微·知新·崇禮', 此下一截是'道問學'事."/『朱子語類』118-88, "'致廣大, 盡精微; 極高明, 道中庸', 這四件屬尊德性. '溫故, 知新; 敦厚, 崇禮', 這四件屬道問學."

123 『朱子語類』8-27, "中庸曰: '尊德性而道問學, 極高明而道中庸.' 此數句乃是徹首徹尾."/『朱子語類』64-153, "所以中庸曰: '君子尊德性而道問學, 致廣大而盡精微, 極高明而道中庸, 溫故而知新, 敦厚以崇禮.' 這五句十件事, 無些子空闕處."/『中庸章句』27-6의 註解. "故此五句, 大小相資, 首尾相應, 聖賢所示入德之方. 莫詳於此 學者宜盡心焉."

124 『中庸章句』, 27章 註解, "尊德性, 所以存心而極乎道體之大也; 道問學, 所以致知而盡乎道體之細也. 二者, 修德凝道之大端也. 不以一毫私意自蔽, 不以一毫私欲自累, 涵泳乎其所已知, 敦篤乎其所已能, 此皆存心之屬也. 析理則不使有毫釐之差, 處事則不使有過不及之謬, 理義則日知其所未知, 節文則日謹其所未謹, 此皆致知之屬也."

을 지극히 하는 것, 즉 진리의 분석에 오류가 없도록 하며 일처리가 적절히 이루어지고 새롭게 알며 진리를 체화해 가는 것이다. 이 외에도 주희는, 존덕성의 공부는 큰 벼리가 되는 공부[大綱工夫]로, 도문학 공부는 세밀한 공부[細密工夫]이며,[125] 존덕성 공부는 포괄적인 것[渾淪處]이고 도문학 공부는 상세한 것[詳密處]으로 대비한다.[126] 또한 존덕성 공부는 간약(簡約)하고, 도문학 공부는 절목이 많다는 것으로[127] 양자의 특징을 대비하기도 한다. 덕성(德性)상의 공부의 예로서 주희는 '거처할 때는 공손히[居處恭]' '일을 집행할 때는 경건하게[執事敬]' '말을 할 때는 충신으로[言忠信]' '행동할 때는 독실하게[行篤敬]' 한다는 『논어』의 공부 사례를 인용하며[128] 그 간약함을 강조하고, 문학(問學)상의 공부로는 사사물물이 모두 묻고 배워야 할 대상이라고 하며 그 항목이 무궁무진하다는 점을 강조한다.[129]

결국 존덕성의 공부가 큰 벼리이며 전체적이고 대체적이면서 간약한 공부로서 그 요체는 존심이라면, 도문학의 공부는 세밀하고 상세하며 절목이 무궁무진하게 많은 공부로서 그 요체는 격물궁리다. 그런데 존덕성의 요체로서의 존심의 방법은 주희에게서 결국 경 공부로 정리될 수 있다.[130] 경 공부는 가장 근본적이고 전체적인 것을 세우는 그야말로 본령공부이며, 이를 근간으로 세상의 진리를 면밀하게 탐구하고 실현하는 격물공부가 이루어져야 한다는 것이 주자학에서 제시하는 공부의 내용적 구조인데, '존덕성이 도문학'은 이를 상징적이면서도 충실하게 표현하고 있다.

존덕성의 공부와 도문학의 공부는 상보적이며 분리불가분의 성격을 지닌다. 그래서

---

125 『朱子語類』 64-158, "'尊德性而道問學'一句是綱領. 此五句, 上截皆是大綱工夫, 下截皆是細密工夫."

126 『朱子語類』 64-159, "'尊德性'至'敦厚', 此上一截, 便是渾淪處; '道問學'至'崇禮', 此下一截, 便是詳密處."

127 『朱子語類』 64-149, "自'尊德性'至'敦厚', 凡五件, 皆是德性上工夫. 自'道問學'至'崇禮', 皆是問學上工夫. 須是橫截斷看. 問學工夫, 節目卻多; 尊德性工夫, 甚簡約."

128 『論語』, 「子路」, "樊遲問仁. 子曰, 居處恭, 執事敬, 與人忠, 雖之夷狄, 不可棄也."/『論語』, 「衛靈公」. "子曰, 言忠信, 行篤敬, 雖蠻貊之邦, 行矣. 言不忠信, 行不篤敬, 雖州里 行乎哉."

129 『朱子語類』 118-88, "曰: 何者是德性? 何者是問學? 曰: 不過是'居處恭, 執事敬', '言忠信, 行篤敬'之類, 都是德性. 至於問學, 卻煞闊, 條項甚多. 事事物物皆是問學, 無窮無盡."/『朱子語類』 64-149, "尊德性工夫甚簡約. 且如伊川只說一箇'主一之謂敬, 無適之謂一'. 只是如此, 別更無事."

130 『朱子語類』 64-149, "問學工夫, 節目卻多; 尊德性工夫甚簡約. 且如伊川只說一箇'主一之謂敬, 無適之謂一'. 只是如此, 別更無事."

주희는 "존심이 아니면 치지할 수 없고 존심하면 치지하지 않을 수 없다."[131]고 한다. 도체의 큰 곳[大處]은 지키기 어렵고 세세한 곳[細處]은 궁구하기 어려운데, 존덕성 공부만 있고 도문학 공부가 없으면 다만 혼륜하고 치지할 수 없어서 황망하여 깨달음이 없게 되고, 도문학 공부만 있고 존덕성 공부가 없으면 세세한 것을 모두 알려고 할 뿐 실천이 없어서 공허하게 의지할 바가 없게 된다.[132] 따라서 진리를 보는 것이 정밀하지 않다면 덕성(德性)상의 공부에 힘쓰고, 덕성상에서 부족한 점이 있으면 강학(講學)상의 공부에 힘써야 한다. 두 가지는 서로 부축하고 서로 떨쳐 일어서도록 한다. 만일 덕성을 항상 드높일 수 있으면 이렇듯 광대하고 빛나서 강학상의 공부가 정밀하게 되고 보는 것이 분명하게 된다. 또한 만일 항상 강학할 수 있으면 본원(本原)상의 공부에도 반드시 좋다.[133]

공부의 균형과 완결을 위해 존덕성과 도문학이 서로 보완되어야 하며 똑같은 중요성을 지니지만 공부의 우선순위는 존재한다. 즉, 주희는 결국 존덕성의 우선성을 강조하는데 여기에는 공부가 큰 틀을 갖춘 다음 세부적인 것으로 나아가야 한다는 논리가 깔려 있다.

> 공부하는 사람은 먼저 큰 것을 이해해야 한다. 큰 것을 이해하면 장차 이면의 작은 것은 자연히 꿰뚫어 볼 수 있다. 지금 사람들은 큰 것을 이해하지 못하고 단지 이면의 사소한 절목만을 찾는다.[134]

> 공부는 먼저 큰 틀을 세우고서 세세한 것을 다스려야 한다. 지금 사람들은 큰 규모를 이해하지 못하고 먼저 한간 반의 방만을 다스리고자 하니 일이 되지 않는다.[135]

---

131 『中庸章句』, 27章의 註解, "蓋非存心, 無以致知, 而存心者, 又不可以不致知."

132 『朱子語類』 64-159, "'尊德性'至'敦厚', 此上一截, 便是渾淪處; '道問學'至'崇禮', 此下一截, 便是詳密處. 道體之大處直是難守, 細處又難窮究. 若有上面一截, 而無下面一截, 只管道是我渾淪, 更不務致知, 如此則茫然無覺. 若有下面一截, 而無上面一截, 只管要纖悉皆知, 更不去行, 如此則又空無所寄."

133 『朱子語類』 94-20, "今且須涵養. 如今看道理未精進, 便須於尊德性上用功; 於德性上有不足處, 便須於講學上用功. 二者須相趲逼, 庶得互相振策出來. 若能德性常尊, 便恁地廣大, 便恁地光輝, 於講學上須更精密, 見處須更分曉. 若能常講學, 於本原上又須好."

134 『朱子語類』 8-17, "學須先理會那大底. 理會得大底了, 將來那裏面小底自然通透. 今人卻是理會那大底不得, 只去搜尋裏面小小節目."

135 『朱子語類』 8-14, "爲學須先立得箇大腔當了, 卻旋去裏面修治壁落教綿密. 今人多是未曾知得箇大規模, 先去修治得一間半房, 所以不濟事."

주희는 당시에 상존했던 공부의 병폐로서 큰 것을 이해하지 못하고 작은 것에 매몰되어 있는 형국, 즉 숲을 보지 않고 나무만 찾아 헤매다 결국 방향과 의미를 잃고 마는 형국을 들고 비판한다. 공부는 언제나 큰 틀을 이해하는 것으로부터 출발해야 한다는 것이다. 여기서 큰 틀이란 맥락에 따라서 다른 의미를 내포할 수 있을 것이다. 우선 한편으로는 공부의 근본 목적—존천리멸인욕(存天理滅人欲) 등[136]—이나 공부의 전체 규모—『대학』의 삼강령·팔조목 등—를 의미할 수도 있을 것이다. 그런데 공부방법적인 측면에 국한해서 보면 공부의 두 축인 존덕성과 도문학 중에서 존덕성을 우선 이해하고 실천해야 한다는 뜻이 내포되어 있다. 주희는 존덕성을 큰 것으로 도문학을 작은 것으로 대비하며 큰 것을 먼저 세우지 않으면 작은 것을 지극히 할 수 없다고 한다.[137]

주희는 분명 존덕성은 도문학에 비해 근본적인 지위에 있다는 인식을 지닌다. 그러나 처음부터 그랬던 것은 아니다. 주희는 젊은 시절 존덕성을 가볍게 여기고 도문학을 우선시했던 공부의 오류에 대해 반성한다. 시행착오를 통해서 덕성상의 공부가 바탕을 이루어야 문학상의 공부가 놓여질 곳이 있음을 깨달았기 때문이다.[138] 즉, 존덕성이 갖추어지지 않으면 해이하고 태만해져서 학문(도문학)이 기인하고 나갈 곳이 없게 된다.[139] 마음이 안정되고 깨어 있고 맑아야 도문학이 비로소 제대로 이루어지는 것은 당연한 이치다. 또한 도문학이 그 애초의 공부 목적, 즉 마음의 지혜를 지극히 이루어 내는 목적을 성취하기 위해서도 궁극적으로 본성과 본심을 돌보는 존덕성에 기반하고 그것을 지향해야 한다. 그럼에도 불구하고 사람들은 보통, 주희가 한때 그러했듯이, 강학(도문학)만을 많이 말하고 존덕성에 대해서는 신경 쓰지 않는 오류를 범한다. 이는 결과적으로 강학(도문학)을 어둡게 하는 원인이 되는데도 말이다.[140]

주희는 존덕성과 도문학의 상보성을 말하는 것을 넘어서 어떤 면에서는 양자가 결코

---

136 주희는 성인의 천 가지 만 가지 말은 모두 '존천리멸인욕(存天理滅人欲)'을 말하고 있는데 '존덕성이도문학(尊德性而道問學)' '극기복례(克己復禮)' '명명덕(明明德)' '인심도심(人心道心)' 논의는 모두 이 뜻을 담고 있다고 이해한다. 『朱子語類』 12-71 참조.

137 『朱子語類』 64-151, "'尊德性·致廣大·極高明·溫故·敦厚', 此是大者五事; '道問學·盡精微·道中庸·知新·崇禮', 此是小者五事. 然不先立得大者, 不能盡得小者."

138 『朱子語類』 64-149, "某向來自說得尊德性一邊輕了, 今覺見未是. 上面一截便是一箇坯子, 有這坯子, 學問之功方有措處."

139 『朱子語類』 64-132, "不'尊德性', 則懈怠弛慢矣, 學問何從而進?"

140 『朱子語類』 94-20, "覺得年來朋友於講學上卻說較多, 於尊德性上說較少, 所以講學處不甚明了."

별개의 것이 아니라는 주장도 제기한다. 그는 분석적으로 보자면 존덕성과 도문학은 더욱 세부적으로 구분할 수도 있겠지만 묶어서 보자면 한 가지 일이 될 수 있다고 한다. 존덕성은 곧 도문학으로 자연스럽게 이어지는 바탕이 되기 때문인데, 그래서 '존덕성이도문학'이라는 설명도 덧붙인다.[141] 이는 도문학이 존덕성의 근간 위에, 그리고 존덕성으로 귀결되어야 함을 강조한 설명이기도 하다. 모든 공부를 결국 마음의 문제로 귀결하기도 하는 주희에게[142] 존덕성의 우선성과 근본성은 자명한 일일 것이다.

존덕성을 근간으로 도문학이 병행되는 '존덕성이도문학'의 공부원리는 '위기지학' '하학이상달'의 공부원리와 상통한다. 존덕성의 우선성 및 근본성의 강조는 공부가 오직 본성(실현)의 눈과 기준에 의해 이루어져야 한다는 '위기지학'의 원리와 연계되고, 또 경 공부로 요약되는 존덕성의 강조는 가깝고 중요한 문제로부터 접근하는 '하학이상달'의 원리를 반영하고 있다.

4) 주요 공부원리들의 유기적 관계

이상으로 주희 성리학에서의 공부 담론 및 실천에 관통되어 있는 원리를 세 가지 주요 표어를 중심으로 살펴보았다. '위기지학'은 타인의 눈이나 외적 동인에 기대거나 휘둘리지 않고 오직 본성의 눈과 본성적 동인에 입각해서 이루어지는 공부, 동시에 진리를 절실하게 자기체험하고 실현하는 공부의 의미를 일깨웠다. '하학이상달'은 공부가 진리의 통찰 및 실현(상달)을 목표로 하되 반드시 일상의 가깝고도 긴요한 일로부터, 사물로부터, 낮은 곳으로부터 출발해야 한다는 사실을 일깨웠다. 그리고 '존덕성이도문

141 『朱子語類』 64-154, "此本是兩事, 細分則有十事. 其實只兩事, 兩事又只一事. 只是箇'尊德性', 卻將箇'尊德性'來'道問學', 所以說'尊德性而道問學'也."

142 『朱子語類』 12-33, "今說求放心, 說來說去, 卻似釋老說入定一般. 但彼到此便死了; 吾輩卻要得此心主宰得定, 方賴此做事業, 所以不同也. 如中庸說'天命之謂性', 卽此心也; '率性之謂道', 亦此心也; '修道之謂教', 亦此心也; 以至於'致中和', '贊化育', 亦只此心也. 致知, 卽心知也; 格物, 卽心格也; 克己, 卽心克也. 非禮勿視聽言動, 勿與不勿, 只爭毫髮地爾. 所以明道說: '聖賢千言萬語, 只是欲人將已放之心收拾入身來, 自能尋向上去.' 今且須就心上做得主定, 方驗得聖賢之言有歸著, 自然有契. 如中庸所謂'尊德性', '致廣大', '極高明', 蓋此心本自如此廣大, 但爲物欲隔塞, 故其廣大有虧; 本自高明, 但爲物欲係累, 故於高明有蔽. 若能常自省察警覺, 則高明廣大者常自若, 非有所增損之也. 其'道問學', '盡精微', '道中庸'等工夫, 皆自此做, 儘有商量也. 若此心上工夫, 則不待商量賭當, 卽今見得如此, 則更無閑時. 行時, 坐時, 讀書時, 應事接物時, 皆有著力處. 大抵只要見得, 收之甚易而不難也."

학'은 본심을 돌보고 보존하는 근본적이며 전체적인 공부(존덕성; 경)를 근간으로 하면서 세상사의 세세한 측면에서 그 진리를 탐구하고 실현하는 공부(도문학; 격물궁리)가 병행되어야 한다는 사실을 일깨웠다. 이 세 원리는 각각 공부의 목적, 내용, 방법, 순서, 태도에 대한 메시지를 통합적으로 제공하면서도 그 강조점은 표어마다 차이가 있다. '위기지학'은 특히 인간 본성 실현, 그리고 진리의 절실한 자기 체득의 공부 목적론을, '하학이상달'은 특히 소학에서 대학으로 이어지는 공부 단계론, '존덕성이도문학'은 지행병진(知行竝進), 혹은 경(敬)－지(知)－행(行), 혹은 거경궁리역행(居敬窮理力行)의 공부 내용론 및 방법론을 특별히 뒷받침해 준다. 주희의 공부론은 이 모든 요소를 종합한 함의를 지니며, 세 표어는 공부론의 전체적 면모에 비추어 각각 특수한 강조점들을 보여 주고 있다.

이 세 표어는 의미상 각각의 강조점을 지니는 가운데 궁극적으로 하나로 연결되어 있다. 우선 '위기지학'과 '존덕성이도문학'의 관계를 볼 때, '위기지학' 표어에서의 공부의 푯대로서 본성의 눈에 대한 강조는, 본심 및 본성을 돌보는 존덕성을 근간으로 한 도문학의 병행을 말하는 '존덕성이도문학'의 뜻과 상통한다. 그리고 '위기지학'과 '하학이상달'의 관계를 보면, '위기지학' 표어에서의 절실한 자기체험에 대한 강조는 진리의 하학기반 체득에 방점을 두는 '하학이상달'의 뜻과 상통한다. 나아가 '존덕성이도문학'과 '하학이상달'의 관계를 볼 때, 존덕성에 대해 근본 및 전체를 세우는 공부로 의미 부여하면서 그 핵심으로 경 공부를 꼽는 '존덕성이도문학'의 표어는 역시 경 공부를 상달을 위한 하학적 방법의 중심에 놓는 '하학이상달'의 뜻과 상통한다. 더불어 도문학의 방법인 격물 역시 '하학이상달'의 이념으로 해석된다는 점에서도 양자는 상통한다. 결국 주희 성리학의 역사에서 중시해 온 공부의 세 표어들은 하나이면서 셋이고 셋이면서 하나인 밀접 관계를 형성하며 성리학 공부론에 대한 상호 보완적 설명 양식으로서의 역할을 했다. 더 중요하게는 이 세 공부 표어는 성리학 시대, 인간 본성 실현의 공부의 이상을 현실화하는 데 있어 간명하면서도 실질적인 실천 지침으로서의 역할을 했다.

이 세 표어를 통해 드러나는 공부의 원리는 앞 절에서 다룬『주자어류』의 '총론위학지방(總論爲學之方)'의 메시지와 긴밀하게 연결되면서 서로 다른 각도로 특징지어지고 있다. 궁극적으로 본성의 실현이라는 초점을 잃지 않고, 공부의 방향과 뜻을 분명히 하며, 강렬한 의지가 관철되고, 평범한 일상 및 주변을 공부의 출발점과 계기로 삼는, 그러면서 지와 행이 온전한 조화를 이루어 가는 공부에 대한 인식이 교차적으로 드러나고 있다. 이러한 주희의 공부론적 이해는 사회 구성원들의 평생에 걸친 교육적 성장을 이끌어 내는 교육제도 구축의 사상적 기틀로 작용하게 된다.

제6장

공부의 방법론적 체계
- 경(敬), 그리고 지(知)와 행(行)

1. 공부방법에 대한 주희의 관심 지형: 경(敬), 지(知), 행(行), 소학(小學), 대학(大學)

주희(朱熹)는 공부의 방향과 목적, 자세에 부응하는 방법론을 정교화하는 데 심혈을 기울였다. 그의 공부방법론은 리기심성론을 배경으로 한 인간 본성 실현이라는 공부의 목적과 긴밀하게 연결되어 있다.

주희의 공부방법론이라고 하면 가장 먼저 떠오르는 것은 경(敬)과 격물치지(格物致知)일 것이다. 실제로 이 양자가 공부방법론의 핵심을 차지하고 있다. 주희는 본성 체현의 길에서 근본이 되는 공부로서 경(敬)을, 그리고 경과 짝을 이루어 리를 인식하며 본성의 이해와 구현을 돕는 공부로서의 격물치지(格物致知)를 제안한다. 이는 주희에 의해 유명해진 정이(程頤)의 명제, "함양은 반드시 경으로써 하고 학문의 진전은 치지에 있다[涵養須用敬, 進學則在致知]."에 담긴 공부지혜를 창조적으로 계승한 것이다. 주희에게 경과 격물치지는, 본성의 체현이라는 배움의 목표를 공유하면서 서로 불가분의 상호 의존 및 조화 관계를 형성하는 공부의 두 축이다. 경과 격물치지는 일견 높고 추상적이며 일상생활과 동떨어진 공부처럼 여겨질 수도 있다. 그런데 주희는 공부의 평이, 착실, 대중지정, 관통 등의 요소를 중시하는 바, 그가 경과 격물치지에 주목한 이유나 그 실천방법에 대한 설명에도 이 강조점이 잘 드러난다. 이 과정에서 경과 격물치지 이해와 적용에 있어 정이의 이해와도 차별화된, 새로운 정리로 나아가기도 한다.[1]

주희의 공부방법론을 다룸에 있어 다만 경과 격물치지만을 다루어도 크게 문제되지 않는다. 그런데 공부방법론에 주목해서 주희 사상을 돌아볼 때 우리는 경, 격물치지와 연결되어 있으면서도 별개의 존재의미를 지닌 문제 범주를 만나게 된다. 그것은 지행

---

1 가령 경(敬)의 이해에 있어서 정이는 경을 단지 함양의 방법으로 설정하고서, 여타 다른 공부 및 실천과의 관련성을 고려치 않은 반면에 주희의 경우 경을 내외 동정의 경계를 넘어, 그리고 모든 여타 공부 및 실천의 근간을 이루는 방법으로 자리매김한다. 이러한 경의 이해의 차이는 격물치지에 대한 이해의 차이로도 이어진다. 주희가 경과 격물치지 이해에 있어 기본 골격을 정이에게 빚지고 있음은 물론이지만, 이 개념들에 대한 창조적 재해석을 이루어 간다. 정이와 차별화된 주희의 경 이해는 이 장의 3절을 참조 바람.

론(知行論)이다. 주희는 공부의 방법을 논함에 있어서 때에 따라 지(知)와 행(行)의 '호상발(互相發: 서로 발현해 줌)' '상수(相須: 서로 필요로 하고 기댐)' '병진(幷進; 함께 아우르며 나아감)'의 표현으로 지와 행이 서로 의지하고 보완관계를 이루면서 함께 성장해 가는 공부의 모습을 구체화하고 강조한다.[2] 이때 지와 행은 당연히 각각 격물치지나 경의 요소를 포함한다.

사실 신유학의 내부 흐름의 갈래는 바로 이 지행을 둘러싼 공부방법의 관점 차이로부터 비롯될 정도로 지행론은 신유학의 중심 주제였다. 즉, 주희 시대의 논적 육씨 형제(象山 陸九淵, 復齋 陸九齡)에서 후대의 왕수인(王守仁)으로 이어진 육왕학(陸王學)적 흐름에서 정주학(程朱學) 혹은 주자학을 비판한 핵심은 바로 지행(知行) 공부의 문제, 특히 존덕성(尊德性)과 도문학(道問學), 혹은 지(知)와 행(行)의 관계 문제에 있었다. 이들의 주장 및 주희와의 논쟁은 본 장의 후반부에서 비교적 시각에서 검토해 볼 것이다. 어쨌든 여기서 우리는 지행론이 신유학 내부에서 학파의 분기의 준거가 될 만큼 주자학과 양명학, 신유학 전체에 있어서 학문의 정체성을 가늠하는 핵심 주제임을 알 수 있다. 그런데 이 지행론을 신유학사에서 공부론적·학문적 관심의 전면으로 끌어낸 것은 역시 주희였다. 주희의 공부방법론을 정리함에 있어 우선 경과 격물치지에 주목하는 것은 당연한 일이나, 동시에 지행론의 이와 같은 위상을 감안할 때, 지와 행의 문제를 함께 연결해서 종합적으로 접근할 필요가 있다.

주희의 지행론의 근간에는 격물치지와 경의 존재 및 양자의 조화의 필요성에 대한 관심이 깔려 있다. 주희는 지(知)에 대해 격물치지(格物致知) 중심으로 풀고, 행(行)에 대해 경(敬)을 중심으로 풀어 간다. 그런데 많은 경우 지(知)와 행(行) 외에 경(敬)을 따로 거론하기도 해서, 지행 관계를 이해하는 데 약간의 혼란을 마주하기도 한다. 주희는 경을 행에 포함시켜 논의하기도 하고, 행으로부터 끄집어내어 근본 및 본령공부로 설정해서 논의하기도 하기 때문이다.

혹자는 의문을 품을 것이다. 주희가 제기한 공부방법으로 소학(小學)·대학(大學)에 대한 논의를 빼놓을 수 없지 않은가? 타당한 지적이다. 이미 제3장 공부론의 형성 과정을

---

2 지와 행의 관계에 대한 주희의 인식 및 양자의 관계를 표현하는 주희의 용례에 대해서는 이 장의 6절 1항을 참조 바란다. 아마도 지와 행의 관계에 관한 주희의 여러 표현 가운데 후대의 주자학자들이 흔히 사용해 온 것은 병진(幷進＝竝進)이 아닐까 한다. 필자는 이런 후대의 관행을 반영하여 '지행병진(知行竝進)'이라는 용어를 기본으로 하여 설명해 가고자 한다.

다루면서 보았듯이, 그리고 제4장에서 다룬 바의 『대학혹문』 속 공부 의미에 대한 주희의 종합적 설명에서 보았듯이 주희는 인간 본성 실현을 위한 교육체계를 구상하되 연령별 심리 발달단계에 맞추어 소학에서 대학으로 나아가는 체제를 제기한다. 이 소학·대학론은 지행론과 더불어 주희 공부방법론의 한 축을 이룬다. 그런데 소학·대학론은 엄밀히 말하면 공부론이면서 동시에 교수론이며 나아가 학교론이기도 하다. 주희는 학(學)에 대해 배움 및 공부라는 뜻 말고도 학교 및 학교에서의 가르침이라는 뜻을 지닌 것으로 이해한다. 이런 맥락을 염두에 두면서 이 책에서는 소학·대학론은 배움과 가르침을 모두 뜻하는 '교학론(敎學論)'의 개념 틀로서 제7장에서 별도로 다루고자 한다.

다만 한 가지를 먼저 간단히만 짚고 간다면, 지·행(경) 혹은 경·지·행론은 소학·대학론에 비해 보다 근본적인 공부방법론으로서의 성격을 지니며, 소학·대학 교학론의 토대를 형성한다고 할 수 있다. 『대학』의 삼강령·팔조목 체제를 중심으로 하는 대학 단계 교육은 지·행의 병행 체제로 이루어져 있으며, 대학의 기초 단계인 소학에서는 기초적 차원의 지·행 공부가 이루어진다. 그리고 소학과 대학을 관통하여 그 근간을 이루는 공부가 경이다. 이렇게 보면 소학·대학론은 지·행(경) 혹은 경·지·행의 방법적 기초 위에 지어진 교학론임을 알 수 있다. 이런 이해의 맥락을 배경으로 이 장에서는 지·행(경) 혹은 경·지·행의 공부방법론을 중심으로 그 구체적인 내용을 검토할 것이다.

2. 공부방법 체제: 지행(경)병진, 혹은 거경궁리역행

공부의 방법에 관한 주희의 최초의 가장 강렬한 통찰은 역시 중화신설(中和新說)을 거치며 정리된, 정이(程頤)에 의해 영향을 받은, 경과 격물치지를 두 축으로 하는 방법이다. 이후 공부론 및 교육론의 기본서로서 『대학』에 눈을 돌린 후에는 팔조목(八條目)을 대학 단계의 공부방법의 기틀로서 주목한다. 또한 그 밖에도 사서(四書)를 두루 연구하면서 『중용』의 존덕성(尊德性)·도문학(道問學), 박학(博學)·심문(審問)·신사(愼思)·명변(明辨)·독행(篤行), 『논어』와 『맹자』의 박문(博文)·약례(約禮) 등을 공부의 방법으로 주목하게 된다. 이 모든 공부방법에는 지(知)의 요소와 행(行)의 요소가 공존해 있다고 이해한다. 『대학』의 팔조목 중 격물·치지는 지이고, 성의·정심·수신은 행이다. 『중용』의 존덕성은 행이고 도문학은 지이며, 박학·심문·신사·명변은 지이고 독행은 행이다. 박문·약례에서 박문은 지이고 약례는 행이다. 지의 요소와 행의 요소는 서로 의지하고 보완하는 관계—주희가 '호상발(互相發)' '상발(相發)' '상수(相須)' '병진(幷進)' 등으로 표현한 바의—를 형성하면서 본성 실현의 목적에 기여한다. 그런데 주희는 중화신설 이후 경이라는 공부 요소를 특별히 여긴다. 그렇다면 경은 지, 행과 어떻게 연결되어 있을까? 주희의 지행론에서 경은 절대적인 위치를 차지한다. 주희가 공부를 지행병진(知行竝進)의 구도로 설명할 때 행은 주로 경을 핵심 요소로 한다. 그리니 정확히 말하면 '지·행(경)병진론'인 것이다. 그러면서도 행 중에서 경이 특별한 위치를 차지하고 있다는 점을 염두에 둔다면 경을 행에서 분리하여 '경·지·행'의 틀에서 설명할 수도 있다.

우선 지·행(경)의 병진론으로 설명하는 경우는 주희 사후에 제자들에 의해 편집된 토론 자료인 『주자어류』에서 볼 수 있다. 『주자어류』 중 '학(學)'의 문제를 다룬 부분(7~13卷)에서 「논지행(論知行: 지와 행을 논함)」편(9卷)을 두고서 지와 행 공부의 상호 발편[互相發] 관한 주희의 가르침을 포괄적으로 모아 놓고 있다.

〈표 6-1〉『朱子語類』卷9「論知行」편에 나타난 지(知)와 행(行) 관계 공부에 대한 표현 사례

知	學問思辨	博我以文	致知	進學則在致知	考究	知	明理	理會	玩索	進學致知	見理	推尋究竟	講究	思索	窮格	窮索	窮理	窮理	窮理	窮理	觀理	窮理	窮理	理會	窮理
行	篤行	約我以禮	力行	涵養須用敬	涵養	守	持守	踐行	踐履	操存涵養	治心修身	收斂執持	操守	涵養	操存	涵養	涵養	居敬	主敬	持敬	持敬	集義	持守	躬行	存心

이상을 종합적으로 보건대, 주희가 말하는 지 공부는 대체적으로 격물궁리, 격물치지의 의미로 수렴할 수 있는 것이 대부분이다. 즉, 학·문·사·변과 박문, 완색, 강구 등 지적 공부의 성격을 말하는 일반 개념도 쓰고 있지만 대체로 리를 궁구하는 궁리, 치지를 주로 쓴다. 주희가 격물치지에 쏟은 관심을 생각해 본다면 지 공부는 거의 전적으로 격물치지를 염두에 두고 있다고 보인다. 한편, 행 공부는 매우 포괄적인 함의를 지닌다. 마음 다스림의 문제에서부터 시작해서 외면적 실천에 이르기까지 포괄되어 있다. 역행

(力行), 독행(篤行), 궁행(躬行), 천행(踐行), 천리(踐履), 집의(集義)와 같이 행이라고 했을 때 쉽게 떠올릴 수 있는 용어도 있지만, 경 및 경의 실천적 태도와 관련된 것도 대거 포함되어 있다. 즉, 거경(居敬), 용경(用敬), 주경(主敬), 지경(持敬) 등 경을 직접 거론하거나, 직접 거론하지 않더라도 경의 태도와 관련된 함양(涵養), 지수(持守), 조존(操存), 조수(操守), 존심(存心), 수렴(收斂) 같은 게 그것이다.[3] 이렇게 보면 주희에게 행은 현대적 의미의 행과는 차이가 있다. 외면적 실천만이 아니라 내면적 다스림을 포함하고 있으며 오히려 후자가 더 주된 비중을 차지한다. 그리고 그 내면 다스림은 주로 경을 염두에 두고 있다. 즉, 주희의 지도 현대적 의미의 지와는 다른, 리의 궁구라는 특수한 지점을 가리키고 있듯이, 주희의 행도 경이라는 특수한 지점을 중심으로 하고 있음을 알 수 있다.

그러면서도 주희의 행은 넓은 외연을 가진다. 예를 들어, 주희가 대학 단계의 공부 지침서로 자리매김시킨 『대학』의 공부 항목인 팔조목에 대한 주희의 이해를 보면, 그는 격물·치지를 지로, 성의·정심·수신, 혹은 성의 이하 평천하까지의 격물·치지 외 모든 조목을 행 공부에 포함한다.[4] 이 중에서 성의, 정심은 경과 성격상 매우 통하는 항목이지만 엄연히 서로 다른 공부이며, 그 외 다른 항목은 말할 것도 없이 경과는 엄연히 구분되는 행 공부로 주희는 인식한다. 이는 무슨 말인가? 주희에게서 행(行)의 핵심이 경(敬)이기는 하지만 행은 경으로 다 수렴될 수 없는 넓은 의미 지평을 가지고 있다는 뜻이다. 물론 주희의 경은, 그의 활경(活敬)이라는 표현에서도 나타나듯이, 고요와 수렴 등의 요

---

3 주희가 경(敬)을 곧 행(行) 공부로 인식한다는 직접적인 근거의 하나로, 그가 치지(致知)와 역행(力行)의 관계를 설명하면서 그 예로서 각각 정이의 '進學則在致知'와 '涵養須用敬'을 대비시킨 사례를 들 수 있다: 『朱子語類』 9-4, "致知力行, 用功不可偏. 偏過一邊, 則一邊受病. 如程子云'涵養須用敬, 進學則在致知.' 分明自作兩脚說, 但只要分先後輕重. 論先後, 當以致知爲先; 論輕重, 當以力行爲重."

4 주희는 『대학』의 팔조목(八條目) 중에서 격물(格物)·치지(致知)·성의(誠意)·정심(正心)·수신(修身)은 명명덕(明明德)의 일에, 제가(齊家)·치국(治國)·평천하(平天下)는 신민(新民)의 일에 해당하는 것으로 보되, 명명덕(明明德)의 일을 다시 지(知)와 행(行)으로 구분하고 있다. 즉, 격물·치지는 지(知)의 일로, 성의·정심·수신은 행(行)의 일로 분류하면서 이러한 모든 절차는 명덕을 밝히기 위함이라고 한다. 그런데 앞의 인용문에서는 명명덕의 일만을 설명하고 있지만, 주희는 신민의 일에 해당하는 제가·치국·평천하 역시 행 공부에 속하는 것으로 본다.

『大學或問』, 「大學或問上」, "格物致知誠意正心修身者, 明明德之事也. 齊家治國平天下者, 新民之事也. 格物致知, 所以求至善之所在. 自誠意, 以至於平天下, 所以求夫至善而止之也."/ 『朱子語類』 14-84, "所謂明之者, 致知格物誠意正心修身, 皆明之事, 五者, 不可闕一. 若闕一, 則德有所不明. 蓋致知格物, 是要知得分明; 誠意正心修身, 是要行得分明. 然旣明其明德, 又要切工夫無間斷, 使無時而不明, 方得."/ 『朱子語類』 15-115, "致知, 知之始; 誠意, 行之始."

소만 지니는 것이 아니라 의(義)의 실천 측면과 연결되어 있는데,[5] 이를 감안한다면 경은 이미 제반의 행의 요소를 내함한다고 보아야 할 것이다. 그럼에도 불구하고, 경 이외의 행을 별도로 거론하지 않고서 모두 경 공부로 이야기한다면 이는 행이 담고 있는 넓은 함의에 비추어 적절치 않다. 그래서 성의·정심·수신·제가·치국·평천하와 같은 행 공부는 경과 별도로 그 의미를 인정하고 다룰 필요가 있다. 더욱이 주희는 경에 대해 본령(本領) 공부로서의 의미를 부여하고자 하는 의지가 강하다. 팔조목의 모든 항목의 공부가 잘 수행되기 위해서는 경이 바탕이 되어야 한다는 생각이다. 이런 인식을 반영하기 위해서는 지행의 호상발(互相發)이나 병진(竝進)이라는 표현 외에, 경이 근간을 이루며 그 위에 지와 행 공부가 조화를 이루는 상황에 대한 표현도 필요해 보인다.

주희에게 가르침을 받은 어떤 제자들은, 경과 지·행 공부를 둘러싼 주희의 이런 인식을 주시하면서, 스승의 공부방법에 대해 주경(主敬)-궁리(窮理)-반궁(反躬) 체제라고 부를 만한 틀로 설명한다. 이방자(李方子, 호는 果齋)의 경우는 「자양연보후론(紫陽年譜後論)」에서 주희의 공부방법(爲學之方)을 총괄하되, "경을 주로 하여 그 근본을 세우고[主敬以立其本], 리(理)를 궁구해서 그 앎을 지극히 하고[窮理以致其知], 몸에 돌이켜서 그 실질을 밟아 간다[反躬以踐其實]. 그런데 경은 다시 세 가지 사이를 관통하니, 처음과 끝을 이루는 바탕이다[所以成始成終也]."[6]라고 한다. 또한 황간(黃榦, 호는 勉齋)은 주희를 위해 작성한 「주자행장(朱子行狀)」에서 "공부는 리를 궁구해서 앎을 지극히 하고[窮理以致其知], 몸에 돌이켜서 그 실질을 밟아 가되[反躬以踐其實], 경에 머무는 것은 시작과 끝을 이루는 바탕이다[居敬者所以成始成終也]."[7]라고 정리한다. 이들은 경(敬)을 근본을 세우는, 그리고 공부의 처음과 끝을 이끄는 공부로 자리매김하고서, 그 위에 치지(致知)를 지향하는 궁리(窮理) 공부와 실질의 구현을 지향하며 몸에 돌이키는 반궁(反躬) 공부를 배치한다. 요컨대 경(敬)을 근간으로 해서 궁리(窮理)와 반궁(反躬)이 이루어지는 구조로 설명한 것이다. 여기서 경(敬; 主敬, 居敬)과 반궁(反躬)은 앞에서 표로 분석한 지·행 중에서 모두 행에 해당하는 것이다. 그런데 행 중에서 경은 특별한 의미를 지니기에 특별히 근본 및 본

---

5 『朱子語類』 12-130, "敬有死敬, 有活敬. 若只守著主一之敬, 遇事不濟之以義, 辨其是非, 則不活. 若熟後, 敬便有義, 義便有敬."

6 李方子, 「紫陽年譜後論」(『朱子全書』 27冊, 645쪽), "主敬以立其本, 窮理以致其知, 反躬以踐其實, 而敬者又貫乎三者之間, 所以成始成終也."

7 黃榦, 「朱先生行狀」(『朱子全書』 27冊, 560쪽), "其爲學也, 窮理以致其知, 反躬以踐其實, 居敬者所以成始成終也."

령공부로 위치지우고, 그 나머지 행에 대해서 몸으로 리를 체현하며 실질을 구현하는 공부로 성격 규정하는 식으로 행을 두 축으로 나누어 궁리로서의 지 공부와 병렬로 놓는다. 조선의 대표적인 주자학자인 율곡 이이(李珥)는 이를 거경(居敬)−궁리(窮理)−역행(力行)으로 표현한 바 있다.[8] 결국, 넓은 의미의 행 공부는 경을 포함하지만, 본령(本領) 공부이기도 한 경은 행 공부 중에서도 특수한 의미를 지닌다고 본다면, 경은 지 공부의 기초가 될 뿐 아니라, 경 이외의 모든 행 공부의 기초도 될 수 있다. 이러한 맥락에서 주희의 공부방법론에 대해 주경·궁리·반궁 혹은 거경·궁리·역행의 체계 설정이 가능하다.

필자는 이 중에서 이이의 거경(居敬)·궁리(窮理)·역행(力行)이라는 표현이 주희의 공부방법을 설명하는 데 여러 면에서 걸림이 없다고 판단하고 이를 활용하여 그 구체적 분석에 임하고자 한다. 본령공부로서의 경의 면모를 보다 분명하게 드러낼 때, 이후 경을 근간으로 하는 지의 성격, 나아가 경을 기반으로 하는 소학·대학의 공부도 비로소 적절하게 설명할 수 있다. 다만 지와 행의 관계 문제를 논할 때나, 나아가 신유학 내의 다른 학파와의 비교의 차원에서 지와 행의 관계를 논의할 때에는, 경을 행에 포함시켜 처리하는 지행(경)론의 시각에서 다루게 될 것이다.

3. 거경(居敬): 본심을 지키고 존양하는 본령공부로서의 경(敬)

1) 경(敬) 공부의 의의: 심(心)의 주재성(主宰性)과 본심(本心)의 지수(持守)

주희가 경(敬)에 공부의 '본령(本領)'으로서의 지위를 부여하고 있음은 제3장에서 살펴본 바와 같다. 그가 본령공부로서 경 공부를 본격적으로 주목하게 된 것은, 『중용』에 연원을 둔, 미발이발(未發已發) 시에 함양(涵養; 存養)하고 성찰(省察)하는 공부에 관한 논의를 진행하는 과정에서, 마음[心]의 미발(未發)과 이발(已發)의 경계를 넘어서는 공부방법

8 『聖學輯要』,「修己總論」, "修己之功, 不出於居敬窮理力行三者."/『栗谷全書』卷31,「語錄」(上), "問: 輯要所論, 居敬窮理力行三者似未明白. 曰: 尊德性是居敬, 博學於文是窮理, 約之以禮是力行. 而但約禮於力行, 意似未足."/『栗谷全書』卷31,「語錄」(上), "問: 輯要尊德性道問學章下通論. 曰: 居敬窮理力行三者, 於此章略發其端. 愚意以爲尊德性兼居敬力行, 而道問學只是窮理也. 曰: 然. 力行兼於尊德性中矣. 窮理則專屬於道問學."

의 필요성을 자각하면서부터였다. 주희(의 후기 사상)에 의하면 마음의 미발과 이발은, 경험적으로 보면 확연하게 구분되는 두 영역이 아니고 하나로 이어져 있다. 이에 따라 미발과 이발의 공부 또한 자연스럽게 이어지는 것이어야 하는데 이는 경(敬)으로 가능하다고 주희는 파악한다. 마음이 경 상태가 되면 그 마음은 자연히 미발에서는 존양이 이루어지고 이발에서는 성찰이 행해짐으로써 마음의 미발과 이발을 걸쳐서 중화(中和)라는 본래 마음의 상태, 즉 본심(本心)의 유지가 가능해진다.[9] 그런데 미발과 이발은, 기실 마음이 처할 수 있는 모든 상황을 포괄하는 것이다. 따라서 경 공부는 삶의 모든 상황에서 본심(本心)을 지켰다는 것에 그 일차적 의의가 있다. 주희에게서 공부의 문제는 결국 본성 및 본심 실현의 문제로 귀착이 되며,[10] 경은 모든 공부와 삶의 밑바탕에서 본심의 유지가 가능하도록 한다.[11] 그리고 이것은 경이 마음의 주재를 이끌어 내기에 가능하다.

> 경(敬)은 한 마음[心]의 주재(主宰)로서 만사(萬事)의 근본이다.[12]
>
> 경(敬)은 다만 마음[心]이 스스로를 주재(主宰)하는 곳이다.[13]

마음이 스스로 주재 기능을 갖추고서 본심을 실현해 갈 수 있는 존재라는 점에 대해서는 앞서 이미 고찰했거니와, 주희에 의하면 그 마음의 주재(主宰)를 가능케 하는 근거가 바로 경(敬)이다. 이때 경이 마음 외에 따로 존재하며 마음을 주재하는 것이 아니라, 마음이 스스로를 주재하는 상태가 경일 뿐이다. 경을 통해서 마음의 주재와 본심의 유지가 이루어짐으로써 만사만물의 리를 이해하고 처리해 갈 수 있는 기틀도 형성된다.

마음의 주재성 확보는 곧 마음 스스로의 주인됨을 의미한다. 이는 마음이라는 집이 도둑을 맞지 않은 것에 비유해 볼 수 있다. 어떤 집의 주인이 주인 노릇을 하지 않으면

---

9 『朱熹集』 卷51, 2495-2496쪽, 「答董叔重」, "中和者, 性情之德也. 寂感者, 此心之體用也. 此心存, 則寂然時皆未發之中, 感通時皆中節之和. 心有不存, 則寂然者木石而已, 大本有所不立也; 感通者馳肆而已, 達道有所不行也. 故夫動靜一主於敬, 戒謹恐懼而謹之於獨焉, 則此心存而所寂感無非性情之德也."

10 『朱子語類』 12-1, "自古聖賢皆以心地爲本."/『朱子語類』 12-2, "聖賢千言萬語, 只要人不失其本心."

11 『朱子語類』 12-83, "程先生所以有功於後學者, 最是'敬'之一字有力. 人之心性, 敬則常存, 不敬則不存."

12 『大學或問』, 「大學或問上」, "敬者, 一心之主宰而萬事之本根也."

13 『朱子語類』 12-92, "敬, 只是此心自做主宰處."

집은 온갖 도둑이 들거나 난잡해지게 마련이다. 반면에 마음의 주인이 주인 노릇을 하게 되면, 무분별한 욕망이나 사념 같은 도둑에 의해 마음이 쫓기거나 휘둘리지 않고, 높은 수준의 안정과 평화와 자각이 출현하게 된다. 나아가 연민과 소통과 배려와 의로움과 진실과 지혜도 충만해지게 된다. 바로 경은 마음으로 하여금 스스로 주인이 되고 주재성을 획득하도록 하는 핵심 기제로서의 역할을 한다. 경은 바로 마음의 집을 지키는 문지기로서[14] 마음이 스스로를 주재하는 곳이다.

> 지금 이 마음을 구하려는 것은 바로 토대를 세우려는 것이다. 이 마음의 광명(光明)을 얻어서 보존하고 주재하는 곳이 있게 된 연후에 공부하면 귀착함이 있어 어지럽지 않게 된다. 만일 마음이 잡스럽게 혼란하면 자연히 머리가 없는 것이니 공부가 어떤 머리를 쫓아서 가겠는가? 정선생이 반드시 '경(敬)'이라는 글자상에서 공부해야 한다고 한 것은 바로 이 때문이다.[15]
>
> 사람의 공부에는 천 가지 만 가지 실마리가 있지만, 어찌 본령(本領)이 없겠는가? 이것이 정선생이 '경을 견지하라[持敬]'는 말을 한 까닭이다. 오직 이 마음을 잡아끌어서 광명하게 만든다면, 일에 있어 드러나지 않음이 없게 되고, 오래 지나면 저절로 강건해져 힘이 있게 된다.[16]
>
> 공부에 대해 논해 보면 반드시 큰 요체[大要]가 있으니, 정선생이 하나의 '경(敬)'이란 글자를 추출해서 배우는 이들에게 말한 까닭이다. 요컨대 경을 가지고 몸과 마음을 수렴해서 상자 속에 놓아두고 달아나지 못하게 한 연후에야 사사물물에 따라서 도리를 볼 수 있다. 일찍이 옛사람들이 "공부에는 광명 속에서 밝음을 이음이 있다[學有緝熙於光明]."고 말한 것을 (나는) 사랑했는데 이 문구는 매우 좋다. 생각건대 마음 바탕[心地]은 본래 광명한 것인데 다만 이욕(利欲)에 혼미해진 것이다. 지금 공부하는 이유는 광명한 곳을 광명하게 돌려놓으려는 것이다. (이것이) '집희(緝熙: 밝음을 이음)'라는 글자를 쓴 까닭이다. 마음 바탕이 광명하니, 즉 이 사태에는 이 리(理)가 있고 저 사물에는 저 리가 있음을 자연히 볼 수 있으니 사람의 마음이 어

---

14 『朱子語類』 9-26, "致知, 敬, 克己, 此三事, 以一家譬之. 敬是守門戶之人, 克己則是拒盜, 致知却是去推察自家與外來底事."

15 『朱子語類』 12-141, "今求此心, 正爲要立箇基址, 得此心光明, 有箇存主處, 然後爲學, 便有歸著不錯. 若心雜然昏亂, 自無頭當, 卻學從那頭去? 又何處是收功處? 故程先生須令就'敬'字上做工夫, 正爲此也."

16 『朱子語類』 12-81, "人之爲學, 千頭萬緒, 豈可無本領. 此程先生所以有持敬之語. 只是提撕此心, 敎他光明, 則於事無不見, 久之自然剛健有力."

찌 일찍이 광명하지 않겠는가? 타인이 옳은 것을 행하면 옳다고 말하고 옳지 않은 것을 행하면 옳지 않음을 아니 어찌 일찍이 광명하지 않겠는가?[17]

주희는 이렇듯 경에 대해 공부의 본령이나 큰 요체로 표현하면서, 그 역할을 마음의 토대를 세워 광명한 것을 다시 광명하게 돌려놓는 일로 설명한다. 주희는 마음의 본연의 상태를 광명으로 종종 표현하곤 하는데, 이는 곧 마음이 보존되고 주재성이 갖추어진 상태를 시각적으로 드러낸 것이기도 하다.

주희에게 경은 본성 체현의 배움의 길에서 가장 기본적인 일이라고 할 수 있는, 마음으로부터 우러나는 본성의 밝은 빛을 감지하고 견지하며 확장하는 공부다. 경은 주자학의 본성론과 밀접하게 연계되어 그 필요성이 부각된 공부법이라고 볼 수 있다. 주희에게 본성 혹은 본연의 마음의 이미지는 밝음 그 자체다. 이미『대학』에서는 이 본성을 '밝은 덕[明德]'으로 표현한 바 있다. 주희에 의하면 경은 마음의 밝은 상태가 전제된 공부로서 그 밝은 것을 지키는 것에 의미가 있다. 배움의 본래적 존재의미가 이 밝음을 계속 이어 가는 데 있으며, 밝음을 잇는 공부의 요체가 경이라는 것이다.[18] 마음이 밝지 않은 것은 사람이 잠들어서 자신에 대해 알지 못하는 것과 같은 것이니, 마음을 잠자는 상태

17『朱子語類』12-78, "若論爲學, 則自有箇大要. 所以程子推出一箇'敬'字與學者說, 要且將箇'敬'字收斂箇身心, 放在模匣子裏面, 不走作了, 然後逐事逐物看道理. 嘗愛古人說得'學有緝熙於光明', 此句最好. 蓋心地本自光明, 只被利欲昏了. 今所以爲學者, 要令其光明處轉光明, 所以下'緝熙'字. 心地光明, 則此事有此理, 此物有此理, 自然見得. 且如人心何嘗不光明? 見他人做得是, 便道是; 做得不是, 便知不是, 何嘗不光明?"

18『朱子語類』12-71, "孔子所謂克己復禮, 中庸所謂致中和, 尊德性, 道問學. 大學所謂明明德, 書曰, 人心惟危, 道心惟微, 惟精惟一, 允執厥中. 聖賢千言萬語, 只是教人明天理, 滅人欲. 天理明, 自不消講學. 人性本明, 如寶珠沈溷水中, 明不可見, 去了溷水, 則寶珠依舊自明. 自家若得知是人欲蔽了, 便是明處. 只是這上便緊緊著力主定, 一面格物. 今日格一物, 明日格一物, 正如遊兵攻圍拔守, 人欲自消鑠去. 所以程先生說敬字, 只是謂我自有一箇明底物事在這裏. 把箇敬字抵敵, 常常存箇敬在這裏, 則人欲自然來不得. 夫子曰, 爲仁由己, 而由人乎哉! 緊要處正在這裏."/『朱子語類』12-78, "爲學有大要. 若論看文字, 則逐句看將去. 若論爲學, 則自有箇大要. 所以程子推出一箇敬字與學者說, 要且將箇敬字收斂箇身心, 放在模匣子裏面, 不走作了, 然後逐事逐物看道理. 嘗愛古人說得學有緝熙於光明, 此句最好. 蓋心地本自光明, 只被利欲昏了. 今所以爲學者, 要令其光明處轉光明, 所以下緝熙字. 緝, 如緝麻之緝, 連緝不已之意. 熙, 則訓明字. 心地光明, 則此事有此理, 此物有此理, 自然見得. 且如人心何嘗不光明. 見他人做得是, 便道是, 做得不是, 便知不是, 何嘗不光明. 然只是才明便昏了. 又有一種人自謂光明, 而事事物物元不曾照見. 似此光明, 亦不濟得事. 今釋氏自謂光明, 然父子則不知其所謂親, 君臣則不知其所謂義. 說他光明, 則是亂道."

에서 불러 깨워서 밝은 상태를 돌이켜야 한다.[19] 배움은 반드시 먼저 마음을 밝히는 것으로 시작해야 하며,[20] 따라서 마음을 밝히는 기제로서의 경은 배움의 과정에서 가장 기본적이고 핵심적인 요건이라고 보지 않을 수 없다.

주희에게 마음이 밝다는 것을 보다 구체적으로 이해하기 위해 그 반대편의, 마음이 밝지 않은 어두운 상태를 떠올려 보자. 마음이 쓸모없는 사념에 쫓기며 산만하고 불안하며 자각이 없는 상태, 탐욕에 무분별하게 이끌리는 상태, 제약된 시선으로 사물을 있는 그대로 보지 못하는 상태 등이 그러하다. 우리가 지친 삶의 일상에서 흔히 경험하는 마음 상당 부분은 이런 상태에 머문다고도 볼 수 있다. 그렇다면 이런 어둠의 저편에 있는 밝은 상태는 어떤가? 그것은 스스로 깨어 있고 안정되고 조화롭고 필요한 일에 몰입하는 마음, 사랑과 의로움과 절도와 즐거움과 지혜가 자연히 솟아나는 마음의 상태 등으로 묘사될 수 있다. 곧 마음 스스로의 자각 및 몰입과 더불어 자연스럽게 천리 및 본성의 등불이 켜지는 상태다. 마무리 마음이 어두워져 있는 경우라도 이 밝은 등불은 꺼지지 않고 내장되어 있으며, 동시에 시시각각 밖으로 빛의 실마리를 뿜어낸다. 경은 이 밝은 빛을 감지하고 끌어내고 견지하며 확장하는 공부다. 마음은 스스로 어둡다는 것을 간단히 알아차리기만 해도 밝아지니, 마음의 등불을 밝히는 것이 어려운 일은 아니다. 그러나 그 자각의 힘이 어느 정도 축적되지 않으면 금세 잊히곤 하니 그 등불을 꺼뜨리지 않는 힘을 갖추기까지는 오랜 시간 익히며 익숙해지는 훈련이 필요하다.[21]

이렇게 경 공부를 통해서 마음의 주재성과 본심을 지켜 내는 일은 천리(天理)를 밝히는 일과 분리되지 않는다. 만일 본심을 밝혔다고 하면서도 이를 통해 마음과 사사물물의 리를 비추어 볼 수 없다면 이는 제대로 된 경 공부가 아니다. 주희는 "사람이 경(敬)을 보존할 수 있으면 내 마음이 맑고 천리가 찬연하다."[22]라거나, "경을 하면 천리가 항

---

19 『朱子語類』 12-16, "人之本心不明, 一如睡人都昏了, 不知有一身. 須是喚醒, 方知. 恰如瞌睡, 彊自喚醒, 喚之不已, 終會醒. 某看來, 大要工夫只在喚醒上. 然如此等處, 須是體驗教自分明."/『朱子語類』 12-17, "人有此心, 便知有此身. 人昏昧不知有此心, 便如人困睡不知有此身. 人雖困睡, 得人喚覺, 則此身自在. 心亦如此, 方其昏蔽, 得人警覺, 則此心便在這裏."

20 『朱子語類』 12-64, "凡學須要先明得一箇心, 然後方可學. 譬如燒火相似, 必先吹發了火, 然後加薪, 則火明矣. 若先加薪而後吹火, 則火滅矣."

21 『朱子語類』 12-112, "或問 : 持敬患不能久, 當如何下工夫? 曰 : 某舊時亦曾如此思量, 要得一箇直截道理. 元來都無他法, 只是習得熟, 熟則自久."

22 『朱子語類』 12-95, "人能存得敬, 則吾心湛然, 天理粲然, 無一分著力處, 亦無一分不著力處."/『朱子語類』 12-88, "敬則萬理具在."

상 밝고 자연히 인욕이 눌려지고 없어진다."[23]라고 한다. "경은 이 마음이 항상 깨어 있는 것으로 대개 밝아서 어둡지 않으니 천리가 어느 때고 유행하지 않음이 없다. 이것이 주경(主敬) 공부를 하는 까닭이다."[24]라고 한다.

경이 마음을 단지 텅 빈 광명으로 이끄는 것이 아니라 광명 속에서 천리를 비추어 내고 천리를 향해 있다는 것은, 특히 불교의 마음수행의 지향점과 크게 대비된다. 불교의 경우에도 그 마음수행은 밝게 깨어 있는 광명을 추구한다고 자임하지만 그것은 허무(虛無)와 적멸(寂滅)의 성격을 지닐 뿐 일상의 도리와의 관계가 전혀 없다.[25] 주희는 이 차이점을 분명히 짚으면서 그 유사성에 현혹되지 않기를 거듭 권고한다. 주희가 지향하는 유교의 경은 인·의·예·지를 비롯한 제반의 도리를 이끌어 내고 그것들과 자연스럽게 연결되어 있다.[26] 천리 및 본성으로서 여겨지는 인·의·예·지 등의 가치를 적극적으로 의식하면서 그것을 표현하고 지키기 위해 애쓰지 않더라도 담연한 마음속에서 자연스럽게 드러난다고 주희는 설명한다.[27] 반면, 사악하고 허망한 것은 자연히 물러나게 된다.[28] 이는 인·의·예·지의 본성은 마음 내면에 갖추어져 자연스럽게 솟아나는 것이지 외부에서 끌어오는 것이 아니라는 이해와도 상통하는데, 경은 그 본성이 애쓰지 않아도 자연스럽게 드러나도록 이끄는 기제인 것이다. 그러니 경하게 되면 본성이 선하다는 명

---

23 『朱子語類』 12-94, "敬則天理常明, 自然人欲懲窒消治."

24 『朱子語類』 117-43, "敬則此心常惺惺, 大綱卓然不昧, 天理無時而不流行. 而所以爲主敬工夫, 直時不可少時放斷. 心常敬, 則常仁."

25 『朱子語類』 12-78, "今釋氏自謂光明, 然父子則不知其所謂親, 君臣則不知其所謂義. 說他光明, 則是亂道."/ 『朱子語類』 126-40, "擧佛氏語曰: 千種言, 萬般解, 只要教君長不昧. 此說極好. 問: 程子曰, '佛氏之言近理, 所以爲害尤甚.' 所謂近理者, 指此等處否? 曰: 然. 它只是守得這些子光明, 全不識道理, 所以用處七顚八倒. 吾儒之學, 則居敬爲本, 而窮理以充之. 其本原不同處在此."

26 『朱子語類』 12-117, "學者當知孔門所指求仁之方, 日用之間, 以敬爲主. 不論感與未感, 平日常是如此涵養, 則善端之發, 自然明著. 少有間斷, 而察識存養, 擴而充之, 皆不難乎爲力矣. 造次顚沛, 無時不習. 此心之全體皆貫乎動靜語默之間, 而無一息之間斷, 其所謂仁乎."/ 『朱子語類』 12-119, "大率把捉不定, 皆是不仁. 人心湛然虛定者, 仁之本體. 把捉不定者, 私欲奪之, 而動搖紛擾矣. 然則把捉得定, 其惟篤於持敬乎."/ 『朱子語類』 12-76, "程子只教人持敬. 孔子告仲弓亦只是說, 如見大賓, 如承大祭. 此心常存得, 便見得仁."/ 『朱子語類』 12-118, "敬且定下, 如東西南北各有去處, 此爲根本, 然後可明. 若與萬物並流, 則如播糠眯目, 上下四方易位矣. 如伊川說, 聰明睿知, 皆由是出."

27 『朱子語類』 12-94, "敬則天理常明, 自然人欲懲窒消治."/ 『朱子語類』 12-95, "人能存得敬, 則吾心湛然, 天理粲然, 無一分著力處, 亦無一分不著力處."

28 『朱子語類』 12-90, "敬勝百邪."/ 『朱子語類』 12-6, "心在, 群妄自然退聽."

제의 의미도 체험할 수 있게 된다.[29]

결국 경 공부는 삶의 모든 상황에서 언제나 마음의 주재성을 잃지 않고 본심(本心)에 늘 깨어 있으려는 끊임없는 노력이며, 이는 곧 어떠한 인욕과 기질적 제약에 물들지 않고 천리(天理)를 비추어 내는 밝은 마음을 지니고자 하는 노력이기도 하다. 본래의 마음은 허명(虛明)하여 그 속에 만리(萬理)를 갖추고서 만물만사에 응할 수 있는 주체다. 경을 통해서 마음의 주재성을 갖추고서 본심의 광명함을 유지할 수만 있다면 마음의 미발이발을 불문하고 리를 비추고 드러낼 수 있게 된다.

주희에게 배움이 본성을 체현하는 일이라면, 가장 기본적 수준에서 본성을 돌보는 과제를 수행하는 경(敬)이 공부의 핵심이 되는 것은 당연한 일이다. "성현들의 천 가지, 만 가지 말은 모두 사람들이 본심을 잃지 않게 하려는 것"[30]이라면 바로 그 본심을 잃지 않도록 하는 기제인 경은 공부의 핵심이 되지 않을 수 없는 것이다. 따라서 주희는 경에 대해 수많은 공부의 본령(本領)이며 대요(大要)이고, 강령(綱領)이자 요법(要法)이며, 제일의(第一義)라는 표현을 통해 그 핵심적 위상을 거듭 부각한다.

> 사람의 배움에는 천 가지 만 가지 단서가 있지만, 어찌 본령(本領)이 없겠는가? 이것이 정선생이 '경을 견지하라[持敬]'는 말을 한 까닭이다.[31]
>
> 배움에 대해 논해 보면 반드시 큰 요체[[大要]가 있으니, 정선생이 하나의 '경(敬)'이란 글자를 추출해서 배우는 이들에게 말한 까닭이다.[32]
>
> '경(敬)'이란 한 글자는 진실로 성문(聖門; 성인의 문하)의 강령(綱領)이며 존양(存養; 본심을 보존하고 기름)의 요법(要法)이다. 이를 한결같이 주로 하면 내외(內外), 정조(精粗)의 틈이 없게 된다.[33]

---

29 『朱子語類』 12-34, "學者須是求放心, 然後識得此性之善. 人性無不善, 只緣自放其心, 遂流於惡. 天命之謂性, 卽天命在人, 便無不善處. 發而中節, 亦是善, 不中節, 便是惡. 人之一性, 完然具足, 二氣五行之所稟賦, 何嘗有不善. 人自不向善上去, 玆其所以爲惡爾."/『朱子語類』 12-60, "心得其正, 方能知性之善."

30 『朱子語類』 12-2, "聖賢千言萬語, 只要人不失其本心."

31 『朱子語類』 12-81, "人之爲學, 千頭萬緒, 豈可無本領. 此程先生所以有持敬之語."

32 『朱子語類』 12-78, "若論爲學, 則自有箇大要. 所以程子推出一箇敬字與學者說,"

33 『朱子語類』 12-86, "敬之一字, 眞聖門之綱領, 存養之要法. 一主乎此, 更無內外精粗之間."

> '경(敬)'이란 글자를 둘러싼 공부는 성문(聖門; 성인의 문하)의 제일의(第一義; 가장 중요한 도의)이니, 처음부터 끝까지 잠시라도 중단할 수 없다.[34]

배움에는 천 가지 만 가지의 길과 내용이 있지만 요체는 분명히 있다는 것, 따라서 처음부터 끝까지 한순간도 소홀히 할 수 없는 것이 있다는 것, 그것이 경이라는 것이다. 주희에게 경은 공부의 전 과정을 관통하는 큰 것을 세우는 공부이고[35], 근본을 세우는 공부다.[36] 앞에서 주희가 배움의 입구에서 큰 틀 및 큰 도리를 이해하는 일의 중요성을 강조했던 것을 살폈던 바, 경이야말로 이런 기준에서 가장 먼저 주목해야 할 공부인 셈이다. 그리하여 주희는 경에 대해 결국 '성학의 처음과 끝을 이루는 것[聖學之所以成始成終者]'이라는 의미를 부여하며 그의 공부론을 풀어 가게 된다. 경의 묘미에 스스로도 감탄할 정도였다.[37]

2) 경(敬)의 실천방법

경의 실천방법에 관해서 주희는, 후대의 주자학사에서 사조설(四條說)로도 알려진, 주일무적(主一無適), 정제엄숙(整齊嚴肅), 상성성법(常惺惺法), 심수렴불용일물(心收斂不容一物)의 네 가지를 중심으로 설명한다. 이는 경의 담론을 처음으로 이끌어 낸 정이와 그의 문인들(사량좌, 윤돈)의 견해다. 사조설은 경의 핵심을 이해하는 데 결정적인 도움을 주며 이에 대해서는 이 절의 후반부에 살펴본다. 그런데 이 부분에만 집중하다 보면 주희가 경의 실천에 대해 매우 열린 자세를 지녔다는 점에 대해서는 간과하기 쉽다. 또한 그의 경의 실천법이 하학의 방법에 대한 추구와 연결되어 있다는 점도 간과하게 된다. 따라서 경(의 실천)을 둘러싼 주희의 전반적인 이해를 먼저 검토하고 넘어갈 필요가 있다.

주희는 아무리 초학자들일지라도, 그리고 하루하루 많은 일을 처리해야 하는 생활인일지라도 쉽고 효과적으로 적용할 수 있는 방법론을 제기하고자 하는 관점을 기본적으로 깔고 있다. 이를 위해 주희는 경 공부내용의 폭을 크게 열어 놓고 있다. 주희는 특히

---

34 『朱子語類』 12-85, "敬字工夫, 乃聖門第一義, 徹頭徹尾, 不可頃刻間斷."

35 『朱子語類』 12-87, "先立乎其大者. 持敬."

36 『朱子語類』 12-84, "今人皆不肯於根本上理會. 如敬字, 只是將來說, 更不做將去. 根本不立, 故其他零碎工夫無湊泊處."

37 『朱子語類』 12-73, "因歎敬字工夫之妙. 聖學之所以成始成終者, 皆由此."

정이와 그 문인들이 언급한 경(敬)에 대한 논의를 적극적이고 유연하게 받아들이면서도, 동시에 사서(四書) 등에 나타난 여러 내용을 경의 내용으로서 융통성 있게 수용한다.

> 경(敬)을 논하는 것에 이어서 말했다. 성인의 언어는 애초에 이미 닫혀 있지 않다. 예를 들어, '문을 나서는 데 큰 손님을 뵌 듯이 하고, 백성을 부리는 데 큰 제사를 받드는 것처럼 하는 것'과 같은 류는 모두 경의 절목이다. 정선생에 이르러 처음으로 밀접히 관련된 설에서 하나의 '경(敬)' 자를 도출해서 사람들을 가르쳤다. 그러면 경은 어떤 물건인가? 단지 '외(畏)' 자와 같다. 흙덩이처럼 앉아서 귀로는 듣지 않고 눈으로는 보지 않으며 일을 성찰하지 않는 것이 전혀 아니다. 다만 몸과 마음이 정제(整齊)하고 순일(純一)하여 이렇게 방종하지 않으면 곧 경하게 된다.[38]

> 『대학』『논어』『맹자』『중용』과 같은 곳에서는 모두 경(敬)을 말한다; 『시경』도 『서경』도 『예기』도 모두 경을 말한다. 각각 그 일에 나아가서 머리를 바꾸고 얼굴을 고쳐서 말한 것이다. 요컨대 모두 다만 경이다.[39]

주희는 공자와 그 문하의 성현들이 말한 공부들—각종 실천과 앎의 공부 등—은 매우 다양한데 그 공부들이 서로 긴밀하게 연결되어 있음을 주목한다. 그런데 주희에 의하면 그 공부의 요체는 경으로 집약된다. 그런데 주희에 의하면 이 작업은 이정(二程)에 의해 처음 시도되었다. 주희는 바로 정이와 정호가 유교의 역사에서 처음으로 그 상호 연관되어 있는, 그러나 흩어져 있는 공부의 요체를 경으로 집약해서 사람들을 가르쳤음을 주시하며 높이 평가하고 계승한다.[40] 이러한 사실은 우리에게 두 가지 점을 일깨워 준다.

하나는 경이 공자 문하에서의 인·예·악, 인·의·예·지를 둘러싼 각종 공부들과 별개의 것이 아니라 그 모든 공부의 핵심이 집결된 공부라는 것이다. 그래서 경으로써 마음

---

38 『朱子語類』 12-75, "聖人言語, 當初未曾關聚. 如說'出門如見大賓, 使民如承大祭'等類, 皆是敬之目. 到程子始關聚說出一箇'敬'來教人. 然敬有甚物? 只如'畏'字相似. 不是塊然兀坐, 耳無聞, 目無見, 全不省事之謂. 只收斂身心, 整齊純一, 不恁地放縱, 便是敬."

39 『朱子語類』 17-11, "且如大學論語孟子中庸都說敬; 詩也, 書也, 禮也, 亦都說敬. 各就那事上說得改頭換面. 要之, 只是箇敬."

40 『朱子語類』 12-72, "聖賢言語, 大約似乎不同, 然未始不貫. 只如夫子言非禮勿視聽言動, 出門如見大賓, 使民如承大祭, 言忠信, 行篤敬, 這是一副當說話. 到孟子又却說求放心, 存心養性. 大學則又有所謂格物, 致知, 正心, 誠意. 至程先生又專一發明一箇敬字. 若只恁看, 似乎參錯不齊, 千頭萬緒, 其實只一理."/『朱子語類』 12-75, "因說敬曰 : 聖人言語, 當初未曾關聚. 如說, 出門如見大賓, 使民如承大祭, 等類, 皆是敬之目. 到程子始關聚說出一箇敬來教人."

이 주재성을 갖추고 밝아졌다는 것은, 쓸데없는 것이 비워져 있는 수렴된 상태임과 동시에 인·의·예·지가 자연스럽게 드러나는 상태이기도 하다. 주희는 이렇듯 성현의 모든 공부가 경에서 시작하고 끝난다는 점을 주시하면서 경의 오묘함에 감탄을 표하기도 한다.[41]

다른 하나는 주희의 경에 대한 관심은, 정이나 정호도 그러했거니와, 무엇보다 교육적 관심이라는 것이다. 주희가 보기에 성현들이 말한 공부가 각각 좋은 내용을 담고 있지만 흩어져 있어서 입문자들의 접근이 용이하지 않았다. 이에 주희는 사람들이 배움의 첫머리에서 쉽고 자연스럽고 효과적으로 접근할 수 있는 방법적 통로를 만들어 줄 필요를 자각하게 된다. 주희에게 경은 공부의 착수처(着手處), 입문처(入門處)로서의 적절성 때문에 특히 선호된다. 주희가 경을 처음 주목하게 된 계기를 보더라도 그렇다. 주희는 자신의 학문 정립 단계[42]에서 본성과 마음의 구조에 대한 이론적 이해와 더불어 그 본성을 실현하는 합리적 착수처가 될 만한 공부방법을 탐색하는 데 주안점을 두었던 바, 그 과정에서 경을 정이의 문헌 속에서 '발굴'하게 되었던 것이다. 경은 자질이 높은 사람이나 공부가 많이 진행된 사람만이 아니라 초보자도 쉽게 활용할 수 있는 일상적이고 평이하고, 그러면서도 여타의 공부를 관통하며 스며드는 방법으로 포착된 것이다.

주희는, 주돈이가 제안했던 바의 성인이 되는 방법으로서의 '무욕(無欲)'에 대해, 그 의미에도 불구하고 화두가 높아서 사람들이 따라갈 수 없음을 염려하며 그 대안으로 경을 제시했다고 분석했던 적이 있다.[43] 이런 이해는 공부의 착수처 및 입각처로서의 경의 본질을 이해하는 데 도움을 준다. 주희도 공부의 궁극적 방향으로 '존천리거인욕(存天理去人欲)', 혹은 '천리로서의 본성의 실현'을 말하고, 이에 비추어 주돈이의 무욕의 방법도 여기에 부합하는 것이지만, 그럼에도 불구하고 주희는 그 길로 안내하는 보다 평이하면서도 일상적인 방법이 신유학의 지성사에서 요청된다고 보았던 것이다. 주희가 경의 개념적 체계화를 정이에 의한 것으로 보고 그 의의를 크게 평가하면서도, 정이 이전에 이미 선진 유가의 기본 경전들에서 경의 관념들이 다양하게 표현되어 왔다고 보는 것은 공부

41 『朱子語類』 12-73, "因歎敬字工夫之妙. 聖學之所以成始成終者, 皆由此, 故曰 : 修己以敬. 下面安人, 安百姓, 皆由於此. 只緣子路問不置, 故聖人復以此答之. 要之, 只是箇修己以敬, 則其事皆了."

42 특히 중화구설(中和舊說)에서 중화신설(中和新說)로 이어지는 중화설(中和說)의 정립 단계를 의미한다. 제3장 4절 참조.

43 『朱子語類』 12-79, "今說此話, 却似險, 難說. 故周先生只說, 一者, 無欲也. 然這話頭高, 卒急難湊泊. 尋常人如何便得無欲. 故伊川只說箇敬字, 教人只就這敬字上捱去, 庶幾執捉得定, 有箇下手處."

방법론을 하학화(下學化)하고자 하는 주희의 지향성과 깊은 관련이 있다. 누구나 일상적으로 쉽게 행할 수 있는 다양한 실천 덕목 속에서 경 공부의 내용을 찾고자 한 것이다.

그렇다고 해서 주희가 경 공부 실천방법의 내용을 막연하게 열어 놓기만 했다는 것은 아니다. 주희는 다양한 내용을 핵심적으로 포괄하는 경 공부 실천방법의 원리를 간명하게 제시하고자 한다. 그리고 이를 위해 정이와 그의 문인들의 설을 수용한다.

> 물었다: 그렇다면 이른바 경(敬)이라는 것은 어떻게 공부해 가야 합니까? 답했다: 정자(程子)는 이에 대해서 일찍이 '주일무적(主一無適)'으로 말했고, 일찍이 '정제엄숙(整齊嚴肅)'으로 말했다. (그리고) 그의 문인 사씨(謝氏; 謝良佐)의 설명에 이르러서는 이른바 '상성성법(常惺惺法)'이라는 것이 있고 윤씨(尹氏; 尹焞)의 설로는 '심수렴불용일물(心收斂不容一物)'이 있다. 이 여러 말을 관찰하면 공부하는 방법을 알 수 있게 된다.[44]

경 공부의 방법론에 대한 질문에 응해서 주희는 정이의 주일무적(主一無適)과 정제엄숙(整齊嚴肅), 사량좌의 상성성법(常惺惺法), 윤돈의 심수렴불용일물(心收斂不容一物)로 정리한다. 그는 이 네 가지 설을 틀로 삼아 경의 실천방법론을 효과적으로 보여 주고자 한다. 그런데 본격적인 논의에 앞서서 이 네 가지는 서로 별개의 것이 아니라 상호 긴밀하게 연결된 하나의 일임을 주목할 필요가 있다. 정제엄숙(整齊嚴肅) 같은 것은 주로 몸가짐과 관련한 외면의 공부에 가깝고, 주일무적(主一無適)이나 상성성법(常惺惺法), 심수렴불용일물(心收斂不容一物) 같은 것은 마음가짐과 관련한 내면의 공부에 가깝다고도 볼 수 있지만, 실제로는 안과 밖의 공부를 굳이 나눌 필요가 없이 단지 하나의 경 공부다.[45] 즉, 정제엄숙하면 자연히 주일무적이 되고 주일무적하면 자연히 상성성, 심수렴불용일물이 된다.[46] 주일무적, 정제엄숙, 상성성, 심수렴불용일물이 모두 하나의 경으로 귀결

---

44 『大學或問』, 「大學或問上」, "曰: 然則所謂敬者, 又若何而用力耶. 曰: 程子於此, 嘗以主一無適言之矣, 嘗以整齊嚴肅言之矣. 至其門人謝氏之說, 則又有所謂常惺惺法者焉. 尹氏之說, 則又有所謂其心收斂不容一物者焉. 觀是數說, 足以見其用力之方矣."

45 『朱子語類』 17-7, "或問: 大學論敬所引諸說有內外之分. 曰: 不必分內外, 都只一般, 只恁行著都是敬."

46 『朱子語類』 17-8, "若是敬時, 自然主一無適, 自然整齊嚴肅, 自然常惺惺, 其心收斂不容一物."/『朱子語類』 120-20, "如整齊嚴肅, 其心收斂, 常惺惺數條, 無不通貫."

된다는 사실은 체험적으로 들여다보면 이해가 된다.[47] 네 가지는 다만 하나의 경을 서로 다른 측면에서 설명했을 뿐 궁극적으로는 하나다.

이 네 가지 중에서 가장 뼈대가 되는 것은 애초에 경을 제기한 정이가 정의한 바의 주일무적(主一無適)과 정제엄숙(整齊嚴肅)이다. 이 중에서도 가장 핵심적인 것은 주일무적이고, 주일무적 중에서도 주일(主一)이다. 주일이야말로 경의 정수인 것이다. 정이의 후학인 윤돈의 심수렴불용일물(心收斂不容一物)과 사량좌의 상성성법(常惺惺法)은 주일무적과 정제엄숙의 공부와 경지를 다른 각도에서 보완 설명하는 의미를 지닌다. 네 가지의 의미를 상호 연관성 속에서, 그리고 도불의 방법과의 차이점을 염두에 두며 살펴보되, 의미적 유사성에 따른 자연스런 논의 전개를 고려하여 주일무적, 심수렴불용일물, 상성성, 정제엄숙의 순으로 검토하기로 한다.

(1) 주일무적(主一無適)

정이가 경을 특별한 공부로 제기하면서 경에 대해 설명한 해설을 붙인 것이 주일무적이고 정제엄숙이다. 주일무적과 정제엄숙은 경의 이상적 상태와 방법을 동시에 의미한다고 볼 수 있다. 정이는 이 중에서 주일무적, 특히 주일을 경의 요체로 삼았는데 주희는 이를 이으며 자신의 이해를 다음과 같이 펼친다.

> (정선생이 말씀하길) "주일(主一)은 경(敬)을 말한다. 무적(無適)은 일(一)을 말한다." 경은 일(一)을 주로 하는 것이니 이 일[事]을 하면서 다른 일[事]을 하지 않는 것이다. 무적(無適)은 달아나지 않는 것이다.[48]

> 무적(無適)은 일(一)을 말한다. 일(一)은 달아나지 않는 것이다.[49]

> 주일(主一)은 다만 전일(專一; 마음을 온전히 모음)이다.[50]

---

47 『朱子語類』 17-10, "'主一無適', 又說箇'整齊嚴肅'; '整齊嚴肅', 亦只是'主一無適'意. 且自看整齊嚴肅時如何這裏便敬. 常惺惺也便是敬. 收斂此心不容一物, 也便是敬. 此事最易見. 試自體察看, 便見. 只是要教心下常如此"

48 『朱子語類』 96-35, "'主一之謂敬, 無適之謂一'. 敬主於一, 做這件事更不做別事. 無適, 是不走作."

49 『朱子語類』 96-36, "無適之謂一. 一只是不走作."

50 『朱子語類』 96-24, "主一只是專一."

> '주일(主一)은 경(敬)이라 이른다'고 했으니, 단지 이 마음이 전일(專一)하여 다른 생각으로 혼란스럽지 않고 매번 일을 만나 지성(至誠)으로 전일하게 해 가는 것이니, 이것이 주일의 뜻이다.[51]

주희는 주일(主一)과 무적(無適)을 구분해서 설명함을 볼 수 있다. '무적(無適)'은 '주일(主一)'의 '일(一)'을 풀이한 것이다. 일(一)이란 무적(無適), 즉 마음이 이리저리 달아나지 않는 상태를 의미한다. 다시 말하면, 일(一)은 가지런히 모아져 있는 마음의 상태를 지칭한다. 무적은 주일의 일에 대한 설명일 뿐이기에 주일무적의 핵심은 주일로 모아진다. 그렇다면 주일(主一)은 무엇인가? 주희는 '주어일(主於一)'로 풀이하는데, 이는 '일(一)을 주로 함' '일(一)을 주재함' '일(一)을 오로지 함' '일(一)에 집중함' 등으로 이해할 수 있다고 본다. '주'는 주체(主體), 주도(主導), 주재(主宰), 자각적 집중의 의미를 지닌다. 일, 즉 마음이 이리저리 달아나지 않는 일을 주체가 깨어서 오로지 지속한다는 뜻이다. 주희는 주일(主一)을 곧바로 전일(專一)로 설명하기도 한다. 전일이란 '오로지 일(一)함'이니 이것이 주어일(主於一)의 다른 풀이라고 해도 좋다. 주(主)는 일(一)하되 그것을 오로지 한다는 의미라고 할 수 있다. 이상 복잡한 뜻풀이를 토대로 주일무적을 현대인도 익숙한 용어로써 한마디로 정리하면 '전일(專一; 마음을 온전히 모음)'로 표현할 수도 있겠다. 주희의 어록(『주자어류』 등)과 문집(『주희집』 등)에는 '전일(專一)'이라는 말이 수없이 등장하며 그 실천이 강조되는데, 이는 곧 경의 실천의 중요성에 대해 그 핵심 내용을 중심으로 역설하는 것이라고 할 수 있다. 그런데 그 전일이라는 말이 그대로 현대어로 기능하고 있음을 감안한다면 그것은 주희의 경의 의미 이해에 다가서는 유용한 실마리가 될 수 있다.

전일로서의 주일에 대해 주희는 다른 곳에서 모든 상황에서 정신과 사려를 최대한 모으는 것으로 설명하기도 한다. 그런데 여기서 모든 상황이라는 것은 일이 있을 때나 움직일 때만 말하는 것이 아님에 주의할 필요가 있다. 일이 있을 때나 없을 때나, 마음이 움직일 때나 고요할 때나 항상 정신과 사려의 안정된 집중력을 잃지 않는 것이다.

51 『朱子語類』 69-148, "'主一之謂敬', 只是心專一, 不以他念亂之. 每遇事, 與至誠專一做去, 卽是主一之義."

혹자가 말했다: (정선생이 말씀하기를) "주일(主一)은 경(敬)을 이른다."고 하니 경(敬)은 다만 주일(主一)이 아니겠습니까? 답했다: 주일(主一)은 곧 '경(敬)' 자에 대한 주해다. 요컨대 일이 작건 크건 항상 자기의 정신(精神)과 사려(思慮)를 여기에 극진히 하도록 한다. 일이 있을 때도 이와 같고 일이 없을 때도 이와 같이 한다."[52]

주일, 그리고 주일을 핵심 실천으로 하는 경이 동과 정을 겸하는 방법으로 일이 있을 때나 없을 때를 막론하고 작동한다는 점을 주희는 특별히 강조한다. 그리고 이 측면은 주희가 주일무적의 개념을 정이로부터 계승하면서도 정이와 달라지는 혹은 넘어서는 부분이기도 하다.

주일(主一)은 동(動)과 정(靜)을 겸하여 말하는 것이다.[53]

주일(主一)은 다만 전일(專一)이다. 일[事]이 없을 때 깊이 잠겨 안정하고 움직일 때 달려 나가지 않는다. 일[事]이 있으면 일에 따라서 응하고 변하면서 다른 일[事]에는 이르지 않는다. 이것이 이른바 주사(主事)라고 하는 것으로 주일(主一)을 행하는 방법이다. 만약 얽매어 미련을 가짐이 있으면 반드시 일[事]이 지나가도 마음은 잊지 못하니, 몸은 여기에 있어도 마음은 저기에 있는 것이다. 이것은 지리멸렬하고 제멋대로 구는 것으로 주일무적(主一無適)과 같지 않을 뿐 아니라 곧바로 서로 반대된다.[54]

물었다: 주일무적(主一無適)은 역시 일을 만나서도 이러해야 합니까? 답했다: 일[事]이 없을 때에는 이 마음은 물론 주일(主一)하고, 일[事]을 만나서도 역시 이러해야 한다. 만일 이 일[事]을 마땅히 처리해야 하는데 처리하지 않거나 마땅히 행해야 하는데 하지 않는다면 이것은 주일(主一)이 아니다. 앉을 때는 마음도 앉고 걸어갈 때에는 마음도 걸어간다. 몸이 여기에 있으면 마음도 여기에 있다.[55]

---

52 『朱子語類』 12-70, "或云: '主一之謂敬.' 敬莫只是主一? 曰: 主一又是'敬'字注解. 要之, 事無小無大, 常令自家精神思慮盡在此. 遇事時如此, 無事時也如此."

53 『朱子語類』 96-27, "主一兼動靜而言."

54 『朱熹集』 卷47, 2275쪽, 「答呂子約」, "主一只是專一, 蓋無事則湛然安靜而不鶩於動, 有事則隨事應變而不及乎他. 是所謂主事者, 乃所以爲主一者也. 觀程子書中所論敬處, 類集而考之, 亦可見矣. 若是有所係戀, 却是私意. 雖似專一不舍, 然旣有係戀, 則必有事已過而心未忘, 身在此而心在彼者. 此其支離畔援, 與主一無適非但不同, 直是相反"

55 『朱子語類』 119-23, "問: '主一無適', 亦是遇事之時也須如此. 曰: 於無事之時這心卻只是主一, 到遇事之時也是如此. 且如這事當治不治, 當爲不爲, 便不是主一了 若主一時, 坐則心坐, 行則心行, 身在這

일이 없을 때 마음이 전일하다는 것은, 어떠한 잡다한 사념에 의해서도 동요되지 않는 평안하고 고요한 상태를 유지하는 것을 말한다. 마치 마음의 적연부동(寂然不動)한 미발(未發) 상태 같은 것이다. 일이 있을 때의 마음의 전일함이란 마음이 움직이되 오직 한 가지 일에 대한 처리나 궁리(窮理)만을 생각하고 일체 다른 관념을 갖지 않는 것을 말한다. 말하자면 일[事]이 있을 때의 주일(主一)하는 주요한 방법은 그 일에 집중하는 것, 곧 주사(主事)다. 주사는 일이 있을 때의 주일인 셈이다. 만일 어떤 일을 하면서도 마음이 다른 일에 대한 생각들로 가득 차 있다면 마음은 산만하게 분산되어 어떠한 일도 올바로 이해하고 처리할 수 없다. 혹자는 당면한 한 가지 일에만 집중하게 되면 그 일에 고착될 우려를 제기할 수도 있으나, 이에 대해 주희는 한 가지 일을 하면서도 마음이 다른 일에 머무는 것이야말로 한쪽 귀퉁이에서 고착되는 일이라고 반론한다.[56]

이렇게 보면 주희가 말하는 주일무적(主一無適)은 오로지 마음이 고요히 모아져 있는 것만을 의미하지 않는다. 주일무적은 일이 없을 때라면 마음 스스로의 내면에 집중하며 안정을 유지하는 방법이겠지만, 일이 있을 때는 정신과 사려의 집중력을 외부의 일로 돌리는 방법이다. 이런 점에서 주희는 정이의 주일무적을 받아들이되, 정이의 한계를 창조적으로 극복하고 있다고 보아도 좋다. 정이의 주일무적은 주로 마음이 스스로의 내면에 집중하여 본연의 상태를 잃지 않으려는 방법으로서, 외부의 일과 단절될 수 있는 소지도 안고 있었다.[57] 반면, 주희에게 있어 주일무적은 일이 없을 때는 없는 대로 마음의 전일함을 유지하되, 일이 있을 때에는 마음의 안정을 바탕으로 외부의 일에 집중함으로써 외부의 일과 자연스럽게 융화되는 방법론의 성격을 지니게 된다. 경에 대한 주희의 이런 이해는 정이보다는 정호의 견해에 가깝다.

> 경(敬)은 다만 주일(主一)이다. 이것을 보존할 수 있으면 자연히 천리(天理)는 밝아진다.[58]

裏, 心亦在這裏. 若不能主一, 如何做得工夫?."

56 『朱子語類』 96-39, "又曰(問-필자주): 人心常要活, 則周流無窮而不滯於一隅.' 或者疑主一則滯, 滯則不能周流無窮矣. 道夫竊謂, 主一則此心便存, 心存則物來順應, 何有乎滯? 曰: 固是. 然所謂主一者, 何嘗滯於一事? 不主一, 則方理會此事, 而心留於彼, 這卻是滯於一隅."

57 제2장 2절 6항 참조.

58 『朱子語類』 124-58, "敬只是主一也. 存此, 則自然天理明."

주희에게 모든 공부는 리를 전제로 하고 있고 리를 향하고 있다. 경은 그런 공부 중 가장 본령에 해당하는 것이다. 그리고 주일은 그 경의 핵심 실천이다. 주일로서의 경[59]을 지킬 수 있다면 천리가 밝아진다고 한다. 주일의 상태는 자연히 리의 마음 혹은 리를 본성으로 하는 마음, 혹은 본심을 자연스럽게 끌어낸다. 주일의 경은 자연히 마음의 동과 정을 관통해서 삿됨(邪)을 물리치게 되고[60] 그리하여 리가 드러난다. 경이 마음의 동정을 관통해서 중화를 이끌어 내는 방법이 되는 것은 이 때문이다.

(2) 심수렴불용일물(心收斂不容一物)

윤돈이 스승 정이의 경에 대해 보탠 바의 심수렴불용일물(心收斂不容一物: 마음이 수렴되어 하나의 외물도 허용치 않음)이란 풀이는 특히 주일무적 실천의 초기 단계를 이해하는 데 도움이 된다. 마음이 산만하고 분산되지 않도록 하는 것, 즉 마음의 수렴(收斂)은 주일무적을 이끌어 내는 기초적 실천의 의미로 쓰인다. 즉, 앞서 다룬 주일(무적)이 곧 경을 의미한다면 수렴은 주일의 경으로 나가기 위한 기본 방법처럼 여겨진다.

> 주일(主一)은 경(敬)의 드러난 덕[表德]으로 다만 수렴(收斂)을 요한다.[61]

> (마음이) 움직일 때 마음과 정신을 한 가지 일에서 수렴(收斂)해서, 생각을 혼란시켜 동쪽, 서쪽으로 가지 않으면 곧 주일(主一)이다.[62]

'수렴(收斂)'이란 곧 몸과 마음을 수습하여 정신이 '여기에' 존재하도록 하는 것을 말한

59 '주일로서의 경'이라는 표현을 썼지만 경과 주일을 동일한 것으로 볼 수는 없다. 정이는 "주일은 경을 말한다."라고 하여 양자가 동일한 것이 아닌지 의문을 낳게 한 바 있는데, 이에 대한 문인의 질문에 대해서 주희는 주일이 경과 동일하다기보다 주일은 경의 주해(注解)라는 점을 분명히 한다. 경과 주일의 관계는, 경은 주일을 핵심 실천으로 삼는, 그 주일을 포함하고 넘어선, 더 다양한 함의를 품고 있는 본령공부이자 경지로 이해하는 것이 옳을 것이다.
『朱子語類』 12-70, "或云: '主一之謂敬.' 敬莫只是主一? 曰: 主一又是'敬'字注解. 要之, 事無小無大, 常令自家精神思慮盡在此. 遇事時如此, 無事時也如此."

60 『朱子語類』 96-28, "問: 閑邪則固一矣, 主一則更不消言閑邪? 曰: 只是覺見邪在這裏, 要去閑他, 則這心便一了. 所以說道閑邪, 則固一矣; 旣一則邪便自不能入, 更不消說又去閑邪."

61 『朱子語類』 118-60, "主一是敬表德, 只是要收斂."

62 『朱子語類』 120-20, "若動時收斂心神在一事上, 不胡亂思想, 東去西去, 便是主一."

다.[63] 흐트러지고 흐려진[放蕩] 마음을 다잡아서 안정되고 집중된 상태로 되돌리는 것이다.[64] 그리고 이 수렴은 곧 '불용일물(不容一物: 어떠한 외물도 용납하지 않는다)'의 상태와 다른 것이 아니다.

> 이 마음이 하나의 물(物)에도 붙들려 있지 않으면 곧 이것이 수렴(收斂)이다.[65]

여기서 물(物)이란, 일이 있건 없건, 마음의 전일함을 해치는 모든 잡다한 떠돌이 관념과 감정, 욕망을 말한다. 사람은 마음속에 종종 이런 물을 품고서 얽매이며 살아간다. 이런 물에 고착되지 않는 게 곧 수렴이다. 주희는 물에 고착된 양상을 이렇게도 설명한다.

> 마음은 한 터럭의(자그마한) 치우침도 있어서는 안 된다. 한 터럭의 치우침이 있으면 곧 이것이 삿된 생각이고 곧 음란함에 빠지길 그치지 않는다. 삿된 생각이 오히려 자기 자신만큼 커지면 '보아도 보이지 않고 들어도 들리지 않는다'. …(중략)… 보고 듣는 것은 몸상에 나아가서 말한 것이다. 마음에 하나의 물(物)도 있어서는 안 되니, 외면의 수작만변(酬酢萬變)은 모두 단지 그 분한(分限)에 따라서 응해 가는 것으로, 모두 자신의 마음의 일과는 관계가 없다. (그런데) 물(物)에 얽매이자마자 곧 동요하게 된다. 물(物)에 얽매이는 까닭에는 세 가지가 있다. 간혹 일이 아직 닥치지 않았는데 자신이 먼저 기대하는 마음을 가지는 것이다. 혹은 일이 이미 응하고 간 후에 가슴 속에 길게 남겨 두고 잊지 못하는 것이다. 혹은 바로 일에 응할 때 생각이 편중되어 단지 저 편만을 중요하게 보는 것이다. 이것은 모두 물(物)에 얽매이고 속박되는 것이다. 이미 물(物)에 얽매이고 속박되게 되면 곧 (마음에) 이 물사(物事)가 있게 되어, 다른 일이 닥치게 되면 응하되 곧 오류가 있게 되니, 이것이 어찌 그 바름을 얻을 수 있겠는가? 성인의 마음은 물이 맑고 깨끗한 듯이 텅 비고 밝아서 어떠한 형체와 흔적도 없다. 한번 사물이 오는 것을 보면, 크건 작건, 사방팔면(四方八面)이 물(物)에 따라서 응하지 않음이 없으니, 이 마음은 원래 일찍이 이 물사(物事)가 존재한 적이 없다.[66]

---

63 『朱子語類』 12-26, "人常須收斂箇身心, 使精神常在這裏."

64 『朱子語類』 12-28, "學者須常收斂, 不可恁地放蕩."/ 『朱子語類』 12-31, "只是收放心, 把持在這裏, 便須有箇眞心發見, 從此便去窮理."/ 『朱子語類』 12-32, "大概人只要求箇放心, 日夕常照管令在. 力量既充, 自然應接從容."

65 『朱子語類』 17-17, "這心都不著一物, 便收斂."

66 『朱子語類』 16-155, "心不可有一毫偏倚. 才有一毫偏倚, 便是私意, 便浸淫不已, 私意反大似身己, 所

마음이 물(物)에 얽매인다고 할 때의 물(物)은 마치 맑은 물에 던져진 돌과 같은 것이다. 물에 돌을 던지면 파문이 일어서 사물의 있는 그대로의 모습을 비출 수 없듯이, 마음에 물(物)이 있게 되면 마음이 동요하게 되어 당면한 일을 올바로 이해하거나 처리할 수 없게 된다. 마음에 딴생각이 있으면 어떤 것을 보아도 보이지 않고, 어떤 것을 들어도 들리지 않게 된다. 따라서 마음이 본래의 허명(虛明)함을 갖추고서 만물을 올바로 비추어 내고 처리해 가기 위해서는 물(物)로부터 자유롭지 않으면 안 된다.

주희에게 주일로서의 마음의 수렴(收斂)은 궁극적으로는 理의 이해 및 발현과 연결되는 공부다. 굳이 지와 행을 거론하지 않더라도, 즉 지와 행에 본격적으로 진입하지 않더라도 수렴만으로도 의리에 안착하고 물욕을 줄일 수 있는 힘이 생긴다.

> 공부함에 있어 아직 진지(眞知)와 역행(力行)은 묻지 않았을지라도 (기본적으로) 이 마음을 수습해서 넘어지고 흩어지는 곳이 없도록 해야 한다. 수렴(收斂)하여 모두 의리(義理)상에 안착(安着)하고 온갖 혼란된 생각들을 없앤다면 오래 지나서는 물욕(物欲)은 줄어들고 의리(義理)는 커진다.[67]

주일무적(主一無適)과 수렴(收斂)의 실천이 의리(義理)에 대한 감수성으로 이어진다는 점에서 이는 불교의 마음수양법과 질적으로 다르다는 점을 주희는 강조한다. 그는『맹자』의 '구방심(求放心: 흩어진 마음을 구함)'이라는 구절을 설명하면서, 이것은 불교의 '입정(入定; 선정에 듦)'과 같은 것이 아니라 마음의 주재를 찾아서 의리(義理)를 밝히고 사업(事業)을 이루어 가기 위한 것이라고 설명한다.[68] 마음을 가라앉히고 정돈하게 될 때 사랑과 의로움의 마음을 느끼는가, 아니면 아무것도 없는 공적(空寂)과 허무(虛無)의 마음

以'視而不見, 聽而不聞, 食而不知其味'. …(중략)… 視聽是就身上說. 心不可有一物, 外面酬酢萬變, 都只是隨其分限應去, 都不關自家心事. 才係於物, 心便爲其所動. 其所以係於物者有三: 或是事未來, 而自家先有這箇期待底心; 或事已應去了, 又卻長留在胸中不能忘; 或正應事之時, 意有偏重, 便只見那邊重, 這都是爲物所係縛. 旣爲物所係縛, 便是有這箇物事, 到別事來到面前, 應之便差了, 這如何會得其正? 聖人之心, 瑩然虛明, 無纖毫形跡. 一看事物之來, 若小若大, 四方八面, 莫不隨物隨應, 此心元不曾有這箇物事."

67『朱子語類』12-29, "學者爲學, 未問眞知與力行, 且要收拾此心, 令有箇頓放處. 若收斂都在義理上安頓, 無許多胡思亂想, 則久久自於物欲上輕, 於義理上重."

68『朱子語類』12-33, "今說求放心, 說來說去, 卻似釋老說入定一般. 但彼到此便死了; 吾輩卻要得此心主宰得定, 方賴此做事業, 所以不同也."

을 느끼는가는 큰 차이가 있다. 이 차이는 곧 주희의 시선과 불교의 시선을 대립적으로 보여 준다. 주희의 경의 이런 성격으로 인해 경은 리의 마음으로서의 본심을 밝히고 지키는 방법이 될 수 있다.

(3) 상성성법(常惺惺法)

사량좌는 "경(敬)은 항상 깨어 있도록 하는 방법"이라고 말한 바 있는데, 주희는 이를 받아들여 다음과 같이 적용한다.

> 하루는 『대학』의 독서에 대해 논하면서, (혹자가) 매번 생각[念慮]으로 인해 흔들리니, 자못 공부에 방해된다고 대답했다. 답했다: 다만 경(敬)하지 못한 것이다. 경은 '항상 깨어 있는 방법(常惺惺底法)'이다. 경으로써 위주로 삼으면 백 가지 일이 모두 여기로부터 이루어진다. 지금 사람들은 모두 내 것을 이해하지 못하고, 자연히 마음이 있는 바도 알지 못하면서 다른 일을 이해하려고 하고, 또 제가, 치국, 평천하를 하려 한다. 마음이라는 것은 몸의 주재자(主宰者)다. 배를 저을 때는 상앗대를 쓰고 먹고 마시는 데는 마땅히 수저를 사용한다. 마음을 이해하지 못하면 상앗대를 쓰지 않고 수저를 쓰지 않는 것을 말하는 것이다. 마음을 다스리는 것은 단지 경이니, 경을 어떠한 (특별한 별개의) 일로 간주하겠는가? 산에 오르는 것은 단지 이 마음이고 물에 들어가는 것도 단지 이 마음이다.[69]

'경은 항상 깨어 있는 방법(敬是常惺惺底法)'이라는 표현의 의미를 숙고해 보면, 경(敬)이 방법이고 상성성(常惺惺)이 경의 결과로 얻어지는 마음상태로 이해하는 것을 알 수 있다. 상성성은 늘 깨어 있다는 뜻이며 이는 곧 주체의 자각에 의한 주재 상태가 줄곧 유지됨을 의미한다고도 할 수 있다. 즉, "경은 항상 깨어 있는 방법"이라는 말은 경이 주체의 주재성을 지속적으로 견지하는 방법임을 강조하는 표현이다. 마음은 모든 것의 근본이고 자신(몸)의 주재자다. 항해를 할 때 상앗대를 쓰지 않으면 배가 침몰되는 것처럼, 살아가면서 마음의 주재성을 잊게 되면 삶은 어긋날 수밖에 없기에, 늘 성성(惺惺)의 상태를 유지하는 것은 중대한 과제이며 경은 그 한결같은 성성함으로 나아가는 방법이다.

---

69 『朱子語類』 118-50, "一日因論讀大學, 答以每爲念慮攪擾, 頗妨工夫. 曰: 只是不敬. 敬是常惺惺底法, 以敬爲主, 則百事皆從此做去. 今人都不理會我底, 自不知心所在, 都要理會他事, 又要齊家·治國·平天下. 心者, 身之主也. 撑船須用篙, 吃飯須用匙. 不理會心, 是不用篙, 不使匙之謂也. 攝心只是敬. 才敬, 看做甚麼事? 登山亦只這箇心, 入水亦只這箇心."

주희는 상성성(常惺惺)으로 나아기 위한 구체적 실천방법으로 '환성(喚醒)'을 종종 이야기한다. 마음이 스스로 불러일으켜 깨운다는 뜻이다. 마치 잠자는 사람을 불러서 깨워 일으키듯이, 주인으로서의 마음을 스스로 불러 깨우는 것이다. 이렇게 환성은 주재성을 일깨우는 것을 핵심 내용으로 한다. 경의 기본 의미는 마음의 주재성을 세우는 것임을 앞에서도 논했는데, 상성성, 환성은 바로 마음이 스스로를 늘 불러일으켜 깨워서 늘 주인됨, 주재성을 잃지 않도록 하는 과제와 직접 연결된 공부이다. 환성을 둘러싼 주희의 언급을 몇 가지 모아 본다.

> 사람은 오직 하나의 마음[心]이 있어 주인[主]이 되니 항상 환성(喚醒: 불러일으켜 깨어남)해야 한다.[70]
>
> 사람의 본심(本心)이 밝지 못한 것은, 잠자는 사람이 모두 혼매(昏昧)해서 이 몸이 있음을 모르는 것과 같다. 반드시 환성(喚醒)해야 알 수 있다.[71]
>
> 사람에게 이 마음이 있으면 곧 이 몸이 있음을 안다. 사람이 혼매(昏昧)해서 이 마음이 있음을 알지 못하면, 마치 사람이 피곤하게 잠들어 이 몸이 있음을 알지 못함과 같다. 사람이 비록 피곤하게 잠들어 있더라도 환각(喚覺: 불러일으켜 자각함)하게 되면 이 몸은 자연히 있게 된다. 마음 또한 이러하니 그 혼매하고 가리어짐이 있어도 경각(警覺: 경계하며 자각함)하게 되면 이 마음은 여기에 있게 된다.[72]

상성성 및 환성의 저편에는, 즉 마음이 주재성을 잃은 자리, 주인됨을 잃은 자리에는 혼매(昏昧)함이 있다. 마음은 잠깐만 주의를 하지 않아도 흐트러지거나 어두워진다. 그리고 마음이 혼매해진다는 것은 이미 마음 스스로의 존재를 잊는다는 것이며, 주재성을 잃는다는 것이다. 마치 피곤하게 잠들어 있을 때 몸의 존재를 잊게 되는 것과 같다. 그러나 아무리 혼매할지라도 자각하게 되면, 마치 잠에서 깨어나듯 본심 스스로의 주재성과 밝음을 되찾게 된다.[73] 환성(喚醒)이나 환각(喚覺), 경각(警覺)은 모두 불러일으켜 자

---

70 『朱子語類』 12-20, "人惟有一心是主, 要常常喚醒."

71 『朱子語類』 12-16, "人之本心不明, 一如睡人都昏了, 不知有此身. 須是喚醒, 方知. 恰如磕睡, 彊自喚醒, 喚之不已, 終會醒. 某看來, 大要工夫只在喚醒上. 然如此等處, 須是體驗教自分明."

72 『朱子語類』 12-17, "人有此心, 便知有此身. 人昏昧不知有此心, 便如人困睡不知有此身. 人雖困睡, 得人喚覺, 則此身自在. 心亦如此, 方其昏蔽, 得人警覺, 則此心便在這裏."

73 『朱子語類』 12-18, "放縱只爲昏昧之故. 能喚醒, 則自不昏昧; 不昏昧, 則自不放縱矣."

각한다는 뜻이다. 그런데 여기서 한 가지 오해를 피할 부분이 있다. 환성은 어떤 하나의 마음으로 다른 마음을 다스리는 일이 아니라는 점이다. 마음은 하나이기 때문이다. 스스로 수렴하고 보존하는 식으로 환성은 일어난다.[74]

환성을 통해 가능해지는 늘 깨어 있는 경지의 힘은 대단하다. 마음이 여기에 우뚝 서게 되면 항상 깨어 있는 경지는 가능해진다. 아주 가끔이라도 마음을 긴장하고 정신을 차린다면 몸과 마음의 기운 자체가 맑아지는 것은 보통 사람들도 쉽게 경험할 수 있다. 그런데 만일 '항상' 마음이 깨어 있을 수 있다면 그것이 가져오는 효과는 대단할 것이다.

> 지금 사람들의 마음이 (당장) 우뚝 서서 여기에 있으면 오히려 태만한 기운이 없어지니, 하물며 마음이 항상 능히 깨어 있을 수 있다면 어떻겠는가? 그러므로 마음은 항상 깨어 있으면[常惺惺] 저절로 떠돌이 생각[客慮]이 없게 된다.[75]

따라서 공부하는 사람은 상성성(常惺惺)의 상태를 언제나 유지할 수 있도록 맹렬하게 살피고 또 살피는[76] 노력을 해야 한다. 처음에는 어렵겠지만 마음이 흐트러지고 어두워질 때마다 불러일으키는 일을 반복한다면 자연히 익숙해지는 날이 있게 될 것이다.[77]

성성(惺惺)이 곧 혼매(昏昧)하지 않는 마음을 의미한다면 주희에게 이는 곧 리(理)를 비출 수 있는 마음을 가진다는 것을 말한다.[78] 주희는 본심을 밝힌다는 것은 마치 태양이 떠서 온갖 삿됨을 물리치고 리(理)를 밝게 비추는 것과 같다고 한다. 더욱이 본심은 광명정대(光明正大)하기 때문에 크게 힘쓰지 않고 약간의 주의만을 기울여 살펴도 쉽게 밝혀진다.[79] 만일 늘 경계하고 각성하여 본심의 밝음을 유지할 수만 있다면 외적인 규범틀[規矩]이 굳이 필요가 없이 자연스럽게 리(理)에 들어맞을 수 있다. 그럼에도 불구하고 큰 효과를 위해 외적인 규범틀과 내면적인 각성과 서로 상호 보완관계를 이룰 필요가

74 『朱子語類』 12-19, "心只是一箇心, 非是以一箇心治一箇心. 所謂存, 所謂收, 只是喚醒."

75 『朱子語類』 12-14, "今人心聳然在此, 尙無惰慢之氣, 況心常能惺惺者乎? 故心常惺惺, 自無客慮."

76 『朱子語類』 12-21, "須是猛省."

77 『朱子語類』 12-23, "只是頻頻提起, 久之自熟."

78 『朱子語類』 17-15, "惺惺, 乃心不昏昧之謂, 只此便是敬. 今人說敬, …(중략)… 然心若昏昧, 燭理不明,"

79 『朱子語類』 12-24, "學者常用提省此心, 使如日之升, 則群邪自息. 他本自光明廣大, 自家只著些子力去提省照管他, 便了. 不要苦著力, 著力則反不是."

있다.[80]

성성(惺惺)은 리를 밝히는 지향을 본질로 한다는 점에서 불교의 그것과는 다르다. 주희에 의하면, 불교에서도 환성(喚醒)이라는 말이 있지만 단지 텅 빈 환성[空喚醒]으로, 이는 유가에서 이 마음을 환성(喚醒)하여 온갖 도리를 비추어 보려는 것과 전혀 다르다.[81] 주희는, 어떤 사람이 선(禪)에도 "주인옹은 성성(惺惺)하라."는 말이 있고 유가에서도 사량좌의 "상성성법(常惺惺法)" 같은 말이 있는데 양자의 차이가 무엇인지 모르겠다는 질문에 대해, "사씨의 설은 그 실행 영역이 넓게 열려 있어 몸과 마음과 사물 상에 모두 공부가 있다. 선을 하는 자들이 본 것은 단지 하나의 주인옹을 보면 끝나는 것으로, 움직일 때 리에 맞지 않더라도 도무지 상관하지 않는다."[82]고 답한다. 요컨대 선은 주인공이 깨어나는 것에 그치는 반면, 유가는 주체가 깨어난 상태에서 모든 영역에 걸쳐 공부하고 리에 맞게 행동하는 것을 목표 및 실효로 한다는 점에서 분명한 차이가 있음을 역설한다.

(4) 정제엄숙(整齊嚴肅)

정이는 경(敬)을 제기하면서 그 실천방법으로 주일무적과 함께 정제엄숙을 거론했다. 이에 대한 주희의 여러 해설을 모아 볼 때, 주일무적은 앞에서 고찰한 바와 같이 주로 마음, 즉 내면의 상태를 다스리는 공부라면, 정제엄숙은 몸, 즉 외면의 상태까지를 적극적으로 고려하는 공부로 이해할 수 있다. 정제엄숙은 가지런히 하고 정돈하고 숙연히 하는 행위로서 이 역시 마음가짐을 근간으로 하는 것이지만 외면의 단속에 초점을 맞추어 접근하는 특징을 보인다. 정제엄숙을 이해하기 위해서는 경의 실천에 있어 안과 밖이 분리되지 않는다는 점을 먼저 이해해야 한다.

---

80 『朱子語類』 12-23, "人心常炯炯在此, 則四體不待羈束, 而自入規矩. 只爲人心有散緩時, 故立許多規矩來維持之. 但常常提警, 敎身入規矩內, 則此心不放逸, 而炯然在矣. 心旣常惺惺, 又以規矩繩檢之, 此內外交相養之道也."

81 『朱子語類』 17-16, "其喚醒此心則同, 而其爲道則異. 吾儒喚醒此心, 欲他照管許多道理; 佛氏則空喚醒在此, 無所作爲, 其異處在此."

82 『朱子語類』 126-49, "問: 昔有一禪僧, 每自喚曰: '主人翁惺惺著?' 大學或問亦取謝氏'常惺惺法'之語, 不知是同是異? 曰: 謝氏之說地步闊, 於身心事物上皆有工夫. 若如禪者所見, 只看得箇主人翁便了, 其動而不中理者, 都不管矣."

> 몸과 마음, 안과 밖은 애초에 틈이 없다. 이른바 마음이라는 것은 진실로 내면을 주재하고, 보고 듣고 말하고 움직이고, 나아가고 물러나고, 말하고 침묵하는 등의 밖에서 보이는 것은 이 마음의 작용과 일찍이 분리되지 않는다. 지금 그 공허하고 쓰이지 않는 곳에서는 곧 잡아서 보존하면서도, 그 유행하고 운용되는 실제에 있어서는 곧 버려서 살피지 않으면 이는 마음의 전체(全體)에서 절반은 얻었으되 절반은 잃은 것이다. 그런데 그 얻은 절반도 억지스런 배치[安排布置]를 기다린 다음에야 보존할 수 있으니, 그러므로 보존함에 알묘조장(揠苗助長: 싹을 뽑아 서둘러 기름)의 우려가 있게 되고, 아니면 버려둠에 성하지 않은 잃음이 있게 된다. 이런 까닭에 그 얻은 반 역시 장차 스스로 보존함이 부족해서 잃게 된다. 누가 경(敬)을 한결같이 주로 하여 이 마음을 우뚝 세워 안과 밖, 동과 정의 사이에서 한 터럭의 틈과 한 호흡의 정지도 없겠는가?[83]

주희에 의하면 경 공부에는 마음의 미발(未發)과 이발(已發), 정(靜)과 동(動)의 경계가 없듯이 마음의 안과 밖의 경계도 없다. 시청(視聽)·언동(言動)·출처(出處)·어묵(語默)과 같은 몸의 행위는 이미 마음의 작용과 분리되지 않는다. 밖에 드러난 것은 그대로 안의 상태를 반영하는 것이기에, 밖만 보고도 안의 상태를 가늠할 수 있다. 따라서 안을 단속하는 것은 밖을 단속하는 것과 별개가 아니며, 또한 밖을 단속하는 것은 곧 안을 단속하는 일과 별개가 아니다. 경이 제대로 관철이 되고 있다면 안과 밖, 정과 동이 모두 바르게 된다. 그럼에도 불구하고 안만 신경 쓰고 밖은 돌아보지 않는다면 마음을 밝히는 공부의 절반만 얻은 형국이 된다. 그 얻은 절반이라는 것도 불안정하여 결국 잃게 된다고 주희는 지적한다. 이렇게 해서는 내외·동정 사이의 틈과 쉼이 없이 작동하는 경은 불가능하다는 것이다.

결국 경 공부에는 안을 다스리는 노력과 함께 밖을 다스리는 노력이 포함된다. 여기에서 밖을 다스리는 일도 결국 마음의 문제이지만 어쨌든 특별히 밖에 초점을 두는 혹은 밖도 함께 고려하는 공부도 필요하다. 이게 정제엄숙이다. 몸가짐 및 언행을 가지런히 하고 충실하게 하는 시도는 자연히 내면의 가지런함과 충실함으로 이어진다.

---

83 『朱熹集』卷45, 2155쪽, 「答楊子直」, "大抵身心內外, 初無間隔. 所謂心者, 固主乎內, 而凡視聽言動出處語默之見於外者, 亦卽此心之用而未嘗離也. 今於其空虛不用之處則操而存之, 於其流行運用之實則棄而不省, 此於心之全體, 雖得其半而失其半矣. 然其所得之半, 又必待有所安排布置, 然後能存, 故存則有揠苗助長之患, 否則有舍而不芸之失. 是則其所得之半又將不足以自存而失之. 孰若一主於敬而此心卓然, 內外動靜之間, 無一毫之隙, 一息之停哉?"

> 정제엄숙(整齊嚴肅)하면 이 마음은 곧 보존되고 곧 성성(惺惺)하게 된다. 만일 정제엄숙이 없으면 성성하려 해도 잡을 곳이 없으니, 늘 성성할 수 없다.[84]

> (상성성법은) 정선생의 정제엄숙(整齊嚴肅)의 설만하지 못하다. 생각건대 사람이 능히 이와 같을 수 있다면 이 마음은 곧 여기에서 성성(惺惺)하게 된다. 외면(外面)이 정제엄숙하면서 내면(內面)이 성성하지 않은 자는 아직 있지 않았다. 사람이 한때 외면이 정제엄숙하면 곧 한때 (내면이) 성성해지고, 한때 (외면이) 방자해지면 곧 (내면이) 어둡고 태만해진다.[85]

> 경(敬)을 말하는 자가, 단지 이 마음을 보존할 수 있으면 자연히 리(理)에 적중한다고 하고서, 용모사기(容貌詞氣: 용모와 말기운)에 이르러서는 왕왕 공부를 전혀 하지 않는다. 설사 진실로 능히 이와 같이 보존할 수 있다고 하더라도, 불교, 도교와는 어떻게 다르겠는가? 〈상채의 설은 곧 이 병폐를 지닌다.〉 하물며 마음의 사려가 거칠고 부주의해서 진정으로 능히 보존할 수 없을 바일진저. 정선생은 경(敬)을 말하면서 반드시 정제엄숙(整齊嚴肅), 정의관(正衣冠: 의관을 바르게 함), 존첨시(尊瞻視: 보는 것을 공경스럽게 함)를 우선으로 삼았다. 또한 다리를 뻗고 앉았으면서 마음이 태만하지 않은 자는 있지 않다고 말하니, 이 같은 것은 곧 지극한 논의다.[86]

앞의 세 인용문에서 주희는, 특히 앞서 다룬 사량좌의 성성(惺惺)의 공부와 연결해서, 정제엄숙의 가치를 설득하고 있음을 볼 수 있다. 정제엄숙은 성성을 이끌어 낼 손에 잡히는 시작점[捉摸處]이 된다. 용모와 말의 기운 등을 둘러싼 정제엄숙이 없다면 내면은 쉽게 어둡고 태만해지며 보존이 어렵다. 주희는 불교나 도가가 이렇듯 마음의 보존만을 강조하면서 외면의 공부를 소홀히 하는 병폐를 지니며, 자칫 사량좌의 상성성도 이런 병폐로 빠질 수 있다고 본다. 정이가 정제엄숙이나 정의관, 존첨시를 우선으로 삼은 이유가 이것이라고 주희는 설명한다. 주희는 사량좌의 상성성은 경의 마음상태를 잘 표현

---

84 『朱子語類』 17-9, "且如整齊嚴肅, 此心便存, 便能惺惺. 若無整齊嚴肅, 卻要惺惺, 恐無捉摸, 不能常惺惺矣."

85 『朱子語類』 7-13, "問: 上蔡說: '敬者, 常惺惺法也.' 此說極精切. 曰: 不如程子整齊嚴肅之說爲好. 蓋人能如此, 其心卽在此, 便惺惺. 未有外面整齊嚴肅, 而內不惺惺者. 如人一時間外面整齊嚴肅, 便一時惺惺; 一時放寬了, 便昏怠也."

86 『朱熹集』 卷43, 2033쪽, 「答林擇之」, "其言敬者, 又只說能存此心, 自然中理. 至於容貌詞氣, 往往全不加工. 設使眞能如此存得, 亦與釋老何異? 〈上蔡說便有此病了〉 又況心慮荒忽, 未必眞能存得耶? 程子言經, 必以整齊嚴肅, 正衣冠, 尊瞻視爲先. 又言未有箕踞而心不慢者, 如此乃是至論."

해 주는 지침이 된다고 보고 성성의 상태를 유지하기를 권하지만, 그걸 위해서도 정제엄숙이 바탕이 되어야 한다고 본다. 그래서 상성성의 설보다는 정제엄숙의 설이 더 좋다고 평가한다.

이런 이해 속에서 주희는 공자 이래도 몸을 단속하고 정제하는 공부는 모두 경의 절목으로 포괄한다.

> 경을 견지하기[持敬]에 대한 설명에는 많은 말이 필요 없다. 다만 '정제엄숙(整齊嚴肅)' '엄위엄각(嚴威儼恪)' '동용모(動容貌), 정사려(整思慮)' '정의관(正衣冠), 존첨시(尊瞻視)' 등의 몇 가지 말에 대해 실제로 공부를 더하면 이른바 직내(直內)와 이른바 주일(主一)이 자연스러워져 안배(按排)할 필요가 없게 되니 몸과 마음이 숙연해지고 겉과 속이 일치하게 된다.[87]

> "좌여시(坐如尸), 입여제(立如齊)" "두용직(頭容直), 목용단(目容端), 족용중(足容重), 수용공(手容恭), 구용지(口容止), 기용숙(氣容肅)" 이 모두는 경(敬)의 절목이다.[88]

> 정선생은 다만 사람들에게 경을 견지하기[持敬]를 가르쳤다. 공자는 중궁에게 고하되 다만 "여견대빈(如見大賓; 큰 손님을 뵈듯이), 여승대제(如承大祭; 큰 제사를 받들듯이)"와 같은 것을 말했다. 이 마음이 항상 보존될 수 있으면 곧 인(仁)을 볼 수 있다.[89]

『논어』『중용』 등에서 등장하는 몸가짐과 언행의 태도, 예절에 관련한 내용들을 주희는 정제엄숙과 관련한 경의 내용으로 끌어들인다. 앞에서 다루었듯이 주희는 경의 핵심을 주일로 보고 있지만 그것은 용모와 사기를 바르게 하는 정제엄숙의 공부와 별개가 아니라는 것이 주희의 생각이다.

> 물었다: 주일무적과 정제엄숙은 서로 같지 않은 것입니까? 답했다: 어찌 두 가지이

---

87 『朱子語類』 12-106, "持敬之說, 不必多言. 但熟味'整齊嚴肅', '嚴威儼恪', '動容貌, 整思慮', '正衣冠, 尊瞻視'此等數語, 而實加工焉, 則所謂直內, 所謂主一, 自然不費安排, 而身心肅然, 表裏如一矣."

88 『朱子語類』 12-109, "'坐如尸, 立如齊', '頭容直, 目容端, 足容重, 手容恭, 口容止, 氣容肅', 皆敬之目也."

89 『朱子語類』 12-76, "程子只教人持敬. 孔子告仲弓亦只是說'如見大賓, 如承大祭'. 此心常存得, 便見得仁."

> 겠는가? 하나의 경일 뿐이다.[90]
>
> 물었다: 경은 어떻게 힘써야 합니까? 답했다: 다만 내적으로 망령된 생각을 없애고, 외적으로 망령된 행동을 없앤다.[91]
>
> 마땅히 "동용모(動容貌), 정사려(整思慮)" 하면 곧 경이 생긴다. …(중략)… (動容貌, 整思慮는) 각각 한 측면을 말한 것이다.[92]

주희에게 경은 안과 밖을 관통하는 것이고 따라서 주일무적과 정제엄숙은 결국 하나의 경일 뿐이다. 그럼에도 일반적으로 경 공부를 하면서 주일무적이나 상성성에만 주의를 기울이고 정제엄숙은 소홀히 할 수 있음을 주희는 경계한다. 이는 불교나 도가에서 흔히 나타나는 병폐일 뿐 아니라 유자들도 흔히 범하는 오류라는 점을 염려한다. 정제엄숙과 주일무적을 동시에 이루어 가는 것, 혹은 정제엄숙을 바탕으로 주일무적으로 나아가는 것은 본령공부의 유교적 정체성을 보여 주는 부분으로 주희는 이해하고 있다. 경을 보다 안정적이고 지속적으로 하는 방법을 찾고, 불교나 도가에 대한 유교적 정체성을 확고히 다지는 방향에서 정제엄숙의 측면을 주희는 주목한다.

3) 경(敬) 공부에 대한 주희 인식의 특징

(1) 마음의 동정(動靜)과 내외(內外)를 관통하여 리를 밝히는 경(敬)

이상의 논의에 따르면, 주희에게 경은 곧 '주일(무적)'이라고 할 수 있을 정도로 이 말은 경의 핵심을 표현하는데, 주일은 '주재성을 갖추고 전일함'이라고 풀이할 수 있겠다. 심수렴불용일물은 주일을 이끌어 내는 방법이다. 상성성은 경을 통해 도달되는 결실로서의 자각과 주재성이 지속되는 상태인 동시에 그렇게 늘 깨어 있도록 하는 공부이기도 하다. 정제엄숙은 경이 안과 밖을 관통하는 공부라는 점을 상기시켜 주는 항목인데, 그것은 주일무적이나 상성성이 자연스럽게 이루어지고 유지되기 위한 토대로서의 밖의 정돈과 단속의 측면을 포함하는 공부다. 그렇다고 해서 밖에 국한되는 공부가 아니고,

---

90 『朱子語類』 17-11, "光祖問: '主一無適'與'整齊嚴肅'不同否? 曰: 如何有兩樣. 只是箇敬."

91 『朱子語類』 12-104, "問: 敬何以用工? 曰: 只是內無妄思, 外無妄動."

92 『朱子語類』 12-108, "須動容貌, 整思慮, 則生敬. …(중략)… 各說得一邊."

안과 밖이 함께 어우러지는 공부다.

주일무적, 심수렴불용일물, 상성성, 정제엄숙의 요소를 핵심으로 하는 경은 별개의 한 가지 공부가 아니라 모든 상황에서 모든 공부가 하는 근본 태도임을 주희는 지속적으로 강조한다.

> 말했다: 지금 사람들은 경(敬)을 별개의 한 가지 일로 여긴다. 어찌 여기에서 꿇어 앉아 주먹을 모으고 흙덩이처럼 한 연후에 경을 하는 것이겠는가? 또 말했다: 지금 사람들은 경(敬)과 치지(致知)를 두 가지 일로 여기고, 경을 지킬 때에 단지 흙덩이처럼 홀로 앉아서 다시는 생각하지 않으려 하면서, 도리어 오늘 경을 지키고 내일 도리를 생각하려 한다. 어찌 이와 같을 수 있겠는가? 다만 한편으로 경을 지키면서, 한편으로 도리를 생각하는데 두 가지는 서로 방해되지 않는다.[93]

사람들이 경의 실천에서 범할 수 있는 가장 대표적 병폐를 주희는 지적하고 있다. 경을, 흙덩이와 같이 굳어진 모습으로 공경을 표하는 식으로, 일상의 다른 일과는 동떨어진 특별한 공부로 여기는 인식이 그것이다. 예를 들어, 격물치지를 함에 있어서도 경의 마음가짐으로서 격물치지를 하면 될 것인데, 경 공부와 격물치지 공부를 각각 별개의 것으로 보는 오류 같은 것이다.

> 경(敬)은 흙덩이처럼 우두커니 앉아서 귀로는 듣는 것이 없고 눈으로는 보는 것이 없고 마음으로는 활동하는 바가 없고 나서 경을 지키는 것은 아니다. 단지 두려워하고 삼가는 바가 있어서 감히 방종하지 않을 뿐이다. 이와 같으면 마음과 몸은 수렴(收斂)되어 두려워하는 바가 있는 것과 같으니 항상 이와 같으면 기상(氣象)이 자연히 달라지게 된다. 이 마음을 보존할 수 있으면 공부할 수 있게 된다.[94]

경은 단지 조심스럽게 삼가는 태도로써 마음의 주재성을 잃지 않으면서 모든 일을 처리해 가는 과정일 뿐, 귀와 눈과 마음을 막아 두는 행위가 아니다. 즉, 경은 모든 일을

93 『朱子語類』 115-11, "曰: 今人將敬來別做一事, 所以有厭倦, 爲思慮引去. 敬只是自家一箇心常醒醒便是, 不可將來別做一事. 又豈可指擎跽曲拳, 塊然在此而後爲敬? 又曰: 今人將敬·致知來做兩事. 特敬時只塊然獨坐, 更不去思量; 卻是今日持敬, 明日去思量道理也? 豈可如此? 但一面自持敬, 一面去思慮道理, 二者本不相妨."

94 『朱子語類』 12-98, "敬非是塊然兀坐, 耳無所聞, 目無所見, 心無所事, 而後爲持敬. 只是有所畏謹, 不敢放縱. 如此 則心身收斂, 如有所畏. 常常如此, 氣象自別. 存得此心, 乃可以爲學."

제쳐놓는 것을 말하는 것이 아니라, 일에 따라서 전일(專一)하고, 삼가 두려워하고, 방일(放逸)하지 않는 태도일 따름이다.[95] 경은 특정한 시간에 특정한 모습으로 행하는 공부—가령 사려를 단절한 상태의 정좌(靜坐) 같은—가 아니라 삶의 모든 상황 속에서 지녀야 할 근본 태도다.[96]

> 경(敬)을 한 건의 일을 하는 것으로서 보지 말라. 다만 자신의 정신을 모아 거두어서 여기에 오로지 하는 것이다. 지금 보아하니 제군들이 나아가지 못하는 것은, 다만 격물(格物)을 말할 줄은 알면서도 오히려 자신의 토대상에서 심히 결함이 있어, 정신의 생각이 이렇게 전일(專一)하지 못하기 때문에 공부가 정밀하고 날카롭지 못한 것이다.[97]

격물치지를 하면서 동시에 경을 병행하지 못하는, 즉 경으로써 격물치지하지 못하는 문인들에 대해 주희는 이와 같이 조언하고 있다. 격물치지뿐 아니라 성의, 정심, 수신, 제가, 치국, 평천하라는 모든 일과 공부의 바탕에는 경의 마음이 있어야 하고 경 공부는 바로 그러한 일을 수행하는 과정 속에서 이루어지는 것이다. 이것이 시종(始終)을 관통하는 본령(本領) 공부로서의 경의 성격이기도 하다.

경의 실천상의 또 다른 어려움은 경의 단절에 대한 것이다. 주희가 문인들로부터 받는 질문 중에는 경의 마음가짐을 잠시 가질 수는 있어도 지속할 수 없다는 점이다.

> 혹자는 물었다: 경을 견지하기[持敬]가 쉽게 단절되니 어찌 된 것입니까? 답했다: 항상 스스로 성찰(省察)해야 한다. 성찰할 수 있으면 곧 여기에 있다. 혹자가 이 일

95 『朱子語類』 12-99, "敬不是萬事休置之謂, 只是隨事專一, 謹畏, 不放逸耳."

96 그렇다고 주희가 특정한 시간을 할애하여 정좌하는 것을 거부하는 것은 아니다. 오히려 공부를 시작할 때 마음의 수렴과 안정을 위해 정좌가 필요하다고 본다(『朱子語類』 12-140, "始學工夫, 須是靜坐. 靜坐則本原定, 雖不免逐物, 及收歸來, 也有箇安頓處. 譬如人居家熟了, 便是出外, 到家便安. 如茫茫在外, 不曾下工夫, 便要收斂向裏面, 也無箇著落處."). 다만 주희는 정좌 같은 것이 경 공부의 전부인 양 생각하는 것을 경계한다. 한편, 주희가 말하는 정좌법이라는 것도 불교에서와 같이 사려를 단절하고서 입정(入定)하는 식의 공부가 아니라, 단지 일이 없을 때의 마음을 수렴하고 맑게 하는 공부일 뿐이다. 『朱子語類』 12-141, "靜坐非是要如坐禪入定, 斷絶思慮. 只收斂此心, 莫令走作閑思慮, 則此心湛然無事, 自然專一. 及其有事, 則隨事而應; 事已, 則復湛然矣."

97 『朱子語類』 12-129, "敬, 莫把做一件事看, 只是收拾自家精神, 專一在此. 今看來諸公所以不進, 緣是但知說道格物, 卻於自家根骨上煞欠闕, 精神意思都恁地不專一, 所以工夫都恁地不精銳."

이 가장 어렵다는 의문을 던졌다. 답했다: 성찰하지 못하는 것이 걱정될 따름이다. 깨우침이 끊어지더라도 곧 이미 이어지니 어떤 어려움이 있겠는가. '잡으면 보존되고 놓으면 잃는다[操則存, 舍則亡].'고 했으니 다만 잡음(操)과 버림(舍)의 양 글자의 사이에 있다. 요컨대 하나의 '조(操)' 자를 필요로 한다. 요긴한 곳에 이르러서는 전혀 허다한 문자와 언어가 필요치 않다. 만약 이 뜻이 익숙해진다면 비록 '조(操)' 자라고 하더라도 역시 쓸 필요가 없다.[98]

원사가 물었다: 경을 견지하기[持敬]가 쉽게 흐트러집니다. 어떻게 해야 합니까? 답했다: 다만 환기(喚起)하면 곧 여기에 있다.[99]

경의 실천이 자주 단절된다는 문인들의 호소에 대해 주희는 성찰(省察), 환기(喚起)를 주문한다. 끊임없이 살피고 돌이키는 수밖에 없다는 것이다. 이와 함께 주희가 강조하는 바는 익숙해지는 것이다.

혹자가 물었다: 경을 견지하기[持敬]가 오래가지 못해서 걱정입니다. 어떻게 공부해야 합니까? 답했다: 나도 역시 옛날에 이와 같이 생각했는데, 하나의 직절한 도리를 얻어야 한다. 원래 도무지 다른 방법이 없다. 다만 익숙하게 습득해야 하니, 익숙해지면 자연히 오래간다.[100]

주희는 자신 역시 예전에는 경의 실행이 수시로 단절되었음을 고백하면서 마치 최후통첩 같은 주문을 하니, 즉 '익숙해지라'는 것이다. 단절되는 순간순간마다 마음을 가다듬는 일이 반복되다 보면 언젠가는 경의 마음가짐이 자신의 일상적 삶의 습관으로 녹아들게 된다. 이럴 때까지 익숙해지는 것 외에는 방법이 없다는 뜻이다. 그리고 익숙해지기 위해 끊임없이 단절될 때 끊임없이 돌이키는 성찰 및 환기가 필요하며 이 성찰, 환기의 노력 역시 익숙해져야 할 바다.

경의 단절 문제와 관련하여 현실에서 종종 받는 유혹은 고요한 곳, 일이 없는 곳만을

---

98 『朱子語類』 12-127, "或問: 持敬易間斷, 如何? 曰: 常要自省得. 才省得, 便在此. 或以爲此事最難. 曰: 患不省察爾. 覺得間斷, 便已接續, 何難之有. '操則存, 舍則亡', 只在操舍兩字之間. 要之, 只消一箇'操'字. 到緊要處, 全不消許多文字言語. 若此意成熟, 雖'操'字亦不須用."

99 『朱子語類』 12-111, "元思問: 持敬易散漫, 如何? 曰: 只喚著, 便在此."

100 『朱子語類』 12-112, "或問: 持敬患不能久, 當如何下功夫? 曰: 某舊時亦曾如此思量, 要得一箇直截道理. 元來都無他法, 只是習得熟, 熟則自久."

찾으려는 유혹이다. 앞서도 누누이 말했듯이 주희의 경은 동정과 내외를 관통하는 근본이다.

> 물었다: 경(敬)은 동(動)과 정(靜)을 관통하여 말한 것입니다. 그런데 고요할 때는 적고 움직일 때는 많으니 쉽게 어지러이 흔들릴까 걱정됩니다. 답했다: 어떻게 일체 고요할 수 있는가? 일이 있을 때 마땅히 응해야 한다. 사람은 세상에서 일이 없을 때가 없다. 일이 없을 때를 요구한다면 죽을 때일 뿐이다. 아침으로부터 저녁에 이르기까지 허다한 일이 있다. "일이 흔들어 혼란시키므로 나는 곧 정좌를 하려 한다."고 말하는 것은 성립할 수 없다. 경은 이와 같지 않다. 만약 일이 이르기 전에 자기가 오히려 정(靜)을 주로 하려 하고 업신여기면서 응하지 않으면 마음이 모두 죽게 된다. 일이 없을 때에 경은 이면(裏面)에 있고 일이 있을 때에 경은 일 위[事上]에 있다. 일이 있건 일이 없건 나의 경은 일찍이 끊어진 적이 없다. 손님을 응접하는 경우 경은 응접상에 있고, 빈객이 간 후 경은 또한 이 속에 있다.[101]

주희는 경을 보다 쉽게 지키기 위해서 일을 피하려는 사고를 거부한다. 모든 사람의 삶에서 일은 끊임이 없다. 일이 없다면 그것은 마치 죽음의 세계와도 같다. 따라서 마음의 혼란이 두려워서 일을 피하게 되면 마음은 죽은 물건이 되어 버린다. 주희 역시 일을 행할 때 경을 유지하기가 어렵다는 것은 인정하지만 그렇다고 일을 피할 수는 없다. 일이 있건 없건 단호한 의지와 노력으로 경의 지속적인 실현을 습관화하지 않으면 안 된다. 익숙해진다면 경은 삶의 모든 시간과 공간에서 모든 일 속에서 작동하게 된다. 주희는 이에 대해 활경(活敬)과 사경(死敬)이라는 표현으로 대비적으로 설명한 바 있다. 주일(主一)하되 일을 만나서 의로 다스리지 못하거나 시비를 변별하지 못하면 그것은 죽은 경이다. 이에 비해 활경은 안과 밖에 꿰뚫어진 모습으로 경 속에 의를 품고, 의 속에 경을 품은 상태다.[102] 이런 관점에서 경(敬)과 의(義)는 하나로 이어진 하나의 일이다.[103]

---

101 『朱子語類』 12-116, "問: 敬通貫動靜而言. 然靜時少, 動時多, 恐易得撓亂. 曰: 如何都靜得! 有事須著應. 人在世間, 未有無事時節; 要無事, 除是死也. 自早至暮, 有許多事. 不成說事多撓亂, 我且去靜坐. 敬不是如此. 若事至前, 而自家卻要主靜, 頑然不應, 便是心都死了. 無事時敬在裏面, 有事時敬在事上. 有事無事, 吾之敬未嘗間斷也. 且如應接賓客, 敬便在應接上; 賓客去後, 敬又在這裏."

102 『朱子語類』 12-130, "敬有死敬, 有活敬. 若只守著主一之敬, 遇事不濟之以義, 辨其是非, 則不活. 若熟後, 敬便有義, 義便有敬. 靜則察其敬與不敬, 動則察其義與不義. 如出門如見大賓, 使民如承大祭, 不敬時如何? 坐如尸, 立如齊, 不敬時如何? 須敬義夾持, 循環無端, 則內外透徹."

103 『朱子語類』 12-132, "敬, 義只是一事. 如兩脚立定是敬, 才行是義, 合目是敬, 開眼見物便是義."

경이 동정(動靜)과 내외(內外)를 아우르며, 나아가 일상의 모든 활동과 연결되어 있고 연결되어야 한다는 요구는 경의 유교적 정체성을 드러내 주는 부분이다. 주희에 의하면, 이는 공허(空虛)와 적멸(寂滅)의 세계관을 근간으로 하는 불교의 수행과 근본적으로 성격을 달리하는 부분이다. 경이 불교에서 흔히 말하는 깨어 있는 마음, 주인공이 살아 있는 마음과 겉으로 유사한 듯하지만 이면의 모습은 전혀 다르다. 불교의 그것은 그 깨어 있음 자체가 목적일 뿐 세상의 일과는 전혀 관계가 없다. 세상의 모든 일은 오온(五蘊)의 상(相)이 낳은 환영이라는 인식 속에서 그것으로부터의 해탈을 지향할 뿐이다. 이런 불교의 세계관을 무(無)로 특징지을 수 있다면 유교의 그것은 유(有)로 특징지을 수 있다. 하나로부터 비롯된 우주와 세상사는 실재하는 것이고 천지와 함께 인간이 경영해야 할 바다. 우주 만사만물에는 리가 있고 리를 이해하고 구현하는 것이 관건이다. 모든 공부의 근간이자 본령으로서의 경은 리의 세계관과 연계되어 있다. 경의 마음은 리에 대한 감수성과 통찰력, 그리고 세상의 구체적인 일들에 대한 이해와 창조력과 연결되어 있다. 주희의 경은, 불교처럼 단지 텅 빈 광명의 마음을 세우는 것을 목표로 하는 것이 아니라, 그 광명 속에서 온갖 리를 드러내는 그 리로 온갖 일을 바로잡고 처리하는 내면의 힘을 끌어내는 것을 목표로 한다. 이를 위해 격물치지 등 제반의 공부요소가 경과 보완을 이루어 기능한다. 주희의 이런 시선에서는 불교의 관점은 사람들을 공허와 적멸로 이끈다는 점에서 위험하다. 그런데도 표면적인 유사성과 매력 때문에 사람들이 불교적 수행에 빨려 들어가는 세태에 문명사적 위기의식을 느낀다.[104] 주희가 불교에 대항하여 사람들을 대중지정으로 이끄는 배움의 첫 관문으로 동정(動靜)과 내외(內外)를 아우르는 경 공부에 대한 이론을 치밀하게 만들어 간 이유가 이것이다.

(2) 이정(二程; 정이, 정호)의 경(敬)과의 연결과 차이

이상에서 정리한 바의 주희(朱熹)의 경(敬)은, 그 뿌리가 되는 정이(程頤), 정호(程顥)의 경과는 어떻게 같고 다를까? 이에 대한 검토는 주희의 경의 특징을 보다 명확히 이해하는 데 도움이 된다.

주희의 경은 분명히 이정(二程)으로부터 계승한 것이다.[105] 주희는 경을, 유가의 여타

104 제1장 3절 참조.

105 이정(二程)의 경(敬), 그리고 경과 밀접히 연결되어 있는 성(誠)에 대해서는 제2장 2절 4, 5, 6항 참조.

의 모든 관련 공부 덕목 중에서 그 덕목들을 관통해서 그 실현을 가능케 하는 핵심 덕목으로 추출해 낸 이정(二程)의 역할에 중대한 유학사적 의미를 부여한다.[106] 그리고 주희 자신도 그 대열에 서서 공부의 본령으로서의 경의 위상을 더 확고히 하고자 했다. 마음의 전일함 및 깨어 있음을 특징으로 하는 경이, 그것과 겉으로 유사해 보이는 불교나 도가의 마음공부와는 달리, 철저하게 리의 세계관과 연결되어 리를 지향하고 이끌어 내는 공부의 성격을 지니는, 이는 본래 성(誠)과 밀접히 연결되어 출발한 이정의 경의 본질을 그대로 잇고 있는 지점이다. 정이가 경의 실천방법으로 제기한 주일, 나아가 주일무적(主一無適)과 정제엄숙(整齊嚴肅)을 주희는 적극적으로 계승, 발전시켰는데, 이로써 주희가 경의 실천방법의 구상에 있어서 특히 정이의 영향을 크게 받았다는 점도 확인된다.

그런데 주희의 경은, 앞에서의 정리에서 나타나듯이, 스스로 의식했든 그렇지 않았든, 정이의 경과는 크게 달라졌다는 사실도 관찰된다. 정이에게 경 공부는 주로 마음의 내외(內外) 중, 내(內)를 바로 하는 일이었고 이에 대해 외(外)의 세계를 바로 하거나 탐구하는 일은 의(義)의 실천이나 격물궁리(格物窮理) 공부에 할당하는 양상을 보였다. 이런 사유는 경이 마음의 동(動)보다는 정(靜)의 측면과 보다 밀접히 연결된 공부라는 인식과도 통한다. 내와 외, 정과 동의 공부에 대한 일종의 역할 분담을 했고, 경은 이 가운데 주로 내와 정의 측면의 공부를 담당하는 것으로 인식했던 것이다. 정이의 문인들 중 많은 이들이 경의 공부를 곧 미발이발의 함양성찰 공부, 미발의 중(中)을 이루는 공부로 직결하여 이해한 것은 바로 스승인 정이의 경이 이미 내와 정에 초점이 맞추어져 있었던 상황을 배경으로 한다.

정이는 경의 실천에 대해 주일(主一)로 설명하되 주일의 일(一)을 성(誠)으로 인식하는 경향이 있었다. 성(誠)은 하늘 및 천리와 하나로 이어진 상태라고 이해할 수 있는데, 그렇다면 주일로서의 경은 천리와 하나된 상태를 주도적으로 이어 가는 공부가 된다. 이는 경이 곧 역시 천리와 하나된 상태인 중(中)을 이루는 방법이라고 보는 관점[107]과도 통

---

106 『朱子語類』 12-72, "聖賢言語, 大約似乎不同, 然未始不貫. 只如夫子言非禮勿視聽言動, 出門如見大賓, 使民如承大祭, 言忠信, 行篤敬, 這是一副當說話. 到孟子又却說求放心, 存心養性. 大學則又有所謂格物, 致知, 正心, 誠意. 至程先生又專一發明一箇敬字. 若只恁看, 似乎參錯不齊, 千頭萬緖, 其實只一理."/『朱子語類』 12-75, "因說敬曰 : 聖人言語, 當初未曾關聚. 如說, 出門如見大賓, 使民如承大祭, 等類, 皆是敬之目. 到程子始關聚說出一箇敬來教人."

107 『二程集』, 『遺書』 2上-202, "敬而無失, 便是'喜怒哀樂未發之謂中'也. 敬不可謂之中, 但敬而無失, 卽所以中也."

한다. 그래서 필자는 앞에서 정이의 경에 대한 풀이인 주일(主一)을 '하나됨을 주도·견지함'으로 설명한 바 있다. 이 하나됨에는 이미 천리 및 하늘과의 하나됨이라는 의미가 내포되어 있다. 정이가 "함양은 경으로써 하고, 학문의 진전은 치지에 있다."[108]고 했을 때 경은 각종 강학활동을 통해 앎의 지평을 넓히는 격물치지와 구분하여, 내면에서 천리의 기상을 함양하는 일로 이해된 것이다. 이는 정이의 경 사상의 주요 근거인 『역』의 "경이직내(敬以直內), 의이방외(義以方外)"라는 명제에 보다 충실한 이해라고 하겠다. 정이는 한편 주일의 일(一)을 무적(無適)으로도 풀이하면서 심리적 안정 및 집중의 의미에 가깝게 이해하기도 했는데, 그에게 이 무적은 역시 천리와 하나된 상태인 성(誠)에 가까운 일상의 심리에 대한 표현임과 동시에 그것을 향한 마음 단속을 유도하는 방법적 설명이라고 하겠다. 무적으로서의 일은 단순한 심리적 집중과 안정의 의미를 넘어 천리와 하나된 마음상태의 의미를 함축하고 있다.

그러면서도 정이는 경이 격물치지 공부의 근간이 된다는 생각도 펼친다.[109] 경이 공부의 입각처이며 또한 격물치지를 비롯한 다른 공부의 기초적 요소라는 발상이 등장한 셈이다. 그러나 정이는 이에 관한 논의를 본격적으로 밀고 나가지 않았다. 그 외 다른 공부들과 경의 관계에 대한 논의 역시 거의 찾아보기 어렵다. 경을 격물치지를 위한 기본태도로 이해하는 경향도 보이면서도 대체적으로는 독립적 영역으로 이해하며 그 의미를 따져가는 정도에 그쳤다. 천리와 하나되는 공부로서의 성격을 지닌 정이의 경은, 다른 공부 요소와 유기적으로 연결되거나 더욱이 그 기초가 되기에는 그 자체가 독립적 성격을 지닌다고도 하겠다.

이와 비교할 때 주희의 경은 공부의 착수처로서의, 그리고 격물치지를 비롯한 다른 모든 공부 및 일상적 실천의 토대로서의 의미 및 성격이 확연히 강화된 모습을 지닌다. 주희에게 경은 정과 동, 내와 외를 아울러서 그 모두를 바르게 하는 근본 공부다. 모든 시간과 공간에서, 모든 일과 분리되지 않고, 여타의 다른 공부들이 이루어지는 가운데

108 『二程集』, 『遺書』 18-28, "涵養須用敬, 進學則在致知."

109 『二程集』, 『遺書』 3-98, "도에 들어가는데 경만한 것이 없다. 치지할 수 있으면서 경에 있지 않은 자는 없다. 지금 사람들은 주재하는 마음이 안정되지 않아서 마음을 보면 마치 도적을 통제할 수 없는 것과 같은데, (이는) 일이 마음에 누가 되는 것이 아니라 마음이 일에 누가 되는 것이다. 천하에 어떤 하나의 물도 작다고 여길 것이 없음을 알아야 하니, 싫어해서는 안 된다.[入道莫如敬, 未有能致知而不在敬者. 今人主心不定, 視心如寇賊而不可制, 不是事累心, 乃是心累事. 當知天下無一物是合少得者, 不可惡也.]"

그 기초를 이루는 요소로 자리매김된다. 더 나아가 주희의 경은 소학과 대학을 아울러서 그 토대가 되는 것으로 이해된다. 주희는 정이의 주일무적과 정제엄숙, 그리고 그 문인들이 제기한 상성성(常惺惺)이나 수렴(收斂) 등의 초점도 받아들이며 경의 의미 및 실천방법을 모색하되, 경은 결국 전일함 및 깨어 있음을 핵심적 특징으로 하는 본령공부로 정리한다. 이는 정이의 주일이 천리와 하나됨을 특징으로 하는 것과 대비된다. 정이의 경보다 안정되고 집중된 심리상태에 보다 가깝게 이해되며, 이런 특성으로 인해 공부의 입각처이며 다른 공부를 이끌어내고 돕는 요소로서의 역할도 보다 유연하게 수행할 수 있게 된다. 주희의 경은, 정이의 설명을 준거로 하자면, 성(誠)이 아닌 무적(無適)에 방점이 있는 주일의 성격을 지닌다고 하겠다. 경은 성(誠)이나 중(中)을 자연스럽게 끌어내는 방법이며 실마리이지, 그 자체는 아니라는 관점을 좀 더 명확히 하면서 경의 하학적 성격에 초점을 맞추어 풀어간 것이다. 확실히 주희의 경은, 앞의 제3장 말미에서 살핀 바의 모종삼의 비판적 표현을 빌린다면, 본체의 의미는 약화되고 공부의 의미만이 남은 듯한 오해를 불러일으킬 수도 있다. 그런데 주희의 입장에서는 경을 이렇게 규정함으로써 얻게 되는 장점이 있다. 경이 모든 공부의 기초로 자리매김할 수 있고, 그리고 사람들이 일상적으로 쉽게 다가가서는 입각처가 될 수 있으며, 일상의 일을 하면서 언제나 작동할 수 있는 기제가 될 수 있다. 이는 제3장에서 다룬 바의 주희의 특유의 교육적 문제의식에 잘 부응하는 본령공부에 대한 이해이기도 하다.

그렇다면 정호의 경과는 어떻게 비교될까? 정호의 경은 정이와 비교할 때도 더 강하게 성(誠)과 연결이 된 양상을 보인다. 정호에서 성과 경은 늘 같이 간다. 경이 마음을 묶는다는 의미를 지니면서 성을 유도하는 역할을 하는 것으로 설명하기도 하지만, 성과 경은 늘 한 묶음으로 얘기될 정도로 성을 함축하고 있다. 그런데 정호의 경–성은 동(動)과 정(靜), 내(內)와 외(外)를 경계 없이 아우르는 성격을 지닌다. 정호는 경(敬)–성(誠)의 토대 위에 지(知)·인(仁)·용(勇)이 이루어진다는, 지·인·용과 별개로 경–성이 없다는 사유도 보인다.[110] 이는 정이도 공유했을 법한 사유이지만「식인편」「정성서」등을 볼 때 정호의 사유에 보다 가까운 표현이라고 할 수 있을 것이다. 이런 점에서 동정과 내외를 아우르는, 그리고 모든 공부의 기초가 되는 주희의 경은 정이보다는 오히려 정호에 가깝다. 이정(二程)의 후학 중에서는 경을 상상성법으로 푼 사량좌의 인식은 이런 흐름을

110 『二程集』,『遺書』2上–45, "知·仁·勇三者, 天下之達德, 所以行之者一, 一則誠也. 止是誠實此三者, 三者之外, 更別無誠."

잇고 있다고 할 수 있는데, 주희 역시 이 흐름 속에서 경론을 펼쳤다고 할 수 있다. 그런데 정호는 경을 성(誠)과 밀접히 연결하여 이해하되, 실상 성 중심의 사유를 하면서 경에 대한 별도의 고려 및 논의는 소략하다. 간혹 경을 '잡아 묶는[操約]' 활동 정도로 표현하기도 하면서, 성의 유도책 정도로 풀이하기도 한다. 정이의 경우 주일무적, 정제엄숙 등의 풀이를 통해 그 의미와 실천방법을 적극적으로 정리해 갔다면, 정호의 경우는 경을 거의 성(誠) 속에 수렴해서 이해하는 경향을 보였다. 정호의 본령공부는 경이라기보다 경-성이라고 표현할 수 있는데, 그러면서도 본령공부로서의 경-성의 하학적 접근 방법에 대한 모색은 약하다.

이에 비해 주희는 공부의 입각처로서의 경의 하학적 성격을 강화한다. 주희 역시 성(誠)을 향한, 천리(天理)를 향한 지향점을 지니면서도 일상적으로 쉽게 다가서고 실천할 수 있는 본령으로서의 경 공부론을 정립하고자 했다. 주희는 선학들이 제기한 바의 주일무적, 정제엄숙, 나아가 상성성법, 심수렴불용일물을 이러한 자신의 지향점에 맞추어 재해석해 내었다. 주희의 경은, 그 하학적 초점으로 인해, 그 자체로 성(誠)을 담아내는, 천리와 하나되는 지평과의 연결고리가 약해진 것이 사실이다. 주희는 늘 리를 담아내고 지향하는 경 공부를 말하고 있지만 그러나 이정의 경과 같이 그 자체로 성(誠)이나 천리와 하나된 모습을 하지는 않는다. 어느 한 가지를 중시하고 해결하는 과정에서 다른 한 가지는 약해지는 양상을 보인 것이다. 앞의 제3장에서 살펴본 모종삼의 비판도 이 지점과 연결되어 있다고 할 수도 있다. 공부의 입각처이며 모든 공부의 토대로 작용하는 주희의 경의 장점을 살리면서도, 주희의 경에 결여된 요소인, 즉 이정의 경-성에 담긴 본체론적 성격을 강화할 수 있다면 좋을 것이다. 이런 점에서 이정의 경론(經論)에 대해 단지 주희에 의해 극복된 관점으로 보기보다는, 그 자체로 특수한 의미를 지닌, 즉 주희의 경론의 미진한 지점을 보완하면서, 전체적으로 경 공부론을 풍부하게 만들 수 있는 요소를 보유하고 있음도 주시할 필요가 있다.

4. 궁리(窮理): 격물치지(格物致知) 공부로서의 지(知)

주희의 공부방법론에서 지(知) 공부의 성격은 무엇보다 『대학』의 '격물치지(格物致知)' 절목을 중심으로 한 그의 이해를 통해서 확인할 수 있다. 정이에 이어서 지 공부의 중요성을 자각한 주희는 격물치지론을 새롭게 발전시키는 데 학문의 역점을 두었고 그 결과 격물치지는 주희 공부론에서 경과 더불어 가장 핵심적인 축을 형성하게 된다. 도불, 그리고 유학 내 다른 학파와의 차별화를 꾀하며 대중지정(大中至正)의 학문을 추구했던 주희가 자신의 공부론적 정체성을 여실히 드러내는 부분이 격물치지였다. 격물치지는 근본적으로는 경을 본령으로 하면서, 그리고 한편으로는『대학』팔조목 중 격물치지 다음으로 이어지는 성의(誠意), 정심(正心), 수신(修身) 등의 행 공부와 상호 보완관계를 형성하면서, 궁극적으로 심(心)의 리(理) 및 본성[性]을 밝히고 체현하는 공부의 목적을 수행한다. 그런데 만사만물의 리를 궁구하는 것을 기본 성격으로 하는 격물치지 공부가 어떻게 심의 리 및 본성을 밝히고 체현하는 공부로 이어질 수 있을까? 격물치지론에 반영된 지의 본질은 무엇일까? 본령공부로서의 경과는 어떤 관계를 가질까? 이것이 이 절에서 풀어야 할 문제들이다.

1) '격물보전장(格物補傳章)'을 통해 본 격물치지의 의미와 지(知)의 본질

이 문제에 접근하기 위해서는 아무래도 주희의 '격물보전(格物補傳)' 장, 즉 애초에『대학』고본(古本)에는 들어 있지 않았던 '격물치지(格物致知)' 관련 전문(傳文) 부분을 주희 자신이 임의로 구성하여 포함한 내용을 들여다볼 필요가 있다.

> 이른바 '치지(致知)'가 '격물(格物)'에 있다는 것은, 나의 지를 지극히 함[致吾之知]은 사물에 나아가서[卽物] 그 리를 궁구함[窮其理]에 있음을 말한다. 생각건대 사람 마음의 영명함에는 지가 있지 않음이 없고[人心之靈莫不有知], 온 세상의 사물에는 리가 있지 않음이 없다[天下之物莫不有理]. 다만 리가 궁구되지 않음이 있어서[理有未窮] 그 지가 극진하지 못함이 있는 것[知有不盡]이다. 이 때문에 대학에서 처음 가르칠 때에 반드시 배우는 자들로 하여금 온 세상의 사물에 나아가되, 이미 알고 있는 리[其已知之理]에 근거해서 더욱 궁구해 나아가 그 지극한 곳에 이르기[至乎其極]를 구하지 않음이 없도록 하는 것이다. (이렇게) 노력하기를 오래 하면 하루아침에 활연관통(豁然貫通)해서 모든 사물의 겉과 속, 정밀한 것과 거친 것에 미치지 않음이 없고[表裏精粗無不到] 내 마음의 온전한 본체와 큰 작용이 밝지 않음이 없게[吾心之全體大用無不明] 된다. 이것을 '물격(物格; 사물이 이름)'이라 말하며 '지지지(知之

至; 지의 극진함)'라고 말하는 것이다.[111]

이상 격물보전장의 내용의 골격을 간추려 보면, 우선 주희는 치지(致知)가 격물(格物)을 전제로 하고 있음을 분명히 한다. 즉, 격물(格物)을 통하지 않고는 치지(致知)는 불가능하다. 여기서 치지는 나의 지를 지극히 함[致吾之知]는 뜻이다. 그리고 격물(格物은 물(物)에 나아가서(卽; 접해서, 관계해서) 그 물(物)에 내재한 리(理)를 궁구한다는 의미다. 치지와 격물에 대한 이러한 개념 규정 위에서 나의 '지'와 사물의 '리'에 대한 설명으로 나아간다. 우선 지에 대한 설명을 위해 지의 주체라고 할 수 있는 인간의 마음을 거론한다. 사람의 신령한 마음은 본래 지를 갖추고 있다.[112] 또한 지의 대상이라고 할 수 있는 모든 사물에는 리가 있다. 그런데 사람의 지는 리가 충분히 궁구되지 않아서 극진하지 않음이 있다. 마음의 지를 극진히 하기 위해서는 사물에 나아가 그 리를 궁구해 가야 하는데, 출발은 이미 가지고 있는 지를 단서로 삼아서 확장해 간다. 그렇게 가다 보면 결국 활연관통(豁然貫通)의 경지에 이르게 되어서 표리정조(表裏精粗)를 불문하고 모든 사물에 대한 리의 궁구가 이루어지고 동시에 내 마음의 지가 지극해진다. 그리고 지의 극진함은 내 마음의 전체(全體)와 대용(大用)이 밝아지는 일이기도 하다.

이렇듯 '격물보전' 장에는 지 공부로서의 격물치지(格物致知)의 개념, 방법, 대상 및 범위, 목적 및 결과, 주체의 문제가 집약적으로 함축되어 있다. 즉물(卽物)과 궁리(窮理), 치오지지(致吾之知)는 개념과 방법에, 사물지리(事物之理)나 표리정조(表裏精粗)는 대상 및 범위에, 활연관통(豁然貫通), 중물지표리정조무불도(衆物之表裏精粗無不到), 물격(物格), 오심지전체대용무불명(吾心之全體大用無不明), 지지지(知之至)는 목적 및 결과에, 그리고 인심지령막불유지(人心之靈莫不有知)은 주체와 근거에 해당하는 정보를 제공하고 있다고 보아도 좋을 것이다. 이를 골간으로 해서 격물치지의 의미와 성격을 분석해 보기로 하자.

---

111 『大學章句』, 「傳5章」, "所謂致知在格物者, 言欲致吾之知, 在卽物而窮其理也. 蓋人心之靈, 莫不有知, 而天下之物, 莫不有理. 惟於理有未窮, 故其知有不盡也. 是以大學始敎, 必使學者, 卽凡天下之物, 莫不因其已知之理而益窮之, 以求至乎其極. 至於用力之久而一旦豁然貫通焉, 則衆物之表裏精粗無不到, 而吾心之全體大用無不明矣. 此謂物格, 此謂知之至也."

112 필자는 '격물보전' 장에서의 지(知)는 앎의 내용과 기능의 의미를 동시에 지니는 것으로 해석한다. 그리고 앎의 주된 내용은 리(理)에 관한 것이며, 앎의 기능도 주로 리(理)를 감지하고 궁구할 수 있는 능력을 의미하는 것으로 파악한다.

격물보전 장은 여러 방면의 내용을 함축하고 있지만 핵심은 치지의 문제가 아닐까 한다. 서두부터 치지를 설명하면서 시작하고 마무리도 지의 지극함으로 끝맺는다. 격물이나 궁리 같은 것은 그 자체가 목적이라기보다는 치지를 위한 방편의 위상을 지닌다. 격물을 하는 근거도 사람 마음의 지이고 격물의 결과도 지로 나타난다.[113] 따라서 결국 중요한 것은 치지라고 할 수 있다. 그런데 주희에 의하면 치지는 격물 없이는 불가능하고, 나아가 치지의 성격을 결정하는 것은 격물이다. 즉, 사물에 접해서 그 리를 궁구하는 것이 일차적으로 내 마음의 지를 지극히 하는, 치지의 성격을 규정한다. 지를 지극히 하는 일은 만사만물의 리의 탐구와 연결이 되어 있고 그래서 마음속의 지의 리가 드러나는 일과 연계되어 있다. 이 점에 주목해야 주희가 말하는 치지의 본뜻에 가까이 접근할 수 있다.

주희에게 영명한 마음이 지니고 있는 지(知)란 인·의·예·지의 지(智)와 별개의 것으로 볼 수 없을 것이다. 본성의 한 요소인 지에 다름 아니다. 그 특성을 드러내기 위해 왕수인과 비교해 본다면, 왕수인에게서 지는 곧 양지(良知)로서 인·의·예·지를 포괄하는 본성 자체를 의미한다. 반면, 주희에게 지는 본성 전체가 아닌 본성의 한 부분이며, 특히 총명(聰明)이나 식(識), 지식(知識)으로 표현될 수 있는 인식적 성격을 강하게 지닌다.[114] 주희에게서 지는 단지 도덕적 지에 한정되지 않고 도덕적 인식을 포함한 인식적 영역의 지다.

주희는 사람 마음은 영명함은 지를 갖추고 있는데, 리가 궁구되지 않아서 지가 미진한 점이 있다고 한다. 다만 이미 아는 리[已知之理]가 있으니 그것을 근거 삼아서 궁리해 가면 지극한 지에 이를 수 있다고 한다. 여기서 마음의 영명함으로 지를 갖추고 있다는 말은 무슨 뜻일까? 이때 지는 완전한 지인가 아니면 부족한 상태로나마 현재 지니고 있는 지인가? 문장의 구조와 맥락을 보면 마음이 갖추고 있는 완전한 지로 보인다. 마음

113 뒤에서 논하겠지만 격물(格物)은 사물의 입장에서 리가 궁구되어 가는 것을 말하고, 치지(致知)는 사람의 입장에서 지가 확대되어 가는 것을 말한다. 같은 것 같지만 다르다. 방점은 치지에 있다. 리의 내용이 축적되어 가는 것 자체가 목적이 아니라 그걸 통해서 치지가 이루어지는 것이 중요하다.

114 『大學章句』,「經1章」註解, "致推極也, 知猶識也. 推極吾之知識, 欲其所知無不盡也. 格至也, 物猶事也. 窮至事物之理, 欲其極處無不到也."/『大學或問』,「大學或問上」, "敬之一字, 聖學之所以成始而成終者也. 爲小學者, 不由乎此, 固無以涵養本源而謹夫灑掃應對進退之節與夫六藝之敎. 爲大學者, 不由乎此, 亦無以開發聰明進德修業而致夫明德新民之功也."

이 완전한 지를 갖추고 있는 근거는 마음은 이미 지의 리를 갖추고 있기 때문이다. 주희는 사람의 영명한 마음은 이미 완전한 지의 본성을 지니고 있다고 보는 것이다. 그런데 마치 모든 사물에 리가 있지만 리가 궁구되지 않은 상태에 있듯이, 마음에 완전한 지가 있지만 지가 다 드러나지 않는 상태에 있다.

주희는 기본적으로 인간에게 인·의·예·지의 본성이 온전히 갖추어졌지만 현실적으로 온전히 드러나지 못하는 이유에 대해 기질적 인욕에 의해 가려졌기 때문이라고 설명한다. 그런데 본성 중 지의 영역에 한정해 놓고 보면, 물론 기질 및 인욕의 제약과 연계되는 문제일 것인데, 사물의 리가 궁구되지 않고 따라서 리에 대한 이해가 약하고 어두운 게 지의 본성이 온전히 드러나지 못하는 원인이라고 주희는 설명한다. 따라서 지의 제약성을 극복하는 길은 리를 궁구하는 일이다. 제약된 상태이기는 하지만 이미 어느 정도 드러난 리에 대한 앎이 있고 이것이 격물궁리를 시작할 수 있는 실마리가 된다. 리에 대해 이미 아는 것을 토대로 하여 하나하나 궁구해 가다 보면 지는 점차 밝아진다. 궁구의 대상은 만사만물이다. 만사만물 속에는 인간 자신을 비롯해서 인간을 둘러싼 모든 상황과 자연, 우주의 사물을 포함한다. 이렇게 만사만물에 대한 궁구를 범위로 삼되, 이미 아는 것으로부터 궁리를 확장해 가다 보면 지는 자연히 밝아지고 넓어진다. 만사만물의 리에 대한 앎이 늘어난다는 것은 곧 마음의 지의 본성이 깨어나서 발현된다는 의미다.

주희에 의하면 마음의 지의 본성의 극진한 발현은, 단지 마음을 보존하고 살피는 노력으로만 되는 것이 아니라 넓은 범위의 격물궁리와 함께해야 마주할 수 있다. 마음을 보존하고 살피는 노력만으로도 지의 본성은 어느 정도 깨어나지만 그것이 완전에 이를 정도로 밝아지기 위해서는 만사만물에 대한 궁리가 필요하다는 것이다. 마음속의 지의 본성은 본디 만사만물의 리에 대한 이해력과 관장력을 내포하고 있기 때문이다. 이것이 주희가 격물보전장을 통해서 특별히 드러내고자 하는 지 공부의 방향이며 정체성이다. 도불 및 여타 유학 내 다른 학파와의 지에 대란 관점과 차별화를 이루는 부분이다. 마치 하늘이 하늘 아래의 모든 것을 알고 관장하는 그 지혜를 가지고 있듯이, 하늘의 본성을 자신의 본성으로 하는 인간도 하늘과 같은 그런 앎의 씨앗을 가지고 있으며 그 씨앗을 틔워서 활짝 피게 하는 방법이 하늘 아래의 만사만물의 리를 궁구해 가는 것으로 이해하는 셈이다.

지가 극진해진 결과를 주희는 '활연관통(豁然貫通)' '중물지표리정조무불도(衆物之表裏

精粗無不到)' '오심지전체대용무불명(吾心之全體大用無不明)'으로 설명한다. 과연 이런 경지가 가능하며 또 있기나 한가 싶을 정도로 범인의 시야에는 잘 들어오지 않는다. 성인만이 가능한 경지가 아닐까? 그런데 이렇게 이해해 볼 수 있다. 주희, 그리고 유자들 일반이 성인의 경지가 도달하기에 어렵다고 여기면서도 성인됨을 공부의 목표로 삼아 왔듯이, 활연관통 등의 높은 경지도 도달하기는 어렵지만 지 공부가 길을 잃지 않고 방향을 분명히 갖도록 하는 방편의 역할을 할 수 있다. 또한 지 공부의 본질이 무엇인가를 일깨우는 역할을 한다. 지 공부는 만사만물의 리에 대한 넓은 이해와 터득을 매개로 내 마음의 전체대용(全體大用)을 밝히는 것이다. 지 공부는 단지 많은 정보와 지식을 쌓는 것이 아니라 인간과 우주를 관통하는 이치를 꿰뚫어 보는 것, 그리하여 내 마음의 본성이 밝게 드러나는 것을 본질로 한다.

사실 '오심지전체대용무불명'은 '명명덕'의 다른 표현이라고도 할 수 있을 정도로, 주희가 공부의 목적으로 삼는 '인간 본성 실현' 자체를 의미한다. 그런데 이런 의문이 든다. 오심지전체대용은 비단 지 공부만이 아니라 경 공부, 행 공부를 포함한 경지행 공부 전체의 목표이며 성과라고 봐야 하는데, 단지 지 공부의 의미를 논하는 자리에서 굳이 이런 표현을 쓴 이유는 무엇일까? 본성의 전체가 아닌 부분인 지가 극진해지는 것이 어떻게 마음의 전체대용을 밝히는 것으로 연결될까? 인의 경우라면 그것이 의예지와 같은 다른 본성을 포괄하는 것이어서 인이 지극해지는 게 마음의 전체대용을 밝히는 것으로 대체될 수도 있겠지만 지는 그저 부분에 불과하지 않은가?

이는 주희의 입장에서 다음 두 가지 방향으로 변론해 볼 수 있겠다. 하나는 주희의 격물치지는, 뒤에서 그 실천방법적 성격을 살피겠지만, 그 속에 경을 포함한 행의 요소를 품거나 기반으로 하고 있다. 따라서 격물치지를 충실히 하는 것은 그 가운데 자연히 행 공부도 함께 수행하는 의미가 있다. 행(경) 공부가 본심을 밝히고 지켜내고 펼치는 공부이듯이 지 공부도 궁극적으로 본심을 밝히고 지켜 내고 펼치는 공부다. 경과 지와 행은 모두 마음의 전체대용을 밝히는 공부로서 일관되어 있다. 물론 각 공부는 이렇게 하나로 이어지면서도 각각 독특한 역할을 하니, 즉 경은 마음을 전일하게 하는 활동을 특징으로 한다면, 지는 만사만물의 리를 궁구하는 활동을 특징으로 한다.

다른 하나는 주희에게 지는 인·의·예·지 중에서 인과 더불어 양대 축을 이루는 요소로 이해된다. 공부론에서 격물치지를 특별히 중시했던 주희는 인·의·예·지의 본성을 이해함에 있어서도 지의 위상을 특별하게 설정한 것이다. 즉, 우리는 제4장에서 인이

의예지를 그 속에 포괄하고 있음을 살핀 바 있다. 그런데 인만 그러한 것이 아니다. 지도 나머지 인의예의 덕을 간직한다고 설명한다. 그 이유는 지가 있어서 비로소 나머지가 기능할 수 있기 때문이다.[115] 이렇게 보면 주희에게 본성을 대표하는 것은 인임에 틀림없지만 지도 이에 못지않게 본성의 가장 근간이 되는 요소다. 요컨대 지는 인과 더불어, 그 포괄성과 근본성의 측면에서, 의나 예와는 급이 다른 근본의 성격을 지닌다. 의나 예는 다른 덕목들을 포괄할 수 없는 반면 인과 지는 다른 덕목들을 아우르고 근간을 이루는 특별한 지위에 있다.[116] 주희가 격물치지에 대해 보전장을 새롭게 만들면서까지 중시한 배경에는 이런 인식이 자리하고 있다. 지의 지위가 이렇다는 것을 이해할 수 있다면 격물치지의 궁극에서 왜 '오심지전체대용무불명'이라는 결과가 도출될 수 있다고 보는지도 이해할 수 있게 된다.

격물궁리는 사물의 당연한 법칙과 그 이유를 따지는 행위다. 우리는 일상적 삶의 상황에서 어떤 현상에 대해 관찰하며 진단을 하거나 인과 관계를 따지고 대안을 모색한다. 정치적 판단을 하기도 하고 예술 및 문화를 감상하거나 창조하고, 또 각종 독서를 한다. 우주의 물리적 현상을 탐구하기도 하고 자연을 관조하며 즐거움을 갖기도 한다. 뒤에서 살펴보겠지만 이 모든 것이 격물궁리의 일이다. 궁리라고 해서 어떤 유교적 진리 및 예법에 집중하는 이미지로 좁고 경직되게 볼 것이 아니라, 일상에서 자연스럽게 일어나는 크고 작은 관심과 이해, 일처리 같은 활동에서 나타나는 인식적 작용 모두를 격물궁리와 연계해서 볼 수 있다. 물론 격물궁리는 다양한 삶의 상황과 현상을 둘러싸고 탐구하는 것이되 리를 궁구하는 일이다. 이는 인식적 작용이 목표와 방향을 객관적 사실 인식을 넘어서 리의 구현과 연계된 탐구와 대안 모색이 함께 결부된다. 리의 이상적 삶과 사회, 우주의 전개라는 목표 아래 자신과 사물에 대한 인식을 넓혀 가고 심화해 간다는 특징이 있다. 치지는 이 과정에서 일어나는 지적인 통찰의 확장과 그 극대화를

115 『朱子語類』 20-125, "智亦可以包四者, 知之在先故也."/『朱子語類』 6-75, "仁爲四端之首, 而智則能成始而成終. 猶元爲四德之長, 然元不生於元而生於貞. 蓋天地之化, 不翕聚則不能發散也. 仁智交際之間, 乃萬化之機軸. 此理循環不窮, 脗合無間, 故不貞則無以爲元也."/『朱子語類』 53-54, "賀孫問: 孟子四端, 何爲以知爲後? 曰: 孟子只循環說. 智本來是藏仁義禮, 惟是知恁地了, 方恁地, 是仁禮義都藏在智裏面. 如元亨利貞, 貞是智, 貞卻藏元亨利意思在裏面. 如春夏秋冬, 冬是智, 冬卻藏春生·夏長·秋成意思在裏面."/『朱子語類』 6-67, "仁所以包三者, 蓋義禮智皆是流動底物, 所以皆從仁上漸漸推出. 仁智元貞, 是終始之事, 這兩頭却重."

116 『朱子語類』 6-66, "仁與智包得, 義與禮包不得."

의미한다. 그런데 우리는 경험한다. 치지의 과정은 기본적으로 순수한 지적 이해의 확장과 발현을 근간으로 하지만 이와 더불어 사랑의 마음이나 연대감도 따르고 정의감도 인다. 정치적 판단을 하며 갖게 되는 의로움의 발동, 자연을 관조하며 갖게 되는 본질적 연대감, 독서를 하게 되며 갖는 저자와의 정서적 교감 등이 있다. 말하자면 지적인 통찰이라고 하지만 그 가운데 인의예의 본성이 모두 함께 작용한다. 지의 리가 따로 분리된 채로 드러나는 것이 아니라 이미 인의예의 리가 함께 어우러져 드러나는 것이다. 인·의·예·지의 리는 지를 가능케 하는 근거일 뿐 아니라 지가 일어날 때 함께 깨어나는 특징을 지닌다. 격물궁리를 통한 지의 지극함은 인·의·예·지의 본성이 환히 드러나는 것과 상통한다. 그러니 지의 지극함이 마주하는 경지를 '오심지전체대용무불명'이라고 부를 수 있는 것이다.

주희에 의하면 "마음[心]은 비록 한 몸(자신)을 주재하지만 본체의 텅 비고 신령함은 족히 천하의 리(理)를 관장할 수 있다. 리는 비록 만물에 산재해 있으나 그 작용의 미묘함은 실제로 한 사람 마음의 밖으로 나가지 않는다".[117] 마음은 단지 한 몸의 주재자 정도에 그치는 듯하지만 천하의 리를 그 속에 품고 관장할 수 있는 주체다. 그 주체가 확연히 깨어나는 것이 '오심지전체대용무불명'이다. 그런데 이런 의문이 다시 든다. 주희는 이 주체가 깨어나기 위해 반드시 만사만물에 대한 궁리가 전제되어야 한다고 하는데 왜 꼭 그래야 할까? 마음에 이미 갖추어진 리를 드러내는 게 치지의 핵심이라면, 그리고 마음이 뭇 리[衆理]를 갖추고 있다면, 마음만 탐구해도 좋지 않을까 하는 의문이다. 마음 바깥의 만사만물의 리를 궁구하는 복잡한 과정을 밟을 필요가 없이 마음속에 갖추어진 리를 직접 궁구하면 왜 안 되는가? 어차피 마음이 뭇 리를 갖추고 있지 않은가? 그리고 마음이 갖춘 뭇 리는 만사만물의 리이기도 한 것 아닌가? 리가 어차피 마음과 바깥 세계를 관통하고 있다면 멀리 돌아갈 것 없이 가까이 있는 마음의 리만 잘 검토하면 되는 것 아닌가? 실제로 주희는 "온갖 리가 마음에 갖추어져 있으니 자기 자신에 나아가서 공부하면 바야흐로 만리만사에 응할 수 있다."[118]고 하는데 이는 이 논리를 뒷받침하는 말 아닌가? 그러나 주희는 이에 대해 단연코 선을 긋는다. 마음의 영묘함은, 마치 하늘의 마음처럼, 만사만물의 리를 갖추고 있지만 그것은 감추어져 있다. 무엇이 어떻게 들어 있

117 『大學或問』, 「大學或問下」, "心雖主乎一身, 其體之虛靈, 足以管乎天下之理. 理雖散在萬物, 而其用之微妙, 實不外乎一人之心."

118 『朱子語類』 130-93, "萬理皆具於吾心, 須就自家身己做工夫, 方始應得萬理萬事."

을지는 열어 봐야 하는데 그것은 단지 마음을 대상으로 들여다보는 정도로는 불가능하다. 물론 주희에게 마음 및 마음의 본성, 리는 중요하며 일차적인 궁리 대상이다. 그리고 마음을 보존하는 경 공부도 특별히 강조한다. 그러나 이 정도의 공부로 마음에 갖추어진 뭇 리가 그 모습을 온전히 드러내지 않는다. 그것을 드러내는 방법은 만사만물의 리를 궁리하는 것이다. 주희의 이런 주장은 우리의 일상적 경험을 통해서도 이해해 볼 수 있다. 그것이 어떤 것이든 탐구를 통해서 우리의 마음은 하나하나 깨어나는 경험을 한다. 하나의 앎이 다른 호기심을 부르고 또 다른 앎으로 이어진다. 그렇게 하다 보면 세상에 대한 넓은 이해가 생기고 세상일을 처리할 수 있는 지혜도 생겨나게 된다. 이게 가능한 것은 그 가능성과 씨앗은 마음에 이미 갖추어져 있었기 때문이다. 그런데 그 가능성을 현실화하고 씨앗을 틔우는 방법은 밖의 만사만물을 궁구하는 것이다. 나아가 특히 리에 대한 관심을 가지고 하는 탐구는 마음의 리, 즉 지의 리는 물론이고 인, 의, 예 등의 모든 본성의 리를 끌어내는 견인차 역할을 한다.

2) 격물(格物)과 치지(致知)의 개념과 방법

격물치지(格物致知)의 개념 속에는 이미 격물치지의 방법론의 기본 성격이 잘 드러난다. 그런데 방법론의 문제에 관련해서는 다음 절에서 구체적으로 다루고, 여기서는 중복되지 않는 선에서 격물치지의 기본적인 개념을 점검해 보고자 한다.

(1) 격물(格物)의 개념

먼저 '격물(格物)'의 기본적 의미에 대해서 '격물보전' 장에서는 '즉물이궁기리(卽物而窮其理)'로 표현하고 있다. 말하자면 격물은 물(物)에 '즉(卽)'해서 그 물(物)의 리(理)를 '궁구한다[窮]'는 의미를 지닌다. 물론 여기에는 모든 물에 리가 내재해 있다는 전제가 깔려 있다[天下之物 莫不有理]. 이렇게 주희는 일반적으로 '격(格)'에 대해서 (사물의 理를) '궁구하다[窮]'는 의미로 해석한다. 또한 간혹 '이르다[至]'는 의미로 풀기도 한다.[119] 그런데 '궁(窮)'이든 '지(至)'이든 그 자체에 이미 '끝까지' 혹은 '극한 지점까지' 궁구한다(이른다)는 뜻이 포함되어 있다. 그래서 주희는 '격(格)'이 리(理)를 궁구하되 한 치의 남김도 없

119 『大學章句』,「傳5章」, "格至也, 物猶事也. 窮至事物之理, 欲其極處無不到也."

이 '극진히 궁구한다[窮盡, 窮極, 窮至, 極至]'는 의미를 담고 있는 것으로 본다.[120]

그런데 '격(格)' 혹은 '격물(格物)'의 의미를 보다 심층적으로 파악하기 위해서는, 리(理)를 궁구함(格)에 있어서, 즉물(卽物), 곧 물(物)에 '즉(卽)'해서 한다는 점에 주목할 필요가 있다. 여기서 '즉(卽)'은 사물에 '입각함(관계함, 접함)'의 의미로 보면 좋을 것인데, 이는 사물과의 필연적인 관련성을 바탕으로 하는 격물의 실질적 성격을 잘 보여 준다.

> '궁리(窮理)' 두 글자는, '격물(格物)'(이라는 두 글자)의, 절실하여 곧 사물(事物)상에 나아가서[就事物上] 궁구해 이르는 것만 하지 못하다.[121]

주희는 '궁리(窮理)'보다 '격물(格物)'이라는 표현이 좋다고 하는데, 그 이유는 격물(格物)이 개개의 사물에 '입각해서[就事物上]', 즉 '즉물(卽物)'하여 그 리(理)를 궁구한다는, 보다 경험적 의미를 강하게 지니기 때문이라고 한다. 반면에 궁리(窮理)는 그 자체에 리를 극진하게 궁구한다는 의미가 있기는 하지만 자칫 사물과의 관계를 떠나서 관념화될 우려를 안고 있다는 것이다.

> 사람들은 흔히 이 도리를 하나의 허공에 매달린 사물로 여긴다. 『대학』에서 '궁리(窮理)'를 말하지 않고 단지 '격물(格物)'을 말한 것은 곧 사람이 사물상에 나아가서[就事物上] 이해해야 함을 말한 것인데, 이와 같이 해야 실질의 본모습[實體]을 볼 수 있다. 이른바 실질의 본모습은 사물상에 나가지 않으면 볼 수 없다. 예를 들어, 배를 만들어서 물을 지나고, 수레를 만들어서 뭍을 다니는데, 지금 시험 삼아 많은 사람의 힘으로 함께 뭍에 배를 밀어 올리려 해도 반드시 행할 수 없게 되니, 바야흐로 배가 뭍을 다닐 수 없음을 알게 된다. 이것을 실질의 본모습이라 한다.[122]

리(理)는 하나의 허공에 매달린 어떤 것이 아니라, 사물에 내재한 것이다. 따라서 리

---

120 『朱子語類』 15-7, "格物者, 格, 盡也, 須是窮盡事物之理. 若是窮得三兩分, 便未是格物. 須是窮盡得到十分, 方是格物."/『朱子語類』 15-14, "'格物'二字最好. 物, 謂事物也. 須窮極事物之理到盡處."/『大學章句』,「傳5章」, "格至也, 物猶事也. 窮至事物之理, 欲其極處無不到也."/『大學或問』,「大學或問下」, "格者, 極至之謂, 如格于文祖之格, 言窮之而至其極也."

121 『朱子語類』 15-33, "'窮理'二字, 不若格物之爲切, 便就事物上窮格."

122 『朱子語類』 15-31, "人多把這道理作一箇懸空底物事. 大學不說窮理, 只說箇格物, 便是要人就事物上理會, 如此方見得實體. 所謂實體. 非就事物上見不得. 且如作舟以行水, 作車以行陸. 今試以衆人之力共推一舟於陸, 必不能行, 方見得舟果不能以行陸也, 此之謂實體."

를 궁구함에 있어서 반드시 사물에 '입각해서'['卽'物] 해야 사물의 실질적 모습[實體], 즉 리를 명확히 드러낼 수 있다. 말하자면 리(理)는 기(氣)를 떠나서는 존재할 수 없는 것처럼, 형이상(形而上)의 리(理)는 형이하(形而下)의 기(器)를 통해서만 스스로를 드러낸다. 따라서 형이상의 리(理)는 형이하의 기(器)에 입각해서 파악하지 않으면 안 되는데 격물(格物)이 의미하는 바가 바로 이것이다.[123] '(格)物'을 말하면 자연히 사물의 실질과 분리되지 않는 리를 포착할 수 있게 되는 반면, '(窮)理'를 말하면 자칫 사물의 실질로부터 벗어난 공허한 리를 말하기 쉽다. 바로 불교의 성을 논하는 방식이 그러하다고 주희는 비판한다.[124] 배는 물로 다니고 수레는 뭍으로 다닌다는 사실은 직접 배와 수레의 작용을 보았을 때 알 수 있는 것처럼, 모든 사물의 리는 그 사물의 실질적인 모습에 입각해서 고찰할 때 제대로 파악이 될 수 있다.

격물(格物)이 사물의 실질에 입각한 궁리(窮理)라고 해서, 이것이 견문지(見聞知) 등에만 의존하는 소박한 감각적 경험의 방법으로 오해해서는 안 된다. 주희는 다만 앎이 공허하고 관념적이지 않기 위해서 실질의 사(事)와 물(物)을 '근거로 해서' 혹은 '입각해서' 궁구할 것을 강조할 뿐, 즉물(卽物)이라는 것이 주체가 반드시 직접 물(物)에 접하여 감각적 경험을 통해 확인하는 방법이라는 의미는 아니다. 물론 즉물(卽物)은 이러한 내용을 함축하되, 정확하게는 모든 사물과의 '관련성을 떠나지 않고' 그 리를 궁구해 가는 것 모두를 포함하는 의미로 보아야 할 것이다. 만일 격물(格物)이 감각적 경험의 방법에 한정된다면 격물의 주체는 늘 사물(事物)을 직접 접해서 그 리를 궁구하지 않으면 안 되지만, 주희는 오히려 주체가 직접 어떤 사물(事物)에 접했을 때는 물론이거니와 접하지 않았을 때도, 그 사물에 대한 궁리가 가능하고 또한 요청된다고 본다.[125] 주희가 '즉물(卽物)'을 통해서 진정으로 강조하는 바는, 리(理)는 언제나 사(事)와 물(物)을 통해서 드러나기 때문에, 리(理)를 이를 관념적으로 추구하지 말고, 언제나 사(事)와 물(物)의 실질적 존재 양상과 관련해서 파악해야만 한다는 사실—여기에는 직접 경험의 방법과 추론의 방법이 모두 포함이 된다—을 명확히 하고자 하는 것이다. 이상의 논의 속에서 '격물(格

123 『朱子語類』 62-72, "然這形而下之器之中, 便各自有箇道理, 此便是形而上之道. 所謂格物, 便是要就這形而下之器, 窮得那形而上之道理而已."

124 『朱子語類』 15-34, "格物, 不說窮理, 却言格物. 蓋言理, 卽無可捉摸, 物有時而理. 言物, 卽理自在, 自是離不得. 釋氏之說見性, 下梢尋得一個空洞無稽底性, 亦由他說, 於事上更動不得."

125 『朱子語類』 15-10, "問: 格物, 還是事未至時格, 事旣至然後格? 曰: 格, 是到那般所在. 也有事時格底, 也有事未至時格底."

物)'의 개념을 일단 정리한다면 격물은 '물(物)의 실질에 입각해서 그 물(物)에 내재한 리(理)를 극진히 궁구하는 것'이다.

그런데 격물(格物)의 개념에서 여전히 미진한 문제로 남는 것은 물(物)의 의미와 범위에 관한 것이다. 이는 '격물의 대상' 문제이기도 하다.

주희는 우선 "눈앞에서 무릇 응하고 접하는 것 모두가 물(物)이다."[126]라고 하여 물(物)의 범위에 특정한 제한을 가하지 않고 있다. 사람이 당면할 수 있는 모든 사태와 만물이 물(物)이다. 주희에게서 물(物)은 단지 생물 혹은 무생물 등의 만물(萬物)을 의미할 뿐 아니라, 사람 사회에서 있을 수 있는 모든 일[事]을 포괄한다. 즉, 물(物)은 이미 사(事)와 물(物)을 포괄한다는 점에서 사물(事物)이다.[127] 사(事)와 물(物)의 내외(內外), 정조(精粗), 대소(大小) 등을 불문하고 모두 궁구하지 않으면 안 된다.[128] 물론 이 모든 사(事)와 물(物)은, 크게는 무극태극(無極太極)에서 작게는 일초일목(一草一木)에 이르기까지, 모두 리(理)를 지니고 있기 때문에[129] 격물(格物)의 대상이 된다.

주희는 구체적으로 격물의 대상과 종류에 대해서, 정이(程頤)의 말을 빌려서, 독서(讀書)에서 도리(道理)를 강론(講論)하여 밝히는 것, 고금(古今)의 인물(人物)을 논하면서 그 옳고 그름을 밝히는 것, 사물(事物)에 응접(應接)해서 그 마땅함과 부당함을 가리는 것에서부터, 천지(天地)의 고후(高厚)의 리와 일개 사물의 리를 궁구하는 것 등으로 파악한다.[130] 말하자면 격물의 대상과 범위는 현대적 의미의 인간학과 자연학에서 다루는 문제들에 걸쳐져 있다.

---

126 『朱子語類』 15-1, "眼前凡所應接底都是物. 事事都有箇極至之理, 便要知得到."

127 『朱子語類』 15-7, "格物者, 格盡也, 須是窮盡事物之理."/『朱子語類』 57-38, "凡天地之間, 眼前所接之事, 皆是物."

128 『朱子語類』 15-23, "遇事接物之間, 各須一一去理會始得. 不成是精底去理會, 粗底又放過了, 大底去理會, 小底又不問了."/『朱子語類』 15-24, "接物, 便就接物上格. 精粗大小, 都要格他."

129 『朱子語類』 15-65, "上而無極太極, 下而至於一草一木一昆蟲之微, 亦各有理."

130 『朱子語類』 117-44, "程先生謂'或讀書講明道義, 或論古今人物而別其是非, 或應接事物而處其當否', 如何而爲孝, 如何而爲忠, 以至天地之所以高厚, 一物之所以然, 都逐一理會, 不只是箇一便都了."
주희는 정이를 따라서 격물공부의 종류를 다양하게 이해하는데, 그중에서 가장 큰 비중을 가지고 논의한 것이 독서(讀書)일 것이다. 주희는 독서의 중요성에 대해 강조하고 독서법에 대해 정치하게 펼쳤는데, 주희의 독서법은 그의 격물치지의 관점에서 이해할 때 그 실체가 잘 드러난다. 격물치지 공부로서의 독서법에 대한 주희의 인식에 대해서는 제9장에서 별도로 자세히 다룰 것이다.

> 한 몸 가운데에는 인·의·예·지의 측은·수오·사손·시비(의 마음)와 무릇 귀, 눈, 손, 발의 보고 듣고 말하고 움직이는 것이 있으니 모두 마땅히 이해해야 할 바다. 만물(萬物)의 융성하고 쇠퇴함과 동식물의 크고 작음, 이것은 어떻게 부릴 수 있으며 저것은 어떻게 쓸 수 있으며, 수레가 뭍으로 갈 수 있는 것과, 배는 물로 갈 수 있는 것 모두가 마땅히 이해해야 한다.[131]

인간의 심성(心性), 몸가짐 등 인간학적이고 윤리학적인 문제뿐 아니라 온갖 자연현상의 탐구는 모두 격물(格物)의 범주에 포함된다. 다시 말하면, 격물을 통해서 궁극적으로 드러내고자 하는 리에는, 현대적 의미의 이른바 '규범'과 '사실'과 관련되는 내용이 관련되어 있다. 그렇다고 해서 주희의 리를 현대적 의미의 도덕법칙이나 사실법칙과 등치시킬 수는 없다. 그의 리는 단지 인간에게 한정해서 적용되는 도덕법칙이나 당위법칙만도 아니고, 또한 가치중립적인 존재법칙이나 사실법칙만도 아니다. 물론 이것들과 주희의 리는 의미상 연결되어 있다. 그런데 주희의 리는 본래 생리(生理; 생명원리)로서의 정체성을 지닌다는 점을 염두에 두며 접근할 필요가 있으니, 리는 무엇보다 인간뿐 아니라 모든 우주만물의 '생명성 발현'이라는 선(善)의 지향성 위에서 '마땅히 반드시 그러하고 그러해야 하는' 원리다. 이 점에 대해서는 소당연지칙(所當然之則; 마땅히 그러한 법칙)과 소이연지고(所以然之故; 그렇게 되는 근거로서의 이유)에 대한 주희 견해를 중심으로 보충해 볼 수 있다.

> 천하의 물(物)은 반드시 각각 소이연지고(所以然之故)와 소당연지칙(所當然之則)이 있으니 (이것이) 이른바 리(理)다.[132]

주희는 하나의 물(物)에 소이연지고(所以然之故)와 소당연지칙(所當然之則)의 리(理)가 동시에 있다고 본다. 그런데 그에 의하면 소이연지고는 소당연지칙의 상위 개념이다.

> 예를 들어, 어버이를 섬기는 데 마땅히 효를 해야 하고, 형을 섬기는 데 마땅히 우애가 있어야 하는 것과 같은 것은 당연지칙(當然之則)이다. 그러나 어버이를 섬기는

131 『朱子語類』 18-17, "一身之中是仁義禮智, 惻隱羞惡辭遜是非, 與夫耳目手足視聽言動, 皆所當理會. 至若萬物之榮悴與夫動植大小, 這底是可以如何使, 那底是可以如何用, 車之可以行陸, 舟之可以行水, 皆所當理會."

132 『大學或問』, 「大學或問下」, "天下之物, 則必各有所以然之故與所當然之則, 所謂理也."

> 데 어찌해서 반드시 효를 해야 하고 형을 섬기는 데 어찌해서 반드시 우애가 있어야 하는가는 소이연지고(所以然之故)다.[133]

사람이 마땅히 효제(孝悌)를 해야 한다는 것은 마땅히 그러해야 할 소당연지칙(所當然之則)이다. 그런데 이에 따라서 그렇다면 도대체 왜 효제를 해야 하는가의 질문이 이어 제기되는데 이는 소이연지고(所以然之故)의 문제다. 소이연지고는 소당연지칙의 근거로서 상위 지위를 점한다.[134] 그렇다면 소당연지칙의 성격을 규정하는 것은 결국 소이연지고다. 주희는 소이연지고의 내용에 대해서 다음과 같이 말한다.

> 천명(天命)은 천도(天道)가 유행(流行)하며 만물(萬物)에 부여한 것이니, 사(事)와 물(物)이 마땅히 그러해야 하는 근거(所以當然之故)가 되는 것이다.[135]

주희는 사(事)와 물(物)이 '마땅히 그러해야 하는 근거로서의 이유(所以當然之故)'를 천명(天命)이라고 한다. 그런데 천명(天命)은 곧 '천도가 유행하여 만물에게 부여한 것'이라고 규정한 것을 보면, 천명의 실질적 내용은 성(性)이라고 보아도 무방하다. 그리고 성(性)은 곧 만물에 지니는 태극(太極)이다. 결국 만물의 소이연지고(所以然之故)는 태극(太極)이며, 이는 곧 일리(一理)이다. 모든 사물은 최종 근거로서의 태극(太極; 一理)을 지닌다. 소이연지고로서의 태극(太極; 一理)은 우주의 생성변화, 즉 생명성 발현[生生]의 뿌리이며 중심축이다. 따라서 소이연지고의 하위 단계에 있는 리로서의 소당연지칙은 당연히 생명원리의 성격을 지니지 않을 수 없다. 소당연지칙은 만물 각각이 자신의 생명성 발현에 있어서 '마땅히 그러해야 하는', 또는 '마땅히 그러한' 원리다.

> 천도(天道)가 유행(流行)하고 조화(造化)가 발육(發育)하니 무릇 소리와 색깔과 모양과 형상을 가지고 천지 사이에 가득 차 있는 것은 모두 물(物)이다. 이미 이 물(物)이 있으면 이 사물이 되는 바탕[所以]에 각각 마땅히 그러한 법칙[當然之則]이 없을 수 없어 자연히 그칠 수 없는데[不容已] 이것은 모두 하늘이 부여한 바에서 얻은 것

133 『朱子語類』18-93, "如事親當孝, 事兄當弟之類, 便是當然之則. 然事親如何卻須要孝, 從兄如何卻須要弟, 此卽所以然之故. 如程子云, '天所以高, 地所以厚.' 若只言天之高, 地之厚, 則不是論其所以然矣."

134 『朱子語類』17-43, "所以然之故, 卽是更上面一層. 如君之所以仁."

135 『論語集註』, 「爲政」, "天命, 卽天道之流行而賦於物者, 乃事物所以當然之故也."

으로 사람이 작위할 수 있는 것이 아니다.[136]

주희는 소당연지칙을 논하면서 종종 '그칠 수 없음[不容已]'이라는 수식어를 붙인다. 즉, 소당연지칙은 모든 사물이 마땅히 그러하도록 설계되어 있어 그만둘 수 없는 법칙이라는 의미다. 예를 들어, 어린아이가 우물에 빠졌을 때, 모두 놀라고 측은해 하는 마음이 생기는 것이나 어린아이가 어버이를 사랑하고 형을 공경하는 것이 그것이다.[137] 이는 사람이 억지로 작위하거나 꾸며서 이루어지는 것이 아니라 본래 그러지 않을 수 없는 선천적인 '지향성'이다. 물론 '소당연지칙'은 비단 인간의 도덕성에 한정되지 않는다. 우주만물의 생성변화 자체가 마땅히 그러해서 그칠 수 없는 현상이다. 봄에는 낳고 가을에는 죽어 가며, 음(陰)이 다하면 양(陽)이 생겨나는 것이 그 예다.[138] 그리고 이것이 가능한 것은 소당연지칙의 근저에 언제나 변하지 않는[不可易] 근거로서의 소이연(所以然)이 존재하기 때문이다.[139] 결국 비단 사람의 도덕적 지향성뿐 아니라, '일음일양(一陰一陽)'으로 상징되는 우주만물의 존재와 생성변화의 이면에는 소당연지칙이 존재하고, 나아가 그것을 가능케 하는 근거로서의 태극(太極)이라는 소이연지고가 존재한다.[140] 격물(格物)의 일에서는 우선 모든 만물이 지니는 '마땅히 그러해서 그칠 수 없는' 생명원리를 보아 내는 것이 절실하며 그 과정에서 소이연지고는 자연히 포착된다.[141]

결론적으로 말하면 격물(格物)은 만사만물(萬事萬物)의 실질에 입각해서 그것에 내재한 생리(生理; 生命原理)로서의 소당연지칙(所當然之則)과 소이연지고(所以然之故)를 궁구

136 『大學或問』,「大學或問下」, "天道流行, 造化發育, 凡有聲色貌象而盈於天地之間者, 皆物也. 既有是物, 則其所以爲是物者, 莫不各有當然之則, 而自不容已."

137 『朱子語類』 18-94, "又如人見赤子入井, 皆有怵惕·惻隱之心, 此其事'所當然而不容已'者也."/『朱子語類』 18-91, "理之所當爲者, 自不容已. 孟子最發明此處. 如曰, '孩提之童, 無不知愛其親; 及其長也, 無不知敬其兄.' 自是有住不得處."

138 『朱子語類』 8-90, "問: 或問云 '天地鬼神之變, 鳥獸草木之宜, 莫不有以見其所當然而不容已.' 所謂'不容已', 是如何? 曰: 春生了便秋殺, 他住不得. 陰極了, 陽便生. 如人在背後, 只管來相趲, 如何住得."

139 『朱子語類』 18-94, "其所以然者, 理也. 理如此, 固不可易. 又如人見赤子入井, 皆有怵惕·惻隱之心, 此其事'所當然而不容已'者也. 然其所以如此者何故, 必有箇道理之不可易者."

140 『朱子語類』 18-94, "廣曰: 大至於陰陽造化, 皆是'所當然而不容已'者. 所謂太極, 則是'所以然而不可易者'. 曰: 固是."

141 『朱子語類』 17-44, "或問: '格物'章, 本有'所以然之故'. 曰: 後來看得, 且要見得'所當然'是要切處. 若果見得不容已處, 則自可默會矣."

하되 극진하게 하는 것이다. 이러한 과정을 통해서, 궁극적으로는 격물 주체 자신의 심의 생리(生理), 즉 본성[性] 전체를 환히 밝힐 수 있게 된다.

(2) 치지(致知)의 개념

격물(格物)과 치지(致知)는 동전의 양면과 같이 동시에 이루어지는 공부다. 다만 격물(格物)이 그 대상인 사물(事物)과 사물의 리(理)의 관점에서 그 리가 궁구되는 현상에 주목한 것이라면, 치지(致知)는 격물 주체인 사람과 심(心)의 관점에서 그 마음의 앎이 확대되어 가는 일에 초점을 맞춘 것이다.

> 치지(致知)와 격물(格物)은 단지 한 가지 일로 오늘 격물하고 내일 치지하는 것이 아니다. 격물(格物)은 리(理)로써 말한 것이고, 치지(致知)는 심(心)으로써 말한 것이다. [142]

> 치지(致知)는 나(주체)의 입장에서 말한 것이고, 격물(格物)은 사물(事物)에 입각해서 말한 것이다.[143]

그런데 격물(格物)이 사물의 리를 궁구해 가는 과정과 만물의 리를 궁구한 결과를 동시에 의미하듯이, 치지(致知) 역시 앎을 미루어 넓혀 가는 과정과 내 마음의 앎이 극진해진 결과를 동시에 의미한다. 그래서 주희는 "격물은 사물을 따라서 궁구해 가는 것이고, 치지는 미루어 점차 넓혀 가는 것이다."[144]라고 말하는 동시에 "격물은 물물마다의 리를 궁구하는 것이고, 치지는 내 마음이 알지 못하는 바가 없는 것이다."라고 하고 있다.[145]

치지와 격물은 동시에 이루어지는 것이지만, '격물보전' 장에서도 드러나듯이 주희는 치지가 반드시 격물에 의존해야 한다는 입장을 지닌다. 치지에 의해 격물이 되는 것이 아니라, 격물을 통해서 치지를 하게 된다.[146] 주희는 격물과 치지를 각각 '식사'와 '포만

---

142 『朱子語類』 15-49, "致知, 格物, 只是一事, 非是今日格物, 明日又致知. 格物, 以理言也; 致知, 以心言也."

143 『朱子語類』 15-50, "致知, 是自我而言; 格物, 是就物而言."

144 『朱子語類』 15-43, "格物, 是逐物格將去; 致知, 則是推得漸廣."

145 『朱子語類』 15-44, "格物, 是物物上窮其理; 致知, 是吾心無所不知."

146 『朱子語類』 18-33, "格物·致知, 彼我相對而言耳. 格物所以致知. 於這一物上窮得一分之理, 卽我之知亦知得一分; 於物之理窮二分, 卽我之知亦知得二分; 於物之理窮得愈多, 則我之知愈廣. 其實只是

감'에 비유하기도 한다. 식사를 하지 않고 포만감을 느꼈다면 그 포만감은 병인 것처럼, 격물을 하지 않고 알았다고 하면 그 앎은 망령된 것이다.[147] 주희가 이처럼 치지는 격물을 통해야 한다고 주장하는 것은, 사물의 실질을 떠나서 마주한 어떤 통찰 및 깨달음을 앎의 극치라고 주장하기를 일삼는 당시의 공부의 주된 병폐에 대한 강력한 비판의 의미를 지닌다. 이는 식사도 하지 않고서 배부르다고 하는 꼴이라는 것이다.

주희에게 치지는 그의 심성 이론과 밀접히 연관되어 있다. '치지(致知)'에서의 '지(知)'는 리를 근거로 함과 동시에 대상으로 한다. 마음은 영명하고 허명광대(虛明廣大)한 가운데 뭇 리를 갖추고 있어 지가 가능하고, 또 세상의 크고 작은 것을 모두 알 수 있는 잠재력과 실제 능력을 지닌다.[148] 치지는 이런 마음이 주체가 되어 스스로에게 내재한 지의 힘을 확대해서 극진한 지점에 이르도록 하는 것이다. 물론 그 지의 힘은 리를 이해하는 힘이고, 지의 힘의 발산은 주체의 마음속 지의 리가 펼쳐지는 것이다. 그런데 뭇 리를 갖춘 마음의 지는 본래 완전한 것이지만 기질적 제약 때문에 제 기능을 발휘하지 못하고 드러나는 내용도 한계가 있게 된다. 치지(致知)는 이러한 가려짐을 극복하고 본래의 온전한 지(知)의 상태를 회복해 가는 일이다. 마치 거울의 본래 모습이 통명하나 때가 끼어서 그 기능을 온전하게 발휘하지 못하던 것을, 잘 닦아 내어 모든 것을 비추고 드러낼 수 있도록 하는 것과 같다.[149] 지(知)가 앎의 내용과 지각력을 동시에 말하는 것이라면, 치(致는) 앎의 내용과 지각력을 미루어 확대해 가서 궁극적으로는 앎의 극치(極致)에 이르는 것을 의미한다. 이는 동시에 내 안의 지의 본성[성=리], 즉 마음에 자리한 인·의·예·지의 본성 중 지(智)의 본성이 환히 분출되는 것을 의미한다.

주희는 치지(致知)를 설명하면서 '미루어 넓혀 간다[推廣去]'거나 '미루어 열어 간다[推

一理. …(중략)… 格物之理, 所以致我之知."

147 『朱熹集』卷4, 2116쪽, 「答江德功」, "夫格物可以致知, 猶食所以爲飽也. 今不格物而自謂有知, 則其知者妄也; 不食而自以爲飽, 則其飽者病也."

148 『朱子語類』18-58, "此心至靈, 細入毫芒纖芥之間, 便知便覺, 六合之大, 莫不在此. 又如古初去今是幾千萬年, 若此念才發, 便到那裏; 下面方來又不知是幾千萬年, 若此念才發, 便也到那裏. 這箇神明不測, 至虛至靈, 是甚次第! 然人莫不有此心, 多是但知有利欲, 被利欲將這箇心包了."/『朱子語類』14-83, "蓋人心至靈, 有什麽事不知, 有什麽事不曉, 有什麽道理不具在這裏. 何緣有不明? 爲是氣禀之偏, 又爲物欲所亂."/『朱子語類』15-53, "知者, 吾自有此知. 此心虛明廣大, 無所不知."

149 『朱子語類』15-4, "致知乃本心之知. 如一面鏡子, 本全體通明, 只被昏翳了, 而今逐旋磨去, 使四邊皆照見, 其明無所不到."

開去]', '미루어 도출한다[推出]', '미루어 지극히 한다[推致, 推極]'[150], '미루어 도달한다[推到]'[151] 등의 표현을 종종 사용하는데 이것이 '치(致)' 자의 주요한 의미들이다. 즉, 미루어 넓혀 가고 열어 가되, 지극히 하는 것이 곧 '치(致)'의 대체적 의미다. 그런데 주목할 점은 이러한 의미의 치지(致知)가 가능한 것은 '이미 아는 것[已知者]'이 전제하기 때문이라고 주희는 밝히고 있다. 이렇게 보면 일단 치지(致知)는 '이미 아는 것[已知者]에 근거해서 미루어 가되 극진히 하는 것'으로 개념 정리를 할 수 있다.

> 치지(致知) 공부는 다만 곧 이미 아는 바에 근거해서 곰곰이 생각하면서 미루어 넓혀 가는 것이다. (리가) 마음에 갖추어진 것은 본디 부족함이 없다.[152]

> 그가 '격(格)' 자나 '치(致)' 자를 쓴 이유는, 모두 자기에게 본래 이 물(物)이 있는데, 다만 다른 물(物)에 의해서 가리어져 있기 때문이다. 지금 곧 그 아는 곳을 쫓아서 미루어 열어가니, 이것이 그 아는 바에 따라서 미루어 가면 알지 못함이 없는 데까지 이른다.[153]

주희가 말하는 '이미 아는 것'이란 말은 마음의 온전한 지(知)가 비록 기질(氣質) 및 물욕(物欲)에 의해 가려졌음에도 불구하고 그런 조건에서나마 드러나는 앎을 의미한다. 그리고 이런 '이미 아는 것'이 가능한 것은 마음은 본래 뭇 리를 갖추고 있기 때문이다. 주희에게 리는 앎의 대상 및 내용일 뿐만 아니라 앎의 근거다. 기질과 물욕의 제약과 상관없이 마음에는 언제나 뭇 리가 갖추어져 있기에 이런저런 맥락에서 지가 일정하게 표출된다.[154] 치지(致知)라는 '공부의 실제'는 늘 이렇듯 이미 아는 단서를 토대로 출발한다. 예를 들어, 주희는 명덕(明德)을 밝히는 일을 설명하면서 종종 명덕이 언뜻언뜻 발현되는 단서를 잘 포착해서 미루어 확충해[推廣] 갈 것을 주문한다. 명덕은 일상생활을 하는 가운데 시시각각 발현한다. 즉, 불의를 보면 미워하고, 어린아이가 우물에 빠지는

150 『朱子語類』 15-49, "人個個有知, 不成都無知, 但不能推而致之耳."/『朱子語類』 15-50, "只是推極我所知, 須要就那事物上理會."

151 『朱子語類』 15-45, "但所知者止於大略, 而不能推致其知以至於極耳."

152 『朱子語類』 15-6, "致知工夫, 亦只是且據所已知者, 玩索推廣去. 具於心, 本無不足."

153 『朱子語類』 15-48, "他所以下'格'字·'致'字者, 皆是爲自家元有是物, 但爲他物所蔽耳. 而今便要從那知處推開去, 是因其所已知而推之, 以至於無所不知也."

154 『朱子語類』 15-6, "致知工夫, 亦只是且據所已知者, 玩索推廣將去. 具於心者, 本無不足也."

것을 보면 가엽게 여기고, 좋은 일을 보면 감탄하고 경모하는 것이 그것이다.[155] 이렇게 드러나는 단서에 따라서 미루어 밝혀 가는 것이 다름 아닌 치지(致知)이고, 이는 동시에 격물(格物)이다.[156] 치지와 한 쌍을 이루는 격물 역시 그 사물의 리와 관련해 이미 알고 있는 단서로부터 시작하는 공부다. 만일 그렇지 않다면 허공에서 사물의 리를 찾아 헤매는 꼴이 되어[157] 격물치지 자체가 불가능해진다.

> 물(物)에는 리(理)가 있지 않음이 없고, 사람에게는 지(知)가 있지 않음이 없다. 예를 들어, 어린아이의 경우 그 부모를 사랑할 줄 알고, 자라서는 그 형을 공경할 줄 알며 배고픔에 이르러서는 먹을 것을 구할 줄 알고 목마름에 이르러서는 마실 것을 구할 줄 안다. 이것이 앎이 없지 않은 것이다. 단지 아는 바가 대략(적으로 아는 것)에 그치고 그 앎을 미루어 지극한 곳에 이르지 못할 뿐이다.[158]

> 이른바 격물(格物)이라는 것은, 늘 사람들이 이 리에 대해서 10, 20%를 알 수 있어, 그 10, 20%의 아는 바에 나아가서 미루어 가면 바로 100%까지 미루어 도달할 수 있으니[推到], 궁구해서 (더 이상) 갈 수 없는 곳에 이르면 바야흐로 격물(格物)이 된다.[159]

사람이 지(知)가 없지 않다는 것은 다시 말하면 리에 대한 앎의 단서를 지니고 있다는 의미다. 누구나 이런 의미의 지(知)를 지니고 있어서 치지(致知)와 격물(格物)이 가능하다. 지(知)가 없는 사람은 없으나, 다만 미루어 지극히 할 수 없어서[160] 치지와 격물의 극치에 이르지 못하는 것이다. 사람은 보통 리에 관한 10, 20%의 앎을 지니고 있으니, 이를 실마리 및 토대로 하여 미루어 가기를 끝까지 한다면 100%의 앎이라는 결실도 가능

---

155 『朱子語類』 14-77, "明德未嘗息, 時時發現於日用之間. 如見非義而羞惡, 見孺子入井而惻隱, 見尊賢而恭敬, 見善事而歎慕, 皆明德之發現也. 如此推之, 極多. 但當因其所發而推廣之."

156 『朱子語類』 14-82, "學者便當因其明處下工夫, 一向明將去, 致知格物, 皆是事也."

157 『朱子語類』 18-53, "今日學者所謂格物, 卻無一個端緖, 只是似審物去格. …(중략)… 有個端 端倪發現, 直是窮格去, 亦不是鑿空審事物去格也."

158 『朱子語類』 15-45, "物莫不有理, 人莫不有知. 如孩提之童, 知愛其親; 及其長也, 知敬其兄; 以至於飢則知求食, 渴則知求飮, 是莫不有知也. 但所知者止於大略, 而不能推致其知以至於極耳."

159 『朱子語類』 18-71, "所謂格物者, 常人於此理, 或能知一二分, 卽其一二分之所知者推之, 直要推到十分, 窮得來無去處, 方是格物."

160 『朱子語類』 15-49, "人個個有知, 不成都無知, 但不能推而致之耳."

하다고 주희는 역설한다.

주희는 궁진(窮盡)[161]이나, 추치(推致),[162] 추극(推極)[163] 등의 표현으로써 점차적으로 리를 궁구해 가고 앎을 넓혀 가되 지극히 해야 함을 누누이 강조한다. 이것저것 대충 알고 넘어가기보다는 하나의 사물(事物)이라도 일단 격물치지(格物致知)를 실행하기 시작했으면 100%까지 이르도록 궁구해야 하고서 다른 사물의 탐구로 넘어가도록 주문한다.[164] 물론 현실적으로 아무리 붙잡고 있어도 도저히 이해할 수 없는 경우, 고집스럽게 그것의 격물치지에 집착해 있기보다는 다른 사물에 먼저 접근해서 풀리지 않는 문제의 실마리를 얻을 수도 있어야 한다는 식의 융통성은 전제된다.[165] 가장 좋지 않은 것은 대략적으로 살피면서 박람(博覽)하기만 하는 태도로서 이는 격물치지를 아예 시작하지 않으니 못하다.

이렇듯 치지(致知)는 우선 이미 아는 것에 의존해서 앎을 미루어 확대해 간다는 의미와 함께, 이러한 과정을 거쳐서 앎이 극진해서 알지 못하는 바가 없는 상태에 이른다는 의미를 동시에 지니고 있는데, 그 극한의 지점에 진지(眞知)가 존재한다.

> 치지(致知)는 지극한 곳까지 미루어 나아가되, 투철하게 궁구하여 단연코 이러하다는 것을 참으로 보아 내는 것이다. 정선생이 말한 호랑이가 사람을 해치는 비유는 매우 좋다.[166]

> 치지(致知)는 진지(眞知)를 실현하기를 구하는 방법이다. 진지(眞知)는 뼈에 사무치도록 투철하게 알아내는 것이다.[167]

치지(致知)는 결국 진지(眞知)를 지향한다. 진지는 뼈에 사무치도록 체화된, 환히 꿰뚫

161 『朱子語類』 15-7, "須是窮盡事物之理. …(중략)… 須是窮盡得到十分, 方是格物."

162 『朱子語類』 15-49, "人個個有知, 不成都無知, 但不能推而致之耳."

163 『朱子語類』 15-50, "只是推極我所知, 須要就那事物上理會."

164 『朱子語類』 15-120, "致知·格物, 十事格得九事通透, 一事未通透, 不妨; 一事只格得九分, 一分不透, 最不可."

165 『朱子語類』 18-24, "蓋於此處旣理會不得, 若專一守在這裏, 卻轉昏了. 須著別窮一事, 又或可以因此而明彼也."

166 『朱子語類』 18-4, "知, 便要知得極. 致知, 是推致到極處, 窮究徹底, 眞見得決定如此. 程子虎傷人之譬, 甚好."

167 『朱子語類』 15-2, "致知所以求爲眞知. 眞知, 是要徹骨都見得透."

어진 앎이다. 주희가 선호하는 정이의 비유처럼 마치 호랑이가 사람에게 상해를 입힌다는 것을 아는 자는 호랑이를 무서워하여 절대 가까이하지 않는 것처럼, 理가 완전히 통찰되고 자기 것으로 체화(體化)되었다면, 관련된 사태를 맞아서는 마치 오래된 습관처럼 그 앎이 행으로 이어지는데, 이것이 진지(眞知)다.[168] 진지는 곧 마음과 리가 완전히 하나되어 사사물물에 따라 즉각적이고 적절하게 응할 수 있는 앎으로써, 이러한 앎이 점차적으로 쌓여 가게 되면 명덕을 밝힐 수 있게 된다. 진지는 이미 아는 것으로부터 미루어 가되 철저하고 극진하게 궁구해 가는 치지의 필연적 귀결이다. 그리고 지의 극점은 행으로 연결된다.

3) 격물치지(格物致知) 공부의 방법적 특징

앞에서 격물치지(格物致知)의 개념을 다루는 과정에서 자연히 격물치지의 중요한 방법론 몇 가지를 살펴볼 수 있었다. 이 절에서는 이상의 기본적인 방법론적 특성에 대한 간략한 재정리를 포함하여 주희가 격물치지의 방법론으로서 중요하게 강조하는 몇 가지를 제시하기로 한다.

(1) 사물의 실질에 입각해서 궁리하되, 이미 아는 것으로부터 극진하게

이상에서 논의한 격물치지(格物致知)의 개념 자체에는 하나의 뚜렷한 방법론적 특징이 드러난다. 그것은 첫째 사물(事物)의 실질에 입각해서 그것에 내재한 리(理)를 궁구한다는 점, 둘째 이미 아는 것(앎의 단서)을 근거로 하여 궁구해 간다는 점, 셋째 한 사물(事物)의 리(理)를 궁구하더라도 100%에 이르도록 극진하게 한다는 점 등이다. 이에 대해서는 이미 상세히 다루었으므로 이렇게 간단히 요약하는 것으로 대신한다.

(2) 절실하고 가까운[切近] 문제로부터

주희는 만사만물의 리(理)를 두루 궁구하되, 반드시 지켜야 할 격물치지의 순서가 있다고 본다. 그에 의하면 격물치지의 주제로서 보다 중요한 부분이 있고 따라서 이것이

168 『朱子語類』 15-102, “欲知知之眞不眞, 意之誠不誠, 只看做不做如何. 眞箇如此做底, 便是知至·意誠.”

격물치지 공부의 시작이 되어야 하고 또한 늘 비중 있게 다루어야 한다.

일단 다음의 인용문을 통해 주희가 중요하게 여기는 격물의 내용 및 범주를 전체적으로 돌아보자.

> 천도(天道)가 유행(流行)하고 조화(造化)가 발육(發育)하니 무릇 소리와 색깔과 모양과 형상을 가지고 천지 사이에 가득 차 있는 것은 모두 물(物)이다. 이미 이 물(物)이 있으면 이 물(物)이 되는 근거로서 각각 마땅히 그러한 법칙이 없을 수 없어 자연히 그치지 않게 되는데, 이것은 모두 하늘이 부여한 바에서 얻은 것으로 사람이 작위할 수 있는 것이 아니다. 지금 곧 지극히 절실하고 가까운 것[其至切而近者]으로써 말을 하면 심(心)이라는 물(物)은 실로 몸을 주재하고 있는데 본체[體]에는 인·의·예·지의 성(性)이 있고, 그 작용[用]에는 측은·수오·공경·시비의 정(情)이 있어, 혼연하게 마음[中]에 존재해서 감촉하는 바에 따라서 응하는데, 각각 주재(主宰)하는 바가 있어서 어지럽힐 수 없다. 다음으로 몸에 갖추어진 것에 이르면 입, 코, 귀, 눈, 사지의 쓰임이 있다. 그다음으로 몸이 접하는 것에 이르면 군신, 부자, 부부, 장유, 붕우의 (도리의) 항상됨이 있다. 이것은 모두 반드시 마땅히 그러한 법칙을 가지고 있어서 자연히 멈출 수가 없는 것으로 이른바 리(理)다. 밖으로 타인에 이르면 타인의 리(理)는 자신과 다르지 않다; 멀리 물(事)에 이르면 물(物)의 리(理)는 사람과 다르지 않다. 그 큰 것을 극진히 하면 천지(天地)의 운행과 고금(古今)의 변화도 (여기에서) 벗어날 수 없으며 작은 것을 극진히 하면 티끌 하나의 미세함과 숨 한번 쉬는 순간도 (여기에서) 누락되지 않는다.[169]

격물치지 공부의 내용으로서 가장 절실하고 가까운 것[至切而近者]으로부터 예를 든다면 우선 자기 자신의 심(心)이 있다. 몸의 주재자로서의 자신의 심(心)을 궁구하노라면 자연히 성(性)과 정(情) 등이 문제가 된다. 그다음으로는 자신의 몸과 관련된 것으로 감각기관과 사지의 쓰임 등이 긴요한 격물의 대상이 된다. 각 감각기관이나 사지도 마땅

169 『大學或問』, 「大學或問下」, "天道流行, 造化發育, 凡有聲色貌象而盈於天地之間者, 皆物也. 旣有是物, 則其所以爲是物者, 莫不各有當然之則, 而自不容已. 是皆得於天之所賦而非人之所能爲也. 今且以其至切而近者言之, 則心之爲物, 實主於身. 其體則有仁義禮智之性, 其用則有惻隱羞惡恭敬是非之情, 渾然在中, 隨感而應, 各有攸主而不可亂也. 次而及於身之所具, 則有口鼻耳目四肢之用. 又次而及於身之所接, 則有君臣夫子夫婦長幼朋友之常. 是皆必有當然之則, 而自然不容已, 所謂理也. 外而至於人, 則人之理, 不異於己也. 遠而至於物, 則物之理, 不異於人也. 極其大, 則天地之運古今之變, 不能外也. 盡於小, 則一塵之微一息之頃, 不能遺也."

히 그러해야 하는 법칙이 있다는 것이다.[170] 그리고는 오륜(五倫)의 문제가 제기되는데 이는 바야흐로 개인의 마음과 몸의 차원을 넘어서서 사회적 관계에서의 긴요한 격물 대상에 대해 논하는 것이다. 개인이 일상적 삶에서 부자와 부부와 붕우와 장유와 군신의 관계를 결코 벗어날 수 없는 긴요한 것이므로 궁구 대상이 된다. 그다음으로는 타인, 그리고 사물에 격물 관심이 확대되기 시작하여 크게는 우주와 역사(天地와 古今)의 문제, 작게는 미세한 티끌에 이르기까지 이른다. 격물 대상의 범위는 이렇듯 개인의 마음과 몸으로부터 시작해서 사회적 관계, 인간일반, 기타 제 사물들, 우주, 역사의 문제에까지 확대되어 나간다. 특히 주희가 가장 우선시하는 격물의 내용을 주목해 보면, 그것은 '자신에게 지극히 절실하고 가까운[至切而近]' 문제들인데, 그 내용으로는 자신의 심(心)과 성정(性情)의 문제, 몸의 문제, 타인들과의 관계 등이다.

> 사람의 마음[心]은 신명(神明)하고 예측할 수 없는 것인데, 지금 어떻게 이해해야 하는가? 저 이목구비(耳目口鼻)와 수족(手足)은 어떻게 두어야 하는가? 부자, 군신, 붕우 같은 관계에서 어떻게 처신해야 하는가? 가까운 곳에서부터 차근차근 이해해야 한다.[171]

주희는 자신의 마음을 이해하고 바른 몸가짐과 적절한 인간관계를 가지는 것 등이 모든 사람이 당면한 가까운 문제들이며 이로부터 차근차근 격물해 가야 한다는 점을 분명히 한다. 사실 이러한 문제들은 사람이라면 누구나 일상생활에서 가장 가까이 늘 겪는 문제들이다. 공부를 함에 '멀리 있는 것에서 찾지 말고 무엇보다 일상적인 것에서 찾아 공부하라'는 것이 주희 공부방법론의 대원칙 중의 하나였던 바, 사람의 마음가짐, 몸가짐, 주변 인간관계에서부터 격물하라고 하는 것도 이러한 대원칙과 일맥상통하는 것이다. 그런데 일상적인 것은 결코 사소한 것이 아니다. 오히려 그 속에 온갖 리가 갖추어져 있어서 일상적인 것만 제대로 할 수 있다면 이는 우주의 리를 전체적으로 이해할 수 있는 굳건한 바탕이 된다. 같은 맥락에서 사람의 마음과 몸가짐, 인간관계의 문제는 가장 일상적인 것이면서도 격물치지의 궁극적 목적과 관련하여 볼 때 가장 중요한 격물의 주제들이다.

---

170 이와 관련하여 주희는 간혹 『논어』『중용』에서 언급된 '구사(九思)' '구용(九容)' 등을 예로 든다.

171 『朱子語類』 18-40, "人心是箇神明不測物事, 今合是如何理會? 這耳目鼻口手足, 合是如何安頓? 如父子君臣夫婦朋友, 合是如何區處? 就切近處, 且逐旋理會."

격물치지 공부의 궁극적인 목적은 자기 마음의 체용(體用)을 온전히 밝히는 것, 곧 명덕(明德)을 밝히는 것이다. 이를 위해서 주희는 만사만물의 리에 대한 궁리(窮理)의 필요성을 역설하지만, 무엇보다 우선적으로는 '마음이라는 물(物)'의 리를 살피는 것이 필요하다. 내 마음이 일상생활에서 어떻게 작동하고 있는지, 어떠할 때 기쁘고 어떠할 때 분노하는지, 덕성의 발현 양상은 어떠한지, 성현의 책에서 제시된 마음에 관한 논의는 어떠한지 등에 대한 면밀한 격물궁리가 중요하지 않을 수 없다. 그리고 마음의 작동 방식은 곧바로 몸가짐과 타인과의 관계 등과 밀접한 관련이 있는데, 이 모든 문제는 인간 삶의 중핵을 이루는 문제로서, 격물치지의 궁극적 목적과 관련해서 매우 중요한 격물공부의 주제들이다.

주희는 절근(切近)한 문제들을 순서상 먼저 궁구해야 할 뿐 아니라, 일상생활 속에서 언제나 절근하지 않은 것에 비해서 상대적으로 많은 비중을 두어서 궁구해야 한다고 본다. 예를 들어, 그는 격물의 내용을 내면(內面)과 외면(外面)의 일로 구분하기도 하면서 내면의 일에 60, 70%의 비중을 두고, 외면의 일에 30, 40%의 비중을 두어야 한다고 말한다. 비중이 거꾸로 되거나 절반씩이 되어도 안 된다고 주문한다.[172] 그런데 여기에서 내면의 일이란 절근의 일이라고 보아도 무방할 것이다. 왜냐하면 앞에서 살핀 바와 같이 절근한 일이란 자신의 마음과 몸가짐 등 자신의 실제적인 삶과 밀접히 관련되는 일이라고 보면 이것이 곧 내면의 일—마음과 밀접히 연관된 일—을 의미하는 바이기 때문이다. 이처럼 주희는 일상생활 자체가 항상 절근처의 일, 즉 바른 마음과 몸가짐, 바른 인간관계의 문제를 궁구하는 격물공부를 중심으로 이루어져야 한다고 본다. 만일 절근하지 않은 문제에 더 많은 관심을 쏟아 치닫게 되면, 이는 주객이 전도된 꼴이 되어, 자신의 본래의 마음을 밝히고 실현해 가는 데 도움이 되기는커녕 오히려 방해되기 때문이다.

그럼에도 불구하고 주희가 절근하지 않은 일에도 30, 40%의 중요성을 부여하고 있다는 점을 간과해서는 안 된다. 주희는 분명 우주의 만물만사에 대한 광범한 탐구가 필요하다고 본다. 어느 하나도 소홀히 하거나 방치할 수는 없다. 다만 주희가 절근(切近)한 문제를 강조하는 것은, 무엇보다 일상적 삶의 테두리에서 마음의 체용(體用)을 밝히고

---

172 『朱子語類』 18-70, "要之, 內事外事, 皆是自己合當理會底, 但須是六七分去裏面理會, 三四分去外面理會方可. 若是工夫中半時, 已自不可. 況在外工夫多, 在內工夫少耶! 此尤不可也."/『朱子語類』 18-69, "要知學者用功, 六分內面, 四分外面便好, 一半已難, 若六分外面, 則尤不可."

자 하는, 격물치지의 본래의 목적에서 벗어나지 않으려는 의도 때문이다. 그렇지만 마음의 체용(體用)을 밝히기 위해서라도 절근(切近)한 문제뿐 아니라 절근하지 않은 일에 대한 궁리(窮理)는 필수적이다. 만사만물의 일을 처리해 가야 하는 주체로서의 마음의 체용을 밝히기 위해서는, 그래서 마음에 갖추어진 뭇 리를 면밀히 드러내기 위해서는 마땅히 절근하지 않은 만사만물의 리에 대한 적절한 궁리(窮理)도 요청되는 것이다.

그런데 주희가 절근처(切近處)에서부터 궁구하라고 하는 주문은 인식론적인 효율성과도 관련이 된다. 즉, 만사만물의 리(理)를 궁구해 감에 있어서 우선 자신에게 절실하고 가까운 것으로부터 이해해 가는 것이 보다 자연스럽고 효율적이라는 점이다. 이는 '이미 아는 것으로부터 궁구한다'고 하는 방법론적 원칙과도 상통한다.

> "(귀신은) 형체와 그림자가 없어 이해하기 어려운 것이니, 아직 이해하려고 할 필요는 없다. 우선 일상생활 속의 긴절한 곳[日用緊切處]에 나아가서 공부해야 한다. …(중략)… 마땅히 이해해야 할 것을 이해하면 얼마 후에 귀신에 대해서 저절로 아는 것이 있게 된다. 만약 이해해야 할 것을 이해하지 않고, 긴요하지 않은 것을 이해하려고 한다면, 얼마 후라도 전혀 이해하지 못하게 된다."[173]

주희는 격물이 진행되다 보면 귀신(鬼神)의 문제까지도 다루게 되지만 처음부터 이러한 문제에 매달려서는 소득이 없고, 마땅히 가깝고도 절실해서 이해가 필요하고 또한 이해하기 쉬운 문제로부터 차근차근 접근해 가야 한다고 본다. 공부하는 자의 삶과 밀접히 연관된 문제들, 그래서 직접적으로 이해하기 쉽고 흥미를 가질 수 있는 문제들로부터 출발하게 되면, 나중에는 자신의 삶과는 거리가 멀고 이해하기 어려운 것들에 대한 격물도 자연스럽게 가능해진다는 것이 주희의 생각이다. 이와 같은 격물의 방법적 성격 때문에 지식의 추구는 늘 삶의 맥락을 떠나지 않으면서 인격적 성장의 발판이 될 수 있다.

(3) 절실한 자기실현[切己]의 태도로부터

주희가 격물치지(格物致知)의 방법론적 원칙으로서 무엇보다 중요하게 생각하는 것은

173 『朱子語類』 3-1, "鬼神事自是第二著. 那箇無形影, 是難理會底, 未消去理會, 且就日用緊切處做工夫. …(중략)… 此便是合理會底理會得, 將間鬼神自有見處. 若合理會底不理會, 只管去理會沒緊要底, 將間都沒理會了."

격물치지를 행하는 기본 태도다. 이는 한마디로 '절기(切己)', 즉 '절실한 자기실현'을 지향하는 태도라고 정리할 수 있다. '절기(切己)'는 '절실위기(切實爲己)'[174]와 상통하는 것으로 절실하게 자기의 본성을 이루어 낸다는 의미를 지닌다.

> 학문함에 반드시 자기 것으로 삼고 보아야 하니[做自家底看]. 이것이 곧 '절실한 자기실현[切己]'(의 태도)이다. 지금 사람들이 책을 읽는 것은 다만 과거용으로 필요로 하고, 이미 급제해서는 잡문용을 위해서, 높은 자가 되서는 고문용을 위해서 하니, 모두 외면으로 삼아 보는 것이다.[175]

> 지금 사람들은 흔히 절실한 자기실현[切己]을 지향하며 체찰(體察)하지 않고 단지 지면(紙面)상에서 보고 문장(文意)상에서 말하는 것으로 그친다. 이러하면 무슨 일을 하겠는가?[176]

> 배우는 자는 마땅히 성현의 말로써 자신에게 돌이켜 구해서[反求諸身] 하나하나 체찰(體察)해야 한다. 반드시 환히 깨달아 의심을 없애면서, 쌓아 가는 날이 오래되면 자연히 보아 냄이 있게 된다.[177]

이와 같이 주희는 '절기(切己)'의 태도와 관련해서 '자기 것으로 삼아 본다[做自家底看]'든지, '체험적으로 살핀다[體察]'든지, '자신에게 돌이켜 구한다[反求諸身]'든지 하는 표현을 쓰고 있다. 이를 종합적으로 고려해 보면 '절기(切己)'의 공부태도란, 사물의 리를 궁구함에 있어서 그것을 '자신의 일로 삼아서 자신에게 비추어 체험적으로 살피면서 자신의 본성을 절실하게 이루어 가는' 태도를 말한다. 여기에는 이미 자신의 절실한 문제의식과 '이미 아는 것'으로서의 내면적 앎이 전제되어 있다고 볼 수 있다. 즉, 격물의 대상에 대해 자신이 절실히 알고자 하는 의지가 있어야 하고, 동시에 그 대상의 리(理)를 비추어 볼 수 있는, 그 대상에 대한 일정 정도의 앎이 있어야 한다. 격물의 주체는 이러한

174 『朱子語類』 8-87, "爲學須是切實爲己, 則安靜篤實, 承載得許多道理. 若輕揚淺露, 如何探討得道理?"

175 『朱子語類』 11-42, "學, 須做自家底看, 便是切己. 今人讀書, 只要科擧用; 而及第, 則爲雜文用; 其高者, 則爲古文用, 皆做外面看."

176 『朱子語類』 11-40, "今人讀書, 多不就切己上體察, 但於紙面上看, 文意上說得去便了. 如此, 濟得甚事?"

177 『朱子語類』 11-38, "學者, 當以聖賢之言反求諸身, 一一體察. 須是曉然無疑, 積日旣久, 當自有見."

조건을 바탕으로 해서 대상의 리(理)에 대해서 절절하게 체험적으로 이해함으로써 그 리를 자기 것으로 만들어 가게 된다. 예를 들어, "인·의·예·지를 말한다면 자신이 어찌하면 인한가, 자신이 어찌하면 의로운가, 어찌하면 예의롭고, 어찌하면 지혜로운가를 반드시 자신 스스로가 체인(體認)하는"[178] 것이 바로 '절실한 자기실현'의 태도에 바탕한 격물공부인데, 이러한 태도를 통해서만이 자신에게 내재된 인·의·예·지의 리를 드러낼 수 있을뿐 더러 완전히 자기 것으로 만들 수 있게 된다.

'절실한 자기실현[切己]'의 격물공부 태도는 다시 말하면 격물의 대상을 단순히 대상화해서 보지 않는 태도다. 즉, '절실한 자기실현[切己]'의 태도는 격물의 주제(내용)를 진정 자신의 문제로 여기고서, 자신의 삶이 리와 한 덩어리를 이루도록 변화시키고자 하는 지향성을 지닌다. 반면에 대상화해서 본다는 것은 마치 현대 심리학에서 마음의 문제를 다루는 것처럼 다만 마음의 일반적인 구조, 현상, 법칙 등을 드러내는 데 그치고, 자신의 자각적·실천적 삶과는 별개로 여기는 것을 말한다. 실제로 모종삼의 경우는 주희의 격물 방법이 이러한 성격을 지니고 있음을 '범인지주의(汎認知主義)'로 명명하고 비판한 바 있는데,[179] 이것은 결코 정당한 평가라고 볼 수 없다. 주희의 심성론(心性論) 등을 예로 든다면 분명 그는 마음을 하나의 물(物)로서 대상화해서 그 구조 자체를 객관적으로 드러내려 한 측면이 있다. 그러나 그것은 보다 근본적으로 주희 스스로의 심성(心性)에 대한 '절실한 자기실현'의 관심을 바탕으로 해서 형성된 이론이다. 중화구설과 신설로 이어지는 공부론, 심성론의 성립 과정은 이를 잘 보여 주고 있다.

'절실한 자기실현'의 태도가 가능한 것은 이미 자신의 내면에 이미 뭇 리가 갖추어져 있기 때문이다.

> 학문은 자기 자신상의 절실하고 긴요한 곳[自家身已上切要處]으로 나아가서 이해해야 비로소 좋으니, 이 책을 읽는 것은 이미 두 번째의(차선의) 의의를 지닌다. 자기 자신상에 이미 도리가 갖추어져 있으니, 일찍이 외면으로부터 보탤 수 없는 것이다.[180]

---

178 『朱子語類』 11-41, "如說仁義禮智, 曾認得自家如何是仁? 自家如何是義? 如何是禮? 如何是智? 須是着身已體認得."

179 牟宗三, 『心體與性體』(三卷), 386쪽.

180 『朱子語類』 10-3, "學問, 就自家身已上切要處理會方得. 那讀書底已是第二義. 自家身上道理都具, 不曾外面添得來."

> 천하의 리가 앞을 가득 채우고 있으니 귀로 듣는 바, 눈으로 보는 바가 물(物)이 아님이 없다. 어떻게 궁구해야 하는가? 마땅히 마음에서 그것을 살펴서 이 마음의 리로 하여금 밝도록 한 연후에 물(物)의 소재에 따라서 살피면 범람(汎濫)하는 데 이르지 않는다.[181]

만일 자신의 내면에 리가 갖추어져 있지 않다면 격물함에 있어서 비추어 볼 자신의 거울이 없다. 따라서 이러한 경우는 독서를 하더라도 그 내용을 기계적으로 받아들이거나 자신의 일과는 전혀 관련짓지 못하고 표면적으로 수용하거나 거부할 뿐이다. 그러나 모든 사람은 격물에 임해서 비추어볼 수 있는 거울로서의 리를 이미 내면에 갖추고 있다. 따라서 이를 근거로 독서는 물론이고 귀와 눈으로 접하는 만사만물의 뭇 리를 궁구해 가면, 단지 그 뭇 리를 살펴보는 데 그치지 않고 체험적으로 이해하고 '자기화(自己化)'할 수 있게 된다. 이렇게 해야 격물이 범람(汎濫)의 오류에도 빠지지 않을 수 있다.

> 나아가 실리(實理)를 궁구하려면, 자신에게 절실한 자기실현[切己]의 공부가 있도록 해야 한다. 만일 천하 만물의 리(理)를 널리 궁구하기만 하고 절실한 자기실현에 힘쓰지 않으면 곧 (정선생의) 『유서(遺書)』에서 말한 바 "말을 몰아 떠나 돌아갈 바 없다."라는 꼴이 된다.[182]

격물은 만사만물의 리를 두루 궁구해야 하는 것이지만 그것은 언제나 절기(切己)의 태도로서 이루어져야 자기화(自己化)된 리로서의 '실리(實理)'를 얻을 수 있다. 절기의 태도로부터 자기화된 리가 안정되게 쌓이게 되는데 이것을 바탕으로 미루어 감을 지속적으로 반복해 가는 것이 올바른 의미의 격물이다.[183] 무작정 많은 양의 궁리(窮理)만을 꾀한다면 이는 마치 군사들이 말을 열심히 몰아 멀리 떠나기는 했는데, 다시 돌아올 지점을 모르고 방황하는 형국이 된다. 즉, 그 궁리의 결과는 자신에게는 외면적 대상일 뿐인 '허리(虛理)'로 남게 된다. 모든 사물의 리는 곧 마음에 이미 갖추어져 있는 것이므로 늘 자신의 마음속 리(理)의 단서와 관련지어 체험적으로 이해하고 이를 준거로 다시금 사

---

181 『朱子語類』 18-35, "天下之理, 偪塞滿前, 耳之所聞, 目之所見, 無非物也, 若之何而窮之哉? 須當察之於心, 使此心之理既明, 然後於物之所在從而察之, 則不至於汎濫矣."

182 『朱子語類』 18-38, "且窮實理, 令有切己工夫. 若只汎窮天下萬物之理, 不務切己, 即是遺書所謂遊騎無所歸矣."

183 『朱子語類』 15-13, "格物, 須是從切己處理會去. 待自己者已定疊, 然後漸漸推去, 這便是能格物."

물의 리를 궁구하면, 격물이 단순한 박람(博覽)으로 범람(汎濫)하지 않으면서 마음의 체용을 밝히는 목적을 이룰 수 있게 된다.

그런데 이러한 의문이 있을 수 있다. 이른바 마음과 몸 등의 절실하고 가까운 곳[切近處]의 문제들은 절실한 자기실현[切己]의 태도로 궁리하는 데 보다 적합하지만 그 외의 만사만물의 리를 어떻게 절기(切己)의 자세로 탐구할 수 있는가 하는 점이 그것이다. 가령 풀 한 포기, 나무 한 그루, 한 마리의 짐승의 리를 절기(切己)의 태도로 탐구한다는 것은 무엇을 의미하는가?

> 물었다: 격물은 마땅히 안과 밖을 합해야 하는 것입니까? 답했다: 격물하면 안과 밖이 일찍이 합하지 않은 적이 없다. 자신이 사물의 리(理)가 이와 같다는 것을 알게 되면 그 리의 자연성에 따라서 그것에 응하게 되니 곧 안과 밖에 합쳐지는 리를 볼 수 있다. 눈앞의 사사물물(事事物物)은 모두 지극한 리가 있다. 예를 들어, 한 포기의 풀과 한 그루의 나무, 한 마리의 새와 짐승이 모두 리(理)를 가진다. 풀과 나무는 봄에 살고 가을에 죽는데, 삶을 좋아하고 죽음을 싫어한다. "한여름에 양의 나무를 베고, 한겨울에 음의 나무를 벤다."는 것은 모두 음양(陰陽)의 도리(道理)—지의 기록에는 "모두 자연(自然)의 도리(道理)다."라고 되어 있다—를 따르는 것이다. 자신이 만물이 기(氣)를 고루 갖추고 바탕을 함께한다는 것을 알면, "살아 있는 것을 보면 차마 (그 생물이) 죽임 당하는 것을 볼 수 없으며, (우는) 소리를 듣고 차마 그 고기를 먹지 못한다."고 하니, 때가 아니면 한 그루의 나무도 베지 않으며, 한 마리의 짐승도 죽이지 않는다. "애기 밴 것을 죽이지 않으며, 어린애는 죽이지 않으며, 새둥지는 밟지 않는다."고 하니, 이것이 곧 안과 밖이 합하는 리다.[184]

리(理)는 마음의 안과 밖에 일관되어 있으니[理一分殊], 이는 풀 한 포기, 나무 한 그루도 예외가 아니다. 이를 전제로 절기(切己)한 태도로 궁구하면 풀과 나무, 짐승에서 삶을 좋아하고 죽음을 싫어하는 리를 읽어 낼 수 있는데, 이는 내 마음의 리가 본래 그러한 것과 같다. 그리고 그렇게 밝혀진 리에 따라서 풀과 나무, 짐승의 일을 처리한다. 즉, 함부로 살생하지 않아야 하고 불가피하게 죽여야 한다면 때에 적절하게 맞게 하고, 어

---

184 『朱子語類』 15-67, "問: 格物須合內外始得? 曰: 他內外未嘗不合. 自家知得物之理如此, 則因其理之自然而應之, 便見合內外之理. 目前事事物物, 皆有至理. 如一草一木, 一禽一獸, 皆有理. 草木春生秋殺, 好生惡死. '仲夏斬陽木, 仲冬斬陰木', 皆是順陰陽道理. 〈砥錄作'皆是自然底道理'.〉 自家知得萬物均氣同體, '見生不忍見死, 聞聲不忍食肉', 非其時不伐一木, 不殺一獸, '不殺胎, 不殀夭, 不覆巢', 此便是合內外之理."

린 생명은 죽이지 않는 따위다. 이것은 자신의 마음속의 '생생지인(生生之仁)'의 도리에 비추어 사물의 리(理)를 궁구한 경우로서, 풀과 나무와 짐승의 생명지향성을 보아 내면서 자기 마음의 인(仁)을 더욱 드러내게 된다. 기본적으로 안(마음)과 밖의 리가 상호 통한다는 전제가 있으므로 내면의 리에 비추어 사물을 탐구하는 것도 가능하다.

그런데 주희의 이러한 논의 이면에는 자연학적 원리에 대한 탐구 관심은 이미 전제해 있다. 즉, 그는 "한여름에 양의 나무를 베고, 한겨울에 음의 나무를 벤다."라고 하는데 이를 위해서는 최소한 음양론적 원리에 입각해서 어느 것이 양의 나무이고 음의 나무인가를 규명해야 하고, 또 이를 위해서는 나무의 조직과 성질에 대한 적절한 이해가 있지 않으면 안 된다. 이것 역시 생명원리[생리]에 대한 격물이고 궁리라고 하지 않을 수 없다. 그러나 주희는 이것을 넘어서서 어떻게 하면 나무의 생명성을 존중하면서 일을 가장 최선으로 처리할 것인가 하는 마치 현대의 '생태론'적 문제에까지 관심을 갖는다. 동시에 그 격물 과정에서 자신의 마음에 내재한 인(仁)의 리를 다시금 확인하고 자기화하는 것까지 과제로 삼는다. 이것은, 비록 자신의 삶에 절실하고 가깝지 않은 사물이라 하더라도 '절실한 자기실현[切己]'의 공부태도를 가지고 접근하는 좋은 예다. 이렇게 할 때, 격물이 단순한 박람으로 흐르지 않고 궁극적으로 자신의 명덕을 실현하도록 하며 나아가 만사만물을 그 생명원리[생리]에 맞게 처리해 갈 수 있는 역량을 갖추게 된다.

(4) 만리(萬理)에 대한 점차적·누적적인 궁리를 통해 활연관통(豁然貫通)으로

주희에게서 격물의 대상과 종류는 특정하게 한정되지 않음은 이미 밝혔다. 우주의 만사만물의 모든 리는 두루 면밀하게 궁구되어야 한다는 것이 주희의 분명한 입장이다.

> 어떤 사람이 물었다: 격물은 배우는 사람이 처음으로 도(道)에 들어가는 곳인데 어떻게 힘써야 합니까? 답했다: 일[事]을 만나고 물(物)에 접하는 사이에서 마땅히 하나하나 이해해 가야 비로소 된다. 정밀한 것은 이해하고 거친 것은 지나치고 큰 것은 이해하고 작은 것은 묻지 않는 것은 말이 안 된다. 이와 같다면 마침내 결함이 있게 된다. 일[事]에 따르고 물(物)을 만나서 하나하나 극진히 궁구해 가면 자연히 분명해진다.[185]

185 『朱子語類』 15-23, "或問: 格物是學者始入道處, 當如何着力? 曰: 遇事接物之間, 各須一一去理會始得. 不成是精底去理會, 粗底又放過了, 大底去理會, 小底又不問了. 如此, 終是有欠闕. 但隨事遇物, 皆一一去窮極, 自然分明."

한 권의 책을 읽지 않으면 한 권의 책의 도리를 빠트리게 된다. 한 가지 일을 궁구하지 않으면 한 가지 일의 도리를 빠트리게 된다. 한 가지 물(物)을 궁구하지 않으면 한 가지 물(物)의 도리를 빠트리게 된다. 마땅히 각각의 경우를 따라서 그것에 대해 이해해 가야 한다.[186]

이러한 주장은 '격물보전' 장에서 제시된 바 표리정조(表裏精粗)에 이르지 않음이 없도록 모두 궁구해야 한다는 내용과 상통한다. 광범위하고 철저한 궁리가 이루어져야 마음에 갖추어진 뭇 리도 온전히 드러날 수 있다고 하는 것이 주희의 신념이다. 그러나 주희의 이 말은 사람이 접하는 모든 만사만물의 리(理)를 하나하나 다 궁구해야 한다는 의미는 아니다. 사실상 현실적으로 이것은 불가능하며 주희 역시 이러한 문제점에 대해서 정확히 꿰뚫어 보고 있었다.

마땅히 (총괄적으로) 합해서 보아야 하니, 이른바 '천하의 물(物)을 반드시 모두 궁구할 필요는 없다'는 것은 열 가지 일 중에서 여덟, 아홉 가지를 이미 궁구했으면 그 (나머지) 한두 가지는 비록 궁구하지 않아도 장차 (한꺼번에) 모아서 모두 자연히 보아 낼 수 있다. 예를 들어, 네 방향을 이미 궁구했으면 중앙을 아직 궁구하지 못했을지라도 장차 관통하게 되어 자연히 보아 낼 수 있다. 정선생이 "다만 누적함이 많아진 후에 저절로 초탈하게 깨닫는 곳이 있게 된다."고 말했는데, 이 말이 가장 좋다. 만일 하나의 풀과 하나의 나무에 모두 리가 있다고 여기고 오늘 이 초목은 어떠한지 하나하나 궁구하고, 내일은 이 초목은 어떠한지를 하나하나 궁구하면 그 번다함을 다 이기지 못한다.[187]

정선생이 "오늘 하나의 일을 궁구하고 내일 하나의 일을 궁구해서 적습(積習)이 많아진 연후에 초탈하게 관통하는 곳[脫然貫通處]이 있게 된다."고 말했다. 나는 일찍이 그의 이 말이 진실로 공부하는 것이라고 말했다. 그는 한 가지 일을 궁구한 후 회통한다고 말하지도 않고, 천하의 물(物)의 리(理)를 모두 궁구한 후 바야흐로 비로소 통할 수 있다고 말하지 않았다. 다만 "적습(積習)이 많게 된 연후에 초탈하게

186 『朱子語類』 15-65, "一書不讀, 則闕了一書道理; 一事不窮, 則闕了一事道理; 一物不格, 則闕了一物道理. 須着逐一件如他理會."

187 『朱子語類』 18-22, "須合而觀之, 所謂'不必盡窮天下之物'者, 如十事已窮得八九, 則其一二雖未窮得, 將來湊會, 都自見得. 又如四旁已窮得, 中央雖未窮得, 畢竟是在中間了, 將來貫通, 自能見得. 程子謂'但積累多後, 自當脫然有悟處', 此語最好. 若以爲一草一木亦皆有理, 今日又一一窮這草木是如何, 明日又一一窮這草木是如何, 則不勝其繁矣."

관통하는 곳이 있다."고 말했다.[188]

주희는 종종 정이의 말을 인용하여 천하의 리를 모두 궁구하는 것이 아니라 다만 격물이 차근차근 축적이 되다 보면 관통하는 시점이 있음을 강조한다. 그런데 이렇게 천하의 리를 모두 궁구하지 않아도 되는 것은, 천하에 궁구할 가치가 없는 사물도 존재하기 때문이 아니라, 유사한 사물들의 리는 상호 유추(類推)가 가능하기 때문이다.

> 격물(格物)이란 천하의 물(物)을 다 궁구해야 하는 것이 아니라, 다만 하나의 일에서 극진히 궁구하면 그 밖의 것은 이를 유추해 갈 수 있다. …(중략)… 생각건대 만물은 각각 일리(一理)를 갖추고 있으니 만물의 리는 모두 한 근원에서 나온 것이다. 이것이 유추(類推)해서 통하지 않음이 없는 까닭이다.[189]

주희는 정이의 말을 빌려, 격물의 과정에서 유추(類推)가 가능한 것은 일리(一理)가 만물에 내재해 있기 때문이라고 한다. 일리(一理)를 매개로 하여 만물은 연관되어 있으므로 유추가 가능하다. 그런데 이는 유추의 대전제로서 말한 것일 뿐 유추가 반드시 단지 일리(一理)를 통찰하는 방법이라는 것은 아니다. 주희에게서 유추는 일리(一理)에 대한 활연관통의 방법일 뿐 아니라, 더 기초적으로는 같은 종류의 분수리(分殊理)의 일관성에 대한 통찰의 방법이기도 하다.

> 이미 유추(類推)하도록 했으니 한 가지 일을 끝까지 궁구하고 그치라는 것이 아니다. 효를 예로 들면 효의 도리를 극진히 하면, 따라서 충이 임금에게 옮겨질 수 있으니 마땅히 충을 지극히 해야 한다. 형제, 부부, 친구에 이르면 이로부터 유추함이 지극하지 않음이 없어야 비로소 된다. 숯의 경우 흰 것이 있고 검은 것이 있는데, 다만 검은 것만 궁구하고 흰 것을 궁구하지 않으면 안 된다. 물의 경우 비록 이것이 차갑고 습한 것이지만 역시 허다한 모양이 있으니 다만 차갑고 습한 것만 이해하는 것은 궁구하는 것이 아니다. …(중략)… 만일 한 곳만 통한다면 격물이 아니다.[190]

---

188 『朱子語類』 18-9, "程子謂: '今日格一件, 明日又格一件, 積習既多, 然後脫然有貫通處.' 某嘗謂, 他此語便是眞實做工夫來. 他也不說格一件後便會通, 也不說盡格得天下物理然後方始通. 只云: '積習既多, 然後脫然貫通處'"

189 『大學或問』,「大學或問下」, "格物, 非欲盡窮天下之物, 但於一事上窮盡, 其他可以類推. …(중략)… 蓋萬物各具一理, 而萬理同出一原, 此所以可推而無不通也."

190 『朱子語類』 18-23, "既是教類推, 不是窮盡一事便了. 且如孝, 盡得箇孝底道理, 故忠可移於君, 又須

앞의 예문에서 보듯이 숯이나 물의 리를 탐구할 경우, 다양한 양상의 숯이나 물의 리는 유추를 통해서 일관되게 통찰할 수 있게 된다. 만사만물을 직접 하나하나 궁구하기도 하고, 또 유추를 통해서 앎을 이루어 가기도 하는 과정에서 분수리(分殊理)들에 대한 앎이 점차적으로 누적이 되면 자연히 일리(一理)에 대한 활연관통(豁然貫通) 역시 가능할 것이다.

그런데 주희가 이렇듯 유추의 방법이 있기 때문에 만사만물의 리를 빠짐없이 궁구할 필요는 없다고 하면서도, 굳이 만사만물의 리를 철저히 궁구해야 한다는 점을 누누이 강조하는 이유는, 무엇보다 당시의 잘못된 공부풍토를 극복하기 위한 학문적 사명감의 발로라고 볼 수 있다. 즉, 단지 하나의 리를 궁구하고 나서 모든 것을 통달한 것처럼 여기는 공부풍토가 그것인데, 이는 앞에서 살펴본 바의, 우주 만사만물의 리를 하나도 빠짐없이 궁구한다는 공부법의 잘못과 더불어서[191] 크게 위험한 것으로 본 것이다. 구체적으로 말하면 한두 가지 리를 궁구하거나 마음을 살피고 나서 곧바로 깨달음과 활연관통을 논하는 성급하고 졸렬한 공부풍토인데, "한 곳의 리를 통달하면 어느 곳이든 모두 통달할 수 있다."거나, "만물의 리가 모두 일리(一理)에서 나온 것임을 궁구하는 것을 격물이다."라고 하거나, "격물이란 곧 몸을 돌이켜 진실하면 천하의 사물이 나에게 있지 않음이 없다."거나 하는 등의,[192] 마치 '선불교적'인 공부태도가 그것이다.

> 천하에 어찌 한 가지 리가 통하면 곧 만 가지 리가 모두 통할 수 있겠는가! 반드시 누적해 나가야 한다. …(중략)… 학문은 점차적인 것이지, 급박한 도리는 없다. …(중략)… 반드시 차근차근 가야 하니, 단지 하나를 궁구하고 그 나머지는 관여하지 않고 모두 이해했다는 것은 말이 되지 않는다. 어찌 이러한 이치가 있겠는가! 이러한 말을 하는 자는 장차 말하는 것이 천리(天理)이면서도 오히려 인욕(人欲)을 알지 못한다.[193]

去盡得忠. 以至於兄弟·夫婦·朋友, 從此推之無不盡窮, 始得. 且如炭, 又有白底, 又有黑底. 只窮得黑, 不窮得白, 亦不得. 且如水雖是冷而濕者, 然亦有許多樣, 只認冷濕一件也不是格. …(중략)… 若一處不通, 便非物格也."

191 『大學或問』. 「大學或問下」, "窮理者, 非謂必盡躬天下之理, 又非謂止窮得一理便到. 但積累多後, 自當脫然有悟處."

192 『大學或問』, 「大學或問下」의 '傳5章' 해당 부분 참조.

193 『朱子語類』 18-8, "天下豈有一理通便解萬理皆通. 也須積累將去. …(중략)… 學問却有漸, 無急迫之理. …(중략)… 須是逐旋做將去. 不成只用窮究一箇, 其他更不用管, 便都理會得. 豈有此理. 爲此

> 학문에서 한 가지 실마리만을 이해해서는 안 된다. …(중략)… 천하의 일을 무리하게 한 가지에 나아가서 행하면 결국 이루지 못한다. 장자가 말한 것처럼 바람이 쌓임에 두텁지 않으면 큰 날개를 떠받치기에 힘이 없다. 반드시 이해한 것이 많아야 비로소 떠받쳐 일어설 수 있다.[194]

주희에게는 분수리(分殊理)들은 궁극적으로 일리(一理)로 관철된다는 관점이 있고[理一分殊], 이러한 일리(一理)가 있기 때문에 만사만물의 리(理)를 모두 환히 꿰뚫어 보는 활연관통(豁然貫通)이 가능하다. 그리고 이는 '격물보전' 장에서도 나타난 바 격물치지의 궁극적 지향점에 해당하는 것이지만, 이것은 분수리들에 대한 충분히 누적된 이해를 통해서 비로소 가능하다. 일리(一理)는 곧 우주 만사만물의 리(理)를 통칭하는 것으로 볼 수 있으므로, 일리(一理)를 온전히 이해하기 위해서는 당연히 만물만사에 대한 충분한 이해가 있지 않으면 안 된다. 마치 대붕(大鵬)이 날기 위해서는 바람이 충분히 축적이 되어 있어야 하는 것과 같다.

> 성인은 일찍이 리일(理一)을 말하지 않고 단지 분수(分殊)를 말했다. 능히 분수 가운데의 사사물물의 각각의 부분에서 그 당연한 것을 이해하면 바야흐로 리가 본디 일관됨을 알게 된다. 만수(萬殊)에 각각 일리가 있음을 알지 못하고 단지 리일(理一)을 말한다면 리일(理一)이 어디에 있는지 모른다.[195]

> 만 가지 리(理)는 비록 다만 일리(一理)이지만 배우는 자는 온갖 리[萬理] 가운데 나아가 천 가지 만 가지 단서를 모두 이해해야 한다. 사방(의 리)이 모아지면 자연히 일리(一理)를 볼 수 있다. 저 온갖 리[萬理]를 이해하지 않고 단지 일리(一理)만을 이해하면 다만 공상가일 뿐이다.[196]

說者, 將謂是天理, 不知却是人欲."

194 『朱子語類』 118-49, "大凡學問不可只理會一端. 聖賢千言萬語, 看得雖似紛擾, 然卻都是這一箇道理. 而今只就緊要處做固好, 然別箇也須一一理會, 湊得這一箇道理都一般, 方得. 天下事硬就一箇做, 終是做不成. 如莊子說: '風之積也不厚, 則其負大翼也無力.' 須是理會得多, 方始襯簟得起."

195 『朱子語類』. 27-41, "聖人未嘗言理一, 多只言分殊. 能於分殊中事事物物頭頭項項, 理會得其當然, 方知理一貫. 不知萬殊各有一理, 而徒言理一, 不知理一何處. 聖人千言萬語教人, 學者終身從事, 只是理會這箇. 要得事事物物, 頭頭件件, 各知其所當然, 而得其所當然, 只此便是理一矣."

196 『朱子語類』 117-43, "萬理須只是一理, 學者且要去萬理中千頭萬緒都理會. 四面湊合來, 自見得是一理. 不去理會那萬理, 只管去理會那一理, 只是空想家."

일리(一理)는 모종의 실체로 존재하지 않는다. 그것은 개별 사물의 분수리(分殊理)에 내재해 있을 뿐이다. 따라서 분수리들에 대한 궁구를 통해서 일리를 보아 내는 것이지 일리를 직접 궁구할 수는 없다. 이것이야말로 성인들이 단지 분수(分殊)만을 말하고 일리(一理)를 말하지 않은 이유라고 강조한다. 물론 일리(一理)가 각각의 사물에 내재했다고 해서 다만 하나의 혹은 약간의 사물들의 리만을 근거로 일리를 말할 수는 없다. 일리는 단지 한두 가지의 단서로써 그렇게 쉽게 포착되지 않는다. 반드시 누적적인 궁구 과정을 통해서 만 가지 천 가지 리를 누적적으로 이해해야, 생명원리의 근원이자 전체로서의 일리(一理)의 면모를 이해할 수 있게 된다.

4) 격물치지(格物致知) 공부와 경(敬)

격물치지 공부가 온전하고 극진하기 위해서는 본령으로서의 경(敬)의 마음가짐이 바탕을 이루어야 한다. 역으로 격물치지도 경의 구현에 결정적인 도움을 준다. 양자는 긴밀한 상호 영향과 의존, 보완의 관계에 있다.

> 학문하는 자의 공부는 거경(居敬)과 궁리(窮理) 두 가지 일에 있다. 이 두 가지 일은 서로 발현한다[互相發]. 능히 궁리(窮理)할 수 있으면 거경(居敬) 공부는 날로 더욱 진전하고, 능히 거경(居敬)할 수 있으면 궁리(窮理) 공부는 더욱 정밀해진다. 비유하자면 사람의 양쪽 발과 같으니 왼쪽 발이 가면 오른발은 멈추고 오른발이 가면 왼발이 멈추는 것과 같다. 또한 예를 들면 하나의 물건이 공중에 매달린 경우, 오른쪽을 누르면 왼쪽이 오르고 왼쪽을 누르면 오른쪽이 오르니, 그 실제로는 다만 하나의 일이다.[197]

거경(居敬)이란 '경에 머문다' '경과 함께한다' '경을 지속한다'는 뜻이다. 주희는 경에 머무는 일이 궁리(窮理)를 위해 필수적임을 말한다. 그 역도 마찬가지다. 양자는 하나의 체계로 작동한다는 말이다. 즉, 마치 왼발과 오른발의 경우처럼 호상발(互相發), 즉 상호간에 밝혀 주고 발현해 주는 관계에 있다. 그래서 주희는 경(敬)과 궁리(窮理)가 실제로

---

197 『朱子語類』9-18, "學者工夫, 唯在居敬·窮理二事. 此二事互相發. 能窮理, 則居敬工夫日益進; 能居敬, 則窮理工夫日益密. 譬如人之兩足, 左足行, 則右足止; 右足行, 則左足止. 又如一物懸空中, 右抑則左昂, 左抑則右昂, 其實只是一事."

는 하나의 일이라고까지 말한다.

> 주경(主敬)과 궁리(窮理)는 비록 두 가지 단서이지만 그 실상은 하나의 근본이다.[198]

거경(居敬)과 궁리(窮理)가 하나의 근본을 지닌다거나 하나의 일이라고 하는 것은, 한편으로는 양자가 상호 긴밀한 보완관계에 있다는 것을 의미하며, 더 근본적으로는 양자가 같은 목적을 지니는 공부임을 뜻하는 것이다. 거경(居敬)과 궁리(窮理)는 본래의 마음(本心)을 보존하고 밝히는 공부라는 공동의 목적에 부응하는 공부방법의 두 축이다.

경(敬)과 궁리(窮理)가 상호 보완 및 발현 관계를 이룬다고 하는 것은 크게 두 가지의 측면으로 나누어 설명할 수 있다. 하나는 경 공부가 궁리공부를 행하는 데 있어 어떠한 역할을 하는가에 대한 문제이며, 다른 하나는 궁리공부는 경 공부에 어떻게 기여하는가 하는 점이다. 주희는 이와 관련하여 다음과 같은 복합적 설명을 한다.

> 경(敬)을 견지하는 것은 궁리(窮理)의 근본이다. 궁구해서 리(理)가 밝아지면 이는 마음을 기르는 데 도움이 된다.[199]

> 배우는 자가 궁리(窮理)를 하지 않으면 도리를 볼 수 없다. 그런데 궁리(窮理)를 하면서 경(敬)을 견지하지 않으면 역시 안 된다. 경(敬)을 견지하지 않으면 도리를 본 것이 모두 흩어져 버리고, 여기에 모이지 않는다.[200]

> 하나의 마음은 만 가지 리를 갖추고 있다. 마음을 보존할 수 있으면, 이후에 궁리(窮理)할 수 있다.[201]

> 마음은 만 가지 리를 포함하고, 만 가지 리는 하나의 마음에 갖추어져 있다. 마음을 보존할 수 없으면 리를 궁구할 수 없고, 리를 궁구할 수 없으면 마음을 극진히 할 수 없다.[202]

---

198 『朱子語類』 19-20, "主敬窮理雖二端, 其實一本."
199 『朱子語類』 9-21, "持敬是窮理之本; 窮得理明, 又是養心之助."
200 『朱子語類』 9-22, "學者若不窮理, 又見不得道理. 然去窮理, 不持敬, 又不得. 不持敬, 看道理便都散, 不聚在這裏."
201 『朱子語類』 9-44, "一心具萬理. 能存心, 而後可以窮理."
202 『朱子語類』 9-45, "心包萬理, 萬理具於一心. 不能存得心, 不能窮得理; 不能窮得理, 不能盡得心."

함양(涵養)하는 가운데 자연히 궁리(窮理) 공부가 있어, 함양(涵養)하는 바의 리(理)를 궁구한다. 궁리(窮理)하는 중에 함양(涵養) 공부가 있어, 궁구한 바의 리(理)를 함양(涵養)한다. 두 가지 항목은 서로 떨어질 수 없다.[203]

요컨대 주희의 설명에 따르면, 거경(居敬)은 리(理)를 갖춘 본심(本心)이 흐트러지지 않고 보존될 수 있도록 함으로써 리를 궁구하는 일이 원활하게 이루어질 수 있도록 한다. 나아가 거경(居敬)은 궁리(窮理)를 통해서 밝혀진 마음의 리(理)를 보존하는 역할을 한다. 한편, 궁리(窮理)는 만사만물의 리를 밝혀내고 이를 통해 본래의 마음속에 갖추어진 리를 드러냄으로써, 마음을 밝히고 보존하고 기르는 경(敬) 공부가 원활히 이루어질 수 있도록 한다. 거경(居敬)과 궁리(窮理)의 상호 의존 관계를 보다 적극적으로 표현한다면 경을 지속하는 가운데 궁리가 있고 궁리하는 가운데 경의 마음이 자리한다.

이제 거경(居敬)과 궁리(窮理) 각각이 서로에게 어떤 도움을 주는지를 나누어 검토해 보자. 먼저 궁리공부에 대한 경 공부의 역할을 논해 본다. 경 공부는 또한 마음의 주재성과 본심을 유지함으로써, 궁리가 효과적으로 이루어지도록 한다. 즉, 경을 통한 주재성과 본심의 유지는 곧 마음의 리의 감각을 예리하게 해 주기에 자연히 마음의 안과 밖의 온갖 리를 비추어 낼 수 있는 조건이 된다. 또한 경의 상태는 마치 티끌이 제거된 맑고 깨끗한 거울과도 같아서 그런 거울이 온갖 사물을 있는 그대로 비추듯이, 기질적 이욕(利欲) 등에서 벗어난 고요하고 밝은 마음인 경의 상태는 자연히 마음의 온갖 리를 드러내는 상태가 된다. 그래서 주희는 말한다.

사람이 경(敬)을 보존할 수 있으면 내 마음이 맑고 천리(天理)가 찬연하게 된다.[204]

경(敬) 자를 가지고 몸과 마음을 수렴해서 상자 속에 놓아두고 달아나지 못하게 한 연후에야 사사물물에 따라서 도리를 볼 수 있다. …(중략)… 마음 바탕이 밝게 빛나면 이 사태에는 이 리가 있고 저 사물에는 저 리가 있음을 자연히 볼 수 있다."[205]

---

203 『朱子語類』 9-15, "涵養中自有窮理工夫, 窮其所養之理; 窮理中自有涵養工夫, 養其所窮之理, 兩項都不相離."

204 『朱子語類』 12-95, "人能存得敬, 則吾心湛然, 天理粲然."

205 『朱子語類』 12-78, "要且將箇'敬'字收斂箇身心, 放在模匣子裏面, 不走作了, 然後逐事逐物看道理. …(중략)… 心地光明, 則此事有此理, 此物有此理, 自然見得."

> 공부하는 사람은 항상 이 마음을 보존해야, 점차 의리(義理)가 흘러들어 머물게 된다. …(중략)… 이 도리는 외부에서 온 사물이 아니라 자기가 본래 마땅히 가지고 있는 것으로 항상 점검해야 한다.[206]

만일 격물궁리(格物窮理)가 극진하게 이루어지지 않고 있다면 그것은 이미 마음이 경(敬)하지 못한 것으로 보아도 좋다.[207] 무엇보다 마음이 안정되지 못하면 격물궁리는 애초 불가능한데,[208] 경을 하게 되면 마음의 안정과 총명(聰明)을 이끌어 내어 통달이 가능하도록 한다.[209] 나아가 경은 궁리를 완성하도록 이끄는 역할을 한다. 궁리는 단지 만사만물의 리를 지식으로 이해하는 데 그치지 않고 궁극적으로는 마음(의 리)을 밝히고 드러내는 데 목적이 있다. 궁리가 다만 리에 대한 지식 확장을 넘어서서 마음을 밝히는 데 기여하기 위해서는, 외물에 대한 격물궁리를 매개로 해서 함께 밝혀지는 자신의 마음의 리를 보존하는 일이 필요하다. 이는 곧바로 경의 역할로 이어진다. 만일 외부의 리를 궁구하면서도 그것을 마음속에서 돌이켜 보고 보존하는 일이 없다면 궁구된 리는 흩어져 버리고 만다. 예를 들면, 격물궁리로서의 독서 행위를 통해 인(仁)의 이야기를 접하며 마음의 인의 리가 자연히 밝혀진 상태라면 그다음에는 그 마음의 인의 기상을 잘 체감하며 보존하고 구현하는 노력이 필요하다. 그래야 궁구된 마음의 리가 없어지지 않고 체현되는 결실을 맺을 수 있다. 절절한 자기실현[切己]의 격물치지 공부는 경 공부를 매개로 하여 비로소 가능하고 완결된다.

다음으로 경 공부에 대한 궁리공부의 역할에 대해 살펴보자. 우선 만일 궁리공부가 없다면 경 공부를 통해서 보존하고자 하는 마음 및 마음의 리가 무엇인지를 알 수 없다. 주희는 경 공부가 마음의 理를 드러내는 일과 무관하게 이루어져서는 안 된다고 본다. 경 공부는 본래의 마음을 밝히되, 마음의 리를 드러내어 발현하고자 하는 목적을 지닌다. 전일(專一)을 핵심으로 하면서 동시에 인, 의, 예 등의 실천과 밀접히 연결되어 있는

206 『朱子語類』 9-37, "學者須常存此心, 漸將義理只管去灌溉. …(중략)… 緣這道理, 不是外來物事, 只是自家本來合有底, 只是常常要點檢."

207 『朱子語類』 12-70, "如今看聖賢千言萬語, 大事小事, 莫不本於敬. 收拾得自家精神在此, 方看得道理盡. 看道理不盡, 只是不曾專一."

208 『朱子語類』 119-12, "心若走作不定, 如何見得道理?"/ 『朱子語類』 124-58, "此意但涵養久之, 則天理自然明. 今不曾做得此工夫, 胸中膠擾駁雜, 如何窮得理?"

209 『朱子語類』 44-129, "敬則自是聰明. 人之所以不聽不明, 止緣身心惰慢, 便昏塞了. 敬則虛靜, 自然通達."

것이 경임을 앞에서 살폈는데 이런 경의 실천을 이해하자면 리에 대한 이해는 필수적이다. 보존하고자 하는 마음의 본성을 이해할 수 없다면 경은 동력을 얻을 수 없다. 예를 들어, 인(仁)의 마음 혹은 마음의 인의 본성을 잘 보존하는 일이 경의 핵심 역할인데, 만일 인이 무엇인지 모른다면 그런 상태의 경의 실천이란 흉내 내는 것에 불과할 것이다. 더욱이 격물궁리를 통해 자연히 일어나는 치지는 그 자체가 마음의 리의 현현 상태여서 이는 자연히 경의 기상과 연결된다. 또한 격물치지는 마음의 주재성을 자연히 유발하기에 궁리는 경으로 이어진다고 할 수 있다.

> 마음을 다함[盡心]이라는 것은, 격물궁리(格物窮理)해서 넓게 관통함으로써 마음이 갖춘 바의 리를 극진히 하는 것이다.[210]

> 사람이 능히 사물에 접하여 그 리를 궁구하되, 어느 날 철저하게 관통하는 데 이르러서 남기는 바가 없으면 본심(本心)의 넓은 본체를 온전히 할 수 있게 된다.[211]

여기서 마음을 다함이나 마음의 본체를 온전히 함이라는 말은 치지와 경이 만나는 지점이라고도 할 수 있다. 마음의 본체와 리를 극진하게 밝히는 일에는 궁리가 필수적이며, 경(敬)은 궁리(窮理)를 통해서 밝혀진 리를 진정 자신의 것이 되도록 보존한다. 마음을 보존하게 되면 궁리를 통해서 밝혀진 리는 자연히 자신의 것이 된다. 물론 그 리는 마음이 본래 지니고 있었던 것이다.

경과 격물치지는 마치 마음이라는 집안을 잘 꾸려 가는 한 가지 목표 아래 양자의 조화로운 협력관계가 형성되어 있다.

> 경(敬)은 마음의 문을 지키는 문지기와 같고, 치지(致知)는 자신의 집과 바깥일을 헤아리고 살피는 것과 같다.[212]

주희에게 마음은 이미 도리를 갖추고 있는 바, 도리를 갖춘 마음이 잘 보존되면 자연

---

210 『朱熹集』卷67, 3541쪽,「觀心說」,"若盡心云者, 則格物窮理, 廓然貫通而有以極夫心之所具之理也."

211 『朱熹集』卷67, 3535쪽,「盡心說」,"人能卽事卽物窮究其理, 知於一日會貫通徹而無所遺焉, 則有以全其本心廓然之體."

212 『朱子語類』9-26,"致知, 敬, 克己, 此三事, 以一家譬之. 敬是守門戶之人, 克己則是拒盜, 致知却是去推察自家與外來底事."

스럽게 밖의 도리와 조응하기가 쉽고, 밖의 도리를 궁구하는 과정은 곧 마음의 도리를 자극하고 밝히는 결과를 낳고 그리하여 자연스러운 보존을 돕는다.

이렇게 양자는 서로 뗄 수 없는 호상발(互相發)의 관계에 있지만 익숙해지기까지는 두 가지 일처럼 여겨지기 쉽다.

> 사람은 모름지기 공부를 하면 바야흐로 의혹을 가지게 된다. 처음에 공부를 할 때에는 이 일을 하려고 하면 저 일에 방해가 되고, 저 일을 하려고 하면 이 일에 방해가 되니, 곧 이해 못할 것이 있다. 예를 들어, 거경(居敬), 궁리(窮理) 두 가지 일 같은 것이 서로 장애가 된다. 거경(居敬)은 단지 수렴하고 잡아서 지키는 도리이고, 궁리(窮理)는 유추하여 찾고 궁구하는 도리이다. 다만 이 두 가지는 곧 서로 거리낀다. (그러나) 만일 익숙해질 때면, 자연히 서로 장애가 되지 않는다.[213]

> 한편으로 경(敬)을 견지하면서, 한편으로 도리(道理)를 생각하는데 두 가지는 본래 서로 방해되지 않는다.[214]

표면적으로 보기에 거경(居敬)은 마음을 수렴하고 지키는 일이고 궁리(窮理)는 사물의 리를 적극적으로 규명해 가는 일이므로 서로 방해가 된다고 보기 쉽다. 그리고 공부를 시작할 때는 실제로 장애가 되기도 한다. 각 공부에 대한 이해가 깊어지고 익숙해지는 게 극복의 관건이다. 익숙해지게 되면 양자는 본래 상호 촉진 관계에 있다는 사실을 자연히 터득하게 된다. 거경과 궁리의 상호 보완관계 속에서 본성 체현의 공부 이상은 보다 원활하게 실현될 수 있다.

5. 역행(力行): 몸소 실질을 실천하는 체현(體現) 공부로서의 행(行)

앞에서 넓은 의미의 행(行) 공부에는 경(敬) 공부가 포함되지만, 본령(本領) 공부로서의 경(敬) 공부와 경(敬)을 제외한 좁은 의미의 행(行) 공부를 구분할 필요성을 제기했다.

---

213 『朱子語類』 9-19, "人須做工夫, 方有疑. 初做工夫時, 欲做此一事, 又礙彼一事, 便沒理會處. 只如居敬·窮理兩事便相礙. 居敬是箇收斂執持底道理, 窮理是箇推尋究竟底道理. 只此二者, 便是相妨. 若是熟時, 則自不相礙矣."

214 『朱子語類』 115-11, "但一面自持敬, 一面去思慮道理, 二者本不相妨."

이 절에서 논하는 행 공부는 좁은 의미로 사용한다. 대체적으로 '존천리거인욕(存天理去人欲)' '위선거악(爲善去惡)'을 지향하는 내외의 적극적 노력, 즉 리(理)를 자신 속에 획득하며 응사접물(應事接物) 상에서 리(理)를 실현하는 모든 노력의 의미를 포함한다. 그리고 이러한 행 공부의 성격은, 예를 들면 『대학』 팔조목 중 성의(誠意) 이하의 공부 절목에 체계적으로 드러나 있다. 그런데 『대학』 팔조목의 성의 이하 조목의 공부는 제7장에서 자세하게 다룰 예정이어서, 이 절에서는 역행 공부의 기본 의미를 중심으로 검토해 볼 것이다.

1) 역행(力行) 공부의 의의: 자신[身]과 리(理)의 일체화(一體化)

행 공부는 지 공부와 더불어서 궁극적으로는 리를 온전히 자신의 것으로 체화하여 자신의 삶에 구현되도록 하는 데 그 의의가 있다. 간단히 말하면 행 공부는 리의 실천을 통해서 리와 자신[身]을 하나로 만드는 공부다.

> 선(善)이 저기에 있으면, 스스로 그것을 행(行)해야 한다. 행(行)함이 오래 되면 (善은) 자신과 하나가 된다. 하나가 되면 곧 나에게 얻어진 것이다. 아직 행(行)할 수 없으면 선(善)은 그대로 선(善)이고 나는 그대로 나일 뿐이다.[215]

이미 어떤 것이 선(善), 즉 리(理)임을 안다면 그것은 반드시 실천으로써 이어져야 한다. 실천을 꾸준히 반복하게 되면 드디어 그 선(善; 理)은 자신에게 얻어져서 자신과 하나가 된다. 만일 어떤 것이 선임을 알면서도 실천하지 않는다면, 선과 나는 언제나 별개로 남을 수밖에 없다.

그런데 앞에서 격물치지 문제를 논하면서 살폈듯이 지(知) 공부가 온전하게 이루어진다면 그것만으로도 리는 자신의 것이 된다. 말하자면 진지(眞知)에 이르게 되면 심(心)과 리(理)는 일체를 이루어 만물만사에 응해서 리를 실현할 수 있게 된다. 그럼에도 불구하고 행 공부는 반드시 필요하다고 주희는 파악한다. 격물치지 공부 자체에 이미 절실한 자기실현[切己]이라는 행 공부의 요소가 녹아 있기도 하거니와, 아무리 앎이 지극해졌을

215 『朱子語類』 13-2, "善在那裏, 自家卻去行他. 行之久, 則與自家爲一; 爲一, 則得之在我. 未能行, 善自善, 我自我."

지라도 그것이 지속되기 위해서는 언제나 실천을 통해서 다듬지 않으면 안 된다. 지극한 앎에 이르렀다고 할지라도 언제나 다시 실천으로 갈무리하지 않으면 흔들리기 십상이기 때문이다.

> 비록 지(知)를 지극히 해야 하지만 (이것만) 믿어서는 안 된다. 『서경』에 이르기를 "지(知)는 어렵지 않으나 행(行)이 오히려 어렵다."고 했으니, 공부는 오직 행(行) 위에 있다.[216]

지(知)를 최대한 지극히 하도록 해야 하지만 이것에만 의존해서는 안 된다. 지를 삶 속에 지속적으로 실현하기 위해서는 특별한 실천적 노력이 필요하다.

> 만일 궁행(躬行)할 필요가 없다면, 다만 말하기만 하면 끝이다. 그러니 공자의 70제자의 경우도 이틀간 말하면 되는데 수년 동안 공자를 떠나지 않고 밤낮으로 황황급급(皇皇汲汲)하게 공부한 것은 그들이 무능한 사람이어서가 아니라 몸과 마음에 익히고 사업을 이루어 낼 수 있는 실천력을 얻기 위해서다.[217]

> 이 일에 대해 말하는 것이라면 다만 이틀이면 끝나는데, 다만 공부(몸으로 익히는 것–필자)가 어려울 뿐이다.[218]

주희는 공자의 제자들이 수년 동안 공자의 곁을 떠나지 않고 공부한 예를 들면서, 이는 공자를 통해서 알아야 할 것이 많아서라기보다는 앎을 몸과 마음에 익히고 사업을 이룰 수 있는 실천력을 획득하는 것이 어려웠기 때문으로 해석한다. 만일 단지 말로써 읊조리는 앎을 획득하는 일이라면 단지 이틀이면 충분할 것이다. 그러나 주희에게서 진정한 앎은 몸으로까지 체화된 앎이다. 따라서 진정한 앎을 이루기 위해서도 그 과정에 지난한 실천의 공부가 필요하며, 나아가 지극한 앎에 이르렀다고 하더라도 그것은 언제나 실천으로써 확인되지 않으면 안 된다. 리에 관해 아무리 많은 것을 들었고 말로써

216 『朱子語類』 13-7, "雖要致知, 然不可恃. 書曰: '知之非艱, 行之惟艱.' 工夫全在行上."

217 『朱子語類』 13-4, "若不用躬行, 只是說得便了, 則七十子之從孔子, 只用兩日說便盡, 何用許多年隨著孔子不去. 不然, 則孔門諸子皆是獃無能底人矣! 恐不然也. 古人只是日夜皇皇汲汲, 去理會這箇身心. 到得做事業時, 只隨自家分量以應之."

218 『朱子語類』 13-5, "這箇事, 說只消兩日說了, 只是工夫難."

설명할 수 있다고 하더라도 실제로 하나하나를 체험적으로 밟아 가지 않으면 결국 헛된 망상에 불과하다.[219] 기실 공부에서 중요한 것은 박학(博學)이 아니라 인간적 삶에 필요한, 자신의 본성을 밝히는 것과 관련한 핵심적 앎을 실천의 결실로 가꾸어 내는 일이다.[220]

주희에게서 실천은 천리(天理)와 인욕(人欲), 의(義)와 이(利), 시(是)와 비(非), 공(公)과 사(私)라는 이분법적 틀을 기반으로 하고 있다. 말하자면 격물치지를 통해서 전자와 후자를 변별하는 것을 바탕으로 해서, 전자는 철저히 지향하고 후자는 철저히 없애 가는 것이 실천 공부의 기본 원리다.

> 공부는 대저 다만 선(善)과 악(惡)을 분별하여 (악을) 없애고 (선에) 나아가는 것이다.[221]

> 학문하는 사람은 반드시 인욕(人欲)을 말끔히 혁파하고 천리(天理)를 극진히 회복해야 비로소 공부하는 것이다.[222]

사람의 마음에서 선(善)과 악(惡), 천리(天理)와 인욕(人欲)은 배타적인 관계에 있다. 천리가 보존되면 인욕이 없어지고 인욕이 이기면 천리는 멸한다. 양자는 공존하지 않는다.[223] 따라서 공부 역시 이쪽의 공부가 많으면 저 쪽 편이 점유해 넘어오지 못하게 되고, 이쪽 공부가 적으면 저쪽 편이 반드시 침범해 넘어온다.[224]

분명 주희는 극단적인 이원론자는 아니다. 그는 하나의 사물을 보더라도 누구보다도 다양한 각도에서 다양한 관점으로 보려는 유연성을 지니고 있다. 천리와 인욕의 구분만 보더라도 그는 사람의 자연스런 욕구를 모두 인욕으로 보지 않는다.[225] 또한 주희는 천

219 『朱子語類』 13-13, "問學如登塔, 逐一層登將去. 上面一層, 雖不問人, 亦自見得. 若不去實踏過, 卻懸空妄想, 便和最下底層不曾理會得."

220 『朱子語類』 13-1, "學之之博, 未若知之之要; 知之之要, 未若行之之實."

221 『朱子語類』 13-53, "學, 大抵只是分別箇善惡而去就之爾."

222 『朱子語類』 13-28, "學者須是革盡人欲, 復盡天理, 方始是學."

223 『朱子語類』 13-17, "人之一心, 天理存, 則人欲亡; 人欲勝, 則天理滅, 未有天理人欲夾雜者. 學者須要於此體認省察之."/ 『朱子語類』 13-26, "人只有箇天理人欲, 此勝則彼退, 彼勝則此退, 無中立不進退之理."

224 『朱子語類』 13-24, "不爲物欲所昏, 則渾然天理矣."

225 그래서 주희는 인심(人心)과 인욕(人欲)을 구분한다. 인심(人心)은 인간의 자연스러운 욕구로서

리와 인욕을 그 기원 자체가 다른 두 가지 것으로 보지 않는다. 그는 사람이 태어나면서 지니게 되는 모든 것은 천리인데 인욕은 부차적으로 생긴 것으로 파악한다. 따라서 인욕이라고 생각되는 것 중에 자연히 천리도 있게 된다.[226] 이렇게 보면 인욕과 천리의 경계는 언제나 명백히 드러나는 것이 아니고, 그 애초의 상호 간 간격은 매우 미미하다.[227] 따라서 양자의 명확한 구별을 위해서는 치밀한 성찰과 격물치지(格物致知) 공부가 있지 않으면 안 된다. 그럼에도 불구하고 주희는 천리와 인욕, 선과 악을 천양지차(天壤之差)의 배타적인 것처럼 설명하는 것은, 무엇보다 실천[行]의 계기를 염두에 두고 있기 때문이다.

주희에게서 진정한 앎이란 실천으로 자연스럽게 이어지는 앎이다. 행동으로 표현되지 않으면 그것은 지극한 앎이 아니다. 그런데 실천을 위해서는 실천을 위한 준거가 명확해야 한다. 즉, 선과 악, 시와 비, 천리와 인욕의 구분이 명확해야 실천은 비로소 가능하고 또한 힘을 받게 된다. 분별이 모호한 상태에서는 실천 역시 모호해지고 끝내 아무것도 할 수 없게 될 수도 있다. 주희가 격물치지(格物致知)를 강조하는 중요한 이유 중의 하나도 실천을 위한 준거를 명확히 하기 위해서다. 격물치지와 관찰 및 성찰을 통해서 실천해야 할 옳은 것을 분명히 하고 일단 선택을 했으면 과감하게 현실로 옮겨야 한다. 그것이 공부를 심화하는 또 하나의 과정이다.

> 사람은 판별[剖判]을 귀하게 여기니 마음이 분명하도록 해서 좋은 이치는 밝히고 나쁜 생각은 버려라. 의(義)와 이(利) 같은 것, 선(善)과 악(惡) 같은 것, 시(是)와 비(非) 같은 것을 뒤섞어서 마음에서 변별하지 않아서는 안 되니, 비유하자면 한 집안의 일을 처리함에 선(善)을 택하고 악(惡)을 버리는 것과 같고, 한 나라의 일을 처리함에 득(得)을 취하고 실(失)을 버리는 것과 같고, 천하의 일을 처리함에 현명(賢明)한 사람을 쓰고 불초(不肖)한 사람을 물러나게 하는 것과 같다. 생각건대 의심하면서 돌진하지 않는 자는 끝내 이루지 못할 것이다.[228]

선(善)과 불선(不善)의 가능성을 모두 지니는 반면, 인욕(人欲)은 인심(人心) 중에서 불선(不善) 쪽으로 흐른 사욕을 지칭한다.

226 『朱子語類』 13-16, "天理本多, 人欲便也是天理裏面做出來. 雖是人欲, 人欲中自有天理."

227 『朱子語類』 13-20, "天理人欲, 幾微之間."

228 『朱子語類』 13-36, "人貴剖判, 心下令其分明, 善理明之, 惡念去之. 若義利, 若善惡, 若是非, 毋使混殽不別於其心. 譬如處一家之事, 取善舍惡; 又如處一國之事, 取得舍失; 處天下之事, 進賢退不肖. 蓄疑而不決者, 其終不成."

> 배우는 사람이 공부할 때 다만 하나의 옳음만을 구한다. 천하의 이치는 시(是)와 비(非) 두 가지일 뿐이다. 그 옳은 것을 따르면 선(善)이 되고 그 그른 것을 따르면 악(惡)이 된다. 어버이를 섬김에 반드시 효(孝)를 행하라. 그렇지 않으면 사친(事親)의 도가 아니다. 임금을 섬김에 반드시 충(忠)하라. 그렇지 않으면 임금을 섬기는 도가 아니다. 뭇 일은 모두 시비(是非)를 살펴서 옳은 것을 택해서 행하는 것이다. 성인이 사람을 가르침에, 정성스러운 도움이 끊임이 없었던 것은 단지 이 리(理)를 밝힌 것이다. …(중략)… 성인은 사람들이 깨닫지 못할까 염려되어 이와 같이 말하고 또한 저와 같이 말한 것이다. 여기에서 이미 말한 것을 저기에서 또 말하니 공부하는 자가 택할 바를 알 수 없겠는가?[229]

실천을 위해서는 한 마음 속에 의(義)와 리(利), 선(善)과 악(惡), 시(是)와 비(非)가 뒤섞이도록 해서는 안 된다. 양자를 명확히 분별한 후 일과 상황에 따라서 전자를 선택해서 확충해 가고 후자는 다스려 없애 가야 한다. 더불어 주희는 성현의 모든 말은 이 이치를 서로 다른 양식으로 밝힌 것이기 때문에, 공부하는 자들이 선택하기란 쉬운 것이라고 주장한다. 문제는 실천 공부상에 있다.

양자 간에 처음의 갈림길은 매우 미미하지만[230] 일단 어느 한쪽을 선택하게 되면 마치 봇물 터지듯 흘러서 선은 줄곧 선으로 이어지고 악은 줄곧 악으로 이어지게 된다. 다만 각각에 얕고 깊음의 차이가 있을 뿐이다.[231] 따라서 공부하는 사람은 애초에 마음속에서 일어나는 양자 사이의 기미를 잘 살펴서 선을 선택하고, 그런 다음에는 거침없는 실천으로 이어지도록 해야 한다.

주희에게서 천리와 인욕, 선과 악, 시와 비의 구분은 격물치지를 통해서 이루어지거니와 그 궁극적인 기준은 리(理)다. 그리고 리(理)는 특히 사심(私心)이 아닌 공심(公心)과 관련되고 위인지학(爲人之學)이 아닌 위기지학(爲己之學)의 일과 관련이 된다.[232] 우주

---

229 『朱子語類』 13-51, "學者工夫只求一箇是. 天下之理, 不過是與非兩端而已. 從其是則爲善, 徇其非則爲惡. 事親須是孝, 不然, 則非事親之道; 事君須是忠, 不然, 則非事君之道. 凡事皆用審箇是非, 擇其是而行之. 聖人教人, 諄諄不已, 只是發明此理. …(중략)… 聖人恐人未悟, 故如此說, 又如彼說; 這裏既說, 那裏又說, 學者可不知所擇哉?"

230 『朱子語類』 13-20, "天理人欲, 幾微之間."

231 『朱子語類』 13-33, "天下只是'善惡'兩言而已. 於二者始分之中, 須著意看教分明. 及其流出去, 則善者一向善, 但有淺深爾. 如水清泠, 便有極淸處, 有稍淸處. 惡者一向惡, 惡亦有淺深. 如水渾濁, 亦有極渾處, 有稍渾處."

232 『朱子語類』 13-30, "凡一事便有兩端: 是底卽天理之公, 非底乃人欲之私. 須事事與剖判極處, 卽克

만물을 마치 나의 분신처럼 여기고 사랑하는 공심(公心)과, 또한 남의 눈을 의식하거나 명리를 바라지 않고 오직 내 자신의 본성을 밝히고 이루어 내는 공부로서의 위기지학(爲己之學)이라는 준거는, 일반 사람들이 일상생활에서 리에 충실한 실천을 함에 적용하기 쉬운 판별기준이 된다.

주희에게서 리의 실천은 결코 고원(高遠)하거나 거창한 것이 아니다. 그는 오히려 리(理)의 체화는 아주 사소한 듯이 보이는 일상생활의 실천 속에서 이루어지는 것으로 본다.

> 사람들은 (자신이) 필부라서 행(行)할 수 없다고 말하는데 이것은 어지럽히는 말이다. 무릇 일상생활하는 가운데, 움직이고 멈추고 말하고 침묵하는 것[動靜語黙]이 모두 행하는 곳이다. 행하는 곳에 나아가 경계하고 살피면서 전전긍긍해야 된다. 만일 멍하고 막연하게 지나치면 역시 아니 된다.[233]

자기 스스로의 마음과 몸가짐을 갖추는 일에서부터 주위 사람을 대하는 일, 집안의 작은 일을 처리하는 일, 마을의 대소사(大小事)를 돌보는 일 등의 모든 것이 행 공부의 장소요 재료다.

2) 행(行) 공부와 경(敬)

주희에게 경(敬) 공부는 넓은 의미의 행(行) 공부에 속하는 것이지만, 행 공부 중에서 가장 근본적이고 핵심적인 본령공부로서의 특수한 의의를 지니기 때문에, 일반적인 행 공부와 구분해 볼 필요가 있다는 것이 필자의 주된 입장이었다. 그렇다면 주희는 경과 경 이외의 행은 어떤 관계 맺음을 한다고 이해할까?

이에 대해 먼저 주희가 행 공부의 내용으로 중시하는 『대학』 팔조목 중 성의, 정심, 수신, 제가, 치국, 평천하 경(敬)과의 관계에 주목해 보면, 주희는 경을 격물치지의 지 공부의 근간으로 삼는 것과 마찬가지로 성의 이하의 행 공부의 근간으로 삼고 있음을 알 수

治擴充功夫隨事著見."/『朱子語類』 13-37, "(或問義利之別.) 曰: 只是爲己爲人之分. 纔爲己, 這許多便自做一邊去. 義也是爲己, 天理也是爲己. 若爲人, 那許多便自做一邊去."

233 『朱子語類』 13-3, "人言匹夫無可行, 便是亂說. 凡日用之間, 動止語黙, 皆是行處. 且須於行處警省, 須是戰戰兢兢, 方可. 若悠悠汎汎地過, 則又不可."

있다. 마음의 주재성(主宰性)과 본심(本心)을 잃지 않도록 하는 경은 격물치지뿐 아니라 성의 이하의 모든 공부 절목이 효과적이고 올바르게 이루어지도록 돕는다.

> 경(敬)은 눈을 감고 침묵하고 앉아서 경하는 것이 아니고 반드시 일에 따라서 경(敬)을 지극히 해야 하니, 실행해 가는 곳이 있어야 한다. …(중략)… 바야흐로 격물(格物)할 때를 맞아서는 경(敬)으로서 궁구하고, 성의(誠意)할 때를 맞아서는 경(敬)으로 성실하게 한다. 정심(正心)과 수신(修身) 이후에도 절목마다 항상 각성하면서 경(敬)을 지켜야 한다. 이 마음이 항상 존재하게 한다면, 능히 경(敬)을 지킬 수 있다.[234]

이 인용문은 경이 여타의 일과 동떨어져 이루어지는 것이 아니라 모든 일과 함께 그 일을 매개로 이루어지는 것임을 드러내는 내용이다. 이 모든 일에는 격물과 같은 지 공부도 있고 성의 정심, 수신 등의 행 공부도 있다.

주희가 경(敬)이 행(行) 공부의 기초가 된다고 보는 것은, 리(理)의 실천은 경의 태도가 토대가 되었을 때 원활히 이루어질 수 있음을 말하는 것이고, 동시에 경은 단지 본심(本心)의 보존 차원을 넘어서서 적극적인 리의 실천을 지향하고 있음을 의미하는 것이다. 이는 경(敬)과 의(義)에 대한 주희의 논의를 통해서 잘 드러난다.

> 경(敬)에는 '죽은 경[死敬]'이 있고 '살아 있는 경[活敬]'이 있다. 만약 주일(主一)의 경(敬)을 고수하고, 일을 만나서 의(義)로써 다스리지 않고 그 시비(是非)를 변별하지 않으면 경(敬)은 살아 있지 않은 것이다. 익숙해진 후에는 경(敬)에는 곧 의(義)가 있고, 의(義)에는 곧 경(敬)이 있다. 고요할 때면 경(敬)과 불경(不敬)을 살피고 움직일 때면 의(義)와 불의(不義)를 살펴라. "문을 나섬에 큰 손님을 보듯이 하고 백성을 부림에는 큰 제사를 받들 듯이 하라."는 것과 같은 것은 경(敬)하지 못하다면 어찌하겠는가? "앉을 때는 시동과 같이, 설 때는 재계하는 것과 같이 하라(坐如尸, 立如齋)." 같은 것은 경(敬)하지 않으면 어찌하겠는가? 마땅히 경(敬)과 의(義)를 함께 지키는 데에 순환이 끝이 없으면 안과 밖이 꿰뚫어진다.[235]

---

234 『朱子語類』 13-33, "敬不是閉眼黙坐便爲敬, 須是隨事致敬, 要有行程去處. …(중략)… 方其當格物時, 便敬以格之; 當誠意時, 便敬以誠之; 以至正心·修身以後, 節節常要惺覺執持, 令此心常在, 方是能持敬."

235 『朱子語類』 12-130, "敬有死敬, 有活敬. 若只守著主一之敬, 遇事不濟之以義, 辨其是非, 則不活. 若熟後, 敬便有義, 義便有敬. 靜則察其敬與不敬, 動則察其義與不義. 如'出門如見大賓, 使民如承大

모든 삶의 상황에서 리를 실천하는 것은 곧 '의로움[義]을 발현하는 것'이라는 의미를 지닌다. 그리고 이는 경(敬) 공부가 궁극적으로 지향하는 바이기도 하다. 즉, 경은 의를 지향하고 있다. 만일 마음으로는 '주일무적(主一無適)'을 행하는데, 실제로 일에 당면하여 리를 실천하는 의(義)가 없다면, 이미 '죽은 경[死敬]'이나 다름없다. 경(敬)은 이미 리의 실천[義]을 그 자체의 본질적 과제로 삼고 있으며, 온전한 리의 실천[義]에는 이미 경(敬)의 태도가 전제되어 있다. 양자가 상호 순환적 관계로 얽히게 될 때, 마음가짐(안)과 삶의 표현(밖)은 일체를 이루어 리를 구현할 수 있게 된다.

이렇게 보면 경(敬)과 의(義)는 별개의 두 가지 일이 아니다. 다만 경(敬)은 마음의 내면을 바르게 하는 데 초점이 있고, 의(義)는 사물에 응할 때의 외면적 실천에 초점이 있는 차이를 보일 뿐이다. 초점은 다르지만 본질적으로 서로를 요청하고 있다는 점에서 한 가지 일이다. 경(敬)과 의(義)를 이원적으로 구분하고 어느 한쪽에만 치중한다면 그 어느 한쪽도 제대로 이룰 수 없다.

> 경(敬)과 의(義)는 다만 한 가지 일이다. 두 다리로 서는 것이 경(敬)이라면 가는 것은 의(義)다. 눈을 감는 것이 경(敬)이라면 눈을 뜨고 사물을 보는 것은 의(義)다.[236]

> 바야흐로 아직 일이 없을 때는 다만 "경(敬)으로써 안을 곧게 한다."고 말한다. 만약 사물(事物)이 접근해 오면 옳고 그름을 변별해야 하니 단지 경(敬)만을 해서는 안 된다. 경(敬)과 의(義)는 두 가지 일이 아니다.[237]

경(敬)과 의(義)가 하나라는 것은 경이 일상적인 삶의 모든 실천과 연결이 되어서, 삶 자체와 경 사이에 한 치의 틈이 없음을 말하는 것이다. 이를 온전히 이루어 내기 위해서는, '활경(活敬)'을 의식한 특별한 공부가 필요하다.

祭', 不敬時如何?'坐如尸, 立如齊', 不敬時如何? 須敬義夾持, 循環無端, 則內外透徹."

236 『朱子語類』 12-132, "敬·義只是一事. 如兩脚立定是敬, 才行是義; 合目是敬, 開眼見物便是義."

237 『朱子語類』 12-133, "方未有事時, 只得說'敬以直內'. 若事物之來, 當辨別一箇是非, 不成只管敬去. 敬·義不是兩事."

6. 지(知), 행(行; 敬)의 상호관계와 그 공부론적 특성 및 의의

주희는 지(知)와 행(行)의 관계 문제에 대해서 깊은 관심을 지니면서 자신의 일관된 관점을 정립한다. 그런데 앞에서도 다루었듯이, 주희는 지행(知行)의 관계 문제를 논함에 있어서 경(敬)과 행(行) 공부를 거의 구분하지 않고 논의한다. 주희에게 있어서 경(敬) 공부는 넓은 의미의 행(行) 공부에 포함되는데, 주희 자신이 특히 지행(知行)의 관계 문제를 논할 때에는 행(行) 속에 이미 경(敬)이 큰 비중으로 포함되어 있다. 따라서 이 절에서는 지행의 관계 문제에 관한 주희의 논의 방식을 존중하면서, 지(知) 공부와 경(敬)을 포함한 행(行) 공부의 관계, 즉 지(知) 공부와 행(行; 敬) 공부의 관계를 다루고자 한다. 이하에서의 행(行)은 경을 포함한 행임을 밝히며 지행관계에 대한 논의를 시작한다.

주희의 공부방법론에 있어서 지(知)와 행(行)의 상호관계 문제는 매우 중요하다. 인간의 본성을 밝히는 공부의 목적을 이루기 위해서 양자는 서로 떼어서는 생각할 수 없는 긴밀한 상호 의존과 보완관계에 있기 때문이다. 만일 양자 가운데 하나가 결핍이 되면 온전한 의미의 공부가 이루어지지 못하게 된다. 이것은 주희에게서 지행호상발(知行互相發), 지행상수(知行相須) 등으로 표현되며, 후대에는 흔히 지행병진(知行竝進)으로 묘사되었다. 나아가 주희는 지(知)와 행(行) 공부의 상호 의존 관계를 전제로 하면서 지선(知先), 행중(行重)의 관점도 드러낸다.

> 지(知)와 행(行)은 항상 서로에게 필수적이니, 마치 눈이 있어도 발이 없으면 갈 수 없고, 발이 있어도 눈이 없으면 볼 수 없는 것과 같다. 선후(先後)를 말하자면 지(知)가 앞서고 경중(輕重)을 말하자면 행(行)이 무겁다.[238]

특히 그 공부방법론적인 특성에 주목하면서, 지행병진(知行竝進), 지선행중(知先行重)의 관점에 대해 검토하기로 한다. 그런데 이미 앞에서 경과 격물치지 관계를 다루는 가운데에서도 이에 관한 내용을 상세히 논한 바가 있어서 그와 중복된 내용은 피하고자 하니 함께 참조하면 도움이 될 것이다.

---

238 『朱子語類』 9-1, "知行常相須, 如目無足不行, 足無目不見. 論先後, 知爲先; 論輕重, 行爲重."

1) 지행병진(知行竝進)

주희는 자신의 지행의 호상발(知行互相發) 및 병진(竝進)의 입장을 정립함에 있어서, 우선 선현들이 늘 지(知)와 행(行)을 함께 들어 공부를 이야기했음을 주목한다.

> 성현은 지(知)를 말할 때면, 곧 행(行)도 말한다. 『대학』에서 "여절여차(如切如磋)는 도학(道學)이다."라고 말하면서 곧 "여탁여마(如琢如磨)는 자수(自修)다."라고 말한다. 『중용』에서는 '학(學), 문(問), 사(思), 변(辨)'을 말하고 곧 '독행(篤行)'을 말한다. 안자(안연)가 말한 '박아이문(博我以文)'은 격물치지(格物致知)를 이르는 것이고, '약아이례(約我以禮)'는 극기복례(克己復禮)를 말하는 것이다.[239]

> 『중용』에서 박학(博學), 심문(審問), 신사(愼思), 명변(明辨)을 말한 후에 역행(力行)으로 이었고, 정선생은 함양(涵養)과 진학(進學) 두 가지로 말했으니, 모두 이것으로써 저것을 포괄하여 치우치고 가려진 바가 있지 않다.[240]

주희는 『대학』의 도학(道學)과 자수(自修), 『중용』의 학문사변(學問思辨)과 독행(篤行), 『논어』의 박아이문(博我以文)과 약아이례(約我以禮), 정이의 함양(涵養)과 진학(進學)의 예를 들면서 성현은 항상 지(知)와 행(行)을 함께 말했음을 주목한다. 이런 전통을 주희는 이렇게 일반화한다.

> 성현의 천 가지 만 가지 말은 다만 알아야 하고[知得] 지켜야 한다는[守得] 것이다.[241]

> 다만 두 가지 일이 있으니, 이해[理會]와 실천[踐行]이다.[242]

> 공부하는 자는 완색(玩索; 곰곰이 사색함)과 천리(踐履; 실천함)를 우선으로 삼는

---

239 『朱子語類』 9-3, "聖賢說知, 便說行. 大學說'如切如磋, 道學也'; 便說'如琢如磨, 自修也'. 中庸說'學問思辨', 便說'篤行'. 顔子說'博我以文', 謂致知·格物; '約我以禮', 謂'克己復禮'."

240 『朱熹集』 卷33. 「答呂伯恭」, "此中庸言學問思辨, 以後繼以力行. 程子于涵養, 進學亦兩言之, 皆未嘗以此包彼, 而有所偏廢也."

241 『朱子語類』 9-7, "聖賢千言萬語, 只是要知得, 守得."

242 『朱子語類』 9-8, "只有兩件事: 理會, 踐行."

다.[243]

공부의 두 요소가 지와 행이라는 사실에 대한 주목은 너무 당연하고 평범해서 더 이상 복잡하게 따질 것이 없을 듯 보인다. 그러나 이 당연하고 평범한 듯 보이는 지와 행의 공부방법론적 요소의 관계 설정을 둘러싸고 신유학 내의 학파 분기가 일어난다. 본장의 후반부에 따로 고찰하겠지만 육왕학(陸王學)의 분기가 그것이다. 주희는 주요 경전이나 선학의 가르침에 반영된 유교 전통의 공부법에 대한 스스로의 관찰에 따라 늘 지와 행이라는 요소가 짝을 이루어 제시되었음을 확인한다. 그리고 지와 행은 각각 중요한 공부로서 그 어떤 것도 소홀해서는 안 되며 나아가 두 요소는 서로 긴밀한 상호 의존 및 상호 발현 관계에 있음을 관찰한다. 이는 지와 행을 분리되지 않는 하나로 보거나(왕학) 그중 어느 하나에 집중하는 방식(육학)과는 분명히 다르다. 이를 염두에 두면서 지와 행을 다루는 주희의 관점을 들여다보면 그의 지행 공부론의 특징이 더 잘 드러난다.

> 지(知)와 행(行)은 항상 서로에게 필수적이니[相須], 마치 눈이 있어도 발이 없으면 갈 수 없고, 발이 있어도 눈이 없으면 볼 수 없는 것과 같다.[244]

> 지(知)가 더욱 밝을수록 행(行)은 더욱 독실해지고 행(行)이 독실할수록 지(知)는 더욱 밝아진다.[245]

주희에 의하면 지와 행은 서로를 필요로 한다. 이는 마치 길을 가는 데 있어서의 눈과 발의 관계와 같다. 나아가 한쪽은 다른 쪽을 촉진해 주는 역할을 한다. 그러니 지가 단지 분리된 지가 아니고, 행이 단지 분리된 행이 아니다. 지는 행을 책임지고 행은 지를 책임진다. 어느 한쪽이 부실하면 그 한쪽만 문제가 생기는 것이 아니라 다른 쪽도 부실해진다. 그러니 양쪽을 모두 충실하게 하는 게 양쪽 모두를 살리는 길이다.

그런데 사람들은 공부를 하다 보면 지와 행 중 어느 한쪽에 치우치기 쉽다. 그런데 한쪽의 공부에만 치중하면 다른 쪽이 병든다. 그래서 이렇게 말한다.

---

243 『朱子語類』 9-9, "學者以玩索·踐履爲先."

244 『朱子語類』 9-1, "知行常相須, 如目無足不行, 足無目不見."

245 『朱子語類』 14-169, "知之愈明, 則行之愈篤; 行之愈篤, 則知之益明."

치지(致知)와 역행(力行)에 있어 노력함이 치우쳐서는 안 된다. 한편에 치우치게 되면 한편은 병을 얻는다. 예를 들어, 정자가 말하기를 "함양(涵養)은 반드시 경(敬)으로써 하고, 학문의 진전은 치지(致知)에 있다."고 하여 양각설(兩脚說)을 지었다.[246]

주희는 지와 행에 대한 이러한 입장에 대해 종종 '호상발(互相發; 서로 발현해 줌)'이라는 표현을 써서 설명한다. 지와 행은 각각 상대의 발현을 도와준다는 뜻이다.

학문하는 자의 공부는 거경(居敬)과 궁리(窮理) 두 가지 일에 있다. 이 두 가지 일은 상호 발현[互相發]한다. 능히 궁리할 수 있으면 거경 공부는 날로 더욱 진전하고, 능히 경에 머물 수 있으면 궁리공부는 더욱 정밀해진다. 비유하자면 사람의 양쪽 발과 같으니 왼발이 가면 오른발은 멈추고 오른발이 가면 왼발이 멈추는 것과 같다. 또한 예를 들면 하나의 물건이 공중에 매달린 경우, 오른쪽을 누르면 왼쪽이 오르고 왼쪽을 누르면 오른쪽이 오르니, 그 실제로는 다만 하나의 일이다.[247]

성인의 문하에서는 "글로 나를 넓히고, 예로 나를 요약한다[博我以文, 約我以禮]."라고 사람을 가르쳤으매 단지 이 두 가지 일일 뿐이니, 반드시 상호발명[互相發明]해야 한다. 예로 요약하는 공부가 깊으면 글로 넓히는 공부는 더욱 밝아지고, 글로 넓히는 공부가 지극해지면 예로 요약하는 공부는 더욱 정밀해진다.[248]

궁리(窮理)와 함양(涵養)은 마땅히 병진(并進)해야 한다. 생각건대 아는 바가 세밀하지 않으면 함양의 공부를 지극히 할 수 없고, 보존하는 바가 깊지 않으면 의리의 속까지 극진히 이를 수 없다. 바로 서로 교차하여 쓰임으로 삼아 각각 그 공부를 지극히 해야 한다.[249]

혹자가 물었다: 남헌(장식)이 말하기를, "행이 지극하면 지가 더욱 밝아지고, 지가

---

246 『朱子語類』 9-4, "致知·力行, 用功不可偏. 偏過一邊, 則一邊受病. 如程子云: '涵養須用敬, 進學則在致知.' 分明自作兩脚說."

247 『朱子語類』 9-18, "學者工夫, 唯在居敬·窮理二事. 此二事互相發. 能窮理, 則居敬工夫日益進; 能居敬, 則窮理工夫日益密. 譬如人之兩足, 左足行, 則右足止; 右足行, 則左足止. 又如一物懸空中, 右抑則左昂, 左抑則右昂, 其實只是一事."

248 『朱子語類』 36-70, "'博我以文, 約我以禮', 聖門教人, 只此兩事, 須是互相發明. 約禮底工夫深, 則博文底工夫愈明, 博文底工夫至, 則約禮底工夫愈密."

249 『朱熹集』 卷45, 2142쪽, 「答游誠之」, "窮理涵養要當並進. 蓋非稍有所知, 無以致涵養之功, 非深有所存, 無以盡義理之奧. 正當交相爲用而各致其功耳."

> 이미 밝으면 행은 더욱 지극해진다." 하였는데 이 뜻은 어떻습니까? 답했다: 도리가 분명히 이와 같다. 배우는 자의 공부는 마땅해 병진(并進)해야 한다.[250]

지(知)와 행(行)의 '호상발(互相發)' 혹은 '상발(相發)', 즉 '서로 발현해 줌'은 주희의 지행론을 특징짓는다. 간혹 주희는 '상수(相須)', 즉 '서로를 필요로 하고 서로에 의지함'이라는 표현도 쓰는데,[251] 호상발은 상수의 의미를 포괄하고 있다. 나아가 주희는 드물기는 하지만 '병진(并進)', 즉 '둘이 아울러 함께 나아감'이라는 표현도 쓴다. 모두 같은 지점을 말하고 있다. 즉, 지와 행은 서로 다른 두 공부 영역이되 양자는 뗄 수 없는 보완관계이며 함께 나아가는 관계라는 것이다. 즉, 지와 행은 둘이되 하나처럼 움직이면서 서로를 보완하며 함께 발현해 간다는 것이다.[252]

그런데 이런 설명에도 불구하고 지와 행의 상호 발현 관계를 충분히 이해하지 못하는 경우가 있을 수 있다. 이에 대해 주희는 다음과 같은 처방을 한다.

> 물었다: 남헌이 "치지(致知)와 역행(力行)은 상호 발현한다[互相發]."고 말했습니다. 답했다: 모름지기 아직 상호 발현을 이해하지 못했으면, 곧 각각 항목에 나아가 행하여 가면 된다. 만일 지(知)가 아직 지극하지 않으면 곧 지(知)상에 나아가 이해하고, 행(行)이 아직 이르지 않으면 곧 행(行)상에 나아가 이해하면 잠시 사이에 자연히 상호 발현[互相發]하게 된다. 지금 사람들은 알지 못하면 곧 나의 행(行)이 아직 이르지 못했다고 미루어 말하고, 행(行)한 것이 옳지 않으면 나의 앎이 아직 지극하지 못하다고 말하면서 다만 서로 미루기만 하니 큰 진전이 없다.[253]

공부하는 이들 중에는 지와 행이 상호 발현하는 것을 이해하지 못한 경우, 말하자면

---

250 『朱子語類』 103-39, "或問: 南軒云, '行之至, 則知益明; 知旣明, 則行益至.' 此意如何? 曰: 道理固是如此. 學者工夫當並進."

251 『朱子語類』 9-1, "知行常相須, 如目無足不行, 足無目不見. 論先後, 知爲先; 論輕重, 行爲重."/ 『朱子語類』 42-106, "問: '樊遲問仁·知'一章, 纛看來, 不惟治天下國家如此. 而今學者若在一家一鄉而處置得合義時, 如此. 如'不仁者遠矣'之類. 曰: 這'仁·知'兩字相須. 但辨別得分曉, 擧錯得是當, 便是仁之事. 且如人在鄉曲處置得事是當, 敎一鄉之人不至於爭鬥, 卽所以仁之也."

252 주희의 이러한 '지행병진'의 관점은, 지와 행은 애초에 전혀 분리되지 않는 것이라고 보고 접근하는 '지행합일'의 양명학의 관점과는 다르다.

253 『朱子語類』 9-5, "問: 南軒云: '致知·力行互相發.' 曰: 未須理會相發, 且各項做將去. 若知有未至, 則就知上理會, 行有未至, 則就行上理會, 少間自是互相發. 今人知不得, 便推說我行未到, 行得不是, 便說我知未至, 只管相推, 沒長進."

지가 행을 촉진하고 행이 지를 촉진하는 그런 공부의 체험에 이르지 못한 경우가 많을 것이다. 그럴 경우 지와 행의 상호 발현이라는 경지를 이해하기 위해 매달리며 시간을 보내기보다는 당장 지든 행이든 부족한 공부에 매진하라 주문한다. 지가 부족하다 느끼면 지를 지극히 해야 하니 그러다 보면 자연히 행의 요소는 따라오게 된다. 행이 부족하다 싶을 경우 행을 지극히 해야 하니 그러다 보면 자연히 지의 요소는 부수된다는 것이다. 이렇게 하면 몸으로 지와 행의 호상발을 터득할 수 있게 된다. 그렇지 않고 지가 안 되면 행이 부족해서 그렇다고 하고, 행이 안 되면 지가 깊지 못해서 그렇다고 하며 이를 핑계 삼아 미루어서는 안 된다. 주희의 문인 중에 이런 일들이 흔히 벌어졌을 것으로 추정된다.

사실 이 병폐는 후에 육왕학에 의한 비판거리가 되기도 한다. 특히 지가 지극하지 않다는 핑계로 행을 미루는 병폐가 컸던 것 같다. 이는 엄밀하고 광범위한 지 공부를 주문하는 주희의 방식을 비판하는 빌미가 되기도 했다. 그런데 이상에서 살펴본 바와 같이 주희는 어느 한쪽도 소홀히 하지 않는 지행 호상발 및 병진의 지향점을 견지한다. 이게 이루어지지 않는 것은, 지의 엄밀성이나 광범위함의 문제가 아닌 일차적으로 의지의 문제다. 늘 빠져나갈 핑곗거리를 찾는 게으름과 무책임의 결과인 경우가 많다. 이런 병폐에 대해 주희는 충분히 경험하면서 양자가 어떻게 병행할 수 있을지를 고민한다. 이 점을 충분히 이해하게 되면 육왕학의 비판이 어느 지점에서 타당하고 어느 지점에서 무리가 되는가를 보다 객관적으로 들여다볼 수 있다.

2) 지선행중(知先行重)

주희는 지(知)와 행(行)의 선후(先後)와 경중(輕重)의 관계에 대해서 다음과 같은 일견 '역설적' 설명을 덧붙인다.

> 지(知)와 행(行)은 항상 서로를 필요로 하는데 …(중략)… 선후(先後)를 말하자면 지(知)가 앞서고 경중(輕重)을 말하자면 행(行)이 무겁다.[254]

> 치지(致知)와 역행(力行)에 있어 노력함이 치우쳐서는 안 된다. …(중략)… 다만 선

254 『朱子語類』 9-1, "知行常相須. …(중략)… 論先後, 知爲先; 論輕重, 行爲重."

> 후(先後)와 경중(輕重)은 나누어야 한다. 선후(先後)를 논하면 마땅히 치지(致知)로써 우선으로 삼고 경중(輕重)을 논하면 마땅히 역행(力行)을 무겁게 생각한다.[255]

지선(知先)와 행중(行重)의 관계는 마치 모순처럼 보인다. 지(知)가 앞서야 한다는 것은 이미 지(知)가 그만큼 행(行)에 비해서 중요하다는 것을 의미한다고도 볼 수 있기 때문이다. 그럼에도 불구하고 이렇듯 역설적인 주장을 하는 본래 의도는 무엇일까? 그것은 주희가 양자의 의미를 모두 중시하되, 각각 나름의 특수한 의의와 역할을 동시에 강조하기 위해서이다. 결론적으로 말하면 지선(知先)의 의미는 지가 행에 앞서서 행의 기초요 근거로서 작용해야 행의 내용과 방향성이 온전히 갖추어질 수 있고 또한 행에 힘이 붙게 된다는 것이다. 반면에 행중(行重)의 의미는, 지 공부를 포함한 모든 공부는 결국 실천으로 귀결되어야 한다는 점에서 행이 중요함을 말하는 것이다.

먼저 지선행후(知先行後)의 입장을 구체적으로 살펴보자.

> 지금 사람들은 단지 치심(治心)과 수신(修身)을 말한다. 만일 도리를 보지 못하면 마음은 어떻게 다스리겠으며, 몸은 어떻게 다스리겠는가? 만일 이와 같이 말한다면 자질이 좋은 사람은 존양(存養)이 이루어지지만 이는 다만 무능한 사람일 뿐이다. 자질이 좋지 않으면 모두 집박(執縛)하여 안주하지 못하고 만다. …(후략)… *〈의강의 기록에서 말한다: 사람이 어떻게 박학(博學)하지 않겠는가. 만약 박학하지 않고서, 수신행기(修身行己)를 말한다면 맹렬하게 해 갈 수 없다. 『대학』의 '성의'는 단지 '아름다운 여인을 좋아하는 것 같이, 나쁜 냄새를 싫어하는 것 같이'라고 말했다. 수신(修身)하는 것을 말하는데 이르러서는 자신이 스스로 관대해지고 만다. (그러니) 후의 과정에 이르러서는 무슨 일이 되겠는가? 그 큰 근본은 다만 치지(致知)와 격물(格物)을 이해하는 것이다. 만약 치지격물(致知格物) 하지 않고 곧 성의정심수신(誠意正心修身)하게 되면 기질이 순수한 사람은 일개 견식이 없는 어리석은 사람이 되고, 만일 생각이 높고 넓은 사람은 (인욕을) 막아 내지 못하고 모두 거꾸러진다.〉* [256]

---

255 『朱子語類』 9-4, "致知力行, 用功不可偏. …(중략)… 但只要分先後輕重. 論先後, 當以致知爲先; 論輕重, 當以力行爲重."

256 『朱子語類』 9-35, "而今人只管說治心修身. 若不見這箇理, 心是如何地治? 身是如何地修? 若如此說, 資質好底便養得成, 只是箇無能底人; 資質不好, 便都執縛不住了. …(후략)… 〈義剛錄云: 人如何不博學得? 若不博學, 說道修身行己, 也猛撞做不得. 大學'誠意', 只是說'如好好色, 如惡惡臭'. 及到說修身處時, 已自寬了. 到後面也自無甚事. 其大本只是理會致知格物. 若是不致知格物, 便要誠意正心修身; 氣質純底, 將來只便成一箇無見識底獃人. 若是意思高廣底, 將來遏不下, 便都顚了.〉"

이와 같이 주희에게는 선지(先知)에 대한 강한 요구가 있다. 주희는 『대학』에서의 격물치지의 지 공부와 성의정심수신의 행 공부의 예를 들면서, 지 공부가 선행되지 않으면 행 공부는 그 근거를 찾지 못하게 되고 이에 따라서 행 공부가 온전하고 맹렬하게 이루어질 수 없다고 본다. 위의 인용문에서 주희는 격물치지가 없이 치심(治心)과 수신(修身)만을 하게 되는 경우를 가정하면서, 자질이 좋은 사람은 비록 어느 정도의 존양(存養)은 이루어지지만 견식이 없는 무능한 사람이 되고, 자질이 좋지 않은 사람은 전혀 존양이 이루어지지 않게 된다고 본다. 이렇게 보면 온전한 본성의 실현을 위해서는 어떤 사람이든 격물치지(格物致知)가 선행되지 않으면 안 된다.

> 왕자윤이 물었다: 나는 호남에 있을 때 한 선생을 뵈었는데, 단지 사람들에게 실천을 가르쳤을 따름입니다. 답했다: 의리(義理)가 밝지 못한데 어떻게 실천할 수 있겠는가? 물었다: 행(行)하면 곧 보는 것(깨닫는 것)이 있다고 말합니다. 답했다: 가령 사람이 길을 가는데, 보지 못하면 어떻게 가겠는가? 지금 사람들은 흔히 사람들로 하여금 실천하도록 하지만 모두 스스로 기준을 세워 사람들을 가르치려 한다. …(중략)… 만일 강론하여 도리가 밝게 되면 자연히 어버이를 섬김에 효하지 않음이 없게 되고, 형을 섬김에 공경하지(悌) 않음이 없게 되며, 벗과 사귐에 믿음직하지 않음이 없게 된다.[257]

> 만사(萬事)는 모두 궁리(窮理)의 후에 있다. 경(經)이 바르지 못하고 리(理)가 밝지 못하면 보아하니 어떻게 지킬 수 있겠는가? 다만 공허하다.[258]

> 한 번 통렬하게 이해함이 마치 혈전하는 것과 같으니, 그러한 연후에 함양해 간다. 이어서 스스로 말했다. 나는 지금 비록 정좌(靜坐)를 하고 있지만 도리를 자연히 보아 낸다. 아직 알지 못하면 무엇을 함양(涵養)하겠는가?[259]

이상의 내용을 종합해 보면, 선지(先知)의 논리는, 즉 행(行) 공부의 내용과 방향을 명확히 하기 위해서 요청된다. 함양(涵養) 혹은 지수(持守) 등의 실천을 위해서는 먼저 함

---

257 『朱子語類』 9-34, "王子充問: 某在湖南, 見一先生只教人踐履. 曰: 義理不明, 如何踐履? 曰: 他說: '行得便見得.' 曰: 如人行路, 不見, 便如何行? 今人多教人踐履, 皆是自立標致去教人. …(중략)… 若講得道理明時, 自是事親不得不孝, 事兄不得不弟, 交朋友不得不信."

258 『朱子語類』 9-31, "萬事皆在窮理後. 經不正, 理不明, 看如何地持守? 也只是空."

259 『朱子語類』 9-32, "痛理朱子會一番, 如血戰相似, 然後涵養將去. 因自云: 某如今雖便靜坐, 道理自見得. 未能識得, 涵養箇甚?"

양(涵養) 및 지수(持守)의 내용과 목표에 대한 명확한 이해가 바탕이 되어야 한다. 이렇게 해야 함양 및 지수는 자신의 본성을 밝히는 일에 실질적인 역할을 할 수 있게 된다. 만일 그러한 이해가 전혀 없다면 단지 흐리멍덩한 상태의, 함양 아닌 함양이 될 가능성이 많다. 마치 길을 가는 데 보지 못하면 길을 헤매는 것과도 같다. 그래서 이렇게 말한다.

> 공부를 함에 먼저 분명하게 알아야 한다.[260]
>
> 먼저 치지(致知)한 후에 함양(涵養)해야 한다.[261]
>
> 지행(知行)의 이치를 넓게 논해 보면, 한 가지 일 중에 나아가서 볼 때 지(知)가 우선이 되고 행(行)이 나중이 됨은 의심할 수 없다.[262]

주희는 '지(知)가 선행이 되지 않으면 온전한 실천은 불가능하다'는 입장을 견지하면서 우선 철저한 지 공부를 강조한다. 만일 행에 대한 기초와 근거로서의 지가 선행하게 되면 그 행은 자연스러워지고 또한 힘이 실리게 된다.

> 앎이 지극하면 마땅히 해야 할 일이 자연히 행해진다.[263]
>
> 만일 이미 분명하게 보았다면 행하는 것이 힘이 있게 된다. …(중략)… 앎이 지극하지 못한 것이 행하는 데 힘이 없는 까닭이다.[264]

앞에서 격물치지(格物致知)를 논하면서도 살펴본 바와 같이, 만일 앎이 지극하다면, 즉 진지(眞知)에 이르렀다면 그 앎은 억지로 꾀하지 않아도 자연히 행(行)으로 이어진다. 또한 행하는 것이 힘이 있게 된다. 힘 있는 행으로 귀결되지 않는 앎은 지극하거나 진정한 앎이 아니다.

---

260 『朱子語類』 9-28, "爲學先要知得分曉."

261 『朱子語類』 9-29, "須先致知而後涵養."

262 『朱熹集』 卷42, 1970쪽, 「答吳晦叔」, "夫泛論知行之理, 而就一事之中以觀之, 則知之爲先, 行之爲後, 無可疑者."

263 『朱子語類』 24-151, "若知至, 則當做底事, 自然做將去."

264 『朱子語類』 24-150, "若已見得分明, 則行之自有力. …(중략)… 乃是知之未至, 所以爲之不力."

> 앎에는 지극함과 지극하지 못함이 있고, 뜻에는 성실함과 성실하지 못함이 있다. 앎이 지극하면 비록 불선(不善)을 행하도록 몰아대도 역시 하지 않는다. 앎이 지극하지 못하면 비록 억지로 하지 못하도록 해도, 이 뜻은 결국 삐져나오게 된다. 따라서 투철하게 보는 것을 귀하게 여기니, 마음의 뜻이 (그 본 것을) 힘써 좇아가 자연히 그침이 없게 된다.[265]

앎이 지극하면 반드시 마음의 뜻은 성실하게 되어, 알고 있는 것을 마음의 심연으로부터 스스로 속임이 없이 실천하게 된다. 이때에는 누군가 불선을 하도록 부추겨도 하지 않게 된다. 그러나 앎이 지극하지 못하면 리를 실천하지 않으려는 뜻이 반드시 틈을 비집고 나온다. 가령 좋은 일을 하려고 하나, 좋지 않은 일을 하려는 마음이 있어 뒤에서 끌어당기는 것과 같다. 아무리 앎이 지극하다고 하더라도 그것이 한 치의 속임이 없는 실천으로 이어지기 위해서는 각별한 성의(誠意)의 노력이 필요하거니와, 만일 앎이 지극하지 못하거나 일천하다면 그것이 온전한 행(行)으로 일관성 있게 이어지지 못하는 것은 당연한 일이다. 그래서 주희는 "그것을 아는데 행(行)이 미치지 못하면 지(知)는 오히려 얕은 것이다."[266]라고 한다. 주희가 선지(先知)를 그토록 강조하는 것은 리의 지극한 앎에 대한 투철한 의식을 늘 견지해야 행은 항상 그 나침반과 추동력을 잃지 않게 되리라는 생각 때문이다.

> 사람이 학문을 할 때는 반드시 옳은 곳을 알아야, 천 가지 만 가지가 안정이 된다. 이것은 철저하게 옳고 저것은 철저하게 그르다는 것을 알면 바야흐로 보는 것이 투철해지고 보는 것이 옳게 되니 이 마음속에 바야흐로 주재(主宰)하는 바가 있게 된다.[267]
>
> 학취(學聚), 문변(問辨), 명선(明善), 택선(擇善), 진심(盡心), 지성(知性) 이것은 모두 지(知)의 일로서, 모두 처음 학문을 시작하는 공부다.[268]

---

265 『朱子語類』 31-18, "知有至未至, 意有誠未誠. 知至矣, 雖驅使爲不善, 亦不爲. 知未至, 雖軋勒使不爲, 此意終迸出來. 故貴於見得透, 則心意勉勉循循, 自不能已矣."

266 『朱子語類』 9-1, "方其知之而行未及之, 則知尙淺."

267 『朱子語類』 9-39, "人爲學, 須是要知箇是處, 千定萬定. 知得這箇徹底是, 那箇徹底不是, 方是見得徹·見得是, 則這心裏方有所主."

268 『朱子語類』 9-38, "學聚問辨, 明善擇善, 盡心知性, 此皆是知, 皆始學之功也."

앎의 내용으로서의 리(理)는 간단히 말해서 '옳은 것'이고 '좋은 것'이고 '마땅히 그러해야 할 것'이다. 이 리를 변별해서 선을 밝히고 동시에 마음과 본성을 밝히는 것이 격물치지(格物致知)이고 지(知) 공부다. 만일 옳은 것에 대한 앎이 지극하다면 마음의 주재성이 갖추어져 실천은 안정적으로, 그리고 힘 있게 이루어진다.

그런데 이상의 주희의 입장은 다음과 같은 반론을 불러일으킬 수 있다. 즉, '반드시 앎이 지극해지기를 기다려서 그다음에 실천을 해야 하는가'라는 의문이다. 지극한 앎에 도달하기란 쉽지 않은 일이다. 만일 앎의 지극함을 이룬 후에 실천하고자 한다면 실천은 영원히 요원할 수도 있다. 그러나 주희는 이러한 논리에 기계적으로 매몰되지 않는다. 우선 주희는 지(知)와 행(行)을 단절적으로 나누어 그 선후(先後)를 구분하는 것은 아니라고 할 뿐더러, 주희에게는 기본적으로 언제나 지행의 호상발(互相發)이 전제가 되어 있다. 지(知)가 완전하지 않으면 행(行)을 통해서 보완할 수도 있고 행(行)이 완전하지 않으면 지(知)를 통해서 보완할 수 있다.

> 요경이 물었다: 궁리(窮理)와 집의(集義) 중 무엇이 우선입니까? 답했다: 궁리가 우선이다. 그러나 또한 절연히 선후가 있는 것은 아니다.[269]

> 왕덕보가 물었다: 반드시 먼저 알고 난 후에 행(行)하는 것입니까? 답했다: 아직 리(理)를 밝히지 못했다고 지수(持守)하지 않는 것은 말이 안 된다.[270]

> 만일 반드시 앎이 지극하기를 기다려서 행하려고 한다면, 대저 어버이를 섬기거나 형을 따르고 윗사람을 받들거나 아랫사람을 대하는 것과 같이 사람이 살면서 한시라도 폐할 수 없는 것에 대해서 어찌 내 앎이 아직 지극하지 못하니 잠깐 있다가 지극해진 후에 행한다고 말하겠는가?[271]

주희는 지선행후(知先行後)를 말하지만 그것이 '반드시' 지켜져야 하는 절체절명의 원칙은 아니다. 아직 리(理)를 밝히지 못했다고 해서 마음을 다스리는 일을 하지 않거나, 아직 효도의 리를 궁구하지 못했다고 해서 부모에 대해서 효도를 유보하는 식의 일은

---

269 『朱子語類』 9-30, "堯卿問: 窮理·集義孰先? 曰: 窮理爲先. 然亦不是截然有先後."

270 『朱子語類』 9-6, "汪德輔問: 須是先知, 然後行? 曰: 不成未明理, 便都不持守了."

271 『朱熹集』 卷42, 1971쪽, 「答吳晦叔」, "若曰必俟知至而後可行, 則夫事親從兄. 承上接下, 乃人生知所不能一日廢者, 豈可謂吾知未至而暫輟, 以俟其至而後行哉?"

상식적으로도 자연스럽지 못하다. 언제나 앎이 지극해지도록 추구를 하고 이러한 앎을 바탕으로 해서 실천을 해 가야 하지만, 그 진행 과정에서 아직 '투박한 앎'에 근거한 '투박한 행(行)'도 불가피한 것이다. 지극한 앎이라는 것은 갑자기 한순간에 이루어지는 것이 아니다. 진지(眞知)는 '어설픈 앎[略知]'을 토대로 하여 착실하게 체험하는 과정에서 이루어지는 것이지 다른 방법은 없다.[272] 만일 지선행후(知先行後)를 교조적으로 받아들인다면 영원히 지극한 앎에 이르지도 못하고 실천도 하지 못하는 경우가 생길 수 있다. 이러한 점 때문에 주희는 지극한 앎에 이르는 그 과정에서, 각 단계의 수준에서의 나름의 지와 행, 그리고 지와 행의 성숙 과정을 존중한다. 그 선후(先後)관계를 넘나들면서 지와 행은 상호 영향을 미치며, 또한 낮은 단계로부터 자연히 높은 단계의 지와 행으로 이어진다는 점을 주희는 충분히 고려하고 있다.

주희의 지선행후(知先行後)의 논리는 특히 『대학』의 팔조목에 토대를 둔 것이라고 보아도 좋을 것이다. 말하자면 격물치지로부터 성의정심수신으로 이어지는 순서를 고려할 때 지선행후(知先行後)의 논리는 적확하게 들어맞는다. 그러나 주희는 격물치지 이전에 이미 경(敬) 공부라는, 넓은 의미의 행(行) 공부를 전제하고 있다. 더 나아가 '대학(大學)'의 공부 단계 이전에 이미 '소학(小學)'의 단계를 가정하면서 '소학'의 지와 행이 바탕을 이루어 '대학'의 지와 행의 공부로 이어진다고 본다.[273] 이렇게 주희는 언제나 이미 낮은 수준의 지와 행이 바탕이 되어서 높은 수준의 지와 행으로 이어짐을 전제한다. 따라서 정확하게 표현하면 낮은 수준의 지와 행, 높은 수준의 지와 행의 영향관계는 종횡의 순환으로 얽혀 있다. 주희의 지선행후(知先行後)의 논리는 이러한 역동적인 앎과 행의 과정을 전제한 상황에서 지의 의미를 강조한 것이다.

이제 선지(先知)에 대한 이상의 이해를 바탕으로 행중(行重)을 둘러싼 주희의 입장을 해석해 보자. 주희가 선지(知先)을 말하는 동시에 행중(行重)을 말하는 것은 결국 지와 행 어느 쪽에도 치우칠 수 없다는 입장 표명에 다름 아니다. 지선이든 행중이든 반드시 지행호상발의 입장을 전제로 보아야 균형 있게 드러낼 수 있다.

지선(知先)이 실천의 근거로서의 앎의 중요성을 말한 것이라면 행중(行重)은 모든 공부는 궁극적으로 실천으로 귀결되어야 한다는 점을 강조한 것이다. 이것은 다시 두 가

272 『朱熹集』 卷59, 3074–3075쪽, 「答趙恭父」, "然又不是隨衆略知之外別有眞知, 更須別作道理尋求, 但只就此略知得處著實體驗, 須有自然信得及處, 便是眞知也."

273 제7장 2절 참조.

지의 의미를 지니는데 하나는 공부의 목적이 본성을 밝히고 실현하는 것이라고 한다면, 리에 대한 앎은 단지 머릿속의 앎이 아닌, 표면적 실천으로서 드러나야 한다는 것이다. 다른 하나는 행(行) 공부는 인간됨의 바탕을 직접 보존하고 길러 내는 일이므로 중요하다는 것이다.

> 학(學; 배움)의 넓음은 지(知; 앎)의 요약함만 못하고 지의 요약함은 행(行; 실천함)의 실질됨만 못하다.[274]
>
> 성현이 사람을 가르침에 반드시 궁리(窮理)를 우선으로 삼고 역행(力行)으로 마무리 했다.[275]
>
> 대저 학문함에 어찌 다른 데서 구하겠는가? 이 리(理)를 밝혀서 역행(力行)하는 것에 불과할 따름이다.[276]

이와 같이 주희는 공부의 종결점은 아는 것을 행하는 데 있는 것이라고 본다. 그는 참된 앎[眞知]과 그렇지 못한 앎을 가르는 기준은 바로 리에 대한 앎이 실천으로 이어지는가의 여부다.[277] 또한 아직 진지(眞知), 즉 지극한 앎에 이르지 않았다고 하더라도 어떤 수준의 앎이건 그 선에서 최선을 다해서 실천하는 것은 중요하다. 사람이 사는 한 언제나 실천을 떠날 수 없다. 앎이 지극해지기를 기다려 실천하려 한다면 아마도 일상생활 자체가 불가능해질 수도 있다. 지 공부는 그것대로 해 나가되, 일상생활에서 요청되는 실천은 언제나 성실하게 해야 한다. 실천을 통해서 앎은 더욱 깊어지게 된다.

더욱이 행(行)이 중요한 이유는 그것이 인간의 근본 바탕을 늘 유지하고 길러 내는 일이기 때문이다. 이것은 특히 경(敬) 공부에 관련한 행(行)을 염두에 둔 것으로서, 마음의 미발과 이발, 동과 정을 걸쳐서 본래의 마음을 보존하고 발현하려는 노력은 일상생활에서 한시라도 소홀히 할 수 없는 것이다. 그래서 주희는 말한다.

---

274 『朱子語類』 13-1, "學之之博, 未若知之之要; 知之之要, 未若行之之實."

275 『朱熹集』 卷54, 2727쪽, 「答郭希呂」, "聖賢敎人必以窮理爲先, 而力行以終之."

276 『朱熹集』 卷54, 2726쪽, 「答郭希呂」, "夫學問豈以他求? 不過欲明此理而力行之耳."

277 『朱子語類』 15-102, "欲知知之眞不眞, 意之誠不誠, 只看做不做如何. 眞箇如此做底, 便是知至·意誠."

> 조존함양(操存涵養)은 긴급하게 하지 않을 수 없고, 진학치지(進學致知)는 느긋하게 하지 않을 수 없다.[278]

마음을 보존하고 지키는 실천을 긴급히 하지 않으면 삶 자체가 혼란스럽고 무력해진다. 이것을 바탕이 되어야 지 공부 등 모든 여타의 공부도 원활히 이루어질 수 있다. 반면, 지 공부는 긴 호흡으로 여유를 가지고 갈 때 차분한 이해와 정리가 가능해진다.

실천은 일상생활에서 리를 자신의 삶 속에 직접 펼쳐 가는 일이다. 본령공부로서의 경(敬)의 실천이 그러하고, 의(義)를 힘써 실천하는 것이 그러하다. 만일 아무리 많은 지식의 축적이 있다고 하더라도 단지 앎에서 그친다면 그것은 아무런 의미를 지니지 못한다. 또한 실천을 통해서 근본이 마련되어야 지 공부도 밝게 이루어질 수 있으니 이게 행중(行重)을 논할 수밖에 없는 이유다.

지와 행을 둘러싼 주희의 기본 인식이 이러함에도 불구하고, 주희가 경직된 모습으로 선지후행에 집착한 주지주의자인 듯 다루는 것은 부당하다. 이는 육왕학 이래의 치우친 비판에 의해 구축된 이미지이기도 하다. 이런 이미지 및 인식에 갇혀서는 주희 공부방법론의 실체에 접근하기 어려울뿐더러, 주희에게서 끌어낼 수 있는 공부론적 지혜를 스스로 차단하는 꼴이 된다.

7. 공부방법에 관한 주(朱)·육(陸) 논쟁과 그 전개: 논쟁사로 본 주희 지행론의 특징과 의미

주희의 지행론은 그 정립 단계에서부터 신유학계의 다른 견해를 가진 이들과 상당한 수준의 논쟁을 거치면서 이루어져 간 것이다. 대표적인 것인 육구령(陸九齡; 復齋, 子壽), 육구연(陸九淵; 象山, 子靜) 형제와 벌인 이른바 아호논쟁(鵝湖論爭)이다. 논쟁은 생전에만 그치지 않았다. 주희 사후 300년이 지난 후 등장한 왕수인은 주자학의 지행론에 대해서 전면 재검토하며 새로운 이론을 세워 양명학이라는 사상적 줄기를 낳기까지 했다. 이렇게 신유학의 흐름 주요 학파의 분기가 지행론을 둘러싸고 진행된 것은 그만큼 신유학에서 지행의 공부방법론이 핵심적 위상을 차지하고 있다는 점을 말해 준다. 주희 지행론

---

278 『朱子語類』 9-11, "操存涵養, 則不可不緊; 進學致知, 則不可不寬."

의 특징을 이해하는 차원에서 육구연과의 논쟁점을 살펴보기로 한다.[279]

1) 주희와 육구연의 공부방법 논쟁: 존덕성(尊德性)과 도문학(道問學) 공부의 문제

『대학』을 중심으로 하는 경-지-행 혹은 지행(경)병진 체제의 공부방법론의 틀이 갖추어진 시기는 주희의 나이 45세에 이르러서다. 이 무렵에 『대학장구(大學章句)』와 『중용장구(中庸章句)』, 그리고 『대학혹문(大學或問)』과 『중용혹문(中庸或問)』의 초안이 완성되었다.[280] 그리고 주희의 공부방법론은 당시의 유학계에 이미 상당히 알려져 있었는데, 그것은 호응과 비판을 동시에 받았다. 그 비판의 선봉에는 육구령, 육구연 형제가 있었다. 특히 동생이었던 상산 육구연은 후에 상산학파(象山學派)를 열 만큼 탁월한 학문적 능력을 지니고서 주희의 최대 논적(論敵)으로 부상한다. 주희와 육씨 형제는 서로 현격히 다른 학문적 관점을 지니고 있었기에, 서로 양자의 입장을 확인하고 조율할 필요성을 느꼈다. 그러던 차에, 양쪽 모두를 알고 지내던 여조겸(呂祖謙)의 주재로 아호사(鵝湖寺)에서 회합(會合)을 가지게 되니, 그것이 주희 나이 46세의 일이었다.[281] 아호회합(鵝湖會合)은 양자 간의 4차례 논쟁 중 최초의 논쟁이었는데[282], 이것의 주제는 공부방법론

279 이하의 지행론에서 행은 이미 경을 포함하는 행의 의미로 쓴다.

280 이후에도 개정 작업은 계속 이루어진다. 三浦國雄, 김영식·이승연 공역, 『인간주자』의 附錄(年表), 268쪽 참조.

281 아호논쟁(鵝湖論爭) 이전에 이미 남송 학술계의 두 주류로 자리 잡은 주희와 육구연의 학문은 각각 독자적인 사상적 면모를 갖추면서 주류 분기의 맹아가 싹트고 있었다. 이런 상황에서 두 사람 모두와 친하게 교유하던 여조겸이 양자의 학문적 대화와 절충을 위해 순희 2년(1175) 주희와 육구연·육구령 형제, 그리고 양측의 제자들을 신주(信州) 선산(鉛山)에 있는 아호사(鵝湖寺)로 모이도록 주선했다. 참가자로는 모임의 주선자인 여조겸(呂祖謙)과 논쟁의 당사자인 주희(朱熹)와 육구연(陸九淵)·육구령(陸九齡) 형제 외에 유청지(劉淸之)와 조경명(趙景明)·조경조(趙景昭) 형제, 육구연의 제자인 주부(朱桴)·주태경(朱泰卿) 형제 등으로 알려지고 있다. 미리 정해진 토론의 주제나 계획표 없이 육구연 형제와 주희가 중심으로 되어 진행되었으며, 여조겸과 여타 사람들은 경청하는 형식이었다. 박경환, "공부방법을 둘러싼 주희와 육구연의 논쟁", 한국철학사연구회 편, 『주자학의 형성과 전개』, 2005, 256-258쪽.

282 제1차 논쟁은 순희 2년(1175) 이루어진 존덕성과 도문학을 둘러싼 아호 논쟁을 의미한다. 제2차 논쟁은 순희 10년(1183)에 이루어졌다. 일찍이 육구연의 제자로 있다가 뒤에 주희의 제자로 돌아섰던 조립지(曺立之)가 37세로 요절하자 주희가 조립지의 묘표를 써서 그의 학문방법을 칭찬한 데서 촉발되었다. 육구연은 이를 자신에 대한 비판적 의도가 다분한 풍자라 여기고 서신을 통하여

및 교육방법론이었다. 아호회합을 기점으로 주고받은 편지나 어록 등의 자료를 종합할 때 양자의 공부방법론적 입장은 『중용』에 나온 '존덕성이도문학(尊德性而道問學)'을 중심으로 논의됨을 알 수 있다. 양자의 입장을 미리 약술한다면 주희의 방법은 존덕성과 도문학을 균형 있게 병행하는 방향으로, 그리고 육씨 형제의 방법은 존덕성으로 수렴하는 방향으로 그 초점을 드러냈다고 할 수 있다.

아호논쟁은 먼저 육씨 형제가 각자의 칠언절구(七言絶句)의 시를 읊으면서 시작된다. 먼저 형인 육구령이 자신의 입장을 시로 정리하고, 아우인 육구연이 이것을 받아서 창화(唱和)했는데, 이 시들은 주희와의 모임을 위해 아호사에 오는 길에 미리 준비한 것이었다. 여기에는 육씨 형제의 공부방법론 및 교육방법론에 대한 입장과 주희의 그것에 대한 비판적인 입장이 선명하게 드러난다.

> 어린아이라도 어른을 사랑할 줄 알고 흠모할 줄도 아니
> 옛 성현이 서로 전한 것은 단지 이 마음뿐이네
> 대저 터가 있어야 집을 지을 수 있는데
> 터도 없는데 갑자기 봉우리를 이루었다는 말은 아직 듣지 못했네
> (경전의) 주석에 정을 두면 도리어 덤불에 막히고
> 정밀하기에 뜻을 두면 오히려 빠져서 헤어나지 못하네
> 진중하게 벗들과 서로 갈고 닦으니
> 아소서, 지극한 즐거움이 지금에 있다는 것을[283]
>
> 폐허가 된 무덤은 슬픔을 일으키고 종묘는 흠모를 일으키니
> 이는 사람의 천고의 세월에도 닳아 없어지지 않는 마음이라네
> 졸졸 흐르는 물은 흘러가 넓고 푸른 바다에 이르고,
> 주먹만한 돌이 높이 쌓여서 태산과 화악의 봉우리를 이루네.
> 쉽고 간략한[易簡] 공부는 결국 오래가고 크게 되지만
> 지리(支離)의 사업은 결국 떴다 가라앉을 뿐이네
> 낮은 데서 높은 곳으로 오르는 것을 알고자 하거든

비판하고 육구연의 제자들이 이에 가세하여 전개되었다. 제3차 논쟁은 순희 15년(1188)의 무극이태극(無極而太極)에 관한 논쟁이다. 제4차 논쟁은 왕안석의 인물됨에 대한 평가 문제를 둘러싼 논쟁이다. 박경환, 앞의 논문, 254–255쪽.

283 『陸象山先生全集』 卷25, "孩提知愛長知欽, 古聖相傳只此心. 大抵有基方築室, 未聞無址忽成岑. 留情傳註翻榛塞, 著意精微轉陸沈. 珍重友朋相切琢, 須知至樂在於今."

우선 참과 거짓을 반드시 가려야 할 터[284]

앞의 것이 형 육구령의 시이고 뒤의 것이 동생 육구연의 시다. 뜻은 일관되면서도 전자보다는 후자가 더 논쟁적으로 자신의 입장을 피력한다. 요점은 이러하다.

- 오랜 세월 이어 오고 성현이 전한 마음을 주목해야 하니 바로 사랑하고 공경하고 측은해하는 그 마음이다.
- 이 마음을 올바로 이해하고 깨닫는 것이 공부의 출발이다.
- 이는 매우 쉽고 간략한[易簡] 공부로서 이것이 토대가 되어야 점차 크고 높은 성과도 가능해진다. 이것이 '하학이상달(下學而上達)'의 원리에도 부합한다.
- 그런데 주희의 공부방법론을 보면 토대로서의 마음을 깨닫고 갖추는 일보다는, 경전의 주석이나 정밀하게 따지는 공부에 치중하는데 이는 한마디로 지리(支離)하다고 할 수 있다.

육구연 형제는 자신들의 공부가 천고의 세월을 변함없이 이어 온 마음을 깨닫고 견지하며 펼치는 일로서, 유자로서의 이들에게 이 마음은 인·의·예·지의 마음일 것이다. 경전을 읽고 주석하는 것보다, 정밀하게 따지는 것보다 이 마음에 집중하는 것이 우선 해야 할 일이다. 경전을 쓴 성현들이 면면이 전해 온 것도 이 마음일 뿐이기 때문에 마음의 본연을 이해하고 돌보는 일이 최우선이며 시작점이 되어야 한다. 이는 공부의 토대이며 토대가 잘 갖추어져야 나머지의 일도 잘 이루어질 수 있게 된다. 이를 알지 못하고 경전 주석을 포함한 자기 마음 밖의 외부 자료 분석에 치중하는 것은 곁가지로 흐르는 지리함에 빠지고 덤불 속에 갇힌 혼란을 겪기만 하면서, 인간 본성 실현의 일과는 멀어진다는 것이다. 말하자면 육구연 형제는 공부가 존덕성을 중심으로 해서 도문학을 보완해야 하는데 주희는 도문학에만 빠져 있다고 평하는 셈이다.

이상의 육구연 형제의 평가에 대해서 주희는 자세한 반론을 폈을 것이다. 그러나 그 토론의 기록 자체는 남아 있지 않다. 다만 주희가 모임 사전에 가졌던 이들에 대한 인상은 다음과 같았음을 알 수 있다.

---

284 『陸象山先生全集』卷25, "墟墓興哀宗廟欽, 斯人千古不磨心. 涓流滴到滄溟水, 拳石崇成太華岺. 易簡工夫終久大, 支離事業竟浮沈. 欲知自下升高處, 眞僞先須辨只今."

> 육자수(陸子壽; 陸九齡)는 그 이름을 들은 것은 오래지만 아쉽게도 아직 그를 알지 못합니다. 자징(子澄; 劉子澄)이 말하기를 그의 인식이 자못 무구(無垢; 張九成)를 종지로 한다는데, 지금의 경지가 어떠한지는 모르겠습니다.[285]

> 육자정(陸子靜; 陸九淵)의 현명함은 들은 지 오래입니다. 그런데 (그의) 글이 문자를 뛰어넘어 곧바로 근본으로 달려가는 뜻이 있는 것 같은데, 그것이 『중용』에서 말하는 박학·심문·신사·명변한 후에 독행한다는 취지와 어떤 관계가 있는지 모르겠습니다.[286]

주희는 육구연 형제에 대해 잘은 모르지만 전해 들은 바로서 언급하는데, 육구령에 대해서는 주희 스스로가 "겉으로는 유교지만 속으로는 불교"라고 비판한 적이 있는 장구성(張九成, 호는 無垢)과 유사하다는 인상을 갖고 있다.[287] 그리고 육구연에 대해서는 문자를 벗어나서 곧바로 근본으로 들어가고자 하는 점, 즉 『중용』을 빌자면 공부는 박학·심문·신사·명변에서 독행으로 가야 하는데 박학·심문·신사·명변을 가볍게 여기고 건너뛰는 듯한 편향이 있다는 인상을 지닌다. 이런 인식은 아호회합을 통해서도 결국 수정되지 못한 듯 보인다. 이후에 드러낸 평들도 유사하기 때문이다. 마찬가지로 육구연 형제의 주희에 대한 인식 역시 회합 후에도 지속이 된다.

아호회합 당시에 어떤 이야기들이 오갔는지에 대한 기록은 남아 있지 않은데, 당시 모임에 배석했던 육구연의 제자인 주태경(朱泰卿, 호는 亨道)은 이날의 논쟁을 이렇게 요약한다.

> 아호의 모임에서는 사람을 교육하는 일[教人]에 대해서 논쟁했는데, 원회(元晦; 주희) 선생의 견해는 사람들로 하여금 널리 살피며 박람한 이후에 요약으로 돌아가라[泛觀博覽而後歸之約]는 것이었고, 육선생 두 분의 견해는 먼저 사람의 본심을 밝히고 박람하도록 하라[先發明人之本心而後使之博覽]는 것이었다. 주선생은 육선생의 사람을 교육하는 방법이 몹시 간략하다[太簡]고 생각했고, 육선생은 주선생이 사람을

---

285 『朱熹集』 卷33, 1433쪽, 「答呂伯恭」, "陸子壽聞其名甚久, 恨未識之. 子澄云, 其識論頗宗無垢, 不知今竟如何也."

286 『朱熹集』 卷47, 2291쪽, 「答吕子約」, "陸子靜之賢, 聞之蓋久. 然似文有脫略文字直趨本根之意, 不知其與中庸學問思辨然後篤行之旨又如何耳?"

287 『朱熹集』 卷72, 3770쪽, 「雜學辨–張無垢中庸解」, "凡張氏所論著蓋陽儒而陰釋."

교육하는 방법이 지리(支離)하다고 생각했으니, 이것이 자못 합치되지 않는다.[288]

주태경의 회합 후기에서 먼저 주목할 사실은 이 회합에서의 논쟁의 핵심 주제를 '교인(教人)', 즉 사람을 교육하는 일을 둘러싼 방법론으로 보고 있다는 점이다. 즉, 이 논쟁은 가르침과 배움의 방법에 대한 교육적 성격을 지니고 있다. 사람들의 성장을 이끌어 내는 교수 및 학습 방법과 관련하여, 요컨대 박람(博覽)을 거쳐서 요약(要約)함으로 돌아가는 것이 주희의 입장이라면, 본심(本心)을 밝힌 후에 박람(博覽)하는 것이 육구연 형제의 입장이라는 것이다. 이렇게 정리한 이가 육구연의 제자이다 보니 과연 이 정리가 객관적인가에 대해서는 의문이 있다. 겉으로 보기에는 본심을 밝히고 박람으로 나아가도록 하는 게 나무랄 것이 없어 보인다. 주희의 방법은 박문·약례로 정리했는데 과연 공부의 첫머리가 반드시 박문이 되어야 한다고 했다는 것인지, 본심을 밝히는 공부에 대한 언급은 없었다는 것인지 하는 의문이 들게 된다. 아호회합 이전에 주희는 이미 경의 본령 공부론을 정립한 상태이기 때문이다.[289] 아무튼 확실한 것은 회합에서 주희는 육구연 형제의 방법이 너무 간략하다고 보았고, 육구연 형제는 주희의 방법이 지리하다고 보았다는 점이다. 주희가 저쪽을 간략하다고 본 것은 제대로 된 도문학에 대한 이해 없이는 본심을 제대로 밝힐 수 없는데도 도문학을 가볍게 건너뛰고서 마음을 추스르고 보존하는 데만 천착하는 듯 보였기 때문일 것이다. 한편, 육구연 형제가 주희의 방법을 지리하다고 본 것은 도문학에만 집중하면서 정작 존덕성에 대해서는 소홀히 다루고 심지어 아는 바도 없다고 보았기 때문일 것이다. 아호논쟁은 양자의 입장을 서로 확인하면서 합치점을 찾아보려는 목적도 지녔으나, 이는 결국 이루어지지 않았다. 서로에게 긍정적 자극도 다소 받았겠지만, 다만 기본적으로는 만남 이전에 지녔던 서로에 대한 인식을 생을 마감할 때까지 유지했다고 보는 것이 정확할 것이다. 간혹 남아 있는, 서로에 대해 평한 기록들이 이 사실을 보여 준다.

자수(子壽; 陸九齡) 형제의 기상(氣象)은 매우 좋습니다. 그러나 그 병은 곧 강학(講學)을 폐지하고 오로지 실천[踐履]에만 힘쓰는 것인데, 그 실천 가운데에서도 사람

288 『象山先生全集』卷36, 「年譜」, "鵝湖之會, 論及教人, 元晦之意欲今人泛觀博覽而後歸之約, 二陸之意欲先發明人之本心, 而後使之博覽. 朱以陸之教人爲太簡, 陸以朱之教人爲支離, 此頗不合. 先生更欲與元晦辯, 以爲堯舜之前何書可讀? 復齋止之."

289 제3장 5, 6절 참조.

> 들로 하여금 정신을 가다듬고 성찰하여 본심(本心)을 깨닫게 하는 것이니 이것이 병의 큰 것입니다. …(중략)… 애석합니다. 그 스스로에 대한 믿음은 너무 지나치지만 규모가 좁아서 다시는 남들의 좋은 점을 취하지 않으니 장차 이단의 학문에 흘러 들어가도 스스로 알지 못할 뿐입니다.[290]

> 자정(子靜; 陸九淵)의 한 가지 맛은 선(禪)으로 허다한 공리술수(功利術數)가 없고 당장 공부하는 자의 심신(心身)을 수렴하는 데 힘이 없지는 않지만 그 끝단에서는 근거할 바가 없으니 일을 해침을 면하지 못할까 염려된다.[291]

주희가 보기에 육구연 형제의 공부는 공자 이래 유교의 전형적 방법인 강학과는 벽을 쌓고 실천만 하는데, 그 실천이라는 것도 정신을 가다듬고 본심을 깨닫는 것에 국한되는 모습이 너무 협소해 보인다.[292] 이런 공부를 통해서는 공부하는 자가 공리술수에 거리를 두며 심신을 수렴하고 본심을 자각하는 데는 효과가 있겠지만 리에 대한 이해의 방법적 체계가 약해 결국 일을 해칠 수 있다는 판단이다. 그러면서 주희는 이들의 학문 성향에 대해 중요한 평가 발언을 한다. 즉, "스스로에 대한 믿음은 너무 지나치지만 규모가 좁아서 다시는 남들의 좋은 점을 취하지 않으니 장차 이단의 학문에 흘러 들어가

---

290 『朱熹集』 卷31, 1331쪽, 「答張敬夫」, "子壽兄弟氣象甚好, 其病却是盡廢講學而專務踐履, 却於踐履之中要人提撕省察, 悟得本心, 此爲病之大者. 要其操持謹質, 表裏不二, 實有以過人者. …(중략)… 惜乎其自信太過, 規模窄狹, 不復取人之善, 將流於異學而不自知耳."

291 『朱熹集』 卷35, 1552쪽, 「與劉子澄」, "子靜一味是禪, 却無許多功利術數. 目下收斂得學者身心, 不爲無力. 然其下稍無所根據, 恐亦未免害事也."

292 실제로 육상산이 공부에 대해 논한 사례들을 보면 대체로 맹자의 '구방심(求放心)론' 정도에 모두 수렴할 수 있을 만큼의, 본심의 이해와 견지를 간략하게 표현하는 내용이 대부분이다.
『象山先生全集』 卷5, 「與舒西美」, "사람이 어느 누가 마음이 없겠는가. 도를 밖에서 찾아서는 안 된다. 걱정이라면 그것을 상하게 하거나 놓아 버리는 데 있다. 옛사람이 사람을 가르친 방법은 마음을 보존하고 마음을 기르고 흩어진 마음을 구하는 것에 불과하다[人孰無心, 道不外索. 患在傷賊之耳, 放失之耳. 古人敎人, 不過存心養心求放心]."/ 『象山先生全集』 卷35, 「語錄」, "마음의 본체는 매우 크니 나의 마음을 지극히 할 수 있다면 곧 하늘과 같아진다. 공부를 하는 것은 다만 이것을 이해하는 것일 뿐이다[心之體甚大, 若能盡我之心, 便與天同, 爲學只是理會此]."/ 『象山先生全集』 卷34, 「語錄」, "근래에 나에게 의논해 온 자가 있어 말하기를, '먼저 큰 것을 세운다는 한 구절을 제외하면 아무런 특별함이 없다.'고 했다. 나는 듣고 말하기를 '참으로 그렇다.'고 했다[近有議吾者云, 除了先立乎其大者一句, 全無技倆. 吾聞之曰, 誠然]."/ 『象山先生全集』 卷35, 「語錄」, "사람의 마음에 병이 있으면 반드시 벗겨 내야 한다. 한번 벗겨 내면 한번 맑고 밝게 된다[人心有病, 須是剝落, 剝落一番, 卽一番淸明]."

도 스스로 알지 못할 뿐"이라는 것이다. 스스로에 대한 믿음이 크고 사유의 규모가 좁은 나머지 다른 이들이 이야기하는 것을 듣지 않고 따라서 장점을 취하지 못한다는 것이다. 이러다 보면 결국 선불교적 흐름을 타면서도 스스로는 알지 못하는 상황에 이른다고 예견하는 것이다. 주희는 당시 유교 지식인들의 공부가 불교나 도교의 영향권을 벗어나서 내외, 동정을 아우르는 유교적 중용을 지닌 공부로 거듭나야 한다고 보았고 이를 위해 각별하게 노력했는데, 이런 관점에서 선불교의 공부와 유사한 듯 보이는 육구연 형제의 방법론이 우려된다.

육구연 형제가 남의 장점을 취하지 못하는 것에 대해 비판한 주희 자신은 어떤 노력을 했을까? 상대방의 장점을 취해 공부방법의 균형을 찾으려는 시도를 한 것은 분명해 보인다.

> 대저 자사(子思) 이래 사람을 가르치는 교육하는 방법은 오직 존덕성(尊德性)과 도문학(道問學) 두 가지 일로써 공부의 핵심으로 삼았습니다. 지금 자정이 말하는 것은 오로지 존덕성의 일이고, 내가 평소에 말하는 것은 도문학에 대한 것이 많았습니다. 저쪽의 공부하는 자들은 흔히 지수(持守)하는 것은 볼 만하지만 의리(義理)를 온전히 보는 것에 자세하지 못하고 게다가 별도로 일종의 두찬(杜撰)한 도리를 설하며 막히니, 그냥 내버려 둘 수가 없습니다. 나는 의리상에서는 감히 혼란스럽게 말하지 않아야 함을 자각하지만, 오히려 긴요한 위기(爲己)와 위인(爲人)의 일에 있어서는 크게 힘을 얻지 못했습니다. 지금 마땅히 몸을 돌이켜 힘을 써서 단점을 버리고 장점을 쌓는다면 거의 한편으로 떨어지지 않게 됩니다.[293]

주희의 학문 여정을 보면 내내 대중지정(大中至正)의 길을 찾아가는 길이었다고 보아도 과언이 아닌데 그의 공부방법론은 그 결실을 대표한다. 대중지정의 공부방법론은 존덕성과 도문학의 병진(竝進)을 기본 틀로 한다. 이것은 주희 공부방법의 변치 않은 근간이다. 그런데 남들이 보기에 주희 및 그 문인들의 학문적 일상에서 존덕성은 안 보이고 도문학만 있다고 생각될 정도로 도문학에 치중하는 시기도 있었다. 주희는 이를 반성한다. 위기지학의 지향점을 다시 되새기며 존덕성 공부의 비중을 늘려 도문학과 온전한

293 『朱熹集』卷54, 2694쪽, 「答項平甫」, "大抵子思以來教人之法, 有以存德性, 道問學兩事爲用力之要. 今子靜所說專是尊德性事, 而熹平日所論却是道問學上多了. 所以爲彼學者多持守可觀, 而看得義理全不仔細, 又別說一種杜撰道理遮蓋, 不肯放下. 而熹自覺於義理上不敢亂說, 却於緊要爲己爲人上多不得力. 今當反身用力, 去短集長, 庶幾不墮一邊耳."

균형을 이루도록 하고자 한다. 이 과정에서 주희는 존덕성 공부에 정성을 다하는 육구연의 태도에 긍정적 자극도 받으며 그 장점을 취하고자 한다. 도문학의 일에 몰두하다가 본인도 모르게 소홀히 하던 부분이 있었음을 인정하고 개선하고자 하는 것이다.

그러나 이것이 육구연의 방법으로 돌아가는 것은 결코 아니다. 주희는 존덕성, 도문학의 병진이라는 틀을 매우 진중하게 견지해 가는 데 비해, 주희가 본 육구연은 도문학의 공부는 거의 안중에 없고 오직 존덕성에만 쏠려 있으니 이미 '한편으로 떨어진' 형국이다. 주희는 존덕성과 도문학의 조화로운 병행이라는 기틀은 견지하되 존덕성 공부의 중심성을 보다 강화하는 방향으로 나아가고자 한다. 이렇게 단점을 버리고 장점을 쌓아가며, 보다 유연하게 균형을 맞추어 가고자 하는 주희의 태도는 기본적으로 대중지정의 학문을 지향하는 관점을 배경을 한다.[294]

이제 육구연의 입장에서 들여다보자. 육구연은 주희에 대해 이런 평을 남긴 바 있다.

> 주원회(朱元晦; 朱熹)가 일찍이 공부하는 이들에게 주는 편지에서 말하기를, "육자정(陸子靜; 陸九淵)은 오로지 존덕성만으로 사람들을 가르치므로 그의 문하에 머무는 자들은 실천하는 선비들이 많다. 내가 사람을 가르침에 어찌 도문학의 영역이 많지 않겠는가? 그러므로 내 문하에 머무는 자들은 실천은 종종 미치지 못했다."고 했다. 이것을 보건대 원회는 단점을 없애고 장점들을 합하려고 한다. 그러나 나는 할 수 없다고 생각한다. 존덕성을 알지 못하면서 어찌 이른바 도문학이 있을 수 있겠는가?[295]

---

294 후에 주희의 이 편지(「答項平甫」)는 명대의 주육화회론자(朱陸和會論者)들에 의해 주희와 육상산의 견해가 가까워졌다는 근거로 활용된다. 특히 두 가지 언급, 즉 "지금 자정이 말하는 것은 오로지 존덕성의 일이고, 내가 평소에 말하는 것은 도문학에 대한 것이 많았습니다[今子靜所說專是尊德性事, 而熹平日所論却是道問學上多了]."라는 언급과 "단점을 버리고 장점을 쌓아 간다[去短集長]."라는 언급이 핵심 근거가 된다. 육구연은 존덕성을 위주로, 주희는 도문학을 위주로 하다가 나중에 각각 단점을 버리고 장점을 취해서 합치해 갔다는 것이다. 그런데 문장을 자세히 들여다보면 주희가 말하는 바는 육구연은 '오로지 존덕성'인 반면, 주희 자신은 '도문학이 상대적으로 많은' 접근이었다고 한다. 즉, 주희 자신은 공부에 도문학과 함께 존덕성이 한 축을 이루는 것을 알면서도 사람을 가르침에 도문학에 대한 것이 많았던 반면에 육구연은 '오로지' 존덕성으로만 사람들을 가르쳤다는 이해다. 또한 단점을 버리고 장점을 쌓아 가고자 하는 것은 주희의 의지일 뿐 육구연의 생각은 아니다. 이 점을 고려할 때 주희의 이 언급이 주륙화회론의 근거가 되기 어렵다. 그럼에도 불구하고 이 편지가 주육화회론의 최대 근거로 활용되는 것은 그만큼 주육화회론의 논리가 약하다는 의미이기도 하다.

295 『象山先生全集』 卷34, 「語錄」, "朱元晦會作書與學者云, 陸子靜專以尊德性誨人, 故游其門者多踐履

여기서 육구연은, 주희가 자신의 문인에게 주는 편지의 내용을 소개하고 있는데, 이는 앞에서 인용하고 분석한 바의 「답항평보」의 내용과 상통한다. 편지에는, 육구연의 교육은 존덕성을 주로 강조하기에 문하에서 실천적인 인물이 많이 나오고 주희 자신의 교육은 도문학을 주로 강조하기에 실천이 상대적으로 약하다는 주희의 진단을 소개한 뒤, 이어 이는 주희가 존덕성과 도문학의 장점을 취하려는 뜻을 보여 준다는 설명을 덧붙이는데, 이것도 앞의 주희 서신 「답항평보」에서도 확인되는 바다. 그런데 이에 대한 육구연의 비평이 신랄하다. 주희는 애초에 존덕성의 본질을 모르며 따라서 존덕성을 토대로 해서 이루어져야 할 도문학도 불가능하다고 폄훼하는 것이다. 주희의 경우 비록 의견이 다르지만 상대편의 장점은 장점대로 드러내고 배우며 보완하려는 의지를 보인 반면, 육구연은 주희를 전체적으로 부정한다. 근본이 잘못되어 장점 자체가 없으니 흡수도 불가능하다는 것이다. 여기서 독자라면 누구나 육구연의 높은 자기 확신과 독선의 벽이 느껴질 만하다. 과연 육구연은 최소한의 열린 마음과 성의를 가지고 주희의 이론을 들여다보고자 했을까? 주희가 치열하게 모색한 바의, 경을 둘러싼 존덕성 공부, 지행병진 공부 이론의 정립 과정과 문제의식을 들여다보았다면 이렇듯 가벼운 무시가 과연 가능할까? 주희가 진단한 바의 "문자를 건너뛰는 병폐"가 육구연 형제에게는 뿌리 깊어서 주희의 이론을 접하고 평하는 데도 노출되었다고 할 수 있지 않을까? 주희가 평한 바의 "스스로에 대한 믿음은 너무 지나치지만 규모가 좁아서 다시는 남들의 좋은 점을 취하지 않는" 병폐가 최소한 위의 육구연 어록에서 확인되는 듯 보인다. 육구연이 중시한 존덕성만 가지고 보아도, 주희는 경을 중심으로 한 정치한 존덕성 공부론을 구축한 반면, 육구연은 정치한 이론 없이 다만 존심, 양심, 구방심 등의 경전 속의 마음을 보존하고 기르는 내용에 의지하고 있을 뿐이다. 과연 육구연이 존덕성 방면에서조차 우위라고 할 수 있을까? 이로 보면 오히려 주희의 입장에서는 육구연을 향해 "존덕성을 알지 못하면서 도문학을 어떻게 알겠는가?"라는 말을 되돌려 줄 수 있는 상황이 아닐까?

그럼에도 육구연의 입장에 서서 한 걸음 더 나아가서 이해해 본다면, 그가 보기에 주희 문하에서는 훈고를 포함한 경전 공부와 분석에 지나치게 치우쳐 있다. 주희의 도문학 공부는 제반의 독서와 사물에 대한 탐구를 포함하는데 그중에서 경전 공부의 비중이 크다. 육구연의 입장에서는 경전 공부도 중요하지만 가장 핵심적인 과제는 본성을 찾

之士, 然於道問學處欠了. 某教人豈不是道問學處多了此子? 故游吾之門者踐履多不及之. 觀此則是元晦欲去兩短合兩長. 然吾以爲不可, 豈不知尊德性, 焉有所謂道問學?"

아 견지하는 일인데, 후자는 돌보지 않고 전자에만 매몰된 듯한 모습에 공부의 근본이 흔들린다는 우려가 충분히 가능하다. 더욱이 주희 자신부터 비판한 바의, 문자나 훈고에 치중하는 한당유학적 병폐의 모습이 주희 문하에서 재현된다고 육구연이 느꼈을 수도 있다. 육구연의 시각에서 이 병폐를 넘어서기 위해서는 존덕성이라는 근본에 제대로 집중하는 게 필요하다. 육구연에 의하면 우주는 곧 나의 마음이고 나의 마음은 곧 우주인데, 그 마음은 곧 리[心卽理]다. 우주 자체이기도 한 리로서의 마음은 성인(聖人)이라는 존재들이 공유하는 지혜의 원천이기도 하다.[296] 성인의 경전이라는 것도 이 마음을 풀어낸 것일 뿐이다. 따라서 이 마음을 이해할 수 있다면 굳이 성인의 언어에 집착하지 않아도 된다. 즉, 이 마음을 이해하는 것을 근본이며 중심으로 삼고 성인의 언어는 이를 보완하는 도구로 본다면, 제반의 경전들에 대해서 주희보다는 훨씬 더 가볍게 참조하고 활용해도 될 것이다. 육구연이 생각하는 도문학이란 이 정도일 것이다.

육구연의 견해가 이러하다면 이에 대한 주희의 입장은 어떠할까? 주희 역시 마음은 리를 갖추고 있다는 이해를 지닌다. 그 리가 우주 만사만물에 있다는 이해도 육구연과 통한다. 그런데 주희에게 마음은 기질적 제약을 받고 있어서 그 자체로 리를 드러낼 수 없다. 따라서 기질의 제약을 극복하고 리를 드러내기 위해서는 외물에 대한 격물궁리가 필요하다.

> 대저 사람의 마음에는 만 가지 리가 구비되어 있어 만약 보존할 수 있으면 곧 성현이니 다시 무슨 일을 할 것인가? 그런데 성현이 사람들을 가르침에 허다한 문로(門路)와 절차(節次)를 갖추면서도 사람들로 하여금 단지 이 마음을 지키라고만 하지 않은 것은 이 마음과 리가 비록 온전히 갖추어졌지만 기질의 품수에 의해 치우침이 없을 수 없기 때문이다. 만약 강명(講明)하고 체찰(體察)하여 지극히 정밀하게 하지 않으면 종종 기질의 치우침에 따라 물욕의 사사로움에 떨어지고도 스스로 알지 못하게 된다. …(중략)… 그러므로 성현이 사람을 가르침에 비록 공경(恭敬)하고 지수(持守)하는 것을 우선으로 삼으면서도 그 가운데에 반드시 그로 하여금 사물에 나아가 고금(古今)을 고찰하고 체험하며 몸으로 이해하고 미루어 탐색하여 내외가 합하도록 했다. 생각건대 반드시 이와 같이한 연후에야 이 마음의 진면목과 이치의 바른 지점을 터득하고 세간의 만사와 일체의 언어에서 그 흑백을 밝게 이해하지 않

296 『象山先生全集』卷11, 「答李宰」, "四端者卽此心也. …(중략)… 心卽理也"/『象山先生全集』卷36, 「年譜」, "宇宙便是吾心, 吾心便是宇宙. 東海有聖人出, 此心同也. …(중략)… 千百世之上, 至千百世之下, 有聖人出焉, 此心此理, 莫不同也."

음이 없게 된다.[297]

사람이 배움을 행하는 것은 나의 마음이 성인(聖人)의 마음과 같지 않기 때문이다. …(중략)… 만약 나의 마음이 곧 천지와 성인의 마음과 차이가 없다면 어떤 배움을 해야 하겠는가. 그러므로 배우는 자는 반드시 먼저 통달한 이의 말에 의지하여 성인의 뜻을 구하고 성인의 뜻에 근거하여 천지의 리에 통달하여야 한다. 얕은 곳으로부터 깊은 곳에 다다르고 가까운 곳으로부터 먼 곳에 이르니, 좇는 데는 순서가 있어 빨리 이르려는 급한 마음으로 구할 수는 없다.[298]

내 마음이 당장 성현의 마음과 같다면 육구연 식으로 보존하는 공부만 하면 된다. 그런데 실상은 그렇지 못한 것이 범인은 기질의 제약을 크게 받는 상태이기 때문이다. 마음은 리를 갖추고 있지만 기질의 제약으로 인해 당장의 마음이 성현의 마음과 동일하지는 않다. 보존하는 공부 외에 외물에 나아가서 리를 탐구하고 익히는 다양한 격물 및 실천 공부가 필요한 것은 이 때문이다. 주희에게 이 격물궁리 방법의 핵심은 경전에 대한 독서이다. 경전은 성인의 언어이며 성인은 리를 먼저 터득한 이의 기록이기 때문에, 불초한 범인으로서 자신의 한계를 넘어 크게 헤매지 않으며 성장해 가기 위해서는 경전을 긴히 참조하며 익히는 게 필수적이다.[299] 그런데 세상 사람들이 이를 가볍게 여기는 경우가 흔하고 육구연 형제의 병폐가 바로 이것이라는 것이다.

---

297 『朱熹集』卷54, 2694쪽,「答項平甫」,"大抵人之一心萬理具備, 若能存得, 便是聖賢, 更有何事? 然聖賢教人, 所以有許多門路節次而未嘗教人只守此心者, 蓋爲此心此理雖本完具, 却爲氣質之禀不能無偏. 若不講明體察, 極精極密, 往往隨其所偏, 墮於物欲之私而不自知.〈近世爲此說者, 觀其言語動作略無毫髮近似聖賢氣象, 正坐此耳〉是以聖賢教人雖以恭敬持守爲先, 而於其中又必使之卽事卽物, 考古驗今, 體會推尋, 內外參合. 蓋必如此, 然後見得此心之眞, 此理之正, 而於世間萬事一切言語無不洞然了其白黑."

298 『朱熹集』卷42, 1977쪽,「答石子重」,"人之所以爲學者, 以吾之心未若聖人之心故也. …(중략)… 若吾之心卽與天地聖人之心無異矣, 則尙何學之爲哉. 故學者必因先達之言以求聖人之意, 因聖人之意以達天地之理. 求之自淺以及深, 至之自近以及遠, 循循有序而不可以欲速迫切之心求也."

299 주희는 성인의 언어를 먼저 전제하고 중시한다. 먼저 마음을 밝힌 사람의 안내를 받아야 한다는 생각이다. 성인 이전에는 자득할 수밖에 없었지만 성인이 문자로 도를 펼친 이후에는 문자를 통하지 않고서는 성인에 이를 수 없다고 본다. 반면, 육구연은 성인의 마음이나 내 마음이나 같으므로 곧장 펼치면 된다는 것이다. 그런데 주희에 의하면 모든 사람의 마음이 성인과 동일한 것은 맞지만 그것이 현실태는 아닌 이상 성인의 문자를 읽지 않고 깨달음을 구하는 것은 불교와 같은 것이 된다. 『朱熹集』卷43, 2001-2013쪽,「答陳明仲」 참조.

앞서 주희 자신의 공부 성찰의 한 모습을 살폈다. 자신의, 그리고 자신이 가르치는 공부에 도문학의 비중이 너무 크다는 점에 대한 반성이었다. 주희가 남긴 수많은 저작들과 주석들을 보면, 아무리 주희의 방법을 존중하고 지지하는 사람들이라도 그런 수준의 격물궁리는 엄두를 내지 못할 만하다. 과연 이 방법을 따라야 하는지에 대해서조차 의문이 들 수 있다. 이 부분에 대한 성찰을 주희도 분명히 하고 있다. 그래서 공부의 중심으로서의 존덕성의 위상을 새롭게 다지고자 한다. 그렇다고 해서 존덕성과 도문학의 병진 체제를 변경하는 것이 아니다. 다만 도문학의 간소화를 진지하게 고려했을 법한데, 그러나 육구연에서 보이는 바의 가볍고 얇은 수준의 도문학까지는 아닐 것이다. 주희가 보기에 육구연에게는 진정한 의미의 도문학이라고 할 만한 것이 부재하다. 도문학의 간소화에도 불구하고 독서나 기타 외물에 대한 궁리는 여전히 무게감을 가지고 있어야 한다. 그렇지 않고 인의(仁義)의 본심을 보존하고 정신을 수렴하는 정도의 존덕성 공부만으로는 자칫 선(禪)으로 회귀하기 쉽다.

주희는 학문적 생애를 걸쳐, 후학들이나 시대의 공부문화의 병폐나 상황을 고려하며, 도문학을 더 강조해서 말할 때도 있고 때로 존덕성을 더 강조할 때도 있었지만, 기본적으로는 양자의 병진의 원칙은 늘 견지했다. 이 토대 위에 존덕성을 중심에 두고 도문학에도 힘을 다하는 공부의 이상을 그리고 있다.

> 그러므로 군자의 배움은 존덕성(尊德性)으로써 그 큰 것을 온전히 할 수 있다면, 곧 반드시 도문학(道問學)으로 작은 것을 극진히 해야 한다. …(중략)… 배우는 자는 여기에서 마땅히 존덕성을 중심으로 삼아야 하나, 도문학에 대해서도 그 힘을 다하지 않을 수 없다. 이것들을 서로 교차하여 북돋으며[交相滋益] 서로 발명하면[互相發明] 자연히 두루 통달하게 되어 도체의 온전함에 있어 모자란 곳이 없게 된다.[300]

존덕성과 도문학의 병진의 요구를, 위에서는 '교상자익(交相滋益)' '호상발명(互相發明)'으로 표현하고 있다. 존덕성이 큰 것을 세우는 공부이기에 중심으로서의 위상을 지니지만 작은 것을 극진히 하는 도문학도 결코 소홀히 할 수 없다. 존덕성을 위해 도문학은 반드시 필요하며 도문학은 존덕성이 있어서 길을 찾아 힘을 다할 수 있다. 이에 비한다

---

300 『朱熹集』卷74, 3895쪽, 「玉山講義」, "故君子之學, 旣能尊德性以全其大, 便須道問學以盡其小. …(중략)… 學者於此固當以尊德性爲主, 然於道問學亦不可不盡其力. 要當使之有以交相滋益, 互相發明, 則自然該貫通達而於道體之全, 無欠闕處矣."

면 육구연은 오직 존덕성이다.

> 나의 학문이 제반의 입장과 다른 것은 단지 내게 있는 것이지 전혀 두찬(杜撰)한 것이 없고 비록 천 가지 만 가지 말이라도 다만 그것이 내게 있어 한 점 첨가할 것이 없음을 깨달은 것이다. 근래 내게 문의하는 사람이 있어 말하기를 "'먼저 큰 것을 세운다.'는 한 구절을 제외하고는 전혀 특별한 게 없다."고 하였는데, 내가 듣고 "참으로 그렇다."고 말했다.[301]

육구연을 옆에서 지켜본 이의 결론은 그의 "큰 것을 세우라."는 한 가지였고, 이 견해에 대해 육구연은 적극 동조한다. 그는, 후대의 왕수인처럼 존덕성과 도문학이 동일한 공부라거나 하는 이론은 펼치지 않으나, 즉 『중용』의 존덕성과 도문학이 공부의 두 양상임을 부정하지는 않으나, 오직 큰 것을 세우고 지키는 존덕성에 몰두했을 뿐이다. 주희에 비하면 이론은 매우 성글다. 그럼에도 불구하고 이후의 유학의 역사에서 육구연은 주희와 함께 신유학의 양대 산맥처럼 인식되니, 그만큼 본성 실현이라는 공부의 목적에 보다 간이하게 다가서는 방법에 대한 요구가 있었던 것이다.

2) 원대(元代) 이후의 주(朱)·육(陸) 논쟁의 전개와 과제

주(朱)·육(陸)의 공부방법 논쟁은 주희와 육구연의 사후에도 후학들에 의해 이어진다. 심지어 이는 원대(元代) 이후의 유학사의 흐름을 좌우하는 역할을 한다. 주자학과 상산학 계열로 나뉘어 대립을 이어 가기도 하고, 양자를 조화시키려는 움직임도 나타나기도 하고, 그 조화의 흐름과 연계하여 양명학 같은 새로운 유학이 등장하기도 한다. 이렇게 보면 주·육 논쟁은 그 사상사적 의미가 특별하다. 특히 그 논쟁이 존덕성과 도문학, 지와 행의 공부론을 중심으로 한 것임을 감안해 보면 유학의 역사에서 공부론이 갖는 위상이 얼마나 절대적인가를 알 수 있게 된다. 공부방법을 둘러싼 관점의 차이가 유학 내의 학파의 차이를 가져올 만큼 공부론은 유학의 정체성을 가늠하는 준거가 되었던 것이다. 이하에서는 기왕 주·육의 공부방법 논쟁을 검토하는 김에, 원대 이후로도 지속된 주·육 논쟁을 둘러싼 공부론적 논의 및 요구에 대해 살펴보기로 한다. 이는 주희 공부

---

301 『象山先生全集』卷34,「語錄」, "吾之學問, 與諸處異者, 只是在我全無杜撰, 雖千言萬語, 只是覺得他底, 在我不曾添一些. 近有議吾者云, '除了先立乎其大者一句, 全無伎倆.' 吾聞之曰, '誠然.'"

론의 방법적 특징과 도전을 새로운 각도에서 이해하는 데 도움을 줄 것이다.

원대의 유학 사상계는 각각 주자학과 상산학을 따르는 유자들에 의한 대립 풍토가 널리 자리한 가운데 이를 극복하고자 하는 유자들도 있었다. 대표적으로는 오징(吳澄)이나 정옥(鄭玉) 같은 이들이다. 이들은 주희와 육구연이 궁극적으로 도리를 구현하려는 이상을 공유한다는 점을 강조하며 방법론인 차이로써 서로 배척하고 대립하기보다 존중하는 방향으로 나가기를 희망한다. 여기에는 당시 학계에 나타난 주자학파와 상산학파 간의 대립 현상에 대한 우려가 깔려 있다. 오징과 정옥은 존덕성과 도문학의 조화로운 병행을 지향하는 주자학의 공부방법의 틀을 굳게 견지하는, 나아가 존덕성의 공부도 육구연과는 달리 경을 중심으로 풀어 가는 주자학자다. 그럼에도 이들은 이 기준에서 육구연의 존덕성 중심의 공부가 틀렸다고 내치기보다 그 나름의 의미를 높게 평가한다. 주자학자이면서도 자칫 훈고학적 경향을 뚜렷이 드러내는 당시 주자학자들의 말폐를 염려하며 존덕성 강화의 필요성을 절감한 것이 상산학적 풍토에 대해 관용적 태도로 이어진 게 아닌가 한다. 이렇게 상산학에 관대하며 나아가 존경하는 모습을 보인 오징과 정옥은 이런 이유로 후대의 황종희(黃宗羲, 1610~1695) 등에 의해 주육화회론(朱陸和會論)의 선구처럼 묘사되기도 한다.[302] 그러나 이는 주육화회론자이나 양명학자인 황종희가 주육화회론의 뿌리를 역사적으로 더 올려서 멀리 잡으려는 의도에서 나온 무리한 규정일 뿐 오징과 정옥을 주육화회론자로 보기는 어렵다. 이들은 어디까지는 주자학의 공부방법을 기틀로 삼고 있다. 다만 상산학에 관대하리만큼 이들은 존덕성 공부의 위상을 중시했던 바, 존덕성의 중심성을 보다 강화된 형태의 지행병진의 주자학적 방법론을 제시하고 있다고 할 수 있다.[303]

주희와 육구연이 결국 하나로 합치되어 갔다고 주장하는 주육화회론은 명대에 등장했고, 조방(趙汸)과 정민정(程敏政)이 대표적인 인물이다.[304] 이들의 주육화회론은 주희

---

302 黃宗羲의 『宋元學案』 참조.

303 정도원, "朱陸同異와 元代 朱陸和會論에 대한 再檢討", 『동양철학연구』 42, 2005, 312–323쪽. 오징의 도통론을 보더라도 주희를 정통으로 하여 설명할 뿐, 육구연은 빠져 있음을 볼 수 있다(黃宗羲, 『宋元學案』 卷92, 「草廬學案」).

304 고염무(顧炎武, 1613~1682)는 『日知錄』에서, 조이만동(早異晩同)의 주장이 조방(趙汸, 1319~1370)의 「對江右六君子策」에서 싹텄고, 조방의 관점이 정민정(程敏政)의 「道一編」으로, 그리고 이것이 다시 왕수인(王守仁)의 「朱子晩年定論」으로 이어졌다고 설명한다. 정도원, 앞의 논문, 288–290쪽.

와 육구연의 관계를 둘러싼, 조이만동설(早異晩同說)이 근간을 이루고 있다. 주희와 육구연의 공부방법적 견해가 처음에는 달랐으나 만년에 이르러 같아졌다는 논리다. 즉, 양자는 서로 자극을 받으며 각각 단점을 거두고 장점을 쌓아 가는 방식으로 하여, 결국 주희는 도문학 위주에서 존덕성을 아우르는 쪽으로, 육구연은 존덕성 중심으로부터 도문학을 포괄하는 방향으로, 서로 합치되어 갔다는 것이다. 이들의 이론의 전제에는 학문적 시작점에 있어 주희는 도문학에 육구연은 존덕성에 치우쳤다는 이해, 나중에 서로의 대화를 통해 각자의 취약점을 이해했고 나아가 열린 마음으로 균형을 잡아 갔으며, 결국 중간지점—존덕성과 도문학의 적절한 조화—에서 만났다는 이해가 자리하고 있다.

주육화회론의 흐름을 설명할 때 조방, 정민정에 이어서 거론되는 것이 왕수인이다. 그런데 필자의 판단으로는 왕수인의 지행론의 경우, 조방이나 정민정의 주육화회론으로 직접 배속하기는 어렵다. 왕수인이 주희와 육구연의 방법론을 직접 거론하며 양자의 합치를 논하지는 않기 때문이다. 그럼에도 불구하고 큰 틀에서는 주육화회론의 흐름 속에서 이해될 수 있는 여지가 있다.

주지하듯이 왕수인의 지행론은 지행합일이라는 명제로 특징지어지니, 즉 지와 행, 존덕성과 도문학은 서로 전혀 다르지 않은 하나의 공부라는 이해를 깔고 있다. 이는 비록 양자의 조화를 지향하지만 존덕성과 도문학의 구분을 전제로 하는 주육화회론과는 전

한편, 진건(陳建)은 『學蔀通辯』(「學蔀通辯提綱」)에서, 조방에서 정민정으로, 그리고 왕수인으로 이어지는 전승 과정을 다음과 같이 설명한다: "근세에 동산조방씨가 「강우육군자책」에서 '주자의 「답항평보서」에 단점을 버리고 장점을 취한다는 말이 있으니 어찌 아호에서의 논의가 여기에 이르러서야 합치됨이 있겠는가? 만세에 합하여지게 하면 그 자세한 말과 정밀한 뜻이 반드시 부합함이 있을 텐데 자정은 이미 가 버렸구나.'라고 하였다. 이것이 주·육의 조이만동(早異晩同; 처음에는 서로 달랐으나 만년에는 같게 됨)의 설이 싹트게 된 연유다. 정황돈이 이에 근거하여 『도일편』을 지어 주·육의 다르고 같음을 세 부분으로 나누었는데 처음에는 마치 얼음과 숯불처럼 상반되었고, 중간에는 의심과 믿음이 반반이었으며, 끝에 가서는 수레의 덧방나무와 바퀴처럼 서로 의지하게 되었다고 했다. 주·육의 조이만동의 설이 여기에서 비로소 완성된 것이다. 왕양명은 이것에 인하여 드디어 「주자만년정론」이라는 기록을 만드는 데 상산과 합치되는 주자의 논의만을 취하니, 『도일편』의 수레의 덧방나무와 바퀴 비유을 다룬 부분과 서로 창화(唱和)를 이루었다[近世東山趙汸氏「對江右六君子策」乃云: '朱子答項平父書」有去短集長之言, 豈鵝湖之論至是而有合耶? 使其合幷於晩歲, 則其微言精義必有契焉. 而子靜則旣往矣.' 此朱陸早異晩同之說所由萌也. 程篁墩因之, 乃著『道一編』, 分朱陸異同爲三節, 始焉若氷炭之相反, 中焉則疑信之相半, 終焉若輔車之相倚. 朱陸早異晩同之說於是乎成矣. 王陽明因之, 遂有「朱子晩年定論」之錄, 專取朱子議論與象山合者, 與『道一編』輔車之卷正相唱和矣]."

혀 다른 것이다. 사실 왕수인은 주희와 육구연의 논쟁 자체에도 별 관심을 두지 않는다. 문인들의 관련 질문에도 큰 반응을 보이지 않을 정도다. 왕수인의 공부의 출발은 주희이며 주희의 이론을 매개로 하여 자신의 학문을 펼쳤다. 이에 비해 육구연의 사상은 주요 고려의 대상이 아니었다. 왕수인은 줄곧 주희를 공부했고 자신의 새로운 이론—지행합일론, 치양지론—도 주희의 공부방법론, 특히 주희의 격물론을 새롭게 해석하면서 도출한 것이었다. 따라서 굳이 구분하자면 왕수인은 육구연이 아닌 주희의 계열인 셈이다. 후대에 육왕학(陸王學)이라고 불릴 만큼 왕수인이 육구연의 견해를 이었다는 인식이 크게 자리 잡고 있으나 이는 겉으로 드러난 사상적 유사성에 기인한 것일 뿐 실상은 다르다. 후대의 육왕학이라는 표현이 무색할 정도다.

이런 사실에도 불구하고 왕수인을 주육화회론의 계열에서 논의하는 이유가 있다. 그것은 그가 자신의 공부방법론을 펼치는 데 있어 근간으로 삼은 「주자만년정론(朱子晚年定論)」이 명초의 주·육의 조이만동설(早異晚同說)과 맥을 같이하기 때문이다. 왕수인은 자신의 새로운 통찰이, 자신이 존경하고 의지해 온 주희의 이론과 다르다는 점에 대해 스스로 당혹해하면서, 그리고 이를 둘러싼 비판을 받으면서, 이를 타개하는 방안으로 「주자만년정론」을 내놓는다. 주희의 만년 기록들을 종합해 볼 때 그 대체적 관점이 자신의 지행합일설과 일치한다는 것을 내세우기 위한 저술이다. 이전의 주육화회론자들이 주희 만년의 입장이 육구연 쪽으로 다가갔다고 주장하는 것에 비해, 왕수인은 육구연과의 관계에는 관심이 없고 다만 자신의 최종 입장(지행합일)과 일치된다는 점을 주장한다. 이전의 주육화회론자들과 왕수인 간에는 이런 차이에도 불구하고 주희의 공부론적 견해에 있어 초중년과 만년이 다르다는 전제는 동일하며, 더욱이 왕수인의 이론의 토대인 「주자만년정론」은 이전 주육화회론의 조이만동설에 기대고 있다.[305] 왕수인의 「주자만년정론」은 고증 오류의 문제,[306] 또 수많은 주희의 공부방법에 대한 언급 중 자신의 입장에 유리한 것만 선택적으로 활용한 편협성의 문제 등이 지적되었는데, 이것과 상관없이 왕수인은 주희에 기대어 자신의 지행합일설을 정당화하고 이를 일정한 영향

305 陳建의 「學蔀通辯提綱」의 인식이 그러하다.

306 왕수인(王守仁)의 『朱子晚年定論』의 고증문제는 나흠순(羅欽順), 이불(李紱) 등에 의해 비판되었는데, 만년정론을 증명하기 위해 제시된 자료가 대단히 소략하거나 편협하고, 만년이 정확히 어느 시기에 해당하는지가 명확하지 않는 등의 문제가 제기되었다. 나흠순의 『困知記附錄』「論學書信-與王陽明書」, 이불의 『朱子晚年全論』 등을 통해 볼 수 있다. 임홍태, "왕양명의 주륙관 연구-주자만년정론을 중심으로", 『동방학』 23집, 2012, 261-262쪽 참조.

력을 갖춘 이론으로 세워 내는 데 성공한다. 왕수인의 이론은 존덕성과 도문학의 구분 자체를 없애는 것이어서, 주·육 논쟁의 주제와는 차원이 다른 새로운 논쟁점을 야기했다. 이러한 이면의 복잡한 상황에도 불구하고 표면적으로 볼 때, 지행합일론을 통해 표출된 왕수인이 묘사하는 공부의 이상은 육구연의 존덕성 중심 공부의 이상과 유사한 면모를 보인다. 유학사에서 일어난 주자학에 대한 상산학의 부상과 양명학의 부상은 모두 주희 방법론에서의 도문학 과잉이 가져오는 문제점 및 그 극복의 열망을 반영하고 있다.

원대 이후의 유학사에서의 주육화회론의 의미를 적극적으로 체계화하고자 한 것은 황종희이며, 그는 『송원학안(宋元學案)』과 『명유학안(明儒學案)』을 통해 이를 하나의 큰 사상사적 기획으로 진행한 듯 보인다. 이는 양명학자로서의 황종희가 양명학의 정통성—양명학의 관점이 관학으로서 독점적 권위를 유지하던 주자학의 정론과 일치한다고 보는 입장에 근거한—을 강화하는 방편이었을 것이다. 그런데 황종희에게서 확연히 드러나는 바의 주육화회론의 특징은, 그 사상적 출발점에 있어서 주희는 도문학 중심, 육구연은 존덕성 중심이었음을 전제한다는 것이다. 그 전제 위에서 만년에 이르러 각자 치우침을 성찰하며 주희는 존덕성을 보완하고 육구연은 도문학을 보완해 갔다고 설명하는 식이다.[307]

그런데 황종희의 이런 정리 방식은, 우리가 이미 앞에서 길게 살펴본 바와 같이, 최소한 주희의 공부론에 적용하기에는 적절치 않다. 주희에게 공부는 늘 존덕성과 도문학 두 축이 병진하는 구조로 이야기되었다. 처음에 도문학만 이야기하다가, 그것도 육구연의 영향 아래, 나중에야 비로소 존덕성을 보충하는 방식이 아니었다는 것이다. 상황에 따라 존덕성과 도문학 중 어떤 것을 더 강조하며 이야기하곤 했을 뿐, 주희의 인식 속에 양자는 늘 함께하는 공부 요소였다. 더욱이 주희에게 존덕성은 경 공부를 중심으로 초기부터 치밀하게 준비된 것이었다. 이에 비교한다면 육구연은 늘 존덕성으로만 공부의 대체를 이야기했다고 해도 좋을 것이다. 실상이 이러함에도 불구하고 황종희 류의 인식이 자리하게 된 것은 주희와 육구연 간의 극적 대비를 통해 만년의 일치를 끌어내고 이

---

307 황종희는, 육구연의 학문은 존덕성을 종지로 하고 주희의 학문은 도문학을 위주로 하여 같지 않았지만 모두 도를 밝히고자 하는 뜻은 같았다고 전제하면서, "하물며 두 선생이 평생을 두고 스스로를 다스린 것을 살펴보면 선생의 존덕성이 어찌 일찍이 옛 것을 배우고 독실히 행하는 데 노력하지 않았겠으며 자양(주희)의 도문학이 어찌 일찍이 스스로를 돌이켜 덕을 닦음에 힘을 다하지 않았겠는가. …(중략)… 그리하여 만년에 이르면 두 선생이 또한 모두 스스로 그 치우침을 뉘우쳤다."라고 하고 있다(『宋元學案』 卷58,「象山學案」).

를 통해 육구연, 나아가 왕수인의 이론을 주희의 수준과 동일하게 만들기 위한 작위적 도식이라고 밖에 볼 수 없다.

주육화회적 시각 혹은 조이만동의 시각은, 당연한 일이지만 많은 도전을 받았다. 비판자로는 나흠순(羅欽順), 진건(陣建), 고염무(顧炎武) 같은 이들이 있고, 조선의 이황(李滉)이 대표적이다. 진건은 『학부통변(學蔀通辨)』에서 다음과 같이 진단한다.

> 생각지도 못하게, 근세에 한 부류가 조만지설을 만들어 "주자의 초년에 소견이 아직 정해지지 않아 상산을 잘못 의심했으나 만년에 비로소 뉘우치며 깨달아 상산과 합치하게 되었다"고 말한다. 그러한 주장은 대개 조동산(조방)의 「대강우육군자책」에서 싹트고 정황돈(정민정)의 「도일편」에서 완성되었다. 근래에는 왕양명이 이에 근거하여 또 「주자만년정론」을 편집했다. 이러한 설이 이루어진 뒤부터 후인들은 다시 고찰할 겨를 없이 일체를 의지하고 믿으니 그것이 조(早)와 만(晩)을 전도시켜 주자를 무고하고 육학을 눈가림하는 것임을 알지 못한다.[308]

> 주자는 주자의 정론이 있고 상산은 상산의 정론이 있으니 억지로 같게 할 수는 없다. 허정(虛靜)에 전일하게 힘쓰고 정신은 온전히 기르는 것, 이것이 상산의 정론이고, 주경함양(主敬涵養)으로 그 근본을 세우고 독서궁리(讀書窮理)로 그 지를 지극히 하며, 신체역행(身體力行)으로 그 실질을 밟아 가는 세 가지가 서로 교차하며 닦아 주고 나란히 지극해져야[交修竝盡] 한다는 것이 주자의 정론이다. …(중략)… (주자는) 혹은 오로지 함양을 말하고 혹은 오로지 궁리만을 말하며 혹은 역행만을 말하기도 하였으니, 주자가 사람에 따라 가르치고, 병에 따라 약을 처방한 것이다. 미혹한 자가 단지 오로지 함양을 말하는 것을 가리켜 정론이라고 하고서 상산에 부합시키니 주자를 무고함이 심하다.[309]

진건은 주희, 육구연 각각의 정론이 있으며 주희의 정론을 주경함양(主敬涵養), 독서궁

308 陣建『學蔀通辨』「學蔀通辨序」, "不意, 近世一種造爲早晩之說, 迺謂'朱子初年所見未定, 誤疑象山, 而晩年始悔悟, 而與象山合.' 其說蓋萌於趙東山之對江右六君子策, 而成於程篁墩之道一編. 至近日王陽明因之, 又集爲朱子晩年定論, 自此說旣成. 後人不暇復考, 一切據信, 而不知其顚倒早晩, 矯誣朱子以彌縫陸學也."

309 陣建,『學蔀通辨』,「學蔀通辨提綱」, "朱子有朱子之正論, 象山有象山之定論, 不可强同. 專務虛靜, 完養精神, 此象山之定論也. 主敬涵養以立其本, 讀書窮理以致其知, 身體力行以踐其實, 三者交修幷盡, 此朱子之定論也. …(중략)… 乃或專言涵養, 或專言窮理, 或只言力行, 則朱子因人之教, 因病之藥也. 惑者乃單指專言涵養者爲定論, 以附合於象山, 其誣朱子甚矣."

리(讀書窮理), 신체역행(身體力行)으로 잡고, 육구연의 정론을 전무허정(專務虛靜), 완양정신(完養精神)으로 잡는다. 육구연의 정론에 대해 도불의 수양의 이미지를 느껴지도록 표현한 것은 의도적이라고 보이며 치우친 점도 있다. 다만 주희의 정론의 경우 주경궁리역행으로 정리한 것은 정확한 것이며 이것이 육구연과 분명한 차이를 지닌다는 점도 분명하다. 진건은 조이만동설을 주장하는 이들이 이 차이를 무시하고 마치 주희가 함양을 말한 것만을 정론인 것처럼 해서 육구연과 일치시키는 오류를 범한다고 지적한다.

진건은 나아가 이들이 '조(早)'와 '만(晩)'을 전도시켰다는 주장도 내놓는다. 즉, 실상은 '조동만이(早同晩異)'라 할 만한 전개였다는 것이다. 그는 이를『학부통변』전권을 거쳐 설명하는 동시에 서문에 요점을 제시한다. 요컨대 주희와 육구연이 어릴 적에는 만난 적이 없지만 선학(禪學)에 빠져서 서로 유사성을 지녔다는 것이고, 중년에 이르러서는 육구연과 만나면서 단점을 버리고 장점을 취하고자 하나 의심과 믿음이 반반 있었는데, 만년에 이르러서는 그 폐단을 깨닫고 공격하는 데 힘을 기울였다는 분석이다. 진건은 육구연이 정신을 기울인 것은 분명히 선학(禪學)이며, 단지 유학으로 그것을 가린 것일 뿐이라고 한다. 진건은 주희와 육구연의 견해는 만년에는 더욱 얼음과 숯불[氷炭]처럼 멀어지게 되었다는 입장을 지닌다.[310]

조선의 퇴계 이황이 진덕수(陳德秀)의『심경(心經)』을 기초로 정민정(程敏政)이 편찬한『심경부주(心經附註)』를 존숭하고 보급한 것은 유명하다. 주육화회론자인 정민정이 편찬했을 뿐 아니라, 그 말미에 정민정 자신의 조이만동설의 혐의를 받을 수 있는 설명까지 포함시킨『심경부주』를 존숭한다는 것이 주자학을 표방하는 조선에서 큰 부담과 모험이었을 것이다. 그럼에도 불구하고 이황은『심경부주』에 실린, 주자학의 심학적 본질을 보여 주는 전적들을 압축적으로 선정하여 담아낸 이 저술의 가치를 높이 평가하고

---

310 陣建,『學蔀通辨』,「學蔀通辨序」, "상권에 실은 것은, 주자가 초년에 일찍이 선학을 출입하였으니, 상산과는 만난 적이 없지만 (그 학문이) 같고, 중년에 이르러 그 잘못됨을 비로소 깨닫고 바른 데로 돌아갔음을 드러냈다. 중권에 실은 것은, 주자가 중년에 처음으로 상산을 알게 되어 그 학설이 다분히 단점을 버리고 장점을 더하되 그 의심과 믿음이 반반이다가 만년에 이르러 비로소 그 폐단을 깨닫고 공격에 주력하였음을 드러냈다. 하권에 실은 것은 주자와 육상산이 만년에 ??였다는 것이다. 하권은 주륙의 사이가 만년에 얼음과 숯불이 되었으니 상산이 이미 죽고 난 후 주희가 배척한 이유가 더욱 명확함을 드러냈다[上卷所載, 著朱子晩年嘗出入禪學, 與象山未會而同, 至中年始覺其非, 而返之正也. 中卷所載, 著朱子中年始方識象山, 其說多去短集長, 疑信相半, 至晩年始覺其弊, 而攻之力也. 下卷所載, 箸朱陸晩年永炭之甚, 而象山旣沒之後, 朱子所以排之者尤明也]."

활용한다. 이황은 정민정의 주육화회론에는 분명히 선을 긋되,『심경부주』의 내용에 대해서는 편집자인 정민정과 구분하여 평가하고 활용한 것이다.[311] 이황은「심경후론(心經後論)」에서 주희는 '유(儒)'이며 육구연은 '선(禪)'이라고 강한 어조로 구분하면서 양자의 공부방법의 차이를 설명한다. 나아가 다른 지면에서 양명학과의 차별점도 분명히 드러낸다. 몇 가지를 모아 보면 다음과 같다.

> 내 일찌이 생각해 보니, 주자와 육상산 두 사람의 같지 않음은 일부러 같지 않으려는 데에 뜻을 둔 것이 아니다. 이쪽[朱子]은 유(儒)요 저쪽[陸象山]은 선(禪)이며 이쪽은 바르고 저쪽은 사특하며 이쪽은 공평(公平)하고 저쪽은 사량(私狠; 사사롭고 사나움)하니, 이와 같으면서 어찌 서로 같을 수 있겠는가? 공자는 "글을 널리 배우고 예로써 요약한다." 하였고, 자사는 "덕성을 드높이고 묻고 배움에 말미암는다." 하였고, 맹자는 "널리 배우고 자세히 말하는 것은 장차 돌이켜 요약함을 말하고자 해서다." 하였으니, (지와 행) 두 가지가 서로 필요함은 수레의 두 바퀴와 같고 새의 양 날개와 같아서 하나를 없애고서 달리거나 날 수는 없는 것이니 이것이 실로 주자의 학설이다. 우리 유가(儒家)의 법(法)이 본래 이와 같으니, 노선생(老先生; 주자)은 일생 동안 이 두 가지에 종사하여 조금이라도 한쪽으로 편중함이 있음을 깨달으면 즉시 맹렬히 살피고 통렬히 고치셨다. 그러므로 서찰이 왕복하는 사이에 나타난 것이 상호 억양(抑揚)이 있으니, 이는 바로 우리 유가의 법을 사용하여 서로 바탕하고 서로 구제함으로써 대중지정(大中至正)한 도(道)에 나아간 것일 뿐이니, 어찌 초년에는 문의의 말단에 완전히 미혹되었다가 상산을 만난 뒤에 비로소 깨닫고 거두어 본원으로 돌아간 것이겠는가?[312]
>
> 주자는 만년에 제자들이 흔히 문의에 얽매이는 것을 보고 과연 자못 본체를 가리켜서 존덕성을 중시하는 논의로 귀속됨이 있었다. 그런데 이것이 어찌, 마치 양명이 말한 것처럼, 도문학의 공부를 완전히 폐기하고 사물의 리를 없애는 것이겠는가? 그런데 양명은 이것을 인용하여 스스로를 주자의 설[朱說]에 부합시키고자 하였으

---

311 이에 관한 이황(李滉)의 입장은「心經後論」(『退溪全書』卷41)에 자세히 드러나 있다.

312 『退溪全書』卷41,「心經後論」, "蓋嘗思之, 朱陸二氏之不同, 非故有意於不同也. 此儒而彼禪, 此正而彼邪, 此公平而彼私狠, 夫如是, 安得而相同耶? 孔子曰, '博學於文, 約之以禮.' 子思曰, '尊德性而道問學', 孟子曰, '博學而詳說之, 將以反說約也.' 二者之相須, 如車兩輪, 如鳥兩翼, 未有廢一而可行可飛者, 此實朱子之說也. 吾儒家法, 本自如此, 老先生一生從事於斯二者, 纔覺有一邊偏重, 卽猛省而痛改之. 故其見於書尺往復之間者, 互有抑揚, 此乃自用吾法而自相資相捄, 以趨於大中至正之道耳, 豈初年全迷於文義之末, 及見象山然後, 始悟而收歸本原乎哉?"

니 역시 잘못된 것이다.[313]

리와 본성의 세계관을 공유하는 데, 도리의 실천을 지향하는 데 왜 이렇게 굳이 그 차이를 따져야 하는지 하겠지만, 그래서 주육화회론자들도 나왔지만, 이황을 비롯한 주자학적 방법론에 충실한 이들은 작은 차이가 결코 작은 차이가 아니라는 인식을 강하게 가지고 있다. 특히 육구연이든 왕수인이든 마음이 곧 리이고 성인의 마음과 내 마음이 같으니 다만 마음의 인·의·예·지를 펼치면 되는 것 아닌가 하고 접근하지만, 주희나 이황이 보기에 비록 마음이 리를 갖추고 있고 본성이 성인과 같을지라도 그것이 곧 현실화된 역량은 아니기에 성인의 언어를 익히며 안내를 받는 과정, 그리고 다양한 방면의 사물에 대한 탐구의 도문학의 과정은 별도로, 엄중하게 강조되어야 한다. 물론 주희와 이황에게도 중심은 존덕성이며 이들이 중요하게 여기는 도문학도 결국 존덕성을 위한 것이다. 이들의 시각에서 육구연이나 왕수인 식의 공부법은 도문학이 빠지거나 소홀히 되면서 존덕성으로 모든 공부를 채우는, 간결해 보여 매력적이나 결국 선적인 수행과 차별되지 않게 흐를 우려가 있다.

명대 이래의 주육화회, 조이만동의 시각에 대한 동의 여부와 상관없이, 역사 속의 주·육의 공부방법 논쟁은 주희를 정점으로 구축된 신유학적 공부론을 전체적으로 돌아보며 주자학적 방법의 의미 이면의 한계를 자각하고 보완해 가도록 하는 데 중대한 역할을 했다. 존덕성과 도문학의 병진 구조, 거경궁리역행의 구조를 근간으로 하면서도 존덕성의 중심성을 분명하게 각인하도록 했다. 그 방면에서 주자학적 공부론의 진로를 잘 보여 준 예가 특히 『성학십도』에 반영된 이황의 공부론이 아닐까 한다. 이황의 공부론은 역사 속에서 상산학이나 양명학적 비판 속에서도 주자학의 공부방법적 기틀을 철저히 견지하면서도 경 공부를 핵으로 하는 존덕성의 중심성을 확고히 세우고 도문학의 성격을 이에 걸맞게 조절하는 방향으로 나아간 사례라고 할 수 있다.

313 『退溪全書』 卷41, 「白沙詩敎傳習錄抄傳因書其後」, "朱子晩年, 見門弟子多繳繞於文義, 果頗指示本體 而有歸重於尊德性之論. 然是豈欲全廢道問學之功, 泯事物之理, 如陽明所云者哉? 而陽明乃欲引此, 以自附於朱說 ,其亦誤矣."

제7장

교학(敎學)의 과정 및 단계

- 소학(小學)과 대학(大學)

1. 논의의 방향

우리는 앞의 제6장에서 지·행(경)병진, 혹은 거경·궁리·역행으로 요약될 수 있는 공부방법론에 대해 검토했다. 그런데 그렇게 설명되는 공부방법은 모든 사람에게 적합할까? 특히 연령이 낮은 아동들에게 적합한 방법일까? 그럴 것 같지 않다. 격물치지로 대변되는 고도의 지적 탐구와 수신에서 치국, 평천하에 이르는 행 공부, 그리고 고도의 미발함양과 이발성찰을 이끌어 내는 경 공부는 아무래도 아동(兒童) 단계에서는 아무래도 어려운 일이다. 사실 주희의 공부론적 발상과 사색은, 주로 성인(成人) 단계 학자들의 공부를 염두에 두고 출발한 것이다. 이런 맥락에서 주희는 스스로가 '대인(大人)의 학'을 논한 경전이라 평한 『대학』의 삼강령·팔조목을 공부에 관한 기틀을 보여 주는 것으로 의미 부여하고 중시하기도 했다.

그런데 주희의 관심은 단지 성인(成人) 단계의 공부론 구축에 머물지 않는다. 성인 단계의 공부론에 대한 일정한 정리를 거친 후 주희는 이와 짝을 이룰 만한 아동 단계의 공부방법 검토에 들어간다. 성인 단계의 공부가 잘 이루어지기 위해서도 그 기초를 갖추는 공부가 성인 이전의 연령 단계에서 요청된다고 보았기 때문이다. 주희는 이런 문제의식에 부응하는 단계적 교육체계를 갖추어 가고자 했다. 인간 본성의 실현이라는 목적은 전 연령대에 걸쳐 동일하게 적용되더라도, 연령별 발달단계에 따라 교육내용 및 방법의 차등화는 필요하다고 보았다. 그 결과로 주희에 의해 제기된 것이 소학(小學)을 거쳐 대학(大學)으로 나아가는 공부론 및 교육론, 즉 소학·대학 공부론 혹은 소학·대학 교육론이다. 소학과 대학 단계가 나뉘는 기점은 대략 15세로서, 8~15세 정도는 소학을, 15세 이후는 대학에 배당했다. 주희에게 소학·대학은 사람을 가르치는 순서 및 방법으로서의 교수론임과 동시에 해당 연령에 속한 자들이 스스로 배우는 단계별 공부론이기도 했다. 즉, 소학·대학은 학습과 교수의 의미를 포괄하며, 따라서 교학(教學)의 성격을 지닌다고 할 수 있다. 따라서 소학에서 대학으로 이어지는 공부론 혹은 교육론은 한마

디로 '소학(小學)·대학(大學) 교학론(敎學論)'이라고 명명할 수 있다.[1]

앞서 중화설(中和說)의 정립 과정에서 보았듯이 주희는 사람들이 보다 쉽고 합리적으로 접근할 수 있는 길을 찾는 하학지향적, 그리고 교육적 문제의식 아래 자신의 공부론을 발전시켰으니 그만큼 처음부터 교육적 관심과 감각이 크게 작용했다. 소학·대학 교학론은 그런 교육적 관심과 감각으로부터 나온 이론적 결실이었다. 사실 유교 역사를 전체적으로 보더라도 성인(成人) 단계의 학자로서의 공부에 대한 관심을 가진 자는 많았으나, 그 관심이 아동의 공부에 대한, 그리고 전 연령층의 교육 문제로 확대한 경우는 거의 없었다. 단지 자기 공부나 자신이 속한 성인 단계의 공부 문제에만 집중하는 게 대부분이었다. 현대의 동양철학계 연구자들의 공부론 연구도 대체로 그런 경향을 지닌다. 그러나 주희는 달랐다. 주희의 관심은 자기 공부의 차원을 넘어 전 연령층의, 전 민의 공부와 성장을 위한 교육 체제를 모색하는 방면으로 확장되어 있었다. 이는 어쩌면 앞에서 살펴본 바의,『대학』수장의 '신민(新民)',『중용』수장의 '교(敎)'를 둘러싼 주희 자신의 이해를 스스로 실행에 옮긴 경우라고 보아도 좋다. 즉, 주희 스스로 자기 본성을 밝히는 과정을 거쳐 타인들의 본성을 밝히는 신민 및 교의 단계로 진입한 것이다. 그가 펼친 소학·대학 교학론은 주희의 신민과 교의 이론인 셈이다. 그리고 이는 동아시아 교육사에서 아주 특별한 성과였다. 동아시아 교육사에서 처음으로 등장한 연령별, 단계별 교학 과정의 체계화 시도였기 때문이다. 교육 및 학교의 수준을 소학과 대학 단계로 나누어 접근한 것은 오랜 역사를 가졌을 수도 있겠으나, 그 이론적 체계화는 주희에 의해 처음 이루어진 것이라 해도 과언이 아니다. 그 구체적인 면면을 들여다보자.

이하에서는 먼저 소학·대학 교학론 전반에 대해 검토한다. 이어 이 토대 위에 대학 단계의 공부 안내서로 주희가 평가한『대학』의 공부 강목(綱目; 삼강령과 팔조목)을 둘러싼 이해를 보다 상세하게 다루어 보고자 한다. 주희의 소학·대학 교육론의 틀에서『대학』의 위상은 특별하며 따라서『대학』의 공부론적 체계에 대한 보다 심화된 이해는 요청되기 때문이다. 앞서 다룬 바의 경, 지, 행을 둘러싼 주희의 공부방법론은 소학·대학 교학론, 그리고『소학』『대학』속의 공부론적 체계에 대한 접근에 있어 긴요한 배경이 될 것이다.

---

1 '교학(敎學)'이라는 말은 가르침과 배움을 포괄한다. 사실 '교육(敎育)'이라는 말도 가르침과 배움을 포괄하는 말이어서 교육론이라는 용어도 좋지만, 서양의 education의 번역어로서의 '교육'이 배움보다는 가르침의 의미에 치우쳐 쓰인다는 점을 고려하여 혼란을 피해 '교학'이라는 용어를 활용하고자 한다.

2. 소학·대학 교학론: 공부 및 교육의 순서와 과정

1) 소학·대학 교학론의 제기와 그 개념

주희의 소학·대학 교학론이 언제 정립되었는지를 정확히 파악하기는 어렵다. 다만 소학·대학 교학론의 가장 기본이 되는 교재라고 할 수 있는 『대학장구(大學章句)』의 저술과 『소학(小學)』 편찬이 거의 완결된 시점을 통해서 추측해 본다면, 주희 나이 58세를 전후한 시점이 아닐까 한다. 학문의 완숙기인 이 시기에 그는 평생의 노력을 통해서 『대학장구』를 비롯한 사서학(四書學)의 체계를 정립한 다음 사서학의 보완의 필요성에 의해 『소학』을 편찬하게 된다.[2] 그러고 나서 이를 토대로 본격적으로 소학·대학 교학론을 전개하는 바, 그 윤곽은 주희가 60세경에 쓴 「대학장구서(大學章句序)」에서 뚜렷하게 제시되어 있다. 내용을 검토하면 다음과 같다.

> 삼대(三代; 하은주)가 융성했을 때 그 법이 점점 갖추어졌으니, 그러한 뒤에 왕궁과 국도로부터 시골마을에 이르기까지 학교가 있지 않음이 없었다. 사람이 태어나서 8세가 되면 왕공(王公)으로부터 아래로 서인(庶人)의 자제에 이르기까지 모두 소학(小學)에 들어가서 쇄소응대진퇴(灑掃應對進退; 물 뿌리고 쓸며 응하고 대답하며 나아가고 물러감)의 예절[節]과 예악사어서수(禮樂射御書數)의 문물[文]을 가르치고, 15세에 이르면 천자의 원자(元子), 중자(衆子)로부터 공(公), 경(卿), 대부(大夫), 원사(元士)의 적자(嫡子)와 모든 백성의 준수한 자에 이르기까지 모두 태학(太學)에 들어가서 리(理)를 궁구하고 마음을 바르게 하며 몸을 닦고 사람을 다스리는 방법을 가르쳤으니, 이것이 학교의 가르침에 크고 작은 절차가 나누어진 이유다. …(중략)… 이에 홀로 선왕의 법을 취하여 외워 전하며 후세를 가르치시니, 「곡례(曲禮)」「소의(少儀)」「내칙(內則)」「제자직(弟子職)」과 같은 여러 편은 진실로 소학(小學)의 지류(支流)와 여예(餘裔)이며, 이 책(『대학』-필자주)은 소학(小學)의 성공(成功)에 근거한 대학(大學)의 밝은 법을 드러내었으니, 밖으로는 그 규모(規模)의 방대함을 다하였고 안으로는 그 절목(節目)의 상세함을 다하였다.[3]

---

2 束景南, 『朱子大傳』, 福建: 教育出版社, 1992, 761-766쪽 참조.

3 『大學章句』, 「大學章句序」, "三代之隆, 其法寖備, 然後, 王宮國都以及閭巷, 莫不有學. 人生八歲, 則自王公以下至於庶人之子弟, 皆入小學, 而教之以灑掃應對進退之節禮樂射御書數之文; 及十有五年, 則自天子之元子衆子, 以至公卿大夫元士之適子, 與凡民之俊秀, 皆入大學, 而教之以窮理正心修己治人之道. 此又學校之教, 大小之節所以分也. 夫以學校之設, 其廣如此, 教之之術, 其次第節目之詳又如此,

주희는 삼대(三代)의 풍속 및 공자의 행적을 모델로 끌어들여서 소학·대학 공부(교육) 과정 및 단계 설정의 필요성과 각 단계의 교학 내용을 대략적으로 설명하고 있다. 주희의 소학과 대학 단계의 내용 구분은 특정 신분이나 계층 등이 아닌, 연령을 기준으로 한 구분임을 알 수 있다. 즉, 소학은 '어린 사람의 배움[小子之學]'이고 대학은 '장성한 사람의 배움[大人之學]'이라고 할 수 있는데,[4] 소학은 대략 8세에서 15세의 아동을 대상으로 하고, 대학은 15세 이상의 성인을 대상으로 한다. 그리고 앞의 인용문만을 토대로 해서 보면, 소학의 교학 내용으로는 쇄소응대의 예절과 예악사어서수의 육예(六藝) 등을 꼽을 수 있으며, 『곡례(曲禮)』『소의(少儀)』『내칙(內則)』『제자직(弟子職)』 같은 여러 책의 내용이 여기에 관련된다고 주희는 설명한다. 대학의 교학 내용으로는 『대학』 수장의 격물, 치지, 성의, 정심, 수신 등의 조목을 기준으로 하여 설명하는 것을 알 수 있다. 주희는 소학의 성공으로 말미암아 대학 공부도 성공할 수 있다고 하면서 양자의 긴밀한 연결관계를 분명히 한다. 소학에서 대학으로 이어지는 교학과정이 개인의 본성을 밝힘은 물론 사회의 풍속을 아름답게 가꿀 것이라는 점을 확신한다.

그런데 여기서 주목하고 넘어갈 중요한 사실이 하나 있다. 소학·대학 교학론을 펼치는 이 공간이 「대학장구서」, 즉 『대학장구집주』의 서문이라는 점이다. 대학에 대한 주석을 총체적으로 마감하고 의미를 부여하는 자리에서 주희는 '갑자기' '의외로' 소학을 언급하고 있는 것이다. 이는 무엇을 말하는가? 주희의 머릿속에는 대학은 애초에 소학과 짝을 이루는 과정이라는 전제가 구축되어 있다는 의미다. 그리고 그는 『대학』이라는 텍스트에 무엇보다 대학 단계 교학의 지침서로서의 의의를 부여하고 있었다. 주희에게 『대학』은 무엇보다 각종 소학 단계의 책들과 짝을 이루어 대학의 과정을 이끄는 지침서로서의 의미가 있다.

주희는 거꾸로 『소학』을 편집한 후에는 소학 교육의 의미를 논하는 공간인 「소학제사

而其所以爲敎, 則又皆本之人君躬行心得之餘, 不待求之民生日用彛倫之外. 是以當世之人無不學, 其學焉者無不有以知其性分之所固有職分之所當爲 而各俛焉以盡其力. 此古昔盛時, 所以治隆於上, 俗美於下, 而非後世之所能及也. 及周之衰, 賢聖之君不作, 學校之政不修, 敎化陵夷, 風俗頹敗, 時則有若孔子之聖, 而不得君師之位, 以行其政敎. 於是獨取先王之法, 誦而傳之, 而詔後世, 若曲禮少儀內則弟子職諸篇, 固小學之支流餘裔, 而此篇者, 則因小學之成功, 以著大學之明法, 外有以極其規模之大, 而內有以盡其節目之詳者也."

4 『大學章句』, 〈도입부〉, "大學者, 大人之學也."/『大學或問』, 「大學或問上」, "或問: 大學之道, 吾子以爲大人之學, 何也? 曰: 此對小子之學, 言之也."

(小學題辭)」에서는 대학 교육을 함께 거론한다. 그만큼 주희에게 양자는 서로 떼어 놓고 생각할 수 없다.

> 소학(小學)의 방법은 물 뿌리고 쓸고 응하고 대답하며, 집에서는 효도하고 밖에서는 공경하면서, 행동에 혹여 어그러짐이 없도록 하고, 실천하고 남은 힘이 있거든 시를 외고 책을 읽으며 노래도 부르고 춤도 추는데, 생각이 혹여 법도를 넘지 않도록 해야 한다. (대학(大學)의) 궁리(窮理)와 수신(修身)은 학문의 큰 것으로 밝은 본성[明命]이 빛을 발하여, 안팎의 구분이 없이 덕이 높아지고 사업이 광대해지니, 결국 처음의 본성을 돌이키게 된다.[5]

주희는 본성을 실현하는 교학 과정으로서 소학과 대학의 공부내용을 예시하고 있다. 소학의 내용으로는 쇄소응대 외에 『논어』의 일상의 집 안팎에서의 행동 및 생각을 다스리는 실천 및 간단한 지 공부에 대해 논한다. 대학의 내용으로는 궁리수신(窮理修身), 덕숭업광(德崇業廣)을 거론한다. 결론적으로 소학·대학의 모든 과정은 결국 처음의 본성을 돌이키는데[復其初] 지향점이 있음을 강조한다.

여기서 한 가지 주요 개념에 대한 정리가 요구된다. 지금까지 말한 바의 소학·대학 교학론과 『소학』『대학』이라는 텍스트의 관계에 대해 혼동을 일으킬 수 있기 때문이다. 현대의 많은 연구자가 사실 양자를 혼동해서 '소학 교육'은 곧 '『소학』 교육'으로, 대학 교육은 곧 '『대학』 교육'으로 동일시하는 오류를 범하는 경향을 보인다. 표면적으로는 그렇게 보이나 실제로 그 구분이 분명하다. 소학과 대학은 일반명사인 반면, 『소학』과 『대학』은 고유명사다. 『소학』과 『대학』은 각각 소학 과정과 대학 과정을 이끄는 핵심 교재일 뿐 그 자체는 아니다. 다시 말하지만, 주희는 인간 본성 실현을 위한, 아동 단계와 성인 단계의 교학의 유기적 연결 체제를 염두에 두면서 일정한 연령을 기준으로 소학과 대학이라는 두 단계의 교학(教學) 과정을 구상했다. 이 구상의 맥락에서 각 교학과정을 이끄는 핵심 교재가 요청되었는데, 그 결과 『소학』을 새롭게 구성하고 『대학』을 새롭게 주석해서 활용한 것이다. 즉, 그는 소학 교육을 위해 전통의 아동 교육 관련 언설들을 모아서 『소학』을 편집하고, 대학 교육을 위해 『대학』의 삼강령·팔조목을 재해석하고서, 여기에 기반해서 소학·대학 교학과정 체제를 완비했다. 그러니 '소학 교육' 및 '대학 교

---

5 『小學』,「小學題辭」, "小學之方, 灑掃應對, 入孝出恭, 動罔或悖, 行有餘力, 誦詩讀書, 詠歌舞蹈, 思罔或逾. 窮理修身, 斯學之大, 明命赫然, 罔有內外, 德崇業廣, 乃復其初."

육'을 각각 '『소학』 교육' 및 '『대학』 교육'으로 보는 것은 일종의 착시 현상이다. 정확히 말하면 소학 교육은 『소학』을 중심 내용으로 하는 아동 단계 교육을 의미하고, 대학 교육은 『대학』을 중심 내용으로 하는 성인 단계 교육을 의미하는 것이다.[6] 여기서 『소학』과 『대학』을 중심 내용으로 한다는 것은 결코 『소학』과 『대학』만이 유일한 교학 내용이라는 뜻이 아니다.

이런 시각에서 볼 때 소학·대학 교학론은 비로소 열린 체제로 이해된다. 주희가 논하는 바의 소학·대학 교육은, 『소학』과 『대학』을 중심 내용으로 하면서도 그 외 다양한 교육내용을 포괄하고 있다. 따라서 주희가 제시한 소학·대학 교학과정의 성격을 종합적으로 관조하기 위해서는, 다만 『소학』과 『대학』의 내용 자체에 천착하는 데 그쳐서는 안되고, 이를 넘어서, 소학·대학 교학론을 관통하는 구성 원리(목표 및 내용, 방법에 관한)에 대해서 먼저 관조하는 태도를 견지할 필요가 있다.

2) 소학·대학 교학의 목적과 내용: 『소학』『대학』에 대한 주희 해석을 중심으로

주희가 제기하는 교학의 두 단계인 소학과 대학의 내용과 그 관계에 대해 좀 더 검토를 해 보자. 소학 교육과 대학 교육은 『소학』 교육이나 『대학』 교육과 동일한 것이 아니지만, 소학 교육의 중심 교재는 『소학』이고 대학 교육의 중심 교재는 『대학』인 한, 소학·대학 교학론의 실체를 이해하는 데 『소학』과 『대학』이라는 텍스트 분석은 피할 수 없다.

주희는 그의 제자인 유자징(劉子澄)과 더불어 소학 교육의 지침서로서의 『소학』을 편찬했다. 『소학』은 크게 내편(內篇)과 외편(外篇)으로 구성되어 있는데, 내편에는 「입교(入教)」「명륜(明倫)」「경신(敬身)」「계고(稽古)」 편이, 그리고 외편에는 「가언(嘉言)」「선행(善行)」 편이 마련되어 있다. 먼저 「입교(入教)」 편에서는 가르치고 배우는 이유, 목적과 그 자세(진실하고 공경스럽고 돈독하고 성실하고 절제하는), 그리고 육덕(六德: 知·仁·聖·義·忠·和), 육행(六行: 孝·友·睦·婣·任·恤), 육예(六藝: 禮·樂·射·御·書·數) 등의 핵심적 교학 내용을 다루고 있다. 다음으로 「명륜(明倫)」 편에서는 부모, 임금, 부부, 스승, 친구, 일반 어른과의 관계 등 제반의 인간관계에서의 도리에 대해서 다루고 있다. 다음으로 「경신(敬

6 '소학'과 '대학'이라는 용어는 연령을 기준으로 한 아동 단계의 기초 교육과 성인 단계의 심화 교육을 의미하는 동시에, 각 단계의 교육내용을 담은 저서명을 의미한다. 소학과 『소학』, 대학과 『대학』은 각각 서로 떼어놓을 수 없는 긴밀한 관계를 형성하고 있지만 양자를 동일한 것으로 취급해서는 안 된다.

身)」 편에서는 시(視), 청(聽), 언(言), 동(動)을 비롯한 제반의 몸가짐 및 마음가짐, 일처리에 있어서 공경스러움의 태도를 유지해야 한다는 점을 말하고 있다. 다음으로 「계고(稽古)」 편에서는 성현들의 삶과 공부의 모범을 제시함으로써 독자로 하여금 감흥을 일으킬 수 있도록 구성되었다. 이상은 내편을 논한 것인데 그 내용은 전통적인 소학 관련 서적이나 경전들, 그리고 성현들의 행적을 기초로 작성되었다. 이어서 외편으로서 「가언(嘉言)」 편과 「선행(善行)」 편이 있다. 이 두 편에서는 한대에서 송대에 이르기까지의 학자들의 아름다운 말과 행실을 뽑아서 모아 놓았는데, 그 내용 구성은 내편의 구조(「입교」「명륜」「경신」)에 상응한다.[7]

이상의 『소학』에 내재한 교육 목적, 방법, 내용에 대한 주희의 이해는 「소학서제(小學書題)」에서 다음과 같이 표현되어 있다.

> 옛날 소학에서 사람을 가르침에, 물 뿌리고 쓸고 응하고 대답하며 나아가고 물러가는 예절과, 부모를 사랑하고 어른을 공경하며 스승을 받들고 벗을 가까이 하는 방법으로써 했으니, 모두 (대학의) 수신, 제가, 치국, 평천하를 이루는 근본이 되었다. 반드시 어린 시절에 강습이 이루어지도록 해서, 몸의 습관을 다지면서 지혜를 기르고 몸가짐을 변화시키면서 마음을 이루어 가서[其習與智長, 化與心成], (본성 실현을) 방해하는 병통을 없애도록 하고자 한다.[8]

주희는 이렇게 쇄소응대(灑掃應對)와 각종 인간관계에서의 도리의 실천을 그 소학의

---

7 『소학』의 내용 구성을 보다 구체적으로 들여다보면 다음과 같다. 크게 내편(內篇)과 외편(外篇)으로 되어 있는 『소학』은 우선 내편에는 「입교(入敎)」「명륜(明倫)」「경신(敬身)」「계고(稽古)」, 외편에는 「가언(嘉言)」「선행(善行)」을 배치하고 있다. 나아가 이 중에서 내편 중 「계고」와 외편인 「가언」, 「선행」에는 각각 그 하위에 다시 '입교' '명륜' '경신'을 두고 있는 구조를 선보인다. 즉, 「계고」 아래에 '입교(立敎)' '명륜(明倫)' '경신(敬身)' '통론(通論)'을, 그리고 「가언」 아래에 '광입교(廣立敎)' '광명륜(廣明倫)' '광경신(廣敬身)'을, 「선행」 아래에 '실입교(實立敎)' '실명륜(實明倫)' '실경신(實敬身)'을 두고 있다.
이를 보면 『소학』 내용 전체를 걸쳐 기본 골격은 '입교' '명륜' '경신'이라고 할 수 있다. '입교'는 공부의 입구와 방향을 찾고 동기 부여를 하도록 이끄는 역할을, '명륜'은 인·의·예·지의 본성이 실제로 펼쳐지는 장으로서의 주요 인간관계 속의 공부를 유도하는 역할을, 그리고 '경신'은 몸에 경의 태도가 익도록 하는 역할을 한다. 이 세 가지를 바탕으로 이루어지는 '계고' 및 '가언' '선행'은 역사적 모범 사례를 통해 공부를 이끌어 내는 역할을 한다.

8 『小學』, 「小學書題」, "古者小學敎人, 以灑掃應對進退之節, 愛親敬長隆師親友之道, 皆所以爲修身齊家治國平天下之本, 而必使其講而習之於幼穉之時, 欲其習與智長, 化與心成, 而無扞格不勝之患也."

핵심 내용으로 거론하곤 한다. 언뜻 이런 류의 소학 내용이 소박해 보이지만, 주희는 이것이 유가적인 '인간형성' 과정에서 가장 기본적이면서도 중요한 일이라는 생각이 확고하다. 아동이 일상생활에서 당면한 일을 정성스럽게 처리함과 동시에 부모와의 관계를 비롯한 각종 인간관계에서의 도리를 공경스럽고 충실한 마음으로 실행하는 힘을 키우는 것이 소학의 주요 과제이며, 이것이 토대가 되어 대학 단계에서 인간 본성의 실현의 완결이 이루어질 수 있다고 보는 것이다. 이와 같은 내용의 소학 교육이 어떻게 근본이 될 수 있는가에 대한 해명의 단서는 "몸의 습관을 다지면서 지혜를 기르고 몸가짐을 변화시키면서 마음을 이루어 가는[其習與智長, 化與心成]" 방향에서 찾을 수 있다. 즉, 일상적인 일처리와 인간관계의 도리를 몸의 실천을 통해서 익힘으로써 결국 지혜가 겸비된 마음 바탕이 형성할 수 있게 된다는 것이다. 여기서의 마음 바탕은 자신의 사욕을 절도 있게 조절하면서 자신을 둘러싼 타인과 환경에 대해서 공경하고 존중하고 이해하는, 정성스럽고 단정한 마음가짐이라고 보면 좋을 것이다. 주희가 생각하는 '인간 교육'은 인·의·예·지의 본성을 실현하는 삶을 이루는 것인데, 소학 교육은 아동으로 하여금 그 본성을 실현할 수 있는 '마음 바탕'을 마련, 인간됨의 근본을 형성하는 단계라면,[9] 대학 교육은 이 마음 바탕을 근간으로 하되 궁리수신(窮理修身)과 같이 지행의 병진을 통해서 인간 본성 실현을 완결 짓는 단계라고 보면 좋을 것이다.

그러면 인간 본성 실현의 완성 과정으로서의 대학 교육의 목적과 내용을 보다 구체적으로 규명해 보자. 주희는『대학』에 대한 재해석을 통해서 대학 교육의 목적과 내용을 천명한다. 주희는 스스로가『대학』연구에 평생의 학문적인 노력을 집중했으며, 그 결과 유학의 새로운 지평을 열었다는 자부심을 드러낸 바 있듯이,[10]『대학』의 재해석에는 그의 학문적 결실이 녹아 있다. 그런데 주희가 특별하게『대학』에 주목한 이유는『대학』

9 주희는 부모를 사랑하고 형을 공경하며 임금에게 충성하고 어른을 공경하는 일을 몸소 익히는 과정에서 인·의·예·지의 본성 발현의 기틀이 마련될 수 있다고 여긴다. 다음은 이러한 견해를 뒷받침하는 예다.『小學』,「小學題辭」, "元亨利貞, 天道之常, 仁義禮智, 人性之綱. 凡此厥初, 無有不善, 藹然四端, 隨感而見. 愛親敬兄, 忠君弟長, 是曰秉彝, 有順無彊."

10 주희는 마치 사마온공(司馬溫公; 司馬光, 1019~1086)이 평생의 정력을『자치통감』을 짓는 데 바친 것과 같이, 주희 자신은『대학』에 대해서 이와 같은 일을 했다고 고백하면서,『대학』연구를 통해서 선현들이 도달하지 못한 것을 이루었다는 자부심을 피력한다.『大學章句』,「讀大學法」, "某一生, 只看得這文字透, 見得前賢所未到處. 溫公作通鑑, 言平生精力盡在此書, 某於大學, 亦然, 先須通此, 方可讀他書."

의 삼강령·팔조목에 교학(教學)의 목적과 내용 및 방법이 총괄적으로 제시되어 있다고 파악하였기 때문이다. 주희가 『대학』에 대해 '사람을 가르치는 방법'을 제시하는 저작이며[11] '덕에 들어가는 문'이라고 강조하는 것은,[12] 바로 삼강령·팔조목을 염두에 둔 것이다. 주희는 성인 단계의 교학은 필히 『대학』의 삼강령·팔조목을 기본 규모로 삼아서 출발하고 진행되어야 효율적일 수 있다고 본다.

> 『대학』은 공부를 행하는 강목(綱目)이니, 먼저 『대학』을 읽어 강령(綱領)을 세우면 다른 책(의 내용)은 모두 이 속에서 뒤섞어 논의할 수 있다. 『대학』을 통달하고 다른 경전을 보아야 바야흐로 이것은 격물(格物), 치지(致知)의 일이며, 이것은 성의(誠意), 정심(正心)의 일이며, 이것은 수신(修身)의 일이며, 이것은 제가(齊家), 치국(治國), 평천하(平天下)의 일임을 깨우칠 수 있다.[13]

주지하듯이, 『대학』의 '삼강령·팔조목' 중 삼강령(三綱領)에는 명명덕(明明德), 신민(新民), 지어지선(止於至善)이 있고, 팔조목(八條目)에는 격물(格物), 치지(致知), 성의(誠意), 정심(正心), 수신(修身), 제가(齊家), 치국(治國), 평천하(平天下)가 있다.[14] 비록 『대학』 이외에도 인간형성의 교육론을 제기하는 많은 경전이 있지만 기타 모든 경전의 내용이 모두 『대학』이 제시하는 삼강령·팔조목, 즉 강목(綱目)에 수렴될 수 있을 만큼, 그 규모는 체계적이며 포괄적이라고 본다. 더욱이 삼강령과 팔조목의 요소들은 앞뒤가 상호 긴밀히 연계하면서 서로를 밝혀 주는 적절한 순서를 지니고 있어서,[15] 그 내용과 순서에 대한 전반적인 윤곽[間架]을 존중할 필요가 있다는 것이 주희의 생각이다. 즉, 이 윤곽을 토대로 여기에 다른 경전의 내용도 연계해서[16] 공부해 감으로써 덕의 실현을 이루어 낼

---

11 『大學章句』, 「大學章句序」, "大學之書古之大學所以教人之法也."

12 『大學章句』, 〈도입부〉, "子程子曰, 大學孔氏之遺書而初學入德之門也. 於今可見古人爲學次第者, 獨賴此篇之存. 而論孟次之學者必由是, 而學焉則庶乎其不差矣."

13 『朱子語類』 14-22, "大學是爲學綱目. 先通大學, 立定綱領, 其他經皆雜說在裏許. 通得大學了, 去看他經, 方見得此是格物致知事; 此是正心誠意事; 此是修身事; 此是齊家治國平天下事."

14 주희는 『대학』의 명명덕, 신민, 지어지선을 설명하면서 "이 세 가지는 대학의 강령이다[此三者, 大學之綱領]."라고 한다. 그리고 격물, 치지, 성의, 정심, 수신, 제가, 치국, 평천하를 설명하면서 "이 여덟 가지는 대학의 조목이다[此八者, 大學之條目也]."라고 한다(『大學章句』, 「經1章」 註解 참조).

15 『朱子語類』 14-7, "先讀大學, 可見古人爲學首末次第."/ 『朱子語類』 14-8, "此書(大學-필자주)前後相因, 互相發明, 讀之可見, 不比他書. 他書非一時所言, 非一人所記. 惟此書首尾具備, 易以推尋也."

16 『朱子語類』 14-9, "今且須熟究大學作間架, 却以他書塡補去."

수 있다고 보는 것이다.

그런데 주희가『대학』의 교육론적 토대로서의 위상과 의미에 대해서 언급할 때, 흔히 사서(四書)를 비롯한 다른 경전과의 관련성상에서 논의하지만, 그렇다고 해서『대학』의 삼강령·팔조목이 단지 경전 공부만을 위한 기틀을 제시한다고 보는 것은 아니다. 물론 사서를 비롯한 제반의 경전은『대학』의 삼강령·팔조목의 체제를 준거로 삼아서 교육해야 효율적이라는 점을 주희가 강조하는 것은 사실이다. 그러나 주희가 진정으로 드러내고자 하는 것은,『대학』의 삼강령·팔조목은 모든 종류의 교육(공부)의 토대가 된다는 사실이다. 즉, 경전에 대한 독서 공부뿐 아니라 일상생활에서의 언행과 몸가짐, 마음가짐, 사물에 응접해서 이해하고 처리하는 일에 이르기까지, 모든 공부의 기본 윤곽을 삼강령·팔조목이 제시하고 있음을 주희는 주장하고 있다.

그렇다면『대학』의 삼강령·팔조목에 대해서 주희는 구체적으로 어떠한 교육론적 해석을 가하고 있는가? 우선 삼강령은 교육의 목적을 전체적으로 보여 주고 있으며, 팔조목은 교육의 내용 및 방법의 규모를 제시하는 것으로 그는 파악한다. 삼강령에서 제시되는 교육의 목적은 개인적 차원에서 인간의 본성을 실현하는 것[明明德]이며, 사회적 차원에서 타인의 본성을 밝히는 것[新民]이다.[17] 다음으로 팔조목에서 제시되는 교학 내용 및 방법을 볼 때, 개인적 차원에서의 인간 본성 실현[明明德]은 격물, 치지, 성의, 정심, 수신과 연관되고 사회적 차원에서의 타인 본성 실현[新民]은 제가, 치국, 평천하와 관련된다.[18] 나아가 주희는 교육내용 및 방법으로서의 팔조목을 지(知)와 행(行)으로 구분해서 논의하기도 하는데, 격물, 치지가 지의 공부에 해당하고 성의 이하가 행의 공부에 해당한다.[19] 요컨대 주희에 의하면 대학 교육은 지와 행이 상호 보완을 이루면서 인간 본성 실현이라는 교육목적을 이루어 내는 과정인 것이다. 주희는 인간 본성 실현을 위한

17 '명명덕'과 '신민'에 대한 주희의 해석을 볼 때, 주희는 '명명덕'은 기품이 가리어진 본성(명덕)을 밝히는 과정이며 '신민'은 명덕을 밝힌 사람이 타인에게 미쳐서 그들의 본성을 밝히는 과정으로 보았음을 알 수 있다. 주희는 '신민'을 '정치적'으로보다는 '교육적' 안목으로 해석하고 있다:『大學章句』, "明明之也 明德者人之所得乎天而虛靈不昧 以具衆理而應萬事者也 但爲氣稟所拘 人欲所蔽 則有時而昏 然其本體之明 則有未嘗息者 故學者當因其所發而遂明之 以復其初也 新者革其舊之謂也 言旣自明其明德 又當推以及人 使之亦有以去其舊染之汚也 止者必至於是而不遷之意."

18『大學或問』,「大學或問上」참조.

19『朱子語類』14-84, "所謂明之者, 致知格物誠意正心修身, 皆明之事, 五者, 不可闕一. 若闕一, 則德有所不明. 蓋致知格物, 是要知得分明; 誠意正心修身, 是要行得分明. 然旣明其明德, 又要切工夫無間斷, 使無時而不明, 方得."

공부내용 및 방법으로서의 여덟 가지 공부 조목이 각각 어떠한 의미와 상호관계를 지니는지에 대해서도 정밀한 논의를 펼친다.[20]

이상에서 고찰한 바의 소학과 대학 교육과정은 그 교육목적상에서는 일관성을 지니면서도 교육방법상에서는 연령별 발달과 수용 능력을 고려한 질적인 차이가 존재한다. 말하자면 소학과 대학 교육은 인간의 본성[仁義禮智 등]의 실현을 지향한다는 점에서 그 목적이 같다고 해도, 소학은 본성을 실현을 위한 '마음 바탕'을 마련하는 과정인 반면, 대학은 소학의 성과를 기틀로 삼아 자신의 본성 실현을 완결 짓고 타인의 본성 실현을 위해 사회적 실천을 행하는 과정이므로, 소학과 대학의 교육내용 및 방법은 차이를 지니지 않을 수 없다. 소학과 대학 교육의 이와 같은 일관성과 차이점의 존재에 대해서 주희는 다음과 같이 말한다.

> 배움의 대(大)와 소(小)는 확실히 같지 않으나 그 길[道]은 하나일 뿐이다. 이러한 까닭에 어릴 때 소학(小學)에서 익히지 않으면 흩어진 마음을 수렴(收斂)하고 그 덕성(德性)을 함양하여 대학(大學)의 기본(基本)을 이룰 수가 없고, 성장해서 대학(大學)에 나아가지 않으면 의리(義理)를 살펴서 여러 사업에 적용할 수가 없으니 소학(小學)의 효과를 거둘 수 없다. 이것이 배움의 대(大)와 소(小)가 구분되는 까닭이다.[21]

그런데 주희는 소학과 대학의 교육내용 및 방법의 차이를 단적으로 '사(事)'와 '리(理)'의 차이로 설명한다. 소학은 '사(事)'를 통한 교육(공부)이고 대학은 '리(理)'를 통한 교육(공부)이라는 것이다. 즉, 소학은 어떤 '일[事]'을 직접적으로 이해하고 배우는 일인 반면, 대학은 그 일의 근거로서의 리(理)를 터득하는 과정이다.[22] 좀 더 구체화한다면 소학이 직접 '사'를 실천하면서 마음의 본성[性]을 함양(涵養)하는 과정이라면, 대학은 소학의 성

---

20 이에 대해서는 이 장의 2절에서 자세하게 다룰 것이다.

21 『大學或問』, 「大學或問上」, "曰: 吾聞君子務其遠者大者, 小人務其近者小者. 今子方將語人以大學之道, 而又欲其考乎小學之書, 何也? 曰: 學之大小固有不同, 然其爲道則一而已. 是以方其幼也, 不習之於小學, 則無以收其放心, 養其德性, 而爲大學之基本. 及其長也, 不進之於大學, 則無以察夫義理, 措諸事業, 而收小學之成功. 是則學之大小, 所以不同."

22 『朱子語類』 7-5, "小學是直理會那事; 大學是窮究那理, 因甚恁地."/ 『朱子語類』 7-6, "小學者, 學其事; 大學者, 學其小學所學之事之所以."/ 『朱子語類』 7-7, "小學是事, 如事君, 事父, 事兄, 處友等事, 只是教他依此規矩做去. 大學是發明此事之理."

과를 바탕으로, 그 '사의 리'를 깊이 이해하고 마음과 몸속에서 그 내실화를 꾀하면서,[23] 본성을 온전하게 실현하는 과정이다.

그렇다고 해서 주희가 소학 교육은 '리(理)'와는 관계가 없고 대학 교육은 '사(事)'와는 관계가 없다는 생각을 하는 것은 결코 아니다. 주희의 뜻은, 소학 교육은 아동들이 주로 '사'를 직접 익히는 과정이되 그 '사'를 익히는 과정에서 자연히 '리'가 몸으로 체화된다는 것이다. 아동들의 지적 발달 수준을 고려할 때, 아동들은 아직 '왜'라는 질문을 던지면서 '사' 속에 내재된 원리로서의 '리'를 충분히 이해하기가 어렵다. 그럼에도 불구하고 이미 삶 속에 들어와 있는 존재로서의 아동들의 삶이 보다 풍요롭고 가치 있기 위해서는 '리'에 크게 어긋나지 않는 행동 및 사고 양식을 갖추도록 하는 기제가 필요하다. 따라서 소학 단계에는 비록 아동들이 그 '리'에 대한 충분한 지적 이해와 동의를 거치지 않았더라도, (그 '리'를 반영하고 있는) '사'를 직접 익히면서 '사'를 통해서 자연스럽게 '리'를 체화하는 교육이 진행된다.[24] 아동들은 '올바름의 자리'(곧 리)를 알고 있다고 전제되는 어른들의 안내에 의해, '사'의 실천적 '익힘'을 통해서 자연스럽게 자신의 삶 속에 '리'를 녹여 내리면서, 결국 본성 실현을 위한 마음 바탕을 마련할 수 있다. 소학에서 '사'를 익힌다는 것은 마땅히 '리'에 적절하게 실천적으로 익힌다는 것을 의미하며, 그 일의 내용은 이미 앞에서 다루었던 바의 예악사어서수(禮樂射御書數)의 육예(六藝), 효제충신(孝悌忠信)과 애경융친(愛敬隆親), 쇄소응대진퇴(灑掃應對進退)의 절목(節目) 등이다. 소학 단계에도 '지(知)'의 교육이 분명 존재하지만 이것은 상대적으로 보완적인 위치에 있고, '사(事)'의 실천으로서의 '행(行)'의 교육이 중심을 이룬다고 할 수 있다.

한편, 대학 단계에서의 교육은 '리(理)'를 매개로 이루어진다고 하지만 이는 결코 '사(事)'를 떠나서 이루어지는 것이 아니다. 주희가 대학 단계에 대해 '리'를 매개로 한 교육

---

23 『朱子語類』 14-21, "小學涵養此性, 大學則所以實其理也. 忠信孝弟之類, 須於小學中出. 然正心誠意之類, 小學如何知得. 須其有識後, 以此實之."

24 소학 교육에서 사(事)를 통해 익숙해지는 리(理)는 대학 교육에서 터득하는 리(理)와 본질적으로 다를 바가 없을 것이다. 리(理)는 결국 하나[理一]로 통한다고 보는 것이 주희의 사유방식이기 때문이다. 따라서 주희는 "옛 사람들은 소학의 작은 일을 하는 가운데 대학의 큰 일의 도리를 보존했다[古人於小學小事中, 便皆存箇大學大事底道理在]."(『朱子語類』 8-20)고 하고 있다. 물론 소학 단계에서는 아동들이 감당할 수 있는 비교적 쉽고 범위가 작은 사(事)의 실천이 주를 이루겠지만, 그리고 그 사(事)의 실천을 통한 리(理)의 체득 수준이 대학 교육 단계의 수준에는 미치지 못하겠지만, 어쨌든 소학의 사(事)를 익히는 과정에서 터득되는 理는, 대학 단계에서 탐구하고 체득하는 리(理)와 별개의 것은 아니다.

과정이라고 규정한 것은 격물·치지·성의·정심이 '리'를 자각적이고 본격적으로 탐색하고 그것을 마음과 몸으로 체화하는 공부라고 보았기 때문이다. 그런데 격물치지 이하에 대한 주희의 해석에서도 잘 드러나지만, 주희에게 있어서 리의 이해와 실천은 단연코 '사물의 실질'에 입각해서 이루어지는 것이다. 주희는 '궁리(窮理)'보다 '격물(格物)'이라는 말이 좋다고 하면서 그 이유를 논하되 '격물(格物)'이라는 말이 '사물(事物)에 입각하여' 리를 탐구한다는 의미를 분명하게 드러내 주기 때문이라고 한다.[25] 주희가 강조한 '하학이상달(下學而上達)' 역시 일상적인 사물을 떠나지 않고서 인간과 우주의 이치를 터득해야 한다는 교육적 원칙에 다름 아니다. 물론 대학 교육이 사물에 입각한 교육으로서의 성격을 지닌다고 해도 그것은 소학 교육과는 분명 다르다. 즉, 대학 단계에서는 사물에 입각하되 그 사물에 내재한 '리'를 자각적으로 완전히 꿰뚫어 보고, 자기 스스로의 '리'에 대한 이해를 토대로 자신의 마음과 몸가짐, 그리고 삶을 다듬어 간다. 이는 '사'의 실천이 주를 이루며 그에 따라 자연스럽게 리의 실천과 체화가 일정 정도 이루어지기는 하지만, 그 과정이 완전히 자각적이거나 자율적이지 않은 소학의 공부와는 대비된다.[26] 결국 대학 단계의 교육은 일상의 사물을 떠나지 않으면서, (격물치지의) 지(知) 교육 및 공부와 (성의 이하의) 행(行) 교육 및 공부를 거쳐 '리'를 궁구하고 내실화함으로써 궁극적

25 『朱子語類』 15-33, "'窮理'二字, 不若格物之爲切, 便就事物上窮格."

26 그런데 소학 교육이 '자각성' 혹은 '자율성'의 측면에서 한계를 보인다고 해서 그것을 단순히 피동적인 성격의 교육으로 치부해서는 안 될 것이다. '리'를 내포한 '사'를 익히는 과정이 아동들에게는 때로 지극히 어려운 과정이 될 수도 있지만, 아동들은, 그 어려움과 함께 다가오는 본성 발현의 묘미를 마음과 몸을 통해서 점진적이고 자연스럽게 느낄 수 있다. 그리하여 어느 순간부터는 그 '재미'와 더불어서 자율성이 보다 강화된 실천력이 생기게 마련이다. 소학에서 '사'의 실천을 통해서 아동들로 하여금 갖추도록 하는 마음과 몸, 즉 자신을 낮추면서 정성스럽게 남을 이해하고 배려하는 마음, 안정되고 단정한 마음, 정갈한 몸가짐 등은, 필경 아동들에게 본성을 발견하고 느끼는 기쁨을 가져다주게 된다. 그리고 그 기쁨과 더불어 자각적이고 자율적인 자기수양의 동기가 싹틀 수 있게 된다. 한편, 대학 교육은 소학 교육으로부터 형성된 마음 바탕을 근간으로 이루어지기 때문에, 철저하게 학습자 자신의 자율적인 내적 동의를 근간으로 해서 진행된다. 즉, 학습자 스스로가 자신의 마음으로부터, 그리고 자신의 마음이 비추어 사물에 내재한 리를 탐색하고[知] 체화하면서[行] 궁극적으로 자신의 마음의 본성을 이끌어 내게 된다. 주자학의 교육에서 리를 탐색하는 지 공부의 핵심은 경전에 대한 독서라고도 할 수 있지만 이것뿐 아니라 인간이 당면하는 모든 사(事)와 물(物)을 탐구의 대상으로 삼아서 이루어진다. 더욱이 독서나 사물을 통해 리(理)를 확인하는 궁극적인 주체는 개개인의 마음이다. 대학 교육에서 인간 본성을 실현한다는 것은 자신의 마음에 입각한 최대한의 자율성을 바탕으로 우주와 자신의 본질을 깨닫고 이를 실현하는 일에 다름 아니다.

으로는 마음의 본성을 밝히게 된다.

이상에서 우리는 주희가 제기한 바의 소학과 대학의 교학의 목적과 내용을 상세하게 검토했다. 주희에게 있어 소학 교육은 '사'를 실천적으로 익히는 동안에 자연히 인간됨의 마음 바탕과 근본을 형성하는 과정이며, 대학 교육은 소학에서 이루어진 마음 바탕을 기저로 해서 사물의 '리'를 알고 체득하는, 심화, 정밀화된 지와 행 교육을 병행함으로써 인간 본성 실현의 광채를 발하는 과정이었다. 소학 교육이 결여되면 대학 교육은 사상누각이 되기 쉽다. 반면에 소학 교육이 충실히 이루어진다면 대학 교육은 매우 쉽고 자연스럽게 진행될 수 있다. 소학과 대학 교육의 순차적 연계의 당위성에 대해서 주희는 여러 곳에서 절실한 자기주장을 편다.[27]

3) 소학·대학 과정의 토대로서의 지행 및 경 공부

주희의 소학·대학 교학론은 그의 공부론적 견해와 깊이 관련을 맺으면서 제기가 된 것이다. 중화설(中和說) 논쟁을 거치면서 정립된 주희의 공부방법론은, 그의 후학들도 그렇게 보았듯이, 경(敬)·지(知)·행(行)의 구조로 정리될 수 있다.[28] 즉, 경 공부가 마음의 본령(本領)을 세우는 근본 공부(혹은 본령공부)로서 토대를 이루고 그 위에서 지와 행 공부가 이루어지는 구조다. 주희의 경은 넓은 의미의 행 공부에 속하지만 행 공부 중에서도 특수한 의미를 지니는, 삶의 주재자로서의 마음의 본령을 세우는 근본 공부로서의

27 『朱子語類』 7-10, "古人於小學存養已熟, 根基已深厚, 到大學, 只就上面點化出些精彩. 古人自能食能言, 便已敎了, 一歲有一歲工夫. 至二十時. 聖人資質已自有十分. 大學只出治光彩."/ 『朱子語類』 8-20, "如今爲學甚難, 緣小學無人習得. 如今卻是從頭起. 古人於小學小事中, 便皆存箇大學大事底道理在. 大學, 只是推將開闊去. 向來小時做底道理存其中, 正似一箇坯素相似."/ 『朱子語類』 7-9, "古人小學敎之以事, 便自養得他心, 不知不覺自好了. 到得漸長, 漸更歷通達事物, 將無所不能. 今人旣無本領, 只去理會許多閑汨董, 百方措置思索, 反以害心."

28 주희로부터 직접 가르침을 받았던 문인들이 정리한 바에 따르더라도 주희의 공부방법은 경(敬)·지(知)·행(行)의 구조로 설명할 수 있음을 제6장에서 살핀 바 있다. 다시 확인해 보자면 이방자(李方子)의 경우는 "경을 주로 하여 그 근본을 세우고, 리를 궁구해서 그 앎을 지극히 하며, 몸소 돌이켜서 그 실질을 밟아 간다. 그런데 경은 다시 세 가지 사이를 관통하니, 처음과 끝을 이루는 바탕이다[主敬以立其本, 窮理以致其知, 反躬以踐其實. 而敬者又貫乎三者之間, 所以成始成終也]."(「紫陽年譜後論」)라고 했고, 황간(黃榦)은 "공부는 리를 궁구해서 앎을 지극히 하고, 몸을 돌이켜서 그 실질을 밟아 가되, 경에 머무는 것은 시작과 끝을 이루는 바탕이다[其爲學也, 窮理以致其知, 反躬以踐其實, 居敬者所以成始成終也]."(「朱子行狀」)로 정리한 바 있다.

의미를 지닌다. 주희는 소학과 대학 교육 역시 본령공부 혹은 근본 공부로서의 경의 토대 위에서 이루어져야 한다고 본다.

> 경(敬)이라는 한 글자는 성학(聖學)의 시작을 이루는 동시에 끝을 이루는 바탕이다. 소학(小學) 공부를 행하는 사람이 여기에 근거하지 않으면 본원(本源)을 함양(涵養)할 수 없고, 쇄소응대진퇴(灑掃應對進退)의 절목(節目)과 육예(六藝)의 가르침에 근신할 수 없다. 대학(大學) 공부를 행하는 사람이 여기에 근거하지 않으면, 총명(聰明)함을 개발하거나 덕을 진전시키고 사업을 닦아 나가지 못하고 명덕(明德)과 신민(新民)의 공효를 극진하게 할 수 없다. 이러한 까닭에 정선생은 격물(格物)의 도(道)를 밝히되, 반드시 이것[敬-필자주]으로써 설명을 한 것이다. 그러나 불행히도 때를 지나쳐서 뒤늦게 공부하는 사람들은 진실로, 여기[敬-필자주]에 힘을 써서 큰 것에 나아가되 그 작은 것을 보완해 나가는 것을 방해하지 않는다면, 학문 진전의 방법에 있어 '근본이 없어서 소기의 성과를 이룰 수 없다'고 걱정할 것이 없다.[29]

> 경(敬)이란 한 마음의 주재요, 만사(萬事)의 근본이다. 그 노력하는 방법을 안다면 소학(小學)이 여기에서 힘입어 시작됨을 알 것이다. 소학(小學)이 여기에 힘입어 시작되는 것임을 안다면 대학(大學)이 이것에 의지하여 끝맺지 않을 수 없음을 알게 될 것이니, 하나로 꿰뚫어져 있다는 것을 의심할 수 없다. 생각건대 이 마음[心]이 이미 정립되면, 이것으로부터 격물치지하여 사물의 리를 극진하게 궁구하니 이른바 "덕성을 드높이고 묻고 배움에 말미암는다[尊德性而道問學]."는 것이다. 이것으로부터 성의정심하여 그 몸을 닦으니 이른바 "그 큰 것을 세우면 작은 것을 빼앗기지 않는다[先立其大者而小者不能奪]."는 것이다. 이것으로부터 제가, 치국해서 평천하에 이르면 이른바 "자신을 닦아서 백성을 편안하게 하며 독실하고 공순하여 천하기 평안하다[修己以安百姓 篤恭而天下平]."는 것이다. 이것은 모두 하루라도 경(敬)에서 떠날 수 없음을 말한 것이다. 그러니 경(敬)이라는 한 글자는 어찌 성학(聖學)의 처음과 끝의 요체가 아니겠는가?[30]

---

29 『大學或問』,「大學或問上」, "敬之一字, 聖學之所以成始而成終者也. 爲小學者, 不由乎此, 固無以涵養本源而謹夫灑掃應對進退之節與夫六藝之敎. 爲大學者, 不由乎此, 亦無以開發聰明進德修業而致夫明德新民之功也. 是以程子發明格物之道, 而必以是爲說焉. 不幸過時而後學者, 誠能用力於此, 以進乎大而不害兼補乎其小, 則其所以進者, 將不患於無本而不能以自達矣."

30 『大學或問』,「大學或問上」, "敬者, 一心之主宰而萬事之本根也. 知其所以用力之方, 則知小學之不能無賴於此以爲始. 知小學之賴此以爲始, 則夫大學不能無賴於此, 以爲終者, 可以一以貫之而無疑矣. 蓋此心旣立, 由是格物致知, 以盡事物之理, 則所謂尊德性而道問學. 由是誠意正心以修其身, 則所謂先立其大者而小者不能奪. 由是齊家治國而及平天下, 則所謂修己以安百姓, 篤恭而天下平. 是皆未始一日而離乎敬也. 然則, 敬之一字, 豈非聖學始終之要也哉?"

주희는 경(敬)이 마음을 주재하는 것이요 만사를 처리하는 근본으로서, 인간 본성을 실현하는 학문으로서의 성학(聖學)의 시종을 관통하는 바탕이라고 한다. 이러한 맥락에서 성학의 핵심 과정으로서의 소학과 대학 교육 역시 경에 기초하지 않으면 안 된다. 즉, 소학에서 '사(事)'를 매개로 해서 본성 실현의 마음 바탕을 이루어 가는 과정이나, 대학에서 '리(理)'를 탐구하고 그것을 마음과 몸에 체득하고 본성 실현을 완성하는 과정은 이미 그 이면에 경(敬)을 기초로 삼아야 한다.

주희에게 있어 경이 소학·대학 교육의 바탕으로서 작용한다는 것은, 경·지·행의 공부 방법론이 소학과 대학 교육에 각각 관철된다는 것과도 상응한다. 주희에게 있어서 소학과 대학 교육은 각각 지와 행 교육(공부)의 요소를 지니며 그 근저에 경(敬)이 관통되어 있다.

> 대개 지행(知行)의 이치를 범론(泛論)할 때, 한 가지 일 가운데에 나아가 관찰하면 지(知)가 우선이고 행(行)은 다음이라는 것은 의심할 수 없다. …(중략)… 그러나 지(知)의 깊고 얕음[淺深], 행(行)의 크고 작음[大小]을 합하여 말하면, 작은 것을 먼저 이루지 않고 어찌 그 큰 것을 따라갈 수 있겠는가? …(중략)… 대개 고인(古人)의 가르침은 어려서부터 효제성경(孝悌誠敬)의 실질로써 가르쳤고, 조금 자라서는 시서예악(詩書禮樂)의 문장으로 (그 공부를) 넓혔다. 생각건대 그로 하여금 일사일물(一事一物)의 사이에 접하도록 하는 것은 각각 그 의리(義理)가 있는 바를 알아서 함양천리(涵養踐履; 함양하고 실천함)의 공부를 다하도록 하는 것이다. 〈*이것이 소학(小學)의 일로서 지(知)의 얕은 것이고 행(行)의 작은 것이다.[此小學之事, 知之淺而行之小者也.]*〉 그 15세의 청년[成童]이 되어서는 대학(大學)을 배우는데, 그 쇄소응대(灑掃應對)하고 예악사서(禮樂射書)를 행(行)하는 가운데 함양천리(涵養踐履)를 하는 바탕이 이미 이루어졌으므로 여기에서 벗어나지 않고 격물(格物)로써 그 앎을 다하도록 가르친다. 치지(致知)라고 말하는 것은 이미 아는 것으로 말미암아 미루어 극진히 하는 것으로, 이로써 아직 알지 못하는 곳에 이르러 그 지극함을 다한다. 반드시 천지만물의 리를 들어서 하나로서 일관되는 데까지 이른 연후에야 앎의 지극함이라 할 수 있다. 이른바 성의(誠意), 정심(正心), 수신(修身), 제가(齊家), 치국(治國), 평천하(平天下)는 여기에 이르러 그 도를 다하지 않는 바가 없다. 〈*이 대학(大學)의 도(道)는 지(知)의 깊은 것이고 행(行)의 큰 것이다.[此大學之道, 知之深而行之大者也.]*〉 지금 한 가지 일 가운데 나아가서 논하면, 지선행후(知先行後)가 진실로 그 순서다. (그러나) 진실로 소학(小學)의 성과로 인해 대학(大學)의 출발점에 나아가는 것이니, 함양천리(涵養踐履)의 요소가 아니면 어찌 앉아서 혼란되고 어지러운 마음을 떨쳐 버릴 수 있겠으며, 격물(格物)하여 그 지(知)를 다할 수 있겠는가? …(중략)… 따라서『대

학』이라는 책은 비록 격물치지(格物致知)로써 공부실천[用力]의 시작으로 삼지만 처음부터 함양천리(涵養踐履)가 없이 직접 이것에 종사하는 것을 말함이 아니다.[31]

주희는 여기에서 소학과 대학이 모두 각각 지와 행의 요소를 품고 있되, 소학은 '지의 얕은 것이고 행의 작은 것[知之淺而行之小者]'이라고 하며, 대학은 '지의 깊은 것이고 행의 큰 것[知之深而行之大者]'이라고 구분한다. 대학 단계의 교육이 격물치지라는 지 공부로부터 출발하지만 이는 이미 소학 단계의 작은 차원의 지행의 과정을 거쳐 형성된 마음 바탕이 기초가 되어 이루어진다는 것이다. 주희는, 일각에서 선지후행(先知後行)을 지나치게 기계적으로 해석한 나머지 대학 과정의 격물치지 이전에 마치 어떠한 행 공부도 존재하지 않은 듯 인식하는 오류에 대해 심각하게 본다. 이에 주희는 대학 단계는 물론이고 소학 단계에도 이미 작고 얕은 차원의 지행이 이루어짐을 역설하는 것이다. 그리고 소학 단계의 지행의 예로 각각 시서예악(詩書禮樂)의 문장을 익히는 일과 사물 하나하나[一事一物]를 통해서 함양하고 실천하는[涵養踐履] 일을 들고 있다. 그런데 소학과 대학이 각각 지행을 포괄하고 있다는 점에 대해, 주희가 경 공부를 소학과 대학 과정을 관통한다고 인식하는 점과 연관해 본다면, 결국 경은 소학과 대학 각각의 지행 공부의 근저를 이루고 있는 셈이 된다.

그런데 경은 소학과 대학의 지행 공부의 근저를 이룰 뿐 아니라, 역으로 경의 태도는

---

31 『朱熹集』 卷42, 1970-1971쪽, 「答吳晦叔」, "夫泛論知行之理, 而就一事之中以觀之, 則知之爲先行之爲後無可疑者. *〈如孟子所謂知皆擴而充之, 程子所謂譬如行路須得光照, 及易文言所謂知至至之知終終之之類, 是也.〉* 然合夫知之淺深行之大小而言, 則非有以先成乎其小, 亦將何以馴致乎其大者哉. *〈如子夏敎人以洒掃應對進退爲先, 程子謂未有致知而不在敬者, 及易文言所言知至知終皆在忠信修辭之後之類, 是也.〉* 蓋古人之敎, 自其孩幼, 而敎之以孝悌誠敬之實, 及其少長而博之以詩書禮樂之文, 皆所以使之卽夫一事一物之間, 各有以知其義禮之所在, 而致涵養踐履之功也. *〈此小學之事知之淺而行之小者也.〉* 及其十五成童, 學於大學, 則其洒掃應對之間, 禮樂射御之際, 所以涵養踐履之者, 略已小成矣. 於是, 不離乎此, 而敎之以格物以致其知焉. 致知云者, 因其所已知者, 推而致之以及其所未知者, 而極其至也. 是必至於擧天地萬物之理, 而一以貫之, 然後爲知之至, 而所謂誠意正心修身齊家治國平天下者, 至是而無所不盡其道焉. *〈此大學之道知之深, 而行之大者也.〉* 今就其一事之中, 而論之則先知後行, 固各有其序矣. 誠欲因夫小學之成, 以進乎大學之始, 則非涵養履踐之有素, 亦豈能居然以其雜亂紛糾之心, 而格物以致其知哉? 且易之所謂忠信修辭者, 聖學之實事貫始終, 而言者也. 以其淺而小者言之, 則自其常視毋誑男唯女兪之時, 固已知而能之矣. 知至至之, 則由行此而又知其所至也. 此知之深者也. 知終終之, 則由知至而又進以終之也. 此行之大者也. 故大學之書, 雖以格物致知爲用力之始, 然非謂初不涵養履踐而直從事於此也."

지행 공부를 통해서 견고해진다. 경과 지, 혹은 경과 행, 혹은 경과 지행은 상호 보완관계를 형성하면서 서로를 길러 준다. 이렇게 보면 경은 소학과 대학 교육을 행하는 기초이면서 동시에 결실이기도 하다. 특히 주로 '사(事)'를 익히는 교육으로서의 소학은, 지와 행 중에서 행의 성격이 강할 수밖에 없는데, 행이 큰 비중을 차지하는 소학의 지행 공부는 곧 경의 태도를 형성하는 과정이라고 해도 과언이 아니다. 즉, 소학을 통해서 형성되는 마음 바탕은 곧 경의 마음가짐이라고도 볼 수 있다.

> 옛날의 성인이 이를 염려해서 처음의(첫 단계의) 교육에서 소학(小學)을 시행함으로써 그들로 하여금 성(誠)과 경(敬)에 익숙해지도록 하였으니, (이것이) 흩어진 마음을 수렴하고 그 본성을 기르는 방법으로서, 이미 그 지극한 것을 사용하지 않음이 없다.[32]

> 옛 사람들은 소학(小學)에서 어린아이들의 성(誠)과 경(敬)의 선(善)한 단서를 발현하도록 길렀다.[33]

주희는 소학을 통해서 함양을 한다거나 마음을 수렴한다거나 본성을 기른다는 표현을 하면서 이것을 경(敬) 및 성(誠)의 마음의 형성과 연관 짓는다. 진실함, 성실함의 의미를 지닌 성(誠), 그리고 주재성과 전일함, 깨어 있음, 공경함의 의미를 지닌 경(敬)이 소학의 과정에서 익숙해지고 체득해야 할 소양이라고 보는 것이다. 주희에게 성(誠)과 경(敬)은 서로가 서로의 근간이 되고 서로를 포괄하는 뗄 수 없는 관계에 있는데, 이 둘 중에서도 주희가 대표로 내세우는 것은 경(敬)이다. 주희가 소학 과정에서 목표로 하는 바의 마음의 함양과 수렴과 보존은 곧 경의 태도 형성에 다름 아니며, 소학은 이러한 의미의 경 공부를 행하는 과정이다. 주희에 의하면 소학(小學) 공부가 아무리 다양하더라도 결국 경(敬) 공부로 포괄될 수 있다.

---

32 『大學或問』, 「大學或問下」, "昔者聖人蓋有憂之, 是以於其始教, 爲之小學, 而使之習於誠敬, 則所以收其放心, 養其德性者, 已無所不用其至矣."

33 『朱子語類』 7-4, "古人小學養得小兒子誠敬善端發見了. 然而大學等事, 小兒子不會推將去, 所以又入大學教之."

> 원이 지난밤에 '경(敬)은 소학(小學)을 감당할 수 없다.'고 했는데, 내가 볼 때 소학(小學)이 오히려 경(敬)을 감당할 수 없다. 경은 철상철하(徹上徹下; 위와 아래를 꿰뚫음)의 공부다.[34]

주희에게 경의 소양은 소학 공부를 행하는 근저를 이루는 동시에 소학 공부를 통해서 얻어지는 결실이다. 주희가 편찬한 『소학』 안의 내용 구조 속에서는 특히 '경신(敬身)'을 다룬 부분이 경의 마음과 몸가짐을 형성하려는 목적에 부응한다고 할 텐데,[35] 그러나 '경신' 관련 부분은 물론이고 『소학』의 모든 내용은 경 공부와 연결되어 있다고 해야 할 것이다.

대학 단계는 이렇듯 소학의 단계에서 경을 통해 함양하는 공부가 충분히 이루어진 후 나아가야 한다. 그런데 당시 학인들은 대체로 이에 부응하지 못했으니 주희는 이 병폐에 대해 옛 사람들의 공부의 이상적 모습과 대비하여 다음과 같이 설명한다.

> 생각건대 옛사람들은 바로 소학(小學) 가운데서 함양(涵養)이 이루어져 갔으니, (이것이) 대학(大學)의 공부가 격물을 따라 시작하는 까닭이다. 지금 사람들은 전에 미리 이 함양(涵養)하는 공부가 없이, 다만 『대학』이 격물(格物)을 우선으로 삼는 것을 보고서, 사려와 지식으로서 구하기만 할 뿐, 다시는 조존(操存; 마음을 잡고 보존함)하는 일에 힘쓰지 않으니, 설령 충분히 탐색했다고 해도 의거할 만한 실지(實地)가 없습니다. 대저 '경(敬)' 자는 철상철하(徹上徹下)의 뜻이요 격물치지(格物致知)는 그 사이의 절차로서 한 걸음 나아가는 것일 뿐입니다.[36]

주희는 대학이 격물부터 있는 이유는 소학에서의 함양이 전제되어 있기 때문임을 먼저 분명히 한다. 이 기준에서 소학에서의 함양의 과정을 건너뛰고서, 대학에서 격물로

---

34 『朱子語類』 7-11, "遠前夜說: '敬當不得小學.' 某看來, 小學卻未當得敬. 敬已是包得小學. 敬是徹上徹下工夫."

35 소학 과정을 통해 경의 태도 형성을 중시한 주희가 『소학』 내용 자체에도 이를 직접 지향하는 요소를 심어 놓았다. 『소학』의 구조 속에서 다층적으로 다루어진 '경신(敬身)'에 관한 부분이 이에 해당한다고 할 수 있다. 여기에는 내편의 「敬身」, 「稽古」의 '敬身'과 외편의 〈嘉言〉의 '廣敬身', 〈선행(善行)〉의 '실경신(實敬身)'이 해당된다.

36 『朱熹集』 卷43, 2045쪽, 「答林擇之」, "疑古人直自小學中涵養成就, 所以大學之道只從格物做起. 今人從前無此工夫, 但見大學以格物爲先, 便欲只以思慮知識求之, 更不於操存處用力. 縱使窺測得十分, 亦無實地可據. 大抵敬字是徹上徹下之意, 格物致知乃其間節次進步處耳."

시작하는 것만 보고 곧바로 격물을 실행하는데 다만 사려와 지식으로 구하기만 하는 한계를 보인다. 격물을 위해서도 본심 및 본성을 보존하고 기르는 데 힘써야 하지만 그렇지 않음으로써 격물은 결국 의거하고 귀착할 곳이 없게 된다. 격물은 소학에서 함양된 경의 마음이 근간이 되고 또 마음이 보존되는 경의 상태로 귀결되어야 한다. 경은 처음과 끝, 위와 아래를 관통하는 공부이며 마음자세로서, 격물은 그것이 관철되는 가운데 이루어지는 하나의 절차라는 점을 주희는 부각한다.

결국 주희는 소학을 통해서 이루어진 경의 태도를 바탕으로, 대학에서는 그 위에서 격물치지로서의 지 공부와 성의, 정심, 수신 이하의 행 공부가 병행되는 교육 체제를 제안했다. 그리고 그렇게 이루어진 대학 공부의 결실도 결국 경의 소양을 확고히 하는 방향으로 귀결된다고 보고 있다. 이러한 이해에 기초하여 주희는 당시에 소학 교육의 기초가 없이 대학 교육에 진입해야 하는 많은 이를 향해 다음과 같은 해법을 내놓는다.

> 지금 사람들은 일찍이 소학(小學) 공부를 하지 않고 하루아침에 대학(大學)을 공부하기 때문에 착수할 곳이 없게 된다. 이제는 마땅히 경(敬)을 견지하는 것으로부터 시작해서, 단의(端慤; 바르고 성실함)하고 순일(純一; 순수하게 전일함)하며 정전(靜專; 고요하고 오로지 함)한 후에 격물치지(格物致知)를 할 수 있다.[37]

> 옛날에 소학(小學)은 이미 자연스럽게 암암리에 이루어져서, 커서는 이미 자연히 성현됨의 바탕[坯模]을 지니게 되었으니, 다만 그 위에다가 치장을 하면 되었다. 지금과 같은 경우는 완전히 소학(小學)의 공부를 결여했으므로, 다만 사람으로 하여금 경(敬)을 위주로 삼아 마음과 몸을 수렴하고서 바야흐로 공부를 하도록 했다.[38]

> 만일 나이상으로 이미 어른이 되었는데도 여기[小學–필자주]에 도달하지 못했다면 어떻게 해야 할까? 생각건대 세월이 이미 지나갔으므로 물론 (다시) 쫓을 수는 없지만, 공부의 순서와 절목은 어찌 쫓아서 보충할 수 없겠는가? 내가 듣기로 경(敬)이라고 하는 한 글자는 성학(聖學)의 시작과 끝을 이루는 바탕이라고 한다. …(중략)… 불행히도 시기가 이미 지난 뒤에라도 배우는 사람들이 참으로 이것에 힘을 기울여, 큰 것을 닦아 나아가게 되는 동시에 그 작은 것을 겸하여 보충할 수 있다면 그 (배

37 『朱子語類』 14–19, "今人不曾做得小學工夫, 一旦學大學, 是以無下手處. 今且當自持敬始, 使端慤純一靜專, 然後能致知格物."

38 『朱子語類』 7–9, "古者, 小學已自暗養成了, 到長來, 已自有聖賢坯模, 只就上面加光飾. 如今全失了小學工夫, 只得教人且把敬爲主, 收斂身心, 卻方可下工夫."

움에) 나아가는 방법에 있어서 근본이 없어 스스로 도달하지 못할까 염려하지 않아도 될 것이다.[39]

주희는 인간 본성 실현의 교육 혹은 공부는 반드시 소학으로부터 시작해서 대학으로 결실을 맺어야 하지만, 어쩔 수 없이 소학 교육을 뛰어넘은 경우라도 결코 좌절하지 말고 효과적으로 보충해야 한다고 본다. 그리고 그 보충의 방법은 다름 아닌 경(敬)의 태도를 다지는 일이다. 소학의 내용이 아무리 많다고 해도 결국 경으로 수렴될 수 있다는 주희의 견해를 재고해 보면 이 주장은 쉽게 이해된다. 물론 경의 태도를 기르는 과정에서 소학의 교육내용(禮樂書數 등)을 함께 익혀 가면[40] 금상첨화일 것이다. 기실 주희에게 있어서 경은 결코 일상의 일을 벗어나서 따로 이루어지는 것이 아니므로, 경 공부가 제대로 이루어지기 위해서라도 소학의 일이 매개가 되지 않을 수 없을 것이다. 이와 같은 방법으로, 아무리 공부의 시기를 놓쳤다고 해도 바로 그 깨달은 시점에서 경 공부를 보충하여 바탕을 확고히 세우고서, 다시 대학 교육의 단계를 차근차근 밟아 가게 되면, 본성 실현이라는 교학의 목표에 가까이 다가설 수 있게 된다.

4) 소학·대학 교학론의 의의와 제약점

이상에서 고찰한 바의, 소학·대학 교육론의 일반적 특성을 몇 가지로 정리해 보면 다음과 같다. 첫째, 소학과 대학 교육이 모두 인간 본성의 실현이라는 목표를 일관되게 지니며, 이때 소학 교육은 인간 본성 실현을 위한 마음의 바탕을 마련하는 과정이고 대학 교육은 그 기초 위에서 인간 본성 실현의 완성을 이루는 과정이다. 둘째, 소학과 대학 공부의 내용 및 방법은 각각 '사(事)'의 공부와 '리(理)'의 공부로 특징지을 수 있다. 셋째,

39 『大學或問』, 「大學或問上」, "是其歲月之已逝者, 則固不可得而復追矣, 若其功夫之次第條目, 則豈遂不可得而復補耶? 蓋吾聞之, 敬之一字, 聖學所以成始而成終者也. …(중략)… 不幸過時而後學者, 誠能用力於此, 以進乎大, 而不害兼補乎其小, 則其所以進者, 將不患於無本而不能以者達矣."

40 『朱子語類』 7-8, "古人便都從小學中學了, 所以大來都不費力, 如禮樂射御書數, 大綱都學了. 及至長大, 也更不大段學, 便只理會窮理·致知工夫. 而今自小失了, 要補填, 實是難. 但須莊敬誠實, 立其基本, 逐事逐物, 理會道理. 待此通透, 意誠心正了, 就切身處理會, 旋旋去理會禮樂射御書數. 今則無所用乎御. 如禮樂射書數, 也是合當理會底, 皆是切用. 但不先就切身處理會得道理, 便教考究得些禮文制度, 又干自家身己甚事."

소학과 대학의 교육은 각각 지·행의 요소를 지니고 있으며 그 근저에 경이 관철되어 있다. 넷째, 소학 교육의 성과는 경으로 수렴될 수 있으며, 경의 태도야말로 인간됨의 바탕이라고 할 수 있다. 대학은 소학에서 이루어진 경의 마음 바탕을 기초로 해서 비로소 온전하게 진행될 수 있다.

주희의 소학·대학 교학론은 단지 이론으로만 제출되고 전승된 것이 아니라 이후 역사 속에서 교육의 실제를 구성해 가는 역사적 기능을 했다. 소학, 대학 단계에 부응하는, 소학교, 대학교 체제와 같은 학교제도를 실제로 만들어 운영하는 데까지 이르지는 못했지만, 다양한 종류의 학교에서 공부해 가는 이들의 내면에 자리 잡아 배움의 순서와 방향을 안내하는 역할을 했다. 인간 본성 실현이라는 크고 일관된 목표 아래 이루어지는 소학과 대학의 순차적 공부과정이라는 개념은 깊이 뿌리내리고 개개인의 공부의 지도 같은 역할을 한다.

그런데 소학·대학 교학론은 이런 의미 이면에 우려할 만한 점을 내포하고 있고 이는 그것이 적용되는 역사 속에서 노출되기도 했다. 경에 토대를 둔 소학·대학 교학론의 구도는, 이미 살펴본 바와 같이, 상당한 수준의 보편적 설득력을 지닌다. 문제는 소학, 대학 단계에서 요청되는 실제의 구체적 공부내용들이 과연, 주희가 내세우는 교학의 이상을 구현하는 데 얼마나 부합하는가 하는 점이다. 특히 『소학』이 포함하고 있는 내용들이 과연 주희의 바람대로 경의 태도를 형성하는 데 잘 부응할까? 『소학』에 등장하는 많은 관습적 예법이나 규범, 그것도 아동에게는 어울리지 않아 보이는 어른 수준의 것들을 통해서 과연 아동들의 마음 바탕을 경의 상태로 유도해 갈 수 있을까 하는 의문을 갖게 된다. 요컨대 『소학』 전반에 깔린, 시대적 특수성 및 제약점을 지닌 유교적 예법 및 규범들을 어떻게 처리할 것인가가, 경 기반 소학·대학의 교학론의 구도 자체가 지닌 보편적 설득력을 강화함에 있어서 해결해야 할 과제로 남는다. 더욱이 많은 연구에 따르면 『소학』은 전통시대의 신분계급적인 모순을 사회윤리적 차원에서 정당화하는 역할을 하기도 했다. 『소학』의 보급은 삼강오륜(三綱五倫)의 내면화, 상하(上下), 존비(尊卑), 귀천(貴賤)의 계제화(階梯化)된 신분질서를 공고화하는 데 기여를 했다.[41] 결국, 주희의 경 기반 소학·대학 교학론의 기본 구도에 대해 동의하고 그 시사점에 관심을 가진다고 하더라도, 그것이 담고 있는 구체적 내용상의 시대적 특수성 및 제약의 측면에 대해서는

41 김준석, "朝鮮前期의 社會思想; 《小學》의 社會的 機能 分析을 중심으로", 『동방학지』 29, 1981, 105–192쪽 참조.

엄밀히 가려내면서 시각을 견지할 필요가 있다. 지금 『소학』의 예를 들었지만 『대학』의 공부 기틀(삼강령·팔조목) 위에서 구체 내용으로 스며드는 많은 관습적 규범과 예법 등의 내용도 이러한 관점에서 검토되어야 할 것이다.

이런 전제에서라면 소학·대학 교학론에 내재한, '인간교육론'으로서의 보편적 의미는 더 잘 부각될 수 있을 것이다. 소학·대학의 두 단계 교학론 체제가 일관되게 인·의·예·지로 대표되는 인간 본성의 발현을 목적으로 했다는 점, 연령별 심리적 발달단계를 반영하는 연계적 교학 방법론을 시도하고 제공했다는 점, 인간 본성 실현을 일관된 목적으로 하는 소학·대학 교학의 본질에 따라 그 근간을 이루는 동시에 결실을 맺는 본령공부로서 경 공부를 설정하고 관철하고자 한 점, 그리고 경의 본령공부를 토대로 해서 지와 행이 균형을 이루는 교육을 소학, 대학의 각 단계에서 체계적으로 이루어 가는 방안을 제안한 점 등은 현대적 관점에서도 재조명의 가치가 풍부하다.

3. 대학 단계 공부의 기틀: 『대학』의 삼강령·팔조목

이하에서는 주희의 소학·대학의 교학론의 체제에서 대학 단계 공부과정의 기본 틀을 제시한다고 평가되는 『대학』의 삼강령·팔조목에 대한 주희 인식을 보다 상세하게 들여다보고자 한다. 『대학』의 삼강령·팔조목 체제는 그 자체가 공부내용이기도 하지만, 대학 단계의 다른 모든 공부가 포괄되고 위치지어지는 기틀이다. 주희에게 있어 『대학』은 단지 대학 단계에서 공부할 하나의 경전에 그치지 않고 대학 단계의 공부를 이끌어 주는 지도 및 안내판이라는 특별한 위상을 지닌다.

주희가 『대학』의 삼강령·팔조목에 부여한 의미가 이렇게 각별함에도 불구하고, 삼강령·팔조목을 둘러싼 주희의 인식을 규명하는 작업이 활발하게 진행되지 못했던 것 같다. 주희는 『대학』의 세 강령과 여덟 조목의 각각의 요소들은 상호 긴밀히 연계하면서 서로를 밝혀 주는 것으로 이해하면서,[42] 그 각각의 의미와 관계를 정치하게 설명했다. 주희의 소학·대학 교육론에 대한 이해, 특히 대학 단계에서의 교육 및 공부의 성격에 대한 이해를 심화하는 차원에서도, 삼강령·팔조목의 전 체계에 대한 주희의 인식, 그리

42 『朱子語類』 14-8, "此書(大學-필자주)前後相因, 互相發明, 讀之可見, 不比他書. 他書非一時所言, 非一人所記. 惟此書首尾具備, 易以推尋也."

고 그 체계 속에서의 각각의 강령 및 조목의 의미에 대한 주희의 인식을 밝히는 일이 긴요하다.

『대학』의 삼강령·팔조목에 대한 주희의 이해를 살펴보는 과정에서 반드시 유념해야 할 점들이 있다. 삼강령·팔조목을 둘러싼 공부는 대학 단계의 공부로서, 이미 소학 공부를 이행했다는 전제에서의 심화 수준의 공부라는 점이다. 또한 대학 단계의 세부 공부 항목인 팔조목의 공부들 모두는 이미 경(敬)이 근간을 이루고 있다는 점이다. 경을 근간으로 해서 지(격물치지)와 행(성의정심수신제가치국평천하) 공부를 병행하면서, 명덕을 밝히고 타인의 본성을 새롭게 하고 밝히면서 지선에 이르는 목표를 달성해 가는 것이『대학』이 보여 주는 대학 단계 공부의 대체다. 이런 이해를 기본으로 해서 삼강령·팔조목에 대한 주희의 인식을 들여다본다면 흥미를 더할 것이다.

앞으로 살펴보겠지만『대학』의 공부 강목들은 서로 상호 긴밀한 유기적 관계를 형성하고 있기에 이런 시각을 근간으로 각 강령과 조목의 의미, 그리고 강령과 조목의 관계, 그리고 강령 간, 조목 간의 관계를 종합적으로 검토할 필요가 있다. 이 과정에서 주희의 소학·대학 교학론의 틀에서 과연『대학』이 어떤 존재의미를 지니는가가 보다 분명해질 것이다. 이 분석을 위한 주요 근거 자료는『대학장구』와『대학혹문』, 그리고『주자어류』의 14~16권(『대학』을 집중적으로 토론한 부분)이 될 것이다.

1) 주희의 교학론 체계에서『대학』의 위상

삼강령·팔조목에 대한 논의에 앞서, 주희의 사상 체계에서 그의『대학(大學)』연구가 차지하는 각별한 의미를 다시 되새길 필요가 있다. 여러 경전 중의 하나에 대한 연구의 의미를 넘어선다. 대학 단계 공부 및 교육을 이끄는 지침서이기에 여타 다른 경전에 비해 특별한 위상을 지니지 않을 수 없다.

주희는 사마광(司馬光, 1019~1086)이 평생의 힘을『자치통감(資治通鑑)』을 짓는 데 바친 것과 같이 자신은『대학』에 대해서 이와 같은 일을 했다고 고백했다.[43] 주희『대학』연구의 집결체인『대학장구(大學章句)』는 그가 세상을 떠나기 바로 전까지 수정을 거듭

43『大學章句』,「讀大學法」, "某一生, 只看得這文字透, 見得前賢所未到處. 溫公作通鑑, 言平生精力盡在此書, 某於大學, 亦然, 先須通此, 方可讀他書."

할 정도였다.[44] 이럴 만큼 그의 학문 활동에서 『대학』 연구가 특별한 의미를 지니는 이유는 무엇보다 소학·대학 교학체제 형성이라는 그의 최대 학문적 관심사 때문일 것으로 보인다. 『대학』에 대한 그의 관심은 곧 교육 영역에 대한 관심과 직결되었다. 주희에게 『대학』은 무엇보다 "사람을 가르치는 법"[45]과, 그리고 "덕에 입문하는 공부 순서"[46]를 보여 주는 저작이다. 이러한 이해로부터 주희는 『대학』을 인간의 공부 및 학문의 길을 체계적으로 제시하는 텍스트로서, 나아가 자신이 야심차게 구축한 소학·대학 교육론에서 대학 과정의 입문서이자 지침서로서 자리매김시켰다.

주희가 『대학』에 본격적인 연구관심을 갖게 된 계기는 그의 학문적 전환점이었던 중화신설(中和新說) 구축에 결정적인 계기를 준 정이(程頤)의 명제, "함양함에는 반드시 경으로써 하고 학문의 진전은 치지에 있다[涵養須用敬, 進學則在致知]."를 주목하면서부터일 것이다. 이로부터 공부의 두 축으로서의 경(敬)과 격물치지(格物致知)의 존재의미를 자각하게 되었는데, 이 중에서 격물치지는 『대학』의 공부 조목의 첫 번째에 등장하는 것이다. 격물치지의 문제로부터 시작된 『대학』에 대한 관심은 곧 『대학』의 수장에서 제시하는 공부 강령과 조목 전체에 대한 관심으로 이어진다. 즉, 『대학』은 그 수장의 이른바 삼강령(三綱領)·팔조목(八條目)을 중심으로 공부의 의미와 목적, 내용, 방법을 체계적이고 종합적으로 보여 준다는 저작이라는 믿음을 갖게 된 것이다. 주희는 명명덕(明明德), 신민(新民), 지어지선(止於至善)을 대학의 '강령(綱領)'으로, 그리고 격물(格物), 치지(致知), 성의(誠意), 정심(正心), 수신(修身), 제가(齊家), 치국(治國), 평천하(平天下)를 대학의 '조목

---

44 『大學章句』의 초고는 주희 나이 45세인 1174년경 쓰인 것으로 보이는데, 이후 「大學章句序」가 1189년에 작성된 것으로 보아 이때에 이르러서야 『대학장구』는 거의 완성된 체제를 갖춘 것 같다. 그런데 주희는 여기서 그치지 않고 수정, 보완을 지속하며 완벽을 기했는데 이는 1200년 세상을 떠날 때까지 변함이 없었다. 즉, 1198년 요덕명에게 보낸 편지에 보이는 바의 "『대학』을 한 번 더 수정하였는데 간이하고 평실하다. 차서는 (매우 완벽해서) 더 이상 손대지 않아도 될 만하다."라는 기록(『四書蒙引』 卷1, "戊午年, 與寥德明帖云, '大學又修得一番, 簡易平實, 次第可以絶筆.'")과, 문인 채침(蔡沈)이 기술한 바의 "세상을 마치기 3일 전까지 『대학』의 성의장을 고쳐 첨순에에게 받아 적게 하고 또 몇 글자를 고쳤다."는 기록(『夢尊記』, "初六日, 改大學誠意章, 令詹淳謄寫, 又改數字.")이 이를 말해 준다. 결국 스스로가 만족할 만큼의 성과를 얻은 것 같다. 이런 사실은 『대학』 연구가 주희 학문체계 구축에 있어 얼마나 중요한 의미를 지니는가를 말해 준다(앞의 『四書蒙引』과 『夢尊記』의 기록 원문은 고재석, "주희의 『대학』 해석에 관한 연구", 『한문고전연구』 21, 2010, 279쪽에서 재인용함).

45 『大學章句』, 「大學章句序」, "大學之書古之大學所以教人之法也."

46 『大學章句』, 〈도입부〉, "子程子曰, 大學孔氏之遺書而初學入德之門也. 於今可見古人爲學次第者, 獨賴此篇之存. 而論孟次之學者必由是, 而學焉則庶乎其不差矣."

(條目)'으로 설명하면서,[47] 이 대학의 '강목(綱目)'들은 유가의 모든 공부내용을 포괄하는 규모를 보여 줌[48]과 동시에 공부해 가는 순서를 안내하는[49] 저술로 평가하기에 이른다.

『대학』의 의미에 대한 주희의 자각은 그의 소학(小學)·대학(大學) 교학론을 이끌어 내는 출발점이 된다. 대학을 대인의 학[大人之學]으로 인식하는 그는 이에 대비되는 소자의 학[小子之學][50]으로서의 소학 과정을 요청하게 되었고, 이 소학 과정을 안내하는 기본 텍스트로서의『소학』을 스스로 편찬하는 노력을 보이면서까지 소학에서 대학으로 이어지는 교육과정의 기틀을 마련했다. 즉, 주희에게 소학과 대학 과정은 공히 인간 본성의 실현이라는 교육목적을 공유하되, 인간의 연령에 따른 심리적·지적 발달 과정도 고려되면서 각각 소자(小子)의 학(學)과 대인(大人)의 학(學)으로 자리매김 된 것이다. 주희에 의하면 대학은 이미 소학을 전제하고 있으니, 즉 소학 단계의 공부 성과를 바탕으로 대학 단계의 공부가 가능하다. 소학 단계의 기본 텍스트로서 다름 아닌『소학』을 편찬한 주희는 대학 단계의 기본 텍스트로 사서(四書)를 꼽는데,[51] 이 사서 중에서도『대학』을 대학 단계 공부의 체계적 출발과 진행을 위해 가장 먼저 읽어야 할 저술로 설정한다.[52] 주희의『대학』에 대한 이와 같은 의미 부여는 당연히 그 수장의 세 강령과 여덟 조목을 근거로 한 것이다. 주희에 의하면『대학』의 삼강령과 팔조목은 공부의 목적, 내용, 방법, 순서를 체계적이고 종합적으로 보여 준다. 유학에서 진행되는 모든 공부—경전 공부이든 일상적 탐색 및 체험 공부이든—는 삼강령·팔조목의 구도에서 벗어나지 않기 때문에 먼저 이 구도를 이해하고 출발하는 것이 중요하다.

47『大學章句』「經1章」註解, "此三者, 大學之綱領也."; "此八者, 大學之條目也."

48『朱子語類』14-22, "大學是爲學綱目. 先通大學, 立定綱領, 其他經皆雜說在這裏. 通得大學了, 去看他經, 方見得此是格物致知事; 此是誠意正心事; 此是修身事; 此是齊家治國平天下事."

49『朱子語類』14-7, "先讀大學, 可見古人爲學首末次第."

50『小學集註』,「小學題辭」集說, "饒氏曰, 小學者, 小子之學也."

51 주희는 이정(二程; 程顥, 程頤)에 이어서 유학사에서 사서(四書) 중심, 넓게 보면 사서오경(四書五經) 중심의 유학 교육과정 체제를 구축한 인물이다. 유학사에서의 사서 중심 교육과정 성립에 대해서는 박종배,「4서(四書) 중심 유학 교육과정의 성립과 그 의의」(『한국교육사학』 27-2, 2005, 23-50쪽)가 참조된다.

52『朱子語類』14-3, "某要人先讀大學, 以定其規模 : 次讀論語, 以立其根本: 次讀孟子, 以觀其發越: 次讀中庸, 以求古人之微妙處. 大學一篇有等級次第, 總作一處, 易曉, 宜先看. 論語却實, 但古語散見, 初看亦難. 孟子有感激興發人心處. 中庸亦難讀, 看三書後, 方宜讀之."

2) 공부목표로서의 삼강령과 공부방법으로서의 팔조목: 상호관계와 지행론적 분석

『대학』은 그 시작에서부터 다음과 같은 강령으로 공부의 의미를 선언한다. 『대학』의 경문과 이에 대한 주희의 주해를 함께 제시하면 다음과 같다.

> 대학(大學)의 도(道)는 밝은 덕(德)을 밝히는 데 있으며[明明德], 백성을 새롭게 하는 데 있으며[新民], 지극한 선(善)에 머무는 데 있다[止於至善]. 머물 데를 안 뒤에 정(定)함이 있으니 정한 뒤에 고요할 수 있고 고요한 뒤에 편안할 수 있고 편안한 뒤에 생각할 수 있고 생각한 뒤에 얻을 수 있다. 물(物)에는 근본과 말단[本末]이 있고 일에는 종말과 시초[終始]가 있으니 먼저 해야 할 것과 나중에 해야 할 것을 안다면 도(道)에 가까울 것이다. 옛날에 밝은 덕을 천하에 밝히고자 하는 자는 먼저 그 나라를 다스리고[治國], 그 나라를 다스리고자 하는 자는 먼저 그 집안을 가지런히 하고[齊家], 그 집안을 가지런히 하고자 하는 자는 먼저 그 몸을 닦고[修身], 그 몸을 닦고자 하는 자는 먼저 그 마음을 바르게 하고[正心], 그 마음을 바르게 하고자 하는 자는 먼저 그 뜻을 성실히 하고[誠意], 그 뜻을 성실히 하고자 하는 자는 먼저 그 아는 것을 지극히 하였으니[致知], 아는 것을 지극히 함은 사물의 리를 궁구함에 있다[格物]. 사물의 리가 궁구된 뒤에 앎이 지극해지고[知至], 앎이 지극해진 뒤에 뜻이 성실해지고[意誠,] 뜻이 성실해진 뒤에 마음이 바르게 되고[心正], 마음이 바르게 된 뒤에 몸이 닦여지고[身修], 몸이 닦여진 뒤에 집안이 가지런해지고[家齊], 집안이 가지런해진 뒤에 나라가 다스려지고[國治], 나라가 다스려진 뒤에 천하가 화평해진다[天下平]. 천자(天子)로부터 서인(庶人)에 이르기까지 한결같이 모두 몸을 닦는 것을 근본으로 삼는다. 근본이 어지러우면서 말단이 다스려지는 것은 없으며 후하게 해야 할 것에 박하게 하면서 박하게 해야 할 것에 후하게 하는 것은 있지 않다.[53]

이 중에서 삼강령에 해당하는 명명덕, 신민, 지어지선에 대한 주희의 기본 풀이는 다음과 같다.

---

53 『大學章句』, 「經1章」, "大學之道 在明明德 在親民 在止於至善. 知止而后有定 定而后能靜, 靜而后能安 安而后能慮 慮而后能得. 物有本末, 事有終始, 知所先後, 則近道矣. 古之欲明明德於天下者, 先治其國, 欲治其國者, 先齊其家, 欲齊其家者, 先修其身, 欲修其身者, 先正其心, 欲正其心者, 先誠其意, 欲誠其意者, 先致其知, 致知在格物. 物格而后知至, 知至而后意誠, 意誠而后心正, 心正而后身修, 身修而后家齊, 家齊而后國治, 國治而后天下平. 自天子以至於庶人, 壹是皆以修身爲本. 其本亂而末治者否矣, 其所厚者薄而其所薄者厚未之有也."

『대학』 경문(經文): 대학의 길[大學之道]은 명덕을 밝히는 데[明明德] 있고, 민을 새롭게 하는 데[新民] 있고, 지극한 선에 머무는 데[止於至善] 있다.[54].
주희 주해: 대학(大學)은 대인(大人)의 배움이다. 〈이상 '대학'에 대한 설명-필자주〉 명(明)은 밝혀 가는 것이다. 명덕(明德)은 사람이 하늘에서 얻되 허령불매(虛靈不昧; 텅 비고 신령하고 어둡지 않음)하여 온갖 리를 갖추고 만사에 응하는 것이다. 다만 기품에 구속되고 인욕에 가려져 때때로 어두울 때가 있는데, 그래도 그 본체의 밝음은 일찍이 꺼지지 않는다. 그러므로 공부하는 자는 그 드러난 바에 근거해서 더욱 밝혀 가서 그 본래 상태를 회복한다. 〈이상 '명명덕'에 대한 설명-필자주〉 신(新)은 구습을 혁신하는 것을 말한다. 말하자면 이미 스스로 그 명덕을 밝히면 또한 마땅히 미루어 남에게 미쳐야 하니, 그로 하여금 역시 그 구습의 오염을 제거하도록 한다. 〈이상 '신민'에 대한 설명-필자주〉 지(止)는 여기에 이르러 옮기지 않는다는 뜻이다. 지선(至善)은 사리의 당연한 극치다. 말하자면 명명덕과 신민은 모두 지선의 경지에서 머물고서 옮기지 않아서 반드시 천리의 지극함을 다하고 한 터럭의 인욕의 사사로움이 없도록 하는 것이다. 〈이상 '지어지선'에 대한 설명-필자주〉 이 세 가지는 대학의 강령(綱領)이다. 〈이상 세 가지가 대학의 강령임에 대한 설명-필자주〉[55]

풀어 보면, 첫째, 주희는 대학을 '대인(大人)의 학(學)'으로 정의하면서, 명명덕, 신민, 지어지선이 그 대학의 강령(綱領)이라고 한다. 둘째, 명명덕을 설명한다. 명덕에 대해 하늘에서 얻은 것으로 허령불매하여 온갖 이치를 갖추고 만사에 응하는 존재로 개념규정한다. 다만 그것이 기품과 인욕에 가려져 어두워지기도 하는데, 그러나 그 본체의 밝음은 언제나 존속된다고 한다. 따라서 어두운 가운데서도 그 밝음이 드러나게 마련이며 그 드러나는 지점을 실마리로 하여 더욱 밝혀 가서 결국 본래 상태를 회복해야 하는데, 이를 '명덕을 밝힌다'는 의미의 '명명덕'이라고 한다. 셋째, 신민을 설명한다. 신민은 스스로 명덕을 밝힌 자가 이제 자신을 미루어 타인에게 영향을 미쳐 가는 일, 즉 타인이 지녀 온 구습적 오염을 제거해 가도록 하는 일이다. 이를 '민을 새롭게 한다'는 의미의 '신민(新民)'이라고 한다. 그런데 여기서 민(民)은 계급적 이미지를 지닌 백성이 아닌 일

54 『大學章句』,「經1章」, "大學之道, 在明明德, 在親(新)民, 在止於至善."

55 『大學章句』,「經1章」 註解, "大學者大人之學也. 明明之也. 明德者人之所得乎天而虛靈不昧, 以具衆理而應萬事者也. 但爲氣稟所拘, 人欲所蔽, 則有時而昏. 然其本體之明, 則有未嘗息者, 故學者當因其所發而遂明之, 以復其初也. 新者革其舊之謂也, 言旣自明其明德, 又當推以及人, 使之亦有以去其舊染之汚也. 止者必至於是而不遷之意, 至善則事理當然之極也, 言明明德新民, 皆當止於至善之地而不遷, 蓋必其有以盡夫天理之極, 而無一毫人欲之私也. 此三者, 大學之綱領也."

반의 인(人)으로 풀이된다는 점도 주목할 일이다. 신(新)이라는 것이 계급적 질서에 근간을 두고 위로부터 아래(민)으로 베풀어지는 일이 아닌 사람 일반에 행해지는 수평적 교육의 일로 바라보는 관점으로의 전환이 주목된다. 넷째, 지어지선을 설명한다. 명명덕과 신민의 일이 한 치의 인욕의 사사로움이 개입되지 않고 천리의 극치를 다하는 일임을 말하는 것이 '지극한 선에 머문다'는 뜻의 '지어지선'이라고 한다.

이 정도만 가지고도 삼강령의 의미를 대체로 간파하게 되지만, 이를 보다 상세하게 풀고 있는 자료는 『대학혹문(大學或問)』의 해설이다. 여기에서는 삼강령을 설명하되, 리기심성, 소학대학, 그리고 각 공부 조목들과의 관련성까지도 연계해서 입체적으로 논하고 있다. 이에 대해서는 앞의 제4장에서 검토한 바가 있기에 여기서는 생략한다. 다만 그 요체를 서술하면 이렇다. 모든 인간은 허령불매 혹은 허령통철한 바탕에 리를 갖춘 명덕을 지니고 있는데, 이 명덕은 만물과도 구분되는 인간의 본성적 정체성이다. 인간 본성으로서의 명덕을 먼저 '나'의 차원에서 밝혀 가는 것이 명명덕이고, '나'의 명덕을 밝힌 후에 가정, 사회, 국가, 인류의 차원에서 타인의 명덕을 밝혀 가는 일이 신민이다. 신민은 타인의 명덕 실현을 이끄는 교육, 정치의 일이지만 넓게 보면 명명덕의 연장선상의 공부의 영역에 포괄된다. 지어지선은 명명덕과 신민이, 작위적 차원이 아닌 하늘 차원의 법칙에 의해 이루어지는, 의리의 정미함의 극치의 작용임을 뜻하는 강령으로 명명덕과 신민의 표준이며 목적이 된다.

이상의 삼강령이 공부 목표 및 방향에 해당한다면 격물에서 평천하에 이르는 팔조목은 공부내용이자 방법에 해당하는데 양자는 긴밀하게 조응하고 있다. 명명덕은 격물, 치지, 성의, 정심, 수신의 공부 조목과 상응하며 신민은 제가, 치국, 평천하의 공부 조목과 상응한다. 지어지선은 그 자체가 명명덕과 신민의 표준이며 목적이기에 별도로 특정 조목과 조응하기보다 모든 조목의 공부가 최선의 상태에 이르는 것을 지칭하는, 그래서 모든 조목에 상응하는 것으로 이해해 볼 수 있다.

제5장에서 검토한 바 있듯이 주희는 모든 공부를 지와 행으로 구분해서 양자의 성격과 상호관계를 설명하곤 하는데, 팔조목에 대해서도 마찬가지다. 팔조목 중 격물치지가 지에 해당하고, 성의 이하는 행에 해당하는 것으로 이해한다.

> 치지(致知)는 지(知)의 시작이고, 성의(誠意)는 행(行)의 시작(始作)이다.[56]

> 격물치지성의정심수신(格物致知誠意正心修身)은 명명덕(明明德)의 일이고 제가치국평천하(齊家治國平天下)는 신민(新民)의 일이다. 격물치지는 지극한 선이 있는 곳을 구하는 것이고, 성의로부터 평천하까지는 지극한 선으로 머물기를 구하는 것이다.[57]

명명덕과 신민으로 팔조목을 구분할 때는 수신과 제가 사이에서 갈리지만 지와 행으로 구분할 때는 치지와 성의 사이에서 갈린다. 주희가 행의 시작이 성의라고 할 때 이는 명명덕에 해당하는 성의·정심·수신만이 아니라 제가·치국·평천하를 포괄해서 말한다. 그리고 지의 요체가 지선이 있는 곳을 찾는 것이라면 행의 요체는 지선으로 머물기를 구하는 일이다. 주희는 지와 행의 병행의 원리로써 명덕을 밝히고 신민을 이루는 대학의 공부를 지향한다. 물론 지와 행을 아우르는 팔조목 공부의 근간에는 한결같이 경이 자리해야 그 모든 공부가 온전해지고 명명덕, 신민, 지어지선의 목표가 제대로 구현될 수 있다는 것이 주희의 생각이다.

3) 명명덕(明明德)의 공부 조목: 격물, 치지, 성의, 정심, 수신

『대학』의 여덟 공부 조목 중 주희가 명명덕의 강령과 연결시킨 것은 격물, 치지, 성의, 정심, 수신이며, 이 중 격물, 치지를 지(知)의 일로, 성의, 정심, 수신을 행(行)의 일로 보면서 지와 행을 병행하는 이 모든 공부 절차는 명덕(明德)을 밝히기 위함이라고 한다.

> 밝힌다는 것을 말하자면 치지, 격물, 성의, 정심, 수신은 모두 그것[明德]을 밝히는 일이다. 이 다섯 가지는 하나도 빼놓을 수 없다. 만일 하나라도 빠지면 덕이 밝혀지지 못하는 바가 있다. 대개 치지, 격물은 분명히 알아내는 것이고[知得分明], 성의, 정심, 수신은 분명히 행하는 것이다[行得分明]. 그러나 이미 그 명덕이 밝혀졌다고 해도 또한 간단없는 공부가 필요하니 어느 때에도 밝지 못함이 없도록 해야 한다.[58]

56 『朱子語類』 15-115, "致知, 知之始; 誠意, 行之始."

57 『大學或問』, 「大學或問上」, "物致知誠意正心修身者, 明明德之事也. 齊家治國平天下者, 新民之事也. 格物致知, 所以求至 善之所在. 自誠意, 以至於平天下, 所以求夫至善而止之也."

58 『朱子語類』 14-84, "謂明之者, 致知格物誠意正心修身, 皆明之事, 五者, 不可闕一. 若闕一, 則德有所

이제 해당 조목 각각이 명덕을 밝히는 과정에서 지와 행 공부로서 어떤 의미와 성격을 지니는지, 각 조목 간의 관계는 어떠한지를 들여다보자. 각 조목의 의미를 따져 갈 때, 이미 경을 전제로 이루어진다는 사실에 대한 기본 인식을 견지할 필요가 있다. 다만 이에 대해서는 별도로 다루지는 않을 것이다.

(1) 격물(格物)과 치지(致知)

명명덕을 위한 첫 단계의 공부 조목은 격물(格物)과 치지(致知)다. 정확히 말하면 격물이 첫 조목이고 치지가 둘째 조목으로서 각각 별개의 조목으로 제시된 것이지만, 주희는 양자가 실질적으로 하나의 공부인데 이름만 달리한 것으로 이해한다. 따라서 하나로 묶어서 논의하는 것이 양자의 이해에 도움을 준다. 명덕을 밝히는 길에서 격물·치지라는 공부는 어떤 의미를 지닐까? 결론부터 말하면 격물·치지는 이미 완전한 명덕을 내재하나 그것이 가려진 상태에 있는 공부 주체가, 그 명덕이 드러나는 단서로서의 마음의 앎의 단서를 기반으로 그 앎을 점차적으로 심화, 확장해 가는 공부를 의미한다. 그 앎이란 곧 리에 관한 앎이며 앎을 이루어 가는 방법은 체험적, 추리적 성격을 포괄하고 있다.

주희는 『대학』의 팔조목의 기술 중 "치지는 격물함에 있다[致知在格物]."라는 구절과 관련하여 다음과 같은 개념 설명을 한다.

> 치(致)는 지극히 미루어 가는 것이다. 지(知)는 식(識)과 같다. 나의 지식을 지극히 미루는 것은 그 아는 바가 다하지 않음이 없도록 하는 것이다. 격(格)은 이르는 것이다. 물(物)은 사(事)와 같다. 사물(事物)의 리(理)를 지극히 탐구하는 것은 그 극처에 이르지 않음이 없도록 한 것이다.[59]

즉, 치지는 나의 지식을 지극히 넓혀서 다하지 않음이 없도록 하는 것이고, 격물은 사물의 리에 이르러서 그 극처에 도달하지 않음이 없도록 하는 것이다. 그런데 이것만으로는 격물, 치지의 의미와 관계를 분명하게 알기가 어렵다. 주희는 『대학』의 장구(章句)

不明. 蓋致知格物, 是要知得分明; 誠意正心修身, 是要行得分明. 然旣明其明德, 又要切工夫無間斷, 使無時而不明, 方得."

59 『大學章句』, 「經1章」 註解, "致推極也, 知猶識也. 推極吾之知識, 欲其所知無不盡也. 格至也, 物猶事也. 窮至事物之理, 欲其極處無不到也."

체제를 새롭게 정비하면서 이를 좀 더 명확하게 했으니, 즉『대학』고본(古本)의 경문(經文)에는 들어 있지 않았던 '격물'과 '치지' 관련 해설 부분을 임의로 구성하여 '격물보전(格物補傳)'이라는 이름으로 드러냈다. 그만큼 격물치지의 존재의미에 대한 신념이 지대했음을 알 수 있는데, 이 격물보전은 격물치지에 대한 주희의 견해를 압축적으로 보여준다. 그 전문을 옮기면 다음과 같다.

> 이른바 '앎을 지극히 함[致知]'이 '사물에 이르름[格物]'에 있다는 것은, 나의 앎을 지극히 하려 함[致吾之知,]은 사물에 나아가서[卽物] 그 리를 궁구함[窮其理]에 있다는 것을 말한다. 생각건대 사람 마음의 영명함[人心之靈]에는 앎이 있지 않음이 없고[莫不有知,], 온 세상의 사물[天下之物]에는 리가 있지 않음이 없다[莫不有理]. 다만 리가 궁구되지 않음이 있어서[理有未窮] 그 앎이 다하지 못함이 있는[知有不盡] 것이다. 이 때문에『대학』에서 처음 가르칠 때에 반드시 배우는 자들로 하여금 온 세상의 사물에 접해서 이미 알고 있는 리[其已知之理]에 근거해서 더욱 궁구해 나아가 그 지극한 곳에 이르기를[至乎其極] 추구하지 않음이 없도록 하는 것이다. (이렇게) 노력하기를 오래하게 되면 하루아침에 활연관통(豁然貫通)해서 모든 사물의 겉과 속, 정밀한 것과 거친 것에 미치지 않음이 없고[衆物之表裏精粗無不到], 내 마음의 온전한 바탕과 큰 쓰임이 밝지 않음이 없게[吾心之全體大用無不明] 된다. 이것을 사물의 리의 지극한 곳에 이르렀다고[物格] 말하며 앎이 극진하다[知之至]고 말하는 것이다.[60]

'격물보전'을 통해 주희는 먼저 치지(致知)와 격물(格物)의 개념을 논한다. 격물(格物)은 '즉물이궁기리(卽物而窮其理)'로 푸는데, 이는 곧 '물(物)'에 '즉(卽)'해서[나아가서, 접해서, 관계해서의 뜻으로서의], 그 물에 내재한 리(理)를 궁구한다는 뜻이다. 여기서 물은 이 세계에 존재하는 모든 사태(事)와 현상(物)을 포괄한다.[61] '나의 지를 극진히 한다'는 의미의 '치오지지(致吾之知)'로서의 치지(致知)는 격물과 동시에 이루어지는 공부이다. 다만 격물이 격물 대상인 사물과 사물의 리의 관점에서 그 리가 궁구되는 현상에 주목한 것

60『大學章句』,「傳5章」, "所謂致知在格物者, 言欲致吾之知, 在卽物而窮其理也. 蓋人心之靈, 莫不有知, 而天下之物, 莫不有理. 惟於理有未窮, 故其知有不盡也. 是以大學始敎, 必使學者, 卽凡天下之物, 莫不因其已知之理而益窮之, 以求至乎其極. 至於用力之久而一旦豁然貫通焉, 則衆物之表裏精粗無不到, 而吾心之全體大用無不明矣. 此謂物格, 此謂知之至也."

61『朱子語類』57-38, "凡天地之間, 眼前所接之事, 皆是物."/『大學或問』,「大學或問下」, "天道流行, 造化發育, 凡有聲色貌象而盈於天地之間者, 皆物也."

이라면, 치지는 격물 주체인 사람과 심(心)의 관점에서 그 심의 앎이 확대되어 가는 일에 초점을 맞춘 것이다.[62] 그런데 치지와 격물은 동시에 이루어지는 것이지만 굳이 순서를 말하면 격물이 전제되어 치지가 이루어진다. 치지에 의해 격물이 되는 것이 아니라, 격물을 통해서 치지를 하게 된다.[63] 주희는 격물과 치지를 '식사'와 '포만감'에 비유하기도 한다. 식사를 하지 않고 포만감을 느꼈다면 그 포만감은 병인 것처럼, 격물을 하지 않고 알았다고 하면 그 앎은 망령된 것이다.[64] 주희가 이처럼 치지는 격물을 통해야 한다고 주장하는 것은, 당시에 사물의 실질을 매개로 한 탐구를 떠나서 주관적·직관적 통찰에만 의존하는 당시의 '공허한' 지적 공부 병폐를 비판적으로 극복하고자 하는 의지가 담겨 있다. 그리고 격물공부는, 물의 범위가 세상의 모든 사물을 포함하는 만큼 광범위하게 이루어지는 것이지만, 주희에게 그 대체는 독서, 그리고 당면한 사태 및 현상에 대한 체험적 탐색의 모습으로 드러났다.[65]

'격물보전'은 나아가 지(知)의 성격에 대해 특히 심(心)과 연계해서 심화하여 설명한다. 주희에 의하면 사람에게 지가 있는 것은 곧 사람 마음의 영명함[人心之靈]의 존재 때문이다. 이는 사람은 그 마음의 허령불매 혹은 허령통철함으로 명덕을 본유한다는 앞의 설명과 통한다. 즉, 사람의 지는 마음의 허령통철함, 그리고 그 속에 내재한 리[성] 존재에 근거하고, 따라서 그 본래의 상태는 완전하다. 주희는 사람의 마음은 본래 지령(至靈)하고 허명광대(虛明廣大)하여, 아주 세밀한 것에서부터 아주 큰 것에 이르기까지 알지 못하는 바가 없는, 온전한 앎을 지닌다고 한다.[66] 이러한 본래의 완전한 지는 맹자(孟

---

62 『朱子語類』 15-49, "致知와 格物은 단지 한 가지 일로 오늘 格物하고 내일 致知하는 것이 아니다. 格物은 理로써 말한 것이고; 致知는 心으로 말한 것이다[致知, 格物, 只是一事, 非是今日格物, 明日又致知. 格物, 以理言也; 致知, 以心言也]."/『朱子語類』 15-50, "致知는 나로부터 말한 것이고; 格物은 사물에 나아가서 말한 것이다[致知, 是自我而言; 格物, 是就物而言]."

63 『朱子語類』 18-33, "格物·致知, 彼我相對而言耳. 格物所以致知. 於這一物上窮得一分之理, 卽我之知亦知得一分; 於物之理窮二分, 卽我之知亦知得二分; 於物之理窮得愈多, 則我之知愈廣. 其實只是一理. …(중략)… 格物之理, 所以致我之知."

64 『朱熹集』 卷44, 2116쪽, 「答江德功」, "夫格物可以致知, 猶食所以爲飽也. 今不格物而自謂有知, 則其知者妄也; 不食而自以爲飽, 則其飽者病也."

65 제9장 참조.

66 『朱子語類』 18-58, "此心至靈, 細入毫芒纖芥之間, 便知便覺, 六合之大, 莫不在此. 又如古初去今是幾千萬年, 若此念才發, 便到那裏; 下面方來又不知是幾千萬年, 若此念才發, 便也到那裏. 這箇神明不測, 至虛至靈, 是甚次第! 然人莫不有此心, 多是但知有利欲, 被利欲將這箇心包了."/『朱子語類』 14-83, "蓋人心至靈, 有什麽事不知, 有什麽事不曉, 有什麽道理不具在這裏. 何緣有不明? 爲是氣稟之偏,

子)가 말한 바의 양지(良知)에 다름 아니다. 다만 마치 사람이 명덕을 갖추고 있으면서도 기질의 제약으로 인해 그것이 가려지는 바가 많듯이, 마음의 영명함에 의해 갖추어진 지도 현실적으로 제한되어 나타난다. 주희는 지가 현실에서 온전하게 드러나지 못하는 이유를 리가 충분히 궁구되지 못해서라고 설명한다. 즉, '리가 궁구되지 못한 바가 있어서[理有未窮]' '지가 지극하지 못한 바가 있게 된다[知有不盡]'. 여기서 확인되는 것은, 주희에게 지는 리와 밀접히 연관된, 리를 알고 느끼는 그런 성격의 지라는 점이다. 즉, 주희에게 지는 리에 의거한 리에 관한 지라는 특수성이 있다. 마음의 지를 극진하게 심화하고 확장하기 위해 리를 궁구해야 하는 이유가 여기에 있다.

'격물보전'은 나아가 치지가 '이미 알고 있는 리[已知之理]'에 근거해서 시작된다는 점을 밝힌다. 주희는 "치지 공부는 다만 이미 아는 바에 근거해서 곰곰이 생각하면서 미루어 넓혀 가는 것이다. 마음에 갖추어진 것은 본디 부족함이 없다."[67]고 한다. 주희는 치지(致知)를 설명하면서 '미루어 넓혀 간다[推廣去]'거나 '미루어 열어 간다[推開去]' '미루어 도출한다[推出]' '미루어 지극히 한다[推致, 推極]'[68] '미루어 도달한다[推到]'[69] 등의 표현을 종종 사용하는데 이것이 '치(致)' 자의 주요한 의미들이다. 즉, 미루어 넓혀 가고 열어 가되, 지극히 하는 것이 곧 '치'다. 이러한 의미의 치지(致知)가 가능한 것은 '이미 아는 것[已知者]'이 전제되기 때문이다. 이렇게 보면 치지는 '이미 아는 것에 근거해서 미루어 가되 극진히 하는 것'이라는 의미를 지닌다. 여기서 '이미 아는 것'이란, 본연의 명덕이 기질과 물욕에 의해 가려졌음에도 불구하고 틈틈이 발현됨으로써 갖게 되는 리에 대한 일단의 앎을 의미한다. 즉, 치지의 출발점인 '이미 아는 것'으로서의 앎의 단서는, 마음의 본래의 상태[본심 혹은 명덕]가 허령통철한 가운데 리를 온전히 갖추고 있는, 그래서 완전한 앎을 지니고 있는 존재라는 전제 위에 성립되는 것이다. 주희는 종종 명덕을 밝히는 일을 설명할 때 명덕이 발현하는 단서를 잘 포착해서 미루어 확충해 갈 것을 강조한다. 명덕은 일상생활을 하는 가운데 시시각각 발현한다. 즉, 불의를 보면 미워하고, 어린아이가 우물에 빠지는 것을 보면 가엽게 여기고, 좋은 일을 보면 감탄하고 경모하는 것이

又爲物欲所亂."/『朱子語類』15-53, "知者, 吾自有此知. 此心虛明廣大, 無所不知."

67 『朱子語類』15-6, "致知工夫, 亦只是且據所已知者, 玩索推廣去. 具於心, 本無不足."

68 『朱子語類』15-49, "人個個有知, 不成都無知, 但不能推而致之耳."/『朱子語類』15-50, "只是推極我所知, 須要就那事物上理會."

69 『朱子語類』15-45, "但所知者止於大略, 而不能推致其知以至於極耳."

그것이다.[70] 이렇게 명덕이 드러나는 단서가 '이미 아는 것'에 다름 아니고, 이를 근거로 미루어 밝혀 가는 것이 '치지(致知)'이고, 이는 동시에 '격물(格物)'이다.[71]

주희는 궁진(窮盡)[72]이나, 추치(推致),[73] 추극(推極)[74] 등의 표현으로써 점차적으로 리를 궁구해 가고 앎을 넓혀 가되 지극히 해야 함을 누누이 강조한다. 이것저것 대충 알고 넘어가기보다는 하나의 사물(事物)이라도 일단 격물을 시작했으면 이해의 극지점에 이르도록 궁구해야 하고서 다른 사물의 탐구로 넘어가도록 주문한다.[75] 물론 현실적으로 아무리 붙잡고 있어도 도저히 이해할 수 없는 경우, 고집스럽게 그것의 탐구에 집착해 있기보다는 다른 사물에 먼저 접근해서 풀리지 않는 문제의 실마리를 얻을 수도 있어야 한다는 식의 융통성은 전제된다.[76] 가장 좋지 않은 것은 대략적으로 살피면서 박람(博覽)하기만 하는 태도로서 이는 격물치지를 아예 시작하지 않느니만 못하다.

격물치지는 결국 격물을 매개로 사물의 리를 둘러싼 내 마음의 지를 극대화해 가는 과정이다. 내 마음의 지가 심화, 확장된다는 것은 사물의 리에 대한 이해가 심화, 확장된다는 의미이며, 나아가 이는 마음의 리가 밝혀지는 일이기도 하다. 주희에게 그 리란 현대적 용어로 따지면 '진리'나 '원리'에 가까운 말이다. 그것은 개별사물의 진리이며 원리, 그리고 세계를 관통하는 진리이며 원리를 포괄한다. 또한 그것은 존재법칙과 당위법칙을 함께 아우르기도 한다. 주희에 의하면 그 리는 곧 존재 근원으로서의 '하늘의 리[天理]'로서 이미 '선(善)' 자체다. 따라서 주희는 격물치지에 대해 '선을 밝히는 요체[明善之要]'라는 의미를 부여하기도 한다.[77] 격물치지는 주체로 하여금 무엇이 선(善)이고 악(惡)인지, 무엇이 천리(天理)이고 인욕(人欲)인지에 대한 인식을 선명하게 해 준다. 그런

---

70 『朱子語類』 14-77, "明德未嘗息, 時時發現於日用之間. 如見非義而羞惡, 見孺子入井而惻隱, 見尊賢而恭敬, 見善事而歎慕, 皆明德之發現也. 如此推之, 極多. 但當因其所發而推廣之."

71 『朱子語類』 14-82, "學者便當因其明處下工夫, 一向明將去, 致知格物, 皆是事也."

72 『朱子語類』 15-7, "須是窮盡事物之理. … 須是窮盡得到十分, 方是格物."

73 『朱子語類』 15-49, "人個個有知, 不成都無知, 但不能推而致之耳."

74 『朱子語類』 15-50, "只是推極我所知, 須要就那事物上理會."

75 『朱子語類』 15-120, "致知·格物, 十事格得九事通透, 一事未通透, 不妨; 一事只格得九分, 一分不透, 最不可."

76 『朱子語類』 18-24, "蓋於此處旣理會不得, 若專一守在這裏, 卻轉昏了. 須著別窮一事, 又或可以因此而明彼也."

77 『大學章句』, 〈종결부〉, "凡傳十章, 前四章, 統論綱領指趣, 後六章, 細論條目工夫. 其第五章, 乃明善之要, 第六章, 乃誠身之本. 在初學, 尤爲當務之急, 讀者不可以其近而忽之也."

데 주희는 이러한 인식의 획득은 다만 마음만 들여다보거나 챙겨서 될 일이 아니라 사사물물에 대한 폭넓고 깊은 탐구를 통해 가능하다고 본다. 그래야 공허한 관념성, 추상성, 주관성을 넘어선, 보편 진리 인식의 타당성이 담보되기 때문이다. 이 탐구는 주체가 '이미 아는 것' 혹은 '이미 알고 있는 리'를 출발점으로 하여 시작되는데, 사사물물에 대한 격물이 충분히 축적된 뒤에는 '내 마음의 온전한 본체와 큰 작용이 밝지 않음이 없는 상태[吾心之全體大用無不明]'라는 격물치지의 궁극 지점에 도달할 수 있게 된다. 이는 '명명덕(明明德)'의 다른 표현이라고 할 수 있는데, 명덕을 밝힘에 있어서 만물의 진실에 대한 넓고 객관적인 탐색 및 통찰이 필수적임을 격물치지 장은 말해 주고 있다.

(2) 성의(誠意)

격물치지를 통해 리를 투철하게 궁구하고 그리하여 동시에 앎이 지극해졌다면, 성의(誠意) 이하의 단계에서는 그 지극한 앎이 삶 속에 한 치의 틈이 없이 철저하게 구현되도록 만드는 공부가 이루어진다. 이는 지(知)와 행(行)의 관계로 설명할 수도 있는데, 주희는 격물(格物) 혹은 치지(致知)는 지의 시작인 반면, 성의(誠意)는 행의 시작이며[78] 자수(自修)의 첫머리[79]라고 한다. 주희에게서 지 공부는 리(理) 혹은 선(善)에 대한 앎을 지극하게 하는 의미를 지니고, 행 공부는 리 혹은 선을 철저하게 체현하는 의미를 지니는 바, 성의(誠意)는 이러한 성격의 행을 구현함에 있어서의 첫 번째의 관문이다.

'성의(誠意)'의 개념풀이를 위해 주희는 '의(意)'를 '마음이 드러나는 바(心之所發)'로, '성(誠)'을 '진실하다[實]'로 의미 규정한다. 그리하여 '성의'를 "마음이 드러난 바가 진실되도록 해서 반드시 스스로 흡족하고 스스로 속이지 않음을 꾀하는 것"이라고 정리한다.[80] 성의에 대한 『대학』 전문과 보다 자세한 주희의 해설은 다음과 같다.

> 『대학』 전문(傳文): 이른바 그 뜻을 진실하게 한다는 것은 스스로를 속이지 않는 것이다. 마치 악취를 싫어하고 아름다운 여인을 좋아하는 것과 같으니 이를 스스로 흡족함이라고 한다. 그러므로 군자는 홀로 있을 때를 삼간다.[81]

---

78 『朱子語類』 15-115, "致知, 知之始; 誠意, 行之始."

79 『大學章句』, 「傳6章」 註解, "誠其意者自修之首也."

80 『大學章句』, 「經1章」 註解, "誠實也, 意者心之所發也. 實其心之所發, 欲其必自慊而無自欺也."

81 『大學章句』, 「傳6章」, "所謂誠其意者, 毋自欺也. 如惡惡臭, 如好好色, 此之謂自謙(慊), 故君子必愼其

주희 주해: 그 뜻을 진실하게 하는 것은 자기수행[自修]의 으뜸이다. …(중략)… '자기(自欺)'는 선을 행하여 악을 제거함을 알되 마음이 드러나는 바가 진실되지 않음이 있는 것이다. '겸(謙)'은 흔쾌함이요 만족함이다. '독(獨)'은 남들은 알지 못하고 나만 아는 곳이다. 말하자면 자기수행하려는 자는 선을 행함으로써 악을 제거할 것을 알고 마땅히 그 혼신의 힘을 다하여 스스로 속이는 것을 막되, 악을 미워하기를 악취를 싫어하는 것과 같이 하고, 선을 좋아하기를 아름다운 여인을 좋아하는 것과 같이하여 모두 (악은) 힘껏 제거하고서 (선은) 구하여 반드시 얻는다. 스스로에 흔쾌히 만족한 것이지 구차히 밖을 좇아 남을 위하는 것이 아니다. 그러나 그 진실하고 진실하지 않고는 대개 다른 사람이 알지 못하고 홀로 아는 것이므로 반드시 여기에서 삼가며 그 기미를 살핀다.[82]

주희는 『대학』 전문의 설명에 따라서 성의의 의미를 자겸(自謙 혹은 自慊), 무자기(毋自欺), 신독(愼獨)의 문제와 연계해서 풀고 있다. '자기(自欺)', 즉 '스스로 속인다는 것'은 '마음이 드러나는 바가 진실되지 않음[不實]'을 의미한다. 이는 선은 행해야 하고 악은 제거해야 한다는 것을 분명히 알았으면서도 마음이 표현될 때 악의 찌꺼기가 은근히 묻어나는 상태다.[83] 예를 들어, 어린아이가 우물에 빠지는 것을 보고서 그것을 구하려는 선한 마음을 가지면서도 그 사이에 명예를 바라는 생각이 다소 섞이는 것이나, 또한 훌륭한 사람을 추천하는 좋은 뜻을 지녔으면서도, 남들이 그(자신)를 덕스럽게 여겼으면 하는 바람을 다소 가지고 있다면 이것은 선을 행하려는 뜻이 간절하고 진실하지 못하고 '스스로를 속이는 것'이다.[84] 말하자면 선을 하려고 하면서도 기꺼이 하려는 뜻이 없는 것이 스스로를 속이는 것이다.[85] 이를 극복하기 위해서는 남들이 알 수 없고 볼 수 없는 홀로 있는 곳에서도 한 치의 진실하거나 순수하지 못함이 있는가에 대해 성찰하는 일이

獨也."

82 『大學章句』,「傳6章」 註解, "誠其意者自修之首也. …(중략)… 自欺云者知爲善以去惡, 而心之所發, 有未實也. 謙快也足也. 獨者人所不知而己所獨知之地也. 言欲自修者知爲善以去其惡, 則當實用其力, 而禁止其自欺, 使其惡惡則如惡惡臭, 好善則如好好色, 皆務快去而求必得之, 以自快足於己 不可徒苟且以徇外而爲人也. 然其實與不實, 蓋有他人所不及知而己獨知之者. 故必謹之於此, 以審其幾焉."

83 『朱子語類』 16-66, "如今人要做好事, 都自無力. 其所以無力是如何? 只爲他有箇爲惡底意思在裏面牽繫."

84 『朱子語類』 16-86, "如見孺子入井, 救之是好意, 其間有些要譽底意思以雜之; 如薦好人是善意, 有些要人德之之意, 隨後生來; 治惡人是好意, 有些狼疾之意隨後來, 前面好意都成虛了."

85 『朱子語類』 16-80, "人固有終身爲善而自欺者. 不特外面有, 心中欲爲善, 而常有箇不肯底意思, 便是自欺也."

긴요한데 이것이 신독이다. 스스로 속임이 없이 홀로 있을 때 삼가면서 이미 아는 바의 선을 충실하게 지향할 때 스스로 흔쾌하게 만족한, 자겸의 상태가 된다.[86] 이렇게 마음이 흡족한가 그렇지 않은가를 살피는 것은 내 마음상태가 선인가의 여부를 판가름할 수 있는 방편도 될 수 있다. 자신의 마음속에 한 터럭의 흔쾌하거나 만족스럽지 못한 점이 있으면 여전히 스스로를 속이는 무엇이 있는 것이 아닌가를 의심해 볼 필요가 있다.[87] 그런데 뜻이 성실한가, 스스로를 속이는가의 여부는 마음속에서만 확인되는 것이 아니고 밖으로도 흔적을 남기게 마련이다. 즉, 소인의 경우 남들이 안 보는 곳에서 불선을 행하고서도 감추려 하지만 결국 드러나서 감출 수가 없는 반면, 군자의 경우 마음의 성실함은 결국 밖으로 표현되어 '마음은 넓어지고 몸은 반듯해지는[心廣體胖]', 즉 덕이 몸과 마음을 윤택하게 하는 모습을 보여 주게 마련이다.[88]

그렇다면 성의 공부는 그 앞 단계의 치지 공부와 어떤 관련을 맺을까?

> 치지(致知)는 성의(誠意)의 근본이다. 신독(愼獨)은 성의(誠意)를 돕는 것이다. 앎을 지극히 하면 뜻은 이미 70~80% 진실해진다. 다만 은미하고 홀로 있는 곳에서 여전히 몇몇 진실하지 못한 곳이 있음이 염려되니, 따라서 신독이 요청된다.[89]

주희는 격물치지로부터 성의로 나아가는 순서의 의미를 놓치지 않고 있다. 기실 성의는 행해야 할 선(善)과 제거해야 할 악(惡)에 대한 명확한 인식을 전제로 하여, 선을 표현하는 마음의 발현이 진실되도록 다듬는 과정이다. 따라서 성의에는 선(善)과 천리(天理), 악(惡)과 인욕(人欲)에 대한 명확한 인식으로서의 치지(致知)가 전제되지 않을 수 없다. 그런데 주희에 의하면 치지는 성의의 필요조건이기는 하지만 충분조건은 아니다. 앞의 인용문에서 '70~80%'의 언급은, 치지가 성의를 상당 부분 가능케 하는 근본임을 말하는 동시에 치지만으로는 성의가 완벽하게 이루어지지 못한다는 점을 드러내고 있다.

---

86 『朱子語類』 16-81, "人之爲善, 須是十分眞實爲善, 方是自慊. 若有六七分爲善, 又有兩三分爲惡底意思在裏面相牽, 便不是自慊. 須是'如惡惡臭, 如好好色'方是."

87 『朱子語類』 16-76, "只今有一毫不快於心, 便是自欺也."

88 『朱子語類』 16-111, "'十目所視, 十手所指', 言'小人閒居爲不善', 其不善形於外者不可揜如此. '德潤身, 心廣體胖', 言君子愼獨之至, 其善之形於外者證驗如此."/ 『大學章句』, 「傳6章」, "富潤屋, 德潤身, 心廣體胖, 故君子必誠其意."

89 『朱子語類』 16-94, "致知者, 誠意之本也; 愼獨者, 誠意之助也. 致知, 則意已誠七八分了, 只是猶恐隱微獨處尙有些子未誠實處, 故其要在愼獨."

그런데 의문이 생긴다. 이미 살펴본 바의 격물치지 개념이라면 그것은 성의의 필요조건만이 아니라 충분조건까지 되어야 하기 때문이다. 주희에 의하면 '자기(自欺)'라는 것도 앎이 지극하지 못할 경우에 나타난다. '자기(自欺)'는 선이 좋다는 것을 '알고' 또 그것을 행해야 한다는 것을 '알면서도' 간혹 마음속에 선을 지향하는 간절함이 없는 경우에 나타나는 현상인데, 이것은 곧 '앎이 지극하지 않음'의 상태이기도 하다. 앎이 지극하지 못하면 마땅히 선을 행해야 함에도 불구하고 어느 틈엔가 선을 행하지 않으려는 뜻이 엉키어 나타나는 경우가 있게 된다.[90] '앎이 지극하지 못함(知不至)'은 '부지(不知)', 즉 '알지 못함'과는 다르다. 즉 '알지 못함'은 불선(不善)을 선(善)으로, 혹은 선(善)을 불선(不善)으로 여기는 경우라면, '앎이 지극하지 못함'은 선과 불선을 제대로 구분하고 선을 행해야 함을 분명히 알면서도, 선을 철저하게 체화하고 실천하지 못하는 경우를 말한다. 양자는 겉으로 보기에는 유사하지만 분명하게 구분되는 것이다.[91] 그런데 치지는 부지(不知)는 물론이고 지부지(知不至)의 단계까지 넘어선, 지지(知至)의 상태다. 치지가 제대로 이루어지면 당연히 자기(自欺)가 발붙일 곳이 없을 것이다. 그런데 왜 주희는 격물치지만으로는 성의가 70~80%만 이루어지게 된다고 하면서, 따라서 격물치지를 보완하는 신독 공부가 따로 필요하다고 했을까? 이는 주희의 제자들도 스승에게 빈번하게 의문을 제기하는 부분이다.

> 물었다: 혹자가 말하길, 앎이 지극한 후에 (더욱) 졸라매고 힘을 쏟아 공부해야 한다고 합니다. 치지는 힘을 들여 공부하는 곳이라 생각됩니다. 앎이 지극함에 이르러서는 비록 공부가 없을 수는 없으나 크게 공부할 것은 없는 것 같습니다. 답했다: 비록 크게 공부할 것은 없지만 그 사이에 비추는 것이 미치지 못함이 없을 수 없어서 반드시 그것을 방지해야 하니, '군자는 홀로 있을 때 삼간다'고 하는 것이다. 행부가 물었다: 선생님은 항상 앎이 이미 지극해진 후에 자신의 뜻이 진실한가 진실하지 못한가를 시험해 볼 수 있다고 말했습니다. 선생님이 한참 지나서 답했다: 앎이 지극한 후에 뜻은 단연코 자연스럽게 진실해 진다. 그러나 그 사이에는 비록 크게 스스로를 속이고 진실하지 못한 곳은 없으나, 비추되 있는 바를 드러내지 못함

90 『朱子語類』 16-69, "若知之已至, 則意無不實. 惟是知之有毫末未盡, 必至於自欺. 且如做一事當如此, 決定只著如此做, 而不可以如彼. 若知之未至, 則當做處便夾帶這不當做底意在. 當如此做, 又被那要如彼底心牽惹, 這便是不實, 便都做不成."

91 『朱子語類』 16-70, "不識不知者卻與此又別. 論他箇, 又卻只是見錯, 故以不善爲善, 而不自知耳. 其與知不至而自欺者, 固是'五十步笑百步', 然卻又別."

> 이 있으니, (이것이) 그 홀로 있을 때를 귀하게 여기는 까닭이다. 아직 진실하지 못한 바가 있다면 앎이 참되지 못한 것이다. 만일 여기에 다시 공부를 더하는데 이르게 되면 자연히 한 터럭의 진실하지 못함도 없게 된다.[92]

분명 '앎이 지극한 후에는 자연스럽게 뜻이 진실해진다는 것', 그리고 '아직 진실되지 못한 바가 있다면 앎이 진실되지 못하다는 것'은 주희의 신념이다. 이러한 이해에도 불구하고 주희가 치지 다음에 신독을 핵심 내용으로 하는 성의 공부가 반드시 요청된다고 말하는 이유는, 이론이 아닌 실제 공부의 과정에서는 지극한 앎에도 불구하고 미세하게 숨어 있는 구습적 관성이 언제든 나타날 수 있기 때문이다. 치지라는 지적 각성은 분명 삶의 질적인 변화를 가져오겠지만, 그 삶이 구습적 관성으로부터 금세 완전히 자유로울 수는 없기에 그것의 찌꺼기를 면밀하게 비추어 보면서 제거하는 마무리가 필요하다. 마치 어떤 전투에서 승리를 했다고 해도 잔당이 어딘가에 숨어서 다시 공격을 해 올 수 있기에 치지라는 전투 승리 이후 숲에 흩어져 숨어 있을 수 있는 적의 잔당을 색출하는 과정과도 같다.[93]

주희는 나아가 신독은 치지 이후에나 가능하다고 본다. 이는 마치 전투에서의 잔당 색출이 승리의 기선을 확실히 잡은 후에 가능한 것에 비유될 수도 있겠다. 주희는 "앎이 지극하지 않으면, 신독할 수 없고, 또한 기꺼이 신독하지도 않는다. 오직 앎이 지극한 사람이 실제로 옳은지 실제로 그른지를 보는 것이 이와 같이 밝아서, 반드시 두려워하며[戰懼] 그것에 미치니, 이것이 이른바 신독할 수 있다고 하는 것이다."[94]라고 한다.

---

92 『朱子語類』 16-91, "問: 或言, 知至後, 煞要著力做工夫. 竊意致知是著力做工夫處. 到知至, 則雖不能無工夫, 然亦無大段著工夫處. 曰: 雖不用大段著工夫, 但恐其間不能無照管不及處, 故須著防閑之, 所以說'君子愼其獨也'. 行夫問: 先生常言知旣至後, 又可以驗自家之意誠不誠. 先生久之曰: 知至後, 意固自然誠. 但其間雖無大段自欺不誠處, 然亦有照管不著所在, 所以貴於愼其獨. 至於有所未誠, 依舊是知之未眞. 若到這裏更加工夫, 則自然無一毫之不誠矣."

93 『朱子語類』 16-89, "蓋到物格·知至後, 已是意誠八九分了. 只是更就上面省察, 如用兵禦寇, 寇雖已盡翦除了, 猶恐林谷草莽間有小小隱伏者, 或能間出爲害, 更當搜過始得."

94 『朱子語類』 16-90, "問: '知至而後意誠', 則知至之後, 無所用力, 意自誠矣. 傳猶有愼獨之說, 何也? 曰: 知之不至, 則不能愼獨, 亦不肯愼獨. 惟知至者見得實是實非, 灼然如此, 則必戰懼以終之, 此所謂能愼獨也. 如顔子'請事斯語', 曾子'戰戰兢兢', 終身而後已, 彼豈知之不至. 然必如此, 方能意誠. 蓋無放心底聖賢, '惟聖罔念作狂'. 一毫少不謹懼, 則已墮於意欲之私矣. 此聖人敎人徹上徹下, 不出一'敬'字也. 蓋'知至而後意誠', 則知至之後, 意已誠矣. 猶恐隱微之間有所不實, 又必提掇而謹之, 使無毫髮妄馳, 則表裏隱顯無一不實, 而自快慊也."

앎이 지극해야만 옳고 그름에 대한 명확한 앎에 근거해서 비로소 옮음과 선함에 벗어나지 않기 위해 전전긍긍하는 마음을 가지고 신독할 수 있게 된다는 것이다. 앎이 지극하지 못하고 흐리멍덩하면 심지어 모든 사람이 옳다고 알고 있는 것에 대해서도 '일곱 번 넘어지고 여덟 번 거꾸러지는' 상황이 되어 신독할 수가 없다는 것이 주희가 말하는 바다.[95]

주희에 있어 성의 공부의 중요성은 격물치지에 비견된다. 그는『대학』팔조목의 공부의 단계상 성의는 치지와 더불어 범인(凡人)과 성인(聖人)을 가르는 가장 핵심적인 두 관문으로 이 관문을 통과하면 힘차게 진보할 수 있게 된다.[96] 나누어 보면, 치지가 어두움(夢)과 깨우침(覺)을 가르는 관문이라면 성의는 선과 악을 가르는 관문이다.[97] 이 말은 치지를 거쳐 성의를 통과해야 온전하게 리를 구현하는 단계에 진입함을 의미한다.[98] 주희는 치지와 성의 중 어느 것이 대학의 지도리[樞要]냐는 문인의 질문에 대해, 위로는 격물치지와 관계하고 아래로는 다섯 항목과 관계하는 성의야말로 대학의 지도리로서 이는 군자와 소인, 천리와 인욕의 길을 가르는 관문이라고까지 답한다.[99] 현대 연구자들은 흔히 주희가 격물치지를 강조한 것만을 보는 경향이 있는데. 주희가 격물치지 이상으로 성의를 공부의 핵심 관문으로 강조하고 있음에 주목할 필요가 있다. 주희에게 성의는 격물치지를 실질적으로 완결하면서 군자와 성인의 단계로 진입하게 관문 중의 관문으로 인식되고 있다.

95 『朱子語類』 16-92, "這是先窮得理, 先知得到了, 更須於細微處用工夫. 若不眞知得到, 都恁地鶻鶻突突, 雖十目視, 十手指, 衆所共知之處, 亦自七顚八倒了, 更如何地愼獨."

96 『朱子語類』 15-87, "知至·意誠, 是凡聖界分關隘. 未過此關, 雖有小善, 猶是黑中之白; 已過此關, 雖有小過, 亦是白中之黑. 過得此關, 正好著力進步也."

97 『朱子語類』 15-86, "致知·誠意, 是學者兩箇關. 致知乃夢與覺之關, 誠意乃惡與善之關. 透得致知之關則覺, 不然則夢; 透得誠意之關則善, 不然則惡. 致知·誠意以上工夫較省, 逐旋開去, 至於治國·平天下地步愈闊, 卻須要照顧得到."

98 『朱子語類』 16-89, "過此關(誠意-필자주), 方得道理牢固."

99 『朱子語類』 16-119, "居甫問: '誠意'章結句云: '此大學之樞要.' 樞要說誠意, 是說致知? 曰: 上面關著致知·格物, 下面關著四五項上. 須是致知. 能致其知, 知之旣至, 方可以誠得意. 到得意誠, 便是過得箇大關, 方始照管得箇身心. 若意不誠, 便自欺, 便是小人; 過得這箇關, 便是君子. 又云: 意誠, 便全然在天理上行. 意未誠以前, 尙汨在人欲裏."

(3) 정심(正心)

"마음을 바르게 한다."로 해석되는 정심(正心) 공부에 주희는 의미를 부여하고 있을까? 특히 앞의 성의(誠意)와는 어떤 관계를 형성하며 명명덕의 전체 과정에서 어떤 위상을 지닐까?

우선 정심 조목과 관련한『대학』의 전문(傳文)은 다음과 같다.

> 이른바 몸을 닦음[修身]이 그 마음을 바르게 함[正心]에 있다는 것은, 마음에 분치(忿懥)하는 바가 있으면 그 바름을 얻을 수 없고, 공구(恐懼)하는 바가 있으면 그 바름을 얻을 수 없고, 호요(好樂)하는 바가 있으면 그 바름을 얻을 수 없고, 우환(憂患)하는 바가 있으면 그 바름을 얻을 수 없다는 것이다.[100]

주희는 여기에 등장하는 화내고 원망함[忿懥], 두려워함[恐懼], 좋아하고 즐거워함[好樂], 염려함[憂患]이 내포하는, 일반 감정으로서의 본래 의미를 존중한다. 그리고 이 네 가지는 마음의 작용으로 사람에게 없을 수 없는 것이나 한번 이를 살피지 못하면 '욕동정승(欲動情勝)', 즉 '욕망이 일어나고 감정이 압도하여' 마음의 작용이 행해지는 바가 바름을 얻을 수 없다고 풀이한다.[101] 요컨대 네 가지 감정을 다스리지 못하면 마음의 바름을 해친다는 것인데, 주의할 점은 여기에서 '욕동정승'은 선(善)과 대비되는 악(惡)을 말하는 것은 아니라는 것이다.

> 물었다: 뜻이 이미 진실해졌지만 우환 같은 것이 있으니 어찌합니까? 답했다: 뜻을 진실하게 하면 악이 없다. 우환, 분치 같은 것은 악이 아니다. 다만 그것이 있으면 (마음이) 동요하는 바가 있게 된다.[102]

> 생각건대 뜻이 진실해지면 진실로 악은 없고 진실로 선이 있게 되니 이 때문에 이 마음을 보존할 수 있고 그 몸을 검속할 수 있는 것이다. 그러나 혹 성의(誠意)만 알

---

100 『大學章句』,「傳7章」, "所謂修身在正其心者, 身有所忿懥, 則不得其正, 有所恐懼, 則不得其正, 有所好樂, 則不得其正, 有所憂患 則不得其正."

101 『大學章句』,「傳7章」 註解, "蓋是四者, 皆心之用而人所不能無者. 然一有之而不能察, 則欲動情勝, 而其用之所行, 或不能不失其正矣."

102 『朱子語類』 16-128, "問: 意旣誠, 而有憂患之類, 何也? 曰: 誠意是無惡. 憂患·忿懥之類卻不是惡. 但有之, 則是有所動."

고 이 마음의 보존됨과 그렇지 않음을 살필 수 없다면 내면을 곧게 하여 몸을 닦을[修身] 수 없다.[103]

성의가 선과 악, 천리와 인욕을 가르는 관문이라면, 그다음 단계인 정심은 이미 악과는 무관한 공부라는 점을 짐작할 수 있다. 이 네 가지 감정은 선과 악으로 따질 성질의 것이 아니라는 것이 주희의 인식이다. 그것은 사람에게는 있을 수밖에 없는 자연스런 감정인데, 다만 살피지 못하는 사이에 그것이 치우치게 되면 마음이 동요하게 된다. '욕동정승'은 바로 이러한 마음의 동요를 말할 뿐이다. 예를 들어, 어떤 사람이 다른 불쌍한 이를 도우려는 진실한 뜻이 있고 기꺼이 도우려고 하는데, 그의 마음속에 모종의 슬픔이 너무 심하게 일어서 그로 인해 돕는 일을 제대로 할 수 없다면 그것이 마음의 바름을 해치는 경우다. 아무리 선을 분명히 알고 그 선을 행하려는 뜻이 진실하다고 해도 간혹 이러한 감정의 치우침으로 방해받을 수 있다. 성의가 이루어졌다고 해서 정심까지 필연적으로 이루어지는 것은 아닌 것으로 주희는 이해한다. 감정의 치우침 그 자체는 선이나 악과는 관계가 없지만 선의 실천을 방해하는 요인이 된다. 따라서 '마음의 보존[存心]'으로도 약칭할 수 있는 정심 역시 선을 실천하는 데 성의와 마찬가지로 중요한 결정 요인이 된다.

성의와 정심의 관계에 대한 논의를 좀 더 진전시켜 보자. 성의가 치지 단계를 전제로 하듯이 정심은 성의 단계를 거쳐야 가능한 것인가? 주희는 그렇다고 답한다. 주희에 의하면 정심은 이미 선이 구현된 마음을 전제로 하여, (악과는 별개의) 희(喜)·노(怒)·우(憂)·구(懼)의 감정에 의한 마음의 치우침을 바로잡는 공부로서, 성의를 통과해서 이미 천리(인욕이 아닌)와 군자(소인이 아닌)의 길 위에 안착된 자가 겪을 수 있는 감정의 치우침을 다스리는 공부다. 뜻이 진실해지지 않은 상태에서 마음의 바름과 바르지 않음을 묻는 것은 불가능하다.[104] 말하자면 주희가 생각하는 『대학』의 한 공부 조목으로서의 정심은 성의를 거치지 않은 자의 감정을 다스리는 공부와는 성격이 다르다.

그렇다면 어떻게 감정의 치우침을 극복하고 마음을 보존하고 바르게 할 수 있을까?

---

103 『大學章句』, 「傳7章」 註解, "蓋意誠, 則眞無惡而實有善矣. 所以能存是心以檢其身. 然或但知誠意, 而不能密察此心之存否, 則又無以直內而修身也."

104 『朱子語類』 16-125, "意未誠, 則全體是私意, 更理會甚正心! 然意雖誠了, 又不可不正其心. 意之誠不誠, 直是有公私之辨, 君子小人之分. 意若不誠, 則雖外面爲善, 其意實不然, 如何更問他心之正不正! 意旣誠了, 而其心或有所偏倚, 則不得其正, 故方可做那正心底工夫."

쉽게 생각하면 그 치우침을 막기 위해서는 희·로·애·락 혹은 희·노·우·구의 감정을 없애고 누르면 될 것 같다. 그러나 이것은 불가능하고 또 바람직하지 않다. 사람에게서 마음의 작용으로서의 정(情) 자체가 없을 수 없듯이 이러한 감정은 사람이라면 누구나 가지고 또 때에 따라 표출할 수밖에 없는 것이다. 다만 감정이 발현하여 리에 따라 절도에 맞도록[中節] 해야 한다.[105] 마치 『중용』의 '희·로·애·락이 발하되 중절하는 것'와 같은 맥락인데,[106] 이것이 마음이 바르게 된 모습이다. 기뻐해야 할 때 적절하게 기뻐하고 노해야 할 때 적절하게 노하되, 그 사태가 지나가면 다시금 마음의 평정과 고요를 회복하는 것이 중절하는 것이고 마음을 바르게 하는 것이다.[107]

그런데 여기서 의문이 제기된다. 희·로·애·락 혹은 희·노·우·구의 감정을 조절해서 절도에 맞도록 하는 것이 정심이라면, 이 공부를 굳이 성의 단계 이후에 설정해야 하는가의 문제다. 주희도 "어찌 뜻이 아직 진실해지기 이전이라고 해도 그 희·노·우·구가 그 바름을 얻지 못하도록 내버려 두고 그것을 다스리지 않고 직접 뜻이 진실해진 후에 마음이 저절로 바르게 되기를 용납하겠는가? 이와 같으면 뜻은 결국 진실해질 수 없다."[108]라고 말한다. 희·노·우·구의 감정의 치우침은 삶의 과정에서 언제나 나타날 수 있는 일이다. 여기에 마음이 이끌리게 되면 어떠한 일도 불가능할 것임은 분명하며, 격물·치지와 성의 역시 제대로 이루어질 수 없다. 따라서 언제나 이러한 감정의 치우침을 조절하는 노력이 필요한데, 주희의 공부론에서 이 역할을 담당하는 것이 경(敬) 공부다. 마음의 안정과 각성과 몰입을 꾀하는 공부로서의 경은 격물치지와 성의뿐 아니라 정심·수신 이하 모든 공부의 바탕이 된다. 그런데 경은 이렇듯 모든 공부의 바탕을 이루는 본령공부의 성격을 지니면서도 팔조목 중에서 정심 공부와 그 성격이 특별히 상통함을 볼 수 있다. 그래서 주희는 실제로 정심의 실천방법을 소개함에 있어서 경의 방법으

---

105 『朱子語類』 16-134, "好·樂·憂·懼四者, 人之所不能無也, 但要所好所樂皆中理. 合當喜, 不得不喜; 合當怒, 不得不怒."/ 『朱子語類』 16-133, "心有喜怒憂樂則不得其正, 非謂全欲無此, 此乃情之所不能無. 但發而中節, 則是; 發不中節, 則有偏而不得其正矣."

106 『朱子語類』 16-132, "四者(忿懥·恐懼·憂患·好樂-필자주) 豈得皆無? 但要得其正耳, 如中庸所謂'喜怒哀樂發而中節'者也."

107 『朱子語類』 16-139, "有事當怒, 如何不怒. 只是事過, 便當豁然, 便得其正. 若只管忿怒滯留在這裏, 如何得心正."/ 『朱子語類』 16-140, "事有當怒當憂者, 但過了則休, 不可常留在心. 顔子未嘗不怒, 但不遷耳."

108 『朱子語類』 16-130, "豈容有意未誠之先, 且放他喜怒憂懼不得其正, 不要管它, 直要意誠後心卻自正, 如此, 則意終不誠矣. 所以伊川說: '未能誠意, 且用執持.'"

로 설명했던 내용을 종종 차용하기도 하며,[109] 직접 경을 거론하기도 한다.[110] 그런데 이러한 상통성에도 불구하고 정심은 『대학』 팔조목의 맥락에 충실해서 볼 때 격물·치지와 성의 다음에 이루어지는 공부 단계로서 경 공부 일반으로 환원될 수 없는 특수성이 있다. 말하자면 정심은 성의를 거쳐서 확고하게 다져진 리와 선의 마음이 주체가 된 감정 조절의 공부다. 성의를 거쳤기 때문에 그 감정 조절의 공부는 보다 안정적 마음 토대를 기반으로 이루어지는, 악과의 싸움으로부터 자유로운 상태에서 보다 가볍게 이루어지는 것으로 이해할 수 있겠다.

(4) 수신(修身)

정심(正心) 다음으로 등장하는 공부 조목은 수신(修身)인데, 이 역시 앞의 정심에 근본을 두고 있다. 주희는 정심의 마음을 '몸을 주재하는 곳'으로 규정하면서,[111] 마음이 보존되지 못하면 몸을 검속할 수가 없고 마음이 보존되면 몸은 닦여지지 않음이 없다고 정리한다.[112] 정심이 선행되면 수신은 자연히 부수된다는 것이다. 그럼에도 불구하고 수신은 분명 정심 다음의 공부 단계로서 특수한 존재의미를 지니는 것으로 주희는 파악한다.

이른바 그 집안을 다스림[齊家]이 몸을 닦음[修身]에 있다는 것은 사람들이 가까이

---

109 『朱子語類』 16-142, "喜怒哀樂固欲中節, 然事過後便須平了. 謂如事之可喜者, 固須與之喜, 然別遇一事, 又將此意待之, 便不得其正. 蓋心無物, 然後能應物. 如一量稱稱物, 固自得其平. 若先自添著些物在上, 而以之稱物, 則輕重悉差矣. 心不可有一物, 亦猶是也."/ 『朱子語類』 16-144, "忿懥·好樂·恐懼·憂患, 這四者皆人之所有, 不能無. 然有不得其正者, 只是應物之時不可夾帶私心. 如有一項事可喜, 自家正喜, 驀見一可怒底事來, 是當怒底事, 卻以這喜心處之, 和那怒底事也喜了, 便是不得其正. 可怒事亦然. 惟誠其意, 眞箇如鑑之空, 如衡之平, 妍媸高下, 隨物定形, 而我無與焉, 這便是正心."/ 『朱子語類』 16-147, "人心如一箇鏡, 先未有一箇影象, 有事物來, 方始照見妍醜. 若先有一箇影象在裏, 如何照得! 人心本是湛然虛明, 事物之來, 隨感而應, 自然見得高下輕重. 事過便當依前恁地虛, 方得. 若事未來, 先有一箇忿懥·好樂·恐懼·憂患之心在這裏, 及忿懥·好樂·恐懼·憂患之事到來, 又以這心相與滾合, 便失其正. 事了, 又只苦留在這裏, 如何得正?"

110 『大學章句』, 「傳7章」 註解, "心有不存則無以檢其身. 是以君子必察乎此, 而敬以直之, 然後此心常存, 而身無不修也."

111 『大學章句』, 「經1章」 註解, "心者身之所主也."

112 『大學章句』, 「傳7章」 註解, "心有不存則無以檢其身, 是以君子必察乎此, 而敬以直之, 然後此心常存, 而身無不修也."

사랑하는[親愛] 바에 편벽되며, 천히 여기고 미워하는[賤惡] 바에 따라서 편벽되며, 두려워하고 존경하는[畏敬] 바에 편벽되며, 가엽고 불쌍히 여기는(哀矜) 바에 편벽되며, 오만하고 태만히 하는[敖惰] 바에 편벽된다. 그러므로 좋아하면서도 그의 나쁜 점을 알며, 미워하면서도 그의 아름다움을 아는 자는 천하에 드물다.[113]

『대학』 전문의 내용만을 보면 수신은 정심과 별반 다를 것이 없어 보인다. 친애(親愛), 천오(賤惡), 외경(畏敬), 애긍(哀矜), 오타(敖惰)라는 사람의 감정의 치우침의 오류에 관해서 거론하며 이를 경계하는 것이 정심 공부의 내용과 유사하게 보인다. 그러나 주희는 공부 조목으로서의 정심과 수신의 성격을 명확히 구분한다.

정심(正心)은 마음[心]의 맥락에서 말한 것이고, 수신(修身)은 응사접물(應事接物)의 맥락에서 말한 것이다. (그러나) 어떠한 일이 마음에서 나온 것이 아니겠는가. 수신(修身), 혈구(絜矩)와 같은 것은 모두 마음이 만들어 낸 것이다. (다만) 정심은 싹[萌芽]의 맥락에서 이해하는 것이고, 수신과 혈구 같은 일은 상황[地頭]의 맥락에서 이해하는 것이다.[114]

일단 주희는 정심(正心)은 마음상에서의 일이고 수신(修身)은 응사접물(應事接物)상의 일로 구분한다. 물론 정심은 사물과 관계가 없다거나 수신은 마음과 관계없다고 말하는 것은 아니다. 정심 조목 설명에서 거론된 희·노·우·구와 같은 감정은, 그렇지 않은 경우도 있지만, 흔히 구체적 응사접물의 사태와 관련하여 일어난다. 즉, 기뻐할 일이 있어서 기뻐하는 감정이 생기고 노할 일이 생겨서 그 일에 노하게 되는 경우가 대부분이다. 수신 조목 설명에서 거론된 친애, 천오, 외경, 애긍, 오타의 감정은 구체적 응사접물의 사태를 매개로 생기는 것이되 어쨌든 마음의 일이다. 따라서 주희는 정심과 수신이 모두 마음[心]의 일임을 분명히 한 것이다. 이렇게 주희에 의해 해석된 정심과 수신은 유사성을 지니는데, 그럼에도 불구하고 구분해 보자면 정심은 응사접물에 본격적으로 참여하지 않는 감정의 싹을 중심으로 말한 것이고, 수신은 본격적으로 참여할 때의 감정 표출을 중심으로 논한 것이다.

---

113 『大學章句』, 「傳8章」, "所謂齊其家, 在修其身者, 人之其所親愛而辟焉, 之其所賤惡而辟焉, 之其所畏敬而辟焉, 之其所哀矜而辟焉, 之其所敖惰而辟焉. 故好而知其惡, 惡而知其美者, 天下鮮矣."

114 『朱子語類』 16-166, "正心是就心上說, 修身是就應事接物上說. 那事不從心上做出來. 如修身, 如絜矩, 都是心做得出. 但正心是萌芽上理會. 若修身及絜矩等事, 卻是各就地頭上理會."

여기서 응사접물에의 본격적인 관여의 여부는 마음만이 관여하는가, 아니면 마음과 몸[身]이 함께 관여하는가를 기준으로 가려질 수 있겠다. 그래서 주희는 "분치(忿懥) 등은 마음과 물(物)이 접할 때의 일이고 친애(親愛) 등은 몸과 물(物)이 접할 때의 일이다."[115]라고 하는 것이다. 즉, "내 몸과 일이 접촉한 후에 간혹 편벽된 바가 생겨나니"[116] 이것을 바로잡는 것이 수신(修身)의 공부다. 정심이 응사접물과 무관하지 않더라도 그것은 주로 마음의 감정의 싹의 문제이므로 그 치우침의 여부는 마음을 살핌으로써 알 수 있다. 그런데 수신은 마음과 몸이 응사접물에 참여하는 것과 관련한 문제이므로 그 치우침의 여부는 사람이 응사접물하는 행위와 결과를 관찰함으로써도 알 수 있다. 그래서 주희는 "분치(忿懥)와 같은 것은 마음[心]의 맥락에서 이해한 것이고, 친애(親愛)와 같은 것은 일[事]의 맥락에서 이해한 것이다. 마음의 맥락에서 이해하는 것은 생각의 치우침에서 드러나고, 일의 맥락에서 이해하는 것은 일과 행위의 과실에서 드러난다."[117]라고 한다.

> 친애(親愛), 천오(賤惡), 외경(畏敬), 애긍(哀矜), 오타(敖惰)에는 각각 당연한 법칙이 있으니, 다만 치우쳐서는 안 된다. 예를 들어, 사람이 배고프면 먹는데 마땅히 먹어야 하지만 먹는 것이 다소 지나치면 곧 치우친 것이다. 목마르면 물을 마시되, 마시는 것이 조금 지나치면 곧 치우친 것이다. 그 사람의 선을 사랑하는 경우 그 사랑함이 지나쳐서 그 악을 알 수 없으면 그 중시하는 바로 인하여 치우침에 빠지니, 악을 미워하는 것도 역시 그러하다.[118]

인용문에서 예를 든, 먹고 물을 마시고 어떤 사람의 선을 좋아하는 일 같은 것은, 마음과 몸이 모두 그 사태와 관련을 맺고 있는 응사접물의 예다. 이 경우의 치우침은 마음상에서 뿐 아니라 일상에서 드러난다. 만일 어떤 사람의 선한 행위를 좋아하되 이것이 지나쳐서 그가 지닌 악까지도 알아차리지 못하는 것은 바로 친애(親愛)가 지나침으로 인

---

115 『朱子語類』 16-167, "忿懥等是心與物接時事, 親愛等是身與物接時事."

116 『大學或問』, 「大學或問下」, "蓋以爲身與事接而後, 有或所偏, 非以爲一與事接而必有所偏."

117 『朱子語類』 16-165, "忿懥之類, 心上理會; 親愛之類, 事上理會. 心上理會者, 是見於念慮之偏; 事上理會者, 是見於事爲之失."

118 『朱子語類』 16-174, "親愛賤惡畏敬哀矜敖惰各自有當然之則, 只不可偏. 如人飢而食, 只合當食, 食纔過些子, 便是偏; 渴而飮, 飮才過些子, 便是偏. 如愛其人之善, 若愛之過, 則不知其惡, 便是因其所重而陷於所偏; 惡惡亦然."

해 사람을 대하는 응사접물을 올바로 하지 못한 경우다. 역으로 다른 사람의 악을 미워하되 지나쳐서 그 사람이 가진 좋은 점을 무시하는 것은 바로 천오(賤惡)가 지나친 경우로서 역시 사람을 대하는 응사접물이 적절하지 못한 것이다. 이와 마찬가지로, 가령 높은 어른들의 경우 외경(畏敬)해야 하지만 이것이 지나치면 굽실대거나 종속되는데 이르게 되고, 어려운 처지에 있는 사람은 애긍(哀矜)의 대상이지만 이것이 지나치면 그들로 하여금 안일과 의존에 빠지도록 하고, 때로는 오타(敖惰)할 만한 대상이 있어도 그 표현이 지나치면 교만과 방종에 빠지게 된다.[119] 마음 및 몸이 응사접물함에 있어서 그 지나침을 가늠해야 할 측면이 많지만 이 다섯 가지 감정적 요소는 그 대표적인 것이라 할 수 있다.[120] 이 다섯 가지를 중심으로 한 감정이 응사접물상에서 어떻게 처리되는가를, 마음과 몸, 그리고 일상에서 성찰하고 다듬어 가는 것이 수신 공부의 요체다.

4) 신민(新民)의 공부 조목: 제가, 치국, 평천하

주희의 『대학』 이해에 의하면, 격물, 치지, 성의, 정심, 수신의 과정을 통해서 명덕을 충분히 밝혔다면, 이제 타인의 명덕을 밝히는 길로 나아가야 한다. 그 내용은 제가, 치국, 평천하 장에서 논의되는데, 가정과 국가 단위에서 구성원들의 명덕을 이끌어 내는 교육적 역할이 주 내용을 이룬다. 말하자면 격물, 치지, 성의, 정심, 수신의 명명덕의 과정은 배움의 일이라면 제가, 치국, 평천하의 신민의 과정은 가르침의 일이라고 할 수 있다. 이렇게 명명덕과 신민의 과정은 각각 학습과 교수라는 차이점이 있지만 모두 자신이나 타인이 지닌 명덕을 교육의 근간으로 한다는 점에서 일관성을 지닌다. 나아가 신민이 곧 가르침의 일이기는 하지만, 넓은 의미의 자기 공부의 과정이라고 할 수 있다. 말하자면 명명덕의 과정에서 밝혀진 명덕의 존재를 가정과 사회, 국가의 차원에서 교육적으로 실현해 가는 것이 신민인데 이는 곧 명덕을 밝히는 공부의 연장이라고 볼 수 있기 때문이다. 『대학』에서 표현되는 신민의 가르침의 면면에는 그 속에 여전히 자기 공

---

119 주희에 의하면 오타(敖惰)는, 친애, 천오, 외경, 애긍과 마찬가지로 흉덕(凶德)이 아니다. 만일 오만하게 대해야 할 사람에게 오만하게 대했다면 그것은 인간의 떳떳한 정이라고 한다(『大學或問』, 「大學或問下」).

120 『朱子語類』 16-187, "然於親愛·敖惰五者有所僻焉, 則身亦不可得而修矣. 嘗謂修身更多少事不說, 卻說此五者, 何謂? 子細看來, 身之所以不修者, 無不是被這四五箇壞."

부 및 수행의 요소를 내포하고 있다.

(1) 제가(齊家)

제가(齊家)에 해당하는 『대학』의 전문과 주희의 해석은 다음과 같다.

> 『대학』 전문: 이른바 나라를 다스림이 먼저 그 가정을 가지런히 함에 있다는 것은 그 가정을 가르치지 못하고 능히 남을 가르칠 수 있는 자는 없기 때문이다. 그러므로 군자는 가정을 벗어나지 않고도 국가에 가르침을 이룬다. 효(孝)는 임금을 섬기는 것이요, 제(悌)는 어른을 섬기는 것이요, 자(慈)는 백성을 부리는 것이다.[121]
> 주희 주해: 자신이 닦여지면 가정은 가르쳐질 수 있다. 효(孝), 제(悌), 자(慈)는 자신을 닦아서 가정을 가르치는 바탕이다. 그러나 나라에서 임금을 섬기고 웃어른을 섬기고 백성을 부리는 바탕이 되는 도가 여기에서 벗어나지 않으니, 이는 집안이 앞에서 다스려지고 (나라의) 교화가 뒤에서 이루어지는 것이다.[122]

주희는 『대학』의 전문을 따라서 효(孝; 효도), 제(悌; 공경), 자(慈; 자애)야말로 가정을 가르치는 근본 덕목이라고 설명한다. 더 나아가 주희는 효, 제, 자는 수신과 치국을 이루어 낼 수 있는 핵심 덕목이라는 설명까지 덧붙이면서, 제가가 앞으로는 수신, 뒤로는 치국과 긴밀하게 연결되어 있다는 점까지 분명히 한다. 효, 제, 자로써 수신을 이루고 한 가정을 잘 가르친 이후에야 나라 사람들도 가르칠 수 있게 된다는 것이다. 수신까지와는 달리 제가 이하는 타인의 명덕을 밝히는 가르침의 성격을 지닌다고 했거니와, 그 밝혀야 할 명덕의 내용이 특히 효, 제, 자를 중심으로 설명되고 있음을 알 수 있다.

가정을 가르치고 국가의 교화를 이루어 내는 핵심 덕목으로서의 효, 제, 자는 가르치는 자나 배우는 자나 모두 끌어내고 실천해야 할 명덕의 면모다. 가르치는 자가 효, 제, 자의 모범을 보이면서 이끌고 배우는 자가 이를 따라 효, 제, 자를 행하는 것이 이상적인 가정교육의 모습이다. 그리고 이런 가정교육의 융성이 곧 국가의 교육의 융성으로 직결된다. 즉, 이런 모습이다: "효(孝)로써 어버이를 섬기면 (이것이 모범이 되어) 한 가정

121 『大學章句』, 「傳9章」, "所謂治國必先齊其家者, 其家不可敎, 而能敎人者無之. 故君子不出家而成敎於國. 孝者, 所以事君也; 弟者, 所以事長也; 慈者, 所以使衆也."

122 『大學章句』, 「傳9章」 註解, "身修則家可敎矣. 孝弟慈所以修身而敎於家者也. 然而國之所以事君事長使衆之道, 不外乎此. 此所以家齊於上而敎成於下也."

의 사람들로 하여금 모두 효도를 하게끔 한다. 제(悌)로써 어른을 섬기면 (이것이 모범이 되어) 한 가정의 사람들로 하여금 모두 공경하게끔 한다. 자(慈)로써 사람들을 부리면 (이것이 모범이 되어) 한 가정의 사람들로 하여금 모두 자애롭게끔 한다. 이는 곧 나라에 교화를 이루어 가는 것이기도 하다."[123] 효, 제, 자의 실천 모범은 곧 가정이 교육적 파급효과를 낳게 되고 이것이 국가 교화의 디딤돌이 된다. 출발점은 역시 가정을 이끄는 자의 솔선수범이다.

> 『대학』 전문: 군자는 자기에게 (善이) 있은 다음에 남에게 있기를 구하며 자기에게 (惡이) 없게 된 후에 남에 대해서 비판하니 자신에게 갖추어진 바로 서(恕)하지 못하고서 능히 남을 깨우치는 자는 아직 있지 않다. 그러므로 나라를 다스림은 가정을 가지런히 함에 있다는 것이다.[124]
> 주희 주해: 자기 몸에 선(善)이 있게 된 뒤에 남의 선을 책망할 수 있고 자기 몸에 악(惡)이 없게 된 뒤에 남의 악을 바로잡을 수 있다. 이는 모두 자기를 미루어 남에게 미치는 것이니 이른바 서(恕)라는 것이다. 이와 같이 하지 않으면 그 명령하는 바가 자기가 좋아하는 바와 반대가 되어 백성들이 따르지 않을 것이다.[125]

만일 자신은 선을 행하지 못하면서 상대방에게 요구한다면 상대방은 결코 순응하지 못할 것이다. 반면에 자신이 먼저 선을 행하고 악을 물리치는 모범으로 서 있다면, 상대방에게 강하게 요구하지 않아도 자연히 긍정적인 영향을 미쳐서 상대방을 변화시킬 것이다. 이는 곧 '자기를 미루어 남에게 미치는' 서(恕)의 자세인데, 서는 제가, 나아가 치국·평천하의 핵심 실천 원리이다. 제가의 단계부터 긴요하게 적용되는 서는 치국·평천하의 단계의 원리로 소개될 혈구와 일맥상통하는 개념이다.[126]

『대학』의 전문은 제가와 치국의 긴밀한 관련성을 언급하면서 가정교육을 제대로 감당할 수 있어야 국가에서의 사람들의 교육을 감당할 수 있다고 한다. 즉, "집안 사람을

123 『朱子語類』 16–193, "孝以事親, 而使一家之人皆孝; 弟以事長, 而使一家之人皆弟; 慈以使衆, 而使一家之人皆慈, 是乃成敎於國者也."

124 『大學章句』, 「傳9章」, "是故, 君子有諸己而後求諸人, 無諸己而後非諸人, 所藏乎身不恕, 而能喩諸人者未之有也. 故治國 在齊其家."

125 『大學章句』, 「傳9章」 註解, "有善於己然後 可以責人之善 無惡於己然後 可以正人之惡 皆推己而及人 所謂恕也 不如是則所令 反其所好 而民不從矣 喩曉也."

126 『朱子語類』 16–230, "恕, 亦是絜矩之意."

마땅히 한 후에, 나라 사람들을 가르칠 수 있고",[127] "형에게 마땅히 하고 아우에게 마땅하게 한 뒤에야 나라 사람들을 가르칠 수 있으며",[128] "그 부모와 형제된 자가 족히 본받을 만한 뒤에서 백성들이 본받게 되는"[129] 것이다. 주희가 가정교육이 국가 교육의 토대가 된다고 할 때 이 말의 의미는, 어떤 이의 가정교육이 나라 전체에 모범으로 작용해서 교육적 영향력을 지닌다는 뜻이지 그가 국가 단위에서도 사람을 직접 가르친다는 뜻은 아니다. 즉, 주희는 "이 도리(효·제·자-필자주)는 모두 나의 가정 내에서 이루어 가는 것으로서, 세상 사람들이 (이를) 보고서 스스로 이와 같을 수 있게 되는 것이지 내가 (직접) 나라에서 그것을 추구해 가는 것은 아닌"[130] 것으로 이해한다. 『대학』의 전문은 심지어 "군자는 가정을 벗어나지 않고도 국가에 가르침을 이룬다."고 하고 있다.

이렇듯 주희는 좋은 가정교육의 모델이 나라 전체 교육에 미치는 결정적 효과를 주목하고 있다. 한 개인, 한 가정의 교육 상황은 그 나라 전체의 교육을 결정하는 요인이 된다는 것, 그래서 나라의 교육을 위해서라도 한 가정의 교육적 모범이 많이 등장해야 한다는 것이 주희의 인식이다. 이는 거꾸로 한 사람, 한 집안이 어긋나게 되면 한 나라가 혼란으로 빠지는 결과를 초래함을 의미한다. 이에 대해 『대학』 전문에서는 "한 집안이 인하면 한 나라가 인(의 덕)을 일으키고 한 가정이 겸양하면 한 나라가 겸양(의 덕)을 일으키고, (반면에) 한 사람이 탐하고 어긋나면 한 나라가 혼란스러워진다. 이것이 '한마디 말이 일을 그르치며 한 사람이 나라를 안정시킨다'고 하는 것이다."고 한다.[131]

주희는 가정교육의 핵심 원리이며 덕목인 효·제·자는 억지로 만들어 낸 것이 아니라, 모든 사람의 자연스런 본성임을 강조한다. 즉, 효·제·자는 인간 본성이며 명덕 자체인 인(仁)의 분수적(分殊的) 표현 양태로서 누구나 지니고 있는 것이다. 그리고 본성으로서의 효·제·자의 실마리는 생활 곳곳에서 드러나게 마련이므로 그 단서를 자연스럽게 미루어서 가르치면 되는데, 이것이야말로 교육의 근본이다. 이를 『대학』 전문과 주희 해석에서는 다음과 같이 설명한다.

127 『大學章句』,「傳9章」, "詩云, 桃之夭夭, 其葉蓁蓁, 之子于歸, 宜其家人, 宜其家人而后, 可以教國人."
128 『大學章句』,「傳9章」, "詩詩云, 宜兄宜弟, 宜兄宜弟而后, 可以教國人."
129 『大學章句』,「傳9章」, "詩云, 其儀不忒, 正是四國, 其爲父子兄弟足法而后, 民法之也."
130 『朱子語類』 16-195, "此道理皆是我家裏做成了, 天下人看著自能如此, 不是我推之於國."
131 『大學章句』,「傳9章」, "一家仁, 一國興仁. 一家讓, 一國興讓. 一人貪戾, 一國作亂, 其幾如此. 此謂一言僨事, 一人定國."

『대학』 전문: 「강고」에서 말하기를 '어린아이를 보호하듯 하라'고 하였으니 마음속에서 그것을 정성껏 추구하면 비록 적중하지는 않을지라도 멀어지지는 않을 것이다. 자식을 기르는 것을 배운 뒤에 시집가는 자는 있지 않다.[132]
주희 주해: 이것은『서경』을 인용하여 가르침을 세우는 근본이 억지로 함을 빌지 않고 그 (마음의) 단서를 알아서 미루어 넓혀 감에 있을 뿐임을 밝힌 것이다.[133]

제가는 결국 가정 단위에서 가르치는 자가 '서(恕)'의 자세를 근간으로 스스로 효·제·자의 보범으로 서는 동시에 가정 구성원들의 마음으로부터 효·제·자의 단서를 끌어내는 것을 주요 내용으로 한다. 가정은 사람이 태어나서 최초로 본성 혹은 명덕을 느끼고 키워 가는 삶의 경험을 하게 되는 중요한 교육의 장인데, 주희에 의하면 효·제·자야말로 가정 단위에서 인간 본성 혹은 명덕을 이끌어 내는 핵심 단서이며 실천 덕목이 된다. 그것들은 가정 단위에서 접하는 모든 어른, 형제자매, 아랫사람에 대한 사랑의 표현양식이며, 이 사랑의 경험을 통해 구성원들은, 가르치는 자이든 배우는 자이든, 명덕을 일깨우고 키워 갈 수 있다. 이렇게 효·제·자의 명덕을 피워 내는 가정교육문화는 국가 단위에서의 구성원들의 명덕 실현의 교육을 이루어 가는 기틀이 된다.

(2) 치국(治國)과 평천하(平天下)

제가가 가정을 이끄는 자가 효·제·자의 실천을 중심으로 가정 구성원들을 가르치는 과정이라면, 치국은 나라의 리더들이 역시 효·제·자를 핵심으로 한 명덕 실천의 모범을 근간으로 나라 구성원들의 마음을 움직이고 끌어가는 과정이라고 할 수 있다. 그리고 평천하는 이런 성격의 치국을 매개로 덕을 근간으로 하는 정치 질서를 펼치는 것을 말한다. 치국과 평천하를 이루는 방법은 각각 동일하며 다만 '국'에 비해 '천하'의 공간적 단위가 더 넓다는 차이가 있다.[134] 그리고 치국과 평천하를 이루는 교육 혹은 공부의 원리는 '혈구지도(絜矩之道)'다. 관련된『대학』의 전문과 주희의 풀이는 다음과 같다.

『대학』 전문: 이른바 천하를 평정함이 나라를 다스림에 있다는 것은 윗사람이 늙은

132 『大學章句』,「傳9章」, "康誥曰, 如保赤子, 心誠求之, 雖不中不遠矣. 未有學養子而后嫁者也."
133 『大學章句』,「傳9章」 註解, "此引書而釋之, 又明立敎之本. 不假强爲, 在識其端而推廣之耳."
134 『朱子語類』 16-255, "人治一家一國, 尙且有照管不到處, 況天下之大! 所以反反覆覆說. 不是大著箇心去理會, 如何照管得."

이를 늙은이로 대접하면 백성들이 효도의 기풍이 진작할 것이며, 윗사람이 어른을 어른으로 대접하면 백성들이 공경의 기풍이 흥기할 것이며, 윗사람이 외로운 아이들을 불쌍히 여기면 백성들도 등지지 않으니 '그러므로 군자에게 혈구(絜矩)의 도가 있다'는 것이다.[135]
주희 주해: 혈(絜)은 헤아림이고 구(矩)는 반듯하게 만드는 방법(도구)이다. 이 세 가지[효·제·자−필자주]는 위에서 행하고 아래에서 본받음이 그림자와 산울림보다도 더 빠르니 이른바 집안을 바르게 하여 나라를 다스린다는 것이다. (여기에서) 또한 사람의 마음이 같은 바를 볼 수 있으니 어떠한 평범한 사람이라도 (제자리를) 얻지 못함이 있도록 해서는 안 된다. 그러므로 군자는 반드시 그 같은 것에 근거해서 미루어 사물을 헤아려서, 피차간에 각각 처지에 맞는 바람을 얻도록 하면, 상하사방(上下四方)이 모두 고르고 반듯하게 되어 천하가 평정된다.[136]

'혈(絜)'은 헤아림이고 '구(矩)'는 반듯하게 만드는 도구의 의미를 지니므로, '혈구(絜矩)'의 표면적인 풀이는 '반듯하게 만드는 도구(자)로써 이리저리 재는 것'이다. 그런데 주희는 '혈구'의 '구'를 '심(心)'으로 풀이한다. 심은 누구나 가지고 있는 것이고 더욱이 좋아하는 바와 싫어하는 바, 필요로 하는 바와 그렇지 않은 바가 거의 유사하므로 일종의 잣대 역할을 할 수 있다는 것이다.[137] 그리고 혈(絜)은 이러한 심(心)으로써 여러 상황 속에서의 길고 짧음을 헤아리고 판단하여, 치우침이 없이 늘 중심에 자리 잡도록 하는 일이다.[138] 이렇게 새롭게 정리된 바의 '혈구'의 의미는 '사람이 모두 공유하는 마음을 잣대(근거)로 삼아서 사물을 헤아리는 것'을 말한다. 만일 나라를 다스리는 윗사람들이 먼저

135 『大學章句』, 「傳10章」, "所謂平天下 在治其國者 上老老而 民興孝 上長長而 民興弟 上恤孤而 民不倍 是以 君子有絜矩之道也."

136 『大學章句』, 「傳10章」 註解, "絜度也; 矩所以爲方也. 言此三者, 上行下效, 捷於影響, 所謂家齊而國治也. 亦可以見人心之所同 而不可使有一夫之不獲矣. 是以君子必當因其所同, 推以度物, 使彼我之間, 各得分願 則上下四旁 均齊方正, 而天下平矣."

137 『朱子語類』 16−215, "所謂絜矩者, 矩者, 心也, 我心之所欲, 卽他人之所欲也. 我欲孝弟而慈, 必欲他人皆如我之孝弟而慈."

138 『朱子語類』 16−224, "絜, 度也. 不是眞把那矩去量度, 只是自家心裏暗度那箇長那箇短. 所謂度長絜大, 上下前後左右, 都只一樣. 心無彼己之異, 只是將那頭折轉來比這頭. 在我之上者使我如此, 而我惡之, 則知在我下者心亦似我如此, 故更不將所責上底人之心來待下人. 如此, 則自家在中央, 上面也占許多地步, 下面也占許多地步, 便均平正方. 若將所責上底人之心來待下, 便上面長, 下面短, 不方了. 下之事我如此, 而我惡之, 則知在我之上者心亦似我如此. 若將所責下底人之心更去事上, 便又下面長, 上面短了. 左右前後皆然. 待前底心, 便折轉來待後; 待左底心, 便折轉來待右, 如此便方. 每事皆如此, 則無所不平矣."

선과 리를 행하는 모범으로 백성들 앞에 서 있다면, 그것은 같은 마음을 지닌 백성들의 반향을 일으키지 않을 수 없게 된다. 상하사방(上下四方)이 반듯하게 되고 천하가 평정되는 핵심적인 방법은 온 나라 사람들의 마음이 진정으로 원하는 바를 충족시켜 자발적으로 움직이도록 만드는 것이다. 이를 위해서 치자(治者)들은 자기 스스로의 마음에 비추어 사람들이 진정으로 원하는 바가 무엇인지를 분명하게 헤아리며 그들을 대하고 다스려 가야 한다는 것이다.

> 『대학』 전문: 윗사람에게 싫어했던 것으로 아랫사람을 대하지 말고 아랫사람에게서 싫어했던 것으로 윗사람을 섬기지 말며, 앞의 사람에게서 싫어했던 것으로 뒤의 사람에게 먼저 행하지 말고, 뒤의 사람에게 싫어했던 것으로 앞의 사람을 따르지 말고, 오른편의 사람에게서 싫어했던 것으로 왼쪽 사람들과 사귀지 말며, 왼쪽 사람들에게 싫어했던 것으로 오른쪽 사람들을 사귀지 말라. 이것을 혈구(絜矩)의 도(道)라고 이른다.[139]
> 주희 주해: 이는 앞의 혈구 두 글자의 뜻을 거듭 해석한 것이다. 만일 윗사람이 나에게 무례하기를 원치 않는다면 반드시 이로써 아랫사람의 마음을 헤아려서 역시 감히 이 같은 무례로써 그들을 대하지 말며, 아랫사람이 나에게 불충하는 것을 원치 않는다면, 반드시 이로써 윗사람의 마음을 헤아려서 또한 이 같은 불충으로써 그를 섬겨서는 안 된다. 앞과 뒤, 좌와 우(의 사람 관계)에 이르러서도 모두 그와 같이 하면 나의 몸이 처해 있는 상하사방과 장단광협이 피차 하나같이 되어 반듯하지 않은 것이 없을 것이다. 저들도 똑같이 이 마음을 지니고 흥기하는 자이니 어찌 평범한 한 사람이라도 (제자리를) 얻지 못하겠는가! 잡아서 지키는 것은 간략하지만 그 미치는 바는 넓으니 이것이 평천하의 핵심적인 도다. 그러므로 이 장 내에서의 의미는 모두 이로부터 미루어 나가는 것이다.[140]

상하(上下) 관계뿐 아니라 좌우(左右), 전후(前後)의 모든 관계 속에서 자신의 마음이 진정 바라는 바를 꿰뚫어 볼 수 있으면 자연히 모든 사람의 마음이 보편적으로 원하는 것을 깊이 이해할 수 있다. 만일 이러한 마음을 무시하고서 이익[利]만을 앞세우면서 정

---

139 『大學章句』, 「傳10章」, "所惡於上 毋以使下 所惡於下 毋以事上 所惡於前 毋以先後 所惡於後 毋以從前 所惡於右 毋以交於左 所惡於左 毋以交於右 此之謂絜矩之道也."

140 『大學章句』, 「傳10章」 註解, "此覆解上文絜矩二字之意 如不欲上之無禮於我 則必以此度下之心 而亦不敢以此無禮使之 不欲下之不忠於我 則必以此度上之心 而亦不敢以此不忠事之 至於前後左右 無不皆然 則身之所處上下四旁 長短廣狹 彼此如一 而無不方矣 彼同有是心而興起焉者又豈有一夫之不獲哉 所操者約 而所及者廣 此平天下之要道也 故章內之意 皆自此而推之."

벌과 횡렴, 혹은 부당한 과세를 일삼는다면 백성들의 마음을 얻기란 불가능하다.[141]

결국 주희는 치국과 평천하 장은 무엇보다 "위에서 실천하면 아래에서 본받는 것을 보여 준 것이고 또한 위와 아래는 비록 나뉘지만 마음은 하나임을 보여 준 것"[142]으로 이해한다. 윗사람과 아랫사람의 마음이 하나로 통한다는 사실에 근거해서 위에서 실천하고 아래에서 본받는 모습을 그리고 있다는 것이다. 치국과 평천하 장의 교육의 이상적 모습은 결국 '혈구지도(絜矩之道)'에 바탕을 둔 '상행하효(上行下效)'의 풍경으로 묘사될 수 있다.

> 말했다: 이 세 구절[治國平天下 장의 세 단락-필자주]은 위에서 실행하면 아래에서 본받는 것이 리의 필연임을 보여 준 것이고 또한 사람의 마음이 같은 바를 보여 준 것이다. "이로써 군자는 혈구의 도를 지닌다."고 하는 것은 자기의 마음으로써 타인의 마음을 헤아리는 방법이 모든 사람으로 하여금 그 흥기하는 선심(善心)을 다할 수 있도록 한다. 만일 혈구하지 않으면 비록 위에서 힘써 실천하고 그들로 하여금 흥기하는 선심이 있도록 하더라도, (마음 깊숙이) 따르도록 할 수 없으니 역시 헛된 것이다. 또 말했다: 어떻게 이처럼 위에서 실행하면 뒤에서 본받게 되는가? 생각건대 사람의 마음이 같은 것이 혈구의 도의 바탕이 되니, 내가 이렇게 원할 때 저들에게 이 마음이 있도록 하면 이렇게 얻게 된다.[143]

평천하를 논하는 『대학』 전문 말미에서는 『시경(詩經)』이나 『서경(書經)』을 인용하면서 나라를 이끄는 자의 덕(德)이 나라를 다스리는 근본임을 말한다. "군자는 먼저 덕을 삼가는 것이니 덕이 있으면 이에 인민이 있고 인민이 있으면 이에 토지가 있고 토지가 있으면 이에 재물이 있고 재물이 있으면 이에 쓰임이 있다. 덕은 근본이고 재물은 말단이

141 『朱子語類』 16-212, "只反覆說絜矩. 如專利於上, 急征橫斂, 民不得以自養, 我這裏雖能興起其善心, 濟甚事! 若此類, 皆是不能絜矩."/『朱子語類』 16-249, "上面人旣自有孝弟, 下面民亦有孝弟, 只要使之自遂其孝弟之心於其下, 便是絜矩. 若拂其良心, 重賦橫斂以取之, 使他不得自遂其心, 便是不方. 左右前後皆然."

142 『朱子語類』 16-211, "此節見得上行而下效, 又見得上下雖殊而心則一."

143 『朱子語類』 16-212, "曰: 此三句見上行下效, 理之必然, 又以見人心之所同. '是以君子有絜矩之道', 所以以己之心度人之心, 使皆得以自盡其興起之善心. 若不絜矩, 則雖躬行於上, 使彼有是興起之善心, 而不可得遂, 亦徒然也. 又曰: 因何恁地上行下效? 蓋人心之同然. 所以絜矩之道, 我要恁地, 也使彼有是心, 者亦得恁地."

니, 근본을 밖으로 하고 재물을 안으로 하면 백성을 투쟁하게 하고 겁탈하도록 한다."[144]는 것이다. 주희는 이를 풀이하면서 여기서 '덕'은 '명덕'이라고 한다. 나아가 "덕(德)은 근본이고 재(財)는 말단"인데 이 본말관계가 역전이 되면 "백성을 투쟁하고 겁탈하는 가르침[劫奪之敎]을 베풀게 되는 것"이라고 경고한다.[145]『대학』 전문은 거듭해서 덕과 의가 통치의 근간임을, 따라서 덕 있는 인재를 등용하고 의를 앞세우며 이익[利]을 근본으로 삼아서는 안 된다는 사실을 강조하고 있다. 주희는 평천하 장을 총괄함에 "이 장(평천하 장–필자주)의 뜻은 백성들과 더불어 좋아하고 싫어함을 함께하고 그 이익을 독차지하지 않음에 있으니 모두 혈구의 뜻을 미루어 넓힌 것이다. 능히 이와 같으면 인재를 등용하고 재물을 다스리는 것이 각각 제자리를 얻어서 천하가 평정되게 될 것이다."[146]라고 정리한다. 평천하 장에는 재(財)로 표현되는 욕망의 충돌 정점을 어떻게 조절하면서 조화로운 세계 질서를 만들어 갈 것인가의 관심이 짙게 반영되어 있는데, 그 열쇠는 '혈구지도'와 '상행하효'의 원리다. 모든 사람의 마음이 하나라는 사실에 바탕을 두고서 윗사람이 자신의 마음에 비추어 아랫사람들의 원하는 바를 헤아리고 충족시켜 주며, 아랫사람들은 이를 본받아 실천하는 교육이다. 이는 곧 지도자의 덕에 입각한 교육으로서, 이는 이익을 미끼삼는 교육과는 서로 반대편에 서 있다.

치국·평천하의 기본 원리인 곧 혈구(絜矩)는 특별한 기교나 술수가 아니라 여전히 앞 단계의 정심과 수신의 연장선상에 있다.[147] 이렇게 보면 격물·치지로부터 치국·평천하에 이르는 모든 공부 혹은 교육은 마음을 밝히는 일과 관련이 되어 있는 셈이다. 다만 수신까지가 자신의 마음을 밝히는 과정이라면 제가 이하는 타인의 마음을 밝히는 교수자적 역할을 하면서 동시에 교수자 자신의 마음까지 더욱 밝혀 가는 과정으로서의 차이가 있을 뿐이다.

---

144 『大學章句』, 「傳10章」, "是故, 君子先愼乎德, 有德此有人, 有人此有土, 有土此有財, 有財此有用. 德者本也 財者末也. 外本內末 爭民施奪."

145 『大學章句』, 「傳10章」 註解, "德卽所謂明德. 人君以德爲外, 以財爲內, 則是爭鬪其民, 而施之以劫奪之敎也. 蓋財者人之所同欲, 不能絜矩而欲專之, 則民亦起而爭奪矣."

146 『大學章句』, 「傳10章」 註解, "此章之義, 務在與民同好惡, 而不專其利, 皆推廣絜矩之意也. 能如是, 則親賢樂利, 各得其所, 而天下平矣."

147 『朱子語類』 16-234, "絜矩, 非是外面別有箇道理, 只是前面正心·修身, 推而措之, 又不是他機巧·變詐·權謀之說."

5) 대학 단계 공부의 특징 및 수기치인의 이상

이상에서 주희 자신이 야심차게 구축한 소학·대학 교육론에서 대학 과정의 입문서로서 자리매김한 『대학』의 공부 강목에 대해 각 강령과 조목의 의미, 그리고 강령과 조목의 관계, 그리고 강령 간, 조목 간의 관계를 종합적으로 설명해 보고자 했다. 마지막으로 전체 논의의 요점을 돌아보면서, 몇 가지 강조점들을 정리해 보기로 한다.

모든 인간은 허령불매 혹은 허령통철한 비탕에 리를 갖춘 명덕을, 여타 만물과도 구분되는 본성으로서 담지하고 있다. 인간 본성으로서의 명덕을 먼저 '나'의 차원에서 밝혀 가는 것이 '명명덕(明明德)'이고, '나'의 명덕을 밝힌 후에 가정, 국가, 세계의 차원에서 '타인'의 명덕을 밝혀 가는 일이 '신민(新民)'이다. 명명덕과 연계된 공부 조목으로는 격물·치지·성의·정심·수신이 있고, 신민과 연계된 공부 조목으로는 제가·치국·평천하가 있다. 신민은 타인의 명덕 실현을 이끄는 교육, 정치의 일이지만 넓은 범주에서 명명덕과 마찬가지로 대인의 배움의 길, 즉 '대학지도(大學之道)'에 포괄된다. '지어지선(止於至善)'은 명명덕과 신민이, 작위적 차원이 아닌 하늘 차원의 법칙에 의해 이루어지는, 의리의 정미함의 극치의 작용임을 뜻하는 강령으로 명명덕과 신민의 표준이며 목적이 된다.

공부 조목으로 먼저 등장하는 격물(格物)과 치지(致知)는 기질의 제약에도 불구하고 드러나는 명덕 혹은 본심의 지(知)의 단서를 출발점으로 해서 내 마음의 지를 심화하고 확장해 가는 공부다. 그런데 주희에게 지는 곧 리(理)에 대한 지이며, 따라서 내 마음의 지를 극진하게 밝혔다는 것은 리(理) 혹은 선(善)에 대한 명확한 인식을 갖게 되었다는 의미가 된다. 그다음 단계인 성의(誠意) 공부는 격물치지를 통해서 확보된, 리 혹은 선에 관한 지극한 앎이 실제로 표현됨에 있어서 자칫 그 속에 은미하게 숨어 있을 수 있는, 리와 선에 역행하는 자기 속임의 양상을 면밀히 성찰하면서 앎의 표현이 한 치의 거짓됨이 없이 진실해지도록 다듬는 과정이다. 주희는 성의를 격물치지와 더불어, 성인과 범인을 가른다고 할 수 있을 정도의, 『대학』 공부의 가장 핵심적인 관문으로 의미를 부여한다. 다음으로 정심(正心) 공부는 감정의 치우침을 성찰하고 조절하는 공부인데, 역시 성의 단계까지의 성과를 전제로 하고 있다. 즉, 정심 공부는 성의를 거쳤기에 이미 악과는 무관한, 즉 리 혹은 선이 구현된 마음을 전제로 한 것인데, 그런 리 혹은 선의 마음임에도 불구하고 나타날 수 있는 감정의 치우침을 극복함으로써 리와 선을 보다 철저하게 드러낼 수 있는 상태가 되도록 하는 공부다. 다음으로 수신(修身) 공부는 역시 전 단계인 정심을 근본으로 해서 이루어지는데, 정심과 마찬가지로 감정의 치우침을 성찰하고 조절하며 리의 온전한 구현을 꾀하는 공부이되, 정심과 비교할 때 응사접물의 상황에서의 감정을 다스림에 보다 초점이 맞추어진 공부라고 할 수 있다. 여기까지가 명명덕에 해당하는 공부 조목들인데 결국 리 혹은 선을 제대로 인식하고 철저하게 구현하기 위한 방법들로 구성되어 있음을 알 수 있다. 명명덕의 과정은, 분명하게 인식하기 위한 격물·치지의 지 공부와 분명하게 실천하기 위한 성의·정심·수신의 행 공부로 구성되어 있다고도 말할 수 있다.[148] 이후의 제가(齊家)·치국(治國)·평천하(平天下)는 가정과 국가, 세계에서 타인과의 관계 속에서 타인의 명덕을 일깨우고 개발하는 가르침의 역할을 행하는 단계다. 그런데 이때의 가르치는 행위는 자신의 명덕을 가정과 사회 속에서 더욱 넓게 펼쳐 가는 자기 공부의 성격 역시 동시에 지닌다. 제가는 가정 단위에서 사람들에게 내재한 효(孝)·제(悌)·자(慈)의 마음을 이끌어 내는 데 주안점을 두고 명덕 실현을 꾀하는 교육 및 공부 단계다. 치국·평천하 단계에서의 교육 및 공부원리는, '내 마음에 비추어서 타인의 마음을 헤아린다'는 의미의 '혈구(絜矩)'의 원리다. 치국·평천하 장의 교육 및 공부는, 모든 사람의 마음이 하나라는 사실에 바탕을 두고서 윗사람이 자신의 마음에 비추어 아랫사람들의 원하는 바를 헤아리고 충족시켜 주며, 아랫사람들은 이를 본받아 실천하는 모습, 즉 '혈구'의 원리에 바탕을 둔 '상행하효(上行下效)'의 모습을 보여 준다. 제가·치국·평천하는 신민에 해당하는 공부 조목들인데 결국 마음을 밝히는 문제로 귀결됨을 볼 수 있다.

이상 살펴본 바와 같이 주희가 해석한 『대학』의 세 강령과 여덟 조목은 상호 밀접히 연계되면서 서로를 밝혀 주고 있다. 주희는 『대학』의 강목은 공부의 목적, 내용, 순서에 대한 매우 짜임새 있는 공부의 틀을 보여 주고 있으며, 따라서 공부하는 이들은 이것을 기틀로 삼아서 여타의 공부—독서든 일상 체험이든—를 해 가야 함을 역설한다.

흔히 유가에서 공부하는 사람이 지녀야 할 학문적 이상이자 역량으로서 '수기치인(修己治人)'을 말한다. 주희의 「대학장구서」에 의하면 『대학』은 공부하는 자들에게 수기치

148 『朱子語類』 14-84, "所謂明之者, 致知格物誠意正心修身, 皆明之事, 五者, 不可闕一. 若闕一, 則德有所不明. 蓋致知格物, 是要知得分明; 誠意正心修身, 是要行得分明. 然旣明其明德, 又要切工夫無間斷, 使無時而不明, 方得."

인의 방법을 안내하는 역할을 할 수 있다.[149] 명명덕이 곧 수기이며 신민이 치인임은 자명하다. 『논어』에서는 이를 '수기이안인(修己以安人)' 혹은 '수기이안백성(修己以安百姓)'으로 표현했고[150] 『중용』에서는 '성기(成己)' '성물(成物)'로 표현했다.[151] 즉, 먼저 자기 수행이 기본이 되어야 하고 이것이 이루어진 후에는 타인을 일으켜 세우는 역할을 할 수 있어야 한다는 것이다. 주희는 수기 혹은 성기만이 아니라 치인, 안인, 성물의 실천까지 나아가야 자신의 학(學)이 온전해진다고 본다. 치인, 안인, 성물은 타인을 이끄는 교육과 정치의 일이지만 동시에 더 확장된 자기 공부요 학문의 일이기도 하다. 즉, 타인을 이끄는 가운데 자신의 명덕을 밝히는 공부도 더욱 견고해지는 것이다. 그런데 주희는 이 수기치인(修己治人), 성기성물(成己成物)의 유가적 인재상을 실현하도록 안내하는 최적의 교육지침서가 바로 『대학』이라고 본 것이고, 그 구체적인 내용은 앞에서 살펴본 바와 같다.

교육지침서로서의 『대학』의 강목들은 상호 긴밀하게 주고받으며 수기와 치인의 이상적 역량을 구현해 가도록 안내한다. 『대학』의 세 강령과 여덟 조목을 둘러싼 수기와 치인의 일에는 그야말로 많은 공부가 포괄되어 있다. 그런데 그중에서 핵심은 있다. 주희는 그것을 『대학장구』의 마지막에 다시 강조하며 맺는다. 즉, 선을 밝히는 요체[明善之要]인 격물치지(格物致知)와 자신을 진실하게 하는 근본[誠身之本]인 성의(誠意)가 그것이다.[152] 주희가 애초에 『대학』에 주목했던 이유가 격물치지 장이고 또 그가 죽음에 임박해서도 수정을 했던 것이 성의 장이다. 진리를 제대로 아는 것, 그리고 그 아는 진리를 한 치의 불순한 의도 없이 진실하게 표출하는 것, 이것이 수기치인의 교육적 길을 감에 있어 핵심 관문이라는 주희의 생각은 재삼 주목될 만하다.

한편, 다시 강조하지만, 이 『대학』의 과정은 소학의 성과를 바탕으로 하고 있다. 특히 소학의 과정에서 형성된 경의 소양이 『대학』에서 제시된 바의 모든 종류의 공부의 근간으로 자리하며 공부의 성공적 결실을 견인한다. 경의 토대 위에 소학에서 인간됨(지와

---

149 『大學章句』, 「大學章句序」, "國家化民成俗之意, 學者修己治人之方, 則未必無小補也."

150 『論語集註』, 「憲問」, "子路問君子, 子曰, 修己以敬, 曰如斯而已乎, 曰修己以安人, 曰如斯而已乎, 曰修己以安百姓, 修己以安百姓, 堯舜, 其猶病諸."

151 『中庸章句』, 25章, "誠者, 非自成己而已也, 所以成物也. 成己, 仁也, 成物, 知也. 性之德也, 合內外之道也, 故時措之宜也."

152 『大學章句』, "凡傳十章, 前四章, 統論綱領指趣, 後六章, 細論條目工夫. 其第五章, 乃明善之要, 第六章, 乃誠身之本. 在初學, 尤爲當務之急, 讀者不可以其近而忽之也."

덕)의 근본을 배양하고, 대학에서 높고 정교한 수준의 지와 행을 익히며 수기치인의 역량이 고양된 사람으로 거듭나게 되는 것이다.[153]

153 『大學或問』, 「大學或問上」, "敬之一者, 聖學之所以成始而成終者也. 爲小學者, 不由乎此, 固無以涵養本源而謹夫灑掃應對進退之節與夫六藝之敎. 爲大學者, 不由乎此, 亦無以開發聰明進德修業而致夫明德新民之功也. 是以程子發明格物之道, 而必以是爲說焉. 不幸過時而後學者, 誠能用力於此, 以進乎大而不解兼補乎其小, 則其所以進者, 將不患於無本而不能以自達矣."

제8장

학교교육과 교육문화 실상에 대한 공부론적 비판과 대안

1. 주희의 교육현실 비판과 소학·대학 학교론의 제기

1) 주희의 교육현실 비판: 학교교육의 문제와 방향

주희의 공부론적 관심은 특히 현실교육의 개혁에 대한 관심과 밀접하게 연관되어 있다. 그는 일상의 삶에서든 모종의 교육기관을 통해서든, 교육 실제에서 자신의 공부에 관한 이상을 현실화하고자 노력했다. 학생 개개인의 본성 발현을 이끌어 내는 교육에 대한 집념은 공부론적 관심의 당연한 귀결일 것이다. 그리고 이는 당시의 피폐한 교육문화를 바로잡고자 하는 주희 자신의 시대적 소명감의 발현이기도 하다. 주희는 당시의 학교교육 및 공부문화와 관련하여 다음과 같은 비판적 견해를 토로한다.

> 옛날에 성왕(聖王)이 학교(學校)를 설치해서 백성들을 가르침에, 가정으로부터 국가에 이르기까지 크고 작음의 순서가 있었으니, 백성으로 하여금 그 속으로 들어가 배움을 받지 않음이 없도록 했다. 그 가르치는 방법은 모두 하늘이 부여한 떳떳한 것[秉彝; 性-필자주]에 따라서 조목별로 구분해서 개도(開導)하고 권면(勸勉)하여, 그로 하여금 마음을 밝히고 몸을 닦아서 부자, 형제, 부부, 붕우의 사이에서 실천하도록 하고, 이를 미루어서 임금과 신하, 윗사람과 아랫사람, 인민(人民)과 사물(事物)의 사이에 이르러서 그 본분을 다하지 않음이 없도록 하는 것이다. 그 배움이 이미 이루어지니 현명하고 또한 능력 있는 자를 일으켜서 여러 지위[列位]에 배치하니, 이 때문에 당시에는 리의(理義)가 아름답고 밝으며 풍속(風俗)은 순일하고 두터웠으며, 공경대부(公卿大夫) 및 뭇 선비[(列士)의 선발에서도 그런 사람을 얻지 않음이 없었다. 이것이 선왕의 학교를 담당하는 관리[學校之官]가 정사(政事)의 근본이 된 까닭이니, 도덕으로의 회귀는 하루라도 그만둘 수 없다. 후세의 학교의 설치에 이르러 비록 선왕의 때와 다르지 않지만, 그 스승의 가르치는 방법[其師之所以教]이나 제자의 배우는 방법[弟子之所以學]은 근본[本]을 잃고 말단[末]을 쫓게 되고, 사익[利]을 품고 의로움[義]을 버리려 하니 다시는 선왕(先王)의 뜻이 아니게 된다. 학교라는 명칭은 비록 있지만 그 실질은 일으키지 못하니, 그 결과는 풍속이 날로 피폐한데 이르고 인재가 날로 쇠퇴하여, 비록 한당(漢唐)의 융성한 시기에는 이를 수 있

어도, 삼대(三代)의 말세에도 가까이 가지 못한다.[1]

주희에 의하면 학교의 제도 및 시설을 갖추는 것은 일차적인 문제가 아니다. 백성들을 교육할 수 있는 교육공간으로서의 학교체제는 이미 어느 정도 갖추어져 있다는 인식이다.[2] 문제가 되는 것은 학교에서 이루어지는 교수학습의 목적과 방법—所以敎.所以學—이 무너진 점이다. 한마디로 "근본[本]을 잃고 말단[末]을 좇으면서, 사익[利]을 품고 의로움[義]을 버리려 하는" 풍토가 그것이다.

본래 학교교육의 이념은 모든 사람으로 하여금 하늘로부터 부여받은 리(理)로서의 본성을 삶 속에서 실현하도록 이끌어 주는 것이다. 주희는 그 본성의 내용과 관련하여 사람들 사이에서 이루어져야 할 관계 윤리를 말하고 있는데, 이것은 근본적으로 인간사회가 그 생명성을 조화롭게 발현해 가기 위한, 즉 인(仁)의 이상을 실현하기 위한 기본 요건들이다. 본성 발현을 꾀하는 학교교육을 통해서 자연히 현명하고 능력 있는 인재가 많이 배출되고 이들이 나라의 중요한 자리와 지위에 배치됨으로써 정의[義]와 진리[理]가 구현되며 모든 이의 본성이 꽃피는 국가, 사회의 질서 및 문화를 만들어 갈 수 있게 된다. 국가, 사회의 운영에서 교육의 역할은 지대해서 학교를 담당하는 관리를 정사의 중심에 둔다고 주희는 강조하기도 한다.

주희가 흔히 역사적 모델로 삼는 삼대(三代)의 성왕(聖王)이 다스리던 시기에 모든 백성의 배움을 위해 가정에서 국가에 이르기까지 크고 작은 학교들과 학교교육의 목적과 방법이 잘 갖추어 본성 실현을 이끌어 냈다. 그런데 주희가 보기에 자신이 살았던 당시의 학교교육은 그 목적과 방법을 상실하고서, '본(本)'과 '의(義)'를 지향하기보다는 오히려 '말(末)'과 '이(利)'에 매몰되어 버린다. 따라서 교육이 사람들에게 내재한 의리(義理)

1 『朱熹集』 卷7, 4076-4077쪽, 「靜江府學己」, "古者聖王設爲學校, 以敎其民, 由家及國, 大小有序, 使其民無不入乎其中而受學焉. 而其所以敎之之具, 則皆因其天賦之秉彝而爲之品節, 以開導而勸勉之, 使其明諸心, 修諸身, 行於父子, 兄弟, 夫婦, 朋友之間, 而推之以達乎君臣上下, 人民事物之際, 必無不盡其分焉者. 及其學之旣成, 則又興其賢且能者寘之列位. 是以當是之時, 理義休明, 風俗醇厚, 而公卿, 大夫, 列士之選無不得其人焉. 此先王學校之官所以爲政事之本, 道德之歸而不可以一日廢焉者也. 至於後世學校之設, 雖或不異乎先王之時, 然其師之所以敎, 弟子之所以學, 則皆忘本逐末, 懷利去義, 而無復先王之意, 以故學校之名雖在, 而其實不擧, 其效至於風俗日敝, 人材日衰, 雖以漢唐之盛隆, 而無以彷彿乎三代之叔季."

2 실제가 주희가 살았던 송대(宋代)에는 관학과 사학을 포괄하는 학교체제가 잘 정비되어 있었다. 이에 대해서는 이 장의 2절 1항 참조.

의 마음과 공심(公心)을 끌어내지 못하고 공기(功利)와 사심(私心)만을 조장하게 된다. 즉, 학교교육이 표면적으로 존재하기는 하지만 그 허상만 있을 뿐 실질은 무너졌다는 것이 주희의 진단이다. 이러한 병폐와 관련된 예를 또 보자.

> 나는 일찍이 도(道)에는 옛날과 지금의 나뉨이 없지만 배움[學]에는 옛날과 지금의 다름이 있다고 말했다. 생각건대 주나라 사람은 향삼물(鄕三物: 六德, 六行, 六藝-필자주)로써 만백성을 가르치고 받들어 부흥케 했다. 그 덕(德)은 여섯 가지이니 말하자면 지(智), 인(仁), 성(聖), 의(義), 중(中), 화(和)다. 그 행(行)은 여섯 가지이니 말하자면 효(孝), 우(友), 목(睦), 연(婣; 姻), 임(任), 휼(恤)이다. 그 기예(技藝)가 여섯 가지이니, 말하자면 예(禮), 악(樂), 사(射), 어(御), 서(書), 수(數)다. 공부하는 사람에게 있어 일상생활에서 일어나고 앉고 먹고 마실 때의 그 어떠한 일상사[事]도 배움[學]이 아님이 없었다. 무리 지어 거처하면서 수양하고 유람하면서 쉴 때의 그 모든 배움[學]은 일상사[事]가 아님이 없었다. 그 총명(聰明)함을 개발(開發)하고, 그 덕업(德業)을 성취하는 방법에 이르러서는, 모두 서로가 쓰임[用]이 되니 어느 한쪽도 그만두지 않았다. 이것이 선왕(先王)의 세상에서 인재가 많고 풍속의 아름다움이 성한 까닭이니 후세가 미칠 바가 아니다.
>
> (지금도 옛날과 같이) 국가는 학관(學官; 관학교)을 건립하여 나라 안에 두루 분포시켰으니, 세상의 선비에게 바라는 것이 어찌 선왕의 뜻만 하지 않겠는가? 그러나 공부하는 사람이 그 가리키는 뜻이 있는 곳을 알 수 없어서, 일상생활을 하는 가운데 이미 남을 속이거나 헐뜯기만 하면서 공부하는 이유를 알지 못하고, 무리 지어 거처하면서 강습(講習)하는 가운데에도 또한 서로 다투거나 겉으로만 꾸미는 것을 능사로 여기면서도 (이것이) 결국 쓸데가 없다는 것을 알지 못한다. 이러한 까닭에 날마다 저속하게 오직 이록(利祿)의 앎만을 추구한다. 다행히 한두 사람 뛰어나게 스스로를 세우는 데 뜻을 두더라도, 역시 간혹 높고 먼 것만을 추구하면서 역행(力行)의 실질에는 힘쓰지 않거나, 간혹 항상 옛것을 지키고자 하면서 그 의리(義理)의 근원[所以然]은 알지 못한다.
>
> 이러한 까닭에 그 설은 항상 한 편에 치우쳐서 성현(聖賢)의 영역에 들어갈 수 없다. 이때에 이단(異端)과 잡학(雜學)의 선비와 세인에게 아첨하면서 습속을 따르는[阿世循俗] 무리들이 간혹 괴망한 설을 떠들면서 편승한다. 아, 우리의 도가 없어지지 않는다는 것은 다만 백성의 떳떳한 도리[秉彝]가 끊어지지 않는 것일 따름이다. 나의 힘이 진실로 그것을 구하기에 부족하니 적이 걱정된다.[3]

---

3 『朱熹集』卷78, 4090쪽,「信州鉛山縣學己」, "予嘗謂, 道無古今之殊, 而學有今古之異. 蓋周人以鄕三物教萬民而賓興之. 其德六曰智仁聖義中和, 其行六曰孝友睦婣任恤, 其藝六曰, 禮樂射御書數. 是於學者, 日用起居食飮之間, 旣無事而非學於其群居藏修游息之地, 亦無學而非事至於所以開發其聰明, 成

주희는 학교에서의 이상적 배움에 대해, 역시 옛 주나라 상황을 범례로 삼아 보다 구체적으로 풀고 있다. 요컨대 향삼물(鄕三物)로 불리는 육덕(六德: 知, 仁 , 聖, 義, 中, 和)과 육행(六行: 孝, 友, 睦, 婣-姻, 任, 恤)과 육예(六藝: 禮, 樂, 射, 御, 書, 數)가 아울러 육성되고[4], 지성(知性: 聰明)과 덕성(德性: 德業)이 조화를 이루는 배움이 그것이다. 주희에게 학교에서 수행할 배움의 내용은 일상의 삶의 내용과 분리되지 않는다. 일상의 의식주 생활과 기본 인간관계들이야말로 학교에서 구현할 인간 본성 실현의 배움에서 그 요체가 되는 지점들이다. 일상사와 배움, 일상사와 학교 공부를 하나로 연결해서 보는 관점은 주희의 학교론의 특징을 이룬다.

주희가 보기에 당대(當代)에 다양한 학교를 설립해서 전국에 분포시킨 모양은 삼대와 다를 바 없다. 학교제도 및 시설 정비는 이미 어느 정도 이루어졌다. 그런데 당시는 삼대와는 달리 학교가 본연의 배움을 수행하는 장소와는 거리가 멀어져 있다. 주희는 학교 공부풍토를 돌아보며, 비단 방자하고 이기적인 태도로 이록(利祿)만을 추구하는 공부풍토뿐만 아니라, 순수한 학문에 뜻을 두면서도 그 실질을 익히지 못하고 고원(高遠)한 것만을 찾아 헤맨다든지, 나아가 이단(異端)과 잡학(雜學)에 빠지는 공부풍토를 종합적으로 비판하고 있다. 말하자면 본성 회복과 실현이라는 스스로의 변혁을 향한 착실한 공부가 이루어지지 못하고 공리주의나 비현실적인 관념론, 혹은 기회주의로 흐르게 되는 모든 공부의 병폐를 지적하고 있다.

주희는, 이런 공부의 병폐를 개인의 문제로 돌리기에 앞서 국가적 차원에서 제도적으로 해결해야 할 과제로 보고서, 특히 학교교육의 재건, 정확히 말하면 본연의 공부의 목적과 방법이 살아 있는 학교교육을 새롭게 구축해 가는 데 주목한다. 주희의 소학(小學)에서 대학(大學)으로 이어지는 두 단계 학교체제는 이런 문제의식에서의 대표적 산물이다.

就其德業者, 又皆交相爲用而無所偏廢. 此先王之世所以人材衆多風俗美盛, 而非後世之所能及也. 國家建立學官周遍海內, 其所以望於天下之士者, 豈不亦若先王之志? 而學者無以識其指意之所在於其日用之間, 旣誕謾恣睢, 而不知所以學, 其群居讀習之際, 又不過於割裂裝綴以爲能, 而莫或知其終之無所用也. 是以其趨日以卑陋而惟利祿之知. 幸而一二傑然有意於自立者, 則又或窮高極遠而不務力行之實, 或循常守舊而不知其義理之所以然也. 是以其說常倚於一偏, 而不得以入於聖賢之域於是時也. 異端雜學之士, 阿世徇俗之流, 又或鼓其乖妄之說而乘之. 嗚呼, 吾道之不亡, 特民之秉彛有不可得而絶滅者耳. 予之力固不足以救之, 而竊有憂焉."

4 『周禮』,「地官」〈大司徒〉, "(大司徒) 以饗三物, 敎萬民以賓興之, 一曰六德, 知仁聖義忠和, 二曰六行, 孝友睦姻任恤, 三曰六藝. 禮樂射御書數."(『十三經注疏』整理本 7,『周禮注疏』卷10, 314쪽)

2) 소학·대학의 학교체제와 철학의 제기: 「대학장구서」를 중심으로

주희가 구상하고 제안한 소학·대학 학교체제는 소학·대학 교학론과 짝을 이루고 있다. 소학에서 대학으로 이어지는 교육과정론 혹은 교수학습방법론은 소학과 대학이라는 학교체제를 위한 것이었다. 이는 그의 공부론적·교육론적 관심은 실제 교육현장을 지향하고 있음을 보여 준다. 학생 및 학자 개인으로서 공부하거나 가르치는 실천을 넘어, 국가 차원에서 이를 효율적으로 구현할 수 있는 교육 체제를 만들고자 하는 관심으로 확대되었고 그 주요 결실이 소학·대학 학교교육론이다. 이에 대한 주희의 구상을 가장 잘 보여 주는 자료가 「대학장구서(大學章句序)」다.

① 『대학』이라는 책은 옛날 대학에서 사람을 가르치던 법(法)이다.

② 하늘[天]이 사람을 내림에 이미 인(仁), 의(義), 예(禮), 지(智)의 본성[性]을 부여하지 않음이 없지만 그 기질(氣質)의 품부가 일정하지 않으니, 이 때문에 모두 그 본성의 소유를 알면서도 온전히 펼치지 못함이 있게 된다. 간혹 총명(聰明)하고 예지(叡智)하여 능히 그 본성을 다한 자가 그 사이에서 나오면 하늘이 반드시 그에게 명하시어 수많은 사람의 군주와 스승으로 삼아 그로 하여금 이들을 다스리고 가르쳐서 그 본성을 회복하게 하니, 이는 복희(伏羲), 신농(神農), 황제(黃帝), 요(堯), 순(舜)이 하늘의 뜻을 이어 중심[極]을 세우고 사도(司徒)의 직책과 전악(典樂)의 벼슬을 설치한 이유다.

③ 삼대(三代; 夏殷周)가 융성했을 때 그 법이 점점 갖추어졌으니, 그러한 뒤에 왕궁과 국도로부터 시골마을에 이르기까지 학교가 있지 않음이 없었다. 사람이 태어나서 8세가 되면 왕공(王公)으로부터 아래로 서인(庶人)의 자제에 이르기까지 모두 소학(小學)에 들어가서 쇄소응대진퇴(灑掃應對進退; 물 뿌리고 쓸며 응하고 대답하며 나아가고 물러감)의 절도[節]와 예악사어서수(禮樂射御書數)의 문물[文]을 가르치고, 15세에 이르면 천자의 원자(元子), 중자(衆子)로부터 공(公), 경(卿), 대부(大夫), 원사(元士)의 적자(嫡子)와 모든 백성의 준수한 자에 이르기까지 모두 태학(太學)에 들어가서 리(理)를 궁구하고 마음을 바르게 하며 몸을 닦고 사람을 다스리는 방법을 가르쳤으니, 이것이 학교의 가르침에 크고 작은 절차가 나누어진 이유다.

④ 학교의 설치가 이와 같이 광대하고, 그들을 가르치는 방법이 그 절차와 절목의 상세함이 이와 같으니, 가르침을 행하는 근거[所以]는 모두 인군이 몸소 행하고 마음에서 얻은 결실에 근본하고, 민생의 일상의 떳떳한 도리[彝倫]의 밖에서 구하지 않았다. 그러므로 당시의 사람들은 배우지 않는 이가 없었고, 배운 자들은 그 본성에 본래 확고히 가지고 있는 바와 직분에서의 마땅히 행할 바를 알아서

각각 힘써 그 힘을 다하지 않음이 없었다. 이것이 옛날 태평성대할 때에 위에서는 정치가 융성하고 아래에서는 풍속이 아름다운 까닭이니 후세가 미칠 바가 아니다.

⑤ 주(周)나라가 쇠함에 이르러 어질고 성스러운 군주가 나오지 않고 학교의 행정이 닦여지지 않아서 교화(敎化)가 침체하고 풍속(風俗)이 무너지니, 이때는 공자(孔子)와 같은 성인이라도 군주와 스승의 지위를 얻어 정치와 교육[政敎]을 행할 수 없었다. 이에 홀로 선왕의 법을 취하여 외워 전하며 후세를 가르치시니, 「곡례(曲禮)」「소의(少儀)」「내칙(內則)」「제자직(弟子職)」과 같은 여러 편은 진실로 소학(小學)의 지류(支流)와 여예(餘裔)이며, 이 책(『大學』 經文-필자주)은 소학(小學)의 성공(成功)에 근거한 대학(大學)의 밝은 법을 드러내었으니, 밖으로는 그 규모(規模)의 방대함을 다하였고 안으로는 그 절목(節目)의 상세함을 다하였다.

⑥ 3천 명의 문도가 그 말씀을 듣지 않은 이가 없었지만 증씨(曾氏; 曾子)의 전함이 홀로 그 종지(宗旨)를 얻어, 이에 전의(傳義; 『大學』 傳文-필자주)를 지어 그 뜻을 밝혔다. (그런데) 맹자(孟子)가 별세함에 이르러 그 전함이 끊기니, 이 책은 비록 남아 있지만 아는 자가 드물었다.

⑦ 이 이래로 속된 유자[俗儒]들의 기송(記誦: 기억과 암송)과 사장(詞章: 문장)의 익힘에 그 노력은 소학(小學)보다 배가 되나 소용이 없었고, 이단(異端; 도가와 불가-필자주)의 허무(虛無)와 적멸(寂滅)의 가르침은 그 높음이 대학(大學)보다 더하였으나 실질이 없었으며, 그 외 권모술수(權謀術數) 일체로써 공명(功名)에 나아가려는 설들과 백가중기(百家衆技)의 부류들로 혹세무민(惑世誣民)하며 인의(仁義)를 막는 자가 그 사이에서 어지럽게 섞여 나왔다. (이에) 군자로 하여금 불행하게도 대도(大道)의 요체를 들을 수 없게 하고, 소인으로 하여금 불행하게도 지치(至治)의 혜택을 입을 수 없도록 하여, 눈멀고 막히며 뒤집히고 침몰하니, 오대(五代) 말의 쇠함에 이르러서는 혼란이 극에 달했다.

⑧ 천운(天運)이 순환하여 가서 돌아오지 않음이 없으니, 송나라의 덕이 융성하여 정치[治]와 교육[敎]이 아름답고 밝았다. 이에 하남정씨(河南程氏) 두 선생이 나오시어 맹씨(孟氏)의 전통을 이으셨다. 그리하여 실로 처음 이 책을 받들고 믿어 표장(表章)하고, 나아가 그 간편(簡編)을 차례 짓고 귀속될 바를 밝히니, 이렇게 한 뒤에야 옛날 대학(大學)에서 사람을 가르치던 방법과 성경(聖經)·현전(賢傳)의 뜻이 찬란하게 다시 세상에 밝아지게 되었다. 비록 나의 불민(不敏)함으로도 다행히 사숙(私淑)하고 더불어 들은 바가 있게 되었다. 이 책이 자못 흩어지고 상실됨이 있어 나의 고루함을 잊고 (다른 문헌에서) 가려 뽑아 모으고, 또한 그 사이에 나의 의견을 붙여 빠진 부분을 보충하고 후세의 군자를 기다린다. 참람하고 주제넘어 죄를 피할 수 없음을 아주 잘 알지만, 국가의 백성을 교화하고 풍속을 이루려는[化民成俗] 뜻과 배우는 자들의 몸을 닦고 남을 다스리는[修己治人] 방법에 있어서는 작은 보탬이 없지 않을 것이다.

> 순희(淳熙) 기유년(己酉; 1189) 2월 갑자(甲子)일에 신안(新安)에서 주희(朱熹)가 서(序)하다.[5]

우리는 이미 앞(제7장)에서 위의 「대학장구서」의 일부를 활용하여 소학·대학 교학론(敎學論)을 검토한 바 있다. 소학·대학 교학론은 소학·대학 학교론(學校論)과 짝을 이룬다. 「대학장구서」를 자세히 들여다보면 주희는 소학, 대학을 무엇보다 옛 삼대부터 이어 온 학교의 명칭으로 이해하는 관점을 배경으로 함을 알 수 있다. 물론 소학, 대학의 학은 학교, 배움 두 가지 의미를 다 품고 있다. 주희는 「대학장구서」에서 이 두 가지 의미를 모두 고려하며 소학, 대학이라는 용어를 쓰고 있음을 볼 수 있다. 소학은 소학교와 소학교에서 공부하는 내용을 함께 지칭하고 대학은 대학교와 대학교에서 공부하는 내용을 함께 지칭하고 있다. 그런데 「대학장구서」의 일차적 주안점은 현실에서 필요한 학교체제를 설득해 내는 것이다. 즉, 이상적인 학교체제로서의 소학·대학 체제와 그 역사적 실체와 철학적 의미에 대한 정합적인 설명을 주로 한다. 주희가 『대학장구집주』의

---

5 『大學章句』, 「大學章句序」, "① 大學之書, 古之大學所以敎人之法也. ② 蓋自天降生民, 則旣莫不與之以仁義禮智之性矣, 然其氣質之稟或不能齊, 是以不能皆有以知其性之所有而全之也. 一有聰明叡智能盡其性者出於其間, 則天必命之以爲億兆之君師, 使之治而敎之, 以復其性. 此伏羲神農黃帝堯舜所以繼天立極, 而司徒之職典樂之官, 所由設也. ③ 三代之隆, 其法寖備, 然後王宮國都, 以及閭巷莫不有學. 人生八歲, 則自王公以下至於庶人之子弟, 皆入小學, 而敎之以灑掃應對進退之節禮樂射御書數之文; 及十有五年, 卿大夫元士之適子, 與凡民之俊秀, 皆入大學, 而敎之以窮理正心修己治人之道. 此又學校之敎, 大小之節所以分也. ④ 夫以學校之設, 其廣如此, 敎之之術, 其次第節目之詳又如此, 而其所以爲敎, 則又皆本之人君躬行心得之餘, 不待求之民生日用彝倫之外. 是以當世之人無不學, 其學焉者無不有以知其性分之所固有職分之所當爲, 而各俛焉以盡其力. 此古昔盛時, 所以治隆於上, 俗美於下, 而非後世之所能及也. ⑤ 及周之衰, 賢聖之君不作, 學校之政不修, 敎化陵夷, 風俗頹敗, 時則有若孔子之聖, 而不得君師之位, 以行其政敎. 於是獨取先王之法, 誦而傳之, 而詔後世, 若曲禮少儀內則弟子職諸篇, 固小學之支流餘裔, 而此篇者, 則因小學之成功, 以著大學之明法, 外有以極其規模之大, 而內有以盡其節目之詳者也. ⑥ 三千之徒蓋莫不聞其說, 而曾氏之傳, 獨得其宗, 於是作爲傳義以發其意, 及孟子沒, 而其傳泯焉, 卽其書雖存, 而知者鮮矣. ⑦ 自是以來, 俗儒記誦詞章之習, 其功倍於小學而無用, 異端虛無寂滅之敎, 其高過於大學而無實, 其他權謀術數一切以就功名之說, 與夫百家衆技之流, 所以惑世誣民, 充塞仁義者, 又紛然雜出乎其間, 使其君子 不幸而不得聞大道之要, 其小人不幸而不得蒙至治之澤, 晦盲否塞, 反覆沈痼, 以及五季之衰而壞亂極矣. ⑧ 天運循環, 無往不復, 宋德隆盛, 治敎休明, 於是河南程氏兩夫子出, 而有以接乎孟氏之傳, 實始尊信此篇, 而表章之, 旣又爲之次其簡編, 發其歸趣, 然後古者大學敎人之法, 聖經賢傳之指, 粲然復明於世. 雖以熹之不敏, 亦幸私淑而與有聞焉, 顧其爲書猶頗放失, 是以忘其固陋, 采而輯之, 間亦竊附己意, 補其闕略, 以俟後之君子, 極知僭踰無所逃罪, 然於國家化民成俗之意, 學者修己治人之方, 則未必無小補云. 淳熙己酉二月甲子 新安朱熹序."

서문을 이런 내용으로 채우는 것은『대학』의 정체성은 무엇보다 소학·대학 학교체제에서의 대학교 단계 교학의 방향 및 방법을 보여 주는 저작이라는 점에서 찾을 수 있다고 보기 때문이다.「대학장구서」를 풀이해 보면 다음과 같다.

① 『대학』을 옛날 대학교에서 활용한 교육방법을 다룬 책이라 이해한다. 그리고 아래 주희의 설명에도 보이지만, 그 옛날이라는 것은 삼대를 의미하며, 책의 내용은 공자가 자신이 기억한 것을 토대로 경(經)을 서술한 것을 제자인 증삼(曾參)이 보충 해설로서의 전(傳)을 붙여서 편집했다고 본다. 주희가『대학』을 대학교에서의 교육방법을 다룬 책으로 규정한 것은, 이 책을 실마리로 하여 고대 학교교육의 실체를 드러내고자 하는 의지의 표명이기도 하다. 그리하여 실제로 이하의 내용에서는 소학·대학의 학교체제와 교육론을 전개한다.

② 학교 및 교사의 탄생 배경과 존재 이유에 대해 설명한다. 그 핵심 근거로 인간 본성론을 다시 거론한다. 누구나 하늘로부터 부여된 인·의·예·지의 본성을 지니지만 기질에 차이가 있어, 많은 사람이 자신이 본성을 지님을 알지 못하고 따라서 온전하게 펼치지 못한다. 이에 하늘은 총명예지로써 본성을 실현한 자를 군주나 스승으로 삼아 백성들의 본성의 회복을 돕는다. 이는 명명덕을 거쳐 신민의 역할을 하는 이의 출현을 말하는데 이런 사람이 곧 교사이며 군주와 스승의 자리에 있는 자가 교사 역할을 한다. 최초로 교사 역할을 한 인물은 삼황오제이며 이들은 황제로서 하늘의 뜻을 이어 표준을 세우고 교사의 직책(司徒, 典樂)을 두었다. 주희는 이 단계에서는 아직 학교 설치는 이야기하지 않고 다만 교사의 직을 만들었다고 본다. 군주와 스승의 직을 맡은 관리가 함께 백성의 본성을 실현하는 나라의 교육을 이끌어 간다. 이 과정에서 이 일을 보다 체계적으로 할 수 있는 체제가 필요했을 것이다. 그게 학교다. 학교는 삼황오제를 계승하며 등장하는 하은주 시대에 이루어진 것으로 주희는 이해한다.

③ 교사의 존재는 곧 그 교육활동을 할 조직의 정비를 요구하고 이는 학교의 탄생으로 이어진다. 주희에 의하면 학교제도의 정비는 삼대에 이루어졌다. 이때 이미 왕실과 수도로부터 지방에 이르기까지 널리 학교가 분포했으며 기본적으로 나이를 기준으로 하되 신분도 반영한 소학, 대학의 두 단계 학교체제를 구축해서 운영했다. 소학교의 핵심 교과는 육예이고 대학교의 핵심 교과는 궁리정심과 수기치인이다.

④ 학교는 나라 전체에 넓게 분포하고 또 학교교육의 내용도 그 단계별로 세세하게 갖추어져 있지만, 이러한 학교교육은 그 어떤 것이든 군주와 민의 몸, 마음공부 및 일상적 윤리 실천을 근간으로 한 것으로, 일상과 동떨어지거나 말로만 하거나 강제하는 방식이 아니다. 즉, 각자의 본성과 직분에 의거하여 자연스럽게 행하는 방식이어서, 학교교육의 효과는 컸고 풍속은 아름답게 되었다. 그 아름다운 모습이란 본성의 지님과 직분의 당연함을 알고 이를 힘쓰고 구현하는 사람들이 널리 일어나고 함께하는 풍속이다.

⑤ 그런데 주나라가 쇠한 이후에는 성군이 나오지 않아 학교체제가 무너져 교화가 이루어지지 않고 풍속도 무너지게 된다. 공자 같은 성인이 군주와 스승의 지위를 얻어 정치와 교육을 펼치면 좋겠지만 그걸 기대하기 어려울 정도로 질서가 무너졌다. 그런데 다행히 공자는 전해 오는 교육의 법을 기억하고 전하니, 특히 소학과 대학의 규모 및 절목을 이해하고 정리해서 가르쳤다. 주희는 『대학』의 경은 공자가 지은 것으로 인식하며, 소학의 지류들인 「곡례」「소의」「내칙」「제자직」 등을 주목해서 드러냈다고 이해한다. 필자의 생각에도, 육경을 편찬했던 공자이기에 이는 충분히 가능했던 일로 보이는데, 주희는 이를 적극적으로 주장하고 있다.

⑥ 공자는 이를 제자들에게 널리 가르쳤으나 그 종지를 얻은 것은 증삼이었다. 증삼은 공자가 쓴 『대학』의 「경문」에 해설을 전의 이름을 붙여 『대학』을 편찬했고, 이는 곧 대학교 교육지침을 담은 책으로 의미 부여된다. 그런데 다행히 책은 남았으되 그 전승은 원활히 이루어지지 않았다. 맹자 이후로는 단절이 되어 송대에 이르러 재발견이 있기까지 묻혀 있게 되었다.

⑦ 그 단절의 폐해는 크다. 소학 단계에서는 기송(記誦: 記憶과 暗誦)과 사장(詞章: 詩歌와 文章)을 익히는 일만 남았다. 그 노력은 옛 소학보다 배가 되지만 인간 성장에 있어서는 효과가 없다. 대학 단계에서는 고원한 허무(虛無), 적멸(寂滅)의 세계로 이끄는 사상들(도교, 불교)에 쉽게 빠져 균형을 잃거나 권모술수로 공명(功名)을 취하는 학설이나 잡다한 지식에 빠져, 결국 백성을 속이고 그 본성을 막는 자들이 양산된다. 이에 위정자는 대도(大道)의 요체를 배우지 못하고 백성은 지치(至治)의 혜택을 입지 못해, 사람들의 내면과 삶, 풍속이 전체적으로 어둡고 막히고 꼬꾸라지는 형국이 되었다.

⑧ 그러나 천운이 순환하여 다시 정치와 교육이 밝아지는 시대를 맞았다. 송대(宋代)

에 이르러 특히 이천 정이와 명도 정호 두 선생이 맹자의 전통을 이어『대학』을 재해석하면서 옛 대학교에서 사람을 가르치던 방법이 밝아지게 되었다. 주희 자신은 사숙을 통해 두 정선생의 뜻을 공부하고 이었다고 고백한다. 그리고 책 중에서 산실되거나 빠진 부분을 다른 문헌에서 찾아 보충하거나 또는 새로 만들어 넣었음을 밝힌다. 특히 대학의 전문 중 격물치지 장을 보충한 것이 핵심인데, 조심스럽지만 과감한 창작을 동시에 시도하고 있는 것이다. 그 창작은『대학』내의 내용에 대해서만이 아니라, 지금까지 본 것처럼『대학』을 대학교의 교수방법 교재로 규정하고 이와 짝하는 소학교의 교수방법 교재를 편찬하는 데 이른다. 나아가 소학교–대학교 체제를 새롭게 구축하는 데로 나아간다. 그리하여 학교교육문화 융성의 시대를 스스로의 손으로 완성하고자 한다. 그런데 주희는 자신의 이러한 창조적 인식이 철저하게 옛 교육사적 실천에 근거를 둔 것으로 확신하고 있다. 삼대(三代)에 이미 실험되고 그리하여 아름다운 풍속을 이끌어 낸 소학교–대학교 체제 말이다. 공자가 전했으나 단절이 되었던, 그래서 그 부재로 인해 오랜 시간 동안 교육의 피폐화를 겪어야 했던 그 역사를 성찰하며 주희는 소학·대학 학교체제를 재건하고자 한다.

이상「대학장구서」에 대한 풀이에 입각해 그 학교론적 의미를 다시 정리하면 이렇다. 주희는 인간 본성 실현을 지향하는 소학·대학 학교체제의 뿌리를 하은주(夏殷周) 삼대(三代)에서 찾는다. 자신이 제기하는 바의 소학·대학 학교체제는 자신의 창작물이 아니라 중국 문명의 태초로부터 그 근거를 가지고 있었음을 부각한다. 자신이 내세우는 소학·대학 학교론의 역사적 정당성을 확보하고자 하는 것이다. 주희는 소학·대학 학교체제가 하은주 삼대부터 있었지만 진한대(秦漢代) 이후 오랜 시간 단절이 되었다고 한다. 정확히 말하면 학교란 무엇인가, 그리하여 소학교와 대학교는 각각 학생들을 어떻게 이끌어야 하는가, 학생들은 무슨 공부를 하고 어떤 성장을 해야 하는가에 대한 철학적 이해의 단절이다. 주희가 문제 삼는 것은 교육을 위한 물리적 공간으로서의 학교의 건립이 아니다. 학교의 건립은 이미 어느 정도 이루어져 있고 필요하면 언제든 할 수 있다. 문제가 되는 것은 그 학교가 담아내야 할 교육 목표와 내용, 방법이 무너진 점이다. 소학을 거쳐 대학에서 완결되는, 인간 본성 실현의 교육에 관한 기본 개념이 살아 있는 학교교육의 부재가 문제다. 그 정신의 단절은 맹자 이후 송대까지도 지속이 되다가 신유학의 선구자들에 의해 재발견되었다고 보는 것이다.

「대학장구서」를 다시 돌아보면, 주희가 삼대의 학교교육 정신이 공자를 거쳐 맹자에까지 살아 있었다고 이해한다. 그런데 춘추전국시대는 관학(官學) 체제 자체는 무너진 시기다. 대신 사학(私學)이 융성했다. 주나라의 왕조 체제의 붕괴는 곧 관학을 중심으로 한 기존 학교체제의 붕괴이기도 했다. 그런데도 주희는 이 춘추전국 시대에 학교 정신이 살아 있었다고 평가한다. 삼대의 학교교육 철학을 이해하고 계승한 공자 및 그 제자들과 같은 인물들이 존재했고 그들에 의해 실제 교육이 전개되었기 때문이다. 이는 무엇을 말하는가? 주희가 중시하는 것은 소학교, 대학교를 포함한 학교의 존재 자체가 아니라 그 학교에 투영된 교육이념과 방법이 살아 있는가의 여부다. 학교의 존재 자체로 따지면 주희가 삼대의 학교철학이 단절되었다고 하는 진한대 이후 오히려 학교체제가 점점 체계화되어 가고 송대(宋代)에 이르면 고도화된 체제를 갖추게 된다. 수도와 지방, 관학과 사학, 소학 단계 학교와 대학 단계 학교체제가 왕조에 따라 계승되고 또 변화되어 갔다. 그런데 이런 학교제도 및 시설의 존재 자체는 기본으로 요청되는 필요조건일 뿐 충분조건이 되지 않는다. 학교의 완결은 그 제도 및 공간에 실릴 교육 정신과 그 실질적 구현에 의해 이루어진다.

주희의 시선에서 진한대(秦漢代) 이후 수당대(隨唐代), 나아가 주희가 살았던 그 시기까지도 이 정신과 실질이 무너져 있었다. 소학 단계의 학교에서는 기송(記誦)과 사장(詞章)만 남고 대학 단계의 학교에서는 수기치인(修己治人)과는 무관한 공리(功利)나 허무(虛無)에 빠지는 세태가 일상화되었다. 주희에 의하면 다행히 북송대 정이, 정호 등 신유학자들에 의해 그것이 다시 재조명되기 시작했다. 그 가장 중요한 근거가 대학교의 교육지침서인 『대학』의 재발견이고 재해석이다. 이렇게 이해하는 까닭에 주희는 「대학장구서」를 학교의 역사와 문제, 과제를 논하는 장으로 활용하고 있다.

그런데 주희가 「대학장구서」에서 학교의 역사와 철학에 대해서 논하되 특히 소학교, 대학교 체제로서 접근하는 것은, 단지 삼대의 역사적 사실을 끄집어내는 것 이상의 의미를 지닌다. 과거의 역사에서 관습적으로 소학 수준에 해당하는 교육을 하는 학교와 대학 수준에 해당하는 교육을 하는 학교를 다양하게 설치하고 운영했지만, 양자를 이론적으로 연결하고 종합하는 철학적 설명은 부재했다. 주희가 그 모델로 삼대를 거론하지만 그 삼대에서 구체적으로 어떤 철학과 방법론을 가지고 소학·대학 공부 및 학교교육을 이끌었는지 확인할 길이 없다.

이 지점에서 주희의 창조성이 빛을 발한다. 「대학장구서」에 담긴, 『대학』이 삼대로부터 전승된 대학 수준의 학교철학과 방법을 담고 있다는 해석이 그것이다. 『대학』에 이런 의미 부여를 한 후 주희는 『대학』과 짝을 이루어 소학 수준의 학교철학과 방법을 담은 『소학』을 편집하고서, 『소학』과 『대학』을 중심으로 소학·대학의 학교론을 구축한다. 이런 작업은 중국지성사에서 처음으로 시도된 것이라고 할 수 있다. 주희는 소학·대학 학교체제가 새로운 것이 아니고 이미 있었던 것이라고 하지만, 그리고 그것은 사실이기도 하지만, 그 흔적들을 모아서 이론적으로 체계화한 것은 처음 있는 일이다. 옛 역사에 남은 단편들을 근거 삼아서 교육이란 무엇인가, 학교란 무엇인가, 나아가 소학교와 대학교는 각각 무엇을 어떻게 하는 곳인가에 대한 새로운 총괄적 정리를 새롭게 했다.

사실 소학교-대학교 체제는 하나의 학자 개인의 관점에서의 고민이 아닌, 치국평천하의 지평의 국가적 차원의 지도자가 짊어질 고민이다. 주희는 스스로 신민(新民)의 주체로 자리매김하면서 이를 구체적으로 정리하고 실천하고 있는 셈이다. 주희는 스스로 가능한 관료의 길에서 벗어나서 학문 활동에 전념하고자 했으나 그렇다고 그의 시각이 개인의 수양을 위한 공부에 국한되지 않았다. 명명덕(明明德)을 넘어 신민(新民)을, 수기(修己)를 넘어 치인(治人)을 자기 공부의 지평으로 삼은 그에게 국가의 문제는 학문의 주제였다. 그는 늘 국가와 천하를 염려하는 차원에서, 그 지평에서 사색하며 학문을 구축하고 경세적 아이디어를 냈다.

소학·대학의 학교철학을 반영하는 국가의 소학교-대학교 체제를 구체적으로 어떻게 할 것인가에 대해서는, 즉 실제 존재하는 관학과 사학에 관련된 학교들을 어떻게 소학교-대학교 체제에 맞추어 분류할 것인가에 대해서는 주희는 본격적인 논의를 펼치지 않았다. 이런 점에서 근대적이지 않다. 주희 이후에도 중국이나 한국 등 주자학의 영향을 받은 나라에서도 주희의 철학에 따라서 실제 학교를 소학교-대학교로 나누어 엄격하게 제도화한 예는 찾아보기 어렵다. 다만 주희가 다져 놓은 소학·대학의 학교철학의 기틀은 면면히 유지하며 활용했다. 그리고 결정적으로 그것은 근대기에 서양교육문명과 조우하며 초등·중등·고등 교육의 단계별 국가교육체제를 만들어 갈 때 효과적으로 작용한다. 예를 들면, 한국의 개화기에 개혁적 지식인들이 새로운 학교체제로서 초등-중등-고등학교 체제를 설득함에 있어 그 역사적 배경이 되는 전통으로 종종 주희의 소학·대학론을 소환하곤 했다.

2. 중국 학교사의 전개와 주희 학교론의 의의

주희가 제기한 바의 인간 본성 실현을 본질로 하는 학교론, 그리고 소학·대학 학교론이 갖는 의미와 위치를 이해하기 위해 중국의 학교사를 둘러볼 필요가 있다. 주희의 학교론은 기존의 학교체제를 잇고 넘어서고자 하는 지향성을 지니고 있기에 그 위상을 분명히 하기 위해서는 학교의 역사에 대한 역사적 정리를 간단히라도 하고 넘어갈 필요가 있다. 주희는 자신의 소학·대학 학교론의 근거를 삼대에 대고 있는데 정말 그러한지, 또 주희가 비판하는 당시 학교교육의 문제들이 어떤 제도 아래서 나타나는 것인지, 당대의 학교체제는 역사적으로 어떻게 형성되어 왔고 어떤 과제를 안고 있었는지, 그 속에서 주희 학교론의 위상은 어떠한지를 따져 볼 필요가 있다.

1) 중국 학교사의 전개: 삼대(三代)에서 청대(淸代)까지의 관학과 사학

중국 학교사 연구에 따르면[6] 학교는 하(夏)나라부터 있었고, 소학, 대학의 개념도 이미 하나라 때부터 출현한 것으로 추정된다. 사료로는 『예기(禮記)』「왕제(王制)」, 『예기(禮記)』「명당위(明堂位)」, 『맹자(孟子)』「등문공(滕文公)」, 『의례(儀禮)』의 정현(鄭玄) 주(注), 『한서(漢書)』「유림전서(儒林傳序)」, 『좌전(左傳)』, 『국어(國語)』, 『문헌통고(文獻通考)』「학교고(學校考)」, 『고금도서집성(古今圖書集成)』「학교부(學校部)」 등의 문헌자료와 갑골문(甲骨文)이 활용되고 있다.

연구 및 문헌에 따라 약간씩 다르기는 하지만, 하나라의 학교 이름으로는 '서(序)'나 '교(校)'가 보이며, 여기에서는 군사훈련이나 윤리 실천 및 교육 활동을 겸했던 것으로 보이는데, 『고금도서집성』「학교부」에서는 "하후씨는 동서(東序)를 대학(大學)으로 삼고, 서서(西序)는 소학(小學)으로 삼았다."고 하는 설명을 참조한다면[7] 소학과 대학의 개념의 출현도 추정해 볼 수 있다.

한편, 은(殷)나라의 경우 문헌상에서는 학교 이름으로 서(序), 상(庠), 대학(大學), 소학(小學), 우학(右學), 좌학(左學), 고종(瞽宗)이 있었던 것으로 설명한다. 특히 갑골문으로

---

6 이하의 중국의 역대 학교사에 대해서는 다음 두 연구서를 주로 참조했다: 郭齊家, 임진호 역, 『중국고대교육사: 학교와 서원』, 서울: 문현, 2022/ 김경식, 『중국교육전개사』, 서울: 문음사, 2006.

7 郭齊家, 임진호 역, 위의 책, 29-31쪽.

발견된 것 중에는 대학(大學)과 상(庠)이 있다.[8] 소학에 해당하는 갑골문은 발견되지 않았지만 대학은 소학을 전제로 하는 것이어서 소학과 대학이 있었다고 할 수 있다. 곽제가는 특히『예기』「명당위」의 "은나라 사람들은 우학(右學)을 대학(大學)이라 불렀고 좌학(左學)을 소학(小學)이라 칭하였으며, 고종(瞽宗)에서 음악을 즐겼다."는 기록이나,『예기』「왕제」의 "은나라 사람들이 나라의 원로는 우학(右學)에서 부양하였고 일반 백성들 가운데 70세 이상의 노인은 좌학(左學)에서 부양하였다."는 기록을 활용하여 소학, 대학의 존재를 설명하고 있다. 우학과 고종은 대학의 성격을 좌학은 소학의 성격을 지니는 것으로 이해한다.[9]

주(周)나라에도 소학(小學)에 대한 기록도 보이고, 또 대학(大學)에 해당하는 다양한 학교 명칭, 즉 벽옹(辟雍), 태학(太學), 성균(成均)－남학(南學), 상상(上庠)－북학(北學), 동서(東序) 및 동교(東膠)－동학(東學), 고종(瞽宗) 및 서옹(西雍)－서학(西學)이 보인다. 예를 들어, 주나라 강왕(康王) 때「대우정(大盂鼎)」의 명문에 강왕의 아들 소왕(昭王)이 유년시절 소학에 입학한 일이 보이며, 주나라 선왕(宣王) 때 쓰인 또 다른 명문에서도 소학이 보이며 또한 소학을 가르치는 관직의 명칭을 소보(小輔)라고 부른다는 말도 보인다.[10] 교육내용으로는 수(數)와 서(書)를 기본으로 삼아 예(禮), 악(樂), 사(射), 어(御)를 공부하는, 즉 육예의 범주로 묶을 수 있는 교육내용이 보이는데 이 중 수·서는 소학 단계에서, 예·악·사·어는 대학 단계에서 주로 공부하는 것으로 보인다. 예악을 중시하는 교육의 성격상 교사는 예악을 담당하는 문관직이 겸했는데, 대사악(大司樂), 대약정(大樂正), 소악정(小樂正), 대사(大師), 소사(小師) 등의 명칭으로 불렀다.[11]『예기』「왕제(王制)」나『주례』「지관(地官), 사도(司徒)」편에는 사도(司徒), 대사도(大司徒), 사씨(師氏), 보씨(輔氏)와 같은 교사명과 이들에 의해 가르쳐진 육덕(六德), 육행(六行), 육예(六藝), 육례(六禮), 칠교(七教), 팔정(八政)과 같은 교육내용이 보인다.[12]

---

8 郭齊家, 임진호 역, 위의 책, 33쪽.

9 郭齊家, 임진호 역, 위의 책, 34쪽.

10 郭齊家, 임진호 역, 위의 책, 37쪽

11 郭齊家, 임진호 역, 위의 책, 39－44쪽.

12『周禮』,「地官」〈大司徒〉, "(大司徒) 以響三物, 教萬民以賓興之, 一曰六德, 知仁聖義忠和, 二曰六行, 孝友睦姻任恤, 三曰六藝. 禮樂射御書數."(『十三經注疏』整理本 7, 周禮注疏 卷10, 314쪽)/『禮記』,「王制」, "司徒修六禮以節民性, 明七教以興民德, 齊八政以防淫, 一道德而同俗, 養耆老以致孝, 恤孤獨而逮不足, 上賢以崇德, 簡不肖以絀惡."(『十三經注疏』整理本 13,『禮記正義』卷13, 471쪽)

이상의 하은주(夏殷周) 시대의 학교에 대한 흔적은 대체로 국가가 설치한 관학(官學)을 가리키고 있다. 그리고 관학은 왕실 및 귀족을 대상으로 왕도에 설치된 것과 지방에 설치된 것을 포함하는 것으로 보이는데 정확한 구분은 어렵다. 또 어떤 신분까지 참여할 수 있었는지도 알기 어렵다. 다만 최소한 소학·대학 체제를 갖춘 학교교육은 주로 왕실 및 귀족을 대상으로 한 것이 아닐까 한다. 소학·대학의 존재를 확인해 주는 것으로 문헌자료만이 아니라 은대(殷代)의 갑골문 자료가 있다는 사실은 주목할 만한데 갑골문으로 남은 대학이라는 명칭은 소학을 전제로 한 것이어서 은대의 소학·대학 체제 가능성을 타진해 볼 수 있다. 주대(周代)에 이르러서는 그 대학의 체제가 더 정교하게 발전해 감을 볼 수 있다. 공자에 의하면, 자신이 따르며 계승하고자 하는 주나라는 은나라의 예를 따랐고 은나라는 하나라의 예를 따랐다.[13] 분명치는 않으나, 은대의 정황을 볼 때 하대에서도 이미 소학·대학의 학교체제가 있었을 가능성이 있다. 소학·대학론의 기원을 삼대에서 찾는 주희의 접근은 타당성을 지닌다.

하은주 시대에 이미 이런 정도의 교육 관념이 발달하고 학교체제가 형성되었다면 이후 중국 역사에서 국가가 주도하는 상당한 체계를 갖춘 학교체제의 전개는 예상이 되는 일이다. 주나라의 질서가 무너지고 왕성한 사상적·문화적·정치적 실험과 함께 사학이 융성했던 춘추전국시대를 거쳐, 진한대 이후에는 이전의 지적·문화적 자산을 바탕으로 비교적 체계화된 관학(官學) 체제 위에 사학(私學)이 일정한 조화를 이루는 형태를 이루었다. 말하자면 중국 고대의 학교사의 전개는 먼저 관학(官學)이 등장하여 중심을 이루다가[夏殷周 三代], 그 축에 사학(私學)으로 넘어갔고[春秋戰國時代], 이후 보다 체계화된 관학과 사학이 공존하는 형태로 나아가는 과정을 밟는다[漢代 이후].

춘추전국시대에 사학(私學)이 활성화되고 중심을 이루게 된 것은 주나라 왕실이 무너지면서 왕실의 인재들이 학생들을 가르치기 시작하면서부터다.[14] 왕실이 무너지니 관학은 자연히 붕괴되고 관학에 관여하던 이들도 사학으로 옮겨 가게 되었을 것이다. 사학의 융성은 곧 두터운 사(士) 계급의 등장 및 확장을 의미하는 것이기도 했다.[15] 유명한

---

13 『論語集註』「爲政」, "子曰, 殷因於夏禮, 所損益, 可知也. 周因於殷禮, 所損益, 可知也. 其或繼周者, 雖百世, 可知也."/『論語集註』, 「八佾」, "子曰, 夏禮, 吾能言之, 杞不足徵也. 殷禮, 吾能言之, 宋不足徵也. 文獻, 不足故也, 足則吾能徵之矣."

14 郭齊家, 임진호 역, 앞의 책, 50쪽.

15 역사적으로 사(士) 계급 혹은 지식인 세력의 융성 시기로 천추전국시대와 송대를 꼽아 볼 수 있다. 두 시기 모두 사학(私學)이 유례없이 활성화되었다. 이는 교육사적으로도 특별한 의미를 지닌다. 이 계

사학 세력으로는 유가(儒家), 도가(道家), 묵가(墨家), 법가(法家) 등이 있고 전국시대 제나라가 설치된 직하학궁(稷下學宮)은 이들 사학 세력의 집성지이며 경쟁처로서 사학의 발전에 크게 기여했다. 춘추전국의 사학 세력은 교육에 관한 풍부한 지적 자산을 남겼고 이후 역사에서의 관학과 사학 발전의 기초로 작용했다.[16]

이 중에서 유가는 주나라의 문화를 잇는다는 공자의 사상적 지향점에 따라서 주의 문명을 총체적으로 담아내는 포괄성을 지닌 내용으로 후학들을 이끌었고, 이는 이후 중국 전 역사를 거쳐 국가 운영에서 핵심 기반으로 작용한다. 유가는 여러 학파 중의 하나가 아닌, 중국 문명의 핵심을 정리하고 전승하는 기반 사상으로서의 위상을 지닌다. 유가의 이런 사상적 특성을 고려한다면 중국의 역사 속 국가 운영에서 유가가 중심을 이룬 것은 어쩌면 자연스러운 일이다. 공자를 비롯한 유자들이 정리한 내용은 관학과 사학의 근간을 이룬다.

춘추전국시대 이후는, 과도기인 진대(秦代)를 제외하면, 관학과 사학의 공존과 부침이 기본을 이루는 형식으로 진행된다. 천하통일을 이루며 등장한 진은 다시 관학 중심의 학교체제로 전환을 시도한 반면, 사학에 대해서는 견제와 탄압을 함으로써 사학의 위축을 가져온다. 한대(漢代)는 '독존유술(獨尊儒術)'의 기치 아래 유학의 길을 따라 관학 체제를 재건한다. 중국 역사에서 한대 이후의 관학 체제는, 그 실제 운영상에서의 내실 여부는 차치하고, 매우 정교하게 갖추어져 있음을 사료들은 보여 준다. 이런 관학 체제가 중심을 이루는 가운데 사학이 보조를 이루는 형태를 이룬다.

한대(漢代) 이후 청대(清代)에 이르기까지 학교는 시대별로 특징을 보이며 전개된다.

기를 통해 교육, 학교에 관한 철학적 이론이 홍기했고 널리 영향을 미쳤기 때문이다.

16 이를 郭齊家는 이렇게 정리한다. "춘추전국 시기 사학의 발전은 교육사상과 교육이론 측면에서도 중요한 발전을 가져다주었다. 즉, 논어, 묵자, 노자, 장자, 맹자, 순자, 관자, 한비자, 여씨춘추 등의 서적 가운데 교육 관련 자료가 대량으로 포함되어 있으며 대학, 중용, 학기(學記), 권학(勸學), 제자직(弟子職) 등과 같이 전문적으로 교육에 관한 내용을 다룬 서적들이 등장함으로써 교육의 기능과 작용, 학제의 체계, 도덕교육의 체계, 교육의 원칙과 방법, 교사의 지위와 작용 등을 비롯해 교육에 관한 경험과 교육사상을 종합해 중국의 고대학교교육 이론 발전에 중요한 토대를 마련해 주었다. 이후 중국의 고대학교교육사에 두 가지 교육제도가 출현하게 되었는데 그 하나가 바로 관학이고 또 다른 하나가 사학이었다. 이후 개인의 자유로운 강학지풍(講學之風)이 지속적으로 중국교육사에 등장하게 되었으며 관학은 때로 홍하기도 하고 또 때로는 쇠하기도 하면서 유명무실해지기도 하였으나 사학은 줄곧 문화지식과 인재육성이라는 막대한 책임을 짊어지고 중국의 고대문학교육 사업에 중대한 공헌을 했다."(郭齊家, 임진호 역, 앞의 책, 75-76쪽)

관학은 기본적으로 왕도와 지방에 걸쳐 설치되었는데 명칭은 다양하다. 행정 체계를 반영하여 각 행정구역에 따른 학교 설치가 기본을 이룬다.

한대(漢代)의 관학으로는 중앙의 태학(太學), 궁저학(宮邸學), 홍도문학(洪都門學), 지방의 군국(君國) 단위의 학(學), 현도읍(縣道邑) 단위의 교(校), 향(鄕) 단위의 상(庠), 취(聚) 단위의 서(序)가 있다. 한대의 사학으로는 서관(書館), 경관(經館: 精舍 精廬) 등이 있다.

당대(唐代)의 관학으로는, 중앙에 주요행정기관을 끼고 배치하는 형태를 근간으로, 국자감(國子監) 아래 국자학(國子學), 태학(太學), 사문학(四門學), 산학(算學), 서학(書學), 율학(律學)의 육학(六學)을 두고, 그 외 행정기관 아래 숭문관(崇文館), 홍문관(弘文館), 황족소학(皇族小學), 그리고 숭현학(崇玄學), 천문학(天文學), 의학(醫學)을 둔다. 지방관학으로는 주학(州學), 부학(府學), 현학(縣學), 시학(市學), 진학(鎭學), 그리고 부주숭현학(府州崇玄學), 부주의학(府州醫學) 등을 둔다. 당대의 사학으로는 수준이 다른 학교들이 중앙과 지방에 널리 분포되어 있었다.

송대(宋代)의 관학으로는 중앙에는 국자감 아래 광문학(廣文學), 사문학(四門學), 국자학(國子學), 소학(小學), 태학(太學-辟雍), 무학(武學), 율학(律學) 등을 두고 또 의학(醫學), 산학(算學), 서학(書學), 화학(畫學)을 설치했으며 종실 학교로 제왕궁학(諸王宮學), 종학(宗學-內小學)을 두었다. 지방에는 군학(郡學), 부학(府學), 주학(州學), 감학(監學), 현학(縣學) 등을 두었다. 송대 사학으로는 다양한 수준의 학교가 있었는데 서원(書院)이 대표적이고 몽학 수준의 소학교도 크게 확산된다.

명대(明代)의 관학으로는 중앙에 국자감(國子監), 종학(宗學), 무학(武學)을 두고 지방에는 크게 유학계통의 학교로서 부학(府學). 주학(州學), 현학(縣學), 그리고 도사유학(都司儒學), 위유학(衛儒學) 등 다양한 유학이 이름이 들어간 학교를 두고 전문학교로서 무학(武學), 의학(醫學), 음양학(陰陽學)을 둔다. 여기서 중앙의 종학(宗學), 그리고 지방의 (부학 주학 현학과 연계된) 사학(社學)은 소학의 성격을 지닌다. 명대의 사학으로는 역시 서원이 대표가 되며 다양한 몽학(蒙學) 성격의 학교가 등장한다.

청대(淸代)의 관학으로는 중앙에 국가감 아래 국학(國學), 산학(算學), 팔기관학(八旗官學)을 두고 그 외 종학(宗學), 각라학(覺羅學), 경산관학(景山官學), 함안궁관학(咸安宮官學), 아라사관학(鵝羅斯官學)을 둔다. 지방에는 제독학원(提督學院) 아래 부학(府學), 주학(州學), 현학(縣學), 위학(衛學)을 두고 이와 연계한 기초 학교로 사학(社學), 의학(義學), 정학(井學)을 두었다. 사학으로는 서원 외에도 가숙(家塾), 사숙(私塾), 의숙(義塾)처럼 개인이 설립한 몽학(蒙學) 수준의 학교들이 대거 출현한다.

이상의 중국 학교제도의 역사적 전개[17]를 둘러싸고 발견되는 몇 가지 특징을 필자 나름대로 꼽아 보면 다음과 같다.

- 한대(漢代) 학교의 명칭을 보면 삼대(三代)의 것을 충실히 잇고 있음을 알 수 있다. 대학(太學), 교(校), 상(庠), 서(序)가 그것인데, 그만큼 중국 학교사의 뿌리는 삼대(三代; 夏殷周)에 깊게 내리고 있음을 보여 준다.
- 당대(唐代) 이후에는 최고 교육을 관장하는 기구로 국자감이 등장하고 지방관학은 주학(州學), 부학(府學), 현학(縣學)과 같이 지방행정지역명에 학을 붙이는 방식으로 변경된다. 중앙과 지방의 행정단위에 따라 관학을 두는 방식은 전통을 잇되 아예 행정단위명에 학을 붙여 학교를 명명하게 된다.
- 당대 이후 관학에 산학, 서학, 율학, 의학, 천문학, 무학, 화학, 음양학 등 실용학문을 다루는 학교를 설치한다. 이 학교들은 국자감 내에 포진되기도 하고 각 행정부서에서 운영하도록 하기도 한다.
- 당대 이후 관학(官學) 체계 내에 소학(小學)에 해당하는 학교들을 둔다. 직접 소학 명칭을 쓰기도 하고[당대의 황족소학, 송대의 소학 및 내소학 등], 다른 명칭으로 소학 수준 학교를 대신하기도 한다[명대의 사학(社學); 청대의 사학(社學), 의학(義學), 정학(井學) 등]. 북송대에는 소학에 관한 규정도 만들어지는 등[18] 본격적으로 소학을 제도적으로 정립하고자 하는 노력이 시작된다.
- 사학(私學)은 모든 왕조에서 관학을 뒷받침하며 존재했으니 한대의 경관(經館: 精舍, 精廬)이나 서관(書館), 송대 이후의 서원(書院)이 대표적이다. 서원은 관학에 필적하는 비중으로 성장하여 신유학 발전의 동력이 된다. 유명 학자들이 이끈 개인 교육활동의 장으로서의 사적 학교도 많았고, 몽학(蒙學) 수준의 소학도 크게 융성했다.

---

17 이상의 중국학교제도의 역사적 전개에 대해서는 郭齊家의『중국고대교육사: 학교와 서원』을 기본으로 하고, 김경식의『중국교육전개사』를 보조로 하여 정리한 것이다.

18「京兆小學規」가 송 인종 때인 1054년에 만들어진 것을 보면, 북송대에 이미 소학이라는 개념이 법적·일상적으로 정착되었음을 알 수 있다. 霍玲玉, "北宋京兆府小学教学管理探析—以《京兆府小学规》碑刻为中心.",『廊坊师范学院学报：社会科学版』2018年 第1期, 122～126页 참조.

특히 송대 이후에 아동의 심리적 발달단계에 따른 교육의 특화에 대한 인식이 활성화되기 시작하면서 몽학 교재 편찬과 교육이 크게 일어났다.

- 관학 및 사학에서 가르쳐지는 유학 관련 교육내용에 있어서 송대까지는 13경이 중심을 이루다가, 명대를 거치면서 사서오경(四書五經) 체제로 전개되는 특징도 보인다. 주희를 정점으로 한 신유학의 학문적 정체성이 학교교육과정에 스며든 결과다.
- 당대 이후 학교체제와 학교교육과정은 당대에 학교와 함께 체계화된, 국가 인재선발제도로서의 과거시험제도와도 밀접한 연관을 가지고 전개된다. 학교의 역할과 과거시험의 관계 설정 문제가 본격적으로 제기되고, 학교가 과거시험의 준비처로서의 역할이 강화되면서부터는 학교란 무엇인가에 대한 정체성 논의도 본격화된다. 송대 이후에는 이런 배경에서 과거시험으로부터 보다 자유로운 강학공간이 유자들 사이에 요청되고 대표적으로 서원이 그런 역할로 자리매김된다. 그리고 이 과정에서도 주희는 결정적 역할을 한다.

2) 주희 학교론의 학교사적 위상과 의미

이상 개략적으로 검토한 중국 학교사의 전개와 특징을 기본으로 할 때, 주희는 어떤 위치에서 어떤 역할을 했는가? 주희는 이미 관학, 사학을 아우르는 학교체제가 정밀하게 갖추어지고 또 과거시험제도도 정착하여 이를 중심으로 사대부 집단의 학문 공동체가 크게 융성하던 시기를 살았다. 대학 단계의 교육만이 아니라 소학 단계의 교육에도 관심이 부쩍 싹트는 시기를 살았다. 사상사적으로는 북송대 이래 신유학적 학술문화의 혜택을 받을 수 있는 시기를 살았다. 주희의 사상은 이런 비교적 자극받고 공부하기에 좋은 환경을 배경으로 구축되어 간 것이다.

그런데 이런 배경에서 성장한 주희의 학술의 눈으로 볼 때 당시 학교와 교육 영역은 해결해야 할 큰 문제를 안고 있었다. 우선 한편으로는 과거시험제도와 연계해서, 다른 한편으로는 전래의 학문 본연의 의미가 충분히 밝혀지지 않아서 학교의 본질적 기능에 장애가 생기고 공부문화가 왜곡되어 있다는 것이다. 그 문제점에 대한 주희의 인식의 대략은 앞에서 살펴본 바다. 이에 주희는 학교란 무엇인가, 교육이란 무엇인가, 배움이란 무엇인가에 대한 철학적 정리를 시도하고 이를 기준으로 당히 학교 및 교육, 학문 행태를 비판하고 대안을 제시한다. 그의 공부론과 교육론, 학교론은 이런 배경에서 구축되어 간 것이다.

다음으로 주희의 눈에 들어온 것은 소학·대학의 학교교육과정론 정립의 필요성이다. 중국 학교사를 볼 때 소학 단계 교육의 필요성에 대한 인식은 삼대(三代) 이래 있었고, 가까운 북송대에 소학학규(小學學規)까지 정비된 사례가 나타날 정도였다. 그리고 그 소학 과정을 거쳐야 상위 단계 학교 공부를 원활히 할 수 있다는 인식도 이미 크게 자리잡고 있었다. 그런데 이러한 인식과 실천을 엄정한 이론과 논리로 정리하는 작업은 아직 이루어지지 않았다. 그리하여 주희는 소학과 대학을 서로 짝을 지어 연결하는 교육철학을 내세우게 된다, 주희가 소학·대학론을 펼친 것은 무엇보다 소학·대학 학교체제를 뒷받침하는 교육이론적 틀을 갖추고자 함이었다. 제도의 정비와 지속은 상당한 수준으로 체계화된 이론이 바탕이 되지 않으면 어렵다. 설령 제도는 유지되더라도 내용은 산만하고 부실해지기 쉽다. 주희는 이를 염려하면서 자신의 성리학적 세계관이 기초한 소학·대학의 이론적 토대를 분명하게 닦는다. 그리고 이는 후대의 교육과정론, 공부과정론, 학교단계론의 전형이 되어 교육사적으로 중대한 역할을 하게 된다. 주목할 점은 주희가 이러한 자신의 관점과 작업의 뿌리를 삼대에 두고 있다는 것이다. 무엇보다「대학장구서」와「중용장구서」에 잘 반영되어 있듯이 그는 도통론적(道統論的) 관점에서 교육 정신이 삼대를 기원으로 하여 공맹을 거쳐서 전승된 것으로 정리했고, 이 관점은 이후 학술과 교육의 기틀로 작용한다.

다음으로 주희는 이렇게 정립된 자신의 학교론, 교육론, 공부론의 이상을 구현할, 즉 교육과 공부의 본질을 구현할 이상적인 학교의 재건에 나선다. 그의 학교재건에 대한 관심은 관학과 사학 모두에 걸쳐 있다. 즉, 그는 과거시험제도와 연관해서 본연의 중심을 잃은 관학에 대해 비판하고 새로운 전환을 요구함과 아울러, 사대부로서 보다 자율성을 가지고 접근할 수 있는 사학의 건설에 집중한다. 주희 자신이 늘 모델로 삼는 삼대부터가 그러하듯 국가적 차원의 관학의 정비를 기본적으로 중시했다. 그런데 주희는 관학 이외에도 사학의 의미와 역할에도 방점을 둔다. 사학은 관학에 비해 사대부들의 보다 자율적인 운영이 가능했기에 자신들의 공부론적 이상을 직접, 빠르게 구현하는 데 더 현실적인 대안으로 여겨졌다. 특히 주희 자신의 직접적 교육실천과 실험은 사학을 중심으로 이루어 가는데 이를 위해 무엇보다 이미 존재해 왔던 서원(書院)을 주시한다. 북송대부터 이미 이름난 서원들이 신유학자들의 학술공간으로서 자리매김하는데, 주희는 백록동서원 등 많은 서원에 주목하고 관여하면서 서원의 교육목적과 내용 방법의 정비에 노력을 기울인다. 후에 서원교육의 전범이 된 주희의 백록동서원 학규는 이런 과정을 거치며 만들어진 것이다. 서원의 교육내용은 그 자체가 공부론의 요체를 담고 있다. 서원을 중심으로 신유학의 학문 공동체는 더 확고하게 뿌리내리기 시작하고 명대 이후에는 중심 세력으로 자리매김한다.

다음으로 주희에 와서 완성된 새로운 경전 체제, 즉 주희 주석 기반의 사서(四書) 중심 체제는 13세기 중후반에서 14세기 전반, 즉 남송대 후반과 원대를 거치며 학교의 교육과정으로, 나아가 과거시험의 기본 과목으로서 자리 잡아 가기 시작한다. 학교에서, 특히 유학과 관련해서는 무엇을 공부할 것인가에 대해, 나아가 과거시험에서 어떤 내용으로 시험을 보고 인재를 선발할 것인가에 있어서 주희는 결정적 전환점을 가져온 것이다. 특히 1315년부터 주희의 주석본이 과거와 학교 공부에서 공식 교재로 채택된 것은 주목할 일이다.[19] 마냥 이상적인 것으로만 여겨지고 또 탄압까지 받았던 주희의 도학이 결국 현실교육과 학문 세계의 중심에 자리하면서 교육의 새로운 시대를 연 것은 주목할 만한 교육사적 사건이다.

마지막으로 주희는 학교교육만이 아니라 향촌교육, 가정교육의 체제를 정립하는 데 심혈을 기울였고 이에 대한 성과도 지대했다. 그에게 인간 본성 실현의 교육은 비단 학교의 과제만이 아니었다. 그것은 가정의, 향촌의, 그리고 국가 모든 영역의 과제이기도 했다. 학교체제 정비의 관심의 일환으로, 혹은 그 연결선상에서 가정교육과 향촌교육의 체제를 갖추는 데도 결정적인 기여를 했다. 『주자가례(朱子家禮)』나 향약론(鄕約論) 등의 전개가 그 학술적·실천적 성과들이다.[20]

---

19 볼에 의하면 주희의 사서 중심의 학문체제가 교육과정의 근간을 이루게 된 결정적 사건을 꼽자면, 송대인 1241년 주희의 주석이 공맹의 도를 밝히는 것이라는 내용의 조서를 내린 것, 그리고 원대인 1315년 과거시험에서 사서에 대한 주희의 주석에 기초한 지식을 기본으로 삼도록 한 것, 그리고 명대의 영락제에 이르러 대규모 학술프로젝트를 지원하여 『성리대전』 『사서대전』 『오경대전』을 펴낸 것 등을 들 수 있다. Peter K. Bol, 김영민 역, 『역사 속의 성리학』, 예문서원, 2010/ 황금중, "서평-역사 속의 신유학", 『한국교육사학』 36(2), 2013, 78-79쪽 참조.

20 Peter K. Bol, 김영민 역, 앞의 책, 376-403쪽.

3. 서원교육(書院敎育): 공부론적 이상 구현의 모색

주희는 이렇게 학교의 철학을 학술적으로 정립하는 데 그치지 않고 직접 학교의 건립과 운영, 교육에 참여를 했다. 특히 서원이 그의 주된 실천의 장이 되었다. 서원은 당대부터 그 명칭이 생겼고 북송초에 이미 학교로서의 정체성을 뚜렷하게 갖게 되었는데 주희는 기존의 서원 전통을 활용하되 여기에 공부론적 이상이 구현되는 학교로서의 의미가 살아나도록 한다. 이후 서원은 한동안 신유학자들의 도학적·리학적·심학적 공부 공간의 대명사로 여겨지기도 했는데, 그 시작점에 주희가 있다. 주희가 서원에 그런 학교 철학을 불어넣었는데, 여기에는 공부론적 이해가 근간에 깔려 있다.

주희에게서 서원(書院)은 자신의 공부론을 현실화할 수 있는 장인 동시에 자신의 방대한 학문적 체계를 이룩한 강학(講學)의 공간이기도 했다. 주희의 서원교육관(書院敎育觀)을, 그의 공부론과 연관하여 밝히기 위해 먼저 주희가 서원을 주목하게 되는 역사적 배경을 검토할 필요가 있다.

1) 과거(科擧) 및 관학(官學)의 폐해와 서원교육(書院敎育)의 필요성 제기

서원(書院)의 명칭이 쓰이기 시작한 것은 당대(唐代)의 현종(玄宗) 때였는데,[21] 이때의 서원은 단지 일종의 책을 편찬하고[修書] 교정하고[校書] 보관하는[藏書] 등의, 오늘날의 출판사나 도서관의 기능을 하는 곳이었다.[22] 그러던 것이 후대에 이르게 되면서 점차로, 학자들이 모여서 강학(講學)하는 곳의 성격을 띠게 되었는데, 이로써 서원(書院)은 정사(精舍)와 거의 비슷한 성격을 지니게 된다. 즉, 애초에 서원(書院)은 서적을 보존하고 편찬하는 기능을 하는 장소였고, 정사(精舍)는 조용하고 은밀히 거처하는 장소였는데 점

21 정순목, 『中國書院制度』, 서울: 문음사, 1990, 11쪽/ 郭齊家, 임진호 역, 『중국고대교육사: 학교와 서원』, 179쪽. 郭齊家에 의하면 서원은 당대 말기 시작되어 오대에 형성되었으며 송대에 번영을 이루었다. 서원이란 명칭은 당(唐) 현종(玄宗) 개원(開元) 6년(718년) 여정수(麗正修) 서원의 이름으로 처음 등장했는데, 이는 13년(725년) 집현전(集賢殿) 서원으로 개명했다. 그런데 이 서원은 중앙정부가 설립해 국가의 장서(藏書), 교감(校勘), 교정(校正)을 전담하는 기구였다. 이후 민간에서 출현한 서원은 개인이 책을 읽고 학문을 연구하며 교육할 수 있는 장소로 활용되었다. 민간에서 점차적으로 새로운 형식의 교육기구가 싹트기 시작한 것이다.

22 陳東原, 『中國敎育史』, 臺灣: 商務印書館, 民國25年[1936], 274-275쪽.

차적으로 변천하여 양자 모두 강습하는 장소가 되었다. 이러한 공통적인 기능으로 말미암아 정사(精舍)는 곧 서원(書院)으로 일컬어지기도 한다.[23]

당말(唐末)에서 오대(五代)를 거쳐 북송초(北宋初)에 이르게 되면 사대서원(四大書院)이니 육대서원(六大書院)이니 하는 저명한 서원들[24]이 생기는 등 활성화된다.[25] 그러나 북송초 서원의 융성이 채 무르익기도 전에 북송말에 이르러 쇠퇴의 길을 걷게 되는데 이는 특히 북송말의 과거제도(科擧制度)의 정착 및 관학(官學)의 진흥과 관련이 깊다. 말하자면 북송말에 들어서 국가의 질서가 잡히고 이와 함께 수대(隨代)로부터 발달되어 온 과거제도가 확고히 정착되면서 산림에 은거하던 선비들은 점차로 과거시험을 통한 명리(名利)의 추구로 눈을 돌리게 된다. 더욱이 국가적 차원에서 황폐화되었던 관학(官學)을 육성하였기 때문에[26] 자연히 서원교육의 수요가 줄게 된다. 이러한 이유로 사학(私學)으로서의 서원(書院)은 쇠퇴의 길을 걷다가 북송말[崇寧 연간]에는 거의 전폐하기에 이

23 陳榮捷, 『朱子新探索』, 臺灣: 學生書局, 1988, 485쪽. 그럼에도 서원과 정사는 그 기구 성격상 같지 않다는 것이 진영첩의 견해다. 즉, 서원은 공적인 것과 사적인 것이 모두 있고 정식 조직원(院主, 損贈 등)이 있는 반면, 정사는 완전히 사적인 것이고 순수하게 어떤 한 학자와 연관이 되는 것이라고 본다.

24 북송대의 4대서원은 백록동서원(白鹿洞書院), 악록서원(嶽麓書院), 응천부서원(應天府書院), 숭양서원(嵩陽書院)이다. 숭양서원 대신 석고서원(石鼓書院)을 넣는 경우도 있다. 6대서원은 4대서원에 석고서원(혹은 숭양서원), 모산서원(茅山書院)이 추가된다. 이 여섯 개의 대표적인 서원에 대한 설명은 郭齊家, 임진호 역, 앞의 책, 181-184쪽 참조.

25 陳東原은 그 활성화의 원인으로 다음 세 가지를 들고 있다. 첫 번째는 시대 상황의 문제로서 당시는 세태가 매우 어지럽고 학문과 학교가 아직 부흥하지 못했다는 점(世亂失學)이다. 특히 오대의 정치적 혼란과 더불어 안전하고 좋은 장소를 택하여 독서하려는 수요가 늘게 된 점과 북송초에 과거를 진흥하면서도 학교는 제대로 정비하지 않음으로써 상대적으로 서원이 활성화를 띤 것이다. 두 번째는 불교의 '선림정사(禪林精舍)'의 영향이다. 당대에 이르러 성황을 이룬 불가에서는, 대체로 위대(魏代) 때부터 산림이 뛰어난 곳을 골라서 선도(禪道)를 닦았는데, 이곳이 승려들을 위한 불가의 학교라고도 할 수 있는 정사(精舍)였다. 정사(精舍)란 명칭은 한말(漢末)에 시작되어 위진 시대부터 보편적으로 사용되기 시작했다. 정사(精舍)는 조용하고 한적한 곳에서 청정하게 침잠하여 수도하는 것에 그 특징이 있는데, 이것이 유자들에게 자극이 되었다. 즉, 난세를 맞고 또한 관학도 황폐한 상황에서, 유자들은 위치에 크게 구애받지 않고 조용하게 독서하고 일을 살피는 공간으로서의 서원에 대한 관심을, 바로 '선림정사'를 통해서 높일 수 있게 된 것이다. 세 번째 이유는 책의 인쇄출판 기술이 발명되었기 때문이다. 인쇄술의 발달로 책을 보관하는 일을 굳이 관가에서 맡게 될 필요가 없어지면서 개인이 책을 취하고 강학하는 것이 가능해진 것이다. 陳東原, 앞의 책, 276-278쪽.

26 북송에서는 세 차례의 흥학(興學) 운동이 있었는데, 인종 경력(慶歷) 연간의 흥학, 신종 희녕(熙寧) 원풍(元豊) 연간의 흥학, 휘종 숭녕(崇寧) 연간의 흥학이 그것이다. 위로는 태학(太學)으로부터 아래로는 주현학(州縣學)에 이르기까지 일정한 규모의 제도를 마련했다. 정순목, 앞의 책, 45-46쪽.

른다.[27]

중국에서 서원(書院)이 다시 명실상부한 부흥기를 맞은 것은 남송대(南宋代)에 들어서다. 역설적이게도 서원의 일시적 쇠퇴를 가져온 과거제도와 관학은 남송기에는 서원을 부활시키는 요인이 된다. 즉, 사람들이 공명(功名)과 이록(利祿)만을 위한, 과거시험 위주의 공부에 집착하게 되고 관학 역시 이와 결부된 폐해를 지니게 된 상황에서,[28] 교육의 본연을 찾고자 하는 움직임이 대유(大儒)들을 중심으로 자연스럽게 일어나게 된 것이다. 그 대유들로는 주희(朱熹)를 비롯해서 장식(張栻), 육구연(陸九淵), 여조겸(呂祖謙) 등이 있었다.[29]

특히 주희의 경우 결코 과거제도 자체의 효용성을 부정하지는 않았지만 그것으로 파생되는 여러 가지 비교육적 문제, 특히 명리(名利)만을 탐하는 공부 및 교육 풍토와 그것을 조장하는 관학의 문제에 대해 심각한 위기의식을 느끼게 된다. 그가 서원을 부흥시키려고 했던 이면에는 바로 이러한 교육적 위기를 극복하고 유학 본연의 교육을 실현하고자 하는 의지가 담겨 있다. 주희의 「학교공거사의(學校貢擧私議)」에는 당시의 과거제도와 학교의 문제에 대한 그의 인식과 대안이 일정하게 드러나 있다.

> 옛날에 학교에서 선거(選擧; 관리를 선발함)하는 방법은, 향당(鄕黨)에서 시작하여 국도(國都)에 이르기까지 덕행(德行)과 도예(道藝)로써 그들을 가르쳐서 현명하고 능력 있는 자들을 키우는 것이다. 생각건대 (편안하게) 거처함에 다른 곳이 없고 관리가 됨에 다른 방법이 없고 (사람을) 뽑음에 다른 길이 없는 까닭에 선비는 확고한 뜻을 지니고서 밖(의 이익)을 추구함이 없이 홀로 힘쓰되, 오직 덕업(德業)이 닦이지 않음을 두려워했지 작록(爵祿)이 아직 얻어지지 않음을 염려하지 않았다. 공자가 "말에는 허물이 적도록 하고, 행실에는 후회가 적도록 하면 녹(祿)은 그 가운데 있다."라든지, 맹자가 이른바 "천작(天爵)을 닦으면 인작(人爵)은 그것을 따른다."라는 것이 모두 이를 말하는 것이다. 삼대(三代)의 교육의 경우 예(藝)는 가장 아래에 두지만 모두 실제적인 쓰임이 있어 빼놓을 수 없었다. 그 법제는 치밀해서 마음을 다스리

27 陳東原, 앞의 책, 278쪽.

28 정순목, 앞의 책, 46-47쪽 참조.

29 주희의 백록동서원(白鹿洞書院), 장식의 악록서원(嶽麓書院), 육구연의 상산서원(象山書院), 여조겸의 여택서원(麗澤書院)은 남송대의 4대서원으로 불리기도 한다(정순목, 앞의 책, 48쪽). 이 서원들은 당시의 대표적인 신유학 조류들을 탄생시킨 거점이었다. 이른바 '서원학(書院學)'이 성행하였으니, 송학(宋學)은 바로 서원의 깊숙한 곳에서 만개를 했다. 三浦國雄, 김영식·이승연 공역, 『인간 주자』, 164쪽.

고 기(氣)를 기르는 데 도움이 되고 도덕에 나아가 귀의할 수 있게 되었다. 이것이 옛날의 법이 인재를 이루고 풍속을 두텁게 하고 세무(世務)를 구제하고 태평을 일으킨 까닭이다.

(그런데) 오늘날의 법(法)은 그렇지 않아서 비록 향거(鄕擧)가 있으나 사람을 뽑는 숫자[額]가 균등하지 않고, 태학(太學)을 설립하되 이익으로 유혹하는 일변도가 되어 감시(監試), 조시(漕試), 부시(附試)는 속이고 포장하는[詐冒] 지름길이 되고, 그 분주하게 경쟁하면서 방자하게 흐르는 생각을 열었다. 그 교육의 바탕은 이미 덕행의 실질에 근본하지 않고 이른바 예(藝)라는 것도 모두 쓰임이 없는 공언(空言)이 되어 심각한 폐단에 이르니, 그렇게 되면 이른바 공언(空言)이란 것은 모두 괴이하고 망령되며 쌓임이 없는 것이어서 나아가 공부하는 이의 마음의 뜻을 파괴하게 된다. 이 때문에 인재는 날로 쇠퇴하고 풍속은 날로 천박해지니 조정(朝廷)과 주현(州縣)은 매번 한 가지 의심할 만한 일이 있으나, 공경대부와 많은 관리들은 놀라서 눈을 부릅뜨고 서로를 돌아보지만 나갈 바를 모른다. 이것으로 역시 그 교육의 득실을 징험할 수 있다. …(중략)…

겨를이 없다면 여러 주(州)의 해액(解額)을 균등하게 해서 그 뜻을 안정시키고, 덕행(德行)의 과(科)를 두는 것 만한 것이 없다. 사부(詞賦)를 혁파하고 경(經), 자(子), 사(史), 시무(時務)의 해[年]를 나누어서 그 학업(業)을 고루 갖추게 한다. 다스리고 경영하는[治經] 자들로 하여금 반드시 가정의 법도를 지키도록 하고, 명제자(命題者)로 하여금 반드시 장구(章句)에 의존하도록 하고, 답의자(答義者)로 하여금 경문을 관통하게 하며, 뭇 설을 조목조목 들되 자신의 생각으로 재단한다. 학교라면 실제로 인선(遴選)함에 도덕을 갖춘 사람을 두고 그로 하여금 교도(敎導)를 맞도록 해서 실학(實學)의 선비들을 부른다. 해액을 절감하고 인선의 오류를 떨치며, 넘치는 은혜로 이익의 유혹에 빠지는 길을 막는다. 제과(制科)와 사과(詞科), 무과(武科)와 같은 것에 대해서는 모두 이익을 탐하는 병폐[利病]를 모두 탐구하여 그 규제를 자못 개선하도록 한다. 이렇게 하면 안정된 뜻이 있으되 분주하게 경쟁하는 풍토가 없게 되고, 실행(實行)이 있으되 공언(空言)이 없게 되며, 실학이 있으되 쓸모없는 인재가 없게 된다.[30]

---

30 『朱熹集』卷69, 3632-3634쪽, 「學校貢舉私議」, "古者學校選舉之法, 始於鄕黨而達於國都, 敎之以德行道藝, 而興其賢者能者. 蓋其所以居之者無異處, 所以官之者無異術, 所以取之者無異路, 是以士有定志而無外慕蚤夜孜孜, 惟懼德業之不修, 而不憂爵祿之未至. 夫子所謂'言寡尤行, 寡悔, 祿在其中,' 孟子所謂'修其天爵, 而人爵從之', 蓋謂此也. 若夫三代之敎, 藝爲最下然, 皆猶有實用而不可闕. 其爲法制之密, 又足以爲治心養氣之助, 而進於道德之歸. 此古之爲法, 所以能成人材而厚風俗, 濟世務而興太平也. 今之爲法不然, 雖有鄕擧, 而其取人之額不均, 又設太學, 利誘之一塗, 監試漕試附試詐冒之捷徑, 以啓其奔趨流浪之意, 其所以敎者旣不本於德行之實, 而所謂藝者又皆無用之空言, 至於甚弊, 則其所謂空言者, 又皆怪妄無稽 而適足以敗壞學者之心志. 是以人材日衰, 風俗日薄, 朝廷州縣每有一

중국의 역사, 나아가 동아시아의 역사에서 과거제도가 지니는 긍정적 의미는 크다. 특히 과거제도는 귀족정치에서 관료정치로의 대변혁을 가져왔고, 극히 소수를 예외로 하고 모든 사람에게 참가자격을 주고 엄격한 시험과 평가 절차를 적용함으로써 평등성과 공정성의 이념을 일정 정도 현실화시켰다. 그런데 모든 제도에는 말류적인 폐해가 있게 마련이니, 과거제도는 당대와 북송대를 거쳐 정착된 지 얼마 되지 않아서 이미 여러 가지 문제점을 드러내게 된다. 그 문제점으로 주희는 무엇보다 도덕성을 갖춘 현명하고 능력 있는 사람들을 나라의 인재로서 선발하지 못한다는 점을 들고 있다. 그리고 그 이유로서 과거제도 자체의 문제와 학교교육의 문제를 들고 있다. 학교교육의 문제로는 학교에서 학생들로 하여금 덕행(德行)을 실질적으로 익히도록 하지 못하고서, 이익추구의 관심에만 빠져 거짓되거나 쓸모없고 허황된 생각만을 가지도록 만든다는 것이다. 이러한 학교교육의 문제는 과거제도 자체의 문제와 긴밀하게 연관된다. 즉, 당시 과거시험의 과목내용—사부(詞賦) 위주의—이 덕행 발현을 유도하지 못할 뿐더러 현실적인 유용성을 지니지 못하고, 지방단위 향거(鄕擧)에서의 선발인원 수의 책정과 지원이 적절하지 않은 등의 문제가 그것이다. 따라서 주희는 과거제도에 덕행(德行)의 과(科)를 신설한다든지, 사부(詞賦) 위주의 과목을 경(經), 사(史), 자(子), 시무(時務) 위주 등의 덕성과 실질적인 능력을 갖출 수 있는 과목으로 대체한다든지 하는 방안과 더불어 학교교육에서도 덕행을 갖춘 교사를 통해 교육을 견실하게 하는 등의 방안을 제시한다.

주희는 과거제도의 폐해와 그와 연관된 학교교육의 문제를 진단하고 해법을 제시하는 것을 넘어서서, 자신의 교육적 이상을 실현하기 위한 학교 건설에 특별한 노력을 기울인다.

> 나는 이전 시대의 (학교인) 상(庠)과 서(序)의 가르침이 닦여지지 않고 선비의 병폐가 배울 장소가 없는 점임을 생각하고 왕왕 서로 전망 좋은 곳을 택하여 정사(精舍)를 세워서 무리지어 거처하면서 강습하는 장소로 삼았는데 위정자(爲政者)들이 그

事之可疑, 則公卿大夫官人百吏愕眙相顧, 而不知所出. 是亦可驗其爲敎之得失矣. …(중략)… 未暇則莫若且均諸州之解額以定其志, 立德行之科以厚其本. 罷去詞賦, 而分諸經子史時務之年, 以齊其業. 又使治經者必守家法, 命題者必依章句, 答義者必通貫經文, 條擧衆說而斷以己意. 學校, 則遴選實有道德之人, 使專敎導以來實學之士. 裁減解額, 舍選謬, 濫之恩以塞利誘之塗. 至於制科詞科武擧之屬, 亦皆究其利病而頗更其制, 則有定志而無奔競之風, 有實行而無空言之弊, 有實學而無不可用之材矣. 此其大略也. 其詳則繼此而遂陳之."

> 것을 기리고 표창하게 되었다. 이 산의 경우는 악록(嶽麓)과 백록동(白鹿洞) (서원) 같은 것이 있다. …(중략)… 지금의 군현(郡縣)의 학교[學官]에서 박사(博士)와 제자원(弟子員)을 두고 있지만 모두 일찍이 덕행(德行)과 도예(道藝)의 바탕을 밝히지 않고 그 주고받는 것이 모두 세속의 책이고 출세의 일이니 사람들로 하여금 이익[利]만을 보고 의리[義]를 보지 못하도록 한다. …(중략)… 그러므로 특별히 그 근본과 말단[本末]을 기록해서 오는 자들에게 고하노니, 여러분들의 뜻이 그렇게 된 근거를 알도록 함으로써, 오늘날의 학교와 과거의 뜻으로 혼란되지 않도록 했다. 또한 밝은 기풍으로 제자리를 잡고, 오늘날의 학교와 과거의 가르침이 그 해가 이루 다 말할 수 없다는 것을 알도록 함으로써 가서 구하지 않을 수 없도록 하는 것이다.[31]

주희는 공부하기 좋은 자연환경까지 고려하며 참된 강학의 장으로서의 정사(精舍)나 서원(書院)과 같은 학교를 자신이 직접 만들었다. 그리고 이를 통해서 당시에 보편화되어 있는 과거와 학교제도가 함유하는 이익 추구 일변도의 풍토를 넘어서는, 즉 덕행과 도예의 바탕을 견지하는 참된 학교 모델을 구현해 보고자 했다. 주희는 스스로 많은 정사와 서원의 건립과 운영에 관여했다.[32]

주희가 사학(私學)으로서의 서원교육에 특별한 애착을 가졌다고 해서 관학(官學) 교육의 의미를 가볍게 보거나, 관학(官學) 부흥과 관련한 어떠한 역할도 하지 않은 것은 아니다. 오히려 그는 지방관으로서 근무할 기회가 있을 때마다 그 지방의 관학교육을 부흥시키려고 노력했고, 더불어서 지방 사람들의 덕성을 끌어내는 풍속을 이루고자 하는 교육적 노력을 기울인다. 다음은 주희가 남강군 지사로 부임하면서 만든 취임연설문 성격의 포고문이다.

> 하나(一). (…) 하물며 천성(天性)과 인심(人心)은 바뀌지 않는 도리로, 옛날에 있었

---

31 『朱熹集』卷79, 4123-4124쪽,「衡州石鼓書院記」, "予惟前代庠序之教不修, 士病無所於學, 往往相與擇勝地, 立精舍, 以爲群居講習之所, 而爲政者乃或就而褒表之. 若此山, 若嶽麓, 若白鹿洞之類是也. …(중략)… 抑今郡縣之學官置博士弟子員, 皆未嘗考其德行道藝之素, 其所受授, 又皆世俗之書, 進取之業, 使人見利而不見義. …(중략)… 故特爲之記其本末, 以告來者, 使知二公之志所以然者, 而毋以今日學校科擧之意亂焉. 又以風曉在位, 使知今日學校科擧之敎, 其害將有不可勝言者, 不可以是爲適然而莫之救也."

32 주희가 주도적으로 관여해서 세운 정사와 서원으로는 寒泉精舍(1170), 武夷精舍(1183), 竹林精舍(1192), 白鹿洞書院(1178), 嶽麓書院(1167) 등이 있으며, 간접적으로 관여한 서원을 합하면 24개에 이른다. 陳榮捷,『朱子新探索』, 479-509쪽.

> 는데 어찌 지금 없겠는가마는 스승과 지도자가 뛰어나지 못해서 돈후(敦厚)하게 근면(勸勉)하지 못한 것이 염려된다. 이 때문에 퇴폐하고 날로 경박해지는 사태를 초래한 것이다. 지금 청컨대, (본 군) 관할하의 사민(士民), 향리의 부로(父老)들은 세시(歲時)에 집회를 갖되 교육과 계율을 부과하라. 때로는 일에 바탕을 두고 반복하여 설명해서 후생으로 하여금 효제충신(孝弟忠信)의 실천을 닦을 줄 알도록 하라. (이를 통해) 집안에서는 부형을 섬기고 집밖에서는 웃어른을 섬기며 친족에게는 돈후(敦厚)하고 이웃과는 서로 화목하여, 있고 없는 것이 서로 통하고 환난을 서로 구휼하게 되면, 풍속의 아름다움은 옛사람에게 부끄럽지 않고 우러러서는 풍속을 돈후히 하고자 하는 성스러운 천자의 뜻에 부합할 것이다.
> 하나(一). (…) 이제 청컨대, 향당의 부형들은 각각 학문에 뜻이 있는 자제를 선발하여 학교에 입학시키고서 (실력을) 쌓고 보완하되 강의를 듣고 시험을 보게 하라. 본 군은 다른 한편으로 여러 가지 조치를 강구하여 학교 예산을 증액하고, 당직(當職)도 공무 중에 틈이 있으면 학교로 가서 교관과 함께 경전의 요지를 강의하면 다방면으로 지도하는 것이 거의 이루어질 것이니, 걸출한 인재와 뛰어난 백성이 시대를 위해 나타나 위로는 성스러운 천자가 인재를 육성코자 하는 뜻이 부합하고자 한다.[33]

주희가 지역사회의 풍속을 교화하기 위해서「여씨향약(呂氏鄕約)」을 증손(增損)하는 등의 노력을 기울인 것은 주지의 사실이다.[34] 또한 그는 관학이든 사학이든 제반 학교의 필요한 조건을 최대한 정비함으로써, 학문에 뜻이 있는 자는 누구나 공부하고 현명하고 능력 있는 인재로 자라날 수 있도록 노력했다. 이 모두는 근본적으로 모든 인간에게 내재한, 인(仁)으로 포괄되는 덕성을 여실히 이끌어 내고, 나아가 그러한 사람들이 모여 사는 공동체를 이루어 내고자 하는 교육적 의지의 표현이다. 즉, 학교의 차원에서는 물론이고 사회의 차원에서 덕성을 발현하는 공부의 분위기와 조건을 이루어 내고자 한 것

33『朱熹集』卷99, 5051−5052쪽,「知南康榜文」, "一. (…) 況天性人心不易之理, 在昔旣有今豈無之, 患在師帥不良不加敦勸, 是致頹靡日陷偸薄. 今請管下士民鄕鄰父老歲時集會, 並加敎戒, 間或因事反復丁寧, 使後生子弟咸知修其孝弟忠信之行, 入以事其父兄, 出以事其長上, 敦厚親族, 和睦鄕鄰, 有無相通, 患難相恤, 庶幾風俗之美, 不愧古人, 有以仰副聖天子敦厚風俗之意./ 二. (…) 今請鄕黨父兄, 各推擇其子弟之有志於學者, 遣來入學陪廚待補聽講供課. 本軍亦一面多方措置增置學糧, 當職公務之餘亦當時時詣學, 與學官同共講說經旨, 多方誘掖庶幾, 長材秀民爲時而出有以仰副聖天子長育人材之意."

34『朱熹集』卷74, 1903−1912쪽,「增損呂氏鄕約」, "凡鄕之約四, 一曰, 德業相勸, 二曰, 過失相規, 三曰, 禮俗相交, 四曰: 患難相恤衆. 推有齒德者一人爲都約正有學行者二人副之約中月輪一人爲直月置三籍凡願入約者書于一籍德業可勸者書于一籍過失可規者書于一籍直月掌之月終則以告都副正不與于約正而授于其次."

이다. 물론 주희의 삶에서 그러한 교육적 의지가 가장 오래, 그리고 치열하게 표출된 곳은 서원(書院)이었다. 그중에서도 남강군 지사 시절에 복건한 백록동서원(白鹿洞書院)이 대표적이다.

2) 서원교육이념의 공부론적 근거: '백록동서원게시(白鹿洞書院揭示)'의 예

주희는 백록동서원을 새건하면서 그 학교이념이라고 할 수 있는 「백록동서원게시(白鹿洞書院揭示)」[35]를 선보인다. 그 내용은 다음과 같다.

> 父子有親, 君臣有義, 夫婦有別, 長幼有序, 朋友有信
> (부자간에는 친함이 있고, 군신 간에는 의로움이 있고 부부간에는 분별이 있고, 장유 간에는 순서가 있고, 붕우 간에는 신의가 있다.)
> 위쪽의 것은 오교(五教; 다섯 가지 가르침)의 덕목이다. 요순(堯舜)이 계(契)로 하여금 사도(司徒)를 맡게 하여 오교를 공경스럽게 펼쳤으니 바로 이것이다. 공부하는 사람은 이것을 배우는 것일 따름이다. 그 배우는 방법의 항목으로 역시 다섯 가지가 있으니 그것은 부분별 내용은 왼쪽(아래쪽-필자주)과 같다.
>
> 博學, 審問, 愼思, 明辨, 篤行
> (널리 배우고 깊이 묻고 신중히 생각하고 명확하게 판단하고 독실하게 행한다.)
> 위쪽은 공부의 항목(차례)이 된다. 학(學)·문(問)·사(思)·변(辨) 네 가지는 궁리(窮理)의 방법이다. 독행(獨行)의 일 같으면 수신(修身)으로부터 처사접물(處事接物; 사물을 처리하고 응접함)에 이르기까지 역시 각각 요점이 있으니 그 부분별 내용은 아래쪽과 같다.

35 『朱熹集』 卷74, 3893쪽, 「白鹿洞書院揭示」, "父子有親, 君臣有義, 夫婦有別, 長幼有序, 朋友有信. 右五教之目, 堯舜使契爲司徒, 敬敷五教, 卽此是也. 學者學此而已, 而其所以學之之序, 亦有五焉, 其別如左. 博學之, 審問之, 愼思之, 明辨之, 篤行之. 右爲學之序, 學, 問, 思, 辨四者, 所以窮理也. 若夫篤行之事, 則自修身以至于處事接物, 亦各有要, 其別如左. 言忠信, 行篤敬, 懲忿窒慾, 遷善改過. 右修身之要 正其義不謀其利, 明其道不計其功. 右處事之要 己所不欲, 勿施於人, 行有不得, 反求諸己. 右接物之要. …(중략)… 熹竊觀古昔聖賢所以教人爲學之意, 莫非使之講明義理, 以修其身, 然後推以乃人, 非徒欲其務記覽, 爲詞章, 以釣聲名取利祿而已也. 今人之爲學者, 則旣反是矣. 然聖賢所以教人之法具存於經, 有志之士固當熟讀深思而問辨之. 苟知其理之當然而責其身以必然, 則夫規矩禁防之具, 豈待他人設之而後有所持循哉."

言忠信, 行篤敬, 懲忿窒慾, 遷善改過
(말은 충신하게, 행동은 독실하고 공경스럽게, 분노를 가라앉히고 욕망을 누르며 선을 옮기고 과를 고친다.)
위쪽은 수신(修身)의 요체다.

正其義, 不謀其利, 明其道, 不計其功
(의를 바로 하되 이익을 도모하지 말고, 도를 밝히되 공을 계산하지 않는다.)
위쪽은 처사(處事)의 요체다.

己所不欲, 勿施於人, 行有不得, 反求諸己.
(자기가 하고자 하지 않는 바를 남에게 베풀지 말라. 行이 이루어지지 않았으면 자신을 돌이켜 본다.)
위쪽은 접물(接物)의 요체다.

「백록동서원게시(白鹿洞書院揭示)」에는 크게 학교에서의 교육 및 공부 목적과 방법이 적시되어 있다. 총 네 문단으로 구성되어 있는데, 첫째 문단에서는 학교의 교육 및 공부 목적 및 지향점으로 오교(五敎), 즉 오륜(五倫)을 제시하고 있다. 그리고 나머지 네 문단은 공부방법에 해당하는 내용인데 먼저 지(知)와 행(行)의 병행으로 설명한 후, 행(行)을 다시 수신(修身)과 처사접물(處事接物)로 구체화하는 틀로써 논의함을 볼 수 있다.

주희는 학교교육의 목적 및 지향점으로 왜 하필 오교(五敎)를 거론했을까? 앞서 우리가 반복해서 다루어 왔듯이 인·의·예·지의 본성의 실현과 연계된 내용, 특히『대학』과『중용』수장에서 집약된 바의 배움 및 교육의 지향점을 활용하는 것이 더 좋을 듯한 데도 말이다. 이것에 비해 오교는 종합적이지도 철학적이지도 않고 오히려 좁고 소박해 보인다. 필자가 보기에 주희가 학교교육의 목적 및 핵심 내용으로서 오교를 설정한 것에는 두 가지 의도가 있지 않을까 한다. 하나는 설명에도 나타나듯이 오교는 요순에서 비롯된 가르침인 바, 가장 오래된 교육전통 속에서 지향점을 끄집어내고자 한 것이다. 다른 하나는 최대한 추상성을 벗어나 실제적·실천적 덕목을 중심으로 학교이념을 구성해 보고자 한 의도가 있어 보인다. 뒤이어 나오는 방법에 해당하는 것들도 모두 일관되게 실제적·실천적 측면에 초점을 두는 특징이 드러난다. 주희에 있어 오교는 인·의·예·지의 본성이 현실화됨에 있어서 실천상의 가장 핵심 내용으로 포착된, 그러면서도 유교문명의 출발부터 함께한 교육과 삶의 지향점이다.

다음의 두 번째 문단부터는 학교에서의 공부방법을 논하는데, 먼저 두 번째 문단에서는『중용』에 나오는 바의 공부의 다섯 가지 절목, 즉 박학·심문·신사·명변·독행을 들고 있다. 이는 그 아래 설명을 보더라도, 지(궁리)와 행(수신·처사접물)이 함께하는 공부방법을 염두에 둔 선택임을 알 수 있다. 지와 행의 병진의 방법적 이상을 일상적 용어로 쉽고 명확하게 표현한 바의 학·문·사·변과 독행을 주희는 선택하여 제시하고 있다. 즉, 학·문·사·변을 궁리의 일과 연결시키면서도 격물치지와 같은 보다 복잡한 이론이 함유된 용이를 피한 것은 보다 쉽고 용이한 실천을 유도하기 위한 의도라고 보인다.

이렇게 지행의 방법을 논한 후 세 번째부터 다섯 번째 문단에서는 독행을 다시 수신과 처사, 접물로 구분하여 구체화를 한다. 우선 세 번째 문단에서는 수신의 요체로서 "언충신, 행독경, 징분질욕, 천선개과"라는『논어』의 공부법을 소개한다. 행을 그리고 네 번째 문단에서는 처사의 요체를 "正其義, 不謀其利, 明其道, 不計其功"로, 그리고 다섯째 문단에서는 접물의 요체를 "己所不欲, 勿施於人, 行有不得, 反求諸己"로 설명한다. 주희가 행 공부를 수신을 비롯해서 처사와 접물로 정리한 것도 주목할 일이다. 주희가 행 공부를 이해하는 방식을 특징적으로 보여 주는 것이기 때문이다. 주희는『대학』의 팔조목을 준거로 한다면 주희는 격물치지를 지의 일로 성의 이하 평천하까지를 행의 일로 보기도 한다. 지금 학·문·사·변의 궁리 이후 이루어지는 행 공부로 수신·처사접물을 논하는 바 이는 대학 팔조목에서의 성의 이하 평천하에 이르는 공부에 상응하는 듯 보이기도 한다. 그런데 주희가 굳이 팔조목을 제시하지 않고 처사접물로 접근한 것은 아직 관직에 진입하지 않는 학생들이 많은 학교임을 염두에 둔 결과가 아닐까 생각한다.[36] 어떤 곳에 어떤 상황에 있든 가장 기본적으로 이루어져야 할 행 공부, 즉 언행과 감정을 다듬는 공부, 이익과 공효를 계산하기보다 도의를 추구하는 공부, 자신에 대한 성찰을 근간으로 타인을 이해하고 베풀며 일의 성취를 도모해 가는 공부에 대해 수신·처사접물로써 논하고 있다.

주희는「백록동서원게시」에서 앞의 골격 제시에 이어서 다음 설명을 덧붙인다.

---

36 백록동서원을 복원하고「백록동서원게시」를 완성한 것이 주희 나이 50세인 점을 보면(三浦國雄, 김영식·이승연 공역,『인간 주자』의 부록-연표 참조), 이는 완숙기의 교육사상을 반영하는 것이다. 주희는 45세 이후에는『대학』팔조목이야말로 공부의 규모를 전체적으로 담고 있다는 이해를 지니게 되는데 그럼에도 불구하고「백록동서원게시」에 궁리(격물치지) 수신 외에 다른 항목을 거론하지 않았는데 이는 주희의 특별한 의도가 있으리라고 보인다.

> 내가 옛날에 성현이 사람들에게 가르친 공부에 관한 견해를 살피건대, 사람들로 하여금 의리(義理)를 강론하고 밝혀서 몸을 닦고, 그런 연후에 미루어서 타인에 미치도록 하지 않음이 없었으니, 단지 기람(記覽)이나 사장(詞章)을 하는 데 힘써서 명성[聲名]을 낚고 이록(利祿)을 취하려고 하는 것이 아니다. 지금 사람들이 공부하는 것은 이것과 반대다. 그러나 성현이 사람을 가르치는 방법은 경(經)에 갖추어져 있으니 뜻있는 선비가 있다면, 마땅히 숙독하고 깊이 생각해서 묻고 변별해야 한다. 만일 그 리의 마땅히 그러함을 알고 그 자신을 채찍질하여 반드시 그러하게 되면 대저 규구(規矩)와 금방(禁防)을 갖추는 것이 어찌 다른 사람이 마련해 준 다음에 지켜서 따르는 것이겠는가?[37]

주희는 서원에서 공부하는 목적이 결코 명성(名聲)을 얻고 이록(利祿)을 취하기 위해서가 아니라 의리(義理)를 강론하여 밝히고 수신(修身)하여 타인에게 미치도록 하는 것임을 다시 강조하고 있다. 말하자면 지와 행 공부를 통해서 자신을 이루고 나아가 타인과 사회를 구제하는 힘을 기르는 데 서원 공부의 지향점이 있다. 이를 위해 성현의 교육법이 잘 들어 있는 경전을 학·문·사·변의 방법으로 익히고 자신을 채찍질하며 리를 실현하라고 주문한다. 이 방향으로 이끄는 규범은 외적으로 강제되는 것이 아니라 공부하는 사람 자신에게 그 바탕이 마련되어 있음을 강조한다.

서원의 기능은 강학(講學), 공제(供祭; 奉祀), 장서(藏書) 등 여러 가지가 있지만,[38] 그 핵심은 강학이다. 주희의 서원에서의 강학이 구체적으로 어떻게 이루어졌는지는 잘 알 수는 없지만 대체로 주희의 강의를 경청하기도 하고, 문답식의 토론을 통한 가르침도 받고 그리고 문생들끼리 토론을 하면서 보냈을 것이다.[39] 그리고 주희가 제자들의 강학을 지도함에 있어서 기본적으로 자신의 공부론적 틀에 의존했을 것이다. 서원에서의 강학 목적과 방법론을 포괄적으로 규정한 「백록동서원게시」는 이후 서원의 교육이념이자 공부방법론으로서 큰 영향을 미치게 된다.[40] 더불어 주희의 서원 부흥 운동은 이후 중국뿐

---

37 『朱熹集』 卷74, 3893쪽, 「白鹿洞書院揭示」, "熹竊觀古昔聖賢所以教人爲學之意, 莫非使之講明義理, 以修其身, 然後推以乃人, 非徒欲其務記覽, 爲詞章, 以釣聲名取利祿而已也. 今人之爲學者, 則旣反是矣. 然聖賢所以教人之法具存於經, 有志之士固當熟讀深思而問辨之. 苟知其理之當然而責其身以必然, 則夫規矩禁防之具, 豈待他人設之而後有所持循哉?"

38 陳榮捷, 앞의 책, 498-499쪽 참조.

39 주희와 문인들의 학술적 토론의 대기록인 『朱子語類』가 서원 등에서의 강학의 산물임을 염두에 둔다면, 엄숙하면서도 치열하고 자유로운 학문적 대화의 분위기를 짐작해 볼 수 있다.

40 원대(元代) 이후에는 「白鹿洞書院學規」가 서원뿐 아니라 일반 학교의 표준이 된다. 정순목, 앞의 책,

아니라 한국 등 동아시아의 역사에서 유학 본연의 공부와 교육에 활력을 불어넣는 원동력이 되었다. 서원교육은 과거제도와 관학이 가져오는 병폐를 보완하면서 덕성과 지성을 겸비한 인재를 배출하는 장으로서의 역사적인 역할을 담당하게 된다.[41]

주희에게 서원(書院)은 주로 대학(大學) 단계의 교육이 이루어지는 장으로 여겼다고 보는 것이 타당할 것이다. 이는 「백록동서원게시」에서 보이는 학규(學規)가 『대학』의 팔조목 체제에 은연중 반영한다는 사실에서도 드러난다. 물론 서원(書院)이나 정사(精舍)에서 소학(小學)과 관련한 어떠한 공부도 이루어지지 않았다고는 볼 수 없다. 서원에 입학하고서도 아직 소학 단계의 소양이 갖추어지지 않은 문생들도 많았을 것이기 때문이다. 주희가 『소학(小學)』이나 『성리자훈(性理字訓)』 등을 무이정사(武夷精舍)의 소학의 교재로 사용하기도 한 것을 보면,[42] 서원이나 정사에서도 일정 정도의 소학 교육도 병행되었다고 보는 것이 바람직하다. 그렇지만 서원교육의 주류는 대학 단계의 교육이라는 점은 부인할 수 없다.

주희는 소학 단계의 교육과 관련해서는 어떠한 교육기관을 구상했는가? 이것과 관련한 특별한 증거는 보이지 않는다. 아마도 주희는 소학이 이루어지는 것으로서 의학(義

67쪽.

41 그렇다고 해서 서원이 언제나 과거제도나 관학과는 무관했고 나아가 긍정적인 기능을 했다는 것은 아니다. 특히 중국의 경우에 서원은 비록 본래 사학(私學)이지만 관(官)과 긴밀한 관계를 지니면서 출발, 변천해 간다. 송대는 민(民)과 관(官)이 서로 보완하면서 서원을 일으켰고, 서원의 순수성은 대체로 유지가 되었다. 그러나 원대에 들어와서는 서원이 관학화(官學化)된다. 즉, 관에서는 서원을 일반 관학과 같이 통제하여 서원의 학습내용과 학문 분위기가 경직되고, 과거 위주의 공부가 주를 이루는 경향을 보였다. 명대에는 과거중시정책과 학교진흥책을 병행하여 학교와 과거를 한 체제로 통합하게 된다. 즉, 학교를 통해서만 과거시험자격을 주는 것인데, 학교진흥의 애초 의도는 교육풍토를 일신코자 함이었으나, 제대로 이루어지지 못한 채 서원교육의 정체만을 초래했다. 130여 년 간의 공백기 후에 학교교육의 부진을 벗고자 하는 분위기에서 서원이 번창하게 되지만 이때의 서원은 관변화의 경향성이 짙게 되고 또한 과거시험 위주의 학교화된 서원이 주류를 이루게 된다(정순목, 앞의 책, 51-65쪽). 그러나 서원이 역사상에서 변질되는 와중에도, 일각에서는 진리탐구와 덕성의 실현이라고 하는 본연의 서원교육의 전통은 꾸준히 이어졌고(정순목, 앞의 책, 157-220쪽 참조), 이것이 각 시대의 정화수 역할을 했다. 조선의 경우만 해도 비록 조선후기에 이르러 서원이 당쟁의 거점이 되는 등 파행을 맞았지만, 초기에는 조선성리학의 발전과 전수, 사림의 도학정치, 조선교육문화의 융성을 가능케 한 원동력이었다. 정만조, 『朝鮮時代 書院研究』, 서울: 집문당, 1997/ 이태진, 「士林과 書院」, 『한국사론』 12, 1978/ 이범직, 「朝鮮前期 書院의 教育機能」, 『한국사론』 8, 1980/ 정순목, 『韓國書院教育制度研究』, 대구: 영남대민족문화연구소, 1979 등 참조.

42 束景南, 『朱子大傳』, 766쪽.

學), 가숙(家塾) 등의 자연발생적 교육의 장을 그대로 존중하였던 것 같다. 다만 주희는 소학의 교육이념과 공부방법론, 교재에 대한 엄밀한 체계를 갖춤으로써 소학(小學) 교육의 이론적 기초를 마련했으며, 이는 후에 동아시아의 아동 교육의 역사에서 주춧돌이 된다.

4. 과거공부를 둘러싼 교육문화의 왜곡과 대안

도학적(道學的) 교육제도와 문화를 뿌리내리고자 하는 주희의 입장에서 크게 고려하지 않을 수 없는 사안 중의 하나는, 학인들의 관심의 중심에 설 수밖에 없게 된 과거시험 준비를 둘러싼 공부 행태 및 의식의 문제였다. 과거합격이 주는 막대한 현실적 이득은, 학파를 초월해서 당시의 거의 모든 학인들로 하여금 과거에 초연하기 어렵게 만들었다. 과거제도는 그 자체로는 국가의 인재를 선발하는 훌륭한 제도였지만, 학인들이 과거시험 준비를 둘러싸고 수기치인의 힘을 기르는 공부의 이상보다 과거합격이 가져다주는 이록(利祿)과 공명(功名)을 얻기 위한 관심 속에 과업에 매달리며 결국 공부의 본연을 잃는 문제가 있었다. 또 당시에 이미 잘 구비되고 정착된 학교제도 자체는 훌륭했지만 학교가 과거시험 준비기관으로 전락한 문제도 연결되어 있었다.

> 과업(科業)이 많은 사람(의 마음)을 파괴하니 애석하다.[43]

이런 상황에서 주희는 두 가지 방면의 노력을 한다. 하나는 학교와 과거제도를 개혁하려는 노력이며 이는 앞에서 다룬 바 있다. 사실 중국의 역사, 나아가 동아시아의 역사에서 과거제도가 지니는 긍정적 의미는 크다. 특히 과거제도는 귀족정치에서 관료정치로의 대변혁을 가져왔고, 시험 기회 및 절차에서의 평등성과 공정성의 이념을 일정 정도 현실화시켰다. 그런데 당대와 북송대를 거쳐 정착된 지 얼마 지나지 않아 여러 가지 문제점을 노출했고 주희는 「학교공거사의(學校貢擧私議)」에서 과거제도와 학교교육에 대해 조목조목 비판하며 대안을 제시한 바 있다.[44] 그는 과거제도와 학교교육이 서로 연

43 『朱子語類』 13-14, "義理人心之所同然, 人去講求, 卻易爲力. 擧業乃分外事, 倒是難做. 可惜擧業壞了多少人."

44 『朱熹集』 卷69, 「學校貢擧私議」, 3632-3634쪽.

동된 채로 본연의 기능을 수행하지 못함으로써 도덕성을 갖춘 현명하고 능력 있는 사람들을 국가의 인재로서 선발, 활용하는 데 실패하고 있음을 지적한다. 우선 학교는 학생들로 하여금 덕행을 실질적으로 구현하도록 이끌지 못하고, 이익 추구의 관심에만 빠져 거짓되거나 쓸모없고 허황된 생각만을 가지도록 만든다. 이러한 학교의 모습은 과거제도의 문제와 긴밀하게 연관되어 있으니, 즉 당시 과거시험의 과목내용—사부(詞賦) 위주의—이 덕행 발현을 유도하지 못할 뿐더러 현실적인 유용성을 지니지 못하고, 지방 단위 과거에서의 선발인원의 수의 책정과 지원이 적절하지 않은 등의 문제가 그것이다. 따라서 주희는 과거제도에 덕행(德行)의 과를 신설한다든지, 사부(詞賦) 위주의 과목을 경전과 역사, 시무 위주 등의 덕성과 실질적인 능력을 갖출 수 있는 과목으로 대체한다든지 하는 방안과 더불어 학교교육에서도 덕행을 갖춘 교사를 통해 교육을 견실하게 하는 등의 방안을 제시한다. 이를 통해 과거제도가 덕행을 갖춘 자들을 뽑는 제도가 되어야 하며, 학교에서 하는 과거공부를 포함한 모든 공부 역시 덕성을 발현하는 공부와 배치가 되어서는 안 된다는 견해를 피력한다.

이와 같은 제도개혁과 함께 주희는 공부하는 이들의 공부하는 마음가짐과 뜻을 새롭게 할 것을 주문한다. 사실 예나 지금이나 제도개혁만으로는 한계가 있다. 제도에 참여하는 이들의 의식이 바뀌지 않으면 소용이 없다. 주희는 제도개혁 이상으로 의식의 변화에 관심을 갖는다. 주희는 과거제도의 효용성과 역사성을 이해하는 이로서 과거제도를 부정하지 않는다. 과거에 참여를 하되 어떻게 공부의 본연을 아울러 이루어 갈까에 대해 숙고한다.[45] 그리고 공부하는 이의 뜻과 궁리가 확고하다면 가능하다고 한다.

> 과거공부[擧業] 역시 학문하는 데[爲學] 방해되지 않는다. 선인들이 어찌 과거에 응하지 않았겠는가? 다만 지금 사람들이 마음을 단단히 정하지 못해서 해가 있는 것이다. 득실(得失)로써 마음을 삼아서 문자를 이해하면 생각은 모두 분열된다.[46]

45 三浦國雄의 경우 주희가 처음에는 제자들의 과거응시를 부정적으로 보았으나, 나중에는 그들의 현실적인 고민을 인정하면서 과거와 爲己之學의 양립을 용인했다고 설명한다. 三浦國雄, 김영식·이승연 공역, 앞의 책, 212쪽.

46 『朱子語類』 13-156, "擧業亦不害爲學. 前輩何嘗不應擧? 只緣今人把心不定, 所以有害. 才以得失爲心, 理會文字, 意思都別了."

> 과거가 사람을 얽매는 것이 아니라, 사람이 과거에 얽매인다. 만일 높고 먼 식견을 가진 선비가 성현의 책을 읽으며 자신이 깨달은 바에 근거해서 글을 짓고 과거에 응한다면 득실(得失)과 이해(利害)를 고려 밖에 놓게 되니, 비록 날마다 과거에 응하더라도 얽매이지 않을 것이다.[47]

주희는 학인들로 하여금 과거공부라는 환경을 탓하지 말고 자신의 마음의 중심을 제대로 잡으라고 권고하고 있다. 과거공부로 인해 자기 본연의 학문을 못한다고 하는 것은 결국에는 핑계다. 관건은 득실과 이해에 초연하여 공부하는 게 관건인데 이를 위해서는 성현의 책 등에 의지해서 공부의 뜻과 이상을 분명히 다지는 것이다. 이렇게 임한다면 과거공부에 얽매이지 않으면서 본연의 학문을 하는 일환으로 과거공부도 해 갈 수 있다.

> 만일 뜻이 서면 공부하지 못할 상황이 없다.[48]

> 과거(科擧)를 어버이를 위하는 것이라고만 여기고 위기지학(爲己之學)이라고 여기지 않는 것은 다만 뜻이 없는 것이다.[49]

과거공부와 본연의 학문을 조화하는 데 핵심은 결국 뜻을 제대로 세우는 것이다. 그렇게 되면 과거공부를 위기지학과 구분하는 것 자체가 뜻이 서지 않은 것이다. 당시 학인들은 당시 최고의 도리인 효도를 위해 위기지학을 포기하고 어쩔 수 없이 과거공부를 한다는 한탄을 하곤 했는데 이에 주희는 일침을 가한다. 과거공부에다가 효도를 위한 방편 같은 구실을 붙이기보다 더욱 적극적으로 그 자체를 위기지학의 과정으로 여기는 인식의 전환을 권고하는 것이다. 주희는 과거공부와 위기지학을 병행하는 구체적인 방법론에 대해 조언하기도 한다.

> 과업이 공부를 방해한다는 것에 대해 물었다. 답했다: 정선생이 말하기를 "공부를 방해하는 것을 걱정하지 말고 오직 뜻을 빼앗길까 걱정해라."라고 했다. 한 달 사

---

47 『朱子語類』 13-157, "非是科擧累人, 自是人累科擧. 若高見遠識之士, 讀聖賢之書, 據吾所見而爲文以應之, 得失利害置之度外, 雖日日應擧, 亦不累也."

48 『朱子語類』 13-155, "若志立, 則無處無工夫, 而何貧賤患難與夫夷狄之間哉."

49 『朱子語類』 13-154, "以科擧爲爲親, 而不爲爲己之學, 只是無志."

이라면 10일 동안 과거의 일을 하고 20일 동안 학문을 닦는다. 만일 전자(과거)에 의해서 뜻을 잃는다면 다시는 치료할 곳이 없다.[50]

선비들은 과거와 독서의 두 가지 일 중 어느 것이 가볍고 어느 것이 무거운지를 분별해야 한다. 가령 독서에 70%의 뜻이 있고, 과거에 30%의 뜻이 있다면 좋다. (그러나) 만일 과거가 70%이고 독서가 30%라고 한다면 장차 반드시 전자(과거)에 의해 눌리니, 하물며 이 뜻이 완전히 과거에 있다면 어찌하겠는가? …(중략)… 성인이 사람을 가르친 것은 위기(爲己)다.[51]

뜻을 늘 잃지 않되, 순수 학문과 과거공부는 7:3 정도의 비율을 갖추면 좋다고 주희는 본다. 만일 이 비율이 거꾸로 되거나, 뜻이 완전히 과거의 효용성에 매몰되는 경우는 과거공부[擧業]에 의해 인간의 본질적 삶이 파괴될 우려가 크다.

주희는 인간의 덕행을 구현하도록 하고 그런 사람을 뽑는 과거제도를 이상적으로 생각하고 있다. 이렇게 될 때 위기지학(爲己之學)과 과거응시가 조화될 수 있기 때문이다. 이러한 이상을 주희는 다음과 같이 소박하게 표현한다.

성현의 천 가지 만 가지 말은 단지 사람으로 하여금 사람되라는 것일 뿐이다. 옛 과거(科擧)의 풍습은 일찍이 효제충신을 말하지 않음이 없는데, 다만 (일상에서의) 쓰임이 잘못됐을 뿐이다. (과거에) 응시하되 몸에 돌이키면 일상생활에서 드러나니 그러면 편안하다.[52]

주희는 고지식한 원칙론자가 아니었다. 인간 본성의 실현이라는 이상을 고집스럽게 관철하고자 하면서도, 동시에 현실을 무시하지 않았다. 이상과 현실, 천리와 자연스런 인간의 욕구를 적절하게 조화시켜 내고자 했다. 과거공부에 대한 주희의 견해는, 인간이 자기 본성 실현이라는 이상을 잃지 않으면서도 세속적 현실에 조화롭게 참여할 수

50 『朱子語類』 13-153, "問: 科擧之業妨功. 曰: 程先生有言: '不恐妨功, 惟恐奪志.' 若一月之間著十日事擧業, 亦有二十日修學. 若被他移了志, 則更無醫處矣."

51 『朱子語類』 13-141, "士人先要分別科擧與讀書兩件, 孰輕孰重. 若讀書上有七分志, 科擧上有三分, 猶自可; 若科擧七分, 讀書三分, 將來必被他勝卻, 況此志全是科擧? 所以到老全使不著, 蓋不關爲己也. 聖人教人, 只是爲己."

52 『朱子語類』 13-142, "聖賢千言萬語, 只是教人做人而已. 前日科擧之習, 蓋未嘗不談孝弟忠信, 但用之非爾. 若擧而反之於身, 見於日用, 則安矣."

있는 하나의 단서를 보여 준다.

그런데 당시 학인들 중에는 과거공부를 아예 떠나서 위기지학에 매진하고자 하는 이들도 있었을 것이다. 주희는 이에 대해 진정으로 리를 이해할 수 있다면 어렵지 않은 선택이 될 수 있다고 한다.

> 요즘 사람들이 과거에 응시하지 않는다고 말하면서 하늘의 큰일을 받들듯 하지만, 내가 보건대 마음에서 도리를 이해하게 되면 조만간 저쪽은 저절로 중요하지 않게 된다. 어찌 된 것인지 모르겠지만 허다한 부귀와 영달이 모두 가벼워진다.[53]

주희가 관찰하기에 위기지학을 명분으로 과거에 응시하지 않기로 한 이들이 마치 하늘의 큰일을 받든 듯 하는 모습을 한다. 그런데 주희의 눈에는 과장된 모습이다. 리를 제대로 체화한다면 과거합격이나 부귀영달은 저절로 가볍게 여겨지기 때문이다. 주희 자신의 체험에서 나온 생각이다.

그렇지만 이렇게 말하는 주희도 이를 일반화하기 어렵다는 것을 안다. 더욱이 과거시험 합격은 많은 이에게 생존의 문제임을 안다. 이상만을 추구할 수는 없는 문제다. 이런 상황에서 주희는 위기지학과 과거공부를 조화할 수 있는 여러 가지 해법을 이와 같이 내놓는다. 궁색한 듯 보이지만 절실함이 묻어나는 고민의 흔적이다.

5. 공리(功利) 중심의 교육문화에 대한 공부론적 비판: 진량(陳亮)과의 논쟁

주희가 살았던 남송시대는 유학의 새로운 흐름이 여러 방향에서 실험되었다. 그중의 대표적인 흐름은 주희를 중심으로 한 도학(道學)이었고 주희가 도학을 중심으로 해서 꽃피운 교육문화는 후에 수백 년간 가장 보편적인 형식이 된다. 이런 역사 전개로 인해 후세 사람들은 주희의 도학이 그의 살아생전에 등장할 때부터 이미 절대적인 힘을 발휘했을 것 같은 착각에 빠지기도 한다. 그러나 주지하듯이 그렇지 않다. 오히려 주희의 도

---

53 『朱子語類』 13-151, "如今人纔說不赴擧, 便把做掀天底大事. 某看來, 才著心去理會道理, 少間於那邊便自沒緊要. 不知是如何, 看許多富貴榮達都自輕了."

학은 위학(僞學)으로 낙인찍혀 금지당하기도 하고, 늘 경쟁적이며 위협적인 여타의 사상들에 둘러싸여 있었다. 그 사상 중에는 불교와 도가 같은 유교 밖의 것들도 있었고 유교 안의 것들도 있었다. 유교 안의 사상들 중에는 무엇보다 주희가 불교적 경향성을 띤 사상으로 판단하며 견제하고 넘어서고자 한 육학(陸學; 육구연 혹은 육구연 형제의 학문)이 있었다. 그런데 주희가 보기에 육학과는 비교가 안 될 정도로 위험한 흐름이 유교 안에 있었으니 그것은 일종의 '공리주의(功利主義)'라고 부를 수 있는, 절동 지역의 학자들이 주축이 된 사공학(事功學)이었다.[54]

> 강서(江西)의 학(學; 陸學, 象山學)은 단지 선(禪)이지만, 절학(浙學; 浙東의 學, 事功學)은 오히려 오로지 공리(功利)다. 선학(禪學)은 후에 공부하는 자들이 줄곧 찾아 헤매다가, 더 이상 모색할 수 없으면 자연히 (바른 곳으로) 돌아갈 수 있다. (그러나) 공리(功利)의 경우 공부하는 자가 그것을 익히게 되면 효험을 볼 수 있으니 이 입장이 심히 우려할 만하다.[55]
>
> 육씨의 학문은 치우치기는 했지만 그래도 이것은 사람을 만들어 가고자 한다. 그러나 영가(永嘉; 엽적이나 진부량)나 영강(永康; 진량)의 설들은 도대체 학문이 될 수 없으니 어찌 이렇게 하는지 알 수가 없다.[56]

절동(浙東) 지역 학자들을 중심으로 형성된 사공학파(事功學派)는 도학파(道學派)—주자학과 육학—와 더불어 당시의 학계를 지배했다.[57] 그만큼 사공학파의 교육적 영향력도 컸다. 주희는 자신이 매우 경계하는 육학(陸學)과도 비교하면서 그 위험성을 지적한다. 주희에 의하면, 육학은 선(禪)으로 빠질 우려가 있어 문제지만, 사람들이 처음에는 육학을 찾더라도 방법적 한계에 부딪히게 되면 자연히 방향을 바로잡을 수도 있다. 사람을 만들고자 하는 도학적 지향이 굳건하다면 결국에는 가장 적절한 방법을 찾아오게 된다는 것이다. 그런데 사공학은 다르다. 공리(功利)라는 눈앞의 현실적 효용성을 무기

---

54 진량(陳亮), 섭적(葉適), 진부량(陳傅良), 설계선(薛季宣) 등으로 대표되며, 이들의 학문은 '절학(折學)' 혹은 '사공학(事功學)'으로 표현된다.

55 『朱子語類』 123-27, "江西之學只是禪, 浙學卻專是功利. 禪學後來學者摸索一上, 無可摸索, 自會轉去. 若功利, 則學者習之, 便可見效, 此意甚可憂?"

56 『朱子語類』 122-42, "陸氏之學問雖是偏, 尙是要去做箇人. 若永嘉永康之說, 大不成學問, 不知何故如此."

57 정순목, 앞의 책, 67쪽.

로 하고 있어, 사람들이 한번 빠지면 건잡을 수 없게 된다. 그것이 사람을 만드는 학문과는 전혀 관계가 없어도 말이다. 주희가 관찰하기에 그 결과가 다음과 같이 나타난다.

> 진동부(진량)의 학문은 이미 유행하여 (육구연의) 강서에까지 이르고 절강 사람들이 믿고 향함은 이미 상당하다. 집집마다 왕패(王霸)를 논하되 소하(蘇何)나 장량(張良)은 말하지 않고 왕맹(王猛)만 말하며, 공맹(孔孟)은 말하지 않고 문중자(文中子)만 말한다. 두렵구나 두렵구나.[58]

주희에게 절학(浙學)은 도학적 교육문화를 망치는 주범으로 필히 극복하지 않으면 안 되었다. 그렇다면 절학의 입장은 무엇인가? 절학의 대표주자이며 주희와 왕패(王霸) 논쟁을 벌이기도 했던 진량(陳亮)의 주장을 중심으로 검토해 본다.

불교와 분명히 선을 그으며 유교의 정체성을 지키고자 하는 주희의 지향점은 진량도 공유한다.[59] 그러면서도 유교 역사 속의 도의 전개에 대한 인식, 즉 도통(道統)의 인식에 있어서는 분명한 차이를 보인다.

> 태초에 성현들이 연이어 일어나 도통(道統)이 날로 닦이고 밝아졌다. 비록 때에 따라 치세와 난세[治亂]가 있었지만 도는 하루라도 천하에 있지 않은 적이 없다. (그렇지 않다면) 전국과 진한대 이래 천오백 년 동안 이 도는 어디에 있었는가? 어떤 한 사람이라도 그 작용을 아는 이 없고 성현 역시 일어나지 않고서 천하가 곧 인간의 지력에 의존하여 유지되어 왔다면, 도는 마침내 전해지지 않는 신비한 물건이 되고 만다. (그렇다면) 유자들은 대체 어디에서 그 도를 얻어 자신들을 높이고 천하에 홀

---

58 『朱子語類』 123-21, "陳同父學已行到江西, 折人信向已多. 家家談王伯, 不說蘇何張良, 只說王猛, 不說孔孟, 只說文中子. 可畏, 可畏."

59 『陳亮集』 卷27, 319쪽, 「與應仲實」, "유교와 불교의 도는 판연히 두 가지로 나뉘니, 이것이 옳으면 저것이 그르고 이것이 그르면 저것이 옳게 된다. 불교에 빠진 사람은 곧장 말한다. '그 도는 우리 유가가 미칠 수 없다.' 아니면 또 말한다. '그 정미한 곳에서는 서로 아무런 틈이 없이 완전히 합한다.' 고명한 선비들도 비슷하게 말한다. '유교와 불교의 깊은 곳에서는 그 차이가 극히 작을 뿐이다.' 이는 세상이 (불교에) 빠지고도 스스로 알지 못한 것을 거론한 것이다. …(중략)… 비록 세상의 고명한 선비라 일컬어지는 이들도 왕왕 그 가운데에 빠져서 스스로 나올 줄 모른다. 그것이 사람의 마음에 해가 됨은 전국시대의 양주나 묵적(의 해)에 그치지 않는다[儒釋之道, 判然兩塗, 此是而彼非, 此非而彼是. 而溺於佛者, 直曰 '其道有吾儒所未及者', 否亦曰, '其精微處脗合無間', 而高明之士猶曰, '儒釋深處, 所差秒忽爾'. 此擧世所以溺焉而不自知. …(중략)… 雖世之所謂高明之士, 往往溺於其中而不能以自出. 其爲人心之害, 何止於戰國之楊墨也]."

로 설 수 있다는 말인가?[60]

주희에 의하면 도통은 공맹 이후 단절되었다가 북송대에 다시 밝아졌다. 그러나 진량에 의하면, 도통은 전국과 진한대 이후에도 끊이지 않았다. 만일 사라졌다면 천오백 년 동안 도는 어디에 있었는가라고 반문한다. 분명 한당대에도 도를 이해하는 사람이 있었고 성현이 일어났다. 여기서 진량이 도가 사라지지 않았다고 보는 근거는 천하 질서의 지속으로 보인다. 국가의 근간인 제도문물이 살아 있었고 어떤 부분은 상당한 정비를 이루었다. 도를 이해하는 자가 전혀 없었다면 이런 결과는 없었을 것이라고 진량은 이해한다.

이쯤에서 도의 의미에 대한 진량과 주희의 이해 사이에 근본적인 차이가 있음을 엿보게 된다. 주희의 경우 도의 핵심이 심법(心法)이라면, 진량의 경우는 제도문물(制度文物)이다. 경세를 중시하는 유자로서의 주희에게도 제도문물은 중요하지만 그것은 필히 심법이 그 근간을 이루며 리에 맞게 창출된 것이어야 한다. 주희에게는 어디까지나 천리와 이를 구현하는 심법이 판단의 잣대다. 한편, 진량의 경우 그 실체와 효용성이 애매한 심법보다는 겉으로 드러난 제도문물의 성과를 도의 여부를 판단하는 요건으로 봐야 한다는 입장이다. 이런 진량의 시각은 송대의 상황에 대한 평가에 있어서도 주희와 다르다.

> 본 왕조[송]는 유교의 도로 천하를 다스리고 격률(格律; 법과 규정)로써 천하를 지켜왔습니다. 그래서 천하 사람들은 경의(經義)가 항상된 법도[常程]라는 것과 과거(科擧)가 바른 길이라는 것을 압니다. 법은 그 사적인 것을 자의적으로 의논하지 않고, 사람은 그 지혜를 자의적으로 쓰지 않으니 이백 년간의 태평성대가 이로부터 나왔습니다. (그러나 이제) 환난과 변고의 때에 이르렀는데도 서생(書生)의 지혜라는 것이 의논(議論)을 마땅히 바르게 해야 함은 아는데 사공(事功)이 어떤 물건인지는 모르고, 절의(節義)를 마땅히 지켜야 한다는 것은 알지만 형세(形勢)가 어떻게 작용하는지를 모르면서, 문장과 법도의 가운데서 구부정하게 돌고 돌뿐 한 사람도 스스로 떨쳐 일어나는 이가 없습니다.[61]

60 『陳亮集』 卷36, 484쪽, 「錢叔因墓碣銘」, "洪荒之初, 聖賢繼作, 道統日以修明, 雖時有治亂, 而無道一日不在天下也. 而戰國秦漢以來, 千五百年之間, 此道安在? 而無一人能識其用, 聖賢亦不作, 天下乃賴人之智力以維持, 而道遂爲不傳之妙物, 儒者又何從而得之, 以尊其身而獨立於天下?"

61 『陳亮集』 卷1, 20쪽, 「戊申再上孝宗皇帝書」, "本朝以儒道治天下, 以格律守天下, 而天下之人知格義之爲常程, 科擧之爲正路, 法不得以自議其私, 人不得以自用其智, 而二百年之太平由此而出也. 至於艱

학문과 과거제도, 그리고 법률의 정비로 천하가 다스려진 것이 송대 도의 구현의 요체라는 이해가 드러난다. 이런 이해 속에서는 나라에 환난과 변고가 생기면 도를 추구하는 유자들이라면 사공에 힘써야 할 것인데 수동적으로 문장이나 익히고 규범이나 지키는 수준에서 머물지 적극적으로 현실 타개 관심이나 능력을 보여 주지 못한다. 이런 유자들을 진량은 서생(書生)이라 칭하며 비판한다.

> 오늘날의 유사(儒士)들은 스스로 정심성의(正心誠意)를 하는 학자로 여기지만 모두 중풍마비에 걸렸으되 통증과 가려움증을 모릅니다. 일세를 거쳐 임금과 아버지의 원수에 대해 편안하게 여긴 채 머리를 숙이고 두 손을 맞잡고서 성명(性命)을 말하니 무엇을 일컬어 성명이라 하는지 알 수가 없습니다.[62]

마치 주희가 이끄는 도학자들을 겨냥한 비난인 듯 보인다. 현실적으로 당면한 과제는 외면하고 이해도 못한 채 성명(性命)을 논하고 정심성의(正心誠意)를 논하는, 즉 심법(心法) 같은 주제에만 몰입된 듯한 교육문화 및 학문문화는 진량의 눈에 비친 주희의 도학 공동체의 모습이었을 것이다. 물론 이 비판은 수기치인, 격물치지성의정심의 공부론적 규모와 비전을 갖춘, 내외, 동정, 정조를 아울러 살피고 다스리며 수신만이 아니라 경세 문제도 균형 있게 풀어 가고자 하는 학문적 비전을 갖춘 주희의 입장에서는 받아들이기 어려운 것일 수도 있다. 주희는 실제로 진량이 언급한 바의 경의(經義), 과거, 나아가 학교, 예법, 사창 등 교육적·학문적·경제적 제도를 구축해 가는 데 결정적 기여를 했다. 그럼에도 불구하고 주희 등의 도학 공동체에서 공부하는 학인들은 대체로 경전 공부나 심법 공부에 몰두한 모습이었을 것이고, 특히 나라의 형세가 위태로운데 별 관심 및 대응, 대책이 없다면 진량과 같은 시각에서의 비판이 가능할 것이다.

그런데 앞의 인용문에 보이듯 진량이 현실적 과제로 꼽는 것은 임금과 어버이의 원수와 대적하는 일, 즉 금나라를 물리치고 국가 안녕을 유지하는 일이다. 다분히 애국주의적·민족주의적 신념을 깔고 있는 현실 인식이다. 자신이 속한 나라의 이익을 지키고 제도문물을 정비하는 게 진량의 현실주의의 핵심 관심사다. '서생'에 대한 진량의 주요 불

難變故之際, 書生知議論之當正, 而不知事功之爲何物, 知節義之當守, 而不知形勢之爲何用. 宛轉於文法之中, 而無一人能自拔者."

62 『陳亮集』 卷1, 8쪽, 「上孝宗皇帝第一書」, "始悟今世之儒士自以爲得正心誠意之學者, 皆風痺不知痛痒之人也. 擧一世安于君父之讎, 而方低頭拱手以談性命, 不知何者謂之性命乎."

만은 '한족(漢族)'의 국가 안위를 염려하는 마음으로부터 나온 것이기도 하다.

진량의 이런 관점은, 내가 속한 나라의 이익 이전에 인간사회라면 널리 통용될 수 있는 보편 가치의 구현, 문명다운 문명의 건설이라는 과제에 주목하는 주희의 시선과는 차이를 보인다. 주희의 관점에서는 내가 속한 나라라고 해도 문명국가로서의 의로움의 길에 위배되는 나라의 이익 추구는 문제가 있다. 주희는 좁은 의미의 애국주의, 민족주의 관점이 아니라 성인으로부터 비롯된 보편적 문명 사회적 가치의 관점을 기준으로 판단한다. 주희는 수신제가를 넘어 치국평천하의 비전을 가지고 나라와 천하(세계)의 안녕을 책임지는 지도자의 교육적 양성에 심혈을 기울인다. 그런데 그 나라와 천하는 심법을 근간으로 문명이 펼쳐지는 공간이지, 그저 원칙 없이 이익을 추구하는 공간이 아니다. 나라와 천하를 판단하는 데도 리의 세계관이 작동하는 것이다. 특히 나라를 이끄는 왕이 어떤 동기와 철학을 갖고 나라 운영을 펼치는가가 주희에게 있어서 중요하다. 최고의 이상은 당연히 도통의 핵심인 심법이다.

주희의 리(理)의 세계관에 대해 공리(功利)의 세계관의 특징으로 한다고도 할 수 있는 진량의 시각은 무엇보다 그 자신이 자율적으로 수행한 역사공부 및 인식을 배경으로 하고 있다.

> 신은 재능이 없지만 어려서부터 사방을 떠돌아다니는 뜻을 가지고 천하의 호걸지사(豪傑之士)를 찾아서 그들과 오늘날의 큰 전망에 대해 함께 논의하고자 했습니다. 일찍이 자주 도읍으로 가서 숲처럼 모여든 사람들을 만났는데 그들의 의론이 모두 사람의 뜻을 일으키기에 부족했습니다. 신은 이로써 폐하의 크게 이루려는 뜻이 외롭다는 사실을 이해할 수 있었습니다. 신묘와 임진 연간에 비로소 물러나 천지조화의 처음을 궁구하고 고금의 연혁의 변화를 고찰하며 황제의 왕패의 도를 극한까지 추리했습니다. (그리하여) 한(漢) 위(魏) 진(晉) 당(唐)의 장단점의 연유를 터득했으니, 하늘과 인간의 사이에서 밝고 밝게 고찰해서 알 수 있었습니다.[63]

진량은 나라의 큰 전망에 대한 식견을 갖고자 하는 포부를 가지고 시행착오를 거치며 탐색한 결과 스스로 자신할 만한 통찰에 이르렀다. 핵심은 왕패(王霸)의 도를 발견했다

---

63 『陳亮集』 卷1, 9쪽, 「上孝宗皇帝第一書」, "臣不佞, 自少有驅馳四方之志, 常欲求天下豪杰之士而與之論今日之大計. 蓋嘗数至行都, 而人物如林, 其論皆不足以起人意, 臣是以知陛下大有爲之志孤矣. 辛卯壬辰之間, 始退而窮天地造化之初, 考古今沿革之變, 以推極皇帝王伯之道, 而得漢魏晉唐長短之由. 天人之際, 昭昭然可察而知也."

는 것인데, 방법적으로는 천지조화의 근간에 대한 철학적 궁구, 그리고 고금 연혁의 변화에 대해 한대에서 당대에 이르는 왕조의 장단점을 중심으로 한 역사적 검토 두 방향을 거론한다. 핵심은 후자로서 진량의 철학적 시각은 역사 이해를 배경으로 한다. 주희에 의하면 진량을 비롯한 절학(浙學)의 기반은 사마담(司馬談), 사마천(司馬遷)의 역사학의 관점이다.[64] 이에 진량은 역사공부를 무엇보다 중시하고 근간으로 하고서 유학의 본질 및 나아가야 길에 대한 통찰을 했다. 진량의 이러한 접근은, 역사공부 이전에 경서공부를 통해 철학적 기반을 확립하는 일을 필수적으로 삼은, 경전을 통한 우주 본체와 인간 본성에 대한 철학적 이해를 확고히 다진 후에 역사공부로 나아가야 혼란과 위험에 빠지지 않는다고 보고 그렇게 공부의 순서를 설정한 주희의 교육적 입장과는 크게 다르다.[65]

진량의 역사적 이해, 나아가 역사를 통한 유학 본질의 이해의 본질이 특히 잘 드러나는 부분이 그의 왕패론(王霸論)이다. 왕패론을 둘러싸고 진량과 주희는 논쟁을 벌인다. 양자의 역사 이해만이 아니라 철학적, 교육적 입장의 차이를 확인할 수 있는 부분이다.

맹자는 나라를 세우되, 힘으로 인을 빌린 자를 패(霸)라 하고 덕행으로 인을 행하는 자를 왕(王)이라 하여[66] 양자를 구분한다. 또 순자는 "나라를 운용하는 자는 의로움이 서면 왕(王)이요, 믿음이 서면 패(霸)요, 권모술수가 서면 망(亡)이라 한다."[67]고 한다. 맹자는 패(霸)에 대해 인(仁)으로 꾸미되 주로 힘에 의존한다는 부정적인 의미를 가미한 반면, 순자는 왕(王)과 패(霸)와 망(亡) 세 등급으로 나누어 패를 왕과 망의 사이에 위치 지운다. 주희, 그리고 신유학계 일반에서는 이 중에 왕도만을 인정하고 패도는 경계한다. 천리와 인욕의 관점에서 인욕에 스며든 패도라면 인정할 수 없다는 입장이다. 반면에 진량은 패도도 용인하며 역사를 봐야 한다고 주장한다. 나라의 제도를 크게 확립하고 그

---

64 『朱子語類』 122-41, "절강의 학자들은 『사기(史記)』를 추존하며, 황노(黃老)를 앞세우고 육경(六經)을 뒤에 둔다. 이는 그대로 태사담(太史談)의 학문이다[浙間學者推尊史記, 以爲先黃老, 後六經, 此自是太史談之學]." 여기서 태사담은 사마천(司馬遷)의 아버지, 사마담(司馬談)를 칭한다. 사마천 『사기』의 출발점은 부친 사마담의 학문이었다. 절동학의 뿌리는 사마담, 사마천의 역사학이라는 게 주희의 인식이다.

65 이에 대해서는 제9장에서 다룬 주희의 독서론 참조.

66 『孟子集註』, 「公孫丑」(上), "孟子曰, 以力假仁者霸, 霸必有大國, 以德行仁者王. 王不待大, 湯以七十里, 文王以百里, 以力服人者 非心服也 力不贍也 以德服人者 中心悅而誠服也. 如七十子之服孔子也 詩云自西自東 自南自北 無思不服 此之謂也."

67 『荀子』「王霸」, "故用國者, 義立而王, 信立而霸, 權謀立而亡. 三者明主之所謹擇也, 仁人之所務白也."

로 인해 백성들이 혜택을 보았다면 설령 그 자에게 인욕이 섞여 있었다고 하더라도 그 공적은 공적대로 인정해 주어야 한다고 보는 것이다. 공자도 이미 이런 입장을 보였다는 것이 진량의 입장이다.

즉, 진량은 공자가 관중에 대해 환공이 여러 제후를 모아 연맹을 맺을 때 무력을 쓰지 않는 관중은 인(仁)과 같다고 평한 것을 주목한다.[68] 당시 유자들이 오패에 대한 칭송을 꺼리고 또 맹자도 패를 힘으로 인을 빌리는 자라고 하여 부정적 평을 하고 있는데 정작 공자는 칭찬했다는 사실을 끄집어낸다. 나라를 세우고 운영하는 데 뚜렷한 결과를 보여주었다면 그의 덕행 여부를 불문하고 공적을 인정해야 한다는 것이다. 이 논리로 진량은 한고조와 당태종의 역사적 역할을 변호한다.[69]

> 저는 크게 보아 본령(本領)이 웅대하고 공부(工夫)가 지극히 이루어지면 삼대(三代)의 사업을 행할 수 있고, 본령은 있되 공부가 없으면 단지 한당(漢唐)의 사업을 행할 수 있다고 생각합니다. 그러나 비서(祕書; 주희의 직책)께서는 한당은 결코 본령이 없이 단지 우연히 도에 암합(暗合)하여 공업(功業)을 성취했으나 사실은 이욕(利欲) 속에서 행해진 것이라고 말씀하십니다.[70]

여기서 진량이 본령이라고 하는 것은 나라의 제도적 기틀일 것이고, 공부라고 한 것은 삼대 이래 전해졌다고 하는 심법(心法)으로 보아도 무방할 것이다. 양자가 모두 있으면 삼대의 업적일 것인데, 한대의 경우 공부는 없어도 본령이 있기에 긍정적 평가가 있어야 한다고 진량은 주장한다. 그러면서 주희가 한당대를 본령 없이 우연히 공업(功業)을 이룬 것이라고 하며 이욕(利欲)이 깔려 있다고 평한 것[71]에 불만을 갖는다. 여기에 이

---

68 『陳亮集』 卷20, 「又乙巳春書之二」.

69 『陳亮集』 卷20, 「又甲辰秋書」.

70 『陳亮集』 卷20, 「又乙巳秋書」, "亮大意以爲本領廣闊, 工夫至到, 便做得三代, 有本領無工夫, 只做得漢唐. 而祕書必爲漢唐竝無些子本領, 只是頭出頭沒, 偶有暗合處, 便得功業成就, 其實則是利欲場中走."

71 『朱熹集』 卷36, 1602쪽, 「答陳同甫」, "옛 성현들은 근본으로부터 유정유일의 공부가 있었기 때문에 그 중을 잡고 철두철미하게 선을 다하지 않는 바가 없었습니다. 후에 나온 이른바 영웅들은 일찍이 이 공부가 있지 않은 채로 이욕의 장에서 출몰하다가, 그 자질이 좋은 자는 (도에) 암합하여 분수의 다소에 따라 (공을) 세운 바가 있습니다. 그런데 혹 중이기도 하고 혹 그렇지 않기도 하지만 선을 지극히 할 수 없었던 것은 한 가지입니다[但古之聖賢從本根上便有惟精惟一功夫, 所以能執其中, 徹頭徹尾, 無不盡善. 後來所謂英雄, 則未嘗有此功夫, 但在利欲場中頭出頭沒, 其資美者乃能有所暗合而隨其分數之多少以有所立. 然其或中或否, 不能盡善則一而已]."

르면 왕·패의 문제는 천리·인욕의 문제로 이어진다.

> 왕도와 패도[王霸]를 섞어 쓸 수 있다면 천리와 인욕도 병행할 수 있을 것입니다. 제가 이렇게 누누이 말하는 것은 한 조항의 길을 다시 첨가하려는 것이 아니라 대중(大中)을 개척하고 아득한 곳을 밝혀서 비서(祕書; 주희의 직책)의 정학(正學)에 보태려는 것입니다. 어찌 이설(異說) 만들기를 좋아하여 비서(주희)의 밖으로 벗어나기를 구하는 것이겠습니까?[72]

진량은 왕도(王道)와 패도(霸道)를 함께 용인해야 한다는 입장과 함께, 같은 논리에서 천리(天理)와 인욕(人欲)도 함께 용인할 수 있어야 한다는 주장에 이른다. 인욕에 관용적인 사유는 주희의 학문을 넓게 하는 데도 도움이 될 것이라고 한다.

이에 대한 주희의 태도는 단호하다. 성인의 '존천리거인욕(存天理去人欲)'의 입장을 철저히 견지하면서[73] "한고제(漢高帝)는 사의(私意)가 아주 많지는 않아도 없지 않고, 당태종(唐太宗)은 어떤 한 생각도 인욕(人欲)에서 나오지 않은 게 없었던"[74] 사람이기에 양자의 업적은 평가될 수 없다는 것이다. 그리고 그 천리인욕은 고금에 걸친 왕패의 행적에서 구할 것이 아니라 일하는 자의 마음속에서 천리와 인욕의 추이가 어떠했는지를 궁극적 기준으로 삼아야 한다는 것이다.[75] 통치자는 이 원칙을 반드시 지켜야 하고 천리와 인욕의 구분은 공부의 성숙에 따라 선명하게 드러나고 용기 있게 발현될 수 있다.

---

72 『陳亮集』 卷20, 295쪽, 「又丙午秋書」, "王霸可以雜用, 則天理人欲可以竝行矣. 亮所以爲縷縷者, 不欲更添一條路, 所以開拓大中, 張皇幽眇而助秘書之正學也, 豈好爲異說而求出於秘書之外乎?"

73 『朱熹集』 卷36, 1598쪽, 「答陳同甫」, "대개 천리와 인욕의 병행은 혹 단절되기도 하고 혹 이어지기도 하는데 그 본연의 묘를 논하면 오직 천리가 있으면 인욕은 없으니 이로써 성인의 가르침은 필히 인욕을 완전히 제거하고 천리를 다시 온전하게 하고자 하는 것이다[蓋天理人欲之並行, 其或斷或續, 固宜如此, 至若論其本然之妙, 則惟有天理而無人欲, 是以聖人之教必欲其盡去人欲而復全天理也]."

74 『朱熹集』 卷36, 1592쪽, 「答陳同甫」, "老兄視漢高帝唐太宗之所爲, 而察其心果出於義耶? 出於利耶? 出於邪耶? 正耶? 若高帝, 則私意分數猶未甚熾, 然已不可謂之無. 太宗之心, 則吾恐其無一念之不出於人欲也. 直以其能假仁借義以行其私."

75 『朱熹集』 卷36, 1591쪽, 「答陳同甫」, "일찍이 천리와 인욕 이 두 글자를 반드시 고금의 왕패의 행적에서 구할 필요가 없고 오히려 내 마음의 의(義)와 이(利), 사(邪)와 정(正) 간에 구해야 한다고 생각합니다. 그것을 살피는 것이 더욱 정밀해질수록 그 보는 것이 더욱 밝아질 것이며, 그것을 지키는 것이 엄정할수록 그 발하는 것이 더욱 용감해질 것입니다[嘗謂天理人欲二字, 不必求之於古今王伯之迹, 但反之於吾心義利邪正之間, 察之愈密, 則其見之愈明; 持之愈嚴, 則其發之愈勇]."

> 만약 그들이 국가를 건립하고 오랫동안 후세에 전했다는 것으로써 그들이 천리의 바름을 얻었다고 말한다면 이는 곧 성패(成敗)로써 시비(是非)를 논하는 것으로써 단지 포획한 새가 많은 것만을 취하고 그 속임수가 옳음에서 나오지 않음을 부끄러워하지 않는 것입니다. 천오백 년간을 이와 같이 앉아 있으니 다만 새는 틈을 막고 보수하며 세월을 보낸 것입니다. 이 사이에 비록 소강(小康)의 순간이 없지 않았겠지만 요, 순, 삼왕, 주공, 공자가 전한 바의 도는 일찍이 하루라도 천지 사이에 행해지지 않았습니다.[76]

요컨대 주희는 진량이 시비(是非) 판단의 근거를 사공(事功)의 성패(成敗)에 두고 있음을 지적한다. 이에 대해 주희는 시비(是非)의 평가가 사공의 결과보다는 그 사공을 행하는 의도와 방법이 리(理)에 합당한가의 여부로 따져야 한다고 생각한다. 아무리 좋은 결과를 얻었다고 해도, 예를 들면 오랜 기간 한 국가의 역사를 유지했다고 하더라도 그 과정이 리(理)에 어긋났다면, 그것은 옳지 않다. 결과보다 중요한 것이 동기이며 과정이다. 나아가 그 동기와 과정의 판단 준거는 그것이 리를 지향하는가의 여부, 천리로서의 인간의 본성 실현을 지향하는가의 여부다. 이런 관점의 차이는 독서를 비롯한 공부문화에 그대로 반영된다.

> 진동부(진량)가 책을 읽는 것은 비유하자면 사람이 도둑의 취조서[公案]를 보는 것과 같다. (사람들이 그것을) 보았다면 반드시 그의 죄를 심판하고 그가 다시는 그런 짓을 못하도록 금지하고 억제해야 한다. 그런데 그(진량)는 오히려 그의 죄를 심판해서 금지하고 억제하려 하지 않고 다만 도둑질하는 많은 방법을 이해하고 그것을 배워서 행하려 한다."[77]

도둑에 대한 취조서를 보고 어떤 이는 그 죄를 심판하고 재발을 막을 방법을 찾고, 어떤 이는 도둑질하는 방법에 대해 배우고 실행한다. 주희의 비유로 전자가 주희 자신의 독서법이고 후자가 진량의 독서법이다. 주희의 이 극단적 대비는 주희가 염려하는 바의 진량식의 공부문화가 가져올 부정적 결과가 무엇일지를 보여 준다. 역사적 전개에 대한

---

76 『朱熹集』 卷36, 1592쪽, 「答陳同甫」, "若以其能建立國家, 傳世久遠, 便謂其得天理之正, 此正是以成敗論是非, 但取其獲禽之多而不羞其詭遇之不出於正也. 千五百年之間, 正坐如此, 所以只是架漏牽補, 過了時日. 其間雖或不無小康, 而堯舜三王周公孔子所傳之道, 未嘗一日得行於天地之間也."

77 『朱子語類』 123-19, "陳同父讀書, 譬如人看劫盜公案, 看了, 須要斷得他罪, 及防備禁制他, 教做不得. 它卻不要斷他罪, 及防備禁制他; 只要理會得許多做劫盜底道理, 待學他做?"

책을 보면서도 역사를 통해 천리와 인욕이 어떻게 발현되었으며 앞으로 천리를 어떻게 실현할 것인가에 대해 고민하도록 이끌어야 하는데, 진량의 경우 역사공부를 통해 인욕을 채우는 방법을 배우는 데 주안점을 둔다는 것이다. 주희의 독서법에 의하면 이는 사서와 같은 철학 경전을 통해 우주의 본체나 인간의 본성, 문명의 제도적 근간을 익히지 않은 채로, 본능적으로 갖추어진 이욕적 본능에 근거하여 역사의 사공적 득실을 보면서 나타난 문제다.

의(義)와 이(利; 利慾)를 보는 현대적 관점 일반은 진량의 편에 가까울 수 있다. 주희의 도학적 지향은 인간의 욕망을 너무 좁은 틀에 가두는 경직된 모습으로 느껴지기도 한다. 주희는 심지어 자신의 평생 도학의 벗이며 『근사록』을 함께 편찬한 여조겸에 대해서 너무 역사학에 치우쳐 도학의 기본 개념에 엄밀하지 못하다는 점을 못마땅해하고, 나아가 여조겸이 절동의 학인들에 따끔한 조언으로 방향을 잡아 주지 않는 것에 대해 불만을 표시하기도 한다. 그만큼 주희는 순수한 도학적 관점을 철저하게 관철해 내고자 한다. 그런데 주희는 왜 이렇게 융통성이 없다고 느껴질 정도로 나아갈까?

무엇보다 제1장에서 고찰한 바의, (교육)문명사에 대한 주희의 도통적 관점 외에는 설명할 길이 없다. '인심도심정일집중의 심법' '소학대학의 교육론'을 근간으로 한 대중지정의 학문과 문명의 전통을 재구성하려는 주희의 입장에서, 사람들을 이끄는 교육의 방향은 무엇보다 중요한 문제였다. 사람들의 의식을 공허와 적멸로 이끌어 가기 쉬운 도불만큼이나, 이욕의 본능에 충실하도록 이끄는 공리주의는 매우 위험한 사상이었다. 어떤 면에서는 공리주의가 도불보다 더 위험할 수 있다. 불교나 도가 혹은 도불에 영향을 받은 육학(陸學)은 그래도 사람을 만들려는 목적이 있기에 어느 단계에서 자기 정화를 할 수 있다. 그러나 공리의 세계관은 한번 물들게 되면, 본능적 관성과 연계해서 걷잡을 수 없이 확산될 수밖에 없다. 처음에는 작은 차이에 불과하더라도 그 결과는 거대한 차이를 가져오고 문명의 성격을 바꿔 놓게 된다. 주희가 의(義)와 이(利), 천리(天理)와 인욕(人欲) 사이에서 적당히 타협하지 않았던 것은 주희의 도통적 감수성이 그만큼 예리하고 강했기 때문이다.

주희는 인간이라면 이(利)를 향한 욕망을 어느 정도 가질 수밖에 없음을 알고, 의(義)와 이(利), 심법(心法)과 제도(制度)의 조화라는 균형감도 가지고 있다. 그런데 그 이욕(利欲)은 의(義)나 천리(天理)를 구현하는 과정에서 자연스럽게 부수되는 것일 때 의미가 있고 용인된다. 의나 천리와 아예 관계가 없거나 그것을 가리는 형태로 표출되는 이욕이

가면 그것은 사람의 눈을 흐리는 위험 요소가 되고 만다. 처음에는 의와 이욕의 병행을 낙관하고 시작할지 모르지만, 대충 어설픈 조합만으로는 필히 문제를 일으키게 되니, 한번 원칙 없이 터진 이욕의 물꼬는 천리에 대한 감각을 흩어 놓을 것이기 때문이다. 도둑의 취조서를 보고서 죄를 묻는 방법이 아닌 도둑질하는 방법을 익히는 마음으로 전락하기 쉽다.

그런데 주희의 입장에서는 당시의 교육문화를 관찰할 때 이런 위험의 조짐이 있었고, 이에 불교나 도가를 막듯이 막아야 했다. 우선 존재의 본원과 인간의 본성을 이해하도록 이끄는 교육적 장치를 마련했다. 우리가 지금까지 살펴본 바의 우주론, 심성론, 공부론이 그 핵심이다. 이 교육론 및 공부론 체제에서는 역사나 문학 공부에 앞서 사서 등의 경전을 통해서 세계와 인간의 본연에 대한 철학적 이해를 다지는 일을 강조하고, 나아가 어린 시절에는 소학을 통해 근본을 함양하도록 이끄는 과정을 강조한다. 주희가 인간 본성 실현의 교육적 기초로 삼은 『소학(小學)』이 사공학(事功學)과의 대결을 통해서 이루어진 산물 중의 하나라는 견해도 있는데,[78] 이는 진량에 대한 주희의 논쟁에 무엇보다 교육적 초점이 깔려 있음을 보여 준다.

---

78 束景南, 앞의 책, 762쪽.

제9장

주희의 독서론(讀書論)과 독서교육

1. 논의의 방향

동서고금의 교육의 역사에서 독서(讀書)에 대한 의미 부여와 실천은 늘 지속되었다. 시대별로 독서의 내용과 형태는 변화했지만 독서를 통해서 지성과 덕성을 개발하려는 노력은 지속되어 왔다. 독서야말로 지성과 덕성을 포함한 인격 형성에서 가장 기본적이고 중요한 영역임을 교육의 역사와 우리의 삶의 경험은 잘 말해 준다. 과연 독서란 무엇인가, 독서공부, 독서교육은 어떠해야 하는가는 교육학적으로 풀어야 할 중요한 숙제다. 이 장에서는 이런 현대 독서교육의 과제도 염두에 두면서 주희의 독서론을 주목해 보고자 한다.

주희는 유학사상사 및 나아가 인류지성사에서 보기 드물게 독서의 의미와 방법에 대한 치밀한 사유의 흔적을 남겼다. 이는 독서법(讀書法)에 대한 『주자어류(朱子語類)』의 방대한 기록[1]에서도 단적으로 드러난다. 이 자료는 배움의 길에서의 독서의 존재이유 및 위상에 대한 철학적 해명에서부터 책을 실제로 읽어 가는 구체적인 방법에 이르기까지, 포괄성과 구체성을 겸비해서 독서의 문제를 논하고 있다. 서양의 해석학과 같은 인식론적 관심이 아닌, 인간의 생생한 배움과 성장에 관한 실천적 관심을 저변으로 하여 정리된 자료여서, 현대의 독서 및 독서교육의 거시적 철학만이 아니라 미시적 방법론을 숙고하는 데에 이르기까지 직접적인 시사점을 제공할 수 있을 것으로 보인다.

독서의 문제에 대한 주희의 지대한 관심은 곧 격물치지(格物致知) 문제에 대한 주희의 그것과 맞물려 있다. 주희에게서 격물치지는 인간형성의 문제를 다루는 공부론(工夫論)의 핵심 주제이며, 나아가 독서는 격물치지 공부의 주요 영역이다.[2] 즉, 인간 본성 실현을 지향점으로 하여 지 공부(知工夫)와 행 공부(行工夫)의 상호 요청과 발현—知行互

1 『朱子語類』 卷10의 「讀書法上」과 卷11의 「讀書法下」의 기록을 말한다. 유학사상사에서 독서의 문제를 이 정도로 정치하게 다루고 기록한 사례는 없다. 독서에 대한 단편적인 견해가 기록된 예들이 있을 뿐이다. 주희 및 그 제자들에 의해 정리된 독서법의 체계는 이후 유학자들의 독서생활에 있어 나침반의 역할을 했으며, 그 내용이 학규(學規)에 반영되는 방식으로 학교교육에도 큰 영향을 주었다.

2 『朱子語類』 10-48, "讀書是格物一事."

相發, 知行相須, 知行竝進 등의 표어로 요약되는—의 방법론을 갖춘 주희의 공부론에서, 지 공부의 대체는 격물치지 공부이며, 격물치지 공부의 핵심에 독서가 자리한다. 이와 같은 인식을 뒷받침할 수 있는 유력한 근거 중의 하나는, 『주자어류(朱子語類)』의 7권에서 13권에 걸쳐 '학(學)', 즉 '공부'의 문제를 논한 부분의 내용 편제다. 여기에서는 공부에 관한 총론(卷8, 「總論爲學之方」)에 이어서 공부의 방법론을 지행(知行)의 범주 틀로 제시한 후(卷9, 「論知行」), 지 공부와 행 공부 각각에 대한 논의로 이어 가는데, 지 공부의 내용으로서 독서법(讀書法)의 문제를 주로 다루고(卷1, 「讀書法上」; 卷11, 「讀書法下」), 행 공부의 내용으로서 마음과 몸을 다스리고 챙기며 진리를 힘써 실천하는, 경(敬)과 역행(力行)의 문제를 주로 다룬다(卷12, 持守; 卷13, 力行). 주희의 공부론에서 흔히 행 공부는 경론(敬論)을, 지 공부는 격물치지론(格物致知論)을 중심으로 설명되는데, 『주자어류』의 학론(學論)의 내용 편제는 지 공부로서의 격물치지 공부의 핵심이 독서라는 점을 분명히 드러내 주고 있다. 주희에게 직접 가르침을 받았던 후학들에 의해서 편집된 이러한 『주자어류』의 내용 구성이 이러하다면, 주희가 실제 교수 과정에서 독서를 지 공부 및 격물치지 공부의 주요 영역으로 삼아 제자들을 인도했음에 틀림없다.

결국, 주희 사상에서 '독서란 무엇인가?'라는 질문은, '격물치지 공부로서의 독서란 무엇인가?'라는 질문으로 대체될 때 그 답이 보다 풍부해질 수 있다. 특히 주희가 축적한 격물치지 공부에 대한 이론적 논의들은 격물치지 공부로서의 독서의 성격을 조망하는 데 중요한 기틀이 될 것이다. 그런데 이렇듯 독서론을 격물치지 공부와의 연계 속에서 밝히고자 할 때, 거기에는 늘 주희 공부론의 전체상이 고려될 필요가 있다. 그렇게 해야 인간형성을 위한 배움의 전 과정에서 독서의 위상과 역할이 더욱 분명하게 확인될 것이기 때문이다.[3]

이와 같은 이해를 배경으로 이 장에서는 우선 독서의 의미, 그리고 독서의 방법적 특성에 대해 그 격물치지적 성격을 중심으로 설명한다. 이 과정에서 독서론에 반영된 격물치지 공부의 특성도 자연스럽게 관조될 것이다. 나아가 말미에서는 현대 독서교육의

3 1990년대 후반 이래 25여 년이 지난 지금까지 주희의 독서론에 대한 여러 관점의 연구들이 제출되었고 각 연구들은 각 초점에 따른 정리로써 상호 보완적인 기여를 하고 있다(참고문헌 목록 참조). 다만 기존 연구 중 독서가 곧 격물치지 공부라는 점에 착안해서 그 공부론적 성격을 규명하는 시도는 찾아보기 어렵다. 필자의 주희 독서론 논의는 그의 공부론, 교육론의 전체적 구도 속에서 독서가 차지하는 위상과 의미를 밝히는 데 관심을 가지고 출발했고, 이에 따라 자연히 주희 독서론을 지 공부, 격물치지 공부 속에 위치 지우고 규명하게 되었다.

장에서 주희의 독서론이 어떠한 의미와 시사점을 갖는가에 대해서도 간단히 짚어 보게 될 것이다.

2. 독서의 의미: 격물치지 공부로서의 독서

1) 격물치지 공부에서 독서의 위상

독서의 문제를 격물치지적 관점에서 설명하고자 하는 논의의 출발점은 아무래도 양자의 관계, 그리고 격물치지 공부에서의 독서의 위상에 대한 주희의 입장을 분명하게 확인하는 일이 되어야 할 것이다. 격물치지의 개념을 전체적으로 설명하는 다음 자료[4]는 그 논의의 출발점으로 삼기에 적절하다.

> 대학(단계)에 진입하여서는 그들(학생들)로 하여금 사물에 나아가 이미 아는 바의 리에 근거해서 미루어 궁구하기를 그 지극한 곳에 이르도록 하면 나의 지식 역시 두루 아우르고 정밀하며 절실하기가 지극하지 않음이 없게 된다. 그 공부하는 방법으로는, 때로는 사태와 행위가 드러난 지점[事爲之著]에서 고찰하기도 하고, 때로는 생각과 사려가 일어나는 기미[念慮之微]에서 고찰하기도 하며, 때로는 글과 글자 가운데[文字之中]에서 구하기도 하고, 때로는 강론하는 사이[講論之際]에 탐색하기도 하면서, 신심성정의 덕[身心性情之德]과 일상적 인간사의 도리[人倫日用之常]에서부터 천지귀신의 변화[天地鬼神之變]와 조수초목의 그러함[鳥獸草木之宜]에 이르기까지, 각각의 사물 가운데 마땅히 그러하여 그칠 수 없는 바[所當然而不容已]와 그러한 까닭이어서 바꿀 수 없는 바[所以然而不可易]가 있지 않음이 없음을 알아야 한다. 반드시 표리정조(表裏精粗)가 지극하지 않음이 없고 그 유형을 미루어 더욱 통하여 가서 어느 날 초탈하게 관통하는 데 이르게 되니, (이렇게 되면) 천하의 사물들에서 그

---

4 『大學』의 「格物補傳」 장에 대한 해설이기도 한 『大學或問』의 내용이다. 참고로 『대학』의 「격물보전」은, 애초에 『대학』 고본(古本)에는 들어 있지 않았던 격물치지(格物致知)에 대한 전(傳)을, 주희 자신이 임의로 구성한 것이며, 그 내용은 다음과 같다. 『大學章句』「傳五章: 格物補傳」, "所謂致知在格物者, 言欲致吾之知, 在卽物而窮其理也. 蓋人心之靈, 莫不有知, 而天下之物, 莫不有理. 惟於理有未窮, 故其知有不盡也. 是以大學始教, 必使學者, 卽凡天下之物, 莫不因其已知之理而益窮之, 以求至乎其極. 至於用力之久而一旦豁然貫通焉, 則衆物之表裏精粗無不到, 而吾心之全體大用無不明矣. 此謂物格, 此謂知之至也."

의리의 정미함이 지극한 바를 궁구함이 있게 되고 나의 총명예지에 있어서도 또한 그 마음의 본체를 다하여 지극하지 않음이 없게 된다.[5]

여기에는 격물치지와 독서의 관계, 그리고 독서를 포함한 격물치지 공부의 의미와 범위 및 지향점에 대한 종합적인 정보가 담겨 있다. 우선 격물치지의 의미는, 삶에서 접하는 모든 사물(事物; 인간이 접할 수 있는 현상 총체)에 나아가 그 사물에 내재한 리(理)를 궁구하되[6] 표리정조(表裏精粗)의 구분을 넘어서 광범위하고 정밀하게 궁구하며,[7] 이와 더불어 사물의 리에 대한 나의 지식이 두루 빠짐이 없이 정교해지고 마음의 본체와 작용이 지극하게 되는 것[8]이다. 사물에 나아가서 그 리를 궁구하는 '격물'과 내 마음의 지식을 넓혀 가는 '치지'는 서로 별개가 아닌 하나의 일로서 다만 관점을 달리한 표현일 뿐이다.[9] 그런데 격물치지에는 중요한 전제가 있으니, 인간의 영명한 마음에는 애초에 앎의 싹이 존재한다는 것[10]과 모든 사물에는 리가 존재한다는 것[11]이다. 여기서 앎의 싹이 의미하는 바와 리가 의미하는 바에 대해서는 별도의 이론적인 논의가 보태져야 하겠지만[12]

---

5 『大學或問』「大學或問下」, "及其進乎大學, 則又使之卽夫事物之中, 因其所知之理, 推而究之, 以各到乎其極, 則吾之知識, 亦得以周遍精切而無不進也. 若其用力之方, 則惑考之事爲之著, 或察之念慮之微, 或求之文字之中, 或索之講論之際, 使於身心性情之德, 人倫日用之常, 以至天地鬼神之變, 鳥獸草木之宜, 自其一物之中, 莫不有以見其所當然而不容已, 與其所以然而不可易者. 必其表裏精粗, 無所不盡, 以又益推其類以通之, 至於一日脫然而貫通焉, 則於天下之物, 皆有以究其義理精微之所極, 而吾之聰明叡智, 亦皆有以極其心之本體而無不盡矣."

6 「격물보전」에서는 이를 '卽物而窮其理'로 표현함.

7 「격물보전」에서는 이를 '衆物之表裏精粗無不到'로 표현함.

8 「격물보전」에서는 이를 '吾心之全體大用無不明'으로 표현함.

9 격물(格物)과 치지(致知)는 동시에 이루어지는 공부다. 다만 격물이 격물 대상인 사물과 사물의 리(理)의 관점에서 그 리가 궁구되는 현상에 주목한 것이라면, 치지는 격물 주체인 사람과 마음(心)의 관점에서 그 마음의 앎이 확대되어 가는 일에 초점을 맞춘 것이다(『朱子語類』 15-49, "致知, 格物, 只是一事, 非是今日格物, 明日又致知. 格物, 以理言也; 致知, 以心言也."/『朱子語類』 15-50, "致知, 是自我而言; 格物, 是就物而言.").

10 「격물보전」에서는 이를 '人心之靈莫不有知'로 표현함.

11 「격물보전」에서는 이를 '天下之物莫不有理'로 표현함.

12 리(理)가 사물에 이미 온전하게 갖추어져 있는데 다만 그것이 다 궁구되지 못해 드러나지 않은 것처럼, 지(知)도 마음에 온전하게 갖추어져 있으나 아직 미루어 계발하지 않았기 때문에 밝지 않다는 것이 주희의 이해인 듯하다. 이렇게 본다면 앎의 싹이란 이미 갖춘 온전한 앎 중에서 이미 드러나 있는 부분이라고 보는 것이 옳을 것이다.

양자는 서로 연관이 되어 있다. 즉, 앎의 싹은 다름 아닌 리에 대한 앎과 내용 및 기능의 일단을 의미한다고 볼 수 있는데, 격물치지는 이 일단의 앎에 의거하여 점차 미루어 가는 일이다.[13]

격물치지의 궁극적인 지향점은 높고 멀게 느껴진다. 이 세상에 존재하는 모든 사물의 리를 두루 철저하게 궁구하는 일, 이러한 과정을 거쳐 나의 지식 및 지혜가 우주만물의 본질을 꿰뚫어 볼 수 있을 정도의 넓고 깊고 밝은 상태에 도달하는 일이 결코 쉬울 수는 없다. 그런데 이상은 높고 멀지만 이에 다가서기 위해 주희가 제시한 공부의 방법은 현실적이고 구체적이다. 위의 인용문에서는 "때로는 사태와 행위가 드러난 지점[事爲之著]에서 고찰하기도 하고, 때로는 생각과 사려가 일어나는 기미[念慮之微]에서 고찰하기도 하며, 때로는 글과 글자 가운데[文字之中]에서 구하기도 하고, 때로는 강론하는 사이[講論之際]에 탐색하는 것"으로 제시되어 있다. 이를 정리하면, 격물치지 공부의 실제는 결국 '체험적 고찰'과 '독서'의 두 측면으로 이루어져 있음을 알 수 있다. '체험적 고찰'에는 마음의 안과 밖의 현상을 두루 고찰하는 일, 말하자면 마음 안에서 미묘하게 체험되는 생각 및 감정의 현상과 본질을 고찰하는 일, 그리고 마음 밖의 삶의 일상에서 일어나는 온갖 행위와 사태 및 상황을 둘러싼 리를 탐색하는 일이 포함된다. 결국 마음의 안팎에서 일어나는 삶의 체험을 물(物)로 삼아 직접 궁구하는 것이 '체험적 고찰'이다. 다음으로 '독서'에는 개인적으로 책을 읽는 일은 물론이고 책의 내용에 대해 스승이나 동료들과 토론하는 일이 포함된다. 강론은 책을 매개로 한다는 점에서 넓은 의미의 독서 행위라고 볼 수 있다. 격물치지 공부 실제의 두 축으로서의 '체험적 고찰'과 '독서'는 서로 긴밀하게 연결되어 있다. 마음 안팎의 진리를 면밀하게 살피면서 체득하는 '체험적 고찰'은 그 나침반으로서의 독서를 요청하고,[14] 독서가 깊이 이루어지기 위해서는 책의 내용이 삶의 장에서 체험적으로 관찰되고 검증될 필요가 있기 때문이다.

'체험적 고찰'과 '독서'를 두 축으로 하는 격물치지 공부를 통해 드러내고자 하는 리의 내용은 구체적으로 무엇일까? 이에 대해서도 앞의 인용문은 단서를 제공하는데, "신심성정의 덕[身心性情之德]과 일상사의 도리[人倫日用之常]에서부터 천지귀신의 변화[天地鬼神之變]와 조수초목의 그러함[鳥獸草木之宜]에 이르기까지, 각각의 사물 가운데 마땅히 그러하여 그칠 수 없는 바[所當然而不容已]와 그러한 까닭이어서 바꿀 수 없는 바[所以然而不

13 「격물보전」에서는 이를 '莫不因其已知之理而益窮之'라고 표현함.

14 『朱子語類』 11-1, "人之爲學固是欲得之於心, 體之於身. 但不讀書, 則不知心之所得者何事."

可易]가 있지 않음이 없음을 알아야 한다."는 것이 그것이다. 가까이는 몸과 마음, 그리고 일상생활의 리를 비롯해서 멀리는 자연현상의 리에까지 이른다. 여기서 주희가 몸과 마음의 리, 즉 '신심성정의 덕[身心性情之德]'을 무엇보다 앞서서 거론한다는 점에 주목할 필요가 있다. 주희의 격물치지론은 가장 긴요하고 가까운 것을 먼저 궁구한다는 원칙을 견지하면서 그 긴요하고 가까운[至切而近] 궁리 대상으로서 마음[心], 그리고 그 마음이 실리고 표현되는 몸의 문제를 거론하곤 하는데,[15] 그것이 여기서는 '신심성정의 덕'으로 표현되어 있다. 즉, "나의 몸과 마음의 본질은 무엇이며 어떻게 작동해야 하는가?"의 문제가 격물치지의 제일의 탐구 과제이며 독서를 통해서 밝힐 핵심 진리다. 이 탐구 관심은 자연스럽게 일상사를 둘러싼 인간관계와 사회질서, 사회제도의 리를 탐색하는 관심으로 이어진다. 주희 이래 주자학의 연구관심이, 특히 조선의 주자학사(朱子學史)에서 보듯이, 인간의 심성(心性)과 인간관계의 예(禮) 등의 문제로 귀착된 것은 바로 이와 같은 격물치지적 관심의 우선순위 때문이다.

그런데 주희의 격물치지의 시선은 이렇게 인간 신심(身心)과 인간사(人間事), 사회사(社會事)에만 한정되어 있지 않다. '천지귀신(天地鬼神)'과 '조수초목(鳥獸草木)'으로 표현되는 크고 작은 자연현상의 리 역시 격물치지의 탐구 대상이다. 주희 자신의 자연학적 탐구 관심이 지대했고 또 관련 성과도 방대했던 것에서 알 수 있듯이,[16] 그의 격물치지론이나 독서론에 반영된 지적 관심이 인간사(人間事)와 사회사(社會事)를 넘어 자연사(自然事)에까지 펼쳐져 있었다는 점은 분명하다. 현대적 관점에서의 자연과학적 탐구까지도 격물치지 공부의 범주에 포괄되는 셈이다. 인간과 사회의 문제를 둘러싼 일종의 가치지향적 탐구와 자연현상을 둘러싼 일종의 사실지향적 탐구가 어떻게 리를 활연관통하며 마음의 체용을 밝히는 격물치지 공부의 장에서 하나로 연결될 수 있는지, 그리고 근본적으로 인간과 사회, 자연을 관통하여 존재한다는 리의 실체가 무엇인지에 대해서

---

15 『大學或問』「大學或問下」, "天道流行, 造化發育, 凡有聲色貌象而盈於天地之間者, 皆物也. 既有是物, 則其所以爲是物者, 莫不各有當然之則, 而自不容已. 是皆得於天之所賦而非人之所能爲也. 今且以其至切而近者言之, 則心之爲物, 實主於身. 其體則有仁義禮智之性, 其用則有惻隱羞惡恭敬是非之情, 渾然在中, 隨感而應, 各有攸主而不可亂也. 次而及於身之所具, 則有口鼻耳目四肢之用. 又次而及於身之所接, 則有君臣夫子夫婦長幼朋友之常. 是皆必有當然之則, 而自然不容已, 所謂理也. 外而至於人, 則人之理, 不異於己也. 遠而至於物, 則物之理, 不異於人也. 極其大, 則天地之運古今之變, 不能外也. 盡於小, 則一塵之微一息之頃, 不能遺也."

16 山田慶兒, 김석근 역, 『朱子의 自然學』, 서울: 통나무, 1991.

는 별도의 정치한 논의가 필요할 것이다.[17] 어쨌든 주희에게서, 몸과 마음을 위시해서, 인간과 사회, 자연, 우주의 리를 두루, 그리고 관통하여 이해하며 이로써 마음의 본체와 작용을 지극히 밝히는 공부가 격물치지이며, '독서'는 '체험적 고찰'과 더불어 격물치지 공부의 주요 축을 형성하고 있다.

2) 격물치지 공부의 '이차적 의미'로서의 독서

격물치지 공부의 두 축으로 포착된 '체험적 고찰'과 '독서'의 관계 및 역할을 좀 더 구체적으로 확인할 필요가 있겠다. 양자는 격물치지 공부로서 별개가 아닌, 긴밀한 보완관계, 서로를 요청하고 이끌어 주는 관계로서 그중 어느 하나라도 빠진다면 격물치지 공부는 성립할 수 없다.[18] 그러면서도 양자는 격물치지 공부로서의 위상 및 역할에서 각각 특수한 면모를 지닌다.

> 독서란 이미 이차적인 의미(第二義)를 지닌다. 사람이 태어날 때 도리가 본래 완전히 갖추어져 있음에도 불구하고 독서가 필요한 까닭은, 아직 많은 것을 체험하지 못했기 때문이다. 성인은 많은 것을 체험(經歷)으로 이해했고, 그 이해한 것을 책에 기록하여 사람들에게 보여 주었다. 지금 독서하는 것은 많은 도리를 이해하려는 것이다. 이해하고 나면, 그것(도리)은 모두 자신이 원래 소유하고 있던 것이지, 외부로부터 굴러 들어와 첨가된 것이 아니다.[19]

---

17 주자학에서 리를 표현하는 용어로서 '소당연(所當然)'과 '소이연(所以然)'이 있는데, 소당연은 사실과 가치의 구분을 넘어서서 가치법칙과 사실법칙을 동시에 포괄하는 개념이고, 소이연은 소당연의 형이상학적·논리적 근거의 의미를 지닌다. 사실과 가치를 엄격히 구분하는 현대적 인식과는 달리, 주자학에서는 도덕법칙과 같은 가치론적 문제가 사실의 문제와 분리되지 않고 또한 자연법칙과 같은 사실론적 문제가 가치의 문제와 분리되지 않는다. 리는 사실과 가치의 경계를 넘어서 '본래 그러한 법칙'이므로, 리를 궁구하는 격물치지 공부는 인간과 사회, 자연의 경계를 자연스럽게 넘나들며 하나의 지점에서 만날 수 있게 된다.

18 『朱子語類』 11-41, "如世上一等人說道不須就書册上理會, 此固是不得. 然一向只就書册上理會, 不曾體認著自家身已, 也不濟事."

19 『朱子語類』 10-2, "讀書已是第二義. 蓋人生道理合下完具, 所以要讀書者, 蓋是未曾經歷見許多, 聖人是經歷見得許多, 所以寫在册上與人看. 而今讀書, 只是要見得許多道理. 及理會得了, 又皆是自家合下元有底, 不是外面旋添得來."

> 학문은 자기 자신에게 절실한 것을 이해해야 되며, 저 독서라는 것은 이차적 의미(第二義)다. 도리는 자기 자신에게 모두 갖추어져 있으며 외부로부터 굴러 들어와 첨가되지 않았다. 그런데 성인이 사람을 가르침에 반드시 이 책을 읽어야 한다고 한 것은 사람들 자신이 비록 이 도리를 지니고 있지만 반드시 체험을 통과해야 (이해가) 되기 때문이다. 성인이 말한 것은 그들이 일찍이 체험한 것이다.[20]

독서의 '이차적 의미(第二義)'는 곧 격물치지 공부에서의 이차적 의미를 말하는 것으로 이해해도 좋다. 이 선언은 격물치지라는 리의 탐구 과정에서 '일차적 의미(第一義)'를 지니는 공부가, 독서 외에 별도로 존재한다는 의미를 내포한다. 그 일차적 의의를 지니는 공부가 바로, 자신에게 내재한 리에 대해 자신의 절실한 삶의 문제를 매개로 직접 경험하며 이해하는 공부로서의 '체험적 고찰'이다. 여기에는, 리가 성현과 같은 특별한 존재의 '발명품'으로서 외부로부터 자신에게 유입되는 것이 아니라, 모든 사람, 나아가 우주 만물에게 선천적으로 갖추어진 것이라는 전제가 깔려 있다. 현명한 자나 어리석은 자, 어린이나 어른, 귀한 자나 천한 자를 가릴 것 없이, 모든 이는 리(理)의 선험적 소유자로서 다양한 삶의 경험의 맥락에서 내면의 리를 돌아보며 끌어낼 수 있는 원초적 힘을 지니고 있어서, 설령 책이 없다고 해도 리를 추구하는 학문이 가능하므로 스스로 힘껏 노력해야 한다.[21] 말하자면, 격물치지 공부의 출발점은 책이 아닌 독자 자신이 소유한 리로서, 격물치지 공부는 자신이 소유한 리에 대한 '체험적 고찰'로부터, 그리고 '체험적 고찰'을 중심으로 하여 이루어져야 한다.

그런데 이 일은 생각처럼 쉽지 않다. 내 안의 리를 어떻게 느끼고 발견하며 이해할 수 있을까? 격물치지 공부에서 무엇보다 중시하는 신심성정의 덕, 인간사의 리를 어떻게 삶에서 확인할 수 있을까? 적절한 체험적 고찰을 위해서는 적절한 나침반의 존재가 긴요하며, 그것이 곧 책이다. 독서가 격물치지 공부의 '이차적' 위치에 있지만 동시에 '두 번째로 중요한' 의미를 지니는 것은 이 때문이다. 독서는 자기 안의 리를 일깨우는 자극제 역할을 하며, 독자는 책을 매개로 하여 비로소 자신이 소유한 리에 대한 보다 풍부하

---

20 『朱子語類』 10-3, "學問, 就自家身已上切要處理會方是, 那讀書底已是第二義. 自家身上道理都具, 不曾外面添得來. 然聖人敎人, 須要讀這書時, 蓋爲自家雖有這道理, 須是經歷過, 方得. 聖人說底, 是他曾經歷過來."

21 『朱子語類』 10-4, "學問, 無賢愚, 無小大, 無貴賤, 自是人合理會底事. 且如聖賢不生, 無許多書冊, 無許多發明, 不成不去理會! 也只當理會. 今有聖賢言語, 有許多文字, 卻不去做. 師友只是發明得. 人若不自向前, 師友如何著得力?"

고 균형 있는 발견과 체험을 할 수 있게 된다. 격물론의 기초를 닦은 정이(程頤)가 격물의 예를 들면서 독서를 맨 앞에 꼽았던 것도, 격물 과정에서의 독서가 지니는 역할의 중요성 때문일 것이다.[22] 앞으로 그 맥락을 설명하겠지만, 주희에 의하면 책 중에서도 경서(經書), 즉 성현의 책에는 성현이 직접 체험으로 이해한 리의 내용과 그 이해의 방법론까지 풍부하게 실려 있어서, 독자가 자신이 갖추고 있으나 감추어져 잘 드러나지 않는 리를 충실하게 체험하기에 효과적이다. 이미 소유한 리를 삶의 장에서 온전하게 느끼고 드러내며 체화하는 것이 격물치지 공부의 핵심 내용이라면 이를 위해 진리의 안내서로서 검증된 좋은 책의 안내는 주희에게 필수불가결한 요소일 것이다.

그럼에도 불구하고, 격물치지 공부에서 책은, 그것이 아무리 '성현의 말씀'을 담은 것이라고 해도 결국 '이차적 보완물'이라는 것이 주희의 인식이다. 이러한 사실은 특정한 경서를 소중히 다루는 주자학적 독서 세계에서도 독자의 주체성과 자율성, 객관성이 일차적으로 중시되고 있음을 말해 준다. 기실 주자학, 나아가 유학에서의 독서에 대한 흔한 오해 중의 하나는, 독서의 주체인 독자 위에 성현이, 그리고 '성현의 말씀'을 담은 책이 군림하지 않는가 하는 점이다. 책에 실린 이른바 '성현의 진리 말씀'에 대해 독자는 맹목적인 신뢰를 보내며 이를 받들고 외우고 실천하는 것이 유학에서의 독서라는 이미지가 암암리에 자리하고 있다. 이는 삶과 공부의 현장에서 사서(四書) 등 성현의 책을 받들며 반복적으로 외우기만 한 듯한 교육사적 장면에 익숙한 데서 기인하는 '이미지'라고도 할 수 있다. 주자학에서, 리를 추구하는 독서 목적에 부응하는 우선순위에 따라, 리의 안내서로서 무엇보다 성현의 책을 존중하고 인정하며 중시한 것은 사실이다. 그렇기 때문에 더욱이, 성현의 책에 앞서서 독자 자신의 마음을 진리의 원천이며 격물치지 공부의 출발점으로 삼았다는 사실은 의미가 적지 않다. 오직 리를 기준으로 책을 수단으로서 활용하는 이와 같은 정신이[23] 주자학에서 독서의 주체성, 자율성, 그리고 객관성을 확보하는 기반이었다.

---

22 『大學或問』「大學或問下」, "程子曰, …(중략)… 然而格物亦非一端, 如或讀書講明道義, 或論古今人物而別其是非, 或應接事物而處其當否, 皆窮理也."

23 『朱子語類』 11-64, "凡讀書. 先須曉得他底言詞了, 然後看其說於理當否. 當於理則是, 背於理則非."

3) 독서의 범위 및 우선순위와 격물치지적 원리

가까이는 몸과 마음의 리를 비롯해서 멀리는 자연의 리에 이르기까지 넓고 깊은 통찰력을 얻기 위해, 그리고 삶의 장에서의 '체험적 고찰'을 효율적으로 이끌기 위해 어떤 책을 읽어야 할까? 이는 독서의 대상 및 범위의 선정 문제인데, 주희는 이에 대해 크게 두 가지 방향을 제시한다. 하나는, 우주의 모든 사물을 아우르는 격물치지의 광대한 지적 관심에 부응해서 독서의 범위도 넓어야 한다는 것이다. 다른 하나는, 그러면서도 '중요한 책'을 선정하고 이를 중심으로 한 독서가 이루어져야 한다는 것인데, 이는 우주만물에 대한 방대한 탐구도 결국, 삶의 핵심 진리 이해를 정점으로 한, 리의 활연관통적 지혜를 끌어내는 방향으로 이루어져야 한다는 격물치지적 원리에 부응하기 위한 것이다.

우주만물의 리를 활연관통하는 마음의 지혜를 얻고자 하는 격물치지의 이상에 비추어 볼 때 다방면의 책을 두루 읽는 것은 어쩌면 당연하다. 격물치지 공부의 관심 지평이 세상에 존재하는 모든 사물을 겨냥해 있었던 만큼 주희의 독서 범위는 특별히 제한되지 않았다. 거기에는 경서(經書)를 비롯해서 역사서, 제자백가(諸子百家)의 책, 각종 제도와 법률, 그리고 수에 관한 책이 포괄되어 있었다.[24] 주희는 세상에 존재하는 많은 책 중에서 소홀히 할 책은 아무것도 없다고 한다.[25] 그는 제한된 범위의 독서가 필시 독자의 식견을 관념적이며 편협되거나 기교에만 빠지게 만들 수 있음을 염려한다. 따라서 그 범위를 두루 포괄적으로 잡고서 낮고 가까운 것으로부터(높고 먼 것으로부터가 아니고) 상세하고(간략하지 않고) 묵묵하게(기교 부리지 않고) 진행해 가는 독서가 되어야 한다고 주문한다.[26]

그런데 주희에 의하면 이렇듯 넓은 범위의 독서가 단순한 박람(博覽)을 용인하는 것은 아니다. 주희에게서 독서는 단지 이것저것 다양한 정보를 섭렵하는 것을 능사로 삼는 속학(俗學)과는 다른, 진리를 추구하는 구도(求道)의 도학(道學)이다.[27] 독서의 도학적 성격은 곧 독서의 격물치지적 성격에 다름 아니다. 이러한 도학적·격물치지적 지향점에

---

24 『朱子語類』 11-91, 96, 100, 101, 108, 130, 137 등 참조.

25 『朱子語類』 10-32, "天下書儘多在. 只恁地讀, 幾時得了. 須大段用著工夫, 無一件是合少得底."/ 『朱子語類』 11-97, "書那有不可讀者? 只怕無許多心力讀得."

26 『朱子語類』 10-33, "讀書, 須是遍布周滿. 某嘗以爲寧詳毋略, 寧下毋高, 寧拙毋巧, 寧近毋遠."

27 『朱子語類』 11-40, "古人亦須讀書始得. 但古人讀書, 將以求道. 不然, 讀作何用? 今人不去這上理會道理, 皆以涉獵該博爲能, 所以有道學·俗學之別."

따라 주희는 독서에서 보다 중요한 책과 그렇지 않은 책의 구분을 전제로 한 중요한 책 중심의 독서를 제안하고, 또한 중요한 책을 중심으로 한 모든 형태의 독서가 사물의 리에 대한 근본적이며 통찰적인 지혜를 가꾸는 격물치지 공부로서의 본질에서 벗어나지 않아야 함을 주장한다.

주지하듯이 주자학에서는 독서의 중심에 사서(四書)와 같은 경서(經書)를 두고 있는데, 이 설정 배경에는 위의 격물치지적 독서 원리가 반영되어 있다. 독서에서 경서를 중시하지 않을 수 없는 이유와 관련해서 주희의 다음 언급이 주목된다.

> 경서를 보는 것과 역사책을 보는 것은 같지 않다. 역사서는 몸 밖의 일로 긴요한 것이 없으니 기록해 두거나 다른 사람에게 물어도 된다. 그러나 경서의 경우 의문이 생기면, 이는 자신에게 절실한 병통이다. 마치 사람의 몸이 병에 시달리면 그 병을 잠시 망각하고 싶어도 그렇게 할 수 없는 것과 마찬가지다. 우연히 의문이 있으면 종이에 기록했다가 두고 보는 역사책에 비할 수 있겠는가?[28]

주희는, 경서가 사람이 살아가면서 떠날 수 없는 절실한 문제, 즉 몸과 마음가짐, 인간관계 등 긴요한 실존적·철학적 문제들을 담고 있다고 한다. 마치 몸에 있는 병을 망각할 수 없는 것처럼, 너무 절실해서 결코 잊을 수 없는 삶의 문제—신심성정의 덕 등—를 담고 있다는 점에서 경서가 중요하다는 것이다. 따라서 경서는 그 중요도에 부응해서 '심각하게', 그리고 '우선적으로' 읽어야 한다. 비교적 시각에서 보면, 역사서 같은 책은 경서에 비해 독자의 현재 삶에 절실하게 연관되는 문제를 다루고 있지 않으므로 긴장감을 조금 늦추고 보아도 좋다. 주희는 책의 중요도에 따라서 쏟는 정성에 차이가 있을 수밖에 없다고 보는데, 경서 외의 책을 읽을 때 투입하는 공력은 경서에 비해서 약해도 좋다고 한다.[29]

주희에 의하면, 독서는 반드시 먼저 큰 근본을 세운 후 넓게 펼쳐 가고 마지막에 다시 근본으로 요약되는 학문의 원리에 부응하면서 이루어져야 하는데, 그 근본을 세우기 위한 책이 경서다. 경서의 이해를 기반으로 이후 다른 종류의 책을 넓게 읽어 가되, 결국에는 다시 그리고 언제나 근본을 돌아보아야 한다. 근본(요체)에만 치중해서도 안 되고

---

28 『朱子語類』 11-96, "看經書與看史書不同: 史是皮外物事, 沒緊要, 可以箚記問人. 若是經書有疑, 這箇是切己病痛. 如人負痛在身, 欲斯須忘去而不可得. 豈可比之看史, 遇有疑則記之紙邪?"

29 『朱子語類』 11-100, "經旨要子細看上下文義. 名數制度之類, 略知之便得, 不必大段深泥, 以妨學問."

두루 섭렵하는 데에만 치중해서도 안 된다.[30] 결국 주희가 제시하는 독서의 실행 구조는 경서, 특히 정주학(程朱學)의 정립 과정에서 경서의 핵심으로 새롭게 부상한 사서(四書)를 굳건한 토대로 삼아 점차 넓게 뻗어 가고 다시 여기로 수렴되는 특성을 지닌다. 주희에게서 경서 읽기는 마치 건축에서의 토대를 다지는 일과 같다. 토대가 없으면 그 위에 기둥과 문과 지붕을 올릴 수 없듯이 경서 읽기가 생략된다면 그 이후의 독서는 격물치지 공부로서의 본질을 견지하기 어렵다. 즉, 경서로써 삶의 긴요한 리를 이해하는 구심력을 기르지 않은 상태에서 여타의 책에 휩쓸리게 되면 초점 없이 위태로운 방황에 빠지게 된다. 모든 형태의 책 읽기가 궁극적으로 '리의 탐구'의 일로 수렴되어야 함에도 불구하고,[31] 경서를 매개로 한 핵심 진리의 체득의 선행이 없이 여타의 책 읽기에 돌입하게 되면, 결국 일정한 원칙 없이 혼돈에 빠지거나,[32] 혹은 마치 한 국자의 물만 있는 제방을 터서 밭에 물을 대는 꼴로서 밑천(자기중심)이 없어 금방 말라 버리는 형국이 된다.[33] 만일 경서 읽기의 기초를 굳건히 닦은 후라면 그 어떤 책을 읽어도 격물치지 공부로서 얻는 바가 있게 된다.[34]

---

30 『朱子語類』 11-91, "爲學須是先立大本. 其初甚約, 中間一節甚廣大, 到末梢又約. 孟子曰: '博學而詳說之, 將以反說約也.' 故必先觀論孟大學中庸, 以考聖賢之意; 讀史, 以考存亡治亂之迹; 讀諸子百家, 以見其駁雜之病. 其節目自有次序, 不可踰越. 近日學者多喜從約, 而不於博求之. 不知不求於博, 何以考驗其約! 如某人好約, 今只做得一僧, 了得一身. 又有專於博上求之, 而不反其約, 今日考一制度, 明日又考一制度, 空於用處作工夫, 其病又甚於約而不博者. 要之, 均是無益."

31 주희에 의하면 경서 이 외에도 모든 방면의 독서의 초점은 결국 '리의 탐구'로 모아져야 한다. 역사서 읽기를 예로 들면, 그것은 단순히 역사적 사실을 아는 데 있지 않고 역사적 사실을 매개로 리를 밝히고자 하는 데 목적이 있다. 주희가 역사서 읽기 목록으로 주로 거론하는 것이 『사기(史記)』『좌전(左傳)』『한서(漢書)』『삼국지(三國志)』『통감(通鑑)』 등인데, 그는 이로부터 특히 치란성패(治亂成敗)의 도(道)를 보아 내는 데 주안점을 두라고 주문한다(『朱子語類』 11-131, 133). 큰 윤리(大倫理)와 기회(大機會)와 치란득실(大治亂得失)의 사례를 들여다보면서, 그리고 옳고 그름의 흔적들을 보면서, 리가 역사의 흐름 속에서 어떻게 구현되고 감추어졌는가를 탐색하는 것이 역사서를 읽는 참된 의미라는 것이다(『朱子語類』 11-137, 138).

32 『朱子語類』 11-132, "凡讀書, 先讀語孟, 然後觀史, 則如明鑑在此, 而姸醜不可逃. 若未讀徹語孟中庸大學便去看史, 胸中無一箇權衡, 多爲所惑."/『朱子語類』 11-98, "向時有一截學者, 貪多務得, 要讀周禮·諸史·本朝典故, 一向盡要理會得許多沒緊要底工夫, 少刻身己都自恁地顚顚倒倒沒頓放處."

33 『朱子語類』 11-130, "若是讀書未多, 義理未有融會處, 而汲汲焉以看史爲先務, 是猶決陂塘一勺之水以漑田也, 其涸也可立而待也."

34 주희는 독서의 토대가 구축이 된 후라면 '위험한 책', 가령 신불해(申不害; ?~B.C.337)나 한비자(韓非子; B.C.280~B.C.233)의 책을 읽어도 좋다고 한다. 『朱子語類』 11-101, "理明後, 便讀申韓書, 亦

주희는 한당유학(漢唐儒學)의 교육적 병폐가, 삶의 절실한 문제와 본질을 관조하는 '철학적' 소양은 도외시하고 '문학적' '훈고학적' 재능을 기르는 것에 치중하는 데 있었다고 이해한다. 주자학에서 독서의 중심에 경서를 세운 것은, 교육의 축을 문학적·훈고학적 재능을 기르는 것으로부터, 삶의 긴요한 리를 성찰하고 체현하는 철학적 소양을 기르는 것으로 전환했다는 의미를 지닌다. 그런데 주자학에서 철학적 소양은 곧 '성학적(聖學的)' 소양을 그 핵심 요소로 하고 있다. 주희 독서론에서의 경서(經書)에 대한 신뢰는 곧 시대를 앞서서 진리의 길을 이해하고 걸어간 그 저자들, 즉 성현(聖賢)들에 대한 신뢰이기도 했다.[35] 주희는 "독서가 성현의 뜻을 보고 성현의 뜻에 말미암아 자연의 리를 보는 일"[36]이라고도 하는데 이는 '성현을 꿈꾸고 바라는' 유가의 공부 이상과 맞물리는 지점이다. 성현이 체험적으로 제시한 진리의 길을 존중하며, 그 길을 겸허하면서도 냉철하게 이해해 가는 것이 주자학에서의 독서의 주요 의미이기도 했다. 독서는 단지 진리에 대한 논리적 인식 과정의 의미를 넘어서, 진리의 구현체로서의 성현을 닮아 가는 체현 과정으로서의 의미를 지닌다. 성학적 독서는, 전술한 바 있듯이, 결코 '성현의 말씀'을 묵수하는 과정이 아닌 독자 자신의 체험적 진실과 마음의 리를 일차적 준거로 삼으며 주체성과 자율성이 발휘되는 과정이다. 성현의 말씀이나 경서 자체가 아닌, 그것을 매개로 자신이 갖춘 리를 주체적이고 객관적으로 이해하고 체득해 내는 일이 중요하다. 경(經)을 다 이해하면 주해(註解)는 필요가 없는 것처럼 리를 터득했다면 경서에 기대지 않고도,[37] 보다 넓은 책의 세상을 향해 자유롭게 지적 관심의 날개를 펼칠 수 있다.

4) 마음의 보존과 독서: 거경궁리(居敬窮理)

앞에서, 독서에서 가장 긴요하고 핵심적인 과제가 마음과 몸의 문제를 둘러싼 진리(신심성정의 덕 등)를 이해하고 체현하는 일이며, 사서와 같은 경서가 중심에 자리한 것도 이러한 삶의 절실한 문제를 풀어 가는 데 효과적이기 때문임을 밝혔다. 또한 '독서'는 '체험적 고찰'을 기반으로 이루어지는, 즉 독자의 마음의 리를 궁리의 원천적 근거로 삼

有得."

35 『朱子語類』 11-24, "聖人言語, 皆天理自然, 本坦易明白在那裏. 只被人不虛心去看, 只管外面捉摸."

36 『朱子語類』 10-7, "讀書以觀聖賢之意; 因聖賢之意, 以觀自然之理."

37 『朱子語類』 11-109, "經之有解, 所以通經. 經既通, 自無事於解, 借經以通乎理耳. 理得, 則無俟乎經."

고서 책을 매개로 마음의 리를 밝혀 가는 일임도 살폈다. 이렇게 보면 독서는 결국 마음의 리를 이해하며 마음 본연의 모습을 찾아가는 일에 그 핵심이 있음을 알게 된다. 이는 격물치지 공부로서의 독서가 궁극적으로 마음의 본체와 작용을 지극히 밝히는 공부—치지(致知)의 의미가 이것이다—라는 점과도 상통한다. 이제 '독서'와 '마음(본연의 실현)'이 어떻게 관련을 맺고 있는가를 보다 구체적으로 설명해야 할 시점이다.

주희는 '독서'와 '마음의 보존[存心]'은 한 가지 일이어야 한다고 한다.[38] '마음의 보존'이란, 마음이 그것에 내재한 본성을 온전히 간직하고 드러내는 상태, 안정되고 고요하고 집중된 상태, 그리하여 진리에 밝은 지혜의 상태를 뜻한다. 그런데 독서와 마음의 보존이 한 가지 일이라는 주희의 선언은 두 가지 방향의 의미, 즉 한편으로는 마음의 보존이 독서의 필수요건이라는 의미와, 다른 한편으로는 역으로 독서가 마음 보존의 필수요건이라는 의미를 동시에 지닌다.

먼저, 주희는 진리 탐구 과정으로서의 독서는 마음의 보존을 전제로 해서 비로소 가능하고 그 효과가 극대화된다고 인식한다. 독서의 전제로서의 보존된 마음은 흔히 '경(敬)'으로 표현된다. 주자학의 공부론의 기본 공식 중의 하나는, 격물치지가 그 전제로서 경(敬)의 태도를 요청한다는 점이다. 사물에 직면에서 그것의 리를 깊이 꿰뚫어 보는 지혜에는 반드시 경(敬)의 태도가 붙박혀 있으며 또 있어야 한다는 것이 주자학적 인식이고, 이는 흔히 '거경궁리(居敬窮理)'로 표현된다. 격물치지 공부의 하나인 독서에서도 그 기본태도로서 경이 요청되는 것은 자연스럽다.

주희는 "선배들이 '독서할 때는 경해야 한다.'고 말했는데, 경은 정신을 한 곳에 모으고 마음을 날뛰게 하지 않는 것이다."[39]라고 한다. 경은 마음에 불요(不要)한 생각과 감정이 스며들지 않도록 마치 문지기가 도둑을 지키듯이[40] 한 치의 틈을 주지 않으며 조심하고 절제하는 태도이고, 고요하게 안정을 유지하는 태도이며, 어느 한 대상에 깊숙이 몰입하는 태도이고, 현재에 깨어 있는 태도다. 독서가 독자의 마음과 책의 진리가 교감하는 과정이라면, 경은 마음을 불요한 생각과 감정의 굴레로부터 자유롭게 하면서 그

---

38 『朱子語類』 11-6, "須是存心與讀書爲一事, 方得."

39 『朱子語類』 10-52, "前輩云: '讀書不可不敬.' 敬便精專, 不走了這心."

40 『朱子語類』 9-26, "致知·敬·克己, 此三事, 以一家譬之: 敬是守門戶之人, 克己則是拒盜, 致知卻是去推察自家與外來底事. 伊川言: '涵養須用敬, 進學則在致知.' 不言克己. 蓋敬勝百邪, 便自有克, 如誠則便不消言閑邪之意. 猶善守門戶, 則與拒盜便是一等事, 不消更言別有拒盜底."

리하여 마음 본연의 지혜와 리 감각을 이끌어 내면서 이 교감의 깊이를 더해 주는 공부의 본령이다. 독자의 마음이 경하지 못하면 아무리 책을 들여다보아도 리에 대한 깊은 통찰에까지 이르기는 어렵다. 그래서 주희는 "독서할 때 흔히 마음이 보존되어 있지 않아서 도리를 볼 수 없다."[41]고 하고, 또 "마음이 안정되지 못한 까닭에 리를 이해하지 못한다. 지금 만약 독서하려고 한다면, 모름지기 먼저 그 마음을 안정시켜서 고요한 물과 같고 밝은 거울과 같아지도록 해야 한다. 어두운 거울이 어떻게 사물을 비출 수 있겠는가?"[42]라고 한다. 주희에게서 보존되고 안정된 마음이란 마치 고요한 물이나 밝은 거울과 같다. 물이 고요하고 거울이 밝으면 그것은 어떠한 사물과 마주쳐도 한 치의 오차 없이 비출 수 있듯이, 마음이 안정되면 곧 고요하고 밝고 투명해져서 리를 있는 그대로 비추어 낼 수 있는 힘이 형성된다. 주자학적 맥락에서 마음이 안정되어 고요하고 밝은 상태는, 마음 본래의 신명(神明)하고 허명(虛明)하며 광명(光明)한 바탕과 접속한 상태, 여러 층차의 마음(현상)의 한가운데 자리하는 밝음 그 자체의 상태로서 이 상태에 있을 때 리에 대한 감수성이 극대화된다.[43] 독서는, 그것을 통해 리와 밝게 조우하고자 한다면, 반드시 마음을 광명한 상태로 되돌린 후 이루어질 필요가 있고 그 핵심 방법이 마음을 고요하게 추스르고 전일(專一)하게 하는 공부로서의 경이다.[44] 만일 이것이 잘 되지 않

---

41 『朱子語類』 11-11, "學者讀書, 多緣心不在, 故不見道理."

42 『朱子語類』 11-12, "心不定, 故見理不得. 今且要讀書, 須先定其心, 使之如止水, 如明鏡. 暗鏡如何照物!"

43 『孟子集註』. 「盡心」(上)의 註解, "心者人之神明, 所以具衆理而應萬事者也"/ 『大學或問』. 「大學或問下」"人之一心, 湛然虛明, 如鑒之空, 如衡之平, 以爲一身之主者."/ 『朱子語類』 12-78, "若論爲學, 則自有箇大要. 所以程子推出一箇敬字與學者說, 要且將箇敬字收斂箇身心, 放在模匣子裏面, 不走作了, 然後逐事逐物看道理. 嘗愛古人說得'學有緝熙於光明', 此句最好. 蓋心地本自光明, 只被利欲昏了. 今所以爲學者, 要令其光明處轉光明, 所以下'緝熙'字. 心地光明, 則此事有此理, 此物有此理, 自然見得. 且如人心何嘗不光明. 見他人做得是, 便道是; 做得不是, 便知不是, 何嘗不光明. 然只是才明便昏了. 又有一種人自謂光明, 而事事物物元不曾照見. 似此光明, 亦不濟得事."/ 『朱子語類』 12-141, "今求此心, 正爲要立箇基址, 得此心光明, 有箇存主處, 然後爲學, 便有歸著不錯. 若心雜然昏亂, 自無頭當, 卻學從那頭去? 又何處是收功處?故程先生須令就'敬'字上做工夫, 正爲此也."/ 『朱子語類』 12-24, "學者常用提省此心, 使如日之升, 則群邪自息. 他本自光明廣大, 自家只著些子力去提省照管他, 便了. 不要苦著力, 著力則反不是."

44 『朱子語類』 12-81, "人之爲學, 千頭萬緒, 豈可無本領! 此程先生所以有'持敬'之語. 只是提撕此心, 教他光明, 則於事無不見, 久之自然剛健有力."/ 『朱子語類』 11-9, "故學者且於靜處收拾教意思在裏, 然後虛心去看, 則其義理未有不明者也."/ 『朱子語類』 11-8, "大凡學者須是收拾此心, 令專靜純一, 日用動靜間都無馳走散亂, 方始看得文字精審. 如此, 方是有本領."/ 『朱子語類』 10-52, "讀書須是專一."

고 마음이 언제나 요동치기만 한다면 이는 근본 공부, 즉 경 공부가 약한 상태이므로 이를 두텁게 보완해야 한다.[45] 자유자재로 마음을 안정시키고 집중시킬 수 있는 힘은 어느 한 순간의 결심으로 획득되는 것이 아니고 오랜 시간의 수행의 공력이 쌓여야 한다. 특히 어린 시절부터의 특별한 공부가 필요한데, 주자학에서 소학 단계의 핵심 목표를 경의 태도의 습득으로 설정한 것은 이 때문이다.[46] 소학 단계에서 경 공부가 충분히 쌓여야 대학 단계에서 독서를 포함한 격물치지 공부가 쉽고 효율적으로 이루어질 수 있다. 독서가 잘 이루어지지 못한다면 무엇보다 자신의 경 공부를 돌아볼 필요가 있다.

한편, 주희에 의하면 마음의 보존은 독서의 전제일 뿐만 아니라 독서를 통해 획득되는 성과이며 또 목적이기도 하다. 주희는 "사람이 항상 독서하게 되면 마음을 관리하여 항상 보존되도록 할 수 있다."[47]라고 하며, "일상에서 늘 독서를 하면 마음이 마구 달려 나가지 않게 된다."[48]라고 한다. 그런데 이렇듯 마음이 관리되고 보존되며 달려 나가지 않는다는 것은 단순히 마음이 안정을 찾는 것을 넘어서 리를 보는 지혜와 힘을 갖추게 됨을 의미한다. 이 힘은 독서를 통해서 비로소 갖추어지고 유지될 수 있는 바, 만일 독서궁리(讀書窮理)가 단절이 되면 그 힘은 상실된다. 그래서 주희는 "본심이 함닉된 지 오래여서 의리를 들여다보는 것이 투철하지 못하니, 반드시 독서로써 궁리를 해야 한다. 독서궁리가 항상 끊이지 않으면 물욕의 마음은 자연히 이길 수 없고 본심의 의리가 자연히 안정되고 견고해질 것이다."[49]라고 한다. 결국 독서는 마음의 본연이 보존되고 구현된 상태, 안정되고 깨어 있고 진리에 밝은 상태를 가능하게 하는 동력이며 필수요건이 된다.

주자학의 공부론에서는 존덕성(尊德性; 덕성을 높임)과 도문학(道問學; 묻고 배움에 말미암음)이 병행되는 공부를 이상적으로 본다. 존덕성은 진리의 핵심과 큰 틀을 이해하고

---

45 『朱子語類』 11-16, "學者觀書多走作者, 亦恐是根本上功夫未齊整, 只是以紛擾雜亂心去看, 不曾以湛然凝定心去看. 不若先涵養本原, 且將已熟底義理玩味, 待其浹洽, 然後去看書, 便自知. 只是如此."

46 제7장 2절 3항 참조.

47 『朱子語類』 11-3, "人常讀書, 庶幾可以管攝此心, 使之常存. 橫渠有言, '書所以維持此心. 一時放下, 則一時德性有懈. 其何可廢?'"

48 『朱子語類』 11-4, "初學於敬不能無間斷, 只是才覺間斷, 便提起此心. 只是覺處, 便是接續. 某要得人只就讀書上體認義理. 日間常讀書, 則此心不走作; 或只去事物中羇, 則此心易得汨沒. 知得如此, 便就讀書上體認義理, 便可喚轉來."

49 『朱子語類』 11-5, "某要得人只就讀書上體認義理. 日間常讀書, 則此心不走作; 或只去事物中羇, 則此心易得汨沒. 知得如此, 便就讀書上體認義理, 便可喚轉來."

체득하는 공부로서 그 실천적 요체는 마음을 보존하는 경 공부이고, 도문학은 진리의 세밀하고 구체적인 부분에 대한 인식을 확대하고 극진히 하는 공부로서 그 실천적 요체는 격물치지 공부이다. 양자는 서로를 필요로 하고 보완하는 관계인데, 이 중에서 근본적인 지위에 있는 것이 존덕성이며, 도문학은 그 마음의 지혜를 지극히 이루어 내는 목적을 성취하기 위해서도 본성과 본심을 돌보는 존덕성에 기반하고 그것을 지향해야 한다는 것이 주자학적 인식이다.[50] 존덕성과 도문학의 관계는 곧 마음의 보존과 독서와의 관계에 다름 아니다. 리를 궁구하는 독서는 마음의 보존을 기반으로 해야 비로소 가능하고 동시에 독서는 마음의 보존을 지향점으로 삼아야 한다. 마음의 본연을 보존하고 실현하는 일—경(敬)의 구현으로도 표현 가능한—은 독서의 전제일 뿐만 아니라 결과의 의미를 지닌다.

3. 독서의 방법적 특성

주희의 독서론은, 그 의미와 목적에서만이 아니라 방법적 측면에서도 격물치지 공부로서의 특징을 분명하게 보여 준다. 격물치지 공부로서의 독서의 성격이, 책을 매개로 삶에 긴요한 리로부터 뭇 사물의 리를 두루, 그리고 철저하게 이해하고 체득하며, 이를 통해 마음의 본연의 지혜를 실현하는 일이라고 할 때, 이러한 격물치지적 목표를 위해 독서는 어떠한 방법적 특징을 지녀야 할까? 앞에서 격물치지 공부로서의 '독서'는, '체험적 고찰'과 짝을 이루고, 또한 광범위하되 언제나 중요한 책—경서—을 근본으로 삼으며, 나아가 보존된 마음(경)을 배경으로 한다는 점 등을 살폈는데, 이로써 이미 독서의 몇 가지 중요한 방법적 성격을 끌어낸 셈이다. 이 장에서는 이러한 논의 성과를 기초로 삼되 좀 더 미시적인 차원에서 독서의 방법적 특성을 정리하고자 한다. 크게 두 가지 방향의 설명이 가능할 것으로 보인다. 하나는 책에 담긴 리를 자신의 것으로 녹여내는 자기체화(自己體化)의 방법이며, 다른 하나는 고도의 몰입력과 마음비움을 근간으로 엄밀성과 엄격성, 객관성, 공정성이 발휘되는 리 분석의 방법이다.

---

50 제5장 3절 3항 참조.

1) 리의 자기체화(自己體化)

독서가 책을 통해 리를 궁구하고 체득하는 데 궁극적인 의미가 있다면, 많은 분량을 표면적으로 읽고 넘어가는 것은 의미가 없다. 양보다는 질을 추구하면서, 책에 담긴 리를 깊은 곳까지 정밀하고 익숙하게 이해하면서 실제의 삶에서 검증하고 체화(體化)해 가는 일이 중요하다. 즉, '정숙(精熟; 정밀함과 익숙함)'과 '절기(切己; 절실한 자기체험)'의 방법이 요청된다.

(1) 정숙(精熟): 정밀함과 익숙함

주희에 의하면, 독서궁리에 임해서는 충분히 감당할 만한 적은 분량을 대상으로 제대로 소화해 가는 것이 중요하다. 즉, 한꺼번에 많은 분량을 읽으려고 욕심내거나 서둘러서는 안 되며, 적은 분량을 조금씩 정밀하고 익숙하게[精熟] 읽도록 해야 한다.[51] 자신의 역량을 다 쓰지 않을 정도의 여유 있는 독서량을 정해서,[52] 가령 이백 자를 읽을 수 있는 역량이 있더라도 단지 일백 자만을 읽고 그 일백 자에 온 힘을 기울이면 그 이해는 자연히 자세하고 익숙해질 수 있다는 것이다.[53] 마치 과일을 먹을 때 그냥 깨물면 맛을 알지 못한 채 삼키게 되지만, 잘게 씹으면 맛이 절로 우러나서 그 특유의 맛을 제대로 알게 되는 것과 같이, 충분히 정밀하고 익숙하게 읽은 후에야 글의 진정한 맛과 리의 의미가 구석구석 우러나게 된다.[54]

독서에서 '익숙하게 읽는 것(熟讀)'과 '정밀하게 사유하는 것(思量)'은 긴밀하게 연관된다. 주희는 "독서의 방법은 한 번 읽으면 한 번 사유하고 한 번 사유하면 또 한 번 읽는

---

51 『朱子語類』 10-40, "讀書不可貪多, 且要精熟. 如今日看得一板, 且看半板, 將那精力來更看前半板, 兩邊如此, 方看得熟. 直須看得古人意思出, 方好."/『朱子語類』 10-37, "書宜少看, 要極熟. 小兒讀書記得, 大人多記不得者, 只爲小兒心專. 一日授一百字, 則只是一百字; 二百字, 則只是二百字. 大人一日或看百板, 不恁精專. 人多看一分之十, 今宜看十分之一. 寬著期限, 緊著課程."/『朱子語類』 10-50, "大凡讀書, 須是熟讀. 熟讀了, 自精熟; 精熟後, 理自見得."

52 『朱子語類』 10-42, "讀書不可貪多, 常使自家力量有餘."

53 『朱子語類』 10-39, "讀書, 小作課程, 大施功力. 如會讀得二百字, 只讀得一百字, 卻於百字中猛施工夫, 理會子細, 讀誦教熟."

54 『朱子語類』 10-50, "大凡讀書, 須是熟讀. 熟讀了, 自精熟; 精熟後, 理自見得. 如喫果子一般, 劈頭方咬開, 未見滋味, 便喫了. 須是細嚼教爛, 則滋味自出, 方始識得這箇是甜是苦是甘是辛, 始爲知味."

것이다. 읽어서 외우는 것은 사유를 도우며 마음으로 하여금 앞에서 끊임없이 활동하도록 한다. 만약 입으로만 읽고(기계적으로 암송하고) 마음으로 사유하지 않는다면, 무엇을 보더라도 자세하게 기억하지 못할 것이다."[55]라고 한다. 또한 "읽으면서 사유하지 않으면 그 의미를 알지 못하며, 사유만 하면서 읽지 않으면 비록 깨달았더라도 결국 위태로워 안정되지 못한다."[56]고 하고 "만약 외우는 것이 익숙하지 못하면 역시 사색할 수 없다."[57]고 한다. 정리해 보면, 읽는 행위 혹은 읽어서 외우는 행위는 사유와 상호 보완적이다. 글의 내용을 아주 익숙하게 읽고 기억할 수 있기 위해서는 그 내용에 대해서 정밀하게 사유해 보지 않으면 안 되고, 정밀하게 사유하기 위해서는 그 내용이 입과 머리에 익숙해야 한다. 정밀하게 사유할 수 있다는 것은 이미 숙독이 바탕이 되었다는 것이며, 숙독한다는 것은 이미 정밀하게 사유함을 의미한다. 일견 숙독과 암기가 기계적이고 맹목적 자세를 불러와 주체적 사유력을 감소시킬 듯하지만 오히려 숙독과 암기가 있어야 사유력이 최고조로 고양될 수 있다는 것이 주희의 견해다. 숙독과 암기는, 대충 읽었을 때 놓칠 수 있는 세세한 부분들에 대한 면밀한 성찰력을 이끌어 낸다. 역으로, 정밀한 사유는 글의 결과 맛을 세세하게 들추어내는 작용을 하면서 숙독과 암기가 쉽고 강력하게 이루어지도록 돕는다. 숙독과 정밀한 사유의 병행을 통해 자연스럽게 책 속의 리(理)는 마음(心)과 하나가 되어 삶에서 잊히지 않게 된다.[58]

사람들이 흔히 지니는 독서의 병폐는 바로 많은 양의 공부를 탐함으로써 독서가 익숙하고 정밀하지 못하게 된다는 점이다.[59] 즉, 책의 어떤 부분을 아직 다 보지 않았는데 마음은 이미 다음 부분에 가 있는 것처럼,[60] 앞을 향해 나아가려고만 하지 뒤를 향해 반복하지 않는다.[61] 단지 요점만을 간추려 가면서 서둘러 보려고 하는 것도 관련된 병폐다.[62]

---

55 『朱子語類』 10-66, "讀書之法: 讀一遍了, 又思量一遍; 思量一遍, 又讀一遍. 讀誦者, 所以助其思量, 常教此心在上面流轉. 若只是口裏讀, 心裏不思量, 看如何也記不子細."

56 『朱子語類』 10-65, "讀了又思, 思了又讀, 自然有意. 若讀而不思, 又不知其意味; 思而不讀, 縱使曉得, 終是卼臲不安. 一似倩得人來守屋相似, 不是自家人, 終不屬自家使喚."

57 『朱子語類』 10-61, "誦得熟, 方能通曉. 若誦不熟, 亦無可得思索."

58 『朱子語類』 10-65, "若讀得熟, 而又思得精, 自然心與理一, 永遠不忘."

59 『朱子語類』 10-40, "學者貪做工夫, 便看得義理不精."/『朱子語類』 10-64, "讀書不可貪多, 且要精熟."

60 『朱子語類』 10-46, "今人讀書, 看未到這裏, 心已在後面; 纔看到這裏, 便欲舍去了."

61 『朱子語類』 10-49, "人多是向前趲去, 不曾向後反覆, 只要去看明日未讀底, 不曾去紬繹前日已讀底."

62 『朱子語類』 10-47, "某最不要人摘撮. 看文字, 須是逐一段·一句理會."

모든 것을 한꺼번에 해치울 수 없는 것은, 마치 하루에 밥을 세 끼 정도만 먹어야지 십여 일분의 밥을 한꺼번에 먹을 수 없는 것과 같다.[63] 욕심만으로 쭉 읽어 가기만 한다면 아무리 열 번을 읽었다고 하더라도 그것은 이해하지 못한 것을 열 번 읽은 것에 불과하다.[64] 이러한 독서로서는 숙독과 정밀한 사유가 불가능하여 책 속의 리와 자신 사이의 거리는 좁혀지지 않는다. 여러 책을 한꺼번에 두루 읽기보다는 일단 한 가지 책을 철저하게 본 다음에 다른 책을 읽는 습관을 들이고,[65] 그 하나의 책에 대해서도 하루에 한 단락 정도의 적은 분량으로 이리저리 음미해서 보아야 그 단락의 내용(理)은 진정 자신의 것이 될 수 있다.[66] 나아가 그 한 단락에 대해서조차 반복하여 이리저리 보면서 푹 무르익도록 해야 의미 이해가 깊어지고 의미 수용도 견고해지게 된다.[67] 한 부분을 정밀하게 볼 수 있다면 나머지도 마찬가지의 정밀함을 얻을 수 있게 되지만, 만일 한 부분에 정밀하게 하지 않으면 나머지도 정밀해질 수 없다.[68]

사람들의 또 다른 독서 병폐는, 어떤 것을 이해했다고 생각하는 순간 곧 그만둬 버리고 만다. 그 이면에 여전히 이해되지 않은 부분이 있을 수 있으므로 아직 간파하지 못한 속뜻을 헤아리도록 노력해야 하는데도 말이다.[69] 이해에도 깊이의 차이가 있기 때문에, 아직 이해되지 않은 부분은 물론이고 이미 이해된 경우도 반복해서 볼 필요가 있다.[70] 이해한 것을 다시 살펴보는 지점에서 더욱 오묘한 이해의 경지를 맛볼 수 있다.[71] 똑같은 글이라고 해도 한 번 읽을 때와 열 번 읽을 때와 백 번 읽을 때는 그 의미 이해가 같

---

63 『朱子語類』 10-44, "不可都要羇去, 如人一日只喫得三碗飯, 不可將十數日飯都一齊喫了. 一日只看得幾段, 做得多少工夫, 亦有限, 不可羇去都要了."

64 『朱子語類』 10-38, "今人讀書, 只羇羇讀去. 假饒讀得十遍, 是讀得十遍不曾理會得底書耳."

65 『朱子語類』 10-42, "正淳云: 欲將諸書循環看. 曰: 不可如此, 須看得一書徹了, 方再看一書. 若雜然並進, 卻反爲所困."

66 『朱子語類』 10-48, "讀書是格物一事. 今且須逐段子細玩味, 反來覆去, 或一日, 或兩日, 只看一段, 則這一段便是我底."/『朱子語類』 10-45, "讀書, 只看一箇册子, 每日只讀一段, 方始是自家底. 若看此又看彼, 雖從眼邊過得一遍, 終是不熟."

67 『朱子語類』 10-49, "須玩味反覆, 始得. 用力深, 便見意味長; 意味長, 便受用牢固."

68 『朱子語類』 10-63, "讀書, 理會一件, 便要精這一件; 看得不精, 其他文字便亦都草草看了. 一件看得精, 其他亦易看."

69 『朱子語類』 10-89, "看文字, 若便以爲曉得, 則便住了. 須是曉得後, 更思量後面尙有也無."

70 『朱子語類』 10-82, "讀書只要將理會得處, 反覆又看."

71 『朱子語類』 10-73, "看文字, 於理會得了處更能看過, 尤妙."

을 수가 없다.[72] 마치 한곳에서 머뭇거리고 뒤돌아 연연하며 떠나고 싶지 않는 듯한 태도야말로 그 깊은 의미의 체인을 가능케 한다.[73]

사람들은 또한 책을 읽으면서 특정한 외적 효과를 기대하곤 하는데, 이 역시 철저하고 정밀한 독서를 방해하는 주요 요인이다. 주희는 독서할 때에 '효과를 추구하지 않는 자세'를 '숙독', 그리고 '반복체험'과 함께 독서의 세 가지 원칙 중의 하나로 제시한 바 있다.[74] 미리 효과를 기대하게 되면, 그 결과를 의식하여 근심하거나 서두르게 되어, 독서가 철저히 이루어질 수 없고 따라서 도리는 드러나지 않기 때문이다.[75] 이와는 달리, 앞뒤를 세산하지 않고, 늦거나 빠른 것을 문제 삼지 않고, 또한 여러 가지 부정적인 상황을 염려하지 않고 머리를 숙이고서 달려 나간다면 얼마 지나지 않아 지극한 경지에 이를 수 있게 된다.[76]

(2) 절기(切己): 절실한 자기체험

적은 분량을 대상으로 정밀하게 사유하며 숙독하는 과정은 자연스럽게 리를 자기체험적으로 이해하는 과정으로 이어져서, 책에 담긴 리를 자기화하는 데 이른다. "책을 읽어서 궁리할 때는 마땅히 몸에서 체득해야 한다."[77]라고 하는 주희의 말은, 궁리(窮理)는 머리만이 아니라 몸으로 이해할 때 비로소 완결될 수 있음을 말해 준다. 그는 이 뜻을 종종 '절기(切己)'라는 표현에 담는다. '절기'는 그 활용 맥락을 종합해 볼 때 '체험하는

72 『朱子語類』 10-56, "書須熟讀. 所謂書, 只是一般. 然讀十遍時, 與讀一遍時終別; 讀百遍時, 與讀十遍又自不同也."

73 『朱子語類』 10-83, "今人讀書, 看未到這裏, 心已在後面; 才看到這裏, 便欲捨去. 如今, 只是不求自家曉解. 須是徘徊顧戀, 如不欲捨去, 方能體認得."

74 『朱子語類』 10-36, "太凡看文字: 少看熟讀, 一也; 不要鑽研立說, 但要反覆體驗, 二也; 埋頭理會, 不要求效, 三也. 三者, 學者當守此."/ 『朱子語類』 10-35, "少看熟讀, 反覆體驗, 不必想像計獲. 只此三事, 守之有常."

75 『朱子語類』 10-29, "讀書看義理, 須是胸次放開, 磊落明快, 恁地去. 第一不可先責效. 纔責效, 便有憂愁底意. 只管如此, 胸中便結聚一餅子不散. 今且放置閑事, 不要閑思量. 只專心去玩味義理, 便會心精; 心精, 便會熟."/ 『朱子語類』 10-30, "讀書, 放寬著心, 道理自會出來. 若憂愁迫切, 道理終無緣得出來."

76 『朱子語類』 10-31, "讀書, 須是知貫通處, 東邊西邊, 都觸著這關捩子, 方得. 只認下著頭去做, 莫要思前算後, 自有至處."

77 『朱子語類』 11-2, "讀書窮理, 當體之於身."

것[體驗]'[78]이고, '자기 것으로 삼아 보는 것[做自家底看]'[79]이며, '체험적으로 살피는 것[體察]'[80]이고, '자신의 몸상에서 체인하는 것[體認著自家身己]'[81]의 뜻을 지닌다. 즉, 책의 내용을 다만 지면상에서 엿보는 것을 넘어서, 그것을 실제 삶 속에서 자신의 일로 삼아 체험하며 그 의미를 궁구하는 태도다.[82] 가령 책에서 인·의·예·지에 관한 구절을 보았을 때, 자신의 삶에서 어떤 것이 인이고 의이고 예이며 지인가를 체인하고, 또한 '학이시습지불역열호(學而時習之不亦說乎)'라는 구절을 보았을 때는 자신이 학(學)과 습(習)과 열(說)을 어떻게 해 왔고 또 할 것인가를 체험적으로 살핀다.[83] '절실한 자기체험'으로 풀이할 수 있는 '절기'의 메시지는, 독서를 통한 궁리가 반드시 단순한 인식적 차원을 넘어서 실천적 차원까지 나아가야 완결될 수 있다는 점을 보여 준다. '절기'의 독서 저편에는 다만 과거시험이나 잡문 등을 목적으로 한, 그리고 지면상에서 글 뜻만 따지는 독서가 있는데 이는 다만 겉치레의 공부일 뿐이다.[84]

독서의 실제에서 '절기'는 다음 두 가지 면모를 함께 지니는데, 즉 그것은 책 속에서 진리라고 인식되는 내용을 자신의 삶에서 체험적으로 익히는 일인 동시에, 그 진리성을 '주체적'으로 확인하는 일이기도 하다. 진리의 체득 과정으로서의 '절기'의 체험은 언제나 '주체적 재해석'을 그 요소로 내포하고 있다. '절기'는 독서를 통해 리를 몸으로 익히는 일이되, 그것은 타율적·수동적 과정이 아닌 자율적·능동적 과정이다. 절기를 통해

---

78 『朱子語類』 11-37, "讀書, 須要切己體驗."

79 『朱子語類』 11-42, "須做自家底看, 便是切己."

80 『朱子語類』 11-40, "今人讀書, 多不就切己上體察, 但於紙面上看, 文意上說得去便了. 如此, 濟得甚事."/ 『朱子語類』 11-38, "學者當以聖賢之言反求諸身, 一一體察. 須是曉然無疑, 積日旣久, 當自有見."

81 『朱子語類』 11-41, "如世上一等人說道不須就書册上理會, 此固是不得. 然一向只就書册上理會, 不曾體認著自家身己, 也不濟事."

82 『朱子語類』 11-39, "讀書, 不可只專就紙上求理義, 須反來就自家身上推究. …(중략)… 自家只借他言語來就身上推究, 始得."

83 『朱子語類』 11-41, "如世上一等人說道不須就書册上理會, 此固是不得. 然一向只就書册上理會, 不曾體認著自家身己, 也不濟事. 如說仁義禮智, 曾認得自家如何是仁?自家如何是義?如何是禮? 如何是智? 須是著身己體認得. 如讀'學而時習之', 自家曾如何學? 自家曾如何習? '不亦說乎'! 曾見得如何是說? 須恁地認, 始得. 若只逐段解過去, 解得了便休, 也不濟事."

84 『朱子語類』 11-42, "學須做自家底看, 便見切己. 今人讀書, 只要科擧用; 已及第, 則爲雜文用; 其高者, 則爲古文用, 皆做外面看."/ 『朱子語類』 11-40, "今人讀書, 多不就切己上體察, 但於紙上看, 文義上說得去便了. 如此, 濟得甚事!"

서, 책의 내용은 단지 관념적으로 배척되거나 수용되지 않고, 체험적 검증의 차원에서 취사선택될 수 있다.

그런데 그렇다고 해서 '절기'가 자기 주관에 사로잡힌, 편의대로의 체험을 의미하지는 않는다. 절기는 무엇보다 '객관적 리'를 주체적으로 소화하며 몸으로 익히고자 하는 노력이다. 자신의 기존 견해에 이끌리거나 갇혀서는, '객관적 리'를 있는 그대로 비추고 익히는 '절기'의 체험이 어렵다. '절기'의 체험은 기존의 모든 고정된 관념으로부터 벗어난 상태에서 제대로 이루어질 수 있으니, 주희가 '허심절기(虛心切己)'를 말하는 것은 이 때문이다. '허심(虛心; 마음을 비움)'은 '절기'를 위한 중요한 조건이다. 그는 "'허심절기'하라. '허심'하면 도리가 분명하게 이해되고, '절기'하면 (도리를) 자연히 몸으로 터득하게 된다."[85]고 하며 또한 "독서는 반드시 '허심절기'해야 한다. '허심'해야 성현의 뜻을 얻을 수 있고, '절기'해야 성현의 말씀이 헛된 말이 아니게 된다."[86]고 한다. '마음을 비운다'는 의미의 '허심'은 잡다하고 불요한 생각과 감정을 거두고 또한 기존의 견해를 내려놓는 행위를 의미한다. 마음을 뒤덮고 있는 기존의 모든 관념 및 감정들로부터 충분히 자유로울 수 있어야, 비로소 책의 내용을 자신의 삶 속에서 실천하고 검증하며 익혀 보고자 하는, 겸허하고 진실하며 진지한 자세도 생겨날 수 있다. 주자학에서의 성현, 그리고 경서에 대한 신뢰는 바로 이러한 '허심절기'의 검증과 체화의 과정을 거쳐서 확립되어 간 것으로 볼 수 있다.

'절기'가 독서만이 아니라 독서를 포함한 격물치지 공부 전반의 기본 태도이며 방법임은 물론이다. 앞에서 격물치지 공부를 크게 '체험적 고찰'과 '독서'로 구분했었는데 여기서 '체험적 고찰'은 바로 '절기'의 태도와 긴밀하게 연관되어 있다.[87] 주희는 "실리(實理)를 궁구하려면, 자신에게 '절기'의 공부가 있도록 해야 한다. 만일 천하 만물의 리를 널리 궁구하기만 하고 '절기'에 힘쓰지 않으면 곧 (정선생의) 『유서(遺書)』에서 말한 바, '말을 몰아 떠나 돌아갈 바 없는(遊騎無所歸)' 꼴이 된다."[88]고 한다. 격물은 온갖 사물의 리를 두루 궁구하는 일이지만 언제나 '절기'의 방법으로 자기화(自己化)를 이루는 과정을

85 『朱子語類』 11-23, "虛心切己. 虛心則見道理明; 切己, 自然體認得出."

86 『朱子語類』 11-22, "讀書須是虛心切己. 虛心, 方能得聖賢意; 切己, 則聖賢之言不爲虛說."

87 이렇게 보면 '체험적 고찰'은 한편으로는 '독서'와는 별개로, 다른 한편으로는 '독서'의 방편으로 존재하면서 격물치지 공부의 핵을 이루고 있음을 알 수 있다.

88 『朱子語類』 18-38, "且窮實理, 令有切己工夫. 若只汎窮天下萬物之理, 不務切己, 卽是遺書所謂遊騎無所歸矣."

밟아야 비로소 자신에게 '실제의 리(實理)'를 쌓아 가는 위기지학(爲己之學)이 된다.[89] 자신의 삶에 자기화된 리가 충분히 쌓이고 이것을 바탕으로 지속적으로 이루어 가는 것이 올바른 의미의 격물이다.[90] '절기'의 과정이 지속되어야만 격물치지 공부는 그것이 아무리 광범위하게 진행되더라도 돌아올 지점을 모르고 방황하는 형국에 빠지지 않으면서 뭇 사물의 리를 활연관통하는 지혜를 구축하는 기재가 될 수 있다. 독서의 실제에서, 자신에게 이미 갖추어진 리를 단서로 하여 책의 리를 자기체험적으로 이해해 가노라면, 독서는 그 광대한 범위와 상관없이 단순한 박람(博覽)으로 전락하지 않으면서 마음의 체용을 지극히 밝히는 격물치지적 목적에 부응할 수 있다.

2) 리 분석의 엄밀성과 객관성

주희에게서 독서는 책에 담겨진 리를 있는 그대로 드러내는 일인 만큼 그 분석 태도는 매우 치열하고 냉철하고 엄격하며 공정하다. 독서궁리에 임해서는, 한 치의 방심과 나태함, 자만심, 사견을 허용치 않는 고도의 몰입력과 마음비움을 근간으로, 리의 의미를 엄밀하고 객관적으로 드러내야 한다고 본다. 이 방법적 성격은 '취진(驟進; 맹렬한 전진)' '허심(虛心; 마음을 비움)' '의(疑; 의문)'라는 핵심어를 중심으로 정리할 수 있다.

(1) 취진(驟進): 의미 분석의 맹렬함과 엄격함

주희는 독서궁리의 자세로서 고도의 몰입력을 기저로 한 맹렬함과 엄격함을 강조한다. 주희가 독서를 할 때 많은 양을 욕심내어 서두르지 말고 결과에 초연한 여유를 가져야 한다고 했지만, 이것이 태만을 용인하는 뜻은 아니다. 그에 의하면 독서할 때 공부과정은 비록 작게 잡되 공력(功力)은 크게 들여야 하며,[91] 기한을 넉넉하게 잡되 대신 야무지게 해야 한다.[92] 주희는 이러한 독서의 태도를 표현할 때 '취진(驟進)'이라는 말을 선호

89 주희가 주목한 주요 공부원리 중의 하나인 '위기지학(爲己之學)'은 한편으로는 '타인의 눈이 아닌 자기 본성의 눈에 따르는 공부'의 의미와, 다른 한편으로는 '진리를 절실하게 자기체험하고 실현해 내는 공부', 즉 '절기'의 공부 의미를 함께 지닌다. '절기'의 태도는 곧 '위기'의 태도에 다름 아니다. 제5장 3절 1항 참조.

90 『朱子語類』 15-13, "格物, 須是從切己處理會去. 待自己者已定疊, 然後漸漸推去, 這便是能格物."

91 『朱子語類』 10-39, "讀書, 小作課程, 大施功力."

92 『朱子語類』 10-37, "寬著期限, 緊著課程."

하는데, 이는 독서가 맹렬하게 전진하는 방식으로 이루어져야 한다는 뜻이다. 그에 의하면, 무미건조한 부분에서도 생각을 쏟아 내야 하거니와 특히 많은 의심이 일어날 때는 먹고 자는 것도 접어 둘 만큼 무섭게 달려 나가야지, 나가는 듯 마는 듯 대충대충 하는 독서가 되어서는 안 된다.[93] 마치 맹장(猛將)이 전쟁에 임해서 적을 단번에 쳐서 무찌르는 듯한[94] 맹렬한 기상을 지녀야 한다. 정신과 몸을 우뚝 세우되 마치 칼이 등 뒤에 있는 것과 같은 긴장감도 지녀야 한다.[95] 밖에서 무슨 일이 일어나는지 주위 환경이 어떠한지에 대한 의식조차 초월한 채로 책에 몰입할 수 있어야 독서의 맛을 알 수 있고,[96] 대문을 빗장질하고 지게문을 닫아걸고 사방을 차단한 때야말로 독서할 때다.[97] 자신의 존재조차 잊고 책으로 스며든 듯한 극도의 몰입력은 필경 리를 온전하게 보아 내는 동력이 된다.[98] 주희는 특히 독서의 출발점일수록 맹렬하고 엄격한 몰입의 태도를 지녀야 한다고 본다. 마치 약을 달일 때 처음에는 센 불로 펄펄 끓이다가 그다음에 약한 불로 달이는 것과 같다.[99] 처음에 맹렬하고 엄격한 태도로써 정밀한 이해를 갖게 되면 그다음의 독서는 점차적으로 쉬워지게 된다.[100]

독서에서 몰입이 몰입 그 자체가 아닌, 책의 리를 드러내고 의미를 분석하는 데 목적이 있다면, 실제로 그 성과가 쌓이지 않으면 안 된다. “모름지기 한 번 때렸으면 한 줄기 흔적이 남아야 하고, 한 번 쳤으면 한 움큼의 피가 묻어날”[101] 만큼의 뚜렷한 성과를 산출해 내야 한다. 마치 큰 배가 순풍에 긴 돛을 달고 하루에 천 리를 가듯 해야지, 작은 항구를 떠나자마자 얕은 곳에서 닿아 버려서는 안 된다.[102] 이를 위해 단번에 맹렬하게

93 『朱子語類』 10-20, “學者讀書, 須是於無味處當致思焉. 至於群疑並興, 寢食俱廢, 乃能驟進. …(중략)… 驟進二字, 最下得好, 須是如此. 若進得些子, 或進或退, 若存若亡, 不濟事. 如用兵相殺, 爭得些兒小可一二十里地, 也不濟事. 須大殺一番, 方是善勝. 爲學之要, 亦是如此.”

94 『朱子語類』 10-25, “看文字, 須是如猛將用兵, 直是鏖戰一陣.”

95 『朱子語類』 10-21, “看文字, 須大段著精彩看. 聳起精神, 樹起筋骨, 不要困, 如有刀劍在後一般.”

96 『朱子語類』 10-19, “學者只知觀書, 都不知有四邊, 方始有味.”

97 『朱子語類』 10-18, “關了門, 閉了戶, 把斷了四路頭, 此正讀書時也.”

98 『朱子語類』 11-15, “讀書, 須是要身心都入在這一段裏面, 更不問外面有何事, 方見得一段道理出.”

99 『朱子語類』 10-23, “譬之煎藥, 須是以大火煮滾, 然後以慢火養之, 卻不妨.”

100 『朱子語類』 10-50, “讀書之道, 用力愈多, 收功愈遠. 先難而後獲, 先事而後得, 皆是此理. …(중략)… 讀書之法, 須是用工去看. 先一書費許多工夫, 後則無許多矣. 始初一書費十分工夫, 後一書費八九分, 後則費六七分, 又後則費四五分矣.”

101 『朱子語類』 10-24, “須是一棒一條痕! 一摑一掌血! 看人文字, 要當如此, 豈可忽略?”

102 『朱子語類』 10-28, “看文字, 當如高舟大艑, 順風張帆, 一日千里, 方得. 如今只纔離小港, 便著淺了,

글의 의미의 이면을 파고들어 갔다가 빠져나와야 한다. 대충 보고 지나치면 끝내 그 글에서 벗어나지 못하고 허우적거리게 된다.[103] 앞뒤의 문이 꽉 막혀서 빠져나갈 수 없는 것과 같이 한 글자 한 글자의 의미가 더 이상 분석이 안 될 때까지 탐구를 하고,[104] 나아가 한 단락 한 단락에 대해, 머리를 치면 꼬리가 응하고 꼬리를 치면 머리가 응할 정도의 일관되고 철저한 이해에 도달한 후에 다음 대목으로 넘어가야 한다.[105] 그리하여 궁극적으로는 책 전체의 의미가 관통되는 지점까지 보아 낼 수 있어야 한다.[106]

이렇듯 극도의 몰입상태에서 책의 의미 하나하나를 구석구석 살피고 파악해 내는 독서태도는 마치 엄정한 관리가 범죄를 수사하는 모습과 유사하다. 주희는 "글을 볼 때는 바로 엄정한 관리[酷吏]가 법을 매우 각박하게 적용하여 사사로운 감정은 조금도 없이 끝까지 범죄 사실을 추궁하는 것처럼 해야 한다. 만약 요즘처럼 글을 등한시하고 보고 지나친다면 어떻게 (글의) 깊은 맛을 보겠는가? 무릇 글에 이해되지 않는 곳이 있으면, 반드시 목숨 걸고 공부하여 도리가 자신의 것이 되도록 이해해야 비로소 (이 공부를) 멈출 수 있게 된다."[107]고 한다. 엄정한 관리가 범죄를 추궁할 때는 대충대충 넘어가는 법이 없다. 아무리 사소한 범죄 내용일지라도 어느 것 하나도 새어 나가지 않도록 각박함과 철저함을 기해서 결국 최적의 판결을 내린다. 거기에 사사로운 감정의 개입은 없고 오직 법의 원칙에 입각한 몰입상태의 면밀한 분석이 있을 뿐이다. 모든 수준의 몰입은 그 나름의 효과를 이끌어 내겠지만, 책의 내용에 대한 더할 나위 없는 깊은 통찰은 반드시 깊은 수준의 몰입을 요한다. 얕은 수준의 몰입이 이성적·논리적 분석력을 촉진하는 데 그친다면, 깊은 수준의 몰입은 그것을 넘어 영성적·직관적 통찰력 및 지혜까지 끌어내서 책의 깊은 곳까지 그리고 전체적으로 들여다볼 수 있도록 돕는다.

주희가 몰입이라는 맹렬하고 엄격한 독서태도를 강조하는 데에는, 역시 당시 일반 사

濟甚事! 文字不通如此看."

103 『朱子語類』 10-22, "看文字, 須要入在裏面, 猛滾一番. 要透徹, 方能得脫離. 若只略略地看過, 恐終久不能得脫離, 此心又自不能放下也."

104 『朱子語類』 10-17, "看文字, 須逐字看得無去處. 譬如前後門塞定, 更去不得, 方始是."

105 『朱子語類』 10-21, "就一段中, 須要透. 擊其首則尾應, 擊其尾則首應, 方始是."

106 『朱子語類』 10-31, "讀書, 須是知貫通處, 東邊西邊, 都觸著這關捩子, 方得. 只認下著頭去做, 莫要思前算後, 自有至處."

107 『朱子語類』 10-26, "看文字, 正如酷吏之用法深刻, 都沒人情, 直要做到底. 若只恁地等閑看過了, 有甚滋味! 大凡文字有未曉處, 須下死工夫, 直要見得道理是自家底."

람들의 지나치게 안일한 독서태도, 즉 마냥 편안하게 이리저리 음미하는 것을 독서하는 방법으로 여기는 태도에 대한 강력한 비판의 의도가 숨겨져 있다.[108] 주희에게서 독서는, 사람이라면 그것 없이는 온전한 삶이 불가능한 진리에 대한 절박함, 마치 생존을 위해 전쟁을 치르는 듯한 비장함을 가지고 임해야 하는 일이다. 그러나 절박함과 비장함이 함께하는 몰입의 독서는 괴로운 과정이 아닌 즐거운 과정이다. 주희에 의하면, 그것이 제대로 된 몰입이라면, 몰입은 한 치의 틈도 허락하지 않는 각성의 모습을 띠는 동시에 안정과 평화와 고요와 즐거움의 모습을 동반한다. 억지로 마음을 몰아붙이며 정신을 훼손하는 고통스런 형상은 아니라는 것이다.[109] 이럴 경우라면 책을 잠시 놓고서 정신을 가다듬은 후에[110] 다시 '절박하고 비장하나 행복한 몰입'의 상태로 돌아와야 한다.

(2) 허심(虛心): '자신의 옛 견해나 설'로부터의 자유

주희는 독서의 과정에서, 종전소견(從前所見), 구견(舊見), 기견(己見), 기의(己意), 선입지설(先入之說) 등으로 표현되는,[111] '독자 자신이 이미 지니고 있는 옛 견해나 설'에 집착하는 태도를 경계한다. 독서에서 의미 파악은 한쪽으로 치우침이 없이 공정하게 이루어져야 하는데,[112] 자신의 옛 견해에의 집착은 이를 방해한다. 공부의 과정에서 옛 견해가 없을 수 없고 또 적절하게 활용도 해야겠지만 그것에 경직되게 매몰되는 순간 이는 궁리가 지속적이면서 새로운 차원으로 심화되어 가는 데 걸림돌로 작용한다. 마치 흐린 물을 제거한 다음에야 맑은 물을 만날 수 있듯이 옛 견해를 내려놓은 뒤에야 새로운 의미를 알게 된다.[113] 특히 이해가 되지 않는 곳에서일수록 옛 견해를 의심하고 씻어 낼 수 있어야 하고,[114] 그리고 한 걸음 물러나서 볼 수 있어야 한다.[115] 송사를 재판할 때, 마

---

108 『朱子語類』 10-23, "人言讀書當從容玩味, 此乃自怠之一說. 若是讀此書未曉道理, 雖不可急迫, 亦不放下, 猶可也."

109 『朱子語類』 10-52, "只是平心定氣在這邊看, 亦不可用心思索太過, 少間卻損了精神."

110 『朱子語類』 11-18, "不可終日思量文字, 恐成硬將心去馳逐了. 亦須空閑少頃, 養精神, 又來看."

111 이 항의 각주 인용문들 참조.

112 『朱子語類』 11-58, "讀書要周遍平正."

113 『朱子語類』 11-74, "學者不可只管守從前所見, 須除了, 方見新意. 如去了濁水, 然後淸者出焉."

114 『朱子語類』 11-75, "到理會不得處, 便當'濯去舊見, 以來新意', 仍且只就本文看之."/『朱子語類』 11-29, "讀書遇難處, 且須虛心搜討意思. 有時有思繹底事, 卻去無思量處得."

115 『朱子語類』 11-72, "看文字, 須是退步看, 方可見得. 若一向近前迫看, 反爲所遮蔽, 轉不見矣."

음속에 먼저 을(乙)을 옹호하려는 생각이 있으면 바로 갑(甲)의 옳지 못한 측면을 찾으려 하게 되고, 먼저 갑을 옹호하려는 생각이 있으면 곧 을의 옳지 못한 측면을 찾게 되는데, 이는 갑과 을의 변론을 잠시 뒤로 하고 천천히 살펴서 옳고 그름을 판별하는 것만 하지 못하다.[116] 소송을 처리할 때 당사자의 말을 다 듣고 난 다음에야 판결을 내릴 수 있듯이, 독자는 언제나 마음을 비우고 옛 견해로부터 자유로운 상태에 있어야 책을 제대로 이해할 수 있다.[117] 기실, 공부하는 사람들이 쉽게 빠지기 쉬운 유혹의 하나가 '자신의 설을 세우는 것[立說]'이다. 이러한 태도로는 리를 바르게 이해할 수 없을 뿐더러 정신력까지 낭비하게 된다. 자신의 설을 세우고 이를 적용하려 하는 대신 언제나 마음을 비울 수 있어야 새로운 의미가 독자의 마음의 지혜의 바다로 계속 흘러들 수 있다.[118] 자신을 통해서 사물을 볼 것이 아니라, 마음을 넓게 풀어헤친 후 책에 따라 책을 보고 사물을 따라서 사물을 보아야 한다.[119] 이렇듯 자신의 옛 견해나 설로부터 자유로운 마음이 곧 '비운 마음'으로서의 '허심(虛心)'이다. 주희에게서 '허심'은 책의 리의 이해를 심화하고 또 리를 체화하는 필수요건이다.

주희에 의하면 특히, 성현들이 리에 두루 통달하여 하나하나 지극한 곳까지 한 말을 담고 있는[120] 경서들을 읽을 때는, 독자의 개인적 견해로서 성현의 뜻을 견강부회하지

116 『朱子語類』 11-73, "學者觀書, 病在只要向前, 不肯退步看. 愈向前, 愈看得不分曉. 不若退步, 卻看得審. 大槪病在執著, 不肯放下. 正如聽訟: 心先有主張乙底意思, 便只尋甲底不是; 先有主張甲底意思, 便只見乙底不是. 不若姑置甲乙之說, 徐徐觀之, 方能辨其曲直. 橫渠云: '濯去舊見, 以來新意.' 此說甚當. 若不濯去舊見, 何處得新意來. 今學者有二種病, 一是主私意, 一是舊有先入之說, 雖欲擺脫, 亦被他自來相尋."

117 『朱子語類』 11-26, "凡看書, 須虛心看, 不要先立說. 看一段有下落了, 然後又看一段. 須如人受詞訟, 聽其說盡, 然後方可決斷."

118 『朱子語類』 11-23, "看文字須是虛心. 莫先立己意, 少刻多錯了."/ 『朱子語類』 11-25. "聖賢言語, 當虛心看, 不可先自立說去撐拄, 便喎斜了. 不讀書者, 固不足論; 讀書者, 病又如此."/ 『朱子語類』 11-27, "看前人文字, 未得其意, 便容易立說, 殊害事. 蓋既不得正理, 又枉費心力. 不若虛心靜看, 卽涵養·究索之功, 一擧而兩得之也."

119 『朱子語類』 11-35, "放寬心, 以他說看他說. 以物觀物, 無以己觀物."/ 『朱子語類』 11-36, "以書觀書, 以物觀物, 不可先立己見."

120 『朱子語類』 11-61, "聖人七通八達, 事事說到極致處. 學者須是多讀書, 使互相發明, 事事窮到極致處."

말고[121] 그 지극한 의미에 도달하도록 노력해야 한다.[122] 주희는 "성인의 언어는 모두 천리가 스스로 자연히 그러한 것이니 본래 평이하고 명백한 것이다. 다만 사람들이 마음을 비우고 보지 않기 때문에 외면만 더듬고 있을 뿐이다. 게다가 (글의 의미를) 볼 수 없으면 자신의 일반적 생각을 도출해서 성인의 견해를 끌어다 붙인다."[123]라고 한다. 주희에게 있어서 성인의 말, 성인의 책은 그 지혜의 깊이를 헤아리는 것이 쉽지 않기 때문에 아무리 겸허하게 접근해도 지나치지 않는다. 성현의 글로 성현의 글을 파악하도록 해야지 자신의 설에 성현의 견해를 끼워 맞추어서는 안 된다. 그렇지 않으면 성현이 보여 준 넓고 깊은 지혜의 경지로 들어서지 못하고 겉에만 머무르기 쉽다. 그렇다고 해도, 주희가 성현의 책을 맹목적으로 수용해야 할 '절대진리서'로 상정하는 것은 아니다. 앞서도 논급했거니와, 그것 역시 객관적인 리에 대한 성현들의 체험을 기술한 것으로 결국 '이차적 의미[第二義]'를 지닐 뿐이다. 리의 온전한 확인처는 각자의 마음이며 삶의 현장이다. 다만 이 경서들은 리의 표현에 있어 높은 완성도를 지니고 있으므로 짧은 소견으로 쉽게 재단하는 오류를 범하지 않도록 그만큼 신중하고 겸허하게 접근해야 함을 말하는 것이다.

주자학에서 자신의 옛 견해와 설, 즉 기견(己見) 너머에 있는 보편적이고 공정한 이해의 지평은 말할 것도 없이, 리의 지점이다. 독서의 실제에서 기견을 넘어서 책의 저자가 하는 말의 의미를 정확히 집어내야 하고 나아가 그것이 리에 합당한가의 여부를 판단하는 데까지 나아가야 한다. 저자의 말이 리에 합치하면 옳고 리에 배치되면 그르다.[124] 즉, 독서는 리의 지점을 향해서 마치 양파껍질을 벗기듯 독자의 기견에 싸인 인식적 오류 및 한계의 껍질을 벗겨 가는 과정이다. 그런데 책의 내용이 리에 합당한가, 합당하지 않은가, 또한 어떠한 점에서 그러한가 등의 문제에 대한 궁극적인 판단 주체는 독자 자신이다. 어떠한 권위도 독자 자신이 갖춘 마음의 리에 앞설 수 없으며, 독자는 자신의 마음의 리에 비추어 판단할 따름이다. 자신의 마음의 리에 비추어 본다는 것은 기견에 따르는 것과는 전혀 다르다. 오히려 마음의 리에 비추어 볼 수 있으려면 기견을 제쳐 두

121 『朱子語類』 11-65, "學者不可用己意遷就聖賢之言."

122 『朱子語類』 11-61, "聖人多說箇廣大寬洪之意, 學者要須體之."

123 『朱子語類』 11-24, "聖人言語, 皆天理自然, 本坦易明白在那裏. 只被人不虛心去看, 只管外面捉摸. 及看不得, 便將自己身上一般意思說出, 把做聖人意思."

124 『朱子語類』 11-64, "凡讀書. 先須曉得他底言詞了, 然後看其說於理當否. 當於理則是, 背於理則非. 今人多是心下先有一箇意思了, 卻將他人說話來說自家底意思; 其有不合者, 則硬穿鑿之使合."

는 '마음비움(虛心)'의 조건이 선행되어야 한다.[125] 마음을 비우게 되면 자연히 리의 감각이 살아나서, 리로써 직접 시비를 점검할 수 있게 된다.[126] 온갖 리를 갖추고 또 비출 수 있는 존재가 사람의 본래 마음이기에,[127] 궁리를 위해서는 무엇보다 이 본래성이 살아나도록 마음을 잘 비워 내는 일을 선행해야 한다.[128] 마음이 리를 잘 비추어 내지 못하는 것은 마음이라는 거울에 먼지가 끼었기 때문이니 기견이라는 먼지를 언제나 잘 털어 낼 수 있어야 한다.

(3) 의(疑): 사려 깊은 의문의 제기와 제거

독서로써 격물치지하는 과정은, 이미 이해한 리를 반복해서 재확인하며 익히는 과정인 동시에 막힌 부분에서 끊임없이 의문을 제기하는 과정이기도 하다.[129] 그런데 의문들은 그 수준에서 층차가 있을 수 있다. 정밀한 사유와 농익은 이해를 바탕으로 한 의문이 있고, 얕은 사유와 거친 이해에서 나오는 거친 의문이 있다. 의문의 바람직한 형태는 전자임은 자명하다. 특히 독서의 초기에는, 아무리 많은 의문이 생긴다고 할지라도 억지로 판단하지 말고 잠시 제쳐 두고 이해가 무르익을 때까지 기다리는 편이 좋다고 주희는 말한다.[130] 먼저 절실한 노력과 함께 극진한 이해가 있은 연후에 의문이 제기되어야

125 『朱子語類』 11-25, "聖賢言語, 當虛心看, 不可先自立說去撐拄, 便喎斜了. 不讀書者, 固不足論; 讀書者, 病又如此."/『朱子語類』 11-26, "凡看書, 須虛心看, 不要先立說. 看一段有下落了, 然後又看一段. 須如人受詞訟, 聽其說盡, 然後方可決斷."

126 『朱子語類』 11-23, "看文字須是虛心. 莫先立己意, 少刻多錯了. …(중략)… 虛心切己. 虛心則見道理明; 切己, 自然體認得出."/『朱子語類』 11-31, "全然虛心, 只把他道理自看其是非. 恁地看文字, 猶更自有牽於舊習, 失點檢處. 全然把一己私意去看聖賢之書, 如何看得出."/『朱子語類』 11-32, "且要虛心, 逐一說看去, 看得一說, 卻又看一說. 看來看去, 是非長短, 皆自分明."

127 『朱子語類』 9-44, "一心具萬理. 能存心, 而後可以窮理."/『朱子語類』 9-45, "心包萬理, 萬理具於一心. 不能存得心, 不能窮得理; 不能窮得理, 不能盡得心."/『孟子集註』. 「盡心」(上) 註解. "心者人之神明, 所以具衆理而應萬事者也."

128 『朱子語類』 9-46, "窮理以虛心靜慮爲本."/『朱子語類』 9-47, "虛心觀理."

129 『朱子語類』 11-76, "某向時與朋友說讀書, 也教他去思索, 求所疑. 近方見得, 讀書只是且恁地虛心就上面熟讀, 久之自有所得, 亦自有疑處. 蓋熟讀後, 自有窒礙, 不通處是自然有疑, 方好較量. 今若先去尋箇疑, 便不得."

130 가령 제자백가의 주장과 관련하여 때로는 그것의 옳고 그름이 분명하게 인식되지 않는다는 제자의 질문에 대해서 주희는 억지로 판단하려 하지 말고 잠시 놓아두라고 권고한다(『朱子語類』 11-79, "問: 看理多有疑處. 如百氏之言, 或疑其爲非, 又疑其爲是, 當如何斷之? 曰: 不可强斷, 姑置之可

하며 이런 의문이야말로 학우들 간의 강론 주제로서도 적절한 것이 된다.[131] 처음부터 일부러 의문을 찾는 것은 잘못이나, 정밀하게 사유하고 숙독하는 과정에서 도출되는 의문은 정당하며 긴요하다.

> 지금 세상에 떠도는 여론은 후생들의 게으름만 조장한다. 가령 '감히 선배를 가볍게 논해서는 안 된다.'든지 '감히 함부로 주장을 펴서는 안 된다.'는 것 등은 모두 게으른 사람들의 뜻에 부합된다. 진정 선배들의 뜻을 (근거 없이) 망령되이 논의하는 것은 옳지 않지만, 그렇다고 그들 행위의 옳고 그름을 논하는 것이 어찌 해가 되겠는가? 진정 근거도 없이 주장을 펴는 것은 옳지 않으나, 독서를 하면 자연히 의문이 생기고 어떤 견해가 생기니 어쩔 수 없이 주장을 펴지 않을 수 없다. 자기주장을 펴지 않는 것은 단지 독서를 하고도 의문되는 것을 찾지 못했다는 의미다. 여러 학자의 주장을 정밀하게 살펴서 서로 비교하고, 아울러 그 옳음을 추구하다 보면 합당하게 분별되는 상태가 자연히 생긴다.[132]

여기서 주희는 기존의 권위에 억눌려 자신의 의문과 주장을 펼치는 데 지나치게 위축되어 있는 세간의 풍조에 대해서도 비판한다. 주희에 의하면, 근거 없이 자기주장을 펴서도 안 되지만, 오랜 시간을 들여 책을 읽고도 의문이 전혀 생기지 않았다면 그것은 독서를 정밀하게 하지 않았다는 반증이며 게으름의 표식일 뿐이다. 독서가 철저하다면 그 과정에서 자연히 의문을 가지게 되고, 이에 따라 자기주장을 펴지 않을 수 없게 된다. 그렇기 때문에 "의문이 생기지 않으면 모름지기 의문이 나도록 해야 하고 의문이 날 때에는 도리어 의문이 없도록 해야 한다."[133]라는 역설이 성립할 수 있다.

의문은 다만 독서의 대상인 책의 내용이나 타인의 견해에 대해서만이 아니라, 자신의 견해에 대해서도 제기되어야 한다. 다른 사람들의 주장에 대해서는 의문을 지니면서도 자신의 주장을 의심하려고 하지 않는 것도 사람들의 일반적인 독서 병폐의 하나다.[134]

也."].

131 『朱子語類』 11-77, "看文字, 且自用工夫, 先已切至, 方可擧所疑, 與朋友講論."

132 『朱子語類』 11-103, "今世上有一般議論, 成就後生懶惰. 如云'不敢輕議前輩', '不敢妄立論'之類, 皆中怠惰者之意. 前輩固不敢妄議, 然論其行事之是非, 何害? 固不可鑿空立論, 然讀書有疑, 有所見, 自不容不立論. 其不立論者, 只是讀書不到疑處耳. 將精義諸家說相比並, 求其是, 便自有合辨處."

133 『朱子語類』 11-78, "讀書無疑者, 須敎有疑; 有疑者, 卻要無疑, 到這裏方是長進."

134 『朱子語類』 11-80, "人之病, 只知他人之說可疑, 而不知己說之可疑. 試以詰難他人者以自詰難, 庶幾自見得失."

자신의 견해에 의문이 없다는 것은 곧 스스로가 그것에 사로잡혀 있다는 것을 자인하는 것에 다름 아니다. 자신과 타인의 견해에 대한 철저한 이해와 성찰을 거친 후에 조심스럽게 의문을 제기하며 자신의 주장을 만들어 가는 일은 독서의 중요한 과정이다.

독서공부에서 의문의 제기 자체는 과정일 뿐 궁극적 목적은 아니다. 의문을 넘어서 리를 깊이 이해하고 체득하는 지점이야말로 독서공부가 도착할 곳이다. 정밀하고 철저한 독서를 통해서 정당한 의심을 제기하는 것도 중요하지만, 이미 더 이상 의심할 수 없는 것을 반복해 보면서 이해를 강화해 감과 동시에[135] '절기'의 체험으로 리를 체화하며 의심을 넘어서는 경지야말로[136] 독서의 백미다.

4. 주희의 독서론을 통해 본 독서교육의 초점

지금까지 주희의 독서론을 논하되, 독서의 격물치지 공부로서의 성격에 주목했다. '체험적 고찰'과 더불어 격물치지 공부의 한 축을 형성하는 '독서'는, 사물의 리를 철저히 이해하고 체득하며 마음의 본체와 작용을 지극히 밝히고자 하는 격물치지적 이상을 공유하고 있었다. 삶에서의 절실하고 긴요한 문제—신심성정의 덕, 인간사의 리 등—의 궁리에 주안점을 두면서도 멀리는 자연사의 리의 탐구도 아우르고자 하는 등, 독서의 대상 범위는 격물궁리의 방대한 탐구 관심과 연계해서 광범위했지만, 삶의 핵심 진리를 체화하며 마음의 통찰적 지혜를 극대화하려는 격물치지적 초점은 언제나 견지되었다. 격물치지 공부로서의 독서는 구체적으로, 삶의 절실하고 긴요한 리에 대한 철학적 소양을 길러 준다고 판단되는 양서(경서)를 중심으로 하는 독서, '마음의 보존'을 그 전제요 목표로 삼는 독서, 책 속의 리를 하나하나 자기체화해 가는 독서, 고도의 몰입력과 '마음비움'을 근간으로 엄밀하고 객관적인 의미 분석을 꾀하는 독서의 모습으로 나타났다. 주희 독서론은 현대 독서교육의 철학과 방법론을 모색하는 데 주요한 논점 및 시사점을 제공한다. 이에 마지막으로, 주희의 독서론에 대해 밝혀진 사실을 종합적으로 반추하

135 『朱子語類』 10-74, "看文字須子細. 雖是舊曾看過, 重溫亦須子細. …(중략)… 不是於那疑處看, 正須於那無疑處看, 蓋工夫都在那上也."

136 『朱子語類』 11-22, "讀書須是虛心切己. 虛心, 方能得聖賢意; 切己, 則聖賢之言不爲虛說."/『朱子語類』 11-23, "虛心切己. 虛心則見道理明; 切己, 自然體認得出."

며, 그것이 현대 독서교육에 어떠한 시사점을 줄 수 있는가에 대해 점검해 보기로 한다.

주희에게서 '독서'는 '체험적 고찰'과 더불어 격물치지 공부의 핵심 영역으로서, 격물치지적 목표와 방법론을 그대로 반영하고 있었다. 격물치지 공부로서의 독서는 책을 매개로 가까이는 마음과 몸의 리, 인간사의 리, 그리고 멀리는 자연현상의 리에 이르기까지 세세하고 광범위하게, 그러면서 그 관통처에 이르기까지 투철하게 통찰하는 지혜를 형성함과 아울러 마음의 본체와 작용을 지극히 밝히는 일이었다. 독서를 통한 궁리는 삶에서 절실하고 긴요한 문제로부터 출발하고 또 궁극적으로 이 문제로 귀결하는 특성을 지녔는데, 그것은 곧 신심성정(身心性情)과 같은 마음과 몸의 문제, 그리고 인간관계 및 질서 같은 인간사의 문제였다. 독서에서 먼저, 그리고 중요하게 읽어야 할 책은 바로 절실하고 긴요한 삶의 문제를 둘러싼 핵심 진리에 대해 깊고 균형 잡힌 사색의 길을 열어 주는 책이었으며, 이에 따라 사서(四書)와 같은 경서(經書)가 주목되었다. 우주에 존재하는 모든 사물이 격물치지의 대상이듯이 독서의 범위 역시 제한 없이 열려 있었지만, 삶의 긴요한 리의 이해와 체득을 중시하는 격물치지적 지향점은 독서의 우선순위 설정을 필요로 했고 그 결과 경서가 중심에 놓이게 된다. 경서를 매개로 삶의 핵심 진리를 둘러싼 철학적(哲學的)·성학적(聖學的) 소양을 다진 후에 이를 토대로 다방면의 책을 읽어 가게 되면, 독서가 아무리 광범위하게 이루어지더라도 삶에 긴요한 리를 통찰하며 마음의 체용을 밝히는 격물치지적 초점을 놓치지 않을 수 있다고 주희는 인식했다. 주희에게서 독서는 결국 마음의 본연을 보존하고 실현하는 일을 핵심으로 삼았던 바, '마음의 보존(흔히 경의 마음으로 표현되는)'은 독서궁리의 전제이면서 결과였다.

독서가, 진리에 대한 이른바 '성현의 말씀'을 담은 경서를 중심으로 이루어지는 것이라고 해서, 그것이 성현의 말씀에 대한 맹목적 수용의 성격을 띠는 것은 아니었다. 책의 진리 여부를 판단하고 검증하는 궁극적 주체는 독자 자신으로서, 독서에서 독자의 자율성과 주체성은 철저하게 지켜졌다. 이러한 사실은 독서가 격물치지 공부의 '이차적 의미'를 지닌다는 주희의 인식에서 확인되었다. 즉, 격물치지 공부의 '일차적 의미'는 '체험적 고찰'에 부여되었는데, 이는 사람은 누구나 선천적으로 리를 소유하고 있으며 이것이 격물궁리의 원천적 준거가 된다는 전제에서 성립할 수 있었다. '독서'는 '체험적 고찰'을 근간으로 다만 '체험적 고찰'이 효과적으로 이루어지도록 안내하는 역할을 할 뿐이었다. 그럼에도 불구하고 '체험적 고찰'이, 체험을 안내하는 책이 없으면 적절하고 효과적으로 이루어지기 어렵다는 점에서 '독서'는 격물치지 공부의 핵심이기에 손색이 없었다.

주희의 독서론은, 그 의미와 목적에서만이 아니라 방법적 측면에서에서도 삶의 절실하고 긴요한 리로부터 철저하게 이해하고 체득해 내고자 하는 격물치지 공부로서의 특징을 분명하게 보여 준다. 그것은 우선, 다양한 책에 대한 단순한 박람(博覽)의 오류에 빠지지 않으면서 책에 담긴 리를 자신의 것으로 녹여 내는 자기체화(自己體化)의 방법적 면모로 나타난다. 양보다는 질을 추구하면서, 책에 담긴 리를 깊은 곳까지 정밀하고 익숙하게 이해하며 삶에서 실제로 검증하고 체화(體化)해 가는 데에, 그리하여 체화된 리를 하나하나 자신에게 쌓아 가는 데에 초점을 맞춘다. 다른 하나는 고도의 엄밀성과 엄격성, 객관성과 공정성이 발휘되는 의미(리) 분석의 방법적 면모다. 독서의 과정에서 리를 더할 나위 없이 엄밀하고 객관적으로 분석해 가야 하는데 이를 위해 고도의 몰입력과 마음비움(虛心)의 조건이 중요하다는 것이 주희의 인식이었다.

주희의 독서론은 현대적 관점에서 볼 때 매우 특별한 유형의 독서임에 틀림없다. 현대에 우리가 접하는 독서의 의미와 방법에 대한 관점은 우리가 접하는 책의 수만큼이나 다양할 수 있지만 대체로 보다 가볍고 실용적인 양상을 지닌다. 이는 자율화, 다원화, 실용화된 현대인들의 삶의 양식과 연계되어 있다. 이에 비해 주희의 독서론은 삶과 세계의 핵심 진리를 이해하고 체득하며 마음의 체용을 밝혀 가는 일종의 '구도적(求道的)' 모습을 띤다. 이렇듯 겉으로 보기에 현대사회와의 조화가 어려워 보이는 주희의 독서론은, 그러나 그 '비현대적' 특성 때문에 역설적으로 현대의 독서 및 독서교육이 간과하고 있는 점을 예리하게 들추어 줄 수 있다. 더욱이 주희의 독서론은 인간 교육 및 배움의 전체 맥락을 고려하며 정리된 것이어서, 현대 독서의 문제를 교육 자체의 차원에서 거시적·미시적으로 조망하는 데 시사하는 바가 크다. 주희의 독서론이 현대 독서교육의 장에 조언을 던지는 방식으로 몇 가지를 짚어 보면 다음과 같다.

첫째, 독서는 교육의 장에서 주변이 아닌 중심에 자리할 필요가 있다. 교육의 주된 의미가 배우는 이들로 하여금 삶의 의미와 가치 세계에 입문하도록 하는 일에 있다면, 무엇보다 이를 이끌어 줄 수 있는 '좋은 그리고 중요한 책'을 지속적이고 깊게 만나 갈 수 있도록 안내하는 일이 필요하다. 물론 그 내용이 일상의 삶에서 자기체험적으로 반추되면서 주체적으로 소화되어야 할 것이다. 주희에게서 독서가 지식공부의 핵으로서 자리잡고 있듯이, 나와 인간과 사회와 자연의 본질을 통찰적으로 알도록 이끄는 좋은 책에 대한 독서교육이야말로 모든 교과지식교육에 앞선 그리고 그 저변에 자리한 교육의 핵심이 될 필요가 있다.

둘째, 독서교육은 배우는 이들로 하여금 광범위하고 다양한 책의 세계로 안내하되, 삶의 핵심 진리를 이해하고 체현하는 과제는 언제나 그의 독서 실천의 근간으로 자리하도록 이끌어야 한다. 주희의 독서론에 의하면 독서는, 일반 교육이나 학문의 목적에 부응해서, 독자가 책을 통해 무엇보다 삶에 절실하고 긴요한 진리를 이해하고 체화해 가면서 자신의 삶과 세계의 본질을 꿰뚫어 보는 지혜를 터득해 가는 일이다. 현대에 존재하는 무수히게 다양한 책, 홍수와 같이 밀려드는 정보를 어떠한 원칙과 중심도 없이 섭렵하는 독서가 아닌, 그 다양한 책 및 정보와의 만남이 궁극적으로 삶의 핵심 진리에 대한 식견을 포함한 큰 지혜의 바다를 풍성하게 가꾸는 데로 수렴되도록 하는, 그리하여 예컨대 '나는 누구인가?'의 문제를 사회적·우주적 차원과 연계하여 통찰할 수 있는 지혜의 힘을 기르는 독서 및 독서교육이 되어야 한다.

셋째, 이를 위해서는 독서의 근본이며 중심으로 삼을 만한 '좋은 그리고 중요한 책'의 선정에 주의를 기울일 필요가 있다. 여타 모든 종류의 독서가 단순한 정보수집 차원으로 전락하지 않도록 중심을 잡아 주고 의미를 부여해 줄 수 있는, 그리고 삶의 핵심 진리를 이해하는 안목과 힘을 길러 줄 수 있는 '좋은 그리고 중요한 책'이 요청된다. 극도로 다원화된 현대사회에서 '좋은 그리고 중요한 책'을 선정하는 일은 쉬운 일이 아니다. 주희의 독서론에서처럼 특정한 책 목록—경서 등—을 일방적으로 제시하는 것은 현대사회에서는 불가능하다. '좋은 그리고 중요한 책'은, 독서의 개별적 실천 맥락에서 교사나 부모, 학생이 나름대로 신중하게 만든 기준에 의해 선택될 수밖에 없다. 가능한 한, 그 진리 함량에 대해 역사적·지성사적으로 인정받아 온, 그러면서도 배우는 이의 발달단계에 부응해서 흥미를 유발할 수 있는 책들이 선정될 필요가 있을 것이다.

넷째, 이렇게 선정된 책을 대상으로 해서, 그 속에 담긴 지혜가 완전히 자신의 것이 될 수 있을 만큼, 정밀하고 익숙하며 엄격한 읽기, 그리고 자기체험적 읽기가 철저하게 견지되는 독서교육이 긴요하다. 이 과정이 책의 내용에 대한 단순한 수동적 수용이 아닌, 자율적 체화 과정이 되어야 함은 물론이다. 현대의 독서행태의 가장 보편적인 모습은, 다양한 정보를 머리와 눈으로 훑고 지나가는 박람(博覽)이다. 책에서 어떤 지혜를 접하더라도 그 공감과 감동은 잠시일 뿐 금세 잊어버리고 마는 것이 현대인의 흔한 독서 습관이다. 주희의 독서론에서는 독서의 양보다는 질을 촉구하며, 그 질의 핵심은 삶의 긴요한 진리를 정밀하고 익숙하게 곱씹으며 자기체험적·주체적으로 체득하는 데 있다고 한다. 삶을 관통하는 진리는 의외로 단순하고 가까이에 있다. 그것을 자신의 삶에서 몸소 체험하고 검증하고 재구성하려는 진지한 노력이 부족한 것이 문제일 뿐이다. 주희의 독서론은, 현대의 독서교육이, '박람'이 아닌 '자기체화'에 초점을 맞출 것을, 이 '자기체화'의 자세가 바탕이 되어 광범위한 독서를 진리 탐구의 계기로 승화시킬 것을 권고하고 있다.

다섯째, 독서교육은 기본적으로 마음교육과 연결해서 이루어 갈 필요가 있다. 주희의 독서론에 의하면 마음 본연의 보존 및 실현과 독서는 상호 불가분의 관계, 상호 요청의 관계에 있다. 주자학에서 삶의 핵심 진리를 탐구하는 일은 결국 마음의 본연을 보존하고 실현하는 일, 마음의 체용을 밝히는 일과 연계되어 있으며, 따라서 독서를 포함한 주자학의 공부는 '심학(心學)'으로 귀결된다. 독서는 늘 경(敬)과 같은, 안정되고 깨어 있고 진리에 밝은 마음을 전제로 하고 또 지향해야 한다. 주희의 독서론에 의하면, 마음에 평화와 각성과 지혜가 깃들지 않는다면 그것은 제대로 독서를 하는 것 혹은 한 것이 아니다. 독서는 삶의 진정한 주인인 마음을 일깨우며 평화와 행복과 지혜의 주체로 거듭나게 하는 일이며, 현대에 독서치료가 의미를 지니는 것도 바로 이 지점이다.

주희 독서론의 이와 같은 현대적 적용에 대한 몇 가지 우려가 가능하다. 소수의 '좋은 그리고 중요한 책'을 중심으로 한 자기체화적 내용 이해의 방식이, 짧은 시간에 광범위한 정보를 습득해 가야 하는 현대인의 바쁜 삶의 양식에 들어맞지 않을 수 있다는 우려, 다양한 책에 대한 역동적인 독서를 방해하며 창조성의 형성에도 제약을 가할 수 있다는 우려 등이 대표적일 것이다. 충분히 제기 가능한 우려다. 주희 독서론의 장점을 살리면서도 이러한 우려에 담긴 문제들을 어떻게 풀어 갈 것인가를 고민할 필요가 있다. 다만 이 우려에 대한 주희 독서론적 입장의 변론을 간단히 덧붙이면 이렇다. 자기체험적인 엄밀한 읽기의 방식은 모든 책을 대상으로 적용하는 것이 아니다. 자기체험적이고 엄밀하게 읽어야 할 책과 다소 가볍게 읽어도 좋은 책이 있기 때문에, 책의 경중과 우선순위에 대한 구분 위에서 독서의 힘을 안배하면 조화롭게 해결될 수 있다. 그럼에도 불구하고, 만일 독서의 양에만 쫓겨서 소수의 양서에 대한 자기체화적 읽기를 소홀히 하는 독자는 결국 진리의 안목 및 삶의 실질적 형성과는 무관하게 정보의 바다에서 허우적거리면서 시간을 낭비하기 쉽다. 주희 독서론의 입장에서는, 또한 양서에 대한 자기체화적 이해의 방식이 창조성을 제약하지 않을 뿐더러 오히려 창조성을 고양하는 역할을 한다는 주장이 가능하다. 창조성은 좋은 것에 대한 진지하고 겸허한 그러면서도 주체적인 모방 및 자기검증을 그 필수 요소로 한다. 삶의 핵심 진리에 대한 자기체화의 힘은, 그 진리와 무관할 수 없는 삶의 모든 방면의 현상과 본질에 대한 깊은 통찰력을 끌어내면서 창조적 시각을 넓히게 된다. 더욱이 독서의 전제로서 요구되는 안정되고 깨어 있는 '보존된 마음', 제반의 '마음의 먼지'로부터 자유로운 '비워진 마음'은 그 자체가 창조적 마음의 표식이다.

제10장

주희의 공(公)/사(私) 인식과 공공성 교육

1. 논의의 방향

이 장에서는 공(公)과 사(私)에 대한 주희의 인식을 검토하고 이를 중심으로 공공성 교육의 문제까지 숙고해 보고자 한다. 주희의 공/사관의 요체는 개인적·사회적 차원에서의 사람들의 의식의 공적(公的) 전환의 필요성과 의의를 부각하는 것으로 귀결되는데, 이는 곧 공공성 교육의 문제와 직결된다. 교육주체들이 공적 의식을 습득하고 확장해 가는 일로서의 공공성 교육은 역사적으로 중시되어 왔으며, 사적 욕망이 지배하는 현대 사회의 어두운 측면을 고려할 때 이 주제에 대한 검토는 중요하게 부각되고 있다. 이에 이 장에서는, 주희의 공/사관을 교육적 관점에서 돌아보되, 이러한 현대적 문제의식을 보다 적극적을 투영해서 시사점을 끌어내는 방향의 논의를 진행하고자 한다. 이 논의를 위해 먼저 '공공성(publicness)', 그리고 '공공성 교육'이 의미하는 바를 현대 학계의 연구 관심 및 성과를 중심으로 먼저 개괄할 필요가 있다.

현대 한국 사회에서는 '공공성'에 대한 다각도의 탐색이 진행되어 왔다. 그만큼 사회, 정치, 법, 경제, 그리고 교육의 제 분야에서 공공성의 가치를 구현하는 것이 현대 한국 사회의 중요한 과제였다. 그런데 이러한 공공성 논의의 철학적 기반은 주로 서양의 지성사에 두어 왔고, 주로 아렌트(H. Arendt), 하버마스(J. Habermas), 롤즈(J. Rawls), 듀이(J. Dewey), 맥킨타이어(A. MacIntyre), 칸트(I. Kant) 등이 거론되었다. 이들의 사유를 근간으로 공공성의 철학적 성격에 대한 다양한 견해가 제기되어 왔는데, 대체의 관심은 결국 모종의 제약으로부터 공동체 구성원의 자율성, 평등성, 복수성의 가치를 지켜 내며, 구성원 간의 공통 관심사를 원활하게 창출하고 구현하는 유무형의 공익적 장치를 마련하는 데 있었다. 구성원 개인의 자유와 복수성을 제약하거나 해치는 주체는 국가가 될 수도 있고 시장사회가 될 수도 있고 대중문화가 될 수도 있다. 국가, 시장사회, 대중문화 등의 폭력으로부터 개인의 자유와 권리를 지켜 주는 일, 동시에 자유와 권리를 지닌 개인들 간의 온전한 소통에 입각해 공공선을 창출해 내는 일이 공공성 담론의 초점이 되어 온 것으로 보인다.

그런데 서구의 지성사에서 '공공'의 개념이 처음부터 이처럼 긍정적·적극적 의미를 담고 있었던 것은 아니다. '공공'은 19세기 중반 이후 약 한 세기가량 부정적으로 인식되어 왔으니, 즉 이 시기의 '공공'은 먼저 인간의 개체성을 위압하는 획일주의의 힘 혹은 공개성 및 토의가 빈껍데기가 된 '환영' 같은 이미지였다.[1] 이런 상황에서 공공성 논의의 자장을 크게 변화시킨 사람은 아렌트와 하버마스 등이다. 이들에 의해 개인의 의사소통적 자유나 관점의 복수성의 가치가 저변에 살아 숨 쉬는 공공성의 개념 및 공공 영역의 창출의 필요성이 부각되었다.[2] 결국 역사적으로 볼 때 공공성은, 한때 개체성을 위협하며 몰개성화로 몰아가는 기제로 인식되고 따라서 거부되었으나, 이후 아렌트나 하버마스 등을 거치면서 그 개념 자체의 폐기가 아닌 의미 전환의 방식으로 새로운 역사를 맞게 된다. 지금의 공공성 담론은 이와 같은 자기 부정에서 긍정으로 전환되는 역사적 과정을 거쳐 오면서 자연히 그 속에 개인의 자율성, 평등성, 복수성, 비판성 등의 가치를 내함하게 되었다. 공공성 담론에는 이러한 가치들을 제한하고 억압하는 구조적·제도적·문화적 폭력 및 획일성에 대한 경계 및 저항의식이 운명처럼 스며 있다.

이와 같이 공공성은 '(국가나 정부와 같은 책임 기구의) 공익성', '(여럿이 함께 이루어 가는) 공동체성', '(누구에게나 열려 있는) 공개성'과 같이 일반적으로 흔히 거론된 의미 외에, '자유' '복수성' '평등' '정의' '소통' '배려' '사랑' '연대' '비판'과 같은 의미를 그 자체 맥락 속에 내장하고 있다. 그렇다면 공공성은 교육과 어떻게 만나는가? 두 차원의 만남을 생각해 볼 수 있다. 하나는 '교육의 공공성'의 방식이고 다른 하나는 '공공성 교육'의 방식이다. 전자는 교육제도 및 정책, 과정의 공익적 성격을 말하고, 후자는 교육의 장에 참여하는 교육주체들이 공적 의식을 습득해 가는 일을 의미한다. 전자는 학습자 개개인의 자율성, 평등성, 복수성을 보장하면서 공공의 이익에 복무할 수 있는 교육제도 및 교육

---

1 이 시기는 공공성의 이미지를 '일반인(das Man)'이 지배하는 영역, 서로의 차이나 특색을 잃고 그저 '섞이는' 존재양식밖에 허용하지 않는 비본래성의 공간(마르틴 하이데거, Martin Heidegger), 평균성이나 영합으로 특징지어지는 '수평화의 주인'이며 개체화를 억압하는 기제(키에르케고르, Kierkeggard), 민주적인 법치국가의 조직원리인 공개성의 퇴락(칼 슈미트, Carl Shcmitt), 대중사회에서 사람들의 관심이 소비로만 향하고 공중이 '환영'에 불과해진 현실(월터 리프만, Walter Lippmann) 등으로 그리고 있다. 사이토 준이치, 윤대석·류수연·윤미란 공역, 『민주적 공공성: 하버마스와 아렌트를 넘어』, 서울: 이음, 2009, 43-45쪽.

2 아렌트의 『인간의 조건』(1958)과 하버마스의 『공론장의 구조전환』(1962)은 공공성 논의 자장 변화에 큰 역할을 했는데, 하버마스는 '의사소통적 자유', 즉 '이성을 공공적으로 사용할 자유'의 원리와 '비판적 공공성'의 원리를, 아렌트는 대중사회 소비사회의 획일주의로부터 '사람 사이(in-between)'의 근원적인 관점의 복수성을 재건하려는 관심을 표명했다. 사이토 준이치, 유대석 외 공역, 앞의 책 참조.

행정, 교육과정 체제의 정비 문제이며, 후자는 개별 학습자가 사랑, 연대, 자유, 평등, 복수, 비판, 그리고 소통의 가치까지 내함한 공적 의식을 확보해 가도록 이끄는 교수학습의 문제다. 공공성과 교육을 연결하는 이 두 방식은 각각 특수한 입지를 지니면서도 서로 긴밀한 관련을 맺고 있다. 전자와 같은 공공성의 이념에 충실한 교육제도적·교육정책적 정비가 없다면 후자와 같은 교실 속에서의 공공성 교육의 실천은 불가능하다. 역으로 미시적 차원에서 교육주체의 공적 의식을 키우는 교수학습이 이루어지지 않는다면 공공성 이념에 충실한 교육제도는 그 유지, 발전의 동력을 얻기 어렵다. 그런데 지금까지 교육과 공공성을 연결하는 연구들은 대체로 '교육의 공공성' 문제는 지속적으로 주목해 온 반면,[3] '공공성 교육'의 부문은 크게 돌아보지 않은 것으로 보인다.[4] 물론 공적 의식 함양 교육으로서의 공공성 교육은 도덕교육 영역에서 여러 방식으로 다루어 왔다고도 할 수 있지만, 공적 의식 함양 교육이라는 주제를 둘러싼 집중성은 약했던 것으로 보인다.

우리는 지금 공적 의식 및 공공성 교육의 문제를 주희의 공(公)/사(私) 인식과 연계하여 생각해 보려 하고 있다. 주희에게 현대적 의미의 공적 의식 및 공공성이라는 주제는 그의 공(公)에 대한 이해와 맞물려 있다. 그리고 주희에게 공(公)은 사(私)와 대립적으로 존재하기에 공을 이해하기 위해서는 사를 함께 다루지 않을 수 없다. 따라서 이 장에서는 공과 사에 대한 주희의 이해를 중심으로 공적 의식 및 그 함양을 둘러싼 공공성 교육에의 시사점을 도출해 볼 것이다.

기존에 주희의 공과 사에 대한 인식을 공공성의 문제와 본격적으로 연계하여 논의한 사례는 찾기 어렵다. 다만 주희의 공/사관의 실체를 엿볼 수 있는 주목할 만한 선행연

---

3 '교육의 공공성'에 대해서는 교육학계의 꾸준한 논의가 있어 왔다. 이에 관한 기존 연구들로는 다음 참조: 이윤미(2001). "공교육의 역사성과 교육의 공공성 문제", 『교육비평』 6, 2001, 12-31쪽; 나병현, "공교육의 의미와 교육의 공공성 문제", 『한국교육』 29(2), 2002. 549-572쪽; 이종태, "교육의 공공성 개념의 재검토: 공공성 논쟁의 분석과 개념의 명료화를 위한 논의", 『한국교육』 33(3), 2006, 3-29쪽; 고영호, "MacIntyre의 공동체주의와 교육의 공공성", 『교육철학』 29, 2006, 1-24쪽; 성병창, "교육 공공성의 개념 체계와 정립 원리", 『초등교육연구』 20(3), 2007, 229-249쪽; 신현석·이주영, "교육공공성 연구동향 분석: 키워드 네트워크 분석의 적용", 『교육정치학연구』 27(3), 2020, 129-163쪽; 홍수민, "학교교육의 공공성: 아렌트의 관점", 『인격교육』 16(4), 2022, 235-259쪽.

4 이 방면의 연구관심이 본격화되지 않은 가운데 다음 논문이 비교적 이런 관심과 연결된다: 이은선, "한나 아렌트의 '인간의 조건'과 '공공성'에로의 교육", 『교육철학』 29, 2003, 45-73쪽.

구들이 있는데,[5] 이 연구들이 밝힌 성과 중 필자가 전적으로 동의하는 것은, 주희의 공

5 본 논의의 한 배경으로서 그 성과를 일별해 보면 다음과 같다. 미조구치 유조(溝口雄三)는 중국에서의 공(公)과 사(私)의 관념의 변천 과정을 추적했는데, 일본에서의 공과 사가 단순하게 사회(특히 국가나 정부)와 개인의 관계였던 것과는 달리, 중국에서의 공과 사는 그 역시 사회와 개인의 관계이면서도 선(善)/악(惡), 정(正)/부정(不正)의 윤리적 대립관계로 인식되어 왔다고 설명한다. 특히 주희를 정점으로 하는 송대 유학에서 공/사 관념이 천리(天理)/인욕(人欲) 관념과 결부되기 시작하면서 그 이전에는 군주 한 사람의 정치적 덕성으로 수렴되던 공 개념이 사대부를 중심으로 한 인간일반으로 확대되었다고 인식한다. 공/사의 관계가 사회/개인의 관계를 반영하면서도 동시에 윤리적 정/부정의 관계에 있다고 봄으로써 사회적 규범은 긍정되고 개체욕망은 부정되는 양상을 지니는 것으로 이해한다. 중국 명청대의 지성계는 바로 이 사의 영역이 점차 긍정되는 양상으로 전개되며 이것이 중국 근대화의 특징이라고 설명한다. 권향숙은 미조구치의 시각을 비판하는 입장에서 주희의 공과 사의 개념을 정리하고자 했는데, 미조구치가 공과 사의 개념을 각각 사회적 규범과 개인이라는 구도로써 이해하고 이를 중국의 지성계 전부에 적용하려 했다는 점을 지적한다. 즉, 철학자별로 차이가 있음을 간과했다는 것인데, 예를 들어 호굉(胡宏)이나 대진(戴震)의 경우에는 이 도식을 적용할 수 있으나 주희의 경우 그 적용이 불가하다고 지적한다. 주희에게서 공/사 관념은 사회규범질서 대 개인의 관계가 아닌, 소통 대 단절의 관계, 즉 공은 사회적 관계맺음 혹은 근원적 사랑[仁]의 사회적 소통이고, 사는 그 소통을 방해하는 장애나 폐쇄성이다. 이런 시각에서 그는 주희에게서 개체의 작위적 의지나 능동성이 부정되지 않고, 또 인·의·예·지는 신분질서를 고착화하기 위한 장치가 아니라 사회적 관계를 현실적으로 인정하는 가운데 사대부(독서인층)를 중심으로 한 사회적 조화를 꾀하는 장치로 활용되었다고 분석한다. 이 역시 주희를 개인의 의미를 부정하고 신분질서의 고착을 꾀한, 근대성이 결여된 철학자로 규정하는 미조구치의 시각을 비판하는 논의에 해당한다. 다음으로 윤원현은 주희의 공/사 개념은 그의 다른 주요철학 개념, 즉 인이나, 천리/인욕, 시/비 등을 설명하기 위한 보조적 성격으로 논의된 것이며 따라서 이 철학개념들과의 관계 속에서 이해해야 함을 주장한다. 그는 이러한 관점에 입각해서, 공(公)과 사(私)를 각각 '보편적 도덕성을 띤 것'과 '개별적 배타성을 띤 것'으로 개념 정의한다.

이상의 논의들은 주희의 공과 사에 대한 이해를 넓히는 데 의미 있는 역할을 했다. 권향숙이 공과 사를 각각 사회규범과 개인의 관계가 아닌 소통과 단절의 관계로 인식하면서 이 문제를 본격적으로 제기한 미조구치의 시각을 넘어서려고 한 것, 그리고 윤원현이 공과 사를 다른 주요철학 개념, 특히 인(仁)과 적극적으로 연계해서 설명하려고 한 시도는 의의를 지닌다. 그런데 공과 사에 대한 '보편적 도덕성을 띤 것'과 '개별적 배타성을 띤 것'이라는 윤원현의 개념정리는, '보편적 도덕성'과 '개별적 배타성'이라는 용어의 추상성으로 인해 공/사 개념의 본의에 다가서기 어렵게 만드는 측면이 있다. 한편 공과 사를 소통과 단절의 관계로 풀이한 권향숙의 연구는 미조구치 유조의 시각을 중요한 측면에서 교정한 의미가 있지만 의문점도 내포하고 있다. 즉, 과연 크게 하나의 줄기를 타고 흐르는 중국 유학사의 맥락에서 공과 사를 윤리적 정/부정의 관계로 보느냐 아니면 사회/개인의 관계로 보느냐가 개별 사상가에 따라 전혀 다르게 나타나는 것일까? 이 문제를 규명하기 위해서는, 무엇보다 주희와 그 이후의 사상가들에 있어 공과 사가 논의되는 실제 맥락에 대해 특히 인(仁, 혹은 仁義禮智)을 비롯한 여타의 주요 학문개념들과의 관련성 속에서 보다 면밀하게 따져 갈 필요가 있었다.

과 사의 관계는 확실히 사회(규범질서)와 개인(개체욕망)의 관계는 아니라는 것이다. 뒤에서 자세히 설명하겠지만 주희에게 공과 사는, 개인적 차원이건 사회적 차원이건 의식상의 공적 지평과 사적 지평을 의미하는 것이다. 나아가 의식의 공적 지평은 에고 차원을 넘어선 '존재 자체'로서의 우주적 차원의 의식 영역을 의미하는데, 말하자면 우주적 차원의 사랑과 정의, 배려, 연대, 소통의 가치가 녹아 있는 영역이다. 한편, 사적 지평은 이런 공적 의식의 발현을 방해하는 의식의 측면, 즉 부정적 의미의 이기적 욕망과 같은 것이다. 말하자면 주희의 공(公)과 사(私)의 관계는 곧 천리(天理)와 인욕(人欲)의 관계로 설명하는 것이 그 본질에 가까울 것이다. 개인의식으로부터 사회구성원의 집단의식에 이르기까지, 인간의식의 공적 지평을 극대화해 가는 것이 주희의 공공성 교육의 핵심이다.

논의 순서는 다음과 같다. 먼저, 공(公)과 사(私)에 대한 주희의 논의 맥락을 가능한 한 충실히 따라가면서 공과 사의 의미를 새롭게 정리할 것이다. 여기에는 자연히 인, 의, 예와 같은 유교의 주요 덕성 및 가치 개념과의 연계 논의가 포함될 것이다. 다음으로 이와 같이 정리된 바의 공/사관의 배경에서 주희의 입장에서 개체성의 문제는 어떻게 정리될 수 있는가에 대해서 논의할 것이다. 마지막으로 주희의 공과 사, 그리고 개체성 이해에 기초해서 공적 의식 및 공공성 교육의 방향과 성격을 간략히 논해 볼 것이다.

2. 공(公)과 사(私)에 대한 주희의 인식

주희가 공(公)의 용어를 사용한 맥락을 전체적으로 볼 때 크게 두 가지 의미를 담고 있는 것으로 보인다. 하나는 윤리적으로 부정적 의미의 사(私)에 대립하는 긍정적 의미의 공(公)이다. 이때의 공은 공정(公正), 공평(公平), 공의(公義), 공도(公道), 공개(公開)의 의미를 지닌다. 다른 하나는 주로 조정이나 관청에 관련되는 일을 의미한다.[6] 이는 전자의 공공의 의미를 지니면서도 전자에 비해 윤리로부터 상대적으로 자유로운, 제도와 행정

미조구치 유조, 정태섭·김용천 공역, 『중국의 공과 사』, 서울: 신서원, 2004; 권향숙, "주희(朱熹)의 공(公)과 사(私): 溝口雄三의 주희 공/사관 비판적 검토", 『철학논구』 30, 2002, 25-49쪽; 윤원현, "주희(朱熹)의 '공(公)/사(私)' 개념과 공론(公論)", 『율곡사상연구』 17, 2008, 159-179쪽.

6 『朱子語類』 3-43의 '公事', 107-2의 '公選', '公薦'의 용례가 이에 해당한다.

상의 공공기관의 일이라는 의미를 지닌다. 이 두 가지 중에서 주희가 철학적인 의의를 크게 둔 것은 전자이며 실제로 전자의 용례가 대부분이다.

주희의 공/사관은 공(公)과 사(私)의 대립적 관계 인식에 기초하고 있다. 그리고 이 대립관계는 종종 천리(天理)와 인욕(人欲), 의(義)와 이(利), 선(善)과 악(惡), 시(是)와 비(非), 정(正)과 사(邪)의 대립관계로 해석된다.[7] 공(公)은 천리(天理)이고 의로움[義]이며 좋음[善]이며 옳음[是]이고 바름[正]이다. 사(私)는 인욕(人欲)이고 이욕[利]이며 나쁨[惡]이며 그름[非]이고 삿됨[邪]이다. 여기서 우리는 주희의 공과 사가 무엇보다 마음 혹은 의식의 두 양상을 표현하는 것임을 알게 된다. 사회나 개인과 같은 공간적 단위의 구분이 아니라, 인간의 마음과 그 마음이 만들어 낸 일에 있어서의 옳은 것과 그른 것의 구분임을 알 수 있다. 그리고 이 마음 혹은 의식은 개인적 차원의 것이기도 하고 사회적 차원의 것이기도 하다. 개인적 차원에서도 공과 사가 있고 사회적 차원에서도 공과 사가 있으며, 다양한 인간사의 맥락에서도 공과 사가 있다. 개인적 차원이건, 사회적 차원이건, 모든 인간사는 모두 마음이 만들어 낸 의식세계의 다양한 측면이다.

주희의 공(公)을 현대어로 번역하는 일은 쉽지 않다. 공정, 공평, 공개, 공동 등의 개념과 통하지만 그 어느 하나와도 만족스럽게 대응하지 않는다. 그 본의의 전체적 골격을 놓치지 않으면서 다가서고자 할 때의 제일의 길은, 공(公)의 대립적 개념인 사(私)와의 관계를 매개로 해서 공의 의미에 접근하는 일이 아닐까 한다. 나아가 주희의 공은 인(仁)의 개념과 밀접히 연계되어 있기에 양자의 관계에 주목하면서 공의 의미를 따져 가는 일도 빼놓을 수 없다.

> 사(私)가 끼어들지 않으면 공(公)이 되고, 공하면 인(仁)하게 된다. 마치, 물이 작은 장애를 만나면 두 갈래가 되는데, 반드시 장애를 완전히 제거해야 도도하게 흐르게 되는 것과 같다.[8]

---

7 『朱子語類』 8-18, "天下只有一箇道理, 學只要理會得這一箇道理. 這裏纔通, 則凡天理·人欲·義利·公私·善惡之辨, 莫不皆通."/『朱子語類』 13-30, "凡一事便有兩端: 是底卽天理之公, 非底乃人欲之私."/『朱子語類』 13-35, "看道理, 須要就那箇大處看. 須要前面開闊, 不要就那壁角裏去. 而今須要天理人欲, 義利公私, 分別得明白."/『朱子語類』 13-44, "人只有一箇公私, 天下只有一箇邪正."/『朱子語類』 13-45, "將天下正大底道理去處置事, 便公; 以自家私意去處之, 便私."

8 『朱子語類』 6-104, "無私以間之則公, 公則仁. 譬如水, 若一些子礙, 便成兩截, 須是打倂了障塞, 便滔滔地去."

주희의 공(公)은 사(私)가 없는 상태다. 물의 흐름에 비유하자면, 사는 물의 흐름을 방해하는 장애물과 같은 것이며 공은 이러한 장애물이 완전히 제거된 상태의 도도한 물의 흐름과 같다. 그리고 어떠한 장애도 없는 도도한 물의 흐름은 곧 인(仁)의 모습이기도 하다. 즉, 인이란 사욕이 무화되고 천리가 유행하는 상태인데,[9] 공은 곧 그 인이 발현되는 양상이며 방법이다.[10] 주희는 공과 인의 관계에 대해 안팎의 논리를 적용해서 설명하기도 한다. 인은 인간이 자신의 내면에 본유하는 리이고, 공은 사욕을 극복하는 공부가 지극해진 상태를 말한다. 즉, 인의 본성이 밖으로 실현되는, 몸을 통해 사욕의 극복이 온전하게 체험되는 상태가 공이라는 것이다.[11] 이에 대해 주희는 정이의 말을 인용해서 공하되 사람이 몸으로 체험할 때[公而以人體之], 즉 자기 몸상에서 사욕을 완전히 극복할 때 인이 이루어진다고 설명한다.[12] 사욕의 저편에 있는 인의 리가 몸으로 구현된 형태가 공인 셈이다. 여기서 공의 의미 이해를 위해 인의 의미를 더 따져 보자.

> 왕경인이 인(仁)에 대해 물었다. 답했다: 무로써 행하는 것[無以爲]이다. 반드시 겹겹이 쌓인 사욕(私欲)을 시험적으로 제거한 다음 본심의 덕이 어떤 기상인지를 자세히 체험하라. 다만 글자의 뜻만을 헛되이 강구하지 말라.[13]

주희는 인에 대해 '무이위(無以爲)'로 설명한다. 다소 파격적이다. 인에 대한 노자의 해석을 받아들인 것이기 때문이다. 노자는 유가의 가치분별틀에 대해 비판적으로 논의하는 자리에서 인에 대해 '무이위', 즉 '무로써 행함'으로 풀이한 바 있다.[14] 이 표현은, 인이 대도(大道)의 무위의 경지보다는 한 단계 낮으나 무위의 차원과 크게 다르지 않다는 뜻

---

9 『朱子語類』 6-105, "做到私欲淨盡, 天理流行, 便是仁."

10 『朱子語類』 6-99, "公是仁之方法, 人身是仁之材料."/ 『朱子語類』 6-100, "公卻是仁發處. 無公, 則仁行不得."

11 『朱子語類』 6-102, "或問仁與公之別. 曰: "仁在內, 公在外." 又曰: "惟仁, 然後能公." 又曰: "仁是本有之理, 公是克己工夫極至處. 故惟仁然後能公, 理甚分明. 故程子曰: '公而以人體之.' 則是克盡己私之後, 只就自身上看, 便見得仁也."

12 『朱子語類』 6-104, 95-156~162.

13 『朱子語類』 6-107, "王景仁問仁. 曰: 無以爲也. 須是試去屛疊了私欲, 然後子細體驗本心之德是甚氣象, 無徒講其文義而已也."

14 『老子』 38章, "上德不德, 是以有德. 下德不失德, 是以無德. 上德無爲而無以爲. 下德爲之而有以爲. 上仁爲之而無以爲. 上義爲之而有以爲. 上禮爲之而莫之應則攘臂而仍之. 故失道而後德, 失德而後仁, 失仁而後義, 失義而後禮. 夫禮者, 忠信之薄而亂之首也."

을 내포한다. 그만큼 노자도 인에 대해서는, 의나 예에 대해서와는 달리 어느 정도 긍정적 메시지를 보내고 있다.[15] 그런데 주희는 그 노자의 해석을 받아들이면서 무로써 행하는 것을 곧 사욕(私欲)이 제거된 행위라고 이해한다. 그리고 그것을 실제로 몸으로 체험해 보라고 주문하며, 그것이 공의 상태라고 설명하고 있다. 그렇다면 사욕의 제거라는 인 및 공의 경지를 노자의 무위자연(無爲自然)의 감각으로 상상해 보는 것이 가능해진다.

노자의 무위는 자아적 분별틀, 그리고 이에 따른 편협하고 경직된 욕망을 내려놓는 경지다. 자아적 욕망을 넘어서 '존재 자체[道]'의 지평에 나를 맡기는 경지다. 주희의 공 및 인의 경지 역시 존재지평로부터 '분리된 나'의 감각을 넘어서 존재지평의 감각으로 회귀한 경지라고 볼 수 있으며, 이는 노자의 무위자연의 경지와 큰 맥락에서 통한다. 이는 극복하고자 하는 욕망의 성격에 대해서도 양자의 견해에 유사한 점이 있음을 의미한다. 즉, 주희가 말하는 공과 인의 저편에 있는 사 혹은 사욕은 단순한 이기적 욕심이 아닌, 노자가 비우고 또 비우고자 했던[16] 그 자아적·에고적 욕망 자체와 맞닿아 있다. 노자는 존재지평과 분리된 자아의 분별적 욕망으로써는 무위자연의 리듬을 온전하게 탈 수 없다고 보았는데, 이 자아의 욕망을 주희는 사(私) 혹은 사욕(私欲)으로 표현하고 있는 셈이다. 존재지평과 분리된 자아의 욕망을 넘어서, 존재 자체의 감각으로 사유하고 느끼는 경지가 곧 '무위'요 '무이위'의 경지다.

이와 관련하여 주돈이(周敦頤)가 '무욕(無欲)'과 공(公)을 연결시킨 맥락을 떠올려 보자. 주돈이는 성인(聖人)이 되는 배움의 길을 한마디로 무욕으로 정리한다. 무욕은 곧 전일함[一]과 같은 뜻이라고 풀이하는데, 이로 보아 무욕은 단순하게 욕심이 없는 상태를 넘어서 자아적 욕망의 치달림에 떨어지지 않는 의식의 평정 상태를 의미함을 알 수 있다. 주돈이에 따르면 사람이 무욕하고 전일할 수 있다면 마음은 밝고[明] 소통하고[通] 공적이고[公] 넓은[溥] 상태로 나아갈 수 있다.[17] 주희는 주돈이의 무욕의 방법을 적극적으로 계승하면서도, 그 화두가 너무 높아서 일반사람들이 쉽게 접근하기 어려웠기 때문에 정이(程頤)에 의해 경(敬)의 방법이 제기되었다는 인식을 편다.[18] 주돈이의 무욕(無

15 이에 대해서는 다음 절에서 보다 상세히 논할 것이다.

16 『老子』 48章, "爲學日益, 爲道日損. 損之又損之, 以至于無爲. 無爲而無不爲矣. 故取天下, 常以無事. 及其有事, 不足以取天下."/『老子』 16章, "致虛極, 守靜篤, 萬物竝作, 吾以觀其復."

17 『周濂溪集』, 『通書』 20章, 「聖學」, "聖可學乎. 曰: 可. 曰: 有要乎. 曰: 有. 請聞言. 曰: 一爲要. 一者無欲也. 無欲則靜虛動直. 靜虛則明. 明則通. 動直則公. 公則溥. 明通公溥. 庶矣乎."

18 『朱子語類』 12-79, "今說此話, 却似險, 難說. 故周先生只說, 一者, 無欲也. 然這話頭高, 卒急難湊泊.

欲), 도가의 무위(無爲)나 무아(無我), 무기(無己) 등과 같은 담론은 모두, 세계와 분리된 자아의 분별없는 욕망을 문제 삼고 그것을 해체하고 잠재우고 넘어서서 존재지평의 마음을 획득해 가야 한다는 메시지를 담고 있다. 주희의 경은 바로 편협한 에고 너머의 존재 자체의 공적 지평의 마음에 다가설 수 있는, 합리적 방법으로 제안된 것이다.

주희는 문인들과 더불어 정호(程顥)의 「정성서(定性書)」에 나오는 '확연이대공(廓然而大公)' '물래이순응(物來而順應)'의 문제에 대해 토론한 바 있는데, 이는 공(公)에 대한 이해의 확장에 도움을 준다.

> 조치도가 물었다: "자사(自私; 사사로운 자기에 의존함)하면 유위(有爲)로써 사물의 자취에 응할[應跡] 수 없고, 용지(用智; 작은 지혜를 씀)하면 명각(明覺)으로써 스스로 그러함[自然]이 될 수 없다."라고 하고 "천지의 항상됨은 그 마음으로 만물을 보듬되 무심한 것이고, 성인의 항상됨은 그 정이 만사에 따르되 무정한 것이다."라고 합니다. 여기서 "만물을 보듬고, 만사에 따른다."는 것은 '확연이대동(廓然而大公; 크고 넓어서 두루 공정함)'을 말하는 것이고, "무심하고 무정하다는 것"은 '물래이순응(物來而順應; 사물이 다가옴에 자연스럽게 응함)'을 말하는 것입니다. '자사'하면 '확연이대공'을 할 수 없어 유위로써 사물의 자취에 응할 수 없게 되고, '용지'하면 '물래이순응'할 수 없어 명각으로 스스로 그러함이 될 수 없습니다. 대답했다: 그렇다.[19]

주희의 문인은 '확연이대공(廓然而大公; 크고 넓어서 두루 공정함)'과 '물래이순응(物來而順應; 사물이 다가옴에 자연스럽게 응함)'을, '자사(自私; 사사로운 자기에 의존함)'와 '용지(用智; 작은 지혜를 씀)'에 대립시키면서, 천지와 성인이 무심하고 무정하게 보이면서도 만물을 감싸 안고 만물에 자연스럽게 응하는 상태와 같은 것으로 설명한다. 세계와 분리된, 자리(自利)의 자아적 시야—즉, 자사(自私)와 용지(用智)—가 아닌 존재 자체의 시야, 즉 '하늘'의 시야에서 마음이 없는 마음으로 만물을 보듬고 만물에 응하는 그 경지가 공(公)이라는 것이다. '확연이대공'은 사의(私意)가 제거된 상태이고, '물래이순응'은 사물에 접

尋常人如何便得無欲! 故伊川只說箇敬字, 教人只就這敬字上捱去, 庶幾執捉得定, 有箇下手處. 縱不得, 亦不至失."

19 『朱子語類』 95-109, "趙致道問: '自私者, 則不能以有爲爲應跡; 用智者, 則不能以明覺爲自然.' 所謂'天地之常, 以其心普萬物而無心; 聖人之常, 以其情順萬事而無情'. 所謂'普萬物, 順萬事'者, 卽'廓然而大公'之謂; '無心無情'者, 卽'物來而順應'之謂. 自私則不能'廓然而大公', 所以不能'以有爲爲應跡'; 用智則不能'物來而順應', 所以不能'以明覺爲自然'. 曰: 然."

해서 사의가 아닌 도리에 따라 응하는 상태다.[20] '물래이순응'은 '확연이대공'에 이어서 자연히 부수되는 것이다. 사의가 없는 마음은 공자가 말한 '무의(無意), 무필(無必), 무고(無固), 무아(無我)'의 태도, 자신의 편협한 견해에 집착하지 않는 개방적 태도와도 상통한다.[21] 자리배타(自利排他)의 에고적 욕망으로서의 사의를 넘어서 '하늘' 지평에 나를 놓고 사물을 공평하게 이해하고 자연스럽게 응하는 경지다. '확연이대공'하여 사의에 얽매이지 않게 되면 자연히 선악을 밝게 변별하는 감각도 생긴다. 공은 마음의 평평함을 의미하기 때문이다.[22] 일반 사람들의 병폐는 이런 공평한 마음을 견지하지 못하고 사의로써 사물을 만나면서 결국 편중됨에 빠지게 되는 데 있다.[23] '나'를 고집하지 않음으로써 내가 만나는 사물과 가장 깊고 적절하게 교감할 수 있는 경지가 공(公)이며 인(仁)이다.

> 사(私)가 없게 된 후에 인(仁)이 되고 인하게 되면 천지만물과 일체를 이루게 된다.[24]

주희에 의하면 공과 인은 천지만물을 나로 여기는 세계관과 실천관을 이끌어 낸다. 결국 공과 인을 체현한다는 것은, '나'를 존재 전체와 분리된 것으로 보지 않는, 그리고 밖의 모든 사물을 나의 확장태로 인식하는 세계관을 가지게 되었다는 사실을 의미한다. 마음에 사의가 끼어듦이 없으면 자연히 타인과 내가 하나되고 사물과 내가 하나되며 공도(公道)가 자연히 유행하게 된다.[25] 주희에 의하면 성인, 군자란 바로 이 존재 자체의

---

20 『朱子語類』 95-107, "'廓然大公', 只是除卻私意, 事物之來, 順他道理應之."

21 『朱子語類』 36-21~37에 나오는 주희와 문인들의 토론 참조.

22 『朱子語類』 26-21, "問: '惟仁者能好人, 能惡人'. 好善而惡惡, 天下之同情. 若稍有些子私心, 則好惡之情發出來便失其正. 惟仁者心中渾是正理, 見人之善者則好之, 見不善者則惡之. 或好或惡, 皆因人之有善惡, 而吾心廓然大公, 絶無私係, 故見得善惡十分分明, 而好惡無不當理, 故謂之'能好能惡'. 曰: 程子之言約而盡. 公者, 心之平也; 正者, 理之得也. 一言之中, 體用備矣."

23 『朱子語類』 72-15, "今人皆病於無公平之心, 所以事物之來, 少有私意雜焉, 則陷於所偏重矣."

24 『朱子語類』 6-109, "無私, 是仁之前事; 與天地萬物爲一體, 是仁之後事. 惟無私, 然後仁; 惟仁, 然後與天地萬物爲一體."

25 『朱子語類』 6-78, "其理則天地之理, 其氣則天地之氣. 理無跡, 不可見, 故於氣觀之. 要識仁之意思, 是一箇渾然溫和之氣, 其氣則天地陽春之氣, 其理則天地生物之心. 今只就人身己上看有這意思是如何. 纔有這意思, 便自恁地好, 便不恁地乾燥. 將此意看聖賢許多說仁處, 都只是這意. 告顔子以'克己復禮', 克去己私以復於禮, 自然都是這意思. 這不是待人旋安排, 自是合下都有這箇渾全流行物事. 此

마음, 하늘의 마음이 열린 자다. 군자와 소인의 구분의 근거도 바로 공과 사의 구분에 있다.[26]

> 대개 군자(君子)의 마음은 대체로 단지 저 하나의 공공의 마땅한 도리를 이해하기에 항상 조화를 이루면서도 구차하게 같아지지 않을 수 있다. 소인(小人)은 사의를 지어내므로 비록 서로 어울리지만 두 사람이 서로 모이면 곧 저쪽과 자기를 나눈다. 따라서 이해 다툼이 생기고 분쟁이 일어나 조화를 이루지 못하는 데 이른다.[27]

군자의 화이부동(和而不同)과 소인의 동이불화(同而不和)의 양상을 둘러싼 주희의 공/사관적 해석을 보여 주는 대목이다. "군자의 마음은 허명통철하여 의(義)를 분명히 보고, 소인은 이(利)를 계교하는 데만 관계를 해서 비록 조금의 이익이라도 이해하는 특성이 있다."[28]라고 하는 주희의 군자/소인관은 공/사관의 맥락과 긴밀하게 연결되어 있다.

지금까지 거론한 이런저런 자료들을 통해서 우리는 인간의 마음에는 차원이 다른 두 성격의 마음, 즉 공(公)의 마음과 사(私)의 마음이 있다고 보는 주희의 시선을 확인하게 된다. 이 중 진정한 마음의 영역은 공의 지평이어서 이를 제대로 확인하고 드러내는 일이 중요하다. 마음의 공의 지평이야말로 존재 자체로서의 진정한 자아가 자리한 지점으로서, 에고적 장애를 넘어서 존재 자체로서 사유하고 느끼며 소통하는 덕성과 지혜의 자리다. 마음의 사는 에고적 욕망 같은 것으로 존재지평의 공적 의식의 드러남과 확산을 방해한다. 이것이 공과 사에 대한 주희의 기본적인 인식틀이다.

그런데 주희의 「중용장구서」는 이런 인식틀의 연장선상에 있으면서도 미묘한 차이를

意思纔無私意間隔, 便自見得人與己一, 物與己一, 公道自流行."

26 『朱子語類』 24-65, "大概君子心公而大, 所以周普. 小人心狹而常私, 便親厚也只親厚得一箇."/『朱子語類』 24-69, "問: 注云: '君子小人所以分, 則在公私之際, 毫釐之差耳.' 何謂毫釐之差?" 曰: 君子也是如此親愛, 小人也是如此親愛; 君子公, 小人私."/『朱子語類』 43-58, "大抵君子小人只在公私之間. 和是公底同, 同是私底和. 如'周而不比', 亦然. 周是公底比, 比是私底周, 同一事而有公私."

27 『朱子語類』 43-59, "蓋君子之心, 是大家只理會這一箇公當底道理, 故常和而不可以苟同. 小人是做箇私意, 故雖相與阿比, 然兩人相聚也便分箇彼己了; 故有些小利害, 便至紛爭而不和也."

28 『朱子語類』 27-115, "問: '君子喻於義'. 義者, 天理之所宜, 凡事只看道理之所宜爲, 不顧己私. 利者, 人情之所欲得, 凡事只任私意, 但取其便於己則爲之, 不復顧道理如何. 曰: 義利也未消說得如此重. 義利猶頭尾然. 義者, 宜也. 君子見得這事合當如此, 卻那事合當如彼, 但裁處其宜而爲之, 則何不利之有. 君子只理會義, 下一截利處更不理會. 小人只理會下一截利, 更不理會上一截義. 蓋是君子之心虛明洞徹, 見得義分明. 小人只管計較利, 雖絲毫底利, 也自理會得."

보여 주는 마음 이해가 드러난다.[29] 주희는 여기서 유가적 도통(道統)을 설하는 맥락에서 『서경』의 인심도심론(人心道心論)을 논하는데, 마음을 두 차원으로 나누어 설명하는 과정에서 공과 사에 대한 시각도 함께 보여 주고 있다. 여기서 주희는 인심을 '형기지사(形氣之私)'와 '인욕지사(人欲之私)'에, 도심을 '성명지정(性命之正)'과 '천리지공(天理之公)'에 연결시키고 있다. 주희의 견해를 종합해 보면 마음은 하나이지만 그 하나의 마음의 지각이 작동할 때 두 층차로 드러난다. 그 한 층은 육체적 차원[形氣]에 뿌리를 두고 있으며[이것이 '人心'이다], 다른 한 층은 하늘의 차원[性命, 天理]에 뿌리를 내리고 있다[이것이 '道心'이다]. 주희는 이 두 층차는 인간이라면 누구나 함께 지니고 있다고 설명한다. 즉, 인간은 육체적 존재인 동시에 하늘의 존재이기도 하다. 그런데 여기서 주목할 것은, 사의 뿌리를 육체 혹은 기(氣)로 보고 있으며, 공의 뿌리를 하늘 혹은 리(理)로 보고 있다는 점이다. 나아가 주희는 사에 대해 형기지사(形氣之私)와 인욕지사(人欲之私) 두 가지로 표현하고 있는 점도 주목할 것인데, 특이한 점은 형기지사는 중립적 의미로 인욕지사는 부정적 의미로 쓰고 있다는 사실이다. 『주자어류』에서 주희는 형기지사는, 형기를 각자가 소유할 뿐 타인과 공유할 수 없다는 의미에서 사라고 설명하는데,[30] 이로 보면 형기지사의 사는 개별자로서의 사라고 할 수 있다. 이 형기, 그리고 형기지사에 뿌리를 둔 인심(人心)은 본래 선한 것이 아닐 수 없다. 그런데 그것이 도심과 연결되지 않을 때 위태롭게 작동하기 쉽고 불선으로 표출되기 쉽다.[31] 이렇게 도심의 주재를 벗어나 불선으

29 『中庸章句』, 「中庸章句序」, "蓋自上古, 聖神繼天立極而道統之傳, 有自來矣. 其見於經則允執厥中者, 堯之所以授舜也, 人心惟危, 道心惟微, 惟精惟一, 允執厥中者, 舜之所以授禹也. 堯之一言, 至矣盡矣, 而舜復益之以三言者, 則所以明夫堯之一言, 必如是而後, 可庶幾也. 蓋嘗論之, 心之虛靈知覺, 一而已矣. 而以爲有人心道心之異者, 則以其或生於形氣之私, 或原於性命之正, 而所以爲知覺者不同. 是以或危殆而不安, 或微妙而難見耳. 然人莫不有是形, 故雖上智不能無人心, 亦莫不有是性, 故雖下愚不能無道心. 二者雜於方寸之間, 而不知所以治之, 則危者愈危, 微者愈微, 而天理之公, 卒無以勝夫人欲之私矣. 精則察夫二者之間而不雜也. 一則守其本心之正而不離也. 從事於斯, 無少間斷, 必使道心常爲一身之主, 而人心每聽命焉, 則危者安, 微者著, 而動靜云爲, 自無過不及之差矣. 夫堯舜禹天下之大聖也, 而天下相傳 天下之大事也, 以天下之大聖, 行天下之大事, 而其授受之際, 丁寧告戒, 不過如此, 則天下之理, 豈有以加於此哉. 自是以來, 聖聖相承, 若成湯文武之爲君, 皐陶伊傅周召之爲臣, 旣皆以此, 而接夫道統之傳, 若吾夫子, 則雖不得其位, 而所以繼往聖開來學, 其功反有賢於堯舜者."

30 이는 다음 기록에서도 확인된다: 『朱子語類』 62-37, "問: 或生於形氣之私. 曰: 如飢飽寒煖之類, 皆生於吾身血氣形體, 而他人無與, 所謂私也. 亦未能便是不好, 但不可一向狥之耳."

31 『朱子語類』 62-39, "季通以書問中庸序所云'人心形氣'. 先生曰: 形氣非皆不善, 只是靠不得. 季通云: '形氣亦皆有善.' 不知形氣之有善, 皆自道心出. 由道心, 則形氣善; 不由道心, 一付於形氣, 則爲惡. 形

로 작동한 것이 인욕지사가 된다. 결국 주희의 사는 단순히 공에 대립되는 부정적 의미만이 아닌 중립적 개별자로서의 의미까지 지니는 개념으로 전개될 가능성을 보여 주고 있다. 개별자로서의 형기지사와 부정적 의미의 인욕지사를 포괄하는 개념으로의 확장 가능성을 보여 준다는 것이다. 중립적 성격을 지닌 형기지사를 넓은 의미의 사로, 부정적 성격을 지닌 인욕지사를 좁은 의미의 사로 이해하면서 인욕지사가 형기지사에 포함되는 관계로 설정할 수도 있다. 그럼에도 불구하고 개별자로서의 형기지사의 개념에 대해서 주희의 문인조차 낯설어 했던 것을 보면[32] 사는 대체로 부정적 의미의 인욕지사로 쓰였다고 보는 것이 적절할 것이다. 즉, 주희에게 사의 주된 용례는 좁은 의미의 사, 즉 인욕지사와 연계되어 있다.

주희는 형기지사에 뿌리를 둔 인심은 반드시 도심의 주재를 받아서 적절한 자기표현을 할 수 있다고 본다. 마음의 개체적 지평[형기지사, 인심]은 반드시 마음의 공적 지평[성명지정, 도심]과 연결되어 있어야 최적의 자기실현이 가능하다는 의미다. 주희가 볼 때 개체성은 공적 지평과 분리해서 생각할 수 없다. 그렇다고 주희가 마음의 개체성을 없애 공적 지평만 남기고자 하는 것은 아니다. 그가 주장하는 '인심의 도심화(道心化)'가 곧 '인심의 무화(無化)'를 말하는 것은 아니다. 그는 인심을 없애는 것은 곧 도가나 불가의 허정(虛靜)의 세계로 빠지는 것이라고 경계한다.[33] 그는 개체성의 확보에 대한 전망을 도불에 대한 유가의 정체성 인식 속에서 풀어내고 있다. 그리고 그렇게 이해된 개체성은 반드시 공적 지평의 바탕에서만이 온전한 자기표현이 가능하다는 것이 주희의 인식

氣猶船也, 道心猶柁也. 船無柁, 縱之行, 有時入於波濤, 有時入於安流, 不可一定. 惟有一柁以運之, 則雖入波濤無害."

32 『朱子語類』 62-36, "問: 先生說, '人心是形氣之私', 形氣則是口耳鼻目四肢之屬. 曰: 固是. 問: 如此, 則未可便謂之私? 曰: 但此數件物事屬自家體段上, 便是私有底物; 不比道, 便公共. 故上面便有箇私底根本. 且如危, 亦未便是不好, 只是有箇不好底根本."

33 『朱子語類』 62-41, "因鄭子上書來問人心·道心, 先生曰: '此心之靈, 其覺於理者, 道心也; 其覺於欲者, 人心也. '可學竊尋中庸序, 以人心出於形氣, 道心本於性命. 蓋覺於理謂性命, 覺於欲謂形氣云云. 可學近觀中庸序所謂'道心常爲一身之主, 而人心每聽命焉', 又知前日之失. 向來專以人可以有道心, 而不可以有人心, 今方知其不然. 人心出於形氣, 如何去得! 然人於性命之理不明, 而專爲形氣所使, 則流於人欲矣. 如其達性命之理, 則雖人心之用, 而無非道心, 孟子所以指形色爲天性者以此. 若不明踐形之義, 則與告子'食·色'之言又何以異? '操之則存, 捨之則亡', 心安有存亡? 此正人心·道心交界之辨, 而孟子特指以示學者. 可學以爲必有道心, 而後可以用人心, 而於人心之中, 又當識道心. 若專用人心而不知道心, 則固流入於放僻邪侈之域; 若只守道心, 而欲屛去人心, 則是判性命爲二物, 而所謂道心者, 空虛無有, 將流於釋老之學, 而非虞書之所指者. 未知然否?"

이다. 공적인 도심은 개체성의 자기표현을 위한 필수요건이다.

3. 공(公)과 인(仁)에서 예(禮)로 옮아갈 때: 노자적 관점의 우려

"이리살인(以理殺人; 리로 사람을 죽임)", 혹은 "사어리(死於理; 리에서 죽음)"! 주자학 전통을 흔들었던 한 유자, 대진(戴震, 1723~1777)의 일갈이다.[34] 대진이 보기에 주자학이 그토록 중시한 리에 의해 사람들이 행복하기는커녕 죽어 가는 것이 주자학이 지배한 사회의 현실이었다. 리로서의 예의 이름으로 각종 차별과 억압, 폭력이 자행되는 현상이 그것이다. 그런데 앞에서 살펴본 바와 같이 리(理)의 핵심은 인(仁)이고 인은 공(公)이다. 그 본질에 입각한다면 리는 사람을 살려 내고 보듬는 기제이지 사람을 해치는 기제일 수는 없고 그래서도 안 된다. 그런데 대진이 생생하게 관찰한 것처럼, 그 리가 어떻게 사람의 자유를 해치고 민권을 해치며 공공성을 해치는 기제가 된 것일까? 이 문제를 풀기 위해 유교에 대한 노자(老子)의 비판을 실마리로 삼아 보자.

> 높은 차원의 덕[上德]은 덕을 내세우지 않기에 덕이 있다. 낮은 차원의 덕[下德]은 덕을 잃지 않으려 하기에 덕이 없다. 높은 차원의 덕은 작위함이 없으니 '무(無)'로써 행하는 것이다. 낮은 차원의 덕은 작위하되 '유(有)'로써 행하는 것이다. 높은 차원의 인[上仁]은 작위하되 '무(無)'로써 행하는 것이다. 높은 차원의 의[上義]는 작위하되 '유(有)'로써 행하는 것이다. 높은 차원의 예[上禮]는 작위하되 응하지 않으면 팔을 걷어붙이고 끌어댄다. 그러므로 도(道)를 잃은 다음에 덕(德)이 나오고 덕을 잃은 다음에 인(仁)이 나오고 인을 잃은 다음에 의(義)가 나오며 의를 잃은 다음에 예(禮)가 나온다. 예라는 것은 충신함이 엷은 것으로 혼란의 시작이다.[35]

노자는 여기서 정신 및 실천의 경지에 등급을 매기고 있다. 주된 기준은 무위(無爲)

34 戴震, 『戴東原集』 卷9, 「與某書」, "가혹한 관리는 법으로 사람을 죽이고, 유자들은 리로 사람을 죽인다[酷吏以法殺人, 后儒以理殺人]."/ 戴震, 『孟子字義疏證』, "사람이 법에서 죽으면 오히려 동정하는 자가 있으나, 리에서 죽으면 누가 동정하는가[人死於法, 猶有憐之者, 死於理, 其誰憐之]."

35 『老子』 38章, "上德不德, 是以有德. 下德不失德, 是以無德. 上德無爲而無以爲. 下德爲之而有以爲. 上仁爲之而無以爲. 上義爲之而有以爲. 上禮爲之而莫之應則攘臂而仍之. 故失道而後德, 失德而後仁, 失仁而後義, 失義而後禮. 夫禮者, 忠信之薄而亂之首也."

의 지평에 서 있느냐 작위의 지평에 서 있느냐이며, 이 각각에도 미묘한 차이 인식을 투영하고 있다. '무'로써 행하는 무위의 경지[이를 '上德'이라고 표현한다]와 '유'로써 행하는 작위의 경지[이를 '下德'이라고 표현한다]를 구분한다. 그렇다면 유가의 대표적 덕목인 인(仁), 의(義), 예(禮)는 어디에 해당할까? 노자는 인을, 행하되 '무'로써 행하는 경지로 풀이한다. 무위의 경지라고 말하기는 어렵지만, 무로써 행하는 경지라고는 할 수 있다는 것이다. 여기서 우리는 인을 바라보는 노자의 복잡한 심경을 느끼게 된다. 노자는 "큰 도가 막히니 인의가 나타났다."[36]는 말로 인이 도를 제대로 담아내지 못한다는 인식을 표현한 바 있다. 노자에게 인은 기본적으로 무위의 영역이 아닌 작위의 영역이다. 그러면서도 노자는 여기서는 인이 '무로써 행하는' 차원이라고 했다. '무'로써 행한다는 것은 자아적 욕망(사의 및 사욕)이 개입되지 않은 행위를 말한다. 그렇다면 이는 거의 무위에 가깝다. 결국 노자는 유교의 인이 순수 무위는 아니지만 무위에 매우 가까운 작위임을 말하고 있는 것이다. 그에게서 인은 무위와 작위의 사이에 있는, 무위가 아니면서 무위인, 작위가 아니면서 작위인 경계에 있다고 보아도 좋을 것이다. 노자는 유교의 편협한 분별틀에 불신을 가지면서도 인에 대해서만큼은 그 가치를 외면하지 못하고 있다.

그런데 인을 넘어선 의나 예의 단계는 확실한 작위의 영역이다. 노자는 의나 예 사이에도 차이를 둔다. 의는 '유'로써 행하는, 즉 자아적 욕망이 투영된 행위 영역이다. 예는 역시 자아적 욕망이 고착화, 경직화 경향을 띰과 아울러 그것을 남에게 억지로 강요하는 단계라고 노자는 인식한다. 결국 노자는 유교의 인까지는 관대하게 대하는 듯한데, 그것을 넘어서는 의나 예의 단계에 대해서는 그 위험성에 대해 경각심을 가지고 바라본다. 특히 예는 무사의(無私意), 공(公)의 지평이 아닌 사의 및 사욕이 쉽게 개입할 수 있는 단계로 인식한다. 이런 맥락에서 예는 사회질서의 기제이기보다 사회 혼란의 핵심이 될 수 있다고 주희는 경고한다.

본래 공자유교에서나 주자학에서나 의나 예는 기본적으로 인과 분리될 수 없는 것이었다. 즉, 인의 본성, 인의 진리가 사회 속에서 구체적으로 드러나는 기제가 다름 아닌 의나 예 같은 것이었다. 주희에게 인은 천지의 만물을 낳고 낳는 마음을 뿌리로 한 사람

36 『老子』 18章, "大道廢, 有仁義, 知慧出, 有大僞. 六親不和, 有孝慈. 國家昏亂, 有忠臣."

의 마음의 덕 자체로서,[37] 인에는 '생(生)'의 이미지가 깊게 드리워져 있다.[38] 비유하자면, 인은 만물을 소행시키는 봄날의 온화한 기운과도 같아서, 봄에 생의(生意)가 있어 만물을 낳고, 그 생의는 여름과 가을의 성숙과 결실을 가능케 하고 심지어 겨울이 온다고 하여도 끊임이 없듯이, 생의(生意)로서의 인(仁)은 의(義), 예(禮), 지(智)의 근저에 끊임없이 흐르고 있다.[39] 그래서 말하자면 의, 예, 지는 모두 생의로서의 인의 의이고 인의 예이며 인의 지다.[40] 또한 의는 인의 단제(斷制)이고 예는 인의 절문(節文)이며 지는 인의 분별(分別)이다.[41] 의, 예를 인으로부터 분리시키지 않고 인의 자기표현으로 보는 시각은 공자가 이미 제시했던 것이다.[42] 진정한 유자라면 그것을 잘 알고 있었고, 이에 만물을 해치는 사의를 극복하고 만물을 살리는 인의 의, 인의 예를 깨닫고 실현하기 위해 각고의 노력을 했다. 그것이 잘 이루어진다면 예의 기반으로 움직이는 유교의 사회는 사랑과 배려, 정의, 평등, 자유, 소통이 충만한 세상이 된다. 그러나 유교의 역사는 이렇게 전개되지 않았다. '이리살인'이나 '사어리'라는 절규가 나올 만큼 리로서의 예는 사람들을 억압하고 차별하고 배제하는 역할을 했다. 노자가 말한 대로 의나 예의 단계는 에고적 욕

---

37 『朱熹集』 卷67, 「仁說」, "天地以生物爲心者也, 以人物之生, 又各得夫天地之心以爲心者也. 故語心之德, 雖其總攝貫通, 無所不備, 然一言以蔽之, 則曰仁而已矣."

38 『朱子語類』 6-48, "得此生意以有生, 然後有禮智義信. 以先後吉之, 則仁爲先."/ 『朱子語類』 61-15, "仁字有生意, 是言人之生道也."/ 『朱子語類』 6-87, "以生字說仁, 生自是上一節事. 當來天地生我底意, 我而今須要自體認得."/ 『朱子語類』 6-62, "問: 仁得之最先, 蓋言仁具義禮智. 曰: 先有是生理, 三者由此推之."

39 『朱子語類』 6-47, "春爲仁, 有箇生意. 在夏, 則見其有箇亨通意. 在秋, 則見其有箇誠實意. 在冬, 則見其有箇貞固意. 在夏秋冬, 生意何嘗息! 本雖彫零, 生意則常存. 大抵天地間只一理, 隨其到處, 分許多名字出來."/ 『朱子語類』 95-10, "問: 仁包四者, 只就生意上看否? 曰: 統是一箇生意. 如四時, 只初生底便是春, 夏天長, 亦只是長這生底; 秋天成, 亦只是遂這生底, 若割斷便死了, 不能成遂矣; 冬天堅實, 亦只是實這生底. 如穀九分熟, 一分未熟, 若割斷, 亦死了. 到十分熟, 方割來, 這生意又藏在裏面. 明年熟, 亦只是這箇生. 如惻隱·羞惡·辭遜·是非, 都是一箇生意. 當惻隱, 若無生意, 這裏便死了, 亦不解惻隱; 當羞惡, 若無生意, 這裏便死了, 亦不解羞惡. 這裏無生意, 亦不解辭遜, 亦不解是非, 心都無活底意思."

40 『朱子語類』 6-87, "當來得於天者只是箇仁, 所以爲心之全體. 却自仁中分四界子. 一界子上是仁之仁, 一界子是仁之義, 一界子是仁之禮, 一界子是仁之智. 一箇物事, 四脚撑在裏面, 唯仁兼統之. 心裏只有此四物, 萬物萬事皆自此出."

41 『朱熹集』 卷74, 「玉山講義」, "於此見得分明, 然後就此又自見得仁字是箇生底意思, 通貫周流於四者之中, 仁固仁之本體也, 義則仁之斷制也, 禮則仁之節文也, 智則仁之分別也."

42 『論語集註』 3-3, "子曰, 人而不仁, 如禮何, 人而不仁, 如樂何."

망의 개입으로 혼란과 갈등이 야기될 수밖에 없는 운명을 지니고 있지는 않은가? 어쨌든 역사는 노자의 우려가 기우가 아니었음을 말해 주었다. 노자의 진단은 유교의 역사 속에서 실제로 검증된 것으로 보인다.

유교의 역사에서 예가 이처럼 사람을 죽이는 악으로 인식된 것은 특히 종법론이나 친족예법의 실천 과정과 깊이 연계되어 있을 것이다. 유교사회에서의 심각한 사회 갈등, 불평등, 개인 억압 현상은 주로 종법론이나 친족예법을 중심으로 일어났다. 그런데 종법론이나 친족예법은 성왕론이나 도통론과 더불어 유교사회의 질서를 이루는 근간, 즉 군주의 자의적 폭력으로부터 사회의 공공성 및 공동체를 지키는 기제였다는 견해도 있다.[43] 그럼에도 역사를 보면 폭력으로부터 공공성을 지켜 내는 기제가 역설적으로 공동

43 유교적 맥락에서 등장한 바의 주권의 폭력으로부터 공공성을 지켜 온 기제로서, 성왕론이나 도통론, 종법론, 친족예법 등에 주목한 김상준의 연구가 있다. 그는 이 기제들이 유교의 본령이기보다는 그것의 자기실현을 위한 시대적 방편이었고, 그 방편 속에 숨겨진 유교의 진정한 정신은 군주 주권을 내파해 온 자유, 평등, 민권, 민주의 요소들이었다고 설명한다. 이런 주장은 그의 유교 근대성론과 연계되어 있다. 그에 의하면, 동아시아의 유교문명권은, 여타의 문명권들이 그러하듯, 우선 기축시대를 거치면서 이미 근대성의 원형적 면모를 지니게 된다. 근대성은 본질적으로 초월 및 성(聖)의 영역의 탈각이 아닌 그것이 현실 및 속(俗)의 영역과 통합하는 양태를 지니는데, 이런 기준에서 본다면 동아시아의 유교는 공맹시대에 이미 성과 속의 통합이 일차적으로 이루어지고(성이 속을 포괄하는 방식으로), 이것이 송대 이후 정주학의 단계에서 새로운 단계의 통합(속이 성을 내면화하는 방식)으로 승화된다. 이는 근대화=서구화=세속화=과학화와 같은 구도로 근대성을 바라보는, 즉 유럽중심적이며 또 초월 및 성의 영역을 배제하는 근대성에 대한 일반 인식틀을 뒤집은 것이다. 이 과정에서 성과 속의 관계 분석에 입각한 막스 베버의 근대성 이해에 대한 긍정과 부정의 논법이 활용된다. 근대성에서 초월 및 성의 영역이 중요한 이유의 하나는, 그것이 모든 문명권의 발달사에서 주권의 자의적 폭력을 견제하고 통어하며 개인의 영역(자유, 평등, 민권)을 지켜 주는 역할을 해 왔기 때문이다. 정주학 이후의 유교에서 초월 및 성의 역할을 한 것은 성왕론(聖王論)과 도통론(道統論), 종법론(宗法論), 친족예법(親族禮法)과 같은 것이었다. 이는 유교 내부에 존재하는, 군주주권을 내파(內破)하는 기제였고, 이 기제와 더불어 권력 견제의 자유 전통, 그리고 주권의 실체를 민(民) 속에서 찾는 인민주권과 민주주의, 평등주의의 싹이 자랐다. 유교의 진정한 주체는 존재하는 현실 군주나 왕조 체제가 아니라, 성왕의 이름으로 현실에 투사한 '왕위 없는 왕위(素王)'를 지닌 이들—사대부와 민—이었다. 그러나 군주와 왕조 체제에서는 이들 진정한 주체에 의한 자유전통, 민주주의, 평등주의, 인민주권, 국가너머의 문명, 소생산자의 자유로운 연합 등에 대한 사상 등이 현실 군주라는 매개항으로 인해 변곡되거나 제한되어 표현될 수밖에 없었다. 성왕론이나 도통론, 나아가 종법론이나 친족예법은 유교의 본령 자체라기보다, 군주 체제라는 현실에서 유교 본령을 실현하기 위한 방편의 성격을 지니는 것이었다. 이는 군주의 폭력 체제의 종말과 더불어 사라져도 좋은, 그렇게 해도 유교의 본령이 손상되지 않는 일종의 '어둠의 교의'였다는 것이다. 이런 논의 끝에 김상준은 그러한 제한이 사라진 현 시점이야말로 유교의 우주론·자연론·정치론·교육론·경제론의 본령이 활력 있

체 안의 또 다른 폭력을 낳는 기제가 되기도 했다. 설령 그 복잡한 종법론과 친족예법이 주자학의 본령은 아니었다고 해도, 그래서 왕조 체제를 벗어난 이 시점에서는 훨훨 던져 버려도 좋을 것이라고 해도, 주자학이 지배한 그 역사 속에서 이 힘은 절대적이었고 이에 따라 그 폭력은 절대적인 것이었다. 물론 예의 폭력성의 문제는 종법론이나 친족예법에만 해당하는 것이 아니다. '예의삼백위의삼천(禮義三百威儀三千)'의 모든 예는 그것의 구체 구현 과정에서 언제든지 공과 인의 이상적 지평으로부터 멀어질 가능성을 지니고 있었고 실제로 사람들의 자유와 창조성을 막는 역할을 하기도 했다. 이렇게 유교의 핵심 가치인 의나 예는 인이나 공의 관념에 투영된 공공성의 가치를 구현하기는커녕 오히려 저해하는 기제가 될 수 있다. 그렇다면 공공성의 관심사에서 과연 의나 예의 문제를 어떻게 처리해야 하는가? 이에 다시 주희로 돌아가 보자. 주희도 노자의 유교 가치 비판에 대해 이렇게 답한다.

> 노자가 "도를 잃은 다음에 덕이 나온다."라고 했다. 그는 전혀 알지 못하고 (도와 덕을) 두 가지 것으로 나누어서 도를 텅 비어 없는[空無] 사물로 보게 되었다. 우리 유자는 단지 하나의 사물만을 말하니, 고금의 공공(公共)의 이 한 가지가 사람의 몸상에서 드러나지 않은 것으로 말하면 도이고, 덕은 이 도를 자기에게 온전히 갖춘 것이다. 그는 "도를 잃은 다음에 덕이 나오고 덕을 잃은 다음에 인이 나오고 인을 잃은 다음에 의가 나온다."라고 했다. 만일 인의를 떠나면 도리는 없게 되니 (떠나 있다면) 어찌 도이겠는가?[44]

요컨대 주희가 지적하는 노자 관점의 문제점은 도와 덕을 별개처럼 나누어 본다는 것, 나아가 도와 인, 의를 나누어 본다는 것이다. 그렇게 되면 도는 공허한 물건이 된다. 주희에 의하면 우주를 관통하는 하나의 도리가 있으며 그것은 공공성의 존재론적 토대가 된다.[45] 그런데 그 도리는 천지만물과 만사를 벗어나 있지 않고 그것을 통해 표현된

게 펼쳐질 여건이라고 한다. 그리고 이제 유교 성왕론은 공공성의 정치철학, 평화사상, 세계시민사회론, 윤리론으로, 예의 사상은 민주주의 사회의 시민윤리로 승화되고 변모되어야 한다고 제안한다. 김상준, 『맹자의 땀 성왕의 피: 중층근대와 동아시아 유교문명』, 경기: 아카넷, 2011 참조.

44 『朱子語類』 13-62, "老子說: '失道而後德.' 他都不識, 分做兩箇物事, 便將道做一箇空無底物事看. 吾儒說只是一箇物事. 以其古今公共是這一箇, 不著人身上說, 謂之道. 德, 卽是全得此道於己. 他說: '失道而後德, 失德而後仁, 失仁而後義.' 若離了仁義, 便是無道理了, 又更如何是道!"

45 『朱子語類』 97-32, "致道問: '仁則一, 不仁則二', 如何?" 曰: "仁則公, 公則通, 天下只是一箇道理. 不

다. 유교 본성의 구체 양태이며 행동 양식인 인과 의는 그 도의 존재양식이다. 그것을 떠난 도는 존재하지 않으며, 떠나 있다면 도가 아니다. 이는 주자학이 도가와 불교를 비판하는 일반 논리이기도 하다. 주희는 유가의 도리가 실질적인 데 비해 도가나 불가의 도리는 공허하다고 비판한다.[46]

주희의 이러한 인식에 기초한다면, 그것이 유교라면 인의 문법은 물론이고 의, 예의 문법을 떠날 수 없다. 그것은 유교의 본질이며 정체성이다. 우주를 관통하는 하나의 진리, 공공의 진리를 논하는 것만으로는 유교가 될 수 없다. 거기까지는 도가나 불교도 같이하는 바다. 도가나 불교와 차별화되는 유교의 정체성은 그 하나의 도리를 현실의 삶의 구체적인 맥락에서 발견하고 또 구현하고자 하는 관심이다. 기실, 유교가 도가나 불교와 달리 세상을 경영하는 기능을 할 수 있었던 것, 더 나아가서 거대한 폭력으로부터 문명을 지키고 꾸려 올 수 있었던 것은 이러한 정체성 때문이었다. 그런데 바로 여기서 딜레마가 발생한다. 공공의 도리가 구체적 맥락의 삶의 내용으로 해석되고 구현하는 과정이 얼마나 보편타당하게 이루어질 수 있는가, 사의를 넘어선 공공의 지평을 유지할 수 있는가, 시대적 인식의 한계를 넘어설 수 있는가? 결론은 불가능하다는 것이다. 그 경지를 지향할 수는 있어도 완전한 실현은 어렵다. 의나 예는 때로 공공의 도의 정신을 잘 반영하기도 하겠지만 때로는 오히려 도를 크게 거스를 수도 있다. 이러한 시행착오는 도를 인간 삶의 차원에서 통찰하고 구현함에 있어 숙명과도 같은 것이다. 이는 시대와 문화의 관성을 완전하게 벗어나기 어려운 인간 인식의 한계와도 연계된다.

루소(J.-J. Rousseau, 1712~1778)의 예를 들어 보자. 인식적·관습적 상에 의한 구속으로부터의 자유를 추구하는 루소의 세계관은 노자의 것과 닮은 면이 있다. 그는 인간의 자연성을 해치는 작위적 문명 전개에 대한 저항의식을 지녔던 노자적 감수성을 지니고서, 그런 문명의 폭력으로부터 자유로운 인간 지성과 감성을 길러 내는 데 관심을 가졌다. 이로부터 나온 작품이 『에밀』이다. 노자가 교육론을 쓴다면 루소의 『에밀』의 풍모를 지니지 않았을까 하는 생각이 들 정도로 양자의 사유의 결이 통하는 면이 있다. 그런데 『에밀』의 말미(5부)에서 여성교육을 논하는 데 이르러서는, 그 앞의 내용에 비추어 예상

仁則是私意, 故變詐百出而不一也."/『朱子語類』98-113, "'合內外, 平物我, 此見道之大端.' 蓋道只是致一公平之理而已."

46 『朱子語類』17-33, "佛說萬理俱空, 吾儒說萬理俱實. 從此一差, 方有公私·義利之不同. 今學佛者云'識心見性', 不知是識何心, 是見何性."

하기 어려운 반전을 보게 된다. 이 부분에서는 전통 유교사회에서의 여성 및 여성교육에 대한 관점이나 문화를 떠올리게 하는 장면과 마주하게 되기 때문이다. 여성의 존재의미를 가정에서의 한 남자의 아내와 아이를 낳고 기르는 어머니의 역할에 국한해서 규정하면서 이에 부합하는 교육을 루소는 설한다. 『에밀』 전체를 걸쳐 논한 바의 에밀에 대한 이상적 교육은 곧 남성을 염두에 둔 교육일 뿐, 여성에 대해서는 가정 내에서의 아내와 어머니로서의 역할에 주안점을 두어 별도의 교육을 구상하는 루소에게서 마치 주자학의 이념 속에서 여성 및 여성교육을 바라보는 유자들의 모습을 본다. 이런 모순적인 루소의 사례는 무엇을 말해 주는가? 아무리 인간의 자유를 둘러싼 첨단의 사유를 하는 개인이라도 그의 의식 수준이 당대의 일반 관습과 인식의 벽을 완전히 뛰어넘기가 쉽지 않다는 점을 보여 주는 것이 아닐까? 루소는 상대적으로 최고 수준의 보편적 설득력을 지닌 진보적 사상가로 평가되지만 그런 루소도 한편에서는 인식에 있어서의 심각한 시대제약성을 노출하고 있음을 본다. 어떤 이상을 구체적 현실에 적용하고자 할 때에는 특히 시대적·문화적 관습과 인식의 수준을 훌쩍 넘어서기 어렵다는 점을, 거기에 종속되기 쉽다는 점을 보여 주는 사례인 것이다. 주자학 및 유교의 예법이 역사 속에서 행해 온 역할도 이런 관점에서 평가할 수 있다. 주자학이 주도한 역사에서는 공과 인의 정신에 합치되지 않은, 시대제약적 한계를 보이는 수많은 의나 예의 흔적을 볼 수 있다. 하나의 공공의 도리를 그대로 관념의 세계에 남겨두지 않고 삶의 구체적 맥락으로 끌어내려 했을 때 만나게 되는 딜레마다. 여기서 우리는 새로운 균형감각이 필요한데, 즉 보편적 요소와 시대제약적 요소를 구분하여 전자는 전승하고 후자는 극복하는 방식이 그것이다. 루소가 보인 그 시대제약적 인식의 한계로 인해 루소 교육사상의 보편적 가치를 부정할 수 없듯이, 주자학의 예법의 경우도 그 시대적 한계와 폭력성으로 인해 그 근간이 되는 리와 인의, 공 개념이 내포하는 보편적 가치를 부정할 수는 없다. 그 보편성이 지니는 의미를 재해석하면서 그에 부합하는 의와 예의 내용을 새롭게 구성해 가는 노력이 필요할 것이다.

4. 주자학의 역사에서 공(公)과 사(私), 그리고 개체성 관념의 전개

주희에게서 공(公)과 사(私)의 일반적 관계는 공과 개체성의 관계와는 다르다. 공과 사는 서로 '소장(消長)' 관계에 있는 반면, 공과 개체성은 서로 '상장(相長)' 관계에 있다. 즉, 공공성으로서의 공적 의식이 사회적으로나 확산될 때, 그 사회에 존재하는 개별자들의 각각의 자율성과 권리는 더욱 보장받게 된다. 온전한 의미의 공적 의식이 지배하는 사회에서는 개별자들의 사유와 감정, 권리가 전체의, 하나의 관점에서 그 의미가 반추되고 존중되고 보호받을 수 있게 된다. 공에 대한 대립각으로서의 사는 이런 흐름을 저해한다. 사는 나를 세계와 분리해서 보는 분리의식이고 나의 이해를 관철하는 투쟁의식이기도 해서 이 틀에서는 각자의 사유와 감정 권리가 충분히 소통, 수용되지 못하게 된다.

그런데 우리는 앞에서 주희가 사(私)를 대체로 부정적 의미로 쓰고 있지만, 그렇지 않은 사례를 살펴본 바 있다. 「중용장구서」에서 인심의 근거로서 논한 형기지사(形氣之私)가 그것인데, 여기서 개체성은 타인과 공유하지 않는 형기, 즉 기질과 연계된다는 인식을 엿볼 수 있다. 다만 인심이 도심의 주재 아래에서만 인욕으로 전락하지 않을 수 있듯이, 형기지사는 언제나 '하늘차원'의 존재지평의 마음과 연계되어 있어야 그 개체성의 건강한 자기실현이 가능해진다. 이는 '리일분수(理一分殊)'의 사유에 기반을 둔, 기질적 특수성에 따른 개체성 인식과 연계되어 있다. 주희에 의하면 모든 존재는 리를 부여받았지만 기질의 특수성에 따라서 그 구현의 양상이 달라진다. 그는 정이의 리일분수의 사유를 잇되 보다 정교화된 형태의 리기론, 기질론을 펼치며 리가 만사만물을 통해, 그리고 인간 개개인을 통해 다양하게 드러나는 양상을 설명한다. 기질은 한편으로 리를 표현하는 데 있어서의 기질의 청탁(淸濁), 수박(粹駁) 등의 구분에 따른 개별자들의 우열적 편차를 설명하는 기제가 되기도 하고, 다른 한편으로는 개별자들의 수평적 다양성을 설명하는 기제가 되기도 한다.[47]

주희의 개체성에 대한 인식은 그것이 모든 개별자에게 내재된, 혹은 개별자가 공유하는 리 혹은 도심 혹은 공적 의식과 연계되어 표출되어야 한다는 이해를 특징으로 한다. 리 혹은 도심과 분리된 개체성은 부정적 의미의 욕망의 질주 이상의 의미를 지니지 못한다. 개체성에 내재한 도심 및 공적 의식의 지평은, 신분의 구분을 떠나서 개체 자신이 자신의 본성에 책임을 지고 자율적 의지로 자득해 가는 위기지학적 공부의 근거가 되기도 한다.[48] 그러면서도 주희는 하나의 리가 기질을 매개로 혹은 기질의 제약으로 어떻게

---

47 제4장 2절 4항 참조.

48 주자학의 자율성 중시에 관한 관점에 대해서는 드 배리(Wm. T. de Bary)의 『중국의 '자유' 전통』(시어도어 드 배리, 표정훈 역, 서울: 이산, 1998)이 참조된다.

다양하게 드러나는가에 대한 관점으로 개체성을 바라보고 있기에, 어떤 특정한 전제로부터 완전히 벗어나서 현존하는 그대로의 다양성을 인정하고 받아들이는 사유와는 거리가 있다.

전체적으로 볼 때 주희의 단계에서 개체성의 문제가 충분히 검토되지 못했다고 평가할 수 있다. 주희의 주요 관심은 공(公)에 있었다. 개인과 사회가 공적 의식을 어떻게 확보할 것인가가 주희가 대면한 주 과제였다. 사회 속의 개개인의 다양한 삶의 관심과 경험의 특수성의 문제는 상대적으로 그의 관심 밖으로 밀려나 있었다. 이는 앞서 말한 시대적 인식 제약과 연계된 것이기도 하다. 경제적·문화적 삶의 양식과 직업군이 크게 분화되어 있지 않고 또 사대부가 중심이 되는 사회 구조에서 현대와 같은 다양한 개성을 염두에 둔 개체성에 대한 고려가 나오기 어렵다.[49]

이후 주자학에 대한 비판적 의견을 낸 유자들은 바로 개체성을 충분히 고려하지 못한 한계를 지적하고 넘어서고자 한다. 미조구치 유조의 『중국의 공과 사』[50]는 중국의 지성사에서의 근대성의 출현을 바로 이 개체성에 대한 사유의 확대 과정을 통해 설명하고자 했다. 그 개체성의 문제는 특히 사의 개념과 연계되어 있다고 보고 사의 개념의 변천을 추적하고 있다. 미조구치의 연구는 학술사적으로 의미 있는 통찰이고, 따라서 이후 학계에 지속적인 영향을 미치고 있는데, 그럼에도 불구하고 필자가 보기에 그의 사유는 사소하지 않은 논리적 오류를 내포한 것으로 사료된다. 이하의 공공성과 개체성의 관계에 대한 논의는 미조구치 분석의 틀을 비판적으로 활용하는 방식으로 진행하기로 한다.

미조구치 유조는 주자학에서 공에 대립되는 부정적 의미로서 이해되어 오던 사의 관념에 새로운 변화가 일어나고 있음을 감지하면서 이를 이탁오(李卓吾, 1527~1602)나 대진(戴震, 1723~1777)의 사상을 통해 설명하고자 한다. 설명을 위해 그가 끌어들인 전거로는 우선 이탁오의 "무릇 사는 인간의 마음이다. 인간은 반드시 사가 있어야 그 마음이 나타난다. …(중략)… 토지에 복무하는 자는 사적으로 가을의 수확이 있어야 밭을 일구는 데에 힘쓰고 집안을 경영하는 자는 사적으로 창고의 축적이 있어야 비로소 집안

49 그렇지만 기질의 개념에 입각한 주희의 개체성에 대한 고려는 당시로서는 새로운 가능성을 보여 주고 있었다. 그의 격물궁리의 개념도 이렇듯 기질의 특수성을 매개로 한 리의 다양한 존재 및 현현 방식을 개별 사물 속에서 탐색하고자 한 탐구방법이기도 했다. 세계를 관통하는 하나의 진리에 대한 직관적 깨달음에 만족하던 당시 지적 분위기에 비추어 본다면 이는 개별적 특수성을 고려하고 탐색하고자 하는 인식방법론으로서의 의미도 지닌다고 할 수 있다.

50 미조구치 유조, 정태섭·김용천 공역, 『중국의 공과 사』, 서울: 신서원, 2004.

을 꾸리는 데에 힘쓴다."(『藏書』 卷32)라는 언급,[51] 그리고 "하늘이 한 사람의 인간을 낳은 이상, 그 한 사람에게는 고유한 작용이 있다. 공자의 가르침을 배워서 비로소 한 사람의 몫이 생기는 것이 아니다."나 "천하에 사람과 사물은 무수히 많다. 어떤 사람이 꼭 자기만의 조리로 모든 것을 통제하고자 한다면 그것은 천지마저도 불가능하다."(『焚書』 卷1)는 언급 등이 있다.[52] 여기에서는 분명히, 사의 의미가 삶의 관심 및 직업의 다양성을 고려하는 방향으로 확대되는, 혹은 개인 및 개별자들의 고유한 삶의 활동이 하나의 리라는 시선으로부터 벗어나서 주목되는, 혹은 인간의 기본적 생물학적 욕망이 그대로 천리로 인식되는 경향을 읽어 낼 수 있다. 전체적으로 개별적 특수성 및 욕망의 긍정적 의미가 이전에 비해 크게 부각되는 양상이 보인다. 이 변화를 포착해 낸 미조구치 유조의 식견은 탁월하다. 그런데 그 변화의 의미를, 주희가 사를 '개체욕망'으로 보고 부정한 반면, 이탁오나 대진의 경우는 사의 의미가 '개체욕망'과 '사회적 욕망'을 아우르게 되었다고 인식하는 토대 위에, 이들이 '개체욕망'은 계속해서 부정하되 '사회적 욕망'은 긍정하는 것으로 변화시켰다고 분석하는[53] 미조구치 유조의 관점에는 문제가 있다. 그가 의미하는 바의 개체욕망이란 생리본능의 욕망이고 사회적 욕망은 물질소유의 욕망인데, 필자가 보기에 생리본능의 욕망과 물질소유의 욕망이 미조구치의 주장처럼 구분될 수 없기 때문이다. 사(私), 그리고 욕(欲)은 모두 개인적 차원과 사회적 차원의 경계를 넘어 생리욕망과 물질욕망을 아우르는 의미를 지닌다고 해야 할 것이다. 따라서 주희에서 이탁오로의 실제 변화 양상에 대한 설명은, 주희 단계에서는 개체성의 문제가 깊이 성찰되지 못했는데, 이탁오에 이르러서는 그 문제에 대한 본격적인 고려가 이루어졌다는 정도에 그쳐야 하리라고 본다. 이탁오도 주희의 공/사의 이분적 대립 인식을 기본적으로 공유하고 있다. 이탁오는, 이 역시 미조구치 유조가 인용했던 것인데, "성(性)의 진실에 따르면서 미루어 이를 확대해서 천하와 함께 공(公)을 이룬다."(『焚書』 卷1)[54]라고 하고, "도를 배우는 자의 병통은 자신을 아끼고 도를 사랑하지 않는 데에 있다. 이 때문에 …(중략)… 한갓 자사자리만을 도모한다."(『焚書』 卷1)[55]라고 하면서 전통적인 공/사 이원대

---

51 미조구치 유조, 정태섭·김용천 공역, 위의 책, 27쪽 재인용.

52 미조구치 유조, 정태섭·김용천 공역, 위의 책, 31쪽 재인용.

53 미조구치 유조, 정태섭·김용천 공역, 위의 책, 27－34쪽.

54 미조구치 유조, 정태섭·김용천 공역, 위의 책, 31쪽 재인용.

55 미조구치 유조, 정태섭·김용천 공역, 위의 책, 30쪽 재인용.

립적 시각의 기본은 계승하는 면모를 보인다. 그러면서도 그는 개체성의 영역에 대한 고려를 강화하는 양상도 보이는데, 이는 이탁오가 기존 주자학적 사유에 비교해서 인간의 사적 욕망—그것이 개체욕망이건 사회적 욕망이건— 중에서 천리에 포함시키는 폭을 더 확대해 간 현상이라고 보면 좋을 것이다.

주자학 전통의, 공에 대한 부정적 사 관념은 견지하되, 그와 별개로 개별적 특수성에 대한 고려를 새롭게 대두시킨 것은 대진도 마찬가지다. 미조구치 유조는 대진을 분석하되 "그는 고증학자답게 욕이나 사에 관련된 명나라 말기의 혼란을 최종적으로 정리하고 거슬러 올라가 송학 이래의 기사(己私), 사욕(私欲)이라는 용어, 즉 기(己)=사(私), 사(私)=욕(欲)이라는 결합에 메스를 가하여 '기'와 사, 사와 '욕'을 분리시켜 '기(己)'와 '욕(欲)'을 긍정적 개념으로 확립시키는 한편, 사(私)를 부정적 개념으로 재확립시켰다. 즉, 그에 의하면 '욕의 실(失)'이 사이며, '욕의 자연(自然)'은 긍정해야 할 것으로 그것이 자연인 이상 중정(中正)한 것이다. 그 자연에서 벗어난 사, 즉 욕의 실이 부정 편사이며 동시에 비자연으로 이해했다."고 평가한다.[56] 개체성이 주로 기와 욕 개념을 중심으로 설명되기 시작했다는 것인데, 과연 이렇게 용어적 의미 분화가 일어났는가에 대해서는 의문의 여지가 많다. 설령 이 분석을 수용하더라도, 이렇게 새롭게 출현한 개별적 특수성, 자연의 욕구에 대한 긍정을 굳이 개체욕망과는 다른 사회적 욕망과 연결해서 해석하는 미조구치 유조의 논리는 받아들이기 어렵다. 그는 당시 사회경제적 변화와 연계되어 나타난 사람들의 사회적 관심의 확대를 곧 사람들의 욕망의 변화와 연관하여 해석하고자 하는 강박관념을 지녔던 것으로 보인다.[57]

미조구치 유조의 입장에 대한 비판적 분석을 통해서 확인할 수 있는 사실 두 가지가 있다. 하나는 명·청대에 이르면 주희의 관점을 넘어서 개체성 문제를 확대해서 고려하는 흐름이 분명히 출현하고 있다는 사실이다. 다른 하나는 이 과정에서 주희에 의해 부정적으로 인식된 사의 개념이 해체되는 것이 아니라 그것은 그대로 유지되어 오면서 별개로 개체성에 대한 고려가 보완된다는 점이다. 그런데 여기서 여전히 부정되는 사는 개체욕망이고 새롭게 긍정되는 개체성은 사회적 욕망이라고 보는 미조구치 유조의 시각은 재고되어야 한다. 필자의 판단으로는 주희 이래 부정적 의미로 쓰인 사에 이미 개체욕망과 사회적 욕망이 함께 들어 있다. 개체욕망은 나쁘고 사회적 욕망은 좋은 것이

56 미조구치 유조, 정태섭·김용천 공역, 위의 책, 36쪽.

57 미조구치 유조, 정태섭·김용천 공역, 위의 책, 36-39쪽

아니라 개체욕망이건 사회적 욕망이건 양자 모두에 공과 대립되는 부정적인 것도 있고 공과 대립하지 않은 긍정적인 것도 있다고 이해해야 할 것이며, 이 중 후자의 관념이 명·청대 이후 발전되어 왔다고 볼 수 있다.

'중국의 공과 사'에 대한 미조구치 유조의 분석을 따라가다 보면 흥미로운 사실을 하나 더 발견하게 된다. 19세기 중국이 서양문명과 본격적으로 만나 새로운 전환을 모색할 시점에 엄복(嚴復, 1853~1921)이나 강유위(康有爲, 1858~1927)와 같은 개혁적 지성들에 의해 대두된 것은 개별성에 대한 강조가 아닌 공에 대한 강조였다는 사실이다.[58] 여기서의 공은 전래의 부정적 사에 대한 대척 지점에 있는 공이다. 주희 이래 사라지지 않았던 공/사의 이분법이 중국의 근대기에 다시 빛을 발한 것처럼 보인다. 주희가 강조했던 바의 공 관념이 당시 근대화를 준비하는 도구로 활용된 것이다. 미조구치 유조는 이에 대해, 중국 근대화의 과정에서 중국적 특성의 공이 부각된 반면, 개체의 관념이 (이탁오나 대진의 선구적 사유전통에도 불구하고) 충분히 잉태되지 않은 점에 주목하고 아쉬워한다.[59] 그런데 필자로서는 당시의 공 관념의 부각 자체가 중요한 의미를 지니는 것으로 판단된다. 당시 중국의 근대화를 이끌었던 지성들은 서양 문명의 특징으로 포착된 자유와 평등 사상이 전통의 공 관념과 매우 친화적이라는 사실을 발견한 것 같다. 이들이 서양의 자유와 평등 관념을 쉽게 이해하고 중국식으로 풀 수 있었던 것은 공 관념의 전통이 있었기 때문이다. 자유와 평등을 논하기 위해 사가 아닌 공을 강조한 것은 언뜻 보기에 논리적 모순으로 보인다. 그러나 우리가 앞에서 살펴 본 바의 공의 관념이 개인의 사정을 존중하고 살피고 보듬는 이상을 함께 지녔음을 상기한다면 이런 의문은 어느 정도 해소된다. 중국에서 부족했던 바의 자유와 평등은 제대로 된 공의 구현과 더불어 실현할 수 있다는 믿음이 전통의 공 관념의 재해석과 더불어 터득되어 갔다고 볼 수 있다. 중국 근대기에 자유와 평등의 문명으로 나아가기 위해 먼저 요청되었던 것은 개체성에

---

58 미조구치 유조에 따르면 엄복이나 강유위 등에 이르면 평등, 자유가 천리나 공리 속에 포함되기 시작한다. 엄복은 중국이 약한 것이 재화나 군사 측면이 아닌 정교(政敎)에 있다고 하면서 "정교가 중정하지 않은 까닭은 평등과 자유의 공리를 알지 못하고, 사권만 분발하여 떨쳐 행해지기 때문이다."(「主客平議」)라고 하고, 강유위는 "천은 공리를 가지고 말하면 사람에게는 각자 자주독립의 권한이 있으니 평등하다."(「去級界平民族」)라고 주장했다. 한편, 강유위에게 자유·평등은 사의 자유 개체의 평등이 아니라 오로지 무사(無私), 무분별(無分別), 무개(無個)였다. 강유위의 공사상은 『예기』 「예운편」 이래의 공 관념을 계승하고 있다. 미조구치 유조, 정태섭·김용천 공역, 위의 책, 44-46쪽.

59 미조구치 유조, 정태섭·김용천 공역, 위의 책, 48-49쪽.

대한 강조보다는 온전한 의미의 공의 정신을 확보하는 것, 그리고 부정적 의미의 사—자의적 권력 등—를 혁파하는 것이었다. 진정한 개체성의 추구를 위해 주희의 공/사관이 경계했던 그 사는 여전히 경계되어야 했고 실제로 그러했다. 즉, 진정한 개체성은 공공성의 저편에 있는 것이 아니라 공공성과 함께 있는 것으로 보는 것이 주희의 관점이었고, 이는 중국, 한국 등 동아시아의 지성사에서 면면히 이어져 온 것으로 보인다.

5. 주희의 공(公)/사(私) 인식을 통해 본 공공성 교육의 초점

이상에서 공(公)과 사(私)에 대한 주희의 인식을 배경으로 공공성 및 공공성 교육의 문제를 숙고해 보고자 했다. 공공성은 '공익성' '공동체성' '공개성'과 같이 일반적으로 거론된 의미 외에, '자유' '복수성' '평등' '정의' '소통' '배려' '사랑' '연대'와 같은 가치를 그 자체 의미 맥락 속에 내장하고 있다. 공공성 교육은 이와 같은 공공성과 연계된 의식, 즉 공적 의식을 학습주체들이 내면으로부터 끌어내고 발현해 가도록 이끄는 일을 의미한다. 한편, 주희의 공/사관의 요체는 개인적·사회적 차원에서 사람들의 마음의 공화(公化)의 의의를 드러내는 것인데, 이는 곧바로 공공성 교육의 요청과 직결된다. 주희의 공/사의 이원 대립 관념, 나아가 공에서 인(仁)으로, 그리고 의(義)와 예(禮)로 이어지는 공적 의식의 구현 방식에 대한 주희의 이해를 통해, 학습주체의 내면이 에고적 차원을 넘어서 우주적 혹은 존재적 차원의 의식 지평으로 확장되어 사랑과 정의, 배려, 연대, 소통의 공적 가치를 발견하고 실현해 가는 교육의 모습을 구상해 볼 수 있다. 공공성 교육은 개체성 교육과의 관계 설정도 그 중요한 문제로 안고 있는데, 주희는 온전한 의미의 개체성 실현은 반드시 공공성 실현과 연계되어 가능하다는 이해를 지니고 있다. 그럼에도 불구하고 주희는 공공성과는 달리 개체성의 실현 문제에 대해서 충분히 숙고하지 못했다. 주희 공부방법의 핵인 경(敬)은 교육의 장에서 학습주체의 공적 의식과 개체성을 동시에 실현해 가는 기제로 재해석될 잠재력을 지닌다. 그런데 공공성과 개체성의 조화로운 발현이 가능한 공공성 교육론을 위해, 서양 근현대의 주요 교육철학적 사유와 주자학적 사유 사이의 적극적인 대화도 모색될 필요가 있다.

현대적 의미의 공공성 교육은 사회구성원들이 공공성의 가치를 공유해 가는 의식변화의 과정이다. '교육의 공공성'을 확보하는 일도 이런 구성원들의 공적 지평의 의식 형성 없이는 이루어질 수 없으니, 개인적·사회적 차원에서의 구성원의 의식변화가 긴요하지 않을 수 없다. 공과 사의 관념에 입각해서 유추된 주희의 공공성 교육론은 현대의 공공성 교육의 설계에 중요한 단서를 제공한다. 주희의 공공성 교육론의 요체는 학습자의 공적 지평의 의식의 발견과 발현에 있는데, 기실 그것은 교육론 일반의 핵심과 맞닿아 있다. 공적 지평의 의식의 발현이란 곧 인·의·예·지의 본성의 실현에 다름이 아니기 때문이다. 따라서 그 실현 방법론 역시 일반 교육론에서의 그것과 상통할 것임도 예측 가능하다. 주희 공공성 교육론의 의미와 한계를 함께 고려하면서 현대 공공성 교육의 문제를 숙고해 볼 수 있다.

의식의 공적 지평의 존재와 발현을 둘러싼 주희의 교육적 아이디어는 특히 현대 공공성 교육이 담보해야 할 교수학습의 내용과 관련해서 시사점을 제공한다. 즉, 학습자들이 공공성의 의식 및 가치관을 갖는다는 의미가 무엇인지, 그리고 그것을 어떻게 갖추어 갈 것인가에 대해 의미 있는 이야기를 들려준다. 즉, 공공성 교육은 학습자로 하여금 에고적 차원의 가치틀과 대립틀을 넘어서, 자유와 사랑과 배려와 정의와 소통의 가치를 포함하는 '존재 자체'의 의식으로서의 우주적 차원의 의식을 이끌어 내도록 하는 것을 핵심 내용으로 한다. 이런 공적 지평의 의식은 학습자 자신만이 아니라 함께 살아가는 타인의 다양한 관점과 자율성을 충분히 존중하고 수용하는 힘을 내재하고 있다. 즉, 이 공적 지평의 의식은 개체성을 중시하는 자세와 배치되지 않으며, 오히려 최고의 개체성의 발현은 이 공적 지평의 의식이 그 배경으로 자리 잡을 때 비로소 온전하게 이루어질 수 있다는 것이 주희의 인식이다. 형기적 차원의 소아를 넘어서 하늘 차원의 대아로 존재할 때 최고의 개체성도 발현될 수 있다고 보는 것이다. 결국 주희의 공/사관으로부터 유추되는 공공성 교육론은 우선 학습자들의 마음의 본성과 연계된 공적 존재지평을 활짝 열어젖히고 이를 근간으로 개체적 특수성을 극대화하도록 이끄는 모습을 지닌다. 그런데 앞에서 살펴본 바와 같이 주희는 개인적·사회적 차원에서의 공적 지평의 의식 및 가치의 확보에 치중한 반면, 개체성의 문제는 충분히 돌아보지 못했다. 이 개체성의 고려 문제는 이후 지성사의 숙제로 남아 있었지만 제대로 해결되지 못한 채, 오늘에 이르고 있다. 개인적·사회적 차원에서의 공적 지평의 의식의 확산은 자연스럽게 개인의 자율성, 평등성, 복수성 등을 보호하는 기제로 작용하겠지만, 그러나 이 문제는 공에 대한 강조만으로는 해결되지 않는다. 주희가 충분히 숙고하지 못했던 바의, 그리고 명청대를 거치면서 발전적으로 싹터 왔던 바의 개체성 실현 문제에 대한 고려가 특별히 강화되지 않으면 안 된다. 교육의 장에서 학습자들의 다양한 삶의 관심과 역량이 자유롭게 펼쳐질 수 있기 위해, 그리고 개인들 간의 소통이 제약을 받지 않고 활성화될 수 있기 위해서는, 개인과 사회 차원에서 공적 지평의 의식을 확대해 가는 일과 연동해서 개체성 발현의 문제에 주목하는 노력이 필요하다. 역사적으로 볼 때 격동의 근현대적 변화를 넘어서 새로운 문명질서의 안정화의 단계에 접어든 지금이야말로 교육에서의 공공성과 개체성의 동시적 확보를 전면적으로 고민할 수 있는 때인지 모르겠다.

개체성의 존재와 실현의 문제에 대해서는 듀이(J. Dewey, 1859~1952)를 위시한 서양의 근현대 교육철학자들에 의해 깊이 사유되어 전해 왔기에 참조가 가능하다. 다만 서양 근현대 교육철학사가 개체성, 다양성의 문제를 탐색함에 있어, 그것이 공적 지평 혹은 존재지평과 어떤 관련성을 지니는가에 대해서는 충분히 돌아보지 못했던 것 같다. 주희가 말하는, 분리적 자아를 넘어선 마음의 공적 지평 및 존재지평이, 서구의 근현대 교육철학적 시각에서 낯설 수 있다. 바로 이 낯선 지점에서 주희의 공/사관이 현대 공공성 담론에 기여할 점을 발견하게 된다. 서양의 지성사에서 강조해 온 바의 개인의 자율성과 다양성, 비판성이 존중되고 보장되는 공공성의 실현을 위해, 무엇보다 개개인의 마음을 공화(公化)시키는 바탕이 긴요하다는 점을 주희는 역설하고 있는 것이다.

개개인의 마음의 공화(公化), 그리고 동시에 그 개인적 특수성을 실현해 가는 학문적·교육적 노력에 있어서 방법론적으로 여전히 주목할 만한 것이 주희의 경(敬)에 대한 논의다. 주희가 학문의 처음과 끝을 이루며, 교육의 첫 단계[소학]로부터 마지막 단계[대학]까지 그 기초를 이룬다고 평가한 경, 나아가 올바른 교육과 정치를 위해 그 주체가 갖추어야 할 제일의 태도라고 본 경은, 공공성 교육의 문제를 다루는 현 시점에서도 학습자가 마음의 공적 지평을 획득해 가는 핵심 공부방법으로 중요한 의미를 지닌다. 주희에게서 본연의 마음을 찾고 지켜 내는 방법으로서의 경은 인과 공을 이끌어 내는 기제가 된다. 주희는 종종 경(敬)과 공(公)을, 그리고 경(敬)과 인(仁)을 서로 밀접하게 연결해서 논의한다.[60] 그만큼 경과 인과 공은 뗄 수 없는 관계에 있다는 것이다. 마음을 여기에 모으고 전일한 상태로 깨어 있게 되면 사의 에너지에 휘둘리지 않게 되고 이를 통해 자연스럽게 공과 인이라는 마음의 공적 존재지평에 다가설 수 있게 된다. 더욱이 경은, 주

60 『朱子語類』 44-132, "'敬'字, 不可只把做一箇'敬'字說過, 須於日用間體認是如何. 此心常卓然公正, 無有私意, 便是敬; 有些子計較, 有些子放慢意思, 便是不敬. 故曰'敬以直內', 要得無些子偏邪."/『朱子語類』 12-76, "程子只教人持敬. 孔子告仲弓亦只是說, 如見大賓, 如承大祭. 此心常存得, 便見得仁."

희 자신이 충분히 주목하지 못했으나, 지금의 관점에서는 개인의 마음의 공공성만이 아니라 동시에 개체성을 구현할 기제로까지 발전할 수 있는 잠재력을 지닌다. 어떠한 관습적·관념적 권위에도 굴하지 않고 오직 자신의 내면의 목소리에 귀를 기울이며 자유롭게 표현하고, 또 사심을 넘어서 타인과 원활히 소통하고 '물래이순응(物來而順應)'하는 경지가 이로부터 나올 수 있기 때문이다.[61] 이 자유와 소통의 감각은, 하늘 차원과 궤를 같이하는 '존재 자체'인 동시에 독특한 '개인'이기도 한 자신의 개체성을 발견하고 그것을 실현해 가도록 이끈다. 즉, 경은 '나는 누구인가?'에 대한 통찰을 자극하는 기제가 될 수 있는데 이때 이 통찰은 자기 존재의 공공성과 개체성의 양방면에 대한 동시적 통찰이라고 볼 수 있다. 공공성과 개체성의 동시적 구현을 과제로 삼고 있는 현대의 교육현장에서, 경 공부는 그 핵심 교수학습내용으로서의 가치를 지니고 있으며, 따라서 현대 교육과정에서의 그 적용방안을 본격적으로 모색해 볼 만하다.

그런데 경 공부를 통해서 '확연이대공(廓然而大公)' '물래이순응(物來而順應)'의 공공성의 태도를 확보했다고 해도 그것이 의나 예의 양식으로 현실에 구체화되는 과정에서는 이미 살펴본 바의 예기치 못한 탈공공성의 상황이 언제든지 벌어질 수 있다. 기실 현대에 공공성의 문제를 유교적 기제로 풀어 가고자 한다면 공(公)이 인(仁)으로, 나아가 의(義)와 예(禮)로 현실화되는 문법을 피할 수 없다. 그런데 이때, 의나 예가 공이나 인의 공공성의 정신으로부터 일정 정도 벗어나서 또 다른 폭력의 기제로 기능하는 딜레마를 안을 수 있게 된다. 이것을 어떻게 경계하고 넘어설 수 있는가? 한 가지 긍정적인 면은 이 시대의 평균 의식 수준은 분명 자유와 평등, 민주 등의 기본 가치를 향해서 크게 열려 있다는 점이다. 과거처럼 유교가 직접 대적해야 할 거대한 물리적 폭력은 없기에(완전한 것은 아니지만 물리적 폭력에 대응하는 장치는 민주적 법체제 등으로 확립되어 있다는 의미에서), 공(公)과 인(仁)의 정신에서 파생된 의(義)나 예(禮)도 그만큼 유연성을 띠고 이런 시대 가치와 호응할 수 있게 된다. 이제 의나 예는 자율적 선택과 창조의 영역으로 자리매김될 필요가 있다. 의나 예는 규정적으로 주어지는 것이 아니라 각 개인이 각 상황에서 자율적으로 선택하고 창조해 가는 기제로 탈바꿈할 필요가 있다. 자율적 실현의 과정에서 때로 사의가 개입될 수도 있겠지만 이는 불가피한 일로서 시행착오를 통해서 수

---

61 『朱子語類』 96-39, "伊川云: '主一之謂敬, 無適之謂一.' 又曰: '人心常要活, 則周流無窮而不滯於一隅.' 或者疑主一則滯, 滯則不能周流無窮矣. 道夫竊謂, 主一則此心便存, 心存則物來順應, 何有乎滯? 曰: 固是. 然所謂主一者, 何嘗滯於一事? 不主一, 則方理會此事, 而心留於彼, 這卻是滯於一隅."

정해 갈 수밖에 없다. 자유로운 사유와 소통이 필요하다. 관건은 의나 예의 자율적 창조가 가능하도록 하는 의식의 힘, 즉 의식의 공적 지평을 어떻게 심화, 확장해 갈 수 있는가의 문제에 있다. 공과 인의 의식 지평으로부터 의나 예는 자연스럽게 성찰되고 합리적으로 재구성될 수 있다. 의나 예의 내용이 구체적으로 규정되어야 했던 과거와는 달리 지금은 의나 예의 실천이 보다 자유롭고 경쾌해질 수 있는 여건이 되었기에, 과거보다 공과 인의 공적 지평의 의식적 구축에 주안점을 두는 것이 자연스러울 것이다. 즉, 실천적 관심의 축이 의나 예로부터 공이나 인으로 옮겨 올 필요가 있다. 그런데 만일 그렇다면 굳이 유교를 참조할 필요가 있겠는가 하는 회의도 가능하다. 도가나 불교가 오히려 더 철저하게 사를 넘어선 순수한 공의 지평을 추구하지 않았는가? 분명 도가와 불교의 메시지는 자유사회로서의 현대에 이르러 더욱 빛을 발하는 측면이 있다. 그런데 주희의 인식에서 나타났듯이, 만일 우리가 세상의 구체적인 경영에 관심을 가진다면, 그리하여 구체적 맥락에서 공과 인의 공공성을 구현해 가고자 한다면 유교의 의나 예의 문법은 여전히 의미를 지닌다. 의나 예는 의식의 공적 지평과 그것의 현실 창조를 이어주는 동력이며 매개체가 된다. 즉, 의나 예는 의식의 공적 지평을 관념으로 남겨두지 않고 현실로 끌어내고자 하는 강력한 실천의, 창조의 의지를 이끌고 담아내는 기제가 된다. 물론 이때 노자가 탁월한 감수성으로 포착해 낸, 의나 예의 폭력기제로서의 가능성은 끊임없이 경계하고 관리하지 않으면 안 된다.

주희의 공/사관을 둘러싼 교육적 사유는, 개인적·사회적 차원에서 의식의 공적·존재적 전환을 이루어 내야 하는 과제를 여전히 지닌 현대 교육의 장에서 주목되고 재해석될 만하다. 그것은 공공성 교육에서의 의식의 공적 전환의 필요성을 제기하는 데서부터 그 전환의 실천방법론을 제시하는 데 이르기까지 다양한 방면의 지혜를 제공할 수 있다. 공공성의 바탕이 되는 공과 인과 같은 핵심 가치를 구성원들이 공유해 가는 일, 그리고 그 핵심 가치를 의나 예의 실천 양식으로 구현해 가는 일 등이 구체적으로 숙고될 수 있다. 이 과정에서 개체성이 억압되지 않고 온전하게 구현되도록 하는 일은 언제나 특별히 주목되어야 할 것이다. 이렇게 된다면 주희의 공공성 교육론은 자유, 소통, 사랑, 정의, 평등, 비판의 가치를 그 본질적 요소로 내함하는 현대 공공성 교육의 이론과 실천의 심화에 일정한 기여를 할 수 있을 것이다.

제11장

교육의 역사 속 주희 공부론과 현대적 전승의 과제

1. 주희 공부론의 교육사적 영향: 600여 년의 주도와 단절, 과제

주희의 공부론, 그리고 공부론을 중심으로 한 교육철학은 13세기 이후 중국, 한국을 비롯한 동아시아 교육의 역사에 지대한 영향을 끼쳤다. 여기서 교육의 역사라고 함은 사대부들의 일상적 공부, 아동교육, 학교교육, 그리고 가정교육과 사회교육 전반에 걸친 교육의 역사를 의미한다. 주자학 정립 이후 양명학 등 신유학의 다른 갈래들도 교육의 역사에 일정한 영향력을 행사했지만 주자학의 근본적이고 광범위한 영향력과는 비교할 수 없다. 단지 공부론이나 학문론의 파급력이 아닌, 교육의 이론과 제도 전반을 놓고 볼 때, 양명학, 실학 등 여타 학파는, 주자학이 깔아 놓은 토대 위에 비판적 보완을 하는 위치에 있다고 하는 게 적절하다.

주자학의 광범위한 교육적 영향력의 구조적 요인으로 먼저 꼽을 수 있는 것은 무엇보다 원대(元代) 이래의 주자학의 관학화(官學化)다. 이는 사대부들의 공부의 뼈대를 이루는 유학 경전 체제가 바로 주희가 구축한 사서집주(四書集註)를 중심으로 한다는 사실을 의미한다. 사서집주는 당시 학문의 대열에 참여하는 이들의 대부분의 관심사이자 목표였던 과거시험의 기본 교재이며, 제반의 학교 안팎에서 사대부들이 늘 가까이 두고 익힌 핵심 교과서로 자리매김하게 되었던 것인데, 그것은 무엇보다 주희의 공부론과 교육철학의 요체를 담고 있었다. 이런 정황에서 확인할 수 있듯이, 주자학의 관학화는, 이 제도가 국가적으로 폐기되지 않는 한, 주희의 공부론적 영향력을 지속하는 구조적 배경이 되었다. 더불어 주희 주석본 기반의 사서 및 사서오경 체제만이 아니라 그가 제안한 예법 체제, 향촌교화 체제도 국가적 차원의 제도로서 활용되었던 환경이 그의 공부론과 교육론의 지속성을 담보하는 기제로 작용했다.

그러나 주희의 교육사적 영향력의 원천은 이러한 구조적·제도적 뒷받침 이전에 학문적 엄밀성과 설득력을 갖춘 그의 공부론, 교육론, 학교론 자체에서 찾아야 할 것이다. 국가가 제도적으로 활용하겠다는 결정을 한 배경에는 주희가 닦아 놓은 학문적 기반의 탁월성이 있다. 주희의 학문은 그 규모에서 광범위할 뿐 아니라 정치함의 측면에서도, 그 학문의 지향에 대한 동의 여부를 차치하고, 타의 추종을 불허하는 것이었다. 실제로

14세기 이후 600년가량의 교육의 역사는 주희의 시대였다고 해도 과언이 아니다.

주희의 교육사적 영향력은 여러 방면에서 찾아볼 수 있다. 첫째로 주희의 공부론은 사대부의 학문 활동의 기본적인 지침이 되었다. 사대부들은 일상에서 그리고 평생에 걸쳐서 하는 공부의 내용과 방법의 대체에 대해 주희의 안내를 따랐다. 독서에 있어서든 일상의 생활 속 실천에 있어서든 그러했다. 특히 경(敬)과 지(知)와 행(行)이 어우러지는 공부방법은 사대부들의 내면과 일상에 깊이 자리 잡았다. 그 공부론을 실제로 얼마나 이해하고 실천하는 것과는 별개로, 특별히 신뢰받는 이상적 지침으로 자리하였음은 사대부들의 문집을 통해 충분히 확인할 수 있다. 둘째로 주희의 학교사 전개에 있어서의 영향력이다. 주희는 자신의 공부론을 토대로 하여 학교교육의 본질에 대한 철학적 정립을 시도하고, 나아가 소학·대학의 학교체제의 기틀을 새롭게 확립했다. 그가 설계한 학교 이상은 13세기 이후 동아시아 교육사에서 교육의 위기 때마다 학교의 본질을 돌아보고 개혁으로 나아가는 전범(典範)으로서의 역할을 했다. 또한 그가 제시한 소학·대학 학교론은 본격적으로 아동의 심리적 발달단계를 고려한 순차적인 교육에 대한 의미를 일깨우면서 이후 각종 소학 단계 교육기관이 활성화하고 대학 단계 교육을 뒷받침하는 체제를 갖추는 데 결정적인 역할을 했다. 이미 제도적으로는 상당히 갖추어진 관학 체제에 교육정신을 새롭게 심으며 활성화하도록 이끄는 역할을 했고, 동시에 서원과 같은 사학을 특별히 주목하면서 공부론의 이상을 구현하는 학교 실험 풍토의 선구가 되기도 했다. 셋째로 주희는 학교교육만이 아니라 가정교육, 향촌교육에 있어서도 예법과 향약 등 제도를 매개로 한 교육의 틀을 마련하고 확산하는 데 큰 영향을 미친다. 넷째로 국가와 관의 책무, 나아가 사대부의 책무가 무엇보다 교육을 향해야 한다는 생각을 심는 데에도 중요한 역할을 했다.

주희의 공부론 및 교육론은 당송변혁기라는 역사의 전환기에서 새로운 교육문명의 창출을 전망하며 등장했고, 사상적 탄압이라는 시련을 딛고 역사의 중심에 서게 되었다. 주희의 공부론 및 교육론의 출현은 교육사의 전개에서 일종의 혁명적 사건이었다. 그것은 600년 이상의 긴 시간을 동아시아 교육의 사상적 기틀로 작용을 하다가 19세기 말 이후 근대기를 맞아서 역사의 무대에서 퇴장한다. 사실 주자학처럼 어떤 한 사상이 600년의 교육을 주도했다는 것은 간단히 볼 일이 아니다. 동서양의 역사를 통틀어서 한 인물에 의해 이룩된 교육사상이 이렇게 오랜 시간 교육사의 전개에서 실질적 근간을 이루었던 사례는 찾아보기 어렵다. 그 힘은 어떻게 설명할 수 있을까?

주희 교육사상의 심대한 역사적 위상을 감안하여 본다면 그의 공부론 및 교육철학에 대한 역사적 정리 및 평가는 보다 적극적이며 엄중했어야 할 것이다. 그런데 충분치 못했다. 근대화의 과정에서 주자학의 세계관과 학문은 마치 역사의 진보를 막는 원흉처럼 해석되고 배척되기에 바빴고, 그런 편견이 다소 옅어진 이후 사람들의 머릿속에서 주자학은 이미 구시대의 유물이 되어 있었다. 주희의 교육사상에는 분명 역사적 무대를 떠날 수밖에 없었던 구시대적 면모가 있지만, 동시에 유례없는 긴 시간 동안 힘을 발휘할 만큼 모종의 보편적 설득력도 갖추고 있다. 지금이라도 이 여러 측면에 대해 객관적으로 담담하게 들여다보는 과정이 필요하다. 여전히 음미하고 계승할 만한 점과 단절적으로 극복해야 할 점들에 대한, 즉 보편적 요소와 제약적 측면에 대한 균형 있는 관찰과 설명이 필요하다.

지금 우리가 사는 시대는 주희의 시대와 많이 닮았다. 학교가, 그리고 사람들의 공부가 이욕(利欲)의 도구에 불과하게 되고, 덕성 및 지성의 실현의 일과는 거리가 멀어지게 점 등, 진단되는 증상이 비슷하다. 짙은 어둠 속에 있으면서도 방향을 찾지 못하고 있는 현대 교육은 그 탈출구를 찾아 일신하는 혁명적 변화를 요구하고 있다. 교육사의 도도한 흐름 속에서 지금 우리는 무엇을 할 수 있을까 같은 질문이 자연스럽게 떠오르는 지금, 역사의 거울로서 주희의 작업을 진지하게, 담담하게 들여다볼 필요가 있다.

주희의 시대에 혁명적 변화가 요구되었다면 현재도 그런 수준의 대혁신이 요구된다. 주희가 꿈꾸었던 교육의 혁신을, 지금 이 시대에도 떠올리게 되는 것은 당면한 위기의 유사성 때문일 것이다. 그 혁신적 전환이 지금 진행된다면 그것은 필히 우리 모두의 교육의식을 한 단계 더 진보하도록 하는 방향으로 작동되어야 할 것이다. 지금까지 다룬 주희의 공부론 및 교육철학에 대해, 현대 교육의 대전환을 설계하는 관점에서 그 보편적 의미와 제약점을 들여다볼 필요가 있다. 몇 가지 초점을 중심으로 검토하며 주희의 공부론과 교육철학을 둘러싼 긴 논의를 마무리하고자 한다.

2. 공부관, 교육관, 학교관의 혁신

1) 의식 혁명: 주희 시대와 현대의 교육적 과제

주희의 시대는 대전환기였다. 당송교체기는 중국 역사의 전개에서 가장 두드러진 전환기 중의 하나였다. 주희는 그 전환이 정점에 이르는 시기를 살았고, 그 자신이 전환의 한 축을 담당했다. 새로운 질서가 요구되었으되, 그것이 어떤 방향으로 정착될지는 유동적인 당시 상황에서, 신유학을 배경으로 한 거대한 학문공동체로서의 사대부 세력이 변화의 새 동력으로 부상했다. 이즈음에 등장한 주희는 탁월한 학문력으로 그 공동체의 중심에 서서 질서의 새로운 방향을 제시하고 이끌었다. 그는 북송대 신유학의 도학적 흐름을 이어서 무엇보다 인간 교육의 기틀을 새롭게 다지는 데 주안점을 두고 그 종합적 설계도를 마련했다. 주희의 도학은 처음에는 그 이상적·현실비판적 면모로 인해 사상적 탄압 및 현실적 외면을 겪었지만, 후에 원대, 명대를 거치며 결국 국가의 새로운 질서를 책임질 만한 사상으로 인정받고 자리매김하기에 이른다. 주자학이 이끄는 새로운 문명의 중심축에는 교육이 있었고 그 핵심은 리(理)의 본성을 일깨우는 교육이었다. 유학의 본질, 그리고 유학이 주도하는 문명의 본질에 대해 도통론(道統論)으로 정리하면서 도심 및 명덕, 본심, 본성을 일깨우는 교육과 정치의 비전을 제시했고, 이를 구현하기 위한 구체적 방법을 도출했다. 도심 및 명덕, 본심, 본성을 일깨우는 학교교육의 의미를, 장구한 학교사와 교육문명사의 배경에서 분명하게 드러내며 설득했다. 각종 예법체제, 경전체제도 이 이상에 맞추어 새롭게 정비했다. 주희의 이와 같은 작업을 고리로 하여 중국 문명은 새로운 물꼬를 틀 수 있었다. 교육적 시각에서 볼 때 주희가 한 가장 중요한 일은 공부관, 교육관, 학교관의 혁신적 변화를 추동한 것이었다.

앞의 제7장과 제8장에서 검토했던 바의, 당시 학교교육의 문제에 대한 주희의 진단을 다시 한 번 새겨 보자. 그가 문제 삼은 것은 시설 및 제도의 정비가 아니었다. 교육의 수요를 담아낼 시설 및 제도는, 관학이든 사학이든, 어느 정도 갖추어져 있다고 보았다. 설령 시설 및 제도의 정비에 있어 부족한 점이 있더라도 이는 어렵지 않게 보완할 수 있다는 입장이다. 주희의 시선에서 정작 문제가 되는 것은 가르치고 배우는 목적과 방법에 대한 이해가 무너져 있다는 점이다. 다시 말하면, 공부관, 교육관, 나아가 그 공부와 교육을 조직적으로 이끄는 학교철학이 무너진 것이 문제의 핵심이다. 주희는 제도적 정비 이전에 주체들의 공부, 교육, 학교의 의미를 둘러싼 철학이 온전히 구축되지 못한 점을 더 염려했고 이를 개선하고자 했다. 주희는 의(義; 義理)와 이(利; 利祿)의 갈림길에서 전자를 버리고 후자만을 추구하며 서로 경쟁하고 헐뜯기만을 일삼는 행태, 내실보다 밖을 꾸미는 것만 좋아하고 세속적 욕망 및 습관에 물들어 있는 행태, 두서없이 잡다한 지식에 휩쓸려 다니는 행태, 때로 학문에 뜻을 두더라도 고원한 것만 추구하면서 역행의 실질은 없는 행태, 허무와 적멸, 아니면 권모술수 및 공명주의로 이끄는 각종 현란한 혹세무민의 사상들에 중심을 잃고 빠져드는 행태 등을 비판한다. 주희에 의하면 이 잘못된 행태의 근간에는 교육주체들이 의리(義理)의 근원을, 그리고 하늘로부터 부여받은 본성을 지닌 존재로서의 자기 자신을 이해하지 못하는 문제가 자리한다. 나는 누구인가, 인간이란 무엇인가, 진리란 무엇인가에 대한 몰이해의 문제가 자리한다. 결국 학교교육이 살아나기 위해서는 주체들의 의식의 혁신적인 전환이 필요하다. 주희가 구축한 모든 공부론, 교육론은 이를 위한 것이었다.

주희는 자신의 공부론을 통해서 무엇보다 일종의 개인적·사회적 차원의 '의식혁명(意識革命)'을 이루고자 했다. 주희에게 있어서 의식혁명은 곧 공부관(工夫觀), 교육관(教育觀)의 혁명이다. 즉, 인간 본성의 이해와 실현이라고 하는, 공부와 교육의 본연에 대한 깊은 통찰 및 가치관을 명확히 가지는 일이 곧 의식혁명의 시발점이 된다. 물론 공부의 본연에 대한 인식을 넘어서 실천적으로 매진하는 노력이 따라야 한다. 그리고 그 노력은 합리적 방법에 따를 때 헛되지 않게 된다. 주희는 인간 본성을 우주론적·인간학적으로 근거 짓고, 이를 실현하는 합리적인 공부방법을 계발했는데, 이것이야말로 주희가 평생의 학문적 힘을 쏟았던 부분이었다. 주희가 불교와 도가의 세계관과 수양론, 기송(記誦) 및 사장(詞章) 위주의 유학 풍토, 육학(陸學)의 공부방법론, 공리(功利) 중심의 인생관 등과의 정면 대결도, 대중지정(大中至正)의 합리적 세계관과 인간관, 공부론을 구축해 가려는 지향점 속에서 이루어진 것이었다.

학교 및 교육의 본연에 대한 입장은 시대와 사회마다 개인마다 다를 수 있어서 주희의 학교관, 교육관, 공부관이 그대로 정답이 될 수는 없다. 더욱이 국가 운영과 개인적 삶의 양식이 크게 달라진 현대에 그대로 적용하기는 어렵다. 그러나 문제의 한 측면, 어쩌면 핵심을 돌아보는 데 여전히 유용하다. 현대 교육은 무엇보다 개개인의 공리(功利) 추구의 장이며 이를 위한 무한 경쟁마저 정당화되는 장이다. 공부에 대한 본연의 의미가 살아 있으면서 그 위에서 병행되는 공리 추구와 경쟁이라면 괜찮겠지만 그렇게 보기 어려울 정도로 기울어져 있다. 현대 교육은 분명 주희 자신이 당대 교육에 적용한 그 비판적 잣대가 여전히 힘을 발할 수 있을 정도로 유사하게 일그러진 모습을 하고 있다. 주희의 관점이 절대적이라고는 말할 수 없지만, 그것은 교육이라면 마땅히 견지해야 할 기본적 의미와 목표, 방법과 관련하여 현대사회에서도 여전히 간과하기 어려운 초점을 품고 있다. 현대 교육을 경험하고 고민해 본 이들이라면, 주희의 공부론 및 교육론에서 현대 교육에서 분명 크게 누락되어 있는, 그래서 보완이 필요한 부분에 대한 정곡을 찌르는 논점들을 확인하게 된다. 이에 동아시아의 근대화기를 거치며 쉽게 지나치고 묻어버린 주희의 교육적 유산을 다시 진지하게 돌아볼 필요가 있다.

2) 공부의 토대로서의 인간관의 혁신: 인(仁), 그리고 지(智)의 사람

공부와 교육은 인간이 주체가 되어 인간을 만드는 일이다. 따라서 공부관, 교육관의 혁신은 인간관의 혁신일 수밖에 없다. 인간관은 공부론 및 교육론의 토대임과 동시에 방향을 지시한다. 주희가 공부 및 교육의 의미를 논할 때나 개혁을 논할 때 항상 먼저 인간 및 인간의 본성에 대해 비중을 두고 논하는 것은 이 때문이다. 주희는 배우는 이들로 하여금 인간이란 무엇인가, 나는 누구인가라는 물음을 품게 하고 나름의 통찰과 구현의 힘을 갖도록 이끄는 공부와 교육의 길을 모색한다.

주희의 인간관은 리(理)의 세계관을 배경으로 한다. 제4장을 통해 충분히 다루었듯이 주희에게 리는 인간의 존재 기반이면서 본질이며, 인간은 리의 본성을 지닌 존재다. 나아가 리의 본성은 곧 인·의·예·지의 본성으로 구체화된다. 주희에게 인간은 인·의·예·지를 본성으로 하는 존재이며, 공부와 교육은 이를 구현하는 일이다. 인·의·예·지 중에서 나머지 모든 덕을 포괄하는 핵심은 인(仁)이다. 사람은 인의 존재라고 해도 과언이 아니다. 그런데 주희가 인과 함께 나머지 덕을 근거 짓는 덕목으로 특별히 강조하는 것으로 지(智; 知)가 있다. 주희의 인간관은 인과 지를 중심으로 설명 가능하다.

주희가 인간을 보는 근간에 리의 세계관을 깔고 있다는 것은 최소한 다음 두 가지 방식의 세계관 및 인간관과 차별화됨을 의미한다. 우선 주희가 내세우는 리의 본성의 인간관은 유물주의적 관점과 대립점에 있다. 즉, 인간은 기본적으로 물질을 뿌리로 하여 생겨났다 물질로 돌아가는 존재가 아니라, 모종의 정신성을 본질적으로 포괄하는 어떤 궁극의 실체를 뿌리로 하는 존재가 된다. 주희가 리기를 매개로 만물의 창생 작용을 이어 가는 궁극의 실체로 표현되는 천(天)이나 천지(天地), 천도(天道)는 물질과 정신의 이분법을 넘어선, 인간이 경험하는 모든 정신적·물질적 요소 및 작용을 포함하고 넘어서 있는 존재가 아닐 수 없다. 그런 존재를 뿌리로 하는 인간이라면 이는, 현대의 과학적 논의들에서 흔히 가정하듯, 결국 물질의 소산이라고 보는 유물론적 관점으로는 설명될 수 없다. 주희는 일종의 '하느님(하늘) 관점'으로 우주와 인간을 바라보고 있으며, 인간은 하느님(하늘)을 뿌리로 한 존재이며 하느님(하늘)의 성품을 자신의 성품으로 하는 존재라는 이해를 지닌다. 주희는 그 하느님(하늘)에 대해 적극적으로 따지지 않으면서 다만 그 지평을 열어 놓고 리와 기의 개념을 활용하여 그 아래의 모든 존재와 작용을 설명한다. 리는 인간 존재의 본질이며 원리이고 기는 인간 존재의 정신적·물질적 에너지다. 리를 본성으로 하는 인간은 하느님(하늘)과 같은 차원의, 무한한 정신성의 지평을 본질로 하는 존재이기도 하다.

다음으로 리의 본성의 인간관은 주희에 의해 허무(虛無)와 적멸(寂滅)로 요약되는 불교적 인간관과는 대척점을 형성한다. 불교의 세계관은 유심론에 가깝다고도 할 수 있는데, 그렇다면 유물론과 대척점에 서 있는 주희의 리기의 세계관과 통할 수도 있다. 그런데 주희는 불교에 대해 거기에는 리의 관념이 없으며 따라서 허무와 적멸을 궁극으로 삼고 거기에 머무르고 마는 오류, 극단에 치우치는 오류를 범한다고 본다. 불교가 이 세계를 단지 공(空)으로 표상되는 허상으로 보았다면, 주희는 리기를 매개로 온갖 창생을 이루어지는 곳으로 보았고 이런 관점에서 천지(天地)의 화육(化育)에 동참하는 인간의 길을 모색하고자 했다.

이렇게 주희는 한편으로는 유물론적 세계관의 저편에서, 그리고 다른 한편으로는 불교의 공이나 적멸의 세계관의 저편에서, 리의 세계관을 바탕으로 인간의 본성을 규정해 갔다. 리 혹은 천리의 개념을 근간으로 세계와 인간을 보기 시작한 것은 북송대 정호, 정이부터이나 그 개념을 학술적으로 분명하게 정리하고 정착시킨 것은 주희였다. 주희에 의하면 공부를 하는 이, 교육에 참여하는 이는 이 리에 대한 자각과 구현을 필수 과제로 삼아야 한다. 주희는 공부하는 이는 먼저 입구를 잘 찾아야 하고 큰 것을 먼저 이해해야 한다는 점을 강조하는데, 그 입구와 큰 것이란 곧 자신의 본성, 그리고 본성의 근원으로서의 리(理), 태극(太極), 혹은 천(天)에 대한 이해와 연계되어 있다. 그런데 이 리를 어떻게 증명할까? 기실 주희가 내세우는 공부방법론인 지행(경)병진 혹은 거경궁리역행이나 소학·대학은 이 리를 자각하고 이해하고 구현하는 방법이기도 하다. 주희가 제시하는 공부방법을 따라가다 보면 리에 대한 일정한 자각과 체득에 이를 것이다. 그렇다고 해도 주희가 리의 궁극[一理, 太極, 天]을 인간의 언어에 의해 온전히 설명할 수 있다고 보지 않았다. 그것은 노자의 도(道)나 기독교의 신(神)을 언어로 표현하는 것이 어려운 만큼이나 어렵다고 보아야 할 것이다. 언어로 표현하기 어렵다는 말은 그 실체에 대해 회의적이라는 뜻은 아니다. 실체는 직관되지만 언어나 사유 및 감각으로 잡아내는 데는 한계가 있을 수밖에 없다는 뜻이다. 궁극에 대한 언어적 표현은 자칫 무한한 것을 좁은 틀에 가두고 유한한 한 물건처럼 취급하는 오류를 범할 수 있다. 그러니 인식의 한계를 겸허하게 인정하며 열어 놓을 수밖에 없다. 주희는 주돈이가 「태극도설」의 첫머리에 태극(太極) 앞에 무극(無極)이라는 표현을 둔 이유를 이것이라고 설명한 바 있다.

주희에게 리는 관념적 추상적 추리의 영역이 아닌 실질적 체험의 영역이다. 리의 궁극을 언어로 다 설명해 낼 수는 없지만 그 자취는 얼마든지 체험적으로 설명할 수 있다. 주희는 리의 자취를 인간의 경험 및 관찰을 통해 찾아 나선다. 주희가 리에 다가서는 방법은 일차적으로 비근한 경험 및 관찰인데 이는 그가 중시한 바의, 제5장에서 논한 '하학이상달'의 원리와도 통한다. 공맹의 길을 따라 주희는 자신의 심신을 돌아보고 인간관계를 돌아보고 일상 체험을 돌아보며 가장 기본적이며 보편적인 인간의 리의 본성을 추출해 갔다. 그 과정에서 도출된 것이 인·의·예·지의 본성이다. 리는 만사만물을 포괄하고 걸쳐 있는 것이지만 인간의 체험으로 가장 일차적으로 포착되는 것은 인·의·예·지다. 인·의·예·지의 본성은 심층에 굳건하게 자리하고 있는 바, 비록 기질에 가리어져 그 전체가 드러나지 않지만 삶의 상황에서 뿜어져 나오는 그 작은 빛들이 있으며 그 빛을 실마리로 하여 체험적으로 지적으로 넓혀 갈 수 있다.

인간의 리의 본성은 인(仁), 의(義), 예(禮), 지(智)만이 아니라 신(信), 성(誠), 경(敬) 등 수많은 덕목으로 표현될 수 있지만, 그 모든 것을 총괄하는 것은 역시 인(仁)이라고 주희는 이해한다. 의(義)는 인의 의요, 예(禮)는 인의 예요, 지(智)는 인의 지다. 의, 예, 지만이 아니라 그 외의 모든 마음의 덕들은 인으로 포괄된다는 것이 주희의 설명이다. 결국 주희에 의하면 인간은 인(仁)의 존재다.

주희에게 인간의 인(仁)의 본성은 '하늘'의 본성으로서의 인의 마음[仁心]을 뿌리로 하고 있다. 여기서 '하늘'라는 용어는 천(天)이나 천지(天地), 천도(天道)와 같은 주희의 용어를 대신한 것인데 언어로 다 다가설 수 없는 일종의 하느님의 지평, 존재 자체의 지평을 의미한다. 주희는 종종 궁극의 실체 개념인 리기에 대해서조차 그것들을 자신의 요소로 갖춘 더 원초적인 존재의 지평을 천이나 천지, 천도와 같은 고전적 용어를 빌어서 표현하곤 했는데 이를 여기서는 일단 '하늘'이라고 해 본다. 주희의 「인설(仁說)」에 표현했듯이 하늘의 인심(仁心)이란 만물을 낳고 낳는 마음이다. 하늘의 자식인 사람은 하늘의 마음을 자신의 마음으로 삼는다. 인간의 본성이 인인 것은 하늘의 본성이 인이기 때문이다. 천, 천지, 천도로서의 하늘은 인간이 경험적으로 관찰하고 상상할 수 있는 존재의 모든 것-물질적인 것이든 정신적인 것이든-을 포괄하는 동시에 그 원천이며 궁극이다. 하늘은 그 자체에 존재 법칙으로서의 리(理)와 존재 에너지(물질과 정신 에너지)로서의 기(氣)를 갖추고서 만물을 낳고 낳는 작용을 한다.[1] 주희가 특히 「인설(仁說)」을 통해 보여 준 바의 하늘의 인심(仁心)은 리기의 세계관에 근거해서 특히 끊임없는 생(生)의 작용에 착안하여 도출한 것이다. 이렇게 해서 주희에게 인은 '생(生)'을 가장 기본적인 특성으로 하게 된다. 인(仁)은 '생의(生意; 낳고 낳는 뜻)'요 '생리(生理; 만물을 낳고 낳는 리)'다. 그런데 인이 '생'을 그 특성으로 삼는다고 할 때, 그 '생'은 결코 생물학적·육체적 의미에 한정되지 않는다. 즉 한 생물체가 태어나서 죽지 않고 무한정 오래 사는 것으로서의 장생(長生)이나 불멸(不滅)을 말하는 것이 아니다. 물론 자연으로부터 부여받은 생물학적(生物學的) 생명을 건강하게 보존하는 것은 당연히 생(生)의 한 양상이다. 그러나 생(生)을 이러한 의미에만 한정한다면 삶과 죽음, 탄생과 소멸이 끊임없이 교차하는 하늘의 운행을 '생(生)'으로 성격지우는 것은 불가능하다. 하늘의 생에는 이미 자연스런 죽음과 소멸의 계기가 포함되어 있으며 이를 통해 새로운 생명은 끊임없이 이어진다. 그리

1 주희에게 '하늘'은 본질적으로 물질적 존재이기 이전에 정신적 존재니, 이른바 물질은 그 속에 요소로 자리하고 있지만 그것을 가능케 하는 것은 궁극적으로 하늘의 모종의 정신성이다. 그런데 애초에 주희에게 서양권에서 흔히 볼 수 있는 물질과 정신의 이분법을 적용하기도 어려우니, 이는 하늘의 존재 에너지인 기가 물질과 정신의 측면을 아우르고 있다는 사실에서도 확인된다. 기의 정묘함의 수준에 따라 정신적인 것과 물질적인 것으로 나눌 수 있을 뿐이다. 더욱이 기의 가장 정묘한 부분은 정신적 측면이고 이게 기의 정수이며 뿌리다. 그리고 리는 그 기의 무한한 정신적, 물질적 작용에 중심과 방향을 잡아 주는 역할을 한다. 리기의 요소를 갖춘 존재 궁극이며 자체인 하늘은 그 자체가 정신성을 지닌 존재이다. 인간은 그 하늘의 정신적 지평을 자신의 뿌리로 하며 또 그리로 환원되는 존재다. 그 정신성이 어떤 형태로 자리하고 전개하는지, 물질성과는 어떤 관계를 맺고 있는지, 개별 존재의 정신성과는 어떻게 연결되어 있는지 등에 대한 논의를 주희가 본격적으로 펴지는 않는다. 서양의 영혼론적·신학적 접근은 주희에게서 볼 수 없다. 인간의 언어와 감각으로 접근하기 어려운 부분이 있음을 인정하고 그저 넓게 열어 둘 뿐이다. 노자의 도가 그러했듯 주희의 리, 태극, 천, 천도 등은 기본적으로 열린 개념이다.

고 여기에는 이미 정신적 건강함이 생명의 요소로서 포함되어 있다. 이러한 하늘의 '생'의 모습을 주희는 원형이정(元亨利貞)이라는 '생의(生意)'의 전개 과정을 통해서 설명한다.

인간은 하늘로부터 인의 본성을 온전히 부여받고 있다. 물론 인간만이 아니라, 우주의 모든 만물(특히 생물)은 하늘의 생명원리인 태극(太極) 및 리(理)를 자신의 본성으로 삼고 있다. 그것이 각각의 만물에 내재한 '성(性)'이다. 인간과 만물은 성(性)을 공유하고 있다는 점에서 궁극적으로 '하나'로서의 유기적 연대를 형성하고 있다. 더욱이 우주의 모든 인간과 만물은 생명에너지로서의 기를 함께 공유하고 있다는 점에서 한 몸으로서의 뗄 수 없는 관계에 있다. 이는 인간과 인간, 인간과 만물 사이에 상호 연대와 사랑이 요청되는 존재론적 근거가 된다. 각각은 우주로부터 부여받은 고유의 생명성[仁]을 충분히 발현하되, 이는 서로의 생명성에 대한 고양을 통해서 이루어진다. '한 몸'이므로 타인과 만물의 생명성 발현은 곧 자신의 생명성 발현으로 이어지기 때문이다. 그런데 하늘 안의 만물 중에서 인의 본성을 가장 완벽하게 실현할 수 있는 존재는 오직 '인간'이다. 본성을 실현할 수 있는 가장 적절한 기질적 조건인 마음[心]을 지니고 있기 때문이다. 인간 이외의 만물—동물과 식물—은 인간과 같은 성(性)을 소유했음에서 불구하고 기질적인 취약성[氣의 偏塞]으로 인해 그 생명성 발현은 부분적으로 이루어진다. 이것이 곧 만물을 통해서 각각 다르게 특수하게 드러나는 개별자의 생명성이기도 하다.

인간이 본성으로 갖추고 있다고 하는 인(仁)은 그저 여러 리 중의 하나가 아니라 모든 분수리(分殊理)를 내함(內含)하는 리다. 인이 모든 분수리를 내함한다는 것은 모든 분수리는 인에 의해서 그 성격이 규정된다는 점, 동시에 각각의 리를 통해서 인의 내용을 구체적이고 명확히 알 수 있다는 점을 의미한다. 주희에게 인·의·예·지란 바로 마음의 성(性)에 포괄되어 있는 모든 리의 큰 항목[大目]이다. 마음의 성 자체라고도 할 수 있는 인(仁)은, 다시 인·의·예·지를 위시한 제반의 덕목들로 그 내용이 세분화된다. 인·의·예·지는 인의 주요 전개 내용으로서, 각각 '생(生)'으로서의 인의 맥락을 저변에 깔고 있다. 좁은 의미의 인(仁)도 생(生; 仁)에 관한 인이고, 의(義)도 생(生; 仁)에 관한 의이고, 예(禮)도 생(生; 仁)에 관한 예이며, 지(智)도 생(生; 仁)에 관한 지다. 따라서 인(仁)의 본성이 마음을 통해서 정(情)으로 발현될 때에는, 때로는 따뜻함과 자애로움으로(仁; 溫和慈愛) 때로는 당당하고 과단성 있는 의로움으로(義; 斷制裁割), 때로는 관계 속에서의 존중과 겸손의 표현으로(禮; 恭敬撙節) 때로는 옳고 그름에 대한 분별(智; 分別是非)로 전개된다. 인(仁)의 성(性)이 발현한 '사랑(愛)'의 정(情)은 온화자애(溫和慈愛; 仁), 단제재할(斷制裁割;

義), 공경준절(恭敬撙節; 禮), 분별시비(分別是非; 智)의 정(情)을 관통하고 있다. 의, 예, 지 등 모든 덕목을 그 속에 품고 있는 주희의 인(仁)은, 사실 그것을 풀이할 현대적 용어를 찾기 어렵다. 다만 주희가 인을 '사랑의 리[愛之理]'라고 설명한 바를 준거로 '사랑'이라는 용어를 활용해 볼 수는 있다. 이렇게 보면 주희에게 인간의 본질은 사랑인데, 이 사랑은 기독교적 사랑이나 불교적 자비와 서로 통하면서도 분명한 특징을 보인다. 인으로서의 사랑은 그 속에 의로움과 예절과 지혜 등의 요소를 이미 포괄하는 사랑이다. 인(仁)의 본성을 온전히 실현하기 위해서는, '사랑[愛]'이 관철되는 인·의·예·지 각각의 정(情)의 실현이 온전하게 이루어져야 한다. '사랑(愛)'은 인·의·예·지 각각의 정(情)으로 구체화됨으로써 단지 관념적이거나 감상적인 사랑에 그치지 않고, 적절한 원칙과 예의와 제도가 어우러진, 그러면서도 따스한 공동체적 자애로움이 넘치는 개인의 삶과 사회를 이루어 갈 수 있다. 사람에게는 서로 사랑하면서, 사랑인 것과 아닌 것을 분별할 줄 알고, 사랑의 예가 있는 관계 및 제도를 이루어 낼 줄 알고, 사랑을 과단성 있게 밀고 나갈 수 있고, 서로를 따뜻하게 감싸 안을 수 있는 성향이 본성적으로 잠재해 있다. 인류가 상호존중의 규범과 제도를 계발해 온 것은 이러한 본성이 있기 때문이며 이것이야말로 생명성 발현의 양상이 되는 것이다.

인(仁)을 인간의 본성으로 설정하는 주희가 그와 함께 특별히 강조하는 덕목이 지(智; 知)이다. 그런데 주희 사상에서 인이 차지하는 막대한 비중에 가려서 그가 인에 못지않게 지를 강조했다는 사실이 흔히 간과되곤 한다. 주희에게 인간의 리의 본성의 핵심이며 전체는 인이라는 점은 부인할 수 없지만, 그는 인과 함께 지를 특별한 위치에 놓고서 부각시켰다. 그에 의하면 인이 다른 덕목을 포괄하고 안내하듯이 지도 다른 덕목을 포괄하고 안내할 수 있는 위치에 있다. 인과 지 외에 다른 어떤 덕목도 그 나머지 덕목을 포괄하고 그 근간을 이루는 역할을 하지 못한다. 주희에 의하면 지가 있어서 인, 의, 예를 비롯한 다른 덕목들이 분명한 분별을 거쳐서 비로소 온전하게 이해되고 펼쳐질 수 있게 된다. 지에 대한 특별한 의미 부여와 강조는 인 및 인·의·예·지의 본성이 막연하게 흐르거나 주관적으로 치우치지 않도록 하는 작용을 한다. 주희의 인은 지를, 지는 인을 품으면서 서로를 보완하고 서로가 나갈 방향을 안내해 준다. 막연한 사랑이 아니라 엄밀하고 밝은 지적 판단이 부수되는 사랑이며, 메마른 지적 작용이 아니라 사랑의 온기가 있는 지성이다. 이런 점에서 주희의 지는 현대적 의미에서의 좁은 의미의 지식이기보다는 삶의 깊은 통찰을 내함하는 큰 지혜에 가깝다. 주희가 평생 심혈을 기울인 격물치지론을 통해서 펼친 지에 대한 관점이 그의 인의 본성론을 뒷받침하고 있으며, 이것이 인의 본성론을 더 특별하게 만드는 바임을 주목할 필요가 있다.

세상에는 이루 헤아리기 어려울 정도로 다양한 개성을 가진 사람들이 존재하며, 각자는 자신의 개성을 발현하면서 창조적으로 살아갈 때 행복하다. 그런데 그 다양한 개성과 삶의 양식에도 불구하고, 모든 사람은 어찌할 수 없는 공통의 본성을 지닌다. 주희의 공부관, 교육관은 바로 이 지점을 주목하며 그것을 인(의예지)이라는 공통 본성을 중심으로 이해해서 끌어내는 데 주안점을 두었다. 기실 이러한 생각은 비단 주희에게서만 나타나는 것이 아니었다. 인류의 큰 사상이나 종교에서는 늘 인간의 본성으로서 '사랑'을 말하기 때문이다. 다만 주희는 외부의 초월적인 신을 상정하지 않고, 다만 리기의 우주론적인 관점을 기초로 해서 그리고 체험적 맥락에서 사랑의 본성을 설명해 내고 있다. 주희는, 인간의 본성이 이기적이고 절도 없는 욕구가 아니라 다름 아닌 '사랑'과 '의로움'과 '예의바름'과 '지혜로움'임을 체험적으로 확신한다. 사람 하나하나의 마음속에 내재한 '사랑'의 본성, 그리고 이를 뒷받침하는 '지혜'의 본성을 이끌어 내는 것을 주희는 문명 전환의 열쇠로 삼았다. 불가나 도가에 기댄 허무(虛無主義)가 횡횡하고, 동시에 본능적 인욕에 기댄 이기적 공리주의(功利主義)가 사람들의 심성과 삶을 어지럽히는 시대에, 주희는 우주와 인간을 관통하는 사랑과 지혜의 본성을 중심으로 삶의 양식과 제도를 새롭게 세우고자 했다. 그리고 그 기획은 특히 교육이라는 영역을 통해 모색되었다. 주희가 구상한 교육기획은 성공을 거두었고 이에 따라 이후 동아시아의 교육사의 수백 년은 나름의 건강한 전개가 가능했다. 물론 주희의 기획이 전개되는 과정에서 노출된 시대적 제약상 및 한계는 자명하며 이에 대해 냉철하게 바라보고 가려내야 함은 두말할 나위가 없다.

현대가 주희의 시대처럼 공부관, 교육관의 혁신이 요구되는 시대라면 주희가 했던 대로 인간이란 무엇인가에 대한 조명이 기초를 이룰 수밖에 없다. 공부관, 교육관의 변화는 인간 이해의 전환을 기초로 하기 때문이다. 현대적 의식혁명을 염두에 둘 때, 주희가 정리한 바의, 천, 리, 성, 심의 개념을 배경으로 한 인(仁), 그리고 지(智)의 본성의 인간관에 대한 조명의 가치는 크다. 이 과정에서 최소한 현재를 지배하는, 다분히 물질주의적 혹은 유물론적 성격을 지닌 인간관에 대해, 그리고 동시에 허무주의나 상대주의적 사유와 생활 관습에 대해 객관화하고 균열을 낼 필요가 있다. 이런 작업이 없이 공부 및 교육에 대한 관점이 새로운 지평으로 나아가는 것은 어려울 것이다.

3) 공부의 주재자이며 목적으로서의 '마음'의 재발견: 덕성, 이성, 감성을 품은 마음

주희는 배움과 교육의 일에 있어 '마음[心]'의 위상과 의미를 정교한 이론적 틀을 갖추어 드러냈고 이는 동아시아 교육사 전반을 걸쳐 특별한 의의를 지닌다. 주희에게 마음은 삶의 주재자요 주인이며 주체다. 주인 없는 집이 관리될 수 없듯이 주재자가 없는 삶은 온전할 수 없기에 인간을 형성하는 교육에서 주재자를 주재자답게 세우는 일은 무엇보다 중요하다. 그런데 주재자를 주재자로 세우는 것은 곧 공부의 목적이며 귀결점이기도 하다. 마음은 그 자체로 공부의 주체임과 동시에 목적이 되는 셈이다.

주희에게 모든 공부는 마음으로부터 시작해서 마음으로 귀결된다. 그런데 주희에게 이 마음은 리를 본질로 하고 있다. 주희는 학(學) 및 공부(工夫)가 성립하는 요건 두 가지로 '리(理)'와 '심(心)'을 꼽은 바 있다. 리와 더불어 심을 주목하고, 나아가 양자의 관계를 새롭게 정리하면서 마음의 주재자적 위치를 확고히 한 것은 주희의 중요한 공헌이다.[2] 주희에게 마음의 주재성은 리를 떼어 놓고는 논할 수 없으니, 마음의 주재자로서의 역할은 그것이 리를 본질로 하고 있기에 비로소 가능한 것이다.

리를 본질로 하는 마음의 주재성에 대한 주희의 이론적 입장은 그의 심성정(心性情)이나 인심도심(人心道心), 혹은 명덕(明德)에 관한 논의에 잘 드러나 있다. 주희에 의하면 마음이 주체요 주인으로 제 기능을 하기 위해서는 리의 본질에 가까운 마음 부분인 '심층'이 드러나야 하는데, 성(性), 도심(道心), 명덕(明德) 같은 말이 마음의 심층을 표현한 것들이다. 나아가 인(仁)·의(義)·예(禮)·지(智)는 그 심층의 리의 내용의 구체화된 양상들에 대한 묘사다.

주희에게 리의 본질에 가까운 마음의 심층이란 곧 마음의 '하늘 차원'이라고 표현할

2 이런 맥락에서 주희의 학문은 리학(理學)이라고도 할 수 있고 심학(心學)이라고도 할 수 있다. 물론 도학(道學)이라고도, 성학(聖學)이라고도 할 수 있다. 경우에 따라서 이 다양한 용어가 교차해 쓰였다. 양명학만이 심학이 아니라 주자학도 심학이다. 주자학만이 리학이 아니라 양명학도 리학이다. 이렇게 본다면 풍우란 등에 의해 시작되고 고착화된 주자학-리학, 양명학-심학의 구분법은 양자를 모두 오해하게 할 소지가 있어 폐기될 필요가 있다. 주자학과 양명학은 다만 마음과 리의 관계를 보는 관점에 있어 차이를 보일 뿐이다. 그 자체가 심학이기도 한 주희의 공부론은 시종일관 마음을 주체이며 토대로 삼아 마음의 본성을 펼치는 공부를 다각도로 논하는 방향으로 전개된다.

수 있겠다. 주희가 「중용장구서」의 인심도심에 관한 해설을 통해 보여 준 바와 같이[3] 사람의 마음은 경험적으로 두 차원, 즉 도심(道心)이라고 묘사된 하늘 차원과 인심(人心)이라고 묘사된 땅 차원을 함께 품으며 넘나들고 있다. 도심을 하늘 차원이라고 하는 것은 그것이 성명(性命), 즉 하늘이 부여한 성[天命之謂性]에 근원한다고 보기 때문이다, 인심을 땅 차원이라고 하는 것은 그것이 형기(形氣), 즉 기질적·육체적 맥락에서 발원한다고 보기 때문이다. 마음은 분명 하나이지만 그 마음의 지각(知覺)은 질적으로 구분할 수 있는 두 방향이 있다는 것이 주희의 견해다. 이는 마음을 주로 육체라는 물질적 기질적 산물로만 바라보는 데 익숙한 현대인들에게는 다가서기 쉽지 않은 견해다. 주희의 하늘 차원의 마음 이해는 그의 리의 세계관을 배경으로 하고 있으니. 사람의 마음 및 정신을 단지 육체적 산물이라고만 여기는 유물론적·물질주의적 시야를 넘어서, 그 이면의 심층에 자리한 하늘 차원의 리[天理]의 마음을 보아 낼 안목이 있어야 주희의 마음론에 다가설 수 있다. 마음의 하늘 차원으로서의 이 심층은 특별한 자각과 공부 없이는 그 체현은 안정적으로 지속되기 어렵고, 심지어 포착하는 것도 쉽지 않을 수 있다. 하늘 차원의 마음이 힘을 못 쓰게 되면 다만 땅의 차원, 육체적 차원의 인심이 본능적으로 삶을 주도하게 되는데, 이럴 때 그렇지 않아도 위태로운 상태에 있는 인심은, 나쁘게 흘러버린 인심이라고도 할 수 있는 인욕(人欲)으로 전화되기 쉽다. 인욕(人欲)으로 흘렀다는 것은 이미 하늘 차원의 리[天理]의 마음으로부터 멀어졌다는 것에 다름 아니다. 결국 주희에게 공부 및 교육의 관건은 사람들로 하여금 이 마음의 심층, 하늘 차원을 이해하고 드러내어 삶의 주재적 위치에 세우는 일이다. 경, 지, 행, 소학, 대학을 둘러싼 주희의 공부방법은 결국 이를 지향하는 것이며, 따라서 이러한 주희의 마음론의 기틀 위에서만 그 공부방법의 본질적 특성이 이해될 수 있다.

주희의 마음론을 둘러싼 보다 기본적 내용으로 돌아가 보자. 그에게 공부의 주체인 마음은 무엇보다 삶 전체를 주관하는 기관이다. 인간의 삶에 대한 모든 표현은 마음을 통해서 이루어진다. 생각(사려)하고, 의지를 지니고, 뜻을 세우고, 희로애락의 감정을 발산하는 등의 기능은 곧 마음의 작용이다. 나아가 보고 듣고 맛보고 냄새 맡는 등의 감각 기능 역시 마음과 별개로 이루어지는 것이 아니다. 이렇듯 마음은 감각적인 경험에서부터 제반의 감정표현, 추상적 사유, 직관적 통찰에 이르기까지 인간의 삶에서 가장 핵

3 제4장 4절 2항 참조.

심적인 기능을 전담한다. 서양철학의 인식론에서 제기되는 감각적 경험과 감정, 이성적 사유, 형이상학적 직관 등의 모든 기능이 마음의 작용에 수렴되는 것이다. 그런데 주희의 마음은 다만 제반의 감각적·감정적·인지적 기능을 수행하는 기관 정도에 그치지 않는다. 이미 설명한 바와 같이, 주희에게 마음은 하늘의 리를 자신의 본질로서 품고 하늘과 함께 하늘을 실현할 수 있는 주체다. 무엇보다 마음에서 인간의 존엄성과 위대성을 찾을 수 있는 근거도 이것이다. 인간은 마음을 지니고 있어 하늘의 생(生)의 본성으로서의 인(仁)을 온전하게 현실화시켜 낼 수 있다. 주희에 의하면 인(仁)으로 대표되는 하늘의 리는 모든 만물에 똑같이 내재해 있지만 그것을 온전하게 구현해 낼 수 있는 것은 인간밖에 없으며, 그 바탕은 특별한 수준의 특성을 지닌 인간의 마음이다. 즉, 편색(偏塞; 치우치고 막힘)의 기를 지닌 동물과는 차원이 다른 정통(正通; 바르고 통함)의 기를 배경으로 한 인간은 그 정통한 기의 핵심 증거라고 할 수 있는 바의 허령통철(虛靈洞徹), 허령불매(虛靈不昧), 담연허명(湛然虛明), 신명(神明), 광명(光明) 등으로 묘사되는 마음으로 그 자체에 내재한 성(性; 理)을 정(情)으로 드러내면서[心統性情] 만사만물을 주재할 수 있는 존재다. 하늘의 '생(生)'의 본성을 온전히 간직하고서 그것을 개인적·사회적으로 그리고 자연적으로 완전하게 실현할 수 있는 힘을 지닌 존재가 바로 인간이며, 인간의 특별한 마음이 그것을 가능케 한다.

주희에게서 마음의 본체(本體)는 성(性)이다. 비록 리기론(理氣論)으로서 따지면 마음은 기(氣)에 가까운 것으로서 리(理)로서의 성(性)과는 거리가 있는 무엇으로도 보이지만, 주희의 본뜻에 다가서 볼 때 마음은 리 혹은 성과 한 치도 분리되어 있지 않다. 성은 이미 마음 자체에 붙박혀서 그야말로 '마음의 리[心之理]'로 자리 잡고 있고, 마음은 리로서의 성을 스스로의 본질로 하고 있다. 일각에서 주장해 왔듯이 주희의 마음이 리와는 별개의 기이고 따라서 단지 리(성)의 명령을 따르는 수동적 위치에 있다고 보는 관점에는 큰 오류가 있다. 주희의 마음은 리를 스스로의 본질로 하는, 하늘 차원을 품고 하늘의 일을 함께하는 확고한 창조적 주체이며 주재자다.

땅 차원은 물론이고 하늘 차원을 더 핵심적으로 포함하는 주희의 마음은 구체적으로 인·의·예·지의 리를 본성으로 하고 표현한다고 이해된다. 마음의 본성으로서의 인·의·예·지의 의미에 대해서는 앞에서 다양한 방식으로 다루어 왔다. 여기에서는 이를 좀 더 현대적 감각을 가미하여 풀어 보고자 한다. 인·의·예·지의 본성을 지닌 주재자로서의 마음은, 현대적 의미에서 덕성(德性; virtuousness)과 이성(理性; rationality), 감성(感性;

sentiment)의 요소를 통합적으로 품고 있는 주체라고 할 수 있다. 따라서 주희에게서 마음의 본성을 밝히는 일은 곧 덕성, 이성, 감성을 종합적으로 실현하는 일이 된다.

마음에서 일어나는 덕성과 이성, 감성의 발현 작용을 주희의 관점에서 이해하기 위해 먼저 마음의 성(性)과 정(情)이 현대적 의미의 덕성, 이성, 감성과 어떻게 관련되는가를 살펴볼 필요가 있다. 먼저 주희에게서 성(性)과 정(情)은 상호 별개의 것이 아니니, 성은 본체(本體)이고 정은 성의 작용(作用), 즉 성체정용(性體情用)이다. 그런데 주희에게 성체정용은 곧 심통성정(心統性情)과 연동되어 있으니, 곧 마음의 포괄과 관할 속에 있는 성체정용이다. 마음이 움직이지 않는 고요한 상태에서 갖추고 있는 것이 성이고 마음이 사물에 따라서 움직일 때가 정인 것이다. 이때 정(情)은 현대적 의미의 '감정(emotion, feelings)' 같은 것이 아님을 주의해야 한다. 이는 현대인들이 쉽게 오해할 수 있는 부분이기도 하다.[4] 심통성정의 정은 사유와 인식, 감정, 욕망 등 인간의 마음에 의해 표현되는 모든 작용을 포괄한다. 주희의 논법에 충실해서 보면, 정은 성이 발현된 형태이므로 '표현된 성'인데, 다만 성의 표현이 온전하게 이루어진 선한 정도 있고 기질적 제약에 따라 그렇지 않게 표현된 불선한 정도 있다. 이 선하고 불선한 정 속에는 단지 감정만 있는 것이 아니라 다양한 종류의 인식과 사유, 욕망들이 함께 존재한다.

논의의 편의상 성(性)이 온전하게 표현된 선한 정(情)을 중심으로 보자. 이 정에는 이른바 덕성과 이성, 감성 차원의 표현이 모두 포괄되어 있다. 정으로서의 덕성, 이성, 감성의 원천은, 주희의 관점에서는 정(情)의 근원이 되는 성(性)이다.

주희에게 마음[심]은 인·의·예·지의 성(性)을 갖추고 그것을 인·의·예·지의 정(情)으로 발현하는 존재다. 주희식 표현에 의하면 정은 측은·수오·사양·시비 등으로 묘사되어야 하지만 편의상 인·의·예·지의 정이라고 표현하기로 한다. 주희에게 공부란 인·의·예·지의 성을 정으로 드러내는 마음을 구축하는 지향점을 지니는데, 이는 곧 현대적 의미에서 덕성, 이성, 감성을 조화롭게 구현하는 교육적 이상과 내용상 일치한다. 즉, 덕성·이성·감성의 본성적 씨앗을 덕성·이성·감성의 정으로 조화롭게 잘 이끌어 내는 일이다.

인·의·예·지의 성과 정[이하 성–정으로 표현]은 우선 덕성(德性)이다. 사랑과 의로움, 배려, 지혜는 현대에서도 덕성 및 도덕성을 내용적으로 대표하는 말로서 여기에 대해서

---

4 주희 사상에서 성(性)과 정(情)의 관계는, 서양철학사에서 대립적으로 인식되어 온 바의 '이성'과 '감정'의 관계가 결코 아니다. 용어의 유사성에서 혼동이 올 수 있으므로 특히 주의를 해야 할 부분이다.

는 많은 설명이 필요치 않다. 인·의·예·지를 현대적으로 해석할 때 대부분 도덕성으로 해석하곤 하기 때문이다. 오히려 문제라면 인·의·예·지를 단지 도덕성의 범주에서만 해석한다는 것이다. 인·의·예·지의 성, 정은 덕성(도덕성)일 뿐만 아니라 감성이며 이성이라는 것이 필자의 시각이며 이를 아래에서 논해 보기로 한다.

인·의·예·지의 성-정은 어떻게 감성(感性)이 되는가? 인·의·예·지 중의 핵심인 인의 성이 정으로 발현될 때 대표적인 표현 중의 하나는 사랑이다. 사랑으로서의 인의 성, 정은 그 자체가 동정이나 보살핌, 따뜻함이라는 감성과 일치한다. 나아가 사랑의 정이 관통하는 온화자애(溫和慈愛; 仁), 단제재할(斷制裁割; 義), 공경준절(恭敬撙節; 禮), 분별시비(分別是非; 智)의 정(情) 역시 감성이라고 보지 않을 수 없다. 그른 것을 싫어하고 절제하려는 의로운 마음[義], 타인을 공경하고 예의를 존중하는 마음[禮]은 분명 감성이다. 나아가 옳고 그른 것을 분별하려는 지(智)의 정의 경우도 옳고 그른 것에 대한 호오(好惡)의 마음이 전제되어 있으므로 감성이 이미 개입되었다고 할 수 있다. 마음은 때로는 따뜻함과 온화함의 감성으로, 때로는 단호함의 감성으로, 때로는 겸손의 감성으로, 때로는 옳고 그른 것을 선호하는 감성으로 드러나며 이 바탕에는 사랑의 감성이 깔려 있다. 『중용』에서는 정(情)을 희로애락(喜怒哀樂)의 감성으로 표현하고 있는데, 이것도 사단(四端)의 감성과 별개가 아니라 함께 얽혀 있다. 가령 사랑하는 마음이 때로는 기쁨으로 때로는 노함으로 때로는 슬픔으로 때로는 즐거움으로 드러날 수 있다. 이때 중요한 것은 상황에 따라서 희로애락이 적절하게 발현되는 것, 즉 중절(中節)하는 일이다.[5] 주희는 사랑의 본성이 온전하게 정으로 드러나게 되면 희로애락의 감성은 자연히 중절하게 된다고 본다. 반면, 희로애락의 감성이 치우치게 되는 경우는, 성의 정으로의 온전한 발현은 어렵게 된다.

이렇듯 포괄적 의미의 인 및 인·의·예·지의 성-정은 모두 현대적 의미의 덕성(德性)이면서 동시에 감성(感性)이다. 그렇다면 이성(理性)의 자리는 어디에 있을까가 문제로 남는데, 인·의·예·지 중에서 특히 지(智)가 이성과 관련된다. 물론 의(義)와 예(禮)도 이성과 무관할 수 없으나 서양철학적 배경에서 일반화된 이성(理性)의 특성을 기준으로

5 사단(四端)이라는 정(情)과 칠정(七情)이라는 정(情) 간의 관계 문제에 대해서는 조선의 사단칠정논쟁(四端七情論爭)에서 치밀하게 다루어졌다. 이 논쟁은 근본적으로 본성(本性) 실현의 올바른 공부 방법을 찾고자 하는 목적과 긴밀하게 연관되어 있다.

할 때[6] 지(智)야말로 이성과 밀접하게 연결되는 부분이다.

주희가 인·의·예·지 중에서 인(仁)과 더불어 가장 핵심적인 덕목으로 꼽은 것이 지(智)라는 점에 대해서는 앞에서 다룬 바 있다. 사랑과 생명력이 약동하는 삶과 사회, 자연을 이루어 가기 위해서는 옳고 그른 것을 판별하는 문제, 즉 이성적이고 지적인 변별의 문제가 그만큼 중요하기 때문이다. 주희가 인·의·예·지의 지를 강조했다는 점은 그가 '격물치지(格物致知)'의 문제를 특별히 중시한 것과도 상통한다. 격물치지는 개인의 몸과 마음가짐에서부터, 인간관계, 사회 및 자연의 문제 등 만사만물에 이르기까지, 그 각각의 생명력 발현을 위해 올바르고 마땅한 지점 내지 원리(理)를 궁구하는 일이다. 만일 이러한 이성적·지적 변별이 전제가 되지 않으면 사랑은 공허한 외침에 불과하게 된다.

그런데 지(智), 그리고 격물치지(格物致知) 논의에서 보이는 바의 주희식의 이성(理性)은 서양철학에서의 '도구이성'과는 구분할 필요가 있을 것 같다. 서양의 도구이성이 현실세계를 분석하고 측량함으로써 앎을 축적해 가는 기능을 수행한다면, 주희의 이성은 현실세계의 있는 그대로의 모습을 이해하는 것을 넘어서서 그것이 생(生)이나 실현과 연계된 원리를 궁구하고, 나아가 우주와 삶을 관통하는 형이상학적 통찰에까지 이르는 기능을 한다. 더욱이 주희의 이성은 자신의 삶을 실질적으로 변혁시켜 가는 데 궁극적 의의가 있다. 이렇게 보면 주희의 이성은 도구이성이기보다는 칸트의 실천이성이나 프랑크푸르트학파의 비판이성에 가까운 것이다. 물론 실천이성이나 비판이성으로도 주희의 이성의 특성을 그대로 담아내기는 어렵다. 굳이 적절한 개념을 찾는다면, 주희의 이성[智]은 근본적으로 사랑의 성(性)과 정(情)이 바탕이 되어 있고 또한 사랑의 실천을 지향하고 있는 '가치이성(價値理性)'이라고 할 수 있다.

이상의 정리를 통해서, 덕성과 감성, 그리고 이성 교육의 문제에 관한 한 매우 독특하고 의미 있는 견해를 읽어 낼 수 있다. 주희에게서 공부를 통해서 마음의 본성을 실현한다고 하는 것은 현대적 의미의 덕성과 감성과 이성을 동시에 실현한다는 것을 의미한다. 서양의 지적 전통에서처럼 이성과 감성, 덕성과 지성(이성)이 애당초 분리되어서 논의되지 않는다. 공부는 궁극적으로 덕성의 실현을 지향하고 있으면서도, 이는 곧 감성의 온전한 발현과 결부되고, 또한 이성의 실현과 함께한다. 이성의 작용이 덕성의 실현

---

6 서양철학적 맥락에서 이성(理性)은, 세계에 대한 참다운 앎을 이끌어 낼 수 있는 기능 내지 기관의 의미를 지닌다. 이규호,『사람됨의 뜻－哲學的 人間學』, 서울: 제일출판사, 1974, 23－36쪽 참조.

으로 이어지지 않는다면 그것은 이미 올바른 의미의 지적 작용이 아니다. 동시에 이성의 작용이 사랑의 감성에 바탕하지 않고 또한 사랑의 감성을 끌어내는 데 기여하지 못한다면 그것 역시 진정한 의미의 이성의 작용이라고 할 수 없다.

덕성과 이성과 감성은 상호 필연적 관계에 있으며 궁극적으로 하나라고 보는 논법은 서양의 사유방식에 익숙해 있는 현대인에게는 매우 낯설게 여겨진다. 예를 들어, 서양철학에서는 이성과 감성 양자를 전혀 성격을 달리하는 별개의 것으로 대립시켜 놓고 있다. 이성을 현실세계와 우주에 대한 객관적이고 참된 지식을 가능케 하는 기관으로 파악하고, 감성은 주관적이고 충동적이고 감각적인 느낌 정도로 여기는 경향이 강했다. 전통적으로는 감성에 대한 이성의 우위와 지배를 강조하는 지적 분위기가 주류를 이루었고, 이에 대한 반발로 이성에 대한 감성의 우위를 논하는 풍토가 풍미하기도 한다.[7] 전자의 입장에서는 이성과 감성을 각각 '주인과 노예'에 비유하고, 후자의 입장에서는 '이성이 정념의 노예'라고 선언한다. 즉, 감성을 중시하는 학자들마저도 이성 중시의 학자들과 마찬가지로 이성과 감성이 서로 섞일 수 있는 가능성에 대해서는 거의 고려하지 못하는 듯 보인다. 이렇게 서양의 지적 전통에서 이성과 감성은 서로 넘기 어려운 장벽이 처져 있다. 그런데 현대에 이르러 이성과 감성의 대립은 심각한 윤리적 문제를 야기했고 따라서 이 대립의 극복은 서양철학(윤리학)에서 해결해야 할 중요한 문제 중의 하나로 대두되었다.[8]

서양문명의 영향권 안에서 발전한 현대의 교육학에서도 역시 이성과 감성, 그리고 덕성과 지성(이성)의 구분을 전제로 한 교육적 논의가 주류를 이루어 왔다. 이러한 맥락에서 덕성은 주로 도덕교육의 주제로, 이성 및 지성은 지식교육의 주제로, 감성은 예술교육의 주제로 한정하는 경향이 강했다. 그러나 이러한 분리 관점의 문제점이 주목되면서 도덕성(혹은 인성)교육과 지성(지식)교육의 융합,[9] 지성(지식)교육과 감성교육을 조화

7 플라톤에서 스토아주의, 칸트에 이르는 전통에서는, 절대적 자율성을 지니고 참다운 앎을 이끌어 낼 수 있는 '이성'이, 비합리적이고 변덕스럽고 주관적인 '감성'을 통제하거나 지도해야 한다는 생각이 강했다. 반면, 19세기의 실존주의자들이나 낭만주의자들은 '감성'이야말로 생생(生生)한 현실세계를 전체적으로 직접 느끼고 파악할 수 있다고 보고, 메마르고 추상적인 사변이성이나 자연과학적 '이성'에 대한 우위를 주장했다. 이규호, 위의 책, 23-49쪽 참조.

8 박정순, "서양 현대논리학의 쟁점과 한국윤리학의 과제", 『동방학지』 108, 2000, 222-225쪽.

9 張相浩, 『인격적 지식의 확장-Polanyi』, 서울: 교육과학사, 1994/ 양은주·조경원·임현식, "지식기반 사회 학교교육과정의 인식론적 대안 탐색: Polanyi의 지식이론을 중심으로", 『교육과정연구』 19(1),

시키려는 시도[10]가 학계에서 이루어진 바 있다. 가령 이제는 도덕성의 교육은 이성이나 정서 교육, 그 어느 하나만의 문제로서 볼 수 없다는 주장이 제기된다. 도덕성의 인지적 측면에는 이미 정의적 요소가 포함되어 있고, 정서 속에 이미 인지적 요소가 들어 있다는 것이다.[11] 따라서 도덕성에 대한 인지적 판단을 심어 주고 그다음에 감성을 길러 준다는 식의 교육적 발상은 심각하게 재고해 보지 않으면 안 되게 되었다.

덕성(德性), 이성(理性), 감성(感性) 교육이 통합적으로 이루어져야 한다는 문제의식 자체가, 주희의 마음공부론의 입장에서 보면 오히려 '낯설게' 다가온다. 삼자(三者)는 애초에 분리가 될 수 없는 것이기 때문이다. 주희 입장에서 볼 때, 삼자를 분리하는 것 자체가 인간의 자연스러운 마음 실상을 충분히 고려치 않은 것이다. 이성 역시 사람의 마음에서 출현한 것이라면 어떻게 감성이 전혀 개입되지 않은 이성이 가능할 것인가? 서양에서 이렇게 '순수한' 이성을 추구한 것은 애초에 감성을 '문젯거리' 내지 '불순물'로 보는 경향이 강했기 때문이다. 주희의 입장에서는 감성 자체가 문제가 아니라, 다만 그것이 인욕(人欲)으로 흐를 때 문제다. 서양의 플라톤 전통의 철학에서 이성과 감정의 대립이 있다면, 주희에게서는 천리(본성)와 인욕의 대립이 있다. 그런데 오해하지 말아야 할 것은 주희에게 인욕은 다만 감성 및 감정의 문제가 아니라는 것이다. 인욕은 세계관, 자아관 등의 제 사유와 관점의 문제이기도 하다. 즉, 이기적 욕망 등과 연결된 엇나간 감성만이 아니라 엇나간 이성, 엇나간 덕성도 모두 인욕의 범주로 사유된다. 주희의 공부법은 이 인욕을 간파하고 거리를 두면서 마음의 본성을 유지하고 발현하는 일로 모아져 있다. 주희는 그것을 '존천리거인욕(存天理去人欲)'이라고 표현한다.[12]

2001, 363-386쪽/ 진영석, "지식교육을 통한 심성함양: 도덕교육적 함의", 『한국초등교육』 23(1), 2012, 37-50쪽/ 장주희, "이성-감성의 상호 의존에 비추어 본 인간과 교육의 역동성", 『교육철학연구』 40(4), 2018, 121-142쪽.

10 고미숙, "도덕성의 세 가지 측면(인지적 정의적 행동적 측면)의 구분에 따른 도덕교육의 오해와 이해", 『교육철학』 23, 2000, 1-26쪽.

11 셰플러에 의하면 이성의 삶에는 적절한 정서적인 성향이 요구된다, 즉 진리에 대한 사랑, 거짓말에 대한 경멸, 논리나 사실에서의 오류에 대한 분개, 왜곡에 대한 불쾌감 등이 그것이다. 사랑과 미움, 존중과 혐오와 같은 정서적 성향들이 전개됨으로써 합리적 규범과 원리들이 내면화될 수 있다는 것이다. 윤리학에서의, 감정의 인지주의적 관점에서도 정서는 단지 감각이나 느낌이 아니라 인지, 사고, 판단, 평가 등 이성적 작용과 관련이 깊다고 파악한다. 고미숙, 위의 논문, 7-8쪽 참조.

12 '존천리거인욕(存天理去人欲)'이라는 표현에서도 우리는 리의 체험적 성격을 확인해 볼 수 있다. 천리가 체험 가능한 인욕의 상대로 표현될 수 있다는 것은 천리도 인욕처럼 마음으로 체험될 수 있다

사람이 건전하게 살아가는 데, 그리고 건강한 사회를 만드는 데 있어서 기본적으로 사랑의 감성은 필수적이다. 물론 옳은 것을 좋아하고 그른 것을 싫어하는 감성, 그른 것을 과감하게 끊으려는 의로운 감성, 상대방에 대한 겸손의 감성 등은 함께하는 사랑의 감성이면 더욱 완전하다. 만일 이른바 이성이라는 것이 이러한 감성과 별개로 이루어진다면 그것은 단순한 도구이성에 그치기 쉽다. 사랑의 감성이 기초가 되어 이성의 작용이 이루어질 때 그것은 사랑과 생명의 삶, 사회, 자연의 실현이라는 목표를 실질적으로 가능케 하는 원동력이 될 수 있다. 반면에 막연하게 사랑의 감성만을 지니면서 엄밀한 지적, 이성적인 궁리가 결여된다면 사랑의 이상은 공허함에 빠지거나 주관적 독단에 그치기 쉽다. 이성과 감성이 적절히 조화를 이루면서 덕성을 온전히 실현할 수 있게 된다.

덕성과 감성, 이성이 조화를 이루는 교육은 현대 교육학의 핵심 과제 중의 하나다. 그런데 이 과제는 주희에게 있어서는 마음의 본성을 밝히는 일로 모두 수렴된다. 마음의 본성, 즉 명덕을 밝히는 일이 덕성과 감성, 이성을 온전히 실현하는 일이기도 하다. 특히 주희는 이를 구현하는 공부방법론을 구체적으로 제시했다. 그에게 있어 마음의 본성을 실현하는 일, 즉 덕성, 이성, 감성을 온전히 구현하는 일은 가르침의 문제이기 이전에 개개인 스스로의 공부의 문제다. 스스로 자율적으로 획득해 가지 않으면 이 모든 논의는 무용지물이다. 주희가 평생에 걸쳐서 공부방법론의 정립에 정성을 쏟은 것은 이 때문이다.

3. 공부방법의 혁신: '경 기반 지·행' '경 기반 소학·대학' 공부

주희는 공부방법론 및 교육방법론에 있어서도, 공부주체론으로서의 인간관과 마찬가지로, 한편으로는 전통을 충실히 익히고 계승함과 동시에 다른 한편으로는 새로운 요소를 가미하여 혁신적인 정리를 해 갔다. 그가 전통을 익히면서 발굴한 공부방법 및 교육방법론은 일차적으로 지·행론과 소학·대학론에 모아져 있다. 그가 관찰하기에 공자 이래의 모든 공부방법은 지적인 요소와 행적인 요소가 늘 병행되는 방식으로 거론되었다. 존덕성과 도문학이 그러했고, 박학·심문·신사·명변과 독행이 그러했고, 박문과 약

는 것을 의미한다. 리는 단지 개념적 원리가 아니라 인·의·예·지로 표현되는 덕성, 이성, 감성의 형태로 체험될 수 있는데, 그것은 특히 인욕에 상대되는 것으로 체험된다.

례가 그러했다. 공부의 지적인 요소와 행적인 요소라고 할 만한 것이 있되, 양자는 서로 분리됨이 없이 늘 서로 의지하고 서로를 촉발시켜 주며 함께 나아가는 관계를 형성하고 있다는 이해다. 지행호상발(知行互相發), 지행병진(知行竝進) 등은 이를 표현하는 말이다. 여기까지 주희가 포착한 바의 전통의 공부방법의 핵심적 특징이다. 주희에게 지이건 행이건 모두 인·의·예·지의 인간 본성의 실현이라는 목적에 부응하는 특징을 지니며 지는 리를 궁구하는 것, 행은 리의 본성을 보존하고 체현하는 것을 그 핵심 내용으로 한다.

주희는 지와 행이 서로 의존하고 함께 나아가는 방법론에 대한 정리에 이어서, 별도로 경(敬)이라는 요소를 끄집어내어 경·지·행, 혹은 거경·궁리·역행이라고 할 만한 방법론을 내세운다. 이때 경은, 서로 병진(竝進)이나 호상발(互相發)의 관계에 있는 지, 행과 별개의 것이라기보다 행에 속하는, 행 중에서 가장 중핵이 되는 요소를, 그 특별한 의미를 감안하여, 별도로 끄집어낸 것이다. 그리하여 경이 바탕을 이루고 그 위에 지와 행 등의 제반의 공부가 이루어지는 것을 내용으로 하는 방법론이 구축된다. '지행병진'이라는 표현이 전통의 방법론적 이해의 원형에 가깝다면, '경·지·행'은 주희가 한 걸음 더 나아가 구축한 방법론에 대한 표현이라고 할 수 있다. 사상사에서 경은 정이(程頤)가 처음으로 특별하게 주목해서 부각했지만 정이에게서 경은, 다른 공부들과의 연계가 크게 고려되지 않는, 그리고 안(內)을 바로 하는 함양(涵養)에 초점이 맞추어진 방법에 그쳤었다. 이에 비해 주희에게서 경은 그 자체로 본성 및 본심의 기상을 지속적으로 견지해 가는 방법일 뿐 아니라 여타 지, 행 공부들의 기초가 되어 그 결실을 맺도록 하는 방법으로 재탄생한다. 이에 대해서는 '경 기반 지·행 공부'론이라고 이름 붙일 만하다.

한편, 주희는 유교 역사에서의 교육전통을 관찰하면서 소학(小學)에서 대학(大學)으로 이어지는 소학·대학의 공부 및 교육론을 포착해 냈다. 인간 본성의 실현이라는 목적을 일관되게 지니면서도 연령 기준 발달단계에 따라 공부내용 및 방법을 달리 설정한 주희의 소학·대학 교학론은 그 자체가 단순히 전통의 해석을 넘어선 창조적인 면모를 지닌 것이었다. 그런데 더 혁신적인 모습은 소학·대학을 일관하는 공부 요소로 경을 설정해 놓은 것이다. 지행을 비롯한 모든 공부요소의 토대로 설정된 경은 동시에 소학·대학의 토대가 되었던 것이다. 경은 기초 단계인 소학에서 습득할 핵심 소양으로도 이해되었다. '경 기반 소학·대학'론이라고 할 만한 것이 주희에 의해 주창되었으니, 이는 분명 높은 수준의 창조적 면모다. 그리고 이는 현대 교육적 해석의 여지를 넓게 열어 놓고 있다. 이런 전망을 견지하면서 이하에서는 경·지·행 각각의 의미, 그리고 '경 기반 지·행', '경 기반 소학·대학'의 의미에 대해 현대적 해석을 시도해 보기로 한다.

1) 경(敬) 공부: 마음의 주재적 전일성을 견지하며 본심으로 깨어 있기

주희에게서 공부는 결국 마음의 리의 본성을 체현하는 것을 지향하며, 이를 위해서는 기본적으로 마음이 스스로 주재성을 갖추고서 인·의·예·지의 본성이 자연스럽게 우러나는 상태를 갖추도록 하는 일이 무엇보다 중요하다. 주희는 이 과제를 특히 경(敬) 공부에 부여한다. 경은 마음의 주재성을 갖추는, 그리고 본심(本心)의 빛에 깨어 있고 견지하도록 하는 기제다.

주희에 의하면, 마음이 주재성을 갖추고 리의 기상이 살아 있는 본심에 다가서고 또 유지하기 위해서는, 전일하고 늘 깨어 있으며 정제된 마음가짐이 필요하다. 이것이 곧 경인데 경의 실천은 마음의 전일함[主一無適], 고도의 수렴[心收斂不容一物], 늘 깨어 있음[常惺惺法], 몸 안팎의 정제됨[整齊嚴肅] 등을 내용으로 한다. 마음을 혼탁하게 할 수 있는 일체의 불필요한 잡념이나 욕심, 감정 등에 끌려다니지 않도록 전일함을 유지하면서, 일이 없을 때는 오롯이 고요하게 모아져 있고, 일이 있을 때는 그 일에 집중을 한다. 이렇게 되면 자연스럽게 주재성은 갖추어지고 리의 본성은 내면으로부터 솟아난다. 마음의 경이 이루어진 상태는 곧 주재성이 확보되고 깨어 있고 몰입된 상태임과 동시에 리의 본성이 자연스럽게 우러나는 상태다.

주희가 경의 실천법으로서 거론하는 것 가운데, 이를 가장 포괄적으로 대변하는 것은 '주일(主一)'이다. '주재적으로 전일(專一)함'으로 풀이할 수 있는 주일은 그 자체에 주재성과 수렴, 집중의 의미를 포함한다. 그런데 주목할 점은 주일은 마음의 리나 외부의 리의 구체상을 직접 겨냥하고 추구하는 방법이 아니라는 것이다. 주일은 인·의·예·지 등 세부 덕목을 의식적 목표로 하여 거기에 집중하는 방법이 아니라, 다만 습관적으로 떠도는 각종 관념과 욕망의 상(相)으로부터 거리를 두고서 전일하게 모아진 마음상태다. 이런 주일의 마음 상태에서 자연히 리의 본성은 내면으로부터 자연스럽게 솟아나고 외부의 리에도 밝게 조응할 수 있게 된다. 여기에 경의 묘미가 있다. 경의 태도를 갖추고 유지하면, 굳이 리나 덕의 구체상을 직접 겨냥하지 않는데도, 리의 본성이 안으로부터 자연스럽게 솟아나고 외부의 리도 밝게 통찰된다. 경의 이러한 묘미는 애초에 리의 본성이 마음 안에 내재해 있기에 가능한 것이다. 리의 본성은 계교로써 작위적으로 이해하고 만들어 가는 것이 아니라, 불필요한 사념과 감정 욕망의 먼지를 거두면 자연스럽게 안으로부터 비추어 나오는 것이다. 주희에게 경의 마음과 리가 구현되는 마음은 불가분의 관계에 있다. 이는 주희의 경의 뿌리가 되었던 정호와 정이의 경이 천리와 하나된 마음으로서의 성(誠)과 불가분의 관계에 있다는 사실과도 통한다.

주희는 종종 경의 실천 과정에서 자연히 인·의·예·지 등의 본성이 발현되는 양상에 대해 묘사한다. 마음이 주일(主一)하게 되면 특별히 의식하지 않아도 자연스럽게 인·의·예·지의 빛이 드러난다. 그렇다고 인·의·예·지의 실천과 경의 실천이 동일하다는 의미는 아니다. 양자는 긴밀하게 연결되면서도 구분된다. 주일을 핵심 특징이며 방법으로 하는 경은 마음의 주재성을 세우고 지속적으로 전일함을 견지하는 방법일 뿐이다. 경의 이러한 특성으로 인해 그것은 세상의 모든 일을 탐구하고 처리하는 데 있어 근간으로 작용할 수 있는 것이다. 나아가 인·의·예·지를 비롯한 모든 리의 본성을 비추고 실천하는 근간이 될 수 있다.

주희는 경 공부가 특별히 시간을 내어서 행하는 별개의 한 가지 일(공부)이 아니라 다만 모든 일(공부)의 근간을 이루는 근본 태도라는 점을 누누이 강조한다. 경은, 마치 특별한 시간과 공간에서, 혹은 일상에서 벗어나서, 마음을 오롯이 모으고 명상하는 류의 공부만이 아니다. 경을 이렇게 특별한 한 가지 일로만 보게 되면, 그것은 일상적 삶과 단절이 될 수밖에 없다. 경은 그저 마음의 주재성과 본심의 기상을 언제나 간직하면서 삶의 모든 상황을 살아가려는 노력이다. 가령 사람을 만나면서 온 마음을 다해서 정성스럽게 대하는 일, 사물의 리를 궁구함에 마음의 집중을 다하는 일 등이 모두 경의 일이다. 주희에게 경은 경을 내외(內外), 동정(動靜), 정조(精粗)의 경계를 넘어서 본심으로 깨어 있는 방법이다. 주희는 이를 통해 주로 허정(虛靜), 공적(空寂)을 중심에 두고 그쪽으로 향하는 도가나 불교의 수양법, 그리고 그에 영향을 받은 유가 내의 정(靜) 위주의 공부법과 분명한 차별화를 이루어 간다. 이렇게 해서 주희의 경은 천지와 함께 우주의 경영에 참여하는 인간상, 수기치인(修己治人), 중화위육(中和位育)을 이상으로 하는 인간상을 지닌 유가의 본령공부로서의 정체성을 뚜렷하게 갖게 된다.

경 공부는, 이와 같은 성격을 토대로, 앞에서 논의한 바의 마음의 덕성, 이성, 감성을 자연스럽게 촉진하는 방법이 된다. 이는 경이 인·의·예·지의 본성 발현을 촉진한다는 점을 고려하면 자연스럽게 이해된다. 먼저, 경은 아름답고 안정된 정서를 이끌어 낸다.

사랑의 감성과 덕성이 우러나오게 되고 또한 사물의 이치를 파악하는 이성의 작용이 원활히 이루어질 수 있다. 그러기에 경 공부는 인간됨의 기초다. 교육에서 덕성과 이성과 감성을 조화롭게 기르고자 한다면 구체적인 인간됨의 덕목 하나하나에 접근하기 이전에 경의 마음 토대를 닦도록 이끄는 게 중요하다. 주희가 아동기 소학 공부의 근거 및 주목적을 경의 태도 형성에 두는 것은 이 때문이다. 경이 실제로 어떠한 효과를 지니는가는 개개인이 직접 체험을 통해서 확인할 수밖에 없다. 그런데 이러한 체험을 통해서 경의 태도가 덕성과 감성, 이성의 계발에 굳건한 기초가 될 수 있음이 확인된다면 그 현대 교육적 응용의 가치는 작지 않을 것이다.

필자는 주희가 말한 경이 현대의 마음챙김(mindfulness) 담론과 조응할 수 있다고 본다.[13] 심리학계, 의학계, 교육학계 등에서 널리 주목되는 마음챙김은 주의집중과 알아차림의 요소를 지니면서 심리적 안정과 명료함을 꾀하는 공부법으로 이해된다. 서양의 마음챙김 담론은 주로 불교의 사띠(sati) 개념에 기초하되, 존 카밧진(Jon Kabat-Zinn)에 의해 더 넓은 틀에서 재해석되어 널리 확산된 개념이기도 하다. 마음챙김은 현재 일반 명상 방법의 일환으로 제반의 삶의 영역에서 심리적 안정과 집중, 치유를 꾀하는 방법으로 활용되고 있는데 그 뿌리를 불교에 두는 게 일반적이다. 필자는 이 마음챙김 담론이 비단 불교 등의 특정 사상에 한정되지 않고 큰 사상들에 보편적으로 나타난 지혜라고 판단한다. 특히 불교와 유학 사상은 현대 마음챙김 담론의 발전에 있어 중요한 사상적 단서를 제공한다. 필자의 관찰로는 유학에서는 무엇보다 주희에 의해 확립된 경이 그 마음챙김의 전형을 이룬다. 전일함과 깨어 있음을 특징으로 하는 경의 실천은 주의집중과 알아차림을 핵심 요소로 하며 주로 불교에 기원을 둔 현대 마음챙김의 담론 및 실천과 맥을 같이한다. 그러면서도 마음챙김으로서의 경은, 주희가 불교와의 차별화를 꾀하면서 드러낸 경의 특징과 연결된, 새로운 시사점을 제공한다. 주희의 경은 마음의 주재성 확립의 측면에 초점을 맞추고, 내외(內外)와 동정(動靜)을 아울러 일상과 분리되지 않으면서 인·의·예·지와 같은 리의 본성을 이끌어 내는, 그리고 온갖 리의 통찰과 실천으로 연결되는 전망을 지닌다. 주희의 경은, 자칫 정적(靜的) 활동에 치우치거나 심리적 정서적 치유 활동 중심으로 흐르기 쉬운, 그리하여 이성·덕성·감성, 혹은 진·선·미 혹은 지·덕·체를 포괄하는 인간형성의 토대로서의 위상에 대한 전망은 약한 현대 마음챙

13 황금중, “마음챙김(mindfulness) 기반 교육: 기본 설계와 방향”, 『교육철학연구』 41(3), 2019, 219-257쪽 참조.

김 담론에 대해, 새로운 균형감을 가져다주며 활력을 불어넣을 잠재력을 지닌다.

2) 지(知) 공부: 가치이성의 실현

현대의 공부 및 교육문화에서 주희의 경이 낯선 것만큼이나, 격물치지를 중심으로 한 주희의 지 공부도 낯설다. 현대인에게 매우 특수한 모습으로 다가오며, 그러하기에 우리가 익숙해 있는 지식공부 및 교육의 문제를 돌아보는 데 도움이 된다.

일반적으로 지는 어떤 현상이나 도덕적 가치 등을 대상으로 한 객관적 앎을 의미한다. 그런 객관적 지식을 축적하는 것, 그리고 그것을 통해 주체의 가치관이나 세계관을 다듬어 가는 것이 지 공부의 의미이며 목표로 여겨진다. 주희의 격물치지에 반영된 지 공부도 이런 요소를 포괄함은 물론이다. 그런데 주희의 그것은 리의 본성관, 심성론과 연관된 특별한 지점을 함유한다. 말하자면 주희에게 격물치지의 지 공부는 궁극적으로 내 마음의 전체대용(全體大用)을 밝히는 일, 다시 말하면 본성을 펼치는 목적과 연계되어 있다. 특히 그것은 마음에 내재한 리의 인·의·예·지의 본성 중에서 지의 본성을 펼쳐서 본성 전체의 발현을 이끌어 내는 일이다. 지의 본성을 펼치는 일을 주희는 치지(致知)라고 한다. 그런데 그 치지는 반드시 격물(格物) 및 격물궁리(格物窮理), 즉 만사만물에 대한 리의 궁구를 토대로 해야 한다. 지의 본성이 마음속에 내재해 있다고 해서, 외물에 대해 눈감고서 마음만 들여다보고 지키는 식으로 지를 이끌어 낼 수 없다는 것이 주희의 강조점이다. 이 강조점은 도불이나 유학 내의 다른 학파들의 지 공부의 치우친 병폐를 극복하는 것을 목적으로 한 것이기도 하다. 주희의 입장에서는 마음 안의 리의 본성에 깨어 있고 보존하는 기본적인 역할은 경이 담당한다. 지는 경의 마음을 주체로 하여 그 위에서 삶을 살아가면서 당면하는, 하늘 아래 모든 것의 실상과 본질, 또 과제를 탐구하는 일이다. 그리하여 결국 마음속에 잠재된 지의 본성을 환히 펼쳐 내는 일이다. 이는 결국 주체로 하여금 마음의 본체와 작용을 다하는, 명덕과 도심, 본성을 온전히 펼쳐 내는 방향으로 나아갈 수 있도록 한다.

현대인들에게 격물궁리는 그것이 사사물물의 '리'를 탐구하는 일이므로 탐색의 방향과 내용이 특정하게 한정되어 있다는 인상을 갖기 쉽다. 이는 보다 자유로운 지식공부를 추구하는 현대인들이 격물궁리에 다가서기 어렵게 하는 요인이 될 수 있다. 그런데 주희가 격물치지를 둘러싸고 배치한 기본 취지를 유연하게 고려하면서 보다 역동적인 현대적 적용이 가능하리라고 본다. 일상의 삶에서 당면하는 다양한 상황을 관찰하고 그 이면의 원인을 따져 보고, 문제가 있으면 해법을 모색하는 등의 일반적인 지적 활동은 곧 격물궁리활동이다. 현대의 인문, 사회, 자연과학에서 하는 모든 학문적 탐구 활동은 격물궁리에 속한다. 다만 주희의 격물궁리는 이런 기본적 탐구 활동을 포함하면서, 앞서 논한 바와 같이, '마땅히 그러해야 할 지점'을 찾아가는 가치지향적 특성을 지니며, 또한 지, 나아가 인·의·예·지의 본성의 구현과 연계 짓는다. 이것이 현대의 이런 지적 활동에 더해서 드러나는 특성이며, 현대 지식교육에 대한 성찰에 있어서 참조할 부분이기도 하다. 즉, 사물의 실질에 따라서 궁구하되 단지 사물에 대한 있는 그대로의 '사실적' 지식을 넘어서, 우주적 생명성[生理]의 발현과 연계하여 필요한 지점을 따르려 한다는 점, 리를 단지 머리로 이해하는 것을 넘어 자신의 내면과 삶에 반추해 봄으로써 그리가 진정을 이해하고 또 자기 것이 되도록 지향한다는 점, 삶에서 가장 절실하고 중요한 부분—마음, 몸, 인간관계, 사회문제—에서부터 그것의 가장 적절한 지점을 확인하고 그것을 통해서 자신의 내면과 삶의 변혁을 지향한다는 점, 그러면서도 내게 가깝고 절실하지 않은 문제라고 하더라도 역시 넓게 관심을 가지고 이해하며 자신의 삶에 반추하려 한다는 점, 그리고 문명을 책임져 온 성현들의 지혜를 독서의 방식으로 진중하게 탐색하는 지적 활동을 중시한 점 등은 현대의 시선에서 새롭게 음미할 부분들이다.

주희에게서 마음이 단지 현실세계의 사실을 가치중립적으로 규명해 내는 기관이 아니며 근본적으로 사랑의 정감과 얽혀 있고 사랑의 이상을 지향하고 있듯이, 지식 역시 가치와 무관하지 않다. 주희에게서 지식이란 기본적으로 객관적 사실 인식을 넘어 사사물물의 '올바르고 마땅한 지점'에 대한 인식이다. 올바른 몸가짐과 마음가짐, 올바른 인간관계, 올바른 사회제도, 올바른 정치제도와 관행, 올바른 공동체 질서, 올바른 시민의식, 올바른 인간과 자연의 관계, 올바른 자연질서, 좋은 환경, 바람직한 평화 등이 격물치지의 주제라고 할 수 있다. 물론 주희의 격물치지적 탐구는 사실에 대한 객관적 인식을 근간으로 한다. '있는 그대로의 사실'을 알 수 있어야 '나아가야 할 방향'도 정확히 포착할 수 있기 때문이다. 다만 격물치지는 단지 '있는 그대로의 사실'을 아는 단계에 그치지 않고 언제나 '마땅히 지향해야 할 지점', '우리에게 진정 도움이 되는 지점'의 탐색에 관심을 가진다. 그 근간이 되는 기준은 '생(生; 生意, 生理)'이며 '사랑'이며 '우주와 인간의 본성'이다.

격물치지가 자연스럽게 이루어지고 또한 주체의 본성을 밝히는 역할을 할 수 있기 위해서는 그 토대에 경(敬)의 마음이 자리해야 한다고 주희는 거듭 강조한다. 경은 본심이 보존되면서 격물치지를 원활히 할 수 있도록 돕고 또한 격물치지를 통해서 얻어진 리는 경을 통해서 자연히 마음속에 반추되고 습득된다. 따라서 단편적인 지식습득이 아닌 본성의 회복과 삶의 변혁을 가져오는, 그리고 실천력으로 이어지는 지식공부가 되기 위해서는 경이 그 기저를 이룰 필요가 있다. 경은 단지 격물궁리를 하는 마음의 안정 및 집중력을 견지하는 역할의 차원을 넘어서, 궁리의 기초로서 인·의·예·지의 본심이 유지되고 명덕의 밝음을 견지하는 역할을 함으로써 격물궁리가 본래의 방향성을 잃지 않도록 한다.

주희에게서 격물치지는 곧, 앞에서 논한 바의, 현대적 의미의 이성의 역할인 동시에 이성의 힘을 길러 내는 공부다. 주희에게서 이성은 곧 자신과 세계, 그리고 우주 자연의 생명성이 발현됨에 있어서의 '올바르고 마땅한 지점'을 궁리(窮理)하는 기관이다. 주희의 이성은 사랑의 이성이며 가치이성이다. 그리고 이는 도구이성을 이끌어 간다. 사랑의 감성이 이성의 확고한 기초로 자리 잡고 있음으로써, 그리고 경이 이성 작용의 기초가 됨으로써 이성은 단지 도구이성의 기능을 넘어선, 생리(生理)에 부합하는 건강하고 강력한 실천력을 지닌 가치이성으로 거듭날 수 있다.

현대 인류는 일종의 생존 위기를 맞고 있다. 전쟁의 일상화, 빈곤과 기아, 자연환경의 파괴, 생태계의 교란, 그리고 보편 가치의 상실 등의 위험한 광경이 이어지고 있다. 문명적 위기를 극복하기 위해 인류의 의식 문화의 대전환이 요구되며, 이에 동서양을 막론하고 '이성의 회복'은 여전히 중요한 과제다. 그런데 그 이성이, 진정으로 인류의 문제를 냉철하게 인식할 뿐 아니라 그 문제를 생의 원리에 맞게 실제로 풀어내는 이성이기 위해서는, 그 기저에 사랑[仁]의 정감 및 이상이 깔린 그런 이성이지 않으면 안 된다. 서양철학에 근원을 둔 이성이 특히 근대 이후의 역사 속에서 한계를 드러낸 이유는, 그것이 '메마른' 이성 혹은 도구이성으로 축소되었기 때문으로 볼 수 있다. 물론 삶에서 도구이성 역시 필수불가결하다. 그러나 도구이성이 비판이성 내지 가치이성을 압도하고 있는 것이 현대 문명의 가장 큰 위기라는 점을 감안한다면, 도구이성을 주재할 수 있는 가치이성을 세우는 문제야말로 시급한 과제다. 이를 돌이키기 위해 한편으로는 서양 고대의 이성(logos)을 다시 돌아보는 작업도 있어야 할 것인데, 다른 한편 우리가 지금까지 살펴본 주희의 지 공부의 관점에서 또 다른 가능성을 찾아볼 수 있다.

3) 행(行) 공부: 리 혹은 본성의 체현(體現)

주희에게 행(行)은 지(知)와 짝을 이루며 공부를 완성 짓는 요소로서 본래 경을 포함한 모든 실천을 의미하고, 그 실천의 성격은 리의 체현, 혹은 심과 리의 일체화로 요약될 수 있다. '존천리거인욕(存天理去人欲)' '위선거악(爲善去惡)'을, 마치 "마음대로 하는데 법도를 벗어나지 않는다[從心所欲不踰矩]."라는 공자의 말처럼, 자연스럽게 구현하는 경지를 지향점으로 하는 공부로도 말할 수 있다. 행이 이렇게 규정될 수 있다면 이는 공부의 열매를 맺는 일이라고 할 수 있고, 그래서 주희는 지의 선도적 역할을 누구보다 강조하는 가운데서도 '행의 중함[行重]'을 역설했다.

행은 어렵다. 어떤 것이 옳다는 것을 알고 있더라도 어쩌다 한두 번 실천하는 것은 가능해도 언제나 변함없이 지속하기란 쉽지 않다. 심지어 이른바 진지(眞知) 수준에 이르러 상당한 실천력을 얻었다고 해도, 그 진지조차 하루하루 성찰적으로 반복 실천하지 않으면 어느 순간 잊힐 수도 있다. 따라서 마치 매일 밥을 찾아서 먹게 되듯, 선(善; 理)이 완전히 삶에 녹아들어 익숙하도록 하는 행이 되기 위해 오랜 시간을 걸쳐 구습을 완전히 떨쳐 내는 노력이 필요하다. 그래서 주희는, 공자의 제자들이 스승의 말씀은 이틀 정도의 시간으로도 이해될 수 있는데도, 수년을 가까이 머물며 배우는 이유는 몸으로 익히기 위해서라는 점을 강조한 바 있다.[14] 온전한 의미의 행의 힘은 부단한 정진, 끊임없는 복습을 통해서 비로소 획득할 수 있는 무엇이다. 물론 행이 제대로 이루어지기 위해서는 그 실상을 제대로 통찰하는 격물치지의 공부가 선행 및 병행되지 않으면 안 된다. 앎은 실천을 끌어내고 안내하는 동력이 된다. 특히 그것이 사랑의 본성의 자각에 기초한 명철하고 깊은 앎이라면 더욱 그러하다. 이러한 기초에서 아주 사소한 것에서부터 세심한 관심을 가지고 그것이 올바른 상태에 설 수 있도록 하는 작은 실천의 축적이, 결국 개인의 삶과 사회를 변혁하는 굳건하고 실질적인 기초가 된다.

주희에게 행 공부는 경, 그리고 격물치지의 토대 위에 혹은 그것들과 더불어 이루어지는 것이다. 자신의 마음을 전일하고 깨어 있는 주재의 상태로 다듬는 경 공부, 그리고 나 자신과 이웃, 세계의 문제에 대한 진심어린 관심 아래 옳고 그름을 명확히 따지는 지 공부는 자연스러우면서도 강렬한 행의 바탕을 이룬다. 경과 지의 토대 위에 그와 더불

14 제6장 5절 참조.

어 공부의 또 한 축을 이루면서, 본성 실현의 결실을 매듭짓는 공부가 행이다. 주희에게 있어 경과 격물치지는 공부의 대부분을 차지하며 그 자체에 실천적 결실로 향하는 전망을 가지고 있다. 활경(活敬)의 개념이나 진지(眞知)의 개념 등은 그 실천적 지향점을 강하게 보여 준다. 그럼에도 불구하고 경과 격물치지 외에 행이 따로 설정되고 강조될 만한 이유가 있다. 두 가지로 말할 수 있는데 하나는 경과 격물치지 자체의 궁극적 지향이 행에 있다는 것을 보다 분명히 보여 준다. 다른 하나는 행의 영역이, 경이나 격물치지 관련 실천으로만 설명될 수 없을 정도로, 넓다는 것을 확인해 준다.

먼저, 전자를 보자. 주희는 경을 말할 때 단순한 전일함의 상태에 머무는 것을 넘어서 그 가운데서 의로움을 이끌어 내는 활경(活敬)을 강조했고, 격물치지를 논할 때도 곧장 실천으로 표출되는 경지인 진지(眞知)를 부각했다. 주희의 경과 격물치지는 이미 행의 요소를 포함하며 또 지향하고 있다. 이 때문에 굳이 경과 격물치지 외에 별도로 행의 요소를 다루어야 하는가 하는 의문도 든다. 그러나 행을 별도로 논하지 않으면 한편으로는 모든 공부의 종착역이 행이라는 사실을 망각하기 쉽다. 예를 들어, 주재성과 전일함, 깨어 있음을 특징으로 하는 경을 단지 수렴적 태도로 여기는 데 그치기 쉽다. 즉, 그것의 확산적 성격, 즉 정치든 교육이든 경제든 모든 활동과 연결되어 있고 모든 활동으로 발산하는 주재적 자세라는 점이 간과될 수 있는데, 행이라는 요소에 대한 주시는 이런 좁은 시야를 넘어서도록 돕는다. 행에 대한 특별한 주시가 없다면 격물치지의 경우도 자칫 행과는 질적으로 구분되는 지적 탐구방법인 듯한 이미지에 경도되기 쉽다. 특히 격물치지의 넓은 함의 속에는 자연과학적 탐구까지 포함되어 있어 더욱 행과는 거리가 있다는 인상을 가질 수 있다. 그러나 최소한 주희의 관점에서 실천과 무관한 지적탐구는 존재하지 않는다. 자연과학적 탐구라고 해도 이미 단지 사실에 대한 정보를 축적하는 게 목표가 아니라 그 속에서 리를 이해하고 이를 매개로 내 안의 리를 끌어내는 게 목표다. 그러니 자연을 탐구하더라도 그것을 천도의 유행과 연결하여 인간의 삶의 생명력과 자연의 생태, 우주의 생태를 고려하고 활성화하는 지향점이 부수된다. 이런 우주와 인간을 아우르는 생명적 관점은 자연과학적 탐구를 그저 나의 삶이나 우주의 생명과 무관한 순수한 지적 탐구로만 남기지 않는다. 격물궁리의 결과 중에는 당장 어떤 실천으로 이어지지 않는다 해도 리의 탐구라는 대전제 아래서 실천에 대한 전망은 언제나 견지되고 있다는 점은 일반 지적 탐구와는 구분되는 일이다. 행으로 결실을 맺어야 한다는 이러한 강조점은 격물치지 개념 자체에서도 드러나 있지만 별도로 행 공부의 요소를 부각함으로써 재확인할 수 있다.

다음으로 후자를 보자. 행을 별도로 설정하지 않으면 행의 다양한 영역과 양상들에 대한 인식이 약화될 수 있다. 주희에게 행(行)은 다양한 층차, 다양한 종류의 공부를 포괄한다. 기실 삶의 모든 종류의 실천이 행 공부에 속한다고 보아도 과언이 아니니, 즉 개인의 마음가짐과 몸가짐, 보고 듣고 말하고 침묵하는 일에서부터 사회와 국가의 일을 처리하는 데까지 걸쳐져 있다. 특히 주희에게 그것은 수기(修己)만이 아니라 치인(治人)에 해당하는 내용을 포괄한다. 제7장에서는 주희가 『대학』의 팔조목 중 성의(誠意), 정심(正心), 수신(修身), 제가(齊家), 치국(治國), 평천하(平天下)의 조목을 행 공부의 기본으로 강조한 점에 착안하여 살핀 바 있다. 격물(格物), 치지(致知)를 전제로 해서 이루어지는 이 행 공부에서, 주희는 먼저 선(善)을 실천하는 마음의 순수함과 진실성의 문제[誠意]를 주목한다. 나아가 주희는 실천에 있어서의 감정 조절의 문제[正心, 修身]를 논한다. 아무리 선을 제대로 알고 그것을 실천하려는 순수한 뜻과 진실성이 있다고 해도 감정 조절이 제대로 이루어지지 않으면 마음이 동요하게 되어 실천이 어려워질 수도 있기 때문이다. 격물치지에서 수신에 걸친 공부를 통해서 수기(修己)가 이루어졌다면, 다음은 타인의 리의 본성을 끌어내고 변화시키는, 치인(治人; 齊家·治國·平天下) 지평의 교육적 실천으로 나아가야 한다고 본다. 가르치는 일 역시 자신의 본성을 펼치는 공부과정이다. 사리사욕이 아닌 진심으로 타인을 이해하고 함께 책임지면서, 그리고 하나의 모범이 되면서 타인으로 하여금 본성 실현의 길로 나아가도록 도움을 주는 것은 곧 자신의 본성을 실현해 가는 과정에 다름 아니다.

주희의 관점에서, 행의 영역은 이렇듯 수기치인의 범위를 아우르며 넓게 포괄되어 있다. 현대적 관점에서는 개인의 삶의 관심의 다양성에 따른 더 많은 행의 영역을 논할 수 있을 것이다. 그런데 주희의 관점에서는 그 다양성에도 불구하고 본성 실현이라는 초점은 일관된다. 본성 실현의 초점을 가지고, 또 경, 지와 긴밀하게 연계하면서 이루어지는 다양한 차원의 행 공부에 대해 현재적으로 전망할 토양을 주희는 제공하고 있다.

4) '경 기반 지·행' 및 '경 기반 소학·대학': '마음챙김 기반 교육'으로의 전승

경(敬)과 지(知), 그리고 행(行) 공부는 상호 역동적으로 얽히면서 본성을 실현하는 삶을 이루어 간다. 경, 지, 행 어우러지는 공부는 어떤 특정한 시간과 특정한 장소를 필요로 하는 것이 아니다. 모든 삶 자체가 공부의 시간과 장소가 된다. 태어나면서 죽는 순간까지, 그리고 아침부터 잠자는 시간까지도, 늘 이어지는 공부다. 마치 천도가 유행함에 한순간도 끊임이 없고 어느 한곳 머무르지 않는 곳이 없듯이 공부 역시 모든 순간 모든 장소에서 이루어져야 한다는 것이 주희의 생각이다. 그에게서 삶의 의미가 자신의 본성을 일깨우고 실현하는 데 있다면, 본성 실현을 과제로 삼는 공부는 마땅히 삶을 떠나지 않아야 할 것이다. 주희에게서는 공부가 곧 삶이고 삶이 곧 공부가 된다.

주희는 삶과 분리될 수 없는 공부의 본질을 직시하면서, 의식적으로, 평범한 일상적 삶과 조화롭게 융화될 수 있도록 공부방법론을 구성해 내고자 했다. 즉 특정한 공간에서 특정한 시간에 특정한 방식으로 이루어지는 공부를 탈피해서, 모든 사람이 자신의 평범하면서도 다양한 내용으로 점철된 삶 속에서 자연스럽고 안정적으로 행할 수 있는 공부방법론을 구축하는 것이 주희의 주된 관심이었다. 우선, 일이 있으면 있는 대로, 없으면 없는 대로 모든 상황에서 융통성 있게 주재적 전일함을 유지해 가는 경 공부법의 정립도 그러하거니와, 다만 독서할 때는 물론이고 일상적으로 직접 부딪히는 삶의 현실을 매개로 리를 궁구하는 격물치지 공부법의 정립도 그러한 문제의식의 산물이다.

주희에게 학교 공부는 일상 공부의 연장일 뿐 결코 별개가 아니다. 일상에서나 학교에서나 적용되는 공부의 원리는 동일하다. 위기지학, 하학이상달, 존덕성이도문학의 공부원리, 그리고 경과 지와 행이 어우러지는 공부원리, 경을 기반으로 소학에서 대학으로 이어지는 공부원리는 사실 일상의 삶의 방식이면서 학교 공부의 원리이자 내용이 된다. 물론 가정교육, 사회교육의 장에도 일반화될 수 있는 원리다. 학교와 가정을 포함한 삶의 모든 곳에서 공통적으로 적용될 수 있는 공부원리에 대한 사유는 현대에 조명할 가치가 있다.

필자는 주희의 공부방법론을 우선 '경 기반 지·행'의 공부과정으로 명명할 수 있다고 본다. 지행(경)병진을 기본으로 하되, 원래 행에 속하는 경을 그 특별한 위상을 감안하여 본령공부로서 추출하여 근본에 두고 그 위에 지와 행 공부를 배치하는 경·지·행, 즉 거경궁리역행이 가능하다. '경 기반 지·행' 공부는 곧 경·지·행, 혹은 거경·궁리·역행의 다른 표현이라고 할 수 있다. 이는 현대 교육에서 흔히 강조되는 지식과 도덕, 이론과 실천이라는 교육의 두 축을 지·행으로 표현함과 아울러 양축 각각이 그리고 양축의 조화로운 개발이 이루어지기 위해 근간에 경과 같은 본령공부가 자리해야 함을 보여 주는 표현이다.

한편, 주희의 공부방법론은 '경 기반 소학·대학' 공부과정으로 명명할 수 있다고 본다. 주희는 연령별 심리발달단계를 고려하여 소학에서 대학으로 이어지는 교육 단계를 설정했는데, 그에 의하면 소학·대학의 성공을 위해서는 근간에 경이 자리하고 있어야 한다. 인간 본성 실현이라는 일관된 교학의 목표 아래 연령별 심리적 발달단계를 고려한 두 단계의 과정을 설정하고 그것을 연결하는 공부로서 경을 둔 것은 지금의 관점에서 보아도 창조적이고 탁월하다. '경 기반 소학·대학'이라는 명명은 특히 소학·대학 과정의 근간을 이룬 경의 위상을 분명히 드러내는 의미를 지닌다.

주희에게 '경 기반 지·행'과 '경 기반 소학·대학'은 서로 통한다. 소학과 대학의 공부도 각각 다름 아닌 지행병진의 방법을 근간으로 하기 때문이다. 주희에 의하면 소학에서는 기초적인 지와 행, 대학에서는 높은 수준의 지와 행의 공부가 이루어진다. '경 기반 지·행'은 공부의 수평적 측면을, '경 기반 소학·대학'은 공부의 수직적 측면을 말해 준다고도 할 수 있다.

주재성, 전일함, 깨어 있음의 요소를 지닌 경이, 지성과 덕성을 동시에 뒷받침하는 공부가 될 수 있다면, 교육의 모든 영역에서 경의 태도를 기본적으로 갖추도록 이끄는 일은 예나 지금이나 의미가 있을 것이다. 주희의 마음은, 현대의 이성·덕성·감성을 조화롭게 품고 있다고 설명했던 바, 주희의 관점에서는 경은 이성·덕성·감성을 조화롭게 육성하는 데 있어 토대를 이루는 공부가 될 수 있다. 다시 말하면, 현대에서 늘 교육의 이상으로 여겨져 온 지·덕·체, 진·선·미의 조화로운 형성이라는 이상에 비추어 그것을 가능케 하는 요소가 경이 될 수 있다는 것이다.

필자는 경에 대해 현대 심리학계 등에서 주목받는 마음챙김(mindfulnes) 담론과 연결해서 논할 수 있다고 본다. 이럴 경우 '경 기반 지·행', '경 기반 소학·대학'의 교육론적 사유와 실천은 '마음챙김 기반 교육'의 개념으로 다시 재해석해 볼 수 있게 된다.[15] 현대 교육이 오랜 시간 목표로 삼아 온 바의, 지·덕·체, 진·선·미가 조화롭게 형성되는 전인교육은, 지금까지 논한 주희의 관점을 활용해서 본다면, 그 근간에 경, 즉 마음챙김의 힘을 형성하는 과정을 둘 때 최선의 성과를 낼 수 있다. 초등·중등·고등의 모든 단계의 교육도 마음챙김이 근간을 이룰 때 그 최선의 성과가 도출될 수 있다. '경 기반 지·행'이라는 주희의 관점은 '마음챙김(경) 기반 지·덕·체 교육', 혹은 '마음챙김(경) 기반 진·선·

15 황금중, "마음챙김(mindfulness) 기반 교육: 기본 설계와 지향" 참조.

미 교육', 혹은 '마음챙김(경) 기반 이성·덕성·감성 교육'으로 이어질 수 있다. 그리고 '경 기반 소학·대학'이라는 주희의 관점은 '마음챙김(경) 기반 초등·중등·고등 교육'으로 재해석될 수 있다. 주희의 경 기반 소학·대학, 경 기반 지·행 교육론이 주희 시대 교육의 큰 전환을 가져왔듯이, 마음챙김 기반 교육은 현대 교육의 거대한 전환점이 될 수도 있다. 물론 이를 위한 이론적·실천적 작업은 수월하지 않을 것이다. 현재 널리 쓰이는 마음챙김 개념에 대한 재구성 및 확장도 필요하고, 현대적 교육의 흐름과 조화를 이룰 수 있는 '마음챙김 기반 교육'의 이론과 실천방법에 대한 섬세한 구상도 필요하다.

4. 주희 공부론 및 교육론에 대한 비판적 논점들과 변

지금까지는 주희 공부론, 교육론의 여러 요소 중에서 그 보편적·역사적·현재적 의미를 따져 볼 수 있는 내용을 중심으로 검토했다. 주희의 공부론과 교육철학에 대해서는 여러 관점에서의 여러 해석이 가능하다. 주자학 자체는 역사에서 크고 작은 찬사뿐 아니라 크고 작은 비판도 받아 왔다. 주자학에 대한 찬사는 역사 자체가 말해 준다. 오랜 시간 동안 주도적 사상으로 이어 온 사실이 주자학의 존재의미에 대한 찬성과 긍정의 의사가 기본적으로 깔려 있음을 말해 준다. 그런데 그 이면에서 주자학은 다양한 방면에서의 비판을 받아 왔다. 또한 예상되는 비판도 있다. 이 책을 마감하면서 이 비판적 논점들을 간단히 검토해 보고자 한다. 이는 주자학이 가진 보편적 의미를 합리적으로 이해하고 현재화하기 위해서도 요청되는 일이다.

주자학에 대한 비판 중에서 특히 공부론에 대한 비판은 이미 주희 시대에 몇몇 논쟁자를 중심으로 이루어졌다. 육구연(陸九淵)도 그렇고 진량(陳亮)도 그러했다. 그 반론을 엿볼 기회는 없었지만 주희의 신랄한 비판 대상이었던 도불(道佛)의 시각에서도 주희 공부론의 취약점이 보일 것이다. 후대에는 주희의 공부론에 대한 양명학(陽明學) 계열의 전면적인 문제제기도 있었다. 주자학이 주도하는 시대가 마감됨과 동시에 다가온 근대(近代)의 시각에서의 주희 공부론에 대한 비판도 격렬했다. 이하에서는 주희 공부론에 대해서 제기되었고 또 제기될 만한 비판을 크게 세 부분으로 나누어 검토해 보고자 한다. 도불적 시각, 육왕학적 시각, 근대적 시각이 그것이다. 이런 관점들에서 도출된 혹은 도출될 만한 비판적 논점들은 주희 공부론을 둘러싼 문제점이나 한계점을 총체적으로 점검하며 새로운 단계로 나아가는 데 의미를 지닐 것이다. 주희 공부론 및 교육론의 의 보편적 면모에 대한 현대적 재해석의 균형을 맞추기 위해 요청된다.

1) 리의 세계관 및 예법의 경직성: 도불적 시선의 비판과 변

주희 공부론의 대전제는 리(理)의 세계관, 그리고 리의 세계관에 근거한 인·의·예·지의 본성관이다. 이런 전제에서 인간 본성 실현을 목적으로 하는 주희의 공부는 결국 인·의·예·지의 실천으로 이어질 수밖에 없다. 특히 의와 예와 지의 실천은 소학에서나 대학에서의 공부의 실질적 내용이 된다. 앞서 자세히 다루었듯이 의나 예나 지는 사랑 및 생(生)의 본성으로서의 인(仁)에 근거한 것이고 인으로 수렴되는 것이다. 원래의 이상대로라면 의·예·지는 인의 다양한 표현이어야 한다. 그렇지만 실제 전개에 있어 그것이 얼마나 인의 본질을 반영할지는 미지수다. 주체에 따라 상황에 따라 인의 본질과는 크게 멀어진 의, 예, 지의 전개가 얼마든지 가능하다. 인간의 자의에 의해 욕망의 기제로 변질되거나 아니면 경직된 상(相)에 지배될 수 있다. 사랑이나 열린 포용이 아닌 폭력과 강압의 기제가 될 수 있다. 실제로 주자학이 지배하는 역사에서, 교육의 영역에서건 정치의 영역에서건, 이런 현상은 무수히 일어났다. 리의 이름으로 예법의 이름으로 현대의 관점에서는 불평등과 차별과 통제의 관행들이 횡횡했다. 중국 청대의 유학자 대진(戴震)의 일갈, '이리살인(以理殺人; 리로 사람을 죽임)'은 이 모순을 극명히 보여 준 바 있다.

주희가 구성한 『소학』의 내용 중에, 혹은 『주자가례』 등 예법서의 내용 중에서 현대적 감각으로는 자연스럽게 받아들이거나 이해하기 어려운 내용들이 많다. 이는 주자학이 현대와는 어울리지 않는 전근대 사상으로 평가받는 핵심 근거가 되기도 한다. 사회적으로 정해진 예법을 관습적으로 익히는 과정은 한편으로는 사회화의 긍정적 기능도 하지만 다른 한편으로는 통제적·피동적 인간으로 만드는 역할도 한다. 의·예·지는 인간 본성으로 내재해 있는 것이고 그것을 자연스럽게 끄집어내는 것을 교육의 이상으로 삼지만, 그 이상과는 반대로 자발적으로 동의하지 않는, 내면에서 우러나지 않는 상태에서 외부로부터 피동적으로 주입받는 교육은 얼마든지 가능하고 실제로 그러했다.

주희의 리(理)의 세계관은 본래 열린 체계로서의 면모를 지닌다. 그것은 기독교의 신학적 세계관보다는 도가의 도(道)의 세계관에 가깝다. 존재의 궁극을 신으로 정해 놓고,

신의 말씀이나 신에 대한 믿음을 절대적 근거로 하여 인간의 삶에 관한 모든 것을 연역적으로 규정하는 관점이기보다, 존재의 궁극에 대해 인간의 언어 및 감각으로는 다 드러내기 어렵다는 점을 인정한 토대 위에 그 궁극이 반영된 삶의 길을 경험적으로 조심스럽게 돌아보며 이해하고자 하는 관점을 보여 준다는 것이다. 따라서 도나 리, 혹은 종종 도나 리와 연결되어 거론되는 천(天)은 그 해석의 지평이 훨씬 넓게 열려 있고 인간의 자율적 접근의 여지도 크다. 주희는 그 지평을 먼저 통찰하고서 사람들에게 안내한 이를 성인(聖人)이라고 하고, 그런 성인의 언어와 제도를 문명의 기본 표지판으로서 여기고 존중한다. 그러나 역사 속에 존재하는 그 성인의 표지판은 절대적이지 않다. 성인 역시 인간이기에, 한계를 지닌 인간의 언어로 풀어낸 그 내용이 절대적일 수 없다. 더욱이 성인의 안내는 주희의 생각대로 핵심을 담고 있다고 할 수 있어도 복잡한 삶과 변화하는 시대의 상황을 모두 반영할 수는 없다. 따라서 보통 사람도 시대의 문제를 풀고 또 무엇보다 살아가기 위해 성인이 미처 하지 못했던 생각을 펼치며 창조적 역할을 해 가야 한다. 그것을 할 수 있는 근거는 성인과 하등 다르지 않는 본성의 소유다. 보통 사람도 성인과 동일한 본성을 지니고 있기에 도나 리, 천의 진리에 부합하는 새로운 통찰들이 얼마든지 가능하다. 물론, 주희에 의하면 이때에도 성인의 안내판은 늘 참조될 필요가 있다. 곧 온고이지신(溫故而知新)이다.

그런데 이렇게 도나 리를 이해하고 삶의 현실에 적용해 감에 있어 특히 구체적인 사안에까지 이르게 되면 어려움이 발생한다. 도나 리를 근본적 차원의 큰 틀에서만 접근하고 따지는 것이라면 논란이 덜할 수 있지만, 그것을 인간의 구체적인 삶의 상황으로 들여와 각종 삶의 방식과 도덕, 제도를 규정해 가고자 할 때에는, 과연 그것이 도나 리의 이상에 맞는 것인가를 둘러싸고 판단하기 어려운 상황이 생기게 된다. 인간의 좁은 식견이나 사적 욕망이 스며들어 도나 리의 본연에서는 멀어질 가능성도 크다. 노자가 애초 유교의 인·의·예·지의 가치 설정 및 활용 방식을 염려하면서 지적한 점이 이것이다. 인(仁) 정도는 도의 무위적 성격에 어느 정도 가까우며 따라서 보편성을 띨 수 있어도, 의(義)나 예(禮) 수준으로 가면 폭력성이 발생하게 된다는 것이다. 이 진단은, 유가가 주도한 오랜 역사를 볼 때 적중했다고 하지 않을 수 없다. 근대기에 등장한, 허례허식, 신분질서관념 등 주자학적 관행에 대한 신랄한 비판들이 이를 증거해 준다. 물론 이것은 주자학의 본령이라기보다 말폐 혹은 곁가지라는 반론도 가능하고 실제로 그런 면이 있다. 그런데 주희에 의해서 구축된 예법론은 이런 말폐가 도출될 씨앗을 그 속에 품고 있었던 것도 사실이다.

주희가 설계한 공부 및 교육의 주요 내용이기도 한 예악, 예법은 이런 딜레마를 지닌다. 인간의 삶과 사회를 구성하는 가장 기본적인 장치이면서도 자칫 폭력적 장치가 될 수도 있다. 도가는 무위적 시선에서 그에 반영된 경직된 인식과 욕망의 틀을 경고하고 넘어서려 했다. 그리고 불교는 예법을 중시하는 유가의 태도에 대해 오온(五蘊)의 인식작용이 빚어낸 허망한 상(相)에의 구속이라며 비판을 할 것이다. 공(空)이라는 본연의 시야를 갖지 못한 채로, 환영 같은 것들에 집착하고 얽매이는 모습으로 비춰질 수 있을 것이다. 노장의 도(道)나 무위(無爲), 불교의 무아(無我)나 공(空) 및 일심(一心)의 시각에서는 주희가 진지하게 제기하는 의·예·지에 관련된 많은 사항이 갈등과 혼란의 불씨이며 결과다. 주희의 학문에 근거하여 전개된 전통 역사 속의 등장한 수많은 예법의 제약과 강제는 도불의 비판이 그저 허망한 것이 아님을 말해 준다.

그렇다면 노자나 석가는 옳고 주희는 결국 틀렸다고 해야 할까? 앞 제1장의 도불에 대한 주희의 비판적 논점을 보았듯이, 만일 주희가 이런 비판을 직접 대면한다면, 추정컨대, 의미 있는 논점들에 대해 수용할 것은 수용하면서도, 결국 물러서지 않고 자신의 입장에서 재비판적 반론을 펼칠 것이다. 주희의 입장에서의 반론에는 다음과 같은 내용이 중요하게 포함될 것이다. 즉, 근본적으로 공적(空寂)이나 무(無)의 세계관에 치우친 도불은 결정적으로 역사 속에서 유가가 행한 바의, 각종 제도와 문화를 갖춘 문명사회의 질서를 만들고 그 운영을 책임지는 역할을 할 수 없다. 유가는 도불과는 달리, 사람들이 의지하고 살아갈 제도와 규범을 구체적으로 구축하는 데 관심이 있다, 사람들이 각자의 본성을 크게 펼칠 수 있는, 삼대 이래의 건강한 문명국가 및 사회 체제를 이어 가는 데 의미를 둔다. 이런 관심에서라면 사람들을 규제하고 질서 지을 수 있는 제도 및 예법의 구체화는 불가피하다. 물론 천이나 도, 리의 토대에서 정당화될 수 있는 제도 및 예법을 기본적으로 지향한다. 그러나 온갖 판단과 욕망이 충돌하는 사회에서 구성원이 자연스럽게 받아들일 규범과 질서를 만들어 가는 일이란 언제나 어렵다. 긍정적 결실 이면에 각종 말폐가 등장할 수 있다. 그런데 말폐가 두려워 문명질서의 구축과 운영을 포기해야 할까? 최소한 유가는 포기하지 않고 그 한계를 안으며 자기 역할을 이어가는 길을 택했다. 이는 동아시아 문명의 역사 2000년이 가능했던 근본 요인이었고 그 의미는 지대하다. 다만 도불의 우려가 현실화되었던, 주희의 공부론적·교육론적 전개에서도 드러난 한계들에 대해서는 그 실상을 냉철히 검토하며 극복의 방향을 모색할 필요가 있다. 리나 본성의 이름으로, 인·의·예·지의 이름으로 정당화된 것들 중에 결코 생리(生理)로서의 인(仁)에 부합하지 않는, 하늘의 시선이라는 기준에서 보기에 지나치게 좁은 식견과 관행이 스며든 공부 및 교육내용에 대해 전체적으로 객관화하는 과정이 필요할 것이다. 주자학의 공부론이 지닌 보편적 요소들을 현대에 제대로 풍부하게 활용하기 위해서도 필요한 과정이다.

2) 지 공부의 지리함과 지·행의 분리: 육왕학적 시선의 비판과 변

주희가 공부론적 관점을 제기한 후 받은 가장 직접적이고 큰 비판은 그의 지(知) 공부에 대한 것이었다. 격물치지 이론으로 구체화되기도 한 주희의 지 공부의 실제가 너무 지리하고 난해하며, 따라서 이런 지 공부라면 본성 실현이라는 본연의 공부 목적의 구현에도 부합하지 않는다는 비판이다. 도문학(道問學)에 치우쳐 존덕성(尊德性)을 무력화한다거나, 행(行)으로 연결되지 않는 지 공부라는 비판이 따른다. 주희와 직접 논쟁을 벌인 육구연 이후 이 비판적 관점 및 이를 수정, 보완하기 위한 노력은 유학의 역사 속에서 지속된다. 이 점에 대해서는 제6장 후반부에서 다룬 바 있다. 특히 이런 흐름은 왕수인에게 이어져 주자학에 대응되는 양명학이라는 하나의 새로운 학파까지 등장하고 또 큰 호응을 얻게 된다. 왕수인은 지(知)와 행(行)의 병진(竝進) 혹은 호상발(互相發)로 정리되는 주희의 지행론에 대해, 지와 행의 합일(合一) 혹은 일치(一致)로 표현할 만한 지행론을 제기했다.

요컨대 양명학은 지와 행을 서로 다른 공부로 분리해서 보는 주자학의 입장 자체가 잘못되었다는 관점을 깔고 있다. 주자학에서 아무리 지와 행의 상보적 관계를 강조하더라도 애초에 서로 나뉘지 않은 것을 나눈 것이 문제라는 것이고, 공부는 지와 행의 구분 없이 '치양지(致良知)' 하나로 통일할 수 있다고 주장한다. 왕수인은 본성 자체이기도 한 양지를 모든 상황에 펼치는 것이 지인 동시에 행이라고 한다. 그가 이런 발상을 하기까지 가장 크게 느낀 주희 공부론의 문제점은 지가 너무 어렵고 복잡하다는 점, 만사만물을 탐구한다는 격물궁리 개념 자체가 잘못되었다는 점, 이런 공부로는 본성의 발현을 간이하게 이끌어 내지 못한다는 점 등이었다. 왕수인은 주희도 만년에는 자신의 입장과 유사한 방향으로 선회했다는「주자만년정론」을 무리하게 펴내며 지행합일의 이론을 펼쳤고, 이는 그 내실과 상관없이 역사적으로 성공한 입론이 되었다.

실제로 주희의 격물치지의 지 공부론은 한 개인이 만사만물의 리를 광범위하게, 그리고 철저하게 모두 궁구할 수 있어야 한다고 보는, '지적 엄격주의'의 경향을 띤다. 주희는 개인에게 가장 절실한 문제로부터 출발하되, 그 지적 관심의 지평은 사회, 국가, 우주자연, 풀 한 포기 나무 한 그루에까지 걸쳐져 있다. 물론 주희는 만사만물을 하나하나가 빠짐없이 궁구할 수는 없다는 점을 인정하면서, 다만 활연관통을 위해 충분한 누적이 이루어져야 한다는 '현실적' 주장을 펼치기도 한다. 그럼에도 불구하고 주희가 한 사람이 감당하기에는 어려운 주문을 하고 있음은 부인할 수 없다. 그것은 만사만물을 이해하고 처리하는 주체를 형성하고자 하는 희망에서 비롯된 것이지만 그 실현가능성은 크지 않다. 아주 뛰어난 소수의 사람들만이 감당할 수 있을 만한 요구다. 격물치지 공부의 핵심으로서의 독서를 둘러싼 주희의 요구도 엄격해서 따르기가 쉽지 않다. 주희에 의해 설정된 독서의 종류와 방식이 특정한 방향으로 제약되는 점도 과연 이것이 치지에 부합하는가에 대한 의문을 갖게 한다. 주희의 이론대로라면 주희의 방대한 문헌 속에서 확인되는 사서오경을 비롯한 수많은 텍스트에 대한 분석 및 공부가 이루어져야 하는데, 거기에 동기부여가 안 되거나 역량이 안 되는 사람에게는 힘들고 막막한 일이다. 더욱이 이런 격물치지를 극진하게 한 후 만나는 활연관통 수준이 되어야 비로소 온전한 실천이 가능해진다는 주장으로 해석할 여지를 주희는 주고 있다. 왕수인이 관찰하기에 이런 주희의 공부론은 지에 너무 치우치고 압박감을 주어 사람들로 하여금 정작 실천을 미루는 구실로 작용할 우려가 있다. 이는 본래의 목적인 본성 실현이라는 과제도 위축시키거나 망각하게 할 우려도 있다.

주희의 공부방법론적 관점이 흔히 주지주의(主知主義) 혹은 선지후행(先知後行)이라고 불리는 것도 주희가 해설하는 바의 격물치지의 방대하고 무거운 과업을 둘러싼 이미지가 강하기 때문은 아닐지? 사실 주희의 관점은 본성 실현을 중심에 두고 존덕성과 도문학, 지와 행을 균형 있게 아우른다는 점에서 주지주의라는 규정은 적절치 않다. 또한 격물치지를 앞세우는『대학』의 팔조목의 공부도, 그 격물치지가 이미 소학에서 이룩된 함양(涵養)이나 경(敬)을 근간으로 한다는 점에서 그의 공부방법론을 선지후행으로 일반화하는 것은 맞지 않다. 그럼에도 주희의 방법론에 대해 주지주의나 선지후행의 이미지를 가지게 되는 것은 격물치지를 통해 요구하는 지 공부의 과제가 너무 넓고 어렵게 느껴지기 때문이다.

그렇다면 왕수인이 옳았는가? 주희가 왕수인의 이론을 직접 접했다면 아마도 육구연의 관점에 대해서 했던 것과 같은 유사한 반론을 펼쳤을 것이다. 주희는 결코 지행병진의 이론적 기틀을 철회하지 않을 것이다. 지와 행은 서로 긴밀한, 사실 실제로는 분리할 수 없는 관계를 형성하되, 동시에 지와 행은 서로 분명히 구분되는 나름의 중요한 역할이 각각 있다고 보기 때문이다. 주희에게 지는 성인으로부터 비롯된 문명적 지혜를 겸허하게 배우고 익히며 새로운 통찰에 이르고 또한 만사만물에 깃든 하늘의 리를 이해하는 공부 영역으로서 그 독립적 역할이 반드시 요구된다. 그렇지 않으면 공허하게 한 마음만을 지키는 데로 귀결되는, 즉 선(禪)적인 편향을 겪을 가능성이 높다고 보기 때문이다.

그런데 그럼에도 불구하고 유학의 지성사에서는 주자학의 지 공부의 난해함과 복잡함을 지적해 온 것은 그만한 이유가 있다. 주희 자신도 스스로 성찰하면서 존덕성의 중심성을 확고히 하면서 도문학의 양과 내용도 적절하게 축소 조절하고자 하는 발상을 했으리라고 본다. 현대의 관점에서는 이러한 지향이 더 절실해 보인다. 말하자면 주희의 지행병진론, 경·지·행론에 대해, 그 많은 장점을 존중하며 받아들이는 입장에서도 지 공부를 유연화, 간소화하는 시도는 필요하다.

주희에게 리의 탐구를 핵심으로 하는 격물치지의 지 공부는 현대적으로 말하면 철학적인 탐구에서 과학적인 탐구까지 아우르고 있다. 사실 현대 학교교육에서도 이런 정도의 방대한 분야의 지식을 익히도록 하는 만큼 문제될 것이 없는 듯도 보인다. 그런데 주희의 공부론적 초점, 즉 인간 본성의 이해와 실현이라는 과제를 염두에 둔다면, 방대한 지식 탐구 자체가 중요한 것이 아니라 본성 및 존재의 이해와 실현에 기여하는 방향이 긴요함을 알 수 있다. 탐구의 내용이 일정한 통일성과 연결성을 가져야 하고 자기 자신에 대한 이해와 이어질 필요가 있다. 이를 위해 세상의 모든 지식을 탐구할 필요는 없고 가능하지도 않다. 탐구 주제로서 가장 핵심적인 것을 놓치지 않으면서 각자의 관심과 취향에 따라 탐구의 방향을 적절하게 조절해 가는 게 도움이 될 것이다. 그리고 그 핵심적인 것이란 아무래도 인간과 우주, 세계의 본질을 둘러싼 철학적 성격의 것일 가능성이 높다. 성현급의 저술(경전 및 고전)들 속 핵심 내용을 익히고 사색하는 공부는 여전히 중요한데, 그 역시 간략화된 형태로 나아가면 좋을 것이다. 이런 토대 위에 그 토대와의 연결성을 놓치지 않으며 각자 다양한 관심사에 따라 필요로 하고 좋아하는 것을 탐색해 갈 수 있을 것이다. 가령 환경 문제에 관심을 가지는 사람은 환경에 대한 궁리를, 의료 문제에 관심을 가지는 사람은 의료에 대한 궁리를 주로 하는 식이 그것이다. 이 외에도 가족 문제, 정치 및 법 분야, 경제 분야, 복지 분야, 예술 분야, 교육 분야 등 다양한 관심 분야가 있을 수 있다. 각자의 취향과 처한 상황에 따라서 격물궁리가 이루어진다면, 즐겁고 효과적이고 전문적으로 이루어질 수 있다. 다만 주희로부터 분명히 배울 점은 각 분야에 대한 나름의 관심을 가지고 탐구를 하되 결국 리, 즉 '올바르고 마땅한 지점'을 찾고자 하는 지향성, 그리고 그 올바름과 마땅함을 실현하고자 하는 실천적 지향성은 잃지 않아야 한다는 것이다. 이렇게 할 때 각자는, 고유의 관심 분야를 매개로 자신의 본성의 실현 혹은 참된 존재하기의 방향으로 나아갈 수 있다.

3) 실용성과 다양성 및 개별성의 소홀: 근대적 시선의 비판과 변

도학적 순수성을 강조하는 주희의 공부론은 역사적으로 자유와 욕망, 실용이 강조되는 근대적 관점과 충돌하지 않을 수 없었다. 근대기 주자학에 대한 비판은 비단 허례허식 등의 극단의 말폐 현상에 그치는 것이 아니었다. 당면한 현실적 삶의 문제를 실용적으로 풀어 가지 못하고 경전 공부나 리기심성에 대한 철학적 담론에만 매몰되어 있는 상황, 관습적 예법에 얽매이고 신분과 성별의 차별 의식에서 벗어나지 못하는 상황, 전형적인 유교적 사대부 상에 갇혀서 삶의 다양성과 개성을 긍정적이고 관용적으로 보지 못하는 상황 등이 주자학의 문화와 연계하여 지속되고 있었다. 이런 점 때문에 주자학은 역사적 진보를 막는 원흉처럼 여겨지며 반감을 사기도 했다.

물론 주자학에 대해 여전히 그 보편적 가치에 기대를 거는 이들도 있었다. 예를 들면, 대동(大同), 인(仁), 존심양성(存心養性), 존덕성도문학(尊德性道問學), 격물치지(格物致知), 경(敬) 등에 담긴 삶의 철학은 새로운 시대에도 여전히 빛을 발하는 가치로 이해되었다. 그런데 이런 보편적 요소를 활용하기 위해서도 새 시대와 맞지 않는 의식이나 관행 등은 벗어나야 했겠지만, 오랜 시간 굳어진 관습의 힘은 강했고 그 관습을 이념적으로 뒷받침하고 있는 주자학은 결국 통째로 처분하지 않을 수 없는 장애물로 인식되었다. 그 보편적 가치를 살리기에는 그걸 둘러싼 관습적 병폐가 너무 커서 아예 버리고 가는 것이 합리적으로 여겨졌던 것이다.

시간이 흘러서 그런 관습에 얽매어 있는 주자학자도 없고, 주자학을 보다 객관적인 시각에서 볼 수 있게 된 시대에 주자학의 현재적 활용 가치 및 가능성을 찾아내기 위해서는 근대 이래 제기된 문제 중 적어도 다음 두 가지 점에 대해서는 긍정적 자기 검토와 변화가 필요하다. 하나는 실용적, 공리적 관점에 대한 것이고 다른 하나는 다양성 및 개성의 관점에 대한 것이다. 이 둘 모두 근대 이래 삶의 당연한 가치로 여겨지는 것이다. 그런데 주자학은 이 두 가지에 대해 충돌하거나 아니며 충분히 고려하지 못했다. 만일 근현대의 관점에서 이 두 측면의 가치가 당연히 견지해 가야 하는 것이라면, 그런 상태에서 주자학의 공부론이 현실에 의미 있게 흡수되고 역할을 해야 한다면, 주자학의 공부론은 어떤 지점을 수정하거나 제거해야 할까?

우리는 순수 도학적(道學的) 입장을 견지하는 주희로서 공리(功利) 위주의 사유에 대해 지극히 경계했음을, 제8장 후반부의 진량(陳亮)과의 논쟁을 검토하며 살폈다. 천리보다는 인욕이 주도하는 삶의 양식이 문명을 해칠 수 있다는 우려에서였다, '존천리거인욕(存天理去人欲)'의 지향성과 맞물리는, 공리 위주의 교육과 삶에 대한 문제제기였다. 그렇다고 해서 주희에게 실용적 사유가 없었던 것은 아니다. 국가 및 사회 단위에서 구성원들의 행복한 삶과 민생이 보장되는 제도와 양식을 구축해 가는 지향이 곧 실용이라면, 주희가 행한 바의 각종 교육 및 구휼 제도[사창, 향약 등]에 대한 모색은 그 자체가 상당한 수준의 실용적 관점의 산물이다. 주자학에서 격물치지를 통해 세상 만사만물의 이치를 궁구하고자 하는 것은 그것에 생명력을 부여하기 위함이기도 했다. 주자학은 동아시아의 어느 사상에 비해서도 실용적·현실적·경험적 감각으로 세상을 바라보며 운영하고자 하는 비전을 지닌다고도 할 수 있다. 다만 주희의 실용은 철저하게 천리에 기댄, 그리고 천리의 구현과 연결되는 실용이었다. 그 실용의 추구가 개인의 사익에 대한 욕심이 주도한 것이라면 그것은 분명히 가려내고 거리를 두어야 한다는 입장이다. 이는, 사회의 모든 이들이 하늘의 본성을 구현할 수 있는 세상과 문명을 만들고자 하는 주희의 꿈을 생각하면 이해가 되는 일이다. 그러나 자본주의적 욕망과 다양한 개성적 삶의 표현에 익숙한 현대인으로서는 그것은 불가능한, 그야말로 '이상'으로만 여겨진다.

실제로 주자학이 주도한 시대에는 교육 체제에 실용적 성격의 교과는 배제되거나 주변화되었다. 유교적인 내용이 중심을 이루었고, 이는 그만큼 근대적 의미의 실용적 관심을 밖으로 밀어내는 효과를 가져왔다. 분명한 한계를 드러낸 것이다. 주자학이 현대와 조응하기 위해서는 이 문제를 풀어야 한다. 주자학의 입장에서는 도학적 기틀, '존천리거인욕'의 공부론적 이상을 포기하지 않으면서도, 실용적 관심을 크게 포괄하는 방향의 전환이 가장 바람직할 것이다. 사실 근대기에 서양의 실용적 교과들이 넓게 수용되는 과정에서 과학을 특히 '격치학(格致學)'이라고 이름한 것에서 하나의 힌트를 얻을 수 있다. 과학을 '격치학', 즉 '격물치지학'이라고 할 만큼 주희가 구축한 격물치지는 단지 도덕적 영역을 넘어 세상과 자연에 대한 실용적 인식 방법으로 이해되고 활용될 수 있는 여지를 지녔던 것이다. 주자학은 이미 삶의 모든 문제를 실용적 관점에서 이해하고 풀어 갈 인식론, 공부방법론을 갖추고 있으니 격물치지(格物致知)가 그것이다. 주자학에서 관심 갖는 천리(天理)가 특정 몇 고전 속만이 아닌 만사만물에 있고 만사만물을 통해서 구현되는 것이라면, 당연히 삶의 모든 영역에서의 넓은 차원의 탐구가 역동적으로 이루어져야 할 것이다. 실용을 추구한다는 것이 반드시 개인의 이기적 욕망을 동력으로 하는 것은 아니다. 이에 관해서는 주희의 관점을 유심히 들여다볼 필요가 있다. 리의 세계관 속에서도 얼마든지 실용과 공리를 추구할 수 있다. 다만 이 경우 앞에서 그 천리의 구체양식으로서의 예법 등이 시대에 맞지 않을 수 있고 폭력적 기제가 될 수 있음을 보았듯이, 현재 기준에서 인욕의 범주에 넣고 배척하는 것이 너무 협소한 규정에 의한 것이 아닌지에 대한 면밀한 비판적 검토가 필요하다. 자연스러운 생명력까지를 모두 사적 욕망의 범주에 넣고 누르지는 않는지를 섬세하게 살피는 눈이 필요하다.

다음으로 앞 문제와도 연결이 되는 것인데, 주자학은 인간의 다양성 및 개성에 대한 고려가 약했고 이에 대한 극복의 과제를 안고 있다. 주희의 도학적 관점은 인간의 보편적인 본성으로서의 인(의예지)이나 공(公)의 실현에 집중한 반면, 인간의 다양성 및 개성의 문제에 대해서는 파고들지 못하는 한계를 보였다. 이는 제10장에서 공(公)과 사(私)에 대한 주희의 인식을 다루며 논한 바 있다. 주희의 공부론은 심리적 발달단계에 따른 연령별 교육 체제로서의 소학·대학의 교육론 및 학교론을 체계화한 것은 분명한 역사적 진전이었다. 그런데 더 나아가서 다양성 및 개별성에 대한 고려를 기준으로 할 때에는 미흡하다는 사실이 확인된다. 인간 본성 실현이라는 공부의 보편적 목표에 관심을 가질 뿐 그것을 이루어 가는 개인적 특수성 및 창조성에 대한 사유는 본격적으로 일지 못했다. 공(公)에 대비되는 사(私)의 개념에 대한 주희의 인식을 보더라도, 공(公)에 대립되는 사욕으로서의 사(私) 관념이 발달했을 뿐, 개별성, 다양성으로서의 사(私)의 관념은, 비록 그 싹은 보였으나 제대로 발아하지 못했다. 주희가 내세운 공(公) 관념은, 제10장에서 검토했듯이, 분명 현대의 자유와 평등, 인권의 가치에 적극적으로 부응하는 측면이 있으나, 그것이 직접적으로 다양성 및 개별성을 보장해 주지는 못한다. 다양성 및 개별성의 측면은 별도의 특별한 교육적 관심으로 풀어 갈 문제다.

혹자는 이런 의문을 표할 수도 있다. 인간의 보편적인 본성을 상정하고 그것을 실현하는 것을 공부의 의미로 보는 주희의 관점에서 애초에 다양성 및 개별성에 대한 접근은 막혀 있는 것이 아닐까? 듀이(J. Dewey, 1859~1952))의 이론을 적용해 본다면 이 말은 설득력이 있다. 예를 들어 듀이는 인간의 본질을 신성(神性)으로 규정하고 이끌어 내는 교육을 주창한 프뢰벨(F. W. A. Fröbel, 1782~1852) 식의 접근을 비판한 바 있다. 교육의 전제(前提)로서 모종의 보편적 인간 본성을 미리 설정하고 내세우는 방식은, 오직 아동 개개인의 생생한 현재적 관심과 흥미에 입각한 개별적이고 자율적인 성장(경험의 재구성)의 일로부터 눈을 돌리도록 한다는 이유에서다.[16] 듀이의 이런 비판은 주희를 향해서도 그대로 적용될 수 있다. 프뢰벨이 신성을 교육의 전제로 삼은 것은 주희가 본성을 교육의 전제로 삼은 것과 그 교육적 사유방식에 있어 본질적으로 통한다. 신성이든 본성이든, 교육을 통해 기르고자 하는 인간의 보편적 본성 및 가치를 먼저 전제하게 되면, 자신의 경험과 성장을 둘러싼 아이들의 현재의 관심사를 주변화하도록 만들 수 있다는 것, 이는 결국 아동 성장에 있어서의 개별성, 다양성을 해칠 수 있다는 것이 듀이의 관점이다.[17] 그런데 이런 듀이의 비판에도 불구하고 보편적 본성을 전제하는 것과 다양성 및 개별성을 존중하고 이끌어 내는 것이 반드시 대립하는 것인가는 더 따져 볼 문제다. 듀이가 비판하는 프뢰벨의 교육에서는 아동의 개성 및 다양성이 차단되었는가? 노자의 경우도 도의 보편적 본성[덕]을 전제하면서도 개별자의 특수한 성향과 상황, 관점의 다양성을 넓게 이해하고 포용하는 사유를 보여 주고 있지 않은가? 개별성과 다양성에 대한 사유는 보편적 본성과 가치를 전제하는 관점에서도 얼마든지 발달될 수 있음을 이러한 많은 전래의 사상은 보여 준다. 주희 및 주자학의 교육적 사유에서 개별성 및 다양성의 고려가 약하다는 점은 분명하지만, 그 원인을 보편적 본성의 전제에서 찾고서 이를 해체하려 하는 것은 바람직하지 않다. 더 큰 것을 잃을 수도 있기 때문이다. 공(公)에 대한 주희의 사유가 현대의 사랑, 자유의 가치와 연결될 수 있듯이, 인·의·예·지의 보편 본성은 개별성 및 다양성의 교육적 가치와 얼마든지 조응하면서 전개될 수 있다. 인의 본성은 이미 그 자체에 다양성 및 개별성에 대한 이해와 포용의 정신을 담고 있으며, 동

16 존 듀이의 『민주주의와 교육』(존 듀이, 이홍우 역, 경기: 교육과학사, 2007, 111-130쪽)의 "제5장 준비설, 발현설 및 형식도야 이론" 참조.

17 주희와 듀이의 교육론적 사유 간의 보다 상세한 상호 비판적 대화에 대해서는 다음 논문을 참조: 황금중, "주희(朱熹)와 듀이(J. Dewey)의 만남: 한국교육철학의 '과거'와 '현재'의 대화", 『한국교육사학』 36(2), 2014, 153-195쪽/ 황금중, "학교교육의 본질에 대한 두 시선: 주희(朱熹)와 듀이(J. Dewey)의 학교론", 『교육철학연구』 36(3), 2014, 175-201쪽.

시에 인의 본성은 각자의 개성과 취향에 따라 그 표현 양식이 다채로울 수 있다는 점 등을 숙고하면서 길을 찾아가야 할 것이다.

주희에게서 인간의 다양성과 개성에 대한 보다 심도 있는 논의를 할 수 있는 가능성을 보여 주는 이론적 개념도 있었다. 다름 아닌 기질론(氣質論)이다. 즉, 인간은 그 본성의 공유에도 불구하고 기질(氣質)에 따라서 천차만별의 특성을 지닐 수 있음을 제기한다. 만일 주희가 기질 논의를 좀 더 심화해서 인간의 다양한 개성을 설명해 내고 그 개성을 존중하는 본성 실현의 방법을 고려할 수 있었다면, 그리고 본성 실현의 다양한 양상의 가능성을 고려했다면 그의 공부론은 현대적 감각에서 보다 친숙하게 다가올 수 있었을 것이다. 그러나 주희는 기질의 개념을 주로 본성의 실현 정도를 결정하는 요인의 의미로 사용한다. 즉, 청탁(淸濁), 혼명(昏明) 등의 기질적 차이를 다루는 표현들에서 단적으로 드러나듯이, 어떤 기질은 본성 실현을 원활하게 하고 어떤 기질은 본성 실현을 보다 제약한다는 식의 설명이 그것이다. 물론 이러 논의는 의미를 지닌다. 본성을 실현 여부를 결정하는 마음상태의 차이를 설명하는 데 유용하기 때문이다. 그러나 기질은 이러한 '수직적' 차이를 설명하는 개념인 동시에 '수평적' 다양성을 설명하는 개념이라는 점을 고려한다면 이런 방면에 치우친 것은 아쉬운 부분이다. 주희에게서 이러한 수평적 다양성을 설명하고자 하는 시도가 없었던 것은 아니다. 그러나 이 부분에 대한 고려는 전자에 비해서 소략했다. '사랑'의 본성을 누구나 지니고 있다고 해도 '사랑'을 이루어 가는 방법과 '사랑'을 표현하는 양상은 크게 달라질 수 있다. 모든 사람이 '위기지학(爲己之學)'을 지향하는 관점은 현대적으로도 수용할 수 있으나, 그것을 이루어 가는 공부방법과 그 정신 경계를 표현하는 양식은 개성에 따라 다양하게 드러날 수 있음을 인정해야 할 것이다. 어떤 이는 음악을 통해서, 어떤 이는 자연에 대한 관심을 통해서, 어떤 이는 가르치는 행위를 통해서 가능할 수 있지 않을까? 이런 질문들에 대한 답을 찾아가는 일이, 주희 공부론의 현대적 재해석에 있어 긴요하다.

참고문헌

1. 기본 자료

朱熹,『朱子全書』(1－27册), 朱傑人·嚴佐之·劉永翔 主編, 上海: 上海古籍出版社; 合肥: 安徽教育出版社, 2002. [6册; 四書章句集注, 四書或問/ 13册; 近思錄, 小學, 童蒙須知, 延平答問, 太極圖說解, 西銘解, 通書注/ 14～18册; 朱子語類/ 20～25册; 晦庵先生朱文公文集/27册; 附錄－朱子年譜考異(王懋竑), 朱先生行狀(黃榦) 外].

朱熹,『朱子語類』, 黎靖德 編, 王星賢 點校, 北京: 中華書局, 1983.

朱熹,『朱熹集』, 郭齊·尹波 點校, 四川: 四川出版社, 1996.

朱熹,『四書集註』, 서울: 保景文化社, 1983.

朱熹,『四書或問』, 서울: 保景文化社, 1986.

朱熹·呂祖謙 撰,『近思錄』, 서울: 保景文化社, 1995.

朱熹 編,『延平答問』, 周木(明) 校編, 李象靖(朝鮮) 重編. (간행정보미상; 연세대학교도서관 소장) [跋(趙師夏, 1214); 延平李先生師弟子答問; 延平李先生答門後錄; 延平李先生答問補錄; 延平答問續錄]

『宋朱子年譜』, 王懋竑 纂訂, 王雲五 主編, 臺北:臺灣商務人書館, 民國71[1982].

『朱子行狀』, 黃榦 撰, 李滉 輯注. (간행정보 미상; 연세대학교도서관 소장)

『論語集註』, 성백효 역주, 서울: 전통문화연구회, 2010.

『孟子集註』, 성백효 역주, 서울: 전통문화연구회, 2005.

『大學·中庸集註』, 성백효 역주, 서울: 전통문화연구회, 2010.

『小學集註』, 성백효 역주, 서울: 전통문화연구회, 1997.

『朱子語類』(권1－13), 허탁 외 공역, 경기: 청계, 1998.

『朱子語類』(권1－13), 이주행 외 공역, 서울: 소나무, 2001.

『大學·大學或問·大學講語』, 박완식 편역, 서울: 이론과실천, 1993.

『太極解義』, 곽신환·윤원현·추기연 공역, 서울: 소명, 2009.

『通書解』, 권정안·김상래 역주, 서울: 청계, 2000

『근사록집해』(1·2), 주희·여조겸 공편, 엽채 집해, 이광호 역주, 경기: 아카넷, 2004.

『주자, 스승 이통과 학문을 논하다: 연평답문』, 박상수 역, 세종: 수류화개, 2019.

『朱子行狀』(黃榦), 강호석 역, 서울: 을유문화사, 1975.
『朱子封事』, 주자사상연구회 역, 서울: 혜안, 2011.

『十三經注疏』(1～25), 十三經注疏整理委員會, 北京: 北京大學出版社, 2000.
韓愈,『韓昌黎集』, 臺灣: 河洛圖書出版社, 1975.
李皐,『李文公集』, 上海: 商務印書館, 民國18[1929].
周敦頤,『周濂溪集』, 臺灣: 商務印書館, 1966.
張載,『張載集』(章錫琛 點校), 北京: 中華書局, 1978.
程顥·程頤,『二程集』, 王孝魚 點校, 北京: 中華書局, 1981.
陸九淵,『陸象山先生全集』, 서울: 東洋文化社, 1987.
(『육구연집』(1～5). 이주해·박소정 역주, 경기: 학고방, 2018.)
陳亮,『陳亮集』, 台北: 漢京文化事業有限公司, 1983.
王守仁,『王陽明全集』, 上海: 古籍出版社, 1992.
王陽明,『傳習錄』(1·2), 정인재·한정길 역주, 성남: 청계, 2007.
李滉,『(國譯)退溪全書』, 退溪學叢書編刊委員會 編. 서울: 退溪學研究院, 1991.
李珥,『(國譯)栗谷全書』, 경기: 韓國精神文化研究院, 1984.
陳建,『學蔀通辯』, 1548(陣建 序), 1593(陣建 跋) (간행정보 미상; 연세대학교도서관 소장)
李贄(李卓吾),『藏書』, 北京: 中華書局, 1974.
李贄(李卓吾),『焚書』, 臺北: 漢京文化事業有限公司, 民國73[1984].
(『분서』(1·2), 김혜경 역, 서울: 한길사, 2004.)
戴震,『戴東原集』, 臺北:臺灣商務印書館, 民國57[1968].
戴震,『孟子字義疏證』, 臺北:臺灣商務印書館, 民國67[1978].
(『맹자자의소증』, 박영진 역, 경기: 학고방, 2020)
『宋元學案』, (清)黃宗羲 原著, 全祖望 補修, 陳金生·梁運華 點校, 서울: 民族文化文庫, 1987.
『明儒學案』, (清)黃宗羲 撰, 臺北: 臺灣中華書局, 民國59[1970]
『性理大全書』, (明)胡廣 等 奉勅纂修, 1415. (간행정보 미상, 연세대학교도서관 소장)
(『성리대전』, 윤용남 외 역, 경기: 학고방, 2018.)
『心經附註』, (宋)眞德秀 原著, (明)程敏政 附註, 1492(程敏政 序, 跋) (간행정보 미상; 연세대학교도서관 소장)
(『心經附註』, 성백효 역주, 서울: 전통문화연구회, 2003.)
『老子翼』, (明)焦竑 撰, 臺灣:廣文書局, 民國51[1962].

2. 국내 논저

강경현, “한국 주자학 연구의 두 시선: 철학자 주희 혹은 유학자 주희”, 『한국학연구』 49, 2018, 11-40쪽.
강영안, “주자의 독서론”, 『철학연구』 53, 2001, 5-24쪽.
강신주, “주희(朱熹)와 이통(李侗): 『연평답문(延平答問)』의 구성과 이통의 철학적 사유를 중심으로”, 『철학사상』 21, 2005, 53-76쪽.
강진석, “주자와 진량의 王覇 논쟁”, 한국철학사연구회 편, 『주자학의 형성과 전개』, 서울: 심산, 2005, 281-304쪽.
고대혁, “朱子의 敎育論과 聖人의 敎育的 意味”. 『동양고전연구』 4, 1995, 271-296쪽.
고미숙, “도덕성의 세 가지 측면(인지적 정의적 행동적 측면)의 구분에 따른 도덕교육의 오해와 이해”, 『교육철학』 23, 2000, 1-26쪽.
고영호, “MacIntyre의 공동체주의와 교육의 공공성”, 『교육철학』 29, 2006, 1-24쪽.
고재석, “주희의 『대학』 해석에 관한 연구”, 『한문고전연구』 21, 2010, 277-302쪽.
구자억, 『중국교육사』, 서울: 책사랑, 1999.
권향숙, “주희(朱熹)의 공(公)과 사(私): 溝口雄三의 주희 공/사관 비판적 검토”, 『철학논구』 30, 2002, 25-49쪽.
김광민, “주희 공부론의 구조”, 『도덕교육연구』 23(2), 45-68쪽.
김경식, 『중국교육전개사』, 서울: 문음사, 2006.
김기현, “주자 성리학의 공부론 중 함양에 관한 연구”, 『윤리교육연구』 18, 2009, 123-144쪽.
김기호, “허심(虛心)에 기반한 주자 독서의 해체 생성의 구조론”, 『문화와융합』 41(4), 2019, 691-728쪽.
김길락, 『象山學과 陽明學』, 서울: 예문서원, 1995.
김미영, “朱熹의 佛敎批判과 工夫論 硏究”, 고려대학교 대학원(철학과) 박사학위논문, 1998.
김병환, “北宋性理學: 儒學의 부흥과 ‘道·佛’의 영향”, 『중국철학』 6(1), 1999, 185-221쪽.
김병환, “新儒學의 太極 槪念 硏究-太極은 實體 개념인가”, 『동양철학』 18, 2002, 243-269쪽.
김상준, 『맹자의 땀 성왕의 피: 중층근대와 동아시아 유교문명』, 경기: 아카넷, 2011.
김영식, 『주희의 자연철학』, 서울: 예문서원, 2005.
김우형, 『주희철학의 인식론: 지각론의 형성 과정과 체계』, 서울: 심산, 2005.
김인회, 『敎育史敎育哲學講義』, 서울: 문음사, 1983.
김준석, “朝鮮前期의 社會思想; 《小學》의 社會的 機能 分析을 중심으로”, 『동방학지』 29, 1981, 105-192쪽.

김충렬,『中國哲學散稿』(I·II), 서울: 온누리, 1988.

나병현, "공교육의 의미와 교육의 공공성 문제",『한국교육』 29(2), 2002, 549-572쪽.

류인희,『朱子哲學과 中國哲學』, 서울: 범학사, 1980.

박경환, "공부방법을 둘러싼 주희와 육구연의 논쟁", 한국철학사연구회 편,『주자학의 형성과 전개』, 2005, 256-258쪽.

박양자, "朱子의 書院觀; 특히「白鹿洞書院揭示」를 중심으로",『동방학지』 88, 1995, 77-95쪽.

박연호, "朱子學의 根本培養說과 朝鮮前期의『小學』교육",『청계사학』 2, 1985, 81-128쪽

박정순, "서양 현대논리학의 쟁점과 한국윤리학의 과제",『동방학지』 108, 2000, 211-267쪽.

박종배, "4서(四書) 중심의 유학(儒學) 교육과정의 성립과 그 의의",『한국교육사학』 27(2), 2005, 23-50쪽.

성병창, "교육 공공성의 개념 체계와 정립 원리",『초등교육연구』 20(3), 2007, 229-249쪽.

손영식, "宋代 新儒學에서 哲學的 爭點의 硏究", 서울대학교 대학원(철학과) 박사학위논문, 1992.

손인수,『한국교육사연구』(상·하), 서울: 문음사, 1998.

송주복,『朱子書堂 어떻게 글을 배웠나』, 서울: 청계, 1999.

신동은, "소학의 교육적 원리 연구",『교육철학』 31, 2004, 45-70쪽.

신성곤, "唐宋變革期論", 서울대학교동양사학연구실 편,『강좌중국사 III: 사대부사회와 몽고제국』, 서울: 지식산업사, 1989, 7-70쪽.

신창호,『『대학』, 유교의 지도자 교육철학』, 경기: 교육과학사, 2010.

신춘호, "주희 공부론에서 함양(涵養)의 의미: 메타프락시스적 접근",『도덕교육연구』 22(2), 2011, 99-122쪽.

신태수, "『朱子語類』〈讀書法〉에 나타난 活看論",『한민족어문학』 60, 2012, 125-156쪽.

신현석·이주영, "교육공공성 연구동향 분석: 키워드 네트워크 분석의 적용",『교육정치학연구』 27(3), 2020, 129-163쪽.

양은주·조경원·임현식, "지식기반사회 학교교육과정의 인식론적 대안 탐색; Polanyi의 지식이론을 중심으로",『교육과정연구』 19(1), 2001, 363-386쪽.

연재흠, "朱熹哲學에 있어 敬에 대한 硏究",『한국철학논집』 19, 2006, 325-360쪽.

연재흠, "주희 독서론 연구",『중국학보』 72, 2015, 271-292쪽.

오석종, "『소학』의 덕교육론 연구", 서울대학교 대학원(윤리교육과) 박사학위논문, 1999.

오인탁·김창환·윤재홍,『한국 현대 교육철학과 교육사학의 전개: 1945년에서 2000년까지』, 서울: 학지사, 2001.

윤원현, "주희(朱熹)의 '공(公)/사(私)'개념과 공론(公論)",『율곡사상연구』 17, 2008, 159-179쪽.

이규호,『사람됨의 뜻-哲學的 人間學』, 서울: 제일출판사, 1974.

이돈희,『교육사상사-동양편』, 서울: 학지사, 1997.

이동희, "陳建의『學蔀通辨』과 그의 朱子學",『유교사상연구』7, 1994, 737-749쪽.

이범직, "朝鮮前期 書院의 敎育機能",『한국사론』8, 1980.

이범학, "宋代 朱子學의 成立과 發展", 서울대학교동양사학연구실 편,『강좌중국사 III: 사대부 사회와 몽고제국』, 서울: 지식산업사, 1989.

이상익,『주자학의 길』, 서울: 심산, 2007.

이승환, "주자는 왜 미발체인(未發體認)에 실패하였는가-도남학적 수양론의 특징과 전승과정을 중심으로",『철학연구』35, 2008, 3-40쪽.

이용주,『주희의 문화 이데올로기』, 서울: 이학사, 2003.

이연정, "주희 독서론: 함양공부로서의 독서",『양명학』44, 2016, 201-226쪽.

이우진, "주희 공부론에서 역사서의 의미",『교육철학연구』41(1), 2019, 119-134쪽.

이윤미, "공교육의 역사성과 교육의 공공성 문제",『교육비평』6, 2001, 12-31쪽.

이은선, "한나 아렌트의 '인간의 조건'과 '공공성'에로의 교육",『교육철학』29, 2003, 45-73쪽.

이종태, "교육의 공공성 개념의 재검토: 공공성 논쟁의 분석과 개념의 명료화를 위한 논의",『한국교육』33(3), 2006, 3-29쪽.

이찬, "우리는 지금 어떻게 전통철학을 연구할 것인가?: 미국 내 주자철학의 연구 현황과 전망",『동양철학』34, 2010, 55-89쪽.

이태진, "士林과 書院",『한국사론』12, 1978.

이홍우,『성리학의 교육이론』, 경기: 교육과학사, 2014.

임명희, "도통 개념의 출현과 도학적 도통 관념의 함의",『인문논총』68, 2012, 319-342쪽.

임홍태, "왕양명의 주륙관 연구:「주자만년정론」을 중심으로",『동방학』23, 2012, 239-273쪽.

장상호,『인격적 지식의 확장-Polanyi』, 서울: 교육과학사, 1994.

장윤수 편저,『정주철학원론』, 서울: 이론과실천, 1992.

장주희, "이성-감성의 상호 의존에 비추어 본 인간과 교육의 역동성",『교육철학연구』40(4), 2018, 121-142쪽.

전병욱, "朱子 仁論체계와 工夫論의 전개", 고려대학교 대학원(철학과) 박사학위논문, 2008.

전현희, "朱子의 人心道心說",『한국철학논집』31, 289-319쪽.

정도원, "朱陸異同과 元代 朱陸和會論에 대한 재검토",『동양철학연구』42, 2005, 285-326쪽.

정만조,『朝鮮時代 書院研究』, 서울: 집문당, 1997.

정순목,『韓國書院敎育制度研究』, 대구: 영남대민족문화연구소, 1979.

정순목,『中國書院制度』, 서울: 문음사, 1990.
정순우,『공부의 발견』, 서울: 현암사, 2007.
정환희, "도남학파의 심성수양론 연구", 서울대학교 대학원(윤리교육과) 박사학위논문, 2018.
중국철학회,『역사 속의 중국철학』, 서울: 예문서원, 1999.
진영석, "지식교육을 통한 심성함양: 도덕교육적 함의",『한국초등교육』23(1), 2012, 37-50쪽.
천원석, "朱熹 讀書論 硏究", 경기대학교 대학원(국문학과) 박사학위논문, 2023.
최광만, "儒學 敎育에서의「小學」의 位相",『교육사학연구』9, 1999, 37-52쪽.
최진덕, "주자의 中和新說과 敬의 공부론",『철학연구』51, 2000, 21-43쪽.
하원수, "宋代 士大夫論", 서울대학교동양사학연구실 편,『강좌중국사 III: 사대부사회와 몽고 제국』, 서울: 지식산업사, 1989, 71-126쪽.
한국철학사상연구회 편,『현대중국철학의모색』, 서울: 동녘, 1992.
한국철학사상연구회 편,『현대신유학연구』, 서울: 동녘, 1994.
한국철학사연구회 편,『주자학의 형성과 전개』, 서울: 심산, 2005.
한국교육철학학회 편,『교육과 성리학』, 서울: 학지사, 2017.
한상인, "『中庸』의 修道之敎에 대한 朱熹의 理解 硏究", 연세대학교 대학원(교육학과) 박사학위논문, 2014.
한자경, "주희 철학에서 未發時 知覺의 의미",『철학사상』21, 2005, 23-52쪽.
한자경, "미발지각(未發知覺)이란 무엇인가?: 현대 한국에서의 미발 논쟁에 관한 고찰을 겸함",『철학』123, 2015, 1-25쪽.
한형조,『주희에서 정약용으로』, 서울: 세계사, 1996.
홍수민, "학교교육의 공공성: 아렌트의 관점",『인격교육』16(4), 2022, 235-259쪽.
황갑연,『공맹 철학의 발전』, 서울: 서광사, 1998.
황금중, "주자 교육론에서 德과 知의 문제",『연세교육연구』11(1), 1998, 109-147쪽.
황금중, "朱子의 工夫論 硏究", 연세대학교 대학원(교육학과) 박사학위논문, 2000.
황금중, "성리학에서의 소학·대학 교육과정론: 주자·퇴계·율곡의 견해를 중심으로",『한국사상과 문화』17, 2002, 353-391쪽.
황금중, "주자의 소학·대학 교육론", 주자사상연구회 편,『주자사상과 조선의 유자』, 서울: 혜안, 2003, 113-141쪽.
황금중, "주자 공부론의 형성 과정과 문제의식",『한국교육사학』31(1), 2009, 111-142쪽.
황금중, "주자학의 공부원리로서의 '위기지학', '하학이상달', '존덕성이도문학'",『한국교육사학』31(2), 2009, 169-187쪽. [*이 글은 수정, 보완되어 다음 문헌으로 재수록됨: 황금중,

“성리학의 주요 공부 표어와 공부론”, 한국교육철학회 편,『교육과 성리학』, 서울: 학지사, 2017.
황금중, “주자의 독서론: 격물치지 공부로서의 독서”,『교육철학』 47, 2010, 249-278쪽.
황금중, “공(公)과 사(私)에 대한 주희(朱熹)의 인식과 공공성 교육”,『교육사상연구』 26(3), 2012, 229-257쪽.
황금중, “『대학』의 공부 강목(綱目)에 대한 주희(朱熹)의 이해”,『한국교육사학』 35(1), 2013, 209-245쪽.
황금중, “서평: 역사 속의 신유학”,『한국교육사학』 35(2), 2013, 71-86쪽.
황금중, “주희(朱熹)와 듀이(J. Dewey)의 만남: 한국교육철학의 “과거”와 “현재”의 대화”,『한국교육사학』 36(2), 2014, 153-195쪽.
황금중, “학교교육의 본질에 대한 두 시선: 주희(朱熹)와 듀이(J. Dewey)의 학교론”,『교육철학연구』 36(3), 2014, 175-201쪽.
황금중,『학學이란 무엇인가』, 경기: 글항아리, 2014.
황금중, “퇴계 성리학에서 경(敬)의 의미와 실천법: 경(敬)의 사조설(四條說)에 대한 인식을 중심으로”,『퇴계학보』 144, 2018, 49-94쪽.
황금중, “마음챙김(mindfulness) 기반 교육: 기본 설계와 방향”,『교육철학연구』 41(3), 2019, 219-257쪽.

3. 국외 논저 및 번역서

陳東原,『中國教育史』, 臺灣: 商務印書館, 民國25[1936].
陳來,『朱熹哲學研究』, 北京: 中國社會科學出版社, 1987.
(陳來, 이종란 외 공역,『주희의 철학』, 서울: 예문서원, 2002.)
陳來,『朱子書信編年考證』, 上海: 人民出版社, 1989.
陳來,『宋明理學』, 遼寧: 教育出版社, 1991.
(陳來, 안재호 역,『송명성리학』, 서울: 예문서원, 1997.)
陳榮捷,『朱子門人』, 臺灣: 學生書局, 1982.
陳榮捷,『朱子新探索』, 臺灣: 學生書局, 1988.
陳榮捷,『朱學論集』, 臺灣: 學生書局, 1982.
程鷹,『伊洛學派及教育思想』, 北京: 教育科學出版社, 1992.
范壽康,『朱子及其哲學』, 臺灣: 開明書店, 1977.
方立天,『中國古代哲學問題發展史』, 北京: 中華書局, 1990.

馮友蘭,『中國哲學史』(下), 香港: 三聯書店, 1992.
高令印,『朱熹事迹考』, 上海: 人民出版社, 1987.
侯外廬 外 主編,『宋明理學史』(上·下), 北京: 人民出版社, 1983·1987.
(侯外廬 外 主編, 박완식 역,『송명이학사』(1·2), 서울: 이론과실천, 1995.)
劉述先,『朱子哲學思想的發展與完成』, 臺灣: 學生書局, 1982.
李正富,『宋代科擧制度之硏究』, 臺灣: 國立政治大學敎育硏究所, 民國52[1963].
蒙培元,『理學的演變』, 福建: 人民出版社, 1984.
蒙培元,『理學範疇系統』, 福建: 人民出版社, 1989.
牟宗三,『心體與性體』(三), 臺北: 正中書局, 1968.
(牟宗三, 황갑연·전병술·김기주·이기훈·김제란 공역,『심체와 성체』(1~7), 서울: 소명출판, 2012.)
錢穆,『朱子新學案』, 臺灣: 三民書局, 1971.
潘富恩徐余慶,『程顥程頤理學思想硏究』, 上海: 復旦大學出版社, 1988.
束景南,『朱熹佚文輯考』, 江蘇: 古籍出版社, 1991.
束景南,『朱子大傳』, 福建: 敎育出版社, 1992.
束景南,『朱熹年譜長編』(上·下), 上海: 華東師範大學出版社, 2001.
孫彦民,『宋代書院制度之硏究』, 臺灣: 國立政治大學敎育硏究所, 民國52[1963].
唐君毅,『中國哲學原論』, 臺灣: 學生書局, 民國79[1990].
吳康,『宋明理學』, 臺灣: 華國出版社, 1956.
楊承彬,『中國知行學說硏究』, 臺灣: 商務印書館, 1979.
張立文,『宋明理學硏究』, 北京: 中國人民大學出版社, 1985.
張立文,『朱熹思想硏究』, 北京: 中國社會科學出版社, 1981.
張立文,『朱熹與退溪思想比較硏究』, 臺北: 文津出版社, 民國84[1995].
勞思光, 정인재 역,『中國哲學史』(漢唐篇, 宋明篇) 서울: 탐구당, 1987.
任時先, 차석기 역,『中國敎育思想史』, 서울: 敎學硏究社, 1989.
張君勱, 김용섭·장윤수 공역,『한유에서 주희까지』, 서울: 형설출판사, 1991.
方東美, 정인재 역,『中國人의 人生哲學』, 서울: 탐구당, 1992.
陳淳, 박완식 역,『性理學이란 무엇인가』, 서울: 여강출판사, 1993.
鄭家東, 한국철학사상연구회 역,『현대신유학』, 서울: 예문서원, 1994.
柴田篤, "「白鹿洞書院揭示」의 思想: 朱子退溪와 日本儒學을 잇는 것",『퇴계학논총』3, 1997.
謝仲明, 김기현 역,『유학과 현대세계』, 서울: 서광사, 1998.

李弘祺, 강길중 역,『송대 관학교육과 과거』, 진주: 경상대학교출판부, 2010.
徐遠和, 손홍철 역,『이정의 신유학』, 고양: 동과서, 2011.
郭齊家, 임진호 역,『중국 고대교육사: 학교와 서원』, 서울: 문현, 2022.

諸橋轍次,『大漢和辭典』(二), 東京: 大修館書店, 1984.
阿部吉雄 等編,『朱子の先駒』, 東京: 明德出版社, 1976.
阿部吉雄 等編,『朱子の後繼』, 東京: 明德出版社, 1976.
荒木敏一,『宋代科擧制度硏究』, 京都: 京都大學出判部, 1969.
有田和夫大島晃,『朱子學的思惟』, 東京: 汲古書院, 1990.
大濱晧,『朱子の哲學』, 東京: 東京大出版會, 1983.
市川安司,『朱子哲學論考』, 東京: 汲古書院, 1985.
島田虔次,『朱子學と陽明學』, 東京: 岩波書店, 1967.
(시마다 겐지, 김석근·이근우 공역,『朱子學과 陽明學』, 서울: 까치, 1985.)
宋代史硏究會,『宋代の知識人－思想制度地域社會』, 東京: 汲古書院, 1993.
友枝龍太郎,『朱子の思想形成』, 東京: 春秋社, 1969.

守本順一郞, 김수길 역,『동양정치사상사연구－주자사상의 사회경제적 분석』, 서울: 동녘, 1985.
山田慶兒(야마다 케이지), 김석근 역,『朱子의 自然學』, 서울: 통나무, 1991.
宮崎市定(미야자키 아치사다), 중국사연구회 역,『중국의 시험지옥－科擧』, 서울: 청년사, 1993.
金谷 治 외, 조성을 역,『중국사상사』, 서울: 이론과실천, 1994.
三浦國雄(미우라 쿠니오), 김영식·이승연 공역,『인간주자』, 서울: 창작과비평사, 1996.
大濱晧(오하마 아키라), 이형성 역,『범주로 보는 주자학』, 서울: 예문서원, 1997.
三浦國雄(미우라 쿠니오), 이승연 역,『주자와 기 그리고 몸』, 서울: 예문서원, 2003.
溝口雄三(미조구치 유조), 정태섭·김용천 공역,『중국의 공과 사』, 서울: 신서원, 2004.
齋藤純一(사이토 준이치), 윤대석·류수연·윤미란 공역,『민주적 공공성: 하버마스와 아렌트를 넘어』, 서울: 이음, 2009.

Bruce, J. Percy, *Chu Hsi and His Masters,* London: Probsthain & Co., 1923.
Chan, Wing-tsit, *Reflections on Thing at Hand,* New York & London: Columbia University Press, 1967.
Chan, Wing-tsit (ed.), *Chu Hsi and Neo-Confucianism,* Honolulu: University of Hawaii

Press, 1986.

Chan, Wing-tsit, *Chu Hsi - Life and Thought*, Hong Kong: Chinese University Press, 1987.

Chang, Carsun, *The Development of Neo-Confucian Thought,* 2vols. New York: Bookman Associates, 1957.

Ching, Julia, *The Religious Thought of Chu Hsi*, Oxford: Oxford University Press, 2000.

de Bary, Wm. T. (ed.), *Principle and Practicality : Essays in Neo-Confucianism and Practical Learning,* New York: Columbia University Press, 1979.

de Bary, Wm. T., *Neo-Confucian Orthodoxy and Learning of The Mind-and-Heart,* New York: Columbia University Press, 1981.

de Bary, Wm. T., *The Liberal Tradition in China,* New York: Columbia University Press, 1983.

(시어도어 드 배리, 표정훈 역,『중국의 '자유' 전통』, 서울: 이산, 1998.)

de Bary, Wm. T., *The Message of the Mind in Neo-Confucianism,* New York: Columbia University Press, 1989.

de Bary, Wm. Theodore & Chaffe, John W. (ed.), *Neo-Confucianism Education: The Formative Stage,* New York: Columbia University Press, 1989.

Ivanhoe, Philip J., *Ethics in the Confucian Tradition: The Thought of Mencius and Wang Yang-ming,* Atlanta: Scholars Press, 1990.

Monro, Donald J., *Image of Human Nature-A Sung Portrait,* New Jersey: Princeton University Press, 1988.

Needom, J., *Science and Civilization,* vol Ⅲ, London: Cambridge Univ. Press, 1959.

(조셉 니담, 이석호 외 공역,『中國의 科學과 文明』(Ⅲ), 서울: 을유문화사, 1988.)

Tillman, H. C., *Utilitarian Confucianism-Ch'en Liang's Challenge to Chu Hsi,* Cambridge(Massachusetts) and London: Havard Univ. Press, 1982.

Tu, Wei-ming, *Confucian Thought: Selfhood as Creative Transformation, Albany,* New York: State University of New York Press, 1985.

Tu, Wei-ming, *Humanity and Self-Cultivation,* Berkeley: Asian Humanities Press, 1979.

Peter K. Bol(피터 볼), 김영민 역,『역사 속의 성리학』, 서울: 예문서원, 2010,

A. C. Graham(앵거스 찰스 그레이엄), 이현선 역,『정명도와 정이천의 철학』, 서울: 심산, 2011.

Hoyt C. Tillman(호이트 틸만), 김병환 역,『주자학의 사유세계』, 경기: 교육과학사, 2010.

John Dewey(존 듀이), 이홍우 역,『민주주의와 교육』, 경기: 교육과학사, 2007.
Jean-Jacques Rousseau(장자크 루소), 민희식 역,『에밀』, 서울: 육문사, 2006.

부기(附記):

- 이상에서 제시된 참고문헌 중에는 이 책에서 직접 인용하지 않은 것도 다수 포함되어 있다. 때로는 이 책의 논지에 부응하며 보완이 되는 연구들도 있고, 때로는 이 책의 관점과 결이 다른 연구들도 있는데, 전체적으로 이 책에서 다룬 주제를 둘러싸고 함께 보면 보완이 될 성과들의 일단을 포함해 보았다. 물론 이 외에 국내외의 수많은 좋은 연구 성과가 있다.

- 참고문헌 중 저자(황금중)의 논저들은 이 책의 일부분의 구성에 있어 기초 자료가 되었다. "주자의 공부론 연구"(2000, 박사학위논문), "주자의 소학·대학 교육론"(2003), "주자 공부론의 형성과정과 문제의식"(2009), "주자의 독서론: 격물치지 공부로서의 독서"(2010), "공(公)과 사(私)에 대한 주희(朱熹)의 인식과 공공성 교육"(2012), "『대학』의 공부 강목(綱目)에 대한 주희(朱熹)의 이해"(2013),『학學이란 무엇인가』(2014: 49−62쪽), "성리학의 주요 공부 표어와 공부론"(2017) 등이 그것이다. 그런데 이 대부분에 대해 이 책의 체제와 진전된 통찰 및 연구 성과를 반영하여 전면적인 재편과 재구성, 수정 및 보완이 이루어졌다.

찾아보기

인명

사상 및 학파명

책, 편 및 논설명

저자 소개

황금중(Hwang, Keumjoong)

연세대학교 교육학과 교수이며, 교육과학대학 학장의 일도 맡고 있다. 주자학 및 유교 전반의 교학론, 도가와 불교의 교육사상, 한국교육사상사, 그리고 마음교육 등의 주제 영역에 관심을 가지고 연구 및 교육 활동을 이어 오고 있다. 교육철학 및 교육사 관련 학회들을 기반으로 공부해 왔으며 한국교육사학회장을 역임했다.

주희朱熹의 공부론과 교육철학
Zhu Xi's Philosophy of Learning and Education

2024년 3월 25일 1판 1쇄 인쇄
2024년 3월 30일 1판 1쇄 발행

지은이 • 황금중
펴낸이 • 김진환
펴낸곳 • (주) 학지사
04031 서울특별시 마포구 양화로 15길 20 마인드월드빌딩 4층
대 표 전 화 • 02)330-5114 팩스 • 02)324-2345
등 록 번 호 • 제313-2006-000265호

홈 페 이 지 • http://www.hakjisa.co.kr
인스타그램 • https://www.instagram.com/hakjisabook

ISBN 978-89-997-3024-5 93370

정가 35,000원